개
정
판

바른
말글
사전

그
릇
쓰
는
말
바
로
잡
은
우
리
말

3
만

최인호 엮음

한겨레출판

추천하는 말

버릴 것은 무엇이며, 지킬 것은 무엇이고, 거둘 것은 또 무엇인가.

이 세 가지 물음을 우리 말글 현실에 대고 하면 답은 쉽게 나온다. 한자는 쓰지 말 것이며, 꼬부랑 말글의 노략질에 놀아나지 말 것이며, 우리 말글을 갈고닦아 길이 지키고 펼 일이다.

현실은 어떠한가? 한편으로 살피면 '한글만으로 가로 쓰자'거나 '쉽고 바르고 고운말을 가려쓰자'거나 '글자생활을 기계로 하자'는 주장이 이제는 별 새로울 게 없는 말이 되어 있을 정도다. 1백년 신문역사의 끄트머리에 와서 한글 가로짜기 신문들이 많아지고, 글자판이나 글틀이 발달하여 기계화도 거의 다 된 지경에 이르렀으니 이제 우리 말글을 두고 아무 새로운 주장을 할 게 없어진 것과 같다는 말이다. 이십 세기 뒷반기에 들어와서 우리는 그 앞 5백년, 아니 몇천 년 동안 내어놓은 기록이나 저술들을 합친 것보다 더 많은 기록을 쌓았고 책짓기를 했다. 우리 말글로 말이다. 이것은 정녕 아무도 무시하지 못할 일이다. 지금 우리는 우리 말글의 편의와 쉬움을 좇아 거리낌없이 누리고 있는 듯이 보인다.

정말 그러한가? 이젠 마음도 놓고, 손을 놓아도 될 만해졌는가? 눈귀를 열어 주변을 살펴보면 '아니올시다'란 말이 바로 나온다. 어린 손자 손녀들은 잉글리시를 배우고, 아들딸들은 10년 공부도 모자라 토플·토익에다 회화 타령이다. 여기에 다른 외국말 하나는 더해야 학문도 직장살이도 행세도 할 수 있는 시대가 되었으니 우리 말글인들 다치지 않고 온전히 있을 틱이 없다. 갈고닦기는커녕 지켜내기에도 바쁘게 되었다.

한글학회에서는 〈우리말 큰사전〉을 내어 흐트러져 있는 우리 말글을 가지런히 한 바 있고, 〈쉬운말 사전〉을 내어 바르고 고운 말로 다듬어 쓰기에 노력한 바도 있다. 이런 노력들은 한 학회만의 일이 아니라 나라나 사회단체, 개인들도 아울러야 성공할 수 있는 법이다.

이 참에 〈한겨레〉에서 일하는 엮은이 최인호가 검토해 줄 것을 청하여 이 〈바른 말글 사전〉 원고를 살펴본 결과 엮은 노고도 노고려니와 이만한 짜임과 내용이면 한글학회 이름으로 추천을 해도 좋겠다고 학회 관계자들이 뜻을 모아 이를 세상에 추천하는 바이다.

그 내용은 맞춤법에 어긋나거나 자주 잘못 쓰는 말, 궁벽한 한자말과 왜식 한자말, 서양외래어, 사투리, 번역투 문장 따위를 사전식으로 벌여 바꾸고 다듬은 말들과 함께 낱낱이 그 보기되는 말이나 바른 문장을 들어놓고 있다. 이렇게 신문·잡지, 실용문, 방송을 타고 나오는 말이나 기타 갖가지 글에서 그릇 쓰고 있는지도 모르는 채로 막 쓰고 있는 말과 글투들을 모아 엮어낸 사전이 없었으므로 말과 글을 업으로 하는 이들뿐만 아니라 학생, 일반사람들도 이 책을 옆에 두어 때때로 읽고 확인하여 바로잡으면 좋은 글을 이룸과 함께 우리 말글을 맑히는 데도 큰 도움이 될 것이다.

1996년 9월
한 글 학 회

개정판에 부쳐

 이 책 첫 판을 박은 해가 1996년이니 벌써 10년이 넘었다.

 다시는 이런 얄궂은 사전이 나오지 않아도 될 것을 바랐으나 이 땅의 말글 형편은 맑아지기는커녕 더욱 어지럽게 뒤틀려 간다.

 그 사이 국어기본법이 새로 생겼고, 4대 어문규범 가운데 동남아 세 나라말(베트남 · 타이 · 말레이인도네시아), 네덜란드 · 포르투갈 · 러시아말 적는 법이 나왔다. 여기에 최근의 그리스 · 터키 · 아랍말 표기법 시안을 보탠다면 모두 스물네 가지 말 외래어 표기법을 갖춘 셈이다. 본토박이 외국말을 아는 이가 많아지는데다, 표기법(약속)이란 규범과 실제에서 거리가 있기 마련이어서 안정적 적용과 정착이 숙제로 남는다.

 남북 말글은 '겨레말큰사전' 남북 공동 편찬 사업을 시작했으니 말글이 더 벌어지거나 달라지는 사태를 막을 수 있게 됐고, 만남이 잦아질수록 서로 익숙해져 낯섦을 줄일 수 있을 터이다. 나아가 남쪽과 북쪽말 규범을 아우른 오롯한 맞춤법과 외래어 표기, 로마자 적기 등 통일 어문규범 만들기도 당면한 숙제로 떠오른 참이다.

 기초적인 어문규범을 넘어선 말글 현실은 무척 복잡하게 얽힌다.

 그동안 상당히 가지런해졌다고는 하나 관청 공문서, 법률문, 방송 · 신문 말글, 학술 · 실용문, 나아가 문학적인 글에 이르기까지 로마자 · 외국어가 판을 치고, 조리는 허술하며, 온갖 상투적 표현이 넘쳐난다. 좀 더 대중적인 쪽이나 그 반대로 전문적인 쪽으로 들어가면 도가 지나쳐 머리가 아프고 숨이 막힐 지경이다. '논술'은 대학입시보다 그런 쪽을 가리는 데 써먹을 일이겠다.

한편으로, 영어 바람이 거품 · 위세를 넘어 나라힘을 기울게 할 만큼 드세고, 외국어 쓰는 것을 자랑인 양 여기는 지경에 이른다. 여기에 바깥 나라 이주민이 백만을 헤아리는 형편이어서 이를 아우르는 일도 숙제이다.

이처럼 다잡을 게 늘어난 현실이 엉성한 책을 다시 손질하게 만들었다.

이 사전에서는 주된 갈래를 네댓 가지로 잡고, 그 주변 갈래들을 아울러 살폈다.

한 가지는 잘못 쓰는 말 쪽이다. 한글 · 표준어 · 외래어 등 맞춤법에 어긋나게 쓰는 사례를 챙겨 바른 표기를 보인다. 어문 규정 자체가 문제가 있거나, 쓸 만한 말들을 못 쓸 말로 규정 · 적용하는 무리한 점들도 짚었다. 나아가 문법 · 관습과 관련해 제대로 써야 할 말들도 아울렀다.

어려운 한자말 · 외래어를 가려 손질한 말이 적잖다. 지금까지 민 · 관에서 순화한 말이 수만 어인데, 그 중에서도 다듬은 말이 훌륭해 실제로 적용해 쓸 말이 많다. 잘 바꾸어 쓰던 말도 다시 되돌려 쓰는 이들이 많아지는 형편을 경계한다.

다른 하나는 그냥 쓴 글인데도 번역한 글처럼 반성 없이 써 온 번역문투나 되잖은 상투어들 가운데 두드러진 것을 살펴 올렸다. 버릇되고 익은 말투와 글투를 되짚고 허무는 일이어서 적용하기가 쉽지 않은 쪽이다. 말을 다루는 학자들조차 이미 익혀 쓰는 것에는 무척 관대하여 문제삼지 않으려는 경향이 있는 분야다.

한다고 했으나 무리하고 모자라고 짚지 않은 부분이 많다. 말글을 제대로 쓰고 가다듬자는 믿음에서 온 무리로 여기어 발전적으로 활용해 주시기 바란다. 구체적인 사례와 함께 번역문투 · 비문법적인 쪽의 본격적인 정리는 다음 과제로 미룬다.

끝으로 재미없고 지루한 일을 하는 데 도움을 주신 선후배, (주)한겨레출판 여러분께 감사드린다.

2007년 10월
삼가 최인호 씀

일러두기

- 올림말 가운데 왼쪽 올림말은 맞춤법에 어긋나거나 틀리게 쓰는 말. 궁벽한 한자말, 서양외래어, 일본식 한자말, 일본말, 중국말, 번역투 말, 사투리, 알파벳 약자, 쓰임새가 혼란스러운 말 따위이며, 이를 바로잡은 말, 다듬은 말, 바꿔써야 할 말을 오른쪽에 두었다.

  보기 | 낫지 않느냐　　　　　낫지 않으냐　　※ '-느냐'는 '있다·없다'를 빼고는 그림씨(형용사) 뒤에는 붙을 수 없다. '낫다' '못하다' 따위의 그림씨에는 '-(으)냐' 씨끝을 써야 한다. 〔보기〕 좋지 않느냐 → 좋지 않으냐/ 아름답지 않느냐 → 아름답지 않으냐/ 아름답느냐 → 아름다우냐/ 덥느냐 → 덥냐·더우냐/ 싫느냐 → 싫으냐

- 풀이씨를 만드는 뒷가지 '-하다' 따위가 자동적으로 붙어서 쓰이는 말들이라도 특별한 경우가 아니면 말뿌리만 올리고 '-하다', '-되다', '-시키다' 따위는 〔보기〕로 다루어 보임말 다음에 두었다.

  보기 | 금지　　　　　　　　말림·못함　　〔보기〕 금지하다 → 말리다·못하게 하다/ 금지시키다 → 말리다·금지하다/ 출입금지 → 못드나듦/ 접근금지 → 가까이 말 것　　▷ 엄금 → 못함·마오·못하게 함　〔禁止〕

- 번역문투 구절을 죄다 올림말로 올리기에 무리가 있으므로 그 글귀의 알맹이가

되는 말을 올림말로 올리고, 그 말이 들어간 문장을 〔보기〕에 보인 뒤 화살표(→)를 두어 우리말답게 바꿔쓴 말로 돌렸다.

　　〔보기〕 ~에 다름 아니다　　~이다 · ~과(와) 다름없다 · ~일 뿐이다 · ~과(와) 같다　※일본말'~にほからない'를 직역한 말투다. 〔보기〕 죄악에 다름 아니다→죄악이다/ 이기주의에 다름 아니다 → 이기주의다 · 이기주의와 다를 바 없다 · 이기주의일 뿐이다/ 집권욕에 다름 아니다 → 집권욕일 뿐이다/ 법을 어긴 것에 다름 아니다→법을 어긴 것과 같다 · 법을 어긴 것과 다를 바 없다/ 생명체에 다름 아니다 → 생명체다 · 생명체와 다를 바 없다.

• 〔보기〕는 주로 그른 말이나 잘못 쓴 말이 든 말마디나 구절을 보이고 이에 화살 표(→)를 두어 고쳐 쓴 말이 들어간 마디나 구절을 보였다. 이때 보기는 신문, 잡지, 기타 참고문헌들에서 따온 것이 대부분인데, 잘못 쓰고 있는지도 모른 채로 많이 쓰고 있는 보기들이다.

• 올림말 또는 〔보기〕에 대한 설명이 필요할 때 올림말 뒤나 〔보기〕 앞뒤에 ※표를 두어 이에 대한 풀이를 덧붙였다.

　　〔보기〕 달달이　　다달이　※주로 'ㄴ · ㄷ · ㅅ · ㅈ' 따위의 앞에서 'ㄹ' 소리가 준 것은 준 대로 적는다. 버드나무 · 소나무 · 따님 · 여닫이 · 부삽 · 화살 · 차조 따위(맞춤법 제28항).

• 참고로 올림말과 갈래가 비슷하거나 반대되는 말들, 외래어 따위 잘못 적는 말들 역시 고쳐 쓸 필요가 있는 말은 ▷표를 두어 옳게 적은 말이나 관련된 말을 보이고, 또 찾아가 보게 하였다.

　　〔보기〕 난센스　　무의미 · 엉뚱함 · 당찮은 말 · 우스개　　〔보기〕 난센스 퀴즈 → 우스개 문제　　▷ 넌센스 → 난센스 〔영 nonsense〕

• 모든 올림말의 말밑(어원)은 고쳐 쓴 말, 〔보기〕, 풀이(※), 참고(▷)가 끝난 맨 뒤에 두었다. 말밑이 중요하긴 하지만 말밑으로 표기를 하는 것은 아니므로

참고 사항으로 뒤쪽에 둔 것이다.

한편 말밑에서 그 말이 나온 데를 줄여 적은 말의 본말을 보이면, 그＝그리스 / 라＝라틴/ 영＝영어/ 미＝미국/ 도＝도이치/ 몽＝몽골/ 프＝프랑스/ 에＝ 에스파니아(스페인) / 네＝네덜란드/ 포＝포르투갈/ 러＝러시아/ 이＝이탈 리아/ 일＝일본/ 중＝중국/ 스＝스웨덴/ ……/ 취＝취음 들이다. 또 '〈' 표는 주로 외래어로서 우리말에 들어와 원말과 다른 꼴로 굳어져 쓰일 때 그 본래 말 의 출처와 꼴을 보인 것이다.

　　즈봉(쓰봉)　　　　　　바지　〔〈일 ズボン·프 jupon〕

- 이 사전에서 다듬은 말은 한 낱말로 보아 붙여쓰기를 한 말이 많다. 한자말로는 한 낱말로 쓰이는데 우리말로 다듬으면 두세 말로 늘어지기도 하기 때문이다. 즉, 다듬은 말의 특수성을 살려 붙여 쓴 것이다.

- 여기엔 아직도 더 나은 말이나 자연스런 말로 바꿔 쓸 말도 많을 것이다. 또 워낙 굳어져 쓰이고 있으므로 굳이 바꿔 쓸 필요가 있을까고 생각할 수 있는 말도 많 다. 말버릇은 사람에 따라 정도 차가 있는데다, 말이란 의식적으로 고치려 들어 도 눈에 띄게 나아지기 어려운 점도 있다. 하지만 어색한 말도 한두 번 쓰다보면 익게 되고 그것이 좋으면 널리 퍼지게 된다. 모쪼록 말·글을 부려 먹고 사는 이 들은 그 책임을 통감하여 말을 가려 써 주길 바란다.

- 주요 참고자료

〈쉬운말 사전〉, 한글학회, 1984·1999

〈우리말 큰사전〉, 한글학회, 어문각, 1992

〈한글맞춤법〉, 한글학회, 1980

〈한국어문규정집〉, 국어연구원, 1995

〈국어순화자료집〉, 국어연구원, 1990～2003

〈외래어사전〉, 신문편집인협회, 1994

〈우리말 맞춤법 표준어사전〉, 남영신, 한강문화사, 1993

〈정서법자료〉, 이승구, 대한교과서주식회사, 1993

〈행정용어순화편람〉, 정부, 1992

〈신문방송 보도용어 순화자료집〉, 교열기자회, 1994

〈바른말 바른글〉, 하희주, 을지출판사, 1990

〈우리글 바로쓰기 1 · 2〉, 이오덕, 한길사, 1992

〈바른말 사전〉, 이민우, 탑출판사, 1988

〈우리말 바로 알고 바로 쓰기〉, 이수열, 지문사, 1993

〈국어대사전〉, 민중서림, 1994

〈20세기 우리말 형태론〉, 허웅, 샘문화사, 1995

〈국어문법〉, 서정수, 뿌리깊은나무, 1994

〈광사원〉, 암파서점(일본), 1993

〈일본어투 생활용어 순화집〉, 문체부, 1996

〈일한 외래어사전〉, 진명출판사, 1990

〈완전원고 수첩〉, 한겨레신문 편집국, 1995~2000

〈당신은 우리말을 얼마나 아십니까〉, 김석득 외, 샘터, 1992

〈조선말 대사전〉, 사회과학출판사(북한), 1992

〈국어순화자료집〉, 이은정, 대제각, 1993

〈해부학용어〉, 계축문화사, 1990

〈국어오용사례집〉, 국어연구소, 1989

〈신어〉, 국어연구원, 1996~2006

〈우리말 바로 써야 한다〉, 박갑수, 집문당, 1996

〈우리말 글쓰기 연관어대사전〉, 황토출판사(북한), 2006

〈국어순화자료집 합본〉, 국어연구원, 2003

〈표준국어대사전〉, 국어연구원, 1999

〈남북한말 비교 사전〉, 조재수, 한겨레출판사, 2007

〈말이 올라야 나라가 오른다 1 · 2〉, 한겨레출판사, 2004 · 2005

〈20세기 우리말의 통어론〉, 허웅, 샘출판사, 1999

〈쉽게 고쳐 쓴 우리 민법〉, 국어연구원, 2003

〈우리말 다듬기 자료집〉, 국어원, 2005 · 2006

〈한국방언대사전〉, 명문당, 1987

〈전남방언사전〉, 이기갑 외, 태학사, 1998

〈혼 국어사전〉, 남영신, 성안당, 1997

〈한국한자어사전〉, 단국대동양학연구소, 1992
〈신문방송통신 보도용어〉, 교열기자회, 2007
〈국어비속어사진〉, 김동언, 프리미엄북스, 1999
한겨레신문 외 일간신문들

가-	'거짓·가짜·잠시·임시'의 뜻. 〔보기〕가건물 → 임시건물/ 가납 → 임시납부/ 가도 → 임시도로/ 가병 → 꾀병/ 가사용 → 임시사용/ 가석방 → 임시석방/ 가설인 → 꾸민이/ 가승계 → 임시승계/ 가식 → 임시심기, 한때심기/ 가위탁 → 임시맡김/ 가입학 → 임시입학/ 가장 → 꾸밈/ 가장 → 임시매장/ 가주소 → 임시주소/ 가집행 → 임시집행/ 가처분 → 임시처분/ 가출소 → 임시출소/ 가퇴원 → 임시퇴원/ 가해제 → 임시해제 〔假-〕
~가(은, 는, 이) ~으로 알다(보다, 생각하다)	~가(〃) ~이라고 알다(〃) ※주어에 걸맞은 서술어를 갖추지 못한 문장 구조다. 〔보기〕부상자 수가 6백80명 이상으로 발표하고 → 부상자 수를 6백80명 이상이라고 ~/ 우리는 남북회의가 가장 합리적인 것으로 생각한다 → ~ 방법이라고 생각한다/ 우리는 그러한 해결이 가장 바람직한 방법으로 생각한다 → ~ 방법이라고 ~/ 사망원인이 고문에 의한 것으로 확신한다고 했다 → ~ 것이라고 ~/ 명색이 제일야당 총재를 그렇게 대할 수 있나 → ~ 총재인 그를 ~
~가(이) 되겠습니다	~입니다 〔보기〕그것은 어제가 되겠습니다 → ~ 어제입니다/ 여기는 서울역이 되겠습니다 → 여기는 서울역입니다/ 다음은 여러분 차례가 되겠습니다 → ~ 여러분 차례입니다
가가	껄껄 〔보기〕가가대소 → 껄껄웃음 〔呵呵〕
가가호호	집집마다·집마다·집집이 〔家家戶戶〕
가각	길모퉁이·길모서리·모퉁이 〔街角〕
가감	더덜·더하고 빼기 〔보기〕가감없이 → 더덜없이/ 가감승제 → 더덜곱난 〔加減〕
가건물	임시건물 〔일 假建物·かりたてもの〕
가검물	검삿감 〔보기〕가검물을 채취하다 → 검삿감을 따내다(떼

어내다·캐내다·골라내다) 〔可檢物〕

가격	침·때림 〔보기〕가격하다 → 치다·때리다/ 가격을 가하다 → 때리다·치다/ 가격을 받고 → 맞고·얻어맞고 ▷ 타격 → 때리기·치기/ 타격을 가하다 → 손해를 입히다·세게 치다 〔加擊〕
가격·가	값·금 〔보기〕유류가격 → 기름값·유류값/ 원유가격 → 원유값/ 가격표 → 값표/ 가격이 싸다 → 값이 싸다/ 가격을 올리다 → 값을 올리다/ 가격파괴 → 값깨기·값안지키기·금깨기 ▷ 매매가 → 매맷값/ 분양가 → 분양값/ 물가 → 물건값/ 전세가 → 전세금/ 지가 → 땅값/ 주가 → 줏값·주식값/ 곡가 → 곡식값/ 시가 → 시세·시장값/ 고가 → 비싼·값비싼·높은값/ 저가 → 싼·값싼·낮은값 〔價格·價〕
가결	통과함·통과시킴 〔보기〕가결하다 → 통과시키다·결정하다 ▷ 부결 → 통과안됨 〔可決 -〕
가계	집안계통·집안내림 ▷ 가통 → 집안계통 〔家系〕
가계	살림살이·살림 〔보기〕가계를 꾸리다 → 살림을 꾸리다/ 가계가 넉넉하다 → 살림이 넉넉하다 〔家計〕
가계약	임시계약 〔일 假契約·かりけいやく〕
가곡	노래·노래곡조 〔歌曲〕
가공	1. 공중매기 2. 꾸밈·터무니없음 〔보기〕가공하다 → 꾸미다/ 가공삭도 → 소리개찻길/ 가공선 → 공중줄/ 가공인물 → 헛인물·뜬인물·만든인물/ 가공의 세계 → 꾸민 세계/ 가공적 → 꾸며낸·터무니없는 ▷ 가상 → 어림·어림잡기·헛 〔架空〕
가공	손질 〔보기〕가공하다 → 손질하다/ 가공작업 → 손질/ 임가공 → 품손질·맡겨만듦/ 위탁가공 → 맡겨만듦 〔加工〕
가공할	두려운·무서운 〔보기〕가공할 사건 → 무서운 사건 〔可恐 -〕
가과	혹살열매·헛열매 ※배·사과·무화과 따위. 〔일 假果〕
가관	볼만함 ※'못볼 꼴'의 뜻으로 비웃는 말로 쓰기도 한다. 〔보기〕가관이다 → 볼만하다 〔可觀〕
가교	다리·다리놓기 〔보기〕가교하다 → 다리놓다/ 가교역(할) → 다리구실·다리노릇/ 가교역을 수행하다 → 다리구실을 하다 ▷ 교량 → 다리 〔架橋〕
가교	임시다리 〔보기〕가교를 가설하다 → 임시다리를 놓다 〔假橋〕
가교사	임시교사 ▷ 가교실 → 임시교실 〔假校舍〕
가구	집·집안식구 ▷ 세대 → 가구/ 다세대주택 → 다가구주택

	/ 세대주 → 가구주/ 세대수 → 가구수 · 집수　[家口]
가구(류)	세간(붙이)　〔보기〕가구를 들이다 → 세간을 들이다　▷ 가장집물 → 세간/ 자구 · 집구 · 집기 · 집물 → 살림살이 · 세간붙이/ 가전제품 → 전기세간　[家具]
가귀뜨기	가귀대기
가금	개금 · 가짜금　[假金]
가금	집새 · 닭류　▷ 가축 → 집짐승　[家禽]
가급적	될 수 있는 대로 · 될 수 있으면 · 되도록 · 아무쪼록　[可及的]
가까와지다	가까워지다　※모음조화 현상을 인정하지 않고 현실발음에서 'ㅂ'이 '오' 아닌 '우'로 많이 나는 것을 인정하여 대부분의 'ㅂ'변칙용언을 '－워'로 적게 하였다. 다만 '돕다 · 곱다 · 손꼽다 · 뽑다 · 씹다 · 업다 · 잡다 · 접다 · 집다 · 손굽다 · 좁다 · 굽다(曲)' 등의 'ㅂ'은 '우'로 바뀌지 않는다.(맞춤법 제18항)
가까히	가까이　※끝음절이 분명히 '이'로만 소리난다 하여 '가까이'로 적음. 주로 '이'로 적는 것은 짝씨로 된 명사 뒤(간간이 · 땀땀이 · 줄줄이 따위), ㅅ받침 뒤(기웃이 · 빠듯이 · 깨끗이 따위), ㅂ불규칙용언 뒤(가벼이 · 외로이 따위), '－하다'가 붙지 않는 용언 줄기 뒤(같이 · 굳이 · 헛되이 따위), 부사화 접미사 '－이'가 붙은 말(곰곰이 · 더욱이 · 일찍이 따위) 등이다.(맞춤법 제51항)
가께(케)모찌(치)	겹치기 · 겸임　[일 掛け持(かけもち)]
가께(케)소바	메밀국수　▷ 가께우동(掛饂飩) → 가락국수/ 모리소바 → 메밀국수　[일 掛蕎麥]
가납	임시치름　〔보기〕가납하다 → 임시로 치르다　[假納]
가내	집안　〔보기〕가내공업 → 가족공업/ 가내 두루 무고하신가 → 집안 두루 무고하신가　[家內]
가능	수 · 될수 · 할수　〔보기〕가능하다 → 될 수 있다 · 할 수 있다/ 가능하는 → 가능한 · 될 수 있는 한/ 대납이 가능하다면 → 대신 낼 수 있다면/ 가능한 한 → 될 수 있는 한 · 할 수 있는 한/ 가능한 일이다 → 할 수 있는 일이다/ 가능하느냐 → 가능한가 · 가능하냐/ 제삼자의 고발로 위증죄 처벌이 가능한지 여부에 대한 법률적 검토 작업에 들어갔다 → ～ 위증죄 처벌을 할 수 있는지 법률 검토에 들어갔다 · ～ 위증죄로 처벌할 수 있을지 ～　[可能]
가능성	될수 · 할수 · 수　※'가능성'의 시대라 할 만큼 쓸데없이 많이 쓰인다. 대명사 따위로 받거나 '－성'을 앞말에 붙이거나 아예 다른 말을 쓰고 생략할 수도 있다.　〔보기〕입당이 늦어질 가능성도 없지 않다 → 입당이 늦어질 수도 있다/ 중대 결

심을 할 가능성도 거론되고 있다 → 중대 결심을 할 수도 있다
/ 실현 가능성이 희박하다 → 실현성이 거의 없다/ 실현 가능
성을 전혀 배제할 수는 없다 → 실현할 수도 있다/ 남북 경협
이 가시화할 가능성이 높은 것으로 예상하고 있다 → ~ 가시
화할 것으로 보고 있다/ 부활할 가능성은 없습니까 → 부활하
지는 않겠습니까/ 가능성이 있다(없다) → 할 수(될 수) 있다
(없다)/ 더 있을 가능성을 뒷받침해 → 더 있을 것을 뒷받침
해/ 나름대로 '중대결심'을 할 가능성도 거론되고 있다 → '중
대결심'을 하는 것도 거론되고 있다/ 실현 가능성은 희박한 것
으로 → 실현성은 적은 것으로/ 가능성이 크다 → 가능성이 높
다 〔可能性〕

가다(-타, -따)	본·본보기 〔일 形〕
가다(-타, -따)	거푸집·골·틀·판·본 〔보기〕 가다와꾸 → 거푸집 〔일型〕
가담	편듦·거듦·붙음 〔보기〕 가담하다 → 편들다·붙다/ 가담자 → 편든이·붙은이 〔加擔〕
가당찮다	당찮다 〔可當-〕
가도	한길·큰길·거리·길 〔보기〕 경춘가도 → 경춘길/ 경인가도 → 경인길 〔街道〕
가도관	헛물관·가짜물관 〔假導管〕
가동	움직임·일함·돌림 〔보기〕 가동하다 → 1. 움직이다·돌리다 2. 돌다/ 가동되다 → 가동하다·움직이다·돌다/ 가동력 → 일할 힘/ 가동률 → 돌리는 비율/ 가동시간 → 일하는 시간 ▷ 시동 → 시작함 〔稼動〕
가동	움직일 수 있음·움직이게 할 수 있음 〔보기〕 가동성 → 움직일 수 있는(성질)/ 가동거리 → 움직일 수 있는 거리/ 가동인력 → 동원인력 〔可動〕
가두	거리·길거리 〔보기〕 가두시위 → 거리시위/ 가두연설 → 거리연설/ 가두행진 → 거리행진/ 가두선전 → 거리선전/ 가두판매 → 거리팔기/ 가(두)판 → 거리판 〔街頭〕
가드	1. 수비수 2. 수위·경호 〔보기〕 가드레일 → 보호난간·보호울짱·보조레일/ 가드맨 → 경비원/ 가드펜스 → 보호철책/ 보디가드 → 경호원 〔영 guard〕
가든	정원·뜰·마당 〔보기〕 가든 파티 → 마당잔치·뜰잔치/ 로즈가든 → 장미뜰 〔영 garden〕
가등	거리등 ▷ 가로등 → 거리등 〔街燈〕
가디건	카디건 〔영 cardigan〕
가라	가짜·헛 〔보기〕 가라오케 → 가짜오케스트라·녹음반

주·노래방　[일 空·から]

가라테	당수·일본식 태껸　　[일 からて]
가락오락	오락가락　　※'오락가락'이 많이 쓰인다 하여 이를 표준말로 삼음. 비슷한 보기로 날락들락 → 들락날락/ 푸르락붉으락 → 붉으락푸르락/ 펴락쥐락 → 쥐락펴락 들이 있다.(표준어규정 제25항)
가랭이	가랑이　　※'ㅣ'모음 역행동화를 인정하지 않음.　〔보기〕 가랭이가 찢어질 지경 → 가랑이가 찢어질 지경
가량	1. 어림짐작　2. -쯤　〔보기〕가량하다 → 어림짐작하다/ 가량없다 → 어림이 없다/ 가량하건대 → 어림짐작건대/ 나흘 가량 → 나흘쯤　[假量]
가령	이를테면·예컨대　▷ 가사·가약 → 이를테면　[假令]
가로	거리·길　〔보기〕가로등 → 거리등/ 가로수 → 길나무/ 가로변 → 길가/ 가로조명 → 거리 비춤　[街路]
가료	치료·(병) 고침　〔보기〕가료하다 → 치료하다/ 당분간 가료를 요합니다 → 며칠 치료를 해야 합니다·한동안 치료가 필요합니다　[일 加療·かりょう]
가리	갈비　※말밑이 원형에 가까운 꼴이 쓰이고 있으면 이를 표준말로 삼는다. 비슷한 보기로 갓모·굴젓·말곁·물수란· 밀뜨리다·적이·휴지 따위가 있다.(표준어규정 제5항 다만 조항)　〔보기〕가리구이 → 갈비구이/ 가리볶음 → 갈비볶음/ 가리새김 → 갈비새김/ 가리적 → 갈비적/ 가리조림 → 갈비조림/ 가리찜 → 갈비찜/ 가릿국 → 갈빗국/ 가릿대 → 갈빗대
가리	칼리(칼륨·탄산칼륨)　[加里〈라 kali]
가리마	1. → 가르마　2. 예장 큰머리에 얹는 헝겊　〔보기〕가리마꼬챙이 → 가르마꼬챙이/ 가리마를 타다 → 가르마를 타다
가리방	줄판　[일 がりばん(版)]
가리워지다	가리어지다　※준말은 '가려지다', 본딧말은 '가리다'.
가망	될 희망　〔보기〕가망없다 → 어림없다/ 가망있다 → 될 수 있다　[可望]
가면	1. 탈　2. 거짓　〔보기〕가면극 → 탈춤놀이·탈춤극/ 가면무 → 탈춤/ 가면무도 → 탈춤/ 가면무도회 → 탈놀이·탈춤 모임/ 가면을 벗고 대하다 → 진심으로 대하다　▷ 가장무도 → 탈춤/ 가장무도회 → 탈놀이　[假面]
가명	가짜이름　〔보기〕가명계좌 → 가짜(이름)셈자리　▷ 차명 → 빌린이름·이름빌림/ 실명 → 본이름　[假名]
가문	집안·지체　▷ 가벌·문벌·가계 → 집안·지체·집안 계

	통 [家門]
가미	맛더함 · 양념함 · 덧들임 〔보기〕 가미하다 → 더하다 · 양념하다 · 덧들이다 [加味]
마미가제	가미카제 · 신풍 · 자폭특공대 〔일 神風〕
가발	가짜머리 · 덧머리 [假髮]
가봉	시침바느질 · 시침 · 시침질 〔보기〕 가봉하다 → 시침질하다 [일 假縫 · かりぬい]
가부간	옳든 그르든 · 되든 안 되든 · 좋건 그르건 · 어쨌든 · 아무튼 〔보기〕 가부간 얘기나 좀 합시다 → 아무튼 얘기나 좀 합시다 [可否間]
가부시끼(키)	1. → 주식 · 고본 2. → 나눠내기 · 추렴 〔보기〕 가부시끼하다 → 추렴하다 · 나눠내다 [일 株式 · かぶしき]
가부좌	책상다리 〔보기〕 가부좌를 틀다 → 책상다리를 하다 ▷ 결가부좌 · 반가부좌 [跏趺坐]
가분수	거꿀분수 · 분자큰분수 ▷ 진분수 → 참분수 [假分數]
가불	임시치름 · 임시지급 · 우선지급 〔보기〕 가불하다 → 우선주다 · 당겨 받다/ 가불받다 → 당겨 받다/ 가불금 → 임시치름(돈) · 우선지급금 [일 假拂 · かりばらい]
가빠(파)	1. → 비옷 2. → 씌개 · 덮개 [〈포 capa]
가사	설혹 · 가령 · 이를테면 〔보기〕 가사 그런 일이 일어난다 해도 → 가령 그런 일이 일어난다 해도 [假使]
가사	집안일 〔보기〕 가사노동 → 집안노동 · 집안일 ▷ 가무 → 집안일 [家事]
가사	노랫말 ▷ 곡조 → 가락 [歌詞]
가산	보탬 · 덧셈 〔보기〕 가산하다 → 보태다 · 더하다/ 가산금 → 웃돈/ 가산혼합 → 빛깔섞기 ▷ 감산 → 빼냄 · 뺄셈 [加算]
가상	1. 어림잡기 · 어림생각 · 어림 2. 가짜 · 꾸민 · 헛 〔보기〕 가상하다 → 어림하다 · 어림잡다/ 가상공간(가공간) → 어림공간/ 가상현실 → 어림현실 · 꾸민현실 ▷ 사이버 → 어림 · 가짜 · 인공 · 셈틀 [假想]
가상자리	가장자리 ▷ 가상이 · 가생이 → 가장자리
가상하다	기특하다 · 갸륵하다 〔보기〕 가상한 → 기특한 · 갸륵한/ 하는 짓이 가상하여 → 하는 짓이 기특하여 [嘉尙 -]
가석방	임시석방 ▷ 가출옥 → 임시출옥 [假釋放]
가설	놓기 · 매기 · 달기 〔보기〕 가설하다 → 놓다 · 매다 · 달다/ 가설작업 → 놓기 · 달기/ 다리를 가설하다 → 다리를 놓다 [架設]

가성	가짜 · 비슷한 것 · 닮은　▷ 가성근시 · 가성비대 · 가성빈혈 · 가성졸 · 가성크루프 · 가성포경 · 가성피저　[假性]
가성	1. 가짜목소리 · 거짓소리　2. 속소리 · 세청 · 속청　[假聲]
가성조달	양잿물 · 가성소다　[苛性曹達〈soda〉]
가세	거들기　〔보기〕 가세하다 → 거들다　▷ 가담 → 편듦 · 붙음 · 거듦　[加勢]
가세	집세　[家貰]
가세	살림형편 · 집안형편 · 터수　〔보기〕 가세가 몰락하다 → 집안형편이 기울다　[家勢]
가소롭다	우습다 · 같잖다　[可笑 -]
가속	힘 더함 · 빠르게 함 · 밟음 · 채침　〔보기〕 가속하다 → 속도를 더하다 · 빠르게 하다/ 가속화 → 힘 더함 · 채침/ 가속화하다 → 힘 더하다 · 더욱 채치다/ 가속화시키다 → 빨리 가게 하다 · 치우치게 하다/ 여권을 분열쪽으로 더욱 가속화시킬 요인으로 → 여권을 더욱 분열하게 하는 요인으로/ 외교노력이 가속화하고 있다 → 외교적 노력을 더욱 기울이고 있다 · 외교노력을 채치고 있다　▷ 감속하다 → 줄이다 · 느리게 하다/ 증속하다 → 더 내다　[加速]
가솔	식구 · 가족　▷ 가권 · 가속 · 식솔 → 집안 식구　[家率]
가솔린	휘발유　〔보기〕 가솔린 걸 → 여자주유원/ 가솔린 스탠드 → 주유소/ 가솔린 엔진 → 휘발유기관　▷ 개솔린 · 개설린 → 가솔린　[〈영 gasoline]
가수	물넣기　〔보기〕 가수분해 → 덧물분해　[加水]
가수요	뜬수요　〔보기〕 사재기 등 가수요 현상으로 → ~ 뜬수요 현상으로　[假需要]
가스	기체 · 기체연료 · 공기 · 바람　〔보기〕 가스레인지 → 기체화덕 · 가스화덕/ 가스마스크 → 방독면/ 가스파이프 → 가스관　▷ 가스렌지 → 가스레인지/ 와사등 → 가스등　[영 gas]
가스라기 · 가스랑이 · 가시라기	가시랭이　※ 'ㅣ' 모음역행동화가 일어났으나, 가시랭이가 많이 쓰인다 하여 이를 표준말로 삼음.
가습기	축이개 · 습도조절기　[假濕器]
가시	보임 · 볼 수 있음　〔보기〕 가시거리 → 보이는 거리/ 가시광선 → 보일빛살 · 보이는빛/ 가시권 → 눈안 · 보임둘레/ 가시적 → 보이는/ 가시적 성과 → 드러난 성과/ 가시신호 → 보이는 신호　[可視]
가시돋힌	가시돋친　※ '돋치다'는 있어도 '돋히다'는 없다.　〔보기〕 가시돋친 말　▷ 날개돋힌 → 날개돋친
가시화	드러냄 · 드러남 · 두드러짐　〔보기〕 가시화하다(되다) →

드러내다 · 드러나다/ 가시화된 북-일 수교 → 드러난 ~/ 국
민은 가시화된 성과를 원한다 → ~ 드러난 성과를 바란다 ·
~ 직접적인 성과를 바란다/ 이로써 그동안의 물밑접촉 내용
을 가시화했다 → ~ 내용을 드러냈다/ 총선 전 후보 가시화
불가 → 총선 전 후보 못 드러내/ 수교합의 뒤 교류 · 협력 가
시화 → ~ 두드러져　［可視化］

가식	거짓꾸밈 · 꾸밈　　〔보기〕가식적 → 꾸민/ 가식이 없는 언행 → 꾸밈없는 말과 태도　　▷ 위식 → 거짓꾸밈　［假飾］
가십	촌평 · 꼬집기 · 뜬소문　　〔보기〕가십난 → 촌평란/ 가십기사 → 꼬집기사　［영 gossip］
가십란	가십난　　※고유어나 서양외래어 뒤에 '欄 · 量' 따위가 오면 독립된 말로 인정하여 머릿소리법칙을 따라 '난 · 양'으로 적는 다.　　▷ 어린이란 → 어린이난/ 구름량 → 구름양/ 쓰레기 량 → 쓰레기양　［영 gossip+欄］
가압	집오리　［家鴨］
가액	값　［價額］
가어	가자미　［加魚］
가역반응	양쪽반응 · 되돌이반응　　▷ 불가역반응 · 비가역반응　［可 逆反應］
가연성	타는 성질 · 탈성　　〔보기〕가연성 물질 → 잘 타는 물건/ 비 가연성 → 안탈성　［可燃性］
가열	달구기 · 데우기　　〔보기〕가열하다 → 달구다 · 데우다/ 가열 건조 → 데워말리기/ 가열기 → 데우개/ 가열온도 → 달굼온 도/ 가열육 → 익힌고기　［加熱］
가오	얼굴 · 체면　　〔보기〕가오마담 → 얼굴마담　［일 顔 · かお］
가옥	집　［家屋］
가온	데우기 · 온도높임　　〔보기〕가온기 → 데우개/ 가온조 → 데 움통　［加溫］
가외일	가욋일　［加外 - ］
가용	쓰임　　〔보기〕가용노동 → 쓸노동/ 가용시간 → 쓸시간/ 가 용자원 → 쓸(쓰일)자원　［可用］
가용성	녹는 성질　　〔보기〕가용성 전분 → 잘 녹는 녹말　［可溶性］
가운	덧옷 · 예복 · 위생복 · 실습복 · 법복　　〔보기〕나이트 가운 → 긴 잠옷　［영 gown］
가운대	가운데　　▷ 군데 · 한데 · 가게
～ 가운데(～ 속에 ～ 중에)	※쓸데없이 많이 넣어 쓰는 말이다.　　〔보기〕공직사회의 기 강해이 현상이 사회문제로 대두하고 있는 가운데 → ~ 머리 를 들고 있는 요즘/ 이런 가운데 → 한편 · 또한/ 법정시한이

일주일 앞으로 다가온 가운데 → 법정시한을 일주일 앞둔 ○○일/ 앞둔 가운데 → 앞두고/ 참석한 가운데 → 참석하여/ 흐린 가운데 한때 비 → 흐리고 한때 비/ 마르크스주의 운동사 속에서 → ~ 운동사상 · ~ 운동사에서/ 아무도 나서지 않는 가운데 → 아무도 나서지 않아서 · ~ 나서지 않자/ 쌀쌀한 날씨 속에 → 쌀쌀한 날씨에도/ 사회 속에 → 사회에/ 있는 가운데 → 있는 때에/ 분위기가 뒤숭숭한 가운데 치러졌다 → 뒤숭숭한 분위기에서 치렀다

가위   그야말로   〔보기〕 가위 아름답다 할 만하다 → 그야말로 ~ 〔可謂〕

가을카리   가을갈이   ※준말은 '갈갈이'이며, 거센소리로 나지 않는 형태를 표준말로 삼았다.   ▷ 거시키 → 거시기/ 푼침 → 분침

가이당(단)   층층대 · 층계 · 계단 〔일 階段 · かいだん〕

가이드   안내 · 지도 · 안내원 · 길잡이   〔보기〕 가이던스 → 지도 · 지침/ 가이드북 → 안내책자/ 가이드라인 → 기준선 · 가리킴표 · 지표 · 지침/ 가이드포스트 → 길표지 · 이정표 〔영 guide〕

가이센(센)   금놀이 · 술래잡기 〔일 かいせん〕

가일층   더 한층 · 더욱 · 좀더   〔보기〕 가일층 노력하자 → 한층 더 노력하자 〔加一層〕

가임   집세 〔일 家賃〕

가임신   거짓임신 〔假姙娠〕

가입   들어감 · 듦   〔보기〕 가입하다 → 들다/ 가입자 → 든 이/ 회원 가입 → 회원 듦 〔加入〕

가작   잘된 작품   ▷ 가편 → 잘된 작품 〔佳作〕

가장   거짓꾸밈   〔보기〕 가장하다 → 거짓 꾸미다/ 가장매매 → 거짓매매 · 짬짜미 매매/ 가장실업 → 잠재실업 〔假裝〕

가전   웃돈 〔加錢〕

가전제품   전자세간 · 가정전기기기 〔家電製品〕

가절   좋은철   〔보기〕 양춘 가절 → 따뜻하고 좋은 봄철 〔佳節〕

가접수   임시접수 · 임시받기   〔보기〕 원서를 가접수시켰다 → 원서를 임시로 냈다 〔假接受〕

가정   집안 · 집   〔보기〕 가정간호 → 집안간호/ 가정(재택)근무 → 집안근무/ 가정배달(택배) → 집배달/ 가정복 → 집옷/ 가(정)사 → 집안일/ 가정상비약 → 집안갖춤약/ 가정생활 → 집안살이/ 가정언어 → 집안말/ 가정요법 → 집안 치료법/ 가정용품 → 집세간/ 가정원예 → 집안원예/ 가정적 → 집같은 ·

	집안을 소중히 여기는/ 가정학습 → 집안공부/ 가정불화 → 집안불화/ 가정방문 → 집방문 [家庭]
가정하다	거짓잡다·치다·보다 〔보기〕그렇다고 가정하자 → 그렇다고 치자·그렇다고 보자 ▷ 가설 [假定]
가제목	임시제목 [假題目]
가조약	임시조약·예비조약 ▷ 가조인 → 임시조인·예비조인 [假條約]
가조인	임시조인·예비조인 [假調印]
가주소	임시주소 [假住所]
가중	보탬·더함·더 무거워짐 〔보기〕가중하다(되다) → 더하다·더해지다·보태다·보태지다/ 가중처벌 → 덧보탠 처벌·덧처벌/ 가중치 → 덧값 [加重]
가증하다	얄밉다·밉살스럽다 〔보기〕가증스럽다 → 얄밉다·밉살스럽다 [可憎]
가지다·갖다	하다·맺다·열다·만나다·지내다·드리다·행하다 ※영어 'have'나 'take', 'hold', 'give' 따위를 직역해 우리말을 우습게 한 말 가운데 두드러진 것인데, 이는 문장의 서술어를 명사형으로 바꾸고 스스로 본동사 구실을 하기도 한다. 주로 '~을 가지다' '~을 갖는다'로 쓰는데, 이를 변태 서술어라고 부르는 이도 있다. 〔보기〕만남을 가질 예정 → 만날 예정/ 실무대표 접촉을 갖고 → 실무대표가 만나서/ 단독면담을 가지고 → 단독으로 만나서/ 관계를 가질 만한데 → 관계할 만한데/ 공연을 가진다 → 공연을 한다/ 단체교섭을 가졌으나 → 단체교섭을 했으나·단체로 교섭했으나/ 대화를 갖자는 → 대화를 하자는/ 첫 접촉을 가졌다 → 처음 만났다/ 절충을 가질 것 → 절충을 할 것/ 전화통화를 가졌다 → 전화통화를 했다/ 회견(회담·집회)을 가지다 → ~을 하다/ 입학식(시상식·발표회·대회)을 가지다 → ~을 열다·~을 하다/ 노제(49재·하관식)를 갖고 → ~를 지내고·~를 드리고·~를 올리고/ 이날 가진 연설 → 이날 행한 연설/ 좋은 시간 가지시길 → 잘 지내시길
가차압	가압류·임시압류 [일 假差押·かりさしおさえ]
가차없다	사정없다·용서없다 〔보기〕가차없이 → 사정없이 [假借]
가책	꾸지람·찔림·걸림 〔보기〕가책하다 → 꾸짖다·찔리다/ 양심의(에) 가책 → 양심이 찔림/ 지나치게 가책하다 → 지나치게 꾸짖다 [呵責]
가처분	임시처분 〔보기〕가처분하다 → 임시처분하다/ 가처분신

청 → 임시처분 신청 〔일 假處分·かりしょぶん〕

가첨	덧붙임 〔보기〕가첨하다 → 덧붙이다/ 가첨문서 → 덧붙인 문서/ 첨부 → 곁들임 〔加添〕
가축	집짐승 〔보기〕가축을 사육하다 → 집짐승을 기르다· ~을 치다 ▷ 가금 → 집새·닭류 〔家畜〕
가출	집나감·집나간 〔보기〕가출하다 → 집나가다/ 가출인 → 집나간이/ 가출 청소년 → 집나간 청소년/ 가출노인 → 집나간 노인 〔家出〕
가취	덤 〔보기〕가취하다 → 덤받다 〔加取〕
가치장	임시보관소 〔假置場〕
가친	아버지 ▷ 모친 → 어머니/ 부친 → 아버지 〔家親〕
가케(께)소바	메밀국수 〔일 掛蕎麥·かけそば〕
가케(께)우동	가락국수 〔일 掛饂飩·かけうどん〕
가쾌	집주릅 ※집 흥정 붙이는 이. 〔家儈〕
가쿠(꾸)	틀·액자 〔일 額·がく〕
가타부타	옳다 그르다·옳니글니·된다 안된다·좋다 싫다·옳다긇다 ▷ 왈가왈부 → 옳니글니 〔可-否-〕
가탈스럽다·까탈 스럽다	까다롭다 ※'까다롭다'가 많이 쓰인다 하여 이를 표준말로 삼음.(표준어규정 제25항)
가택	집 〔보기〕가택수색 → 집뒤짐/ 가택방문 → 집방문/ 가택 침입 → 주거침입 〔家宅〕
가토	북주기 〔보기〕가토하다 → 북주다·흙덮어었다 〔加土〕
가토	집토끼 〔家兎〕
가통	집안계통·집안내림 ▷ 가계 → 집안내림·집안계통 〔家統〕
가투	거리투쟁 〔街鬪〕
가판	거리판매·거리팔기·거리팔것 〔보기〕가판원 → 거리판매 원 ▷ 가두판매 → 거리판매 〔街販〕
가표	찬성표 ▷ 부표 → 반대표 〔可票〕
가풍	노래멋 〔歌風〕
가필	붓댐·고쳐씀 〔보기〕가필하다 → 고쳐쓰다·붓대다·덧 칠하다 〔일 加筆·かひつ〕
가하다	1. 더하다·보태다 2. 넣다·주다 3. 입히다·끼치다·씌우 다·었다 〔보기〕충격을 가하다 → 충격을 주다, 충격을 더 하다/ 속력을 가하다 → 속력을 더하다·빨리가다/ 압력을 가 하다 → 압력을 넣다·힘을 주다/ 물을 가하다 → 물을 넣다/ 비난을 가하다 → 비난하다·비난을 퍼붓다/ 손실을 가하다 → 손실을 주다·손실을 끼치다/ 피해를 가하다 → 해롭히

	다 · 손해를 입히다 ▷ 감하다 → 덜다 · 빼다/ 승하다 → 곱하다/ 제하다 → 나누다 [加 -]
가하다	좋다 · 옳다 · 된다 〔보기〕 가타부타 → 옳니 글니 · 좋다 나쁘다 · 된다 안된다 [可 -]
가해자	해친이 · 해입힌이 ▷ 피해자 → 해입은이 [加害者]
가호	돌봐줌 · 보살핌 · 도움 〔보기〕 가호하다 → 돌봐주다 · 보살피다/ 신의 가호가 있기를 → 신이 보살피기를 · 신의 도움이 있기를 · 신이 도와줄 것을 [加護]
가히	넉넉히 · 바로 · 무던히 · 어지간히 · 마땅히 〔보기〕 가히 절색이라 할 만하다 → 바로 절색이라 ~ / 가히 연옥이라 할 사고 현장 → 바로 연옥이라 할 ~ / 가히 짐작하고도 남음 → 넉넉히 짐작하고도 남음 [可 -]
각	모 · 뿔 · 귀 〔보기〕 삼각 → 세모 · 세귀/ 사각 → 네모 · 네귀/ 시각 → 볼모 ▷ 각도를 달리하다 → 방향을 달리하다 · 달리 보다/ 각도를 맞추다 → 눈금을 맞추다 ▷ 시각을 달리하다 → 볼모를 달리하다/ 시각교정 → 보는모 고치기 · 볼모 바로잡기 [角]
각	여러 · 모든 · 따로 · 마다 ※'각'과 '별'은 같은 뜻이므로 겹쳐쓸 필요가 없다. 〔보기〕 각 부처별 → 각 부처 · 부처별 · 부처마다/ 각 과별 → 과마다/ 각 부별로 → 부마다/ 각 분야별로 → 분야마다 · 분야별로/ 각 국별로 → 나라마다 · 나라별로/ 각 사원들은 → 모든 사원들은/ 각자 → 저마다 ▷ 각각 → 따로따로 · 낱낱/ -별 → 마다 · 따로 [各]
각	다리 〔보기〕 교각 → 다릿발/ 각력 → 다릿심/ 각희 → 씨름 · 태껸 [脚]
각	껍질 [殼]
각개	따로따로 · 하나하나 〔보기〕 각개격파 → (적을 한 부분씩) 따로 떼어 쳐부숨/ 각개약진 → 저마다 따로 달려나감/ 각개전투 → 병사 개개인이 벌이는 전투 [各個]
각계	여러 분야 〔보기〕 각계각층 → 여러 분야/ 각계인사 → 여러 분야 사람들 [各界]
각고	고생 · 무척 애씀 〔보기〕 각고면려 → 몹시 애씀/ 각고의 노력을 기울이다 → 몹시 애쓰다 [刻苦]
각광받다	드러나다 · 무대에 서다 · 알려지다 · 비치다 · 흥미를 끌다 〔보기〕 제주도는 세계적인 관광지로 날로 각광을 받고 있다 → 제주도는 훌륭한 관광지로 세계에 이름을 떨치고 있다 [脚光 -]
각기	저마다 · 각각 〔보기〕 각기 서로 다른 생각 → 저마다 다른

생각   ▷ 각자 → 저마다 [各其]

각당별로　　당별로·정당마다 [各黨別－]

각대　　각띠·허리띠   ▷ 요대 → 허리띠 [角帶]

각력　　다릿심·길 걷는 힘   ▷ 완력 → 팔힘 [脚力]

각론　　따로풀이·가름풀이   ▷ 총론→모두풀이·두루풀이/ 범론 → 두루풀이 [各論]

각막　　단단막   〔보기〕각막백반 → 단단막얼룩/ 각막염 → 삼눈/ 각막은행 → 눈은행   ▷ 결막 → 눈껍질막/ 결막염 → 삼눈 [角膜]

각박하다　　몹시 박하다·모나고 인정없다 [刻薄－]

각반병　　모무늬병 [角班病]

각배　　뿔잔 [角盃·角杯]

각별하다　　깍듯하다·특별하다   〔보기〕각별히 → 깍듯이·특별히/ 각별로 → 따로따로 [各別－·恪別－]

각본　　극본·대본·짠본·꾸민것   〔보기〕각본대로 하다 → 꾸민 대로 하다·짠 대로 하다 [일 脚本]

각색　　극본 꾸미기·극본화   〔보기〕각색하다 → 극본으로 꾸미다 [脚色]

각서　　다짐(글)·약정서·약조서·약절 [일 覺書·おぼえがき]

각선미　　다리맵시   〔보기〕각선미가 늘씬하다 → 다리가 늘씬하다/ 각선미를 뽐내다 → 다리맵시를 뽐내다/ 각선미가 예쁘다 → 다리맵시가 예쁘다 [脚線美]

각섬석　　모빛돌 [角閃石]

각성　　깸·깨달음·정신차림   〔보기〕각성하다 → 깨닫다·정신 차리다/ 각성제 → 흥분제 [覺醒]

각성받이·각성붙이　　각성바지   ▷ 성받이 → 성바지/ 타성받이 → 타성바지

각양각색　　여러가지·갖가지   ▷ 각종 → 갖가지·여러가지 [各樣各色]

각연초　　살담배   ▷ 각초 → 살담배/ 절초 → 살담배/ 권연초 → 궐련/ 궐련 → (말이)담배·만 담배/ 연초 → 담배/ 엽연초 → 잎담배 [刻煙草]

각오　　작정·맘먹음   〔보기〕각오하다 → 작정하다·맘먹다 [覺悟]

각위　　여러분 [일 各位·かくい]

각인　　새김·도장팜·도장찍힘·찍힌인상   〔보기〕각인하다 → 새기다·도장 파다·도장 찍히다/ 가슴 깊이 각인하다 → 가슴 깊이 새기다/ 그 사람의 인상이 각인됐다 → 그 사람의 인상이 뚜렷이 남았다 [刻印－]

각인각색	제각기·저마다 ▷ 각인각양 → 제각기·저마다/ 각기 → 저마다·각각/ 각자 → 저마다 [各人各色]
각일각	바싹바싹·부쩍부쩍·시각을 다퉈 〔보기〕각일각 불어나는 한강물의 높이 → 부쩍부쩍 불어나는 한강물의 높이 [刻一刻]
각자	저마다 ▷ 각각 → 저마다·낱낱이/ 각기 → 저마다/ 각인각색 → 저마다 다름 [各者]
각적	뿔피리 [角笛]
각종	갖가지 ▷ 각양각색 → 여러가지·갖가지 [各種]
각주	모기둥·각기둥 [角柱]
각주	아랫주 ▷ 푸트노트 → 각주·아랫주·밑풀이/ 두주 → 머릿주·앞풀이 [脚註]
각지	여러곳·곳곳 〔보기〕전국 각지에서 → 전국 곳곳에서 ▷ 각처 → 곳곳·여러곳/ 도처 → 곳곳/ 방방곡곡 → 곳곳이·구석구석 [各地]
각질	뿔성질·뿔질 〔보기〕각질층 → 뿔성질층·겉켜 [角質]
각처	여러곳·곳곳 ▷ 각지 → 여러곳·곳곳/ 도처 → 곳곳 [各處]
각초	살담배 ▷ 각연초·절초 → 살담배 [角草]
각축	맞겨룸·맞서다툼·다퉈덤빔 〔보기〕각축하다 → 맞겨루다/ 각축장 → 맞겨루는 곳·다퉈덤비는 데/ 각축전 → 맞겨루기·맞서싸움 [角逐]
각피	겉껍데기 [殼皮]
각필	붓놓음 〔보기〕각필하다 → 붓을 놓다/ 그럼, 오늘은 이만 각필합니다 → 그럼, 오늘은 이만 붓을 놓겠습니다 [閣筆·擱筆]
각하	퇴함·물리침 〔보기〕각하하다 → (형식상의 이유로) 퇴하다·물리치다 ▷ 기각 → (내용상의 이유로) 물리침 [却下]
각하성	다리아랫소리 ※하소연·비라리청 [脚下聲]
각혈	객혈·피토하기·숨피쏟기 [喀血]
각형	뿔꼴·모꼴 〔보기〕각형토기 → 팽이토기 [角形]
각희	씨름 [角戲]
간	1. → 칸 2. 사이·동안 ※방앗간·윗간·아랫간·육간대청·초가삼간·찻간·푸줏간·고깃간·마구간 따위 '간'은 그대로 쓴다. 〔보기〕간을 막다 → 칸을 막다/ 간살 → 칸살/ 간간이 → 칸칸이·칸마다/ 간막이 → 칸막이/ 간수 → 칸수/ 빈 칸/ 아흔아홉 칸 [間]

간(에·의)	사이(에)·-지 〔보기〕한-미간에 → 한국과 미국 사이에/ 서울과 부산 간의 철도 → 서울과 부산 사이 철도/ 부부간에 → 부부 사이에/ 누가 그 일을 하든 간에 → 누가 그 일을 하든지 ※ 군더더기임 〔間-〕
간간이	1. 이따금·가끔·드문드문 2. 듬성듬성·띄엄띄엄 3. → 칸 칸이 〔間間-〕
간간짭잘하다	간간짭잘하다 ▷ 건건찝쩔하다
간간히	1. → 칸칸이·칸마다 2. → 간간이·드문드문·이따금 〔間 間-〕
간격	사이·틈·동안·거리 〔보기〕간격을 두다 → 사이를 두 다·거리를 두다/ 이틀 간격 → 이틀 사이 ▷ 간각·간통 → 뜬 사이 〔間隔〕
간경	대지름 ▷ 대경 → 큰지름 〔幹徑〕
간경	이마적·요마적 ▷ 간자·근경·근래·근자 → 이마적· 요즈음 〔間頃〕
간경변증	간굳음(증) ▷ 간경화증 → 간굳음(증) 〔肝硬變症〕
간과	그냥 봐넘김·지나침 〔보기〕간과하다 → 봐넘기다·허투 루 넘기다 〔看過-〕
간교	잔꾀·간사 ▷ 간계·간모 → 간사한 꾀·잔꾀 〔奸巧〕
간구	바람·요구함·얻고자함 〔보기〕간구하다 → 바라다·구하 다 ▷ 간구(懇求)하다 → 간절히 구하다/ 갈구하다 → 간 절히 구하다 〔干求〕
간극	틈·틈새·사이 〔보기〕간극이 생기다 → 틈이 생기다/ 간 극을 메꾸다 → 틈을 메우다 ▷ 극간 → 틈·틈새·사이/ 간격 → 사이·틈 〔間隙〕
간년	해거리 〔보기〕간년경·간년작 → 해거리농사 〔間年〕
간뇌	사잇골·사이뇌 〔間腦〕
간단	끊임·사이뜸·잠깐 끊어짐 〔보기〕간단없이 → 끊임없 이·꾸준하게/ 간단작업 → 새뜬일 ▷ 부단 → 끊임없음· 쉼없음/ 부단하게 → 끊임없이 〔間斷〕
간데라	칸델라·호롱불 〔〈네 kandelaar/ 포 candelaar〕
간드레	카바이드등·호롱등 〔〈영 candle〕
간또	어묵 ▷ 오뎅 → 어묵 〔일〈關東煮〕
간만	간조와 만조·썰물밀물 〔보기〕간만의 차 → 밀물과 썰물 때의 물높이 차이/ 조석간만·조수간만 → 밀물과 썰물 〔干 滿〕
간발	솎기 〔間拔〕
간벌	솎아베기 〔보기〕간벌하다 → 솎아베다/ 간벌수확 → 솎아

거두기 [間伐]

간벽   샛벽·사이벽·중간벽 [間壁]

간부   샛서방 [間夫]

간살   칸살 [보기] 간살뜨기 → 모눈뜨기·네모뜨기/ 간살이 → 칸살이/ 간살지르다 → 칸살지르다 [間-]

간색   중간색·중간빛·사잇빛   ※적·청·황·백·흑(빨강·파랑·노랑·하양·검정) 빛을 두 가지 섞은 빛인 녹·홍·벽·자·유황(풀빛·붉은빛·짙푸른빛·자줏빛·연노랑빛)을 일컫는다.   ▷ 단색 → 홑빛/ 정색 → 홑빛깔(적·청·황·백·흑)의 다섯 빛깔(오색) [間色]

간석지   미세깃벌·개펄   ▷ 간석 → 개펄/ 해택 → 개펄/ 간척지 → 개막이땅/ 간사지 → 간석지 [干潟地]

간선   원줄·줄깃줄·본선 [보기] 간선농로 → 큰농삿길/ 간선도로 → 줄깃길·큰길/ 간선수로 → 원줄기·큰물길/ 간선철도 → 원줄기철길/ 간선통로 → 줄깃길   ▷ 기선·본선 → 줄깃줄·줄깃길/ 지선 → 갈랫줄·가짓길 [幹線]

간섭   참견 [보기] 간섭하다 → 참견하다/ 간섭음 → 맥놀잇소리 [干涉]

간세   드문 [보기] 간세의 영웅 → 드문 영웅   ▷ 희대의 → 세상에 드문·역사에 드문/ 희세의 → 세상에 드문 [間世]

간수   교도관·건널목지기 [보기] 간수(看守)하다 → 지키다·간수하다   ※ 한자말 '간수하다'는 우리말 '간수하다·건사하다'로 바꿔 쓰는 것이 옳다 [看守]

간식   1. 샛밥·새참 2. 군음식·군입정·주전부리 [보기] 간식하다 → 주전부리하다·군것질하다 [일 間食]

간식   사이심기 [間植]

간신히   겨우·가까스로·구차하게 [艱辛-]

간쓰메(간즈메)   통조림 [일 罐詰·カンづめ·영 can-]

간언   떼놓는 말·이간질·샛말 [보기] 간언을 놓다 → 이간질하다/ 간언이 들다 → 샛말이 들다 [間言]

간여   참견·관계함·상관함 [보기] 간여하다 → 참견하다·끼어들다   ▷ 간예·관여 → 참견·상관·관계 [干與]

간요하다   썩 필요하다·아주 요긴하다 [보기] 간요히 → 요긴하게 ▷ 기중하다·긴중하다·긴하다·긴요하다·요긴하다 → 썩 필요하다 [肝要-]

간원하다   간절히 바라다   ▷ 곤원하다 → 간절히 바라다 [懇願-]

간유   간기름 [보기] 어간유 → 물고기간기름 [肝油]

간이   간니   ▷ 성치·영구치·환치 → 간니

간이	쉬움·편리함 〔보기〕간이하다 → 손쉽다·간편하다/ 간이복 → 간편옷/ 간이잠실 → 간이누엣간/ 간이저장 → 손쉬운 갈무리/ 간이주택 → 간편한 집/ 간이처리 → 간단한 처리 [簡易]
간자	염알이꾼 ▷ 간인·밀정·세인·세작·염객 → 염알이꾼 [間者]
간자	그사이·그동안·그즈음·이마적 ▷ 간경 → 그즈음·이마적 [間者]
간작	사이갈이·사이짓기 〔보기〕간작하다 → 사이짓기하다/ 간작식 → 사이짓기식 [間作]
간잡이	칸잡이 〔보기〕간잡이 그림 → 칸잡이 그림 [間-]
간장	간과 창자·애·배알 〔보기〕간장을 끊다 → 애를 끊다/ 간장을 녹이다 → 간을 녹이다/ 간장을 태우다 → 애태우다/ 간장이 녹다 → 매우 마음에 들다·몹시 애가 타다/ 간장이 썩다 → 속썩다/ 간장이 타다 → 애가 타다 ▷ 간장(肝臟) → 간/ 위 → 양 [肝腸]
간장족박·간장종구라기	간장쪽박 ※표준어모음.
간접조명	간접비춤 [間接照明]
간조	1. 썰물(가장 낮은 썰물)·감물·감 2. 조금 〔보기〕간조기 → 간물때 ▷ 만조 → 참물·참/ 만조기 → 찬물때 [干潮]
간주하다	보다·치다·여기다 〔보기〕허락한 것으로 간주하다 → 허락한 것으로 여기다 [일 看做·みなす]
간증	기미 [置黵]
간지	간사한 꾀·잔꾀 ▷ 간계 → 간사한 꾀/ 간책 → 간사한 꾀 [奸智]
간지	사잇종이·샛장·속장·사이신문 〔보기〕간지부서 → 사이신문 부서·샛장부서 [間紙]
간지르다·간지럽히다	간질이다
간지석	송곳닛돌·뿔돌·축댓돌 ▷ 견치석 → 송곳닛돌 [일 間知石/ 間地石·けんちいし]
간질	지랄병 〔보기〕간질병·간질증 → 지랄병 ▷ 전간·전질 → 지랄병 [癎疾]
간책	간사한 꾀 ▷ 간계·간교·간지 → 간사한 꾀·잔꾀 [奸策]
간척	개막이 〔보기〕간척하다 → 개막다/ 간척사업 → 개막이사

	업/ 간척지 → 개막이땅 [干拓]
간취	보아앎·알아챔 〔보기〕간취하다 → 보아알다·알아채다 ▷ 간파하다 → 알아채다·알아내다·꿰뚫어보다 [看取]
간투사	느낌씨 ▷ 감탄사 → 느낌씨 [間投詞]
간파	알아챔·알아냄·꿰뚫어봄 〔보기〕간파하다 → 알아채다 ▷ 간취 → 알아챔·알아봄 [看破]
간판	1. 보람판 2. 얼굴·대표·으뜸 〔보기〕간판짝→얼굴/ 간판스타 → 얼굴스타·으뜸스타/ 간판타자 → 얼굴타자·으뜸타자/ 간판주의 → 얼굴주의·이름주의 [看板]
간편	손쉬움·쉬움 〔보기〕간편하다 → 손쉽다·쉽다 ▷ 간단하다 → 손쉽다·단출하다/ 용이하다 → 쉽다/ 편리하다 → 편하고 쉽다 [簡便 -]
간해	지난해
간헐	새뜨기·이따금 〔보기〕간헐적으로 → 사이 뜨게·이따금·짤끔짤끔/ 간헐 동작 → 새뜨기동작/ 간헐열 → 새뜨기열/ 간헐온천 → 새뜨기온천/ 간헐운동 → 새뜨기운동/ 간헐장치 → 새뜨기장치 [間歇]
간혹	어쩌다가·이따금·더러·종종 ▷ 혹간→어쩌다가·이따금·더러 [間或]
갇	갓 〔보기〕갇난애 → 갓난애/ 갇서른 → 갓서른
갇와리(캇와리)	커트나누기 〔〈영 cut＋일 割·わり〕
갇우다	가두다 ※갇히다.
갇치다·갖히다	갇히다
갈갈이	1. '가을가리'의 준말 2. → 갈가리·가리가리 ※'갈가리'는 '가리가리'의 준말이다.
갈강병	갈색굳음병 [褐殭病]
갈구	속타게 찾음·애타게 찾음 〔보기〕갈구하다 → 간절히 구하다 ▷ 간구하다 → 간절히 구하다 [渴求]
갈근	칡뿌리 〔보기〕갈근(해기)탕 → 칡뿌리탕 ▷ 건갈 → 칡뿌리 [葛根]
갈망	몹시 바람 〔보기〕갈망하다 → 애타게 바라다·몹시 바라다 [渴望]
갈무지	갈묻이 ※'무지'는 조개무지·책무지처럼 더미나 무더기를, '묻이'는 휘묻이·갈묻이처럼 '묻다'의 '묻'에 '이'가 붙어 '묻는 일'을 뜻한다.
갈문병	갈색무늬병 [褐紋病]
갈반병	갈색점무늬병 칡국수 [褐斑病]
갈범	칡범 [葛 -]

갈분면	갈분국수·칡국수 [葛粉麵]
갈비	솔가리
갈색	밤색 〔보기〕갈색곰 → 불곰/ 갈색조 → 흙빛말·흙색말/ 갈색조류 → 흙빛말무리 ▷ 갈조 → 흙빛말·흙색말/ 다색 → 찻빛·밤색 [褐色]
갈수기	가뭄철 ▷ 갈수량 → 가문물양/ 갈수위 → 준물높이 [渴水期]
갈아앉다	가라앉다 ※준말은 '갈앉다'.
갈원	갈색누에 〔보기〕갈원잠 → 갈색 누에 [褐圓]
갈증	목마른증·목마름(증) 〔보기〕갈증나다 → 목이 마르다 ▷ 갈급증 → 목마름 [渴症]
갈짓자	갈지자 [-之-]
갈채	칭찬소리 [喝采]
갈취	을러뺏음·빼앗음 〔보기〕갈취하다 → 을러빼앗다 ▷ 강취 → 빼앗음/ 사취 → 속여가짐/ 편취 → 속여뺏음 [喝取]
갈파	소리쳐 밝힘 〔보기〕갈파하다 → 꿰뚫어서 말하다 [喝破]
갈포	칡베 ▷ 갈피 → 칡껍질/ 갈필 → 칡붓/ 갈화 → 칡꽃 [葛布]
감	느낌·예상·짐작 〔보기〕감잡다 → 느끼다·짐작하다/ 감을 못 잡다 → 짐작을 못하다·종잡지 못하다·느끼지 못하다 [感]
감	빼기·덜기 〔보기〕감하다 → 줄다·덜다·빼다 ▷ 가 → 더함·더하기/ 가감 → 더덜/ 감소 → 줆/ 감량 → 양줄임 [減]
감가상각	닳은몫 〔보기〕감가상각비 → 닳은몫 셈 [減價償却]
감각기관	깨닫기관 ▷ 감각력 → 깨달심/ 감각모 → 느낌털/ 감각상피 → 깨달겉가죽/ 감각세포 → 느낌세포/ 감각식물 → 깨닫식물/ 감각신경 → 깨닫신경/ 감각유추 → 느낌유추/ 감각자극 → 느낌자극/ 감각잔류 → 느낌남이/ 감각적인 → 느낌이 다 가오는/ 감각점 → 느낌점/ 감각중추 → 깨닫줏대·지각중추 [感覺器管]
감개	예그린 느낌·서린 느낌 〔보기〕감개무량하다 → 서린 느낌이 있다·서린 느낌이 그지없다 [感慨]
감경	줄임·가볍게 함 〔보기〕감경하다 → (형량·형기를) 줄이다·가볍게 하다·낮추다/ 작량감경 → 헤아려 줄여줌·가볍게 함/ 정상 감경 → (사정을) 헤아려 줄임·낮춤 ▷ 경감 → 가볍게 함·덜어줌 [減輕]
감곽	미역 〔보기〕감곽냉탕 → 미역찬국/ 감곽탕 → 미역국 ▷

해채 → 미역　[甘薤]

| 감광 | 빛느낌　〔보기〕감광계 → 빛느낌재개/ 감광막 → 빛느낌막 / 감광물질·감광약·감광유제 → 빛느낌약/ 감광액 → 빛느 낌물/ 감광재료 → 빛느낌감/ 감광지 → 빛느낌종이/ 감광체 → 빛느낌체/ 감광판 → 빛느낌판　[感光] |

| 감귤류 | 귤붙이　[柑橘類] |

| 감금 | 가둠·가둬둠　〔보기〕감금하다 → 가두다　▷ 수감 → 가 둠/ 유치 → 가둬둠·붙잡아둠/ 구치 → 가둠·잡아가둠　[監 禁] |

| 감내 | 견뎌냄·버팀·배겨냄　〔보기〕감내하다 → 견디다·배겨 내다·버티다　▷ 감인 → 견뎌냄　[堪耐] |

| 감당 | 팥배·팥배나무　[甘棠] |

| 감당 | 당해냄·해냄·갈망　〔보기〕감당하다 → 해내다·당해내 다·갈망하다/ 감당을 못하다 → 당해내지 못하다/ 불감당이 라 → 당해내지 못하여　[堪當] |

| 감도 | 느낌도·느낌새　〔보기〕감도계 → 느낌도재개　[感度] |

| 감동사 | 느낌씨　▷ 간투사·감탄사 → 느낌씨/ 감동어 → 느낌말 [感動詞] |

| 감득 | 느껴앎·느낌　〔보기〕감득하다 → 느껴알다　[感得] |

| 감량 | 가늠치　[感量] |

| 감량 | 분량줆·줄임·덜린 분량　〔보기〕감량하다 → 줄이다　▷ 증량 → 양늘림　[減量] |

| 감립종 | 단씨　▷ 감미종 → 단씨　[甘粒種] |

| 감면 | 덜기·줄이기　〔보기〕감면하다 → 줄이다·덜다/ 세금감 면 → 세금줄이기　[減免] |

| 감명 | 깊이 느낌·느껴 새김　〔보기〕감명하다 → 깊이 느끼다·깊 이 느껴 새기다/ 깊은 감명을 느꼈습니다 → 깊이 느껴 새겼 습니다　[感銘] |

| 감모 | 닳음·줆·축남　〔보기〕감모하다 → 닳다·줄다/ 감모량 → 축난 분량/ 감모율 → 닳은 비율　[減耗] |

| 감미 | 단맛　〔보기〕감미롭다 → 달콤하다/ 감미료 → 단맛거리· 단맛감/ 감미제 → 단맛약/ 감미종 → 단씨　▷ 고미 → 쓴 맛　[甘味] |

| 감법 | 빼기·덜기　〔보기〕감법기호 → 뺄셈표/ 감법정리 → 뺄셈 [減法] |

| 감별 | 1. 보아앎·보아 분별함　2. 암수가르기　〔보기〕감별하다 → 보아 분별하다·암수를 가르다/ 감별추 → 가린병아리　[鑑 別] |

감불생심	**엄두 못냄** ▷ 감불생의 → 엄두 못냄/ 언감생심 → 엄두 못냄 [敢不生心]
감산	**뺄셈** 〔보기〕감산부호 → 뺄셈표/ 감산하다 → 뺄셈하다 [減算]
감상	**맘다침·맘상함·구슬픔** 〔보기〕감상에 젖다 → 구슬픈 느낌을 갖다/ 감상성 → 느꺼워하는 성질·맘다치기 쉬운 성질/ 감상적 → 느꺼운·구슬픈 [感傷]
감색	**진남빛·검남빛·반물** ▷ 곤색 → 감색 [紺色]
감소	**줆·줄어듦·줄임** ▷ 감소하다 → 줄다·줄이다/ 감소시키다 → 줄이다/ 감소폭 → 준폭·준정도 [減少－]
감쇄	**덜어없앰** 〔보기〕감쇄하다 → 덜어 없애다 [減殺]
감수	**달게 받음** 〔보기〕감수하다 → 달게 받다 [甘受]
감수	**소출 줆·벌이 줆** 〔보기〕감수하다 → 소출이 줄다·벌이가 줄다 ▷ 증수 → 소출늚·벌이 늚/ 감작 → 수확 줆 [減收]
감수	**책임감독·책임지도** 〔보기〕감수하다 → 책임감독하다·책임지도하다 [監修]
감수성	**느낌성·받음성** 〔보기〕감수성이 예민하다 → 느낌이 날카롭다·느낌성이 여리다 [感受性]
감시	**단감** [甘柿]
감시	**살핌·지켜봄** 〔보기〕감시하다 → 살피다·지켜보다/ 감시구 → 감시구멍/ 감시망 → 감시조직/ 감시초소 → 망보는 곳 ▷ 독시 → 살핌·지켜봄 [監視]
감식	**알아내기** 〔보기〕감식하다 → 알아내다/ 감식력 → 알아낼 힘/ 감식안 → 알아내는 눈 [鑑識]
감안	**요량·참작·살핌·고려·생각** 〔보기〕감안하다 → 헤아리다·살피다·요량하다·참작하다/ 수능점수에 생활기록부와 논술 점수를 감안하여 학생을 뽑다 → ~ 살펴 학생을 뽑다/ 어려운 사정을 좀 감안해주시오 → ~ 좀 생각해주시오 [일 勘案]
감언이설	**달콤한 말·비위맞는 말·사탕발림** [甘言利說]
감연히	**어렴성없이·과감히·용감히** [敢然－]
감염	**물듦·옮음** 〔보기〕감염하다 → 옮다·물들다/ 감염되다 → 감염하다·옮다/ 감염도 → 옮음정도 [感染]
감용	**부피줄임·줄임** 〔보기〕감용하다 → 줄이다/ 감용기 → 줄이개·누르개/ 감용차 → 줄이개차·누르개차/ 쓰레기 감용차 → 쓰레기 줄이개차 ▷ 감량 → 분량줆·분량줄임 [減容]

감우	단비 ▷ 고우 · 적우 · 서우 · 자우 · 택우 · 혜우 → 단비/ 한우 → 찬비 [甘雨]
감자	사탕수수 ▷ 감채 → 사탕무 [甘蔗]
감정	셈 · 값침 〔보기〕 감정하다 → 셈하다 · 값치다 ▷ 계정 → 셈 · 셈갈래 [勘定]
감주	단술 · 식혜 ▷ 감례 → 단술 [甘酒]
금쪽	※'금쪽 같은 시간, 금쪽 같이 귀한 손자'처럼 귀한 것을 가리 킨다.
감촉	느낌 ▷ 촉감 → 느낌 [感觸]
감축	줄임 · 줆 · 축남 〔보기〕 감축하다 → 줄이다 ▷ 축감 → 줄임 · 줆 · 축남 [減縮]
감탄	느낌 · 느껴소리냄 〔보기〕 감탄하다 → 크게 느끼다 · 느낌 소리를 내다/ 감탄문 → 느낌월/ 감탄법 → 느낌법/ 감탄부 (호) → 느낌표/ 감탄사 → 느낌씨/ 감탄형 → 느낌꼴 [感歎]
감투	용감히 싸움 〔보기〕 감투정신 → 용감히 싸우는 정신 [敢鬪]
감하다	줄이다 · 빼다 · 덜다 ▷ 가하다 → 더하다/ 승하다 → 곱하다/ 제하다 → 나누다 [減 –]
감하여	비추어 · 살피어 · 감쪼아 [鑑 –]
감회	품은 느꺼움 · 서린 느낌 〔보기〕 감회가 새롭다 → 품은 마음이 새롭다/ 감회에 잠기다 → 느꺼운 마음을 가지다/ 감회에 젖다 → 느꺼운 마음에 젖다 [感懷]
갑	곶 〔보기〕 장기갑등대 → 장기곶 등대 [岬]
갑각	1. 딱지 2. 고실곶 [甲殼]
갑론을박	이러쿵저러쿵 · 옥신각신 〔보기〕 갑론을박하다 → 이러쿵저러쿵하다 · 옥신각신하다 [甲論乙駁]
갑문	갯물문 · 물문 〔보기〕 갑문식운하 → 물문식운하/ 갑문항 → 물문시설항구 [閘門]
갑상선	목밑샘 [일 甲狀腺]
갑상연골	방패여린뼈 · 방패물렁뼈 ▷ 윤상연골 · 환상연골 → 가락지여린뼈(목구멍에 있는 가락지 모양의 물렁뼈. 방패여린뼈와 이어져 있음) [甲狀軟骨]
갑의	갑옷 ▷ 갑주 → 갑옷투구 [甲衣]
갑작이 · 갑짜기	갑자기 ※1. 'ㄱ, ㅂ' 받침 뒤에서 나는 된소리는 같은 음절이나 비슷한 음절이 겹쳐 나는 경우가 아니면 된소리로 적지 아니한다. 그 보기로 '국수, 깍두기, 딱지, 색시, 싹둑, 법석, 갑자기, 몹시' 들이 있다.(맞춤법 제5항) 2. ' – 하다'가 붙는 어

	근에 '-히, -이'가 붙어 부사가 되는 경우에는 어근을 밝혀 '급히, 꾸준히, 도저히, 딱히, 어렴풋이, 깨끗이' 들로 적는다. 그러나 '-하다'가 붙지 않는 경우에는 소리대로 '갑자기, 반드시, 슬며시'들로 적는다.(맞춤법 제25항)
갑절·곱절	갑절은 두 번, 곱절은 여러 번 곱했을 때 쓰는 단위말. ▷ 두 배 → 갑절/ 세 배 → 세곱절/ 네 배 → 네곱절
갑충	딱정벌레 [甲蟲]
갑판	뱃마루 〔보기〕갑판창 → 뱃마루집칸 [甲板]
갑화	도깨비불 ▷ 귀화·신화 → 도깨비불 [-火]
값높다(-낮다)	값비싸다(값싸다)·금높다(금낮다)
갓무우	갓무 ▷ 무우 → 무/ 사탕무우 → 사탕무/ 순무우 → 순무 / 알타리무우 → 총각무/ 장다리무우 → 장다리무
강건	안녕 〔보기〕강건하다 → 안녕하다·탈이 없고 튼튼하다 ▷ 강녕 → 안녕 [康健]
강건하다	꼿꼿하다 〔보기〕강건한 의지 → 꼿꼿한 뜻 [剛健-]
강건하다	튼튼하다 〔보기〕강건한 신체 → 튼튼한 몸 [强健-]
강경	셈·굳셈·억셈 〔보기〕강경하다 → 세다·굳세다·억세다/ 강경노선 → 억센노선/ 강경한 반대 → 억센 반대/ 강경수 → 센수·굳센수/ 강경한 태도 → 굳센 태도/ 강경책 → 억센방책/ 강경파 → 드센패 [强硬]
강괴	강철덩이 [鋼塊]
강구	1. 강어귀 2. 강나루 ▷ 하구 → 강어귀 [江口]
강구	찾아냄·연구·생각·마련 〔보기〕강구하다 → 찾아내다·연구하다·생각하다·마련하다/ 방법을 강구하다 → 방법을 찾아내다·방법을 마련하다/ 수해 복구 대책을 강구하기로 했다 → 수해 복구 대책을 마련하기로 ~·~ 찾아보기로 했다 [講究-]
강권	억지 권함 〔보기〕강권하다 → 억지로 권하다 [强勸]
강기	오름세 ▷ 강세 → 오름세/ 상승세 → 오름세/ 하락세 → 내림세 [强氣]
강남콩	강낭콩 ※어원에서 멀어진 꼴로 굳어져서 널리 쓰이는 말은 그것을 표준말로 삼는다. 〔보기〕겉(속)고샅 → 겉(속)고샅/ 삭월세 → 사글세/ 위력성당 → 울력성당.(표준어규정 제5항)
강능	강릉 ※말의 머릿글자가 아닌 곳에는 머릿소리법칙을 적용하지 않는다. ▷ 공릉·광릉·동구릉·정릉·태릉·홍릉·영릉·서오릉 [江陵]
강대국	센나라·큰나라 ▷ 약소국 → 약한 나라·작은 나라 [强

大國]

| 강도 | 1. 세기　2. 굳기　▷ 경도 → 굳기　[强度] |

강등　등급내림·등급낮춤　〔보기〕강등하다 → 등급을 내리다·등급이 낮아지다　▷ 승급 → 등급 오름　[降等]

강력분　차진가루·차진밀가루　▷ 박력분 → 메진밀가루/ 중력분 → (보통)밀가루　[强力粉]

강력하다　힘세다·힘차다　〔보기〕강력히 → 세차게　[强力 -]

강령　벼리　〔보기〕강령적 말씀 → 벼리다운 말씀/ 강령을 정하다 → 벼리를 정하다　[綱領]

강류　겨붙이　▷ 미강 → 쌀겨　[糠類]

강릉　언덕·작은산·독메　[岡陵]

강림　내려오심　〔보기〕강림하다 → 내려오시다　▷ 하림 → 내려오심/ 재림 → 다시 오심　[降臨]

강매　억지팔기　〔보기〕강매하다 → 억지로 팔다　▷ 억매 → 억지팔기　[强賣]

강멱　내림차　〔보기〕강멱급수 → 내림차급수/ 강멱순 → 내림차순　▷ 승멱 → 오름차　[降冪]

강모　센털·거센털　▷ 연모 → 부드러운 털　[强毛·剛毛]

강박　센박　▷ 약박 → 여린박　[强拍]

강박　억누름·윽박지름·짓누름　〔보기〕강박하다 → 억누르다·윽박지르다/ 강박감 → 억눌림증　[强迫]

강변　억지변명·억짓말·억짓소리·우김　〔보기〕강변하다 → 억짓소리하다·우기다　[强辯]

강보　포대기　〔보기〕강보에 싸인 아이 → 포대기에 싸인 아이·어린아이　[襁褓]

강보합　센주춤·오름주춤　〔보기〕강보합세 → 센주춤세·오름주춤세　▷ 보합세 → 주춤세·제자리세/ 약보합세 → 약한 주춤세　[强保合]

강삭　쇠밧줄　[鋼索]

강설　눈내림·내린 눈　〔보기〕강설량 → 눈내린양·눈온양/ 강설이 예상된다 → 눈이 올 듯하다　▷ 강우 → 비내림/ 강우량 → 비내린양　[降雪]

강세　오름세　▷ 강기 → 오름세/ 약세 → 내림세　[强勢]

강수　물내림　〔보기〕강수계 → 눈비양재개/ 강수량 → 물양·눈비온 양　[降水]

강압　억누름　〔보기〕강압하다 → 억누르다/ 강압적으로 → 억지로　[强壓]

강약　셈여림　〔보기〕강약기호 → 셈여림표/ 강약법 → 셈여림법

	/ 강약표어 → 셈여림말 [強弱]
강역	1. 국경 2. 나라땅 [疆域]
강열하다	강렬하다·세다·맵다 〔보기〕 강열히 → 강렬히·세게 [強烈 -]
강우	비내림 〔보기〕 강우기 → 비때·비철/ 강우대 → 비띠/ 강우량 → 비내린 양 ▷ 강설 → 눈내림 [降雨]
강인하다	검질기다 [強靭 -]
강잉히	부득이·그대로·마지못해 [強仍 -]
강장제	보약 [強壯劑]
강재	1. 센재료 2. 오를 원인 ▷ 약재 → 약한 재료·내릴 원인 / 악재 → 나쁜재료 [強材]
강전정	된다듬질 ▷ 전정 → 가지치기·꼴다듬기 [強剪定]
강점	억지차지·억지 점령 〔보기〕 강점하다 → 억지로 차지하다·강제로 차지하다 [強占]
강제	억지 〔보기〕 강제하다 → 억지로 시키다/ 강제로 → 억지로/ 강제성 → 억지 ▷ 임의·자연·자유 [強制]
강조	1. 다짐 2. 오름세·오르막 〔보기〕 강조하다 → 다지다·힘주다/ 강조되다 → 강조하다·힘주다/ 강조기간 → 다짐기간/ 강조를 보이다 → 오름세를 보이다/ 특히 현실성이 강조된다 → 특히 현실에 맞아야 한다·특히 현실성을 강조한다·실현할 수 있어야 한다/ 아무리 강조해도 지나치지 않다 → 썩 중요하다·모름지기 ~해야 한다·지극히 ~하다 [強調]
강주	새앙술·생강주 ▷ 강즙 → 새앙즙 [薑酒]
강직하다	꼿꼿하다·곧다 〔보기〕 강직성 → 꼿꼿한 성질·곧은 성질 [剛直]
강청	떼씀·굳이 조름·억지부탁 〔보기〕 강청하다 → 조르다·억지로 부탁하다·떼쓰다 [強請]
강타	세게 침 〔보기〕 강타하다 → 세게 치다/ 강타당하다 → 세게 얻어맞다 [強打]
강탈	빼앗음 〔보기〕 강탈하다 → 빼앗다/ 강탈당하다 → 빼앗기다 ▷ 강취 → 빼앗음/ 겁탈 → 을러뺏음·을러통함/ 찬탈 → 임금자리를 뺏음/ 탈취 → 뺏음·뺏어가짐 [強奪]
강팀	센팀 [強+영 team]
강폭	강너비 ▷ 강변 → 강가·냇가/ 강사 → 강모래/ 강상 → 강위/ 강심 → 강 한가운데/ 강안 → 강기슭/ 강촌 → 강마을 [江幅]
강풍	센바람 ※초속 13.9 ~ 17.1m, 등급 7. [強風]
강하	내림·내려감(옴)·떨어짐 〔보기〕 강하하다 → 내리다·

	떨어지다　　▷ 하강 → 내림·떨어짐　[降下]
강하느냐	강하냐·강한가　　※'-느냐'를 비롯하여 '-ㄴ다(-는다)·-노라(-느라)·-느니라·-는가·-느냐·-는구나·-는(+명사)·-는바·-느니'는 동사에만 붙는 어미(씨끝)들이다.　[强-]
강하다	세다·힘있다·굳다·굳세다　[强-]
강행	억지로 함·밀어붙임·무릅쓰고 함　　〔보기〕강행하다 → 억지로 하다·밀고 나가다·밀어붙이다/ 강행군 → 벅찬 행군　[强行]
강호	억센 패·드센 패·겨루기 힘든 상대　　〔보기〕아시아의 강호를 만나다 → 아시아의 드센 패를 만나다　[强豪]
갓난애	갓난애
갖다·가지다	※have·take 따위가 들어간 영문 직역투에서 쓰는 말로서 서술어를 명사형으로 바꾸고 본동사 구실까지 하는 말이다. 이는 거의 '하다'로 바꿔 쓰거나, 목적에 걸맞은 서술어로 바꿔 쓰거나, 서술하는 목적어를 서술어로 바꿔 쓰면 된다. '가지다'를 줄인 말이 '갖다'인데 본말보다 더 많이 쓰인다.　　〔보기〕회담을 갖고 → 회담하고·회담을 열고/ 모임을 갖다 → 모이다·모임을 하다/ 개회식을 갖고 → 개회식을 열고·개회하고/ 대화를 갖자는 → 대화하자는　　▷ 가지다
갖히다	갇히다　　※흔히 받침을 잘못 씀.
같아요	※자신이 없는 말투, 모호한 말투에서 이런 말을 많이 쓴다. 〔보기〕확실해지는 것 같아요 → 확실해졌어요/ 좋은 것 같아요 → 좋아요/ 맞는 것 같아요 → 맞아요/ 아름다운 것 같아요 → 아름다워요
개가	이긴 노래·승리노래　　〔보기〕개가를 올리다 → 큰 승리를 거두다·큰 성과를 거두다　　▷ 구가 → 기림　[凱歌]
개간	땅일구기·땅일굼　　〔보기〕개간하다 → 일구다/ 개간답 → 신풀이·논풀이/ 개간지 → 일군땅　[일 開墾·かいこん]
개개	낱낱이·하나하나　[個個]
개거	도랑·열린도랑·겉도랑　　▷ 명거 → 겉도랑/ 암거 → 숨은도랑·덮은도랑·수멍　[開渠]
개결하다	조촐하다·깨끗하다·깔끔하다　　▷ 개정하다 → 조촐하다·깨끗하다　[介潔-]
개과	고침·뉘우침　　〔보기〕개과하다 → 뉘우치다/ 개과천선 → 뉘우쳐 착해짐/ 개과일신 → 뉘우치고 새로워짐　[改過]
개관	훑어보기·대충보기　　〔보기〕개관하다 → 훑어보다·대충보다/ 개관컨대 → 대충 보건대　[槪觀]

개괄	뭉뚱그림　〔보기〕개괄하다 → 뭉뚱그리다/ 개괄하면 → 뭉뚱그리면/ 개괄적 → 뭉뚱그린·뭉뚱그려 본　〔概括〕
개구장이	개구쟁이　※기술자에게는 '－장이', 그 밖에는 모두 '－쟁이'로 쓴다.(표준어규정 제9항) 거짓말쟁이·겁쟁이·고집쟁이·담쟁이·멋쟁이·무식쟁이·변덕쟁이·요술쟁이·중매쟁이·흉내쟁이 따위.
개굴이	개구리　※'－하다'나 '－거리다'가 붙을 수 없는 어근에 접미사 '－이' 등이 붙어서 명사가 된 것은 원형을 밝혀 적지 아니한다. 귀뚜라미·기러기·깍두기·뀅과리·날라리·누더기·동그라미·두드러기·딱따구리·매미·부스러기·뻐꾸기 따위.(맞춤법 제23항)
개그	익살·재담·우스개　〔보기〕개그계 → 익살꾼세계/ 개그맨 → 익살꾼·재담꾼·우스개꾼/ 개그우먼 → 여자익살꾼　▷코미디 → 익살　〔영 gag〕
개근	온근무·온출석·늘 나옴　〔보기〕개근하다 → 온출석하다·온근무하다·빠짐없이 나오다　〔皆勤〕
개금	열쇠　▷ 관건 → 열쇠/ 시건 → 잠금·잠그기/ 시건장치 → 잠그개·자물쇠　〔開金〕
개기월식	온달가림·옹근월식　▷ 개기일식 → 온해가림　〔皆旣月蝕〕
개나리봇짐	괴나리봇짐　※준말은 괴나리.
개다리밥상	개다리소반　※고유어 계열의 낱말보다 한자어 계열의 낱말이 널리 쓰이면, 한자어 계열의 낱말을 표준말로 삼는다.(표준어규정 제23항)
개답	논풀이·신풀이·논치기　〔보기〕개답하다 → 신풀이하다·논을 풀다　〔開畓〕
개더 스커트	주름치마　〔보기〕개더스 → 주름치마　〔영 gather skirt/ gathers〕
개두	너울　〔蓋頭〕
개략	대강·줄거리·벼리　〔보기〕개략하다 → 대강 간추리다/ 개략적 → 대충 간추린　▷ 대략 → 줄거리/ 대체 → 줄거리/ 개요 → 대강·줄거리　〔槪略〕
개런티	보증·출연료　〔영 guarantee〕
개립	세제곱근풀이　▷ 개입방 → 세제곱근풀이/ 개평 → 제곱근풀이　〔開立〕
개막	막올림·막열기　〔보기〕개막하다 → 막 열다·막 올리다/ 개막식 → 막열기식·막올리기　▷ 폐막 → 막내림　〔開幕〕

개발	엶·열림 〔보기〕개발하다 → 새로 만들다·새로 일으키다 ▷ 계발 → 열어줌·일깨움 〔開發〕
개방	열어놓음·터놓음·열어젖힘 〔보기〕개방하다 → 열다·터놓다·트다/ 시장 개방 → 시장 열기 〔開放〕
개벌	몰베기·삭베기·모두베기 〔보기〕개벌하다 → 모조리 베다·몰베기하다 ▷ 남벌 → 막벰/ 간벌 → 솎아베기 〔皆伐〕
개별	따로·따따로 〔보기〕개별방제 → 각각 막기/ 개별연습 → 혼자 익히기/ 개별적 → 따로따로 〔個別〕
개복	배째기·배열기 〔보기〕개복수술 → 배수술 〔開腹〕
개봉	봉떼기·첫 상영 〔보기〕개봉하다 → 봉을 떼다/ 개봉관 → 봉떼기관 〔開封〕
개비	갊 〔보기〕개비하다 → 갈다 〔改備〕
개산	어림셈 〔보기〕개산하다 → 어림셈하다/ 개산급 → 어림지급/ 개산보험료 → 어림보험료/ 개산액 → 어림돈 〔槪算〕
개색	색바꿈 〔보기〕개색하다 → 색 갈다·색 바꾸다 〔改色〕
개서	다래벌기 〔보기〕개서기 → 다래 필 무렵 〔改絮〕
개서	고쳐씀 〔보기〕개서하다 → 고쳐쓰다 〔改書〕
개선	고침 〔보기〕개선하다 → 고치다/ 개선책 → 고칠방법/ 유지하며 개선하다 → 지켜가며 고치다 ▷ 개악 → 잘못고침·나쁘게 고침 〔改善〕
개선	옴 〔보기〕개선충 → 옴벌레 ▷ 개창 → 옴 〔疥癬〕
개선	이기고 옴 〔보기〕개선하다 → 이기고 돌아오다/ 개선가 → 이긴 노래/ 개선장군 → 이긴 장군 〔凱旋〕
개설	엶·차림 〔보기〕개설하다 → 열다·차리다/ 강좌를 개설하다 → 강좌를 열다 〔開設〕
개설	줄거리·대강풀이·대충설명 ▷ 범설 → 대강풀이 〔槪說〕
개소	군데·곳 ▷ 25개소 → 25곳·스물다섯 군데 〔個所〕
개소리괴소문	개소리괴소리 ※표준어모음.
개수	고침 〔보기〕개수하다 → 고치다 〔改修〕
개수로	도랑 ▷ 수거 → 도랑·물도랑/ 개거 → 도랑/ 암거 → 숨은 도랑·수멍 〔開水路〕
개시	시작·엶 〔보기〕개시하다 → 시작하다 〔開始〕
개시	다·죄다·모두 〔皆是〕
개식사	여는말·인사말 ▷ 폐식사 → 끝인사말/ 개회사 → 여는말씀·개회말씀 〔開式辭〕
개신	새로 바꿈·새롭게 함 〔보기〕개신하다 → 새롭게 하다·새

로 바꾸다 [改新]

개심	뉘우침 · 새맘먹기 · 맘고침　〔보기〕개심하다 → 뉘우치다 · 새맘먹다 [改心 -]
개심술	심장수술　▷ 개심형 → 심장꼴 [開心術]
개악	잘못 고침　〔보기〕개악하다 → 잘못 고치다 · 고쳐서 잘못되다 · 나쁘게 고치다　▷ 개선 → 낫게 고침 [改惡]
개안	눈뜸　〔보기〕개안하다 → 눈뜨다 · 깨닫다/ 개안수술 → 눈 띄우기수술 [開眼]
개업	장사시작 · 영업시작 · 문엶　〔보기〕개업하다 → 문열다 · 영업 시작하다/ 개업식 → 문열이　▷ 폐업 → 문닫음 · 영업 그만둠/ 개점 → 가게엶/ 창업 → 사업 처음 이룸 [開業]
개역	고쳐바꿈　〔보기〕개역하다 → 고쳐바꾸다 [改易]
개역	고쳐 옮김 · 다시 옮김 · 뒤침　〔보기〕개역하다 → 고쳐옮기다 · 되뒤치다　▷ 이중번역 · 중역 → 다시 옮김 [改譯]
개엽기	잎필무렵 [開葉期]
개오동	노나무 [- 梧桐]
개와집	기와집 [蓋瓦 -]
개요	대강 · 줄거리 · 벼리　▷ 개략 → 대강 · 줄거리/ 대략 → 대강 · 줄거리 [槪要]
개음절	열린마디 [開音節]
개의	마음에 둠 · 거리낌　〔보기〕개의하다 → 마음에 두다 · 거리끼다/ 개의하지 않는다 → 거리끼지 않는다 · 맘에 두지 않는다　▷ 개회 → 마음에 둠 [介意]
개이다	개다　※'개다 · 메다 · 에다' 따위에 '이'를 자주 붙여 쓰는데 원형에서 벗어나므로 붙여 쓰지 않아야 한다.　〔보기〕날씨가 오후부터 개이겠다 → 날씨가 오후부터 개겠다/ 화창하게 개인 날씨 → 화창하게 갠 날씨
개인	낱사람 · 낱낱의 사람 · 자기　〔보기〕개인계 → 개인신고/ 개인기 → 개인기술/ 개인전 → 개인전시회/ 개인전 → 개인경기/ 개인차 → 개인차이/ 개인플레이 → 개인행동　▷ 단체 [個人]
개입	끼어들기　〔보기〕개입하다 → 끼어들다 · 간섭하다 [介入]
개자	겨자씨 · 갓씨　〔보기〕개자유 → 겨자씨기름 · 갓씨기름 [芥子]
개작	고쳐씀 · 고쳐지음　〔보기〕개작하다 → 고쳐쓰다 · 다시쓰다　▷ 리메이크 → 고쳐지음 · 다시 부름 [改作]
개장	새로 엶 · 마당 엶 · 시장 엶　〔보기〕개장하다 → 새로 열다 ·

시장 열다/ 스키장 개장 → 스키장 엶   ▷ 폐장 → 장 닫음 · 문닫음 [開場]

개재	끼어있음 · 끼여있음 〔보기〕개재하다 → 끼어있다/ 개재물 → 낀물건/ 개재선 → 낀금 [介在]
개저	갓김치 [芥菹]
개전	밭치기 · 밭풀이 ▷ 개답 → 논풀이 · 논치기 [開田]
개전	뉘우침 〔보기〕개전하다 → 뉘우치다/ 개전의 정 → 뉘우치는 빛 ▷ 개심 → 뉘우침 · 맘고침 [改悛]
개점	가게 엶 〔보기〕개점하다 → 문 열다 · 가게 열다/ 개점휴업 → 문연 채 쉼 ▷ 개시 → 가게 엶/ 개업 → 문 엶 [開店]
개정	고침 · 고친 〔보기〕개정하다 → 고치다/ 개정표 → 고침표 ▷ 경정 → 고침 · 바로잡음/ 개정판(改訂版) → 고침판 [改正]
개정	재판 엶 · 법정 엶 〔보기〕개정하다 → 재판 열다 ▷ 폐정 → 법정 닫음 · 재판 마침 [開廷]
개제	고친 제목 [改題]
개조	고침 · 고쳐만듦 〔보기〕개조하다 → (뜯어)고치다/ 개조판 → 고쳐짜기 [改造]
개종	종교 바꿈 · 믿음 바꿈 〔보기〕개종하다 → 종교 바꾸다 · 믿음 바꾸다 [改宗]
개중에	그 가운데 · 그 속에 · 그 안에 [個中 –]
개지	1. → 강아지 2. '버들개지'의 준말
개진	폄 · 밝힘 〔보기〕개진하다 → 펴다 · 밝히다 [開陳]
개찰	표찍기 · 표끊기 〔보기〕개찰하다 → 표찍다 · 표끊다/ 개찰구 → 표찍는데 · 표보이는 곳 ▷ 개표 → 표보임/ 개표구 → 표 보이는 곳 [改札]
개체	바꿔대기 · 갈아대기 〔보기〕개체하다 → 바꾸다 · 갈다 · 갈아대다 ▷ 교체 → 갈아댐 · 갈아침 · 바꿈 [改替]
개최	열기 · 엶 〔보기〕개최하다 → 열다/ 개최지 → 여는곳 · 여는데 ▷ 주최 → 차림 · 주장 · 주장해 엶 [開催]
개축	고쳐세움 · 고쳐쌓기 〔보기〕개축하다 → 고쳐 세우다 · 고쳐쌓다 ▷ 증축 → 덧쌓아 올림 · 덧세움 [改築]
개취기	따개 · 마개뽑이 [蓋取器]
개칠	덧칠 · 고쳐칠함 〔보기〕개칠하다 → 덧칠하다 [改漆]
개칭	고쳐 부름 · 고쳐 일컬음 〔보기〕개칭하다 → 고쳐 부르다 [改稱]
개탄	슬픈 탄식 · 분한 탄식 〔보기〕개탄하다 → 슬피 탄식하다 ·

           몹시 탄식하다 〔慨嘆〕

개토 흙갈이 〔보기〕 개토하다 → 흙갈이하다   ▷ 객토 → 새 흙넣기 · 흙갈이 〔改土〕

개토 처음 팜 〔보기〕 개토하다 → 처음 파다 〔開土〕

개통 뚫림 · 열림 · 처음 틈 〔보기〕 개통하다 → 처음 트다 · 뚫리다 〔開通〕

개판 1. 고쳐짜기 · 판갈이 2. 개정판 · 고침판 〔보기〕 개판하다 → 고쳐짜다 · 판갈이 하다 〔改版〕

개편 고쳐엮기 · 고쳐짜기 〔보기〕 개편하다 → 고쳐 엮다 · 고쳐 짜다/ 대개편 → 큰개편 · 크게고침/ 조직개편 → 조직 다시짜기 · 조직 고쳐짜기   ▷ 개혁 → 뜯어고침 〔改編〕

개평 제곱근풀이 〔보기〕 개평방 → 제곱근풀이/ 개평근 → 제곱근   ▷ 개립 → 세제곱근풀이 〔開平〕

개폐 고치거나 버림 〔보기〕 개폐하다 → 고치다 · 고치고 버리다 〔改廢〕

개폐 여닫이 · 여닫음 〔보기〕 개폐하다 → 여닫다/ 개폐교 → 여닫이다리/ 개폐기 → 넣끊이 · 여닫개/ 개폐문 → 여닫이문/ 개폐세포 → 여닫이세포/ 개폐운동 → 여닫이운동 〔開閉〕

개표 표보이기 · 표받기 〔보기〕 개표구 → 표보이는 곳   ▷ 개찰 〔改票〕

개표 표(함)열기 〔보기〕 개표하다 → 표열다 〔開票〕

개피 개비 〔보기〕 성냥개피 → 성냥개비

개항 항구 엶 〔보기〕 개항하다 → 항구 열다 〔開港〕

개혁 뜯어고침 · 새롭게함 〔보기〕 개혁하다 → 뜯어고치다 · 새롭게하다/ 개혁 드라이브 → 개혁몰이/ 대개혁 → 큰개혁 · 크게바꿈/ 체제개혁 → 체제고치기 · 틀고치기/ 경제개혁 → 경제 뜯어고치기   ▷ 경혁 · 교혁 · 혁개 · 혁신 → 뜯어고침 · 새롭게함/ 보수 → 내림지킴 · 예지킴/ 진보 → 나아감 〔改革〕

개호 돌봐주기 · 돌보기 · 보살핌 · 수발 〔보기〕 개호하다 → 돌봐주다 · 보살피다/ 개호시설 → 요양시설 · 수발시설 · 돌봄시설 〔介護〕

개화 열림 · 깨임 〔보기〕 개화하다 → 열리다 · 깨이다/ 개화되다 → 개화하다 · 열리다 〔開化〕

개화 꽃핌 〔보기〕 개화하다 → 꽃피다/ 개화기 → 꽃필무렵 · 꽃필때 · 꽃철 〔開花〕

개활 탁트임 〔보기〕 개활하다 → 탁 트여 너르다/ 개활지 → 트인땅 〔開豁〕

ㄱ

개황	대강형편　〔보기〕기상 개황 → 날씨 형편　[槪況]
개회	회의 엶　〔보기〕개회하다 → 회의 열다/ 개회벽두 → 회의 열자마자 · 회 열자 대뜸/ 개회사 → 회 여는 말씀　▷ 개식사 → 첫인사말　[開會]
객	손(님)　〔보기〕객간 → 손님방 · 사랑/ 객격 → 부림자리/ 객년 → 지난해/ 객담 → 군말 · 괜한소리 · 객쩍은 말/ 객도 → 손님도둑/ 객동 → 지난겨울/ 객로 → 나그넷길/ 객사 → 객지 죽음/ 객석 → 손님자리 · 구경자리/ 객선 → 손님배 · 딴뎃배/ 객신 → 잡귀/ 객실 → 손님방 · 바깥사랑/ 객어 → 부림말/ 객원 → 객꾼 · 가욋사람/ 객월 → 지난달/ 객지 → 타향/ 객차 → 손님차/ 객창 → 객짓방 · 나그넷방/ 객체 → 대상/ 객추 → 지난가을/ 객춘 → 지난 봄/ 객하 → 지난 여름/ 과객 → 나그네/ 승객 → 탈(탄)손님/ 주객 → 술손님 · 술꾼/ 하객 → 축하손님　[客]
객담	가래　▷ 각담 → 가래　[喀痰]
객장	영업장　[客場]
객적다	객쩍다　※'-적다/-쩍다'가 혼동될 수 있는 낱말은, '적다'로 소리나면 '적다'로 적고 '적다(少)'의 뜻이 있는 합성어도 '적다'로 적으며, 적다는 뜻이 없이 '쩍다'로 소리나면 '쩍다'로 적는다. 괘다리적다 · 괘달머리적다 · 딴기적다 · 열퉁적다 · 맛적다/ 맥쩍다 · 열쩍다 · 해망쩍다 · 행망쩍다.(맞춤법 제54항)
객토	딴흙 · 흙들이기 · 새흙넣기 · 흙갈이　〔보기〕객토하다 → 흙들이다/ 객토작업 → 새흙넣기　[客土]
객혈	숨피쏟기 · 피토하기　▷ 각혈 → 객혈/ 각담 → 객담 · 가래　[喀血 · 喀血 · 喀血]
갤러리	화랑 · 그림방 · 회랑 · 구경꾼　[영 gallery]
갤론	갤런　[영 gallon]
갭	틈 · 차이 · 간격　〔보기〕제너레이션 갭 → 세대차/ 갭을 메우다 → 틈을 메우다　[영 gap]
갯수	개수　[個數]
갱	굿 · 구덩이　〔보기〕갱구 → 굿문 · 굿어귀/ 갱구폐쇄시설 → 굿막이시설/ 갱내 → 굴안 · 굴속 · 굿안/ 갱내감독 → 굿감독/ 갱내배수 → 굿안 물빼기/ 갱내분진 → 굿안먼지/ 갱도 → 굿길/ 갱도굴진 → 굿뚫기/ 갱목 → 굿나무 · 굿동바리/ 갱부 → 굿일꾼 · 굿인부/ 갱사 → 굿막/ 갱외 → 굿밖/ 갱차 → 광차　[坑]
갱	강도 · 깡패 · 폭력배　[영 gang]

갱년기	늙을무렵 [更年期]
갱미	**멥쌀** ▷ 갱백미 → 멥쌀/ 경미 → 멥쌀/ 나미 → 찹쌀/ 점미 → 찹쌀 [叩米]
갱생	**다시 삶 · 되삶 · 되살이 · 새로 삶** 〔보기〕갱생하다 → 다시 살아나다 · 새롭게 살다 · 되살이하다/ 갱생의 길을 걷다 → 새 사람이 되어 살다 · 새롭게 살아가다 ▷ 재생 → 되삶 · 되만듦 [更生]
갱신	**다시하기** 〔보기〕갱신하다 → 다시하다 · 고치다/ 갱신전정 → 고침다듬질/ 면허증 갱신 → 면허증 다시내기 ▷ 경신하다 → 새로하다 · 고치다 ※'갱신'은 같은 것을 다시 하는 것, '경신'은 내용을 바꾸어 새롭게 하는 것 정도로 구분해 쓴다. [更新]
갱의실	**경의실 · 옷갈이방** ▷ 탈의실 → 옷갈이방 [更衣室]
갱정 `	**고쳐 잡음 · 다시 고침** 〔보기〕갱정하다 → 경정하다 · 고쳐 잡다 · 다시 고치다/ 추가갱정예산안 → 추가경정예산안 [更正]
갱조개	가막조개
갱질	**경질 · 바꿔침** [更迭]
갱충적다	**갱충쩍다** ※조심성이 없고 아둔하다는 뜻.
갸날프다	**가냘프다** 〔보기〕갸날픈 → 가냘픈
각출	**추렴 · 냄** 〔보기〕갹출하다 → 추렴하다 · 내다 ▷ 각출 → 갹출 [醵出]
거	**지난** 〔보기〕거거년 → 지지난해 · 그러께/ 거거번 → 지지난번/ 거거월 → 지지난달/ 거년 → 지난해/ 거동 → 지난겨울/ 거세 → 지난해/ 거월 → 지난달/ 거일 → 지난날/ 거추 → 지난 가을/ 거춘 → 지난 봄/ 거하 → 지난 여름 [去]
거개	**거의 다 · 모두 · 거의 · 대개** [擧皆]
거구	**큰몸뚱이 · 큰몸집** ▷ 거체 · 장구 → 큰몸집 [巨軀]
거금	**큰돈** ▷ 거액 → 큰돈 [巨金]
거금	**이제로부터 · 지금으로부터** [距今]
거냉	**찬기 가심** ※'거랭'을 '거냉'의 원말로 보나 표기도 '거랭'으로 가야 할 듯. ▷ 공냉 → 공랭/ 급냉 → 급랭/ 한냉 → 한랭/ 수냉 → 수랭/ 유냉 → 유랭 [去冷]
거년	**지난해** [去年]
거담	**가래삭힘** 〔보기〕거담작용 → 가래 삭힘 · 가래 삭히기/ 거담제 → 가래약/ 진해거담 → 기침가래 삭힘 ▷ 진해 → 기침 멈추기 [祛痰]
거대하다	**커다랗다** [巨大 -]

거동	움직임·짓·꼴　〔보기〕거동하다 → 움직이다/ 거동이 불편하다 → 움직임이 불편하다/ 거동이 수상하다 → 하는 짓이 수상하다　[擧動]
거두절미	앞뒤 자름　〔보기〕거두절미하다 → 앞뒤 자르다·본줄기만 말하다　[去頭切(截)尾]
거둥그리다	거든그리다　※'거든그리다'가 더 널리 쓰인다 하여 표준말로 삼음.(표준어규정 제17항)
거드럼	거드름　〔보기〕거드름부리다/ 거드름빼다/ 거드름피우다　▷ 으럼짱·어름짱 → 으름장
거래	사고팖·가고옴·오감　〔보기〕거래하다 → 가고오다·사고팔다·관계하다/ 거래고 → 거래액/ 거래선 → 거래처　[去來]
거러지	거지
거론	(초)들어 말함　〔보기〕거론하다 → 들어 말하다　[擧論]
거리감	새뜬느낌　[距離感]
거마비	차비·교통비　[車馬費]
거물	큰인물·큰물건　〔보기〕거물급 → 큰인물축　[巨物]
거반	거지반　[居半]
거번	지난번·저번·접때　▷ 거반 → 지난번·접때　[去番]
거부	큰부자　▷ 졸부 → 급작부자　[巨富]
거부	물리침·안받음·고개흔듦·안맞음·거리낌　〔보기〕거부하다 → 물리치다·안받다·고개흔들다/ 거부감 → 싫증·꺼림증/ 거부권 → 물리침권/ 내용 공개를 거부했다 → 내용을 밝히지 않았다·공개해달라는 요청을 물리쳤다　▷ 거절 → 물리침　[拒否]
거북치	거북지　※줄기(어간)의 끝음절 '하'가 줄어진 꼴로 쓰이는 것은 준 대로 쓴다. 주로 안울림소리(무성음) 받침 'ㄱ·ㅂ·ㅅ' 뒤에서 나타난다.(맞춤법 제40항)　〔보기〕거북치 않게 → 거북지 않게·거북하지 않게　▷ 생각지·깨끗지·넉넉지·못지·섭섭지·익숙지
거사	일 일으킴·일으킨 일　〔보기〕거사하다 → 일 일으키다　[擧事]
거상·거두	큰톱　〔보기〕거상질 → 큰톱질
거석	큰돌　〔보기〕거석기념물 → 큰돌기념물/ 거석렬 → 큰돌무리/ 거석문화 → 큰돌문화　[巨石]
거설	톱밥　[鋸屑]
거성	큰별　[巨星]
거세	세력 꺾음·불치기　〔보기〕거세하다 → 힘을 꺾다·불을 치

	다/ 거세가축 → 불깐집짐승/ 거세계 → 불깐닭/ 거세돈 → 불친돼지/ 거세마 → 악대말/ 거세술 → 불까기/ 거세우 → 악대소/ 거세작전 → 꺾기 · 힘빼기/ 거세창 → 불친상처 [去勢]
거수	손듦 〔보기〕 거수기 → 꼭두각시 · 주견없이 손만 드는 이의 비유 [擧手]
거시적	크게 보는 〔보기〕 거시적 관점에서 → 멀리 보아 ▷ 미시적 → 좁게 보는 [巨視的]
거시키	거시기 ※'가을갈이 · 분침'과 마찬가지로 거센소리로 나지 않는 형태를 표준으로 삼음.(표준어규정 제4항)
거식	못먹음 〔보기〕 거식증 → 못먹는증 · 음식안받음 ▷ 소식 → 적게 먹음 [拒食]
거실	거처방 · 모임방 [居室]
거액	큰돈 ▷ 거금 → 큰돈/ 다액 → 큰돈 · 많은 돈 [巨額]
거양	드높임 · 들어올림 〔보기〕 거양하다 → 드높이다 · 들어올리다 [擧揚]
거역	거스름 〔보기〕 거역하다 → 거스르다 [拒逆]
거유	큰선비 ▷ 대유 → 큰선비 [巨儒]
거인	큰사람 ▷ 대인 → 큰사람/ 소인 → 잔사람 [巨人]
거장	거량 ※ 불교말에는 광둥 쪽 발음이 꽤 있다. ▷ 도장 → 도량 [擧場]
거장	대가 [巨匠]
거적대기	거적때기 ※'－대기/－때기'는 '때기'로 적음. 귀때기 · 나무때기 · 등때기 · 배때기 · 볼때기 · 송판때기 · 널판때기 · 판자때기 · 팔때기 따위.(맞춤법 제54항)
거절	물리침 〔보기〕 거절하다 → 물리치다/ 거절증 → 물리침증 ▷ 거부하다 → 물리치다 [拒絶]
거접	제자리접 ▷ 양접 → 딴자리접 · 들접 [居椄]
거접	임시 삶 · 붙어 삶 〔보기〕 거접하다 → 임시로 살다/ 거접할 데 없다 → 붙어 살 데 없다 [居接]
거주	머물러 삶 〔보기〕 거주하다 → 머물러 살다/ 거주권 → 살권리/ 거주지 → 사는곳 [居住]
거증하다	증거 들다 [擧證]
거창하다	엄청나다 [취 巨創 · ～ 刱－]
거처	사는 데(곳) 〔보기〕 거처하다 → 지내다 · 머물러 살다/ 거처불명 → 사는 곳 모름 ▷ 거소 → 사는 데 [居處]
거출	갹출 · 냄 · 거둠 〔보기〕 거출하다 → 갹출하다 · 거두다 · 나눠내다 [醵出]

거취	태도·나아가고 물러남　〔보기〕거취를 분명히하다 → 태도를 분명히하다　▷ 진퇴 → 나아가고 물러감　[去就]
거치	눌러둠·맡김·예치　〔보기〕거치하다 → 눌러두다/ 10년 거치 20년 상환 → 10년 두었다 20년 동안 갚음/ 거치기간 → 예치기간　[据置]
거치	톱니　〔보기〕거치상엽 → 톱니잎　[鋸齒]
거칠은	거친　※'거칠다'를 활용하면 '거칠고, 거치니, 거칠어서, 거친'이 된다.
거택	주택·집　〔보기〕거택보호 → 집안보호　[居宅]
거풀	꺼풀　※ 작은말은 '까풀'임.　〔보기〕눈거풀 → 눈꺼풀/ 쌍거풀 → 쌍꺼풀
거풍	바람쐼　〔보기〕거풍하다 → 바람쐬다　[擧風]
거하다	지나다·가다　〔보기〕거한 후 → 지난 뒤　[去 –]
거행	올림·함·베풂　〔보기〕거행하다 → 올리다/ 거행되다 → 치러지다·올려지다　[擧行]
거화	횃불　〔보기〕거화신호 → 횃불신호　[炬火]
건	힘줄·심줄　〔보기〕아킬레스건 → 발꿈치힘줄　[腱]
건	열쇠　〔보기〕시건 → 잠금·잠그기/ 시건장치 → 잠금장치　▷ 개금·관건 → 열쇠　[鍵]
건각	다리·튼튼한 다리·잘 달리는 사람　[健脚]
건갈이	마른갈이　※고유어인 '마른갈이'가 더 널리 쓰인다 하여 이를 표준말로 삼음.　▷ 물갈이·진갈이/ 건견 → 말린고치/ 건경 → 마른줄기/ 건곡 → 마른곡식/ 건과 → 마른열매/ 건과자 → 마른과자　[乾 –]
건국	나라세움　〔보기〕건국하다 → 나라 세우다·나라서다　▷ 입국·조국 → 나라세움　[建國]
건기	발기　[件記]
건기	메마른 철·마른철　▷ 건조기 → 메마른철/ 우기 → 장마철　[乾期]
건내다	건네다　〔보기〕건내주다 → 건네주다
건답	마른논　〔보기〕건답직파 → 마른논뿌림　▷ 강답·건전 → 마른논/ 수답 → 무논·진논　[乾畓]
건당	한 건에　〔보기〕건당 수수료 → 한 건 수수료　▷ 개당 → 한 개에/ kg당 → 1kg에/ 섬당 → 한 섬에　[件當]
–건데	–건대　※행동이나 할말을 미리 밝히려 할 때 어미 '– 건대'를 써야 하는데 '– 건데'로 잘못 쓰는 이가 많다.　〔보기〕예컨데 → 예컨대/ 청컨데 → 청컨대/ 문건데 → 문건대
건립	세움　〔보기〕건립하다 → 세우다/ 건립된 지 → 세운 지·

선 지/ 건립자 → 세운 이   ▷ 설립 → 세움 · 차림 [建立]

건마	마른 삼 [乾麻]
건망증	잊음증 · 잊음기 ▷ 기억력 → 욀총 · 지닐총 [健忘症]
건면	마른국수 [乾麵]
건모	마른모 〔보기〕건모육성 → 마른모 기르기/ 건못자리 → 마른못자리/ 건묘판 → 마른 못자리판 [乾 -]
건묘	실한 모 〔보기〕건묘육성 → 실한모 기르기 [健苗]
건발기	머리말리개 ▷ 모발건조기 → 머리말리개/ 헤어드라이어 → 머리말리개 [乾髮器]
건배	축배들기 · 잔비우기 〔보기〕건배하다 → 잔비우다 · 축배들다 [乾杯]
건빨래	마른빨래 ※많이 쓰인다 하여 '마른빨래'를 표준말로 삼음.(표준어규정 제21항) [乾 -]
건사	마른먹이 [乾飼]
건석어	1. 가조기 2. 굴비 ▷ 백상 · 부염석어 · 상어 → 가조기/ 황석어 → 참조기 [乾石魚]
건선	마른버짐 ▷ 풍선 → 마른버짐/ 습선 → 진버짐 [乾癬]
건성	마른 〔보기〕건성식물 → 가물식물/ 건성유 → 굳은기름/ 건성피부 → 마른살갗 ▷ 습성 → 진 [乾性]
건승	건강함 · 안녕 〔보기〕건승하다 → 안녕하다 · 건강하다/ 건승을 빌다 → 안녕을 빌다 · 건강하기를 빌다 [健勝]
건시	곶감 ▷ 관시 → (꼬챙이에 꿴) 곶감/ 준시 → 납작곶감/ 연시 → 연감 [乾柿]
건식	마른식 〔보기〕건식빨래 · 건빨래 → 마른빨래 ▷ 습식 → 무른 식 · 물식 [乾式]
건실	굳건함 · 탄탄함 〔보기〕건실하다 → 굳건하다 · 탄탄하다/ 건실주 → 탄탄한 주식 [健實]
건어	마른생선 · 말린 물고기 〔보기〕건어물 → 말린어물/ 건어물상 → 마른어물 가게 [乾魚]
건위제	위약 [健胃劑]
건의	의견 올림 〔보기〕건의하다 → 의견 올리다 [建議]
건재	건축감 · 재목 ▷ 건축재 → 건축감 · 재목 [建材]
건전	튼튼함 · 올바름 〔보기〕건전하다 → 튼튼하다 · 튼튼하고 바르다/ 건전한 정신은 건강한 육체에서 → 올바른 정신은 튼튼한 몸에서 [健全]
건정	자물쇠 ▷ 시건 → 자물쇠 · 자물통 [鍵錠]
건제품	마른제품 ▷ 건조품 → 마른제품 · 말린것 [乾製品]

건조	지음·세움·만듦·무음　〔보기〕건조하다 → 짓다·세우다·만들다·뭇다/ 건조선 → 만드는 배　▷ 건설·건축 → 세움·지음　[建造]
건조	1. 말림·마름·메마름　2. 딱딱하고 버성김　〔보기〕건조하다 → 마르다/ 건조시키다 → 말리다·마르게 하다/ 건조가 → 말림시렁/ 건조공기 → 마른공기/ 건조과실 → 마른과실·말린과실/ 건조기 → 말림틀·말리개/ 건조기후 → 마른날씨/ 건조대 → 말림대/ 건조도 → 마름새/ 건조무미(무미건조) → 딱딱하고 껄껄함/ 건조비료 → 마른거름/ 건조실 → 말림칸/ 건조세탁 → 마른빨래/ 건조우레 → 마른우레/ 건조장 → 말림터/ 건조제 → 말림약/ 건조지 → 마른땅/ 건조화 → 말린꽃/ 건조효모 → 뜸팡잇가루　[乾燥]
건직망	주머니그물　▷ 건착선 → 두릿그물배·주머니그물배/ 양조망 → 두릿그물　[일 巾着網]
건채	말린나물·마른채소　▷ 건채소 → 말린나물　[乾菜]
건초	마른풀·말린풀　▷ 건포도 → 말린 포도·마른 포도　[일 乾草·ほしくさ]
건축밀도	건물배기　▷ 건축용재 → 건축감　[建築密度]
건투	잘 싸움　〔보기〕건투하다 → 잘 싸우다/ 건투를 빌다 → 잘 싸우기를 빌다　[健鬪]
건폐율	대지 건평 비율　[일 建蔽率·けんぺいりつ]
건화	말린꽃·마른꽃　▷ 생화 → 생꽃/ 조화 → 만든꽃　[乾花]
걷어부치다	걷어붙이다　〔보기〕소매를 걷어붙이다/ 팔을 걷어붙이다/ 웃통을 걷어붙이다
걸거치다	거치적거리다　〔보기〕걸기적거리다 → 거치적거리다/ 개기적거리다 → 거치적거리다　▷ 거개다/ 개개다
―걸랑·―거든	※둘 다 쓸 수 있는 말이다. '―걸랑'은 '―거들랑'의 준말인데, '걸랑요'는 '걸랑'에 존대토씨 '요'가 붙은 말이다.　〔보기〕가걸랑·있걸랑·자걸랑·보걸랑/ 가거든·있거든·자거든·보거든
걸르다	거르다　▷ 잘르다 → 자르다/ 물르다 → 무르다/ 졸르다 → 조르다
걸리적거리다	거치적거리다
걸맞는	걸맞은　※'걸맞다'는 형용사로서 현재진행을 나타내는 매김꼴 씨끝 '―는'을 쓸 수 없고 '―은'만 쓴다. 즉 '좋는·아름답는·어렵는·작는' 따위로 쓰지 않는다.　▷ 알맞는 → 알맞은/ 맞는 → 맞는
걸머맡다	안아맡다

걸머잡다	※'걸머잡다'는 이것저것 한데 걸치어 붙잡다, '거머잡다'는 휘 감아 잡다의 뜻으로 쓰인다. ▷ 걸머메다/ 걸머지다
걸머쥐다	거머쥐다 ※'걸머잡다' '걸머지다' 등은 있어도 '걸머쥐다'는 없고 '거머쥐다'만 쓴다. 〔보기〕 머리채를 거머쥐고 빗질을 하다 ▷ 걸머메다/ 걸머지다
걸물	난놈 · 잘난이 ▷ 걸인 · 물건 → 잘난이 · 난놈 〔傑物〕
걸스카웃	걸스카우트 · 소녀단 〔보기〕 보이스카웃 → 보이스카우트 〔영 girl scout〕
걸식	빌어먹음 〔보기〕 걸식하다 → 빌어먹다/ 유리걸식 → 떠돌 며 빌어먹음 〔乞食〕
걸음	1. 발걸음 2. → 거름 〔보기〕 밑걸음 → 밑거름/ 웃걸음 → 웃거름/ 풋걸음 → 풋거름
걸인	거지 · 비렁뱅이 〔보기〕 걸인집단 → 거지떼 〔乞人〕
걸작	뛰어난 작품 · 유별난 짓 ▷ 달작 · 대작 → 뛰어난 작품/ 명 작 → 이름난 작품/ 마스터피스 → 걸작 · 뛰어난 작품 〔傑 作〕
걸출	1. 난사람 2. 뛰어남 〔보기〕 걸출하다 → 뛰어나다 · 잘나 다 ▷ 걸물 → 난놈 〔傑出〕
겂어지다	걸머지다 〔보기〕 걸머메다/ 걸머메이다/ 걸머잡다/ 걸머 지우다 ▷ 짊어지다
검거	잡아감 · 붙잡음 〔보기〕 검거하다 → 잡아가다 · 붙잡아들 이다 · 붙들다/ 검거선풍 → 잡아가기바람 · 붙잡기바람 〔檢 擧〕
검무	칼춤 ▷ 검기무 → 칼춤 〔劍舞〕
검사역	검사인 · 검사원 〔일 檢査役 · けんさやく〕
검사일할	검사일정 · 검사날짜 〔檢査日割〕
검산	뒷셈 · 셈따지기 〔보기〕 검산하다 → 셈을 따지다 〔檢 算〕
검색	살펴찾음 〔보기〕 검색하다 → 살펴찾다/ 인터넷 정보를 검 색하다 → ~ 정보를 찾다/ 검색치환 → 찾아바꿈 〔檢索〕
검수	백성 ▷ 여민 → 백성 〔黔首〕
검수	챙겨받기 〔보기〕 검수하다 → 챙겨받다 〔檢受〕
검시	주검검사 ▷ 검식 → 음식검사/ 검신 → 몸검사 · 몸수색/ 검안 → 눈검사 〔檢屍〕
검약	아껴씀 〔보기〕 검약하다 → 아껴쓰다/ 근검절약 → 부지런 히 일하고 아껴씀 〔儉約〕
검어쥐다 · 겂어 쥐다	거머쥐다 〔보기〕 거머당기다/ 거머들이다/ 거머먹다/ 거 머삼키다/ 거머안다/ 거머잡다/ 거머채다

검열	따져살피기　〔보기〕검열하다 → 따져살피다/ 사전검열 → 미리살핌　[檢閱]
검정교배	되돌이교배　[檢定交配]
검지	집게손가락　▷ 식지 → 집게손가락　[–指]
검출	검사해냄 · 가려냄　〔보기〕검출하다 → 가려내다 · 찾아내다/ 대장균을 검출하다 → 대장균을 가려내다/ 중금속이 검출되다 → 중금속이 나오다　[檢出]
검치	보냄 · 송치　〔보기〕검치하다 → 검찰청에 보내다 · 송치하다　[檢致]
검침	계량검사　〔보기〕검침하다 → 계량검사를 하다/ 검침원 → 계량기 조사원　[檢針]
검토	따져봄　〔보기〕검토하다 → 따져보다/ 검토사항 → 따져볼 것　[檢討]
검표	표검사　〔보기〕검표하다 → 표검사를 하다　[檢票]
겁소	팻자리 · 약한 곳　[劫所]
겁용	팻감 · 패쓸데　[劫用]
겁장이	겁쟁이　※기술자말고는 모두 '–쟁이'로 씀.
겁탈	을러뺏음　〔보기〕겁탈하다 → 을러빼앗다 · 억지로 앗다 · 욕보이다　[劫奪]
~것은 ~것으로 주목된다	~것이어서 주목된다. ~ 것이다　〔보기〕~밝힌 것은 미국정부의 대인도차이나 정책의 획기적 전환을 시사한 것으로 주목된다→ ~ 시사한 것이어서 주목된다. ~것이어서 흥미롭다.
겉고샅	겉고샅(새끼)　▷ 속고샅
겉잡다	1. 겉가량으로 어림잡다　2. → 걷잡다　〔보기〕겉잡을 수 없이 → 걷잡을 수 없이
게기하다	싣다 · 써붙이다 · 적어넣다 · 정하다　▷ 게시하다 → 내붙이다 · 써붙이다　[揭記]
게꼬리	게꽁지　〔보기〕게꼬리만하다 → 게꽁지만하다
게놈	유전체　▷ 지넘 · 지놈 → 게놈　[도 Genom]
게따(타)	왜나막신　[일 下駄]
게릴라	유격대 · 유격전　▷ 빨치산 → 유격대　[스 guerrilla]
게스트	손님 · 특별출연자　[영 guest]
게슴치레하다	거슴츠레하다 · 게슴츠레하다
게시	내붙임 · 써붙임　〔보기〕게시하다 → 내붙이다 · 써붙이다/ 게시판 → 알림판　[揭示]
게시다	계시다　※원음이 '계'인 게송 · 게시판 · 휴게실을 빼고는 '게'로 소리나더라도 '계'로 적음.(맞춤법 제8항)
–게시리	–게끔　※'게끔'이 더 많이 쓰인다 하여 이를 표준말로 삼

음.(표준어규정 제25항)　〔보기〕만족하게시리 → 만족하게끔/ 오게시리 → 오게끔/ 아름답게시리 → 아름답게끔/ 뒤탈 없게시리 하시오 → 뒤탈 없게끔 ~ㆍ~ 없도록 ~/ 만족하게시리 → 만족하게끔/ 오게시리 → 오게끔/ 아름답게시리 → 아름답게끔　▷ 하게시리 → 하게끔ㆍ하도록

게양	달기ㆍ올리기ㆍ올림　〔보기〕게양하다 → 달다ㆍ올리다/ 게양되다 → 게양하다ㆍ달다　[揭揚]
게이지	계기ㆍ재개　[영 gauge]
게이트	1. 문　2. 추문ㆍ의혹사건　〔보기〕골 게이트 → 골문/ 코리아게이트 → 코리아 추문　[영 gate]
게임	경기ㆍ놀이ㆍ내기　〔보기〕게임하다 → 놀다ㆍ경기하다/ 게임세트 → 경기끝ㆍ놀이끝/ 게임메이커 → 주도선수/ 게임포인트 → 중요득점　[영 game]
게재	실음　〔보기〕게재하다 → 싣다　▷ 등재 → 실음　[揭載]
게제의 건	위의 일　[揭題 - 件]
계집	계집
게첨	내붙임　〔보기〕게첨하다 → 내붙이다　▷ 게첩(揭帖) → 내붙임ㆍ내붙인글　[揭添]
겐또	어림ㆍ짐작　▷ 견또 → 어림ㆍ짐작　[일 見当]
겐세이	견제ㆍ방해　[일 牽制ㆍけんせい]
겐승	원치수ㆍ실척　〔보기〕겐승이따(타) → 원치수널　[일 原寸]
겐찌석ㆍ견치석	축댓돌ㆍ송곳닛돌　▷ 겐치(찌)이시 → 송곳닛돌ㆍ개잇돌　[일 間知石ㆍ犬歯石]
겟 투	둘잡이　▷ 더블플레이 → 둘잡이/ 병살 → 둘잡이　[영 get two]
겨울내	겨우내　※'ㄴㆍㄷㆍㅅㆍㅈ'앞에 ㄹ이 줄 적에는 준 대로 적음.(맞춤법 제28항) 따님ㆍ아드님ㆍ마소ㆍ소나무ㆍ싸전ㆍ화살 따위.
격	자리ㆍ자격　〔보기〕격조사 → 자리토씨/ 주격 → 임자자리/ 목적격ㆍ대격 → 부림자리/ 관형격 → 매김자리/ 처격 → 위치자리/ 기구격ㆍ방편격 → 방편자리/ 호격 → 부름자리/ 공동격ㆍ비교격 → 견줌자리　[格]
격감	부쩍 줆ㆍ바짝 줄임　〔보기〕격감하다 → 부쩍 줄다/ 격감시키다 → 쑥 줄이다/ 수출 격감 → 수출 부쩍 줆　▷ 격증 → 부쩍 늚　[激減]
격납	넣어둠　〔보기〕격납하다 → 집어넣어두다/ 격납고 → 비행

기집　[일 格納・かくのう]

격년	1. 해거리　2. 해걸러　　〔보기〕격년결과・격년결실 → 해거리열기／ 격년제 → 해거리제　[隔年]
격노	몹시 성냄・발끈 성냄　　〔보기〕격노하다 → 발끈 성내다　▷ 격분 → 발끈 성냄　[激怒]
격다	겪다　〔보기〕격었던 → 겪었던　　※받침 잘못.
격돌	몹시 부딪침・세게 부딪침　　〔보기〕격돌하다 → 몹시 부딪치다・몹시 싸우다　[激突]
격랑	거센 물결・사나운 시련　[激浪]
격려	돋워줌・치킴・힘내게 함　　〔보기〕격려하다 → 북돋아주다・치키다／ 격려사 → 격려말씀／ 위로와 격려를 아끼지 않다 → 애써 어루만지며 북돋아주다　[激勵]
격론	세찬 논쟁・드센 논의　　〔보기〕격론하다 → 세차게 논쟁하다　[激論]
격리	띄어놓음・떨어짐・떼어놓음　　〔보기〕격리하다 → 떼어놓다・떨어뜨려놓다／ 격리동화 → 건너닮기／ 격리실 → 외딴방／ 격리재배 → 따로가꾸기　　▷ 위리 → 가시울을 침　[隔離]
격멸	쳐부숨・무찌름　　〔보기〕격멸하다 → 쳐부수다・무찌르다　[擊滅]
격무	힘든일・된일・고된일　　▷ 고역・노역 → 힘든일・고된일　[일 激務・げきむ]
격발	당김・쏨・쏴　[擊發]
격발	세차게 일어남・쳐일으킴　　〔보기〕격발하다 → 세차게 일어나다・쳐일으키다／ 격발되다 → 세차게 일어나다　[激發]
격벽	칸막이벽・칸막이　[隔壁]
격변	크게 달라짐・엄청난 변화　　〔보기〕격변하다 → 엄청나게 변하다／ 격변기 → 크게 변하는 시기　　▷ 극변 → 엄청난 변화　[激變]
격변화	자리바꿈　[格變化]
격분	몹시 성냄・되우 성냄　　〔보기〕격분하다 → 몹시 성내다　▷ 격노 → 발끈 성냄　[激憤]
격분	분이 치받침　　〔보기〕격분하다 → 분이 벌컥 치받치다　[激忿]
격상	격 높임　　〔보기〕격상하다 → 격높이다・격높아지다／ 격상시키다 → 격높이다　　▷ 격하하다 → 격낮추다／ 위상을 높이다 → 격을 높이다　[格上]
격세감	딴세상 느낌・대 바뀐 느낌・동떨어진 느낌　　▷ 격세지감 →

딴세상 느낌　[隔世感]

격앙　　　발끈함·흥분함　〔보기〕격앙하다 → 발끈하다　[激昂]

격월　　　달거리　〔보기〕격월간 → 달거리내기/ 격월로 → 달거리로·
　　　　　한달건너　　▷ 격일 → 날거리/ 격년 → 해거리　[隔月]

격음　　　거센소리　※거센소리는 ㅊ·ㅋ·ㅌ·ㅍ 따위, 된소리는
　　　　　ㄲ·ㄸ·ㅃ·ㅆ·ㅉ 따위임.　▷ 기음 → 거센소리/ 경음
　　　　　→ 된소리　[激音]

격의없이　터놓고·무람없이　[隔意-]

격일　　　날거리　〔보기〕격일간 → 날거리내기/ 격일로 → 하루걸러
　　　　　[隔日]

격자　　　살창·모눈　〔보기〕격자뜨기 → 모눈뜨기/ 격자무늬 → 살
　　　　　창무늬·바둑판무늬　[格子]

격전　　　호된 싸움·몹시 싸움·세찬 싸움·엎치락뒤치락　〔보기〕격
　　　　　전하다 → 몹시 싸우다/ 격전장·격전지 → 호된 싸움터　▷
　　　　　극전·맹전 → 세찬 싸움·호된 싸움/ 혼전 → 엉겨싸움　[激
　　　　　戰]

격조　　　가락새·품새　〔보기〕격조가 높다 → 품새가 높다/ 격조가
　　　　　있다 → 가락새가 있다　[格調]

격조사　　자리토씨　※자리토씨에는 임자토(주격조사), 부림토(목
　　　　　적격조사), 위치토(처소격조사), 방편토(방편격조사), 견줌
　　　　　토(비교격조사) 다섯 갈래가 있다. 여기에 도움토(보조격조
　　　　　사)를 덧붙이기도 한다.　[格助詞]

격조하다　오래 막히다　〔보기〕격조했습니다 → 오랜만입니다　　▷
　　　　　적조하다 → 소식이 막히다　[隔阻-]

격주　　　이레거리　〔보기〕격주로 → 이레걸러·이레거리로/ 격주
　　　　　제 → 이레거리제　[隔週]

격증　　　부쩍 늚　〔보기〕격증하다 → 부쩍 늘다　　▷ 격감 → 부쩍
　　　　　줆　[激增]

격지　　　떨어진 곳　〔보기〕원격지 → 멀리 떨어진 곳　　▷ 벽지·
　　　　　오지 → 외딴곳·두메　[隔地]

격차　　　동떨어짐·서로 다른 정도　〔보기〕격차가 너무 난다 → 너
　　　　　무 동떨어진다/ 격차를 좁히다 → 사이를 좁히다/ 격차가 벌
　　　　　어지다 → 사이가 크게 벌어지다　[隔差]

격추　　　쏘아 떨어뜨림　〔보기〕격추하다 → 쏘아떨어뜨리다/ 격추
　　　　　시키다 → 격추하다·쏘아떨어뜨리다　[擊墜]

격침　　　쳐가라앉힘　〔보기〕격침하다 → 쳐가라앉히다　[擊沈]

격침　　　공이·방아쇠　[擊針]

격퇴　　　물리침　〔보기〕격퇴하다 → 물리치다/ 격퇴시키다 → 격퇴

하다·물리치다/ 격퇴되다 → 물러나다/ 격퇴당하다 → 밀려
나다·쫓겨나다 ［擊退］

격투	드잡이·드잡이싸움·치고받기 〔보기〕격투하다 → 드잡이하다·드잡이싸움하다 ［格鬪］
격파	쳐부숨·깨뜨림·짓부숨 〔보기〕격파하다 → 쳐부수다·깨뜨리다 ［擊破］
격하	격내림·격낮춤 〔보기〕격하하다 → 격내리다·격깎다·격낮추다 ▷ 격상하다 → 격높이다 ［格下］
격화	몹시 심해짐 〔보기〕격화하다 → 몹시 심해지다·격렬해지다/ 격화일로 → 자꾸 심해져감·갈수록 심해짐 ［激化］
견	비단·깁 〔보기〕견직물 → 비단/ 견사 → 명주실 ［絹］
견갑골	어깨뼈·주걱뼈 ▷ 견갑부 → 어깨(부분) ［肩胛骨］
견강부회	억지맞춤·억지로 끌어대기 〔보기〕견강부회하다 → 억지로 끌어대다 ［牽强附會］
견고하다	튼튼하다·굳다·단단하다 ▷ 공고하다 → 군건하다·튼튼하다 ［堅固 - ］
견관절	어깨뼈마디 ▷ 견갑관절 → 어깨뼈마디 ［肩關節］
견또·겐또·견토	가늠·어림 ［일 見當］
견마	경마·말몰이 〔보기〕견마지로 → 옆에서 정성을 다함 ［牽馬］
견문	보고들음·앎 〔보기〕견문이 넓다 → 보고들은 것이 많다/ 견문을 넓히다 → 앎을 넓히다·널리 배우다 ［見聞］
견본	본보기·간색·본 〔보기〕견본시 → 본보기시장/ 견본조 → 보기짜기/ 견본품 → 본보기물건 ▷ 견양 → 겨냥·서식·보기 ［일 見本·みほん］
견사	명주실·비단실 ［絹絲］
견사	고치실·생명주실 ［繭絲］
견습	보고익힘·배움 〔보기〕견습하다 → 보고익히다/ 견습공 → 수습공/ 견습기자 → 수습기자/ 견습생 → 수습생/ 견습직공 → 수습공 ［일 見習·みならい］
견실하다	튼튼하다·튼실하다 ［堅實 - ］
견양	1. → 겨냥 2. 서식·본보기·보기 〔보기〕견양을 내다 → 겨냥을 내다/ 견양을 보다 → 겨냥을 보다 ▷ 견본 → 보기·본보기 ［일 見樣·みよう］
견우화	나팔꽃 ［牽牛花］
견인	끌기·끌어당기기·이끌기 〔보기〕견인하다 → 끌다·끌어당기다/ 견인구간 → 끌구간/ 견인기관차 → 끌기관차/ 견인력 → 당길심·끌힘/ 견인무게 → 끌무게/ 견인삭 → 끌줄/ 견

인차 → 끌차/ 견인형 → 끌꼴   ▷ 예인 → 끎 [牽引]

견인차   끌차   〔보기〕견인차 역할을 하다 → 끌차 구실을 하다·끌차가 되다 [牽引車]

견장   어깨표장 [肩章]

견적   어림셈·추산   〔보기〕견적서 → 어림발기·추산서 [일 見積·みつもり]

견조   탄탄함   ▷ 연조(軟調)   [堅調]

견지   처지·볼자리·볼때   〔보기〕내가 보는 견지에서는 → 내가 볼 때/ 그런 견지에서 → 그런 점에서   ▷ 시각 → 볼모/ 시점 → 눈·볼자리 [見地]

견지   굳게 지님   〔보기〕견지하다 → 굳게 지니다·지키다   ▷ 고수하다 → 굳게 지키다 [堅持]

견직물   비단   ▷ 면직물 → 무명천/ 모직물 → 털실천 [絹織物]

견질   저금볼모·믿음볼모·보임볼모   ▷ 견질어음 → 볼모어음 [見質]

견착식   어깨식·어깨받침식   ▷ 견착식 화기 → 어깨식 화기/ 견착식 사격 → 어깨받쳐 쏘기 [肩着式]

견책   꾸짖음   〔보기〕견책하다 → 꾸짖다   ▷ 문책 → 책임물음/ 질책 → 꾸짖음·나무람/ 경고 → 주의시킴·주의·알림/ 인책 → 책임짐 [譴責]

견출장   찾아보기책   〔보기〕견출지 → 찾음표·찾아보기표 [見出帳]

견취도   겨냥그림·약도 [일 見取圖]

견치   송곳니   〔보기〕견치석 → 송곳닛돌·축댓돌 [일 犬齒]

견학   보고배움   〔보기〕견학하다 → 보고배우다/ 견학가다 → 보고배우러 가다 [일 見學·けんがく]

견해   소견·뜻·생각   〔보기〕견해가 다르다 → 생각이 다르다/ 견해를 달리하다 → 뜻을 달리하다/ 견해차 → 보기차이·생각차이/ 5시간에 걸친 막판 회담을 가졌으나 견해 차이를 좁히는 데 실패했다 → 다섯 시간에 걸쳐 막판협상을 했으나 뜻차이를 좁히지 못했다· ~ 뜻을 맞추지 못했다 [見解]

결   빔·모자람·빠짐   〔보기〕결하다 → 비다·모자라다·못 갖추다·빠지다/ 결강 → 강의 빠짐/ 결격사항 → 자격빠짐·자격 모자람/ 결여 → 모자람/ 결함 → 잘못됨·흠/ 흠결 → 축 [缺]

결과   열매맺이   〔보기〕결과하다 → 열매맺다/ 결과모지 → 열매밑가지/ 결과습성 → 해거리버릇/ 결과절위 → 열매마디·열림마디/ 결과조절 → 열매고르기·맺이고름/ 결과지 → 열매

	가지 ▷ 결실 → 열매맺음 〔結果〕
결과물	결과·산물·열매·보람 〔보기〕 첫번째 결과물 → 첫 열매 / 극복의 결과물 → 극복한 산물·이겨낸 보람/ 구체적 결과물 → 뚜렷한 결과·뚜렷한 산물·뚜렷한 보람 〔結果物〕
결구	알들이·통앉기·속들이 〔보기〕 결구하다 → 알들다/ 결구긴도 → 알차기/ 결구배추 → 통배추/ 결구불량 → 속 안참 〔結球〕
결국	끝내·끝장·마침내 〔結局〕
결궤	무너뜨림 〔決潰〕
결귀	결구 〔結句〕
결단	맺고끊음 〔보기〕 결단하다 → 맺고끊다/ 결단력 → 맺끊는 힘 〔決斷〕
결단식	결성식 〔結團式〕
결당	당만들기·당묶기 〔보기〕 결당하다 → 당을 만들다 〔結黨〕
결렬	깨짐·깸 〔보기〕 결렬하다 → 깨지다·깨어지다/ 결렬선언 → 깸선언·갈라서기말 〔決裂〕
결론	맺음말 〔結論〕
결말	끝맺음·끝장·마무리 〔보기〕 결말이 나다 → 끝장이 나다·끝나다·마무리하다 〔結末〕
결문	맺는글·맺음글 〔보기〕 결문하다 → 글맺다 ▷ 말문 → 맺음글 〔結文〕
결백	깨끗함 〔보기〕 결백하다 → 깨끗하다 〔潔白〕
결번	없는 번호·빠진 번호·거른 번호 〔缺番〕
결벽	깨끗버릇 〔보기〕 결벽증 → 깨끗버릇증 〔潔癖〕
결별	영이별·갈라섬 〔보기〕 결별하다 → 영이별하다·아주 갈라서다 〔訣別〕
결본	낙길·낙질·빠진책 〔缺本〕
결부	끌어붙임·끼움 〔보기〕 결부하다 → 끌어붙이다/ 결부시키다 → 결부하다·끌어붙이다 〔結付〕
결빙	얼어붙음 〔보기〕 결빙하다 → 얼다·얼어붙다/ 결빙기 → 어는기간/ 결빙점 → 어는점 ▷ 해빙 → 얼음녹음·얼음풀림 〔結氷〕
결사	단체만들기·모임묶기 〔보기〕 결사하다 → 모임 만들다·모임 꾸리다/ 결사의 자유 → 모임묶는 자유·단체만들기 자유 〔結社〕
결상초자	성에유리 〔結霜硝子〕
결석계	결석신고 〔일 缺席屆·けっせきとどけ〕
결선	마지막뽑기·결정선거·막뽑기 〔보기〕 결선하다 → 마지막

뽑기하다 · 막뽑기하다　［決選］

결성　짜이룸 · 짬 · 묶음　〔보기〕결성하다 → 짜다 · 짜이루다 ［結成］

결속　묶음 · 뭉침 · 다발 · 가지묶기　〔보기〕결속하다 → 묶다/ 결속력 → 뭉치는 힘　［結束］

결손　축 · 모자람 · 못갖춤 · 다침　〔보기〕결손나다 → 축나다 · 흠 생기다/ 결손이 심하다 → 축이 많이나다/ 결손가정 → 못갖춘 집안 · 다친가정/ 결손보상 → 축메우기　［일 缺損 · けっそん］

결순　언청이　［缺脣］

결승　판가리　〔보기〕결승전 → 판가리싸움/ 결승주 → 판가릿대 ［決勝］

결식　끼니굶음　〔보기〕결식하다 → 끼니를 굶다 · 때를 거르다/ 결식아동 → 굶는아이　［缺食］

결실　열매맺이 · 여물기 · 익기　〔보기〕결실하다 → 열매맺다/ 결실을 맺다 → 열매를 맺다/ 결실기 → 여물때 · 열매철/ 결실년 → 열해/ 결실률 → 열매맺이율 · 여무는 율/ 결실수 → 열매나무　▷ 결과 → 열매맺이　［結實］

결심　심리마무리 · 끝심리　〔보기〕결심하다 → 심리를 마무리하다 · 심리를 끝마치다　［結審］

결심　맘먹음 · 마음 정함　〔보기〕결심하다 → 마음먹다 · 맘정하다　▷ 결의 → 마음먹음/ 작정 · 작심 → 맘먹음　［決心］

결여　모자람 · 빠짐　※'결여하다'는 원래 '모자라다'의 뜻으로 형용사로만 쓰이나 '빠뜨리다', '잃다' 뜻의 동사로 잘못 쓰는 경우가 잦다.　〔보기〕결여하다 → 모자라다 · 빠지다 · 빠뜨리다 · 아쉽다/ 결여되다 → 모자라다/ 객관성을 결여할 경우 → 객관성을 잃을 경우 · 객관성이 모자랄 경우/ 연속성을 결여한 채 → 연속성을 잃은 채 · 연속성이 모자란 채/ 도덕성을 결여하다 → 도덕성을 잃다 · 도덕성이 모자라다 · 도덕성 없다　［缺如］

결연　인연맺기　〔보기〕결연하다 → 인연맺다/ 자매결연을 맺다 → 자매결연하다　［結緣］

결연히　딱 · 왈칵 · 서슴없이　〔보기〕결연하다 → 꿋꿋한 데가 있다 ［決然 - ］

결원　빠진 인원 · 자리 빔 · 모자란 인원　［缺員］

결의　마음먹음 · 다짐　〔보기〕결의하다 → 마음먹다 · 다짐하다/ 결의대회 → 다짐대회　［決意］

결의권　표결권　［決議權］

결장	잘록창자·주름창자 [結腸]
결전	대매싸움·판가리싸움·결판싸움 〔보기〕결전하다 → 판가리싸움하다/ 결전장 → 대목싸움판 [決戰]
결절	멍울·매듭 〔보기〕결절점 → 멍울자리·매듭자리 [結節]
결점	흠·모자란 점 ▷ 결함 → 흠/ 단점 → 모자란 점 [缺點]
결제	(처리)끝냄·(돈)치르기 〔보기〕결제하다 → 끝내다·처리하다·치르다 ▷ 결재하다 → 결정하다·처결하다·승인하다 [決濟]
결집	모음·뭉침 〔보기〕결집하다 → 모으다/ 결집력 → 뭉칠심·뭉치는 힘 ▷ 집결 → 모임/ 응집 → 엉겨붙는 힘 [일 結集·けっしゅう]
결착	1. 맺기·달림·열림 2. 끝장내기 3. 붙음 〔보기〕결착하다 → 1. 맺다 2. 끝장내다 3. 붙다 [決着·結着]
결탁	짬·한통속됨·들러붙음 〔보기〕결탁하다 → 짜다·한통속이 되다/ 권력과 재벌이 결탁해 부정부패를 양산했다 → 권력과 재벌이 들러붙어 부정 부패를 더하였다 ▷ 담합 → 짬 [結託]
결판	판가름·판가리 〔보기〕결판나다 → 판가름나다/ 결판내다 → 판가름내다 [決判]
결핍	모자람 〔보기〕결핍하다 → 모자라다/ 결핍되다 → 모자라다/ 애정결핍 → 사랑모자람·애정 모자람 [缺乏]
결하다	없다·빠지다·모자라다 [缺-]
결함	흠·두려빠짐·모자람 ▷ 결점 → 흠 [缺陷]
결행	잘라 함·꼭 행함 〔보기〕결행하다 → 잘라 행하다·꼭 행하다 [決行]
결혼	짝짓기·혼인 [結婚]
겸	-과·-이자 〔보기〕겸하다 → 같이하다·함께하다/ 겸하여 → 아울러/ 부총리 겸 통일원장관 → 부총리이자 통일원장관/ 이사 겸 편집국장 → 이사이자 편집국장 [兼]
겸두겸두·겸디 겸디·겸지겸지	겸사겸사 ※'겸사겸사'가 가장 널리 쓰인다고 이를 표준말로 삼음.(표준어규정 제25항)
겸무	껴봄·껴맡음 〔보기〕겸무하다 → 껴보다·껴맡다 ▷ 겸임 → 겸함·아울러 맡음 [兼務]
겸비	갖춤·두루갖춤·아우름 〔보기〕겸비하다 → 두루 갖추다 ▷ 겸전 → 두루 갖춤 [兼備]
겸양	사양·양보 〔보기〕겸양지심 → 사양하는 마음 ▷ 겸사 → 사양 [謙讓]

겸업	겸한 일 〔보기〕겸업농 → 겹농사 ▷ 전업 → 외곬일·홑일 [兼業]
겸연쩍다	겸연쩍다 ※'계면쩍다'의 원말. [慊然 -]
겸용	두루쓰기·두루치기·겸해 씀 〔보기〕겸용하다 → 두루쓰다 [兼用]
겸임	겸함·아울러 맡음 〔보기〕겸임하다 → 겸하다·아울러 맡다 [兼任]
겸행	껴함 〔보기〕겸행하다 → 껴하다·함께하다 [兼行]
겸허하다	겸손하다·속비다 [謙虛 -]
경	께·쯤·무렵 〔보기〕오후 11시경 → 밤 11시께/ 월말경 → 월말께· 오전 4시경 → 새벽 네시 무렵 [頃]
경각	눈깜짝할새·잠깐새 〔보기〕경각에 달하다 → 바로 닥치다·거의 닥치다 ▷ 삽시간 → 눈깜짝할새 [頃刻]
경각심	정신차림·긴장·켕길심 〔보기〕경각심을 높이다 → 정신차리게 하다·켕길심을 높이다 [警覺心]
경간	기둥사이 [徑間]
경감	덜어줌·가볍게 함 〔보기〕경감하다 → 덜어주다·가볍게 하다/ 경감책 → 덜꾀 [輕減]
경개	경치 [景槪]
경거망동	방정맞은 짓·가벼이놂 〔보기〕경거망동하다 → 방정맞게 행동하다·가벼이 굴다 [輕擧妄動]
경건하다	정성스럽다·조심스럽다 [敬虔 -]
경결하다	딴딴해지다·단단하게 굳다 [硬結 -]
경계	조심·곧추살핌·살펴지킴 〔보기〕경계하다 → 조심하다·살피다/ 경계심 → 조심·곧추살핌 [警戒]
경고	주의시킴·주의·알림 〔보기〕경고하다 → 주의시키다·주의주다·알리다/ 경고문 → 알리는 글 ▷ 견책 → 꾸짖음·나무람 [警告]
경골	목뼈 [頸骨]
경골	정강뼈·정강이뼈 [脛骨]
경과	지남·지난내력·일되어옴 〔보기〕경과하다 → 지나다/ 경과가 궁금하다 → 내력이 궁금하다/ 경과사항 → 지남사항/ 경과규정 → 지남규정 [經過]
경구	깨우침말·격언 ▷ 속담 [警句]
경구	1. 입 거침·입 2. 구멍 거침·구멍 〔보기〕경구감염 → 입옮음·입감염·구멍옮음/ 경구전염 → 입옮음·입전염/ 경구투약 → 약먹임/ 경구용 → 먹는약/ 경구피임약 → 먹는 피임약 [經口]

ㄱ

경구개	센입천장·단단입천장 〔보기〕경구개음 → 센입천장소리 ▷ 연구개 → 여린입천장·물렁입천장 〔硬口蓋〕
경귀·경인귀	경구·경인구 〔驚(人)句〕
경기	시세·세월 〔보기〕경기부진 → 세월없음·시세없음/ 호경기 → 좋은경기/ 불경기 → 낮은경기 〔景氣〕
경도	굳기·굳음새 〔硬度〕
경도	기울기 ▷ 경사(도) → 기울기 〔傾度〕
경도	쏠림·치우침 〔보기〕경도하다 → 쏠리다·치우치다/ 경도되다 → 쏠리다 〔傾倒〕
경도	날도 〔보기〕경도선 → 날금 ▷ 위도 → 씨도/ 위도선 → 씨금/ 경위도·경위선 → 날씨금 〔經度〕
경동	기울어 움직임·기울어짐 〔보기〕경동하다 → 기울어 움직이다·치우치다 〔傾動〕
경동	목동굴 〔頸胴〕
경락	경매차지 〔보기〕경락가 → 낙찰값/ 경락인 → 붙은이/ 경락받다 → 경매에서 차지하다·붙다 〔競落·せりおとし〕
경력	겪은일·겪음 ▷ 이력 〔經歷〕
경련	뒤틀림·빗당김·쥐남·떨림 〔보기〕경련하다 → 떨리다/ 경련을 일으키다 → 쥐나다·몸이 뒤틀리다·몸이 빗당기다·몸이 떨리다 〔痙攣〕
경로	어른공경·어른받들기 〔보기〕경로잔치 → 노인잔치 ▷ 경노 → 경로 〔敬老〕
경로	지나온(는) 길·거치는 길 〔보기〕지나온 경로 → 지나온 길/ 유통경로 → 도는 길·거치는 길 〔經路〕
경륜	포부·마련·계획 〔經綸〕
경륜	자전거경주 〔競輪〕
경망하다	방정맞다·짓가볍다 〔輕妄-〕
경면	지름면 ▷ 단면 → 자른면·끊은면/ 측면 → 옆면/ 정면 → 앞면·앞쪽/ 배면·후면 → 뒷면·뒤쪽 〔徑面〕
경멸	낮봄·깔봄·업신여김 〔보기〕경멸하다 → 낮보다·깔보다 ▷ 모멸 → 깔봄/ 멸시 → 업신여김·깔봄 〔輕蔑〕
경미하다	대수롭잖다·가볍다·하찮다 〔보기〕경미한 실수 → 가벼운 실수 〔輕微-〕
경박하다	가볍다·들뜨다·날리다·튀다 ▷ 경조부박하다 → 가볍다·들뜨다 〔輕薄-〕
경범	가벼운 범죄 〔보기〕경범죄 → 가벼운 범죄 〔輕犯〕
경변	된똥 〔硬便〕
경보	경계고동·경계알림·위험알림 〔警報〕

경보	걷기경기　〔보기〕경보대회 → 걷기대회　〔競步〕
경보기	알리개　〔警報器〕
경부	목·목부분　〔頸部〕
경사	기쁜일·좋은일　▷ 길사 → 좋은일/ 흉사 → 나쁜일　〔慶事〕
경사	기울기·물매·비탈　〔보기〕경사각 → 기욺도/ 경사갱도 → 비탈굿길/ 경사도 → 기울기/ 경사면 → 비탈면/ 경사습곡 → 기운땅주름/ 경사지 → 비탈땅/ 경사지다 → 비탈지다·기울다/ 경사휴재배 → 비탈이랑가꾸기　〔傾斜〕
경색	막힘·굳음　〔보기〕경색하다 → 막히다/ 경색정국 → 막힌정국·정국굳음　〔梗塞〕
경서	가다루기　〔耕鋤〕
경선	날금·날줄　▷ 위선 → 씨금·씨줄　〔經線〕
경솔하다	가볍다·방정맞다　〔輕率-〕
경수	센물　▷ 연수 → 단물·민물　〔일 硬水〕
경시	깔봄·가볍게 봄　〔보기〕경시하다 → 깔보다　▷ 경멸·모멸 → 낮봄·업신여김/ 멸시 → 깔봄·알로봄/ 중시 → 무겁게 봄　〔輕視〕
경신	새로 하기·고치기·바꿈　〔보기〕경신하다 → 바꾸다·고치다·새롭히다/ 기록경신 → 기록바꿈·새기록냄　▷ 갱신 → 다시하기·바꾸기　※경신과 갱신은 같은 말 밑을 두 가지로 읽어쓰는 말인데, 갱신은 내용 달라짐이 없는 이른바 판박이 찍어내기라면, 경신은 내용까지 꽤 달라진 새로운 경우를 뜻한다.　〔更新〕
경심	갈이깊이·갈기깊이　〔耕深〕
경악	놀람·놀라움　〔보기〕경악하다 → 놀라다/ 경악을 금치 못하다 → 놀라움을 누르지 못하다·놀랍다　〔驚愕〕
경어	높임말·존댓말　〔일 敬語·けいご〕
경없다	경황없다　※준말보다 본말이 더 널리 쓰인다 하여 본말을 표준말로 삼음.(표준어규정 제15항)　〔景-〕
경연	연예겨룸·재주겨룸　〔보기〕경연하다 → 연예 겨루다·재주 겨루다　▷ 콘테스트 → 경연대회　〔競演〕
경열	삼복더위　▷ 경염 → 삼복더위　〔庚熱〕
경엽	줄기잎　〔보기〕경엽식물 → 줄기식물/ 경엽체식물 → 줄기식물　▷ 유관속식물 → 관다발식물/ 엽상식물 → 세포식물　〔莖葉〕
경외	지경밖　▷ 경내 → 지경안·얼안　〔境外〕
경외	존경·공경　▷ 외경 → 존경·어려워함　〔敬畏〕

경운	갈이 · 가다루기 〔보기〕경운하다 → 갈다 · 가다루다/ 경운조 → 갈이날/ 경운지 → 경작지/ 경운기 → 갈이틀 〔耕耘〕
경원	멀리함 〔보기〕경원하다 → 멀리하다 〔敬遠〕
경위	맑고 흐림 · 가리새 · 분별 〔보기〕경위가 밝다 → 잘 분별하다 · 잘 가리다 〔涇渭〕
경위	1. 가리새 · 내막 · 분별 2. 날과 씨 〔보기〕경위도 · 경위선 → 날씨금 · 날씨줄 〔經緯〕
경유	거침 · 거치기 〔보기〕경유하다 → 거치다/ 경유지 → 거치는 곳/ 파리 경유 런던행 → 파리 거쳐 런던 가기 〔經由〕
경음	된소리 ※ㄲ · ㄸ · ㅃ · ㅆ · ㅉ 따위. 〔보기〕경음화 → 된소리되기 ▷ 격음 → 거센소리 〔硬音〕
경의	갈아입음 〔보기〕경의실 → 옷갈이방 ▷ 갱의 → 갈아입음/ 갱의실 → 옷갈이방/ 탈의실 → 옷갈이방 〔更衣〕
경이	놀라움 〔보기〕경이감 → 놀라운 느낌/ 경이적 → 놀라운/ 경이롭다 → 놀랍다 〔驚異〕
경일	지난번 〔일 頃日〕
경작	부침 · 지음 〔보기〕경작하다 → 부치다 · 짓다/ 경작물 → 짓는작물/ 경작자 → 짓는이/ 경작지 → 짓는땅 · 가다룬땅 · 농사땅 〔耕作〕
경쟁	다툼 · 겨룸 〔보기〕경쟁하다 → 다투다 · 겨루다/ 경쟁무대 → 다툼마당 · 겨룸마당/ 경쟁력 → 겨룰심 · 다툴심 〔競爭〕
경절	종아리마디 〔脛節〕
경정	고쳐정함 · 바로고침 〔보기〕경정하다 → 고쳐 정하다 · 바로 고치다 ▷갱정 → 경정 〔更定 · 更正〕
경제권	경제테두리 · 경제얼안 · 살림둘레 ▷ 경제력 → 경제힘/ 경제불황 → 세월없음 · 시세없음/ 경제성 작물 → 돈벌이작물/ 경제전 → 경제싸움 〔經濟圈〕
경조	배젓기 · 보트경기 ▷ 경정 → 모터보트경주/ 조정 → 1. 배젓기 2. 뾰족배 · 뾰죽배 〔競漕〕
경종	깨움종 · 깨침종 〔보기〕경종을 울리다 → 깨우치는 종을 울리다 · 깨우쳐 주다 〔警鐘〕
경주	달리기 〔보기〕경주하다 → 달리다 · 달리기하다 〔競走〕
경주하다	기울이다 · 다하다 · 쏟다 〔傾注 - 〕
경증	가벼운 증세 ▷ 중증 → 무거운 증세 〔輕症〕
경지	경작지 · 부침땅 · 가는 땅 · 농사땅 〔보기〕경지면적 → 논밭넓이 〔耕地〕

경직	굳어지기・굳음 〔보기〕경직하다→굳어지다・굳다/ 경직되다 → 경직하다・굳어지다 [일 硬直・こうちょく]
경질	갈림・바꿈・바꿔침 〔보기〕경질하다 → 바꾸다・갈리다・바꿔치다 ▷ 갱질 → 경질 [更迭・更佚]
경착륙	덜컹내림・삐그덕거림 ▷ 하드랜딩 → 경착륙/ 소프트랜딩 → 연착륙 [硬着陸]
경창	노래자랑 〔보기〕경창하다 → 노래자랑하다 [競唱]
경청	귀기울여 들음・귀기울임・여겨들음 〔보기〕경청하다→귀기울이다・여겨듣다 [傾聽]
경추	목등뼈・목뼈 〔보기〕경추골 → 목등뼈・목뼈 [頸椎]
경탄	탄복 〔보기〕경탄하다→탄복하다・놀라다 ▷ 개탄→슬픈한숨 [驚歎]
경파	센패 ▷ 강경파 → 센패/ 연파 → 여린패 [硬派]
경편하다	손쉽다 ▷ 간편하다 → 쉽다・손쉽다 [輕便]
경포	울밭・텃밭 [耕圃]
경품	복품・곁들이・덤상품 [일 景品・けいひん]
경풍	남실바람 ※1.6 ~ 3.3m, 등급 2. [輕風]
경풍	센바람 [勁風]
경풍	마파람 [景風]
경하	경사 축하・경축・축하 〔보기〕경하하다 → (경사를) 축하하다 [慶賀]
경하다	지나다・거치다 ▷ 과하다 → 지나다/ 경과하다 → 지나다 [經 –]
경하다	가볍다 ▷ 중하다 → 무겁다 [輕 –]
경합	비비댐・다툼・겨룸・맞섬 〔보기〕경합하다→다투다・겨루다・비비대다/ 경합을 벌이다 → 겨루다・앞다투다 ▷ 경쟁 → 다툼・겨룸 [일 競合・せりあい]
경향	기욺・쏠림 [傾向]
경험	겪음 〔보기〕경험하다→해보다・겪다/ 경험담→겪은얘기 [經驗]
경형	가벼운 형벌 ▷ 중형 → 무거운 형벌 [輕刑]
경화	굳음・굳어짐・굳히기・단단하게 됨 〔보기〕경화하다→굳다・굳히다・굳어지다/ 경화병 → 가룻병・군음병/ 경화유 → 군힌기름/ 경화제 → 군힘약 [硬化]
경황	어리둥절함 〔보기〕경황하여 → 어리둥절하여/ 경황중에 → 어리둥절한 가운데・정신 못 차리는 속에 [驚惶]
곁땀내	암내 ※'암내'가 더 널리 쓰인다 하여 표준말로 삼음.(표준어규정 제25항)

계	모두 · 합　　▷ 총 · 총계 → 모두　[計]
계	빗 · 사무갈래　[係]
계	닭　〔보기〕투계 → 싸움닭/ 성계 → 큰닭/ 퇴계 → 버린닭 / 양계 → 닭치기/ 계륵 → 닭갈비　[鷄]
계간	철내기 · 철철이　　▷ 순간 → 열흘내기/ 연간 → 해내기/ 월간 → 달내기　[季刊]
계간	비역　〔보기〕계간하다 → 비역질하다　[鷄姦]
계고	알림　〔보기〕계고하다 → 알리다/ 계고장 → 알림장　[戒告]
계곡	골짜기 · 시냇골 · 골짝　[溪谷]
계관	1. 닭볏　2. 맨드라미　[鷄冠]
계기	기틀 · 기회　〔보기〕계기로 삼다 → 기틀(기회)로 삼다 [契機]
계기	재개 · 계량기 · 계산기　　▷ 계기반 → 재개판/ 계량기 → 재개　[計器]
계기	잇따라 일어남 · 계속 일어남　〔보기〕계기하다 → 잇따라 일어나다　[繼起]
계녀	막내딸　[季女]
계단	층층대 · 층계　〔보기〕계단경작 → 다랑갈이 · 층갈이/ 계단전 → 층계밭 · 층층밭/ 계단참 → 층계참/ 계단채굴 → 층층캐기/ 계단축조 → 단쌓기/ 계단폭 → 층너비　[階段]
계도	일깨움 · 깨쳐이끎　〔보기〕계도하다 → 일깨우다/ 계도성 → 일깨움성　[啓導]
계란	달걀　〔보기〕계란마키 → 달걀말이/ 계란빵 → 달걀빵/ 계란색 → 달걀색/ 계란포 → 알쌈/ 계란형 → 알꼴　[鷄卵]
계량기	재개　〔보기〕계기 → 재개/ 계량기수 → 재개받침/ 계량기수판 → 재개반 · 계량기반　[計量器]
계루	관계됨 · 걸림　〔보기〕계루되다 → 관계되다 · 걸리다　▷ 연루 → 관계됨 · 함께 걸림　[係累 · 繫累]
계류	맴 · 매어둠　〔보기〕계류하다 → 매어두다 · 붙들어매다/ 계류부표 → 붙박이띄움표/ 계류삭 → 묶음밧줄 · 맴줄/ 계류음 → 걸림음/ 계류중 → 진행중 · 검토중　[繫留]
계리	경리　▷ 계리사 → 공인회계사　[計理]
계면적다	계면쩍다　※ 원말은 '겸연쩍다'임.
계명성	샛별　▷ 금성 → 샛별　[啓明星]
계모	훗어머니 · 의붓어미　[繼母]
계모	꾀　▷ 계략 → 꾀/ 계책 → 꾀/ 모략 → 꾀　[計謀]
계목	매어먹이기 · 매어기르기　〔보기〕계목하다 → 매어먹이다

▷ 계목(– 木) → 말뚝/ 계주 → 말뚝/ 방목 → 놓아먹임 · 놓아기름 〔繫牧〕

계몽   깨우침 · 일깨움 〔보기〕계몽하다 → 일깨우다 · 깨우다/ 계몽주의 → 깨움주의   ▷ 계명 · 발몽 → 일깨움 · 깨우침 〔啓蒙〕

계박   매어둠 〔보기〕계박하다 → (배를) 매어두다/ 계박소 → 배매는 곳   ▷ 묘박하다 → 닻을 내리다 · 정박하다 〔繫泊〕

계발   열어줌 · 일깨움 〔보기〕계발하다 → 열어주다 · 일깨우다/ 저마다의 소질을 계발하고 → 저마다 소질을 열어주고   ▷ 개발 → 1. 엶 · 열림   2. 새로만듦 · 발전함 〔啓發〕

계보   내림족보 · 계통표 · 줄기표 〔系譜〕

계분   닭똥 〔鷄糞〕

계사   닭장 〔鷄舍〕

계산   셈 · 속셈 〔보기〕계산하다 → 셈하다/ 계산기 → 셈틀/ 계산도표 → 셈그림표 · 셈적발/ 계산척 → 셈자 · 계산자/ 계산통 → 산통/ 일본에 불리한 점을 일소한다는 계산이다 → 이는 일본에 해론 점을 쓸어버린다는 속셈이다.   ※체언에서 술격조사 또는 잡음씨 '이다'를 붙여 문장을 끝낼 때 주어를 빠뜨리는 일이 잦다. 이는 앞엣문장을 베풀어 설명하는 탓에 오는 현상이긴 하나, 갖출 것은 제대로 갖춰 적어야 한다.   ▷ 의도 → 속셈/ 산수 → 셈 〔計算〕

계상   (셈)넣음 · 올림 · 세움 〔보기〕계상하다 → 넣다 · 올리다/ 계상이 안되다 → 쳐올리지 않다 · 치지 않다 〔計上〕

계선주   배말뚝 〔보기〕계선하다 → 배매다/ 계선항(– 杭) → 배말뚝/ 계주 → 배말뚝 · 말뚝 〔繫船杜〕

계속   연거푸 · 잇달아 · 잇따라 · 잇대어 · 연달아 〔보기〕계속하다 → 잇다 · 잇대다/ 계속한천일수 → 잇단 가문 날수   ▷ 연속 → 잇달아 · 잇따라 · 연달아/ 단속 → 끊어졌다 이어졌다 〔繼續〕

계송   게송 ※'계'로 소리나는 바가 있으나 본음대로 적음. 게구 · 게방 · 게양 · 게재 · 게휴 따위.(맞춤법 제8항)   ▷ 휴게소 · 게시판 〔偈頌〕

계수   시냇물   ▷ 계곡 → 골짜기/ 계류 → 시내 〔溪水〕

계수   이어받음 · 넘겨받음 〔보기〕계수하다 → 넘받다/ 인계인수 → 넘받음 〔繼受〕

계수기   셈틀   ▷ 계량기 → 재개/ 전자계산기 → 셈틀/ 계수표 → 셈표/ 컴퓨터 → 셈틀 〔計數器〕

ㄱ

계승	이어받음·물려받음·이음　〔보기〕계승하다 → 이어받다/ 계승자 → 이어받은이　▷ 승계 → 이어받음　[繼承]
계시판	게시판　※계송·게시판·휴게실처럼 '揭·憩·偈'는 '계' 로 소리나는 바가 있으나 본음대로 '게'로 적는다.(맞춤법 제8 항)　[揭示板]
계실	후실　[繼室]
계씨	아우님　[季氏]
계열	갈래·차례　〔보기〕계열별 → 갈래별/ 남로당 계열 → 남 로당 갈래　▷ 계통 → 씻줄·갈래　[系列]
계영	이어헤기　▷ 계주 → 이어달리기　[繼泳]
계육	닭고기　▷ 계륵 → 닭갈비/ 우육 → 쇠고기·소고기/ 돈육 → 돼지고기/ 마육 → 말고기/ 계사 → 닭장/ 계분 → 닭똥/ 육계 → 고깃닭/ 난계 → 알닭/ 투계 → 싸움닭　[鷄肉]
계인	거멀도장·걸쳐찍음도장　[契印]
계자	양아들　[繼子·系子]
계자	막내아들　[季子]
계장초	닭의장풀·달기씨깨비·달개비　[鷄腸草]
계저	닭김치　[鷄菹]
계전	곗돈　[契錢]
계절	철　〔보기〕계절감각 → 철느낌/ 계절고 → 철놉·철품꾼/ 계절수업 → 철공부/ 계절우 → 철비/ 계절의복 → 철옷/ 계 절조 → 철새/ 계절풍 → 철바람　▷ 시절 → 철·때　[季 節]
계정	셈갈래　〔보기〕계정계좌 → 가름셈자리·몫셈자리/ 계정 구좌 → 계정계좌·가름셈자리　[計定]
계제	형편·기회　〔보기〕급한 마당에 앞뒤 가릴 계제가 아니다 → 급한 마당에 앞뒤 가릴 형편이 아니다　[階梯]
계좌	셈(몫)갈래자리·셈자리　〔보기〕가명계좌 → 가짜(이름) 셈자리/ 도명계좌 → 훔친(이름)셈자리(계좌)/ 차명계좌 → 빌린(이름)셈자리(계좌)　▷ 구좌 → 계좌·셈자리　[計 座]
계주	이어달리기　〔보기〕계주하다 → 이어달리다/ 계주경기 → 이어달리기　▷ 계영 → 이어헤기　[일 繼走·けいそう]
계주봉	넘길대·배턴　[繼走棒]
계출	신고·알림　[일 屆出·とどけで·とどけいで]
계취	재취　[繼娶]
계측	잼·헤아림　〔보기〕계측하다 → 재다·헤아리다　[計測]
계탕	닭국　〔보기〕삼계탕 → 삼닭죽　[鷄湯]

계통	씨줄·갈래 〔보기〕계통도 → 계통그림·갈래그림/ 계통수 → 계통나무 [系統]
계표	표셈·표세기 [計票]
계호	보호·경계보호 [戒護]
고	북·북편 〔보기〕고면 → 북편 ▷ 채면·편면 → 채편 [鼓]
고	숨진·돌아간·세상을 떠난 [故]
고(오)바이	물매·기울기·비탈·오르막 [일 勾配·こうばい]
고가	비싼값·높은값 〔보기〕고가보합 → 높은주춤시세/ 고가약 → 비싼약/ 고가품 → 비싼것·비싼물품·값진물품 ▷ 저가 → 낮은값·싼값/ 중저가 → 좀싼값·보통값 [高價]
고가	품삯 [雇價]
고가	높이 놓은·공중에 놓은 〔보기〕고가교 → 구름다리/ 고가도로 → 구름다릿길/ 고가사다리 → 높은 사다리/ 고가삭도 → 소리개찻길·솔개찻길/ 고가수조 → 다락물통 [高架]
고가차	사다리차 [高架車]
고각포	고사포·높쏘기포 [高角砲]
고간	곳간 ※두 음절로 된 한자어 중 '곳간, 셋방, 숫자, 찻간, 툇간, 횟수' 들은 사이시옷을 받쳐적는다.(맞춤법 제30항) [庫間]
고간	샅 [股間]
고갈	마름·말라붙음 〔보기〕고갈하다 → 말라붙다·마르다/ 고갈되다 → 고갈하다·말라붙다/ 자원 고갈 → 자원 마름·자원 없어짐 ▷ 소진 → 사라짐·없어짐·다씀 [枯渴]
고객	손님·단골손님·이용자·소비자 [顧客]
고검	고등검찰청 ▷ 지검 → 지방검찰청/ 대검 → 대검찰청 [高檢]
고견	좋은 생각·좋은 의견 〔보기〕고견을 듣다 → 좋은 생각을 듣다 ▷ 존견·존의 → 좋은 의견/ 탁견 → 뛰어난 의견 [高見]
고고의 소리	응애소리·첫울음소리 〔보기〕고고성·고고지성 → 응애소리 [呱呱-]
고고하다	외따로 높다·홀로 고결하다 [孤高-]
고공	높은하늘 〔보기〕고공비행 → 높이날기 ▷ 저공 → 낮은 하늘 [高空]
고공	머슴·품팔이 〔보기〕고공살이 → 머슴살이·품팔이 [雇工]
고공	짚공예·짚으로 엮기 〔보기〕고공품 → 짚공예품·짚제품

	[藥工.]
고관절	넓적다리마디 · 엉덩마디 · 엉덩관절 ▷ 비구관절 → 넓적다리마디 [股關節]
고국	본국 · 조국 · 제나라 [故國]
고군분투	혼자 싸움 · 혼자 애씀 〔보기〕 고군분투하다 → 혼자 애쓰다 [孤軍奮鬪]
고글	바람막이안경 · 먼지막이안경 [영 goggle]
고금에	예나 이제나 [古今 -]
고깃관	고깃간 · 푸줏간 ※'푸줏관 · 다림방'도 비표준어임. [- 館]
고냉지	고랭지 ※'고랭+지'로 보아 이렇게 적는다.(맞춤법 제12항) 〔보기〕 고랭지재배 → 찬데가꾸기 [高冷地]
고달펐다	고달팠다 ※'고달프다'를 활용하면 '고달프고, 고달프니, 고달파서'로 된다.
고답적	동뜬 · 동떨어진 [孤踏的]
고데(떼 · 테)	인두 · 머리지지개 · 흙손 〔보기〕 고데하다 → 머리지지다 [〈일 こて]
고도	외딴섬 ▷ 절도 · 낙도 → 외딴섬 · 떨어진섬 [孤島]
고도	높이 〔보기〕 고도계 → 높이재개/ 고도로 → 높이 · 매우/ 고도차 → 높이차/ 고도화 → 높아짐 [高度]
고도어	고등어 [취 古刀魚 · 高刀魚]
고동	뛰놂 〔보기〕 고동치다 → 뛰놀다 · 벌떡벌떡 뛰다 [鼓動]
고랑쇠	쇠고랑 ※'쇠고랑'이 더 널리 쓰인다 하여 표준말로 삼음.(표준어규정 제25항)
고래로	예로부터 · 예부터 [古來 -]
고랭지재배	(높)찬데가꾸기 [高冷地栽培]
고량	수수 〔보기〕 고량미 → 수수쌀/ 고량주 → 수수술 ▷ 호주 · 백주 → 배갈 · 고량주 [高粱]
고려	생각 · 헤아림 · 생각해봄 〔보기〕 고려하다 → 생각하다 · 생각해보다 [考慮]
고령	나이많음 〔보기〕 고령자 → 나많은이 · 늙은이 [高齡]
고로	그러므로 · 그런 까닭으로 〔보기〕 연고로 → 인연으로/ 무슨 연고로 → 무슨 까닭으로 [故 -]
고로께(케)	크로켓 [〈프 croquette]
고루하다	완고하다 · 때묻다 · 굳다 · 케케묵다 [固陋 -]
고리	비싼이자 · 높은변 · 비싼길미 〔보기〕 고리대금업자 → 돈놀이꾼/ 고리채 → 비싼빚 ▷ 저리 → 싼이자 [高利]
고립	외롭게 섬 · 외톨 · 외로운 〔보기〕 고립하다 → 외톨로 되다/ 고립되다 → 고립하다 · 외톨로 되다/ 고립주의 → 외톨주의

	[孤立]
고마와	고마워　　※'고맙다'는 '고맙고, 고마워서, 고마우니, 고마웠다' 등으로 활용한다.
고막	귀청　　〔보기〕고막천공 → 귀청뚫림/ 고막파열 → 귀청터짐 [鼓膜]
고매하다	높다·빼어나다　　〔보기〕고매한 인품 → 높은 인품 [高邁-]
고목	마른나무·말라죽은 나무　　▷ 고사목 → 말라죽은 나무 [枯木]
고무	1. 고무　2. 지우개　　〔보기〕고무보트 → 고무배/ 고무색 → 고무골무/ 고무인 → 고무도장/ 고무테이프 → 고무띠줄/ 고무호스 → 고무대롱　　▷ 껌　[〈프 gomme]
고무	신나게 함·기운 돋움·북돋움　　〔보기〕고무하다 → 북돋우다/ 고무적 → 신나는·기운 돋우는/ 고무적이다 → 기운나게 한다·신나는 일이다　[鼓舞]
고문	족쳐물음·족침　　〔보기〕고문하다 → 족치다·족쳐묻다/ 물고문 → 물족침　[拷問]
고물	헌것·낡은것　　〔보기〕고물상 → 헌것장사·고물장수·고물가게/ 고물차 → 낡은차　[古物]
고미	쓴맛　　〔보기〕고미약 → 쓴약　　▷ 감미 → 단맛 [苦味]
고바이	물매·기울기·오르막·비탈　[일 句配·こうばい]
고배	쓴잔　　〔보기〕고배를 마시다 → 쓴잔을 마시다·지다·실패하다　[苦杯]
고별	작별·하직　　〔보기〕고별하다 → 작별하다/ 고별식 → 송별식/ 고별연 → 작별잔치/ 고별전 → 작별경기　　▷ 석별 → 애틋한 이별　[告別]
고본	헌책　[古本]
고부	시어머니와 며느리　　〔보기〕고부상장 → 변덕시세　[姑婦]
고부가리	오푼깎기·닷푼깎기　[일 五分지·ごぶかり]
고부	잔·컵　[〈네 kop]
고사	옛절　　▷ 고찰 → 옛절　[古寺]
고사	굳이 사양함·내침　　〔보기〕고사하다 → 굳이 사양하다·내치다　[固辭]
고사	말라죽음　　〔보기〕고사하다 → 말라죽다/ 고사시키다 → 말려죽이다/ 고사목 → 말라죽은 나무　[枯死]
고사포	높쏘기포　　▷ 고각포 → 높쏘기포　[高射砲]
고사하고	그만두고·둘째치고·-커녕·더 말할 나위도 없고　[姑捨-]

고산	높은산 〔보기〕고산성 → 높은데 자라는/ 고산식물 → 높은산식물/ 고산초원 → 높은산풀밭 〔高山〕
고삿	고샅 〔보기〕고삿길 → 고샅길/ 고삿고삿 → 고샅고샅 ※속고삿·겉고삿은 '속고샅·겉고샅'으로 적음.
고상	고체모습 ▷고태 → 고체모습/ 기상 → 기체모습/ 액상 → 액체모습 〔固狀〕
고색	낡은빛·옛빛 〔보기〕고색창연하다 → 옛빛이 어둡게 드러나다·오래된 풍치가 그윽하다 〔古色〕
고서	옛책·헌책 〔보기〕고서적 → 옛책·헌책/ 고서점 → 옛책방 〔古書〕
고석	북석·북돌 ▷상석 → 상돌 〔鼓石〕
고성방가	큰소리노래·큰소리로 노래부름 〔보기〕고성방가하다 → 큰소리로 노래부르다 〔高聲放歌〕
고소	옛집·옛둥우리 〔古巢〕
고소	쓴웃음 〔보기〕고소하다 → 쓰게 웃다·쓴웃음을 짓다 〔苦笑〕
고수	굳게 지킴 〔보기〕고수하다 → 굳게 지키다/ 원칙을 고수하다 → 원칙을 지키다 〔固守〕
고수	북잡이 〔鼓手〕
고수부지	둔치(마당)·강턱·강변 〔〈일 高水敷地〕
고스란이	고스란히 ※'히'나 '이'로 소리나는 것은 '히'로 몰아 적는다.
고시	알림 〔보기〕고시하다 → 알리다/ 고시가격 → 알림값 〔告示〕
고식적	한때 꾸미는·얼버무리는·임시변통의 〔보기〕고식적 방법 → 얼버무리는 식/ 고식책 → 임시변통 꾀 〔姑息的〕
고심	속썩임·애씀 〔보기〕고심하다 → 애쓰다/ 고심담 → 애쓴 얘기 ▷부심 → 속썩임·애씀 〔苦心〕
고십	가십·꼬집기 〔보기〕고십기사 → 가십기사·꼬집기사/ 고십란 → 가십난·꼬집난 〔영 gossip〕
~고 싶다¹	~ㄴ(는)다 ※이 말은 앞으로 하고 싶을 때 쓴다. 그런데 실제로는 말하고 있는 때에 그렇게 하고 있으므로 이 때는 'ㄴ(는)다'로 바꿔 써야 한다. 〔보기〕새로워지기를 바라고 싶다 → 새로워지기를 바란다/ 여러분에게 묻고 싶습니다 → 여러분에게 묻습니다/ 부탁을 하고 싶다 → 부탁한다 ※'부탁을 하고 싶은데 들어주겠니?', '그 사람이 여기 있다면 이런 말을 하고 싶다' 등은 맞음.
~고 싶다²	~고 싶어한다 ※삼인칭 주어에서 일인칭 서술을 할 수 없

다.　〔보기〕그는 그것을 영원히 기록하고 싶다 → ~ 기록하고 싶어한다/ 그는 여행을 몹시 가고 싶다 → ~ 몹시 가고 싶어한다

고아　외로운 애 · 부모없는 아이　〔보기〕고아원 → 보육원　[孤兒]

고안　생각 · 생각한 안 · 생각해냄　〔보기〕고안하다 → 생각해내다　[考案]

고압　높은압력 · 억누름　〔보기〕고압적이다 → 억누르는 꼴이다 · 억누르다/ 고압삼중애자 → 센세겹뚱/ 고압선 → 고압줄/ 고압수단 → 억누름수/ 고압지애자 → 센갈래뚱/ 고압차대애자 → 센장구뚱　[高壓]

고액　많은 돈머리 · 큰돈　▷ 거액 → 큰돈　[高額]

고양　높이 올림 · 드날림　〔보기〕고양하다 → 드날리다 · 드높이다　▷ 앙양 → 드날림/ 현양 → 높이 드러냄　[高揚]

고어　옛말　〔보기〕고어사전 → 옛말사전　▷ 고언 → 옛말/ 고문 → 옛글　[古語]

고언　쓴말 · 거슬리는 말　[苦言]

고역　고된일 · 힘든일　▷ 격무 → 고된일 · 힘든일/ 노역 → 고된일 · 노동일　[苦役]

고엽　마른잎　[枯葉]

고용　품팔이 · 삯일 · 품일　〔보기〕고용하다 → 품을 팔다 · 삯일하다 · 품일하다/ 고용노동 → 품일 · 삯품 · 삯일/ 고용인 → 품팔이꾼　[雇傭]

고용　사람 데림 · 사람 씀 · 사람 부림　〔보기〕고용하다 → 사람을 데리다 · 사람을 쓰다/ 고용주 → 사업주　[雇用]

고원　높은 벌 · 덕땅　[高原]

고유　본디 · 제것 · 제바탕 · 토박이 · 제대로 · 홀　〔보기〕고유하다 → 오직 하나뿐이다 · 독특하다/ 고유명사 → 홀이름씨/ 고유문화 → 토박이문화/ 고유미 → 제바탕미/ 고유브랜드 → 고유상표 · 자기상표/ 고유색 → 제빛 · 제색/ 고유성 → 붙박이성/ 고유식물 → 토박이식물/ 고유어 → 토박이말/ 고유음 → 제소리　▷ 외래 → 들온것 · 들온　[固有]

고음　높은음　〔보기〕고음부기호 → 높은음자리표　▷ 저음 → 낮은음　[高音]

고의　일부러 하는 뜻 · 짐짓　〔보기〕고의로 → 일부러 · 짐짓/ 고의성 → 마음성 · 일부러뜻　[故意]

고인　1. 옛친구　2. 죽은사람 · 간이　[故人]

고임　품삯　[일 雇賃]

~고자 하다(한다)	~ㄴ(는)다　　※이는 미처 하고 있지 않거나, 앞으로 그러려고 할 때만 쓴다.　　〔보기〕바라고자 하는 것은 → 바라는 것은·바라는 바는/ 당부하고자 하는 바 → 부탁하는 바/ 촉구하고자 한다 → 촉구한다/ 지적하고자 합니다 → 지적합니다 / 기대하고자 합니다 → 기대합니다/ 표시하고자 한다 → 표시한다　　※'나는 옆문으로 나가고자 한다'는 앞으로의 일이라 맞게 쓴 것이다.
고자세	높은자세·거만함　[高姿勢]
고재	폐자재·버린자재　[古材]
고저	높낮이　〔보기〕고저차 → 높낮이차/ 고저장단 → 높낮이와 길짧음　[高低]
–고저	–고자　〔보기〕하고저 → 하고자/ 있고저 → 있고자/ 알고저 → 알고자/ –코저 → –코자
고적	옛자취·옛물건　[古蹟]
고적운	양떼구름·높쌘구름　[高積雲]
고전	고된싸움·힘겨운 싸움　〔보기〕고전하다 → 고되게 싸우다·어렵게 싸우다/ 고전을 면치 못하다 → 어려움을 면치 못하다　[苦戰]
고정	붙박이　〔보기〕고정하다 → 붙박다·굳히다/ 고정식 → 붙박이식/ 고정언 → 붙박이보/ 고정자 → 붙바개/ 고정자본 → 붙박이밑천/ 고정자산 → 붙박이자산/ 고정주 → 붙박이주식/ 고정표 → 붙박이표　▷ 빌트인 → 붙박이　[固定]
고조	사리·한창·고비·높아짐　〔보기〕고조하다 → 높아지다·오르다/ 고조되다 → 높아지다·오르다/ 분위기가 고조하다 → 분위기가 오르다　[高潮]
고주	높은기둥　〔보기〕고주대문 → 솟을대문　[高柱]
고즈너기	고즈넉이　※'–하다'가 붙는 줄기에 '히'나 '이'가 붙어 부사가 만들어진 경우 그 줄기의 본꼴을 밝혀 적는다.(맞춤법 제25항)
고즈넉히	고즈넉이
고즙	간수·쓴물　[苦汁]
고증	증거댐　〔보기〕고증하다 → 증거대다　[考證]
고지	알림　〔보기〕고지하다 → 알리다/ 고지방송 → 알림방송/ 고지의무 → 알릴의무/ 고지판 → 알림판　[일 告知·こくち]
고질	찌든병　〔보기〕고질병 → 찌든병　[痼疾]
고차	도르래　▷ 활차 → 도르래　[鼓車]
고차적	훨씬 높은　〔보기〕고차적으로 → 차원 높게　▷ 고차원

	→ 높은차원 · 훨씬 높은　[高次的]
고착화시키다	고착화하다 · 고착시키다 · 굳히다　〔보기〕고착 → 군힘 · 군 어붙음/ 고착하다 → 군다 · 들러붙다/ 고착화 → 굳어짐/ 고 착화되다 → 굳어지다　[固着]
고찰	옛절　▷ 고사 → 옛절　[古刹]
고찰	살핌　〔보기〕고찰하다 → 살피다/ 좀더 고찰이 필요하다 → 좀더 살펴봐야 한다　▷ 성찰 → 살핌　[考察]
고참	묵은축 · 묵은이 · 연조 오램　〔보기〕고참병 → 묵은병졸 · 묵은군인　▷ 신참 → 새내기 · 신출내기/ 선임 · 선참 → 선 배　[일 古參 · こさん]
고채	1. 씀바귀　2. 고들빼기　[苦菜]
고천자	종다리　[告天子]
고체	옛체 · 옛틀　▷ 신체 → 새틀 · 새체　[古體]
고초	고추　〔보기〕고초장 → 고추장　[苦草]
고초	어려움 · 괴로움　〔보기〕갖은 고초에 시달리다 → 온갖 어 려움에 시달리다　[苦楚]
고충	괴롬 · 어려움 · 괴론 심정　[苦衷]
고취	북돋움 · 불어넣음　〔보기〕고취하다 → 북돋우다 · 불어넣 다　▷ 고무하다 → 북돋우다　[鼓吹]
고토	마그네슘 · 산화마그네슘　〔보기〕고토운모 → 검은돌비늘 [苦土]
고투	괴론싸움 · 애써싸움　〔보기〕고투하다 → 어렵게 싸우다 ▷ 고전 → 힘겨운 싸움 · 애써싸움　[苦鬪]
고풍	옛풍 · 예스러움　〔보기〕고풍스럽다 → 예스럽다　[古風]
고하다	알리다　〔보기〕고함 → 알림　[告-]
고행	몸괴롭힘 · 괴롬겪기　〔보기〕고행하다 → 어려움을 겪다 · 몸을 괴롭히다　[苦行]
고혈	피땀 · 기름과 피　〔보기〕고혈을 짜내다 → 피땀을 쥐어짜 다　[膏血]
고환	불알 · 불　〔보기〕고환종양 → 불알혹/ 고환통 → 불(알)앓 이　[睾丸]
고휴	높은이랑　〔보기〕고휴재배 → 높은이랑가꾸기　▷ 규 반 · 휴반(畦畔) → 밭두둑 · 밭둑 · 두둑 · 둑　[高畦]
고히	고이 · 곱게　〔보기〕고히고히 → 고이고이
곡가	곡식값　[穀價]
곡기	낟알기　〔보기〕곡기를 놓다(끊다) → 안 먹다 · 못 먹다 [穀氣]
곡리	곡식변리　[穀利]

곡물	곡식·알곡 〔보기〕곡물절취기 → 곡식베는 기계·기계낫 / 곡물시장 → 곡식시장 [穀物]
곡상	쌀장수·쌀가게·싸전 [穀商]
곡성	곱은성·굽은성 [曲城]
곡성	울음소리·곡소리 [哭聲]
곡예	재주놀이 ▷ 애크러배틱 → 곡예·재주놀이/ 교예 → 재주놀이 [曲藝]
곡자	누룩 〔보기〕곡자균 → 누룩곰팡이/ 곡자전 → 누룩가게 [〈麴子·碼子]
곡절	1. 사정·까닭 2. 변화 [曲折]
곡진	정성을 다함 〔보기〕곡진하다 → 정성을 다하다/ 곡진히 → 온 정성으로 ▷ 곡절하다·절곡하다 → 정성을 다하다 [曲盡]
곡척	곱자 ▷ 구척 → 곱자 [曲尺]
곡퇴	볏가리·낟가리 [穀堆]
곡필	삐뚠글 〔보기〕곡필하다 → 비뚜로 쓰다 ▷ 곡학 → 비뚠학문·그른학문 [曲筆]
곡해하다	곱새기다·잘못알다 [曲解-]
~곤 하다(한다·했다)	~했다· ~하다· ~었(았)다 ※이 말은 이음끝(연결어미) '-곤'이 붙는 본동사에 '-곤 하다' 대신 바로 '-하다'·'-했다'·'-었(았)다'를 붙여 써야 한다. '매주, 이따금, 가끔' 따위의 어찌씨가 앞쪽에 나오기 마련이므로 되풀이되는 동작·행위임이 저절로 나타나게 되어 있다. 영어 직역투로서 'use to+원형동사'로 된 관용구를 번역하거나 이에 익은 데서 비롯한 말이다. 〔보기〕거의 매주 토론하곤 했다 → ~ 토론했다/ 식사모임을 갖곤 했으나 → 식사모임을 했으나·모여서 식사했으나/ 날마다 몰려 오곤 했다 → ~ 몰려 왔다/ 찾아오곤 했다 → 찾아 왔다/ 둘러보곤 했다 → 둘러봤다/ 말하곤 했다 → 말했다/ 나누곤 했다 → 나눴다/ 배치하곤 했다 → 배치했다/ 만류하곤 했다 → 만류했다
곤경	어려운 고비·딱한 지경 〔보기〕곤경에 처하다 → 딱한 지경에 빠지다 ▷ 난관 → 어려운 목·어려운 고비 [困境]
곤난	곤란 [困難]
곤나꾸(쿠)	1. → 구약감자·구약나물 2. → 우무 ▷ 곤약 → 구약감자·구약나물·우무 [일 腦蒻·こんにゃく]
곤란	어려움·딱함 〔보기〕곤란하다 → 어렵다·딱하다/ 곤란지사 → 어려운 일 [困難]

곤로	화로·풍로 〔일 焜爐·こんろ〕
곤봉	방망이·몽둥이 〔棍棒〕
곤비	곤핍·어려움·고달픔 〔보기〕곤비하다 → 곤핍하다·어렵다 〔困憊〕
곤색	감색·진남빛·반물 〔일 紺色·こん色(いろ)〕
곤조	맘보·본색·본성·심지 〔보기〕곤조를 부리다 → 성깔을 부리다 ▷ 근성 → 맘보·본색·심지 〔일 根性·こんじょう〕
곤포	다시마 〔보기〕곤포차 → 다시마차/ 곤포탕 → 다시마국 〔昆布〕
골	뼈 〔보기〕골자 → 뼈대/ 두개골 → 골통뼈·머리뼈 〔骨〕
골	문·득점 〔보기〕골게터 → 주득점선수/ 골네트 → 그물/ 골라인 → 문줄/ 골라인아웃 → 문줄넘음/ 골에어리어 → 문앞구역/ 골인 → 득점·들어감/ 골키퍼 → 문지기/ 골킥 → 문앞차기/ 골포스트 → 문대·골대 〔영 goal〕
골간	뼈대·뼈몸통 ▷ 골격 → 뼈대 〔骨幹〕
골계	익살 〔보기〕골계가 → 익살꾼/ 골계문학 → 익살문학/ 골계소설 → 익살소설/ 골계화 → 희화·풍자화·익살그림 〔滑稽〕
골구개	입천장뼈·뼈입천장 ▷ 경구개 → 단단입천장·센입천장/ 연구개 → 여린입천장·물렁입천장 〔骨口蓋〕
골덴	골줄·골베·코르덴 〔〈영 corded velveteen〕
골독어	꼴뚜기 〔취〈骨獨魚〕
골독하다	골똘하다 〔汨篤 -〕
골동면	비빔국수 〔보기〕골동반 → 비빔밥 〔骨董麵〕
골드러시	새굴법석·노다지판·금광바람 〔영 gold rush〕
골든골	끝내기골 〔영 golden goal〕
골든 에이지	황금시대 〔영 golden age〕
골든 크로스	강세전환지표 〔영 golden cross〕
골든 트라이앵글	삼각거점 〔영 golden triangle〕
골목장이·골목자기	골목쟁이 ※기술자는 '- 장이'를 쓰고 다른 것은 모두 '- 쟁이'로 쓴다.(표준어규정 제9·25항)
골반	엉덩뼈 〔보기〕골반골 → 엉덩뼈 ▷ 좌골 → 앉음뼈·궁둥뼈 〔骨盤〕
골분	뼛가루 〔보기〕골분비료 → 뼈거름 ▷ 골비 → 뼈거름 〔骨粉〕
골세리머니	골뒤풀이 ▷ 골세레모니 → 골뒤풀이 〔영 ceremony〕
골수	뼛골·뼛속·골 〔骨髓〕

골연증	뼈무름병 [骨軟症]
골육상잔	동기간싸움 · 살이 살먹기 ▷ 동족상잔 → 겨레붙이죽이기/ 동족상쟁 → 집안싸움 · 살붙이쌈질 [骨肉相殘]
골육애	동기간 사랑 · 집안 우애 [骨肉愛]
골자	뼈대 · 고갱이 ▷ 핵심 → 알맹이 · 고갱이 · 알짬 [骨子]
골재	뼈대재료 · 뼈재료 ※모래 · 자갈 따위. [骨材]
골절	뼈부러짐 〔보기〕 골절하다 → 뼈부러지다/ 골절상 → 뼈부러짐 [骨折]
골조	뼈대(얽이) · 뼈대 짜임새 〔보기〕 골조건물 → 뼈대건물 [骨組]
골집	순대 ※'순대'가 더 많이 쓰인다 하여 표준말로 삼음.(표준 어규정 제25항)
골치거리 · 골치꺼리	골칫거리 ※사이시옷을 밝혀 적음.
골편	뼛조각 ▷ 석편 → 돌조각/ 목편 → 나뭇조각 [骨片]
골회	뼈재 [骨灰]
곰곰히 · 곰고미	곰곰이 ※어찌씨(부사)에 뒷가지가 붙어 역시 어찌씨가 되면 원래말의 본모양을 밝혀 적는다. 더욱이 · 오뚝이 · 일찍 이 · 해죽이 · 생긋이 따위.(맞춤법 제25항) 한글학회 〈우리말 큰사전〉에는 '곰곰'만 있고 '곰곰이'는 없으며 '곰곰하다'와 '곰 곰히', '꼼꼼하다'와 '꼼꼼히'는 있다.
곰살곱다	곰살갑다 ※큰말은 '굼슬겁다'임.
곱배기	곱빼기 ※한 형태소 안의 'ㄱ, ㅂ' 받침 뒤에서는 '빼기'로 소리나더라도 '배기'로 적으며, 다른 형태소 뒤에서 '빼기'로 소리 나면 모두 '-빼기'로 적는다.(맞춤법 제5항, 54항 참조 해설) 〔보기〕 학빼기 → 학배기/ 뚝빼기 → 뚝배기/ 늑때 → 늑대/ 낙찌 → 낙지/ 접씨 → 접시/ 납짝(넙쩍)하다 → 납작(넙적) 하다 ▷ -배기 · -빼기
곱수머리	곱슬머리 ※'고수머리'도 표준말임.
곱이	고비 ▷ 구비 → 굽이/ 곱이곱이 → 고비고비 · 고비마다
곱추	꼽추 · 곱사등이 〔보기〕 노트르담 꼽추
공	종 〔보기〕 공이 울리다 → 종이 울리다 [영 gong]
공가	공식휴가 [公暇]
공가	빈집 [空家]
공갈	을러댐 · 으름장 〔보기〕 공갈하다 → 을러대다 · 으름장을 놓다 [恐喝]
공감	함께느낌 · 같은생각 〔보기〕 공감하다 → 함께느끼다 · 같 이 생각하다 ▷ 동감 → 같은느낌 · 같은생각 [共感]
공개	터놓음 · 터놈 · 터논 · 밝힘 · 들춤 〔보기〕 공개하다 → 밝히

다·터놓다·까발리다·들추다/ 공개시합 → 터논경기/ 공개
장 → 터논편지/ 공개적으로 → 드러내놓고·터놓고·숨기지
않고/ 그는 상세한 내용을 공개하기를 거부했다 → ~을 밝히
기를 거부했다·~을 밝히지는 않았다·~ 내용은 숨겼다
▷ 비공개 → 안터놓음·숨김·가림　[公開]

공고	알림　　〔보기〕공고하다 → 알리다/ 공고문 → 알림글 [公告]
공고하다	굳건하다·튼튼하다　〔보기〕공고화 → 다짐·다지기/ 공고히 → 튼튼히·굳건히·굳게/ 공고히하다 → 튼튼히하다·굳건히하다·굳히다　[鞏固-]
공골차다	옹골차다
공공	사회일반　[公共]
공공연하다	버젓하다·떳떳하다·까놓다　〔보기〕공공연히 → 버젓이·드러내놓고·까놓고　[公公然-]
공과	잘잘못·공로와 과실　[功過]
공권	빈주먹·맨주먹　〔보기〕적수공권 → 맨손맨주먹　[空拳]
공급	대주기·대줌　〔보기〕공급하다 → 대주다/ 공급선 → 공급처·공급자/ 공급원 → 대는데·나오는데/ 연료공급 → 땔감대기　▷ 수요 → 쓰임·씀/ 수급 → 쓰고대기　[供給]
공기	사회기관·사회그릇·사회연모　[公器]
공납금	바침돈　[公納金]
공냉식	공랭식　▷ 급냉 → 급랭　[空冷式]
공념불	공염불　※'공+염불'로 보아 머릿소리(두음)법칙에 따라 적음.(맞춤법 제10항)　▷ 신녀성 → 신여성/ 남존녀비 → 남존여비/ 회계년도 → 회계연도/ 등룡문 → 등용문　[空念佛]
공동	함께　〔보기〕공동격 (조사) → 함께자리 (토씨)/ 공동견 → 쌍고치/ 공동경영 → 어우리경영/ 공동경작 → 어울러짓기/ 공동상 → 두리깃상/ 공동주최 → 함께차림·함께벌임/ 공동체 → 두레·어울몸　[共同]
공란	빈칸·빈난　[일 空欄·くうらん]
공람	돌려봄　〔보기〕공람하다 → 돌려보다　▷ 열람 → 펼쳐보기·훑어보기/ 회람 → 돌려봄　[일 供覽·きょうらん]
공랭	바람식힘·공기로식힘　▷ 수냉 → 물(에)식힘/ 유냉 → 기름(에)식힘/ 서냉 → 천천히식힘/ 급랭 → 빨리식힘　[空冷]
공략	쳐뺏음　〔보기〕공략하다 → 쳐뺏다/ 공략전 → 뺏기싸움 [攻略]

공로	공중길·비행길·날길 〔보기〕공로로 → 비행기로·하늘길로/ 공로여행 → 비행기여행 ▷ 육로 → 땅길/ 해로 → 물길·바닷길/ 수로 → 물길 〔空路〕
공매	공공팔기 〔보기〕공매에 부치다 → 공공팔기하다 〔公賣〕
공명	1. 맞장구침 2. 마주울림 〔보기〕공명하다 → 맞장구치다·마주울리다/ 공명관 → 울림대·울림통/ 공명기 → 울림통/ 공명상 → 울림통·울림상자/ 공명판 → 울림판·떨림판 〔共鳴〕
공명정대하다	떳떳하다 〔公明正大 - 〕
공모	공개모집 〔보기〕공모하다 → 공개모집하다 〔公募〕
공모	함께꾀함·짬짜미 〔보기〕공모하다 → 함께 꾀하다·짬짜미하다/ 공모자 → 짠 놈 ▷ 공동모의 → 짬짜미·함께꾀함/ 담합 → 말맞춤·짬짜미·짬 ※'짬짬이'는 틈(짬)날 때마다의 뜻. 〔共謀〕
공목	끼움쪽 〔空木〕
공박	따져침 〔보기〕공박하다 → 따져치다/ 공박전 → 따져치기 〔攻駁〕
공방	치고막기 〔보기〕공방하다 → 치고막다/ 공방전 → 치고막기싸움 ▷ 공수 → 치고지킴 〔攻防〕
공백	빈틈·빈자리·빈구석 〔보기〕공백기 → 빈동안/ 공백상태 → 빈상태 〔空白〕
공범	짠범인 〔共犯〕
공변세포	여닫이세포 〔孔邊細胞〕
공병	빈병 〔空瓶〕
공보	두루알림 〔보기〕공보하다 → 두루 알리다 〔公報〕
공복	심부름꾼·봉사자·공무원 〔公僕〕
공복	빈속 〔보기〕공복감 → 시장기·헛헛증/ 공복증 → 헛헛증/ 공복식 기둥 → 속빈기둥 〔空腹〕
공부	공무장부·구이문서·구실문서 〔公簿〕
공사 다망중에	바쁘신 가운데 〔公私多忙中 - 〕
공산	확실성·확률·자연율 〔보기〕그렇게 될 공산이 크다 → 그렇게 될 확률이 높다/ 영유권분쟁이 재연될 공산이다 → 영유권 분쟁이 다시 일 조짐이다 〔公算〕
공산물(품)	공업생산물(품) 〔工産物(品)〕
공상	공무부상 ▷ 사상 → 사사로 다침 〔公傷〕
공생	함께살이 ▷ 기생 → 붙살이/ 공서 → 같이살기 〔共生〕
공석	빈자리 〔보기〕공석으로 있던 → 자리가 비었던·빈자리였

던 ［일 空席・くうせき］

공세	칠기세・칠태세 〔보기〕공세를 취하다 → 칠태세에 들어가다・치다／ 공세로 돌아서다 → 칠태세로 돌아서다／ 공세적 전략 → 쳐나가는 전략・칠꾀 ▷ 공격 → 침 ［攻勢］
공소하다	성기다・허술하다・엉성하다 ［空疎 - ］
공수	공중나르기 〔보기〕공수하다 → 공중으로 나르다・비행기로 나르다 ▷ 항공수송 → 비행기로 나름 ［空輸］
공수	치고지킴 ▷ 공방 → 치고막기 ［攻守］
공수	빈손 〔보기〕공수래공수거 → 빈손으로 왔다가 빈손으로 감 ［空手］
공수병	미친갯병 ▷ 광견병 → 미친갯병／ 광우병 → 미친솟병 ［恐水病］
공수표	헛수표・부도수표・헛약속 ［空手票］
공술	진술 ［供述］
공시	(두루)알림 〔보기〕공시하다 → 알리다／ 공시문 → 두루알림글／ 공시송달 → 널리알림・알려보냄／ 공시표 → 널리알림표 ［일 公示・こうじ］
공안	사회안전・공공안전 〔보기〕공안사범 → 사회(공공)안전사범／ 공안통 → 공안담당 ［公安］
공액	켤레 〔보기〕공액각 → 켤레각／ 공액경 → 켤레지름／ 공액극 → 켤레극／ 공액근 → 켤레근／ 공액복소수 → 켤레복소수／ 공액산 → 켤레산／ 공액수 → 켤레수／ 공액염기 → 짝염기／ 공액점 → 켤레점／ 공액직경 → 켤레지름／ 공액초점 → 켤레초점／ 공액축 → 켤레축／ 공액호 → 켤레호 ［共軛］
공언	펼쳐말함 〔보기〕공언하다 → 펼쳐말하다 ▷ 공약 → 공공약속 ［公言］
공여	대줌・이바지함 〔보기〕공여하다 → 대주다・이바지하다／ 공여원조 → 거저원조・무상원조／ 신장공여자 → 신장기증자・신장제공자 ［供與］
공역	함께옮김・함께뒤침 〔보기〕공역하다 → 함께옮기다 ▷ 공저 → 함께지음 ［共譯］
공연한	쓸데없는・아니할・괜한・실속없이 객쩍은 〔보기〕공연한 소동 → 괜한 소동／ 공연히 → 괜히・쓸데없이 ［空然 - ］
공염불	헛염불 ▷ 공념불 → 공염불 ［空念佛］
공유	함께가짐・나눠가짐・함께함・같이함 〔보기〕공유하다 → 함께가지다・나눠가지다・함께하다・같이하다／ ～에 대해서는 인식을 공유했다 → ～에 대해서는 뜻(생각)을 같이했다／ 공유결합 → 껴맺이／ 공유재산 → 여럿재산・두루재산／

	공유원자가 → 껴맺이원잣값 [共有]
공윤	공륜 ※연합·연맹 따위는 '련'으로, 연구소·연구원 따위는 '연'으로, 윤리는 '륜'으로 준다. 즉, 줄인말에서는 머릿소리 법칙을 따르지 않고 본래 소리대로 적는다. [公倫]
공인	공직사람 [公人]
공임	품삯 [일 工賃·こうちん]
공작	1. 만들기 2. 일꾸밈 〔보기〕공작하다 → 만들다·일꾸미다/ 공작조 → 일꾸밈조/ 공작대 → 공작부대 [工作]
공장	장색바치·장이 [工匠]
공장	빈창자 [空腸]
공장도 가격	공장값·공장인도값 [일 工場渡 價格·こうじょうわたし かかく]
공장부지	공장터 [工場敷地]
공전	전에 없는(던) 〔보기〕공전의 일 → 전에 없던 일/ 공전의 기록을 올리다 → 새기록을 세우다/ 공전의 히트를 치다 → 흥행에 대성공을 거두다·대단한 인기를 얻다 [空前]
공전	남돌이 〔보기〕공전하다 → 남돌이하다/ 공전으로 사철이, 자전으로 밤낮의 구별이 생기다 → 남돌이로 사철이, 제돌이로 밤낮의 구별이 생기다/ 공전주기 → 남돌이돌 ▷ 자전 → 제돌이 [公轉]
공전	헛돌이·겉돌기 〔보기〕공전하다 → 헛돌다·겉돌다 [空轉]
공정	일새·작업진행 〔보기〕공정을 돌아보다 → 일새를 돌아보다·만드는 과정을 돌아보다 [工程]
공정가격	공정값 〔보기〕공정상장 → 공정시세 [公定價格]
공정율	공정률 [工程率]
공제	서로 도움 〔보기〕공제회 → 돕는모임 [共濟]
공제	뺌·덞·덦·뗌 〔보기〕공제하다 → 빼다·덜다·떨다/ 공제액 → 뗀돈·떤돈 [일 控除·こうじょ]
공조	협조·서로도움 〔보기〕공조하다 → 서로돕다 [共助]
공존	함께살기 〔보기〕공존하다 → 함께살다/ 공존공영 → 함께 살고 함께 번영함 [共存]
공중	일반·(일반)사람들 〔보기〕공중도덕 → 두루지킬 도덕 [일 公衆·こうしゅう]
공지	다 앎 〔보기〕공지하다 → 널리알다·널리알리다/ 공지사항 → 알리는 사항/ 공지의 사실 → 다 아는 사실(일) ▷ 주지하는 바와 같이 → 다(두루) 아는 바와 같이 [公知]
공지	빈땅·빈터 ▷ 공터 → 빈터/ 공한지 → 빈땅·노는땅/ 휴

	한지 → 노는땅 · 빈땅/ 나대지 → 빈집터 [空地]
공차	빈차 [空車]
공처가	엄처시하 [恐妻家]
공천	공식추천 · 공식천거 [公薦]
공칭자본금	등기자본금 [公稱資本金]
공탁	맡김 〔보기〕공탁하다 → 맡기다 [供託]
공통어	공통말 · 두루말 [共通語]
공포	헛총 · 헛대포 [空砲]
공포	널리 알림 〔보기〕공포하다 → 널리 알리다 [公布]
공포감	무서움 · 겁 〔보기〕공포감 → 두려운 느낌/ 공포심 → 겁 · 무서움/ 공포증 → 두렴증 · 무섬증 [恐怖感]
공표	공식발표 [公表]
공한지	노는땅 · 빈땅 〔보기〕공한지세 → 노는땅 세금 ▷ 공한처 → 빈터 · 노는땅/ 유휴지 → 노는땅 · 묵는땅/ 나대지 → 빈집터 [空閑地]
공해	난바다 · 국제바다 [公海]
공허감	허전함 〔보기〕공허하다 → 헛되다 · 텅비다 · 허전하다 [空虛感]
공휴일	쉬는날 · 공일 ▷ 영일 → 편한날/ 휴일 → 쉬는날 [公休日]
공히	함께 · 모두 · 같이 [共 -]
과거	지난적 · 지난날 〔보기〕과거완료 → 지난적끝남/ 과거지사 → 지난일/ 과거진행 → 지난적나아가기/ 과거지향적 · 과거추수적 → 과거따르기 ▷ 미래 → 올적 · 앞날 [過去]
과격하다	지나치다 · 너무 격렬하다 [過激 -]
과금	요금 · 매긴돈 [課金]
과납	더 냄 〔보기〕과납하다 → 더 내다 [過納]
과녀	홀어미 ▷ 과수댁 → 홀어미/ 과부 → 홀어미 [寡女]
과녁배기	과녁빼기 〔보기〕과녁배기집 → 과녁빼기집
과년도	작년도 · 지난해 [過年度]
과년하다	나이 지나다 〔보기〕과년한 처녀 → 혼인나이 지난 처녀 [過年 -]
과대망상	허풍생각 [誇大忘想]
과도	과일칼 [果刀]
과도	지나침 〔보기〕과도하다 → 지나치다/ 과도한 → 지나친 [過度]
과립제	싸락약 · 알약 [顆粒劑]
과목	과일나무 · 열매나무 ▷ 과수 → 과일나무 · 열매나무

[果木]

과묵하다	말수 적다·입무겁다 ▷ 과언 → 말수 적음 [寡默-]
과민하다	날카롭다·너무 예민하다 [보기] 과민반응 → 지나친 반응·깜짝반응 [過敏-]
과반	지난번 [일 過般]
과반수	반 넘긴 수·반수 넘음 ※이 말은 겹쳐서 말하는 때가 많아 우습고 말도 길어진다. [보기] 과반수를 넘다 → 반수를 넘다/ 과반수 이상 → 반수 넘게/ 의장 선출은 일차 투표에서 재적인원의 과반수를 넘어야 당선되며, 일차 투표에서 과반수를 넘지 못할 경우 이차 투표에서는 종다수로 정한다 → ~ 반수를 넘어야 하며, ~ 반수를 넘지 못했을 때 ~ 많은 수를 얻은 이를 당선한 이로 정한다 [過半數]
과부	홀어미 ▷ 과녀·과수·과수댁·과대 → 홀어미 [寡婦]
과부족	넘고 모자람·넘모자람 [過不足]
과부하	짐겨움·넘친짐 [보기] 전선에 과부하가 걸려 → 전류가 지나치게 흘러 [過負荷]
과분하다	분에 넘치다·분수에 지나치다 [過分-]
과불	넘치름 [보기] 과불금 → 넘치름돈 [일 過拂]
과세	세금물림·세금매김 [보기] 과세하다 → 세금매기다 [일 課稅·かぜい]
과소비	지나친 씀씀이·넘씀씀이 [일 過消費·かしょうひ]
과숙	농익음·지나치게 익음 [보기] 과숙기 → 농익을 때/ 과숙잠 → 쇤누에 [過熟]
과시	과연·정말 [果是]
과시	자랑·돋보임 [보기] 과시하다 → 자랑하다·돋보이다/ 과시욕 → 자랑욕심 [誇示]
과실	열매·과일 [보기] 과실림 → 열매숲/ 과실주 → 과일술/ 과실섬유 → 열매실/ 과실시럽 → 과일단즙/ 과실즙 → 열매즙 ▷ 과일 → 열매 [果實]
과실	잘못·허물·실수 [보기] 과실치사 → 실수죽임 [過失]
과언	지나친 말·넘말 [보기] 과언이 아니다 → 지나친 말이 아니다·넘말이 아니다 [過言]
과업	할일·몫일·일 [보기] 과업을 달성하다 → 할일을 마치다·할일을 이루다 [課業]
과연	정말 [보기] 과연 그렇구나 → 정말 그렇구나 [果然]
과오	잘못·허물 [보기] 과오납 → 잘못 바침·잘못 냄/ 과오를 반성하다 → 허물을 뉘우치다 [過誤]
과욕	욕심 많음·지나친 욕심 [보기] 과욕을 부리다 → 지나치게

	욕심내다 ▷ 과욕(寡欲) → 욕심 적음 [過欲]
과용	지나친 비용·너무 씀 〔보기〕과용하다 → 너무 쓰다 ▷ 남용하다 → 헤피 쓰다 [過用]
과육	열매살 [果肉]
과음	너무 마심·지나 마심 〔보기〕과음하다 → 너무 마시다·지나치게 마시다 [過飮]
과잉	넘침·지나침·초과 〔보기〕과잉생산 → 넘친 생산/ 과잉소비 → 지나친 소비·지나친 씀씀이/ 과잉인구 → 넘친 인구 ▷ 잉여 → 나머지·남음 [일 過剩·かじょう]
과작	작품 드묾·많잖은 작품 〔보기〕그이는 원래 과작이다 → 그이는 본디 적게 만든다 [寡作]
과장	불려 말함·부풀림 〔보기〕과장하다 → 불려 말하다·부풀리다/ 과장법 → 부풀리깃법/ 지나치게 과장하거나 지나치게 축소하는 것 모두 글다듬기의 정도는 아니다 → ~ 부풀리거나 ~ 줄이는 것 ~ [誇張]
과저	오이김치 ▷ 과전 → 오이밭/ 과채 → 오이나물 [瓜菹]
과적	너무 싣기·넘실음·넘쌓음 〔보기〕과적하다 → 넘신다·넘쌓다/ 과적차 → 넘실은차 [過積]
과중하다	너무 무겁다·벅차다·힘겹다 〔보기〕과중교육 → 벅찬교육/ 과중한 부담 → 벅찬 짐 [過重]
과차	지날결 〔보기〕과차에 → 지날결에 [過次]
과채류	열매채소·열매남새 ▷ 엽채류 → 잎채소붙이·잎남새 [果菜類]
과태금(료)	때어긴 벌금 [過怠金(料)]
과피	열매껍질 [果皮]
과하다	(형벌을) 지우다·벌을 주다·씌우다·내리다 〔보기〕징역 5년을 과하다 → 징역 5년을 내리다 ▷ 처하다 → 부치다·내리다 [科-]
과하다	매기다·시키다·물리다·맡기다 〔보기〕과태료를 과하다 → 과태료를 매기다·과태료를 물리다 [課-]
과하다	지나치다·넘치다 〔보기〕과히 → 1. 지나치게·너무 2. 그렇게·그다지/ 과히 크지 않다 → 그다지 크지 않다 [過-]
과형	열매꼴 [果形]
곽공	뻐꾸기 [郭公]
곽란	도와리 〔보기〕토사곽란 → 도와리 [癨亂]
관	대롱·대롱줄 [管]
관개	물대기 〔보기〕관개하다 → 물대다/ 관개수심 → 댄물깊

이 · 댈물깊이/ 관개시설 → 물대기시설 [灌漑]

관객   구경꾼 [觀客]

관건   열쇠 〔보기〕관건장치 → 자물쇠장치   ▷ 시건장치 → 잠그개 [關鍵]

관계   벼슬마당 · 벼슬길 · 관리사회   ▷ 사로 → 벼슬길 [官界]

관계   걸림 · 맺음 · 상관 · 사이   〔보기〕관계하다 → 걸다 · 맺다 · 상관하다/ 관계대명사 → 걸림대이름씨/ 관계부사 → 걸림어찌씨/ 관계사 → 걸림씨 · 토씨/ 관계요로 → 걸리는 기관/ 관계를 정리(청산)하다 → 사이를 끊다 · 상관하지 않다   ▷ 관련 → 걸림/ 관련기관 → 걸리는 기관 [關係]

관골   광대뼈   ▷ 권골 → 광대뼈 [顴骨]

관권   관청권력 〔보기〕관권을 남용하다 → 관청권력을 함부로 쓰다   ▷ 금권 → 돈힘 · 돈권력/ 정권 → 정치권력 · 다스릴권력 [官權]

관능   기관능력 · 생리작용   〔보기〕관능검사 → 느낌검사/ 관능미 → 육체매력 · 성적끌심/ 관능적 → 육체적 · 성적 [官能]

관대하다   너그럽다 〔보기〕관대히 → 너그러이/ 관대한 처분을 바랍니다 → 너그러운 처분을 바랍니다 · 너그러이 보아 주십시오 [寬大 -]

관두   고비 〔보기〕관두마다 → 고비마다/ 승패의 관두에 서서 → 이기고 짐의 고비에 서서 [關頭]

관등   등불놀이 · 등놀이   〔보기〕관등행렬 → 등불놀잇줄/ 관등연 → 등불잔치 [觀燈]

관람   구경 〔보기〕관람하다 → 구경하다 · 보다/ 관람객(- 인 · - 자) → 구경꾼/ 관람거리 → 구경거리 · 볼거리/ 관람석 → 구경자리/ 관람권 → 구경표/ 관람실(홀) → 구경칸 · 구경방   ▷ 흥행 → 보임 [觀覽]

관련   서로 걸림 · 걸려 얽힘   〔보기〕관련하다 → 서로 걸리다 · 서로 걸려 얽히다 · 관계하다/ 이와 관련해 → 이를 두고 · 또 · 한편 · 그리고 · 또한/ 관련되다 → 관련하다 · 관계되다 [關聯 -]

관류   꿰흐름 〔보기〕관류하다 → 꿰흐르다/ 저변을 관류하다 → 밑바닥을 꿰흐르다 [貫流]

관망   바라봄 · 지켜봄 〔보기〕관망하다 → 바라보다 · 지켜보다/ 관망세 → 지켜봄세 · 기다림세 [觀望]

관모   1. 갓털   2. 도가머리 [冠毛]

관목   떨기나무 〔보기〕관목대 → 떨기나무지대/ 관목림 → 떨기나무숲   ▷ 교목 → 큰키나무/ 좀나무 → 떨기나무 [灌木]

관문	1. 목·길목 2. 문턱 3. 고비 〔보기〕예선의 관문을 무사히 통과하다 → 예선 목을 무사히 지나다/ 통일관문 → 통일 길목/ 첫 관문 → 첫고비·첫문 〔關門〕
관변	관청쪽 〔보기〕관변측 → 관청쪽·관청편/ 관변 소식통 → 관청 소식통·관청소식길 〔官邊〕
관상	상보기·생긴모양·생김새 〔보기〕관상하다 → 상보다·살펴보다/ 관상가 → 상쟁이·점쟁이 〔觀相〕
관상	보고즐김·구경 〔보기〕관상하다 → 보고즐기다/ 관상거리 → 볼거리/ 관상용 → 구경거리·노리개/ 관상식물 → 구경식물/ 관상조 → 구경새 ▷ 감상 → 느낌·즐김 〔觀賞〕
관상	대롱모양·통꼴 〔보기〕관상초자 → 대롱유리/ 관상화 → 대롱꽃/ 관상화관 → 대롱꽃부리 ▷ 이판화 → 갈래꽃/ 통상화 → 대롱꽃 〔管狀〕
관상동맥	심장동맥·염통동맥 ▷ 관상봉합 → (뼈)앞이음새/ 관상순환 → 심장(염통)피돌기/ 관상정맥 → 염통정맥 〔冠狀動脈〕
관수	관청소용 〔보기〕관수용품 → 관청소용물 ▷ 군수 → 군대소용 〔官需〕
관수	물대기·물주기 〔보기〕관수하다 → 물대다·물주다 ▷ 관개 → 물대기 〔灌水〕
관수로	대롱물길 〔管水路〕
관습	버릇 ▷ 관행 → 으레 행함·버릇됨/ 악습·폐습 → 나쁜 버릇 〔慣習〕
관시	곶감 ▷ 건시 → 곶감 〔串枾〕
관식	관청음식·관밥 ▷ 사식 → 사비음식·사사음식 〔官食〕
관심	끌림·끌리는 맘·마음둠·마음씀 〔보기〕관심하다 → 마음 두다·마음 쓰다/ 관심이 집중되다 → 관심이 쏠리다·마음이 쏠리다·눈길이 쏠리다/ 관심이 모아지고 있다 → 마음을 끌고 있다·눈길을 끌고 있다·눈길을 모으고 있다/ 관심을 기울이다 → 마음을 기울이다·마음을 쓰다/ 관심사 → 관심거리·맘둔일·끌리는일·끌림거리 ▷ 시선 → 눈길/ 시선을 끌다 → 눈길을 끌다·마음을 끌다 〔關心〕
관아접	고리눈접 〔管芽椄〕
관여	상관·관계·참견·끼어듦 〔보기〕관여하다 → 상관하다·관계하다·끼어들다 ▷ 간여하다 → 상관하다·참견하다 〔關與〕
관엽식물	잎보기식물 〔觀葉植物〕
관영	관청경영 ▷ 민영 → 민간경영/ 국영 → 나라경영/ 공영 →

공공경영 [官營]

관용 | 너그러이봄·눌러봄 〔보기〕관용하다 → 너그러이 보다· 눌러보다/ 관용성 → 너그럼성   ▷ 관대 → 너그러움/ 아량 → 너그러움·도량 [寬容]

관용 | 써버릇함·익음·통함 〔보기〕관용하다 → 써버릇하다/ 관용구 → 익은이은말/ 관용어 → 익은말·늘쓰는말·통하는말 / 관용음 → 버릇소리/ 관용적 → 버릇처럼 쓰이는·통하는· 버릇스런 [慣用]

관입암 | 뚫이바위 [貫入嚴]

관장 | 맡음·맡아봄·맡아다룸 〔보기〕관장하다 → 맡다·맡아보다·맡아다루다/ 관장할 사람 → 맡아다룰 사람   ▷ 관할 → 거느려다스림/ 주장·주관하다 → 맡아 다루다 [管掌]

관전 | 쌈구경 〔보기〕관전하다 → 쌈구경하다/ 관전평 → 경기평가 [觀戰]

관절 | 뼈마디 〔보기〕관절강 → 마디안·마딧속/ 관절근 → 마딧살/ 관절기 → 마디꺾기(체육)/ 관절낭 → 마디주머니/ 관절돌기 → 꼭지뼈/ 관절연골 → 마디물렁뼈/ 관절와 → 마디오목이/ 관절지 → 마딧가지/ 어깨관절 → 어깨마디/ 무릎관절 → 무릎마디 [關節]

관절하다 | 썩 뛰어나다 [冠絕 -]

관점 | 보는점·볼점·생각 〔보기〕관점이 다르다 → 보는점이 다르다/ 관점을 달리하다 → 보는점을 달리하다·다르게 보다·볼모를 달리하다   ▷ 시점 → 때(자리)/ 시각 → 보는모·볼모·보는각도/ 견지 → 볼자리 [觀點]

관접 | 고깔접 [冠楪]

관정 | 들우물·들샘 〔보기〕관정을 개발하다 → 들우물을 파다· 들샘을 파다/ 관정을 뚫다 → 들우물을 뚫다 [灌井]

관제 | 잡도리·단속·지휘 〔보기〕관제하다 → 지휘하다·잡도리하다/ 관제탑 → 비행지휘탑/ 등화관제 → 불빛가리기 [管制]

관조 | 마음으로 봄·비춰봄 〔보기〕관조하다 → 마음으로 보다/ 관조적 → 관조하는·마음으로 보는 [觀照]

관중 | 보는이·손님·구경꾼   ▷ 청중 → 듣는이/ 관객 → 구경꾼 / 청자 → 들을이/ 시청자 → 듣보는 이 [觀衆]

관찰 | 살펴봄·살펴보기 〔보기〕관찰하다 → 살펴보다/ 관찰구 → 볼구멍·보는구멍   ▷ 사찰 → 살핌/ 정찰 → 엿살핌· 엿봄 [觀察]

관철 | 꿰뚫음·이루어냄·이룸 〔보기〕관철하다 → 이뤄내다·꿰

	뚫다 · 해내다/ 관철시키다 → 관철하다 · 이뤄내다/ 요구를 관철하다 → 요구한 일을 이루다/ 임금인상 관철하자 → 임금을 꼭 올려받자 [貫徹]
관통	꿰뚫음 · 맞뚫림 〔보기〕 관통하다 → 꿰뚫다 · 맞뚫리다/ 관통상 → 꿰뚫린 상처/ 관통상을 입다 → 뚫고 나가다 · 꿰뚫리다 [貫通]
관하여 · 관해서	~을(를) 두고 · ~는(은) 〔보기〕 정치에 관해서는 말하고 싶지 않다 → 정치를 두고는 말하고 싶지 않다 · 정치 애기는 하고 싶지 않다/ 이번 사건에 관하여 → 이번 사건을 두고 [關 -]
관행	으레해옴 · 늘버릇 · 통하는 짓 · 으레짓 · 버릇됨 〔보기〕 관행으로 굳어지다 → 으레 통하는 행동으로 굳어지다 ▷ 관습 → 버릇/ 관례 → 버릇보기 · 버릇 [慣行]
관혈	중방구멍 [貫穴]
관형	대롱꼴 [管形]
관형격	매김자리 〔보기〕 관형격조사 → 매김자리토씨/ 관형법 → 매김법/ 관형사 → 매김씨/ 관형사형 → 매김꼴/ 관형어 → 매김말/ 관형절 → 매김마디 ▷ 주격 → 임자자리/ 목적격 → 부림자리/ 부사격 → 어찌자리/ 방편격 → 방편자리/ 비교격 → 견줌자리/ 보조격 → 기움자리 · 도움자리/ 호격 → 부름자리 [冠形格]
괄	묶음 〔보기〕 괄호 → 묶음표/ 개괄 → 뭉뚱그림/ 총괄 → 뭉뚱그림 · 싸잡음/ 포괄 → 뭉뚱그림 · 휩쓸어감 [括]
괄목할	놀랄 · 놀랄만한 · 다시 볼 · 눈부신 〔보기〕 괄목할 성장 → 놀랄 만한 성장/ 괄목상대 → 다시 봄 [刮目]
괄세	괄시 〔보기〕 괄세하다 → 괄시하다 [〈恝視]
괄시	업신여김 · 깔봄 〔보기〕 괄시하다 → 업신여기다 · 깔보다 [恝視]
괄약근	늘옴치근 · 오무림살 [括約筋]
괄호	도림 · 묶음표 [括弧]
광	빛 〔보기〕 광선 → 빛살/ 역광 → 뒷빛 [光]
광	너비 · 나비 ▷ 폭 → 나비 · 너비 [廣]
광각	넓은각 · 너른각 · 너른모 〔보기〕 광각렌즈 → 너른각렌즈 [廣角]
광견	미친개 〔보기〕 광견병 → 미친갯병 ▷ 공수병 → 미친갯병/ 광우병 → 미친솟병 [狂犬]
광경	경치 · 꼴 · 모양 · 볼거리 · 일 〔보기〕 광경을 연출하다 → 꼴을 보이다/ 우스운 광경이 벌어지다 → 우스운 일이 벌어지

ㄱ

	다 〔光景〕
광고	널리알림·선전 〔보기〕광고하다 → 널리 알리다/ 광고기구 → 광고풍선/ 광고문 → 알림글/ 광고물 → 광고물건/ 광고주 → 광고임자·광고낸이/ 광고판 → 알림판 ▷ 홍보 → 널리알림 〔廣告〕
광구	바로잡음 〔보기〕광구하다 → 바로잡아 구하다 ▷ 광정 → 바로잡음 〔匡救〕
광기	미친증·미친증세·미친기운 〔보기〕광기에 사로잡히다 → 미치다·미쳐날뛰다·미친증에 사로잡히다/ 눈에 광기가 번뜩이다 → 눈에 미친기운이 번뜩이다 ▷ 광증 → 미친증 〔狂氣〕
광당마	덜렁말 〔光唐馬〕
광대한	드넓은 〔廣大 –〕
광도	빛살세기·빛세기 〔보기〕광도계 → 빛살재개 ▷ 조도 → 비침도/ 휘도 → 부시기·밝기 〔光度〕
광도	멀리뛰기 ▷ 넓이뛰기 → 멀리뛰기/ 도약 → 뜀·뜀뛰기 〔일 廣跳〕
광독지	광독흙·쇳독땅 〔鑛毒地〕
광란	미쳐날뜀·미친혼란 〔보기〕광란하다 → 미쳐날뛰다/ 광란적 → 날뛰는·어지럽게 날뛰는 ▷ 광분 → 미쳐날뜀 〔狂亂〕
광마	윤내기 〔보기〕광마반 → 윤내기반 〔光磨〕
광막하다	허허너르다·아득하게 넓다 〔廣漠 –〕
광망	빛·빛살끝 〔光芒〕
광맥	쇳줄 ▷ 광혈 → 쇳줄/ 금맥 → 금줄 〔鑛脈〕
광미	복새·복대기 〔鑛尾〕
광범	썩 너름 〔보기〕광범하다 → 썩 너르다/ 광범하게 → 널리 / 광범위하다 → 썩 너르다·넓다 ▷ 범위 → 테두리·얼안·부류 〔廣範〕
광분	미쳐날뜀·바삐 날뜀 〔보기〕광분하다 → 미쳐날뛰다 ▷ 광란 → 미쳐날뜀 〔狂奔〕
광사	굿막 〔鑛舍〕
광상	쇳돌밭·쇳돌막 〔鑛床〕
광석	쇳돌·광돌 〔보기〕광석차 → 쇳돌차 〔鑛石〕
광선	빛살 〔보기〕가시광선 → 보일빛살·보이는빛/ 광선총 → 빛총 ▷ 자외선 → 넘보라살/ 적외선 → 넘빨강살 〔光線〕
광선욕	햇볕쬐기·햇살쐬기 ▷ 일광욕 → 햇볕쬐기 〔光線浴〕
광속	빛살다발·빛묶음 〔光束〕

광속	빛속도 · 빛빠르기 ▷ 음속 → 소리빠르기 [光速]
광수	약수 · 약샘물 ▷ 광천 → 약샘/ 광천수 → 샘약수 · 약샘물 / 생수 → 먹는샘물 [鑛水]
광신	미침 · 덮어놓고 믿음 · 넘믿음 · 막믿음 〔보기〕광신도 → 넘믿는이/ 광신자 → 넘믿는이 ▷ 맹신 → 덮어놓고 믿음 · 막믿음 [狂信]
광야	너른들 · 난벌 · 큰벌 [廣野]
광야	허허벌판 [曠野]
광어	넙치 [廣魚]
광역	너른지역 · 너른범위 · 넓은 지역 [廣域]
광엽	넓은잎 〔보기〕광엽수 → 넓은잎나무 ▷ 활엽 → 넓은잎/ 활엽수 → 넓은잎나무 [廣葉]
광우리	광주리 〔보기〕광우리장수 → 광주리장수
광우병	미친솟병 [狂牛病]
광원	빛살밑 · 빛근원 · 빛샘 ▷ 발광체 → 빛물체 · 빛근원 [光源]
광의	넓은뜻 ▷ 범의 → 넓은뜻/ 협의 → 좁은뜻 [廣意]
광장	마당 · 너른마당 ▷ 포럼 → 토론마당 · 광장 [廣場]
광재	쇠찌끼 · 쇳물찌꺼기 〔보기〕광재구 → (쇳물)찌끼도랑 · 찌끼구멍 [鑛滓]
광전	빛전기 〔보기〕광전류 → 빛전류/ 광전변환기 → 빛전기바꾸개/ 광전측광법 → 빛전기재기 [光電]
광점	빛점 [光點]
광정	바로잡음 〔보기〕광정하다 → 바로잡다 ▷ 광구 → 바로잡음 [匡正]
광채	빛깔 · 빛 [光彩]
광천	약물샘 · 약샘 〔보기〕광천욕 → 약샘미역/ 광천수 → 약샘물 [鑛泉]
광케이블	빛전신줄 · 빛심줄 · 빛바 [光 + 영 cable]
광태	미친짓 · 미친꼴 〔보기〕광태를 부리다 → 미친짓을 하다 [狂態]
광파	넓은골뿌림 · 널리 퍼뜨림 〔보기〕광파하다 → 넓게 뿌리다 · 널리 퍼뜨리다/ 광파다비 → 넓게뿌려걸우기/ 광파성 → 퍼짐성 [廣播]
광포하다	미친듯 사납다 ▷ 광폭하다 → 광포하다 [狂暴 -]
광활하다	드넓다 [廣闊 -]
광휘	환한빛 · 뿜는빛 [光輝]
괘금	1. 걸쇠 · 빗장 2. → 판돈 · 보험금 [掛金]

괘념	거리낌·꺼림　〔보기〕괘념하다 → 거리끼다·꺼리다/ 괘념하지 말라 → 마음에 두지 말라　▷ 괘의 → 거리낌　〔掛念〕
괘다리쩍다	괘다리적다　※'멋없고 거칠다·성미가 뻣뻣하고 퉁명스럽다'의 뜻으로, '적다'로 소리난다 하여 그대로 적음. 괘달머리적다·딴기적다·열퉁적다·맛적다 따위.(맞춤법 제54항) 같은 꼴의 뒷가지가 소리가 다르다고 따로 적는 게 혼란스러우므로 '쩍다'로 통일하자는 얘기도 있음.
괘달머리쩍다	괘달머리적다
괘대	봉지씌우기　〔일 掛袋〕
괘도	걸그림·걸개그림　〔일 掛圖·かけず〕
괘목	값새　〔掛目〕
괘방	방 긺　〔보기〕괘방하다 → 방 내걸다　〔掛榜〕
괘선	정간줄　〔보기〕괘선지 → 정간줄친 종이　〔罫線〕
괘와	너새　〔掛瓦〕
괘종	벽시계　〔보기〕괘종시계 → 벽시계　〔掛鐘〕
괴	덩이　〔보기〕괴광 → 덩이쇳돌/ 금괴 → 금덩이/ 은괴 → 은덩이/ 망간괴 → 망간덩이/ 단괴 → 덩이　〔塊〕
괴경	덩이줄기　▷ 괴근 → 덩이뿌리　〔塊莖〕
괴근	덩이뿌리　〔塊根〕
괴기하다	괴상하다　▷ 괴이하다 → 이상야릇하다/ 기괴하다 → 이상야릇하다　〔怪奇 –〕
괴도	꾀도둑·괴상한 도둑　〔보기〕괴도소설 → 꾀도둑소설　〔怪盜〕
괴뢰	꼭두각시·꼭두·허수아비　〔보기〕괴뢰극 → 꼭두각시놀음/ 괴뢰도당 → 꼭두무리/ 괴뢰정권 → 꼭두정권·허수아비정권　〔傀儡〕
괴리	버그러짐·어긋남　〔보기〕괴리하다 → 어긋나다·동떨어지다/ 괴리되다 → 어긋나다·동떨어지다　〔乖離〕
괴목	홰나무　〔보기〕괴목반 → 홰나무소반/ 괴목장 → 홰나무장　〔槐木〕
괴물	괴짜·괴상한 것　〔怪物〕
괴발새발·괘발새발·개발쇠발	괴발개발
괴사	썩기·썩음　〔보기〕괴사하다 → 썩다　▷ 괴저 → 검죽기　〔壞死〕
괴수	우두머리　▷ 수괴·괴 → 으뜸·우두머리　〔魁首〕
괴이적다	괴이쩍다　※'적다'로 소리나거나 '적다(작다·少)'의 뜻이

있는 말을 빼고 모두 '쩍다'로 적는다. 멋쩍다·맥쩍다·해망쩍다·미심쩍다·행망쩍다·괴이쩍다 따위.(맞춤법 제54항)

괴이하다	이상야릇하다 〔보기〕괴이적다 → 괴이쩍다·이상야릇하다 ▷ 기괴하다 → 이상야릇하다 [怪異 –]
괴임	굄·고임 〔보기〕괴임돌 → 굄돌/ 괴임목 → 굄목/ 괴임새 → 굄새·고임새/ 괴임질 → 굄질
괴저	검죽기 ▷ 탈저 → 검죽기 [壞疽]
괴좆나무	구기자나무
괴팍하다·괴팩하다	괴팍하다 〔보기〕괴팍스럽다 → 괴팍스럽다/ 괴팍스레 → 괴팍스레 ※모음이 단순해진 것을 표준말로 삼음.(표준어규정 제10항) 미루나무·으레·케케묵다·허우대·여느 따위 [乖愎 –]
괵목	떡갈나무 ▷ 괵실 → 도토리 [耐木]
괸돌	고인돌 ▷ 지석 → 고인돌
굉음	우르릉소리 [轟音]
교각	다릿발·다릿기둥 ▷ 교량 → 다리/ 교면 → 다릿바닥 [橋脚]
교각	뿔고치기 〔보기〕교각살우 → 뿔고치다 소잡기 [矯角]
교교하다	밝다·맑고 밝다 〔보기〕교교월색 → 휘영청 밝은 달빛 [皎皎 –]
교구	학교세간 [校具]
교구	교육제구·교육연모 ▷ 교수용구 → 교육제구 [教具]
교대	번갈음·갈아대기·바꿔댐·대거리 〔보기〕교대하다 → 번갈다·갈아대다/ 교대방목 → 번갈아놓아 먹임/ 교대식 → 번갈음식 [交代]
교두보	발판·다리파수막·다릿막·버팀목 〔보기〕교두보를 구축하다 → 발판을 마련하다 [橋頭堡]
교또·교오또	교토 [일 京都]
교란	어지럽힘 〔보기〕교란하다 → 어지럽히다/ 교란정책 → 어지럽히기·어지럽힘정책 [攪亂]
교량	다리 〔보기〕교량역 → 다리구실·다리노릇/ 노후교량 → 낡은다리 ▷ 가교 → 다리/ 교각 → 다릿발 [橋梁]
교례회	어울모임·하례회·인사모임 [일〈交禮會]
교료	끝준·준끝 〔보기〕교료를 놓다 → 교정을 끝냈다는 표를 적다 ▷ 교정필·완교·완준 → 준끝/ 오케이 → 끝남·좋음 [校了]
교룡	용틀임 [交龍]

교류	1. 서로 바꿈·주고받음 2. 엇흐름 〔보기〕교류하다 → 1. 주고받다·오가다 2. 엇흐르다 [交流]
교맥	메밀 〔보기〕교맥면 → 메밀국수/ 교맥반 → 메밀밥/ 교맥분 → 메밀가루/ 교맥유 → 메밀묵/ 교맥의이 → 메밀응이 [蕎麥]
교면	다릿바닥 [橋面]
교목	큰키나무 〔보기〕교목대 → 큰키나무띠/ 교목림 → 큰키나무숲 ▷ 관목 → 떨기나무 [喬木]
교미	흘레·짝짓기 〔보기〕교미하다 → 흘레하다/ 교미낭 → 정받이주머니/ 교미아룬 → 고깔테 [交尾]
교반	휘젓기·휘어섞기 〔보기〕교반하다 → 휘젓다/ 교반기 → 젓개 [攪拌]
교배	섞흐름·섞붙이기·짝짓기 〔보기〕교배하다→섞흐르다·섞붙이기하다/ 교배종 → 튀기·섞임씨 [交配]
교부	내줌·내려줌 〔보기〕교부하다 → 내주다·내려주다/ 교부금 → 내려주는돈/ 교부세 → 내려주는 세/ 교부받다 → 받다 ※주어서 받는 것이니 주는 이 따로 있고 받는 이 따로 있다. 비슷한 말로 수여받다·지급받다·제공받다·양여받다·상속받다 따위가 있는데, 그냥 '받다'로 족하다. [交付]
교사	꼬드김·부추김 〔보기〕교사하다 → 꼬드기다·부추기다/ 교사 혐의 → 부추긴 혐의 [敎唆]
교살	졸라죽임·목매죽임 〔보기〕교살하다 → 목졸라 죽이다·목매죽이다 ▷ 교수 → 목매죽임·목졸라죽임 [絞殺]
교수	목맴 〔보기〕교수형 → 목맬형 [絞首]
교습	가르쳐 익힘·배워익힘 〔보기〕교습하다 → 가르쳐 익히게 하다/ 교습받다 → 배우다/ 교습소 → 가르치는곳·배우는곳 [敎習]
교시	가르침·알려줌 〔보기〕교시하다 → 가르치다·알려주다 [敎示]
교신	통신·주고받음·편지교환 〔보기〕교신하다 → 알려주다·주고받다/ 교신이 끊기다 → 통신이 끊기다 [交信]
교외	시외·야외·도시밖 ▷ 근교 → 변두리·도시 둘레 [郊外]
교유	사귐·서로 오감 〔보기〕교유하다 → 사귀다 [交遊]
교자	만두 [餃子]
교잡	뒤섞임·섞붙임 〔보기〕교잡하다 → 뒤섞다·섞붙이다/ 교잡육종 → 섞붙여기르기/ 교잡종 → 섞붙임씨·튀기 [交雜]
교재	가르침거리·교육자료 [敎材]
교전	맞붙어싸움·싸움 〔보기〕교전하다 → 붙어싸우다/ 교전국

→ 맞싸우는 나라　[交戰]

교점	만난점　[交點]
교정	바로잡음·고침　〔보기〕교정하다 → 바로잡다/ 말더듬이 교정 → 말더듬이 고치기/ 교정시력 → 고친시력　▷ 광정·교구·교직 → 바로잡음　[矯正]
교정	바로잡음·고침　〔보기〕교정하다 → 바로잡다·고치다/ 교정본 → 고침본/ 교정판 → 고침판/ 교정필 → 준끝·끝준/ 교정스리 → 준밀이　▷ 교열 → 고침·바로잡음　[校正]
교제	사귐　〔보기〕교제하다 → 사귀다　[交際]
교지	학교신문　▷ 교지(-誌) → 학교잡지　[校紙]
교직	섞어짬·짬　〔보기〕교직하다 → 짜다　▷ 혼직 → 섞어짬　[일 交織]
교직	1. 교사직분·학교직원　2. 교회직분　▷ 교편을 잡다 → 선생노릇을 하다·회초리를 들다　[敎職]
교질	갖풀질　〔보기〕교질골 → 아교질뼈·여린뼈·물렁뼈　[膠質]
교차	어긋매낌·맞지름·엇걸림　〔보기〕교차교합 → 엇맞물리기/ 교차뜨기 → 엇걸어뜨기/ 교차로 → 네거리·가샛길/ 교차수송 → 엇나르기/ 교차점 → 사귐점·엇갈리는곳/ 교차주 → 사귐대　▷ 교호 → 엇걸림·어긋매낌　[交叉]
교착	달라붙음·들러붙음　〔보기〕교착하다 → 달라붙다/ 교착상태 → 붙은상태/ 교착어 → 첨가어·덧붙는말/ 교착제 → 붙임감·붙임약　[膠着]
교체	갈아대기·갈아들기·바꿈　〔보기〕교체하다 → 갈아대다·바꾸다·갈아들다/ 교체기 → 바뀌는때/ 교체채초지 → 번갈아풀벨땅　[交替]
교태	아양·아리따운맵시·예쁜태도　[嬌態]
교포	나그네동포　〔보기〕재일교포 → 재일동포/ 중국교포 → 재중동포　▷ 교민 → 나그네동포　[僑胞]
교하생	문하생　[敎下生]
교합	맞물기·뜻맞음　〔보기〕교합하다 → 맞물다·섞다　[交合]
교행	마주달림　〔보기〕교행하다 → 마주 달리다　[交行]
교허	들·시골　[郊墟]
교호벌채	번갈아베기·걸러베기　▷ 교호박리 → 엇갈림떼기/ 교호작 → 엇갈아짓기/ 교호작용 → 상호작용　[交互伐採]
교환	바꾸기·맞바꾸기·주고받음　〔보기〕교환하다 → 맞바꾸다·주고받다/ 교환경기 → 친선경기·주고받는경기/ 교환교

	수 → 바꿈교수/ 교환기 → 바꾸개/ 교환노동 → 품앗이/ 교환법칙 → 바꿈법칙/ 교환양곡 → 바꿈곡식 ［交換］
교활하다	능갈맞다 ［狡猾 -］
교훈	가르침·일깨움 〔보기〕교훈적 → 일깨워주는·깨우치는 ［教訓］
구	이은말 ［句］
구	뜸 〔보기〕침구 → 침과 뜸 ［灸］
구(쿠)사리	면박·핀잔 〔보기〕구사리하다→면박하다 ［일 腐·くさり］
구가	시집 ［舅家］
구가	기림 〔보기〕구가하다 → 기리다·누리다·노래하다 ［謳歌］
구가다(타)	낡은틀·낡은모양 ［일 舊型·きゅうがた］
구각	허물·낡은껍질·낡은버릇·묵은탈·낡은형식 〔보기〕구각을 탈피하다 → 허물을 벗다 ［舊殼］
구각	입꼬리·입아귀·입귀 〔보기〕구각 미란 → 입귀 헒 ［口角］
구갈	목마름 〔보기〕구갈증 → 목마름증 ［口渴］
구강	입속·입안 〔보기〕구강보건 → 입안다스리기 ［口腔］
구개	입천장 〔보기〕구개골 → 입천장뼈/ 구개수 → 목젖/ 구개수음 → 목젖소리/ 구개음 → 입천장소리/ 구개음화 → 입천장소리되기/ 연구개 → 여린(물렁)입천장/ 경구개 → 센입천장 ［일 口蓋］
구거	미늘 ［鉤距］
구거	개골창·도랑 ［溝渠］
구걸	빎·비럭질 〔보기〕구걸하다 → 비럭질하다 　▷ 걸식하다 → 빌어먹다 ［求乞］
구경	아가리지름·입지름 〔보기〕대구경 → 큰구멍·큰지름/ 소구경 → 작은구멍·작은지름 ［口徑］
구경	끝내·마지막·마침내 〔보기〕구경에는 → 마침내는·마지막 가서는/ 구경 열반 → 마침내 열반함 ［究竟］
구경	알줄기 　▷ 구고 → 알높이·(배추·공 따위의) 높이·키/ 구근 → 알뿌리 ［球莖］
구국	나라건지기·나라구하기 ［救國］
구군	몰이꾼 ［驅軍］
구근	알뿌리 〔보기〕구근류 → 알뿌리붙이/ 구근식물 → 알뿌리식물/ 구근초 → 알뿌리풀 ［일 球根·きゅうこん］
구금	가둠·잡아가둠 〔보기〕구금하다 → 잡아가두다 　▷ 구류하다 → 가두다/ 구속하다 → 잡아가두다/ 구치하다 → 잡

	아가두다/ 연금하다 → 집에 가두다 [拘禁]
구기	말씨 [口氣]
구기	구기자나무 〔보기〕구기근 → 구기자뿌리/ 구기채 → 구기자나물 [枸杞]
구기	공놀이·공경기 [球技]
구내	울안·집안 〔보기〕구내매점 → 구냇가게·울안가게/ 구내식당 → 울안식당/ 구내이전 → 울안옮기기 [構內]
구답	옛논·오래된 논 ▷ 신답 → 새논 [舊畓]
구답시험	말시험 ▷ 구두시험 → 말시험/ 필답시험 → 글시험 [口答試驗]
구독	사읽음·사봄 〔보기〕구독하다 → 사보다/ 구독료 → 사보는값/ 구독자 → 사보는 이 [일 購讀·こうどく]
구두	입·말 〔보기〕구두로 → 말로/ 구두선 → 말뿐인 부처·말치레/ 구두시험 → 말시험/ 구두어 → 입말·소리말 [口頭]
구두점	월점·글점·쉼표·머무름표 [句讀點]
구둣점	구두점
구득	구해얻음·얻어냄 〔보기〕구득하다 → 얻어내다·구하다/ 구득난 → 얻기 어려움 [求得]
구들고래	방고래 ※'방고래'가 더 널리 쓰인다 하여 이를 표준말로 삼음.(표준어규정 제22항)
구락부	클럽·모임 [일〈俱樂部·영 club]
구라파	유럽 ▷ 구주 → 유럽/ 서구 → 서유럽·유럽/ 동구 → 동유럽/ 북구 → 북유럽/ 구미 → 유럽과 아메리카 [취 歐羅巴]
구랍	지난섣달 [舊臘]
구력	공이력·친이력 〔보기〕구력이 얼마나 되나 → 공이력이 얼마나 되나 [球歷]
구로누끼(키)	1. 돌을새김·양각 2. 검은글자 ▷ 구로마루 → 검은동그라미/ 구로보시 → 검은별/ 구로비시 → 검은마름/ 구로산카쿠 → 검은세모/ 구로시카쿠 → 검은네모/ 구로시오 → 흑조·검은무대 [일 黑拔き]
–구료	–구려 〔보기〕좋구료 → 좋구려/ 갔구료 → 갔구려/ 싸구료 → 싸구려/ 하구료 → 하구려/ –로구료 → 로구려
구루	곱사등이 〔보기〕구루병 → 곱삿병 [佝瘻·傴僂]
구루마	1. 짐수레·달구지 2. 바퀴 [일 くるま]
구류	가두어둠 〔보기〕구류하다 → 가둬두다·가두다 ▷ 구금하다 → 가두다 [拘留]
구름량	구름양 ※고유어나 서양외래어 다음에 오는 '란·량·

	렬·률'은 독립성을 인정하여 두음법칙을 적용함. ▷ 가십란 → 가십난/ 쓰레기량 → 쓰레기양/ 어린이란 → 어린이난 [-量]
구릉	언덕 〔보기〕구릉지 → 언덕땅/ 구릉지대 → 언덕지대 [丘陵]
구매	사기·사들임 〔보기〕구매하다 → 사다·사들이다/ 구매가격 → 사는값/ 구매능력 → 살힘/ 구매자 → 사는이/ 구매지 → 살곳·산곳 [購買]
-구면	-구먼 ※홀소리가 단순해진 꼴을 표준으로 삼는다. 괴팍하다 → 괴팍하다/ 미류나무 → 미루나무/ 여늬 → 여느/ 으레 → 으레/ 케케묵다 → 케케묵다/ 허위대 → 허우대/ 허위적허위적 → 허우적허우적 따위.(표준어규정 제10항) 〔보기〕많구면 → 만구먼/ 좋구면 → 좋구먼
구면	공면·공둘레 [球面]
구명	밝힘·캐어밝힘 〔보기〕구명하다 → 밝히다/ 원리를 구명하다 → 원리를 밝혀내다 ▷ 규명 → 밝힘 [究明]
구명	목숨건짐·사람구함 〔보기〕구명하다 → 목숨건지다/ 구명대 → 1. 구명띠 2. 부레주머니/ 구명동의 → 구명옷·구명조끼/ 구명삭 → 구명줄/ 구명운동 → 구하기운동/ 구명정 → 구젯배 [救命]
구문	입술·말투 [口吻]
구문	묵은소식 ▷ 신문 → 새소식 [舊聞]
구문	글짜임·월 〔보기〕구문도해 → 그림풀이·월그림풀이/ 구문론 → 월갈·문장론·통사론/ 구문법 → 글짜기·월짜기 [構文]
구미	입맛 〔보기〕구미에 맞다 → 입맛에 맞다/ 구미가 당기다 → 입맛이 당기다/ 구미를 돋구다·입맛을 돋구다 → 입맛을 돋우다 [口味]
구미	유럽과 아메리카·유럽과 미국 [歐美]
구미초	강아지풀 [狗尾草]
구배	물매·기울기·비탈지기 〔보기〕구배저항 → 물매개갬/ 구배표 → 기울기표 [일 勾配·こうばい]
구법	말버릇 [口法]
구벽	말버릇·입버릇 [口癖]
구벽다리	구년묵이
구변	말솜씨 ▷ 언변 → 말솜씨 [口辯]
구별	갈라냄·헤아림 〔보기〕구별하다 → 갈라내다·가르다 ▷ 구분 → 가름·나눔·분간·갈래/ 분별하다 → 갈라내다·

헤아리다/ 차별 → 갈라다룸/ 차이 → 다름 〔區別〕

구병	병구완 〔보기〕구병하다 → 병구완하다 〔救病〕
구보	달음질·달리기·달음박질 〔보기〕구보하다 → 달음질하다·달리기하다·뛰다/ 구보로 → 달려서 ▷ 속보 → 빠른걸음/ 만보 → 한가론걸음 〔驅步〕
구분	가름·나눔·분간·갈래 〔보기〕구분하다→가르다·분간하다 ▷ 구별 → 갈라냄 〔區分〕
구비	갖춤·마련 〔보기〕구비하다 → 갖추다/ 구비서류 → 갖출(춤)문건/ 구비조건 → 갖출조건 〔具備〕
구비	굽이 ※줄기(어간)에 '이'나 '음/ㅁ'이 붙어 이름씨가 된 것과 '이'나 '히'가 붙어 어찌씨가 된 것은 줄기의 본디꼴을 밝혀 적는다. 길이·걸음·굳이·익히 따위.(맞춤법 제19항) 〔보기〕구비구비 → 굽이굽이/ 구비마다 → 굽이마다/ 산구비 → 산굽이/ 물구비 → 물굽이
구빈	가난구제 〔救貧〕
구사	부려씀 〔보기〕구사하다 → 부려쓰다/ 외국어를 잘 구사하다 → 외국말을 잘 부려쓰다/ 어휘구사 → 낱말부려쓰기/ 이분법적 전략을 구사할 방침인 것으로 → 이분법적 전략을 쓰는 쪽으로 〔驅使〕
구상	공모양 〔보기〕구상관절 → 공꼴마디·공마디/ 구상린 → 둥근비늘/ 구상성단 → 구상별떼/ 구상절리 → 공꼴틈 〔球狀〕
구상	얼거리 〔보기〕구상하다 → 얽다·꾸미다 〔構想〕
구상명사	꼴있는이름씨 ▷ 추상명사 → 꼴없는이름씨 〔具象名詞〕
구상무역	주고받기무역 ▷ 교환무역 → 주고받기무역/ 바터무역 → 주고받기무역 〔求償貿易〕
구색	고루갖춤·갖춘품새 〔보기〕구색이 맞다 → 고루 갖추어지다 〔具色〕
구서	쥐잡이·쥐잡기 ▷ 구충 → 벌레잡기 〔驅鼠〕
구설	입방아·입길·말썽·시비·말질·이러쿵저러쿵 〔보기〕구설에 오르다 → 입방아에 오르다·입길에 오르다/ 구설수 → 입길에 오를 수 ※'구설에 오르다' '입방아에 오르다' '구설수가 들다'는 맞는 말이지만 '구설수에 오르다'는 잘못 쓴 말이다. 〔口舌〕
구성	짬·얽음·짜만듦 〔보기〕구성하다 → 짜다·짜만들다/ 구성원 → 짜인인원 〔構成〕
구세	버릇·성질 〔보기〕구세를 부리다 → 성질을 부리다 〔일癖·くせ〕

구세대	옛세대 · 낡은세대 · 묵은세대 ▷ 신세대 → 새세대 [舊世代]
구세력	그전 세력 · 묵은세력 [舊勢力]
구속력	얽매는 힘 · 맬힘 〔보기〕구속력이 있(없)다 → 매는 힘이 있(없)다 [拘束力]
구수	원수 [仇讐 · 寇讐]
구순	입술 〔보기〕구순염 → 입술부럼 [口脣]
구술	말 · 말하기 〔보기〕구술하다 → 말하다 · 말로 하다 [口述]
구스르다	구슬리다 〔보기〕구슬러내다 → 구슬려내다/ 구슬러삶다 → 구슬려삶다/ 구슬러대다 → 구슬려대다 ▷ 구워삶다
구슬사탕	알사탕 [- 砂糖]
구습	입버릇 · 말버릇 [口習]
구습	옛버릇 · 묵은버릇 [舊習]
구신	보고 · 갖춰아룀 · 알림 〔보기〕구신하다 → 갖춰아뢰다 · 낱낱이 보고하다 [具申]
구실	핑계 · 말썽거리 〔보기〕구실을 찾다 → 핑계를 찾다/ 어리다는 구실로 → 어리다는 핑계로 ※제 구실도 못하다 · 남편 구실 따위의 '구실'과는 다른 말이다. [口實]
구심	(복판)쏠림 · 가운데 〔보기〕구심력 → 쏠림힘/ 구심점 → 쏠림점 ▷ 원심력 → 멀어질힘 [求心]
구악	묵은악 〔보기〕구악을 일소하다 → 묵은악을 쓸다 [舊惡]
구애	거리낌 · 매임 · 얽매임 〔보기〕구애하다 → 거리끼다 · 매이다 · 얽매이다/ 구애되다 → 구애하다 · 얽매이다/ 구애받다 → 거리끼다 · 얽매이다 [拘礙 · 拘碍]
구애자	알뚱 · 공뚱 [球碍子]
구액	침 [口液]
구어	입말 〔보기〕구어문 → 입말글/ 구어체 → 입말체 ▷ 문어체 → 글말체 [口語體]
구옥	낡은집 · 묵은집 · 헌집 · 옛집 [舊屋]
구우	옛벗 [舊友]
구워박다	구어박다 ※준말은 '궈박다'임. 〔보기〕구워박히다 → 구어박히다
구원	원수 ▷ 구수 → 원수/ 구적 → 원수 [仇怨]
구원	건짐 · 건져줌 · 도움 〔보기〕구원하다 → 건져주다/ 구원군 (원군) → 도움군대 ▷ 구제하다 → 건져주다 · 건지다/ 구출하다 → 건져내다 · 건지다 [救援]
구원	지난원한 · 묵은원한 ▷ 구악 → 묵은악 [舊怨]

구유하다	1. 갖추 있다 2. 가지다 [具有]
구육	개고기 〔보기〕양두구육 → 양머리에 개고기 ▷ 구피 → 개가죽/ 구증 → 개찜 [狗肉]
구인	사람구함·사람데림 〔보기〕구인하다 → 사람 구하다/ 구인광고 → 사람구함 광고/ 구인난 → 사람찾기 어려움·사람 구하기 어려움 ▷ 심인 → 사람찾기·사람찾음 [求人]
구인	끌어감 〔보기〕구인하다 → 끌어가다/ 구인장 → 끌어갈영 장 [일 拘引·こういん]
구입	사들임·사기 〔보기〕구입하다 → 사들이다·사다/ 구입 권 → 사는표/ 구입선 → 산데·산곳/ 구입처 → 산곳·산데 / 구입한 곳에서 교환해야 → 산곳에서 바꿔야 [일 購入·こ うにゅう]
구장	엉덩이길이 [尻長]
구장	개장국 ▷ 구증 → 개찜 [狗醬]
구전	말로 전함·전갈 〔보기〕구전하다 → 말로 전하다·전갈하다 / 구전문학 → 이야기문학 ▷ 구비 → 말로 전함 [口傳]
구전	구문·소개비 ▷ 커미션 → 구문·구전·수곳삯/ 리베이 트 → 수수료·사례비 [口錢]
구절	글토막 [句節]
구젓	굴젓 〔보기〕어리구젓 → 어리굴젓 ※어원에 가까운 형 태가 더 널리 쓰여 표준말로 삼음.(표준어규정 제5항) 북녘에 서는 '구젓'을 문화어로 삼음.
구정	설·음력설 ▷ 신정 → 양력설 [舊正]
구정	옛정 [舊情]
구제	건짐·건져옴 〔보기〕구제하다 → 건지다·건져주다/ 구제 불능 → 건지지 못함·건질 수 없음 ▷ 구원하다 → 건지 다·건져주다/ 구조하다 → 건지다·건져주다 [救濟]
구제	없앰·없애기 〔보기〕구제하다 → 없애다/ 구제법 → 없애 기/ 해충구제 → (해론)벌레없애기 [驅除]
구조	건져줌·도와줌 〔보기〕구조하다 → 건져주다·도와주다 ▷ 구원하다 → 건져주다/ 구제하다 → 건져주다 [救助]
구조	얼개·짜임·짜임새·꾸밈새·틀 〔보기〕구조물 → 지은물 건·지은것/ 구조적 → 얼개의·짜임의/ 구조적 모순 → 틀모 순/ 구조적 결함 → 틀결함 [構造]
구좌	몫자리·계좌 〔보기〕실명구좌 → 실명계좌/ 구좌번호 → 계좌번호 [일 口座·こうざ]
구주	유럽 [歐州]
구즙	지지랑물 [廐汁]

구지	굳이 ※줄기에 '이'나 '히'가 붙어 어찌씨가 된 것은 줄기의 본디꼴을 밝혀 적는다. 같이·길이·높이·많이·실없이·적이·좋이·짓궂이/ 밝히·익히·작히 따위.(맞춤법 제19항)
구직	일자리찾기 ▷ 구인 → 사람구하기 [求職]
구찌	몫·자리 [일〈口·くち]
구척	고비·고비나물 [狗脊]
구천	저승 ▷ 황천·구원·천양·지하·천대 → 저승 [九泉]
구축	쌓아올림 〔보기〕구축하다 → 쌓아올리다·만들다·세우다/ 새로운 이미지 구축에 들어갔다 → 새로운 인상만들기에 들어갔다/ 구축력 → 쌓는힘 ·만드는힘 [構築]
구축	몰아냄·쫓아냄·내몲·내쫓음 〔보기〕구축하다 → 몰아내다·내쫓다/ 악화가 양화를 구축하다 → 악화가 양화를 내쫓다·몰아내다/ 미·일 구축 → 미국 일본 내몰기 [驅逐]
구출	건져냄 〔보기〕구출하다 → 건져내다 ▷ 구원하다 → 건지다/ 구제하다 → 건지다·건져주다 [救出]
구충	벌레잡기·벌레없애기 〔보기〕구충약 → 벌레약/ 구충제 → 벌레약 ▷ 구제약 → 벌레약 [驅蟲]
구치	어금니 ▷ 아치 → 어금니 [臼齒]
구타	때림·침·두들김 〔보기〕구타하다 → 때리다·치다·두들기다/ 구타하는 남편, 매맞는 아내 → 때리는 남편 ~ ▷ 구격 → 때림/ 가격 → 침·두들김/ 타격 → 때리기·치기 [毆打]
구태	옛모습·그전모습·묵은모습 〔보기〕구태의연하다 → 옛모습 그대로다·여전하다 [舊態]
구태어	구태여 ※일부러·짐짓·짓궂이.
구토	게움·토함 〔보기〕구토하다 → 게우다/ 구토증 → 게움증 ▷ 구역 → 욕지기 [嘔吐]
구판장	사고파는곳 [購販場]
구폐	묵은폐단 ▷ 악폐 → 나쁜폐단 [舊弊]
구풍	묵은풍속·옛풍속 [舊風]
구피	개가죽 ▷ 양피 → 양가죽/ 우피 → 쇠가죽/ 호피 → 범가죽 [狗皮]
구하다	얻다·찾다 [求-]
구현	드러남(냄)·사실로 나타남(냄)·이룸 〔보기〕구현하다 → 드러(나)내다·이루다 ▷ 시현 → 나타냄·나타내보임/ 체현 → 몸으로 보임 [具現·具顯]
구혈	옛구덩이·옛굿 ▷ 구갱 → 옛구덩이·옛굿 [舊穴]

구협	입아귀 · 입언저리　[口峽]
구형	긴네모꼴　〔보기〕구형관 → 긴네모대롱　[矩形]
구형강	ㄷ꼴강철 · 홈꼴강　[溝形鋼]
구호	1. 외침소리　2. (외치는) 말마디　〔보기〕구호를 외치다 → 말마디를 외치다/ 구호에 그치다 → 외침에 그치다　[口號]
구호	도와줌 · 건져줌 · 도와보살핌　〔보기〕구호하다 → 건져주다 · 도와주다/ 구호양곡 → 도움곡식/ 구호미 → 도움쌀　[救護]
구혼	혼처구함 · 결혼 청함　〔보기〕구혼하다 → 혼인 청하다 · 혼처 구하다　▷ 청혼 → 혼인청함　[求婚]
구홍(구찌베니)	입술연지　[일 口紅 · くちべに]
구화	옛돈　[舊貨]
구황	흉년돕기 · 흉년건지기 · 풀칠하기　〔보기〕구황작물 → 먹을거리　[救荒]
구획	갈피 · 가름　〔보기〕구획표지 → 가름표지　[區劃]
구흉	새가슴　[鳩胸]
국	누룩　[麴]
국가	나라　〔보기〕국가경제 → 나라경제/ 국가유공자 → 나라유공자/ 국가대표 → 나라대표/ 국가이익 → 나라이익/ 국가정책 → 나라정책/ 국가채무 → 나랏빚/ 국가책임 → 나라책임　▷ 애국 → 나라사랑　[國家]
국고	나라창고 · 나라금고　〔보기〕국고금 → 나랏돈/ 국비 → 나랏돈　[國庫]
국기	나라터전　[國基]
국내	나라안　〔보기〕국내외 → 나라안팎　[國內]
국력	나라힘　〔보기〕국력신장 → 나라힘기르기 · 나라힘커짐　[國力]
국록	나랏녹　[國祿]
국론	나랏공론　〔보기〕국론분열 → 나랏공론 나뉨　[國論]
국면	판 · 판세　〔보기〕국면을 전환하다 → 판세를 바꾸다/ 위험 국면을 돌파하다 → 위험한 판세를 헤쳐내다/ 국면 타개용 → 판세 헤치깃것/ 선거국면 → 선거판세　[局面]
국명	나라이름　[國名]
국무성	국무부 · 외무부　※미국 행정부도 '부'로 옮김.　[國務省]
국법	나랏법　[國法]
국부	부분　〔보기〕국부관수 → 포기물대기 · 포기물주기/ 국부마취 → 살마취 · 부분몽혼/ 국부의치 → 토막틀니 · 쪽틀니 · 반틀니/ 국부전 → 한군데싸움/ 국부조명 → 몰아비추기/ 국

	부적인 → 부분적인 ▷ 국소 → 부분 [局部]
국부	1. 나랏부자 2. 나라재력 [國富]
국비	나랏비용 · 나랏돈 [國費]
국빈	나랏손님 [國賓]
국사	나랏일 [國事]
국세	나랏세금 [國稅]
국수주의	제나라제일주의 ▷ 내셔널리즘 → 민족주의 · 국가주의/ 쇼비니즘 → 국수주의 · 제나라제일주의 [國粹主義]
국시	나랏방침 [國是]
국어	나랏말 · 우리말 · 배달말 ▷ 외국어 → 바깥나랏말/ 외래어 → 들온말 [國語]
국외	나라밖 ▷ 국내 → 나라안/ 국내외 → 나라안팎 [國外]
국외자	판밖사람 [局外者]
국운	나라운수 · 나라운명 [國運]
국위	나라위엄 · 나라위신 〔보기〕국위를 떨치다 → 나라위엄을 떨치다/ 국위를 선양하다 → 나라위신을 드높이다/ 국위를 손상하다 → 나라위신을 깎다 [國威]
국유	나랏것 · 나라소유 〔보기〕국유림 → 나라숲 · 나라산/ 국유재산 → 나랏재산/ 국유화 → 나랏것 만들기 · 나랏것하기 [國有]
국자	나랏글자 〔보기〕국자는 한글이요, 민족은 한겨레다 → 나랏글자는 한글이요, 겨레는 한겨레다 [國字]
국장	나라표(시) [國章]
국정	나랏정사 [國政]
국정	나라형편 · 나랏정세 [國情]
국제무역기구	세계무역기구 [WTO〈World Trade Organization]
국제화	두루통하기 · 두루트기 · 질높임 〔보기〕국제화하다 → 두루통하게 하다 · 두루트게 하다/ 국제화 마인드 → 두루트기 소양 · 두루치기 경험 ▷ 세계화 → 두루트기로 만듦 · 으뜸되게 함/ 글로벌 → 국제화 · 세계화/ 글로벌 스탠더드 → 국제 표준 [國際化]
국지	일부 지역 · 한곳 〔보기〕국지전 → 지역전쟁 · 한곳 전쟁/ 국지적으로 → 곳에 따라 [局地]
국채	나랏빚 ▷ 차관 → 나랏빚 [國債]
국치	나랏욕 · 나라수치 〔보기〕국치일 → 나라 욕된 날 [國恥]
국토	나라땅 [國土]
국판	오칠판 [菊版]
국한	한정 [局限]

국헌	나라헌법 〔國憲〕
국화	나라꽃 〔國花〕
군	군대·군사·군인 〔보기〕 군가 → 군대노래/ 군기 → 군대규율/ 군기 → 군대깃발/ 군납 → 군부바침/ 군무 → 군대사무·군사직무/ 군문 → 영문·군대/ 군벌 → 군대파벌/ 군비 → 군사설비/ 군세 → 군대세력/ 군수 → 군대소용/ 군수뇌 → 군우두머리/ 군수품 → 군용물품/ 군용지 → 군사땅/ 군우 → 군사우편/ 군원 → 군사원조/ 군장 → 군인복장·군대장비/ 군재 → 군사재판/ 군축 → 군비줄임/ 군향미 → 군량/ 군점 → 점고·점호 〔軍〕
군달	윤달
군도	뭇섬·떼섬 ▷ 열도 → 줄섬/ 제도 → 뭇섬 〔群島〕
군도	떼도둑 〔群盜〕
군락	떼판 〔보기〕 군락대 → 떼판띠/ 군락도 → 떼판지도 〔群落〕
군림	맨위에 앉음·윗자리함 〔보기〕 군림하다 → 윗자리에 앉다·거느리다 〔君臨〕
군무	떼춤 〔群舞〕
군상	무리·어중이떼 〔群像〕
군서	떼살이 ▷ 군거·군생 → 떼살이·무리살이 〔群棲〕
군성	떼별 〔群星〕
군소	잗단 〔보기〕 군소국 → 잗단나라/ 군소업자 → 잗단업자 〔群少〕
군수	군부소용 〔보기〕 군수품 → 군용물품 ▷ 군용 → 군대소용 〔軍需〕
군왕	임금 〔君王〕
군용어음	군표 ※'군표'가 더 널리 쓰인다 하여 이를 표준말로 삼음.(표준어규정 제25항) 〔軍用 - 〕
군중	무리·뭇사람·떼거리 〔보기〕 군중심리 → 떼거리심리 ▷ 대중 → 무리·뭇사람 〔群衆〕
군축	군비줄임·군대줄임 〔보기〕 군축전략 → 군비줄이기 전략 ▷ 군확 → 군비 늘림 〔軍縮〕
굳	굿 ※외래어에서 받침은 ㄱ, ㄴ, ㄹ, ㅁ, ㅂ, ㅅ, ㅇ 일곱자만 쓴다. 〔보기〕 굳모닝 → 굿모닝/ 굳 디펜스 → 굿 디펜스 〔<영 good〕
굴곡	굽이·굽침 〔보기〕 굴곡이 심하다 → 굽이가 심하다·울퉁불퉁하다 〔屈曲〕
굴복	복종·굽힘 〔보기〕 굴복하다 → 굽히다·복종하다 〔屈

	服]
굴성	굽성　〔보기〕굴일성 → 해굽성/ 굴습성 → 물굽성　[屈性]
굴신	굽히고 폄·움직임　[屈身]
굴욕	억눌림욕·굽힘욕　〔보기〕굴욕적 → 몸굽히는·치욕스런 [屈辱]
굴절	굽침·꺾임　〔보기〕굴절하다 → 꺾이다·굽치다/ 굴절각 → 꺾임각/ 굴절광선 → 꺾임빛살/ 굴절력 → 꺾일심/ 굴절률 → 꺾임율/ 굴절면 → 꺾임면/ 굴절성 → 꺾임성/ 굴절파 → 꺾임결　▷ 회절　[屈折]
굴지	손꼽음　〔보기〕굴지의 → 손꼽을 만한　[屈指]
굴진	파들어감·파나감　〔보기〕굴진하다 → 파들어가다·파나 가다/ 굴진작업 → 파들어가기　[掘進]
굴착	파기·뚫기·파뚫기　〔보기〕굴착하다 → 파들어가다/ 굴착 작업 → 파기/ 굴착기 → 파뚫이　▷ 천착 → 파뚫음·깊이 팜/ 굴삭기 → 굴착기·파뚫이　[屈鑿]
굴하	파내리기·파내려가기　[屈下]
굴하다	굽히다·수그러들다·꺾이다·무릎꿇다　[屈 -]
궁	활　▷ 궁상문 → 활무늬/ 궁상선 → 활짱금/ 궁간목 → 애 끼찌/ 궁의 → 활집　[弓]
궁경	궁한 지경·딱한 처지　[窮境]
궁극	맨끝·마지막　〔보기〕궁극적 → 끝에 이른·더할 나위 없 는/ 궁극적으로 → 마지막에·막판에　[窮極]
궁떨다	궁상떨다　※준말보다 본말이 더 널리 쓰여 본말만 표준말 로 삼음.(표준어규정 제15항)　[窮 -]
궁무	활춤　[弓舞]
궁수	활군사·활쏘는이　▷ 사수 → (활·총·포)쏘는이/ 포수 → 총쏘는이·사냥꾼　[弓手]
궁술	활쏘기·활솜씨　〔보기〕궁술대회 → 활쏘기대회　[弓術]
궁지	궁터　[宮址]
궁지	딱한 처지　〔보기〕궁지에 처하다 → 딱한 처지에 빠지다/ 궁지를 탈출하다 → 어려움을 벗어나다　▷ 궁경 → 딱한 처 지　[窮地]
궁척	활량·활자이·활잡이　[弓尺]
궁체	활쏘기 자세　[弓體]
궁형	활꼴·활모양　〔보기〕궁형각 → 활꼴각/ 궁형정지 → 활꼴 다듬기　[弓形]
권	테두리·울어리　〔보기〕수도권 → 서울울어리　▷ 권역

	(별) → 울어리(별)　[圈]
권내	테안·테두리안　　▷ 권외 → 테두리밖　[圈內]
권능	권세와 능력　[權能]
권두언	머리말　[券頭言]
권모술수	온갖꾀　[權謀術數]
권사	실감기　〔보기〕 권사기 → 실감기틀·실감개　[捲絲]
권삭	장앳줄　[捲索]
권상기	장애틀·자아틀　[일 捲上機]
권선	줄감기·감줄·감김줄　　〔보기〕 권선기 → 줄감개　[일 捲線]
권솔	딸린식구　　▷ 식솔 → 딸린식구·거느린 식구　[眷率]
권양기	감아올리개·자아올리개·자아틀　[捲揚機]
권역	울어리·테두리　〔보기〕 권역별 → 울어리마다　　▷ 권 → 울어리　[圈域]
권외	테밖·울밖　　▷ 권내 → 테안·울안　[圈外]
권운	새털구름　[卷雲]
권유	권함　〔보기〕 권유하다 → 권하다　[勸誘]
권장	권함·장려함　〔보기〕 권장하다 → 권하다·장려하다/ 권장가격 → 권하는 값　[勸奬]
권적운	비늘구름·조개구름·털쌘구름　[卷積雲]
권착	감아붙임　〔보기〕 권착망 → 감아붙이기그물　　▷ 권자망 → 에움걸그물　[卷着]
권척	줄자　[卷尺]
권취	타래·두루말이　〔보기〕 권취지 → 두루말이(종이)/ 권취조절 → 감기조절　[일 卷取]
권층운	햇무리구름·털층구름·솜털구름　[卷層雲]
권커니 잣거니(잡거니)	권커니 잣거니·권커니 자커니　※'권커니 잣거니, 권커니 잡거니'로 올라 있으나(표준국어대사전) 정재도님은 '권커니 자커니'가 옳다고 보고 있다. '마시자고 자! 하거니'란 분위기도 '자커니'에서 나올 수 있다는 것이다. '자커니'는 '자하거니'를 소리대로 쓴 것이다.
권태감	게으름기　〔보기〕 권태증 → 게으름증·싫증　[倦怠感]
궐기	일떠섬·떨쳐일어섬　〔보기〕 궐기하다 → 일떠서다·떨쳐일어서다/ 궐기대회 → 일떠서기모임/ 총궐기하다 → 모두 일떠서다　　▷ 봉기 → 떼지어 일떠섬　[蹶起]
궐석재판	결석재판　[일 闕席裁判·けっせきさいばん]
궐어	쏘가리　[鱖魚]
궐위	자리빔·빈자리　〔보기〕 궐위하다 → 자리가 비다/ 궐위되

	다 → 자리가 비다 〔闕位〕
궤	길·제길·바른길 〔보기〕궤를 달리하다 → 길을 달리하다 / 궤도 → 1. 찻길·철길 2. 제길 〔軌〕
궤도	1. 찻길·철길 2. 제길 3. 돌길 〔보기〕정지궤도 → 멈춘 돌길/ 궤도조정 → 돌길조정·돌길맞추기/ 궤도진입 → 제길 들어섬·돌길돌기/ 무한궤도 → 무한돌길/ 궤도를 이탈하다 → 돌길을 벗어나다·제길을 벗어나다 〔軌道〕
궤멸	멸망·허물어짐 〔보기〕궤멸하다 → 멸망하다·허물어지다 ▷ 쇠멸 → 줄아 없어짐·사그라짐 〔潰滅〕
궤범	본보기 〔軌範〕
궤변	잔꾀말·턱없는 말 〔보기〕궤변을 늘어놓다 → 턱없는 말을 늘어놓다 〔詭辯〕
궤양	헒·헐이 〔보기〕위궤양 → 위헒 〔潰瘍〕
궤적	1. 자취 2. 바큇자국 〔軌跡〕
귀(구)문	귀글 ※'句'가 붙어서 이루어진 낱말은 글귀·귀글을 빼고는 모두 '구'로만 쓰도록 함.(표준어규정 제13항) 〔句文〕
귀감	거울·본보기 ▷ 구감 → 귀감 〔龜鑑〕
귀개	귀이개 ※준말보다 본말이 더 널리 쓰인다 하여 본말만 표준말로 삼음.(표준어규정 제15항)
귀결	끝장·끝맺음 〔보기〕귀결하다 → 끝장나다·끝맺다 〔歸結〕
귀둥이	귀둥이 ※양성모음이 음성모음으로 바뀌어 굳어진 것은 굳어진 말을 표준말로 삼음. 막둥이·선둥이·쌍둥이·검둥이·바람둥이·횐둥이 따위.(표준어규정 제8항) 〔貴－〕
귀띔·귀뜸·귀틤	귀띔 ※'귀띔'이 더 널리 쓰인다 하여 이를 표준말로 삼음.(표준어규정 제17항)
귀법	구법 〔句法〕
귀살머리적다	귀살머리쩍다 ※'귀살쩍다'의 낮은말.
귀살적다	귀살쩍다 ※사물이 얼크러져서 뒤숭숭하다.
귀선·구선	거북선 〔龜船〕
귀성	근친감·부모 뵈러감 〔보기〕귀성객 → 고향가는이 〔歸省〕
귀속	딸림·돌려붙임 〔보기〕귀속하다 → 돌려붙이다·딸리다/ 귀속재산 → 되찾은 재산 〔歸屬〕
귀순	돌아옴·굽혀옴 〔보기〕귀순하다 → 돌아오다. ※귀순과 망명을 혼란스레 쓰는 이가 많다. 귀순은 반대하여 떠났다 돌아오는 것을, 망명은 정치도망을 가르킨다. 북한 주민이 남한으로 오는 것은 귀순보다 망명이란 말을 쓰는 게 낫다. 〔歸

順]

귀에지	귀지　　※'귀지'가 더 널리 쓰인다 하여 이를 표준말로 삼음.(표준어규정 제17항)
귀엣고리	귀고리　　※'귀고리'가 더 널리 쓰인다 하여 이를 표준말로 삼음.(표준어규정 제17항)
귀의	가붙음·기댐　　〔보기〕귀의하다 → 가붙다·기대다　[歸依]
귀일	하나됨·하나로 몰림·한데 합침　　〔보기〕귀일하다 → 하나로 되다　[歸一]
귀절	구절　　※글귀·귀글만 빼고 모두 '구'로 씀.　[句節·句絶]
귀점	구점　[句點]
귀점	거북점　[龜占]
귀중	에게·께·여러분께　[貴中]
귀착	돌아가 닿음·돌아감·다다름　　〔보기〕귀착하다 → 돌아가 닿다/ 귀착점 → 가닿는점　[歸着]
귀책사유	책임질 사유·책임있는 사유·책임져야 할 사유·책임지울 사유　[歸責事由]
귀추	되어감·되어가는 형편　　〔보기〕귀추를 주목하다 → 돼가는 꼴을 지켜보다·어찌될지 지켜보다/ 귀추가 주목된다 → 어찌될지 궁금하다·돼가는 바가 관심거리다　[歸趨]
귀치않다	귀찮다　　※준말을 표준말로 삼음.(표준어규정 제14항)
귀침초	도깨비바늘　[鬼針草]
귀퉁빼기	귀퉁배기·귀퉁이　　※'배기'로 소리나면 '배기'로 적음. 나이배기·대짜배기·육자배기·주정배기·혀짤배기 따위.(맞춤법 제54항)
귀하	님·께　▷ 좌전·좌하 → 님　[일 貴下·きか]
귀화	도깨비불　[鬼火]
귀화	국적옮김　　〔보기〕귀화하다 → 국적을 옮기다/ 귀화민 → 새백성·적옮긴백성/ 귀화인 → 새백성된 이·적옮긴 이　[歸化]
귀환	돌아옴·돌아감　　〔보기〕귀환하다 → 돌아오(가)다/ 귀환동포 → 돌아온 동포/ 귀환보고 → 갔다온 보고/ 귀환자 → 돌아온 이/ 귀환점 → 되돌이점　[歸還]
귀후비개·귀개	귀이개　　※앞의 둘 다 표기나 어법에 맞으나 표준말로 삼지는 않는다.
귀휴	돌아가 쉼·휴가·일시휴가　　〔보기〕귀휴하다 → 돌아가 쉬다/ 귀휴병 → 휴가병　[歸休]
귓대기	귀때기　　※'－대기/ －때기'는 '－때기'로만 적음. 거적때

	기·나무때기·등때기·배때기·송판때기·팔때기 따위.(맞춤법 제54항)
귓머리	귀밑머리 ※사투리이던 낱말이 더 널리 쓰이게 됨에 따라 그 말만 표준말로 삼음.(표준어규정 제24항)
귓볼	귓불 ▷ 이수·이타 → 귓불
규	아욱 [葵]
규명	밝힘 〔보기〕규명하다 → 밝히다/ 사실을 규명하다 → 사실을 밝히다/ 책임규명 → 책임 밝히기 ▷ 구명하다 → 밝혀내다·캐내다 [糾明]
규목	느티나무 [槻木]
규반	(밭)두둑 〔보기〕규반소각 → 두둑태우기 ▷ 휴반 → 밭두둑·논두렁 [〈畦畔]
규방	여자방·안방 [閨房]
규사	유리모래·차돌모래 [硅砂]
규석	유리돌 [硅石]
규수	처녀 [閨秀]
규암	차돌바위 [硅巖]
규정	매김·법매김 〔보기〕규정하다 → 매기다/ 규정을 짓다 → 작정하다·매기다 [規定]
규정	규칙 〔보기〕규정이 없다 → 규칙이 없다/ 사무규정 → 사무규칙 [規程]
규제	말림·막음 〔보기〕규제하다 → 말리다·못하게 하다·막다/ 규제가 심하다 → 심하게 막다/ 규제완화 → 늦추고 풂/ 규제철폐 → 규제없앰·말리지 않음 [規制]
규조	돌말 〔보기〕규조석 → 돌말돌/ 규조연니 → 돌말진흙/ 규조토 → 돌말흙 [硅藻]
규칙동사	바른움직씨 ▷ 규칙용언 → 바른풀이씨/ 규칙형용사 → 바른그림씨/ 규칙활용 → 바른끝바꿈 [規則動詞]
규합	끌어모음 〔보기〕규합하다 → 끌어모으다 [糾合]
규화	1. 접시꽃 2. 해바라기 [葵花]
균등	고름·가지런함 〔보기〕균등하다 → 고르다/ 균등분배 → 고루나눔·고루나누기/ 균등화 → 고루되기 ▷ 균일 → 고름·일매짐 [均等]
균류	팡이·곰팡이붙이·팡이무리 ▷ 균모 → 팡이갓/ 균병 → 팡이자루/ 균사 → 팡이실/ 균산 → 팡이갓·버섯갓/ 균습 → 버섯살/ 균심 → 버섯/ 균심류 → 버섯붙이 [菌類]
균열	금감·갈라짐·틈남 〔보기〕균열하다 → 금가다·갈라지다/ 균열이 발생하다 → 금이 가다·틈이 생기다 [龜裂]

균일	고름 · 같음 · 한결같음 · 일매짐　　〔보기〕균일하다 → 고르다 · 한결같다 · 일매지다/ 균일하게 → 고루 · 일매지게/ 균일화 → 고르게 되기 · 고르게 하기　[均一]
균점	고루 가짐 · 고루 나눔　[均霑]
균질	고른바탕 · 고른성질　　▷ 등질 → 고른성질　[均質]
균핵	균씨　　〔보기〕균핵병 → 균씨병　[菌核]
균형	고름　　〔보기〕균형을 이루다 → 고르다 · 치우침이 없다/ 균형시비 → 거름맞춰주기　[均衡]
그간	그새 · 그동안　　▷ 그경 → 그무렵　[- 間]
그깐	그깟　※'그까짓'의 준말.　〔보기〕그깐일 → 그깟일/ 그깐놈 → 그깟놈.
그닥	그다지
그대로	※어찌씨에 토씨를 붙여 이름씨처럼 바꿔 쓰는 일이 많다. 〔보기〕실생활 그대로의 묘사에 지나지 않는다면 → 실생활 그대로 그리는 데 그친다면/ 있는 그대로를 보여주는 사진 → 있는 그대로 보여주는 사진/ 느낀 그대로를 말하시오 → 느낀 대로 말하시오
그라운드	운동장 · 경기장　　〔보기〕그라운드볼 → 땅볼　[영 ground]
그라이드	글라이드　[영 glide]
그라인더	돌이숫돌 · 틀숫돌 · 갈이반　[영 grinder]
그랑프리	큰상 · 최우수상 · 대상　[프 grand prix]
그래프	그림표　　▷ 그라프 → 그래프　[영 graph]
그래픽	화보 · 그림　　〔보기〕그래픽 디자인 → 그림짜기/ 그래픽 아트 → 그림짜기 기술 · 판그림　[영 graphic]
그랜드 슬램	1. 대승 · 만루홈런　2. 세계4대대회 석권 · 싹쓸이　　※야구 · 테니스 말.　[영 grand slam]
그러길래	그러기에　　▷ 좋았길래 → 좋았기에/ 어떻게 했길래 → 어떻게 했기에/ 얼마나 바빴길래 → 얼마나 바빴기에/ 사랑이 뭐길래 → 사랑이 뭐기에/ - ㄹ래 → - 기에
그러하시 않는가	그러하지 않은가　　〔보기〕그렇지 않는가 → 그렇지 않은가　※'그러지 않는가'는 맞다.
그런것 같아요	그래요　　※자신없는 말투.
그럼으로	1. 그렇게 함으로써　2. → 그러므로
그로기	휘청거림 · 비틀거림 · 약화　[영 groggy]
그로테스크하다	기괴하다 · 괴상하다　[프 grotesque]
그루지아	그루지야　[gruziya]
그룹투어	단체관광 · 떼구경　[영 group tour]
그룹 홈	자활꿈터　[영 group home]

그(구)리스	윤활유 〔보기〕그리스펜 → 색연필 〔영 grease〕
그린벨트	1. 녹지대·푸른띠 2. 개발제한구역 ▷ 그린라운드 → 풀빛규제/ 그린 카드 → 풀빛카드 〔영 green belt〕
그릴	양식집 〔영 grill〕
그슬리다	그을리다 ※본말은 '그스르다' '그을다'와 '그스르다'는 있으나 '그슬리다'는 없다. '반대·어긋남'을 가리키는 말은 '거슬리다·거스르다'임.
그외에	그 밖에·그것과 함께·또 〔-外-〕
그제서야·그제사	그제야 ▷ 이제사·이제서야 → 이제야
극구	온갖말로·한껏·애써 〔보기〕극구 주장하다 → 한껏 주장하다·애써 주장하다 ▷ 극력 → 힘껏 〔極口〕
극난하다	썩 어렵다·매우 어렵다 ▷ 지난하다 → 썩 어렵다·매우 어렵다 〔極難-〕
극단	막끝·맨끝 〔보기〕극단적 → 막끝인·지나친/ 극단론 → 막말 〔極端〕
극대	아주 큼 〔보기〕극대화하다 → 아주 크게 하다·아주 키우다/ 지지계층을 극대화하는 대신 거부계층을 극소화하기 위한 전략으로 → 지지계층을 아주 많게 하는 대신 거부계층을 아주 적게 하는 ~ ▷ 극소 → 아주 작음/ 극소화하다 → 아주 작게 하다 〔極大〕
극도로	아주·몹시 〔極度-〕
극력	힘껏·온힘으로 ▷ 진력 → 힘껏/ 전력 → 힘껏·온힘으로/ 극구 → 애써 〔極力〕
극렬	매서움·지독함 〔보기〕극렬하다 → 매섭다·지독하다/ 극렬분자 → 막가는 분자·지독한 사람 〔極烈〕
극명	잘밝힘·똑똑히 밝힘 〔보기〕극명하다 → 잘 밝히다·똑똑히 밝히다/ 극명하게 → 아주 밝게·그대로/ 극명히 → 잘·밝게/ 개혁의 한계를 극명하게 드러내다 → 개혁 한계를 잘 드러내다 〔克明〕
극복	이겨냄 〔보기〕극복하다 → 이겨내다·버텨내다 〔克服〕
극빈	몹시 가난함 〔보기〕극빈하다 → 몹시 가난하다/ 극빈자 → 가난뱅이 〔極貧〕
극상	아주 윗길 〔보기〕극상등 → 가장 높은 등급/ 극상품 → 아주윗길치 〔極上〕
극서	된더위·한더위 ▷ 극한 → 된추위/ 혹서·극염 → 된더위/ 혹한 → 된추위 〔極暑·劇暑〕
극소	아주 작음·썩 작음 〔보기〕극소화하다 → 아주 작게 하다

	▷ 극대 → 아주 큼·썩 큼 〔極小〕
극심하다	몹시 심하다 ▷ 우심하다 → 더욱 심하다/ 막심하다·막급하다 → 매우 심하다 〔極甚 - 〕
극악하다	몹시 악하다·아주 못되다 ▷ 극악무도하다 → 몹시 악하고 막되다 〔極惡 - 〕
극언	막말 〔보기〕 극언하다 → 막말하다/ 극언은 삼가하라 → 막말은 삼가라 〔極言〕
극월	섣달 〔極月〕
극적	볼만한·신기한·연극같은 〔보기〕 극적으로 → 꾸민 것처럼 〔劇的〕
극치	한끝·극진한 운치 〔보기〕 극치를 이루다 → 한끝을 이루다 / 극치를 보이다 → 한끝을 보이다 〔極致〕
극하다	끝에 닿다·넘다 〔보기〕 극한 상황 → 한끝에 이른 상황/ 극히 → 매우·대단히 〔極 - 〕
극한	된추위·모진추위 ▷ 혹한 → 된추위/ 극서 → 된더위 〔極寒〕
극형	사형·죽일벌 〔極刑〕
극히	매우·몹시·썩 〔極 - 〕
근	거의·가까이 〔보기〕 근 삼십년 → 거의 삼십년·삼십년 가까이 〔近〕
근	뿌리 ▷ 간 → 줄기/ 근간 → 뿌리와 줄기·바탕 〔根〕
근간	요즘 낸·요즘 냄·곧 냄 〔近刊〕
근간	요새·요즘 ▷ 근경 → 이즈음/ 저간·기간 → 그동안 〔近間〕
근간	원줄기·바탕 〔根幹〕
근거	터무니·턱·터·바탕 〔보기〕 근거하다 → 바탕을 두다·터잡다/ 근거없이 → 터무니없이·턱없이/ 근거지 → 뿌리박은 곳·뿌리내린 곳/ 근거를 마련하다 → 터무니를 만들다·터무니를 마련하다 〔根據〕
근거리	가까운 거리 ▷ 원거리 → 먼거리 〔일 近距離·きんきょり〕
근검	부지런함·검소함 〔보기〕 근검하다 → 부지런하다·부지런하고 검소하다/ 근검절약 → 부지런하고 아껴씀 〔勤儉〕
근경	눈앞경치 ▷ 원경 → 먼경치 〔近景〕
근경	그루갈이 ▷ 근종 → 그루갈이 〔根耕〕
근경	뿌리줄기 ※대나무·연 따위의 뿌리. 〔根莖〕
근계	삼가 아룀·삼가 알림 〔謹啓〕
근교	변두리·둘레 〔近郊〕

ㄱ

근근이	겨우·가까스로·겨우겨우 〔보기〕근근이 연명하다 → 겨우 목숨을 이어가다 ▷ 근근히 → 근근이 〔僅僅-〕
근두박질	곤두박질
근래	요즘·요새 ▷ 근간 → 요즘/ 근경 → 이즈음/ 근시 → 이즈음·이사이 〔近來〕
근로자	일하는이·일꾼 ▷ 노동자 → 일하는이·일꾼 〔勤勞者〕
근류균	뿌리혹박테리아 ▷ 근류병 → 무사마귀병/ 근류선충 → 뿌리혹실벌레 〔根瘤菌〕
근린	이웃 〔보기〕근린공원 → 이웃공원/ 근린사회 → 이웃사회/ 근린외교 → 이웃나라 사귀기 〔近隣〕
근면	부지런함 〔보기〕근면하다 → 부지런하다/ 근면성 → 부지런성 〔勤勉〕
근무지	일터 〔勤務地〕
근부	뿌리썩음 〔보기〕근부병 → 뿌리썩음병 〔近腐〕
근사	1. 비슷함·가까움 2. 꽤좋음 〔보기〕근사하다 → 1. 비슷하다·그럴듯하다·그럴싸하다 2. 꽤 좋다/ 근사치 → 가까운값/ 근사해 → 가까운풀이 〔近似〕
근삽	뿌리꽂이 〔보기〕근삽법 → 뿌리꽂이법 〔根插〕
근성	맘보·본색·본성 ▷ 곤조 → 마음보·본색 〔일 根性·こんじょう〕
근소	아주 적음 〔보기〕근소한 표차 → 아주 적은 표 차이 〔僅少〕
근속	근무 계속·계속근무 〔보기〕근속하다 → 계속 근무하다/ 근속연수 → 근무햇수 ▷ 근속년수 → 근속연수·근무햇수 〔勤續〕
근시	바투보기·졸보기 〔보기〕근시경 → 졸보기안경/ 근시안 → 졸보기눈·좁은소견 ▷ 원시 → 멀리보기 〔近視〕
근신	삼감·조심함 〔보기〕근신하다 → 삼가다·조심하다 ▷ 조신 → 삼감·행동조심 〔謹愼〕
근얼	뿌리벌기 ▷ 분얼 → 새끼치기 〔根蘖〕
근영	최근 사진·요즘 사진 〔近影〕
근원	뿌리 〔보기〕근원지 → 나오는 곳·본바닥 ▷ 원천 → 샘·샘터 〔根源〕
근육	힘살 〔보기〕근육감각 → 힘살감각/ 근육주사 → 살주사·살속주사/ 근육질 → 힘살바탕/ 근육통 → (살)몸살 〔筋肉〕
근인	가까운 원인 ▷ 원인 → 먼 원인 〔近因〕
근일	요즘·요새 ▷ 근간·근경·근시·근자 → 요즘·요새 〔近日〕

근자	요새 · 요즘 〔보기〕 근자에 → 요즘 · 요사이 〔近者〕
근장	뿌리길이 〔根長〕
근저	밑바닥 · 밑바탕 〔根底〕
근절	뿌리뽑음 · 뿌리없앰 · 싹쓿 〔보기〕 근절하다 → 뿌리뽑다 · 통째 없애다 · 싹쓸다/ 근절시키다 → 근절하다 · 뿌리뽑다 ▷ 발근하다 → 뿌리뽑다 〔根絶〕
근점년	가까운 점 한해 ▷ 근점월 → 가까운 점 한달 〔近點年〕
근접	가까이 닿음 〔보기〕 근접하다 → 가까이 닿다/ 근접비행 → 바투비행 〔近接〕
근접	뿌리접 ▷ 근접 → 동발이음 〔根椄〕
근조	삼가 조문함 〔謹弔〕
근종	그루갈이 ▷ 근경 → 그루갈이 〔根種〕
근착	요새 닿은 · 요새 들온 〔보기〕 근착도서 → 요즘 들온 책 〔近着〕
근채	미나리 〔芹菜〕
근채	뿌리채소 · 뿌리남새 〔보기〕 근채류 → 뿌리채소붙이 〔根菜〕
근처	가까운 곳 · 이웃 ▷ 근린 → 이웃/ 인근 → 이웃/ 근방 → 근처 · 이웃/ 부근 → 근처 · 이웃 〔近處〕
근치	아주 고침 · 뿌리뽑음 〔보기〕 근치하다 → 아주 고치다 · 뿌리뽑다 〔根治〕
근친	친정감 ▷ 근행 → 친정감 〔覲親〕
근친	살붙이 · 가까운 일가 〔보기〕 근친교잡 → 가까운 섞붙임/ 근친상간 → 상피(붙음) ▷ 원친 → 먼살붙이 〔近親〕
근칭	가까운가리킴 ▷ 원칭 → 먼가리킴 〔近稱〕
근태	그루콩 〔根太〕
근태	근무태도 · 일자세 〔보기〕 근태관리 → 일자세 관리 〔勤態〕
근피	뿌리껍질 〔根皮〕
근호	뿌리표 · 루트 '√' 〔根號〕
근화	무궁화 ▷ 목근 → 무궁화 〔槿花〕
글구	글귀 ※'글귀 · 귀글'은 '귀'로, 문구 · 시구 · 대구 따위는 '구'로 씀. 〔 - 句〕
글라스	1. 유리 2. 유리잔 〔보기〕 글라스 울 → 유리솜/ 글라스 파이버 → 유리섬유/ 글라스 펜 → 유리펜/ 선글라스 → 색안경 ▷ 글래스 → 글라스 〔영 glass〕
글라스노스트	공개 · 개방 ▷ 페레스트로이카 → 재건 · 개혁 〔러 glas- nost'〕

글라이더	활공기 · 바람날틀　〔보기〕행글라이더 → 활공기 · 바람날틀　〔영 glider〕
글러브	장갑 · 야구장갑 · 권투장갑　▷ 글로브 → 글러브　〔영 glove〕
글로벌	세계(적) · 국제(화)　〔보기〕글로벌 소싱 → 국외조달/ 글로벌 스탠더드 → 국제표준/ 글로벌리즘 → 세계주의 · 지구주의/ 글로벌하다 → 지구적이다 · 넓다/ 글로벌화 → 세계화 · 국제화/ 생각은 글로벌하게, 행동은 처지에 맞게 → 생각은 넓게, 행동은 분수를 지켜서　▷ 인터내셔널리즘 → 국제주의　〔영 globalism〕
금강지	금강숫돌 · 금강사숫돌　〔金剛砥〕
금광장이	금광쟁이　〔金鑛 - 〕
금괴	금덩이　▷ 은괴 → 은덩이/ 망간괴 → 망간덩이　〔金塊〕
금구	쇠붙이장식　〔金具〕
금구	이부자리　〔衾具〕
금귀자	풍뎅이　▷ 금귀충 → 풍뎅이　〔金龜子〕
금규	당아욱　〔錦葵〕
금기	꺼림 · 가림　〔보기〕금기시하다 →　꺼리다 · 가리다　〔禁忌〕
금납	돈으로 바침 · 돈내기　〔보기〕금납소작료 → 돈도지 · 도짓돈/ 금납제 → 돈으로 바치기/ 금납지대 → 땅세　〔金納〕
금년	올 · 올해　〔보기〕금년내로 → 올 안으로 · 해 안에/ 금년도 → 올해/ 금년생 → 올해에 난 것 · 올해치/ 금년 들어 → 올 들어　〔今年〕
금대	금띠　〔金帶〕
금도	도량 · 아량 · 용납성　〔보기〕금도를 보이다 → 아량을 보이다　〔襟度〕
금두	비단팥　〔錦豆〕
금력	돈힘　〔金力〕
금렵조	못잡는 새　〔禁獵鳥〕
금리	돈변 · 길미　〔金利〕
금린어	쏘가리　〔錦鱗魚〕
금명간	오늘내일새 · 곧　▷ 조만간 → 1. 머잖아 · 곧　2. 이르든 늦든　〔今明間〕
금박	금종이　〔보기〕금박지 → 금종이　〔金箔〕
금반	이번　▷ 금번 → 이번　〔일 今般 · こんぱん〕
금부	모루　〔보기〕금부대 → 모루받침　〔金敷〕
금비	산 거름 · 화학비료　▷ 퇴비 → 두엄　〔金肥〕

금새	금세 ※'금시에'의 준말.
금생	이승 ▷ 금세 → 이승 [今生]
금성	쇳소리 [金聲]
금속	쇠붙이 〔보기〕금속단추 → 쇠단추/ 금속성 → 쇳소리/ 금속음 → 쇳소리/ 금속편 → 쇳조각 [金屬]
금수	새와 짐승·짐승 〔보기〕금수만도 못하다 → 짐승만도 못하다 [禽獸]
금수	내들임 말림·수출입 금지 [禁輸]
금시	이제 〔보기〕금시초견 → 보느니 처음/ 금시초문 → 듣느니 처음 [今時]
금액	돈머리·돈 [金額]
금야	오늘밤 ▷ 초야 → 첫날밤/ 전야 → 전날밤 [今夜]
금양	말림·말림갓 〔보기〕금양임야 → 말림갓·말림숲 [禁養]
금어	금붕어 [金魚]
금언	격언 [金言]
금오	해 〔보기〕금오옥토 → 해와 달 [金烏]
금욕	욕심누르기·참음 〔보기〕금욕하다 → 욕심을 누르다 [禁欲]
금원	돈·돈머리 〔보기〕액수 미상의 금원을 받고 → 얼만지 모를 돈을 받고 [金員]
금월	이달 ▷ 전월 → 지난달·앞달/ 익월 → 다음달/ 내달 → 다음달 [今月]
금의공자	꾀꼬리 [金衣公子]
금의환향	잘되어 돌아옴 〔보기〕금의환향하다 → 잘돼 돌아오다 [錦衣還鄉]
금일	오늘·오늘날·요사이 ▷ 금년 → 올해/ 익일 → 이튿날/ 전일 → 전날·앞날 [今日]
금일봉	돈 한봉지·돈 한봉투·돈봉투 [金一封]
금자	지금·요사이 ▷ 근자·근일·근시 → 지금·요사이 [今者]
금잠	금비녀 〔보기〕금잠초 → 민들레 ▷ 금채 → 금비녀 [金簪]
금전	돈 〔보기〕금전욕 → 돈욕심/ 금전출납 → 돈내들임 [金錢]
금점	금광 [金店]
금조	오늘아침 ▷ 금단 → 오늘아침 [今朝]
금주	술 금함·술안먹기 ▷ 금연 → 담배 안피우기/ 금욕 → 욕심

	안내기·욕심 누르기/ 단주 → 술 금함·술 끊음　［禁酒］
금지	말림·못함　　〔보기〕금지하다 → 말리다·못하게 하다/ 금지시키다 → 말리다·금지하다/ 출입금지 → 못드나듦/ 접근금지 → 가까이 말 것　　▷ 엄금 → 못함·마오·못하게 함　［禁止］
금차	이번　［일 今次］
금척	쇠자　［金尺］
금추	올가을　▷ 금춘 → 올봄/ 금동 → 올겨울/ 금하 → 올여름　［今秋］
금치	금니　▷ 의치 → 틀니　［金齒］
금품	돈·돈과 물품　〔보기〕금품수수 → 돈주고받기　［金品］
금하다	1. 못하다 2. 못하게 하다　▷ 엄금 → 못함·못하게 함·마오　［禁 - ］
금혈	금줄·금굿　［金穴］
금환식	고리(해)가림　［金環蝕］
금회	이번　〔보기〕금회에 → 이번에　［일 今回·こんかい］
금후	이 뒤·앞으로　▷ 차후 → 다음·이뒤·앞으로　［今後］
급	및·와(과)　［及］
급거	급히·서둘러　〔보기〕급거 귀국하다 → 서둘러 들어오다　［急遽］
급경사	센비탈·된비탈　▷ 완경사 → 느린비탈　［急傾斜］
급급하다	바쁘다·골몰하다·정신없다　〔보기〕자리 지키기에 급급하다 → 자리 지키기에 바쁘다　［汲汲 - ］
급기야	마침내·막상　［及其也］
급등	급작(갑작)오름　〔보기〕급등하다 → 갑(급)자기 오르다　［急騰］
급락	급작내림·급작떨어짐　〔보기〕급락하다 → 급작스레 내리다　［急落］
급래하다	급히 오다　〔보기〕급래요 → 급히 오시오·어서 오라　［急來 - ］
급랭	빨리 식힘　〔보기〕급랭하다 → 빨리 식히다/ 급냉각하다 → 빨리 식히다　▷ 공랭 → 바람식힘·공기로 식힘　［急冷］
급류	센물살·급한 흐름　〔보기〕급류하다 → 세게 흐르다·빠르게 흐르다　［急流］
급매	급히 팖　〔보기〕급매하다 → 급히 팔다　［急賣］
급모	급히 뽑음　〔보기〕급모하다 → 급히 뽑다·급히 모으다　▷ 급구 → 빨리 구함·급히 구함　［急募］
급무	급한 사무·급한 일·빨리 해야 할 일　［急務］

급박하다	썩 급하다　　▷ 긴급하다 → 아주 급하다·썩 급하다　[急迫-]
급병	급한 병·갑자기 생긴 병　　▷ 급환 → 급한 병·갑자기 생긴 병　[急病]
급보	급한 소식·급한 기별　　▷ 상보 → 자세한 소식/ 속보 → 이은 소식　[急報]
급부	내줌　〔보기〕급부하다 → 내주다/ 급부금 → 내준돈　　▷ 부금 → 붓는돈　[給付]
급사	갑작 죽음　〔보기〕급사하다 → 갑자기 죽다　　▷ 졸사 → 갑작 죽음　[急死]
급사기	먹이통·모이통　[給飼器]
급상	뽕주기　〔보기〕급상하다 → 뽕을 주다/ 급상대 → 잠박시렁·채반받침/ 급상량 → 뽕주는 양　[給桑]
급선무	급한 일·서둘 일　[急先務]
급성	급한　〔보기〕급성병 → 급한 병/ 급성 전염병 → 급한 돌림병　　▷ 만성 → 끄는·끌성　[急性]
급소	명자리·정통·긴한목·약한데　〔보기〕급소를 찌르다 → 명줄을 찌르다·핵심을 찌르다·아픈곳을 찌르다　[일 急所]
급속	빨리·급히　〔보기〕급속도 → 급한 속도/ 급속히 → 재빨리·재빠르게　[急速]
급수	물긷기　[汲水]
급수	물보내기·물주기·물대주기　〔보기〕급수관 → 물보내기관·물주기관/ 급수기(器) → 물그릇·물구유·물주개/ 급수기(機) → 물주개/ 급수전 → 수도마개·수도꼭지/ 급수차 → 물차　　▷ 살수차 → 물뿌림차·물자동차　[給水]
급습	재빨리 덮침·갑자기 덮침　〔보기〕급습하다 → 재빨리 덮치다　[急襲]
급식	밥줌·먹이줌　〔보기〕급식하다 → 먹을 것을 주다/ 학교급식 → 학교밥주기/ 급식소 → 밥주는데　[給食]
급여	줌·내줌　〔보기〕급여하다 → 주다·내주다　[給與]
급우	반동무·학급벗　[級友]
급유	기름공급·기름대줌　〔보기〕급유하다 → 기름을 대주다/ 급유기 → 기름넣개　[給油]
급이	먹이주기　〔보기〕급이기 → 먹이통　[給餌]
급전	급작바뀜　〔보기〕급전하다 → 갑자기 바뀌다/ 급전직하 → 막바뀜·마구·곧장　[急轉]
급정거	급작멈춤　〔보기〕급정거하다 → 급자기 멈추다/ 급정지 →

급작멈춤 [急停車]

급지기	종이대개 [給紙機]
급채	꾸어줌 〔보기〕급채하다 → 꾸어주다 ▷ 대여 → 빌려줌 [給債]
급출발	급작떠나기 [急出發]
급파	급히 보냄 〔보기〕급파하다 → 급히 보내다 ▷ 파견 → 보냄 [急派]
급피치	빨리함·속도 더함 〔보기〕급피치를 올리다 → 되우 빨리하다 [急+영 pitch]
급행	빨리감·급히감 ▷ 직행 → 곧바로감/ 완행 → 천천히감·늦게감/ 서행 → 천천히감 [急行]
급환	급한 병 〔보기〕급환자 → 급한 병자 [急患]
긍정	그리여김 〔보기〕긍정하다 → 인정하다·그리여기다/ 긍정도 부정도 않다 → 그렇다고도 안 그렇다고도 하지 않다/ 긍정적 → 그리여기는·고개 끄덕이는·좋아지는/ 긍정적 평가 → 좋게 봄·괜찮게 봄 ▷ 부정 → 아니여김/ 부정적 → 아니여기는·고개 흔드는·나쁜·안 좋은 [肯定]
긍지	자랑·뜻뜻함·버젓함 〔보기〕긍지로 삼다 → 자랑으로 삼다/ 긍지를 가지라 → 뜻뜻함을 지니라 [矜持]
긍하다	걸치다 〔보기〕긍하여 → 걸쳐 [亘-]
기	그·고 〔보기〕기 얼마이던고 → 그 얼마이던가/ 기외 → 그밖 [其]
~기(게) 마련이다	※'그리 하도록 되어 있음'이란 뜻으로 쓰인다. 명사형어미 '기'가 아닌 부사형어미 '-게'는 뒤에 동사를 이어대는 것이 자연스럽고, 명사형 '기' 다음에 '-이다' 잠음씨(서술격조사)에 이어대는 방식도 자연스러운데, 일반적으로 둘 다 꽤 쓰인다. 〔보기〕사람은 어차피 한번 죽기 마련이다/ 감추어진 것은 드러나기 마련이다/ 비밀은 알려지기 마련이다/ 끼어들기(게) 마련이다 ▷ ~기 십상이다
~기(~기가) 십상이다	※'거의 다' '틀림없다'의 뜻으로 쓰인다. '~기(게) 마련이다'와 같은 모양이나, 여기서는 '~게 십상이다'로는 쓰이지 않는다. 〔보기〕이곳은 큰물이 지기 십상이다/ 그 실력으로는 떨어지기 십상이다/ 허투루 하다가는 실수하기 십상이다.
기각	물리침 〔보기〕기각하다 → 물리치다 ▷ 각하 → 퇴함·물리침 [棄却]
기각	깃발 ▷ 기치 → 깃발 [旗脚]
기간	그 사이·그 동안 [其間]
기간	깃대 [旗竿]

기간	줄거리·줄기 〔보기〕기간산업 → 줄기산업 〔基幹〕
기갈	굶주림·주림 〔보기〕기갈이 들다 → 굶주리다 〔飢渴〕
기강	벼리·법 〔보기〕문란해진 기강을 바로잡다 → 흐트러진 벼리를 바로잡다 ▷ 요강 → 벼리·줄거리/ 대강 → 큰벼리·큰대강/ 요약 → 벼리·줄거리 〔紀綱〕
기개	꿋꿋한 기운·꿋꿋함 〔氣槪〕
기객	바둑꾼 〔棋客·碁客·蔧客〕
기거	지내기·몸형편 〔보기〕기거하다 → 지내다·살다 〔起居〕
기결	끝남 〔보기〕기결수 → 징역꾼·죄수 ▷ 미결 → 결정 안됨·안끝남 〔旣決〕
기계교정	기계준·기계준보기 〔機械校正〕
기고	원고 줌·글 보냄 〔보기〕기고하다 → 원고주다·글보내다 ▷ 투고 → 원고줌·글 보냄 〔寄稿〕
기고만장	기세 대단함 〔보기〕기고만장하다 → 기세가 대단하다 〔氣高萬丈〕
기공	공사 시작 〔보기〕기공하다 → 공사 시작하다 ▷ 준공하다 → 공사 마치다 〔起工〕
기공	숨구멍·공깃구멍 ▷ 기문 → 숨구멍·공깃구멍 〔氣孔〕
기관	숨관·숨통 〔보기〕기관지 → 숨관줄기·숨통가지 〔氣管〕
기괴하다	이상야릇하다 〔奇怪-〕
기교	재간·재주·만듦새 〔보기〕기교를 부리다 → 재간을 부리다 ▷ 기능 → 재간·솜씨 〔技巧〕
기구	1. 얼거리 2. 모임·단체·조직 〔機構〕
기구	연장·연모·도구 〔器具〕
기구하다	험하다·사납다 〔보기〕팔자가 기구하다 → 팔자가 사납다 〔崎嶇-〕
기국	바둑판 〔碁局〕
기국	국량·판국·배포 〔器局〕
기권	권리버림·권리포기 〔보기〕기권하다 → 권리를 버리다·포기하다 〔棄權〕
기근	공기뿌리 〔氣根〕
기금	밑돈·밑천 ▷ 기본금 → 밑돈 〔基金〕
기급하다	기겁하다
기납	이미 바침 〔보기〕기납하다 → 이미 바치다·이미 내다/ 기납액 → 바친 돈·낸 돈 ▷ 미납 → 덜냄·못냄/ 기납부 → 이미 냄 〔旣納〕

기낭	공기주머니 [氣囊]
기녀	기생 [妓女]
기년	(한해 되는) 돌 〔보기〕 기년제 → 소상 [朞年]
기년	흉년 [饑年]
기념	기림 〔보기〕 기념하다 → 기리다/ 기념비적인 → 기릴만한 · 오래도록 잊혀지지 않을만한 · 가치가 있는/ 기념사 → 기념말씀/ 기념식전 → 기념잔치 · 기림잔치 [紀念]
기능	재간 · 솜씨 [技能]
기능	움직임 · 활동 · 작용 · 구실 〔보기〕 기능하다 → 움직이다 · 활동하다 · 작용하다 · 구실하다/ 기능부전 → 제구실 못하기 [機能]
기단	바둑사회 ▷ 기계 → 바둑사회 [棋壇]
기대	기드림 ▷ 기류 → 기드림/ 기각 · 기치 → 깃발/ 기간 → 깃대 [旗帶]
기대	바람 · 기다림 〔보기〕 기대하다 → 바라다 · 기다리다/ 기대난(망) → 바라기 어려움 · 희망 없음/ 기대하고 싶다 → 기대한다 [期待]
기대강이	기꼭지 [旗-]
기도	꾀함 〔보기〕 기도하다 → 꾀하다/ 자살을 기도하다 → 자살을 꾀하다 · 자살하려 하다/ 혁명을 기도하다 → 혁명을 꾀하다 ▷ 시도하다 → 꾀하다 [企圖]
기도	숨길 · 숨통 · 숨결 〔보기〕 기도가 막히다 → 숨통이 막히다 [氣道]
기도	바둑예절 · 바둑법 [棋道]
기도	문지기 ▷ 키도 → 기도 [일 木戶 · きど]
기동	일어나 움직임 · 움직임 · 굼닒 〔보기〕 기동하다 → 움직이다 · 굼닐다 [起動]
기득	이미 얻음 〔보기〕 기득하다 → 이미 얻다/ 기득권 → 얻은 권리/ 기득권을 누리다 → 얻은 권리를 누리다 [旣得]
기라성	1. 빛나는 별 · 별 · 큰별 · 반짝별 · 태두 2. 쟁쟁한 별 〔보기〕 기라성같은 거두들 → 쟁쟁한 인물들 [〈일 綺羅星 · きらぼし]
기량	재주 · 솜씨 · 기술 · 기능 〔보기〕 기량을 겨루다 → 솜씨를 겨루다/ 기량을 쌓다 → 솜씨를 기르다 · 기술을 쌓다 [技倆]
기레빠시 · 기레파시	끄트러기 · 자투리 [일 切端 · きれっぱし]
기레스(즈)	금 · 균열 · 벌어짐 〔보기〕 기레스가 가다 · 기스가 가다 → 금이 가다 [일 龜裂 · きれつ]
기력	바둑수 · 바둑실력 [棋力]

기력	바둑경력 [棋歷]
기로	갈림길 〔보기〕기로에 서다 → 갈림길에 서다·어디로 갈지 망설이다 ▷ 노기·분로·지도 → 갈림길 [岐路]
~기로 하겠다·~기로 하겠습니다·~기로 하다	※'~기로'를 뜻없이 버릇처럼 쓸 것이 아니라 아예 빼는 것이 좋다. 이는 어떻게 할 것을 결정하는 것을 뜻하는 말인데, '임시국회를 열기로 합의했다' '대책회의를 중지하기로 했다' 따위는 바른 표현이다. 〔보기〕읽어보기로 하겠습니다 → 읽어보겠습니다/ 해석해 보기로 하자 → 해석해 보자/ 마치기로 하겠습니다 → 마치겠습니다·마치지요
기록	1. 적바림·적발 2. 올림·끊음 〔보기〕기록하다 → 1. 적다 2. (좋은 성적 따위를) 세우다·올리다/ 기록계기 → 적발재개/ 기록상 → 기록에/ 대기록 → 크게올림·좋은성적/ 신기록 → 새기록/ 기록적인 성과 → 큰성과·대단한 성과/ 기록을 깨다 → 새로 끊다·새로 올리다·앞 성적을 뛰어넘다 [記錄]
기롱지거리	1. → 농지거리 2. 놀림 ※표준어규정 제25항. [譏弄-]
기류	공기흐름·바람·분위기·풍김새 〔보기〕기류가 심상찮다 → 흐름이 심상찮다/ 기류를 잘 살피다 → 분위기를 잘 살피다/ 기류를 잘 타다 → 바람을 잘 타다 ▷ 조류 → 미세기 흐름·흐름 [氣流]
기리	송곳 [일 錐·きり]
기리까이·기리카에	바꿔치기·갈아대기 [일 切替·きりかえ]
기리누께(게)	입체간판 [일 きりぬけ]
기리누끼(키)	도리기·빼내기 ※인쇄 말. [일 きりぬき]
기린아	재간둥이·뛰어난이 [麒麟兒]
기립	일어섬·일어서 〔보기〕기립하다 → 일어서다/ 기립박수 → 선손뼉치기 [起立]
기마대	말탄부대 〔보기〕기마병 → 말탄병정 [騎馬隊]
기마이(에)	호기·선심 [일 氣前·きまえ]
기만	속임 〔보기〕기만하다 → 속이다/ 기만책 → 속임수/ 기만행위 → 속임짓 [欺瞞]
기말	분기말·학기말 〔보기〕기말고사 → 학기말 시험 [期末]
기망	속임 〔보기〕기망하다 → 속이다 [欺罔]
기면	잠 즐김 〔보기〕기면하다 → 잠 즐기다/ 기면성 → 잠 즐김성·졸림성 [嗜眠]
기면	깃발 ▷ 기각·기치·기폭 → 깃발 [旗面]
기명	그릇·그릇붙이 〔보기〕기명물 → 개숫물·그릇씻는물 [器皿]

ㄱ

기문	숨구멍 ▷ 기공 → 숨구멍 · 공깃구멍 [氣門]
기물	그릇붙이 · 제구 〔보기〕기물답다 → 그릇으로 가치가 있다 · 그릇으로 쓸 만하다 [器物]
기미	맛맛 · 맛 · 냄새와 맛 ▷ 기미를 보다 → 맛을 보다 [氣味]
기미	낌새 〔보기〕기미를 채다 → 낌새를 채다/ 기미가 이상하다 → 낌새가 이상하다 [機微]
기민	주린백성 [飢民]
기민	재빠름 · 민첩함 〔보기〕기민하다 → 재빠르다/ 기민성 → 재빠름성 [機敏]
기밀	중요비밀 · 속비밀 〔보기〕기밀하다 → 썩 중요하고 비밀스럽다/ 기밀서류 → 비밀문서 [機密]
기밀복	우주복 ▷ 기밀실 → 틈막이방 [氣密服]
기반	터전 · 바탕 ※기반 · 바탕 · 기초 · 토대 따위에 '– 하다'를 붙여쓰는 일이 잦다. 이때 '– 하다'는 '두다' 서술어 구실을 하는 뒷가지다. 비슷한 보기로 '나무하다 · 밥하다 · 술하다 · 장사하다 · 공장하다 · 점하다 · 회사하다 · 자리하다 · 숙제하다' 따위처럼 서술기능이 없는 이름씨에 붙어 쓰이는데, 어떤 이는 이를 영어에서 관용적으로 쓰이는 'do the bed'(자다)의 'do'처럼 '대리동사' 노릇을 한다고 말하기도 한다. 〔보기〕기반하다 → 바탕하다 · 바탕 두다/ ~ 에 기반하다 → ~ 에 바탕을 두다 ▷ 기초하다 → 바탕하다 · 바탕을 두다/ 토대하다 → 바탕하다/ 기능하다 → 움직이다 · 돌다 [基盤]
기반	바둑판 [棋盤]
기반	굴레 · 속박 [羈絆]
기발하다	엉뚱하다 · 기이하다 · 뛰어나다 〔보기〕기발한 생각 → 엉뚱한 생각 · 뛰어난 생각 [奇拔]
기백	배짱 · 용기 [氣魄]
기병	군사 일으킴 〔보기〕기병하다 → 군사를 일으키다 [起兵]
기보	바둑표 · 바둑책(법) [棋譜]
기보	적음 · 표 적음 〔보기〕기보하다 → 악보 · 기보(바둑표) 따위를 적다(쓰다)/ 기보법 → 악보 · 기보 쓰기 [記譜]
기보	내보낸 소식 · 이미 알림 · 나간 소식 〔보기〕기보하다 → 이미 알리다 · 이미 보고하다/ 기보한 → 이미 알린 ▷ 속보 → 잇댄 알림 · 잇댄 소식 [既報]
기복	울툭불툭 · 오르내림 〔보기〕기복이 심하다 → 울퉁불퉁하다 · 밋밋하지 않다/ 기복무늬 → 돋을무늬 [起伏]
기본	1. 으뜸 · 근본 · 바탕 2. 보통 · 일반 · 평균 · 최소한의 것 〔보기〕기본권 → 바탕권리 · 근본권리/ 기본수사 → 으뜸셈씨/ 기

본위치 → 밑자리(음악)/ 기본음 → 바탕음/ 기본의미 → 바탕
뜻/ 기본점 → 밑점·으뜸점/ 기본형 → 원형·으뜸꼴·본꼴/
기본형태 → 본허울·바탕꼴/ 기본은 한다 → 평균은 한다·
최소한의 것은 한다/ 기본도 못한다 → 보통 수준도 못한다
[基本]

| 기부 | 바탕부분·밑부분·바닥　　〔보기〕기부지상고 → 지상높이 [基部] |

기부채납　　기부받음·기부받기　　〔보기〕기부채납하다 → 기부받다·
기부하다·바치다 [寄附採納]

기브 앤드 테이크　　주고받기 [영 give and take]
기비　　밑거름　　▷ 추비 → 덧거름·웃거름·뒷거름 [基肥]
기사　　바둑꾼·바둑사 [棋士]
기사화　　기사됨·기사 삼음·기사 만듦　　〔보기〕기사화하다 → 기사
로 만들다·써서 내보내다 [記事化]

기사회생　　죽다살아남 [起死回生]
기산　　셈시작　　〔보기〕기산하다 → 셈시작하다/ 기산시점 → 셈 치
르는 시작점 [起算]

기상　　일어남　　〔보기〕기상하다 → 일어나다/ 기상시간 → 일어나
는 시간　　▷ 취침 → 잠자리듦 [일 起床·きしょう]

기상　　날씨　　〔보기〕기상개황 → 날씨개황/ 기상통보 → 날씨알림
/ 기상특보 → 날씨특보/ 기상관측 → 날씨살핌/ 기상예보 →
날씨예보/ 기상재해 → 날씨재해 [氣象]

기색　　빛·눈치·얼굴빛　　〔보기〕기색을 살피다 → 눈치를 보다/ 기
색이 어둡다 → 얼굴빛이 어둡다　　▷ 안색 → 얼굴빛 [氣
色]

기생　　붙살이·군살이·더부살이　　〔보기〕기생하다 → 붙살이하
다·붙어살다/ 기생근 → 붙살이뿌리/ 기생목 → 겨우살이/
기생봉 → 더부살이벌/ 기생승 → 쉬파리/ 기생충 → 붙살이
벌레　　▷ 기주 → 붙살이몸·임자몸 [寄生]

기석　　주춧돌　　▷ 초석 → 주춧돌 [基石]
기선　　선수쓰기·덜미짚(치)기·앞머리　　〔보기〕기선을 제압하다
→ 먼저하다·기세를 죽이다/ 기선을 잡다 → 주도권을 잡
다·앞머리를 잡다　　▷ 이니셔티브를 취하다 → 선수를 쓰
다·주도권을 잡다·앞장서다 [機先]

기성　　1. 이미 만듦·이미 이룸·이미 됨　2. 된·만들어진·이룬 〔보
기〕기성하다 → 1. 이미 이루어지다　2. (초상 때) 처음 신주
를 만들다/ 기성고 → 실적·결과/ 기성복 → 장내기옷/ 기성
사실 → 돼있는 사실/ 기성세대 → 나이든 층/ 기성의 → 만들

	어진/ 기성작가 → 이룬작가/ 기성층 → 나이든축/ 기성품 → 장내기(치) ▷ 기정 → 정해진·돼있는 [旣成]
기소	공판부침·소송 일으킴 〔보기〕기소하다 → 판결을 요구하다/ 불기소하다 → 소송을 일으키지 않다/ 불구속 기소 → 가두지 않고 공판에 부침 [起訴]
기속	얽맴 〔보기〕기속하다 → 얽매다 ▷ 구속 → 얽매다·잡아넣다 [羈束]
기수	홀수 ▷ 우수 → 짝수 [奇數]
기수	밑수 〔보기〕기수사 → 으뜸셈씨 [基數]
기수	깃대잡이·기잡이 [旗手]
기수	말타는 이·말탄 이 [騎手]
기수	이물·틀머리·머리 [機首]
기숙	묵음·몸부쳐 있음 〔보기〕기숙하다 → 묵다 [寄宿]
기술	적음·풀이함·설명 〔보기〕기술하다 → 적다·풀이하다·설명하다 ▷ 서술하다 → 풀이하다/ 진술하다 → 털어말하다·펴 말하다/ 공술하다 → 진술하다·말하다 [記述]
기술	〔보기〕기술용역 → 기술이바지/ 기술료 → 기술값/ 기술진 → 기술자들/ 기술수출·기술판매 → 기술팔기/ 기술수입 → 기술사들이기 [技術]
기스	흠·상처·흠집·결점·티 〔보기〕기스가 나다 → 흠이 생기다/ 기스가 가다 → 금이 가다 ▷ 기즈·기쓰 → 흠 [일 傷·きず]
기습	갑작치기·급작치기 〔보기〕기습하다 → 갑자기 치다/ 기습작전 → 갑작치기 ▷ 급습 → 갑작덮침·갑작치기 [奇襲]
기시감·기시심	본느낌·익은느낌 ▷ 미시감 → 낯선느낌/ 데자뷔 → 본느낌 [旣視感]
기식	밥부침 〔보기〕기식하다 → 밥부치다·부쳐 먹다 [寄食]
기아	1. 버린아이·버려진 아이 2. 아이 버림 [棄兒]
기아	굶주림·굶음 〔보기〕기아선상 → 굶어죽을 지경/ 기아수출 → 억지수출·밑진수출 [飢餓]
기암	밑바위 〔보기〕기반암 → 밑바위 [基巖]
기압	공기누름·대기압 [氣壓]
기약	때언약 〔보기〕기약하다 → 때를 언약하다/ 기약없이 → 때언약도 없이 [期約]
기어	1. 톱니바퀴 2. 변속장치 ▷ 기아 → 기어·톱니바퀴 [영 gear]

기어이	꼭·반드시·부디 ▷ 기어코 → 꼭·반드시·끝끝내 [期於−]
기어히	기어이 ※'기어히'는 그르지만 '기어코'는 맞다.
기억력	욀총·지닐총 ▷ 건망증 → 잊음기 [記憶力]
기업농	돈벌이농사 [企業農]
기여	그 나머지·그 밖 ▷ 기타 → 그 밖·그 밖의 [其餘]
기여	이바지 〔보기〕 기여하다 → 이바지하다/ 기여금 → 이바짓 돈 [寄與]
기염	큰호기·호된 기세 〔보기〕 기염을 토하다 → 열을 뿜다·기세를 올리다 [氣焰]
기예	재주·솜씨 ▷ 기예에 능하다 → 재주에 능하다 [技藝]
기왕	이미·벌써·그전 〔보기〕 기왕력 → 과거병력/ 기왕증 → 과거질병/ 기왕지사 → 이미 지난 일/ 기왕이면 → 하게 된 일이면·할 바에는·그럴 바에는 ▷ 이왕·이왕에 → 이미/ 이왕지사·이과지사 → 지나간 일·지난 일 [旣往]
기외	그 밖 ▷ 기타 → 그 밖 [其外]
기용	올려씀 〔보기〕 기용하다 → 올려쓰다·데려쓰다 [起用]
기우	헛걱정·군걱정 〔보기〕 기우에 지나지 않는다 → 헛걱정일 뿐이다 [杞憂]
기우리다	기울이다 ※센말은 '끼울이다' 작은말은 '갸울이다'이며, 활용하면 '기울여, 기울일'로 된다.
기원	빎·바람·원함 〔보기〕 기원하다 → 빌다·바라다 [祈願]
기원	바둑집 [棋院]
기위	이미 [旣爲]
기율	규율 [紀律]
기음	바탕음·으뜸음 [基音]
기음	김 〔보기〕 기음매기 → 김매기 ※준말이 더 널리 쓰여 그것만 표준말로 삼음.(표준어규정 제14항)
기인	터함·말미암음 〔보기〕 기인하다 → 말미암다·터(바탕)하다 [基因]
기일	그 하나 ▷ 기이·기삼·기사…… → 그 둘·그 셋…… [其一]
기일	기한한 날짜·정한 날 〔보기〕 기일 엄수하여 → 날짜 지키어/ 기일박두 → 날짜 닥침 [期日]
기일	제삿날 [忌日]
기입	적기·적어넣음·써넣음 〔보기〕 기입하다→적어넣다·써넣다 [일 記入·きにゅう]

기장	장부적기·치부 〔보기〕기장하다 → 치부하다/ 기장도서 → 올린 책 [記帳]
기장	길이·옷길이 〔보기〕기장이 얼마냐 → 길이가 얼마냐/ 기장을 재다 → 길이를 재다 [일 其丈]
기재	뛰어난 재주·낯선재주 [奇才]
기재	써넣음·적음 〔보기〕기재하다 → 써넣다·적어넣다/ 기록 → 써넣음·적음 [記載]
기저	밑바닥·밑바탕·바탕 〔보기〕기저에 깔리다 → 바탕에 깔리다/ 기저막 → 바닥막/ 기저점 → 으뜸점·바탕점/ 기저체 → 바탕몸 [基底]
기적	고동 〔보기〕기적소리 → 고동소리/ 기적표 → 고동울리기표 [汽笛]
기절	1. 숨막힘 2. 깜짝 놀람 〔보기〕기절하다 → 숨막히다·정신 잃다/ 기절초풍하다 → 몹시 놀라 질겁하다 ▷ 기함 → 넋잃음·넋나감 [氣絶]
기점	시작점·출발점 [基點]
기정	정해진·결정된·돼있는 〔보기〕기정방침 → 정해진 방침/ 기정사실 → 정해진 사실·있는 사실/ 기정사실화하다 → 있는 사실(이)로 되다·확인하다 [旣定]
기조	밑가락·밑바탕 〔보기〕기조를 이루다 → 바탕을 이루다·줄기를 이루다 [基調]
기존	이미 있는·돼 있는·있는 〔보기〕기존의 → 있는·하던/ 기존 설비 → 있는 설비 [旣存]
기주	붙살이집·임자몸 〔보기〕기주식물 → 붙살이집식물·임자몸식물 ▷ 기생 → 붙살이·군살이 [寄主]
기준	밑가늠·표준·본·밑금 〔보기〕기준이 없다 → 본이 없다/ 기준을 정하다 → 밑가늠(표준)을 정하다/ 기준으로 삼다 → 본으로 삼다/ 기준양 → 기준량 ▷ 근거 → 터무니/ 준거 → 근거삼음·따름 [基準]
기중	그 가운데 [其中]
기중	상중 [일 忌中·きちゅう]
기중기	들틀·들기계 [일 起重機·きじゅうき]
기즈(쓰·스)	흠·흠집 [일 傷·きず]
기증	드림·바침·삼가 세움·줌 〔보기〕기증하다 → 드리다·바치다 ▷ 기부 → 바침·내놓음 [일 寄贈·きぞう]
기지	1. 꺼림땅 2. 땅가림 [忌地]
기지	재치·슬기 [機智]
기지	감·바닥·천·옷감 [일 生地·素地·きじ]

기지	터전·본자리·근거지 　〔보기〕기지촌 → 군인마을 〔基地〕
기지	이미 앎 　〔보기〕기지하다 → 이미 알다/ 기지수 → 아는 수/ 기지항 → 아는 마디(수학)　　▷ 미지 → 모름·채모름/ 부지 → 알지 못함 〔旣知〕
기진	기운 빠짐·힘빠짐·기력 풀림 　〔보기〕기진하다 → 힘빠지다/ 기진맥진하다 → 힘이 다해 몸을 가누지 못하다 〔氣盡〕
기질	바탕·바탕질 　▷ 기질(基質) → 밑바탕/ 기질(器質) → 그릇바탕/ 체질 → 몸바탕/ 재질 → 바탕·소질 〔氣質〕
기착	닿음·들름 　〔보기〕기착하다 → 닿다·들르다/ 기착지 → 들름곳·들른곳·들를곳　　▷ 종착 → 끝닿음 〔寄着〕
기채	빚냄 　〔보기〕기채하다 → 빚내다　　▷ 국채 → 나라빚·나라채권/ 사채 → 사삿빚/ 외채 → 외국빚·나라빚 〔起債〕
기초	초잡음 　〔보기〕기초하다 → 초잡다·(글을) 대강 얽다 〔起草〕
기초	바탕 　〔보기〕기초하다 → 바탕하다·터하다/ 기초조사 → 밑조사/ 기초콘크리트 → 기초공굴·밑공굴 〔基礎〕
기축	중심대·마룻대 〔機軸〕
기층	밑층 　〔보기〕기층민중 → 서민/ 기층언어 → 기층말·제겨레말 〔基層〕
기치	깃발 　〔보기〕기치를 올리다 → 깃발을 올리다/ 기치를 내걸다 → 깃발을 내걸다 〔旗幟〕
기침	일어남 　〔보기〕기침하다 → (잠자리·자리보전에서) 일어나다　　▷ 기상 → 일어남 〔起枕·起寢〕
기타	그 밖·그 밖의 　〔보기〕기타인 → 다른사람·그밖사람　▷ 기외·여타 → 또다른·나머지 〔其他〕
기탁	맡김 　〔보기〕기탁하다 → 맡기다/ 기탁금 → 맡긴돈　▷ 위탁 → 맡김 〔寄託〕
기탄	꺼림·거리낌 　〔보기〕기탄하다 → 꺼리다·거리끼다/ 기탄없이 → 꺼림없이·터놓고　　▷ 기피 → 꺼림·피함 〔忌憚〕
기포	거품 　〔보기〕기포관 → 거품관/ 기포소화기 → 거품불끄개/ 기포유리 → 거품유리　　▷ 포말 → 거품 〔氣泡〕
기폭	깃발 〔旗幅〕
기폭	터짐·터뜨림 　〔보기〕기폭점 → 터짐점·폭발점/ 기폭제 → 1. 터뜨림약 2. '결정적 계기'의 비유 〔起爆〕
기풍	바둑풍 〔棋風〕

기프(부·브)스	깁스·석고붕대 〔〈도 Gips〕
기피	꺼림·피함 〔보기〕기피하다 → 꺼리다·피하다 ▷ 제척 → 제침·치움/ 기탄 → 꺼림·거리낌 〔忌避〕
기필	꼭 믿음·틀림없음 〔보기〕기필하다 → 꼭 기약하다/ 기필코 → 꼭·반드시 〔期必 –〕
기하	1. → 얼마 2. 기하학 〔보기〕무릇 기하이며 → 무릇 얼마이며 〔幾何〕
기하다	터하다·말미암다 〔보기〕기한 → 말미암은·따른·바탕으로 한 〔基 –〕
기하다	1. 기약하다 2. 기다리다 3. 꾀하다 〔보기〕만전을 기하다 → 만전을 꾀하다/ 완벽을 기하다 → 완벽을 꾀하다 〔期 –〕
기한	주림과 추위 〔飢寒〕
기함	넋빠짐·넋잃음 〔보기〕기함하다 → 넋빠지다·넋잃다 ▷기절하다 → 숨막히다·넋잃다 〔氣陷〕
기합	1. 벌·혼냄·얼차려·당조짐 2. 힘넣기 〔보기〕기합을 넣다 → 1. 정신 차리게 하다 2. 힘을 넣다/ 기합을 주다 → 벌주다·당조짐하다 ▷ 체벌 → 몸벌 〔氣合〕
기항	항구들르기·항구들름 〔보기〕기항하다 → 항구에 들르다/ 기항지 → 들르는 항구·든항구 〔寄港〕
기현상	별꼴·별일·별난현상 〔奇現象〕
기형	병신·엇꼴·엇난꼴 〔畸形〕
기호	즐김·좋아함·취미 〔보기〕기호성 → 즐김성·즐길성/ 기호식품 → 즐기는 식품 〔嗜好〕
기화	1. 묘한 기회·좋은 핑계 2. 진귀한 보화 〔보기〕기화로 → 핑계로·계기로 〔奇貨〕
기후	그 뒤 〔其後〕
기휴식	모듬이랑식 〔寄畦式〕
기흉	공기가슴 〔氣胸〕
기히	이미·벌써·앞서 〔旣 –〕
긴급	썩 급함 〔보기〕긴급을 요하는 경우가 아니면 → 아주 급하지 않으면 〔緊急〕
긴밀하다	1. 밀접하다 2. 아주 가깝다 〔緊密 –〕
긴박	절박·닥침·바쁨 〔보기〕긴박하다 → 바싹 닥치다/ 긴박감 → 좨친느낌·닥친느낌 〔緊迫〕
긴장	켕김·팽팽해짐 〔보기〕긴장하다 → 켕기다·팽팽해지다/ 긴장되다 → 켕기다·팽팽해지다/ 긴장도 → 켕김도/ 긴장관계 → 켕기는 사이·팽팽한 사이/ 긴장을 조성하다 → 켕기게 하다·정신차리도록 하다/ 긴장정국 → 팽팽한 정국·켕긴 정

국 〔緊張〕

긴절히   **절실히 · 꼭**   ▷ 긴히 → 긴요히 · 꼭 〔緊切 – 〕

긴축   **바짝 줄임**   〔보기〕긴축하다 → 바짝 줄이다/ 긴축예산 → 줄인예산 · 쫴친예산 〔緊縮〕

길경   **도라지**   〔보기〕길경채 → 도랏나물 〔桔梗〕

길다랗다   **기다랗다**   ※'기다랗다'의 원말. '다랗다'라는 뒷가지가 붙어 '길+다랗다'로 된 꼴이어서 '명사나 용언 어간 뒤에 자음으로 된 접미사가 붙어 된 말은 명사나 어간의 원형을 밝혀 적는다'(맞춤법 제21항)는 원칙에서 벗어나나 'ㄹ'은 대체로 'ㄴ · ㄷ · ㅅ · ㅈ' 앞에서 떨어져 소리나는 현상이 역사적이었기 때문에 'ㄹ'이 떨어진 꼴대로 적는다. 소나무 · 따님 · 우짖다 따위.(맞춤법 제28항)

길라쟁이 · 길나쟁이   **길라잡이 · 길잡이**

–길래   **–기에 · –관대**   ※풀이씨(용언)의 줄기에 붙어 원인 · 이유를 나타내는 연결어미.   맞춤법이나 국어사전에서 '–기에/기에'의 잘못으로 다뤘으나 일반적으로 원인 · 근거를 나타내는 토씨(관데) 또는 이음씨끝으로 무척 자주 쓰므로 대중말(표준어)로 인정해야 할 말이다.   〔보기〕놀러 안 갈래? 갈래야 갈 수가 없어/ 거런 말을 하길래 대꾸를 했지요 따위. 현행대로라면, 많길래 → 많기에/ 하길래 → 하기에/ 좋길래 → 좋기에 · 좋관대/ 묻길래 → 묻기에/ 뭐길래 → 뭐기에 따위로 고쳐야 함.

길앞잡이   1. → 길라잡이 · 길잡이   2. 벌레의 하나

길항   **맞버팀**   〔보기〕길항하다 → 맞버티다/ 길항작용 → 대항작용 · 맞버팀   ▷ 힐항 → 맞버팀 〔拮抗〕

김치독   **김칫독**   ※앞말이 모음으로 끝나고 뒷말 첫소리가 된소리로 나는 것, 뒷말 첫소리 'ㄴ · ㅁ' 앞에서 'ㄴ'소리가 덧나는 것, 뒷말 첫소리 모음 앞에서 'ㄴㄴ' 소리가 덧나는 것, 한자말과 우리말 합성어에서 위와 같은 경우, 기타 한자말에서 곳간 · 셋방 · 숫자 · 찻간 · 툇간 · 횟수 따위에서 사이시옷 'ㅅ'을 넣는다.(맞춤법 제30항)   ▷ 김칫국 · 김칫거리/ 김치반찬 · 김치공장 · 김치찌개

깁스   **석고붕대** 〔도 Gips〕

깃들다   ※'깃들이다'만 인정하는 사전이 있으나 '아늑하게 서려들다'는 뜻으로 많이 쓰고 있으므로 부려쓰지 못할 말이 아니다. 즉 사동접미사 '이'가 들어가는 '깃(을)+들이다'만 인정하고 '깃(이)+들다'를 인정하지 않을 까닭이 없기 때문이다. '깃들고, 깃들어, 깃든'으로 활용한다.   〔보기〕평화가 깃들다/ 황혼

이 깃든 하늘   ▷ 물들다·물들이다/ 공들다·공들이다/ 맛들다·맛들이다/ 철들다·철들이다

깊숙히	깊숙이 ※'이'로만 소리난다고 보아 이렇게 적음.(맞춤법 제51항) 가붓이·깨끗이·나붓이·느긋이·둥긋이·따뜻이·반듯이·버젓이·산뜻이·의젓이·가까이·고이·날카로이·대수로이·번거로이·많이·적이·헛되이/ 겹겹이·번번이·일일이·집집이·틈틈이(이상 맞춤범 제51항), 간간이·겹겹이·곳곳이·길길이·나날이·다달이·땀땀이·몫몫이·살살이·알알이·앞앞이·줄줄이·짬짬이·철철이/ 기웃이·나긋나긋이·뜨뜻이·버젓이·번듯이·빠듯이·지긋이/ 가벼이·괴로이·기꺼이·너그러이·부드러이·새로이·쉬이·외로이·즐거이·-스러이/ 같이·굳이·길이·깊이·높이·실없이/ 곰곰이·더욱이·생긋이·오뚝이·일찍이·히죽이(이상 맞춤법 제51항 해설) 따위는 맞춤법 제51항과 그 해설에서 들어놓았으나 '깊숙이'나 '기어이' 따위는 보기가 없으며, 다만 국어사전들에서 '깊숙하다' '깊숙이'를 올려놓고 있다. '이'로 소리나는 말은 이들 말고도 더 있다.
까닭스럽다·까탈스럽다	까다롭다 ※'까다롭다'가 많이 쓰인다고 이를 표준말로 삼음.(표준어규정 제25항)
까땍하면	까딱하면 ※표준어규정 제17항.
까무느다	까뭉개다 ※사투리이던 낱말이 더 널리 쓰이게 됨에 따라 표준말로 삼음.(표준어규정 제24항)
까발기다	까발리다 ※'발기다' '발리다'는 속엣것을 드러내다는 뜻으로 비슷하게 쓰이나 '발기다'는 쪼개거나 찢는 뜻이 세고, '발리다'는 벗기거나 헤치다의 뜻으로 쓴다. 따라서 '까발리다' '찢어발기다'가 어울린다.
까스라기	가시랭이 ※표준어모음.
까치다리	까치발 ※표준어규정 제25항.
까페	카페 [프 café]
깍다	깎다 ▷ 꺽다 → 꺾다/ 꺽기 → 꺾기
깍둑이	깍두기 ※'-하다·-거리다'가 붙을 수 없는 말에 '이' 따위가 붙어 명사가 된 말은 그 원형을 밝혀 적지 않는다. 개구리·귀뚜라미·기러기·뻥과리·날라리·누더기·동그라미·두드러기·딱따구리·매미·부스러기·뻐꾸기·얼루기·칼싹두기 따위.(맞춤법 제23항)
깍정이	깍쟁이 〔보기〕 서울깍쟁이·알깍쟁이·찰깍쟁이 ※모음의 발음 변화를 인정함.(표준어규정 제11항) 한편 도토리, 상수리 등의 받침은 '깍정이'임.

깎두기	깍두기
깎듯하다	깍듯하다 〔보기〕깎듯이 → 깍듯이
깐보다	1. → 깔보다 2. 속으로 가늠하다 · 헤아리다
깔쭈기	깔쭉이
깡기리 · 간키리	따개 〔일 罐切 · かんきり〕
깡술	강술 ※깡맥주 · 깡통 따위에서 쓰는 '깡'은 캔(can)에서, 깡패의 '깡'은 갱(gang)에서 왔다. 〔보기〕깡소주 → 강소주 · 막소주
깡충깡충	깡충깡충 〔보기〕깡충깡충하다 → 깡충깡충하다. ※큰 말은 '껑충껑충'임(표준어규정 제8항).
깡충하다	깡충하다 ※다리가 길다. 큰말은 껑충하다임(표준어모음).
깡패	부랑패(배) 〔〈영 gang-〕
깨끗치	깨끗지 · 깨끗하지 ※어간의 끝음절 '-하'가 아주 줄 적에 는 준 대로 적는다. 〔보기〕거북지 · 생각건대 · 생각다 못 해 · 넉넉지 · 못지않다 · 섭섭지 않다 · 익숙지 않다.(맞춤법 제40항)
깨끗히	깨끗이 ※'이'로만 소리난다.(맞춤법 제25 · 51항) 〔보 기〕깨끗히 씻다 → 깨끗이 씻다
깨닿다	깨닫다
깨묵	깻묵
깨보숭이	1. → 깨소금 2. → 깨고물 3. 들깨 꽃송이 튀김 ※표준어 모음.
꺼꾸러뜨리다	거꾸러뜨리다 〔보기〕꺼꾸로 → 거꾸로
꺼다	끄다 ※'끄고, 끄니, 꺼도, 꺼서, 껐다'로 활용한다.
꺼림찍하다	꺼림칙하다 ▷ 꺼림하다
꺽꽂이 · 꺾꽂이	꺾꽂이 ※받침 문제.
꺽다	꺾다 〔보기〕꺽기 → 꺾기 ※받침 문제.
께름찍하다	꺼림칙하다 · 께름칙하다 ※'꺼림하다 · 께름하다/ 꺼림칙 하다 · 께름칙하다' 두루 표준말로 삼는다.(표준어규정 제19 항)
껴앉다	1. → 껴안다 2. '끼어앉다'의 준말
꼬붕	부하 · 졸개 〔일〈子分 · こぶん〕
꼬창이	꼬챙이 ※준말은 '꼬치'.
꼬챙이질	고자질
꼭둑각시	꼭두각시 ※'꼭두+각시'로 되어 있고 꼭두각시가 많이 쓰 이므로 이를 표준말로 삼음.(표준어규정 제17항) ▷ 곽 독 · 괴뢰
꼴라쥬 · 꼴라주	콜라주 〔프 collage〕

꼴지	꼴찌
꼼꼼이	꼼꼼히
꽁트	콩트 · 손바닥소설 · 엽편 [프 conte]
꽃동이	꽃둥이 〔보기〕화동 → 꽃둥이 ▷ 쌍동이 → 쌍둥이
꾀까닭스럽다	꾀까다롭다
꾼	※재주 · 전문적인 기술을 지닌 이를 줄여서 일컫는 말.
끄나불	끄나풀 ※발음이 뚜렷이 변해 거센소리가 나게 된 낱말. 〔보기〕나팔꽃 · 살쾡이 · 칸 · 털어먹다.(표준어규정 제3항)
끄뜨리다	꺼뜨리다 〔보기〕불을 자주 꺼뜨리다
끊질기다	끈질기다 〔보기〕끊질긴 생명 → 끈질긴 생명
끔직하다	끔찍하다 ※'ㄴ, ㄹ, ㅁ, ㅇ' 받침 뒤에서 나는 된소리는 그대로 적는다. 〔보기〕산뜻하다 · 잔뜩 · 살짝 · 훨씬 · 움찔 · 담뿍 · 몽땅 · 엉뚱하다
끔찍히 · 끔찌기	끔찍이 ※'이'로만 소리난다.(맞춤법 제51항)
끝으머리	끄트머리 ※' - 이' 이외의 모음으로 시작된 접미사가 붙어서 된 말은 그 명사의 본꼴을 밝혀 적지 않는다.(맞춤법 제20항) 〔보기〕꼬락서니 · 모가치 · 바가지 · 바깥 · 사타구니 · 모가지 · 소가지 · 오라기 · 터럭
끝임없이	끊임없이 〔보기〕끝임없다 → 끊임없다
끼	※① 전날엔 '기'로만 썼으나 연예 쪽 재능 · 소질을 뜻하는 말로 쓰고 있음을 인정함. 〔보기〕끼가 있다. ▷ 꾼.②= 바람기.
끽다	차마심 〔보기〕끽다하다 → 차마시다 ▷ 끽연 → 담배 핌 [喫茶]
끽연	담배피움 〔보기〕끽연하다 → 담배피다/ 끽연작물 → 흡연 작물 [喫煙]
낄룩거리다	끼룩거리다 〔보기〕낄룩낄룩하다 → 끼룩끼룩하다
낌	낌새 ※준말이 쓰이고 있더라도, 본말이 널리 쓰이면 본말을 표준말로 삼음.(표준어규정 제15항)

나가레(리)	유찰·낙찰깨짐·무효　[일 流札·ながれ]
나가시	1. 개수대　2. 나돌이차　3. 불법영업 행위　[일 ながし]
나각	소라　[螺角]
나근	노출뿌리　[裸根]
−나기	−내기　※'ㅣ'모음 역행동화를 원칙적으로는 인정하지 않으나 '−내기·냄비·동댕이치다·쟁이'에서는 인정한다.(표준어규정 제9항)　〔보기〕 서울나기 → 서울내기/ 시골나기 → 시골내기/ 신출나기 → 신출내기/ 예사나기 → 예삿내기/ 여간나기 → 여간내기/ 보통나기 → 보통내기/ 풋나기 → 풋내기　※이 밖에 '빨갱이/ 빨강이, 노랭이/ 노랑이'들은 각각 달리 쓰이며, 나부랭이도 쓰인다.
나까(카)마 시세	도맷금·동업자가격　[일 なかま+市勢]
나꿔채다	낚아채다　▷ 나꾸다 → 낚다
나대지	빈집터·빈터　▷ 유휴지 → 노는땅·묵는땅　[裸垈地]
나도	찰벼　▷ 나백미 → 찹쌀/ 나종 → 찰씨　[나稻]
나동선	민구릿줄　〔보기〕 나동연선 → 민구리납줄　[裸銅線]
나라비·나래비	줄서기　〔보기〕 나래비서다 → 줄서다　[일 竝び·ならび]
나라시	1. 고르기·고루놓기　2. 길들이기　[일 均し·ならし]
나라즈께(케)	참외절임·오이지(외지)·일본김치　[일 奈良漬·ならづけ]
나레이션	내레이션·해설·풀이　〔보기〕 나레이터 → 내레이터·해설자　[영 narration]
나르다	1. 짐 따위를 실어 옮기다　2. → 날다　※'날다'를 활용하면 '날고, 날아서, 나니, 나는'으로, '나르다'를 활용하면 '나르다, 나르고, 나르니, 날라서'가 된다.　〔보기〕 나르는 새 → 나는 새/ 짐을 날아가다 → 짐을 날라가다　▷ 날르다 → 1. 나르다 2.날다/ 날으다 → 1. 날다 2. 나르다

나리다	내리다 〔보기〕 비가 나리다 → 비가 내리다
나마	맨등말·알말 〔裸馬〕
나마가시	생과자·진과자 〔일 生菓子·なまがし〕
나막스	메기튀김 〔일 魚念〕
나맥	쌀보리 〔裸麥〕
나무가지	나뭇가지 ▷ 나무잎 → 나뭇잎/ 나무짐 → 나뭇짐/ 나뭇쪽 → 나무쪽/ 나뭇칼 → 나무칼/ 나뭇틀 → 나무틀
나무래다	나무라다
나발꽃	나팔꽃
나베우동	냄비국수 〔일 鍋饂藪·なべうどん〕
나변	어디 〔중 那邊〕
나병	문둥병·한센병 〔보기〕 나병자 → 문둥이·한센병자 〔癩病〕
나복	무 〔보기〕 나복자 → 무씨/ 나복저 → 나박김치/ 나복죽 → 무죽/ 나복채 → 무나물 〔蘿蔔〕
나부라기·나부랑이	나부랭이 ※큰말은 '너부렁이'임.
나사·라사	양복감 〔〈포 raxa〕
나삽	나사끼우기 〔螺插〕
나색	내색 〔–色〕
나서	찰기장 〔糯黍〕
나선상	나사꼴·용수철꼴 〔螺璇狀〕
나성	1. 외성 2. 로스앤젤레스 〔취 羅城〕
나속	차조 〔보기〕 나속반 → 차조밥 〔糯粟〕
나신	알몸·벌거숭이 〔裸身〕
나안	맨눈 〔보기〕 나안시력 → 맨눈시력 ▷ 교정시력 → 고친시력 〔裸眼〕
나약하다	여리다·약하다 〔愞弱–〕
나열	벌임·늘어놓음 〔보기〕 나열하다 → 벌이다/ 나열법 → 벌임법/ 나열식 → 벌임식/ 나열주의 → 벌여놓기주의/ 나열형 → 벌임꼴 〔羅列〕
나와바리	줄쳐놓기·관할구역·전문영역·범위 〔일 繩張·なわばり〕
나용선	(빈)셋배 〔裸傭船〕
나이빼기·나이박이 ·나이바기	나이배기 ※한살배기·첫돌배기·열살배기 따위.
나이스	좋은·훌륭한 〔영 nice〕
나이터	야간경기·밤경기 〔보기〕 나이터(트) 게임 → 야간경기· 밤경기 〔〈영 night game〕
나이프	칼·주머니칼 ▷ 잭나이프 → 접칼 〔영 knife〕

나자식물	겉씨식물 [裸子植物]
나전	자개 〔보기〕 나전칠기 → 자개그릇 [螺鈿]
나절가웃	1. → 반나절 2. 하루 낮의 4분의 3 ※반나절은 낮의 4분의 1, 한나절은 낮의 반, 나절가웃은 낮의 4분의 3, 종일은 온낮.
나즈막하다	나지막하다 ▷ 나즉이 → 나직이/ 나즉나즉하다 → 나직나직하다/ 나즉하다 → 나직하다
나지	맨땅 〔보기〕 나지작 → 민그루짓기 [裸地]
나찌	나치 [도 Nazi]
나체	알몸 〔보기〕 나체화 → 알몸그림 ▷ 나신 → 알몸/ 누드 → 알몸 [裸體]
나침의	나침반 [羅針儀]
나침판	나침반 [羅針盤]
나카마	한패·동아리·동업자·거간 [일 仲間·なかま]
나태	게으름 〔보기〕 나태하다 → 게으르다 [懶怠]
나팔관	알관 [喇叭管]
나포	붙잡음·잡아옴(감) 〔보기〕 나포하다 → 잡다·잡아가(오)다/ 나포선 → 잡은배/ 어선나포 → 어선잡음 [拿捕]
나프탈린	좀약 [도 Naphthalin]
나합	나사맞춤 [螺合]
나해	소라젓 [螺醢]
나흑수병	겉깜부깃병 ▷ 흑수병 → 깜부깃병 [裸黑穗病]
낙관	좋게 봄·잘될 희망 〔보기〕 낙관하다 → 좋게 보다·잘될 것으로 보다 ▷ 비관 → 안좋게 봄·슬프게 봄 [樂觀]
낙농	젖농사·젖소치기 〔보기〕 낙농가 → 젖농사집/ 낙농업 → 젖농사/ 낙산물 → 젖산물 [酪農]
낙도	외딴섬 ▷ 고도·절도 → 외딴섬 [落島]
낙뢰	벼락 [落雷]
낙마	(말에서) 떨어짐 〔보기〕 낙마하다 → 떨어지다 ▷ 낙상 → 떨어져 다침 [落馬]
낙반	천판 떨어짐·천판 무너짐 〔보기〕 낙반하다 → 천판이 무너지다/ 낙반 사고 → 굴이 무너지는 사고 ▷ 낙석 → 돌떨어짐·떨어진 돌 [落盤·落磐]
낙방	떨어짐 〔보기〕 낙방하다 → 떨어지다 [落榜]
낙부	승낙 여부 [諾否]
낙사	떨어져 죽음 〔보기〕 낙사하다 → 떨어져죽다 [落死]
낙상	떨어져 다침 〔보기〕 낙상하다 → 떨어져 다치다 [落傷]
낙서	장난글씨 〔보기〕 낙서하다 → 장난글씨를 쓰다 [落書]
낙선	떨어짐 〔보기〕 낙선하다 → 떨어지다 ▷ 당선 → 붙

	음·뽑힘 [落選]
낙세	내림세·떨어질 기세 〔보기〕하락세 → 내림세 ▷ 상승세·등세 → 오름세·오를 기세 [落勢]
낙수	물떼기·떨어지는 물·낙숫물 [落水]
낙수	1. 이삭·낟이삭 2. 주운 얘기 [落穗]
낙승	쉽게 이김·가볍게 이김 〔보기〕낙승하다 → 쉬 이기다 ▷ 신승 → 어렵게 이김·가까스로 이김·진땀승 [樂勝]
낙시	낚시 ▷ 낙시줄 → 낚싯줄
낙양	석양·저녁볕 ▷ 석양 → 해질녘·저녁때 [落陽]
낙엽	갈잎·진잎 〔보기〕낙엽관목 → 갈잎떨기나무/ 낙엽교목 → 갈잎큰키나무/ 낙엽림·낙엽수림 → 갈잎숲/ 낙엽목 → 갈잎나무/ 낙엽소관목 → 갈잎작은떨기나무·갈잎난쟁이나무/ 낙엽소교목 → 갈잎작은키나무/ 낙엽수 → 갈잎나무·잎지는나무 ▷ 상록수 → 늘푸른나무 [落葉]
낙오	뒤처짐·뒤떨어짐 〔보기〕낙오하다 → 뒤처지다·뒤떨어지다/ 낙오병 → 처진 병정·떨어진 병정 [落伍]
낙옥	옥떨이(경제) [落玉]
낙월	지는달 ▷ 낙일 → 지는해 [落月]
낙인	불도장 [烙印]
낙자	빠진글자 ▷ 탈자 → 빠진글자/ 오자 → 틀린글자 [落字]
낙장	빠진 장·장수 빠짐 [落張]
낙조	지는햇빛·저녁볕 ▷ 낙양·석양 → 저녁볕 [落照]
낙조	썰물 [落潮]
낙종	1. 씨뿌림 2. 기사 놓침 〔보기〕낙종하다 → 1. 씨뿌리다 2. 기사 놓치다·물먹다 [落種]
낙진	원자먼지 [落塵]
낙차	떨어짐높이 〔보기〕낙차공 → 물높이·물층대 ▷ 낙폭 → 떨어진 너비 [落差]
낙착	끝맺음 〔보기〕낙착하다 → 끝맺다 [落着]
낙천적	걱정않는 ▷ 낙관적 → 잘될 것으로 보는 [樂天的]
낙치다·낙하다	낙인찍다 ※준말보다 본말이 널리 쓰여 본말을 표준말로 삼음.(표준어규정 제15항) [烙-]
낙태	애짐·애지움 〔보기〕낙태하다 → 애지우다·애지다 ▷ 유산하다 → 새끼지다·애지우다 [落胎]
낙폭	떨어진 너비 〔보기〕낙폭이 크다 → 크게 떨어지다 [落幅]
낙하	떨어짐 〔보기〕낙하하다 → 떨어지다/ 낙하물 → 떨어진 물체 [落下]

낙형	단근질 〔烙刑〕
낙화	꽃짐·진꽃 〔보기〕 낙화하다 → 꽃 지다 ▷ 낙엽 → 진잎·잎짐 〔落花〕
낙화생	땅콩 〔보기〕 낙화생유 → 땅콩기름/ 낙화생박 → 땅콩껍질·깻묵 〔落花生〕
낙후	뒤떨어짐·뒤짐 〔보기〕 낙후하다 → 뒤떨어지다·뒤지다/ 낙후되다 → 뒤떨어지다·뒤지다/ 낙후성 → 뒤떨어짐·뒤짐성/ 낙후한 농촌 → 뒤진 농촌 〔落後〕
난	자리·칸 〔보기〕 가정란 → 가정칸/ 어린이난 → 어린이칸·어린이자리/ 고정란 → 붙박이칸·붙박이자리 ▷ 란 〔欄〕
난감하다	매우 딱하다·감당하기 어렵다 〔難堪-〕
난경	어려운 처지·곤란한 지경 〔보기〕 난경에 처하다 → 어려운 처지에 빠지다 ▷ 난관 → 어려운 고비 〔難境〕
난공사	어려운 공사 〔難工事〕
난관	고비·어려움 〔보기〕 난관에 봉착하다 → 어려움에 빠지다·어려움에 맞닥뜨리다·고비를 만나다 〔難關〕
난관	알길·알줄·알관 〔보기〕 난관채 → 나팔막/ 난괴 → 알뭉치 〔卵管〕
난괴	알덩이·알뭉치 〔卵塊〕
난국	어려운 고비·어려운 판 〔難局〕
난귀	난구 〔難句〕
난낭	알주머니 〔卵囊〕
난대	따뜻한 지대 ▷ 온대 → 따뜻한 지대/ 열대 → 뜨거운 지대·더운 지대/ 한대 → 추운 지대 〔暖帶〕
난동	거친 행동·사나운 행동 〔보기〕 난동하다 → 거칠게 놀다 ▷ 소동 → 법석 〔亂動〕
난류	더운무대 ▷ 한류 → 찬무대 〔暖流〕
난립	함부로 섬·마구 섬 〔보기〕 난립하다 → 마구 서다 〔亂立〕
난만하다	무르녹다·활짝피다·흐드러지다 〔보기〕 난만히 → 흐드러지게 〔爛漫-〕
난망	잊지 못함 〔보기〕 난망하다 → 잊기 어렵다·잊지 못하다 ▷ 불망 → 못잊음 〔難忘〕
난망	바라기 어려움 〔보기〕 난망하다 → 바라기 어렵다/ 기대난망 → 바라기 어려움 ▷ 기대 난이라 → 바라기 어려워 〔難望〕
난맥	엉망·뒤범벅 〔보기〕 난맥상 → 엉망꼴/ 난맥상을 보이다

→ 엉망꼴을 보이다 [亂脈]

난무	함부로 날뜀·마구 날뜀 〔보기〕 난무하다 → 마구 날뛰다 [亂舞]
난문	어려운 문제·어려운 물음 〔보기〕 난문제 → 어려운 문제 ▷ 난제 → 어려운 문제 [難問]
난발	막쏨·막냄 〔보기〕 난발하다 → 막 쏘다·막 내다·막 떠벌리다 ▷ 남발 → 마구 냄·함부로 냄 [亂發]
난방	방데움 〔보기〕 난방하다 → 따뜻하게 하다/ 난방기구 → 방데우개/ 난방공 → 열관리원 [煖房]
난백	흰자 〔보기〕 난백막 → 흰자막/ 난백분 → 흰잣가루/ 난백색 → 흰잣빛 ▷ 난분 → 알가루·달걀가루/ 난황 → 노른자 [卵白]
난비	흩날림 〔보기〕 난비하다 → 흩날리다 ▷ 난분분하다 → 이리저리 흩날리다 [亂飛]
난사	막쏨 〔보기〕 난사하다 → 막쏘다 [亂射]
난산	어려운 해산·낳기 어려움 〔보기〕 난산하다 → 어렵게 낳다 ▷ 순산 → 쉬낳음 [難産]
난삽하다	어렵다·어지럽다·빡빡하다 〔보기〕 난삽한 문장 → 어렵고 어지러운 글 [難澁-]
난색	어려운 빛·싫은 눈치 〔보기〕 난색을 표하다 → 어려운 빛을 나타내다 [難色]
난세포	알세포 [卵細胞]
난센스	무의미·엉뚱함·당찮은 말·우스개 〔보기〕 난센스 퀴즈 → 우스개 문제 ▷ 넌센스 → 난센스 [영 nonsense]
난소	알집 〔보기〕 난소기능 휴지 → 알집구실 멎음/ 난소적출 → 알집떼어내기 [卵巢]
난수	흑책질·장난질 ▷ 역수 → 흑책질·장난질 [亂手]
난시	얼보기·어릿보기 〔보기〕 난시안 → 얼보기눈/ 난시안경 → 얼보기안경 ▷근시 → 바투보기·졸보기/ 사시 → 흑보기·사팔뜨기/ 원시 → 멀리보기 [亂視]
난시청	듣보기 힘듦 [難視聽]
난용성	덜풀림성 ▷ 난용성 → 잘안녹음성·잘안녹는 [難溶性]
난용종	알닭 [卵用種]
난이	어려움과 쉬움 〔보기〕 난이도 → 어려운 정도 [難易]
난입	함부로 들어감(옴)·마구 들어감(옴) 〔보기〕 난입하다 → 함부로 들어가다 [亂入]
난자	알씨 [卵子]
난자	함부로 찌름·마구 찌름 〔보기〕 난자하다 → 마구 찌르다

	[亂刺]
난장이	난쟁이
난적	막쌓기　〔보기〕난적하다 → 막쌓다　[亂積]
난점	어려운 점·곤란점　[難點]
난제	어려운 문제·골칫거리　[難題]
난조	어려운 상태·엇가락·엉망·흐트러짐　〔보기〕난조를 보이다·난조를 나타내다 → 흐트러지다·엇가락을 보이다 [일 亂調·らんちょう]
난좌	알자리　▷ 난주 → 알세포/ 난중 → 알무게　[卵座]
난지	따뜻한 곳·더운 데　▷ 한지 → 추운 곳·찬 데　[暖地]
난처하다	어렵다·딱하다　[難處-]
난청	듣기 어려움·잘 안들림　[難聽]
난치	고치기 어려움·잘안나음　〔보기〕난치병 → 잘안낫는병/ 난치성 → 잘안낫는　▷ 불치병 → 안낫는병　[難治病]
난타	짓두드림·마구 때림·두들김　〔보기〕난타하다 → 마구 때리다　▷ 질타 → 마구 때림·막나무람　[亂打]
난포	알꽈리　〔보기〕난포자 → 알홀씨　[卵胞]
난폭	거칠고 사나움　〔보기〕난폭하다 → 거칠다·사납다/ 난폭자 → 사나운 이　[亂暴]
난항	어려운 길·어려움·잘안나감　〔보기〕난항하다 → 어렵게 가다/ 난항을 겪다 → 어려움을 겪다/ 난항을 거듭하다 → 거듭 어려움에 빠지다·일이 잘 안 풀리다/ 난항에 빠지다 → 어려움에 빠지다/ 난항이다 → 잘 안풀린다　▷ 풍파 → 바람과 물결·어려움/ 순항 → 잘나감　[難航]
난해	알젓　[卵醢]
난해	어려움　〔보기〕난해하다 → 풀기(알기) 어렵다/ 난해한 글 → 어려운 글　▷간단하다·용이하다 → 쉽다　[難解]
난형	달걀꼴·알꼴　〔보기〕난형곡선 → 달걀곡선/ 난형낭 → 알꼴주머니　[일 卵形·らんけい]
난황	노른자　〔보기〕난황분 → 노른잣가루/ 난황색 → 노른자윗빛　▷ 난백 → 흰자　[卵黃]
날라가다·날라오다	1. 나르다+가다(오다)　2. → 날아가다(오다)　〔보기〕짐을 날라가다/ 새가 날라가(오)다 → 새가 날아가(오)다
날락들락	들락날락　※붉으락푸르락·오락가락·쥐락펴락 따위와 마찬가지로 익은 차례가 있다고 보아 한 가지만 표준말로 삼음.(표준어규정 제25항)
날염	무늬박음·무늬들임·무늬찍기　〔보기〕날염하다 → 무늬찍다/ 날염공장 → 무늬찍는 공장/ 날염기 → 무늬찍개/ 날염가

	공 → 무늬찍기 ▷ 나염 → 날염 〔일 捺染·なっせん〕
날으다	1. → 날다 2. → 나르다 ※'날다'는 '날고, 나니, 날아서, 나는, 날았다'로, '나르다'는 '나르고, 나르니, 날라서, 나르는, 날랐다'로 활용한다. 〔보기〕날으는 새 → 나는 새/ 날으는 비행기 → 나는 비행기/ 새가 날라가다 → 새가 날아가다/ 짐을 날으다·~ 날르다 → 짐을 나르다/ 짐을 날아가다 → 짐을 날라가다
날인	도장찍기 〔보기〕날인하다 → 도장을 찍다/ 날인받다 → 도장을 찍다/ 서명날인 → 이름쓰고 도장찍음 〔일 捺印·なついん〕
날자	날짜 〔보기〕시험날자 → 시험날짜/ 선거날자 → 선거날짜/이날자 → 이날짜 ▷ 일자 → 날짜
날조	가짜 만듦·꾸며냄 〔보기〕날조하다 → 꾸며내다·가짜로 만들다/ 서류날조 → 서류 꾸밈/ 경력을 날조하여 → 경력을 가짜로 꾸며 〔捏造〕
남감저	고구마 〔보기〕남감저당 → 고구마엿 〔南甘藷〕
남경두	땅콩 〔南京豆〕
남과	호박 〔보기〕남과인 → 호박씨 〔南瓜〕
남기	이내 〔보기〕깊은산 남기 어린 곳에 → 깊은산 이내 어린 곳에 〔嵐氣〕
남단	남쪽끝 ▷ 동단 → 동쪽끝/ 북단 → 북쪽끝/ 서단 → 서쪽끝 〔南端〕
남도창	남도소리 〔南道唱〕
남루	누더기 〔보기〕남루하다 → 너더분하다·누덕누덕하다 〔襤褸〕
남매	오누이 ▷ 자매 → 여자 언니동생 〔男妹〕
남바	넘버·번호·호 〔보기〕남바링 → 넘버링·번호찍개/ 남바완 → 넘버원·으뜸 〔〈영 number〕
남발	마구 냄·함부로 냄 〔보기〕남발하다 → 마구 내다·함부로 내다 〔일 濫發·らんぱつ〕
남방	남쪽·남녘 ▷ 북방 → 북쪽/ 서방 → 서쪽/ 동방 → 동쪽 〔南方〕
남벌	마구 벰·함부로 벰 〔보기〕남벌하다 → 마구 베다 ▷ 벌채 → 나무베기/ 간벌 → 솎아 베기 〔일 濫伐·らんぱつ〕
남복	남자옷 〔男服〕
남비	마구 씀·헤피 씀 〔보기〕남비하다 → 헤피 쓰다 ▷ 낭비하다 → 헤피 쓰다/ 남용 → 마구 씀·함부로 씀 〔濫費〕
남비	냄비 ※'ㅣ' 모음 역행동화가 일어난 형태 중 몇몇 말은 표

준말로 삼는다. −내기·동댕이치다·−쟁이 따위.(표준어규정 제9항)

남상	기원·샘 [濫觴]
남아	사내아이 [男兒]
남어지	나머지 ※'−이'나'−음/ㅁ'이외의 모음으로 시작된 접미사가 붙어서 명사가 된 낱말은 줄기의 본꼴을 밝혀 적지 않는다.(맞춤법 제19항)
남여	남녀 ※'녀, 뇨, 뉴, 니'가 낱말 첫머리 이외에 올 때는 본음대로 적음. 〔보기〕당뇨·결뉴·은닉.(맞춤법 제10항) '남과 여, 남·여' 따위로 적을 때는 머릿소리법칙을 적용한다. [男女]
남와	냄비 [南鍋]
남용	마구 씀·막씀·함부로 부림 〔보기〕남용하다 → 막쓰다/ 외화남용 → 외국돈 막씀/ 권력 남용 → 권력 막부림 [濫用]
남위	남씨 〔보기〕남위선 → 남씨금 ▷ 북위 → 북씨/ 동경 → 동날/ 서경 → 서날 [南緯]
남은 여생	남은 생애·여생·남은 삶 ※말이 쓸데없이 겹친다.
남지나해	남중국해 ※'지나'는 '차이나'를 한자로 소리내어 읽은 것이어서 쓸 것이 못 된다. [南支那海]
남천	남쪽하늘 [南天]
남청	쪽빛 [藍靑]
남초	담배 [南草]
남풍	남쪽바람·마파람 [南風]
남하	남쪽으로 옴(감) 〔보기〕남하하다 → 남쪽으로 오(가)다 ▷ 북상 → 북으로 감(옴)/ 남행 → 남으로 감 [南下]
남향	남쪽·남바람 〔보기〕남향하다 → 남쪽으로 바라다 [南向]
남획	함부로 잡음·막잡음·막잡기 〔보기〕남획하다 → 막잡다·함부로 잡다/ 남획을 막다 → 함부로 잡지 못하게 하다·막잡기를 막다/ 남획으로 인해 → 막잡기로 말미암아·막잡아서 ▷ 포획 → 사로잡음 [濫獲]
납	밀 〔보기〕밀랍 → 밀·꿀밀 [蠟]
납	땜납 [鑞]
납기	바칠 기간·내는 기한 〔보기〕납기만료 → 낼 기간 끝남/ 납기일 → 내는 날 [일 納期·のうき]
납득	알아들음·곧이들음·이해 〔보기〕납득하다 → 알아듣다·곧이듣다·이해하다/ 납득되다 → 곧이들리다 ▷ 설득 → 알아듣게 함·풀어말함 [일 納得·なっとく]

납량	서늘맞이·시원맞이 〔보기〕납량특집 → 서늘맞이 특집/ 납량물 → 서늘맞잇것 〔納凉〕
납본	책바치기·바침책 〔보기〕납본하다 → 책(을) 바치다 〔納本〕
납부	바침·냄 〔보기〕납부하다 → 바치다·내다 ▷ 납입 → 냄·바침 〔納付〕
납세	세금냄·세금바침 〔보기〕납세하다 → 세금을 내다/ 납세 자 → 세금내는 이·세금 바친 이/ 납세증 → 세금낸 증명/ 납 세필증 → 세금낸 표/ 납세필증서 → 세금 낸 증서 ▷ 징 세 → 세금걷기/ 탈세 → 세금떼먹기 〔納稅〕
납월	섣달 〔臘月〕
납입	바침·냄·치름 〔보기〕납입하다 → 바치다·내다 ▷ 납부 → 냄·바침 〔일 納入·のうにゅう〕
납짝하다	납작하다 ▷ 넙적하다 → 넓적하다/ 넙쩍하다 → 넓적하다
납치	잡아감(옴)·붙들어감(옴) 〔보기〕납치하다 → 잡아가 다·붙들어가다/ 납치되다 → 붙잡혀가다 〔拉致〕
납품	물건 바침 〔보기〕납품하다 → 물건 대주다·물건 바치 다·물건 넣다/ 납품가 → 물건 넣는 값 ▷ 군납 → 군대 내기 〔納品〕
납회	파장모임·마무리·끝모임 〔보기〕납회하다 → 파장모임을 하다·마무리하다 〔納會〕
낫우다·나수다	고치다 〔보기〕병을 낫우다 → 병을 고치다·병이 낫게 하 다
낫지 않느냐	낫지 않으냐 ※ '-느냐'는 '있다·없다'를 빼고는 그림씨 (형용사) 뒤에는 붙을 수 없다. '낫다' '못하다' 따위의 그림 씨에는 '-(으)냐' 씨끝을 써야 한다. 〔보기〕좋지 않느냐 → 좋지 않으냐/ 아름답지 않느냐 → 아름답지 않으냐/ 아름 답느냐 → 아름다우냐/ 덥느냐 → 더우냐/ 싫느냐 → 싫으냐
낭	낭떠러지·벼랑 ▷ 낭떨어지 → 낭떠러지
낭독	소리내 읽기·읊음 〔보기〕낭독하다 → 소리내 읽다·큰소 리로 읊다 〔朗讀〕
낭떨어지	낭떠러지
낭망	자루그물 〔일 囊網·ふくろあみ〕
낭보	반가운 소식·좋은 소식·기쁜 소식 〔朗報〕
낭비	헤피씀·허투루씀 〔보기〕낭비하다 → 헤피쓰다·허투루 쓰다/ 낭비벽 → 헤피 쓰는 버릇 ▷ 남비하다 → 허투루쓰 다 〔浪費〕
낭설	떠도는 말·뜬소리·뜬소문·헛소문 〔浪說〕

낭송	읊기·읊음　〔보기〕낭송하다 → 읊다　[朗誦]
낭자	처녀·아가씨　〔보기〕낭자군 → 여자패·아가씨들　[娘子]
낭자하다	퍼져 있다·자자하다·질펀하다　〔보기〕낭자한 술판 → 질펀한 술판　[狼藉]
낭종	물혹　[囊腫]
낭하	골마루·복도　▷ 회랑 → 골마루　[廊下]
낮으막하다·나즈막하다	나지막하다
낯설음	낯섦　〔보기〕낯설은 → 낯선
내	안　▷ 외 → 밖　[內]
내각	아낙각·안각·안모　▷ 외각 → 바깥각·바깥모/ 대각 → 맞모·맞선모·맞각/ 협각 → 끼인각(낀각)　[內角]
내간	안편지　[內簡]
내강	안·속　[內腔]
내객	손님　▷ 내빈 → 손님/ 하객 → (축하)손님　[來客]
내경	안지름　▷ 외경 → 겉지름·바깥지름　[內徑]
내공	속빔　[內空]
내과피	속열매껍질·열매속껍질　[內果皮]
내관	자기관찰·자기살핌　〔보기〕내관하다 → 안을 보다·자신을 살피다　▷관조 → 비춰 봄·맘으로 봄　[內觀]
내교정	애교정·애벌준　[內校正]
내구	견딤·질김　〔보기〕내구성 → 견딜성/ 내구연한 → 견딜햇수·견딤햇수　[耐久]
내국세	나라안 세금　▷ 관세·톤세·수입세·지방세　[內國稅]
내규	안규정·내부규정　▷ 내칙 → 내부규칙·안규칙　[內規]
내냉성	참견딜성·찬기견딜성·냉견딜성　▷ 내열성 → 열견딤성·열견딤/ 내한(寒)성 → 추위견딜성/ 내한(旱)성 → 가뭄견딜성　[耐冷性]
내노라	내로라　※잡음씨(서술격조사) 활용어미 '-이로라'는 체언에 붙어 쓰이며, '-노라'는 동작을 나타내는 종결어미로 쓰인다.　〔보기〕내로라·왕이로라·웃사람이로라/ 왔노라·갔노라·보았노라 따위.
내달	다음달·올달　[來-]
내도	옴·와닿음·도착함　〔보기〕내도하다 → 와닿다·도착하다　▷ 도래 → 옴·와닿음　[來到]
내도복성	안쓰러짐성·안넘어짐성　[耐倒伏性]
내동하다	와서 모이다　▷ 회동하다 → 모이다　[來同-]

내락	우선 승낙 · 마음승낙　〔보기〕내락하다 → 우선 승낙하다/ 내락을 받다 → 미리 승낙받다　[內諾]
내란	안난리　▷ 외환 → 바깥근심/ 내우→안걱정　[內亂]
내러티브	줄거리　[영 narrative]
내레이션	해설 · 풀이　〔보기〕내레이터 → 해설자　[영 narration]
내력	속힘　▷ 외력 → 바깥힘　[內力]
내력	견딜심　〔보기〕내력 시험 → 견디기 시험　[耐力]
내력	내림　[來歷]
내륜	속바퀴 · 안바퀴　▷ 외륜 → 겉바퀴　[內輪]
내막	속내 · 속판 · 속내평　〔보기〕내막을 알다 → 속내를 알다 [內幕]
내면	안쪽　〔보기〕내면심리 → 속마음/ 내면의식 → 속생각　▷ 외면 → 겉쪽　[內面]
내명년	후년 · 내내년 · 다담해　[來明年]
내밀	속비밀 · 숨은비밀　〔보기〕내밀하다 → 비밀스럽다 · 감쪽 같다/ 내밀히 → 남몰래 · 숨겨서　[內密]
내방	안방 · 아낙거처　〔보기〕내방출입 → 안방드남/ 내방가사 → 아낙가사 · 안방가사　[內房]
내방	찾아옴　〔보기〕내방하다 → 찾아오다/ 내방객 → 손님 [來訪]
내배엽	애씨속켜　▷ 외배엽 → 애씨겉켜　[內胚葉]
내뱉았다	내뱉었다　※'내뱉다'는 '내뱉고, 내뱉어, 내뱉으니' 등으로 활용한다. 어간(줄기) 끝 음절 모음이 'ㅏ, ㅗ'일 때에는 어미를 '－아' 계열로 적고, 'ㅐ, ㅓ, ㅜ, ㅚ, ㅟ, ㅡ, ㅢ, ㅣ'일 때는 '－어' 계열로 적는다.(맞춤법 제16항)
내벽	안벽 · 속벽　▷ 외벽 → 바깥벽 · 겉벽/ 간벽 → 샛벽　[內壁]
내병성	병견딜성 · 병견딤성　[耐病性]
내복	1. 먹기　2. 속옷　〔보기〕내복하다 → 먹다/ 내복법 → 먹 는법/ 내복약 → 먹는약/ 내복정 → 먹는 알약　▷ 외용약 → 바르는 약/ 경구투약 → 약먹임　[內服]
내부	안 · 안쪽　〔보기〕내부사정 → 속사정　[內部]
내부식성	삭음견딜성　[耐腐蝕性]
내분	집안싸움　▷ 내홍 → 집안다툼/ 내우외환 → 안팎근심/ 내 환 → 안근심 · 아내병　[內紛]
내분비	속배어나기　▷ 외분비 → 겉배어나기　[內分泌]
내불금	선돈　[來拂金]
내비게이션	길도우미　▷ 네비게이션 → 내비게이션 · 길도우미　[영

navigation]

내비성	거름견딜성 [耐肥性]
내비추다	내비치다 ※'비치다'는 자동사·타동사 둘 다 쓰이며, '비추다'는 타동사로만 쓰이는데, '내비추다'라는 말은 사전에 올라있지 않다. 〔보기〕엷은 구름 사이로 햇살이 내비춘다 → 엷은 구름 사이로 햇살이 내비친다/ 그 일에 대해 한마디도 내비추지 않았다 → 그 일에 대해 한마디도 내비치지 않았다/ 왜 그런 속뵈는 소리를 내비추는지 모르겠다 → 왜 그런 속뵈는 소리를 내비치는지 모르겠다/ 괴로운 심정을 내비추다 → 괴로운 심정을 내비치다
내빈	손님 〔보기〕내빈석 → 손님자리 ▷ 내객 → 손님/ 빈객 → 손님 [來賓]
내뻐치다·내뻗히다	내뻗치다 ※'내뻗다'가 원형임. '이 끝에서 저 끝까지 닿다'와 '뻗다, 뻗지르다'의 강세형을 구별하지 않고 '뻗치다'로 적기로 함.(맞춤법 제55항)
내사	안채 [內舍]
내사	속조사·뒷조사·자체조사 〔보기〕내사하다 → 속조사하다/ 내사에 들어가다 → 속조사에 들어가다·몰래 조사하다 [內査]
내산강	산견딜강 ▷ 내산성 → 산견딜성 [耐酸鋼]
내삽	안쪽끼우기 [內揷]
내새	속아가미 [內鰓]
내서	더위견딤 ▷ 내한 → 추위견딤 [耐暑]
내성	견딤성·견딜성 〔보기〕내성균 → 찰균·견딜성균/ 한 가지 약을 오래 먹으면 내성이 생겨 잘 안 듣는다 → ~ 견딜성이 생겨 ~ [耐性]
내세	올세상·미래 ▷ 거세 → 지난해·간해/ 현세·금세 → 오늘·지금세상/ 미래 → 올세상 [來世]
내셔날리즘·내쇼날리즘	내셔널리즘·민족주의·국가주의·국수주의 〔보기〕내셔날리스트 → 내셔널리스트·민족주의자 [〈영 nationalism]
내셔널리즘	민족주의·국가주의 〔보기〕내셔널리스트 → 민족주의자 [영 nationalism]
내셔널 트러스트	국민신탁 [영 national trust]
내수	나라안 쓰임·국내소비 〔보기〕내수량 → 안쓰임양/ 내수용 → 안씀씀이·국내소비용/ 내수시장 → 국내시장 [內需]
내수성	물견딤성 〔보기〕내수지 → 물막이종이/ 내수포 → 물막이천 ▷ 방수 → 물막이 [耐水性]

내습	덮쳐옴　〔보기〕내습하다 → 덮쳐오다　[來襲]
내습성	습기견딜성　[耐濕性]
내식성	썩삭음견딜성　[耐蝕性]
내신	속아룀 · 숨겨아룀　〔보기〕내신하다 → 속아뢰다/ 내신성적 → 학교성적/ 내신을 내다 → 속마음을 전달하다　[內申]
내신력	안늘힘 · 늘견딜힘　[耐伸力]
내실	안방　[內室]
내실	알참 · 실속　〔보기〕내실이 없다 → 실속이 없다/ 내실화 → 실속채우기/ 내실을 기하다 → 실속을 차리다 · 알참을 꾀하다　[內實]
내심	1. 속마음 · 속 · 속으로　2. 안쪽닿이 원중심 · 안심　〔보기〕내심 안타까워하다 → 속으로 안타까워하다　[內心]
내약	속언약 · 짬짜미 · 말맞추기　〔보기〕내약한 사이 → 속언약한 사이　▷ 담합 → 짬짜미 · 입맞추기 · 말맞추기　[內約]
내역	속가름 · 명세　〔보기〕내역서 → 속가름발기 · 속발기　▷ 명세 → 속가름　[일 內譯 · うちわけ]
내열	열견딤　〔보기〕내열성 → 열견딤성　[耐熱]
내염성	소금기견딜성　[耐鹽性]
내왕	오감　〔보기〕내왕하다 → 오가다/ 내왕인(객) → 오가는 이 · 내왕꾼　▷ 왕래하다 → 오가다/ 냉꾼 → 내왕꾼　[來往]
내외	1. 안팎 · 부부　2. (보기를) 피함 · 고개돌림　〔보기〕내외하다 → 마주하기를 피하다/ 국내외 → 나라안팎/ 내외지간 → 부부사이　[內外]
내용연수	쓸수있는 햇수 · 쓸햇수　[耐用年數]
내용적	속부피　[內容積]
내우	안걱정 · 속걱정　〔보기〕내우외환 → 안걱정 바깥근심 · 안팎근심　[內憂]
내원	(원에) 옴 · 오셔서　※단체 · 동네 따위와 어울린 '래(내)'는 모두 '옴'으로 바꾼다.　▷ 내부 → 부산옴/ 내교 → 학교옴/ 내사 → 회사옴/ 내경 → 서울옴　[來院]
내월	다음달 · 담달 · 내달　▷ 익월 → 담달 · 이듬달/ 거월 → 지난달　[來月]
내음	냄새
내의	속옷　▷ 내복 → 속옷　[內衣]
내이	안귀 · 속귀　〔보기〕내이도 → 속귀길　▷ 외이 → 겉귀 · 바깥귀　[內耳]
내인가	예비인가 · 임시인가　[內認可]

내자	안자금·국내자본 〔보기〕내자조달 → 안자금대기 ▷ 외자 → 바깥자금·외국물자 [內資]
내재	들어있음 〔보기〕내재하다 → 들어있다/ 내재율 → 속가락 [內在]
내접	안닿이 〔보기〕내접원 → 안닿이원 ▷ 외접 → 바깥닿이 [內接]
내정	속작정 〔보기〕내정하다 → 속으로 정하다 [內定]
내정	나라안일·집안일·안살림살이 [內政]
내정	1. 안뜰 2. 아낙 [內庭]
내조	아낙도움 〔보기〕내조하다 → 안에서 돕다 ▷ 외조 → 바깥도움·남편도움 [內助]
내주	다음주·담주 ▷ 내월 → 담달/ 내년 → 담해 [일 來週·らいしゅう]
내지	또는·-나·-에서 〔보기〕삼개월 내지 사개월 → 석달에서 넉달/ 두 개 내지 세 개 정도 → 둘이나 셋 정도 [乃至]
내진	지진 견딤 〔보기〕내진성 → 진동 견딜성 [耐震]
내찰	안편지 ▷ 내간 → 안편지 [內札]
내추럴	1. 보통의·자연의 2. 제자리표(음악) 〔보기〕내추럴하다 → 자연스럽다/ 내추럴 랭귀지 → 자연언어/ 내추럴리즘 → 자연주의/ 내추럴 컬러 → 자연색·천연색 [영 natural]
내충성	벌레견딜성 〔보기〕내충성목 → 벌레견딜성나무·벌레에 강한 나무 [耐蟲性]
내측	안쪽 ▷ 외측 → 바깥쪽 [內側]
내치	암치질 [內痔]
내통	몰래 알림 〔보기〕내통하다 → 몰래 알리다·몰래 통하다/ 내통자 → (안)염알이꾼 [內通]
내파음	안터짐소리·닫음소리 ▷ 외파음 → 겉터뜨림소리 [內破音]
내팽겨치다	내팽개치다 〔보기〕내팽겨쳐진 채 → 내팽개쳐진 채
내표지	속표지·속뚜껑·속포장지 [內表紙]
내피	속껍질·속가죽 ▷ 외피 → 겉껍질 [內皮]
내피복	속덮기·속덮개 ▷ 외피복 → 겉덮기·겉덮개/ 피복 → 싸개·덮개 [內被覆]
내핍	가난 견딤 〔보기〕내핍하다 → 가난 견디다/ 내핍생활 → 가난견딤 ▷ 궁핍 → 가난함·쪼들림 [耐乏]
내한	추위견딤 〔보기〕내한성 → 추위견딜성/ 내한성 작물 → 추위견딜성 작물 [耐寒]
내한	가뭄견딤 〔보기〕내한성 → 가뭄견딜성/ 내한성 작물 → 가

뭄견딜성 작물 [耐旱]

내합 안쪽모임 ※천문 말. ▷ 하합 → 안쪽모임/ 외합 → 바깥쪽모임/ 상합 → 바깥쪽모임 [內合]

내항 안마디 ▷ 외항 → 바깥항(비례식의 첫항과 마지막 항) [內項]

내호흡 속숨·속숨쉬기 ▷ 외호흡 → 겉숨(쉬기) [內呼吸]

내홍 집안싸움·집안다툼 〔보기〕 내홍에 휩싸이다 → 집안다툼에 휩싸이다 ▷ 내분 → 집안다툼 [內訌]

내화 불견딤 〔보기〕 내화도 → 불견딜도/ 내화벽돌 → 불벽돌/ 내화성 → 불견딤성/ 내화시멘트 → 불시멘트/ 내화재료 → 불견딜감/ 내화점토 → 불찰흙 [耐火]

내흉스럽다 내숭스럽다 ※비슷한 발음이 나는 낱말이 뜻차이가 없으면 더 널리 쓰이는 쪽을 표준말로 삼음.(표준어규정 제17항) [內凶－]

냅킨 앞가리·앞수건 〔보기〕 냅킨꽂이 → 수건꽂이·종이꽂이 ▷ 내프킨 → 냅킨 [영 napkin]

냇과 내과 ※사이시옷을 붙여 적는 한자말은 '곳간·셋방·숫자·찻간·툇간·횟수' 여섯 개로 한정했다. [內科]

냉각 식히기·차짐 〔보기〕 냉각하다 → 식히다·차지다/ 냉각기(－期) → 식(히)는 동안/ 냉각기(－器) → 식히개·식힘기계/ 냉각대 → 식힘띠/ 냉각요 → 식힘가마/ 냉각재 → 식힘 감(거리)·차게 하는 감 [冷却]

냉꾼 내왕꾼

냉담 쌀쌀함·참 〔보기〕 냉담하다 → 차다·쌀쌀하다 ▷ 냉정 → 쌀쌀함·참 [冷淡]

냉대 푸대접 〔보기〕 냉대하다 → 푸대접하다 [冷待]

냉동 얼림 〔보기〕 냉동하다 → 얼리다/ 냉동고 → 얼림창고/ 냉동선 → 얼림배/ 냉동육 → 얼린고기/ 냉동인간 → 얼린인간/ 냉동장치 → 얼림장치/ 냉동저장 → 얼림갈무리 ▷냉장 → 찬갈무리·차게 둠 [冷凍]

냉상 냉온상 [冷床]

냉소 비웃음·찬웃음 〔보기〕 냉소하다 → 비웃다·차게 웃다/ 냉소적 → 비웃는 [冷笑]

냉수 찬물 〔보기〕 냉수관개 → 찬물대기/ 냉수욕 → 찬물미역 [冷水]

냉수온탕침법 냉온탕담그기·찬물더운물담그기 [冷水溫湯浸法]

냉수욕 찬물미역 ▷ 온수욕 → 더운물미역 [冷水浴]

냉습포 찬찜질 [冷濕布]

냉온저장	찬갈무리 [冷溫貯藏]
냉장	차게 둠·찬갈무리·얼려둠　〔보기〕냉장하다 → 차게 두다·얼려두다/ 냉장고 → 얼음궤·얼림광/ 냉장육 → 찬갈무리고기/ 냉장종 → 차게 둔 씨/ 냉장침산법 → 차게 담그기　▷ 냉동 → 얼림　[冷藏]
냉전	속싸움　〔보기〕냉전하다 → 속싸움하다　▷ 열전 → 겉싸움·뜨거운싸움　[冷戰]
냉정	1. 쌀쌀함·차가움　2. 침착함·차분함　〔보기〕냉정하다 → 1. 쌀쌀하다·차다　2. 똑바르다·침착하다·차분하다/ 냉정히 → 쌀쌀히·차갑게·침착하게　[冷靜]
냉주	찬술　[冷酒]
냉지	찬땅　▷ 한지 → 찬땅/ 고랭지 → 높찬땅　[冷地]
냉탕	찬물　※'탕'은 끓는물이니 '냉탕' '온탕'이란 우스운 말이긴 하지만 '목욕물'이라고 보면 통할 말이기도 하다. 그러나 바꿔 쓰면 탈이 없다.　▷ 온탕 → 더운물　[冷湯]
냉풍	찬바람　〔보기〕냉풍욕장 → 찬바람쐼터　▷ 온풍 → 더운바람/ 열풍 → 뜨거운 바람/ 삭풍 → 찬바람·겨울북풍　[冷風]
냉한	식은땀　[冷汗]
냉해	찬피해　[冷害]
냉혈	찬피　〔보기〕냉혈동물 → 찬피동물/ 냉혈종 → 찬피붙이 [冷血]
냉혹하다	매섭다·맵짜다　[冷酷 -]
냥중	냥쭝·냥　[兩重]
너·네	넉　〔보기〕너냥·네냥 → 넉냥/ 너되·네되 → 넉되/ 너섬·네섬 → 넉섬/ 너자·네자 → 넉자
너댓	네댓·너더댓　〔보기〕너댓개 → 네댓개/ 너댓새 → 네댓새/ 너댓째 → 네댓째　▷너더댓·너더댓새·너더댓째
너머지다	넘어지다　※두 풀이씨(용언)가 어울려 하나의 풀이씨가 될 적에, 앞말의 본뜻이 유지되고 있는 것은 원형을 밝혀 적는다.　〔보기〕늘어나다·늘어지다·돌아가다·되짚어가다·들어가다·떨어지다·벌어지다·엎어지다·접어들다·틀어지다·흩어지다.(맞춤법 제15항)
너벅지	자배기　※'자배기'가 많이 쓰인다 하여 이를 표준말로 삼음.(표준어규정 제25항)
너부러기	너부렁이　※작은말은 '나부랭이'임.　▷ 나부라기·나부랑이 → 나부랭이
너클	암톨쩌귀·연결기·손가락마디　[영 knuckle]

너트	암나사　　▷ 볼트 → 수나사　〔영 nut〕
넉	넋　〔보기〕넉두리 → 넋두리/ 넉없이 → 넋없이/ 넉시야 있고 없고 → 넋이야 있고 없고
넉넉치	넉넉지 · 넉넉하지　　※줄기 끝음절 '하'가 아주 줄 적에는 준대로 쓴다. 갑갑지 · 거북지 · 깨끗지 · 넉넉지 · 녹록지 · 답답지 · 생각지 · 못지 · 섭섭지 · 익숙지 · 탐탁지　따위.(맞춤법 제40항)　　〔보기〕넉넉치 못하다 → 넉넉지 못하다/ 넉넉치 않다 → 넉넉지 않다
넉다운	녹다운 · 케이오 · 때려 누임　〔영 knock-down〕
넌센스	난센스 · 무의미 · 헛됨 · 우스개 · 당찮은 말　〔영 nonsense〕
넌즈시 · 넌짓이	넌지시
넌픽션	논픽션　〔영 nonfiction〕
널부러지다 · 넓으러지다 · 너부러지다	널브러지다
널판지 · 널판대기	널빤지 · 널판때기
넓다랗다	널따랗다　〔보기〕넓다란 → 널따란/ 넓다라니 → 널따라니
넓이뛰기	멀리뛰기
넓직하다 · 널직하다	널찍하다　　※반댓말은 '좁직하다'.
넘버	번호 · 호 · 호수　〔보기〕넘버원 → 첫째 · 으뜸/ 넘버링 → 번호매기기 · 번호기　〔영 number〕
넙적하다 · 넙쩍하다	넓적하다　　※'납작하다'는 그대로 쓴다.　▷ 넓적다리 · 넓적뼈 · 넓죽하다/ 널따랗다 · 널찍하다 · 넙치/ 넙쩍바위 → 넓적바위
네	너 · 넉　〔보기〕네돈 → 너돈/ 네말 → 너말/ 네발 → 너발/ 네푼 → 너푼/ 네달 → 넉달/ 네섬 → 넉섬
-네 -네	-느니 -느니 · -으니 -으니　　※국어사전에 '-네 -네' 꼴이 오르지 않아 '-느니 -느니'의 잘못으로 취급하지만 동등한 자격으로 다룰 말이다. '가느니 마느니, 하느니 마느니, 좁으니 넓으니, 싫으니 좋으니…' 들을 '가네 마네, 하네 마네, 좁네 넓네, 싫네 좋네'로도 쓸 수 있다는 말이다.
네거티브	1. 부정적 · 소극적　2. 음극　　※준말은 '네거'.　〔보기〕네거티브하다 → 부정적이다/ 네거티브 리스트 → 수입제한품목　▷ 포지티브 → 1. 적극적 · 긍정적　2. 양극　〔영 negative〕
네다바이 · 네타바이	미끼날치기 · 사기 · 야바위　〔일 ねたばい〕
네델란드	네덜란드　〔Netherland〕
네오레알리즘	네오레알리슴 · 신사실주의　〔〈프 neorealisme〕

네온사인	네온등 · 네온광고 · 전깃불광고 〔영 neonsign〕
네일 래커	**손톱칠** ▷ 네일 에나멜 → 손톱연지/ 매니큐어 → 손톱칠 · 손톱연지/ 네일 케어 → 손톱 관리 〔영 nail lacquer〕
네임 밸류	**명성 · 이름(값)** 〔영 name value〕
네지	나사 〔보기〕 네지기리 → 나사송곳/ 네지마와시 → 나사돌리개 〔일 螺子 · ねじ〕
네째	넷째 ※예전에는 '제4'의 뜻으로는 네째를, '네 개째'의 뜻으로는 넷째를 썼는데, 의미를 구별하지 않고 '넷째' 한 가지로만 쓰기로 했다. 〔보기〕 돐 → 돌/ 두째 → 둘째/ 세째 → 셋째/ 빌다 → 빌리다.(표준어규정 제6항)
네커치프	목수건 〔영 neckerchief〕
네크라인	목둘레선 〔영 neckline〕
네트	그물 · 망 〔보기〕 네트워크 → 방송망 · 통신망/ 네트워커 → 이어줌이/ 네트오버 → 그물넘기/ 네터치 → 그물닿기/ 네트플레이 → 그물공격/ 인터넷 → 서로그물 · 셈틀통신/ 네티즌 → 누리꾼/ 네티켓 → 셈틀통신 예절 ※최근 '넷스케이프 · 넷데이' 따위를 허용하여 '네트'가 앞에 올 때의 표기를 혼란스럽게 하고 있다. 이는 외래어표기법 제3장 표기세칙 제10항에서 '복합어는 그것을 구성하고 있는 말이 단독으로 쓰일 때의 표기대로 적는다'는 데서 나온 것이나, 우리말에서도 그렇지만 외래어에서 복합어와 합성어를 구별하기 쉽지 않은 까닭으로 혼란스럽게 된 것이다.(1996년 3월22일 정부 · 언론 외래어공동심의위 결정) ▷ 네크라인 · 네크리스 · 넥타이/ 노크 · 녹다운 · 녹아웃 〔영 net〕
넥타	과일즙 · 으깬과일 · 과일즙음료 〔영 nectar〕
녁	녘 〔보기〕 새벽녁 → 새벽녘/ 동(서 · 남 · 북)녁 → 동(서 · 남 · 북)녘/ 아랫녁 → 아랫녘/ 해질녁 → 해질녘 ▷ 저녁 → 저녁
년간 · 년도	연간 · 연도 ※몇 년, 15년(숫자 뒤), 97학년도 등은 '년'으로 쓴다. 〔年間 · 年度〕
노 개런티	무보수 · 무료 〔영 noguarantee〕
노 게임	무효경기 〔영 no game〕
노 골(인)	실패 ▷ 골인 → 성공 〔영 no goal(in)〕
노 바이	안사기 〔영 no buy〕
노 스모킹	담배못핌 · 금연 〔영 no smoking〕
노 카운트	무효 〔영 no count〕
노 코멘트	말없음 · 말않기 · 논평보류 〔영 no comment〕
노 타이	넥타이 안맴 〔보기〕 노타이 셔츠 → 개금셔츠 · 넥타이 안

	매고 입는 셔츠 [영 no tie]
노 파킹	차못둠·차 못 세움 [영 no parking]
노 히트 노 런	무안타 무득점·못 때리고 못 땀 [영 no hit no run]
노가다	노동자·막일꾼·흙일꾼 [〈일 土方·どかた]
노거수	늙큰나무·거목 [老巨樹]
노견	갓길·길섶·길귀·길어깨 [일 路肩·ろかた]
노고초	1. 할미꽃 2. 할미씨깨비 [老姑草]
노골	뼈가 드러남·드러난 뼈·그대로 드러냄 〔보기〕노골화 → 드러냄/ 노골화하다 → 그대로 드러내다·까발리다/ 노골적으로 → 드러내놓고·까놓고 [露骨]
노구	늙은몸 〔보기〕노구를 이끌고 → 늙은몸을 이끌고·늙은몸으로 [老軀]
노균병	버짐병 [露菌病]
노기	성난기운·성난빛·화난빛 〔보기〕노기띤 얼굴 → 성난 얼굴/ 노기를 띠다 → 성난빛을 띠다 ▷ 화기 → 따뜻한 기운 [怒氣]
노깡	토관·흙대롱 [〈일 土管·どかん]
노년기	늙을때·늘그막 [老年期]
노다지	1. → 언제나·늘 2. 온통금줄 [〈영 no touch]
노닥다리	늙다리 ※고유어 계열이 더 널리 쓰인다 하여 이를 표준말로 삼음.(표준어규정 제21항) [老-]
노도	성난물결 [怒濤]
노독	길독 [路毒]
노동	품·일품·일 〔보기〕노동가 → 일노래/ 노동단위 → 품나치/ 노동요 → 일노래/ 노동지대 → 품땅세/ 노동집중 → 노동몰림(몲)/ 노동자 → 일꾼 [勞動]
노두	길거리·길가 [路頭]
-노라고	※'딴에는 한답시고'의 뜻으로서, 움직씨 줄기(어간)에 붙여 쓰는 연결어미. 맺음끝 '-노라'에 따옴토 '고'가 붙어 '-다고'와 비슷하게 쓰인다. 주로 일인칭 주체가 행동할 때 쓴다. 〔보기〕잘 하노라고 했다/ 잘 쓰노라고 쓴 것이 이 모양이오/ 잘못했노라고 빌어야지/ 부탁한 일을 잘 처리했노라고 전해라/ 열심히 공부하고 있노라고 말하더라/ 하노라고 했지만 힘이 부치어 …… ▷ -노라(왔노라·갔노라)/ -노라니/ -노라니까/ -노라면 ※'-느라고'처럼 움직씨 줄기에 붙여 행동의 원인·근거를 보이는 연결어미와 쓰임은 같으나 '-노라고'는 주로 '행하는 본인'이 직접 말할 때 쓴다.
노란묵	노랑묵 ※치자 물을 타서 쑨 녹말묵.

노래	늘그막　[老來]
노련하다	익숙하다·익다　〔보기〕노련미 → 익은 맛　[老練]
노리까이	갈아탐·바꿔탐　[일〈乘換]
노리마키	김밥　[일 海苔卷·のりまき]
노마크 찬스	틈·무방비 상태　[영 no mark chance]
노면	길바닥　〔보기〕노면정지 → 길고르기　[路面]
노무자	일꾼　[勞務者]
노미네이트	후보지명·후보오름　〔보기〕노미네이트되다 → 후보에 오르다　[영 nominate]
노반	길바탕·길바닥　[路盤]
노방	길옆　〔보기〕노방전도 → 길거리전도　▷ 노변 → 길가 / 노상 → 길바닥　[路傍]
노변	화롯가　〔보기〕노변정담 → 화롯가 얘기·사랑방 얘기 [爐邊]
노변	길가　[路邊]
노블레스 오블리주	도덕적 의무·지도층 구실·양반노릇·선비노릇　[프 noblesse oblize]
노사	노동자와 사용자·일꾼과 주인　〔보기〕노사분규 → 노사다 툼·노동쟁의/ 노사분쟁 → 노사다툼/ 노사화합 → 노사친하 기·노사한마음되기　[勞使]
노상	길바닥·길위　〔보기〕노상방뇨 → 길에 오줌누기/ 노상강 도 → 길강도/ 노상유희 → 길놀이　※'언제나·한결같이' 의 '노상'과는 다른 말임.　[路上]
노선	길·길줄　〔보기〕버스 전용노선 → 버스만 다니는 길·버 스길/ 노선차이 → 길(이) 다름·뜻다름　[路線]
노쇠하다	늙다·늙어빠지다　[老衰]
노숙	한뎃잠·한둔　〔보기〕노숙하다 → 한뎃잠자다·한둔하다 [露宿]
노숙	무르익음·익숙·노련　〔보기〕노숙하다 → 무르익다·노 련하다·익숙하다　[老熟]
노스탤지어	고향생각·향수　[영 nostalgia]
노슬리브	민소매·맨팔　▷ 소데나시 → 민소매　[영 no-sleeve]
노양	건져올리기　[攄揚]
노역	힘든일·노동일·수고론 노동·품일　〔보기〕노역장 → 일터 ▷ 고역 → 힘든일·고된일　[勞役]
노염	늦더위　[老炎]
노예근성	종살이 본성　[奴隷根性]
노이로제	신경증·신경쇠약　[도 Neurose]

노인	늙으신네 〔보기〕노인경 → 돋보기/ 노인장 → 늙으신네 · 어르신네 [老人]
노임	품삯 · 일삯 〔보기〕체불노임 → 밀린품삯 ▷ 임금 → 삯 · 품삯 [일 勞賃 · ろうちん]
노작	애쓴 작품 · 힘써 만듦 〔보기〕노작하다 → 힘써 만들다 [勞作]
노장층	나(이)먹은축 〔보기〕노장파 → 늙은축 [老壯層]
노점	한뎃가게 〔보기〕노점상 → 한뎃가게 · 한뎃가게장수 [露店]
노정	길순 · 길 [路程]
노정	드러냄 · 나타냄 〔보기〕노정하다 → 드러내다 · 나타내다/ 불협화를 노정하다 → 삐걱거림을 드러내다 · 삐걱거리다 [露呈]
노제	거리제 〔보기〕노제를 갖다 → 거리제를 올리다 ▷ 견전제 → 문앞제사 · 거리제 [路祭]
노즐	대롱주둥이 · 구멍 [영 nozzle]
노지	한데 〔보기〕노지재배 → 한데 기르기/ 노지화초 → 한데화초 [露地]
노천	한데 · 바깥 〔보기〕노천굴 → 난버덩파기/ 노천극장 → 한뎃극장/ 노천카페 → 한데카페 [露天]
노출	드러남(냄) 〔보기〕노출하다 → 드러나다 · 드러내다/ 노출된 → 드러난/ 노출증 → 드러냄증 · 옷벗기증 [露出]
노크	1. 손기척 · 똑똑 2. 수비연습 · 공치기 〔보기〕노크하다 → 두드리다 [영 knock]
노탐	항공정보 · 비행정보 [영 NOTAM〈notice to airman]
노터치	손대지 않기 · 건드리지 말 것 ▷ 노다지 [영 no touch]
노트	공책 · 학습장 · 필기장 [〈영 notebook]
노파심	지나친 염려 · 쌍걱정 [老婆心]
노폐물	낡은것 · 낡아빠진 것 · 묵은찌끼 [老廢物]
노폭	길너비 · 길폭 [路幅]
노하우	비결 · 기술정보 · 솜씨 ▷ 마인드 → 정신 · 솜씨 · 기량 [영 know-how]
노화	늙음 · 늙어짐 · 낡아감 〔보기〕노화하다 → 늙다 · 늙어지다/ 노화묘 → 쇤모/ 노화방지 → 늙음막기 [老化]
노환	늙은이병 · 노인병 [老患]
노획	1. 뺏어얻음 2. 사로잡아 얻음 ※鹵獲은 주로 물건을 뺏어얻음을, 虜獲은 주로 살아있는 짐승이나 사람을 사로잡음을 일컫는다. 〔보기〕노획하다 → 뺏어얻다 · 사로잡아 얻다/ 노

	획물 → 뺏은 물건/ 노획품 → 뺏은 물품/ 그 전투에서 총 백정과 대포 다섯문을 노획하고 → ~을 뺏어얻고　　▷ 포획하다 → 사로잡다　[鹵獲·虜獲]
노후	늙은뒤·늘그막　[老後]
노후	낡음·낡아빠짐　〔보기〕노후하다 → 낡아빠지다·낡아서 못쓰다/ 노후담 → 시그렁논·김빠진논/ 노후시설 → 낡은시설/ 노후한 → 낡은·낡아빠진/ 노후화답 → 헤식은 논　[老朽]
녹녹하다	녹록하다　〔보기〕녹녹히 → 녹록히/ 녹녹치 → 녹록지　[碌碌·錄錄]
녹두나물	숙주나물　[綠豆-]
녹변	푸른똥　[綠便]
녹비	사슴가죽　▷ 녹각 → 사슴뿔/ 녹용 → 사슴뿔/ 녹혈 → 사슴피　[鹿皮]
녹비	풋거름·푸새거름　〔보기〕녹비작물 → 풋거름작물　▷ 녹사료 → 풋먹이·풋사료　[綠肥]
녹새풍	높새(바람)　※북동풍을 뱃사람들이 주로 '높새'라 부른다.　[綠塞風]
녹색	풀빛　〔보기〕녹색당 → 풀빛당/ 녹색운동 → 풀빛운동/ 녹색조 → 파랑말/ 녹색평론 → 풀빛평론/ 환경운동은 곧 녹색운동이다 → 환경운동은 곧 풀빛운동이다/ 녹색환경운동 → 풀빛환경운동　▷ 그린 → 풀빛/ 그린라운드 → 풀빛협정　[綠色]
녹슬은	녹슨　※'녹슬다'는 '녹스니, 녹슨, 녹습니다, 녹스오' 따위로 활용한다.　▷ 녹쓸다 → 녹슬다
녹조	풀빛물·풀빛무대　▷ 적조 → 붉은무대　[綠潮]
녹조	풀빛말·파랑말　〔보기〕녹조류 → 풀빛말무리·파랑말무리　▷ 갈조류 → 흙빛말·흙색말　[綠藻]
녹지대	풀빛지대　▷ 그린벨트 → 풀빛지대·녹지대　[綠地帶]
녹지삽	풋가지꽂이　〔보기〕녹지삽목 → 풋가지꽂이　[綠枝插]
녹취	녹음·소리기록·소리담기　〔보기〕녹취하다 → 소리를 기록하다·소리담기를 하다·녹음하다　[錄取]
녹태	푸른이끼·풀빛이끼　[綠苔]
녹히다	1. → 녹이다 2. 녹임을 당하다　〔보기〕얼음을 녹히다 → 얼음을 녹이다/ 남자의 마음을 녹히다 → 남자의 마음을 녹이다/ 네가 내마음을 녹힌다고 내가 녹이겠느냐 → 네가 내마음을 녹인다고 내가 녹히겠느냐
논급	미처말함·말미침·초듦　〔보기〕논급하다 → 초들다·처들

	어 말하다 · 미처말하다/ 논급을 피하다 → 초들기를 피하다 [論及]
논박	따져침 · 말다툼　〔보기〕논박하다 → 따져치다 · 따져말하다 · 말싸움하다/ 두 사람은 논박을 멈추고 저쪽을 바라보라 → 두 사람은 말다툼을 멈추고 ~　[論駁]
논스톱	곧바로 · 곧장 · 멈추지 않음 · 직행　〔보기〕논스톱으로 → 곧바로 · 곧장 · 쉬지 말고/ 논스톱 킥 → 맞받아차기　[영 non-stop]
논외	의논밖 · 논란밖　[論外]
논지	글뜻 · 말뜻　〔보기〕논지를 명확히 하다 → 글뜻(말뜻)을 명확히 하다/ 논지를 세우다 → 글뜻을 세우다　[論旨]
논타이틀 매치	비선수권전　[영 non-title match]
논픽션	실화　▷ 다큐멘터리 → 실록 · 실화　▷ 넌픽션 → 논픽션　[영 non-fiction]
놀래다	1. '놀라게 하다'의 뜻 2. → 놀라다　※'놀래다'는 놀라게 하다의 뜻을 가진 타동사요, '놀라다'는 자동사다.　〔보기〕그 사람을 보면 놀랠걸 → 그 사람을 보면 놀랄걸/ 고함을 질러 사람을 놀라주다 → 고함을 질러 사람을 놀래주다/ 아이구 놀래라 → 아이구, 놀라라
놀래키다	놀래다 · 놀라게 하다　〔보기〕아이를 놀래키다 → 아이를 놀래다 · 아이를 놀라게 하다
농	고름　[膿]
농간	잔꾀부림　〔보기〕농간을 부리다 → 잔꾀를 쓰다　[弄奸]
농기	농사깃발 · 두렛기　[農旗]
농단	독차지 · 독장치기　〔보기〕농단하다 → 독차지하다/ 국정을 대통령 혼자서 농단한다는 게 야당들의 주된 불만이다 → 국정을 대통령이 독장친다는 게 야당들의 주된 불만이다　[壟斷]
농담	짙음새 · 짙음과 옅음　[濃淡]
농도	짙은 도수 · 짙기 · 묽기　[濃度]
농락	놀림　〔보기〕농락하다 → 놀리다/ 농락물 → 놀림감　[籠絡]
농로	농삿길　[農路]
농막	농삿집　[農幕]
농무	짙은안개　▷ 박무 → 옅은안개/ 연무 → 연개(연기+안개) [濃霧]
농번기	농사철　〔보기〕농번기 때 → 농번기에 · 농번기에는　▷ 농한기 → 농사쉴 철　[農繁期]

농성	붙박이버팀 · 붙버팀　　〔보기〕농성하다 → 붙어앉아 버티다/ 연좌농성 → 앉아버팀　〔籠城〕
농아	귀먹은 아이 · 귀머거리　〔聾兒〕
농아	귀머거리와 벙어리　　▷ 농자와 아자 → 귀머거리와 벙어리 〔聾啞〕
농주	농삿술 · 막걸리　〔農酒〕
농짓거리 · 농지꺼 리 · 농찌거리	농지거리　　▷ 기롱지꺼리 → 기롱지거리
농회색	짙은잿빛　〔濃灰色〕
농후	짙음　〔보기〕농후하다 → 짙다 · 진하다 · (경향이나 기색 따위가) 뚜렷하다/ 농후사료 → 기름진 먹이　〔濃厚〕
높따랗다	높다랗다　　※활용은 '높다라니, 높다래, 높다래지다'로 한 다.
높은밥	고봉밥　　※한자말 계열인 '고봉밥'이 더 널리 쓰인다 하여 표준말로 삼음.(표준어규정 제22항)
높히다	높이다　〔보기〕높혀 → 높여/ 높흔 → 높은　　▷ 붙히다 → 붙이다
뇌	골　〔보기〕뇌리 → 골속 · 머릿속/ 뇌막 → 머릿골막/ 뇌 수 → 머릿골/ 뇌신경 → (머릿)골신경/ 뇌압박 → 골눌림/ 뇌진탕 → 골울림/ 뇌척수 → 머리등골/ 뇌하수체 → 골밑샘 〔腦〕
뇌관	황깍지 · 깡　〔雷管〕
뇌동	덩달아함 · 덩달음　〔보기〕뇌동하다 → 덩달아하다/ 뇌동매 → 덩달아사기/ 부화뇌동 → 덩달아함 · 들떠덩달음　〔雷同〕
뇌락하다	걸걸하다 · 너그럽고 선선하다　〔磊落 –〕
뇌살	뇌쇄　〔〈惱殺〕
뇌쇄	녹여냄 · 애태움　〔보기〕뇌쇄하다 → 녹여내다 · 애타게 하 다/ 뇌쇄적 → 녹여내는 · 애타게 하는　〔惱殺〕
뇌우	천둥비 · 우레비　〔雷雨〕
뇌전	천둥번개 · 우레번개　〔雷電〕
누	잘못 · 허물 · 손해 · 번거로움　〔보기〕누가 되다 → 허물이 되다/ 누를 끼치다 → 손해를 끼치다 · 번거로움을 주다/ 누를 범하다 → 잘못을 저지르다　〔累〕
누가	덧보탬 · 거듭 보탬　〔보기〕누가하다 → 거듭 보태다/ 누가 기록 → 거듭 보태 적음　〔累加〕
누거	누추한 집 · 너절한 집　〔陋居〕
누계	쌓인셈　〔累計〕
누골	눈물뼈　〔淚骨〕

누구	눈물언덕 [淚丘]
누낭	눈물주머니 〔보기〕누낭염 → 눈물주머니염증 [淚囊]
누년	여러해 [屢年·累年]
누누이	여러번·여러차례 ▷ 누누히 → 누누이 [屢屢-]
누대	여러대 ▷ 누년 → 여러해/ 누삭 → 여러달/ 누세 → 여러 세대/ 누월 → 여러달 [屢代]
누덕이	누더기
누두	깔때기 〔보기〕누두상 → 깔때기꼴/ 누두상화관 → 깔때기 꽃부리 [漏斗]
누드	알몸·맨몸·나체 〔보기〕누드폰 → 투명전화기/ 누드화 → 알몸그림/ 올누드 → 알몸·전라 [영 nude]
누락	빠짐·빠뜨림 〔보기〕누락하다 → 빠지다·빠뜨리다/ 누락 자 → 빠진이 [漏落]
누룽지	1. 솥바닥에 눌어붙은 밥 2. → 눌은밥
누문	다락문 [樓門]
누선	눈물샘 [일 淚腺]
누설	새기·새나옴·흘림 〔보기〕누설하다 → 흘리다·새나가 다/ 누설계 → 새기재개/ 기밀누설 → 비밀 새나감·비밀흘림 [漏泄·漏洩]
누수	물샘·새는물 〔보기〕누수하다 → 물새다/ 누수구 → 물새 는 구멍/ 누수답 → 시루논/ 누수성 → 물샐성/ 누수현상 → 물새는 현상/ 권력누수 → 권력 샘·영이 안먹힘 [漏水]
누습	1. 더러운 풍습·잘못된 풍습 2. 더러운 버릇 ▷ 폐습 → 나 쁜버릇 [陋習]
누승	거듭제곱 〔보기〕누승근 → 거듭제곱근 ▷ 멱·승멱 → 거듭제곱 [累乘]
누일	여러날 [累日]
누적	쌓임·포개어 쌓음 〔보기〕누적하다 → 쌓이다·거듭 쌓다 / 누적되다 → 누적하다·쌓이다/ 누적한(된) → 오래 쌓인· 쌓이고 쌓인/ 누적란 → 덧슨알 [累積]
누증하다	점점 늘어나다·점점 쌓이다 [累增]
누진	여러번 오름·겹늘임·따라 오름 〔보기〕누진하다 → 겹오르 다·겹늘이다/ 누진교배 → 내리붙이기 [累進]
누차	여러번·여러차례 ▷ 수차 → 몇차례 [累次]
누출	샘·새나감(옴) 〔보기〕누출하다 → 새다·새나가다·새 나오다 ▷ 유출 → 흘러나옴 [漏出]
누하	눈물길 [淚河]
누호	눈물못 [淚湖]

눈거풀	눈꺼풀　　▷ 눈까풀 → 눈꺼풀
눈섭 · 눈섶	눈썹
눈쌀	눈살　〔보기〕눈쌀을 찌푸리다 → 눈살을 찌푸리다
눈써울	눈시울
눈의가시 · 눈에가시	눈엣가시
눈치밥	눈칫밥
눌러붙다	1. → 눌어붙다　2. 누르다 + 붙다　　※'눈다'를 활용하면 '눈고, 눌어, 눌으니, 눌었다, 눌으면……'으로 되고, '누르다'를 활용하면 '누르고, 눌러, 누르니, 눌렀다, 누르면……'으로 된다. 〔보기〕눌러붙은 밥 → 눌어붙은 밥(누룽지)/ 눌어붙어 지내다 → 눌러붙어 지내다
뉘앙스	느낌맛 · 말맛 · 느낌　〔보기〕뉘앙스가 다르다 → 느낌이 다르다 · 말맛이 다르다　　▷ 뉴앙스 → 뉘앙스　[프 nuance]
뉘엇뉘엇	뉘엿뉘엿　〔보기〕뉘엇거리다 → 뉘엿거리다　　▷ 뉘역거리다 → 뉘엿거리다
뉘연히	버젓이　※표준어규정 제25항.
뉴 미디어	새매체　[영 new media]
뉴 스타일	새멋 · 새론모양　[영 new style]
뉴 올리언즈	뉴 올리언스　[미 New Orleans]
뉴 타운	새마을 · 새누리촌　[영 new town]
뉴 트렌드	새경향 · 새흐름　[영 new trend]
뉴 페이스	새사람 · 새얼굴　[영 new face]
뉴스	소식 · 새소식 · 새뜸　〔보기〕뉴스레터 → 소식지/ 뉴스원 → 소식거리 · 애기 나오는 데　　▷ 신문 → 새소식　[영 news]
느닫없다	느닷없다　〔보기〕느닫없이 → 느닷없이　　▷ 섯부르다 → 섣부르다
– 느라고	※움직씨(동사) 줄기에 붙어 그 행동의 원인 · 근거의 뜻을 나타내는 연결어미. 곧 '~ 함이 이유가 되어'의 뜻을 가진 이음씨끝이다. '–노라고'와 넘나드는 부분도 있다.　〔보기〕공부하느라고 밤을 새우다/ 종일 집을 치우느라고 바빴다/ 구경하고 오느라고 비오는 줄도 몰랐다/ 공부하느라고 나다니질 않는다　　▷ –느라니 · –느라면 · –느라
느러나다	늘어나다
느러놓다	늘어놓다　　▷ 느러서다 → 늘어서다
느러지다	늘어지다
느물다	1. → 뽐내다　2. 언행이 능글맞다　　※표준어규정 제25항.

늑골	갈비뼈·갈빗대 ▷ 늑간근 → 갈빗대힘살/ 늑목 → 틀사다리·사다리/ 늑철근 → 띠철근 〔肋骨〕
○○는(가) □□가 (이) 분명하다(틀림 없다)	○○는(가) □□임이 분명하다(틀림없다) ※○○＝□□ 일 때 ○○은 □□이다가 성립해야 하므로 ○○에 대한 서술 어가 필요하다. 〔보기〕 박씨가 범인이 틀림없다 → 박씨가 범인임이 틀림없다/ 그의 죽음은 자살이 분명하다 → 그의 죽 음은 자살임이 분명하다/ 민족민주주의는 그의 주장이 분명 하다 → 민족민주주의는 그가 한 주장임이 분명하다
－는(－ㄴ·－은) 데	※'～ 하는 곳, ～하는 그 점, ～ 하는 것, ～ 하는 처지'의 뜻인 데, 여기서 '데'는 불완전명사다. 〔보기〕 너 가는데가 어디 냐 → 너 가는 데가 어디냐/ 일이 이렇게 된데는 네 탓이 크다 → 일이 이렇게 된 데는 네 탓이 크다/ 그를 설득하는데 며칠 이 걸렸다 → 그를 설득하는 데 며칠이 걸렸다/ 일을 하는데 있어서 → 일을 하는 데서
－는(은) 커녕	－는(은)커녕 ※'－는커녕'·'－은커녕'으로 하나의 강조토 씨로 쓰인다. 〔보기〕 즐기기는 커녕 → 즐기기는커녕/ 사 랑은 커녕 → 사랑은커녕
－는가(－ㄴ가·－은가)	－는지(－ㄴ지·－은지) ※'－는가'는 의문형 종결어미인 데, 의문의 뜻을 나타내는 연결어미 '－는지'를 써야 할 자리 에 바꿔 쓰는 일이 잦다. 일본말에서 연결·종결어미로 함께 쓰이는 'か'의 영향이라는 말도 있다. 〔보기〕 약점이 무엇 인가를 알아보자 → 약점이 무엇인지를 알아보자/ 이산가족 들이 어떻게 한을 풀고 노래했는가를 살펴보자 → 이산가족들 이 어떻게 한을 풀고 노래했는지를 알아보자/ 장본인이 누구 인가는 아직 밝혀지지 않았다 → 장본인이 누구인지는 아직 밝 혀지지 않았다
－는데(－ㄴ데)	※1. 용언에 붙어 뒤에 더 자세한 풀이를 보려는 뜻을 나타내 는 연결어미. 〔보기〕 비가 오는데 어딜 가느냐/ 사람은 착 한데 좀 무능하다/ 날씨가 궂은데 그만둘까 보다 2. 감탄의 뜻을 보이는 종결어미. 〔보기〕 비가 점점 많이 오는데/ 날 이 곧 밝겠는데/ 날이 밝았는데도 불구하고 → 날이 밝았는데 도 ▷ －은데·－던데
늘리다	※(분량·부피·숫자·너비 따위를) 본디보다 더 크게 하거 나 많게 하다. 〔보기〕 인원을 늘리다/ 재산을 늘리다/ 사 무실을 늘리다/ 수출량을 늘리다 ▷ 증가하다·줄이다· 늘이다
늘상	늘
늘이다	※(시간·기간·줄 따위를) 길게 하다·아래로 길게 처지게

	하다'의 뜻 〔보기〕 시간은 늘이고 줄일 수 없다/ 고무줄을 늘이다/ 치수를 늘이다/ 새끼줄을 늘이다/ 머리를 땋아 늘어뜨리다/ 감시병을 곳곳에 늘어놓다 ▷ 늘리다·연장하다
늙으막·늙그막	늘그막 ※'-이'나'-음/ ㅁ' 이외의 모음으로 시작된 뒷가지가 붙어 만들어진 말은 원형을 밝혀 적지 않는다.(맞춤법 제19항)
늠연하다	늠름하다·의젓하다 〔凜然-〕
능	※'무덤'을 뜻하는 '능'은 홀로 쓰이거나 첫글자로 쓰이는 때를 빼고는 죄 '릉'으로 쓴다. 오릉·공릉·동구릉·정릉 따위. 〔陵〕
능	모서리 〔보기〕 능선 → 등성이·모서리 〔稜〕
능가	뛰어남·훨씬 넘음 〔보기〕 능가하다 → 뛰어넘다·뛰어나다·훨씬 넘다 〔凌駕〕
능동	제힘·스스로 함 〔보기〕 능동사 → 제힘움직씨 ▷ 수동 → 입음/ 피동 → 따라함·입음/ 사동 → 하임·시킴 〔能動〕
능사	능한 일·잘하는 일 〔보기〕 능사로 삼다 → 잘하는 일로 삼다·자주 하다/ 능사가 아니다 → 잘하는 일이 아니다 〔能事〕
능선	등성이·모서리 〔稜線〕
능실	마름 〔보기〕 능실죽 → 마름죽 ▷ 능화 → 마름꽃 〔菱實〕
능절	마름쇠 〔菱鐵〕
능하다	잘하다·익다 〔보기〕 능히 → 넉넉히·거뜬히·쉽게 〔能-〕
능형	마름모·마름모꼴 〔보기〕 능형기 → 마름모석기/ 능형문 → 마름모무늬 ▷ 능문 → 마름모무늬/ 능상 → 마름모꼴/ 능화 → 마름꽃 〔菱形〕
니그로	검둥이·흑인 〔영 Negro〕
니부가리	두푼머리·덧빗대기·이푼깎기 〔일 二分제·にぶかり〕
니어 볼	몸쪽공 〔영 near ball〕
니에	신문공부·신문 활용 교육 〔보기〕 니에바람 → 신문공부 바람·신문학습 바람 〔영 NIE〈Newspaper In Education〉〕
니즈꾸(쿠)리	짐꾸리기 〔일 荷作·にづくり〕
니치 마켓	틈새시장 〔영 niche market〕
니토	진흙·이토 〔〈泥土〕
니트	뜨개(옷)·뜨갯것 〔영 knit〕
니힐리즘	허무주의 ▷ 나이힐리즘 → 허무주의 〔라 nihilism〕

닉네임   **별명·애칭** [영 nickname]

닐리리(야)   **닐리리(야)**   ※'의'나, 자음을 첫소리로 가진 음절의 'ㅢ'는 'ㅣ'로 소리나는 경우가 있더라도 'ㅢ'로 적는다. 닝큼·띄어쓰기·무늬·보늬·본의·씌어·오늬·의의·하늬바람·희다·희망 따위.(맞춤법 제9항)

님비   **지역이기주의·내치기**   ▷ 핌피 → 끌어오기 [영 NIMBY 〈not in my backyard〉]

님프   **요정** [영 nymph]

닝큼   **닝큼**   ※작은말은 '냉큼'.

다각	여러모·여러갈래　〔보기〕다각도 → 여러모/ 다각도로 → 여러모로/ 다각적 → 여러모/ 다각추 → 다각뿔·여러모뿔/ 다각형 → 여러모꼴　〔多角〕
다공질	곰보바탕　〔多孔質〕
다과	많고적음　▷ 다소 → 많고적음/ 과다(過多) → 지나침·넘침　〔多寡〕
다구	다오　〔보기〕그 책을 이리 다오/ 좀 도와 다오/ 그만 돌아가 다오.(표준어규정 제25항)
다구치다	다그치다
다기	여러갈래　〔보기〕다기하다 → 갈래가 많다/ 다기다양 → 가지각색·여러갈래/ 다기망양 → 갈 바 모름·진리 찾기 어려움　〔多岐〕
다꾸앙	단무지·무절이　〔일 澤庵·たくあん〕
다년간	여러해(동안)　〔多年間〕
다년생	여러해살이　〔보기〕다년생초본 → 여러해살이풀/ 다년초 → 여러해살이풀　〔多年生〕
다노모시·다라모시	계　〔보기〕다노모시 오야 → 계주　〔일 賴母子〕
다다미·타타미	돗(짚)자리·골풀자리　〔일 疊·たたみ〕
다단하다	가닥 많다·복잡하다　▷ 다기하다 → 갈래 많다　〔多端-〕
다닫다	다다르다　〔보기〕다달아 → 다다라.(표준어규정 제17항)
다대기·다타기	다진양념·다짐　〔일 たたき〕
다대하다	많다·크다　〔多大-〕
다도	차범절·차예절·차격식　〔茶道〕
다독	많이 읽기　〔보기〕다독하다 → 많이 읽다/ 다독·다작·다상량하다 → 많이 읽고 많이 짓고 많이 생각하다　▷ 남독 → 마구 읽음/ 숙독 → 따져 읽기/ 정독 → 살펴읽기·자세히

읽기 [多讀]

다둑거리다	다독거리다 ※센말은 '따독거리다'. 〔보기〕다둑다둑 → 다독다독/ 다둑이다 → 다독이다/ 다둑다둑하다 → 다독다독하다
다디달다	달디달다
다라이	함지·큰대야 [일 盥·たらい]
다량	많은 양 〔보기〕다량으로 → 많이/ 다량살포 → 많이 뿌림/ 다량입하 → 많이 들어옴/ 다량생산 다량판매 → 많이 만들어 많이 팔기 [多量]
다례	차례 [茶禮]
다루끼(키)	모서까래·각목 [일 垂木·たるき]
(~에) 다름 아니다	~이다·~과(와) 다름없다·~일 뿐이다·~과(와) 같다 ※일본말 '~に ほからない'를 바로 옮긴 말투다. 〔보기〕죄악에 다름 아니다 → 죄악이다/ 이기주의에 다름 아니다 → 이기주의와 다름없다·이기주의일 뿐이다/ 집권욕에 다름아니다 → 집권욕일 뿐이다/ 법을 어긴 것에 다름 아니다 → 법을 어긴 것과 같다/ 생명체에 다름 아니다 → 생명체와 같다·생명체와 비슷하다 ※다름아닌·다름아니라·다름없이 따위 부사로 쓰이는 말까지 쓰지 말자는 말은 아니다.
다림방	고깃간·푸줏간 [－房]
다마	1. 구슬·알 2. 전구 3. 당구 〔보기〕다마치기 → 구슬치기 [일 玉·たま]
다마네기	양파 [일 玉蔥·たまねぎ]
다망하다	매우 바쁘다·바쁘다 〔보기〕공사다망중 → 바쁘신 가운데 [多忙－]
다모작	여러그루(짓기)·여러번짓기 ▷ 일모작 → 한그루짓기/ 이모작 → 그루갈이·두번짓기 [多毛作]
다목적	두루치기·여러쓸모 〔보기〕다목적 차량 → 두루치기차/ 다목적 포석 → 두루치기 포석 [多目的]
다물	옛땅찾기 [취 多勿]
다반	찻반 [茶盤] ▷ 차반/ 찻반
다반사	쉬운일·예삿일 〔보기〕항다반사 → 예삿일·늘 있는 일 [茶飯事]
다발하다	잦다·자주 일어나다 〔보기〕다발하는 → 잦은/ 다발성 → 잦은·자주 일어나는 [多發]
다방	찻집 ▷ 다관 → 찻집 [茶房]
다방면	여러방면 〔보기〕다방면으로 → 여러모로 [多方面]
다번하다	매우 번거롭다 ▷ 번다하다 → 번거롭게 많다 [多煩－]

다분하다	많다·적잖다·꽤 많다　〔보기〕다분히 → 많이·적잖게·꽤/ 그럴 가능성이 다분하다 → 그럴 가능성이 많다/ 다분히 있다 → 꽤 있다　[多分-]
다비	짜개버선·짜개신·양말　[일 足袋·たび]
다비재배	걸가꾸기　[多肥栽培]
다사다난	어려운 일 많음　〔보기〕다사다난하다 → 어려운 일 많다 [多事多難]
다사하다	다사스럽다　※'온갖 일에 참견을 잘 하다'의 뜻.(표준어규정 제25항)　[多事-]
다산	많이 낳음　〔보기〕다산계(系) → 많이 낳은 내림/ 다산계(鷄) → 많이 낳는 닭　[多産]
다소	조금·얼마　〔보기〕다소간 → 조금·얼마간　[多少]
다소포체	뭇소포체　[多小胞體]
다수	많은수·많은·많이　〔보기〕다수결 → 많은수로 정함　▷ 소수 → 적은수　[多數]
다스	12개 묶음　[일 打·ダース<영 dozen]
다시	울국·맛국물　[<일 煮出·出汁·にだし·だしじる]
다시마자반	부각
다양	여러모양·갖가지·여러모　〔보기〕다양하다 → 여러모양이다·갖가지다·많다/ 다양하게 → 두루·갖가지로·낱낱이/ 다양성 → 여럿성·여러모양·여러모　[多樣]
다운	쓰러짐·작동 안됨　〔보기〕다운로드 → 내려받기/ 다운사이징 → 감축·줄이기·살빼기/ 다운시키다 → 쓰러뜨리다·낮추다/ 다운되다 → 내려앉다/ 녹다운 → 때려누임　[영 down]
다운타운	도심(지)·중심가　[영 downtown]
다원	차밭·차나무밭　[茶園]
다원	여러 갈래　〔보기〕다원방송 → 섞어짠 방송/ 다원적 → 여러 갈래인·여러 갈래/ 다원화하다 → 여러 갈래로 하다　[多元]
다육식물	살찐식물　▷ 다육경 → 살찐줄기/ 다육과 → 살찐열매/ 다육근 → 살찐뿌리/ 다육엽 → 살찐잎　[多肉植物]
다이	대·경매대·받침대　[일 臺·だい]
다이	손수·손수짜기　[영 DIY<Do It Yourself]
다이내믹하다	생동적이다·역동적이다　▷ 다이나믹하다 → 다이내믹하다　[영 dynamic-]
다이너마이트	몸약·떡　▷ 다이나마이트 → 다이너마이트　[영 dynamite]

다이버	잠수부 ▷ 다이빙 → 잠수·물속 뛰어들기/ 다이빙보드 → 다이빙 발판/ 다이빙 캐치 → (야구)몸날려 잡기 [영 diver]
다이아몬드	1. 금강석 2. 내야(야구) [〈영 diamond]
다이알	다이얼 [〈영 dial]
다이어	다이어그램·도표·진행표·운행표 [〈영 diagram]
다이어리	일기장·일기·날적이 [영 diary]
다이어트	식이요법·덜먹기·칼로리 낮은식품 〔보기〕다이어트식 → 거친먹거리 [영 diet]
다이얼	글자판·번호판·표시판 [영 dial]
다이얼로그	대화·대사 [영 dialogue]
다이제스트	간추림·간추린 글 〔보기〕다이제스트하다 → 간추리다·요약하다·뭉뚱그리다/ 다이제스트본 → 간추림책 [영 digest]
다자	여러·뭇 〔보기〕다자화하다 → 여럿을 묶다·두루 걸리게 하다/ 다자 통상협정 → 여럿 통상협정/ 다자간 무역협상 → 여럿사이 ~ ▷ 쌍무 → 양쪽의무 [多者]
다자엽	뭇떡잎 〔보기〕다자엽식물 → 뭇떡잎식물/ 다자엽종자 → 뭇떡잎씨앗 ▷ 단자엽 → 외떡잎/ 복자엽 → 쌍떡잎/ 쌍자엽 → 쌍떡잎 [多子葉]
다종	여러가지 〔보기〕다종다양한 → 여러가지의·갖가지 [多種]
다종	찻종 [茶鍾]
다중	뭇사람 ▷ 대중 → 일반·뭇사람 [多衆]
다찌끼리·다치키리	내리닫이 ※인쇄 말. [일 立切·たちきり]
다찌노미	선술 [일〈立飮]
다출우상복엽	여러번깃꼴겹잎 [多出羽狀複葉]
다큐멘터리	실화·기사·기록영화·실록 ▷ 도큐먼트 → 사건기록·기록문학/ 다큐멘타리 → 다큐멘터리·실화 [영 documentary]
다크서클	눈그늘·눈두덩 [영 dark circle]
다크호스	변수·복병 [영 dark horse]
다포	차밭 [茶圃]
다포초자	거품유리 [多泡 + 일 硝子]
다항식	여러마디식 [多項式]
다화성	여러번까기 〔보기〕다화성잠저병 → 누에파리병/ 다화성 잠저승 → 누에파리 [多化性]
닥달	닦달 〔보기〕닥달하다 → 닦달하다/ 닥달질 → 닦달질
닥상이다	충분하다·넉넉하다·제격이다 [일〈澤山−]

닦아대다	닦아대다 ▷ 닦아세우다 → 닦아세우다
닥치다	1. → 닫치다 2. 바싹 다다르다 〔보기〕입을 닥쳐라 → 입을 닫쳐라
닥터	독터·의사·박사 [영 doctor]
단	다만·그러나 〔보기〕단지 → 오직·다만·그러나 [但]
단간방	단칸방
단견	좁은소견·짧은소견 [短見]
단결	뭉침 〔보기〕단결하다 → 뭉치다 [團結]
단경기	때아닌철·동댈철·새물고개·새곡식 날 때 [端境期]
단계	차례 〔보기〕단계식 좌석 → 층층자리/ 단계적으로 → 차례차례 ▷ 계단 → 층계 [段階]
단교	교제끊음·사귐끊음 〔보기〕단교하다 → 교제를 끊다·외교관계를 끊다 ▷ 절교 → 사귐끊음/ 단절 → 관계끊음 [斷交]
단구	작은키·작은몸 [短軀]
단국	배달나라·우리나라 [檀國]
단귀	단구 [短句]
단기	짧은기간 〔보기〕단기간 → 짧은기간/ 단기복무 → 짧은복무/ 단기부채 → 짧은빚/ 단기화하다 → 사이 짧게 하다 ▷ 장기 → 긴기간/ 장기화 → 길게 함·오래감 [短期]
단까·단카·당가	들것 ▷ 담가·당까 → 들것 [일 擔架·たんか]
단도리	채비·준비·잡도리 〔보기〕단도리하다 → 1. 채비하다·준비하다 2. 잡도리하다 [일 段取·だんどり]
단독	혼자 〔보기〕단독으로 → 혼자서·혼자힘으로/ 단독사건 → 홑사건 [單獨]
단락	합선·맞닿이·누전 [短絡]
단량체	하나체 ▷ 모노머 → 단량체·하나체/ 폴리머 → 중합체 [單量體]
단련	불림·닦임 〔보기〕단련하다 → 불리다·닦다 [鍛鍊]
단립구조	홑알짜임·홑알얼개 ▷ 단립조직 → 홑알얼개 [單粒構造]
단립구조	떼알짜임·떼알얼개 ▷ 단립조직 → 떼알얼개 [團粒構造]
단말	끝·끄트머리 〔보기〕단말기 → 끝장치 [端末]
단매	한장·홑장 [일 單枚·たんまい]
단면	자른면·끊은면 [斷面]
단명귀	단명구 [短命句]
단모음	홑홀소리 [單母音]

단목	피나무　[椴木]
단목	잘라내기·나무자르기·잘린나무　[斷木]
단목	박달나무　[檀木]
단문	홑월　　▷ 복문 → 겹월/ 중문 → 거듭월　[單文]
단미	꼬리자르기　[斷尾]
단발	머리깎음·머리자름　　▷ 삭발 → 머리깎기·막자름/ 단발(短髮) → 짧은머리　[斷髮]
단발	한방　〔보기〕단발성 → 한번·한차례　　▷ 단방 → 한방 [單發]
단백	흰자·흰자위　〔보기〕단백광 → 젖빛/ 단백뇨 → 흰자질오줌/ 단백색 → 젖빛/ 단백유 → 흰자젖/ 단백질 → 흰자질　▷ 난백 → 흰자/ 난황 → 노른자　[蛋白]
단번	한번·단 한차례　〔보기〕단번에 → 단 한번에　　▷ 대번에·단숨에·단박에　[單番]
단변	짧은변　[短邊]
단사	홑실　[單絲]
단산	생산그침·해산그침　〔보기〕단산하다 → 생산을 그치다 [斷産]
단삼	적삼　[單衫]
단상	토막글·토막생각　[斷想]
단서	다만글·다만줄·다만　〔보기〕단서조항 → 다만 조항　[但書]
단서	실마리　〔보기〕단서를 못 찾다 → 실마리를 못 찾다/ 단서가 되다 → 실마리가 되다　[端緒]
단선	줄끊기·줄끊임　〔보기〕단선하다 → 줄 끊다/ 단선되다 → 줄 끊기다　[斷線]
단성	홑성　〔보기〕단성결실 → 제꽃맺이/ 단성생식 → 홑성불이/ 단성화 → 홑성꽃　[單性]
단세포	홑세포　〔보기〕단세포동물 → 홑세포동물/ 단세포식물 → 홑세포식물　[單細胞]
단속	잡도리·잡죔　〔보기〕단속하다 → 잡도리하다/ 단속 대상 → 잡도릴것·잡죌 대상/ 마약 단속 → 마약 잡도리/ 통행증 없이 운행하는 차량만 단속하고 있으나 → ~ 다니는 차만 잡고 있으나　[團束]
단속	끊이어짐·끊어졌다 이어졌다·새뜸　〔보기〕단속적 → 끊어졌다 이어졌다/ 특히 주목할 점은 냉전 뒤의 국제정세가 바람직한 방향으로 조성되지 않고 단속적이란 사실이다 → ~ 흐르지 않고 새뜬다는 사실이다　　▷ 지속 → 견딤·이어감·

	끊임없음/ 연속 → 줄곧 · 잇대어　［斷續］
단수	물끓기　〔보기〕단수하다 → 물끓다　　▷ 절수 → 물아끼기 · 물절약　［斷水］
단스	장롱 · 옷장　［일 簞笥 · たんす］
단신	토막소식 · 짧은편지 · 짧은통신 · 짤막소식　［短信］
단신	홑몸 · 외몸 · 혼자　〔보기〕단신복엽 → 홑잎새겹잎/ 단신월남 → 혼자 남으로 넘어옴/ 혈혈단신 → 외로운 홑몸　［單身］
단아	홑눈　〔보기〕단아삽 → 외눈꺾꽂이 · 홑눈꺾꽂이　　▷ 복아 → 겹눈　［單芽］
단안	홑눈 · 외눈　〔보기〕단안경 → 외알안경　　▷ 복안 → 겹눈　［單眼］
단안	결정　〔보기〕단안하다 → 결정하다/ 단안을 내리다 → 결정하다　［斷案］
단애	벼랑 · 낭떠러지　［斷涯］
단야공	대장장이　［鍛冶工］
단어	낱말　〔보기〕단어절 → 낱말마디/ 단어장 → 낱말책 · 낱말공책/ 단어집 → 낱말책　［單語］
단언	잘라말함 · 분질러말함　〔보기〕단언하다 → 잘라말하다　［斷言］
단역	곁들이　〔보기〕단역으로 출연하다 → 곁들이로 나오다/ 단역배우 → 곁들이배우　　▷ 엑스트라 → 곁배우　［端役］
단열	열끊음 · 열막음　〔보기〕단열하다 → 열끊다 · 열막다/ 단열재(료) → 열막잇거리 · 열막잇감/ 단열연와 → 단열벽돌 · 열막이벽돌　［斷熱］
단엽	홑잎 · 홑꽃잎　　▷ 복엽 → 겹잎　［單葉］
단위	하나치　〔보기〕단위면적 → 하나치넓이/ 단위명사 → 셈낱이름씨/ 고단위 → 높은단위　［單位］
단위결실	제꽃(열매)맺이　　▷ 단위발생 → 홑성불이/ 단위생식 → 홑성불이/ 단성결실 → 제꽃맺이　［單爲結實］
단음	짧은소리　　▷ 장음 → 긴소리　［短音］
단음절	홑마디　〔보기〕단음절어 → 홑마디말　［單音節］
단일	하나　〔보기〕단일경영 → 홑경영/ 단일경작 → 홑그루/ 단일란 → 홑알/ 단일문제 → 단벌문제/ 단일민족 → 한겨레/ 단일작품 → 단벌작품 · 홑작품/ 단일화 → 하나로 됨(함)　　▷ 복합 → 겹　［單一］
단자방	홑씨방　［單子房］
단자삽	경단꽂이　［일 團子揷］

단자엽	외떡잎·홑떡잎 〔보기〕단자엽식물 → 외떡잎식물/ 단자엽 종자 → 외떡잎씨앗 〔單子葉〕
단자음	홑닿소리 ▷ 복자음 → 겹닿소리 〔單子音〕
단장	지팡이 〔短杖〕
단장	애끊음 〔보기〕단장의 슬픔 → 애끊는 슬픔 〔斷腸〕
단적공	단쌓기 〔段積工〕
단적으로	한마디로·바로 〔보기〕단적으로 보여주다 → 바로 보여주다/ 단적으로 말하다 → 한마디로 말하다 〔端的 – 〕
단전	짧은작·짧은화살 ▷ 장전 → 긴작·긴화살·(건축)장살대 〔短箭〕
단전	전기 끊음 〔보기〕단전하다 → 전기 끊다/ 단전 조처 → 전기 끊음 〔斷電〕
단절	끊음·자름 〔보기〕단절하다 → 끊다·끊어지다 ▷ 절단 → 끊음/ 근절 → 뿌리뽑음 〔斷絶〕
단점	나쁜점·모자란 점 ▷ 장점 → 좋은점·잘하는 점/ 결점 → 모자란 점 〔短點〕
단정	잘라 정함·딱 작정함 〔보기〕단정하다 → 잘라 정하다 ▷ 단언 → 끊어말함 〔斷定〕
단조	단짜기 〔段組〕
단조	외마치장단·외마치가락 〔單調〕
단조	대장일 〔보기〕단조공 → 대장장이 〔鍛造〕
단죄	죄로 처단함·죄로 단정함·처벌함 〔보기〕단죄하다 → 죄로 처단하다 〔斷罪〕
단주	작은배·조각배 ▷ 편주 → 작은배·조각배 〔端舟〕
단지	짧은가지 ▷ 장지 → 긴가지 〔短枝〕
단지	겨우·다만·오직 〔但只〕
단지	손가락자름 〔보기〕단지하다 → 손가락을 자르다 〔斷指〕
단지	떼땅·동네·땅 〔보기〕아파트단지 → 아파트동네/ 공업단지 → 공장동네 〔團地〕
단진동	홑떨기 ▷ 단진자 → 홑흔들이/ 복진자 → 겹흔들이 〔單振動〕
단쭈·단추	단줄 ※인쇄 말. 〔일 段柱·だんちゅう〕
단처	나쁜점·모자란 데 ▷ 장처 → 나은점·좋은점 〔短處〕
단척	짧은자 ▷ 장척 → 긴자 〔短尺〕
단체웅예	떼수꽃술 ▷ 단체웅예(單體雄蕊) → 홑수꽃술 〔團體雄蕊〕
단초	실마리 ▷ 단서 → 실마리 〔端初〕

단촐하다	단출하다 ※'단촐하다'는 북녘말.
단축	줄임·앞당김 〔보기〕단축하다 → 줄이다·앞당기다/ 수업단축 → 수업줄이기 ▷ 긴축 → 바짝줄임 [短縮]
단층표피	홑껍질·한겹껍질 [單層表皮]
단침	작은바늘·짧은바늘 ▷ 장침 → 긴바늘 [일 短針·たんしん]
단파	짧은전파 ▷ 장파 → 긴전파 [短波]
단표	도시락과 표주박 〔보기〕단표누항 → 소박한 시골살림 [簞瓢]
단합	뭉침·단결 〔보기〕단합하다 → 뭉치다 [團合]
단행	잘라 행함 〔보기〕단행하다 → 잘라행하다 ▷ 결행 → 잘라행함·꼭 실행함 [斷行]
단행본	홑벌책·홑권책·단권책 [單行本]
단호히	딱 잘라·끊은 듯이 [斷乎-]
단화	구두 ▷ 장화 → 긴목신 [短靴]
달관조사	눈어림조사 [達觀調査]
달달이	다달이 ※주로 'ㄴ·ㄷ·ㅅ·ㅈ' 따위의 앞에서 'ㄹ' 소리가 준 것은 준대로 적는다. 버드나무·소나무·따님·여닫이·부삽·화살·싸전·차조 따위.(맞춤법 제28항)
달래다	1. 어루만지다·가라앉히다 2. → 달라다 ※'달라고 하다'의 뜻으로는 '달라다'를 쓴다.
달러이자	날변 ▷ 일숫돈 [미 dollar + 利子]
달르다	다르다 ※'르'불규칙용언에 자주 'ㄹ'을 덧붙여 쓰는 혼란은 활용하여 '다르다, 다르고, 다르니, 달라'에서 '달라'의 끝 'ㄹㄹ' 때문에 온다. 그러나 원형이 '다르다'이므로 구별해 써야 한다. ▷ 갈르다 → 가르다/ 말르다 → 마르다/ 걸르다 → 거르다/ 골르다 → 고르다/ 발르다 → 바르다/ 널르다 → 너르다/ 물르다 → 무르다/ 서툴르다 → 서투르다/ 올르다 → 오르다/ 일르다 → 이르다
달변	능숙한 말·능변 [일 達辯·たつべん]
달성	이룸·거둠 〔보기〕달성하다 → 이루다·거두다 [達成]
달아붙다	달라붙다 ▷ 들어붙다 → 들러붙다
달필	익은 글씨·잘쓰는 글씨 ▷ 졸필·우필·조필 → 나쁜글씨·못된글씨 [達筆]
달하다	이르다·미치다·닿다 [達-]
닭도리탕	닭볶음탕 [일 -鳥湯·-とり-]
담	쓸개 〔보기〕담관 → 쓸개관/ 담낭 → 쓸개 [膽]
담가	들것 [일 擔架·たんか]

담겼길래	담겼기에 ▷ '- 길래 → - 기에'
담구다	담그다 ※'담그다'는 '담그고, 담그니, 담가(담그어), 담갔다' 처럼 'ㅡ'가 준 채로 활용한다. 이에는 '끄다·따르다·뜨다·잠그다·치르다·트다·가쁘다·고프다·기쁘다·미쁘다·바쁘다·슬프다·아프다·예쁘다·크다' 따위가 있다.(맞춤법 제8항) 〔보기〕김치를 담궈먹다 → 김치를 담가먹다/ 장 담구기 → 장 담그기/ 명란젓을 담궜다 → 명란젓을 담갔다/ 볍씨를 물에 담구니 → 볍씨를 물에 담그니 ▷ 잠구다 → 잠그다/ 잠궈 → 잠가
담군	짐꾼 [擔軍]
담낭	쓸개 [膽囊]
담다	1. 넣다·품다·나타내다 2. → 담그다 〔보기〕술을 담다 → 술을 담그다/ 김치를 담다 → 김치를 담그다/ 간장을 담아먹다 → 간장을 담가먹다
담담하다	말갛다·맹물같다 [淡淡 -]
담당	맡음·맡은 〔보기〕담당하다 → 맡다/ 담당자 → 맡은이 ▷ 담임 → 맡음 [擔當]
담대하다	담이 크다 [膽大 -]
담록색	연두빛·옅은풀빛 [淡綠色]
담박	맑음·맹물같음·깨끗함 ▷ 담담하다 → 말갛다/ 담백하다 → 말갛다·깨끗하다·싱겁다·밍밍하다 [淡泊]
담배꼬투리·담배꽁치·담배꽁추	담배꽁초 ※'담배꽁초'가 널리 쓰인다 하여 이를 표준말로 삼음.(표준어규정 제25항)
담배불	담뱃불 〔보기〕담뱃갑·담뱃값·담뱃재·담뱃진
담보	잡음·잡힘 〔보기〕담보하다 → 잡다·잡히다/ 담보력 → 잡힐힘/ 담보물 → 잡힐 것/ 무담보 → 담보없음·그냥 [擔保]
담석	쓸갯돌 [膽石]
담세력	세금낼 힘·세금물 힘 [擔稅力]
담소	웃으며 이야기 〔보기〕담소하다 → 웃으며 이야기하다 [談笑]
담수	단물·민물 〔보기〕담수어 → 민물고기/ 담수욕 → 민물미역/ 담수호 → 민물호수 ▷ 강수 → 강물·민물/ 함수 → 짠물 [淡水]
담수	물대기·잠김·물채우기 〔보기〕담수관개 → 물가두기·물가두어대기/ 담수직파 → 무논뿌림/ 담수장치 → 물담기틀/ 빗물담수 → 빗물담기·빗물가두기 [湛水]
담수	못물 [潭水]

담쑥담쑥	담쑥담쑥　　※큰말은 '듬쑥듬쑥'이다.　　▷ 담뿍
담임	맡음　　〔보기〕담임하다 → 맡다　　▷ 담당 → 맡음 · 맡은 [擔任]
담자색	연보랏빛　　▷ 담적색 → 연붉은빛/ 담청색 → 연푸른빛/ 담홍색 → 분홍빛　[淡紫色]
담장이	담쟁이　　〔보기〕담장이덩굴 → 담쟁이덩굴
담즙	쓸갯물 · 쓸개즙　[膽汁]
담채	연한빛깔　[淡彩]
담천	흐린날 · 흐린하늘　[曇天]
담판	따짐 · 따져가림　　〔보기〕담판하다 → 따지다 · 따져가리다 [談判]
담합	짬짜미 · 말맞추기 · 입맞추기　　〔보기〕담합하다 → 짜다 · 말맞추다 · 입맞추다/ 담합행위 → 짬짜미짓　　▷ 내약 → 짬짜미 · 속언약/ 당고 → 짬짜미　〔〈일 談合 · だんごう〕
담화	이야기 · 말씀　　〔보기〕담화하다 → 이야기하다/ 담화문 → 말씀글/ 담화체 → 이야기체　[談話]
답	논　　▷ 답리작 → 논뒷갈이/ 답리후작 → 논그루갈이 [畓]
답교	다리밟이　[踏橋]
답변	대답　　〔보기〕답변하다 → 대답하다.　　▷ 응답 → 대답 [答辯]
답보	제자리걸음　　〔보기〕답보하다 → 제자리걸음하다/ 답보상태 → 제자리걸음상태 · 주춤상태　[踏步]
답사	실지조사　　〔보기〕답사하다 → 가서 살펴보다.　　▷ 실사 → 실제조사　[踏査]
답습	본받아함 · 따라함　　〔보기〕답습하다 → 본받아하다 · 따라하다/ 답습에 지나지 않는다 → 답습일 뿐이다 · 따라하는 짓일 뿐이다　[踏襲]
답신	회답올림 · 대답　　〔보기〕답신하다 → 회답올리다　　▷ 응신 → 회답　[일 答申 · とうしん]
답신	답장 · 회답 · 대답　　〔보기〕답신하다 → 회답하다　[答信 · 答申]
답압	밟기　　〔보기〕답압하다 → 밟다　[踏壓]
답작	논농사　　▷ 전작 → 밭농사/ 답주 → 논주인 · 논임자　[畓作]
답전작	논앞갈이 · 논앞그루　　▷ 답후작 → 논그루갈이　[일 畓前作]
답절	건널목　[일〈踏切]

답지	몰려옴·몰려듦　〔보기〕답지하다 → 몰려들다·잇대어들어오다/ 온정이 답지하다 → 온정이 몰려들다　[遝至]
답파	걸음·감·다녀봄　〔보기〕답파하다 → 걷다·깨치고 걸어가다　[踏破]
당	1. 이·바로 이·그·바로 그　2. 머리·앞·-에　〔보기〕당열차 → 이 열차/ 그램당 → 1그램에/ 포기당 → 한 포기에/ t당 → 1t에　[當]
당간	짐대　[幢竿]
당고·담합	짬짜미·말맞추기　[〈일 談合·だんごう]
당과	우리 과·그 과　▷ 당행 → 그 은행·우리 은행/ 당사 → 우리 회사·그 회사/ 당부 → 우리 부·그 부　[當課]
당귀	승검초뿌리　[當歸]
당금	이제·지금　[當今]
당기	1. 그 기간·이 기간　2. 기한당함　[當期]
당까(담가)	들것　▷ 단까 → 들것　[일 擔架·たんか]
당년	그해·그때　[當年]
당대	제때·그 시대　[當代]
당도	단기　[糖度]
당도	이름·닿음　〔보기〕당도하다 → 이르다·닿다　[當到]
당락	붙고떨어짐　[當落]
당랑	버마재비　〔보기〕당랑거철 → '힘이 미치지 못하는 일을 함'의 비유　[螳螂]
당로자	맡은이·당국자　▷ 당무자 → 일맡은이　[當路者]
당망	후릿그물　[搪網]
당면	닥침·당함　〔보기〕당면하다 → 닥치다·당하다/ 당면과제 → 닥친일/ 당면문제 → 눈앞문제·닥친문제　[當面]
당무자	담당자·실무자·일맡은이　▷ 당로자 → 일맡은이　[當務者]
당밀	사탕아랑·단물　[糖蜜]
당부	맞고 안맞음　〔보기〕당부를 가리다 → 맞고 안맞음을 가리다　▷ 적부 → 맞고 안맞음·알맞기　[當否]
당부	부탁　〔보기〕당부하다 → 부탁하다　[當付]
당분간	얼맛동안·한동안　[일 當分間·とうぶんかん]
당사	일에 당함　〔보기〕당사하다 → 일에 닥치다/ 당사국 → 당한 나라·그 나라/ 당사자 → 당한 이·본인　[當事]
당선	뽑힘　〔보기〕당선하다 → 뽑히다/ 당선되다 → 당선하다·뽑히다/ 당선자 → 뽑힌 이　▷ 낙선 → 떨어짐/ 당락 → 뽑히고 떨어짐　[當選]

당수	(당)우두머리 [黨首]
당시	그때 ▷ 당대 → 제대·그 시대 [當時]
당연하다	마땅하다·옳다 〔보기〕당연지사 → 마땅한 일·당연한 일 / 당연히 → 마땅히/ 당연시하다 → 마땅한 것으로 보다 ▷ 응당하다 → 마땅하다 [當然 -]
당의	사탕입힘·단껍질 〔보기〕당의정 → 단껍질약 [糖衣]
당일	그날·바로 그날·제날 〔보기〕당일에 한함 → 제날에만 씀·오늘만 쓸 수 있음 ▷ 당월 → 그달·이달/ 당년 → 그해·이해/ 당절 → 그철·제철 [當日]
당장	곧·지금·바로 [當場]
당좌	수표자리 〔보기〕당좌예금 → 수표저금 [當座]
당착	모순 〔보기〕자가당착 → 자기모순 [撞着]
당첨	뽑힘 〔보기〕당첨하다 → 뽑히다/ 당첨되다 → 당첨하다· 뽑히다/ 당첨번호 → 맞은번호·뽑힌번호 ▷ 낙첨 → 떨어짐·안뽑힘 [當籤]
당청	우리 청·그 청 [當廳]
당체	산이스랏나무 [棠棣]
당초	애초·처음 〔보기〕애시당초 → 애초 [當初]
당초	고추 [唐椒]
당초문	덩굴무늬 ▷ 당초와 → 암막새·만달기와 [일 唐草紋]
당추자	호두 [唐楸子]
당하다	1. 맞다·마땅하다 2. 처하다·만나다·닥치다 3. 해내다 4. 받다·입다 〔보기〕당하여 → 겪어·맞아/ 당찮은 짓거리 → 엉뚱한 짓거리/ 그게 당한 소리냐 → 그게 맞는 소리냐/ 눈 앞에 당하다 → 눈앞에 처하다/ 치한한테 희롱을 당하다 → 치한한테 놀림을 받다 [當 -]
-당하다	-하다 ※이 말은 동작을 나타내는 명사에 붙어 그 동작이 수동적임을 보이는 말인데, 어울리지 않는 말에 이 말을 붙여 쓰는 일이 잦다. 스스로 잘못해 잃었으면 잃은 것이고, 마음이 상했으면 상했지 남에게 탓을 돌리는 말버릇은 우스운 일이 다. 〔보기〕분실·실망·비관·실패·실언·실종·쇠 퇴·영락·멸망·당선·입선‥‥ + 당하다 → (‥‥) + 하 다 [-當-]
당한	1. 그달치·그달거래 2. 기한 닥침 [일 當限]
당해	그·바로 그 〔보기〕당해연도 → 바로 그해·그해 [當該]
당혹	어리둥절함·당황 〔보기〕당혹하다 → 어리둥절하다·당황하다 [일 當惑·とうわく]

당화	1. 당분되기 2. 삭히기 [糖化]
당황망조	갈팡질팡 [唐慌罔措]
대	갈음 〔보기〕대하다 → 갈음하다 [代]
대가	값 〔보기〕대가를 치르다 → 값을 치르다/ 청탁을 들어준 대가로 뇌물을 받다 → ∼ 값으로 뇌물을 받다 [代價]
대각선	맞모금 〔보기〕대각선 연락 → 비껴보내기 [對角線]
대갈	호통침(함) 〔보기〕대갈일성 → 호통 한마디 [大喝]
대강	1. 큰벼리·큰강령 2. 대충·얼추·건성 〔보기〕대강 하다 → 대충 하다·얼추하다/ 대강대강 하고 넘기다 → 건성으로 하고 넘기다 ▷ 대개 → 1. 줄거리 2. 거의·얼추 [大綱]
대강풍	큰센바람 ※초속 20.8 ∼ 24.4m, 바람등급 9. [大强風]
대개	거의·얼추 [大槪]
대거	한꺼번에·많이 [大擧]
대거	띠톱 〔보기〕대거반 → 띠톱 [帶鋸]
대검	큰칼 [大劍]
대견	마주봄 〔보기〕대견하다 → 마주보다 ▷ 대면 → 마주봄 [對見]
대결	맞겨룸·판가름·겨루기·맞서기 〔보기〕대결하다 → 맞겨루다·판가르다/ 대결장 → 겨룸터·판가름터 ▷ 결투 → 결판싸움 [일 對決·たいけつ]
대결	대리결재 [代決]
대고	큰북 ▷ 소고 → 작은북/ 장고 → 장구 [大鼓]
대공	공산 상대 〔보기〕대공산권 → 공산권 상대/ 대공업무 → 공산 상대 일 ▷ 대북 → 북한 상대/ 방공 → 공산막이 [對共]
대공	공중 상대 〔보기〕대공경계 → 공중경계/ 대공포 → 고사포 ▷ 방공 → 하늘막이·공중상대 [對空]
대과	큰허물·큰잘못·큰탈 〔보기〕대과없이 일을 쳐내다 → 큰잘못 없이 ∼ [大過]
대구치	어금니·큰어금니 ▷ 소구치 → 작은어금니·옆니·앞어금니 [大臼齒]
대국	판벌임 〔보기〕대국하다 → 판을 벌이다·바둑을 두다 [對局]
대국민	국민에게·국민 앞에 〔보기〕대국민 사과문 → 국민에게 사과하는 글 ▷ 대북 → 북한 상대/ 대북관계 → 북한 관계/ 대일보복 → 일본에 앙갚음 [對國民]
대국적	큰 판국의·크게 보는 〔보기〕대국적 견지에서 → 크게 볼

	때·큰 판국을 보는 처지에서 [大局的]
대권	큰권한·큰권력 ※'대통령 권력'의 비유로도 쓰임. [大權]
대귀	대구 ※'글귀·귀글'은 '귀'를, 그밖의 문구·시구·구문 따위는 '구'로 씀. '대꾸·말대꾸'는 한자말이 아니므로 그대로 쓴다. [對句]
대규모	큰규모·큰 ▷ 소규모 → 작은규모·작은 [大規模]
대금	값 〔보기〕대금을 지불하다 → 값을 치르다·물건값을 주다/ 대금인환 → 대금 교환/ 대금청산 → 값치름 [일 代金·だいきん]
대금	1. 꿔준돈·빌려준 돈 2. 돈놀이 〔보기〕대금업 → 돈놀이/ 대금업자 → 돈놀이꾼 [일 貸金·かねかし]
대기	공기 〔보기〕대기권 → 공기얼안 [大氣]
대기	기다림 〔보기〕대기하다 → 기다리다/ 대기소 → 기다림집/ 대기실 → 기다림방/ 대기자 → 기다리는 이 ▷ 대합실 → 기다림방/ 대기(待期) → (기한) 기다림 [일〈待機]
대기	큰그릇·큰인재 〔보기〕대기만성 → 큰그릇은 늦게 만들어짐·큰인물은 오래 다듬어야 함, 즉 '큰인물은 늦됨'의 비유 [大器]
대길	크게 좋음 〔보기〕대길하다 → 아주 좋다/ 대길이다 → 크게 좋다 ▷ 대낄 → 대길 [大吉]
대납	대신 냄·대신 바침 〔보기〕대납하다 → 대신 바치다/ 현물로 대납하다 → 현물로 대신 내다 ▷ 직납·직불 → 바로 냄·바로바침 [代納]
대납회	큰 파회·막파회·큰 파장모임·막파장모임 [일 大納會·だいのうかい]
대뇌	큰골·큰뇌 〔보기〕대뇌피질 → 큰골껍질 [大腦]
대다수	거의·모두·많은 ▷ 종다수 → 많은수 따름/ 과반수 → 반넘은 수 [일〈大多數]
대단히	매우·썩 [大端-]
대담하다	담보 크다·배짱 두둑하다·간크다·통크다 [大膽-]
대대적으로	크게 [大大的-]
대도	큰도둑 [大盜]
대도	큰길·옳은길 〔보기〕대도무문 → 큰길에는 문이 없음 ▷ 대로 → 큰길 [大道]
대독	대신 읽음 〔보기〕대독하다 → 대신 읽다 [代讀]
대동소이	거의 같음 [大同小異]
대동하다	데리다·함께하다·안동하다 〔보기〕대동하고 → 1. 함께·

더불어　2. 데리고/ 측근을 대동하고 → 가까운이와 함께ㆍ가까운이를 안동하고　[帶同 –]

대두	콩　〔보기〕대두박 → 콩깻묵/ 대두분 → 콩가루/ 대두유 → 콩기름/ 대두유박 → 콩깻묵　[大豆]
대두	머리듦ㆍ고개듦ㆍ나타남ㆍ불거짐　※신문기사에 쓰이는 말도 꽤 많은 시간을 두고 변한다. 전날에는 의혹ㆍ반발ㆍ의문ㆍ기운ㆍ조짐ㆍ분쟁 따위가 '대두하(되)고 있다'고 쓰던 게 요즘엔 이를 '~이(을) 제기되(하)고 있다'로 바꾸어 유행처럼 쓰고 있는 것을 보면 그렇다는 말이다.　〔보기〕대두하다 → 머리들다ㆍ고개들다/ 대두되다 → 대두하다ㆍ일어나다ㆍ나타나다　▷ 제기하다(제기되다) → 불거지다ㆍ내세우다ㆍ내놓다　[擡頭]
대두정	대갈못　[大頭錠]
대등	맞먹음ㆍ같음　〔보기〕대등하다 → 맞먹다ㆍ같다/ 대등문 → 벌임월ㆍ나란히월/ 대등법 → 벌임법ㆍ나란히법/ 대등액 → 맞선 돈머리ㆍ같은 돈머리/ 대등절 → 나란히 마디ㆍ맞선 마디/ 대등형 → 벌임꼴ㆍ나란히꼴　[對等]
대란	큰난리　[大亂]
대략	1. 얼추ㆍ대충ㆍ대강　2. 큰 모략　[大略]
대량	큰수량ㆍ큰분량ㆍ많은양ㆍ많이　〔보기〕대량으로 → 많이/ 대량화물 → 많은짐　[大量]
대로	큰길　[大路]
대로	크게 성냄　〔보기〕대로하다 → 크게 성내다　▷ 대노 → 대로　[大怒]
–대로의	–대로　〔보기〕너대로의 → 너대로/ 나름대로의 → 나름대로ㆍ나름의
대료	빌린삯ㆍ셋돈　〔보기〕임대료 → 빌림삯　[일 貸料]
대륙붕	바다선반ㆍ연안해저지역　[大陸棚]
대립	맞섬　〔보기〕대립하다 → 맞서다/ 대립점 → 맞선점　[對立]
대립	굵은알　〔보기〕대립종 → 굵은씨　▷ 소립ㆍ미립 → 잔알갱이ㆍ잔알　[大粒]
대마	삼　〔보기〕대마초 → 삼잎ㆍ삼이삭　▷ 아마 → 양삼　[大麻]
대망	기다림ㆍ바람　〔보기〕대망하다 → 기다리다ㆍ바라다　[待望]
대매출	많이팔기ㆍ마구팔기ㆍ대목팔기　▷ 대발매 → 많이팔기/ 바겐세일 → 깎아팔기/ 할인판매 → 깎아팔기　[일 大賣出ㆍお

おうりだし]

대맥　보리　〔보기〕대맥강→보릿겨/ 대맥고→보릿짚　　▷ 소
맥 → 밀/ 맥주맥 → 맥주보리　〔大麥〕

대명사　대이름씨　〔大名詞〕

대목　1. 지위·큰목수·도목수　2. 큰나무　〔大木〕

대목　밑나무·바탕나무　〔보기〕대목아 → 바탕나무눈　　▷ 접
본 → 밑나무　〔臺木〕

대문자　큰글자　　▷ 소문자 → 작은글자　〔일 大文字·おおもじ〕

대미　맨끝·끝·마지막　〔보기〕대미를 장식하다 → 끝을 이루
다·끝을 꾸미다　〔일 大尾·たいび〕

대미지　충격·손상·손해·위험부담　　▷ 데미지 → 대미지　〔영
damage〕

대방　날쪽　　▷ 대변 → 날쪽/ 차방·차변 → 들쪽　〔일 貸方·か
しかた〕

대범　무릇　〔大凡〕

대범하다　굵다·잘잖다　〔보기〕대범스레 → 굵게·잘잖게　〔大
泛－〕

대변　대신 말함　〔보기〕대변하다 → 대신 말하다/ 대변자 → 대
신 말하는 이　〔代辯〕

대별　크게 나눔　〔보기〕대별하다 → 크게 나누다　〔大別〕

대보합(세)　큰제자리시세·큰주춤세　　▷ 약보합 → 약한제자리시세·
약한주춤시세　〔大保合〕

대본　바탕책·바탕글·각본　　▷ 각본 → 극본/ 원본 → 원벌·밑
벌　〔일 臺本〕

대부　꾸기·빌려주기　〔보기〕대부하다 → 꾸다·빌려주다/ 대부
받다 → 빌리다·꾸다/ 대부금 → 꾄돈·꿔준돈　　▷ 대여
하다 → 꾸다·빌려주다　〔일 貸付·かしつけ〕

대부분　거의 다·거의 모두　〔大部分〕

대분수　데림분수　〔帶分數〕

대불　큰부처　　▷ 석불 → 돌부처/ 와불 → 누운부처/ 좌불 → 앉
은부처　〔大佛〕

대비　맞견줌·대봄　〔보기〕대비하다 → 견주다·대보다/ 대비
되다 → 견주어지다/ 대비감 → 견줌느낌·맞어울림　　▷ 대
조 → 맞춰봄·맞대봄·맞견줌·맞비춤　〔對比〕

대사　큰일　※관·혼·상·제 따위.　〔大事〕

대사　왕모래·굵은모래　〔大砂〕

대사　무대말　〔보기〕대사하다 → 무대말을 하다/ 대사연습 → 무
대말 익히기　〔臺詞〕

대사	대어보기 〔보기〕대사하다 → 대조해 조사하다 · 대어보다 [對査]
대상	대신값 · 물어줌 〔보기〕대상금 → 물어주는 돈 ▷ 대납금 → 대신내는 돈 [代償]
대생	마주나기 ※'잎차례'의 한가지. 〔보기〕대생엽 → 마주나기잎/ 대생엽서 → 마주나기잎차례 ▷ 총생 → 뭉쳐나기 · 떨기나기 · 모듬남/ 윤생 → 돌려나기/ 호생 → 어긋나기 · 어긋나기/ 엽서 → 잎차례/ 화서 → 꽃차례 [對生]
대설대	담배설대
대성	크게 이룸 · 크게 됨 〔보기〕대성하다 → 크게 이루다 · 크게 되다 [大成]
대소	맞고소 〔보기〕대소하다 → 맞고소하다 [對訴]
대소변	똥오줌 ▷ 대소피 → 똥오줌 [大小便]
대수	큰물 [大水]
대습상속	대이어 물림 · 대건너 물림 [代襲相續]
대승	크게 이김 · 큰이김 〔보기〕대승하다 → 크게 이기다/ 대승을 거두다 → 크게 이기다 [大勝]
대승적	큰 · 넓은 · 큰판국의 · 크게 보는 〔보기〕대승적 견지 → 크게 보아 · 널리 보는 점 ▷ 대국적 → 큰 · 크게 보는 · 큰판국의 [大乘的]
대시	1. 돌진 2. 줄표 〔보기〕대시하다 → 돌진하다/ 대시보드 → 계기반 ▷ 대쉬 → 대시 [영 dash]
대식기	한밥때 ※누에치기에서 하는 말. [大食期]
대신	갈음 · 바꿈 · 대리하여 〔보기〕대신하다 → 갈음하다 · 바꾸다/ 대신하여 → 갈아 · 바꿔 · 대리하여 [代身]
대심	맞대매심리 · 무릎맞춤심리 〔보기〕대심하다 → 맞대심리하다. ▷ 대질 → 무릎맞춤 [對審]
대싸리	댑싸리 ※'ㅂ'이 덧붙는다. 볩쌀 · 볍씨 · 입때 · 접때 · 햅쌀 따위. 〔보기〕대싸리비 → 댑싸리비
대악	큰산 [大嶽]
대안	다른 방법 · 다른 꾀 · 대신 꾀 〔보기〕대안을 내다 → 다른 꾀를 내다/ 대안이 없다 → 딴꾀가 없다 · 다른 방법이 없다/ 대안 없는 비판은 무용하다 → 딴꾀 없는 비판은 쓸모 없다 ▷ 대책 → 다른 꾀 [代案]
대안	건너편 · 건너편 기슭 〔보기〕대안상에 → 건너편에 ▷ 연안 → 기슭/ 해안 → 바닷기슭/ 강안 → 강기슭/ 호안 → 호숫기슭/ 접안 → 기슭에 붙임/ 양안 → 양쪽 기슭 [對岸]
대여	빌려줌 〔보기〕대여하다 → 빌려주다/ 대여곡 → 꾸어준 곡

	식/ 대여차 → 빌림(빌린)차 ▷ 임대 → 빌려줌/ 임차 → 빌림 〔貸與〕
대역	큰일·큰구실 〔보기〕대역사 → 큰공사 〔大役〕
대역	대신노릇·대신사람·대신인물 〔보기〕대역하다 → 대신노릇하다 ▷ 배역 → 맡은구실 〔代役〕
대오	줄·대열 〔보기〕대오를 지어 행진하다 → 줄지어 행진하다 〔隊伍〕
대외	바깥·바깥상대·외국상대 〔보기〕대외비 → 바깥비밀·외부비밀 〔對外〕
대요	줄거리 〔大要〕
대용	대신소용·대신씀·대신 〔보기〕대용하다 → 대신쓰다/ 대용품 → 대신쓸것·대로쓸것 〔代用〕
대용량	부피 큰·큰부피·큰들이 〔大容量〕
대우	큰비 〔大雨〕
대웅	큰곰 〔보기〕대웅성 → 큰곰별/ 대웅좌 → 큰곰자리 ▷ 소웅좌 → 작은곰자리 〔大熊〕
대월	넘줌 〔보기〕대월하다 → 넘주다 ▷ 이월 → 옮김·넘김 〔貸越〕
대위	대리·대신 〔일 代位·だいい〕
대응	맞대함·맞섬·맞버팀 〔보기〕대응하다 → 맞대하다·마주 따르다·맞좇다/ 대응각 → 짝진각/ 대응력 → 맞섬힘·버틸심/ 대응릉 → 짝진모서리/ 대응변 → 짝진변/ 대응정점 → 짝진꼭지점/ 대응책 → 맞설꾀·맞대할꾀/ 맞대응 → 맞섬·바로받음 〔對應〕
대의명분	떳떳한 명분·정대한 명분 〔大義名分〕
대인	어른·큰사람 〔보기〕대인표 → 어른표 ▷ 소인 → 어린이 〔大人〕
대임	큰임무·중임 〔大任〕
대입	갈아넣음·넣음 〔보기〕대입하다 → 갈아넣다·넣다 〔代入〕
대장	큰창자 ▷ 소장 → 작은창자 〔大腸〕
대장	밑장부 〔臺帳〕
대장	밑판·교정지 〔보기〕대장 교열 → 밑판 고치기 〔臺狀〕
대장균	큰창자균 〔大腸菌〕
대저	무릇·대컨·대체로 보아 〔大抵〕
대적	큰적수·강한 적수 〔大敵〕
대적	맞겨룸·적수·적수됨 〔보기〕대적하다 → 맞겨루다·적수삼다·맞서다 〔對敵〕

대전	붙어싸움・맞붙음 〔보기〕대전하다 → 붙어싸우다・맞붙다 [對戰]
대절	전세・전세냄 〔보기〕대절하다 → 전세내다・빌리다/ 대절버스 → 전세버스 [일 貸切・かしきり]
대정각	맞꼭지각 [對頂角]
대정맥	큰정맥 [大靜脈]
대조	한사리 ▷ 소조 → 조금/ 만조 → 참물/ 간조 → 썰물・조금 [大潮]
대조	대추 [大棗]
대조	맞춰봄・맞대봄・맞견줌 〔보기〕대조하다 → 맞춰보다・맞견주다/ 대조법 → 맞비추기・맞비춤법/ 대조적 → 맞견줌・맞견주는 ▷ 비교적 → 꿰 [對照]
대좌	마주앉음 〔보기〕대좌하다 → 마주앉다 [對座]
대주	빌려준 이 [일 貸主・かしぬし]
대주가	술부대・술꾼 ▷ 대주객 → 큰술꾼 [大酒家]
대중물	통속것・대중것 [大衆物]
대지	엄지손가락 ▷ 중지 → 가운뎃손가락 [大指]
대지	띠지 [일 帶紙・だいし]
대지	집터 〔보기〕나대지 → 빈집터・노는땅 [垈地]
대지공	띠떼심기 [帶芝工]
대진	마주버팀・맞진침 〔보기〕대진하다 → 맞버티다・맞진치다/ 대진표 → 맞붙기표 ▷ 대치 → 맞섬・맞버팀 [對陣]
대질	무릎맞춤 〔보기〕대질하다 → 무릎맞춤하다/ 대질심(신)문 → 맞대심(신)문 [對質]
대짜빼기	대짜배기
대차	큰차이 〔보기〕대차없다 → 큰차이 없다 [大差]
대찰	큰절 ▷ 거찰 → 큰절 [大刹]
대책	꾀・대할꾀・두름수 〔보기〕대책을 세우다 → 꾀를 세우다/ 대책을 서두르다 → 두름수를 서두르다/ 대책 마련 → 대할꾀 세우기 ▷ 방책 → 꾀・방법 [對策]
대처	도회지・큰마을・큰동네 〔보기〕대처로 나가다 → 도회지로 나가다 [大處]
대처	아내둠 〔보기〕대처승 → 살림중/ 대처자 → 아내둔 이 [帶妻]
대처	상대・처리 〔보기〕대처하다 → 처리하다・상대하다/ 대처가 어렵다 → 처리가 어렵다 [對處]
대척	맞섬 〔보기〕대척점 → 맞선점/ 대각선 → 맞모금/ 대각점 → 맞선점 [對蹠]

대첩	크게 이김 〔보기〕대첩하다 → 크게 이기다·크게 무찌르다 ▷ 대승하다 → 크게 이기다 〔大捷〕
대체	갈아댐·바꿈·갊 〔보기〕대체하다 → 갈아대다·바꾸다·갈아넣다/ 이것을 저것으로 대체하다 → 이것을 저것으로 갈다 ▷ 대치 → 갈음·바꿔놓음·바꿈/ 이체 → 옮김·옮겨바꿈 〔일 代替·だいがえ·だいかえ〕
대추	큰병아리 〔大雛〕
대출	빌려줌·빌리기·뀌어줌 〔보기〕대출하다 → 빌려주다/ 대출받다 → 빌리다·꾸다/ 대출금 → 빌린 돈 〔일 貸出·かしだし〕
대충자금	(전날) 원조물 판 돈 〔對充資金〕
대치	맞섬·맞버팀 〔보기〕대치하다 → 맞서다·맞버티다/ 대치시키다 → 맞세우다·맞버티다 〔對峙〕
대치	갊·바꿈 〔보기〕대치하다 → 갈다·바꾸다 ▷ 대체하다 → 갈아넣다·갈아대다 〔代置〕
대칭	맞섬 〔보기〕대칭률 → 맞섬률/ 대칭면 → 맞섬면/ 대칭식 → 맞섬식/ 대칭요소 → 맞섬요소/ 대칭위치 → 맞섬자리/ 대칭이동 → 맞섬옮김/ 대칭점 → 맞섬중심/ 대칭중심 → 맞섬중심/ 대칭축 → 맞섬축·맞섬대/ 대칭형 → 맞섬꼴 〔對稱〕
대칭대명사	둘째가리킴·이인칭대명사 〔對稱代名詞〕
대토	대신땅 〔보기〕대토하다 → 다른 땅을 대신 받다·다른 땅을 주다 〔代土〕
대퇴	넓적다리·허벅다리·넙다리 〔보기〕대퇴골 → 넓적다리뼈/ 대퇴관절 → 엉덩관절/ 대퇴근 → 넓적다리힘줄/ 대퇴위 → 넓적다리둘레 〔大腿〕
대파	크게 깨뜨림·크게 쳐부숨 〔보기〕대파하다 → 크게 깨뜨리다 ▷ 대첩 → 크게 무찌름 〔大破〕
대파	대용갈이 〔보기〕대파하다 → 대용갈이하다·대신 뿌리다 〔代播〕
대폭	크게·많이·넓게 〔보기〕대폭적으로 → 크게·많이·큰폭으로 ▷ 소폭 → 작은폭 〔일 大幅·おおはば〕
대피	비켜기다림 〔보기〕대피하다 → 피하여 기다리다/ 대피선 → 비킴길/ 대피소 → 피할곳·피신할곳·비킬곳 〔待避〕
대하	빌려줌·대여 〔보기〕대하하다 → 빌려주다 〔貸下〕
대하다	1. 마주하다 2. 대접하다·상대하다 3. 견주다 4. 두다 ※ 모자란움직씨 '대하여·대해'는 거의 군더더기라 쓰지 않아도 말이 될 때가 많다. 〔보기〕대하여 → 에게·에/ 패전국에

대하여 배상을 청구하다 → 패전국에 배상을 청구하다/ 물음에 대하여 답하시오 → 물음에 답하시오/ 공산당에 대한 업무 → 공산당을 두고 하는 업무/ 이에 대해 → 이를 두고/ 김아무개씨에 대한 구속영장을 청구했다 → 김아무개씨 구속영장을 청구했다·김아무개씨의 구속영장을 청구했다/ 공동소송인의 1인에 대한 상대방의 소송행위는 전원에 대하여 효력이 있다.(민소법 제63조 2) → 공동소송인 1인을 대상으로 벌이는 상대의 소송행위는 전원에게 효력이 미친다 〔일 對して·付〕

대하다	갈음하다·대신하다 〔보기〕 이것으로 인사말에 대하는 바입니다 → 이것으로 인사말을 갈음합니다 〔代 – 〕
대학가	대학거리 〔大學街〕
대한	큰가뭄·큰가물 〔大旱〕
대합실	기다림방·기다리는곳 〔일 待合室·まちあいしつ〕
대합해	대합젓 〔大蛤醢〕
대항	버팀·맞버팀 〔보기〕 대항하다 → 버티다·맞버티다/ 대항책 → 버틸꾀/ 대항군 → 맞선군 ▷ 대적하다 → 맞겨루다 〔對抗〕
대행	대신함 〔보기〕 대행하다 → 대신하다·대신노릇하다/ 대행자 → 대신할 이 〔代行〕
대향	마주봄·마주함 〔보기〕 대향하다 → 마주보다·마주하다/ 대향하여 → 마주하여 〔對向〕
대화	(마주)이야기 〔보기〕 대화하다 → 마주이야기하다·말을 주고받다 〔對話〕
대화	큰불 〔大火〕
대화물	큰짐 ▷ 대하물 → 큰짐/ 소화물 → 작은짐 〔大貨物〕
댄디	멋쟁이 〔보기〕 댄디족 → 멋쟁이패 〔영 dandy〕
댄스	춤 〔보기〕 댄스파티 → 춤잔치/ 댄서 → 무용가·무용수/ 댄스홀 → 무도장·춤방 ▷ 땐스 → 댄스 〔영 dance〕
댐	둑·제방·물창고·물광 ▷ 제언 → 둑·댐 〔영 dam〕
댐퍼	공기조절판 〔영 damper〕
댓가	대가·값 〔代價〕
더그아웃	선수자리·선수석 ▷ 벤치 → 선수자리·감독석·긴의자/ 덕아웃 → 더그아웃 〔영 dugout〕
더더리	더덜이
더드	서드·세번째·셋째 〔〈영 third〕
더블	곱·갑절·겹 〔보기〕 더블 드리블 → 거듭몰기/ 더블마크 → 이중방어/ 더블백 → 더플백(〈duffle bag〉)/ 더블 스틸 →

	이중도루/ 더블 샤프 → 겹올림표/ 더블 익스포저 → 이중노 출/ 더블 파울 → 양쪽반칙/ 더블 펀치 → 거푸치기 · 연타/ 더 블 플랫 → 겹내림표/ 더블 플레이 → 둘잡기/ 더블 훅 → 두 발바늘/ 더블헤더 → 연속경기 [영 double]
더블유 시	뒷간 · 변소 · 화장실 [영 W.C.]
더빙	재녹음 · 재녹화 · 베낌 〔보기〕 더빙판 → 말입힘판 · 뒤침 판/ 더빙하다 → 재녹화하다 · 재녹음하다 · (필름 · 테이프에 음악 · 효과 · 대사 · 해설 등을) 녹음해 넣다 · 다른 나라 말로 필름에 녹음하다/ 필름 더빙 작업을 남겨두고 있다 → 필름에 소리넣기 작업을 남겨두고 있다 [영 dubbing]
더뿌룩하다	더부룩하다
더우기	더욱이
더케	더께 〔보기〕 더케가 덕지덕지 끼다 → 더께가 덕지덕지 끼 다
더킹	낮춰피하기 · 몸굽히기 〔보기〕 더킹 모션 → 낮춰피하기 · 허리굽히기 [영 ducking]
더퍼리	더펄이
덕육	덕성기름 · 도덕교육 [德育]
–던지	1. 지난 사실을 돌이켜 생각하는 연결 · 종결어미 2. → – 든 지 〔보기〕 1. 있었던지/ 얼마나 되던지/ 어떤 인물이던지 2. 누구이던지 덤빌테면 덤벼라 → ~ 누구이든지 ~ / 자의던 타의던 → 자의든 타의든
덛저고리	덧저고리
덤테기	덤터기 〔보기〕 덤테기를 씌우다 → 덤터기를 씌우다
덤핑	막팔기 · 막넘김 · 헐값팔기 · 투매 〔보기〕 덤핑하다 → 막팔 다 · 헐값에 팔다 [영 dumping]
덥썩	덥석 〔보기〕 덥썩물다 → 덥석물다 ※같거나 비슷한 음 절이 아니면 ㄱ, ㅂ 받침 뒤에서는 된소리가 나더라도 된소리 로 쓰지 않음. ▷ 법썩 → 법석/ 납짝 → 납작/ 넙쭉 → 넙 죽/ 답싹 → 답삭
덥히다	데우다 ※ 현실에서는 '덥히다'가 많이 쓰인다. 반대로 '춥 다 · 차다'의 하임꼴은 없으나 대신 '식히다'가 있다. 사람과 사 물을 구별하여 덥히다와 데우다를 구별하나 별 실이 없다. 일 부 사전에서 '덥히다'를 올렸다. 따라서 표준말 자격을 줌직하 다.
덩쿨	덩굴 · 넝쿨 · 넌출 〔보기〕 칡덩쿨 → 칡넌출 · 칡덩굴 · 칡 넝쿨
덩크슛	내려꽂기슛 [영 dunk shoot]

데드라인	자를금 · 한정선 · 최저선 · 마감시각 ▷ 커트라인 → 합격선 · 한계선 [영 deadline]
데드 보트	죽은표 · 사표 [영 dead vote]
데드 크로스	약세전환표 [영 deaeth cross]
데모	시위 [〈영 demonstration]
데모도(또)	허드레꾼 · 조수 · 곁꾼 [일 手元 · てもと]
데뷔	첫등장 · 첫무대 · 처녀출전 ▷ 데뷰 → 데뷔 [프 début]
데뷰	데뷔 [프 début]
데스크	책상 · 책임자 · 부서장 [영 desk]
데이 트레이딩	단타매매 [영 day-trading]
데이타	데이터 [영 data]
데이터	자료 〔보기〕 데이터뱅크 → 정보은행/ 데이터베이스 → 기초자료 [영 data]
데이트	교제 · 만남 〔보기〕 데이트하다 → 만나다 · 만나 놀다 [영 date]
데이트레이더	일일투기꾼 · 단다매매족 [영 day trader]
데자뷔	본듯 · 본느낌 · 기시감 [프 deja-vu]
데커레이션	장식(품) · 꾸미기 〔보기〕 데커레이션 케이크 → 장식 케이크 ▷ 데코레이션 → 데커레이션 [영 decoration]
데탕트	풂 · 화해 · 긴장완화 [프 détente]
덱	뱃마루 · 갑판 · 평상 〔보기〕 덱파트 → 뱃마루 · 갑판부 ▷ 데크 → 덱 [영 deck]
델리킷하다	미묘하다 · 까다롭다 ▷ 델리키트 → 델리킷 [영 delicate -]
델타	삼각주 ▷ 델터 → 델타 [그 delta]
뎀뿌라 · 덴푸라	튀김 [일 天婦羅 · テンプラ〈포 tempero]
뎀보	삼팔구 [일 てっぽ]
뎁히다	데우다 · 덥히다
뎃기리 · 뎃끼리	적중값 · 용하게 · 꼭 · 반드시 · 틀림없이 [일 てっきり]
뎃빵	1. 철판 2. 우두머리 · 두목 [일 鐵板 · てっぱん]
도가다(따)	노가다 ▷ 노가다 → 노동자 · 막일꾼 [일 土方 · どかた]
도감보합	찧기푼수 · 쓿기푼수 [搗減步合]
도강	강건너기 〔보기〕 도강하다 → 강건너다 · 물건너다/ 도강선 → 나룻배 ▷ 도하 → 강건너기 · 물건너기/ 월강 → 강건넘 [渡江]
도개교	들다리 · 들어여는다리 [跳開橋]
도검	칼 [刀劍]

도고	볏짚 〔稻藁〕
도공	옹기장이 〔陶工〕
도공	칠장이 〔塗工〕
도과	넘김·경과·지남·넘김 〔보기〕도과하다 → 경과하다·지나다 〔到過〕
도관	물관·끌관 〔導管〕
도광기	금방아·쇳돌부수개 ▷ 도광장 → 금방앗간 〔搗鑛機〕
도괴	무너짐·무너뜨림 〔보기〕도괴하다 → 무너지다·무너뜨리다/ 도괴위험 → 무너질 위험 ▷ 붕괴 → 허물어짐·무너짐 〔倒壞〕
도구	1. → 연모·연장·제구·기구 2. → 수단 〔보기〕도구방 → 연모방/ 도구시 → 수단시/ 도구주의 → 기구주의/ 도구학습 → 기구학습 〔일 道具·どうぐ〕
도굴	몰래 팜·몰래 캐냄 〔보기〕도굴하다 → 몰래 파다·몰래 캐다/ 도굴범 → 도굴꾼 ▷ 호리꾼 → 도굴꾼 〔盜掘〕
도규계	의술계·의사사회 〔刀圭界〕
도그마	독단 〔보기〕도그매틱 → 독단적/ 도그머티즘 → 독단주의·독단론 〔영 dogma〕
도금	(금)입히기 〔일 鍍金·めっき〕
도급	도맡기·도맡음 〔보기〕도급하다 → 도맡다/ 하도급 → 아랫도급·밑도급·중간 도급 ▷ 하청 → 아랫도급 〔都給〕
도기	옹기·질그릇·오지그릇 ▷ 자기 → 사기그릇 〔陶器〕
도깡	토관·흙대롱 〔일 土管·どかん〕
도꾸리·도쿠리	1. → 조막병 2. → 긴목셔츠 〔보기〕도꾸리셔츠 → 긴목셔츠/ 도꾸리 스웨터 → 긴목스웨터 〔일 德利·とくり〕
도꾸이	단골·단골손님 〔일 得意·とくい〕
도끼다시·도기다시	갈닦이 〔일 砥出·とぎだし〕
도나쓰	도넛 〔보기〕도나쓰판 → 도넛판 〔영 doughnut〕
도난	도둑맞음 〔보기〕도난당하다 → 도둑맞다/ 도난경보기 → 도둑알리개 ▷ 도적맞다 → 도둑맞다 〔盜難〕
도달	다다름·이름·미침 〔보기〕도달하다 → 다다르다·이르다·미치다 〔到達〕
도당제	도당굿 〔都堂祭〕
도두	나루 〔渡頭〕
도득	꾀해얻음 〔보기〕도득하다 → 꾀해얻다 〔圖得〕
도라가다	돌아가다
도락	멋·취미·즐거움 〔보기〕도락주의 → 멋내기·즐기기

	[道樂]
도란형	거꿀알꼴　[倒卵形]
도래	옴·이름　〔보기〕도래하다 → 오다·이르다·닥쳐오다 [到來]
도래도래	오래오래　※돼지 부르는 소리.
도량	너른마음·국량　▷ 금도 → 너른마음·국량　[度量]
도량형	자되저울　[度量衡]
도로	헛수고　〔보기〕도로에 그치다 → 헛수고하다·헛수고로 끝 나다　[徒勞]
도로	길　〔보기〕도로경기 → 길달리기/ 도로공사 → 길공사·길 닦기/ 도로복구사업 → 길닦기사업/ 도로수(가로수) → 길나 무/ 도로포장 → 길단장·길포장　[道路]
도록	목록　[都錄]
~도록 하다	※'-ㄹ 때까지', '-게 하기 위하여', '-ㄹ 수 있게'의 뜻으로 만 쓸 수 있는 말이다. 남에게 시키는 일도 아니고 스스로 하 는 일에 굳이 이 말을 쓸 필요가 없다.　〔보기〕여기서 마치 도록 하겠습니다 → 이제 마치겠습니다/ 알아보도록 하겠다 → 알아보겠다/ 소개해 드리도록 하지요 → 소개해 드리지요 / 전문가의 의견을 들어 보도록 하지요 → 전문가의 의견을 들 어 보겠습니다　▷ ~기로 하다·-게
도료	칠·칠감　[일 塗料·とりょう]
도루	모루뺏기·모루훔치기　[盜壘]
도륙	마구 죽임　〔보기〕도륙하다 → 마구 죽이다　▷ 살육 → 마구죽임　[屠戮]
도리	1. → 줄떼기·줄뜨기·몽땅·몽땅사기　2. → 주기(체육)　〔보 기〕도리하다 → 몽땅 사다·줄떼다　[일 取·とり]
도리	길·방법　[道理]
도리어	도리어　※준말은 '되레'.
도립	거꾸로 섬·물구나무서기　〔보기〕도립하다 → 곤두서다· 거꾸로 서다/ 도립운동 → 물구나무서기　[倒立]
도마도	토마토·일년감　[영 tomato]
도말하다	지워 없애다·지우다·발라덮다　[塗抹]
도매	모개로 팖　〔보기〕도매하다 → 모개로 팔다/ 도매가격 → 도맷값·도맷금　▷ 소매 → 낱개로 팖·산매/ 도산매 → 모낱개팔기　[都賣]
도면	자그림·줄그림　[圖面]
도명	이름훔침·훔친이름　〔보기〕도명하다 → 이름훔치다/ 도명 계좌 → 훔친계좌　▷ 차명 → 빌린이름·이름빌림/ 가명

　　　　　　　→ 가짜이름/ 실명 → 제이름·실제이름　〔盜名〕

도메인	영역·주소　〔영 domain〕
도모	꾀함　〔보기〕도모하다 → 꾀하다　〔圖謀〕
도미노	1. 양골패　2. 잇단 파급·잇따라 무너짐　〔보기〕도미노 이론 (현상) → 잇단 파급론·잇따라 무너지기　〔이 domino〕
도민	섬사람·섬백성　〔島民〕
도박	노름　〔보기〕도박하다 → 노름하다/ 도박배 → 노름꾼/ 도박장 → 노름판　〔賭博〕
도발	돋움·일으킴　〔보기〕도발하다 → 돋우다·일으키다·부추기다/ 도발적 → 돋우는·불러일으키는·부추기는　〔挑發〕
도배	무리·떨거지·패거리　▷ 도당 → 무리/ 붕당 → 패거리·떨거지　〔徒輩〕
도벌	몰래 벰　〔보기〕도벌하다 → 몰래 베다　▷ 남벌하다 → 함부로 베다/ 벌채하다 → 나무베다　〔盜伐〕
도벽	훔치기버릇　〔盜癖〕
도보	걷기·걸음　〔보기〕도보로 → 걸어서　▷ 구보 → 달음질·달리기/ 속보 → 빠른걸음/ 완보 → 느린걸음　〔徒步〕
도복	쓰러짐·누움　〔보기〕도복하다 → 쓰러지다/ 내도복성 → 안쓰러질성/ 도복목 → 쓰러진 나무　〔倒伏〕
도비라	안뚜껑·속표지　〔일 扉·とびら〕
도산	1. 거꾸로 낳음　2. 망함·쓰러짐　〔보기〕도산하다 → 1. 거꾸로 낳다　2. 망하다·거덜나다·쓰러지다/ 도산기업 → 망한 기업　▷ 역산 → 거꾸로 낳음/ 파산 → 거덜남·결딴남/ 부도 → 못치름　〔倒産〕
도살	잡음·죽임·잡아죽임　〔보기〕도살하다 → 잡아죽이다·잡다/ 도살장 → 짐승잡는 곳　▷ 도축·도수 → 짐승잡기/ 도소 → 짐승잡는 곳　〔屠殺〕
도상	길·마당　〔보기〕개발도상국가 → 개발 길에 있는 나라　〔途上〕
도색	색칠　〔보기〕도색하다 → 색칠하다　〔塗色〕
도서	섬　〔보기〕도서벽지 → 섬과 두메·외딴곳/ 도서국 → 섬나라/ 도국 → 섬나라　〔島嶼〕
도서	책·그림과 책　〔보기〕도서분류 → 책가름　〔圖書〕
도선	나룻배·거룻배　〔보기〕도선장 → 나루터　〔渡船〕
도섭	물건넘　〔보기〕도섭하다 → 물건너다　▷ 도하·도강하다 → 강물 건너다　〔渡涉〕
도수	물끌기　〔보기〕도수하다 → 물끌다/ 도수로 → 물도랑·물

	댈도랑 [導水]
도수	맨손 〔보기〕도수공권 → 맨손맨주먹/ 도수체조 → 맨손체조 ▷ 적수 → 맨손/ 적수공권 → 맨주먹 [徒手]
도시	그려보임 〔보기〕도시하다 → 그려보이다 [圖示]
도시	도무지·좀체 [都是]
도식	그림식·그림표 〔보기〕도식해법 → 그림풀이식 [圖式]
도아	소매치기 [掏兒]
도야	갈닦기·갈고닦음 〔보기〕도야하다 → 갈고닦다/ 인격도야 → 인격 갈닦기 [陶冶]
도약	뜀·뜀뛰기·뛰기 〔보기〕도약하다 → 뛰다·뛰어오르다/ 도약경기 → 뜀뛰기경기/ 도약대 → 뜀대·뜀틀/ 도약운동 → 뜀뛰기운동/ 도약판 → 발판 [跳躍]
도어	갈치 [刀魚]
도어	문 〔보기〕도어맨 → 문지기·문안내원/ 스크린 도어→ 안전문·안전덧문 [영 door]
도언	군소리·헛된말 [徒言]
도열	늘어섬 〔보기〕도열하다 → 늘어서다 [堵列]
도열병	벼열병 〔보기〕목도열병 → 벼목열병/ 잎도열병 → 벼잎열병 [稻熱病]
도외시	눈밖에 둠·치지 않음 〔보기〕도외시하다 → 눈밖에 두다·치지 않다 [度外視]
도요	질가마·질굽기 〔보기〕도요지 → 질가마터 [陶窯]
도용	훔쳐씀 〔보기〕도용하다 → 훔쳐쓰다·베껴쓰다/ 명의도용 → 이름 훔쳐씀 ▷ 표절 → 글도둑·글훔치기 [盜用]
도우다	돕다 ※'돕다'는 '돕고, 돕는, 도우니, 도와서, 도왔다'로 활용한다. 〔보기〕도우는 → 돕는/ 불우이웃을 도우자 → 불우이웃을 돕자
도원경	선경·별천지·이상향 [桃源境]
도읍	서울 [都邑]
도입	들여옴·끌어들임 〔보기〕도입하다 → 끌어들이다·들여오다/ 도입량 → 들여온 양/ 도입선 → 도입처·끌어들임줄/ 도입종 → 들온씨 [導入]
도입선	도입처·들온데 ▷ 수입선 → 수입처·들온데/ 구매선 → 구매처·산데 [導入+ 일 先]
도작	벼농사 〔보기〕수도작 → 벼농사 ▷ 맥작 → 보리농사/ 답작 → 논농사/ 전작 → 밭농사 [일 稻作]
도장	헛자라기·웃자람 〔보기〕도장하다 → 웃자라다/ 도장지

	→ 웃자람가지·헛가지 〔徒長〕
도장	칠질·칠하기 〔보기〕도장하다 → 칠하다/ 도장공 → 칠장이/ 도장공사 → 칠일 〔塗裝〕
도장·도량	도닦는 곳 〔道場〕
도전	쌈돋움·쌈걸기 〔보기〕도전하다 → 쌈걸다/ 도전자 → 쌈걸이/ 도전과 응전 → 쌈걸기와 맞싸움·싸움 걸고 받음 ▷ 응전 → 맞싸움 〔挑戰〕
도정	길·지나는 길·가는길 〔보기〕도정표 → 길표·거리표 ▷ 과정 → 지난길·지나는 동안/ 여정 → 여행길 〔道程·途程〕
도정	찧기·쓿기·대끼기 〔보기〕도정하다 → 찧다·쓿다·대끼다/ 도정공장 → 방앗간/ 도정기 → 방아/ 도정임 → 방앗삯/ 도정률 → 쓿은율/ 도정미 → 찧은쌀 〔搗精〕
도주	도망·달아남 〔보기〕도주하다 → 달아나다/ 야반도주 → 밤도망 〔逃走〕
도중	길·길 가다·길거리 〔보기〕도중강도 → 거리강도·거리치기/ 도중하차 → 중간에서 내림·중간에 그만둠 ▷ 중도 → 길가다·길 〔途中〕
도진	나루·나루터 〔渡津〕
도착	다다름·닿음 〔보기〕도착하다 → 다다르다·닿다 ▷ 도달 → 다다름·이름/ 기착 → 닿음·들름/ 미착 → 안닿음/ 완착 → 늦닿음 〔到着〕
도착	뒤바뀜 〔보기〕도착하다 → 뒤바뀌다 〔倒錯〕
도처	곳곳 〔보기〕도처에 → 곳곳에·이르는 곳마다/ 도처에 산재하다 → 곳곳에 흩어져 있다 ▷ 각지·각처 → 여러곳·곳곳 〔到處〕
도첩	그림첩 ▷ 화첩 → 그림첩 〔圖牒〕
도청	몰래 들음·엿들음 〔보기〕도청하다 → 몰래 듣다·엿듣다 ▷ 감청하다 → 엿듣다 〔盜聽〕
도체	통고기 〔보기〕도체율 → 통고기율 〔屠體〕
도체	탈치 〔보기〕반도체 → 반탈치/ 반도체칩 → 반탈치칩 ▷ 절연체 → 뚱치·막치 〔導體〕
도출	이끌어냄·끌어내기 〔보기〕도출하다 → 끌어내다/ 합의도출 → 합의를 끌어냄/ 어떤 합의도 도출한 바 없다 → 어떤 합의도 끌어낸 바 없다 〔導出〕
도취	취함·쏠림·빠짐 〔보기〕도취하다 → 취하다·빠지다·미치다/ 도취되다 → 도취하다·취하다·빠지다 〔陶醉〕
도치	뒤바뀜·뒤바꿈둠 〔보기〕도치하다 → 뒤바꾸다·뒤바뀌

	다/ 도치되다 → 뒤바뀌다/ 도치법 → 자리바꿈법 〔倒置〕
도큐멘터리	다큐멘터리 · 기록영화 · 실록 〔영 documentary〕
도크	독 · 뱃도랑 ▷ 선거(船渠) → 뱃도랑 〔영 dock〕
도킹	만남 〔보기〕 도킹하다 → 만나다 · (두 우주선이) 결합하다 ▷ 랑데부 → 밀회 · 만남 〔영 docking〕
도탄	진구렁 〔보기〕 도탄에 빠지다 → 진구렁에 ~ / 도탄을 헤매다 → 진구렁을 ~ 〔塗炭〕
도탄(땅) · 도단	함석 〔보기〕 도단즙 → 함석지붕 〔〈포 tutanaga〕
도태	걸러냄 · 일어냄 · 추려내기 · 없어짐 〔보기〕 도태하다 → 걸러내다 · 추려내다 · 없어지다/ 도태되다 → 없어지다/ 도태시키다 → 없애다 · 일어내다/ 도태현상 → 없어지는 현상/ 자연도태 → 스스로 밀려남 〔淘汰〕
도포	바름 〔보기〕 도포하다 → 바르다/ 도포제 → 바르는약 · 바름약 ▷ 분무제 → 뿜는약/ 살포제 → 뿌리는약 〔塗布〕
도표	그림표 〔圖表〕
도피	도망함 · 숨음 · 달아나숨음 〔보기〕 도피하다 → 도망하다 · 숨다/ 도피구 → 피할구멍 · 숨을구멍 · 내뺄길 ▷ 도망 → 달아남 〔逃避〕
도하	물건넘 〔보기〕 도하하다 → 물건너다 ▷ 도강 → 강건넘/ 도해 → 바다건넘 〔渡河〕
도하다	걸다 ▷ 베팅하다 → 걸다 〔賭-〕
도한	식은땀 〔盜汗〕
도한	백장 〔屠漢〕
도합	모두 · 몰아서 · 합쳐 〔보기〕 도합하다 → 모두 합치다/ 도합하여 → 모두 · 모다 〔일 都合 · つごう〕
도해	그림풀이 〔보기〕 도해하다 → 그려 풀다 · 그림으로 풀이하다 〔圖解〕
도형	그림꼴 · 그림 〔圖形〕
도홍빛	분홍빛 〔桃紅-〕
도화	벼꽃 〔稻花〕
도화	복숭아꽃 〔桃花〕
도화선	불심지 · 화약심지 〔導火線〕
도화지	그림종이 〔圖畵紙〕
독	배우리 · 뱃도랑 · 선창 〔보기〕 독마스터 → 뱃도랑 현장주임 ▷ 도크 → 독/ 선거 → 뱃도랑 〔영 dock〕
독가촌	외딴집 〔獨家村〕
독거	홀로 삶 〔보기〕 독거실 → 독방/ 독거녀 → 혼자여자/ 독거노인 → 홀노인 · 홀몸노인 〔獨居〕

독녀	외딸 〔獨女〕
독농가	찰농가·모범농가·모범농부 〔일 篤農家·とくのうか〕
독단	혼자결단 〔보기〕독단하다 → 혼자 결단하다·치우쳐 판단하다/ 독단에 빠지다 → 편견에 ~ ▷ 도그마 → 혼자판단/ 전단 → 맘대로 처단/ 전횡 → 휘두름 〔獨斷〕
독대	반두
독도법	지도읽기·지도보기 〔讀圖法〕
독두	대머리 〔禿頭〕
독두선	외톨마늘 〔獨頭蒜〕
독려	치킴·북돋움 〔보기〕독려하다 → 북돋우다·치키다/ 독려비 → 장려비 〔督勵〕
독력	혼자힘 〔獨力〕
독림가	모범조림가 〔篤林家〕
독립	홀로 섬·따로 섬 〔보기〕독립하다 → 홀로 서다·따로 서다/ 독립되다 → 독립하다·홀로 서다/ 독립가옥 → 외딴집/ 독립수 → 외딴나무/ 독립어 → 홀로말 〔獨立〕
독목주	마상이 〔獨木舟〕
독무대	독장·독판·독춤판 〔일 獨舞臺·どくぶたい〕
독물	읽을거리 ▷ 독법 → 읽기/ 독서물 → 읽을거리 〔일 讀物〕
독배	독약그릇·독약잔 〔毒盃〕
독백	혼잣말·넋두리 〔보기〕독백하다 → 혼잣말하다·넋두리하다 ▷ 모놀로그 → 혼잣말·넋두리 〔獨白〕
독보	독판 〔보기〕독보고 → 독뿔높음/ 독보안 → 독뿔쌈/ 독보적 → 독판치는·하나뿐인 〔獨步〕
독산	민둥산 〔禿山〕
독서	글읽기·책읽기 〔보기〕독서하다 → 글읽다/ 독서회 → 읽기모임 〔讀書〕
독선	혼자 잘함 〔보기〕독선기신 → 혼자 잘함/ 독선적 → 혼자 잘하는 것·외곬인 ▷ 독단 → 혼자판단/ 위선 → 거짓착함·겉발림 〔獨善〕
독설	독한말·독한입 ▷ 요설 → 잔말·수다함·지껄임 〔毒舌〕
독신	홀몸 〔보기〕독신생활 → 혼자살이 〔獨身〕
독실하다	착실하다 〔篤實〕
독아	독니 〔일 毒牙·どくが〕
독우	송아지 〔犢牛〕
독자	외아들 〔獨子〕

독자란	읽는이칸 · 읽는이차지 · 독자자리　[讀者欄]
독자적	혼자서 · 홀로　[獨自的]
독점	독차지　〔보기〕독점지대 → 독차지지대 · 독판지대　[獨占]
독주	혼자뜀 · 혼자 달림　〔보기〕독주하다 → 혼자뛰다 · 혼자달리다　[獨走]
독지	도타운 마음 · 도타운 뜻　〔보기〕독지가 → 갸륵한 이　[篤志]
독직	구실망침 · 직책더럽힘　〔보기〕독직사건 → 뇌물죄 · 직권남용죄 · 직무위배죄 등을 저지른 사건　▷ 오직 → 구실흐리기 · 직책흐리기　[瀆職]
독초	독풀 · 독한풀　[毒草]
독축	축읽기　〔보기〕독축하다 → 축을 읽다　▷ 축관 → 축문 읽는 이 · 비는 이　[讀祝]
독취	독수리　[禿鷲]
독침	독바늘　[毒針]
독파	읽어냄 · 다 읽음　〔보기〕독파하다 → 읽어내다 · 다읽다　[讀破]
독필	몽당붓　[禿筆]
독후감	읽은느낌　[讀後感]
돈	돼지 · 돝　〔보기〕돈견 → 개돼지 · 돝개/ 돈까스 → 돼지고기튀김 · 돝튀김/ 돈단독 → 돼지단독/ 돈두 → 돼지마마/ 돈모 → 돼지털/ 돈미 → 돼지꼬리/ 돈사 → 돼지우리/ 돈역 → 돼지돌림병/ 돈육 → 돼지고기/ 돈지 → 돼지기름/ 돈책 → 돼지우리/ 돈콜레라 → 돼지콜레라/ 돈폐충 → 돼지폐충/ 돈피 → 돼지가죽/ 가돈 → '아들'을 일컫는 말　[豚]
돈	톤　[噸 영〈ton〉]
돈오	문득 깨침 · 갑작 깨침　▷ 돈각 → 갑작깨침/ 돈수돈오 → 문득 깨침/ 점수점오 → 차츰 깨침　[頓悟]
돈지	재치 · 슬기 · 기지　[일 頓智 · とんち]
돈지	돼지기름　〔보기〕돈지파동 → 돼지기름 법석　▷ 우지 → 쇠기름　[豚脂]
돈후하다	인정이 두텁다　[敦厚 -]
돋구다	1. 안경 도수를 높이다　2. → 돋우다　〔보기〕입맛을 돋구다 → 입맛을 돋우다/ 심지를 돋구다 → 심지를 돋우다/ 기분을 돋구다 → 기분을 돋우다/ 분위기를 돋구다 → 분위기를 돋우다　※북한사전에서는 같은말로 다룸.
돋우다	※'높아지게 하다, 입맛이 좋아지게 하다, 부추기다' 따위의 뜻

으로 쓰인다. 〔보기〕입맛을 돋우다/ 심지를 돋우다/ 북을 돋우다/ 용기를 돋우다 ▷ 북돋우다·돋구다

돋자리	돗자리
돋히다	돋치다 ※'돋히다'도 어법상 그른 말이 아닌데도 사전 따위에서는 인정하지 않고 있다. 〔보기〕가시돋힌 → 가시돋친 / 뿔돋힌 망아지 → 뿔돋친 망아지/ 눈에 가시가 돋혀 바라보다 → 눈에 가시가 돋쳐 바라보다
돌격	짓쳐나감·내달아침·무찔러나감 〔보기〕돌격하다 → 짓쳐나가다·내달아치다·무찌르다/ 돌격자세 → 내칠자세·무찌를 자세 [突擊]
돌기	돋이·도드리 〔보기〕돌기궁상문 → 돋은활무늬·솟은활무늬 [突起]
돌돌	이크·놀라는 소리 〔보기〕돌돌괴사 → 괴상한 일 [咄咄〈중 tuotuo]
돌맹이	돌멩이
돌멘	고인돌 ▷ 멘히르 → 선돌 [영 dolmen]
돌발	갑자기 생김·갑자기 일어남·갑작 〔보기〕돌발하다 → 갑자기 생기다·갑자기 일어나다/ 돌발사건 → 갑작사건/ 돌발사 → 갑작죽음/ 돌발적으로 → 갑자기·갑작스레 [突發]
돌변	갑자기 변함·갑작달라짐 〔보기〕돌변하다 → 갑자기 달라지다 ▷ 일변 → 확달라짐·온통 달라짐 [突變]
돌뿌리	1. 돌의 뿌리 2. → 돌부리
돌연	갑자기·별안간 〔보기〕돌연변이 → 갑작달라짐/ 돌연히 → 갑자기/ 돌연취소 → 갑작취소·갑작물림 [突然]
돌올하다	우뚝하다 [突兀 -]
돌입	뛰어듦·들어감 〔보기〕돌입하다 → 뛰어들다·들어가다/ 돌입매(買) → 찌름목사기/ 돌입매(賣) → 찔러팔기/ 시한부 파업에 돌입한 노조는 → 시한부 파업에 들어간 ~ / 본격적인 선거운동에 돌입한 이틀째 → 제대로의 선거운동에 들어간 이틀째 ※이런 상투적이고 자극적인 한자말을 써버릇한 글을 보면 읽을 맛이 덜난다. [突入]
돌제	내민둑 ▷ 언제 → 둑·댐/ 제언 → 댐·둑·방죽 [突堤]
돌진	냅뜸·짓쳐나감·막나감 〔보기〕돌진하다 → 냅뜨다·짓쳐나가다·쑥 나가다 ▷ 돌격 → 내달아침 [突進]
돌출	쑥나옴·쑥내밂·불거짐 〔보기〕돌출하다 → 쑥나오다·쑥내밀다/ 돌출물 → 내민물체·튀어나온 물체/ 돌출행동 → 튀는행동·냅뜰행동 [突出]

돌파	넘어섬 · 깨뜨림 · 뚫고나감　〔보기〕돌파하다 → 넘어서다 · 깨뜨리다 · 뚫고나가다/ 난국돌파 → 난국 깨뜨리기/ 정국돌파 → 판세깨기/ 돌파력 → 뚫는힘　〔突破〕
돌풍	갑작바람 · 돌개바람　〔突風〕
돐	돌　※전날엔 돐 · 두째 · 세째 · 네째 · 빌다 따위에도 뜻을 구별해 썼으나, 뜻을 구별하지 않고 '돌 · 둘째 · 셋째 · 넷째 · 빌리다' 따위만 표준말로 삼았다.(표준어규정 제6항)　〔보기〕돐내기 → 돌내기/ 돐날 → 돌날/ 돐떡 → 돌떡
돔	둥글지붕 · 둥글천장　〔영 dome〕
돔부리 · 돈부리	덮밥　〔일 どんぶり〕
돗	돗자리　※본말인 '돗자리'가 준말 '돗'보다 많이 쓰인다 하여 이를 표준말로 삼음.(표준어규정 제15항)
돗빵 · 돗팡	볼록판　▷ 요판 → 오목판　〔일 凸版 · とっぱん〕
돗수	도수　〔度數〕
동	구리　〔銅〕
동	채　〔보기〕동간거리 → 집채 사이　〔棟〕
동	1. 같음 · 같은　2. 이 · 그 · 저　〔보기〕동 행사 혐의로 → 이 행사 혐의로 · 같은 행사 혐의로　〔同〕
동가	같은값　〔보기〕동가홍상 → 같은값이면 다홍치마　▷ 동치 → 같은값 · 한값　〔同價〕
동감	같은 느낌 · 같은 생각　〔보기〕동감하다 → 같이 느끼다 · 생각을 같이하다　▷ 동의 → 같은뜻 · 찬성　〔同感〕
동갑	같은나이　▷ 갑장 → 같은나이　〔同甲〕
동거	같이삶　〔보기〕동거하다 → 같이살다/ 동거도 → 집안도둑/ 동거인 → 함께사는이　▷ 별거하다 → 따로살다 · 헤어져 살다　〔同居〕
동결	얼림 · 묶어둠　〔보기〕동결하다 → 얼리다 · 묶어두다/ 동결건조 → 얼려말림/ 동결구좌 → 묶인계좌 · 막힌계좌/ 동결법 → 얼림법/ 동결육 → 얼린고기/ 정원동결 → 정원묶음　〔凍結〕
동경	그림 · 그리워함　〔보기〕동경하다 → 그리다 · 그리워하다/ 동경심 → 그리는 마음 · 바라는 마음　〔憧憬〕
동계	겨울철 · 겨울　〔보기〕동계대회 → 겨울철대회/ 동계아시안게임 → 겨울아시아경기대회/ 동계올림픽 → 겨울철올림픽　▷ 동기 → 겨울철/ 춘계 → 봄철/ 하계 → 여름철/ 추계 → 가을철　〔冬季〕
동고	마루높이　〔棟高〕
동공	눈동자　〔瞳孔〕

동과	동아　［冬瓜］
동관	구리대롱　［銅管］
동구	동네어귀　〔보기〕동구밖 → 동네어귀　［洞口］
동구권	동유럽　▷ 서구 → 유럽·서유럽　［東歐圈］
동굴	굴　［洞窟］
동극	어린이극　［童劇］
동기	겨울철　〔보기〕동기공사 → 겨울공사/ 동기방학 → 겨울방학/ 동기휴가 → 겨울휴가　［冬期］
동기	기틀·원인　〔보기〕동기가 되다 → 기틀이 되다·원인이 되다/ 동기유발 → 계기 만들기/ 동기부여 → 기틀 주기　［動機］
동기	같은기·한무렵　〔보기〕동기생 → 한기생　［同期］
동남	사내아이　▷ 동녀 → 계집아이　［童男］
동내	동네안·마을안　［洞內］
동년	한해·같은해·그해　〔보기〕동년배 → (한)또래·같은또래　［同年］
동단	동쪽끝　▷ 남단 → 남쪽끝/ 서단 → 서쪽끝/ 북단 → 북쪽끝　［東端］
동당이치다	동댕이치다　※‘－내기·냄비’따위와 함께‘ㅣ’역행동화가 일어난 형태를 표준말로 삼음.(표준어규정 제9항)
동도	동행·같은길　［일 同道·どうどう］
동등	같음　〔보기〕동등하다 → 같다·비슷하다/ 동등한 → 같은　［同等］
동라	징·바라　［銅鑼］
동락	함께 즐김　〔보기〕동고동락하다 → 고생과 즐김을 함께하다　［同樂］
동란	난리　［動亂］
동력분무기	동력뿜개　▷ 동력살분기 → 동력가루뿜개　［動力噴霧機］
동령	뒷구령　▷ 예령 → 앞구령　［動令］
동령	같은나이·한나이　〔보기〕동령림 → 한나이숲·동갑숲　［同齡］
동료	일벗·직장벗　〔보기〕동료애 → 일벗우정·일벗사랑/ 동료의식 → 일벗생각　［同僚］
동류	같은갈래·또래·끼리　［同類］
동리	마을·동네　［洞里］
동맥경화	동맥굳음　〔보기〕동맥경화증 → 동맥굳기증/ 동맥류 → 동맥혹　［動脈硬化］

동명이인	이름같은이 ▷ 동명인 → 이름같은이 〔同名異人〕
동민	동넷사람 〔洞民〕
동반	짝함·동무함·함께감 〔보기〕동반하다 → 짝하다·함께하다/ 동반자 → 길동무/ 태풍이 비구름을 동반하면서 → 태풍이 비구름을 몰고오면서·태풍이 비구름을 짝하면서 〔同伴〕
동복	겨울옷 〔보기〕동복지 → 겨울옷감 ▷ 하복 → 여름옷/ 하복지 → 여름옷감 〔冬服〕
동복	한배 〔보기〕동복자 → 한배새끼 ▷ 이복 → 딴배/ 이복자 → 딴배새끼/ 이복동생 → 딴배동생 〔同腹〕
동봉	함께 봉함·한데 넣음·한데 부침 〔보기〕동봉하다 → 함께 부치다·함께 넣다 〔同封〕
동봉	일벌 〔動蜂〕
동부	몸통·몸뚱이 ▷ 동체 → 몸통·몸뚱이 〔胴部〕
동부화학(주)와	동부화학(주)과 ※괄호 안에 있는 것은 읽지 않고 토씨를 본말에 어울리게 붙인다. 괄호 안의 것은 그냥 기호로 본다.
동비	겨울거름 〔冬肥〕
동사	얼어죽음 〔보기〕동사하다 → 얼어죽다/ 동사자 → 얼어죽은이 〔凍死〕
동사	움직씨 〔動詞〕
동삼	겨울 ▷ 삼동 → 1. 겨울(동짓달·섣달·정월 석달을 합쳐 이름) 2. 세해겨울 〔冬三〕
동상	얼음박힘·얼어다침 〔凍傷〕
동색	같은 빛깔·한빛깔 〔보기〕초록은 동색이다 → 초록은 한빛이다 〔同色〕
동서생활	함께살기 〔同棲生活〕
동석	같은 자리·한자리·같이함 〔보기〕동석하다 → 자리를 같이하다·함께 앉다 〔同席〕
동선	구리선·구리줄 〔銅線〕
동선	움직임길 〔動線〕
동성	같은소리·한소리 〔보기〕이구동성으로 → 하나같이·한목소리로 〔同聲〕
동소	같은곳·그곳 〔同所〕
동승	함께탐·같이탐 〔보기〕동승하다 → 함께 타다 ▷ 합승 → 얼러타기·얼러탐/ 편승 → 얻어 탐·붙어 탐 〔同乘〕
동시	같은때·같이·함께 〔보기〕동시에 → 같은때·아울러/ 동시반칙 → 함께어김·같이어김/ 동시상영 → 함께상영·함께돌림 ▷ 일시 → 한때 〔同時〕

동심	어린마음 · 어린이마음 〔童心〕
동심원	한중심원 〔보기〕동심원문 → 겹고리무늬 〔同心圓〕
동아	겨울눈 〔冬芽〕
동아줄	동앗줄
동안	어린얼굴 · 천진한 얼굴 ▷ 노안 → 늙은얼굴 〔童顔〕
동어	가물치 〔鮦魚〕
동어반복	같은말 되풀이 · 한말 되풀이 〔同語反復〕
동요	어린이노래 · 아이노래 〔童謠〕
동요	흔들림 · 들먹거림 〔보기〕동요하다 → 흔들리다 · 들먹거리다/ 심리적 동요 → 마음 흔들림/ 동요가 심하다 → 흔들림이 심하다 · 되우 흔들리다/ 동요하는 군중 → 흔들리는 무리 (군중) ▷ 요동하다 → 움직이다 · 흔들리다/ 요동치다 → 세게 흔들리다 〔動搖〕
동원	끌어냄 · 끌어댐 〔보기〕동원하다 → 끌어내다 〔動員〕
동위각	같은자리각 〔同位角〕
동음이의어	소리같은말 · 한소리 다른 말 〔同音異義語〕
동의	찬성 · 같은뜻 〔보기〕동의하다 → 찬성하다 ▷ 재청 → 다시청함 · 동의에 찬성함 〔同意〕
동의	동옷 · 조끼 〔보기〕구명동의 → 비상조끼 · 구명조끼 〔胴衣〕
동의어	같은말 · 한뜻말 ▷ 유의어 → 비슷한말/ 반의어 → 맞섬말 〔同義語〕
–동이	–둥이 〔보기〕해방동이 → 해방둥이/ 쌍동이 → 쌍둥이/ 막내동이 → 막내둥이/ 꽃동이 → 꽃둥이(화동)
동인	같은사람 · 그사람 · 뜻 같은 이 〔同人〕
동일	같음 〔보기〕동일하다 → 같다/ 동일성 → 같음 · 한가지된/ 동일한 입장 → 같은 처지 〔同一〕
동자부처	눈부처 〔瞳子－〕
동작	움직임 · 짓 〔보기〕동작하다 → 움직이다 · 놀다/ 연속동작 → 잇댄움직임 〔動作〕
동장군	추위 · 된추위 〔冬將軍〕
동전	위와 같음 · 앞과 같음 ▷ 상동 → 위와 같음 〔同前〕
동절	겨울철 〔冬節〕
동점	같은점수 〔同點〕
동정	알아줌 · 생각해줌 · 헤아림 〔보기〕동정하다 → 알아주다 · 생각해주다/ 동정심 → 알아주는마음 〔同情〕
동정	낌새 · 움직임 · 형편 〔보기〕동정이 심상찮다 → 낌새가 심상찮다/ 동정란 → 사람소식난 〔動靜〕

동조	1. 제자리걸음(시세) 2. 같은장단 〔보기〕동조하다 → 편들다·찬성하다 [同調]
동족	같은겨레·한겨레 〔보기〕동족상잔 → 살붙이죽이기/ 동족상쟁 → 집안싸움·살붙이쌈질/ 동족애 → 겨레사랑 ▷ 동포 → 겨레 [同族]
동종	같은갈래 ▷ 이종 → 다른종류 [同種]
동지두죽	동지팥죽 ▷ 동지시식 → 동지팥죽 [冬至豆粥]
동질	같은바탕 〔보기〕동질성 → 같은성질 [同質]
동참	함께함 〔보기〕동참하다 → 함께하다·함께 참여하다 ▷ 불참 → 참석 않음 [同參]
동채	무갓 [冬菜]
동천	동쪽하늘 ▷ 서천 → 서쪽하늘/ 북천 → 북쪽하늘/ 남천 → 남쪽하늘 [東天]
동천	겨울하늘·겨울날 ▷ 염천 → 더운날씨·더운철 [冬天]
동체	몸뚱이·몸통 〔보기〕동체착륙 → 몸통착륙 ▷ 동부 → 몸통 [胴體]
동초	이동보초 ▷ 입초·부동초 → 붙박이보초·말뚝보초 [動哨]
동치	같은값·한값 [同値]
동침	함께잠 〔보기〕동침하다 → 함께자다 [同寢]
동태	움직임 〔보기〕동태를 살피다 → 움직임을 살피다 ▷ 동향 → 움직임 [動態]
동토	언땅 ▷ 해토 → 땅풀림 [凍土]
동통	아픔·쑤심 [疼痛]
동파	움파 [冬-]
동파	얼어터짐 〔보기〕동파하다 → 얼어터지다/ 동파방지 → 얼어터짐 막기 [凍破]
동판	구리판 〔보기〕동판화 → 구리판그림 [銅版]
동포	※딴나라에 사는 우리 동포를 일컬을 때, 즉 나그네동포(교포)를 일컬을 때는 그 나라 이름에 바로 동포를 붙여쓰면 그 나라의 주된 백성을 동포로 일컫는 말이 된다. 〔보기〕중국동포 → 재중동포/ 소련동포 → 재소동포/ 브라질동포 → 브라질에 사는 동포·재브라질동포 [同胞]
동포자	겨울홀씨 [冬胞子]
동하다	움직이다·일어나다·당기다 〔보기〕구미가 동하다 → 입맛이 당기다 [動-]
동할립	금간알 [胴割粒]

동할미	금간쌀·싸라기 [胴割米]
동해	언피해 ▷ 설해 → 눈피해/ 한해 → 추위피해/ 한해(루 -) → 가뭄피해 [凍害]
동향	움직임새·움직임 〔보기〕동향을 감시하다 → 움직임을 살 피다/ 동향을 예의 주시하다 → 움직임을 잘 살피다 [動向]
동화	닮기·닮음 〔보기〕동화하다 → 닮다/ 동화되다 → 닮다· 동화하다/ 동화근 → 동화뿌리/ 순행동화 → 내리닮음/ 역행 동화 → 치닮음 [同化]
– 되겠다	– 이다 ※'이다(입니다)'로 할 것을 '~이 된다' '~이 되 겠습니다'로 쓰이는 것은 이미 있거나 된 사실이므로 잘못된 표현이다. 〔보기〕정답은 3번이 되겠습니다 → ~은 3번입 니다/ 여기가 승마장이 되겠습니다 → 여기가 승마장입니다/ 다음 장면은 우는 모습이 되겠습니다 → 다음 장면은 우는 모 습입니다.
– 되다	※'하다' '되다'는 자동사·보조동사·접미사로 두루 쓰인다. 문제는 영어식 통사구조 영향으로 주로 ' – 하다'를 붙여 능동 으로 쓸 명사에 뒷가지 ' – 되다'를 붙여 수동으로 바꿔 쓰는 일 이 잦다는 점이다. 이런 쓰임은 대부분 ' – 하다'로 바꾸고 목 적격조사를 달아 문장을 뒤칠 일이다. 이때 ' – 되다'는 말을 입 음꼴(수동형)로 만들어 순전히 자동사 구실만 하는 까닭에 주 체는 사라지고 객체가 드러나 번역문투로 되지만, ' – 하다'는 자타동사 구실을 두루 하므로 행위의 주체를 살리고 문장을 우 리 말법에 어울리게 만든다. 이때 고유 서술어를 살려 쓰면 더 욱 좋다. 한편 보도문투나 논문투글에서 객체를 드러내는 물 주구문이나 수동문투를 많이 쓰는 경향이 있으나 이 역시 서 양식 습관으로서, 서술자의 자신없음을 그대로 드러내는 방식 이다. 〔보기〕대회(연극·영화·축전·축제 따위 행사)가 오늘 개막됩니다 → 대회를 오늘 개막합니다·대회가 오늘 열 립니다/ 동상이 건립됩니다 → 동상을 건립합니다·동상을 세 웁니다/ 금강산과 설악산을 연결하는 개발계획이 검토될 수 있다고 말했다 → ~ 개발계획을 검토할 수 있다고 말했다/ 태극기가 게양되고 있다 → 태극기를 걸고 있다/ 토론을 거쳐 결정돼야 한다 → 토론을 거쳐 결정해야 한다/ 동북아의 긴장 이 고조돼가고 있는 시점에 → ~ 이 높아지고 있는 시점에/ 시 정돼야 마땅하다 → 시정해야(고쳐야·바로잡아야) 한다/ 극 우가 극복되지 않고서는 → 극우를 극복하지 않고서는/ 정부 와 하룻밤을 지내고 난 여인의 안도감이 노래되었다 → ~ 안 도감을 노래했다/ 실학이 대두되었다 → 실학이 대두했다/ 되

게 된다 → 된다/ 방안이 마련될 필요가 있다 → 방안을 마련할 ~ · 방안을 마련해야 한다 · 방안이 필요하다/ 희망이 무산되어 버렸다 → 희망이 사라져 버렸다/ 교량이 붕괴되었다 → 다리가 무너졌다/ 대통령으로 선거될 수 있는 자는 국회의원 피선거권이 있고, 대통령 선거일 현재 40세에 달하여야 한다 → 대통령이 될 수 있는 이는 국회의원이 될 수 있는 이로서, 대통령 선거날에 마흔살이 넘어야 한다/ 여건이 성숙되었다 → 여건이 성숙하였다 · 여건이 무르익었다/ 임원진이 소개되고 → 임원진을 소개하고/ 트로피가 수여되겠습니다 → 트로피를 수여하겠습니다/ 수정될 필요 → 수정할 필요/ 침몰돼 실종되다 → 침몰해 실종하다/ 높은 도덕성이 요구된다(be required for) → 높은 도덕성이 있어야 한다 · 도덕성이 필요하다/ 우선돼야 → 앞서야 · 우선해야/ (경기 등이) 있게 되겠습니다 → ~ 있겠습니다 · ~를 하겠습니다/ 전소됐습니다 → 다 탔습니다/ 제기되다 → 나오다 · 불거지다. ※이 밖에 다음 말들도 '-하다'로 바꿔 쓸 일이다. (가동 · 감염 · 격발 · 낙후 · 노출 · 도취 · 만연 · 밀착 · 반감 · 반영 · 발족 · 배출 · 변질 · 분출 · 생성 · 소속 · 승화 · 실추 · 실패 · 심화 · 수입 · 수출 · 수정 · 서행 · 실시 · 실종 · 연루 · 오염 · 유행 · 외면 · 용서 · 우선 · 운행 · 악화 · 응결 · 얘기 · 이해 · 자제 · 저축 · 정착 · 전소 · 제시 · 조인 · 종전 · 집중 · 창설 · 처벌 · 철수 · 치료 · 파급 · 통과 · 판매 · 폐막 · 피살 · 함몰 · 해이 · 형성 · 혼재 · 확산 · 확실시 · 유력시) + 되다 → (~) + 하다

되려 | **되레** ※본말은 '도리어'인데, '오히려'를 줄인 '외려'와는 줄인꼴이 다르다. '외레'는 사투리로 다룬다.

되서 | 되어서 · 돼서

-되어지다 | ※'명사 + 되다'의 입음움직씨를 만드는 뒷가지 '-되다'에 다시 입음꼴(피동)을 만드는 '-지다'가 붙어 쓰이는 군더더기 말이다. 〔보기〕 정권에 의해서 결정되어진 목표에 의해서 → 정권이 결정한 목표대로/ 변환되어져야 → 달라져야 · 고쳐야/ 계속되어지고 → 계속되고 · 이어지고/ 사용되어지지 않고 → 안쓰고 · 쓰이지 않고/ 생각되어지다 → 생각하다/ 이야기되어지고 있다 → 얘기하고 있다 · 평을 받고 있다/ 요구되어지다 → 필요하다 · ~이 있어야 한다/ 전개되어지다 → 전개되다 · 벌어지다/ 제기되어지고 있다 → 나오고 있다 · 불거지고 있다/ 중단되어져야 할 → 중단해야 할 · 그쳐야 할/

	해결되어지지 → 해결하지 · 풀지
되지퍼가다	**되짚어가다**
두	**마리** 〔보기〕소 한 두 두 두 → 소 한 마리 두 마리/ 둣수 · 두수 → 마릿수/ 두당 → 한 마리에 · 한 사람에 〔頭〕
두각	**머리** 〔보기〕두각을 나타내다 → 재능을 보이다 · 뛰어나다 〔頭角〕
두개	**골통** 〔보기〕두개골 → 골통뼈 · 머리뼈 ▷ 두골 → 머리뼈/ 두로 → 골통 〔頭蓋〕
두건	**머리띠 · 머리수건** 〔頭巾〕
두견	**소쩍새** 〔보기〕두견화 → 진달래꽃/ 두견주 → 진달래술 〔杜鵑〕
두곡	**말곡식** 〔斗穀〕
두구	**비듬** ▷ 두설 → 비듬 〔頭垢〕
두껍창	**두껍닫이**
두껑	**뚜껑** ▷ 붓두껑 · 붓뚜껑 → 붓두껍
두락	**마지기** 〔斗落〕
두루말이	**두루마리** ※말밑이 '두루 말다'라는 게 분명하고 어원에서 멀어진 말도 아니므로 '어간에 ' – 이'나 ' – 음/ㅁ'이 붙어 명사가 된 것은 그 줄기의 원형을 밝혀 적는다'는 원칙을 따를 말이다. 그런데 맞춤법 제19항 해설에는 너비 · 도리깨 · 목도리 · 빈털터리 · 턱거리(언턱거리 · 종기) 따위와 '두루마리'를 어원에서 멀어진 것으로 보았다.
두루막이	**두루마기** ※'소리나는 대로 적되 어법에 맞게 적는다'는 원칙을 따르면 '두루 막다'에서 된 말이 확실하므로 '두루막이'로 적어야 하나 우리 옷의 한가지를 나타내는 말로 굳어 쓰인다 하여 '두루마기'로 적는 이나 사전이 많다. 그러나 두루말이 · 두루막이/ 두루마리 · 두루마기는 소리와 어법 가운데 어느것을 중시하느냐에 따라 둘 다 맞는 말이므로 표준말 사정을 다시 해야 할 말이다.
두류	**콩붙이 · 콩종류 · 콩류** ▷ 두과 → 콩과 〔豆類〕
두리뭉수리	**두루뭉수리**
두리뭉실(술)	**두루뭉실(술)** ※'두루뭉술'과 '두루뭉실' 둘 다 쓰인다. '두루뭉수리'가 있으므로 이를 줄여 '두루뭉술'이라고도, '뭉실뭉실'이 있으므로 '두루뭉실'이라고도 하는 것이다. '두리뭉실'이나 '두리뭉술'은 안 쓴다. 〔보기〕두리뭉실(술) 하다 → 두루뭉실(술) 하다.
두목	**우두머리** 〔頭目〕
두문	**머릿글** 〔頭文〕

두박	콩깻묵 [豆粕]
두발	머리카락 [頭髮]
두부	머리 〔보기〕두부직경 → 윗지름 [頭部]
두살박이	두살배기 ※'나이'와 어울릴 때는 '-배기'로 씀. ▷ 점박이
두상	머리·머리위 [頭上]
두상화서	두상꽃차례 [頭狀花序]
두서	차례·우수한 차례·순서 [頭序]
두서	머리말·머릿글 〔보기〕두서자 → 위 적은 이·위 사람 [頭書]
두서	실마리·갈피·차례 〔보기〕두서없이 → 갈피없이·차례없이 [頭緖]
두석	놋쇠 [豆錫]
두설	비듬 ▷ 두구 → 비듬 [頭屑]
두연	1. 문득 2. 우뚝 솟은 꼴 〔보기〕두연하다 → 우뚝 솟아 있다 [斗然]
두엽장	콩잎장 [豆葉醬]
두오	듀오·이중주 ▷ 듀엣 [영 duo]
두우	소쩍새 ▷ 두견 → 소쩍새 [杜宇]
두위	머리폭·머리둘레 [頭圍]
두유	콩기름 [豆油]
두유	콩국·콩물 [豆乳]
두음	머릿소리 〔보기〕두음법칙 → 머릿소리법칙 [頭音]
두자	주사위 〔보기〕두자골 → 주사위뼈 [骰子]
두장	콩장 [豆醬]
두절	끊어짐·막힘 〔보기〕두절하다 → 끊다·끊어지다·막히다/ 두절되다 → 끊어지다/ 교통두절 → 길막힘/ 통신두절 → 통신끊임·통신안됨 [杜絶]
두정	맛마루·마루 〔보기〕두정골 → 윗머리뼈·마루뼈 [頭頂]
두주	말술 [斗酒]
두죽	콩죽·팥죽 [豆粥]
두질	무릎맞춤 〔보기〕두질하다 → 무릎맞춤을 하다·맞대해 묻다 ▷ 대질 → 무릎맞춤 [頭質]
두째	둘째 ※차례와 수량, 뜻 따위를 구별함이 없이 한가지 형태만을 표준말로 삼음. '첫째·둘째·셋째·넷째/ 돌·빌리다' 따위.(표준어규정 제6항)
두창	마마 ▷ 천연두 → 마마 [痘瘡]

두취	우두머리 ▷ 두목 → 우두머리/ 취체역 → 이사 [頭取]
두태	1. 콩과 팥 2. '콩팥'(신장)의 군두목 [豆太]
두텁단자	두텁떡 [– 團子]
두통	머리앓이 〔보기〕 두통거리 → 골칫거리 [頭痛]
둔감	무딘감각 〔보기〕 둔감하다 → 무디다 [鈍感]
둔구	볼기고랑 [臀丘]
둔부	궁둥이·엉덩이·볼기 ▷ 둔구 → 볼기고랑 [臀部]
둔세	세상피하기 〔보기〕 둔세자 → 숨은이 [遁世]
둔탁하다	무디고 탁하다·굼뜨고 흐리터분하다 [鈍濁 –]
둔통	뻐근증·무지근함 [鈍痛]
둔하다	미련하다·무디다·굼뜨다 ▷ 우둔하다 → 미련하다·무 디다·멍청하다 [鈍 –]
둔화	무디어짐·뒷걸음질 〔보기〕 둔화하다 → 무뎌지다·둔해 지다/ 둔화되다 → 무뎌지다 [鈍化]
둣수·두수	말수 [斗數]
둥그스럼하다·동 구스름하다	둥그스름하다
둥근파	양파 ※'양파'가 더 널리 쓰인다 하여 이를 표준말로 삼 음.(표준어규정 제22항)
뒝박	뒤웅박 ※본말 '뒤웅박'이 준말 '뒝박'보다 널리 쓰인다 하 여 본말만 표준말로 삼음.(표준어규정 제15항)
뒤꼭지	뒤통수 〔보기〕 뒤꼭지치다 → 뒤통수치다·몰래 때리다
뒤받침하다	뒷받침하다 ▷ 뒤받치다
뒤안	뒤꼍
뒤어내다	뒤져내다 ※표준어규정 제25항.
뒤쳐지다·뒷처지다	뒤처지다 ▷ 쳐지다 → 처지다 ※'뒤집혀서 젖혀지다' 는 '뒤쳐지다'임.
뒤치닥거리·뒷치닥 거리	뒤치다꺼리 ▷ 치닥거리 → 치다꺼리
뒷감당	뒷갈망 ※표준어규정 제26항에서는 복수표준말로 다룸. [– 堪當]
뒷굼치	뒤꿈치 ※' – 굼치/ – 꿈치'는 '꿈치'로 적는다. 발꿈치·팔 꿈치 따위.(맞춤법 제54항)
뒷대야	뒷물대야 ※표준어규정 제15항.
뒷렬	뒷줄·후열 [– 列]
뒷바침하다	뒷받침하다 〔보기〕 뒷받침되다 → 뒷받침하다
뒷발톱	1. → 며느리발톱 2. 뒷발에 난 발톱 ※표준어규정 제25항.
뒷서거니	뒤서거니 〔보기〕 앞서거니 뒷서거니 → 앞서거니 뒤서거

니

뒷쪽	뒤쪽　　※뒤 단어의 첫소리가 된소리나 거센소리이면 사이시옷을 붙이지 않는다. 뒤떨어지다 · 뒤뜰 · 뒤뿔치기 · 뒤짱구 · 뒤처리 · 뒤치다꺼리 · 뒤통수 · 뒤편 · 뒤표지 · 뒤풀이 따위.(맞춤법 제30항)
뒷처리	뒤처리
뒷편	뒤편
뒷허리	뒤허리
뒷힘	뒷심
듀엣	이중주 · 이중창　[영 duet]
듀오	이중주곡　[영 duo]
드라마	극 · 연극　〔보기〕방송드라마 → 방송극/ 드라마틱하다 → 극적이다　[영 drama]
드라이	1. 마름 · 말림　2. 마른빨래　〔보기〕드라이하다 → 1. 메마르다　2. 말리다/ 드라이밀크 → 가루우유/ 드라이벌커 → 말림배 · 건화물선/ 드라이어 → 말리개 · 말리는 약/ 드라이클리닝 → 1. 세탁소 2. 마른빨래/ 드라이플라워 → 말린꽃　[영 dry]
드라이버	1. 나사풀리개　2. 운전사　[영 driver]
드라이브	달림 · 세게 침 · 몲　〔보기〕드라이브하다 → 달리다/ 드라이브정책 → 주도 정책 · 몰이정책/ 드라이버 라이선스 → 운전면허증/ 드라이브코스 → 차산책길/ 수출드라이브 → 수출몰이/ 개혁드라이브 → 개혁몰이　[영 drive]
드라이브 인	파고들기　　※농구 말.　[영 drive in]
드라큐라	드라큘라　[영 Dracula]
드래그 번트	당겨대기　　※야구 말.　[영 drag bunt]
드래프트	1. 틈새바람 · 도안　2. 징병 · 뽑기 · 끌기　〔보기〕드래프트 튜브 → 흡수관 · 통풍관/ 드래프트 비어 → 생맥주　[영 draft]
드러가다	들어가다　　※'들다'와 '가다'가 합쳐서 된 말로서, 앞말의 본뜻이 유지되고 있으므로 원형을 밝혀 적는다.(맞춤법 제15항)
드럼	북　[영 drum]
드레스	부인복　〔보기〕드레스 살롱 → 양장점/ 드레스 코트 → 표준 옷차림　[영 dress]
드레시하다	멋있다 · 근사하다 · 우아하다 · 맵시있다　[영 dressy -]
드레싱	맛깔장　[영 dressing]
드레인	배수관 · 하수관 · 배수　[영 drain]

드려다보다 · 들어 　다보다	들여다보다
드로인	스로인 · 던지기　〔영 throw in〕
드로잉	제도　〔영 drowing〕
드롭 볼	떨어지는 공　▷ 드롭 킥 → 떨궈차기　〔영 drop ball〕
드루패스	스루패스 · 뚫어주기 · 질러주기　〔영 through pass〕
드리블	1. 공몰이　2. 두번공 · 흘려받기　〔보기〕 드리블 슛 → 몰다 쏘기.　▷ 드리볼 → 드리블　〔영 dribble〕
드릴	쇠뚫이 · 틀송곳　〔영 drill〕
드립다 · 디립다	들입다　〔보기〕 들입다 쏘아대다/ 들입다 밀다　　※'들입 다'의 준말은 '들이'다. 들이치다 · 들이닥치다 따위.
드링크	마실것　〔영 drink〕
득세	세력얻음 · 기세얻음　〔보기〕 득세하다 → 세력얻다 · 시세 얻다 · 때얻다　〔得勢〕
득승	이김　〔보기〕 득승하다 → 이기다　〔得勝〕
득실	얻음과 잃음 · 이해 · 성공과 실패　〔보기〕 득실을 따지다 → 얻음과 잃음을 따지다　〔得失〕
득의	뜻이룸 · 활개폄 · 만족느낌　〔보기〕 득의만면하여 → 뜻대로 되어 뽐내는 모습으로　▷ 의기양양 → 뽐내는 모습 · 우쭐 한 모습/ 득의만만 → 득의만면　〔得意〕
득점	점수얻음 · 얻은점수　〔보기〕 득점하다 → 점수 따다 · 점수 얻다　〔得點〕
득책	좋은꾀 · 이론꾀　〔得策〕
득표	표얻기 · 얻은표　〔보기〕 득표하다 → 표 얻다/ 득표력 → 표 얻을 힘 · 표딸힘/ 득표수 → 얻은표수/ 득표순위 → 표차례 〔得票〕
득하다	받다 · 얻다　〔보기〕 획득하다 → 얻다 · 얻어가지다 · 따다/ 취득하다 → 얻다 · 차지하다　〔得-〕
-든	-진　〔보기〕 하든 않고 말만 하다 → 하진 않고 말만 한 다
-든가	1. → 던가　2. → 든지　〔보기〕 가든가 말든가 네 맘대로 해 라 → 가든지 말든지 ~/ 하든가 말든가 → 하든지 말든지/ 일은 얼마나 진척됐든가 → 일은 얼마나 했던가　▷ -든걸 → -던걸/ -든고 → -던고/ -든데 → -던데
-든지	※풀이씨에 붙어 무엇을 가리지 않음을 나타내는 이음끝. 준 말은 '든'이며, '-든가'와 같이 쓰인다.　〔보기〕 누가 오든 지 상관없다/ 책이면 무엇이든지 다 모은다/ 가든지 오든지/ 하든지 말든지/ 밥을 먹든지 죽을 먹든지/ 어제든지 그제든지

/ 사과든 배든/ 어디든 가보자

듣게시리	듣게끔　▷ ─게시리 → ─게끔·─도록·─게
들녁	들녘　▷ 해질녘·동녘·들녘·북녘·아침녘/ 저녁·과녁
들리다	들르다　〔보기〕우리집에 좀 들리시오 → ~ 들르시오/ 친구집에 들렸다 오느라고 늦었소.　※'들르다'는 '들러, 들렀다, 들르면, 들르니' 등으로 활용한다.
들망	1. → 후릿그물　2. → 들그물　〔─網〕
들어나다	드러나다　※두 낱말이 어울려 한 낱말이 될 적에 앞말이 본뜻에서 멀어진 것은 원형을 밝혀 적지 않는다. 사라지다·쓰러지다·나타나다·바라보다·배라먹다·부서지다·불거지다·부러지다·자라나다·자빠지다·토라지다 따위.(맞춤법 제15항)　〔보기〕사실로 들어나다 → 사실로 드러나다/ 비리가 들어난 지금 → 비리가 드러난 지금/ 이 시점에서 대선후보를 들어내는 게 나으냐 → 지금 대선후보를 드러내는 게 나으냐
들어눕다	드러눕다
들어붙다	들러붙다　※ 작은말은 '달라붙다'.
들이키다	1. 안쪽으로 다그다　2. → 들이켜다　〔보기〕물을 들이키다 → 물을 들이켜다/ 술을 들이켜다
듬뿌룩하다·더뿌룩하다	더부룩하다　※'더부룩하다'가 널리 쓰인다 하여 이를 표준말로 삼음.(표준어규정 제17항)
등	들·따위　〔等〕
등경걸이	등잔걸이　〔燈檠─〕
등고선	높이선　▷ 등심선 → 깊이선　〔等高線〕
등교	학교감(옴)　〔보기〕등교하다 → 학교가다/ 등교생 → 학교 온 학생　▷ 하교 → 학교마침　〔登校〕
등귀	오름·비싸짐　〔보기〕등귀하다 → 오르다·비싸지다　〔騰貴〕
등기	올려두기　〔보기〕등기하다 → 올려두다·실어두다/ 등기제증 → 등기필증　▷ 등재 → 올림·실음/ 등록 → 올려신기　〔登記〕
등단	단에 오름·나옴　〔보기〕등단하다 → 나오다·오르다　〔登壇〕
등떠리·등떼기	등때기　※표준어규정 제25항.
등락	오르내림　〔보기〕등락하다 → 오르내리다/ 등락폭 → 오르내림폭/ 등락이 심하다 → 오르내림이 심하다　〔騰落〕
등록	올려신기　〔보기〕등록하다 → 올려신다/ 등록도서 → 올린

책/ 미등록 → 안올림   ▷ 등기 → 올려둠·올려두기/등재 → 실음·올림 [登錄]

등목   나무오르기 [登木]

등반   오름   〔보기〕등반하다 → 오르다/ 등반객 → 오르는 사람· 등산객/ 등반운동 → 오르내리기운동 [登攀]

등변다각형   바른여러모꼴   ▷ 등변사각형 → 마름모꼴/ 등변삼각형 → 바른세모꼴 [等邊]

등본   베낌벌   ▷ 초본 → 1. 베낌벌 2. 뽑은벌 [謄本]

등사   밂·베낌   〔보기〕등사하다 → 밀다·박다·베끼다/ 등사 용지 → 밀종이   ▷ 복사 → 포개베낌·되베낌·덧뜨기 [謄寫]

등세   오름세·오를세   ▷ 낙세 → 내릴시세·내림세 [騰勢]

등속   따위·붙이·나부랭이·들 [等屬]

등숙기   여물때·익음때   〔보기〕등숙비(－肥) → 여뭄거름·알거 름/ 등숙비(比) → 여문비율 [登熟期]

등식   같기식·같은식   〔보기〕등식화 → 같은식으로 만듦·같은 것으로 봄 [等式]

등신대   같은 몸피   ▷ 등신불 → 사람크기부처 [等身大]

등심   심지 [燈心]

등심선   깊이선   ▷ 등고선 → 높이선 [等深線]

등심초   골풀 [燈心草]

등양   기세떨침   〔보기〕등양하다 → 기세 떨치다   ▷ 앙양 → 드높임·드날림 [騰揚]

등어지대   같은말구역·같은말지대 [等語地帶]

등온선   같은온도선 [等溫線]

등외   등급 밖   ▷ 등내 → 등수 안 [等外]

등용   뽑아씀·올려씀   〔보기〕등용하다 → 뽑아쓰다·올려쓰다 [登用·登庸]

등용문   출세문·벼슬길   ▷ 등룡문 → 등용문 [登龍門]

등장   올라옴·나옴·나타남   〔보기〕등장하다 → 나오다   ▷ 퇴장 → 물러남·나감·사라짐 [登場]

등재   올림·실음   〔보기〕등재하다 → 올리다·싣다/ 미등재 → 올리지 않음 [登載]

등정   길오름·길뜸   〔보기〕등정하다 → 길에 오르다·길뜨다· 나서다/ 히말라야 등정에 오르다 → 히말라야 오를 길에 나서 다/ 험난한 등정 → 어려운 길뜸 [登程]

등청   관청출근·출근·일나옴   〔보기〕등청하다 → 출근하다·나 오다 [登廳]

등초	베낌·복사함　〔보기〕등초하다→베끼다　▷등본→베낌벌　〔謄抄〕
등칡	등나무　※'등칡'은 '등나무'라는 뜻으로는 버리나, '쥐방울과에 속하는 갈잎 덩굴나무'의 뜻으로는 표준말이다.(표준어 규정 제25항)　〔藤－〕
등폭	오른폭·오른너비　▷낙폭→떨어진 너비·내린폭〔騰幅〕
등한시	허투루봄·지나쳐봄　〔보기〕등한시하다→허투루보다·지나쳐보다/ 등한하다→무심하다·데면데면하다　〔等閑視〕
등호	같음표(＝)　▷이퀄표→같음표　〔等號〕
등화	등불·등잔불　〔보기〕등화관제→불빛가리기　▷등광→등불　〔燈火〕
디렉터리	목록·죽보기　▷디렉토리→디렉터리　〔영 directory〕
디렉트·다이렉트	직접·바로　〔보기〕디렉트 메일→직접우편/ 디렉트 슛→바로차넣기·직접슛/ 디렉트 스파이크→직접강타·바로내리침/ 디렉트 프리 킥→직접 자유차기　▷스트레이트→곧장·직접·바로　〔영 direct〕
디버그	잘못 없애기　※셈틀 말.　〔영 debug〕
디비전 라인	구획선·갈핏줄·중앙선　〔영 division line〕
디스차징	짐풀기　〔영 discharging〕
디스카운트	에누리·깎기　※준말은 '디시'.　〔영 discount〕
디스퀄리피케이션 파울	실격반칙　※농구 말.　〔영 disqualification foul〕
디스크	1. 원판·판·레코드　2. 뼈부러짐·뼈어긋남·추간연골헤르니아　〔보기〕디스크 자키→음반사　▷디스켓→판　〔영 disk〕
디스플레이	진열·전시·단장·보이기　〔보기〕디스플레이하다→진열하다·전시하다·보이다·꾸미다　〔영 display〕
디시	에누리·깎기　〔영 DC〈discount〉〕
디자인	도안·고안·의장·설계·꾸밈　〔보기〕디자인하다→도안하다·꾸미다·그리다/ 디자이너→도안가·설계자/ 디자인력→도안솜씨·꾸밈힘/ 디자인 살롱→양장점/ 패션디자인→옷본만들기·유행만들기　〔영 design〕
디저트	후식·입씻이　〔영 dessert〕
디지털	숫자·수치형·숫자틀　〔보기〕디지털 디바이드→정보 격차/ 디지털화→숫자틀로 함·숫자틀로 만듦/ 정보를 디지털화하다→정보를 숫자틀로 만들다　▷아날로그→연속형·연속틀/ 디지틀·디지탈→디지털　〔영 digital〕

디커플링	탈동조화 [영 deccupling]
디테일하다	미세하다·섬세하다·꼼꼼하다 [영 detail-]
디텍터	1. 탐지기·검출기 2. 발견자 [영 detector]
디파트	백화점 〔보기〕 디파트먼트 스토어 → 백화점 ▷ 데파트 → 디파트 [〈영 department store]
디펜스	막기·방어·수비 〔보기〕 디펜스 파울 → 수비반칙(농구)/ 디펜딩 챔피언 → 우승지킴이 [영 defence]
디폴트	채무불이행 [영 default]
딕셔너리	사전·말광 [영 dictionary]
딕테이션	받아쓰기·구술 [영 dictation]
딜러	1. 업자·상인·판매원 2. 패 돌리는이 〔보기〕 외환딜러 → 외환상인/ 딜러십 → 판매권 ▷ 메이커 → 제조자·제조회사 [영 dealer]
딜럭스하다	화려하다·크다 [영 deluxe-]
딜레마	궁지·진퇴양난·양도논법·갈등·이중체 ▷ 딜렘마·딜레머 → 딜레마 [영 dilemma]
따라먹다·따라마시다	1. 따라서 마시거나 먹다 2. → 앞지르다 ※'앞지르다'가 널리 쓰인다 하여 이를 표준말로 삼음.(표준어규정 제25항)
딱다구리	딱따구리 ※한 낱말 안에서 같은 음절이나 비슷한 음절이 겹쳐나면 같은 글자로 적는다.(맞춤법 제13항) 또 '-하다'나 '-거리다'가 붙을 수 없는 어근에 '-이'나 다른 모음으로 시작되는 씨끝이 붙어서 이름씨가 된 것은 원형을 밝히어 적지 않는다. 딱딱·쌕쌕·똑딱똑딱·쓱싹쓱싹·연연불망·유유상종·누누이(13항), 개구리·누더기·꽹과리·매미·두드러기·귀뚜라미·깍두기·기러기·동그라미 따위.(맞춤법 제23항 붙임)
딱닥	딱딱 〔보기〕 딱닥하다 → 딱딱하다/ 딱닥거리다 → 딱딱거리다/ 딱닥대다 → 딱딱대다.(맞춤법 제13항)
딱닥이	딱딱이
딱이	1. → 딱히 2. → 딱·틀림없이·반드시·꼭 〔보기〕 딱이 여기다 → 딱히 여기다/ 딱이 살아있으리라 할 수도 없지만 → 꼭 살아있으리라 ~·딱히~/ 딱이 할 말도 없지만 → 꼭 할 말도 없지만 ※'꼭히'와 관련지어서 살펴보면 현재 사전들에는 '딱하다'는 뜻의 '딱히'만 올라 있으나 '반드시'의 뜻을 지닌 비슷한 꼴의 '꼭히'에 견주어 이 말도 쓸 말로 보이며, 실제로 많이 쓰이기도 한다. '퍽/ 퍽이나, 꽤/ 꽤나'와는 유형이 다르다.
딱히	1. 딱하게 2. 딱·틀림없이·확실히 ※'딱이'를 보시오.

딱다	닦다　※쓸데없이 거센소리나 된소리로 쓰는 현상. 실제 발음에서 들 수 있는 보기는 많다. 쎄다 → 세다/ 뿌수다 → 부수다/ 깜다 → 감다/ 간딴히 → 간단히/ 관껀 → 관건/ 헌법 → 헌법/ 김빱 → 김밥 따위. 외래어에서는 실제 적기에서도 문제되는 말이 많다. 그러나 된소리를 적지 않게 한 외래어 표기법에 따라 적어야 할 것이며, 회사 이름 따위를 지을 때도 이를 지켜야 할 것이다. 뻐스 → 버스/ 까스·깨스 → 가스/ 땐스 → 댄스/ 뺏지 → 배지/ 땜 → 댐/ 써비스 → 서비스/ 비씨 → 비시/ 씨네마 → 시네마
딴지	딴죽　〔보기〕딴지를 걸다 → 딴죽을 걸다
딸꼭단추	똑딱단추　※'똑딱단추'가 널리 쓰인다 하여 이를 표준말로 삼음.(표준어규정 제25항)
딸님	따님　※주로 'ㄴ·ㄷ·ㅅ·ㅈ' 앞에서 'ㄹ'이 소리나지 않는 말은 안 나는 대로 적는다. 다달이·부나비·소나무·우짖다·화살·무논·주낙·미닫이·하느님 따위.(맞춤법 제28항)
땟갈	때깔　※'-갈/-깔'은 '깔'로 통일하여 적음. 맛깔·빛깔·성깔·태깔 따위. 젓갈·숟갈·재갈·대갈·자갈 따위는 적용 안 됨.(맞춤법 제54항)
떠들석하다	떠들썩하다　※한 형태소 안에서, 'ㄴ, ㄹ, ㅁ, ㅇ' 받침 뒤에서 나는 된소리는 된소리로 적는다.(맞춤법 제5항)
떠러지다	떨어지다　※두 개의 풀이씨(용언)가 어울려 한 말이 될 때 앞말의 본뜻이 살아 있는 것은 본꼴을 밝혀 적고, 본뜻에서 멀어진 것은 밝혀 적지 않는다. 넘어지다·늘어나다·돌아가다·들어가다·벌어지다·엎어지다·접어들다·틀어지다·흩어지다 따위.(맞춤법 제15항) 한편, 본뜻에서 멀어진 말로는 '드러나다·사라지다·쓰러지다·나타나다·바라보다·바라지다·배라먹다·부서지다·불거지다·부러지다·자라나다·자빠지다·토라지다' 따위가 있다.
떠맞다	떠맡다　※떠맡아·떠맡고·떠맡으니·떠맡아서.
떠벌이다	떠벌리다
떡중이	떡보　※'떡보'가 널리 쓰인다 하여 이를 표준말로 삼음.(표준어규정 제25항)
떨어먹다	1. → 털어먹다　2. 떨어서 먹다　※거센소리를 가진 형태를 표준어로 삼은 말.(표준어규정 제3항)
떫덜하다·떫떠름하다	떫떨하다·떫떠름하다　▷ 떫디떫다
떼다·띄다	'떼다'는 붙어있는 것을 나누는 것, '띄다'는 사이를 두는 것.

떼우다	때우다 〔보기〕 국수로 점심을 떼우다 → ~ 때우다/ 저녁은 빵으로 떼우다 → ~ 때우다
떼제베	테제베 ※바깥나라 단체·기구 등의 이름은 그 나라 알파벳 발음대로 적되 ㄲ, ㄸ, ㅉ, ㅆ, ㅃ 따위 된소리(경음)로 적지 않는다. 이체에(ICE) 카게베(KGB) 쳇데프(ZDF) 아이비엠(IBM) 따위. 〔프 TGV〕
뗑깡	행패·떼·생떼·간질 〔보기〕 뗑깡을 부리다 → 행패를 부리다 〔일 癲癇·てんかん〕
또렸하다·뚜렷하다	또렷하다·뚜렷하다 〔보기〕 또렸이 → 또렷이/ 뚜렸이 → 뚜렷이
또아리	똬리 ※이 말은 준말을 표준으로 삼았는데, 본딧말과 준말로 구분할 일이지 굳이 한쪽을 표준으로 삼는다는 게 억지스러워 보인다. 현재 준말을 표준으로 삼은 말로는 이 밖에도 귀찮다·김·무·미다·뱀·뱀장어·빔·샘·생쥐·솔개·온갖·장사치 따위가 있다.(표준어규정 제14항)
똑닥똑닥	똑딱똑딱 ※한말 안에서 같은 음절이나 비슷한 음절이 겹쳐나면 같은 글자로 적는다. 딱딱·쎅쎅·씩씩·쓱싹쓱싹·연연불망·유유상종·누누이·꼿꼿하다·놀놀하다·눅눅하다·밋밋하다·싹싹하다·쌉쌀하다·씁쓸하다·짭짤하다 따위.(맞춤법 제13항) 한편 이 밖의 경우는 본음대로 적는다. 낭랑하다·냉랭하다·녹록하다·늠름하다·인린하다·적나라하다 따위.
뜬뜬	본전치기 〔일 とんとん〕
뚝방	둑방
뚝빼기	뚝배기 ※한 형태소 안의 'ㄱ, ㅂ' 받침 뒤에서는 '빼기'로 소리나더라도 '배기'로 적는다. 이 밖의 경우는 '배기'로 소리나면 '배기'로, '빼기'로 소리나면 '빼기'로 적는다.(맞춤법 제54항) 〔보기〕 학빼기 → 학배기 ▷ -배기·-빼기
뚱단지	뚱딴지
뜨게질	뜨개질
뜸단지	부항단지 ※'부항단지'가 널리 쓰인다 하여 이를 표준말로 삼음.(표준어규정 제22·25항) ▷ 부항항아리 → 부황단지
띠어쓰기·띄여쓰기	띄어쓰기
띠엄띠엄	띄엄띄엄

- (으)ㄹ꺼나   - (으)ㄹ거나   〔보기〕 갈꺼나 → 갈거나/ 잘꺼나 → 잘거나

- (으)ㄹ껄   - (으)ㄹ걸   〔보기〕 갈껄 → 갈걸/ 할껄 → 할걸

- (으)ㄹ께   - (으)ㄹ게

- (으)ㄹ쏘냐   - (으)ㄹ쏘냐   ※ - ㄹ거나 · - ㄹ걸 · - ㄹ게 따위 'ㄹ' 뒤에서 된소리로 나는 것은 된소리로 적지 않기로 했으나, 의문을 나타내는 다음 어미들은 된소리로 적는다. - (으)ㄹ까? · - (으)ㄹ꼬? · - (스)ㅂ니까? · - (으)ㄹ쏘냐 따위.(맞춤법 제53항)

- (으)ㄹ쎄   - (으)ㄹ세

- (으)ㄹ쑤록   - (으)ㄹ수록

- (으)ㄹ씨   - (으)ㄹ시

- (으)ㄹ이만큼   - 리만큼   ※ '- 리만큼'은 받침없는 풀이씨 줄기에 붙어 '- ㄹ정도로'의 뜻을 나타내는 이음씨끝이다.   〔보기〕 없을이만큼 → 없으리만큼/ 이상스러울이만큼 → 이상스러우리만큼/ 할이만큼 → 하리만큼/ 좋을이만큼 → 좋으리만큼

- (으)ㄹ찌   - (으)ㄹ지

- (으)ㄹ찌라도   - (으)ㄹ지라도

- (으)ㄹ찌어다   - (으)ㄹ지어다   〔보기〕 그렇게 할찌어다 → 그렇게 할지어다

- (으)ㄹ찌언정   - (으)ㄹ지언정   〔보기〕 가기는 갈찌언정 내키지 않는다 → 가기는 갈지언정 ~

- (으)ㄹ찐대   - (으)ㄹ진대

- (으)ㄹ찐저   - (으)ㄹ진저

- ㄹ라고   - 려고   〔보기〕 할라고 하다 → 하려고 하다/ 잘라고 하다 → 자려고 하다

(－ㄹ･－을)래야	－려야 ※맞춤법이나 국어사전 등에서 뜻함·의지를 나타내는 말 '－려야'의 잘못으로 처리하고 '－려야'는 '－려고 하여야가 줄어든 것으로 봤다. 그러나 일반적으로는 '－ㄹ래야, －을래야'를 많이 쓰는데다 독특하게 굳어져 쓰이는 형태로 보아 이음씨끝으로 인정하는 형편이다. 'ㄹ'받침이 없는 말에 'ㄹ/을'을 덧붙이는 성질이 있다. 〔보기〕 미워할래야 미워할 수가 없다/ 참을래야 참을 수가 없다/ 물건이 동이나 팔래야 팔 수가 없다.
-ㄹ런지	－ㄹ는지·－ㄹ지 〔보기〕 그렇게 해도 좋을런지요 → 그렇게 해도 좋을는지요(좋을지요)/ 내일쯤 갈런지 → ～ 갈는지/ 지금쯤 왔을런지 → ～ 왔을지.
－ㄹ 망정	－ㄹ망정 〔보기〕 할망정/ 있을망정
－ㄹ 뿐더러	－ㄹ뿐더러 〔보기〕 못할뿐더러/ 해로울뿐더러/ 영향이 미칠뿐더러
－ㄹ 지	－ㄹ지 ※어미는 붙여 쓴다. 〔보기〕 좋을지/ 될지/ 끝날지
라디에이터	식히개·데우개·방열기·냉각기 〔〈영 radiator〕
라벨·레이블	상표·꼬리표·찌지 ▷ 레테르 → 상표/ 마크 → 상표/ 네임 → 상표·이름 〔프 label·영 label〕
라사	양복감·양복지 ▷ 나사 → 라사 〔〈포 raxa〕
라스베가스	라스베이거스 〔미 Las Vegas〕
라스트	마지막 〔보기〕 라스트 신 → 끝장면 ▷ 래스트 → 라스트 〔영 last〕
라우드스피커	확성기 〔영 loud speaker〕
라운드	1. 회전 2. 원탁·협정·협상자리 〔보기〕 라운드형 → 둥근형/ 메리 고 라운드 → 회전목마/ 그린 라운드 → 풀빛협정·풀빛약속/ 블루라운드 → 푸른협정·노동협정 〔영 round〕
라운지	휴게실 〔영 lounge〕
라이방(반)	보안경·색안경 〔영 Ray Ban〕
라이벌	맞수·적수·경쟁자 〔영 rival〕
라이브	생·팔팔한·산 〔보기〕 라이브 음악 → 생음악/ 라이브 콘서트 → 생음악회/ 라이브 액션 → 실연 〔영 live〕
라이선스	면허(장)·허가(증)·인허가 〔영 licence/ license〕
라이센스	라이선스
라이스 박스	쌀통·뒤주 〔영 rice box〕
라이트	1. 비춤·조명(등) 2. 가벼운 〔보기〕 라이트 오페라 → 소가극·경가극/ 라이트 웨이브 → 빛결·광파/ 라이트 이어 → 빛해·광년/ 라이트 체인지 → 조명변화·비춤변화/ 라이팅

ㄹ

라이트	→ 비춤 · 조명/ 스포트라이트 → 몸비춤 · 각광　[영 light]
	오른쪽　〔보기〕라이트 윙 → 오른쪽공격수 · 오른쪽날개/ 라이트 이너 → 오른쪽안 공격수 · 오른쪽몰이/ 라이트 풀백 → 오른쪽 수비수/ 라이트 필더 → 우익수/ 라이트 하프 → 오른쪽공방수　[영 right]
라이프 사이클	수명 · 삶주기　▷ 라이프 스타일 → 생활양식/ 라이프 테크 → 살림살이 · 살림기술　[영 life cycle]
라이플	총 · 소총　[영 rifle]
라인	줄 · 금 · 선　〔보기〕라인업 → 선수명단 · 진용/ 사이드라인 → 옆줄/ 엔드라인 → 끝줄　[영 line]
라지에타	라디에이터 · 방열기　[〈영 radiator]
라커룸	대기실 · 옷갈이방　▷ 라카룸 → 라커룸　[영 locker room]
란드셀	등가방 · 멜가방 · 걸낭　[〈네 ransel]
랍비	라비 · 스승 · 율법사　▷ 라보니(그 rabboni) → 스승　[헤 rabbi]
랑그	든말　▷ 파롤 → 난말　[프 langue]
랑데부	만남　〔보기〕랑데부하다 → 만나다　▷ 도킹 → 결합 · 넣기/ 랑데뷰 → 랑데부　[프 rendez-vous]
랑데뷰	랑데부 · 만남　[〈프 rendez-vous]
래디컬하다	과격하다 · 극단적이다　[영 radical]
래싱	묶어둠 · 묶음 · 채찍질　[영 lashing]
래치	걸쇠 · 잠글쇠 · 빗장　[영 latch]
래프팅	급류타기 · 물살타기　[영 rafting]
랜덤	임의 · 무작위　〔보기〕랜덤하게 → 임의로 · 무작위로/ 랜덤 샘플링 → 임의표본　[영 random]
랜드마크	표지물 · 상징 · 대표 · 이정표 · 장승 · 표지　[영 landmark]
랜드스케이프	풍경　[영 landscape]
랜딩	착륙 · 내림　〔보기〕랜딩하다 → 착륙하다 · 내리다/ 랜딩비 → 납품사례비/ 소프트 랜딩 → 연착륙 · 살짝 내림 · 사뿐히 내림/ 하드 랜딩 → 덜컹 내림 · 경착륙　[영 landing]
랠리	1. 되넘기기　2. 자동차경주　[영 rally]
램프	1. 남포　2. 표시등　※앞선 외래어가 사라지는 보기. 즉, 요즘엔 '남포'보다 '램프'를 많이 쓰는 경향이 있다.　[영 lamp]
램프	진입로 · 들목　[영 ramp]
랩 어카운트	종합자산관리　[영 wrap accunt]
랭크	순위 · 등급　〔보기〕랭크되다 → 매겨지다 · 오르다/ 랭킹 → 순위 · 서열　[영 rank]
러너	뛰는이 · 달릴이　▷ 런너 → 러너　[영 runner]

러닝	1. 달리기 · 경주 · 달음질　2. 덩굴순　〔보기〕러닝머신 → 달리기틀/ 러닝스로 → 달려던지기/ 러닝메이트 → 딸림추 · 데림추 · 부통령후보자 · 동반자 · 짝/ 러닝셔츠 → 웃속옷/ 러닝숏 → 달리며쏘기/ 러닝캐치 → 달려잡기/ 러닝타임 → 상연시간 · 달리는때/ 러닝패스 → 달리며주기　▷ 런닝 → 러닝/ 인너 → 이너　〔영 running〕
러더	키 · 방향타　〔영 rudder〕
러브	1. 사랑　2. 무득점 · 영점　〔보기〕러브스토리 → 사랑이야기/ 러브콜 → 손짓 · 제의　※정구 말.　〔영 love〕
러시	붐빔 · 몰림 · 바람　〔보기〕러시를 이루다 → 붐비다 · 몰리다/ 러시 아워 → 몰림때 · 붐빌때/ 탈북러시 → 탈북바람 · 북한 빠져나오기 바람　▷ 붐 → 바람 · 사태 · 큰인기　〔영 rush〕
- (으)러/ - (으)려	※' - (으)러'는 목적의 뜻을 나타내는 어미로서 주로 '가다' 앞에, ' - (으)려'는 '의도'를 나타내는 어미로 '하다'와 '들다' 앞에만 쓴다.　〔보기〕고기를 잡으러 강으로 가다/ 시장보러 간다/ 반장에 나서려 한다/ 서울 좀 가려고 한다
러키	행운　〔보기〕러키펀치 → 행운타/ 러키세븐 → 재수좋은 칠자　▷ 럭키 → 러키　〔영 lucky〕
러프하다	거칠다 · 난폭하다　〔보기〕러프 지역 → 잡초지역 · 부정적 구역　▷ 터프하다 → 억세다 · 거칠다　〔영 rough - 〕
럭셔리 브랜드	명품 · 고가품　〔보기〕럭셔리하다 → 호사스럽다 · 고급스럽다 · 세련되다　〔영 luxury brand〕
럭스	촉광　※밝기를 나타내는 하나치.　▷ 룩스 → 럭스 · 촉광　〔영 lux〕
런닝	러닝　〔영 running〕
런다운	협공 · 협살 · 끼워죽이기　※야구 말.　〔영 rundown〕
런치	점심　〔보기〕런치 파티 → 점심모임　▷ 디너 → 정찬 · 만찬　〔영 lunch〕
레귤러	보통 · 정식　〔보기〕레귤러 멤버 → 정식회원　〔영 regular〕
레그가드	다리막이　〔영 leg-guard〕
레더	가죽 · 인조가죽 · 합성가죽　〔영 leather〕
레드카드	빨강쪽지 · 퇴장쪽지　▷ 옐로카드 → 노랑쪽지 · 경고쪽지　〔영 red card〕
레미콘	1. 시멘트반죽 · 공굴반죽　2. 반죽콘크리트차 · 회반죽차　※이 말은 본래 일본에서 나온 상품 이름임.　〔remicon〈영 ready-mixed concrete〕

ㄹ

레벨	수준 · 수준기(의) [영 level]
레스토랑	식당 [프 restaurant]
레슨	과 · 일과 · 개인교수 · 학습 〔보기〕 레슨하다 → 개인교수를 하다 · 가르치다/ 레슨받다 → 가르침을 받다 ▷ 사사받다 → 사사하다 · 스승으로 모시다 · 가르침을 받다 · 배우다 [영 lesson]
레이다	레이더 [영 radar〈radio detecting and ranging]
레이더	전파탐지기 〔보기〕 레이더 스크린 → 레이더망 [영 radar]
레이디	숙녀 · 부인 〔보기〕 레이디 퍼스트 → 여자 먼저 · 숙녀 우대 [영 lady]
레이블	찌지 · 상표 · 봉함지 ▷ 라벨 → 상표 [영 label]
레이스	느림가선 · 느림줄 [영 lace]
레이스	달리기 · 경주 〔보기〕 레이스를 벌이다 → 달리다 · 앞서거니뒤서거니하다/ 레이서 → 경주선수/ 카레이서 → 자동차 경주선수 [영 race]
레이아웃	배열 · 매김질 · 짬 〔보기〕 레이아웃하다 → 배열하다 · 매김질하다 · 짜다 ▷ 와리스케 → 배열 · 짬 [영 layout]
레이업 슛	올려넣기 〔보기〕 리버스 레이업 → 뒤돌아 올려넣기 [영 lay-up shoot]
레이온	인조견사 [〈영 rayon]
레인지	화덕 · 조리기 〔보기〕 가스레인지 → 가스화덕 ▷ 렌지 → 레인지 [영 range]
레인코트	비옷 · 비외투 · 우장 [영 raincoat]
레일	철길 · 궤도 · 돌길 〔보기〕 레일로드 → 철길/ 레일앵커 → 철길 고정장치 [영 rail]
레임덕 현상	권력 샘 · 물새기 · 뒤뚱거리기 · 뒤뚝거림 [영 lame duck + 現象]
레자	인조가죽 [〈영 leather]
레저	여가 〔보기〕 레저용품 → 여가용품/ 레저타운 → 휴양지 [영 leisure]
레지	아가씨 [〈영 register]
레지스탕스	지하저항 · 지하운동 [프 resistance]
레코드	음반 · 소리판 · 기록 [영 record]
레크레이션 · 레클레이션	레크리에이션 · 오락 · 여가 · 휴양 [〈영 recreation]
레크리에이션	마음쉬기 · 새기분짓기 · 오락 · 놀이 [영 recreation]
레터	편지 〔보기〕 레터박스 → 편지통 · 우체통/ 러브레터 → 연

애편지 · 사랑편지　〔영 letter〕

레테르	상표　▷ 라벨 → 상표　〔네 letter〕
레파토리	레퍼토리 · 연주곡목 · 상영목록　〔〈영 repertory〕
레퍼리	주심 · 심판　〔보기〕 레퍼리 타임 → 심판(원) 시간　〔영 referee〕
레퍼토리	연예종목 · 연주곡목 · 가짓수 · 장기목록　〔영 repertory〕
레포츠	놀이 · 신풀이 · 여흥 · 운동놀이 · 오락　〔보기〕 레포츠를 즐기다 → 놀이를 ~　〔영 leports〈leisure+sports〕
레프트	1. 왼쪽　2. 남은　〔보기〕 레프트 온 베이스 → 잔루/ 레프트 윙 → 왼쪽 공격수 · 왼쪽날개/ 레프트 이너 → 왼쪽몰이 · 왼쪽안 공격수/ 레프트 풀백 → 왼쪽수비수/ 레프트 필더 → 좌익수/ 레프트 하프 → 왼쪽공방수/ 레프트 핸더 → 왼손잡이/ 뉴 레프트 → 새좌익　▷ 뉴라이트 → 새우익　〔영 left〕
렌지	레인지　〔보기〕 전자렌지 → 전자레인지/ 가스렌지 → 가스레인지　〔〈영 range〕
렌터카	삯차 · 빌림차　〔영 rent-a-car〕
렌트카	렌터카 · 빌림차
-령	영토 · 땅　〔보기〕 프랑스령 뮈뤼로아섬 → 프랑스땅 ~　〔-領〕
-로(-으로)	-이므로 · -이어서 · -이니 · -인바 · -인데 · -이기에 · -인 까닭에　※'-로'는 원래 조사(토씨)로만 쓰이는데, 실제 문장(말에서는 잘 안 쓰임)에서는 이상하게 서술형 연결어미(이음씨끝)로 많이 쓰인다. 이때 '-로'의 구실은 분명히 앞의 원인으로 뒤의 결과적 행동을 하게 하는 것인데, 가장 가까운 말을 찾아보면 '-이다 + 므로'가 나온다. 아쉬운 대로 '-이므로'의 준말로 쓰인다고 볼 수도 있다. 그것이 아니라면 '-로'에 새로운 구실을 붙여주어야겠지만 우선은 위 말들로 바꿔 써주어야 정확하고 바른 말이 된다.　〔보기〕 식욕은 동물의 본능적 욕구로 → 식욕은 동물의 본능적 욕구이므로/ 권력에 대한 비판은 아주 자연스러운 것으로 → ~ 자연스러운 것이어서(것이므로 · 것이니 · 것인바……)/ 그의 행동은 전혀 정당화될 수 없는 일로, 책임있는 해명이 있어야 할 것이다 → ~ 전혀 정당화될 수 없는 일이므로 ~/ 관례가 되어왔던 일로, 그냥 넘길 수 있는 일이다 → 관례가 되어왔던 일이니, 그냥 넘어갈 수 있는 일이다　▷ ~는(은) ~(으)로, ~는(은) ~한다(하다 · 이다)
-로 인하여	-로 · -로 말미암아　〔-因-〕
로 볼	낮은공　▷ 하이 볼 → 높은공/ 로우 → 로　〔영 low ball〕

ㄹ

로고	상징·보람·글무늬 〔보기〕엘지그룹은 새로운 로고를 만들었다 → ~ 새로운 글무늬 상표를 만들었다/ 로고송 → 상징노래 〔영 logo〈logotype·logogram〕
로그아웃	접속해지 〔영 log-out〕
로그인	접속 〔영 log-in〕
로드	길 〔보기〕로드숍 → 거리상점/ 로드킬 → 찻길죽음·찻길사고 〔영 road〕
로드맵	이정표·청사진·일정표·이행계획표 〔영 road map〕
로드 쇼	거리공연·특별공연·특별상연 〔영 road show〕
로드워크	견디기훈련·달리기훈련 〔영 roadwork〕
로딩	선적·배싣기 〔영 loading〕
로맨스	달콤한 사랑 〔보기〕로맨스 그레이 → 늘그막 멋쟁이/ 로맨스물 → 애정물 〔영 romance〕
로밍	어울통신 〔보기〕로밍하다 → 맞추다·통하게 하다 〔영 roaming〕
로보트	로봇 〔〈영 robot〕
로봇	등신·기계인간·허수아비 〔영 robot〈체코 robota〕
－(으)로부터의	－(으)로부터·－에서 〔보기〕해외로부터의 통신 → 국외통신·외국에서 온 통신/ 진실의 복원은 거짓으로부터의 해방에서만 기약된다 → 진실은 거짓에서 벗어나야만 복원할 수 있다/ 어머니로부터의 편지 → 어머니가 보내신 편지
로비	1. 안터·휴게실·복도·대기실·기다림방 2. 막후교섭·줄대기 〔보기〕로비하다 → 교섭하다·먹이다·삶다/ 로비스트 → 막후교섭자·섭외인·대리인 〔영 lobby〕
－로서	※받침이 없거나 'ㄹ'받침이 있는 말 아래 붙어 '로', '으로서'와 같이 쓰이는 말. 〔보기〕교육자로서 일생을 바쳤다/ 딸로서 효도를 다하다
－(으)로서의	※'로서'에 '의'를 붙인 일본말 '～としての'를 옮긴 말. 토씨를 겹쳐 쓸 수 있으나 이런 식은 지나치다. 〔보기〕체육 강국으로서의 긍지 → 체육 강국의 긍지/ 문화국민으로서의 긍지 → 문화국민의 긍지·문화국민다운 긍지
로스	손실·손해·축남·축 〔보기〕로스리더 상품 → 미끼상품/ 로스컷 → 손전매 〔영 loss〕
로스구이	등심구이·숯불(등심)구이 〔〈영 roast－〕
로스알라모스	로스앨러모스 〔미 Los Alamos〕
로스엔젤레스	로스앤젤레스 〔미 Los Angeles〕
－로써	※받침이 없거나 'ㄹ'받침이 있는 체언에 붙어서 '으로써'와 같이 쓰이는 말. 〔보기〕한글로써 겨레의 자랑으로 삼다/ 이

로써 강의를 마치겠습니다/ 죽음으로써 정절을 지키다/ 한발 양보함으로써 협정 문안을 확정할 수 있었다

-(으)로써　　-(으)로　※'ㄹ' 받침 이외의 받침 있는 체언에 붙어서 '으로', '방편으로 하여' '가지고'와 같은 뜻으로 쓰는 토씨.　〔보기〕 용기와 신념으로써 일에 임하다/ 죽음으로써 충절을 지키다/ 거북선으로써 자랑을 삼다

로알티　　로열티·사용료　〔〈영 royalty〕

로열박스　　귀빈석　〔영 royal box〕

로열젤리　　왕젖　〔영 royal jelly〕

로열티　　(상표)사용료·인세　〔영 royalty〕

-(으)로의　　-(으)로　※일본말 '~ への'를 옮겨 쓰는 말투.　〔보기〕 이 지역으로의 진출 → 이 지역 진출/ 앞으로의 의원 외교 → 앞날의 의원 외교/ 독일로의 이주 → 독일로 옮아감·독일로 이주하는 것/ 한글만으로의 길 → 한글만 쓰는 길　▷ 에로의 → -로

로커　　사물함　〔보기〕 로커룸 → 보관실·대기실　▷ 라카룸 → 로크룸·대기실　〔영 locker〕

로컬　　지방·향토·고장　〔보기〕 로컬공급 → 국내공급·현지공급/ 로컬뉴스 → 고을소식/ 로컬리즘 → 지역주의·고을주의·향토편애/ 로컬화 → 지방화·고을되기　〔영 local〕

로케　　현지찍기·출장찍기　〔보기〕 로케이션 → 현지 찍기　〔〈영 location〕

로킷·로케트　　로켓　〔영 rocket〕

로터리　　1. 도래갈림길　2. 윤전기　〔보기〕 로터리건조기 → 도래말림틀/ 로터리식 → 회전식(형)　▷ 로타리 → 로터리　〔영 rotary〕

로테이션　　돌림·순환·자리돌기·번돌기　〔영 rotation〕

로트　　1. 무더기　2. 제비뽑기　3. 토지구획　〔영 lot〕

로펌　　법률회사　〔영 lawfirm〕

로프　　밧줄·줄　〔영 rope〕

록　　1. 바위　2. 뒤흔듦·흔들림·비틀거림　〔보기〕 록클라이밍 → 바위타기/ 로큰롤 → 비틀춤·미친춤/ 록가수 → 흔들가수　〔영 rock〕

롤러　　돌리개·굴밀이·굴대　〔보기〕 롤러붕대 → 말이붕대/ 롤러스케이트 → 구름스케이트　〔영 roller〕

롤 모델　　본보기　〔영 role model〕

롱　　긴·큰·먼　〔보기〕 롱 런 → 장기간·오래가기/ 롱 스윙 → 크게 휘두르기/ 롱 스커트 → 긴치마/ 롱 킥 → 멀리차기/ 롱

	타임 → 긴시간 · 오래하기/ 롱 패스 → 멀리주기/ 롱 헤어 → 긴머리/ 롱 히트 → 장타/ 롱다리 → 긴다리　　▷ 쇼트 → 짧음　[영 long]
롱런하다	오래가다 · 장기흥행하다　[영 long run]
뢴트겐선	엑스살 · 엑스빛살　[도 Röntgen + 線]
루머	뜬소문 · 풍문　[영 rumour]
루베 · 류베	세제곱미터　　▷ 입방미터 → 세제곱미터　[일 立方米 · 루베]
루스 타임	허비시간　[영 loose time]
루주	입술연지　　▷ 루즈 · 루지 → 루주/ 립스틱 → 입술연지/ 구찌베니 → 입술연지/ 매니큐어 → 손톱연지/ 페디큐어 → 발톱연지　[프 rouge]
루키	신인(선수)　[영 rookie]
루트	길 · 통로 · 경로 · 도로　[영 route]
룰	규칙 · 규정　[영 rule]
룸	방 · 안 · 실내　　〔보기〕 룸메이트 → 방짝 · 방친구/ 룸살롱 → 방살롱/ 룸차지 → 숙박료 · 방값/ 룸쿨러 → (실내)냉방기　[영 room]
룸펜	무직자 · 뜨내기　[도 Lumpen]
륙색	배낭　　▷ 룩색 → 륙색　[영 rucksack]
르포	보고기사 · 탐방기 · 르포르타주　　▷ 르뽀 → 르포　[〈프 reportage]
리그	연맹 · 돌려붙기　　〔보기〕 리그전 → 연맹전 · 돌려붙기　▷ 토너먼트 → 맞붙기 · 이긴자붙기　[영 league]
리노베이션	개보수　[영 renovation]
리더	1. 지도자　2. 점줄(인쇄)　　〔보기〕 리더십 → 지도력　▷ 리더쉽 → 리더십　[영 leader]
리드	1. 이김 · 앞섬　2. 나감　3. 머릿글　　〔보기〕 리드하다 → 앞서다 · 인도하다　[영 lead]
리드미컬하다	율동적이다　[영 rhythmical –]
리드쉽 · 리더쉽	리더십　※영어에서 'sh'는 말끝에서 '시'로 적는다. 잉글리쉬 → 잉글리시/ 조지 부쉬 → 조지 부시/ 멤버쉽 → 멤버십 따위. 독일말 · 프랑스말 따위에서는 '슈'로 적는다. 아인슈타인 · 타슈켄트 · 스카라 무슈 · 분슈 따위.
리듬	흐름새 · 장단　　〔보기〕 리드미컬 → 운율적 · 율동적/ 리듬감 → 율동감　[영 rhythm]
리딩 브랜드	으뜸 · 주도상품　[영 leading brand]
리리시즘	서정미 · 서정주의　[영 lyricism]

리메이크	다시 만들기 · 다시 부르기 · 고쳐지음　〔보기〕리메이크하다 → 다시 만들다 · 다시 부르다　[영 remake]
리모델링	개조 · 개축 · 수리　[영 remodeling]
리모컨	먼조정 · 원격조정(종) · 조절기　〔보기〕리모트 컨트롤러 → (원격)조절기　[영 remocon〈remote control]
리모콘	리모컨
리믹스하다	재합성하다 · 재혼합하다　[영 remix -]
리바운드	튐 · 되돌아옴 · 반동　〔보기〕리바운드 볼 → 튄공/ 리바운드볼 캐치 → 튄공잡기　[영 rebound]
리바이벌	복고 · 재생 · 부흥　〔보기〕리바이벌하다 → 재탕하다 · 다시돌리다　[영 revival]
리버티	자유　[영 liberty]
리베이트	수수료 · 사례금 · 구문　[영 rebate]
리벳	대갈못 · 버섯못　[영 rivet]
리본	댕기 · 먹끈　▷ 리번 → 리본　[영 ribbon]
리뷰	비평 · 편람 · 서평　[영 review]
리빙 룸	거실 · 거처방　[영 living room]
리사이클링	재활용 · 재생　〔보기〕리사이클링하다 → 재생하다 · 재활용하다　[영 recycling]
리사이틀	낭독회 · 독창회 · 독주회 · 발표회　[영 recital]
리셉션	잔치 · 접대 · 접견 · 환영회 · 초대잔치　[영 reception]
리셋	재시동　[영 reset]
리스	임대 · 빌림　〔보기〕리스산업 → 임대업　[영 lease]
리스크	위험　[영 risk]
리스트	목록 · 명단　[영 list]
리시버	수화기 · 듣개　[영 receiver]
리어카	손수레　[일영 rear+car]
리얼리티	현실 · 실제 · 현실감 · 사실성　〔보기〕리얼 → 실재하는/ 리얼리즘 → 사실주의 · 현실주의/ 리얼리스트 → 사실주의자 · 현실주의자/ 리얼타임 → 실시간　[영 reality]
리얼하다	사실적이다 · 현실감 있다 · 실제적이다　[영 real -]
리엔지니어링	구조조정 · 몸다듬기　[영 reengineering]
리오데자네이로	리우데자네이루　▷ 상파울로 → 상파울루　[포 Rio de Janeiro]
리조트	휴양지　[영 resort]
리치	팔길이　[영 reach]
리츠	부동산 투자신탁　[영 REITS〈real estate investment trusts]

리카피	재복사 · 다시베끼기　[영 recopy]
리코더	기록계 · 녹음기　　〔보기〕리코딩 → 녹음 · 기록　〔영 recorder〕
리콜	1. 되부르기 · 불러옴　2. 무름 · 바꿔주기 · 고쳐주기　〔보기〕리콜제 → 바꿔주기 · 물러주기 · 되부르기　▷ 소환 → 되부름 · 불러옴　〔영 recall〕
리쿠르트	리크루트 · 새내기 · 풋내기 · 새내기 모집　〔〈영 recruit〕
리퀘스트	신청　〔보기〕리퀘스트곡 → 신청곡/ 리퀘스트 콘서트 → 요청(초청) 연주회　〔영 request + 曲〕
리크루트	새내기 · 풋내기 · 신병 · 새로뽑기　　▷ 리쿠르트 → 리크루트　〔영 recruit〕
리턴 매치	복수전 · 재대결　　▷ 리턴 패스 → 되이어주기 · 되주기　〔영 return match〕
리포트	보고서 · 보도　〔보기〕리포트하다 → 보도하다 · 보고하다　〔영 report〕
리프트	들틀 · 기중기 · 나르개　　▷ 잭 → 들틀　〔영 lift〕
리플(라이)	댓글 · 답변 · 화답　〔영 reply〕
리플릿	광고쪽지　〔영 leaflet〕
리필	갈아넣음 · 갈아끼움 · 되채우기　〔보기〕리필제품 → 되채움치 · 갈아넣는 물건 · 다시 채우는 물건　〔영 refill〕
리허설	시험연주 · 무대연습 · 총연습 · 예행연습　〔영 rehearsal〕
린스	헹굼비누　〔영 rinse〕
린치	사사벌 · 폭력　〔보기〕린치를 가하다 → 사사벌을 주다 · 때리다　〔영 lynch〕
릴레이	1. 이어대기 · 이어달리기　2. 계전기　〔영 relay〕
릴리프	1. 구원 · 구조　2. 돋을새김　〔보기〕릴리프 피처 → 구원투수　〔영 relief〕
립 서비스	빈말 · 입발림 · 말도움　〔영 lip service〕
립스틱	입술연지　　▷ 루주 → 입술연지/ 아이새도 → 눈썹연지 · 눈연지/ 매니큐어 → 손톱연지 · 손톱칠/ 페디큐어 → 발톱연지 · 발톱칠　〔영 lipstick〕
립싱크	입시늉 · 입맞추기　〔영 lip synk〕
링	1. 반지 · 고리 · 테　2. 경기장　〔보기〕링커리어 → 경기경력/ 이어링 → 귀고리　〔영 ring〕
링크	스케이트장　〔보기〕아이스링크 → 얼음판　〔영 rink〕
링크	고리 · 연결 · 수입허가제　〔영 link〕
링클프리	구김방지　〔영 wrinkle free〕

마각	본색 〔보기〕 마각노출 → 본색을 드러냄 〔馬脚〕
마구로	다랑어·참치 〔일 まぐろ〕
마기	막상 ※전날에는 '마기'가 표준말이었으나 이를 버리고 '막상'을 표준말로 바꿈.(표준어규정 제24항)
마끼·마키	말이·김말이 〔보기〕 계란마끼 → 계란말이 〔일 券·まき〕
마네킨	마네킹 〔〈영 mannequin〕
마네킹	꼭두사람·인형·몸틀 〔프 mannequin〕
마니아	미치광이·광·쟁이·꾼·애호가 〔보기〕 영화마니아 → 영화애호가·영화광 ▷ 매니아 → 마니아 〔영 mania〕
마다·마다다· 마다하다	※국어사전 가운데 〈우리말 큰사전〉에는 '마다'만 다루어 모자란 그림씨로 보았으며, 그 밖의 사전들에는 '마다하다'를 한 말로 보아 타동사로 취급하거나 '마다다'를 '마다하다'의 준말로 다루었다. '좋다 마다 일언반구도 없다' '마다 않고'들의 쓰임을 보면 그 원형을 '마다'로 잡아 모자란 그림씨로 다룸이 합리적이다. '마다하다'는 '마다 + 하다'로 된 겹씨(합성어)로 봄이 마땅하며, 실제로 '술을 마다하니 별일일세' '엘리베이트를 마다하고 걸어서 올라가다' 따위처럼 많이 쓰인다.
마다에는	마다 ※같은 성격의 토씨(도울토+위치토+도움토)를 겹쳐 쓸 필요가 없다. 〔보기〕 산자락마다에는 마을이 있다 → 산자락마다 마을이 있다/ 곳마다에 → 곳마다/ 출입문마다에는 → 출입문마다
마다의	마다 ※도움토와 임자말의 매김토 '의'가 어울려 쓰이는 경우가 있으나 번역문투라 어색하므로 말차례를 바꾸고, '의'를 쓰지 않는 것이 자연스럽다. 〔보기〕 타고난 저마다의 소질을 계발하고 → 저마다 타고난 소질을 열어주고/ 나무마다의

	관리비 → 나무마다 드는 관리비/ 저마다의 자랑거리 → 제자랑거리/ 진학은 너만의 문제가 아니다 → 진학은 너 혼자 문제만이 아니다
마담	부인·여주인·안주인·아씨 [프 madame]
마댔던	마댔던 ※'마다했던'을 줄인 말이다.
마대	포대·자루 [麻袋]
마도로스	뱃사람·선원 [〈네 matroos]
마도메·마토메	끝손질·마무리 [일 纏·まとめ]
마도와쿠(꾸)	문틀 [일 まどわく]
마땅이	마땅히 ※어찌씨의 끝 음절이 '이'나 '히'로 소리나는 것은 '-히'로 적고, '이'로만 소리나는 것은 '이'로 적는다.(맞춤법 제51항)
마력	끄는힘·호리는 힘 [魔力]
마리나	해변휴양지·바다쉼터 [영 marina]
마마 보이	응석받이·치마폭아이 [영 mamma boy]
마메인	잔도장·콩도장 [일 豆印·まめいん]
마멸	닳아없어짐·닳아빠짐·깎임 〔보기〕 마멸하다 → 닳아없어지다·깎이다/ 마멸되다 → 마멸하다·닳아없어지다/ 마멸된 암각화 → 닳아빠진 바위그림·깎인 바위그림 [磨滅]
마모	닳기 〔보기〕 마모하다 → 닳다/ 마모되다 → 마모하다·닳다/ 마모율 → 닳은율 [磨耗]
마바릿집·마바리집	마방집 ※마바리·마바리꾼은 그대로 쓴다.
마비	굳음·저림·막힘 ※'마비하다'는 안 쓰이는 대신 타동사로 '마비시키다', 자동사 또는 피동사로 '마비되다'가 쓰인다. 〔보기〕 마비되다 → 굳다·굳어지다·막히다/ 마비시키다 → 막히게 하다·굳게 하다 [痲痺])
마사지	안마·문지르기 〔보기〕 마사지하다 → 문지르다·주무르다/ 피부 마사지 → 살갗 문지르기 ▷ 맛사지 → 마사지 [영 massage]
마사토	굵은모래 [磨砂土]
마셜	검색(요)원 [영 marshal]
마셜링 야드	컨테이너작업장·컨테이너일터 [영 marshalling yard]
마쇄	갈아부수기 〔보기〕 마쇄하다 → 갈아부수다/ 마쇄기 → 부수개 [磨碎]
마스카라	속눈썹그리개·눈썹연지 [영 mascara]
마스코트	부적·신부·행운의 신 [영 mascot]
마스크	1. 탈 2. 입마개 3. 얼굴막이(야구) 4. 낯 〔보기〕 데스 마스크 → 죽은 얼굴상/ 마스크가 제법 번듯하다 → 얼굴이 제

	법 번듯하다　　▷ 데드마스크 → 데스마스크　[영 mask]
마스터	1. 통달·숙달　2. 주인　　〔보기〕마스터하다 → 통달하다· 익다·떼다/ 마스터클래스 → 명인강좌/ 마스터 플랜 → 기본 설계·종합계획/ 마스터 카드 → 으뜸카드　[영 master]
마스터베이션	용두질　[영 masturbation]
마스터피스	걸작　[영 masterpiece]
마스트	돛대　[영 mast]
마아	뭐·글쎄·아니·그만·음　[일 まあ]
마에가리	미리받기·당겨받기　[일 前借·まえがり]
마연사	삼노끈　[麻撚絲]
마우스	생쥐·다람쥐(컴퓨터)　　〔보기〕마우스 버튼 → 다람쥐단추 / 마우스 커서 → (다람쥐)깜박이·반디/ 마우스 패드 → 다 람쥐판　[영 mouse]
마우스	입　〔보기〕마우스피스 → 이틀　[영 mouth]
마운드	투수판　[영 mound]
마이너	비주류　　▷ 메이저 → 주류　[영 minor]
마이너리티	소수집단　[영 minority]
마이 카	자가용·자기차·내차　　〔보기〕마이카붐 → 제차바람·내 차바람　[일영 my+car]
마이너스	1. 손해·부족　2. 빼기·뺄셈표　3. 영하　4. 부정적　5. 거꾸 로　　〔보기〕마이너스 성장 → 거꿀성장/ 마이너스 킥 → 거 꿀차기/ 아르에이치 마이너스 → 아르에이치 음성　[영 minus]
마이크	확성기　[영 mike⟨microphone]
마이크로	1. 작은·짧은　2. 1백만분의　　〔보기〕마이크로경제학 → 미 시경제학/ 마이크로버스 → 소형버스·작은버스/ 마이크로브 루어리 → 맥주도가/ 마이크로솜 → 미립체/ 마이크로웨이브 → 극초단파　[영 micro]
마인드	마음·정신·심리·소양·솜씨　　〔보기〕기자 마인드 → 기 자 정신/ 국제화 마인드 → 국제화 소양/ 경영 마인드 → 경영 정신/ 마인드 컨트롤 → 다잡음·마음조절　[영 mind]
마일드하다	부드럽다·순하다　[영 mild]
마일리지	마일수·거리　　〔보기〕마일리지 서비스 → 단골 대우　[영 mileage]
마임	흉내·광대·무언극　　〔보기〕판도마임 → 무언익살극/ 마임 이스트 → 무언극배우　[그 mime]
마자	삼씨　[麻子]
마제형	말굽모양·말굽형상　　〔보기〕마제형 석도 → 말굽모양 돌칼

/ 마제형 자석 → 말굽자석　[馬蹄形]

마져	마저　〔보기〕너마저・그마저
마조히즘	피학대음란증　▷ 사디슴 → 가학증　[도 Masochism]
마진	(중간)이윤・값차이・남김　〔보기〕마진 머니 → 증거금・보증금　[영 margin]
마찰	문지름・갈기・개갬・비빔　〔보기〕마찰하다 → 문지르다・비비다・부닥치다/ 마찰음 → 갈이소리　▷ 파열 → 터짐/파열음 → 터짐소리/ 파찰음 → 터져 갈리는 소리　[摩擦]
마추다	맞추다　※'주문하다'란 뜻의 낱말은 '마추다'로, '맞게 하다'란 뜻의 낱말은 '맞추다'로 쓰던 것을 '맞추다' 하나로 통일함.　〔보기〕입을 맞추다/ 양복을 맞추다/ 구두를 맞추다/ 맞춤 와이셔츠/ 나사를 맞추다/ 차례를 맞추다/ 안성맞춤.(맞춤법 제55항) 한편 답이나 과녁 따위를 맞게 대거나 쏘아 맞게 한다는 뜻으로 쓰는 말로 '맞히다'가 있다. 곧, 답을 알아맞히다/ 활을 쏘아 과녁을 맞히다 따위로 쓰인다.
마치	행진곡　〔보기〕웨딩마치 → 결혼행진곡/ 마칭밴드 → 취주대　[영 march]
마케팅	시장거래・시장관리　[영 marketing]
마켓	시장　〔보기〕슈퍼마켓 → 연쇄점/ 마켓셰어 → 시장점유율/ 마케팅 → 장사　▷ 마킷・마케트・마켓 → 마켓　[영 market]
마켓팅・마키팅	마케팅
마크	1. 표・기호・상표・패　2. 막기(체육)　〔보기〕마크하다 → 1. 막다　2. 기록하다・도달하다/ 마크맨 → 수비수/ 노 마크 찬스 → 비어있는 기회・빈틈　[영 mark]
마포	삼베・자루걸레　[麻布]
마포	삼개　※서울 마포 땅이름　[麻浦]
마필	말　[馬匹]
마호병	보온병　[일 魔法瓶・まほうびん]
마후라	머플러　[〈영 muffler]
막강하다	아주 세다　[莫强 -]
막대하다	아주 많다・아주 크다　[莫大 -]
막론하고	말할 것 없이・가릴 것 없이・물론이고　[莫論 -]
막료	참모(장교)　[幕僚]
막무가내	어쩔수없이・무작정　[莫無可奈]
막사	막집・천막집・군막집　[幕舍]
막상막하	비금비금・어슷비슷・어금버금　〔보기〕막상막하하다 → 비금비금하다・어슷비슷하다　[莫上莫下]

막역하다	허물없다 · 친하다 〔보기〕막역한 사이 → 허물없는 사이 [莫逆 –]
막잡이	마구잡이 ※준말 '막잡이'보다 본말이 더 널리 쓰인다 하여 '마구잡이'만 표준말로 삼음.(표준어규정 제15항)
막중하다	아주 중요하다 [莫重 –]
막후	막뒤 · 뒤 〔보기〕막후교섭 → 물밑교섭 ▷ 배후 → 등뒤 · 뒤편 [幕後]
~만 같지 못하다 · ~과 같지 못하다	~만 못하다 〔보기〕이것만 같지 못하다 → 이것만 못하다/ 앞사람과 같지 못하다 → 앞사람만 못하다
만가	영결노래 · 상여노래 · 상엿소리 [挽歌 · 輓歌]
만개	활짝핌 · 다핌 〔보기〕만개하다 → 활짝 피다 ▷ 만발하다 → 한창 피다 [滿開]
만경류	덩굴붙이 · 덩굴류 ▷ 만경식물 → 덩굴식물 [蔓莖類]
만기력부	형기종료기록부 [滿期歷簿]
만기재배	늦가꾸기 ▷ 촉성재배 → 당겨가꾸기 · 철당겨가꾸기/ 노지재배 → 한데가꾸기 [晩期栽培]
만끽하다	한껏 먹다 · 한껏 느끼다 [滿喫 –]
만년	늘그막 · 늙바탕 [晩年]
만능	다 잘함 [萬能]
만도	늦벼 [晩稻]
만땅꾸 · 만땅	꽉참 · 넘참 · 가득 · 초만원 [일 滿タン(〈tank)]
만료	끝남 〔보기〕만료하다 → 끝나다 · 끝내다/ 만료되다 → 끝나다/ 만료일 → 끝나는 날 [滿了]
만류	붙잡음 · 말림 〔보기〕만류하다 → 붙잡다 · 말리다/ 만류가 있었으나 → 붙잡았으나 · 말렸으나 [挽留]
만면	온얼굴 [滿面]
만무하다	절대없다 · 결코없다 [萬無 –]
만민	모든 백성 [萬民]
만반	온갖 · 모든 〔보기〕만반의 준비 → 온갖 준비 [萬般]
만발	한창 핌 · 한창 퍼짐 〔보기〕만발하다 → 한창 피다 · 한창 퍼지다/ 만발한 꽃 → 한창 핀 꽃/ 화제가 만발하다 → 얘기꽃이 한창 피다 ▷ 만개하다 → 활짝 피다 [滿發]
만사	온갖일 · 모든일 [萬事]
만삭	달참 〔보기〕만삭하다 → 달차다 · 배부르다/ 만삭되다 → 달차다 [滿朔]
만상	늦서리 [晩霜]
만생종	늦씨 ▷ 조생종 → 올씨 · 올종자 [晩生種]
만성	1. 끄는 · 끌성 2. 버릇됨 · 익음 〔보기〕만성병 → 끌병 · 오

래가는병/ 만성질환 → 끌병　　▷ 급성 → 급한　[慢性]

만성　　　덩굴성　　〔보기〕만성식물 → 덩굴성식물　　▷ 만경 → 덩
　　　　　굴　[蔓性]

만수위　　먹찬물높이　　▷ 저수위 → 낮은물높이/ 저수위(貯水 -) →
　　　　　담긴물높이　[일 滿水位·まんすいい]

만숙　　　늦익음　　〔보기〕만숙립 → 늦여문알/ 만숙성 → 늦될성/ 만
　　　　　숙종 → 늦종·늦씨　　▷ 조숙 → 일찍익음·오됨·올익음
　　　　　[晚熟]

만식지　　늦심기논　[晚植地]

만양모　　마냥모·늦모(내기)　[〈晚移秧 -]

만연　　　번져퍼짐·번짐·널리 뻗음　　〔보기〕만연하다 → 번지다·
　　　　　퍼지다/ 만연경 → 덩굴줄기/ 전염병이 만연한 지역 → 전염
　　　　　병이 번진 지역/ 이 사회에 만연한 부정부패 → 이 사회에 널
　　　　　리 퍼진 부정부패　[蔓延]

만연　　　되는대로　　〔보기〕만연히 → 되는 대로·내키는 대로　[漫
　　　　　然]

만원　　　꽉참·다참　[滿員]

만월　　　보름달　　▷ 신월 → 초승달　[滿月]

만유루없이　틀림없이·빠뜨림없이　[萬遺漏 -]

만작　　　늦갈이　[晚作]

만재　　　가득 실음·꽉 실음　　〔보기〕만재하다 → 가득 싣다　[滿載]

만전　　　빈틈없음　　〔보기〕만전을 기하다 → 빈틈없이 하다　[萬全]

만절　　　덩굴치기　[蔓折]

만조　　　참물·사리·밀물　　〔보기〕만조기 → 찬물때　　▷ 간조 →
　　　　　썰물·조금　[滿潮]

만찬　　　저녁식사·저녁잔치　　〔보기〕만찬회 → 저녁모임　　▷ 조
　　　　　찬 → 아침모임/ 오찬 → 점심모임　[晚餐]

만추　　　늦가을　　▷ 초추 → 첫가을·초가을/ 중추 → 한가을/ 조추
　　　　　→ 이른가을　[晚秋]

만취　　　잔뜩취함　　〔보기〕만취하다 → 잔뜩 취하다·고주망태가 되
　　　　　다/ 만취되다 → 만취하다·잔뜩 취하다　[滿醉]

만파　　　늦뿌림·늦파종　　〔보기〕만파하다 → 늦뿌리다　[晚播]

만회　　　돌이킴　　〔보기〕만회하다 → 돌이키다·회복하다　[挽回]

많길래　　많기에　　▷ - 길래 → - 기에·- 관대/ 했길래 → 했기에/
　　　　　좋길래 → 좋기에/ 됐길래 → 됐기에　　※'- 길래'도 많이 쓰
　　　　　이는 씨끝이므로 인정해야 할 말임.

말겻　　　말겻　　〔보기〕말겻을 달다 → 말곁을 달다

말국　　　국물　　※'말국'이나 '멀국'보다 '국물'이 훨씬 더 널리 쓰여

표준어로 삼음.(표준어규정 제25항)

말단	1. 끄트머리 · 끝 2. 하위 · 맨아래 [末端]
말담	입담 ▷ 뒷담화 → 뒷얘기 ※'입담'이 더 널리 쓰인다 하여 이를 표준말로 삼음.(표준어규정 제25항)
말되	마되 ※'ㄴ, ㄷ, ㅅ, ㅈ' 앞에서 'ㄹ' 소리가 줄어 나지 않으면 탈락한 형태로 적음. ▷ 나날이 · 무논 · 무수리 · 미닫이 · 부넘기 · 아드님 · 주낙 · 차돌 · 차조 · 차지다 · 하느님.(맞춤법 제28항)
말뚝모	꼬창모 ※'꼬창모'가 더 널리 쓰인다 하여 이를 표준말로 삼음.(표준어규정 제25항)
말라리아	학질 [이 malaria]
말레이지아	말레이시아 [Malaysia]
말로	끝장 · 막바지 [末路]
말미	끝 · 맨끝 · 끄트머리 · 뒤 〔보기〕 말미에 첨부한 → 끝에 붙인/ 말미에 가서 → 끝에 가서 [末尾]
말미아마	말미암아
말살	없앰 · 없애버림 · 짓밟음 〔보기〕 말살하다 → 없애다 · 짓밟다/ 말살정책 → 없애버리기 [抹殺]
말소	지워버림 · 지워없앰 〔보기〕 말소하다 → 지워버리다 · 없애다/ 주민등록 말소 → 주민등록 지움/ 효력 말소 → 효력 없앰 [抹消]
말소	마소 · 말과 소
말숙하다	말쑥하다 〔보기〕 말숙히 → 말쑥이/ 말쑥히 → 말쑥이
말씀이 계시겠습니다	말씀하시겠습니다 · 말씀이 있겠습니다 ※높은 사람을 높인다고 하여 그 사람이 하는 말까지 높일 것은 없다. 간접높임이라 하여 '있으시겠습니다'를 쓰기도 한다.
말약	가루약 ▷ 환약 → 알약 ※한자어 계열인 '말약'보다 '가루약'이 널리 쓰여 '가루약'을 표준말로 삼음.(표준어규정 제21항) [末藥]
말일	그믐날 · 끝날 [末日]
말하길래	말하기에 ▷ - 길래 → - 기에
맛갈스럽다 · 맛갈지다	맛깔스럽다 〔보기〕 맛갈스런 → 맛깔스런 ▷ 때깔 · 빛깔 · 색깔 · 태깔
맛갖다	맞갖다 ※'마음에나 입맛에 바로 맞다'는 뜻인데, 자칫 '맛'과 혼동할 수 있으나 '맞다'에 중심을 두면 헷갈림을 피할 수 있다. 〔보기〕 맛갖은 음식 → 맞갖은 음식/ 마음에 맞갖은 사람 → 마음에 맞갖은 사람
맛대강이 · 맛대가리	맛 ※맛을 홀하게 일컫는 말이다.

맛쩍다	맛적다 ※'적다'의 뜻이 유지되는 것은 '‑적다'로 적는다.
망	보름 [望]
망	그물 [網]
망각	잊음 〔보기〕 망각하다 → 잊어버리다·잊다/ 망각의 세월 → 잊어버린 세월/ 망각되다 → 잊히다 [忘却]
망그뜨리다	망가뜨리다 〔보기〕 망그러뜨리다 → 망가뜨리다 ※'망가지다'와 '망그러지다'는 둘 다 표준말로 삼았으나 '망그뜨리다·망그러뜨리다·망그트리다' 따위는 사투리로 보아 각각 '망가뜨리다·망가트리다'로 쓰도록 함.(표준어규정 제17항)
망년회	해배웅·송년회 ▷ 신년회 → 새해맞이 [忘年會]
망라	널리모음 〔보기〕 망라하다 → 널리 모으다·통틀다·아우르다 [網羅]
망명	정치도망 〔보기〕 망명하다 → 정치도망하다 ▷ 귀순 → 굽혀옴·숙여옴 [亡命]
망목	그물코·그물눈 〔보기〕 망목스크린 → 그물눈영사막 [網目]
망부	죽은 아버지 ▷ 망모 → 죽은 어머니 [亡父]
망부	죽은남편·여읜남편 ▷ 망처 → 여읜아내 [亡夫]
망상	망령된 생각·허튼생각 〔보기〕 망상에 사로잡히다 → 허튼생각에 사로잡히다 [妄想]
망상맥	그물맥 〔보기〕 망상맥엽 → 그물맥잎 [網狀脈]
망서리다	망설이다
망실	잃어버림·없어짐 〔보기〕 망실하다 → 잃다·없어지다 [亡失]
망어구류	그물붙이 [網漁具類]
망언	망령된 말·허튼말·헛소리 〔보기〕 망언하다 → 허튼소리하다/ 무라야마 총리의 망언 → 무라야마 총리의 헛소리 [妄言]
망연히	1. 멀거니 2. 아득히 〔보기〕 망연하다 → 아득하다/ 망연자실 → 어리둥절함 [茫然‑]
망월	보름달 ▷ 만월 → 보름달/ 신월 → 초승달 [望月]
망인	죽은사람 [亡人]
망입	그물넣기 [網入]
망자	죽은아들 [亡子]
망자	죽은사람 [亡者]
망제	죽은아우 [亡弟]
망조	망할징조·망할조짐 [亡兆]

망중	비쁨 〔보기〕망중에 → 바쁜 가운데/ 공사다망중에 → 바쁘신 가운데/ 망중한 → 바쁜중의 틈 · 바쁨속의 겨를 〔忙中〕
망진	보기진단 〔望診〕
맞상	겸상
맞짱	맞장 〔보기〕맞짱 뜨다 → 맞장 뜨다/ 맞짱 두다 → 맞장 두다 · 맞붙다 ※'맞장기'에서 온 말.
맞추다	※'어긋남이 없도록 하다, 마주대다, 만들게 하다'의 뜻. 〔보기〕옷을 맞추다/ 기분을 맞추다/ 입술을 맞추다/ 눈을 맞추다/ 짝을 맞추다 ▷ 답을 알아맞추다 → 답을 알아 맞히다
맞히다	※'맞게 하다, 답하다'의 뜻. 〔보기〕답을 맞히다/ 우승팀을 맞히다/ 알아맞히다/ 목표물을 맞히다/ 과녁을 맞히다/ 잘 맞히는 점쟁이 ▷ 맞추다
매	장 · 쪽 · 낱 〔보기〕원고지 이십매 → 원고지 스무장 〔일枚〕
매	매실 〔梅〕
매가	1. 산값 2. 판값 〔買價 · 賣價〕
매각	팖 · 팔아버림 〔보기〕매각하다 → 팔다 · 팔아버리다/ 매각조건 → 팔조건/ 매각환 → 팔환 〔賣却〕
매개인	저마다 · 제각기 〔每個人〕
매국	나라팔기 〔보기〕매국행위 → 나라팔아먹기 〔賣國〕
매기	기간마다 · 때마다 〔每期〕
매기	살기색 · 살낌새 〔買氣〕
매너	태도 · 버릇 · 몸가짐 〔보기〕매너리즘 → 판박이 · 타성 · 버릇 〔영 manner〕
매년	해마다 〔每年〕
매뉴얼	길잡이 · 손길라 · 설명서 · 편람 · 안내서 〔영 manual〕
매니저	지배인 · 관리인 · 감독 〔영 manager〕
매니지먼트	회사 · 인력관리 회사 〔영 management〕
매니큐어	손톱칠 · 손톱연지 ▷ 아이섀도 → 눈연지/ 페디큐어 → 발톱연지 · 발톱칠 〔영 manicure〕
매니페스트	짐목록 〔영 manifest〕
매달	다달이 〔每 -〕
매도	팔아넘기기 · 팔기 · 팔자 〔보기〕매도하다 → 팔아넘기다/ 매도세 → 팔자세/ 매도주문 → 팔자주문 · 팔아달라기/ 매도증서 → 판증서/ 매도측 → 파는쪽 ▷ 매여 → 팔아넘김/ 매수 → 사기 · 사자/ 매수세 → 사자세 〔賣渡〕

매도	꾸짖음·꾸짖어댐 〔보기〕 매도하다 → 꾸짖어대다·욕해대다 ▷ 매리 → 꾸짖음·욕함 〔罵倒〕
매득금	판돈·판매이익금 〔賣得金〕
매디	메지·매듭 〔보기〕 메지나다·메지내다·메지대다·메지메지 ▷ 마디
매려	되사들임·되삼·환매·되사기 〔보기〕 매려하다 → 되사다 ▷ 환매(還買)하다 → 되사다/ 환매(還賣)하다 → 되팔다 〔일 買戾〕
매료	호림·홀림 〔보기〕 매료하다 → 호리다·홀리다/ 매료시키다 → 호리다/ 매료되다 → 홀리다 〔魅了〕
매립	메움 〔보기〕 매립하다 → 메우다/ 매립비 → 메움돈/ 매립지 → 메운땅/ 매립장 → 메움터/ 쓰레기매립 → 쓰레기로 메우기 ▷ 매몰 → 묻음·덮임/ 매축 → 메워 쌓음 〔일 埋立·うめたて〕
매마르다	메마르다
매매	사고팔기·팔고사기 〔보기〕 매매하다 → 사고팔다·팔고사다/ 매매가(격) → 사고파는값 ▷ 실가 → 실제값/ 시가·시세 → 시장금·금 〔賣買〕
매머드	큰·대형 ※얼음시대 코끼리의 일종 〔보기〕 매머드빌딩 → 큰건물 ▷ 맘모스 → 매머드 〔영 mammoth〕
매명	이름팔기 〔보기〕 매명하다 → 이름팔다/ 매명주의 → 이름팔기/ 매명행위 → 이름파는 짓 ▷ 매명(買名) → 이름(명예)사기 〔賣名〕
매목	쐐기 〔埋木〕
매몰	파묻음 〔보기〕 매몰하다 → 파묻다/ 매몰되다 → 묻히다/ 매몰자 → 묻힌이/ 탄광매몰사고 → 탄광에 묻힌 사고/ 매몰처분 → 파묻음 〔埋沒〕
매물	살것 〔買物〕
매물	팔것 〔보기〕 매물이 나오다 → 팔 물건이 나오다/ 매물로 내다 → 팔 물건으로 내다/ 실망 매물이 쏟아져 → 실망으로 팔것이 쏟아져 〔일 賣物·うりもの〕
매방	팔아던짐·내팖 〔보기〕 매방하다 → 팔아던지다·내팔다 ▷ 방매하다 → 내팔다 〔일 賣放〕
매번	번번이 〔每番〕
매사	일마다·일일이·모든일 〔보기〕 매사는 불여튼튼이라 → 모든 일은 튼튼히 해야/ 매사를 간섭하다 → 일일이 간섭하다 〔每事〕
매상고	판돈·판매액 〔보기〕 매상하다 → 팔다/ 매상고가 높다 →

판돈이 많다　　▷ 매고·매상 → 판돈/ 판매고 → 판돈　〔일 賣上高·かいあげだか〕

매석　　　팔기꺼림·사재기　　〔보기〕 매석하다 → 팔기꺼리다·쟁여두다/ 매점매석하다 → 사재다·사쟁이다　〔賣惜〕

매선　　　팔곳·팔린곳　〔일 賣先〕

매설　　　파묻음·파묻기　　〔보기〕 매설하다 → 파묻다/ 매설공사 → 파묻기/ 지뢰 매설 → 지뢰 파묻기　〔埋設〕

매수　　　장수·쪽수　　〔보기〕 원고지 매수 → 원고지 장수(쪽수)　〔枚數〕

매수　　　1. 삼·사들임　2. 사람 꾐　　〔보기〕 매수하다 → 1. 사다·사들이다　2. 꾀어 제편으로 만들다/ 매수세 → 사자세/ 매수주문 → 사자주문·사달라기/ 사람까지 매수하여 → 사람까지 꾀어들여　〔買收〕

매수　　　삼·사들임　　〔보기〕 매수하다 → 사다·사들이다/ 매수인 → 사는사람　〔일 買受·かいうけ〕

매스　　　1. 일반·대중　2. 다량·많음　　〔보기〕 매스게임 → 단체운동·집단운동/ 매스미디어 → 대중매체·언론/ 매스커뮤니케이션 → 1. 대중전달　2. 언론/ 매스컴 → 대중매체·대중전달·언론　〔영 mass〕

매스콤　　매스컴·대중전달　〔〈영 mass+com〕

매스티지　대중명품　〔영 masstige〈mass+prestige product〕

매시간　　시간마다　〔每時間〕

매시껍다　매스껍다　　※큰말은 '메스껍다'임.　　▷ 매시꺼리다 → 매슥거리다(〈메슥거리다)/ 매식매식 → 매슥매슥(〈메슥메슥)

매약　　　팔약속　〔賣約〕

매양　　　번번이·마냥·늘　〔每 -〕

매연　　　그을음연기·그을음　　〔보기〕 매연차량 → 그을음차·연기차/ 매연공해 → 그을음공해　〔煤煙〕

매우　　　장마　〔보기〕 매우기 → 장마철　　▷ 매림·미우 → 장마　〔梅雨〕

매월　　　다달이·달마다　〔每月〕

매일　　　날마다·나날이　　〔보기〕 매일매일 → 날마다　〔每日〕

매일반　　마찬가지·한가지·같음　　〔보기〕 매일반이다 → 마찬가지다·같다/ 일반이다 → 같다·마찬가지다　〔- 一般〕

매입　　　사들임·삼　　〔보기〕 매입하다 → 사들이다·사다/ 매입가격 → 살값·산값/ 매입시 → 살때/ 매입자 → 살(산)사람/ 매입주 → 살사람/ 매입매출 → 사고팖　〔일 買入·かいいれ〕

매자　　　중매·중매쟁이·매개인　　▷ 매파 → 중매할멈　〔媒子〕

매장	가게·점방·점포 〔보기〕판매장 → 가게·장서는데 〔일 賣場·うりば〕
매장	묻음 〔보기〕매장하다 → 파묻다·장사하다 ▷ 화장·풍장·조장 〔埋葬〕
매장	묻혀 있음·묻힘·묻음 〔보기〕매장되다 → 묻혀 있다·묻히다/ 매장량 → 묻힌 양·묻혀 있는 분량/ 매장 문화재 → 묻혀 있는 문화재 〔埋藏〕
매저키즘	마조히즘 〔영 masochism〕
매절	다팔림·동남·떨어짐 〔보기〕매절하다 → 다팔리다·동나다/ 매절되다 → 매절하다·다팔리다 ▷ 매진 → 동남·다팔림/ 절품 → 동남 〔일 賣切·うりきれ〕
매절	도거리 〔보기〕매절하다 → 도거리로 사다 〔일 買切〕
매점	몰아삼·사재기·사쟁이기 〔보기〕매점하다 → 사재다·몰아사다/ 매점매석하다 → 사재다·사쟁이다 ▷ 매석 → 팔기꺼림/ 매집 → 사모음·사모으기 〔일 買占·かいしめ〕
매점	가게 ▷ 매장 → 가게 〔일 賣店·ばいてん〕
매주	주마다 〔每週〕
매주	살(산)사람·구매자 〔보기〕매주독점 → 수요독점/ 매주선택 → 구매자선택/ 매주시장 → 구매자시장 〔일 買主〕
매직넘버	우승승수 〔영 magic number〕
매진	다팔림·동남·떨어짐 〔보기〕매진하다 → 다팔리다·동나다/ 매진되다 → 다팔리다·동나다 ▷ 매절 → 동남 〔賣盡〕
매진	힘차게 나아감·힘씀·열심히함 〔보기〕매진하다 → 힘차게 나아가다/ 학업에 매진할 뿐이다 → 학업에 힘쓸 뿐이다 〔邁進〕
매집	사모음·사모으기·몰아삼 〔보기〕매집하다 → 사모으다/ 주식매집 → 주식사재기 ▷ 매점 → 사쟁이기/ 매입 → 사들임 〔買集〕
매차	차례마다 〔每次〕
매축	메워쌓음·메움 〔보기〕매축하다 → 메우다·메워쌓다/ 매축공사 → 메워쌓기/ 매축지 → 메운땅 〔埋築〕
매출	팔기 〔보기〕매출하다 → 팔다/ 매출기간 → 파는기간/ 매출금 → 판돈/ 매출품 → 팔물건 ▷ 매입 → 사기·사들이기 〔일 賣出·うりだし〕
매치	1. 상대·겨루기 2. 어울림·일치점 3. 성냥 〔보기〕매치시키다 → 어울리게 하다/ 매치메이트 → 호적수·경쟁자/ 매치업 → 맞대결/ 매치 포인트 → 결승점·승패가름점/ 타이틀

	매치 → 선수권 겨루기/ 에이(A)매치 → 국가간 경기　　▷ 매칭 그랜트 → 동반기부/ 매칭 리크루팅 → 맞춤직업 소개·알선　[영 match]
매태	이끼　[苺苔]
매트	요·깔개　〔보기〕매트리스 → 침대요/ 매트릭스 → 행렬(수학)·지형(인쇄)　[영 mat]
매표	표팖　〔보기〕매표하다 → 표팔다/ 매표구 → 표파는 곳　[賣票]
매표	표삼　〔보기〕매표하다 → 표사다/ 매표구 → 표사는 곳　[買票]
매행	팔림새　[賣行]
매혈	피팔기　〔보기〕매혈하다 → 피팔다　[賣血]
매호	집집이·집마다　〔보기〕매호당 → 집집마다·집마다　[每戶]
맥	보리　〔보기〕맥간작 → 보리 사이 심기/ 맥강 → 보릿겨/ 맥고 → 보릿짚·밀짚/ 맥고모자 → 밀짚모자/ 맥답 → 보리논/ 맥류 → 보리붙이/ 맥분 → 1. 보릿가루 2. 밀가루/ 맥아 → 엿기름/ 맥주 → 보리술　[麥]
맥락	줄기·계통　[脈絡]
맥맥하다	끊임없다　〔보기〕맥맥히 → 끊임없이·줄기차게　[脈脈 -]
맥적다	맥쩍다
맨션	고급아파트　[〈영 mansion apartment]
맨투맨	일대일　〔보기〕맨투맨 디펜스 → 대인방어　▷ 존 디펜스 → 지역방어　[영 man-to-man]
맨홀	땅구멍·드나들 구멍　[영 manhole]
맵씨	맵시　〔보기〕눈맵씨 → 눈맵시/ 옷맵씨 → 옷맵시　▷ 솜씨·글씨·날씨·눈씨·말씨　※'씨'는 상태·태도 따위를 나타내는 접미사(뒷가지).
맵자다	맵자하다
맹견	사나운 개　[猛犬]
맹공	세게 침　〔보기〕맹공하다 → 세게 치다/ 맹공을 가하다 → 세게 치다　[猛攻]
맹눈	까막눈
맹박	호된 반박·맹렬한 반박　〔보기〕맹박하다 → 호되게 되치다　[猛駁]
맹방	동맹나라·동맹국　▷ 우방 → 친한나라　[盟邦]
맹성	크게 반성함·단단히 반성함　〔보기〕맹성하다 → 되우 반성

하다　［猛省］

맹신　　　되우 믿음 · 마냥 믿음　　〔보기〕맹신하다 → 되우 믿다 · 덮어
　　　　　놓고 믿다　［盲信］

맹아　　　눈먼아이 · 소경아이　　▷ 맹인 → 눈먼이 · 소경/ 농아 → 귀
　　　　　머거리　［盲兒］

맹아　　　움 · 싹움트기 · 새싹　　〔보기〕맹아기 → 싹틀 무렵 · 비롯하
　　　　　는때　［萌芽］

맹인　　　소경 · 장님 · 시각장애인　［盲人］

맹장　　　막창자　［盲腸］

맹종　　　그냥따름 · 되우따름 · 되우쫓음　　〔보기〕맹종하다 → 되우
　　　　　따르다 · 덮어놓고 따르다　［盲從］

맹타　　　되우 침 · 모질게 침　　〔보기〕맹타하다 → 되우 치다 · 모질게
　　　　　치다　　▷ 맹공하다 → 되우치다　［猛打］

맹풍　　　흔들바람　［盲風］

맹하　　　초여름　［孟夏］

맹활약　　된활약 · 뛰어난 활약　　〔보기〕맹활약하다 → 되우 활약하다
　　　　　［猛活躍］

맹휴　　　동맹휴업 · 동맹휴학　［盟休］

머귀나무　오동나무　　※ 현삼과의 갈잎큰키나무. '운향과에 딸린 갈잎
　　　　　큰키나무'의 뜻으로는 '머귀나무'도 표준말임.

머드레콩　그루콩

머드팩　　진흙팩　［영 mudpack］

머리결　　머릿결

머리속　　머릿속

머물어　　머물러　　※ '머무르다 · 머물다'를 다 표준말로 인정하지만,
　　　　　홀소리 씨끝(모음 어미)이 연결될 때에는 준말의 활용형을 인
　　　　　정하지 않는다.　　〔보기〕이곳에 좀 머물었다 가시오 → 이
　　　　　곳에 좀 머물렀다 가시오　　▷ 서툴어 → 서툴러/ 서둘어 →
　　　　　서둘러.(표준어규정 제16항)

머신　　　틀 · 기계　［영 machine］

머지　　　합병 · 합침 · 합치다 · 합병하다　［영 merge］

머천다이징　상품화　［영 merchandising］

머플러　　1. 목수건 · 목도리　2. 소음기　　▷ 마후라 → 머플러　［영
　　　　　muffler］

먹음다　　머금다　〔보기〕물을 먹음다 → 물을 머금다/ 웃음을 먹음
　　　　　은 얼굴 → 웃음을 머금은 얼굴/ 눈물을 먹음고 떠나다 → 눈
　　　　　물을 머금고 떠나다

먹음먹이　먹새 · 먹음새

먹튀	1. 헛것·멍청이·먹통 2. '먹고 튀다'를 줄인 말 ※투기 펀드 등이, 잇속만 챙기고 보따리를 싸는 행위를 일컫는다. 〔보기〕먹튀 같은 놈, 먹튀 논란, 론스타의 '먹튀'를 돕다
먼발치기	먼발치
멀국·말국	국물
멀찍히	멀찍이 ▷ 멀찌막히 → 멀찌막이
멀치	뿌리덮개 〔보기〕멀칭 → 덮기·바닥덮기/ 멀칭 재배 → 덮어가꾸기/ 비닐 멀칭재배 → 비닐 덮어가꾸기 〔영 mulch〕
멀치감치	멀찌감치
멀칭	덮기·바닥덮기 〔보기〕멀칭재배 → 덮어가꾸기 〔영 mulching〕
멀티미디어	복합매체·다중매체 ▷ 멀티스폿 → 다면·다중·다각도/ 멀티태스킹 → 다중작업/ 멀티플렉스 → 복합상영관/ 멀티비전 → 복합화상·다중화상/ 멀티스크린 → 다중화면 〔영 multimedia〕
멋드러지다	멋들어지다 ※'간드러지다·건드러지다·흐드러지다'는 그대로 쓴다. ▷ 멋뜨러지다 → 멋들어지다
멋장이	멋쟁이
멋적다	멋쩍다 〔보기〕멋적게 웃다 → 멋쩍게 웃다 ▷ 겸연적다·계면적다 → 겸연쩍다·계면쩍다/ 열적다 → 열쩍다
메가	〔보기〕메가뱅크 → 거대은행/ 메가트렌드 → 대세·거대물결/ 메가 폴리스 → 거대도시 〔영 mega〕
메가폰	나발대·손확성기 〔영 megaphone〕
메꾸다	메우다·채우다 〔보기〕공석을 메꾸다 → 빈자리를 메우다·빈자리를 채우다/ 땅을 메꾸다 → 땅을 메우다/ 자리 메꾸기 → 자리 메우기
메뉴	차림표·식단 〔영 menu〕
메다기·메타기	미터기·계량기 〔〈영 meter+器〕
메달	패·상패·공로패 〔보기〕메달리스트 → 메달딴이·패딴이 〔영 medal〕
메들리	1. 접속곡 2. 혼합계영 〔보기〕메들리 레이스 → 혼합이어헤기·혼합이어달리기/ 메들리 릴레이 → 혼합이어달리기·혼합이어헤기 〔영 medley〕
메리트	차별·공적·성과 〔보기〕메리트를 두다 → 차별을 두다/ 메리트 시스템 → 성과급 제도·능률급제 〔영 merit〕
메모	적어두기·기록·비망록·적바림 〔영 memo〕
메모리	기억·추억·(전산)기억장치 〔보기〕메모리 셀 → 기억장치 낱칸/ 메모리 맵 → 기억장치본 〔영 memory〕

메세	저자 · 시장 · 박람회 [도 messe]
메스	1. 해부칼 · 칼 2. 손질 · 수정 〔보기〕 메스를 가하다 → 칼을 대다 · 도려내다/ 메스를 놓다 → 칼을 놓다 · 의사노릇을 그만두다 [네 mes]
메스실린더	눈금유리관 〔〈영 measuring cylinder〕
메시	망사 ※알맹이 굵기를 나타내는 하나치. 〔영 mesh〕
메시껍다 · 매시껍다	메스껍다 · 매스껍다
메시지	성명 · 전갈 · 말씀 · 교서 · 통첩 · 속뜻 〔보기〕 메시지를 남기다 → 전갈을 남기다 · 말을 남기다/ 메시지 내용이 뭐냐 → 통첩 내용이 뭐냐/ 메시지가 들어 있다 → 내용이 들어 있다/ 그 말에는 다른 메시지가 들어 있는 것같다 → 그 말에는 다른 속뜻이 들어 있는 것같다 ▷ 메세지 → 메시지 〔영 message〕
메신저	심부름꾼 · 전달자 · 쪽지창 〔보기〕 메신저 아르엔에이 → 전령아르엔에이 〔영 messenger〕
메이다	메다 〔보기〕 목메이다 → 목메다 ▷ 에이다 → 에다/ 개이다 → 개다
메이데이	노동절 ※5월 1일.
메이저	대형 · 주류 · 큰 ▷ 마이너 → 비주류 〔영 major〕
메이커	생산업체 · 제조자 · 만든이 〔영 maker〕
메이크	하다 · 만들다 · 만듦 ※이 말을 '만들다'로 번역하면서, 아무데나 '만들다'를 쓰는 폐단이 있다. 예컨대 'The news made her happy'를 번역할 때 '그는 그 소식을 듣고 기뻐했다(기뻤다)'로 하지 않고 '그 소식은 그녀를 기쁘게 만들었다' 따위로 직역한 듯한 말로 많이 쓴다는 말이다. 이런 버릇은 번역한 글에서뿐만 아니라 그냥 말하고 쓸 때도 흔히 나올 만큼 우리말이 물든 셈이다. 〔영 make〕
메이크업	화장 · 분장 · 단장 〔영 make-up〕
메인	주된 〔보기〕 메인 게임 → 주경기 · 본경기/ 메인 메모리 → 주기억장치/ 메인 스테이지 → 본무대 · 주무대/ 메인 스트리트 → 본거리 · 큰거리/ 메인스트림 → 주류/ 메인 이벤트 → 주경기 · 본거리 · 본행사/ 메인 타이틀 → 주제명 · 주제목/ 메인 프레임 → 핵심 · 기본구조/ 메인 테이블(헤드테이블) → 주빈탁자 · 의장석 〔영 main〕
메일	우편 · 편지 〔보기〕 메일박스 → 편지함/ 이메일 → 전자우편 · 전자쪽지 〔영 mail〕
메조	반쯤 · 약간 · 조금 〔보기〕 메조릴리에보 → 반양각/ 메조소프라노 → 버금막청/ 메조포르테 → 좀 세게 · 좀 크게/ 메조

	피아노 → 좀 약하게　[이 mezzo]
메지	줄눈·사춤　[일 目地·めじ]
메카니즘	메커니즘　[영 mechanism]
메커니즘	1. 기계주의·기계장치　2. 체제·기구·조직·짜임·틀　3. 기교·수법　[영 mechanism]
메타포	은유·암유　[영 metaphor]
메토끼	산토끼
멕기·메끼·멧키	올림·도금　〔보기〕 멕기칠 → 니스칠·칠/ 멕기를 입히다 → 도금하다　[일 鍍金·減金·めっき]
멘스	월경·달거리·몸엣것　[〈도 Menstruation]
멘토	조언자·후견자·도우미　[영 mentor]
멘트	대사·발언·말　[영〈anounce ment]
멜랑콜리	우울·울병　〔보기〕 멜랑콜리하다 → 우울하다　[프 mélancholie]
멜로	통속·명랑　〔보기〕 멜로물 → 통속극/ 멜로드라마 → 1. 통속극　2. 음악극　[영 melo〈mellow]
멜로디	가락·선율　〔보기〕 멜로디언 → 손건반/ 멜로스(그 melos) → 가락·선율　[〈영 melody]
멜론	양참외　[〈영 melon]
멤버	구성원·회원·성원·계원　〔보기〕 멤버 체인지 → 선수바꿈·사람바꿈/ 멤버십 → 구성원·자격/ 멤버십카드 → 회원증　▷ 멤버쉽 → 멤버십　[영 member]
멧누에	산누에　〔보기〕 멧누에나비 → 산누에나비/ 멧누에고치 → 산누에고치
멧발·멧줄기	※멧발·멧줄기가 덜 쓰인다 하여 '산줄기'만 표준어로 삼았으나 그 기준이 불합리하다.
며루치·메리치	멸치
면괴	낯뜨거움·낯부끄러움　〔보기〕 면괴하다 → 낯뜨겁다·남부끄럽다·낯부끄럽다/ 면괴스럽다·면구스럽다 → 낯뜨겁다　▷ 면구 → 낯뜨거움　[面愧]
면담	만나 말함·맞대말함　〔보기〕 면담하다 → 만나 말하다·맞대말하다·만나보다/ 면담이 성사되다 → 만남이 이루어지다　[面談]
면류	국수붙이　[麵類]
면면	얼굴들·여러면·낱낱　〔보기〕 면면이 → 1. 저마다·앞앞이·각자　2. 면마다　[面面]
면모	얼굴·낯·모습·겉모습·됨됨이　〔보기〕 면모가 수려하다 → 얼굴이 잘생기다　▷ 용모 → 얼굴·모습　[面貌]

면목	모양·낯·체면·볼낯 〔보기〕면목이 없다 → 낯이 없다/ 면목이 서다 → 낯이 서다·체면이 서다 〔面目〕
면밀	꼼꼼함·틈없음 〔보기〕면밀하다 → 빈틈없다·꼼꼼하다/ 면밀을 기하다 → 빈틈없게 하다·꼼꼼히 하다/ 면밀성 → 꼼꼼성·빈틈없음 〔綿密〕
면박	무안줌 〔보기〕면박하다 → 무안을 주다·낯부끄럽게 하다/ 면박을 주다 → 무안을 주다·낯부끄럽게 하다 〔面駁〕
면봉	솜개비·솜방망이 〔綿棒〕
면상	얼굴 〔보기〕면상을 때리다 → 얼굴을 때리다/ 면상을 치다 → 얼굴을 치다 〔面上〕
면상	얼굴·생김새 ▷ 두상 → 머리 〔面相〕
면세	세금면제 〔보기〕면세하다 → 세금을 없애다·세금 안 물리다/ 면세조처 → 세금없앰/ 면세품 → 관세없는 물품 〔免稅〕
면소	소송면제 〔免訴〕
면숙	낯익음 〔보기〕면숙하다 → 낯익다 〔面熟〕
면식	알음·얼굴앎·낯익음·안면 〔보기〕면식범 → 얼굴익은 범인/ 일면식도 없다 → 본 적도 없다/ 면식을 넓히다 → 낯을 익히다 〔일 面識·めんしき〕
면양	털양 〔緬洋·綿洋〕
면적	넓이 〔面積〕
면전	솜마개 〔綿栓〕
면전	눈앞 〔보기〕면전에서 → 눈앞에서·맞대고·바로앞에서 〔面前〕
면접	만나봄·맞댐 〔보기〕면접하다 → 만나보다/ 면접시험 → 맞대시험 ▷ 면회·면대 → 만남·만나봄/ 면회사절 → 만나지 않음 〔面接〕
면책	책임벗음 〔보기〕면책하다 → 책임벗다·책임면하다/ 면책되다 → 책임벗다 〔免責〕
면책	바로 책망함 〔보기〕면책하다 → 바로 책망하다 ▷ 면척·면자·면힐 → 바로 꾸짖음 〔面責〕
면탈	벗어남·벗음·벗김 〔보기〕면탈하다 → 벗어나다·벗다·벗기다/ 면탈을 목적으로 → 벗어날 목적으로 ▷ 면관탈직 → 관을 벗기고 직책을 뺏음·물러나게 함/ 면직 → 옷벗김 〔免脫〕
면포	무명 〔綿布〕
면피	낯가죽 〔面皮〕
면피	때움·얼굴가림·낯가림 〔보기〕면피하다 → 벗어나다·때

우다 · 낯가리다/ 면피는 했다 → 낯가림은 했다 · 때웠다/ 면피성 → 낯가림성 · 때우기 [面避]

면학	공부에 힘씀 · 힘써공부 〔보기〕면학 분위기 → 공부하는 분위기 [勉學]
멸시	업신여김 · 깔봄 · 알로봄 〔보기〕멸시하다 → 업신여기다 · 깔보다 · 알로보다 ▷ 멸여 · 모시 → 깔보다 · 업신여기다 · 알로보다 [蔑視]
멸실	없어짐 · 잃음 〔보기〕멸실하다 → 없어지다 · 잃다/ 멸실로 말미암아 → 잃어버려서 ▷ 일실 → 잃음 · 놓침 · 잃어버림 [일 滅失 · めっしつ]
멸종	씨없어짐 · 씨끊김 〔보기〕멸종하다 → 씨마르다 · 씨가 없어지다 · 씨가 끊어지다/ 멸종되다 → 씨마르다 ▷ 단종 → 씨끊음 · 씨끊임 [滅種]
명가	이름난 집안 · 큰집안 · 이름난 이 [名家]
명감	깊이 느낌 · 깊이 깨달음 〔보기〕명감하다 → 깊이 느끼다 [銘感]
명거	겉도랑 〔보기〕명거배수 → 겉도랑 물빼기 ▷ 개거 → 겉도랑/ 암거 → 숨은 도랑 [明渠]
명기	똑똑히 적음 · 분명히 적음 〔보기〕명기하다 → 똑똑히 적다 [일 明記 · めいき]
명기	새겨둠 · 잊지 않음 〔보기〕명기하다 → 새기다 · 새겨두다 · 잊지않다 ▷ 명심 → 맘새김 [銘記]
명년	내년 · 다음해 · 새해 ▷ 명일 → 다음날 · 내일 [일 明年 · あくるとし]
명도	밝기 · 밝음도 ▷ 조도 · 조명도 → 밝기 [明度]
명도	내주기 · 비워주기 · 넘겨주기 〔보기〕명도하다 → 내주다 · 넘겨주다/ 명도신청 → 넘겨달라는 신청 [일 明渡 · あけわたし]
명랑	밝음 · 즐거움 〔보기〕명랑하다 → 밝다 · 즐겁다 [明朗]
명료	또렷함 〔보기〕명료하다 → 똑똑하다 · 또렷하다 [明瞭]
명맥	목숨줄 · 목숨 〔보기〕명맥을 잇다 → 목숨을 이어가다 [命脈]
명멸	깜박임 〔보기〕명멸하다 → 켜졌다꺼졌다 하다 · 깜박거리다/ 수많은 별들이 명멸하다 사라졌다 → 수많은 별들이 깜박이다 사라졌다 [明滅]
명명	이름붙임 〔보기〕명명하다 → 이름붙이다/ 명명자 → 이름붙인이 [命名]
명목	1. 이름 2. 구실 · 이유 · 까닭 〔보기〕어떤 명목을 불문하

고 → 어떤 까닭으로도/ 명목의 여하를 불문하고 → 어떤 까닭으로도/ 명목이 아무리 좋다 해도 → 구실이 아무리 좋다 해도 / 명목뿐이다 → 이름뿐이다   ▷ 명분 → 구실・까닭 ［名目］

명문	이름난 글・좋은 글 ［名文］
명문	이름난 집안・훌륭한 집안・이름난 학교 〔보기〕명문거족 → 큰집안 ［名門］
명백	밝음・뚜렷함 〔보기〕명백하다 → 환하다・뚜렷하다 ［明白］
명부	이름책 ▷ 명단 → 이름발기 ［名簿］
명분	제분수・이름푼수・떳떳함・마땅함・걸맞은 뜻・이름값・구실 〔보기〕명분을 살리다 → 제분수를 살리다・마땅함을 살리다 / 명분이 없다 → 터무니가 없다・마땅함이 없다/ 대의명분 → 떳떳한 명분・떳떳한 뜻/ 명분보다는 실리를 → 떳떳함보다는 이로움을 ▷ 본분 → 제분수 ［名分］
명성	이름 〔보기〕명성이 자자하다 → 이름이 뭇 입에 오르내리다/ 명성을 날리다 → 이름을 날리다 ［名聲］
명소	이름난 곳 ▷ 명승 → 빼어난 경치・이름난 곳 ［일 名所・めいしょ］
명시	밝힘 〔보기〕명시하다 → 밝혀보여주다・밝게 보여주다・밝히다/ 명시적으로 → 분명히/ 명시이월 → 밝혀넘김 ［明示］
명실공히	말 그대로・사실 그대로 ［名實共－］
명실상부하다	말 그대로다・서로 맞다 〔보기〕명실상부하게 → 말 그대로 ［名實相符－］
명심	마음새김・잊지 않음 〔보기〕명심하다 → 마음에 새기다・잊지 않다 ▷ 명념 → 마음새김 ［銘心］
명약관화하다	뻔하다・환하다・뚜렷하다 ［明若觀火－］
명월	밝은달 ［明月］
명유	이름난 선비 ▷ 거유 → 큰선비 ［名儒］
명의	이름 〔보기〕명의환서 → 이름바꿔적기/ 명의개서 → 이름바꿈/ 명의변경 → 이름바꿈/ 부인 명의로 땅을 사다 → 부인 이름으로 땅을 사다/ 형 기환씨 명의의 예금 계좌에 흘러들어간 혐의를 포착 → 형 기환씨 이름의 계좌에 흘러들어간 혐의를 잡고 ［名義］
명일	명절날 ［名日］
명일	내일・다음날 ▷ 명년 → 내년・다음해 ［明日］
명정	곤드레만드레 〔보기〕명정하다 → 크게 취하다 ▷ 대취

→ 크게 취함 [酩酊]

명중	바로맞힘·맞힘 〔보기〕명중하다 → 맞히다/ 명중률 → 맞힘율 ▷ 적중 → 맞힘·들어맞음/ 백발백중 → 죄다 맞힘 [命中]
명차	이름난차 ▷ 신차 발표회 → 새차 발표회·새차 선뵈기 [名車]
명찰	이름표·이름패 [일 名札·なふだ]
명찰	이름난 절 [名刹]
명춘	내년봄·오는봄 [明春]
명칭	이름·일컬음 ▷ 호칭 → 부름·일컬음 [일 名稱]
명쾌	시원스러움 〔보기〕명쾌하다 → 시원스럽다·시원시원하다/ 명쾌히 → 시원스레 [明快]
명패	이름패 ▷ 명찰 → 이름표 [名牌]
명하다	명령하다·시키다·임명하다 〔보기〕명에 의해 → 명령에 따라·시키는 대로/ 명만 내려주시면 → 명령만 내려주시면·시켜만 주시면/ 대통령이 그를 수석대표로 명하였다 → ∼ 수석대표로 임명하였다/ 명할 수 있다 → 하게 할 수 있다·시킬 수 있다 [命-]
명확	환함·또렷함·뚜렷함·똑똑함 〔보기〕명확하다 → 환하다·또렷하다·뚜렷하다/ 명확히 → 똑똑히·또렷이 ▷ 명료 → 또렷함·똑똑함 [明確]
명후일	모레 ▷ 명후년 → 내내년 [明後日]
몇일	며칠 〔보기〕몇일간 → 며칠동안 ▷ 몇년·몇월·몇날 며칠 ※'몇'과 '일(日)'이 결합해 만들어진 말이라면 [면닐]로 소리나야 한다. 그런데 [며칠]로 발음하므로, '몇-일'을 어원으로 보기 어렵다. 어원이 분명하지 않은 것은 원형을 밝혀 적지 않으므로(맞춤법 제27항) '며칠'로 적는다.
모	털 [毛]
모	아무개·아무·어떤 〔보기〕모모 → 아무아무/모씨 → 아무개 [某]
모	모이 ※준말 '모'보다는 본말 '모이'가 더 널리 쓰인다 하여 이를 표준말로 삼음.(표준어규정 제15항)
모계	어미씻줄·어미계통·어머니계통 ▷ 부계 → 아비씻줄·아비계통 [母系]
모계	어미닭 [母鷄]
모골	터럭과 뼈 〔보기〕모골이 송연하다 → 소름이 끼치다·두렵다 [毛骨]
모공	털구멍 [毛孔]

모구리	잠수부 · 보자기　[일 潛水夫 · もぐり]
모국애	나라사랑　▷ 애국심 → 나라사랑　[母國愛]
모근	털뿌리　[毛根]
모낭	털주머니　[毛囊]
모녀	어미와 딸 · 어머니와 딸　〔보기〕모녀지간 → 어미 딸 사이　▷ 부녀 → 아비 딸　[母女]
모년	아무해　〔보기〕모년 모월 모일 → 아무해 아무달 아무날　[某年]
모년	늘그막 · 늙바탕　[暮年]
모노	외 · 하나의　〔보기〕모노그래프 → 전공논문/ 모노그램 → 합일문자 · 합친문자/ 모노머 → 단량체/ 모노레일 → 단궤철도/ 모노포니 → 단선율 · 단일음/ 모노드라마 → 혼자연극 · 독연극/ 모노톤 → 단색조/ 모노레일 스카이카 → 구름길 소리개차　[영 mono]
모놀로그	혼잣말 · 독백　[프 monologue]
모뉴먼트	기념관 · 기념비 · 걸작　〔보기〕시대적 모뉴먼트를 발견할 것 → 시대적 걸작을 찾을 것　[영 monument]
모니터	1. 영상틀 · 화면　2. 감시자 · 협찬위원 · 논평자 · 감상보고자　〔보기〕방송을 모니터하다 → 방송을 듣보고 기록하다/ 방송 모니터 → 방송 감상보고자/ 모니터링 → 감시 · 감찰기록　[영 monitor]
모닝	아침　〔보기〕굿 모닝 → 잘 잤니 · 안녕 · 좋은 아침일세/ 모닝 스페셜 → 아침특식/ 모닝 커피 → 아침커피/ 모닝콜 → 잠 깨우기 전화　[영 morning]
모던	현대적인 · 근대의　〔보기〕모던하다 → 현대적이다 · 신식이다/ 모던 댄스 → 현대춤/ 모던 발레 → 현대발레/ 모던 아트 → 근대미술/ 모던 스테이지 → 신식무대　[영 modern]
모델	본보기 · 본 · 모형　〔보기〕모델 케이스 → 본보기/ 모델 하우스 → 본보기집/ 모델링 → 모형제작/ 패션 모델 → 옷맵시 모델　▷ 견본주택 → 본보기집　[〈영 model]
모도시	되돌림 · 되돌이 · 되감기 · 되살아남　[일 戾 · もどし]
모독	욕되게 함 · 더럽힘　〔보기〕모독하다 → 욕보이다 · 더럽히다/ 모독이다 → 욕보임이다 · 더럽히는 것이다　[冒瀆]
모돈	어미돼지　▷ 종돈 → 씨돼지　[母豚]
모두	머리 · 첫머리　〔보기〕모두진술 → 첫머리 공술 · 첫진술/ 모두에 → 첫머리에　[冒頭]
모두	※부사로만 쓰는 것이 원칙이나 명사적으로 많이 쓰는 경향이 있다. 특히 강조할 사항이 아니면 부사로 쓰는 것이 말맛에 맞

다. 〔보기〕국민 모두는(가) → 모든 국민은(이) · 국민은 모두/ 선수들 모두는 → 모든 선수들은 · 선수들 모두/ 임직원 모두는 → 임직원 모두 · 모든 임직원은/ 세 정당 모두의 지지를 → 세 정당이 모두 지지를/ 모두가 우리 아이다 → 모두 우리 아이들이다

모드	본 · 본새 · 양식 · 방식 · 형식 〔보기〕뉴 모드 → 새 본새 · 새 모양 〔영 mode〕
모듬살이	모둠살이 ▷ 모둠꽃밭 · 모둠발
모래사장	모래톱 〔-沙場〕
모략	꾀쓰기 · 몰아잡기 〔보기〕모략하다 → 꾀쓰다 · 몰아잡다 ▷ 중상 → 헐뜯기 · 덮어씌우기 〔謀略〕
모럴	도덕 · 도의 · 윤리 〔보기〕모럴해저드 → 도덕해이 · 맘놓이 〔영 moral〕
모르타르	회반죽 ▷ 몰타르 → 모르타르 〔영 mortar〕
모리배	잇속꾼 · 잇속쟁이 · 잇속무리 〔謀利輩〕
모리소바	메밀국수 〔일 盛蕎麥 · もりそば〕
모멘트	순간 · 계기 · 동기 · 능률 ▷ 모멘텀 → 전환국면 〔영 moment〕
모면	벗어남 · 면함 〔보기〕모면하다 → 벗어나다 · 면하다 ▷ 도면하다 → 꾀하여 벗어나다 〔謀免〕
모멸	업신여김 〔보기〕모멸하다 → 업신여기다/ 모멸감 → 업신여겨진 느낌 ▷ 모욕 → 욕보임 〔侮蔑〕
모모	아무아무 · 아무개아무개 〔보기〕모모한 → 아무라고 손꼽을 만한/ 모모한 기업 → (아무라면) 알만한 기업 · 유명한 기업 〔某某〕
모밀	메밀 ※모밀이나 메물은 표준말이 아니다. 〔보기〕메밀묵 · 메밀국수 · 메밀누룩 · 메밀만두 · 메밀소주 · 메밀잠자리
모바일	이동 · 움직임 〔보기〕모바일뱅킹 → 이동통신은행 · 이동통신거래/ 모바일비즈니스 → 이동통신사업 · 업무/ 모바일오피스 → 이동사무실/ 모바일커머스 → 이동통신거래 〔영 mobile〕
모반	반역 꾀함 · 역적모의 〔보기〕모반하다 → 반역 꾀하다 · 역적모의하다/ 모반자 → 반역자 ▷ 모역 · 역모 → 반역꾀함 〔謀叛〕
모발	털 · 터럭 〔毛髮〕
모방	본뜨기 · 본따기 · 흉내 · 본받기 〔보기〕예술은 모방이다 → 예술은 본뜨기다 ▷ 모본 · 모습 · 모의 → 본뜨기 · 본받

	기 · 흉내　［模倣 · 摸倣］
모법	바탕법 · 으뜸법 · 어미법　　▷ 자법 → 아들법 · 가짓법　［母法］
모본	어미그루　［母本］
모본	본보기　［模本］
모빌	흔들개비　〔보기〕모빌유 → 미끌기름 · 윤활유/ 모빌을 설치하다 → 흔들개비를 달다 · ~ 세우다　［영 mobile］
모사	털실　〔보기〕혼방모사 → 섞짠털실 · 섞꼰털실　［毛絲］
모사	본뜸 · 모뜸 · 베낌　〔보기〕모사하다 → 모뜨다 · 본뜨다/ 모사본 → 본뜬것 · 베낀것/ 모사화 → 본뜬그림 · 베낀그림/ 모사전송 → 베껴보냄　▷ 복사 → 덧뜨기 · 포개베낌/ 카피 → 1. 베끼기　2. 광고말 · 광고글　［模寫］
모사	일꾸미기 · 일꾀하기 · 꾀보　〔보기〕모사꾼 → 일꾀꾼 · 꾀보　▷ 책사 · 술사 → 일꾀꾼　［謀事］
모살	짜고죽임　〔보기〕모살하다 → 짜고죽이다　［謀殺］
모색	찾음 · 더듬음 · 더듬어 찾음　〔보기〕모색하다 → 찾다 · 더듬다/ 암중모색 → 더듬어 찾음　［摸索］
모선	큰배 · 어미배 · 어미우주배　〔보기〕모선 없는 운항도 가능하다 → 어미배 없이도 다닐 수 있다　［母船］
모성애	어미사랑 · 어머니사랑　［母性愛］
모세혈관	실핏줄　［毛細血管］
모션	몸짓 · 동작 · 움직임　〔보기〕모션을 취하다 → 몸짓을 보이다 · 몸짓하다 · 움직이다　▷ 포즈 → 몸가짐 · 자세 · 태도 · 몸짓/ 사진기자 앞에서 포즈를 취하다 → 사진을 찍다 · 자세를 잡다 · 자세를 가누다 · 자세를 보이다　［영 motion］
모수	어미나무　〔보기〕모수림 → 어미나무숲　［母樹］
모순	어긋남 · 맞질림　〔보기〕모순성 → 맞질림 · 어긋남성/ 모순적 → 서로 모순되는 · 서로 어긋나는　［矛盾］
모시	아무때　〔보기〕모월 모일 모시 → 아무달 아무날 아무때　［某時］
모아	어미나방 · 어미누에나방　〔보기〕모아검사 → 나방검사/ 모아수용상 → 나방상자　［母蛾］
모야모야	아무아무　▷ 모모 → 아무아무　［某也某也］
모야이	밧줄　［일 舫 · もやい］
모양 같다	모양이다　〔보기〕일을 꾸미는 모양 같다 → 일을 꾸미는 모양이다
모연	너덜거적　［毛筵］
모욕	업신여김 · 욕줌 · 욕보임 · 창피　〔보기〕모욕하다 → 업신여

	기다·욕보이다/ 모욕감 → 업신여겨진 느낌　▷ 모멸 → 욕보임·업신여김　[侮辱]
모용	속여씀　〔보기〕모용하다 → 속여쓰다　[冒用]
모우	수소　▷ 빈우 → 암소　[牡牛]
모워	풀깎이·풀깎개　▷ 예취기 → 풀깎개　[영 mower]
모월	아무달　[某月]
모유	어미젖　〔보기〕모유수유 → 엄마젖먹이기·모유먹이기　[母乳]
모음	홀소리　〔보기〕모음조화 → 홀소리어울림·홀소리고름　▷ 자음 → 닿소리　[母音]
모의	시늉·흉내·본뜨기·본따기　〔보기〕모의하다 → 시늉하다·본따다·흉내내다/ 모의고사 → 시늉시험/ 모의국회 → 시늉국회/ 모의실험 → 시늉실험/ 모의재판 → 시늉재판　[模擬·模依]
모의	꾀함·짬　〔보기〕모의하다 → 꾀하다·짜다　▷ 모사 → 일꾸밈·짬　[謀議]
모일	아무날　〔보기〕모일 모시 → 아무날 아무때　[某日]
모자	어머니와 아들·어미와 아들　〔보기〕모자지간 → 어미아들 사이　▷ 모녀 → 어미와 딸/ 부자 → 아버지와 아들·아비와 아들　[母子]
모자라다	※자동사 '모자라다'를 형용사로 잘못 알고 쓰는 때가 많다. 자동사와 형용사가 넘나드는 현상이 있기는 하나 명확히 동사로 쓰이는 때에 형용사처럼 써서는 안 되겠다.　〔보기〕홍수가 범람해도 모자라다 → ～ 모자란다/ 모자란 돈 → 모자라는 돈/ 이것으로도 모자라다는 말이냐 → ～ 모자란단 말이냐/ 모자라지 않다 → 모자라지 않는다/ 삼십만원에 좀 모자라다 → ～에 좀 모자란다·～에 좀 부족하다　▷ 힘들다
모작	본떠지음·본떠만듦·본뜬 작품·가짯것　〔보기〕모작하다 → 본떠만들다·베껴만들다　▷ 모조 → 본떠만듦/ 모조품 → 가짜　[模作]
모조	가짜·본뜬것·짝퉁　〔보기〕모조하다 → 본떠만들다/ 모조품 → 가짜·짝퉁　[模造]
모종	어떤 종류·어떤　[某種]
모지	밑가지·어미가지　[母枝]
모집	뽑음·뽑기·모으기　〔보기〕모집하다 → 뽑다·모으다　▷ 응모 → 좇아모임·따라몰림　[募集]
모찌·모치	떡　[일 餠·もち]
모처	아무곳·어느곳　[某處]

모체	원둥치·원몸·본체　[母體]
모축	수컷　[牡畜]
모친	어머니·어머님　▷ 자친·자당·자위 → 어머님(남의)/ 부친 → 아버지·아버님　[母親]
모터	전동기·발동기　〔보기〕 모터보트 → 똑딱배·발동기배/ 모터사이클 → 오토바이/ 모터카 → 자동차/ 모터풀 → 수송부　[영 motor]
모토	표어·신조·목표·좌우명·제목　〔보기〕 모토가 뭐냐 → 목표가 뭐냐/ 참교육 실현을 모토로 → ~을 목표로　[영 motto]
모티브·모티프	동기·기틀·요소　▷ 모멘트 → 순간·기틀·기회　[영 motive·프 motif]
모피	털가죽　[毛皮]
모형	틀·본·거푸집·그림본·본보기　[模型]
모호하다	흐릿하다·흐리마리하다·알쏭달쏭하다　〔보기〕 애매모호하다 → 알쏭달쏭하다·흐리마리하다　[模糊-]
목각	나무새김　〔보기〕 목각하다 → 나무새김을 하다/ 목각인 → 나무도장/ 목각인형 → 나무인형　[木刻]
목건초	마른꼴·말린꼴　[牧乾草]
목격	눈으로 봄·직접봄　〔보기〕 목격하다 → 보다·직접 보다/ 목격담 → 몸소 본 이야기/ 목격자 → 본사람/ 목격되다 → 들키다　[目擊]
목곽	덧널　〔보기〕 목곽묘(분) → 덧널무덤　▷ 석곽묘 → 돌널무덤　[木槨]
목관	널·나무관　▷ 석관 → 돌널/ 옹관 → 독　[木棺]
목교	나무다리　[木橋]
목근	나무뿌리　[木根]
목근	무궁화　▷ 근화·시객·순화·화노 → 무궁화　[木槿]
목기	나무그릇　[木器]
목단	모란　〔보기〕 목단화 → 모란꽃　[木丹]
목도	눈으로 봄·봄　〔보기〕 목도하다 → 보다·직접 보다　▷ 목격 → 봄　[目睹]
목두	나무머리토막·밑토막·끝토막　〔보기〕 목두채 → 두릅나물　[木頭]
목례	눈인사　〔보기〕 목례를 보내다 → 눈인사하다　[目禮]
목록	발기·죽보기　[目錄]
목리	나뭇결·나이테　[木理]
목메이다	목메다　〔보기〕 목메이는 감격 → 목메는 감격/ 목이 메이

	다 → 목이 메다　　▷ 목맺히다 → 목메다.(표준어규정 제25항)
목본류	나무붙이　　▷ 목본경 → 나무줄기/ 목본식물 → 나무식물/ 초본류 → 풀붙이　[木本類]
목불인견	차마 볼 수 없음　[目不忍見]
목산	눈어림·눈짐작　〔보기〕목산하다 → 눈어림하다　[目算]
목선	나무배　[木船]
목설	톱밥　[木屑]
목성	목소리　　▷ 목청　[－聲]
목아지	모가지　　※‘－이’ 이외의 모음으로 시작된 뒷가지가 붙어서 된 말은 말밑을 밝혀 적지 않는다. 꼬락서니·끄트머리·모가치·바가지·바깥·사타구니·싸라기·이파리·지붕·지푸라기·짜개·고랑·구렁·끄트러기·소가지·소댕·오라기·터럭 따위. 한편, 명사 뒤에 ‘－이’가 붙어서 된 말은 그 본꼴을 밝혀 적는다. 곳곳이·곰배팔이·집집이·바둑이·애꾸눈이·육손이 따위.(맞춤법 제20항)
목아치·몫어치	모가치　　※‘모가치’는 ‘몫’에 ‘－아치’가 붙어서 된 말이지만 ‘－이’ 이외의 모음으로 시작되는 뒷가지가 붙어서 된 말은 본꼴을 밝혀 적지 않기로 하였다.(맞춤법 제20항)
목야지	꼴밭　[牧野地]
목적	〔보기〕목적물 → 목표물/ 목적격 → 부림자리/ 목적격조사 → 부림자리토씨/ 목적어 → 부림말·객어/ 목적지 → 갈곳 [目的]
목전	눈앞　〔보기〕목전의 이익 → 눈앞 잇속　[目前]
목정	나무못　[木釘]
목제품	나무제품　[木製品]
목죽	대와 나무　[木竹]
목준	나무술통·나무통　[木樽]
목차	차례　[目次]
목책	나무울타리·울짱　　▷ 철책 → 쇠울타리·쇠울짱　[木柵]
목초	먹이풀·꼴　〔보기〕목초지 → 꼴밭/ 초지 → 꼴밭·풀밭 [牧草]
목축	짐승기르기·짐승치기　[牧畜]
목측	눈짐작·눈어림·눈대중　〔보기〕목측하다→눈어림하다·눈대중하다/ 목측에 의존하여 → 눈어림으로·눈대중으로 ▷ 실측 → 실제잼　[目測]
목탄	숯　[木炭]

목편	나뭇조각 [木片]
목표	가늠·겨냥·대상 〔보기〕목표물 → 겨냥물/ 목표치 → 가늠치/ 목표년도 → 목표연도·목표햇수 [目標]
목피	나무껍질 [木皮]
목하	지금·현재·바로 지금 [目下]
몫어치·목어치	모가치·몫
몰각	아주 잊음·아예 잊음·없애버림·무시함 〔보기〕몰각하다 → 아주 잊다·잊어버리다·없애버리다·무시하다 [沒却]
몰두	1. 머리를 침 2. 골똘·팖 〔보기〕몰두하다 → 골똘하다·정신팔리다 [沒頭]
몰락	망함·다 떨어짐·꺼짐 〔보기〕몰락하다 → 망하다·떨어지다·꺼지다·형편없게 되다 [沒落]
몰상식	상식없음 〔보기〕몰상식하다 → 못되다·상스럽다/ 몰상식한 → 못된 [沒常識]
몰수	뺏어거둠·뺏음 〔보기〕몰수하다 → 빼앗아거두다/ 재산몰수 → 재산 빼앗아거둠 [沒收]
몰아부치다	몰아붙이다 ▷ 걷어붙이다/ 밀어붙이다/ 실어붙이다/ 엮어붙이다/ 닦아붙이다
몰염치	염치없음·염치잃음 〔보기〕몰염치하다 → 염치없다·염치잃다 ▷ 몰념치 → 몰염치 [沒廉恥]
몰이해	이해성 없음·모름 〔보기〕몰이해하다 → 모르다·이해성 없다 [沒理解]
몰인정	인정없음·사정없음·매몰참 〔보기〕몰인정하다 → 인정머리없다·매몰차다 [沒人情]
몰입	빠짐·미침 〔보기〕몰입하다 → 빠지다·미치다·정신팔리다 ▷ 몰두 → 빠짐·미침 [沒入]
몰지각	지각없음·깨닫지 못함 〔보기〕몰지각하다 → 지각없다·깨달음이 없다 [沒知覺]
몰취	몰뺏음 〔보기〕몰취하다 → 몰뺏다·모두 뺏다/ 몰취품 → 빼앗은 물품 ▷ 몰수 → 모두 뺏음 [沒取]
몰토 아다지오	아주 느리게 [이 molto adagio]
몸뚱이·몸뚱어리·몸뚱아리	몸뚱이 ※'몸뚱이'의 낮은말은 '몸뚱어리'임.
몸뻬	일바지·왜바지 ▷ 몸뼤 → 몸뻬 [일 もんぺ]
몹씨	몹시 ※'ㄱ, ㅂ' 받침 뒤에서 나는 된소리는, 같은 음절이나 비슷한 음절이 겹쳐 나는 경우가 아니면 된소리로 적지 않는다.(맞춤법 제5항)

못코	짐그물 · 짐일그물 [일 筹 · もっこ]
못하다	1. 다른 것보다 수준이 낮다 2. 할 수 없다 ※형용사와 동사로 두루 쓰인다. 〔보기〕 민숙이가 너만 못하나 → 민숙이가 너만 못한가?/ 민숙이는 노래를 못한가? → 민숙이는 노래를 못하나(못하느냐)?
몽리	꿈속 ▷ 몽중 → 꿈속 [夢裡]
몽리	혜택입음 · 이익얻음 〔보기〕 몽리하다 → 이익얻다/ 몽리구역 → 물닿는 데 · 덕보는 데/ 몽리자 → 이 보는 이 · 덕보는 사람 [蒙利]
몽매	꿈 · 꿈속 〔보기〕 몽매에도 잊지 못할 → 꿈에도 잊지 못할 ▷ 오매 → 꿈 [夢寐]
몽매	어리석음 · 어두움 · 어리석고 어두움 〔보기〕 몽매하다 → 어리석다 · 어둡다/ 무지몽매 → 어둡고 어리석음/ 몽매한 사람 → 어리석은 사람 ▷ 이매 → 어리석고 어두움 [蒙昧]
몽타주	모아짠 그림 · 얼굴 추정화 ▷ 몽타쥬 → 몽타주/ 몽타지 → 몽타주 [프 montage]
몽혼	마취 〔보기〕 몽혼약 → 마취약/ 몽혼주사 → 마취주사 [矇昏]
묘	닻 〔보기〕 묘박 → 닻내림 · 정박/ 묘박지 → 닻내리는 곳 · 배머무는 곳 · 항구 [錨]
묘	모종 〔보기〕 묘대 → 못자리/ 묘상 → 모판/ 못자리 → 못자리/ 묘판 → 모판/ 묘포지 → 모종밭/ 묘종나무 → 모종나무 [苗]
묘	뫼 〔보기〕 묘지 → 뫼 · 뫼터 · 묏자리 [墓]
묘목	모종나무 · 나무모 · 모나무 ▷ 묘목대 → 모망태 [苗木]
묘미	묘한맛 · 신기한 맛 · 좋은맛 [妙味]
묘박	닻내림 · 정박 〔보기〕 묘박지 → 닻내리는 데 · 배머무는 데 [錨泊]
묘방	묘한 방법 · 묘한 처방 [妙方]
묘비	무덤비석 · 뫼비 [墓碑]
묘사	그림 · 그려냄 · 옮김 〔보기〕 묘사하다 → 그려내다/ 묘사력 → 그려내는 힘 · 옮길심 ▷ 점묘 → 점그림 [描寫]
묘삭	닻줄 [錨鎖]
묘상	모판 · 못자리 [苗床]
묘석	무덤돌 · 석물 · 묏돌 [墓石]
묘소	산소 · 뫼 · 무덤 ▷ 묘지 → 묏자리 [墓所]
묘수	좋은수 · 묘한 솜씨 [妙手]
묘안	좋은생각 · 묘한 안 · 좋은 꾀 [妙案]

ㅁ

묘연	아물아물·감감·아득함 〔보기〕묘연하다→아득하다·감감하다/ 행방이 묘연이라 찾을 길 없네 → 간곳이 감감하여 찾을 길 없네 [杳然]
묘지	정박지·배맬데·닻밭 〔보기〕묘박지 → 배맬데·배 머물데·닻내릴 데 [錨地]
묘책	묘한 꾀·뾰족수·용한 꾀 〔보기〕묘책을 내다→ 뾰족수를 내다 [妙策]
묘판	못자리·모판 [苗板]
묘하다	신기하다·야릇하다·뾰족하다·별스럽다·공교롭다 ▷ 신묘·현묘·기묘 → 썩 야릇하다 [妙-]
무	없음 〔보기〕무하다 → 없다/ 무가치하다 → 가치없다/ 무감각하다 → 무디다·감각없다·느낌없다 [無]
무간	사이 없음·붙음·가까움 〔보기〕무간하다 → 허물없다·가깝다/ 무간한 사이 → 허물없는 사이 [無間]
무강	끝이 없음·끝없음 〔보기〕무강하다 → 끝없다/ 만수무강하십시오 → 오래오래 사십시오 [無疆]
무개차	뚜껑없는 차·지붕열린 차·덮개없는 차·목판차 [無蓋車]
무격	무당·무당과 박수 〔보기〕무격신앙 → 무당믿음·내림믿음 [巫覡]
무고	거짓고발 〔보기〕무고하다 → 거짓고발하다·꾸며고발하다·꾸며일러바치다/ 무고죄 → 꾸며고발한죄 [誣告]
무고	북춤 [舞鼓]
무고	탈없음·까닭없음 〔보기〕무고하다 → 탈없다·까닭없다/ 별래무고하신가 → 헤어진 뒤 별탈 없는가 ▷ 유고 → 탈생김·탈있음/ 무양 → 탈없음 [無故]
무고	죄없음 〔보기〕무고하다 → 죄없다/ 무고한 사람 → 죄없는 사람 [無辜]
무골	물렁이·뼈없음·줏대없음 〔보기〕무골충 → 물렁이·줏대없는 이/ 무골호인 → 순한 사람·뼈없이 좋은 사람 [無骨]
무공해	깨끗한·깨끗함·공해없는 〔보기〕무공해 식품 → 깨끗한 식품·해롭잖은 먹거리/ 무공해 연료 → 깨끗한 땔감 [無公害]
무과실	잘못없음 〔보기〕무과실하다 → 과실없다·잘못없다 [無過失]
무관	관계없음·괜찮음 〔보기〕무관하다 → 관계없다·괜찮다 [無關]
무관심	관심없음·데면데면함 〔보기〕무관심하다 → 관심없다·

	등한히하다 · 데면데면하다 · 마음두지 않다/ 무관심성 → 그 냥두기 · 그냥보기　[無關心]
무궁	끝없음 · 그지없음　　〔보기〕무궁하다 → 끝없다 · 그지없다/ 무궁무진하다 → 끝없다 · 끊임없다 · 그지없이 많다　[無 窮]
무궤도	길없음 · 궤도없음　　〔보기〕무궤도하다 → 주책없다 · 질정 없다/ 무궤도한 생활 → 질정없는 삶　[無軌道]
무근	철근없음　　〔보기〕무근콘크리트 → 뼈대없는 콘크리트 [無筋]
무근	뿌리없음 · 터무니없음　　〔보기〕무근하다 → 터무니없다 · 근 거없다/ 사실무근하다 → 터무니없다 · 근거없다　[無根]
무기력	기운없음 · 힘없음　　〔보기〕무기력하다 → 기운없다 · 힘없 다 · 맥없다/ 무기력증 → 힘없는 증세 · 힘없음증　[無氣 力]
무기명	이름 안밝힘　　〔보기〕무기명하다 → 이름 안쓰다/ 무기명투 표 → 비밀투표/ 무기명으로 → 이름없이　[無記名]
무난	어려움 없음 · 괜찮음 · 수월함 · 무던함　　〔보기〕무난하다 → 괜찮다 · 무던하다 · 수월하다/ 무난히 → 무던하게 · 수월 히 · 괜찮게　　▷ 무사히 → 어려움없이 · 탈없이　[無難]
무능	재능없음 · 힘없음　　〔보기〕무능하다 → 힘없다 · 능력없 다 · 수단없다/ 무능력 → 능력없음/ 무능력자 → 힘없는이 ▷ 무력 → 힘없음　[無能]
무늬	무늬　　※'의'나 자음을 첫소리로 하는 음절의 'ㅢ'는 'ㅣ'로 소리나더라도 'ㅢ'로 적는다. 의의 · 본의 · 보늬 · 오늬 · 하늬 바람 · 늴리리 · 늴큼 · 띄어쓰기 · 씌어 · 틔어 · 희망 · 희다 · 유희 따위.(맞춤법 제9항)
무단	1. 결단성 없음　2. 의논없음 · 함부로 함 · 맘대로　　〔보기〕무 단하다 → 1. 결단성 없다　2. 함부로 하다/ 무단히 → 함부 로 · 허락없이/ 무단가출 → 말없이 집나감/ 무단 결석 → 말 없이 빠짐 · 까닭없이 빠짐/ 무단조퇴 → 까닭없이 일찍 감/ 무단이탈 → 맘대로 빠짐 · 함부로 벗어남/ 무단사용 → 맘대 로 씀　[無斷]
무단히	까닭없이 · 괜히　[無端 -]
무담보	담보없음 · 잡지 않음　　〔보기〕무담보로 → 담보없이　[無擔 保]
무뎃뽀 · 무데뽀 · 　무대포	무턱대고 · 분별없이　[일 無鐵砲 · むてっぽう]
무도	무술　[武道]　　·

무도	춤추기 · 춤　　〔보기〕무도곡 → 춤노래 · 춤곡/ 무도조곡 → 춤모음곡/ 무도회 → 춤놀이 · 춤잔치/ 가장무도회 → 탈춤놀이 · 탈춤잔치　［舞蹈］
무두무미	밑도끝도없음　［無頭無尾］
무드	기분 · 공기 · 풍김새 · 심기 · 분위기　　〔보기〕무드를 돋우다 → 기분을 돋우다/ 무드에 약하다 → 분위기에 약하다　［영 mood］
무등	무동 · 목말　　〔보기〕무등을 태우다 → 목말을 태우다/ 무등타기 → 무동타기 · 목말타기/ 무등태우기 → 목말태우기 · 무동태우기
무라토리	얼룩빼기　［일 斑取 · むらとり］
무려	자그마치 · 엄청나게　　〔보기〕무려 2만 명의 → 자그마치 2만 명의　　▷ 물경 → 자그마치　［無慮］
무력	병력 · 군사힘 · 마구 욱대기는 힘　［武力］
무력	힘없음　　〔보기〕무력하다 → 힘없다 · 맥없다/ 무기력 → 힘없음/ 무력소치 → 힘없는 까닭　［無力］
무례	버릇없음 · 예의아님　　〔보기〕무례하다 → 버릇없다 · 예의없다　　▷ 무렴하다 → 염치없다　［無禮］
무뢰한	망나니 · 부랑자　［無賴漢］
무료	공짜 · 거저　　〔보기〕무료관람 → 공짜구경/ 무료로 → 공짜로 · 거저　［無料］
무료	열없음 · 열쩍음 · 심심함　　〔보기〕무료하다 → 열없다 · 열쩍다 · 시름없다/ 무료를 달래다 → 심심함을 죽이다　［無聊］
무루	1. 빠짐없이　2. 번뇌떠남　　〔보기〕무루 왕림 → 빠짐없이 와 주시기 바람　［無漏］
무르익음에	무르익으매　　▷ 하였음에 → 하였으매/ 있음에 → 있으매
무릎쓰다	무릅쓰다
무리	억지 · 도리아님　　〔보기〕무리하다 → 억지로 하다 · 억지스럽다 · 도리에 안맞다/ 무리하게 → 억지로 · 함부로　［無理］
무마	어루만짐 · 쓰다듬음 · 달램 · 얼버무림　　〔보기〕무마하다 → 어루만지다 · 쓰다듬다 · 달래다 · 얼버무리다　［撫摩］
무망	꼭 바람　　〔보기〕무망하다 → 바라다/ 무망함 → 바람 · 꼭 바람　［務望］
무망	바람 무너짐 · 희망없음　　〔보기〕무망하다 → 희망없다 · 보람없다　［無望］
무명	이름없음 · 이름없는　　〔보기〕무명씨 → 이름없는 이/ 무명작가 → 이름없는 작가/ 무명지사 → 이름없는 선비　［無名］

무명지	약손가락·반지손가락 〔無名指〕
무모	꾀없음·턱없음 〔보기〕무모하다 → 턱없다·꾀없다·미련하다 〔無謀〕
무미건조	메마름·재미없음 〔보기〕무미건조하다 → 메마르다·재미없다 〔無味乾燥〕
무방	걸림없음·괜찮음·상관없음 〔보기〕무방하다 → 지장없다·괜찮다·걸림없다/ 해도 무방 안 해도 무방→ 해도 안 해도 그만 〔無妨〕
무법	막됨·법없음 〔보기〕무법하다 → 막되다·함부로다/ 무법천지 → 주먹세상·법없는 판 〔無法〕
무변광야	허허벌판·끝없는 벌판·어려운 처지 〔無邊曠野〕
무분별	분별없음·가림없음·분간없음 〔보기〕무분별하다→ 분간없다·분별없다·안가리다 〔無分別〕
무불통지	모르는게 없음·다 앎 〔無不通知〕
무비	짝없음·비길데 없음 〔보기〕무비하다 → 짝없다/ 통쾌 무비의 압승 → 통쾌하기 짝이 없는 대승리 〔無比〕
무비	영화 〔보기〕무비 스타 → 영화배우/ 무비카메라 → 촬영기/ 무비트레일러 → 예고편 〔영 movie〕
무비판적으로	비판없이·생각없이 〔無批判的 - 〕
무빙워크	자동길·길틀 〔영 moving walk〕
무사	일없음·탈없음·괜찮음 〔보기〕무사히 → 탈없이·일없이/ 무사분주 → 일없이 바쁨/ 무사주의 → 적당주의·데면데면주의/ 무사안일 → 게으름 〔無事〕
무산	흩어짐·흐트러짐·없던 것으로 됨 〔보기〕무산하다 → 틀어지다·이루어지지 않다·흩어져 없어지다/ 무산되다 → 무산하다·틀어지다·흩어지다 〔霧散〕
무삼	수삼 〔 - 蔘〕
무상	1. 덧없음·머무르지 않음 2. 때없음·거리낌없음 〔보기〕무상하다 → 덧없다/ 무상왕래하다 → 때없이 오가다/ 무상출입하다 → 종없이 드나들다 〔無常〕
무상	거저·공짜 〔보기〕무상공여 → 거저줌/ 무상원조 → 거저줌·거저 도움 〔無償〕
무색	빛없음·낯없음·열쩍음 〔보기〕무색하다→ 빛없다·낯없다·열쩍다/ 무색무취하다 → 빛도 냄새도 없다·깨끗하다 ▷ 유색 〔無色〕
무성의	성의없음·뜻없음 〔보기〕무성의하다 → 성의없다·뜻없다 〔無誠意〕
무성하다	우거지다 〔보기〕무성히 → 많이·빽빽이·울창히 〔茂

盛 - 〕

무세	세력없음 · 시세없음 · 세월없음 〔보기〕무세하다 → 세력없다 · 세월없다 [無勢]
무세	세금없음 · 구실없음 〔보기〕무세화 → 세금없애기 · 구실안매기기/ 무세상품 → 세 없는 상품 [無稅]
무소부재하다	없는데없다 · 모든데있다 [無所不在 -]
무소부지하다	모르는것 없다 [無所不知 -]
무소불능하다	못할것 없다 [無所不能 -]
무소불위하다	못할것 없다 [無所不爲 -]
무소속	소속없음 · 딸린데없음 [無所屬]
무수	수없음 〔보기〕무수하다 → 수없이 많다/ 무수히 → 수없이 [無數]
무승부	비김 · 빅 · 승부없음 [無勝負]
무시	때없음 〔보기〕무시로 → 아무때나 · 때없이 ▷ 무시무종(無始無終) → 처음도 끝도 없음 [無時]
무시	업신여김 · 깔봄 〔보기〕무시하다 → 없이보다 · 업신여기다/ 무시당하다 → 깔보이다 [無視]
무식	모름 · 아는게 없음 〔보기〕무식하다 → 아는게 없다/ 무식소치 → 모르는 탓 [無識]
무신경	감각없음 · 둔함 · 무딤 〔보기〕무신경하다 → 감각이 없다 · 무디다 · 둔하다 [無神經]
무신호기	안개신호기 [霧信號機]
무심	마음없음 · 등한함 · 데면데면함 〔보기〕무심하다 → 등한하다 · 데면데면하다 · 마음없다/ 무심히 → 마음없이 · 무심결에 · 무심코 [無心]
무심중	생각없이 · 무심코 · 무심결 · 얼떨결 [無心中]
무쌍	짝없음 〔보기〕무쌍하다 → 짝없다/ 용감무쌍 → 용감하기 짝이 없음 ▷ 무이 → 둘없음 · 다시없음 [無雙]
무안	낯없음 · 열없음 〔보기〕무안하다 → 낯없다 · 열없다 [無顏]
무양	탈없음 · 병없음 〔보기〕무양하다 → 탈없다 · 병없다 ▷ 무강하다 → 탈없다 · 병없다 [無恙]
무언	말없음 〔보기〕무언중에 → 말없는 가운데 [無言]
무엄	버릇없음 · 조심머리없음 〔보기〕무엄하다 → 버릇없다 · 조심머리없다/ 무엄히 → 버릇없이 [無嚴]
무연고	연고없음 · 인연없음 〔보기〕무연고하다 → 인연없다 · 연고없다/ 무연고묘 → 임자없는 뫼/ 무연고자 → 연고없는 이 ▷ 무연 → 연고없음 [無緣故]

무용	쓸모없음 · 쓸데없음　〔보기〕무용하다 → 쓸데없다/ 무용지물 → 쓸모없는 물건　[無用]
무우	무　〔보기〕무우강즙 → 무강즙/ 무우김치 → 무김치/ 무우나물 → 무나물/ 무우말랭이 → 무말랭이/ 무우순 → 무순/ 무우장아찌 → 무장아찌/ 순무우 → 순무
무위도식	놀고먹음　〔보기〕무위도식하다 → 놀고먹다　[無爲徒食]
무위무책하다	할도리없다 · 아무일도 못하다　[無爲無策 -]
무육	보살핌 · 보살펴기름 · 가꿈　〔보기〕무육하다 → 보살펴 기르다　[撫育]
무의식	의식없음 · 생각없음 · 잠긴의식　〔보기〕무의식하다 → 의식하지 못하다 · 생각하지 못하다/ 무의식적으로 → 생각없이 · 정신없이 · 모르고　[無意識]
무의촌	의사없는 마을　[無醫村]
무이다	1. → 미다　2. 무지르다 · 잘라서 거절하다　〔보기〕무릎께가 무이다 → 무릎께가 미다/ 소매가 무이어 터지다 → 소매가 미어터지다/ 솔기가 무여지다 → 솔기가 미어지다　※'털이 빠져 살이 드러나다' '찢어지다'의 뜻으로는 준말 '미다'가 널리 쓰여 이것만 표준말로 삼음.(표준어규정 제14항)
무인	손도장　〔보기〕좌무인 → 왼손도장/ 우무인 → 오른손도장 ▷ 지장 → 손도장　[拇印]
무인도	빈섬 · 사람없는 섬　[無人島]
무일푼	빈털터리 · 한푼없음　[〈無一分]
무임	공짜 · 거저 · 삯없음　〔보기〕무임승차하다 → 거저 타다 · 공짜로 타다　[無賃]
무자격	자격없음　〔보기〕무자격자 → 자격없는 이　[無資格]
무자비	사정없음 · 인정없음 · 차가움　〔보기〕무자비하다 → 사정없다 · 인정사정없다 · 모질다　[無慈悲]
무작위	꾸미지 않음 · 가림없음 · 그냥 · 되는대로　〔보기〕무작위로 → 아무거나 · 되는 대로 · 내키는 대로 · 아무렇게나 · 그냥 · 함부로　▷ 임의로 → 아무렇게나 · 내키는 대로 · 마음대로 · 그냥 · 막/ 부작위 → 손대지 않음　[無作爲]
무전	돈없음　〔보기〕무전여행 → 돈없이 하는 여행/ 무전유죄 유전무죄 → '돈이면 다 된다'는 풍자말/ 무전취식 → 돈도 없이 얻어먹음　[無錢]
무절제	절제없음　〔보기〕무절제하다 → 절제가 없다 · 내키는 대로 하다　[無節制]
무정견	주견없음 · 주책없음　〔보기〕무정견하다 → 주견없다 · 주

	책없다·줏대없다/ 무정견을 드러내다 → 주견없음을 드러내다·왔다갔다 하다 [無定見]
무주	주인없는·임자없음 〔보기〕무주물 → 임자없는 물건/ 무주공당 → 임자없는 집/ 무주공산 → 임자없는 산/ 무주지 → 임자없는 땅 [無主]
무주택	집없음 〔보기〕무주택자 → 집없는 이/ 무주택 세대주 → 집없는 가구주 [無住宅]
무중	안갯속 [霧中]
무지	엄지·엄지손가락·엄지발가락 [拇指]
무지	1. 어리석음 2. 우악스러움 3. 아주·대단히 ※'우악스럽다'나 '아주·대단히'의 뜻으로는 말밑을 한자말로 보지 않고 토박이말로 보는 이도 있다. 〔보기〕무지하다 → 1. 어리석다·아는게 없다 2. 우악스럽다 3. 대단하다/ 아직 무지한 아이를 속여 → 아직 어리석은 아이를 속여/ 무지하게 많다 → 대단히 많다/ 행실이 무지하여 상대하기 어렵다 → 행동이 우악스러워 ~/ 무지무지하게 빠르다 → 대단히 빠르다 [無知]
무진	한없음 〔보기〕무진하다 → 한없다/ 무진한 → 한량없는/ 무궁무진하다 → 끝도한도 없이 많다 [無盡]
무진장	수없음·수많음 〔보기〕무진장하다 → 아주 많다/ 무진장으로 → 아주 많이/ 무진장의 보고 → 한없이 많은 보고 [無盡藏]
무차별	차별없음·가리지 않음 〔보기〕무차별하다 → 공평하다·차별없다/ 무차별 폭격 → 막폭격/ 무차별적으로 → 가리지 않고·가림없이 [無差別]
무참	끔찍함 〔보기〕무참하다 → 참혹하다·끔찍하다/ 무참스럽다 → 끔찍하다 [無慘]
무참	썩 부끄러움 〔보기〕무참하다 → 썩 부끄럽다·얼굴이 뜨겁다/ 무참하여 얼굴을 들 수가 없다 → 부끄러워 ~ [無慚·無愧]
무크	부정기 간행물 [영 mook〈magazine+book]
무표정	표정없음·낯빛없음 〔보기〕무표정하다 → 표정없다·덤덤하다·내색없다 ▷ 무감정하다 → 덤덤하다 [無表情]
무한	끝없음·한없음 〔보기〕무한하다 → 그지없다·한없다/ 무한히 → 아주·몹시·그지없이/ 무한대 → 한없이 큼/ 무한공포증 → 끝없음 공포증 ▷ 유한 → 다함있음·한계있음 [無限]

무해	해롭없음 · 괜찮음 〔보기〕무해하다 → 해가 없다 · 괜찮다 ▷ 무공해 → 공해없음/유해 → 해로움 〔無害〕
무핵과	씨없는 과실 〔無核果〕
무효	보람없음 · 효력없음 〔보기〕무효화하다 → 없던 일로 하다 · 보람없게 하다 · 효력없이 하다 · 무효로 하다 〔無效〕
무후가	대끊인 집안 ▷ 절가 · 절호 → 대끊인 집 〔無後家〕
무휴	쉬지않음 · 쉼없음 〔보기〕연중무휴 → 내도록 안쉼 · 날마다 일함 〔無休〕
묵계	속계약 · 속양해 〔보기〕묵계하다 → 속계약하다 · 속양해하다 ▷ 묵약 → 속약속 〔默契〕
묵과	내버려둠 · 모른체함 · 그저 넘김 · 지나침 〔보기〕묵과하다 → 내버려두다 · 모른체하다 · 그저 넘기다/ 묵과할 수 없는 일 → 내버려둘 수 없는 일 〔默過〕
묵묵	잠잠 〔보기〕묵묵하다 → 잠잠하다 · 말없다/ 묵묵히 → 말없이 · 잠잠히/ 묵묵부답하다 → 대답없이 잠잠하다 〔默默〕
묵비권	말 안할 권리 〔默秘權〕
묵살	뭉갬 · 덮음 · 모른체함 〔보기〕묵살하다 → 짓뭉개다 · 덮어버리다 · 상대하지 않다 〔默殺〕
묵수	지킴 〔보기〕묵수하다 → 지키다 ▷ 고수하다 → 굳게 지키다/ 입장을 고수하다 → 선자리를 지키다 · 주장을 굽히지 않다 · 방침을 바꾸지 않다 〔墨守〕
묵인	넘겨버림 · 눌러둠 · 넌지시 인정함 〔보기〕묵인하다 → 눌러두다 · 넘겨 버리다 · 넌지시 인정하다 · 눈감아주다 ▷ 묵허 → 말없이 허락함/ 묵계 → 속계약 〔默認〕
문	물음 〔보기〕문답 → 물음과 대답 ▷ 문의 → 물음 · 여쭘/ 대답 → 답함 〔問〕
문	무늬 〔보기〕문돋이 → 무늬돋이/ 문양 → 무늬 〔紋〕
문고병	잎집무늬마름병 〔紋枯病〕
문귀	문구 · 글귀 · 월 〔文句〕
문둥병	한센병
문란	어지러움 · 헝클어짐 〔보기〕문란하다 → 어지럽다 · 헝클어져 있다/ 문란시키다 → 어지럽게 하다 · 어지럽히다/ 국법 질서를 문란시킬 우려가 크다 → ~ 어지럽게 할 ~/ 기강을 문란시키다 → 기강을 어지럽히다/ 풍기문란 → 풍속 흐림 · 풍기 어지럽힘 〔紊亂〕
문란시키다	문란하게 하다 · 어지럽히다 · 헝클다 · 헝클어뜨리다 ※'-시키다'는 동사를 만드는 명사에 붙는 타동사화 접미사로서,

형용사를 만드는 말에는 붙여쓰지 않는 것인데도, 잘못 쓰이고 있다. ▷ 건조시키다 → 말리다·건조하게 하다/ 행복시키다 → 행복하게 하다 ［紊亂 - ］

문리	무늬결 ［紋理］
문부	문서·장부 ［文簿］
문비	문·문짝 ［門扉］
문상	조상·조문 〔보기〕 문상하다 → 조문하다·조상하다 ［問喪］
문서철	문서뀀·문서묶음·문서엮음 ［文書綴］
문서화	문서로 만듦·글로 적음 〔보기〕 문서화하다 → 글로 적다·문서로 만들다 ［文書化］
문선	활자뽑기·활자고르기 ［文選］
문신	몸무늬 ［文身］
문안	글발·문서초안 ［文案］
문외한	테밖사람 ［門外漢］
문자생활	글자살이 ［文字生活］
문장	글·글월·월 ［文章］
문전	문앞 ［門前］
문제시	문제로 봄 〔보기〕 문제시하다 → 문제삼다·문젯거리로 보다·시빗거리로 내걸다 ［問題視］
문채	무늬 ［文采·文荣］
문책	잘못을 캐물음·꾸짖음 〔보기〕 문책하다 → 책임묻다/ 문책성 → 책임묻기 ［問責］
문체	글투·글체 ▷ 스타일 → 문체·글체 ［文體］
문초	족쳐물음 〔보기〕 문초하다 → 족쳐묻다·족대겨묻다 ▷ 취조 → 문초·조사·신문·심문 ［問招］
문투	글투 ［文套］
문화	※'이상을 실현하려는 활동과정에서 이룬 소득'이란 뜻이지만 아무데나 쓰고 있어 우습다. ▷ 문명·야만 〔보기〕 시위문화 → 시위양식(방법·질서)/ 공연문화 → 공연물·공연예술/ 청소년문화 → 청소년정서·청소년생활/ 관람문화 → 관람자세·관람태도/ 통제문화 → 통제체제·통제사회/ 대중문화 → 대중흥행물(오락·유행·풍조)/ 군사문화 → 군대체제·군사사회/ 향락문화 → 향락풍조/ 퇴폐문화 → 퇴폐풍조/ 음주문화 → 음주습관·술버릇/ 도색문화 → 도색유희·선정행위/ 정치문화 → 정치 ［文化］
물구	얽매이지 않음·불구 ※'그럼에도 불구하고·그런데도 불구하고' 따위에서 '불구하고'는 대체로 생략해도 좋다. 〔보

기] 물구하다 → 얽매이지 않다·안가리다/ 물구하고 → 가리지 않고·안가리고/ 시간을 물구하고 → 시간을 가리지 않고 ▷ 불구하다 → 얽매이지 않다·가리지 않다/ 불구하고 → 안 가리고 ［勿拘］

물끄럼이	물끄러미 ※작은말은 말끄러미.
물논	무논
물놀	물너울
물동	물자동원 〔보기〕물동량 → 물건유통량 ［物動］
물럿거라	물렀거라 ※'물러 서 있거라'의 뜻.
물론	으레·말할것없이 ▷ 무론 → 으레·말할것없이·물론 ［勿論］
물류	유통 ※'물자유통' 또는 '물적유통'의 준말. 〔보기〕물류비 → 유통비·물건유통비 ［物流］
물망	찾기대상·공론·인물표·죽보기 〔보기〕물망에 오르다 → 죽보기에 오르다·인물표에 오르다 ▷ 하마평 → 쑥덕공론·풍설 ［物望］
물색	찾음·고름·가림 〔보기〕물색하다 → 찾다·고르다·가리다/ 인물물색 → 사람찾기/ 장소물색 → 터찾기 ▷ 검색 → 찾음 ［物色］
물수랄	물수란
물앵도	물앵두
물양장	짐터·짐부리는 곳 ［일 物揚場］
물의	말썽·공론·입방아·뭇평판 〔보기〕물의가 야기되고 → 말썽이 일고/ 물의를 야기하다 → 말썽을 일으키다 ▷ 분규 → 다툼·말썽/ 분쟁 → 다툼 ［物議］
물자위	무자위 ※끝소리가 'ㄹ'인 말과 딴 말이 어울릴 적에 'ㄹ' 소리가 안 나는 것은 안 나는 대로 적는다.(맞춤법 제28항)
물정	속내·형편 ［物情］
물치	광·헛간 ［物置］
물탄꾀	얕은꾀
물탱크	물통 ［-＋영 tank］
물피	물적피해·물건피해 ［物被］
물형	물건꼴 ［物形］
뭉기적거리다	뭉그적거리다
뭉터기·뭉테기	뭉텅이
뭉턱	뭉텅
뮤지션	음악가·악사 ［영 musician］
뮤지컬	음악극·노래극·노래영화 〔보기〕뮤지컬 드라마 → 노래

	극/ 뮤지컬 쇼 → 노래극 [영 musical]
뮤직	음악 · 노래 〔보기〕 뮤직 드라마 → 악극/ 뮤직 라이브러리 → 음악 도서관/ 뮤직홀 → 음악당 [영 music]
-므로 · -으므로	※풀이말(용언)과 잡음씨(이다 · 아니다) '이'에 붙어 까닭이나 근거를 나타내는 이음씨끝이다. 〔보기〕 몸이 약하므로 일을 할 수가 없다/ 비가 오므로 놀았다/ 때리므로 피했다/ 그 일은 나쁜 일이 아니므로 그냥 넘어갔다/ 언론은 사회의 공기이므로 보도에 공정해야 한다/ 새를 잡고나면 활을 버리고, 토끼를 잡고나면 개를 삶으므로 남의 활이나 개가 되지 않도록 조심하여라
-(으)므로 · -(으)ㅁ으로(써)	※앞은 '이유' '까닭'을 나타내는 연결어미. 뒤는 '수단 · 방법으로 하여', '~함으로 말미암아' 나타난 결과를 보이는 부사격조사(방편격조사)다. 〔보기〕 살기가 어려우므로 맞벌이에 나섰다/ 공부를 열심히 함으로써 성적이 올랐다
미간	눈썹사이 · 눈살 [眉間]
미강	쌀겨 〔보기〕 미강유 → 겨기름/ 미강착유 → 겨기름짜기 [米糠]
미결	안끝남 · 못끝남 · 덜 처리함 〔보기〕 미결하다 → 덜 처리하다 · 결정하지 못하다/ 미결되다 → 덜처리되다 · 안끝나다/ 미결수 → 형이 확정되지 않은 수인 ▷ 기결 → 처리함 · 끝남 [未決]
미곡	쌀 〔보기〕 미곡상 → 싸전 · 쌀장수(사)/ 미곡생산비 → 쌀생산비 ▷ 양곡 → 양식 · 곡식/ 맥곡 → 보리쌀/ 식량 → 먹거리 [米穀]
미공개	공개않은 · 덜 밝힌 〔보기〕 미공개하다 → 공개하지 않다 · 덜공개하다 [未公開]
미구에	곧 · 오래지 않아 · 머지 않아 · 얼마 안가서 [未久-]
미깡	감귤 · 귤 · 밀감 [일 蜜柑 · みかん]
미납	안냄 · 덜냄 〔보기〕 미납하다 → 덜내다 · 안내다/ 미납금 → 덜낸돈 · 안낸돈/ 미납세 → 덜낸세금 · 안낸세금/ 미납자 → 덜낸이 · 안낸이 [未納]
미네랄	광물질 · 무기물 〔보기〕 미네랄 워터 → 광천수 · 탄산수 · 생수 · 먹는샘물 [영 mineral]
미니	짧은 · 작은 · 꼬마 〔보기〕 미니멀리즘 → 최소주의/ 미니스커트 → 깡동치마 · 짧은치마/ 미니차트 → 작은도표/ 미니카 → 작은차 [영 mini]
미다시	찾음표 · 표제 · 제목 [일 見出 · みだし]
미다지	미닫이 ※'ㄷ · ㅌ'으로 끝난 말에 '이 · 히'가 올 적에 ㄷ ·

ㅌ이 ㅈ · ㅊ으로 소리나더라도 ㄷ · ㅌ으로 적는다. 내리닫
이 · 여닫이 · 빼닫이 · 맏이 · 굳이 · 같이 · 훑이다 · 걷히다 ·
닫히다 · 묻히다 · 샅샅이 · 피붙이 따위.(맞춤법 제6항)

미달	못미침 · 모자람 〔보기〕 미달하다 → 모자라다 · 못미치다/ 미달되다 → 미달하다 · 모자라다/ 정원미달 → 정원에 안참 [未達]
미담	좋은일 · 아름다운 이야기 [美談]
미드필드	중간지역 · 허리지역 ▷ 미드나이트 → 한밤중/ 미들필드 → 미드필드 [영 mid-field]
미등	꼬리등 · 뒷등 [尾燈]
미디어	매체 · 매개 〔보기〕 매스미디어 → 대중매체 ▷ 미디엄 → 중간 · 매개체 [영 media]
미뜨리다 · 미뜰다	밀뜨리다
미래	1. 앞날 2. 올적 〔보기〕 미래시제 → 올적때매김/ 미래완 료 → 올적끝남/ 미래적 → 올적/ 미래지향적 → 앞날나아가 기/ 미래진행 → 올적나아가기/ 미래화 → 앞날되기 · 앞날 (나아)가기 ▷ 과거 → 지난적 [未來]
미량	적은양 〔보기〕 극미량 → 아주 적은양/ 미량살포 → 썩 조 금 뿌림 [微量]
미력	작은힘 · 적은힘 〔보기〕 미력하다 → 힘이 적다/ 미력하나 마 → 적은 힘이나마 [微力]
미력	미륵 [〈彌勒]
미련	서운함 · 애착 · 덜익음 〔보기〕 미련없이 → 애착없이 · 딱 끊고 [未練]
미류나무	미루나무 ※모음이 단순화한 형태를 표준어로 삼음.(표준 어규정 제10항)
미립	잔알 · 잔알갱이 〔보기〕 미립자 → 잔알갱이 ▷ 소립자 → 밑알갱이 ※독립성이 있는 단어에 독립성이 있는 한자 어 형태소가 결합했을 때, 뒤의 단어에는 두음법칙이 적용되 나, 발음습관이 본음의 형태로 굳어져 있는 것은 예외를 인정 한다. 미립자 · 소립자 · 수류탄 · 파렴치 따위.(맞춤법 제11항 해설) [微粒]
미모	예쁜얼굴 · 아리따운 얼굴 [美貌]
미모사	엄살풀 ▷ 함수초 → 엄살풀 [라 mimosa]
미미하다	보잘것없다 · 자질구레하다 [微微 -]
미봉	눈가림 〔보기〕 미봉하다 → 눈가림하다/ 미봉책 → 눈가 림 · 임시꾸리기 · 발라맞추기 [彌縫]
미분	쌀가루 [米粉]

미분탄	가루탄 [微粉炭]
미불	안냄·덜냄·안 치름 〔보기〕미불하다 → 내지 않다·덜 내다 ▷ 미납 → 안냄·덜냄 [未拂]
미비	덜갖춤·모자람 〔보기〕미비하다 → 덜갖추다·모자라다/ 미비점 → 모자란 점·덜갖춘 데 [未備]
미사일	유도탄 [영 missile]
미상	잘 모름·잘 알 수 없음·자세하지 않음 〔보기〕미상하다 → 1. 잘 모르다 2. 자세하지 않다/ 성명미상 → 이름 모름 [未詳]
미상불	아닌게 아니라·과연 [未嘗不]
미세스	미시즈 [〈영 Mrs〈mistress]
미션	중요임무·머릿과제 [영 mission]
미소	맛난이 [味素]
미소	웃음 〔보기〕미소를 띄우다 → 빙그레 웃다·빙긋이 웃다/ 미소를 짓다 → 빙그레 웃다 [일 微笑]
미소시루	된장국 [일 味噌汁·みそしる]
미숙	덜 익음·서투름·어림 〔보기〕미숙하다 → 덜익다·서투르다·어리다/ 미숙아 → 덜자란아이/ 미숙립 → 덜익은 알갱이 [未熟]
미스	잘못·실수·틀림 〔보기〕미스테이크 → 잘못·틀림/ 미스프린트 → 잘못박음·잘못찍음·인쇄잘못/ 미스저지 → 잘못판단·오판 [영 miss]
미스	아가씨·아씨 〔보기〕미스김 → 김아씨 [영 miss]
미스터	님·선비·씨·군·도령 〔보기〕미스터 김 → 김 도령·김선비·김군 [영 Mr.]
미스터리	1. 추리·신비·불가사의 2. 종교극·추리소설·신비극 〔보기〕미스트리 쇼핑 → 암행 장보기 ▷ 미스테리 → 미스터리 [영 mystery]
미시	미수 〔보기〕미싯가루 → 미숫가루
미시즈	부인·여사 [영 Mrs〈Mistress]
미심적다	미심쩍다 [未審 -]
미심하다	의심쩍다 〔보기〕미심사항 → 의심나는 일 [未審 -]
미싯가루	미숫가루
미싱	재봉틀 [〈영 sewing machine]
미아	집잃은아이·길잃은아이 [迷兒]
미아이	맞선·맞선보기 [일 見合·みあい]
미약	여림·약함 〔보기〕미약하다 → 여리다·약하다/ 심신미약 → 몸맘이 여림 [微弱]

미연에	미리 · 그러기 전에 · 일찌감치 〔보기〕미연에 방지하다 → 미리 막다 〔未然-〕
미온	미지근함 〔보기〕미온적 → 미지근한/ 미온적이다 → 미지근하다 〔微溫〕
미의	작은뜻 · 변변찮은 뜻 〔微意〕
미익	꼬리날개 〔尾翼〕
미인계	여자미끼 · 여자미끼꾀 〔美人計〕
미작	쌀농사 〔보기〕미작지대 → 쌀농사지대 〔米作〕
미장센	장면화 · 화면구성 〔프 mise-en-scene〕
미쟁이	미장이 〔-匠-〕
미제	처리안된 〔未濟〕
미제품	미완성품 · 덜된것 〔未製品〕
미주	아메리카 〔美州〕
미증유	일찍이 없음 · 전에 없음 〔보기〕미증유의 사건 → 전에 없던 일 ▷ 파천황 · 전대미문 → 일찍이 없던 〔未曾有〕
미지	알지못함 · 모름 ▷ 기지 → 이미 앎 〔未知〕
미지수	모르는수 · 알수없음 · 아직 모름 〔未知數〕
미진	못다함 · 모자람 〔보기〕미진하다 → 못다하다 · 모자라다 〔未盡〕
미치다	※'이르다' '도달하다'라는 뜻의 자동사로 쓰이던 말이 타동사 '끼치다'라는 뜻으로도 번져 쓰인다. 이 때는 '끼치다' '주다'로 바꿔 쓸 일이다. 〔보기〕영향을 미치다 → 영향을 끼치다 · 영향을 주다
미투제품	모방제품 · 짝퉁 〔영 metoo製品〕
미팅	모임 · 만남 〔영 meeting〕
미풍	아름다운 풍속 · 좋은 풍속 〔보기〕미풍양속 → 좋은 풍속 〔美風〕
미풍	실바람 · 잔바람 · 솔솔바람 〔微風〕
미필	못마침 〔보기〕미필하다 → 못마치다 ▷ 필하다 → 마치다 〔未畢〕
미행	뒤밟음 〔보기〕미행하다 → 뒤밟다 · 뒤따르다 〔尾行〕
미화	곱게 함 〔보기〕미화하다 → 아름답게 꾸미다 · 곱게하다 〔美化〕
미흡	모자람 · 흡족하지 않음 〔보기〕미흡하다 → 모자라다 · 흡족하지 않다 〔未洽〕
믹스	섞음 · 섞임 〔보기〕믹스하다 → 섞다/ 믹서 → 갈섞개 〔영 mix〕
민가	여염집 · 살림집 〔民家〕

민도리	납도리 ▷ 평형 → 납도리/ 굴도리 ※표준어규정 제25항 단수표준어.
민망하다	딱하다·애처롭다·안쓰럽다 〔보기〕보기에 민망하다 → 보기에 안쓰럽다·보기에 딱하다 [憫惘 –]
민밋하다	밋밋하다
민생고	살기 고됨·고된삶·배고픔 [民生苦]
민속무용	민속춤 [民俗舞踊]
민속제	민속놀이·민속잔치 [民俗祭]
민요제	민요잔치·민요놀이 [民謠祭]
민의	국민뜻·백성뜻 〔보기〕민의에 따르다 → 백성뜻에 따르다 [民意]
민정	민심·백성사정 〔보기〕민정시찰 → 백성형편 살피기 [民情]
민족	겨레 〔보기〕민족정기 → 겨레기운/ 민족청소·인종청소 → 씨말리기 [民族]
민주스럽다	면구스럽다·민망스럽다
민첩	날램·재빠름 〔보기〕민첩하다 → 재빠르다·날래다/ 민첩성 → 날램성 [敏捷]
민초	백성 [民草]
민활	재빠름·활발함 〔보기〕민활하다 → 재빠르다·활발하다·날쌔다 [敏活]
밀고	일러바침 〔보기〕밀고하다 → 일러바치다·찌르다·고자질하다/ 밀고자 → 염알이꾼 [密告]
밀담	비밀얘기 [일 密談·みつだん]
밀도	배기·밴푼수 〔보기〕밀도감 → 밴느낌·촘촘함/ 재식밀도 → 심음배기 [密度]
밀렵	몰래사냥·비밀사냥 〔보기〕밀렵꾼 → 몰래사냥꾼 [密獵]
밀레니엄	천년(기) [라 millenium]
밀리언셀러	대박상품 [영 million seller]
밀림	짙은숲·쩌린숲 〔보기〕밀림지대 → 수풀지대 [密林]
밀리터리배낭	군대배낭 [영 military –]
밀매	몰래 팖·숨어 팖 〔보기〕밀매하다 → 몰래 팔다·숨어 팔다/ 마약을 밀매하다 → 마약을 몰래 팔다 [密賣]
밀반입	몰래 들여오기 ▷ 밀수 → 비밀무역 [密搬入]
밀반출	몰래 내가기 [密搬出]
밀봉	벌 [蜜蜂]
밀봉	꼭붙임·꽉봉함 〔보기〕밀봉하다 → 꽉 봉하다·단단히 붙

이다 ［密封］

밀송	몰래 보냄　〔보기〕밀송하다 → 몰래 보내다　［密送］
밀수입	몰래 들여오기・숨겨들여오기　〔보기〕밀수입하다 → 몰래 들여오다　▷ 밀수 → 몰래 들여오기　［密輸入］
밀수출	몰래 내보내기・숨겨내보내기　〔보기〕밀수출하다 → 몰래 내보내다　［密輸出］
밀식	배게 심음　〔보기〕밀식재배 → 배게 심어 기르기　［密植］
밀약	짬짜미・비밀약속　〔보기〕밀약하다 → 몰래약속하다・짬짜미하다・짜다　▷ 담합 → 짬짜미　［密約］
밀어	귓속말・비밀말　［密語］
밀어	단말・달콤한말　〔보기〕밀어를 속삭이다 → 정답게 속삭이다　［蜜語］
밀어부치다	밀어붙이다　※몰아붙이다・걷어붙이다・눌러붙이다・감아붙이다 따위 양쪽이 가까이 닿게 하는 행동이 드러나는 말에는 '붙이다'를 쓴다.
밀원	꿀밭・꽃밭　〔보기〕밀원식물 → 꿀식물　［蜜源］
밀입국	몰래 들어옴　〔보기〕밀입국하다 → 몰래 들어오다/ 밀입국자 → 숨어들어온 이　［密入國］
밀접	썩 가까움・가까움　〔보기〕밀접하다 → 가깝다・바짝 닿다/ 밀접한 관계 → 가까운 사이　▷ 근접 → 가까이닿음　［密接］
밀집	빽빽함・빽빽이 모임　〔보기〕밀집하다 → 빽빽하다・한데 몰리다　［密集］
밀착	꼭 붙음・달라붙음　〔보기〕밀착하다 → 꼭 붙다・달라붙다/ 밀착관계 → 끈끈한 사이/ 밀착력 → 달라붙는힘/ 밀착성 → 달라붙기　［密着］
밀크	우유・쇠젖　［영 milk］
밀파	몰래 보냄　〔보기〕밀파하다 → 몰래 보내다　▷ 밀사 → 숨은심부름꾼　［密派］
밀폐	막음・꽉닫음　〔보기〕밀폐하다 → 꽉닫다・꼭막다　［密閉］
밀항	몰래 건너감・몰래 배탐　〔보기〕밀항하다 → 몰래 건너가다・몰래 배타다　［密航］
밀회	몰래 만남　〔보기〕밀회하다 → 몰래 만나다・몰래 모이다　［密會］
밉둥스럽다	밉살스럽다　〔보기〕밉둥스레 → 밉살스레/ 밉둥머리스레 → 밉살머리스레　▷ 밉쌀스럽다 → 밉살스럽다

-ㅂ네 -ㅂ네	-우니 -우니　〔보기〕미우니 고우니 = 밉네 곱네.
바	1. 빗장·장대·막대　2. 술집　〔보기〕바 택 → (봉제)빗장박기·빗장박음/ 바텐더 → 술시중꾼/ 스탠드 바 → 선술집(양식)　[영 bar]
바가야로·바카야로	바보새끼　[일〈馬鹿野郞]
바겐세일	싸게팔기·깎아팔기·특매　▷ 바긴세일 → 바겐세일/ 할인판매 → 깎아팔기　[영 bargain sale]
-바기	-배기　〔보기〕한살바기 → 한살배기/ 나이바기 → 나이배기/ 돌바기 → 돌배기　※'나이·살' 뒤엔 '배기'가 온다.
바께스	양동이·들통·버킷　[〈영 bucket]
바꾸어지다	바꾸어지다·바뀌다　※'바꾸다'의 입음꼴(피동형)은 '바꾸이다' 곧 '바뀌다'다.
바나나 킥	휘어차기　※축구 말.　[영 banana kick]
바느질고리	반짇고리　※'반짇고리'의 본딧말.
바늘질	바느질
바다물	바닷물　〔보기〕바다바람 → 바닷바람/ 바다속 → 바닷속/ 바다낚시 → 바닷낚시/ 바다물 → 바닷물/ 바다짐승 → 바닷짐승/ 바다가 → 바닷가/ 바다길 → 바닷길
바디	보디·몸　〔보기〕바디 페인팅 → 보디 페인팅·몸그림　[영 body]
바라겠습니다	바랍니다　※'바라고 싶습니다'처럼 실제로 그렇게 말하고 있으면서 앞으로 그렇게 하겠다거나 하고 싶다고 하는 식의 우스운 말버릇이다. 그리고 '바라다'가 앞으로 그리 되었으면 하는 마음인데 미래시제 '겠'이 들어가서 말이 겹친다.
바라고 싶다	바라다

바란스	밸런스 · 균형 · 조화　　〔보기〕 언바란스 → 언밸런스 · 불균형 · 부조화　〔〈영 balance〕
바람고다리	바람꼭지
바람끼	바람기
바래다	1. 빛이 날다　2. → 바라다(희망하다)　　〔보기〕 바램 → 바람/ 그렇게 되길 바랜다 → 그렇게 되길 바란다/ 나의 바램은 그것이 아니다 → 나의 바람은 그것이 아니다
바램	바람 · 희망　　※‘바램’은 ‘바래다’(빛이 날다 · 배웅하다) 의 명사형인데, 바람, 곧 ‘희망’의 뜻으로 잘못 쓰는 일이 잦다. 〔보기〕 –ㅆ으면 하는 바램이다 → –ㅆ으면 한다
바로미터	1. 기압계　2. 지표 · 척도 · 기준 · 잣대　　〔보기〕 체중은 건강의 바로미터다 → 몸무게는 건강의 잣대다　〔영 barometer〕
바리캉	이발기 · 머리깎개　〔프 bariquant〕
바리케이드	길막이 · 울타리 · 막이벽 · 방책 · 방어벽　　〔보기〕 바리케이드를 치다 → 길막이를 치다 · 방어벽을 치다　　▷ 바리케이트 → 바리케이드　〔영 barricade〕
바베큐	바비큐 · 통구이　〔영 barbecue〕
바스라지다	바스러지다　　※큰말은 ‘부스러지다’.
바스켓	(농구)그물　　※밑없는 그물.　〔보기〕 바스켓볼 → 농구/ 바스켓 카운트 → 득점 인정　　▷ 바스킷 → 바스켓　〔영 basket〕
바스트	버스트 · 가슴 · 가슴둘레　〔영 bust〕
바우처	증빙서류 · 보증인 · 영수증　〔영 voucher〕
바운더리	경계 · 구역 · 범위　　〔보기〕 바운더리가 다르다 → 구역(범위)이 다르다　〔영 boundary〕
바운드	튐　〔보기〕 바운드 볼 → 튐공 · 튄공/ 바운드 패스 → 튀겨 주기/ 리바운드 → 튐 · 반동 · 튄공/ 리바운드 볼 → 튄공　〔영 bound〕
바이백	되사기　〔영 buy-back〕
바이브레이터	진동기 · 전기안마기　〔영 vibrator〕
바이블	1. 성서 · 성경　2. 본 · 믿음　〔영 bible〕
바이어	수입상 · 사는이 · 수입업자　〔영 buyer〕
바이어스	1. 빗금 · 기울이 · 덧대기 · 어슷끊기　2. 편견　〔영 bias〕
바이얼레이션	반칙　　※농구에서 가벼운 반칙을 일컫는다.　〔보기〕 오펜스 바이얼레이션 → 공격자 반칙　　▷ 파울 → 반칙　〔영 violation〕
바이오	생명 · 생물　　〔보기〕 바이오리듬 → 생활리듬 · 생활주기/ 바이오리액터 → 미생물 배양장치/ 바이오메트릭스 → 생물

ㅂ

	통계학/ 바이오 사이언스 → 생명 과학/ 바이오 산업 → 생물 배양산업/ 바이오 세라믹스 → 인공세라믹스/ 바이오 에이식스 → 생명윤리/ 바이오 테크놀러지 → 생체공학·생물공학 [영 bio]
바이타민	비타민·생활소 ※비타민은 독일식 발음을 표준으로 삼는다. [영 vitamin]
바이탤리티	활력·생명력 [영 vitality]
바이패스	1. 통과·보조통로 2. 에돌림길 [영 bypass]
바인더	1. 보관철·묶음 2. 베어묶음차 〔보기〕바인딩 → 조임쇠·부착기 ▷ 콤바인 → 벼수확기 [영 binder]
바인드 와이어	동임줄 [영 bind wire]
바자	1. 자선시장 2. 싸게 파는 곳 〔보기〕자선바자 → 자선시장 [프 bazar]
바캉스	휴가·난놀이 〔보기〕바캉스철 → 휴가철·놀이철 [프 vacance]
바 코드	막대표시·줄표시·막대부호 〔보기〕바코드 리더 → 막대부호 읽개·판독기 [영 bar code]
바킹	패킹·틈막이 [〈영 packing]
바터	맞바꿈·물물교환 〔보기〕바터 시스템 → 맞바꾸기·바터제 [영 barter]
박강판	얇은 강(철)판 ▷ 후강판 → 두꺼운 강판 [薄鋼板]
박두	닥쳐옴·다가옴 〔보기〕박두하다 → 닥치다·다가오다 ▷ 당두하다 → 닥치다·다가오다/ 당면하다 → 닥치다/ 임박하다 → 닥치다 [迫頭]
박리	1. 벗김·벗겨짐·떨어져나감 2. 떼기(고고학) 〔보기〕박리하다 → 벗기다·벗겨지다 [剝離]
박리	박한 이문·적은 이익 〔보기〕박리다매 → 적게 남기고 많이 팖 ▷ 폭리 → 부당이익/ 후리 → 큰 이문 [薄利]
박막	얇은막·얇은 꺼풀 [薄膜]
박멸	잡아없앰·때려잡음 〔보기〕박멸하다 → 잡아없애다·때려잡다/ 해충 박멸 → 해론벌레 없애기 [撲滅]
박복	복없음 〔보기〕박복하다 → 복이 없다·팔자 사납다/ 박복한 신세 → 복없는 신세 [薄福]
박봉	적은 봉급 ▷ 박금·박름·박황 → 적은 봉급 [薄俸]
박빙	살얼음 〔보기〕박빙의 차이 → 아주 작은 차이 [薄氷]
박살	때려죽임 ※'깨뜨리다·조각내다'는 뜻으로 쓰는 말은 토박이말임. 〔보기〕박살내다 → 때려죽이다·쳐죽이다 [撲殺]

박수	손뼉 〔보기〕박수를 치다 → 손뼉을 치다/ 박수갈채 → 손뼉치며 하는 칭찬 [拍手]
박스	1. 상자·갑·궤 2. 칸 〔보기〕박스오피스 → 흥행수익/ 박스권 장세 → 머무름 장세/ 박스째 → 통째·상자째 [영box]
박식	널리 앎 〔보기〕박식하다 → 널리 알다·아는 게 많다/ 박학다식 → 두루 아는 게 많음 [博識]
박약	여림·모자람 〔보기〕박약하다 → 여리다·모자라다/ 정신박약 → 정신약함·정신여림 ▷ 희박 → 모자람·묽음·옅음/ 허약 → 약함·여림 [薄弱]
박엽	얇은 잎 [薄葉]
박이다	박히다
박장	손뼉침 〔보기〕박장하다 → 손뼉을 치다/ 박장대소 → 손뼉치며 크게 웃음 ▷ 박수 → 손뼉침 [拍掌]
박절하다	쌀쌀하다·매몰차다 〔보기〕박절히 → 쌀쌀히·매몰차게 ▷ 박대하다 → 쌀쌀하게 대하다 [迫切-]
박제	짐승표본 〔보기〕박제품 → 베낀것/ 박제인간 → 베낀사람·베낀인물 [剝製]
박지	정박지·항구 ▷ 묘박지 → 배 머무는 곳 [泊地]
박지	얇은 종이 [薄紙]
박차	1. 말 차는 기구 2. 더하는 힘 〔보기〕박차를 가하다 → 다그치다·힘 더하다 [拍車]
박탈	뺏음 〔보기〕박탈하다 → 빼앗다/ 박탈당하다 → 빼앗기다/ 박탈감 → 빼앗긴 느낌 [剝奪]
박토	메마른 땅·거친 땅 〔보기〕박토를 개간해 → 메마른 땅을 일궈 ▷ 박지 → 메마른 땅/ 옥토 → 기름진 땅·건땅 [薄土]
박편	얇은 조각 [薄片]
박피	껍질 벗기기 〔보기〕박피하다 → 껍질 벗기다·까다/ 박피율 → 깐밤 [剝皮]
박해	우박 피해·누리 피해 ▷ 수해 → 물피해/ 설해 → 눈피해/ 한해(旱-) → 가물피해/ 한해(寒-) → 추위피해 [雹害]
박해	괴롭힘·못살게 굶·족침 〔보기〕박해하다 → 못살게 굴다·족쳐 해치다 [迫害]
반-	반대·맞섬 〔보기〕반하다 → 거스르다/ 반하여 → 거슬러/ 반국가 반민족 → 나라도 겨레도 거스름/ 반국가단체 → 나라에 반대하는 단체/ 반3김 → 세김씨 반대·세김 맞서기/ 반정부 → 정부 반대/ 반일반미 → 일·미 반대 [反-]

반감	엇감정·노여움 〔보기〕반감을 사다 → 노여움을 사다 [反感]
반감	반줆·절반을 덞 〔보기〕반감하다 → 반으로 줄다·덜하다·반으로 줄이다/ 반감기 → 반으로 주는 기간 [半減]
반격	되치기·받아치기 〔보기〕반격하다 → 되치다·받아치다/ 반격력 → 받아칠 힘/ 반격전 → 받아치기 [反擊]
반경	반지름 〔보기〕행동반경 → 움직임 둘레 ▷ 직경 → 지름 [半徑]
반기	반대깃발 〔보기〕반기를 들다 → 반대해 일어나다·반란을 일으키다 ▷ 반기(叛−) → 반란깃발 [反旗]
반까(카)이·방까이	돌이킴·만회 [일 挽回·ばんかい]
반납	돌려줌 〔보기〕반납하다 → 돌려주다·돌려바치다 [返納]
반도체	반탈치 〔보기〕반도체 산업 → 반탈치 산업 [半導體]
반등	되오름 〔보기〕반등하다 → 되오르다/ 반등세 → 되오름세/ 급반등 → 갑작되오름 ▷ 반락 → 되내림 [反騰]
반락	되내림 〔보기〕반락하다 → 되내리다·되떨어지다/ 반락세 → 되내림세 [反落]
반려	돌려보냄·되돌림 〔보기〕반려하다 → 돌려보내다/ 사표 반려 → 사표 되돌림 ▷ 반환 → 되돌림 [返戾]
반려(자)	동무·길동무·짝 [伴侶(者)]
반면교사	거울·반성거리 ※잘못한 것에서 배우자는 뜻. [反面教師]
반목	(서로) 미워함·미움 〔보기〕반목하다 → 미워하다/ 반목으로 지새다 → 미움으로 지새다 [反目]
반문	얼룩무늬 ▷ 반점 → 얼룩·얼룩점 [斑紋·斑文]
반문	되묻기·되물음 〔보기〕반문하다 → 되묻다 [反問]
반박	되침·되쳐말함·맞받음·받아치기 〔보기〕반박하다 → 되치다·되받아치다·받아쳐 말하다/ 자기 입장을 변호하고 반박하여 → 자기 생각을 변호하고 되받아쳐서 [反駁]
반발	되튐·되튀김 〔보기〕반발하다 → 되튀다·되받아 퉁기다·퉁기다/ 반발력 → 되튈심/ 반발심 → 되튈마음·뛰는마음 [反撥]
반보	반걸음 [半步]
반복	되풀이함·되풀이 〔보기〕반복하다 → 되풀이하다/ 반복수행 → 되풀이함 [反復]
반비아치	반빗아치
반사	되쏨·되비침·되튀김 〔보기〕반사하다 → 되쏘다·되비

치다/ 반사경 → 되비침거울 · 반사거울/ 반사광 → 되비침빛
살/ 반사립 → 되비침갓/ 반사등 → 되비침등/ 반사운동 → 되
비침운동/ 반사파 → 되돌림결 [反射]

반성	돌이켜봄 · 뉘우침 〔보기〕 반성하다 → 돌이켜 살피다 · 뉘우치다 [反省]
반소	맞소송 · 되소송 · 맞고소 [反訴]
반송	돌려보냄 · 되보냄 〔보기〕 반송하다 → 돌려보내다 · 되보내다 ▷ 환송하다 → 돌려보내다 [返送]
반숙	반익힘 ▷ 완숙 → 푹 익음 · 농익음 [半熟]
반엽병	줄무늬병 [斑葉病]
반영	비침 · 나타남(냄) · 담음 〔보기〕 반영하다 → 비치다 · 나타내다/ 그쪽의 요구를 반영한 안이다 → 그쪽의 요구를 담은 안이다/ 반영율 → 반영률 · 담은율 [反映]
반월	반달 〔보기〕 반월형 → 반달꼴/ 반월형 석도 → 반달(꼴) 돌칼/ 반월도 → 반달칼/ 반월형 석기 → 반달 석기 [半月]
반입	날라들임 · 실어들임 · 끌어들임 〔보기〕 반입하다 → 날라들이다 · 실어들이다 · 끌어들이다/ 반입량 → 들여온양 ▷ 반출하다 → 실어내다 [일 搬入 · はんにゅう]
반전	뒤집힘 · 뒤바뀜 〔보기〕 반전하다 → 뒤집히다 · 뒤바뀌다/ 반전시키다 → 뒤집다 [反轉]
반점	얼룩점 · 점무늬 · 얼룽이 ▷ 반문 → 얼룩무늬 [斑點]
반제	갚음 〔보기〕 반제하다 → 갚다 ▷ 변제 → 빚갚음 [返濟]
반증	1. 반대증거 2. 뒷받침 · 방증 · 입증 · 증명 · 보여줌 · 드러내줌 ※ 본뜻에서 벗어나 '2'의 뜻으로 잘못 쓰는 일이 잦다. 〔보기〕 이지문 중위와 이원섭 일병의 선거부정 고발과 그 응수로 몰아닥친 구속의 고난은 오늘의 냉기류를 반증하는 하나의 보기에 지나지 않는다 → ~ 방증하는 ~/ 요즘 경제부처 관리들이 경제의 활력을 되찾자며 동분서주하면서도'과연 어느 정도나 분위기가 살아날까'라고 회의하고 있다는 것으로도 반증된다→ ~ 방증된다 · ~ 입증된다 · ~ 증명된다/ 김 주석의 신년사는, 의식주조차 해결하지 못한 절박한 사정이 아직도 북쪽에는 계속되고 있음을 그대로 반증하고 있다 → ~ 입증하고 있다 · ~ 증명하고 있다 · ~ 방증하고 있다 · ~ 보여주고 있다 · ~ 드러내고 있다/ 그가 탁월한 지도자요, 동시에 대중 정치인임을 반증하는 것이다 → ~ 보여주는 것이다 · ~ 입증(방증 · 증명)하는 것이다/ 관객 천여 명 몰려 '관심' 반

ㅂ

증 → ～ '관심' 반영 · ～ '관심'을 입증/ 이들 사건이 정략에 따라 쟁점화했던 것임을 반증했다 → ～ 드러냈다 · ～ 보여 주었다/ 이처럼 불개입을 잇달아 강조하는 것은 지금까지는 그렇지 못했음을 반증하는 것이다 → ～ 말해주는 것이다 · ～ 보여주는 것이다 · ～ 방증(입증 · 증명)하는 것이다/ 그동안 의 의혹을 반증하고 있어 더욱 비상한 관심을 끌고 있다 → 그 동안의 의혹을 뒷받침하고 있어 ～ · ～ 방증하고 있어 ～ [反 證]

반짓고리	반짇고리 ※'바느질고리'의 준말. '바느질'의 '느'가 ㄴ받침으로 가고, '질'에서 ㄹ받침이 'ㄷ'으로 바뀌어 '반짇'이 되었다.
반착	되돌아옴 〔보기〕반착소포 → 되돌아온 소포/ 반착우편 → 되돌이 우편 [返着]
반찰떡	메찰떡 ※메찰떡을 많이 쓴다 하여 이를 표준말로 삼음.
반추	되새김 · 되새김질 〔보기〕반추하다 → 되새김하다 · 되새 기다/ 반추동물 → 되새김동물/ 반추위 → 새김위/ 지난일을 반추하면 → 지난일을 되새기면 [反芻]
반출	실어냄 · 내보냄 〔보기〕반출하다 → 실어내다 · 날라내 다 · 내보내다/ 국외 반출 → 나라 밖으로 내감 · 딴나라로 내 감/ 반출 희망 → 내어가고자 함 ▷ 반입 → 들여옴 · 실어 옴 · 날라옴 [일 搬出 · はんしゅつ]
반포	펴기 · 폄 〔보기〕반포하다 → 펴다 · 널리 알리다/ 한글 반 포 → 한글 폄 [頒布]
반항	벋섬 · 버팀 · 앙살 〔보기〕반항하다 → 맞서다 · 벋서다 · 대들다 · 버티다 · 앙살하다/ 반항심 → 벋서는맘 · 맞서는맘 [反抗]
반환	돌려줌 · 되돌림 〔보기〕반환하다 → 돌려주다 · 되돌려주 다/ 문화재 반환 → 문화재 되돌리기/ 반환점 → (되)도는 점 [返還]
−받다	※'하다', '한다' 할 자리에 '받다'를 잘못 쓰는 일이 있다. 〔보 기〕사사받다 → 사사하다 · 배우다 · 스승으로 섬기다/ 의장 대 사열을 받다 → 의장대를 사열하다/ 피습을 받다 → 습격 을 받다 · 피습하다/ 접수받다 → 접수하다
발	1. 떠남 · 보냄 2. 냄 · 남 3. 핌 · 피움 4. 방 〔보기〕발하 다 → 나(내)다 · 피(우)다 · 펴다 · 떠나다/ 총 한 방 → 총 한 발/ 서울발 부산행 → 서울에서 부산 가는/ 워싱턴발로 보도 하다 → 워싱턴에서 보도하다 [發]
발가송이	발가숭이 ※큰말은 '벌거숭이', 센말은 '빨가숭이'다.
발각	들킴 · 들통 ※웬일인지 자동사로 '발각하다'는 잘 쓰이지

않는다.　〔보기〕발각되다 → 들키다 · 드러나다 · 들통나다 / 발각하다 → 알아내다 · 드러내다　〔發覺〕

발간	찍음 · 펴냄　〔보기〕발간하다 → 찍어내다 · 박아내다 · 펴내다　〔發刊〕
발견	찾아냄　〔보기〕발견하다 → 찾아내다/ 발견자 → 찾아낸 이　〔發見〕
발군	뛰어남 · 빼어남　〔보기〕발군하다 → 뛰어나다/ 발군의 실력 → 뛰어난 실력　▷ 발췌 · 출류 · 출중하다 → 뛰어나다　〔拔群〕
발굴	파냄 · 캐냄 · 찾아냄　〔보기〕발굴하다 → 파내다 · 찾아내다/ 고분발굴 → 옛무덤 파기/ 인재 발굴 → 인재 찾기/ 생존자 발굴 → 생존자 찾아내기/ 발굴자 → 캐낸이/ 발굴지 → 파낸곳 · 캐낸데　〔發掘〕
발근	뿌리뽑음　〔보기〕발근하다 → 뿌리뽑다/ 발근쇄신하다 → 뿌리뽑아 새롭게 하다　▷ 근절하다 → 뿌리뽑다　〔拔根〕
발근	뿌리내림　〔보기〕발근하다 → 뿌리내리다　▷ 착근하다 → 뿌리내리다　〔發根〕
발급	내줌 · 떼어줌　〔보기〕발급하다 → 내주다 · 떼주다/ 여권 발급 → 여권 내주기/ 여권을 발급받다 → 여권을 받다　〔發給〕
발기	섬 · 성남 · 꼿꼿해짐　〔보기〕발기하다 → 꼿꼿이 서다 · 불끈 서다 · 성나다/ 발기부전 → 서지 않음　〔勃起〕
발기	꾸며내기 · 얽어잡기 · 일으키기　〔보기〕발기하다 → 꾸며내다 · 일으키다 · 세우다/ 발기문 → 세우는글/ 발기인 → 일으킨이 · 세운 이 · 얽어잡은 이　〔發起〕
발단	첫머리 · 시작 · 실마리　〔보기〕발단하다 → 시작하다 · 비롯하다　〔發端〕
발라드	서사시 · 담시 · 민요　〔영 ballad〕
발로	드러남 · 드러냄　〔보기〕발로하다 → 드러나다 · 드러내다/ 잘못을 발로하다 → 잘못을 드러내다/ 인정의 발로 → 인정이 드러남/ 애국심의 발로 → 애국심이 드러남　〔發露〕
발뢰	봉오리 맺기　〔發蕾〕
발르다	바르다
발리슛	공중차기　〔영 volley shoot〕
발매	팔기　〔일〈發賣 · はっばい〕
발명	만들어냄 · 새로만듦　〔보기〕발명하다 → 만들어내다/ 발명가의 대명사 → 발명가의 대유　▷ 발견하다 → 찾아내다　〔發明〕

ㅂ

발목장이 · 발목재기	발목쟁이
발발	터짐 · 일어남 · 벌어짐 〔보기〕 발발하다 → 터지다 · 일어나다/ 이차대전 발발 후 → 이차대전 터진 뒤/ 내전 발발 → 내전 터짐 〔勃發〕
발병	병남 〔보기〕 발병하다 → 병 나다/ 발병률 → 병난율 · 병든율 ▷ 이병 · 이환 → 병듦 · 병걸림 〔發病〕
발본	뿌리뽑음 · 밑천뽑음 · 근원 없앰 〔보기〕 발본하다 → 뿌리뽑다 · 밑천뽑다/ 발본색원하다 → 뿌리뽑아 없애다 〔拔本〕
발부	내줌 · 떼어줌 〔보기〕 발부하다 → 내주다 · 떼어주다/ 영장 발부 → 영장 내(떼어)줌/ 영장을 발부하다 → 영장을 떼어주다/ 발부받다 → 받다/ 구속영장을 발부받다 → 구속영장을 떼어받다 · 구속영장을 받다 ▷ 발급하다 → 내어주다 · 떼어주다 〔發付〕
발사	쏨 · 쏘기 〔보기〕 발사하다 → 쏘다 · 내쏘다/ 위성 발사 → 위성 쏘아올리기 ▷ 방사 → 쏨 〔發射〕
발산	흩어짐 · 퍼짐 · 퍼뜨림 · 풀어 없앰 〔보기〕 발산하다 → 흩어지다 · 퍼지다 · 내뿜다/ 악취가 발산하여 → 악취가 나와(풍겨)/ 젊음을 발산하여 → 젊은 기운을 쏟아내어 ▷ 수렴 → 모음 〔發散〕
발상지	생겨난 곳 · 싹튼 곳 · (일어)난 곳 〔發祥地〕
발생	생겨남 · 일어남 〔보기〕 발생하다 → 생겨나다 · 일어나다 · 나타나다 〔發生〕
발설	말냄 · 퍼뜨림 〔보기〕 발설하다 → 말내다 · 입 밖에 내다/ 발설자를 찾다 → 말낸 이를 찾다 〔發說〕
발송	보냄 · 부침 〔보기〕 발송하다 → 보내다 · 부치다/ 발송인 → 보내는 이 · 부치는 이 〔發送〕
발신	보냄 〔보기〕 발신하다 → 보내다/ 발신자 → 보낸 이/ 발신지 → 보낸 곳/ 발신처 → 보낸데 ▷ 수신 → 받음 〔發信〕
발아	싹틈 · 움틈 〔보기〕 발아하다 → 싹트다/ 발아기 → 싹(눈)트는 때/ 발아율 → 눈튼율 〔發芽〕
발악	악씀 〔보기〕 발악하다 → 악쓰다/ 최후의 발악 → 마지막 악쓰기 〔發惡〕
발양	떨침 · 들날림 · 드날림 〔보기〕 발양하다 → 떨치다 · 들날리다 ▷ 고양 → 높임 · 끌어올림 〔發揚〕
발언	말 · 말꺼냄 〔보기〕 발언하다 → 말하다 · 말꺼내다/ 발언 취소 → 말 취소 · 말무름/ 발언권 → 말할 권리 〔發言〕

발육	자람·자라남　〔보기〕발육하다 → 자라다/ 발육기 → 자라는 때/ 발육부전 → 제대로 못자람/ 발육사료 → 키움먹이·자람먹이/ 발육 최성기 → 한창 자랄 때　[發育]
발자욱·발자죽	**발자국**
발족	**첫발내디딤·뜸·생김**　〔보기〕발족하다 → 시작하다·첫발 내딛다·(단체 따위가) 뜨다/ 신당 발족 → 새당 뜸/ 발족시키다 → 띄우다·세우다　[發足]
발주	**주문 냄·맞춤**　〔보기〕발주하다 → 주문하다·맞추다/ 발주량 → 주문량/ 발주처 → 주문낸데/ 공사 발주 → 공사 주문 ▷ 수주 → 주문받음/ 수주하다 → 주문받다·따내다/ 아웃소싱 → 외주　[發注]
발차	**차떠남**　〔보기〕발차하다 → 차 떠나다/ 발차 시각 → 차 떠나는 시각/ 개문 발차 → 문 연 채 떠남　　▷ 정차 → 차 세움·차 섬　[發車]
발췌	1. **뽑아냄·가려뽑음** 2. **뛰어남**　〔보기〕발췌하다 → 1. 뽑아내다·가려뽑다·골라내다 2. 뛰어나다/ 발췌문 → 뽑은 글/ 발췌안 → 뽑아낸 안건　[拔萃]
발치	**이뽑기**　〔보기〕발치하다 → 이 뽑다/ 발치설화 → 이뽑기 얘기　[拔齒]
발코니	난간　▷ 베란다 → 난간·퇴　[영 balcony]
발탁	**뽑아씀·뽑아올림**　〔보기〕발탁하다 → 뽑아올리다·뽑아쓰다/ 발탁되다 → 뽑히다/ 발탁 인사 → (특별히) 뽑아 씀 ▷ 천거하다 → 추천하다　[拔擢]
발탈	**뽑아냄**　〔보기〕발탈하다 → 뽑아내다　[拔脫]
발파	**터뜨림·터짐**　〔보기〕발파하다 → 터뜨리다/ 발파장치 → 터뜨림 장치/ 발파공 → 폭약구멍/ 발파작업 → 터뜨리기 [發破]
발포	**쏨**　〔보기〕발포하다 → 쏘다/ 발포명령자 → 쏘라고 시킨이/ 발포자 → 쏜사람　[發砲]
발한	**땀남·땀냄**　〔보기〕발한하다 → 땀나다·땀내다/ 발한제 → 땀약/ 발한요법 → 땀내기 치료/ 발한욕 → 땀미역　　▷ 취한 → 땀내기　[發汗]
발행	**펴냄·냄**　〔보기〕발행하다 → 내다·펴내다/ 발행인 → 펴낸이/ 발행처 → 펴낸데/ 발행고 → 펴낸 액수/ 발행소 → 펴낸데/ 신문 발행 → 신문내기　　▷ 발간·간행 → 펴냄·박음·펴냄　[發行]
발현	**드러남(냄)·나타남(냄)**　〔보기〕발현하다 → 나타나(내)다·드러나(내)다　[發顯]

발호	날뜀 〔보기〕발호하다 → 날뛰다/ 도둑이 발호하여 민심이 흉흉하니 → 도둑이 날뛰어 민심이 어지러우니 〔跋扈〕
발화	불남·불냄 〔보기〕발화하다 → 불나다·불내다/ 발화점 → 불붙는 온도 ▷ 점화 → 불켬·불붙임 〔發火〕
발회	개장·엶 〔보기〕발회하다 → 모임 열다 ▷ 납회 → 파장 모임 〔發會〕
발효	효력 생김·보람 남·성금 남 〔보기〕발효하다 → 효력 나다·내리다·내다/ 파랑주의보가 발효중이다 → 파랑주의보가 내렸다 〔發效〕
발효	뜸·띄우기 〔보기〕발효하다 → 뜨다/ 발효시키다 → 띄우다 〔醱酵〕
발휘	떨쳐냄·드러냄 〔보기〕발휘하다 → 떨치다·드러내다·떨쳐보이다/ 실력 발휘 → 실력 떨침 〔發揮〕
발흥	(불끈) 일어남·성해짐 〔보기〕발흥하다 → 일어나다·성해지다 ▷ 발호 → 날뜀 〔勃興〕
밧데리	배터리·축전지 〔영 battery〕
방광	오줌보·오줌통 〔膀胱〕
방기	내버림·버려둠 〔보기〕방기하다 → 내버리다·버려두다·돌보지 않다 〔放棄〕
방까(카)이·반까이	돌이킴·만회 〔보기〕방까이하다 → 돌이키다·만회하다 〔일 挽回·ばんかい〕
방년	꽃다운 나이·젊은 나이 〔芳年〕
방뇨	오줌 눔 〔보기〕방뇨하다 → 오줌 누다/ 노상 방뇨 → 길오줌 〔放尿〕
방대	큼·많음 〔보기〕방대하다 → 많다·커다랗다·크다·엄청나다/ 방대히 → 엄청나게·많이/ 방대한 양 → 많은 양 ▷ 막대하다 → 많다 〔尨大〕
방도	길·방법 〔보기〕어찌할 방도가 없다 → 어찌할 길이 없다/ 방도를 찾다 → 길을 찾다/ 방도를 세우다 → 방법을 찾다 〔方道·方途〕
방돌	구들장
방랑	떠돎 〔보기〕방랑하다 → 떠돌다/ 방랑객(자) → 떠돌이/ 방랑시인 → 떠돌이시인 〔放浪〕
방만	엉성함·되는 대로임·제멋대로임 〔보기〕방만하다 → 엉성하다·제멋대로다/ 일을 방만히 벌여놓기만 하다 → 일을 마냥 벌여놓기만 하다 〔放漫〕
방면	놓아줌·풀어줌 〔보기〕방면하다 → 놓아주다·풀어주다·내보내다 ▷ 석방 → 놓아줌·풀어줌/ 구치 → 잡아

	가둠 [放免]
방목	놓아먹임 〔보기〕방목하다 → 놓아먹이다 · 놓아기르다 ▷ 방축하다 · 방사하다 → 놓아 기르다(치다)/ 목축지 → 놓아먹이는 데/ 계목 → 매어기르기 [放牧]
방문	찾아봄 〔보기〕방문하다 → 찾아보다/ 방문객 → 손님 · 찾아온 이/ 방미 → 미국 감 · 미국 찾음 [訪問]
방방곡곡	곳곳이 · 구석구석 [坊坊曲曲]
방부	썩음막이 〔보기〕방부제 → 썩음막이약 · 안 썩을 약/ 방부제 무첨가 → 방부제 안씀 [防腐]
방불	비슷함 · 그럴 듯함 〔보기〕방불하다 → 비슷하다 · 그럴 듯하다/ 실전을 방불케 하다 → 실전과 비슷하다 [彷彿]
방사	놓아먹임 〔보기〕방사하다 → 놓아먹이다 · 놓아기르다 · 놓아치다 ▷ 방목하다 → 놓아먹이다 [放飼]
방석	깔개 ▷ 좌욕 → 깔개/ 자부동 → 깔개 [方席]
방성대곡	목놓아 욺 ▷ 대성통곡 → 큰소리로 욺 [放聲大哭]
방수	물막음 〔보기〕방수하다 → 물막다/ 방수복 → 물막이옷/ 방수층 → 물(기)막이층/ 방수제 → 물막이둑 [防水]
방습	습기 막음 〔보기〕방습하다 → 습기(물기) 막다/ 방습제 → 습기막이약 [防濕]
방심	마음놓음 〔보기〕방심하다 → 마음놓다 · 긴장 풀다 · 정신 안 차리다/ 방심은 금물이다 → 마음 놓지 말라 ▷ 안심 → 마음놓음/ 산심 → 마음흩음 [放心]
방아간	방앗간 [-間]
방안	계획 · 방법 [方案]
방안지	모눈종이 [方眼紙]
방약무인	저밖에 없음 · 어렴성 없음 · 건방짐 [傍若無人]
방어	막음 · 막아냄 〔보기〕방어하다 → 막아내다 · 막다 ▷ 공격 → 침 [防禦]
방언	사투리 · 시골말 · 지방말 · 고장말 〔보기〕방언경계선 → 사투리경계선/ 방언군 → 사투리떼 ▷ 표준말 [方言]
방위	막아지킴 〔보기〕방위하다 → 막아지키다/ 방위산업 → 군수산업/ 국토방위 → 나라지키기/ 방위비 · 국방비 → 나라지킬돈 · 나라지킬 비용 [防衛]
방임	내버려둠 · 내맡겨둠 〔보기〕방임하다 → 내버려두다 · 내맡겨두다/ 자유방임 → 그냥 내버려둠 · 내버려둠 [放任]
방자하다	버릇없다 · 후레스럽다 · 시건방지다 · 발칙하다 〔보기〕방자한 행동 → 버릇없는 행동 [放恣-]
방제	막음 〔보기〕방제하다 → 막아 없애다/ 항공방제 → 비행

ㅂ

	기로 약침/ 병충해 방제 → 병충해 막기　[防除]
방조	거듦·도움·부추김　〔보기〕방조하다 → 거들다·돕다　[幇助]
방조제	갯둑　▷ 방파제 → 물결막잇둑　[防潮堤]
방종	막놂　〔보기〕방종하다 → 막놀아나다　[放縱]
방지	막음　〔보기〕방지하다 → 막다/ 미연에 방지하다 → 미리 막다/ 방지책 → 막을꾀　▷ 억지·억제 → 막음·누름　[防止]
방차	물레　[紡車]
방책	꾀·방법　[方策]
방청	곁듣기　〔보기〕방청하다 → 듣다·곁에서 듣다/ 방청객 → 듣는이/ 방청권 → 들을표　[傍聽]
방축	놓아기름　〔보기〕방축하다 → 놓아기르다　[放畜]
방출	내놓음·내보냄　〔보기〕방출하다 → 내보내다·내놓다· 풀어내다·내뿜다/ 정부미 방출 → 정부쌀 풂　[放出]
방출	내쫓음　〔보기〕방출하다 → 내쫓다/ 방출당하다 → 내쫓기다　▷ 퇴출하다 → 물러나다/ 퇴출시키다 → 내보내다　[放黜]
방치	내버려둠　〔보기〕방치하다 → 내버려두다·그대로 두다/ 노상 방치 → 길에 버려둠　[放置]
방카슈랑스· 방카쉬랑스	은행보험·은행연계보험　[프 bancassurance]
방편	임시방법·수단　[方便]
방풍	바람막음·바람막이　〔보기〕방풍림 → 바람막이숲/ 방풍장 → 바람막이울/ 방풍창 → 바람막이창　[防風]
방향	편·쪽·갈쪽　〔보기〕방향타 → 방향키·키/ 방향을 잡다 → 갈쪽을 정하다/ 방향감각 → 쪽느낌·쪽감각　[方向]
방호	막아지킴　〔보기〕방호하다 → 막아지키다　[防護]
방화	화재막기·화재예방·불막기　〔보기〕방화대책 → 불조심대책/ 방화선 → 산불저지선/ 방화전·소화전 → 불물꼭지　▷ 소방 → 불끄고막기/ 진화·소화 → 불끄기　[防火]
방화	국산 영화·우리(나라) 그림　[일 邦畵]
방화	불놓기·불지름　〔보기〕방화하다 → 불놓다·불지르다/ 방화자 → 불지른이　▷ 점화 → 불켜기·불붙이기/ 진화 → 불끄기　[放火]
방황	헤맴·떠돎　〔보기〕방황하다 → 헤매다·떠돌다　[彷徨]
밭때기	1. 밭뙈기　2. 밭떼기　※'밭떼기'는 밭작물을 모개로 거래하

는 홍정을 뜻함.   〔보기〕마늘을 밭떼기로 사다   ▷ 차떼
기

밭이다·밭치다 ※앞엣것은 자·타동사 두루 쓰이는 말로, '받음을 당하다'
'받게 하다'의 뜻. 뒤엣것은 타동사로만 쓰이며, 걸러서 받아내
다는 '받다'의 힘줌말이다.   〔보기〕막걸리를 체에 밭다/ 물
을 많이 부어야 막걸리가 체에 잘 밭인다/ 막걸리를 체에 밭
쳐 찬 곳에 둔다

밭짱다리 **밭장다리** ▷ 안짱다리·번정다리·뻗정다리   ※밭장·
안짱에서 장·짱으로 일치하지 않는다.

배 1. 갑절 2. 곱절   〔보기〕인구가 배나 늘다 → 인구가 갑절
이나 늘다/ 월급이 세 배로 늘다 → 월급이 세 곱절로 늘다/
두배 → 갑절 〔倍〕

배가 **갑절 늘림**   〔보기〕배가하다 → 갑절 늘리다·보태다/ 독자
배가운동 → 독자 갑절 늘리기 운동 〔倍加〕

배거 누·루 〔영 bagger〕

배격 **물리침·제침**   〔보기〕배격하다 → 물리치다/ 친일파를 배
격하다 → 친일파를 물리치다/ 기회주의를 배격하다 → 기회
주의를 물리치다 〔排擊〕

배경 1. 뒷경치 2. 뒷심·셋줄·울 3. 건더기   〔보기〕배경이 좋
다 → 1. 뒷경치가 좋다 2. 셋줄이 좋다/ 정치적 배경 → 정
치적 울/ 사상적 배경 → 사상적 건더기   ▷ 백 → 뒤·뒷
줄 〔背景〕

배급 **별러줌·나눠줌**   〔보기〕배급하다 → 나눠주다·별러주
다·돌라주다/ 식량 배급 → 먹거리 나눠주기   ▷ 보급 →
대어줌 〔配給〕

−배기 ※맞춤법 54항에서 '배기'로 소리날 때는 '배기'로, 한 형태소
안의 'ㄱ, ㅂ' 받침 뒤에서 '빼기'로 소리날 때는 '배기'로, 다른
형태소 뒤에서 '빼기'로 소리나면 '빼기'로 적는다고 규정하고
있다.   〔보기〕꽈배기·닭둑배기·얽둑배기·느루배기·
얼룩배기·맞배기·밥배기·육자배기·나이배기·얽배기·
닭족배기·주정배기·대짜배기·혀짤배기·악착배기·억척
배기·코배기·양코배기·탁배기·물통배기·뚝배기·옹배
기·왜배기·자배기·밥자배기·옹자배기·포배기·학배
기·코쫑배기·귀퉁배기   ※표준어규정 제26항 복수표준
어 보기에는 '언덕배기'와 '언덕바지'를 같이 올려쓰게 하였다.
따라서 일부 사전에 나와 있는 '언덕빼기'는 잘못 적은 것이
다.

배너 띠·막대   〔보기〕배너광고 → 띠광고·막대광고 〔영

	banner]
배념하다	생각해주다·걱정해주다·마음써주다　▷ 배려하다 → 마음 써주다　[配念-]
배뇨	오줌누기·오줌빼기　〔보기〕배뇨시설 → 오줌받이　[排 尿]
배달	갖다줌　〔보기〕배달하다 → 갖다주다·날라주다/ 가정배 달 → 집배달·집에 갖다줌　▷ 택배 → 집배달　[配達]
배달나무	박달나무
배당	몫·벼름·나눔　〔보기〕배당하다 → 나누다/ 배당금 → 벼 름몫·벼름돈　[配當]
배당율	배당률　※본음이 '렬' '률'인 한자어는 모음으로 끝나거나 받침이 'ㄴ'으로 끝나는 말 뒤에서만 '열·율'로 적는다.　[配 當率]
배덕	도덕에 어그러짐·은혜 모름　〔보기〕배덕하다 → 은혜 모르 다/ 배덕자 → 도리 없는 놈　[背德]
배려	염려해줌·마음써줌　〔보기〕배려하다 → 염려해주다·마 음써주다/ 특별 배려 → 특히 마음써줌/ 지나친 배려 → 넘치 는 염려/ 당국의 세심한 배려가 요청된다 → 당국에서 꼼꼼히 마음써주어야겠다·당국의 세심한 배려가 필요하다　[配 慮]
배면	등면·뒷면　▷ 후면 → 뒷면/ 전면 → 앞면/ 측면 → 옆면 [背面]
배물	쓰레기　▷ 배설물 → 똥오줌　[排物]
배반	어긋남·어그러짐　〔보기〕이율배반 → 서로 어긋나는 두 명 제(관계)　[背反]
배반	등짐·돌아섬·저버림　〔보기〕배반하다 → 돌아서다·등 지다·저버리다/ 배반자 → 등진이　▷ 면종복배 → 겉으 로는 굽히고 속으로는 저버림　[背叛]
배변	똥눔·오줌눔　[排便]
배부	나눠줌·돌라줌　〔보기〕배부하다 → 나눠주다·돌라주다 ▷ 배포하다 → 나눠주다·뿌리다　[配付]
배분	나눔　〔보기〕배분하다 → 나누다　▷ 분배 → 나눔　[配 分]
배불뚜기·배불룩이	배불뚝이
배상	삼가 올림　[拜上]
배상	물어줌　〔보기〕배상하다 → 물어주다·물어내다/ 배상금 → 무는 돈/ 배상 의무 → 물 의무　▷ 보상 → 물어줌/ 변 상·판상 → 묾·갚음·빚갚힘　[賠償]

배색	빛어우름·빛깔 어울림·빛깔 맞춤 〔보기〕배색하다 → 빛깔을 어우르다·빛깔을 섞다/ 배색이 좋다 → 빛깔 어울림이 좋다 〔配色〕
배서	뒷보증·뒷면 적발 〔보기〕배서하다 → 뒷보증하다·뒷면에 적다/ 배서인 → 뒷보증인 ▷ 이서 → 뒷보증·뒷다짐·배서 〔背書〕
배석	곁모심·함께 자리함·곁에 앉음 〔보기〕배석하다 → 함께 자리하다/ 배석자 없이 → 단독으로·홀로 〔陪席〕
배속	별러붙임·나눠붙임·갈라붙임 〔보기〕배속하다 → 별러붙이다·갈라붙이다/배속시키다 → 배속하다·나눠붙이다 〔配屬〕
배수	갑절수 ▷ 약수 〔倍數〕
배수	물빼기 〔보기〕배수하다 → 물 빼다/ 배수공 → 물빼기 구멍/ 배수관 → 물빼기관/ 배수관거 → 물빼기 도랑/ 배수구 → 물빼기 도랑/ 배수도 → 물빼는 길 〔排水〕
배수	받음·삼가 받음 〔보기〕배수하다 → 받다 〔拜受〕
배아	씨눈 ▷ 배 → 씨눈 〔胚芽〕
배알	봄 〔보기〕배알하다 → 뵙다·만나뵙다 ▷ 배오·면알 → 뵙다·만나뵙다 〔拜謁〕
배암	뱀
배양	가꾸기·기르기 〔보기〕배양하다 → 가꾸다·기르다/ 배양기(－基) → 기를밭/ 배양기 → 기르개/ 배양액 → 기르는 물/ 배양토 → 거름흙/ 세균 배양 → 세균 기르기/ 실력배양 → 실력쌓기 〔培養〕
배역	맡은 구실·노릇 〔配役〕
배열	벌여놓기·별러놓기·차례맞춤 〔보기〕배열하다 → 벌여놓다·늘어놓다/ 배열차례 → 벌임차례/ 배열방식 → 벌임방식 ▷ 나열 → 벌임·늘어놓음 〔排列·配列〕
배워주다	가르쳐주다·가르치다 ※배우는 사람과 가르치는 사람이 다르므로 쓰는 말도 다르다.
배유	배젖·씨젖 〔胚乳〕
배은망덕	은혜 모름·은혜 저버림 〔보기〕배은망덕한 놈 → 은혜도 모르는 놈 〔背恩忘德〕
배이다	배다 〔보기〕물기가 배이다 → 물기가 배다/ 배여 → 배어 ▷ 메이다 → 메다/ 개이다 → 개다
배전	전보다 더·더욱·더 한층 〔보기〕배전의 애호를 바랍니다 → 더 한층 사랑해 주시기 바랍니다/ 배전의 노력 → 한층 더한 노력·더욱 힘씀 〔倍前〕

배정	벼름 · 몫나눔　〔보기〕배정하다 → 벼르다 · 몫나누다/ 인원배정 → 인원나누기/ 숙소를 배정하다 → 숙소를 정해주다 〔配定〕
배정	갈라붙임 · 갈라서 벌여놓음 · 별러매김 · 별러붙임　〔보기〕배정하다 → 갈라 붙이다 · 별러 붙이다　▷ 할당 → 노느매기/ 분배 → 노늠 · 나눔　〔排定〕
배제	제침 · 제쳐버림 · 뺌 · 물리침 · 없앰　〔보기〕배제하다 → 제치다 · 제쳐두다 · 빼다 · 빼놓다 · 빼버리다/ 배제시키다 → 배제하다/ 광주비행장에서 본인을 배제한 채 최종작전 결행 명령을 시달할 때 → ~ 나를 제쳐둔 채 최종작전 결행 명령을 내릴 때/ 유신헌법이 국정감사 기능을 배제하였다 → ~ 기능을 빼어버렸다/ 씨뿌려졌을 가능성을 배제할 수는 없다 → 씨뿌려졌을 가능성도 있다/ 타살의 가능성도 배제하지 않고 수사를 펴고 있다 → 타살됐을 수도 있다고 보고 수사를 ~/ '불놀이'에서는 지금까지의 생경한 문투가 최대한으로 배제되었다 → 지금까지의 낯선 글투가 아주 많이 사라졌다/ 공소시효의 적용을 배제함으로써 → 공소시효 적용 대상에서 뺌으로써 · 적용을 하지 않음으로써/ 의외의 결과도 배제할 수 없다 → 뜻밖의 결과가 나올 수도 있다/ 공소시효 적용이 배제되도록 → ~ 적용이 되지 않도록 · ~에서 빠지도록/ ~을 배제하지 않았다는 점 → ~을 빼놓지 ~　〔排除〕
배지	표 · 휘장　▷ 뱃지 · 뺏지 → 배지　〔영 badge〕
배지	뒷장　〔背紙〕
배차	물레　▷ 녹로 → 물레　〔坏車〕
배척	물리침　〔보기〕배척하다 → 물리치다/ 배척 사유 → 물리칠 사유/ 외국제 배척운동 → 외국제 안사기 · 안쓰기 · 안들여오기　▷ 배빈 · 척빈 → 물리침　〔排斥〕
배출	내보냄　〔보기〕배출하다 → 내보내다/ 배출구 → 내보내는 구멍　〔排出〕
배출	길러냄 · 길러내보냄　〔보기〕인재 배출 → 인재 내보냄 · 인재 길러냄　〔輩出〕
배치	어긋남　〔보기〕배치하다 → 어긋나다/ 상호 배치하는 주장 → 서로 어긋나는 주장/ 배치되다 → 어긋나다　▷ 상치하다 → 어긋나다　〔背馳〕
배터	타자 · 치는이　〔보기〕배터 러너 → 타석 주자/ 배터 박스 → 타자석　〔영 batter〕
배터리	축전지　▷ 밧데리 → 배터리 · 축전지　〔영 battery〕
배토	북주기 · 흙 북돋기 · 북돋우기　〔培土〕

배트	방망이 〔영 bat〕
배팅	치기·때리기　　〔보기〕 배팅하다 → 때리다·휘두르다/ 배팅 오더 → 타순　　▷ 베팅하다 → 걸다·내기하다 〔영 batting〕
배포	퍼뜨림·돌라줌·널리펌·뿌림　　〔보기〕 배포하다 → 퍼뜨리다·두루 펴다·돌라주다·나눠주다·뿌리다/ 전단을 배포하다 → 전단을 나눠주다(뿌리다)/ 배포 범위 → 돌릴 범위　▷ 살포 → 뿌림 〔配布〕
배합	섞음·어울러 맞춤　　〔보기〕 배합하다 → 섞다·어울러 맞추다·섞어 합치다/ 배합사료 → 섞음먹이/ 배합기 → 섞음기계/ 배합비 → 섞음비율/ 배합비료 → 섞음비료　　▷ 종합 → 모아합침·뭉뚱그림 〔配合〕
배후	1. 뒤쪽·등뒤　2. 뒷조종자　　〔보기〕 배후에서 습격하다 → 뒤에서 치다/ 배후 조종자를 밝히라 → 숨어서 조종하는 이를 밝히라/ 배후가 있다 → 뒷조종자가 있다 〔背後〕
백	알림·사룀·아룀　　〔보기〕 현장소장 백 → 현장소장 알림 〔白〕
백	1. 뒤·배경　2. 후원자　3. 수비수　　〔보기〕 백그라운드 → 배경·뒷면/ 백넘버 → 등번호/ 백네트 → 뒷그물/ 백데이터 → 참고자료/ 백미러 → 뒷거울·뒤살핌거울/ 백보드 → 농구판·뒤판/ 백스텝 → 물러서기·뒷걸음/ 백스톱(네트) → 뒷그물/ 백스트로크 → 송장혜엄(배영)·등혜엄/ 백스페이스키 → 뒷글쇠/ 백업 → 뒷받침·저장·여벌·여벌받기/ 백업파일 → 여벌(기록)철/ 백 차지 → 뒷방해/ 백플레인 → 뒤판/ 백패스 → 뒤로 주기/ 백토스 → 뒤로 올려주기/ 백태클 → 뒤덤비기/ 백이 든든하다 → 뒷배가 든든하다 〔영 back〕
백	가방·자루 〔영 bag〕
백구	갈매기 〔白鷗〕
백단	온갖(일의) 실마리 〔百端〕
백대하증	냉증 〔白帶下症〕
백로	해오라기　　▷ 노사·사금 → 해오라기/ 백조 → 1. 고니　2. 해오라기 〔白鷺〕
백말	흰말　　▷ 흑말 → 검정말　　※'흰말'을 표준말로 친다. 〔白-〕
백망중	몹시 바쁜 가운데·썩 바쁜 때 〔百忙中〕
백모	큰어머니　　〔보기〕 숙모 → 작은어머니/ 백부 → 큰아버지/ 숙부 → 작은아버지 〔伯母〕
백묵	분필 〔白墨〕

백미	으뜸 〔白眉〕
백미	입쌀·흰쌀 ▷ 현미·조미 → 매조미쌀 〔白米〕
백반	흰밥·쌀밥 〔白飯〕
백반	흰무늬 〔보기〕 백반병 → 흰무늬병/ 백반증 → 흰무늬증 〔白斑〕
백백	알잣 〔白栢〕
백병전	맞붙은(어) 싸움·육탄전·몸싸움 〔白兵戰〕
백부	큰아버지·첫째아버지 ▷ 중부 → 둘째아버지/ 백모 → 큰어머니/ 숙모 → 작은어머니 〔伯父〕
백분	흰가루 〔白粉〕
백분	1. 백으로 나눔 2. → 충분히·잘 〔보기〕 백분비·백분표·퍼센티지 → 백분율(%) ▷ 십분 → 충분히·잘/ 백분률 → 백분율 〔百分〕
백사	온갖일·여러 일 ▷ 만사 → 온갖일 〔百事〕
백사	흰모래 〔보기〕 백사장 → 모래톱·흰모래밭 〔白沙〕
백색	흰빛·흰빛깔 ▷ 흑색 → 검정빛·검은빛 ※'백색테러·적색테러'에서처럼 각각 자본가와 무산자를 뜻하는 빛깔로 쓰이기도 한다. 〔白色〕
백서	알림글·(종합)보고서 〔白書〕
백쇄미	싸라기 〔白碎米〕
백안시	업신여겨봄·업신여김 〔보기〕 백안시하다 → 업신여기다·흘겨보다 〔白眼視〕
백양	1. 사시나무 2. 황철나무 3. 은백양 〔白楊〕
백업	뒷받침·갈무리·베끼기·여벌받기 〔보기〕 백업 파일 → 여벌(기록)철·복사 파일/ 백업 시스템 → 뒷받침(보완)장치 〔영 backup〕
백열전	불뿜는 싸움 〔白熱戰〕
백의	1. 흰옷·베옷 2. 평민 〔白衣〕
백일장	글짓기대회 〔白日場〕
백일하에	세상에·대낮에·세상 다 알게 〔보기〕 그의 비리가 백일하에 드러나다 → 그의 비리가 세상에 드러나다 〔白日下-〕
백주	대낮 〔보기〕 백주에 → 대낮에·멀건 대낮에·아무 까닭 없이 〔白晝〕
백죽	흰죽 ※한자말을 버리고 흰죽을 표준말로 친다. 〔白粥〕
백중	비금비금함·어금버(지)금함·빅 〔보기〕 백중하다 → 비금비금하다·어금지금하다/ 백중세 → 비금비금세·빅세 〔伯仲〕
백지화	백지로 돌림·백지되기·없던 일로 하기 〔보기〕 백지화하다

→ 없었던 일로 하다 · 백지로 돌리다/ 내각제 당론을 백지화
하다 → 내각제 당론을 버리다 · ~ 을 없던 일로 하다 ［白紙
化］

백출	삽주뿌리 ［白朮］
백태	흰콩　▷ 흑태 → 검은콩 ［白太］
백피	흰껍질 ［白皮］
백학	두루미 ［白鶴］
백합	나리　〔보기〕백합과 → 나릿과 ［百合］
백형	맏형　▷ 백씨 → 맏형/ 중형 · 중씨 → 둘째형 ［伯兄］
백화	자작나무 ［白樺］
밴드	1. 악대 · 악단 · 합주단　2. 띠　〔보기〕밴드마스터 → 악장 · 수석연주자/ 밴드맨 → 악사/ 밴디지 → 붕대 ［영 band］
밴디지	붕대 ［영 bandage］
밸런스	균형 · 조화 · 어울림 · 고름　〔보기〕언밸런스→불균형 · 안어울림　▷ 바란스 → 밸런스/ 밸렌스 → 밸런스 ［영 balance］
밸류에이션	평가가치 ［영 valuation］
밸브	날름쇠 · 진공관 ［영 valve］
뱅크	은행 · 금고　▷ 아이디어뱅크→ 꾀통/ 뱅커 → 은행원 · 은행가 ［영 bank］
뱉아	뱉어　※줄기의 끝모음이 ‘ㅏ · ㅗ’일 때는 어미를 ‘－ 아’로 적고, 그밖의 모음일 때는 ‘－ 어’로 적는다.(맞춤법 제16항) 〔보기〕뱉았다 → 뱉었다/ 내뱉아 → 내뱉어/ 얇어 → 얇아
버그	벌레 · 오류 · 잘못 ［영 bug］
버너	불통　〔보기〕가스버너 → 가스불통　▷ 바나 → 버너 ［영 burner］
버라이어티 쇼	호화쇼 ［영 variety show］
버러지다	벌어지다
버블	거품(현상)　〔보기〕부동산 버블 → 부동산 거품 ［영 buble］
버스트	1. 흉상 · 반신상　2. 가슴 · 가슴둘레　〔보기〕버스트 라인 → 가슴둘레　▷ 바스트 → 버스트 ［영 bust］
버저	초인종 · 삑단추　〔보기〕버저 비터→ 종료골　▷ 부자→ 버저 · 삑단추 ［영 buzzer］
버전	판　〔보기〕한글 3.1버전 → 한글 3.1판 ［영 version］
버클	띠쇠 · 허리띠쇠　▷ 바클 → 버클 ［영 buckle］
버킷	양동이 · 통　▷ 바께스 → 양동이 ［영 bucket］
버튼	단추 · 누름단추　〔보기〕버튼홀 → 단춧구멍　▷ 버저 →

초인종 · 삑단추 [영 button]

버팅	머리받기 ※권투에서 반칙의 하나. [영 butting]
번뇌	괴로움 · 애탐 〔보기〕 번뇌하다 → 괴로워하다/ 번뇌 망상 → 애탐과 헛된 생각 [煩惱]
번들링	묶음판매 · 끼워팔기 [영 bundling]
번민	괴로움 · 애달픔 · 답답함 〔보기〕 번민하다 → 괴로워하다 ▷ 번만 · 번원 → 괴로움 · 애달픔 [煩悶]
번번히	번번이 · 때마다 〔보기〕 번번히 실패하다 → 때마다 실패하다 · 번번이 ~ ▷ 빈번히 → 자주 [番番 -]
번복	뒤집음 · 뒤침 〔보기〕 번복하다 → 뒤집다 · 뒤쳐 엎다/ 말을 자주 번복하는 정치인은 믿음성이 없다 → 말을 자주 뒤집는 정치인은 믿음성이 없다/ 증언을 번복하다 → 증언을 뒤집다 [飜覆]
번식	퍼뜨림 · 퍼짐 · 불음 〔보기〕 번식하다 → 퍼지다 · 씨가 퍼지다 · 퍼뜨리다 ▷ 번육 · 산식 → 퍼뜨림 · 불음/ 번식률 → 퍼짐율 · 불음율 [繁殖]
번안	1. 결의(안건) 뒤집음 2. 뒤쳐 지음 · 베껴 지음 〔보기〕 번안하다 → 1. 결의(를) 뒤집다 2. 뒤쳐짓다/ 번안소설 → 뒤친소설 · 베낀소설 [飜案]
번의	뜻바꿈 · 뜻뒤집음 · 뜻돌림 〔보기〕 번의하다 → 뜻바꾸다/ 번의를 거듭하다 → 거듭 뜻을 뒤집다 [飜意]
번잡하다	번거롭다 ▷ 번다하다 → 번거롭고 많다/ 도시의 번잡함을 피하여 시골로 가다 → 도시의 번거로움을 피하여 ~ [煩雜 -]
번트	살짝대기 ※야구 말. 〔보기〕 스퀴즈 번트 → 짜내기 번트 [영 bunt]
벌거지 · 벌러지	버러지 · 벌레
벌근	그루터기 [伐根]
벌기령	벨나이 [伐期齡]
벌서다	벌쓰다 〔보기〕 벌을 섰다 → 벌을 썼다 ▷ 벌쓰다 · 벌받다 · 벌씌우다 · 벌주다
벌채	나무베기 〔보기〕 벌채하다 → 나무를 베내다 ▷ 벌목 → 나무베기/ 벌목꾼 → 나무베기꾼/ 벌목부 → 벌목꾼 · 나무베기꾼 [伐採]
벌크	1. 부피 · 용적 2. 무더기짐 · 맨짐 〔보기〕 벌크선 → 맨짐배/ 벌크 판매 → 무더기 판매 · 포장 않고 팔기 [영 bulk]
범국민운동	온국민운동 · 국민운동 [汎國民運動]
범람	넘쳐흐름 〔보기〕 범람하다 → 넘쳐 흐르다 · 넘치다 · 많이

ㅂ

나돌다/ 외국물품이 범람하다 → 외국물품이 넘쳐나다/ 하류가 범람할 우려가 높다 → 하류가 넘칠 위험이 있다　▷ 시위　[氾濫]

범례	일러두기・보기　[凡例]
범백사	온갖 일　▷ 백사・만사 → 온갖일　[凡百事]
범부	보통사람・보통내기　▷ 범인 → 보통사람　[凡夫]
범사	1. 온갖(모든) 일　2. 보통일・예삿일　[凡事]
범선	돛단배・돛배　[帆船]
범위	테두리・얼안　▷ 범주 → 테두리・얼안・부류/ 광범위하다 → 너르다/ 광범하게 → 널리/ 광범위한 교역 대상국들에 내부시장 개방을 요구하는 → 많은 ~　[範圍]
범의	범할 뜻・저지를 뜻　▷ 고의 → 일부러/ 범인성 → 범죄의 원인이 되는　[犯意]
범인	보통사람・예삿사람　▷ 범부 → 보통사람　[凡人]
범장	돛・돛대　[帆裝]
범접	닿음・얼씬함・집적거림　〔보기〕범접하다 → 가까이 닿다・옆에 닿다・얼씬하다・얼씬거리다・집적거리다/ 범접하기 어려운 사람 → 가까이 가기 어려운 사람　[犯接]
범주	테두리・테안・부류・종류・범위　▷ 카테고리 → 테두리・부류/ 범위 → 테두리・얼안　[範疇]
범찰	절　[梵刹]
범칙	법 어김　〔보기〕범칙하다 → 법 어기다/ 범칙금 → 벌금・과태료　▷ 범법 → 법 어김　[犯則]
범포	돛천　[帆布]
범하다	1. 저지르다　2. 짓밟다　〔보기〕과오를 범하다 → 잘못을 저지르다/ 여자를 범하다 → 정조를 짓밟다　▷ 유린하다 → 짓밟다　[犯 -]
법면	비탈면・둑비탈　[法面]
법받다	본받다　※'본받다'를 표준말로 친다.　[法 -]
법썩	법석　〔보기〕법석을 떨다・법석을 벌이다・법석을 피우다・야단법석・법석대다・법석거리다・법석이다
법익	법이익　▷ 공익 → 공공이익/ 사익 → 사사이익　[法益]
벗나무	벚나무　▷ 버찌(열매)
벙커	1. 진지・진터　2. 배의 연료창고　▷ 참호・엄폐호　[영 bunker]
벙테기	벙테기
베낭	배낭　▷ 륙색 → 배낭　[背囊]
베니어	합판・얇은 판　▷ 베니야(베니다) → 베니어　[영

ㅂ

	veneer]
베드타운	잠동네 〔영 bed town〕
베따	바탕 〔보기〕베따구미 → 줄조판·붙여짜기/ 베따시로 → 먹판음각/ 베따즈리·베따인쇄 → 민판인쇄·바탕인쇄 〔일 べた〕
베란다	난간·퇴·물림 ▷ 테라스 → 난간·퇴 〔인 verandah〕
베레모	뚜껑모자·꼭지모자 〔프 beret＋帽〕
베스트	으뜸·최상·일류 〔보기〕베스트 드레서 → (옷)멋쟁이/ 베스트 멤버 → 주전선수/ 베스트 셀러 → 인기상품·잘 팔리는 책/ 베스트 텐 → 10대·10걸 〔영 best〕
베어링	축받이·굴대받이 ▷ 베아링 → 베어링 〔영 bearing〕
베이비	어린애·아기 〔보기〕베이비 콘테스트 → 우량아 뽑기/ 베이비시터 → 보모·애보개/ 베이비 푸드 → 아기밥·젖먹이밥/ 베이비부머 → 아이바람 세대/ 베이비 붐 → 아이(낳기)바람 〔영 baby〕
베이스	1. 기초 2. 모루 3. 누 〔보기〕베이스 드럼 → 큰북/ 베이스 러너 → 주자/ 베이스볼 → 야구/ 베이스 엄파이어 → 누심/ 베이스 터치 → 누 짚기·누 밟기 ▷ 배거 → 누·루 〔영 base〕
베이커리	빵·빵집·제빵 〔영 bakery〕
베일	장막·면사포 〔보기〕베일에 가려 있다 → 베일에 싸여 있다·장막에 가려져 있다 〔영 veil〕
베일에 쌓여 있다	베일에 싸여 있다 ※'쌓다'와 '싸다'는 다른 말이다.
베테랑	뛰어난 사람·노련한 이·숙련자 〔프 vétéran〕
베팅	겂·내기 〔보기〕베팅액 → 판돈/ 베팅하다 → (돈 따위를) 걸다 ▷ 배팅하다 → 때리다·휘두르다/ 올인 → 다 걸기·다 겂 〔영 betting〕
벤또	도시락 〔일〈弁当〉〕
벤처	모험·풀기 〔보기〕벤처 캐피털 → 모험자본/ 벤처기업 → 모험기업·풀기업·개척기업 〔영 venture〕
벤취	벤치 〔영 bench〕
벤치	1. (긴)걸상·의자 2. 감독석 3. 선수석 ※농구 또는 야구 말. 〔영 bench〕
벤치마킹	표준삼기·본받기·견주기·성능시험 〔영 bench marking〕
벨	1. 종·방울 2. 초인종 〔보기〕벨보이 → 객실안내원 ▷ 버튼 → 단추 〔영 bell〕
벨트	1. (허리)띠 2. 피대 〔보기〕벨트 라인 → (권투)허리띠선/ 벨트 루프 → 띠고리/ 그린벨트 → 녹지대·개발제한구역/

블루벨트 → 수자원보호구역·물밑천보호구역 [영 belt]

벼개	베개 〔보기〕돌베개·베갯머리·베갯모·베갯밑공사
벼라별·별아별	별의별·별별 [別~別]
벼란간	별안간·갑자기 ※'벼란간'을 '별안간'의 변한 말로 보는 사전도 있으나 아직 인정하지 않고 있다.
벽공	푸른하늘 ▷ 벽락·벽천·벽소 → 푸른하늘/ 청천·청공 → 푸른하늘 [碧空]
벽돌조 건물	벽돌집
벽두	첫머리 〔보기〕신년 벽두 → 새해 첫머리/ 회의 벽두부터 → 회의 첫머리부터 [劈頭]
벽력	벼락 〔보기〕뇌성벽력 → 천둥번개/ 청천벽력 → 날벼락 ▷ 낙뢰 → 벼락 [霹靂]
벽안	푸른눈·파랑눈 〔보기〕벽안의 미녀 → 푸른눈의 미녀 [碧眼]
벽지	외딴곳·두메 ▷ 오지 → 두메 [僻地]
벽지다	1. 궁벽하다 2. 외지다 [僻-]
벽촌	외딴 마을·구석진 마을 [僻村]
벽파	푸른 파도 [碧波]
벽화	벽그림 [壁畵]
변개하다	다르게 고치다 ▷ 변경 → 고침·바꿈/ 변역 → 변하여 바꿈 [變改-]
변경	변두리·국경땅 ▷ 변강·변계·변국·변방·변지·새방 → 국경땅·변두리 [邊境]
변경	바꿈 〔보기〕변경하다 → 바꾸다 [變更]
변모	변한 모습·모습 변함·바뀜 〔보기〕변모하다 → 바뀌다·변하다 ▷ 변용 → 변한 모습 [變貌]
변별	가림·분별 〔보기〕변별하다 → 가리다·분별하다/ 변별력 → 가릴심 [辨別]
변사	사고로 죽음·사고사·횡죽음·횡사 〔보기〕변사하다 → 사고로 죽다/ 변사체 → 사고주검 [變死]
변상	갚음·물어냄·판상 〔보기〕변상하다 → 갚다·물다 ▷ 판상하다 → 갚다·물다 [辨償]
변소	뒷간 ▷ 측간 → 뒷간 [便所]
변신	모양바꿈·꼴바꿈·틀바꿈·바꿈 〔보기〕변신하다 → 꼴바꾸다/ 변신에 능하다 → 꼴바꾸기를 잘하다 [變身]
변심	마음바뀜 〔보기〕변심하다 → 마음변하다·마음바꾸다/ 변심한 애인 → 맘바뀐 애인 [變心]
변온동물	찬피동물 ▷ 냉혈동물 → 찬피동물/ 정혈동물·온혈동물

→ 더운피동물 ［變溫動物］

변이 　　달라짐·달리됨 　〔보기〕변이하다 → 달라지다·달리되다/ 돌연변이 → 갑작달라짐 ［變異］

변장 　　딴차림·꾸밈 　〔보기〕변장하다 → 딴차림을 하다/ 변장술에 능하다 → 꾸미기를 잘하다·딴차림재주가 좋다 ［變裝］

변제 　　갚음·묾·판상 　〔보기〕변제하다 → 갚다·물다/ 변제기 → 갚는 기일·상환기일/ 변제받다 → 받다 　▷ 변상·판상·판제 → 갚음·묾 　※법률용어에서는 변상·변제·판상·판제 가운데 '판상'을 주로 쓰게 하였다. ［辨濟］

변조 　　고쳐만듦·달리 만듦 　〔보기〕변조하다 → 고쳐만들다·달리만들다 　▷ 위조하다 → 가짜를 만들다/ 변작하다 → 달리만들다 ［變造］

변질 　　변함 　〔보기〕변질하다 → 변하다/ 변질되다 → 변질하다·변하다/ 변질한 음식 → 변한 음식 ［變質］

변천 　　달라짐·바뀜 　〔보기〕변천하다 → 달라지다·바뀌다/ 변천되다 → 변천하다/ 변천사 → 달라진 역사/ 시대의 변천에 따라 → 시대가 달라짐에 따라 ［變遷］

변하다 　달라지다·바뀌다 　▷ 변화하다 → 변하다·달라지다 ［變 － ］

변형 　　꼴변함·변한꼴·형태바꿈 　〔보기〕변형하다 → 꼴바뀌다/ 변형되다 → 꼴이 바뀌다·형태가 달라지다/ 변형력 → 버틸심·응력 ［變形］

변화 　　달라짐·변함 　〔보기〕변화하다 → 달라지다·변하다/ 정치상황의 변화에 따라 → 정치상황이 달라지는 대로·정치상황 따라/ 변화하는 인간성 → 변하는 인간성·달라지는 인간성/ 변화하는 국제정세 → 달라지는 국제정세·변하는 ～/ 변화가 불가피하다 → 변할 수밖에 없다·어쩔 수 없이 변한다/ 북한의 태도변화를 전제로 한 것 → 북한이 태도를 바꿀 것을 전제로 한 것·북한이 태도를 바꾼다 치고 한 것/ 대변화 → 큰변화·큰달라짐/ 양적변화 → 양바뀜/ 질적변화 → 질바뀜 　▷ 개변 → 고쳐바꿈/ 변동 → 달라짐·고침·변함/ 변혁 → 뜯어고침 ［變化］

별갑 　　자라등딱지·자라껍데기 ［鱉甲］

별개 　　다른 것·딴것 　〔보기〕별개의 → 다른/ 이것과 저것은 별개다 → 이것과 저것은 다른 것이다 ［別個］

별거 　　따로 삶·헤어져 삶 　〔보기〕별거하다 → 따로 살다·헤어져 살다/ 별거상태 → 따로 사는 상태 　▷ 동거 → 같이 삶·

함께 삶 [別居]

별권	딴책·딸린권 〔보기〕 옛말·이두는 별권에 싣습니다 → 옛말·이두는 딴책에 싣습니다 ▷ 별책 → 딴책·딸린책 [別卷]
별기	따로 적음·딴적발 〔보기〕 별기하다 → 따로 적다 ▷ 본기 → 제기록/ 이기 → 딴적발·다른기록 [別記]
별단의	다른·특별한 〔보기〕 별단의 조처 → 특별한 조처 ▷ 특단 → 특별/ 특단의 → 특별한 [別段-]
별도	따로·딴 〔보기〕 별도로 → 따로 [別途]
별미	특별한 맛·색다른 음식·귀한 음식 [別味]
별미적다	별미쩍다 [別味-]
별반	1. 별다름 2. 별로·별다르게·별스레 [別般]
별송	따로 보냄 〔보기〕 별송하다 → 따로 보내다 [別送]
별아별	별의별 ▷ 벼라별 → 별의별 [別-別]
별지	딴종이·딴장 [別紙]
별책	딴책·딸린책·따로된 책 〔보기〕 별책부록 → 딸림책 붙임 ▷ 별권 → 딴책 [일 別册·べっさつ]
별천지	딴세상·딴천지 ▷ 별세계 → 딴세상 [別天地]
별첨	따로 붙임 〔보기〕 별첨하다 → 따로 붙이다/ 별첨한 서류 → 따로 붙인 서류 [別添]
별표	붙임표·딴표·다음표 [別表]
별항	딴항(목)·딴조항 ▷ 본항 → 본조항 [別項]
별행	딴줄·새줄·줄바꾸기 〔보기〕 별행하다 → 줄바꾸다 [別行]
병과	아울러 매김 〔보기〕 병과하다 → 아울러 매기다·아울러 선고하다 [일 倂科·へいか]
병급	함께 내줌 〔보기〕 병급하다 → 함께 내주다·아울러 내주다 [倂給]
병기	나란히 적음 〔보기〕 병기하다 → 아울러 적다·나란히 적다/ 병서 → 나란히 씀 [倂記]
병류	떡붙이 [餠類]
병립	나란히 섬 〔보기〕 병립하다 → 나란히 서다 [立立]
병마	질병·병고 [病魔]
병사	병으로 죽음 〔보기〕 병사하다 → 병으로 죽다/ 병몰 → 병으로 죽음 [病死]
병산	같이 셈함·함께 셈함 〔보기〕 병산하다 → 함께 셈하다(세다)·같이 셈하다/ 택시요금은 시간과 거리를 병산한다 → ~ 함께 셈한다 ▷ 합산 → 합쳐 셈함 [立算]

병설	꺼세움·곁들여세움·아울러 세움·함께베풂　　〔보기〕병설하다 → 꺼세우다　[竝設]
병암죽	떡암죽　※한자말을 버리고 고유어를 표준으로 함.　[餠－粥]
병용	아울러 씀　〔보기〕병용하다 → 아울러 쓰다·나란히 쓰다 ▷ 혼용 → 섞어 씀　[倂用]
병주	병든 포기　[病株]
병충	(병)벌레　▷ 해충 → 해론벌레/ 익충 → 이론벌레　[病蟲]
병합	합침·어우름　〔보기〕병합하다 → 합치다·어우르다/ 병합심리 → 아울러 심리　▷ 합병 → 합침·아우름/ 병합죄 → 경합범　[倂合]
병행	함께 함·나란히 감　〔보기〕병행하다 → 함께 하다·나란히 가다·아울러 행하다/ 병행하여 → 동시에·아울러·같이 [竝行]
보강	힘채움　〔보기〕보강하다 → 힘을 채우다(보태다)·튼튼히 하다　[補强]
보결	채움　〔보기〕보결하다 → 채우다/ 보결선거 → 채움선거 ▷ 보궐 → 채움　[補缺]
보곡공	골막이　[保谷工]
보관	맡김·맡음　〔보기〕보관하다 → 맡아두다·맡기다　[保管]
보궐	자리메움·채움　〔보기〕보궐선거 → 채움선거　[補闕]
보급	널리폄·퍼뜨림　〔보기〕보급하다 → 널리 펴다·퍼뜨리다 [普及]
보급율	보급률　[補給率]
보나스(뽀나스)	보너스·상여금　[〈영 bonus]
보너스	상여금·덤　▷ 사이닝 보너스 → 격려금·계약상여금 [영 bonus]
보니	보늬　※무늬·오늬·띄어쓰기·늴리리처럼 ‘ㅣ’로 소리 나는 경우가 있어도 ‘ㅢ’로 적는다.(맞춤법 제9항)
보다	좀더·더·더욱　※본래 토씨로만 쓰던 말을 부사로 바꾸어 쓰는 일이 많다. 이를 요새 나온 사전에서는 허용하고 있으나 우리 말맛을 내는 바람직한 변화가 아니다. 일본말‘より’을 번역한 말투라고도 한다.　〔보기〕보다 적극적인 → 더 적극적인/ 보다 많은 → 더 많은/ 보다 구체적으로 → 좀더 구체성 있게/ 보다 빨리 보다 높이 보다 힘차게 → 더 빨리 더 높이 더 힘차게/ 보다 설득력이 있는 → 더 설득력 있는/ 보다 강력한

	→ 더욱 강력한/ 보다 긴밀히 → 더욱 긴밀히/ 보다 나은 → 좀더 나은
보도	지도 〔보기〕보도하다 → 지도하다/ 직업보도 → 직업소개 〔輔導〕
보도	보배칼 ▷ 보검 → 보배칼 〔寶刀〕
보디	몸 〔보기〕보디가드 → 경호원/ 보디라인 → 체형·몸꼴/ 보디랭귀지 → 몸짓말/ 보디 블로 → 몸통치기(권투)/ 보디 아트 → 맨몸 예술·신체 예술/ 보디워크 → 몸놀림(권투)/ 보디체크 → (아이스하키)몸부딪기 방어/ 보디카피 → 광고 문안/ 보디케어 → 몸가꾸기/ 보디 페인팅 → 몸색칠 ▷ 바디 → 보디 〔영 body〕
보라빛	보랏빛
보루	(담배)포 〔일 盒·ボール〈영 board〕
보루박스	골판지상자·종이상자 〔일 ボール+영 box〕
보루방(반)	목공선반 〔일 ボールバン〈네 boor bank〕
보류	머물러둠·묵힘·미뤄둠 〔보기〕보류하다 → 머물러두다· 묵히다·남겨두다 ▷ 유보 → 미뤄둠 〔保留〕
보리풀꺾다	보리풀하다
보릿짚모자	밀짚모자
보링	뚫기·시추·고르기 〔보기〕보링하다 → 뚫다·시추하다 〔영 boring〕
보무당당하다	걸음걸이가 씩씩하다(버젓하다) 〔步武堂堂-〕
보복	앙갚음 〔보기〕보복하다 → 앙갚음하다·되갚다·분풀이 하다 〔報復〕
보상	갚음 〔보기〕보상하다 → 갚다 〔報償〕
보상	채워줌·메워줌 〔보기〕보상하다 → 채워주다·메워주다/ 피해보상 → 피해갚음/ 보상금 → 갚아주는돈 ▷ 배상하 다 → 물어주다/ 배상금 → 무는돈 〔補償〕
보상	봇짐장수 ▷ 부상 → 등짐장수 〔褓商〕
보상공	바닥막이 〔保床工〕
보섭·보십	보습
보수	예지킴·내림지킴·지킴 〔보기〕보수하다 → 지키다 ▷ 혁신·정신 → 새롭게 함/ 진보 → 나아감/ 변혁·개혁 → 뜯 어 고침 〔保守〕
보수	고침·손질함 〔보기〕보수하다 → 고치다·때워(기워) 고 치다·때우다·손질하다 〔補修〕
보수	삯·대가 〔報酬〕
보스	우두머리·대표 〔영 boss〕

보스톤	보스턴 ▷ 워싱톤 → 워싱턴 〔미 Boston〕
보식	메워심기 〔補植〕
보신	몸보함 〔보기〕 보신하다 → 몸을 보호하다 · 몸보하다 〔補身〕
보안공	기슭막이 〔保岸工〕
보여진다	보인다 ※이중으로 피동형을 만들어 쓸 일이 아니다.
보완	기움 · 채움 · 덧붙임 〔보기〕 보완하다 → 채우다 · 덧붙이다/ 보완작업 → 더하고 깁기 · 채우기 〔補完〕
보위	지킴 〔보기〕 보위하다 → 지키다 〔保衛〕
보유	가짐 · 지님 〔보기〕 보유하다 → 가지다 · 지니다/ 보유량 → 지닌분량 · 가진분량 〔保有〕
보육	돌봐기름 〔보기〕 보육하다 → 돌봐기르다 · 키우다 〔保育〕
보이	소년 〔보기〕 보이 스카우트 → 소년단/ 보이프렌드 → 남자친구 ▷ 걸 → 소녀 〔영 boy〕
보이콧	1. 거절 · 거부 · 배척 2. 물건 안사기 〔보기〕 보이콧하다 → 거절하다 · 불참하다 ▷ 보이코트 → 보이콧 〔영 boycott〕
보장	뒷받침 · 탈막음 〔보기〕 보장하다 → 뒷받침하다 · 탈막다/ 생계보장 → 살림뒷받침 〔保障〕
보전	지킴 · 온전히함 〔보기〕 보전하다 → 지켜나가다 · 지키다/ 환경보전 → 환경지키기 ▷ 보호 → 지킴/ 자연보호 → 자연지킴 〔保全〕
보전	채움 · 메움 〔보기〕 보전하다 → 채우다 〔補塡〕
보정	바로잡음 · 바로맞춤 · 보태기 〔보기〕 보정하다 → 보태 바로잡다 · 바로 맞추다/ 보정예산 → 덧짠예산 〔補正 · 補整〕
보조	걸음걸이 · 발걸음 〔보기〕 보조를 맞추다 → 걸음을 맞추다 〔步調〕
보조	도움 · 돕기 〔보기〕 보조하다 → 돕다/ 보조삭 → 보조밧줄 〔補助〕
보존	간직함 · 지킴 〔보기〕 보존하다 → 간직하다 · 살펴 지키다/ 전통보존 → 전통 간직하기/ 자연보존 → 자연지키기 ▷ 보전하다 → 지키다 〔保存〕
보좌	도움 〔보기〕 보좌하다 → 돕다 · 도와드리다 ▷ 보필하다 → 돕다 · 도와드리다 〔補佐 · 輔佐〕
보지	지킴 · 간직함 〔보기〕 보지하다 → 간직하다 · 지니다 ▷ 보유 → 간직함 〔保持〕
보철	1. 기움 · 채움 2. 이 해박기 〔보기〕 보철하다 → 수선하

다·이 해박다/ 보철구 → 보조기구 [補綴]

보충 채움·기움·보태기 〔보기〕보충하다 → 채우다·깁다· 보태다/ 보충매도 → 채워팔기/ 보충학습 → 기움공부/ 보충교육 → 기움교육/ 보충훈련 → 기움훈련 ▷ 충보 → 보탬·기움 [補充]

보컬 노래부르기·성악 〔보기〕보컬그룹 → 중창단/ 보컬리스트 → 가수/ 보컬솔로 → 독창 [영 vocal]

보텀업 저고점 매매 [영 bottom-up]

보통 1. 예사 2. 예사로 〔보기〕보통사람 → 예삿사람/ 보통일 → 예삿일/ 보통이다 → 예사다/ 보통내기가 아니다 → 예삿내기가 아니다/ 보통명사 → 두루이름씨/ 보통비칭 → 예사낮춤/ 보통어 → 예삿말/ 보통육 → 보통치기/ 보통존칭 → 예사높임 ▷ 특별 [普通]

보통이 보퉁이

보트 작은배 〔보기〕보트 로드 → (낚시)배낚싯대/ 모터보트 → 통통배 [영 boat]

보틀넥 병목(현상)·조롱목 ※'병목'은 직역이어서 '조롱목'이 낫다고 하는 얘기도 있다. [영 bottleneck]

보티시즘 소용돌이주의·소용돌이파 ※미술 말. [영 vorticism]

보편 두루 통함 〔보기〕보편화 → 두루 통해짐/ 보편화하다 → 두루 통해지다/ 보편성 → 두루성 ▷ 특수·개별·일반 [普遍]

보폭 걸음너비·걸음나비 [步幅]

보필 받듦 〔보기〕보필하다 → 받들다·도와드리다 ▷ 보좌하다 → 받들다·돕다 [補弼]

보하다 구실 맡기다·임명하다 〔보기〕비서관에 보하다 → 비서관 일을 맡기다/ 보임하다 → 맡기다·임명하다 [補-]

보합 주춤거림·제자리걸음·멈춤 〔보기〕강보합 → 센주춤·오름주춤/ 강보합세 → 센주춤시세·오름주춤세/ 약보합 → 약주춤·약제자리/ 약보합세 → 약주춤세·약제자리시세/ 보합세 → 주춤세·제자리시세·멈춤세 [일 步合·ぶあい]

보행 걸어다님·걷기·걸어감 〔보기〕보행하다 → 걸어다니다/ 보행자 → 걷는 사람·걸어가는 사람/ 보행자 우선 → 걷는이 먼저/ 보행삯 → 길품삯 [步行]

보험연령 보험나이 [保險年齡]

복간 다시 냄·다시 박음 〔보기〕복간하다 → 다시 내다·다시 박다 ▷ 초간 → 처음냄/ 중간 → 거듭냄/ 개간 → 다시냄 [復刊]

복강	배안·뱃구레　▷ 흉강 → 가슴안/ 골반강 → 엉덩뼈안·엉덩이 안　[腹腔]
복개	뚜껑·덮개　〔보기〕복개하다 → 뚜껑을 씌우다·덮어씌우다/ 복개공사 → 덮기공사/ 복개육 → 덮어기르기/ 복개천 → 덮개씌운내/ 하천을 복개하다 → 내를 덮어씌우다/ 청계천 복개로 → 청계천 덮씌운 길　[覆蓋]
복고	덮짚·짚덮기　[覆藁]
복교	학교 다시 다님·다시 들어감　〔보기〕복교하다 → (학교)다시 다니다·학교로 돌아가다　▷ 복학하다 → 학교 다시 다니다　[復校]
복구	전대로 고침·되돌림　〔보기〕복구하다 → 다시 고쳐놓다·전대로 고치다/ 복구작업 → 되돌리기　▷ 복고 → 예로 돌이킴　[復舊]
복귀	되돌아감　〔보기〕복귀하다 → 되돌아가다·되돌아오다/ 원대 복귀 → 원대로 돌아감　▷ 미귀 → 채 못돌아감/ 불귀 → 못감·못돌아감　[復歸]
복대	배띠·뱃대　▷ 전대 → 돈띠/ 혁대 → 허리띠/ 요대 → 허리띠　[腹帶]
복도	긴마루　▷ 각도 → 긴마루　[複道]
복되다	※ 여기서 '-되다'는 '-하다'를 붙일 수 없는 말뿌리(어근)에 붙어 형용사로 만드는 말밑(접미어)이다. '-되다'는 '-하다'를 붙일 수 없는 말에 붙어서 형용사뿐만 아니라 동사를 만들기도 한다.　▷ 거짓되다/ 공변되다/ 그릇되다/ 늦되다/ 모순되다/ 못되다/ 초죽음되다/ 일되다/ 앳되다/ 올되다/ 잘되다/ 말되다/ 순되다/ 약되다/ 오되다/ 헛되다/ 덜되다/ 막되다/ 불되다/ 되디되다/ 호되다/ 고되다/ 새되다/ 가로되다/ 홀로되다/ 참되다
복명	결과보고·다녀온 보고　〔보기〕복명하다 → 결과보고를 하다/ 복명서 → 결과보고서　[復命]
복모음	겹홀소리　▷ 단모음 → 홑홀소리/ 중모음 → 겹홀소리/ 단자음 → 홑닿소리/ 복자음 → 겹닿소리　[複母音]
복벽	배벽　[腹壁]
복병	1. 숨은 군사 2. 걸림돌　▷ 복세 → 숨은 군사·숨은 세력　[伏兵]
복부	배　〔보기〕복부팽만 → 헛배부름/ 하복부 → 아랫배쪽/ 복부관통 → 배뚫음·배뚫림　▷ 흉부 → 가슴쪽/ 골반부 → 엉덩이쪽/ 배부 → 등쪽　[腹部]
복사	베낌·덧뜸　〔보기〕복사하다 → 1. 포개베끼기·되베끼기

	2. 덧뜨기/ 복사기 → 베낌틀·복사틀/ 복사용지 → 베낌종이 [複寫]
복색	겹색　▷ 단색 → 홑색/ 간색(間-) → 중간색　[複色]
복색	옷차림·옷빛깔　〔보기〕전날엔 복색에 따라 신분을 나타내기도 했다 → 전날엔 옷빛깔에 따라 ~　[服色]
복선	숨긴준비·속셈·꿍꿍잇속　〔보기〕복선을 깔다 → 속셈을 깔다　[伏線]
복선	겹줄·겹길　〔보기〕복선궤도 → 겹궤도/ 복선철도 → 겹철도/ 복선화 → 겹줄되기·겹길되기　[複線]
복수	원수갚음·앙갚음　〔보기〕복수하다 → 원수갚다·앙갚음하다/ 복수심 → 앙갚음　[復讐]
복수	1. 겹자리·겹수·두자리수 이상 2. 겹셈(언어)　〔보기〕복수안 → 겹안/ 복수지원 → 겹 지원　▷ 단수 → 홑자리·홑셈　[複數]
복숭아뼈	복사뼈
복습	되익힘　〔보기〕복습하다 → 다시 익히다·되익히다/ 복습과 예습만 잘하면 학교공부는 어려운 게 아니다 → 되익히고 미리익히면 ~　▷ 예습 → 미리익힘·미리공부　[復習]
복식	옷차림·차림새·옷과 꾸미개　〔보기〕복식사 → 옷차림역사　[服飾]
복식호흡	배숨쉬기　▷ 흉식호흡 → 가슴숨쉬기　[腹式呼吸]
복실복실	복슬복슬　※큰말은 '북슬북슬'.
복싱	권투　〔보기〕복싱링 → 권투장/ 복서 → 권투선수　[영 boxing]
복아	겹눈　〔보기〕복아묘 → 겹순모·겹눈모　▷ 단아 → 홑눈　[複芽]
복안	속셈·속배포·속꾀　[腹案]
복안	겹눈　▷ 단안 → 홑눈　[複眼]
복역	징역살이　〔보기〕복역하다 → 징역살다/ 복역수 → 징역꾼　[服役]
복엽	겹잎　▷ 단엽 → 홑잎　[複葉]
복용	먹음　〔보기〕복용하다 → 먹다/ 복용자 → 먹은(는)이　[服用]
복원	되살리기·되돌리기　〔보기〕복원하다 → 되살리다·되돌려놓다/ 복원공사 → 되살리기/ 복원력 → 되돌림심　[復元]
복음	기쁜 소식　[福音]
복자	점쟁이　▷ 복술 → 점치기·점술/ 복사·복인·일자·점

자·매복자·주역선생 → 점쟁이/ 관상가 → 상쟁이　［卜者］

복잡다단하다	어수선하다·어지럽다　［複雜多端－］
복장	옷차림　〔보기〕경찰복장 → 경찰옷차림/ 복장검사 → 옷차림검사　▷ 용의검사 → 몸차림 검사　［服裝］
복제	본떠 만듦·베낌·찍어내기　〔보기〕복제하다 → 본떠만들다/ 복제물·복제판·복제품 → 본뜬물건·가짜/ 복제품이 나돌다 → 본뜬물건이 나돌다·가짜가 나돌다　［複製］
복종	따름　〔보기〕복종하다 → 따르다　▷ 면종복배하다 → 겉으로 따르고 속으로는 배반하다/ 순종하다 → 잘 따르다/ 맹종하다 → 덮어놓고 따르다　［服從］
복중	뱃속　▷ 흉중 → 가슴속·마음속　［腹中］
복지	복됨·행복·잘살기　〔보기〕복지사회 → 복된 사회　［福祉］
복지	땅에 엎드림　〔보기〕복지하다 → 땅에 엎드리다/ 복지부동 → 엎드려 움직이지 않음·엎드리고만 있음　［伏地］
복지	옷감·양복감·양복천　〔보기〕한복지 → 한복감·한옷감　［일 服地·ふくじ］
복토	흙덮기·북주기　〔보기〕복토하다 → 흙(을) 덮다·북을 주다/ 복토작업 → 흙덮기　▷ 피토 → 흙덮기·북주기　［覆土］
복통	배앓이　▷ 두통 → 머리앓이/ 치통 → 이앓이/ 편두통 → 쪽머리앓이/ 요통 → 허리앓이/ 진통 → 아픔　［腹痛］
복합	겹·합침　〔보기〕복합하다 → 섞다·합치다/ 복합경영 → 겹경영/ 복합동사 → 겹움직씨/ 복합명사 → 겹이름씨/ 복합박자 → 겹박자/ 복합비료 → 섞은거름/ 복합아 → 겹눈/ 복합어 → 겹씨(말)/ 복합음정 → 겹음정/ 복합품사 → 겹씨/ 복합형용사 → 겹그림씨/ 복합적으로 → 겹쳐서·합쳐서·여러모로/ 복합 처방 → 겹처방·겹약방문/ 복합증상 → 겹증상　［複合］
본	이·우리　〔보기〕본 사건은 → 이 사건은/ 본안 → 이 안　▷ 해·당 → 이·그·우리　［本］
본	1. 개·개비 2. 그루　〔보기〕동백 수목 2본 → 동백나무 두 그루　［本］
본가	본집·친정　〔보기〕본가댁 → 친정집·본집/ 본가상속 → 큰집상속　［本家］
본거	근거　〔보기〕본거지 → 뿌리내린 곳·뿌리박은 곳　［本據］

본건	이 일·이 사건　〔보기〕본건으로 → 이 일로·이 사건으로 / 본건 심의 → 이 사건 심의　▷ 본법 → 이 법/ 본청 → 이 청　[本件]
본격	제격·근본격식　〔보기〕본격적으로 → 제대로(의)/ 본격 화 → 제대로 됨/ 본격 시도 → 제대로 해보기/ 북한 수재민 돕기 운동이 본격화하고 있다 → 북한 수재민 돕기가 활발해 지고 있다/ 본격 나섰다 → 발벗고 나섰다　[本格]
본곳	1. 본곳　2. 이 곳　※'본곳'은 '본고장'의 준말이다.　[本-]
본교	1. 우리 학교　2. 이 학교　[本校]
본궤도	제길　[本軌道]
본넷	보닛　[〈영 bonnet]
본동	1. 본채　2. 이 집　[本棟]
본동사	으뜸움직씨　▷ 보조동사 → 도움움직씨　[本動詞]
본드	붙임감·붙임풀·접착제　[영 bond]
본따다	※ 남의 것을 배워서 따라하다.　〔보기〕형을 본따서 아우도 착하다/ 나쁜 것을 본따지 말고 좋은 것만 본따라　▷ 모방 하다·본하다·모습하다·모하다·의방하다·본하다 → 본 따다·본뜨다
본뜨다	※ 본보기로 삼아 그와 똑같이 하다(본뜬·본떠).　〔보기〕 지도를 본뜨다/ 저고리를 본뜨다　▷ 본따다
본래	본디　[本來]
본류	본줄기·원(물)줄기·원흐름　▷ 간류 → 본줄기·줄기/ 지 류 → 곁줄기·갈래·가지흐름　[本流]
본명	본이름·본디이름　▷ 별명 → 딴이름/ 실명 → 제이름/ 가 명 → 가짜이름/ 필명 → 글이름　[本名]
본무	본일·맡은 일　▷ 잡무 → 딸린일·잔일　[本務]
본분	제분수·분수　▷ 명분 → 제분수·어울리는 분수·걸맞음 [本分]
본색	1. 바탕·제빛·본새　2. 속셈　〔보기〕본색을 드러내다 → 제빛을 드러내다·속셈을 드러내다　▷ 명색 → 본새/ 본 상 → 제모습·본새　[本色]
본서방	본사내·본남편　▷ 기둥서방·샛서방　[本書房]
본수	개수　[本數]
본심	본마음·본디마음·제마음　〔보기〕본심을 숨기다 → 본마 음을 숨기다/ 본심이 아니다 → 본마음이 아니다　▷ 저의 → 속뜻·속셈/ 저의가 드러나다 → 속셈이 드러나다/ 본의 → 본뜻·참뜻·진짜뜻·제뜻　[本心]
본연	본디 그대로·본디대로　〔보기〕본연의 자세 → 본디대로의

	몸가짐 [本然]
본의	본뜻·참뜻·제뜻 〔보기〕본의 아니게 → 본뜻이 아니게·본뜻과 달리/ 본의에서 벗어난 발언을 삼가합시다 → 본뜻에서 멀어진(벗어난) 말은 삼갑시다 ▷ 타의 → 다른뜻·딴사람의 뜻/ 저의 → 속뜻·속셈/ 자의 → 제뜻·제마음 [本意]
본인	이 사람·그 사람·나·당자 ▷ 타인 → 딴사람/ 장본인 → 이사람·그 사람·당자 [本人]
본인방	혼인보 [일 本因坊·ほんいんぼう]
본전	본돈·밑천 ▷ 원금·본금 → 본돈·밑천 [本錢]
본지	본뜻·근본뜻 ▷ 본의 → 참뜻 [本旨]
본질	본바탕·근본 〔보기〕보다 본질적인 문제 → 좀더 근본적인 문제·더욱 바탕에 가까운 문제/ 본질문제를 외면하다 → 본바탕 문제를 아니 보다·근본 문제를 지나치다 [本質]
본포	본밭·제밭 [本圃]
본형	본디꼴·본틀 [本型]
볼	공 〔보기〕볼 마크 → 야구공표/ 볼 밀 → (잿물)갈개·(유약)갈개/ 볼 베어링 → 알(축)받이/ 볼 스토핑 → 공 멈추기/ 볼 카운트 → 공 던짐셈/ 볼 커트 → 공뺏기/ 볼 컨트롤 → 공다루기/ 니어볼 → 가까운공/ 핸드볼 → 송구/ 베이스 볼 → 야구/ 바스켓볼 → 농구/ 풋볼 → 축구/ (리)바운드볼 → 튄공/ 커브볼 → 굽은공/ 플라이볼 → 높은공·뜬공/ 포볼 → 볼넷 [영 ball]
볼대기	볼때기 ※'귀때기, 판자때기, 거적때기, 나무때기, 배때기, 송판때기, 판때기, 팔때기' 따위의 뒷가지 '–대기'는 소리나는 대로 된소리 '–때기'로 적는다.(맞춤법 제54항)
볼륨	1. 권·책 2. 부피·술·음량·양감 〔보기〕볼륨레이트 → 화물량 비율 운임/ 볼륨감 → 질감 [영 volume]
볼상·볼쌍	볼썽 〔보기〕볼상사납다·볼쌍사납다 → 볼썽사납다/ 볼쌍없다 → 볼썽없다
볼세비키	볼셰비키 ▷ 멘세비키 → 멘셰비키 [러 Bolsheviki]
볼트	모나사·수나사 〔보기〕볼트 시메(일 締) → 나사죄기 ▷ 너트 → 암나사 [영 bolt]
봉	난봉
봉기	벌떼처럼 일어남·떼지어 일떠섬 〔보기〕봉기하다 → 벌떼처럼 일어나다/ 민중봉기 → 백성들이 떼지어 일어남 ▷ 궐기 → 일떠서다 [蜂起]
봉답	천둥지기·다락논 〔보기〕봉천답 → 천둥지기·다락논

[奉畓]

봉독 　받들어 읽음　　〔보기〕봉독하다 → 받들어 읽다　[奉讀]

봉두 　쑥대강이　　〔보기〕봉두난발 → 쑥대머리　　▷ 봉애(蓬艾) → 다북쑥/ 봉호(蓬蒿) → 다북쑥　[蓬頭]

봉목선 　꿰맴줄　[縫目線]

봉밀 　벌꿀　[蜂蜜]

봉변 　망신·변당함·욕봄　　〔보기〕봉변하다 → 망신당하다/ 봉변을 당하다 → 망신당하다·변을 당하다　[逢變]

봉사 　이바지·섬김　　〔보기〕봉사하다 → 이바지하다·섬기다/ 봉사활동 → 이바지일/ 자원봉사 → 스스로 이바지함/ 봉사요금 → 이바지삯　[奉仕]

봉쇄 　막음·잠금·틀어막음　　〔보기〕봉쇄하다 → 막다·틀어막다·둘러막다/ 원천봉쇄 → 근본막기·아주막음·틀어막음/ 해상봉쇄 → 바다막음/ 33사단 병력을 동원해 국회를 봉쇄하려면 어떤 지휘계통을 거쳐야 하나 → ~ 국회를 틀어막으려면 ~　[封鎖]

봉숭화 　봉선화·봉숭아　　▷ 복숭아·복사

봉인 　봉함도장·봉붙임　　〔보기〕봉인하다 → 봉한 자리에 도장을 찍다　[封印]

봉입 　넣음·넣고붙임·넣고막음　　〔보기〕봉입하다 → 넣고 봉하다·봉투에 넣다　[封入]

봉족 　봉죽·도움　　〔보기〕봉족하다 → 봉죽하다·곁에서 돕다　[奉足]

봉착 　부닥침·맞닥침　　〔보기〕봉착하다 → 부닥치다/ 난관에 봉착하다 → 어려움에 부닥치다·고비를 만나다　[逢着]

봉하다 　막다·붙이다　[封-]

봉합 　꿰맴·감침·뼈이음새　　〔보기〕봉합하다 → 1. 꿰매다·감치다　2. (뼈)잇다/ 봉합사 → 수술실/ 봉합수술 → 꿰매기/ 임시봉합 → 임시꿰매기·먼저감치기·우선꿰매기·우선붙이기　[縫合]

봉헌 　드림·바침·올림　　〔보기〕봉헌하다 → 드리다·받들어 바치다　▷ 봉정 → 바침·올림/ 증정·기증 → 드림　[奉獻]

봉환 　모셔옴·모셔 보냄　　〔보기〕봉환하다 → 모셔오다/ 유해봉환 → 유해모셔옴　[奉還]

부 　아버지　　▷ 모 → 어머니/ 부모 → 어버이　[父]

부 　짐　　〔보기〕부하다 → 지우다/ 부하 → 짐·지움·힘걸림　[負]

부 　질장구　[缶]

부가	덧붙임 · 덤붙임 〔보기〕 부가하다 → 덧붙이다 · 덤붙이다/ 부가가치 → 덤가치/ 부가세 → 덧붙임세 · 덤붙임세/ 부가이익 → 덤이익 〔附加〕
부각	1. 도두새김 · 뜬새김 · 돋을새김 2. 드러남(냄) 〔보기〕 부각하다 → 도두새기다 · 드러나다(내다)/ 부각시키다 → 부각하다 · 드러내다/ 중요한 문제로 부각될 것이다 → 중요한 문제가 될 것이다 · 중요한 문제로 드러날 것이다 · ~로 떠오를 것이다 〔浮刻〕
부각	다시마자반 ※'다시마자반'이 많이 쓰인다 하여 이를 표준말로 함.
부과	매김 · 지움 〔보기〕 부과하다 → 매기다 · 물리다 · (의무)지우다/ 부과되다 → 매기다 · 지우다 · 나오다 〔賦課〕
부교	뜬다리 · 배다리 ▷ 잔교 → 선창다리/ 육교 → 구름다리/ 연륙교 → 구름다리 〔浮橋〕
부극	음극 ▷ 정극 → 양극 〔負極〕
부근	근처 · 가까이 〔附近〕
부금	붓는 돈 · 부을 돈 〔보기〕 할부금 → 나눠붓는 돈 ※연부 · 월부 · 일부 곧, 해벼름 · 달벼름 · 날벼름 따위가 있다. ▷ 급부금 → 내준돈 · 주는돈 〔賦金〕
부기	붙여적음 · 붙임 · 덧씀 〔보기〕 부기하다 → 붙여적다 · 덧쓰다 ▷ 첨부 → 붙임 〔附記〕
부끄리다	부끄러워하다 ※'부끄러워하다'가 많이 쓰인다 하여 표준말로 삼음.
부낭	부레 · 뜰것 · 띄우개 · 뜰주머니 〔浮囊〕
부녀자	여자들 · 아낙네들 ▷ 아녀자 → 아이와 여자 〔婦女子〕
부단	끊임없음 · 쉼없음 〔보기〕 부단하다 → 끊임없다 · 꾸준하다 · 쉼없다/ 부단히 → 끊임없이 · 꾸준히/ 부단의 노력 → 끊임없는 노력 · 꾸준히 힘씀 ▷ 간단 → 약간 끊임 · 사이뜸/ 간단없이 → 끊임없이 · 쉼없이 〔不斷〕
부담	짐 · 떠맡음 〔보기〕 부담하다 → 떠맡다 · 지다/ 부담감 → 짐스러움/ 부담력 → 맡을힘/ 과도한 부담 → 무거운 짐 · 지나친 짐/ 부담율 → 부담률 〔負擔〕
부당	당찮음 · 옳지 않음 · 맞지 않음 〔보기〕 부당하다 → 당찮다 · 옳잖다/ 부당염매 → 막팔기 · 싸게팔기/ 부당성 → 옳지 않음/ 부당한 요구 → 당찮은 요구 ▷ 정당하다 → 옳다 · 올바르다 〔不當〕
부대	곁달이 · 딸림 〔보기〕 부대공 → 곁달이일/ 부대시설 → 딸린설비/ 부대조건 → 붙임조건 〔附帶〕

부도	못치름 〔보기〕 부도(가) 나다 → 못치르다/ 부도를 내다 → 일부러 돈을 막지 않다/ 부도수표 → 못치름수표/ 부도기업이 속출하다 → 쓰러지는 기업이 잇따르다/ 어음부도 → 어음 못치름·어음 못막음/ 부도기업 → 넘어진 기업·도산기업 ▷ 도산·파산 → 거덜남·쓰러짐 〔不渡〕
부도옹	오뚝이 〔不倒翁〕
부동	붙박이 〔보기〕 부동하다 → 움직이지 아니하다/ 부동자세 → 차려자세·움직임 없는 자세/ 부동주 → 붙박이주·고정주 ▷ 부동(浮動) → 움직임·들뜸 〔不動〕
부동	움직임·들뜸 〔보기〕 부동하다 → 움직이다·들뜨다/ 부동간 → 놀대/ 부동자금 → 떠도는 자금·나도는 돈/ 부동적 → 뜬·떠있는·들뜬/ 부동주 → 뜬주·떠돌이주/ 부동표 → 뜬표·떠돌이표 ▷ 고정 → 붙박이/ 고정표 → 붙박이표 〔浮動〕
부득불	기어이·꼭·아니할 수 없어·하는 수 없이 ▷ 부득이 → 마지못해·할수없이 ▷ 불가불 → 마땅히·할수없이 〔不得不〕
부득이	마지못해·할수없이·어쩔 수 없이 〔不得已〕
부딛치다·부딛히 다·부딛다	부딪치다·부딪히다·부딪다 ※받침을 잘못 적는 일이 잦은 말이다.
부라자	브래지어·가슴띠·젖마개 ▷ 브라자 → 브래지어 〔일 ブラジャ-〈영 brassiere〕
부락	마을 〔部落〕
부락찌	브랜치(접속·부가접속) 〔일 ブラチ〈영 branch〕
부랑배	떠돌이·난봉꾼 ▷ 부랑인 → 떠돌이 〔浮浪輩〕
부레끊다	부레끓다
부력	뜰힘·뜨는힘 〔浮力〕
부록	붙임·덧붙임·따로붙임·딸림책 〔附錄〕
부루말	흰말 〔〈몽 buɤulrul mori〕
부르좌	부르주아·유산자 〔보기〕 부르좌지 → 부르주아지·유산자계급·자본가층 ▷ 부르조아·부르조와 → 부르주아 〔〈프 bourgeois〕
부르주아	유산자·자본가 〔보기〕 프티 부르주아 → 소시민/ 부르주아지 → 유산계급·자본가층·시민계급 〔프 bourgeois〕
부망	들그물·그물다래끼 〔敷網〕
부목	덧목·덧댐나무 〔보기〕 부목을 고정시키다 → 덧댐나무를 대다 〔副木〕
부물	딸린것 ▷ 부속물 → 딸린 물건 〔附物〕

부보	보험들기 [附保]
부부	지아비와 지어미 ※본디 집아비(집어미)〉짓아비(짓어미)〉지아비(지어미)로 바뀌어 왔다. [夫婦]
부비다	비비다 ※'부비다'는 사투리로 침. ▷ 비비대다·비비송곳·비비적거리다
부비트랩	얼치기올가미·위장폭탄·덫 [영 booby trap]
부사	어찌씨 [副詞]
부상	등짐장수 ▷ 보상 → 봇짐장수/ 보부상 → 봇짐장수·도붓장수 ※전날엔 '부보상'으로 불렀다고 함. [負商]
부상	딸림상·곁들이상(버금상) 〔보기〕백만원의 부상을 지급한다 → 백만원을 곁들여 준다 [副賞]
부상	떠오름·드러남·솟아남 〔보기〕부상하다 → 떠오르다/ 후보자로 부상하고 있다 → ~로 떠오르고 있다/ 아태지역이 세계경제의 축으로 부상하고 있다 → ~의 축으로 떠오르고 있다·~의 축으로 자리잡고 있다 [浮上]
부상당하다·부상을 입다	부상하다·다치다 〔보기〕부상으로 → 다쳐서/ 5명이 부상당하고 2명이 사망했다 → 다섯 명이 다치고 두 사람이 숨졌다 [負傷-]
부석	뜬돌·속돌 [浮石]
부석	도끼돌·쐐기돌 [斧石]
부선배달	배편배달 ▷ 부선연락 → 배편연락 [浮船配達]
부설	깔아놓음·펴놓음·쳐놓음 〔보기〕부설하다 → 깔아놓다·펴놓다/ 기뢰를 부설하다 → 기뢰를 쳐놓다 [敷設]
부설	1. 붙여세움 2. 딸린·속한 〔보기〕부설하다 → 달아세우다/ 한양대학 부설 → 한양대의/ 부설기관 → 딸린 기관 [附設]
부속	딸림·딸린것·덧붙음 〔보기〕부속하다 → 딸리다·덧붙다/ 부속적 → 딸린·덧붙은/ 부속성분 → 딸림조각/ 부속품 → 딸린 물건 [附屬]
부수	딸린·따른·붙은 〔보기〕부수하다 → 딸리다·붙다/ 부수비용 → 딸린 비용/ 부수한 → 딸린·붙은 [附隨]
부수입	버금수입·곁수입 [副收入]
부숴지다	부서지다 〔보기〕부숴뜨리다 → 부서뜨리다·부스러뜨리다
부스럭지	부스러기
부시시하다	부스스하다 ※작은말은 '바스스하다'. ▷ 으시시하다 → 으스스하다/ 으시대다 → 으스대다
부식	뿌리박기·심기 〔보기〕부식하다 → 뿌리박다·심다/ 세력

을 부식하다 → 세력을 심다·세력을 내리다 〔扶植〕

부식	썩거리·썩정이·썩음·삭음 〔보기〕부식하다 → 썩다/ 부식질 → 썩정이바탕·썩거리/ 부식토 → 썩거리흙·썩은(삭은)흙/ 부식퇴비 → 썩거리·삭은두엄·썩은두엄 〔腐植〕
부식	삭음·개먹어듦·녹슬어 삭음·썩음 〔보기〕부식하다 → 삭다·개먹어들다/ 부식동판 → 에칭 〔腐蝕〕
부식물	반찬감·반찬거리 〔副食物〕
부신	곁콩팥 〔副腎〕
부실	허술함 〔보기〕부실하다 → 허술하다·알차지 않다·엉성하다/ 부실공사 → 날림공사/ 부실기업 → 허술기업/ 부실기재 → 건성적음/ 총체적 부실 → 모조리 허술함/ 부실성 → 허술함/ 부실화 → 허술해짐/ 부실화하다 → 허술해지다 〔不實〕
부심	애씀·힘씀 〔보기〕부심하다 → 애쓰다·힘쓰다/ 여당은 정국 타개책을 찾는 데 부심하고 있다 → 여당은 정국을 뚫어나갈 꾀를 내느라 애쓰고 있다 〔腐心〕
부양	돋움·떠올림·띄워올림 〔보기〕부양하다 → 돋우다·높이다/ 경기부양 → 경기 돋우기/ 부양책 → 돋움책·떠올림책 〔浮揚〕
부양	모심·받듦 〔보기〕부양하다 → 모시다·받들다·붙들어 기르다/ 부양가족 → 먹여살리는 가족 ▷ 봉양 → 모심·받듦 〔扶養〕
부엌	부엌
부언	덧붙여 말함·덧붙임 〔보기〕부언하다 → 덧붙이다/ 부언하면 → 덧붙여 말하면 〔附言〕
부여	붙여줌 〔보기〕부여하다 → (붙여)주다/ 부여되다 → 주어지다·받다 〔附與〕
부여	줌·별러줌 ※주는 것과 받는 것은 다르다. 〔보기〕부여하다 → 주다/ 부여받다 → 받다/ 자격증을 부여하다 → 자격증을 주다/ 권리를 부여하다 → 권리를 주다 ▷ 천부 → 타고남·하늘이 줌 〔賦與〕
부연	늘려서 말함·덧붙임 〔보기〕부연하다 → 덧붙이다·덧붙여 말하다/ 부연설명 → 덧붙여 말하기 ▷ 부언하다 → 덧붙이다/ 사족이지만·사족을 달면 → 덧붙여 말하면 〔敷衍〕
부연승	뜬주낙 〔敷延繩〕
부와	수키와 ▷ 앙와·빈와·여와 → 암키와 〔夫瓦〕
부용	연꽃 〔芙蓉〕

ㅂ

부유	떠돎　〔보기〕부유하다 → 떠돌다/ 부유동물 → 뜬살이동물 / 부유물질 → 떠도는 물질/ 부유생물 → 뜬살이 생물/ 부유 식물 → 뜬살이식물　〔浮游〕
부유	넉넉함　〔보기〕부유하다 → 넉넉하다/ 부유하게 → 넉넉히 / 부유가 → 잘사는 거리/ 부유층 → 잘사는 계층　▷ 빈한 → 가난　〔富裕〕
부응	맞춤ㆍ따름　〔보기〕부응하다 → 따르다ㆍ맞추다/ ~에 부 응하여 → ~에 맞추어ㆍ~에 따라서　〔副應〕
부의	토의에 부침　〔보기〕부의하다 → 토의에 부치다/ 부의안건 → 토의안건　〔附議〕
부이	낚시찌ㆍ띄움찌ㆍ부표　〔보기〕부이계류 → 부표정박　〔영 buoy〕
부인	인정하지 않음　〔보기〕부인하다 → 인정하지 않다　▷ 부 정하다 → 인정하지 않다ㆍ고개를 흔들다　〔否認〕
부자연하다	부자연스럽다　※일부 '불(不)'자가 붙은 말에 '-하다'를 달아 그림씨를 만드는 것처럼 보이고 있으나 자연스럽지 못하 다.　〔보기〕부자연하게 → 부자연스레　▷ 자연하다 → 자연스럽다　〔不自然-〕
부자유하다	부자유스럽다　〔보기〕자유하다 → 자유스럽다/ 부자유하 게 → 부자유스레　〔不自由-〕
부자집	부잣집
부작용	덧탈ㆍ딴탈ㆍ탈　〔보기〕부작용이 빈발하다 → 덧탈이 잦다 / 부작용에 대비하다 → 덧탈에 대비하다　〔副作用〕
부잔교	뜬다리ㆍ선창ㆍ발판　▷ 잔교 → 선창다리ㆍ비계발판　〔浮 棧橋〕
부재	있지 않음ㆍ없음　〔보기〕부재하다 → 없다/ 부재자 → 집떠 난 사람/ 부재중 → 없음/ 부재지주 → 먼뎃지주　〔不在〕
부적합	알맞지 않음　〔보기〕부적합하다 → 맞지 않다/ 적합하다 → 알맞다　〔不適合〕
부전	온전하지 않음ㆍ부분　〔不全〕
부전지	(붙임)쪽지　▷ 부전ㆍ부지 → 쪽지　〔附箋紙〕
부절	끊이지 않음ㆍ끊임없음　〔보기〕부절하다 → 끊임없다/ 연 락부절하다 → 연락이 끊이지 아니하다　▷ 두절 → 막힘ㆍ 끊어짐　〔不絶〕
부정	더러움　〔보기〕부정하다 → 더럽다　▷ 불결 → 더러움 〔不淨〕
부정	아니여김　〔보기〕부정하다 → 아니여기다ㆍ안여기다　▷ 긍정 → 그리여김/ 긍정도 부정도 아니하다 → 그렇다고도 안

그렇다고도 아니하다 · 가만히 있다 [否定]

부족	모자람 · 축남 〔보기〕부족하다 → 모자라다 · 축나다/ 부족분 → 축난 양 · 모자라는 분량 [不足]
부종	붓기 · 붓는병 [浮腫]
부종	따라붙음 〔보기〕부종하다 → 따라 붙다 · 함께하다 [附從]
부주	부조 〔보기〕부줏돈 → 부좃돈/ 부줏술 → 부좃술 [扶助]
부지	터 · 땅 · 대지 〔보기〕고수부지 → 강턱 · 둔치 · 강변/ 공공부지 → 공공터/ 공단부지 → 공단터/ 공장부지 → 공장터/ 공항부지 → 공항터/ 도로부지 → 길터/ 아파트부지 → 아파트터/ 유휴부지 → 노는땅/ 학교부지 → 학교터 ▷ 대지 → 집터/ 용지 → 쓸땅/ 토지 → 땅 [일 敷地 · しきち]
부지	겨우 이어감 · 견딤 · 배김 〔보기〕부지하다 → 겨우 이어가다 · 견디어 배기다 [扶持]
부지깽이 · 부지팽이	부지깽이
부지기수	(셀)수 없음 · 셀수 없이 많음 [不知其數]
부지꾼	짐꾼 [負持-]
부지르다 · 분지르다	부러뜨리다 〔보기〕팔을 분지르다 → 팔을 부러뜨리다/ 분질러놓다 → 부러뜨려놓다
부지불식간	엉겁결에 ▷ 부지불각 → 엉겁결 [不知不識間]
부지중	모르는 사이 · 엉겁결 [不知中]
부진	제자리걸음 〔보기〕부진하다 → 제자리걸음하다/ 지지부진 → 나아가지 못함 · 제자리걸음 ▷ 지진 → 늦됨 [不進]
부진	시원찮음 · 활기없음 · 활발하지 못함 〔보기〕부진하다 → 시원찮다 · 활기없다/ 성적 부진을 이유로 자살하다 → 성적이 좋지 않다고 스스로 목숨을 끊다/ 판매 부진에 시달리다 → 잘 팔리지 않다 · 판매가 시원찮다 [不振]
부착	들러붙음 · 붙기 · 붙임 · 닮 〔보기〕부착하다 → 들러붙다 · 붙이다/ 부착되다 → 들러붙다/ 부착력 → 붙을힘 · 붙는힘/ 부착물 → 붙는물질/ 통행증을 부착, 운행하고 있으나 → 통행증을 붙여 다니고 있으나 · ~ 붙여 몰고 있으나/ 주문자 상표 부착 → 주문자 상표 붙이기 ▷ 장착 → 닮/ 오이엠 (OEM) 방식 → 주문자 상표 생산 방식 [附着 · 付着]
부채	빚 ▷ 채무 → 갚을빚 · 빚/ 채권 → 받을빚 · 빚권리 [負債]
부추키다	부추기다 ▷ 추기다 · 꼬드기다

부츠	긴목구두 · 목긴구두 [영 boots]
부치개질	부침개질 · 부침질 · 지짐질
부치다	※ '붙이다'와 넘나들며 쓰여 혼란스러우나 '보내다' '갈다' '넘기다' '굽다'처럼 '붙는 행위'에서 멀어진 환경에서는 대체로 '부치다'를 쓴다.　〔보기〕힘이 부치는 일/ 편지를 부치다/ 논밭을 부치다/ 빈대떡을 부치다/ 회의에 부치는 안건/ 식목일에 부치는 글/ 인쇄에 부치는 원고/ 경매에 부치다/ 투표(표결)에 부치다/ 숙식을 부치다/ 부채를 부치다　▷ 붙이다
부칙	붙임(규정) [附則]
부친	아버지 · 아버님　▷ 모친 → 어머니 · 어머님 [父親]
부침	뜨잠김 · 오르내림 · 늘졸이 · 운명　〔보기〕부침하다 → 오르내리다/ 정치적 부침을 거듭하다 → 정치적 뜨잠김을 거듭하다/ 집권당의 부침에 따라 → 집권당의 늘졸이에 ~ [浮沈]
부케	꽃다발 [프 bouquet]
부킹	예약 [영 booking]
–(으로)부터	–에서 · –한테 · –에게　※ 차례의 처음을 나타낼 때나 시간 · 장소를 가리킬 때가 아니고는 이 말을 쓰지 않는 게 우리 말맛에 맞다. 영어 form의 영향으로 번져 써 버릇한 것으로 본다.　〔보기〕국민으로부터 → 국민에게서 · 국민한테서/ 친척들로부터 → 친척들에게 · 친척들한테/ 양쪽으로부터 → 양쪽에서/ 일본으로부터의 경제원조 → 일본의 경제원조/ 군경으로부터 → 군경에게/ 망령으로부터 → 망령에게/ 아버지로부터 꾸중을 들었다 → 아버지께 꾸중을 들었다/ 우물로부터 물을 푼다 → 우물에서 물을 푼다/ 공포로부터의 자유 → 공포에서 벗어남/ 간섭으로부터 보호돼야 한다 → 간섭을 막아야 한다/ 법으로부터 자유로운 → 법의 규제를 받지 않는/ 병으로부터 자유로운 → 병에 걸리지 않는/ 학살로부터 지켜준 → 학살을 막아준 · 학살을 당하지 않게 해준　▷ 언젠가부터 → 언제부턴가/ 언젠지부터 → 언제부턴지
부토	썩은흙 [腐土]
부토	흙덮기 · 북주기　▷ 복토 → 흙덮기 [覆土]
부패	썩음　〔보기〕부패하다 → 썩다/ 부패립 → 썩은낟알 · 썩은씨앗/ 부패한 정치 → 썩어빠진 정치/ 부패근절 → 썩음 자르기 · 썩은것 뿌리뽑기/ 부패척결 → 썩은곳 도려내기/ 부패추방 → 썩음 내쫓기/ 부정부패 → 곱고썩음 · 그릇되고 썩음/ 정경유착은 곧 부패로 통한다 → 정치인과 경제인이 붙으면 곧

썩는다 [腐敗]

부폐	뷔페 [프 buffet]
부표	붙임표 [附表]
부표	1. 띄움표 2. 낚시찌 [浮標]
부하	힘걸림 · (짐)지움 〔보기〕 부하하다 → 힘이 걸리다 · 짐지우다/ 부하불능 → 끌지 못함 · 출력불능/ 부하가 걸리다 → 힘이 걸리다 [負荷]
부하다	붙이다 〔보기〕 부하여 → 붙여 ▷ 송부하다 → 부치다 [附-]
부합	들어맞음 · 맞음 〔보기〕 부합하다 → 꼭맞다 · 들어맞다/ 부합되다 → 부합하다 ▷ 계합하다 → 꼭맞다 · 들어맞다 [符合]
부항항아리	부항단지
부화	알깨기 · 알까기 〔보기〕 부화하다 → 알깨다 · 알까다/ 부화약충 → 갓깬벌레 [孵化]
부화뇌동하다	덩달아 하다 · 덩달아 따르다 [附和雷同-]
부활	되살아남 〔보기〕 부활하다 → 되살아나다 ▷ 소생 → 되살아남/ 부흥 → 다시 일어남 [復活]
부흥	다시 일어남 〔보기〕 부흥하다 → 다시 일어나다 [復興]
북	책 〔보기〕 북마크 → 바로찾기/ 북모빌 → 이동도서관/ 북엔드 → 책버티개/ 북카드 → 책목록표/ 북커버 → 책덮개 · 책씌우개/ 북스토어 → 책방/ 북클럽 → 독서모임 [영 book]
북단	북쪽끝 ▷ 남단 → 남쪽끝/ 동단 → 동쪽끝/ 서단 → 서쪽끝 [北端]
북도두다	1. → 북돋우다 2. 북주다 ※'도두뛰다 · 도두보다 · 도두보이다'에서 '도두'는 '위로 돋아서 높다'는 뜻의 부사로서 '돋우-'와 다르다. 또 '도두다'는 '북을 주다'는 말 아니고는 쓰이지 않고 모두 '돋우다'로 쓴다. 참고로 '북돋우다'의 준말은 '북돋다'임.
북방	북쪽 · 북녘 [北方]
북위	북씨 ▷ 남위 → 남씨/ 동경 → 동날/ 서경 → 서날 [北緯]
분	푼 · 닢 [分]
분가	따로냄 · 살림냄 〔보기〕 분가하다 → 따로나다 · 세간나다 [分家]
분간	가림 · 구별 〔보기〕 분간하다 → 가리다 · 구별하다 [分揀]

분구	아궁이 〔보기〕분구철물 → 아궁이쇠 〔焚口〕
분권	권한나눔·힘나눔 〔보기〕분권하다 → 권한을 나누다/ 지방분권 → 지방으로 권한 나눔 〔分權〕
분규	말썽·다툼 〔보기〕분규가 일어나다 → 다툼이 생기다/ 노사분규 → 노사다툼/ 공천분규 → 공천말썽·공천다툼 ▷ 물의 → 공론·뭇평판·말썽/ 분쟁 → 다툼질 〔紛糾〕
분근	뿌리나눔 〔보기〕분근하다 → 뿌리 나누다/ 분근묘 → 뿌리모 〔分根〕
분급	나눠줌·별러줌 〔보기〕분급하다 → 나눠주다·별러주다 〔分給〕
분기	갈래 〔보기〕분기하다 → 갈라지다·나누어지다/ 분기점 → 갈림점·나뉨점/ 분기선 → 갈랫줄 〔分岐〕
분기초망	불빛채그물 〔焚寄抄網〕
분납	나눠바침·나눠냄 〔보기〕분납하다 → 나눠내다·나눠바치다 〔分納〕
분뇨	똥오줌 〔糞尿〕
분단	갈라짐·쪼갬·동강냄·나뉨 〔보기〕분단하다 → 자르다·가르다/ 국토 분단 → 국토 나뉨/ 분단의 아픔 → 갈라진 아픔/ 광복 50돌 분단 50년 → 광복 50돌 갈림 50년 〔分斷〕
분담	떼맡음·나눠맡음 〔보기〕분담하다 → 떼맡다·나눠맡다 〔分擔〕
분렬	분열 〔分列〕
분류	가름 〔보기〕분류하다 → 가르다·나누다/ 분류작업 → 나누기·가르기/ 분류동정 → 갈래매김/ 분류순 → 가름차례 〔分類〕
분류	줄기찬 흐름·세찬 흐름·뿜물줄기 〔보기〕분류하다 → 세차게 흐르다 〔奔流〕
분리	떼냄·갈라냄·가름 〔보기〕분리하다 → 떼내다·갈라내다·가르다·가려내다/ 분리기 → 고름틀·가름틀/ 분리수거 → 나눠거두기/ 흑백분리주의 → 흑백나누기 〔分離〕
분립	따로따로섬·갈라섬 〔보기〕분립하다 → 따로서다·갈라서다·(의견 따위가) 나뉘다·갈리다 ▷ 병립하다 → 나란히 서다·같이서다 〔分立〕
분만	해산·새끼낳음 〔보기〕분만하다 → 아기(새끼) 낳다·해산하다·몸풀다/ 분만간격 → 터울·낳는간격/ 자연분만 → 절로낳기·제대로낳기 〔分娩〕
분말	가루 〔보기〕분말소화기 → 가루불끄개 〔粉末〕
분망	바쁨 〔보기〕분망하다 → (매우) 바쁘다 ▷ 다망 → 바

뽐 [犇忙]

분명　틀림없음·틀림없이　〔보기〕분명하다 → 틀림없다·뚜렷하다·똑똑하다 [分明]

분묘　무덤·뫼 [墳墓]

분무　뿜기　〔보기〕분무하다 → 뿜다/ 분무기 → 뿜개·물뿜개/ 분무법 → (미술)뿜기 [噴霧]

분문　들문·위앞문　▷ 유문 → 날문·위뒷문 [噴門]
분문　똥구멍 [糞門]

분발　힘냄·기운냄·기씀　〔보기〕분발하다 → 힘내다·기운내다·기쓰다 [奮發]

분배　노늠·나눔·노느매기　〔보기〕분배하다 → 노느다·나누다·노나갖다/ 분배정의 → 노늠정의 [分配]

분별　가림·가려냄　〔보기〕분별하다 → 가려내다/분별력 → 가릴힘 [分別]

분분　어수선함·어지러움·뒤숭숭함　〔보기〕분분하다 → 어수선하다·어지럽다·흩날리다/ 평가가 분분하다 → 평가가 어지럽다 [紛紛]

분비　스며나기(내기)·배어나기(내기)　〔보기〕분비하다 → 배어내다·배어나다/ 분비물 → 배어난 물질·샘물질/ 내(외)분비 → 속(겉)배어나기(내기)/ 분비선 → 분비샘 [分泌]

분빠(파)이　나눔·노늠·노느매기 [일 分配·ぶんぱい]
분사　내뿜기·내뿜음　〔보기〕분사하다 → 내뿜다/ 분사기 → 뿜개/ 분사장치 → 뿜이장치·뿜는 장치 [噴射]

분산　1. 흩어짐·헤어짐 2. 헤뜨림　〔보기〕분산하다 → 흩어지다·흩뜨리다·널리다·헤뜨리다/ 분산되다→분산하다/ 분산성 → 헤질성/ 분산전파 → 흩퍼짐/ 분산배치 → 흩어보냄 [分散]

분쇄　부서뜨림·짓부숨·쳐부숨·깨짐·깨뜨림　〔보기〕분쇄하다 → 부서뜨리다·짓부수다·쳐부수다·깨뜨리다/ 분쇄기 → 부수개·어처구니/ 야욕을 분쇄하다 → 턱없는 욕심을 깨다 [粉碎]

분수　수익 나눔　〔보기〕분수하다→ 이(수)익 나누다/ 분수림 → 이익나눔숲 [分收]

분수　뿜물　〔보기〕분수하다 → 물뿜다/ 분수공 → 물뿜이구멍·물구멍/ 분수기 → 물뿜이/ 분수반 → 뿜물판/ 분수전 → 뿜마개/ 분수지 → 뿜물못/ 분수탑 → 뿜물탑 [噴水]

분식　꾸밈·꾸미기·몸치장　〔보기〕분식하다 → 꾸미다·치장하다　▷ 분장 → 몸치장·꾸밈 [扮飾]

분식	가루음식 · 가루먹이 · 가루붙이　［粉食］
분식	거짓꾸밈 · 발라맞춤　〔보기〕분식하다 → 꾸미다 · 발라맞추다/ 분식 회계 → 허위 회계 · 거짓 회계 · 꾸민 회계/ 분식 결산 → 허위 결산　▷ 수식 → 꾸밈　［粉飾］
분실	잃어버림　〔보기〕분실하다 → 잃어버리다/ 분실물 → 잃어버린 물건　▷ 일실 → 잃어버림/ 소실 → 타버림　［紛失］
분양	나눠줌 · 갈라줌　〔보기〕분양하다 → 나눠주다 · 갈라주다/ 분양받다 → 떼어받다 (※ 나눠주는 것과 받는 것은 다르므로 '분양받다' 식으로는 쓰지 말자고 해도 일반에서는 많이 쓰인다.)/ 분양가 → 분양값 · 떼어주는 값/ 택지를 분양받아 → 택지를 받아 · 택지를 떼어받아/ 아파트를 분양받다 → 아파트를 떼어받다 · 아파트를 나눠받다　［分讓］
분얼	새끼치기　〔보기〕분얼경 → 새끼친 줄기 · 새끼대/ 분얼기 → 새끼칠 때/ 분얼비 → 새끼칠 거름/ 분얼수 → 새끼친 수/ 분얼절 → 새끼칠 마디　［分蘖］
분업	일손나눔 · 갈라맡음　〔보기〕분업하다 → 손을 나누어 일하다/ 갈라맡다　▷ 협업 → 어우름일　［分業］
분열	갈라짐 · 쪼개짐 · 찢어짐 · 조각남　〔보기〕분열하다 → 갈라지다 · 찢어지다/ 분열 조짐 → 깨질 조짐　［分裂］
분장	갈라맡음　〔보기〕분장하다 → 갈라맡다 · 갈라맡기다/ 업무분장 → 일 갈라맡기　［分掌］
분장	꾸밈 · 몸치장　〔보기〕분장하다 → 꾸미다/ 분장법 → 꾸밈(치장)법/ 분장술 → 꾸밈술　［扮裝］
분쟁	다툼(질) · 싸움　〔보기〕분쟁하다 → 다투다 · 싸우다/ 민족분쟁 → 겨레다툼/ 국제분쟁 → 나라다툼/ 노사분쟁 → 노사다툼 · 노동쟁의/ 분쟁국간 → 다투는 나라 사이/ 분쟁해소 → 다툼풂　▷ 분규 → 다툼 · 말썽/ 쟁의 → 다툼 · 싸움걺/ 논쟁 → 이론싸움 · 이론다툼　［紛爭］
분전	푼돈　［分錢］
분제	가루약　〔보기〕분제농약 → 가루농약　［粉劑］
분주	포기나눔 · 포기가르기　〔보기〕분주하다 → 포기를 나누다/ 분주모 → 포기모　［分株］
분주하다	바쁘다　〔보기〕분주한 날 → 바쁜 날　［奔走 - ］
분지	가지치기　〔보기〕분지각도 → 가지벌림새/ 분지수 → 번가지수/ 분지장 → 가지길이　▷ 전지 · 전정 → 가지치기　［分枝］
분진	먼지　〔보기〕부유분진 → 떠도는 먼지　［粉塵］
분질르다	분지르다 · 부르뜨리다　※서울 · 경기사투리로 봄.　［粉塵］

분책	책가르기 [分冊]
분철	나눠매기 ▷ 합철 → 모아내기/ 합본·합책 → 합쳐맨책 [分綴]
분출	뿜어냄·뿜어내기 〔보기〕 분출하다 → 뿜다·뿜어내다/ 분출구 → 뿜구멍 ▷ 용출 → 솟아나옴 [噴出]
분토	무덤흙 [墳土]
분토	거름흙 [糞土]
분파	갈래·갈라짐 〔보기〕 분파하다 → 갈라지다·나누다/ 분파주의 → 갈래주의/ 분파행동 → 갈래행동 [分派]
분패	억울하게 짐 〔보기〕 분패하다 → 분하게 지다·억울하게 지다 ▷ 석패 → 아쉽게 짐/ 참패 → 무참히 짐 [憤敗]
분포	널림·퍼짐·널려(퍼져) 있음 〔보기〕 분포하다 → 널리다·퍼져 있다/ 분포지 → 퍼진데/ 분포도 → 널림그림·퍼짐그림 [分布]
분할	쪼갬·가름·나눔 〔보기〕 분할하다 → 쪼개다·가르다·나누다/ 분할결제 → 나눠치름 [分割]
분향	향피움·향사름 〔보기〕 분향하다 → 향 피우다·향을 사르다/ 분향소 → 향피우는 곳 [焚香]
분화	모닥불 [焚火]
불가	옳지 않음·안됨·못함 〔보기〕 불가하다 → 옳지 않다·안되다/ 불가능 → 할 수 없음·이룰 수 없음/ 불가분의 → 뗄 수 없는·못 떨어질/ 불가불 → 마땅히·할 수 없이/ 불가피 → 피할 수 없음·어쩔 수 없음/ 불가항력 → 막을 수 없음·어쩔 수 없음/ 불가해 → 알 수 없음/ 가불가 → 되고 안되고·할 수 못할 수 ▷ 가하다 → 좋다·옳다 [不可]
불가결	꼭 있어야 〔보기〕 불가결하다 → 꼭 있어야 하다/ 불가결한 → 없어서는 안될 [不可缺]
불가능	할수없음·안됨 〔보기〕 불가능하다 → 할 수 없다·안되다/ 계좌추적이 불가능하다 → 계좌를 추적할 수 없다/ 불가능이란 없다 → 안될 일이란 없다·할 수 없는 일이란 없다·될 수 없는 일이란 없다 [不可能]
불가분의	뗄 수 없는·못떨어질 〔보기〕 불가분의 관계 → 뗄 수 없는 관계·못떨어질 관계 [不可分-]
불가불	마땅히·어쩔수없이·할수없이 [不可不]
불가침	침노 않기 [不可侵]
불가피	피할수없음·어쩔수없음 〔보기〕 불가피하다→피할 수 없다/ 불가피성 → 어쩔 수 없음·어쩔 수 없는 사정·피할 수 없는/ 불기소 처분의 불가피성을 강변했다 → 불기소 처분을

할 수밖에 없었음을 강조했다 〔不可避〕

불감	못 견딤 〔보기〕불감하다 → 견디지 못하다 · 감당 못하다/ 불감당 → 감당하지 못하다 〔不堪〕
불경기	세월없음 · 시세없음 · 없는시세 ▷ 호경기 → 좋은시세/ 호황 → 좋은시세/ 불황 → 세월없음 〔不景氣〕
불공평	고르지 않음 〔보기〕불공평하다 → 고르지 않다 〔不公平〕
불과	기껏 · 기껏해야 · 겨우 〔보기〕불과하다 → 지나지 않다/ 불과 이틀전 → 기껏 ~ 〔不過〕
불구	못갖춤 · 병신 〔보기〕불구동사 → 모자란움직씨/ 불구자 → 장애인 · 병신 〔不具〕
불구하고	거리낌없이 · 무릅쓰고 · 안가리고 · 아랑곳없이 ※ '- ㅁ에 도, - ㄴ데도' 따위와 어울려 앞말을 강조하는 투로 많이 쓰나 보통 군더더기로서, 생략하면 글이 훨씬 깨끗해진다. 〔보기〕그런데도 불구하고 → 그런데도 · 그렇지만/ 그럼에도 불구하고 → 그럼에도 · 그런데도 · 그렇지만/ 늦은데도 불구하고 → 늦은데도/ 더위에도 불구하고 → 더운데도 · 더위를 무릅쓰고/ 비난에도 불구하고 → 비난에도 아랑곳없이 · 비난하는데도/ 있음에도 불구하고 → 있음에도 · 있는데도 · 있지만/ 위험을 불구하고 → 위험을 무릅쓰고 ▷ 물구하고 → 안가리고 〔不拘 -〕
불굴	굽히지 않음 〔보기〕불굴하다 → 뻗대다 · 안 굽히다/ 불굴의 용기 → 굽힐 줄 모르는 용기 〔不屈〕
불규칙	일정하지 아니함 · 벗어남 〔보기〕불규칙하다 → 일정하지 아니하다/ 불규칙 동사 → 벗어난움직씨/ 불규칙 용언 → 벗어난풀이씨/ 불규칙 바운드 → 멋대로 튐 〔不規則〕
불균일	고르지 않음 · 안 고름 〔보기〕불균일하다 → 고르지 않다/ 불균일한 → 고르지 않은 〔不均一〕
불그락푸르락	붉으락푸르락
불급	못미침 〔보기〕불급하다 → 못미치다/ 족탈불(미)급 → 썩 뒤짐 〔不及〕
불길	좋지 않음 〔보기〕불길하다 → 좋지 않다/ 불길한 징조 → 좋지 않은 낌새 〔不吉〕
불나비	부나비
불돋우개	심돋우개
불량	나쁨 · 못됨 〔보기〕불량하다 → 나쁘다 · 좋지 않다 · 고약하다 · 못되다/ 불량배 → 못된무리/ 불량상 → 나쁜뽄/ 불량소년 → 못된아이/ 불량아 → 못된아이/ 불량자 → 깡패 · 못된놈/불량자재 → 나쁜자재/ 불량율 → 불량률 ▷ 양호하

	다 → 좋다 [不良]
불럭 · 블럭	블록 · 구역 [영 block]
불려의	생각지 않은 · 생각밖의 · 뜻밖의 [不慮 -]
불려지다 · 불리우다 · 불리워지다	불리다 ※피동의 겹침. '- 우 -'는 사동(시킴) 접미사로는 쓰여도 피동(입음) 접미사로는 쓰이지 않는다. ▷ 감기우다 → 감기다/ 던지우다 → 던짐을 당하다 · 던져지다/ 인상지워지다 → 인상짓다 · 인상지어지다
불룩히	불룩이 ※작은말은 '볼록이'다. ▷ 배불룩이 → 배불뚝이
불르다	부르다
불리	해로움 · 이롭지 못함 〔보기〕불리하다 → 이롭지 않다 · 해롭다/ 세불리 → 힘달림 [不利]
불리다 · 불리워지다	부르다 · 일컫다 · ~라고 하는(던) 〔보기〕속칭 피라미드식 판매로 불리는 다단계 판매방식이 → 이른바 피라미드식 판매라고 하는 다단계 판매방식이/ 흔히 참교육이라 불리워지는 '전교조'의 교육관은 → 흔히 참교육이라고 하는 · 흔히 참교육이라 일컫는
불만족	맞갖지 못함 〔보기〕불만족하다 → 맞갖지 못하다 · 만족스럽지 못하다 [不滿足]
불매	안사기 〔보기〕불매하다 → 안사다/ 불매운동 → 안사기운동 [不買]
불명	똑똑지 않음 · 흐림 〔보기〕불명하다 → 똑똑지 않다 · 알 수 없다 · 흐릿하다 [不明]
불명예	명예롭지 못함 [不名譽]
불모지	풀 없는 땅 · 메마른 땅 ▷ 박토 → 메마른땅 [不毛地]
불무하다	없지 않다 · 있다 〔보기〕불쾌한 느낌이 불무했다 → ~ 느낌이 없지 않았다 [不無 -]
불문	묻지 않음 〔보기〕불문하다 → 묻지 않다/ 불문하고 → 묻지 않고/ 불문가지 → 물을 것 없이 뻔함 · 물어보나 마나/ 불문곡직하고 → (옳고 그름을) 묻지 않고 · 바로 [不問]
불문률	불문율 [不文律]
불미	아름답지(좋지) 못함 〔보기〕불미하다 → 아름답지 못하다/ 불미스러운 → 좋지 못한 [不美]
불변	변하지 않음 · 그대로임 〔보기〕불변하다 → 변하지 않다 · 변함없다 [不變]
불복	굽히지 않음 · 따르지 않음 〔보기〕불복하다 → 굽히지 않다 · 복종 않다/ 1심 판결에 불복해 항소하다 → 일심 판결을 받아들일 수 없어 항소하다 [不服]

불비	못갖춤　〔보기〕불비하다 → 못갖추다/ 불비례 → 예를 못 갖춤　[不備]
불사	절　[佛寺]
불사	사양않음 · 마다잖음　▷ 불사하다 → 사양 않다 · 마다지 않 다/ 일전불사하다 → 한바탕 싸움도 사양 않다/ 탈당을 불사 하며 → 탈당도 마다지 않으며/ 고액 과외를 불사하는 상류계 층의 생활양식이 문제이지 → 비싼과외를 마다지 않는 ~ [不辭]
불삽	부삽
불상사	불행한 일 · 언짢은 일　[不祥事]
불석하다	아끼지 않다　[不惜 -]
불소	플루오르　[일 弗素]
불손	버릇없음　〔보기〕불손하다 → 버릇없다 · 버르장머리가 없 다/ 불손한 태도 → 버릇없는 태도　[不遜]
불손	부손
불수의근	제대로근　※줄여서 '불수근'이라고 한다.　▷ 불수의운 동 → 제대로 운동　[不隨意筋]
불순	더러움 · 잡됨　〔보기〕불순하다 → 깨끗지 못하다 · 잡되 다 · 순수하지 못하다/ 불순물 → 잡것 · 잡물　[不純]
불시	때아님 · 때없음　〔보기〕불시에 → 갑자기 · 느닷없이 · 갑 작스레/ 불시재배 → 때없이 가꾸기/ 불시출수 → 철아닌 이 삭/ 불시출시 → 때없이 내기　[不時]
불식	씻음 · 씻어버림　〔보기〕불식하다 → 씻다 · 씻어버리다/ 전 비를 불식하다 → 지난 잘못을 씻다/ 투쟁적 이미지를 불식하 고 → 투쟁적 이미지를 벗고　[拂拭]
불신	못믿음　〔보기〕불신하다 → 못믿다/ 불신감 → 못미더움/ 불신임 → 못믿음/ 불신풍조 → 못믿는 풍조　[不信]
불여의	뜻대로 안 됨 · 뜻같지 않음　〔보기〕불여의하다 → 뜻같지 않 다　[不如意]
불연	타지 않음　〔보기〕불연성 → 안탈 성질/ 불연재료 → 타지 않는 재료　[不燃]
불연	그렇잖음　〔보기〕불연이면 → 그렇지 아니하면(않으면) · 안 그러면　[不然]
불온	온당치 않음　〔보기〕불온하다 → 온당(평온)하지 않다 [不穩]
불완전	갖추지 못함　〔보기〕불완전하다 → 다 갖추지 못하다 · 모 자라다/ 불완전동사 → 안갖은움직씨/ 불완전명사 → 매인이 름씨/ 불완전변태 → 안갖춘탈바꿈/ 불완전소절 → 못갖춘마

디/ 불완전연소 → 덜 타기/ 불완전엽 → 안갖춘잎/ 불완전자
동사 → 안갖은제움직씨/ 불완전타동사 → 안갖은남움직씨/
불완전형용사 → 안갖은그림씨/ 불완전화 → 안갖춘꽃 ［不
完全]

불외하다　벗어나지 않다·지나지 않다·~일 뿐이다 ［不外－]

불요　필요없음·쓸데없음 〔보기〕 불요하다 → 쓸데없다/ 불요불
급하다 → 급하지 않다·긴요하지 않다 ［不要]

불용　못씀·안씀 〔보기〕 불용액 → 안쓴 돈/ 불용품 → 못쓰는
물건 ［不用]

불우하다　때 못만나다·어렵다 〔보기〕 불우이웃돕기 → 어려운 이웃
돕기 ［不遇]

불원간　머지않아 ［不遠間]

불응　따르지 않음·듣지 않음 〔보기〕 불응하다 → 따르지 않다·
듣지 않다·응하지 않다 ［不應]

불의　뜻밖·뜻하지 않은 〔보기〕 불의에 → 뜻밖에·갑자기·뜻
하지 않게/ 불의의 사고 → 뜻밖의 사고 ［不意]

불이낳게　부리나케

불이익　불리함·손해 ※'不'은 '하다'류 동사·형용사와 어울리지
명사적 뜻의 한자나 한자어와 어울리지 않는다. 〔보기〕 불
이익을 당하다 → 불리해지다·손해를 보다/ 불이익을 당한
경험이 있다고 → 손해본 일이 있었다고/ 신분상 불이익과 연
결될 수 있다 → 신분에 불리할 수 있다/ 경제적 불이익 → 경
제적 손실·경제적 피해/ 불이익을 받다 → 불리한 대우를 받
다/ 경력 평정의 불이익으로 → 경력 평정이 불리해서 ［不利
益]

불임　배지 않음·배지 못함 〔보기〕 불임하다 → 배지 못하다/ 불
임돈 → 돌돼지 ［不姙]

불임립　쭉정이 ［不稔粒]

불입　치러넣음·부음·납입·납부·냄 〔보기〕 불입하다 → 치러
넣다·내다·납부하다/ 불입자본 → 납입자본·부은자본/ 불
입금 → 납입금·붓는돈 ［일 拂入]

불참　빠짐 〔보기〕 불참하다 → 빠지다/ 불참리 → 빠진채·빠진
속에 ［不參]

불철주야　밤낮없이 ［不撤晝夜]

불출　내줌·치러줌 〔보기〕 불출하다 → 내주다·치르다 ［拂
出]

불충분　모자람 〔보기〕 불충분하다 → 모자라다·넉넉지 않다
［不充分]

불치	못고침 〔보기〕 불치병 → 못고칠병 [不治]
불통	막힘·통하지 않음 〔보기〕 불통하다 → 막히다·통하지 않다/ 불통되다 → 막히다 [不通]
불투명	흐릿함·칙칙함 〔보기〕 불투명하다 → 흐릿하다·칙칙하다 [不透明]
불편부당	치우치지 않음·공평함 [不偏不黨]
불피코	반드시·갈데없이 [不避 -]
불하	내리넘김·넘겨버림·팔아버림·매각 〔보기〕 불하하다 → 팔아버리다/ 불하받다 → 넘겨받다 [일 拂下·はらいさげ]
불허	허락 않음 〔보기〕 불허하다 → 허락하지 않다/ 불허하기로 → 허락하지 않기로 [不許]
불황	세월없음·나쁜시세 ▷ 호황 → 좋은시세·세월좋음 [不況]
붐	바람·대인기·대성황·벼락경기·사태 〔보기〕 붐타운 → 새도시/ 과외붐 → 과외바람/ 베이비 붐 → 아이낳기 바람 [영 boom]
붓두껑·붓뚜껍·붓뚜껑	붓두껍 〔보기〕 투표 연모로 붓두껍을 많이 쓴다.
붕괴	무너짐·허물어짐 〔보기〕 붕괴하다 → 허물어지다·무너지다/ 붕괴지 → 무너진 땅/ 전선 붕괴 → 전선이 무너짐/ 체제붕괴 → 체제 무너짐·틀무너짐 ▷ 붕락 → 무너져내림 [崩壞]
붙이다	※'부치다'와 넘나드는 때가 있어 혼란스러우나 대체로 '붙는 행위'가 꽤 드러날 때 '붙이다'를 쓴다. 〔보기〕 우표를 붙이다/ 책상을 벽에 붙이다/ 흥정을 붙이다/ 흘레를 붙이다/ 불을 붙이다/ 감시원을 붙이다/ 조건을 붙이다/ 취미를 붙이다/ 별명(이름)을 붙이다/ 소매를(팔을) 걷어붙이다/ 밀어붙이다/ 몰아붙이다/ 찍어붙이다/ 따라붙이다/ 때려붙이다/ 쏘아붙이다/ 올려붙이다/ 싸움을 붙이다/ 이자를 붙이다/ 마음을 붙이다/ 덧붙이다/ 손붙이다/ 갈라붙이다/ 진대붙이다 ▷ 부치다
붙히다	붙이다 〔보기〕 붙혔다 → 붙였다 ▷ 높히다 → 높이다
뷰티 케어	미용법·미용관리 ▷ 뷰티 트레이닝 → 미용훈련 [영 beauty]
브라보	1. 만세! 2. 좋다!·잘한다! 3. 갈채 [이 bravo]
브래지어	젖마개·가슴띠 ▷ 부라자·브라자 → 브래지어 [영 brassiere]
브랜드	상표·이름 〔보기〕 브랜드력 → 상표힘/ 브랜드파워 → 상표

경쟁력/ 브랜드화하다→상표화하다·상표로 만들다 ▷ 라벨·레테르 → 상표 [영 brand]

브러시 1. 솔·닦개 2. 털붓 3. 빗 〔보기〕브러싱 → 빗질·솔질 [영 brush]

브런치 늦아침·아점 걸치기·애점심·새참 [영 brunch〈breakfast+Lunch]

브레이크 제동장치·멈추개 [영 brake]

브레이크 떨어져! ※권투 말. [영 break]

브레인 두뇌·머리 〔보기〕브레인 스토밍 → 생각추리기·난상토론/ 브레인풀제 → 두뇌은행제 [영 brain]

브레튼 우즈 협정 브레턴 우즈 협정 [미 Bretton Woods+協定]

브로치 가슴꽂이·장식핀 [영 brooch]

브로커 중개인·중개쟁이·거간 ▷ 부로커 → 브로커 [영 broker]

브루네이 브루나이 [Brunei]

브리지 다리 〔보기〕브리지론 → 다리대출·가교대출/ 브리지음악 → 연결음악 ▷ 브릿지 → 브리지 [영 bridge]

브리핑 간추린 보고·간추림·상황설명 〔보기〕브리핑하다 → 보고하다/ 브리핑 룸 → 상황실/ 브리핑 차트 → 간추림표 [영 briefing]

브이아이피 귀빈·요인 ▷ 비아이피·비프→귀빈·요인 [영 V.I.P. 〈very important person]

블라인드 가리개·볕가리개 〔보기〕블라인드 트러스트 → 백지위임 [영 blind]

블라우스 양복적삼 [영 blouse]

블랙 검은·어두운 〔보기〕블랙리스트 → 감시대상·요주의인물명단/ 블랙마켓 → 암시장/ 블랙먼데이 → 검은 월요일/ 블랙북 → 기밀문서/ 블랙아웃 → 기억상실 [영 black]

블럭·불럭 블록 [영 block]

블로 치기 〔보기〕카운터블로 → 맞받아치기·반격 [영 blow]

블로그 딸림방·누리사랑방 [영 blog〈web+log]

블로킹 1. (배구)가로막기·공격차단 2. (농구)장벽치기 3. (권투)막기 〔보기〕블로킹 파울 → 막기반칙/ 블로킹 포인트 → 가로막기 득점 [영 blocking]

블록 집단·연합체·동맹 〔보기〕관세블록 → 관세동맹/ 스털링블록 → 파운드화권 [영 bloc]

블록 1. 구획·구역 2. 시멘트벽돌 3. (전산)구역 〔보기〕블록 카피 → 구역복사/ 블록 다이어그램 → 구역도표/ 블로킹 →

구역짓기/ 블록 리드 → 구역읽기/ 블록 트랜스퍼 → 구역 내

보냄/ 블록 라이트 → 구역쓰기/ 블록버스터 → 대작·흥행물

[영 block]

블론드	금발·노랑머리 [영 blond]
블루벨트	청정수역·수자원 보전 지역 ▷ 그린벨트 → 녹지대·푸른 띠·개발제한구역 [영 blue belt]
블루오션	대안시장·새시장 ▷ 레드오션 → 경쟁시장 [영 blue ocean]
블루칼라	생산직 노동자 ▷ 화이트칼라 → 사무직 노동자 [영 blue- collar]
비 엘	선하증권·뱃짐증권 [영 B/L〈bill of landing〉]
비강	콧속 ▷ 비공 → 콧구멍 [鼻腔]
비겁	못남·겁많음 〔보기〕비겁하다 → 못나다 [卑怯]
비게	비계 〔보기〕돼지비계/ 비곗덩어리/ 비곗살
비견	겨룸·견줌·나란히함 〔보기〕비견하다 → 견주다·나란 히하다/ 비견되다 → 견주어지다·나란히 되다 ▷ 병견하 다 → 견주다 [比肩]
비고	갖추기·잡이·참고 〔보기〕비고하다 → 참고하다·견주 다·잡다/ 비고란 → 잡이난·견줌난 [備考]
비골	넓적다리뼈 [脾骨]
비근하다	가깝다 〔보기〕비근한 예를 들면 → 가까운 보기를 들면 ▷ 심원하다 → 깊고 멀다·웅숭깊다 [卑近 -]
비기	헐뜯기 [誹譏]
비(삐)까번쩍· 비까비까	번쩍번쩍 〔보기〕비까번쩍하다 → 번쩍번쩍 빛나다·멋있 다/ 비까비까하다 → 번쩍번쩍하다 [일 ぴか -]
비난	책잡음·나무람 〔보기〕비난하다 → 책잡다·나무라다/ 비 난성명 → 나무람글/ 비난조 → 나무람투/ 모든 비난을 감수 하다 → 모든 나무람을 달게 받다 [非難]
비닉	감추기·숨기기 〔보기〕비닉하다 → 감추다·숨기다 ▷ 은닉하다 → 감추다·숨기다 [秘匿]
비닐 하우스	비닐집·비닐 온실 [영 vinyl house]
비단	다만·겨우·오직 〔보기〕비단 사람뿐 아니라 짐승도 → 다 만 ~ [非但]
비대	큼·뚱뚱함·커짐 〔보기〕비대하다 → 살지다·뚱뚱하다/ 비대생장 → 살찌기/ 비대증 → 살찌는병·뚱뚱병/ 비대화 → 커짐·뚱뚱해짐 ▷ 비만 → 뚱뚱함 [肥大]
비들기	비둘기
비등	끓어오름·들끓음·물끓듯함 〔보기〕비등하다 → 끓어오르

	다・물끓듯하다/ 비등점 → 끓는점/ 비등점 상승 → 끓는점 오름/ 비난 여론이 비등하다 → 나무라는 여론이 떠들썩하게 일어나다　▷ 영점・빙점・결빙점 → 어는점・얼음점/ 융점・융해점 → 녹는점　[沸騰]
비등	비슷함　〔보기〕비등하다 → 비금비금하다・어슷비슷하다 [比等]
비디오	녹화(기)・영상(기)　〔보기〕비디오 가라오케(비디오케) → 노래방・영상반주/ 비디오 게임 → 영상놀이/ 비디오 모니터 → 영상화면기/ 비디오 아티스트 → 비디오 예술가/ 비디오 어댑터 → 영상맞춤틀・영상접합기/ 비디오 카드 → 영상카드/ 비디오카세트 리코더(브이시아르) → 녹화재생기/ 비디오텍스 → 영상정보/ 비디오폰 → 영상전화　▷ 오디오 → 음향장치　[영 video]
비라	삐라・전단　[〈영 bill]
비래	날아옴　〔보기〕비래하다 → 날아오다　[飛來]
비러먹다	빌어먹다　※작은말은 '배라먹다'.　〔보기〕빌어먹을 녀석　※비럭질하다・비렁뱅이 따위는 그대로 쓴다.
비로서	비로소
비료	거름　〔보기〕비료분 → 거름기/ 비료작물・녹비작물 → 풋거름작물　[肥料]
비리	옳지 않음・이치에 어긋남・잘못　〔보기〕비리를 묵인하다 → 잘못을 눈감아 주다/ 비리를 캐다 → 잘못을 캐다/ 비리에 연루되다 → 잘못된 일에 함께 걸리다/ 비리혐의 → 잘못을 저지른 의심　[非理]
비림	비축림　[備林]
비만	뚱뚱함　〔보기〕비만하다 → 뚱뚱하다/ 비만형 → 뚱뚱한꼴/ 비만자 → 뚱뚱이/ 비만아 → 뚱뚱한 아이　▷ 비대 → 큼・뚱뚱함・커짐　[肥滿]
비매품	안팔것・안파는 것　[非賣品]
비밀리에	남모르게・살짝　〔보기〕비밀리에 회동하다 → 남모르게 만나다　[秘密裡 -]
비밀이예요	비밀이에요・비밀이어요
비박	비바크・비부아크・야영　※등산 말.　[도 Biwak/ 프 bivouac]
비방	헐뜯음　〔보기〕비방하다 → 헐뜯다　[誹謗]
비배	거름주기　〔보기〕비배관리 → 땅 걸워 가꾸기　[肥培]
비번	난번　▷ 당번 → 든번　[非番]
비범	뛰어남　〔보기〕비범하다 → 뛰어나다・보통 아니다　▷

	평범 [非凡]
비보	슬픈소식 · 슬픈기별 ▷ 낭보 → 좋은소식 · 좋은기별/ 급보 → 급한기별 · 급한소식/ 희보 → 기쁜소식 [悲報]
비보도	안알림 · 보도않기 〔보기〕 비보도를 전제로 하고 → 안알리기로 하고 ▷ 오프 더 레코드 → 안알림 · 보도않기 [非報道]
비산	날아 흩어짐 · 날림 · 흩날림 〔보기〕 비산하다 → 날리다 · 흩날리다/ 비산성 → 날림성/ 비산먼지 → 날리는 먼지/ 화분이 비산하다 → 꽃가루가 날리다 [飛散]
비석	빗돌 ▷ 석비 → 돌비 [碑石]
비선	콧날 [鼻線]
비속	손아래 〔보기〕 비속친 → 손아래(항렬) ▷ 존속 → 손위(항렬) [卑屬]
비속하다	속되다 · (격)낮다 [卑俗-]
비스켓	비스킷 [영 biscuit]
비승비속	중도 속도 아님 · 죽도 밥도 아님 · 어중간함 〔보기〕 반승반속 → 이도저도 아님 [非僧非俗]
비신사적	점잖지 못함 [非紳士的]
비애	설움 · 슬픔 〔보기〕 비애감 → 슬픔 [悲哀]
비약	껑충 뜀 · 뛰어오름 · 순서 안 밟음 〔보기〕 비약하다 → 껑충 뛰다 · 뛰어오르다/ 비약적 → 급작스레 · 껑충 뛴/ 논리의 비약 → 논리가 튀어 안 맞음 ▷ 도약하다 → 뛰어오르다 [飛躍]
비어	낮은말 · 낮춤말 ▷ 존대어 · 경어 → 높임말/ 속어 → 속된 말 [卑語 · 鄙語]
비어	맥주 〔보기〕 비어홀 → 맥줏집 [영 beer]
비옥	걸기 · 걺 · 기름기 〔보기〕 비옥하다 → 걸다 · 기름지다/ 비옥도 → 걸기 · 건 정도 [肥沃]
비운	슬픈 운수 [悲運]
비위	잘못 · 그름 〔보기〕 비위사실 → 잘못한 일 · 그릇된 일/ 비위를 저지르다 → 잘못을 저지르다 ▷ 비리 → 잘못 · 도리 어긋남 [非違]
비육	살찌우기 〔보기〕 비육하다 → 살찌우다/ 비육돈 → 고기돼지/ 비육우 → 고깃소 · 살찌운 소 [肥育]
비율	푼수 [比率]
비음	콧소리 [鼻音]
비음	그늘 [庇陰]
비음	빔 ※이 말은 준말이 많이 쓰인다 하여 준말을 표준으로 삼음. 김 · 무 · 미다 · 뱀 · 샘 · 생쥐 · 솔개 · 온갖 · 장사치 따위.

〔보기〕 설비음 → 설빔

비일비재	한두번 아님·잦음·흔함　　〔보기〕 비일비재하다 → 흔히 있다·수두룩하다　[非一非再]
비자	입국사증·여행허가·여행증　[프 visa]
비장	깊이 간직함·아껴둠　　〔보기〕 비장하다 → 아껴두다·간직하다/ 비장의 카드 → 아껴두었던 속배포·깊이 간직한 무기　[秘藏]
비장	지라　[脾臟]
비장하다	가슴아프다·슬프고도 장하다　　〔보기〕 비장한 → 가슴아픈　[悲壯-]
비전	이상·미래·전망　　▷ 비젼 → 비전　[영 vision]
비정	나쁜 정치·썩은 정치　[秕政]
비전	비전　[영 vision]
비주얼	시각적인·보는　　〔보기〕 비주얼 마케팅 → 진열판매/ 비주얼화 → 시각화/ 비주얼하다 → 시각적이다·볼만하다/ 비주얼 디자인 → 시각디자인/ 비주얼라이제이션 → 시각화/ 비주얼 랭귀지 → 시각언어/ 비주얼 커뮤니케이션 → 시각전달/ 비쥬얼 → 비주얼　[영 visual marketing]
비즈니스	사무·업무·영업·장사　　〔보기〕 비즈니스맨 → 실업가·사업가/ 비즈니스 슈트 → 정장/ 비즈니스 캐주얼 → 간편복　▷ 비지니스 → 비즈니스　[영 business]
비지니스	비즈니스(사무·영업·장사)　　〔보기〕 비지니스맨 → 비즈니스맨
비참	끔찍함　　〔보기〕 비참하다 → 끔찍하다　[悲慘]
비책	비밀꾀·비밀계획·숨긴꾀　[秘策]
비천	낮음·천함　　〔보기〕 비천하다 → 낮다·천하다　　▷ 존귀·고귀 → 귀함·거룩함·높음　[卑賤]
비추다/비치다	※ '비치다'가 자동사와 타동사로 두루 쓰이는 반면에 '비추다'는 타동사로만 쓰인다. 자동사로 쓰일 때는 물론이려니와 타동사로 쓰일 때, 특히 '눈치나 암시 따위'를 주는 경우는 '비치다'나 '내비치다'를 쓰는 것이 자연스럽다.　　〔보기〕 사의를 비추다 → 물러날 뜻을 비치다/ 입후보할 의향을 비추다 → 입후보할 뜻을 비치다/ 얼굴이나 비추고 와야겠다 → 얼굴이나 비치고 와야겠다/ 맞갖잖은 눈치를 비췄다 → 맞갖잖은 눈치를 비쳤다/ 같은 뜻을 비췄다 → 같은 뜻을 비쳤다/ 불빛이 얼굴을 비추다/ 얼굴을 거울에 비춰보다/ 능력에 비추어 욕심이 지나치다/ 나이에 비춰보면 너무 젊다/ 햇살이 비치다/ 손전등에 비친 얼굴/ 거울에 비친 모습/ 강물에 비친 달/ 화면

에 비친 풍경/ 살결이 내비치는 옷/ 서운한 눈치가(를) 비치다/ 의견을 슬쩍 내비치다/ 약속했던 일을 비치다/ 비춰지다 → 비쳐지다 · 비치다

비축   쌓아둠 · 모아둠   〔보기〕비축하다 → 쌓아두다 · 저축해두다 · 모아두다/ 비축미 → 쟁여둔 쌀 〔備蓄〕

비치   갖춰둠 · 마련해둠   〔보기〕비치하다 → 갖춰두다 · 마련해두다/ 비치품 → 갖춘(출) 것 〔備置〕

비치   바닷가 · 물가   〔보기〕비치 파라솔 → 해변양산 · 큰양산 〔영 beach〕

비칭   낮춤말 · 낮춤   ▷ 존칭 → 높임말 · 높임 〔卑稱〕

비탄   슬픈 탄식 · 슬픈 한숨   〔보기〕비탄하다 → 슬피 탄식하다/ 비탄에 잠기다 → 슬픔에 잠기다   ▷ 개탄 → 슬픈 탄식 · 슬픈 한숨/ 찬탄 → 기쁜 한숨 · 놀람 한숨 〔悲歎〕

비토   건흙   ▷ 옥토 → 기름진흙(땅)/ 박토 → 메마른흙(땅) 〔肥土〕

비토   물리침 · 거부 · 거부권   〔보기〕비토하다 → 물리치다 · 거부하다 · 거부권을 쓰다/ 비토권 → 거부권 · 받지 않을 권리 〔영 veto〕

비트   1. 구덩이 · 굿 · 움   2. 비밀아지트(비 + 트) 〔영〈pit〕

비프   쇠고기   〔보기〕비프스테이크 → 쇠고기구이/ 비프커틀릿 → 쇠고기너비아니튀김   ▷ 비후까스 → 쇠고기튀김 · 비프커틀릿 〔영 beef〕

비핵   핵없음 · 핵무기없음   〔보기〕비핵지대 → 핵무기 없는 땅/ 비핵국(가) → 핵무기 없는 나라 〔非核〕

비행   나쁜짓 · 못된짓 · 잘못   〔보기〕비행청소년 → 못된짓하는 청소년 · 못된 청소년/ 비행을 저지르다 → 나쁜짓을 하다 · 못된짓을 저지르다 〔非行〕

비행   낢   〔보기〕비행하다 → 날다/ 비행로 → 날길/ 비행운 → 비행기구름/ 비행운동 → 나는 운동/ 비행차 → 날차/ 비행체 → 나는 것/ 비행기 → 날틀 〔飛行〕

비호   감싸줌 · 두둔함 · 덮어줌   〔보기〕비호하다 → 두둔하다 · 감싸주다 · 덮어주다/ 지나치게 비호하다 오해를 사다 → 지나치게 두둔하다 오해를 사다 〔庇護〕

비호   날랜 범   ▷ 맹호 → 날쌘 범 〔飛虎〕

비화   1. 불똥   2. 후림불   〔보기〕비화하다 → 불똥튀다/ 비화되다 → 불똥튀다/ 엉뚱한 방향으로 비화했다 → 엉뚱한 쪽으로 불똥이 튀었다/ 고소 · 고발 사태로까지 비화될 조짐 → 고소 · 고발 사태로까지 치달을 조짐   ▷ 점화 → 불붙임/ 진

	화 → 불끄기 [飛火]
비화	숨은얘기 · 숨겨진 이야기 ▷ 일화 → 숨은얘기/ 일문 → 숨은얘기/ 에피소드 → 숨은얘기 [秘話]
비효	거름효과 [肥效]
빅리그	최상위연맹 · 으뜸리그 [영 big league]
빅뱅	대폭발 · 대변혁 [영 big bang]
빅토리	1. 승리 2. 이겨라 [영 victory]
빈 볼	위협공 ※야구 말. [영 bean ball]
빈가	가난한 집 ▷ 한가 → 가난한 집/ 부가 → 부잣집 [貧家]
빈곤	가난 · 모자람 〔보기〕빈곤하다 → 가난하다 · 모자라다/ 빈곤국 → 가난한 나라/ 빈곤의 악순환 → 가난 되풀이 ▷ 부유 → 넉넉함/ 풍요 → 넘침 · 푸짐함 [貧困]
빈궁	가난 [貧窮]
빈도	잦기 〔보기〕빈도수 → 잦기/ 빈도가 높다 → 잦다 · 자주 일어난다/ 빈도조사 → 잦기조사 [頻度]
빈발	잦음 · 자주 남 〔보기〕빈발하다 → 자주 생기다 · 자주 일어나다 · 잦다/ 실수가 빈발하다 → 실수가 잦다/ 빈발하는 사고 → 잦은 사고 [頻發]
빈번	잦음 〔보기〕빈번하다 → 잦다/ 빈번히 → 자주 · 잦게 [頻繁]
빈사	죽을 지경 〔보기〕빈사상태 → 죽어가는 상태 · 다 죽은 상태 [瀕死]
빈약	보잘것없음 · 볼품없음 〔보기〕빈약하다 → 보잘것(볼품)없다 · 시원찮다 · 시시하다/ 빈약한 몸집 → 잔단 몸집 ▷ 박약 → 여림 · 모자람 [貧弱]
빈우	암소 ▷ 모우 → 수소 · 황소 [牝牛]
빈자	가난한 사람 · 가난뱅이 〔보기〕빈자일등 → 작은 정성 ▷ 부자 → 넉넉한 사람 [貧者]
빈자떡	빈대떡 ※원래 '빈자떡'이 표준말이었으나 잘 안쓰여 사투리 '빈대떡'을 표준말로 바꿨다. 곧, 귓머리 → 귀밑머리/ 까무느다 → 까뭉개다/ 마기 → 막상/ 생안손 → 생인손/ 역스럽다 → 역겹다/ 코보 → 코주부 따위도 마찬가지다.(표준어규정 제24항)
빈지	물가 · 바닷가 [濱地]
빈축	암컷 [牝畜]
빈털털이	빈털터리 ▷ 빈탈탈이 → 빈털터리
빈티지룩	거지풍 · 중고품 ▷ 빈티지패션 → 중고패션 [영 vintage look]
빌	계산서 [영 bill]

빌다	1. 하소연하여 물건을 거저 달라고 하다 2. 기도하다 3. → 빌리다 〔보기〕빌려먹다→빌어먹다/ 물건을 빌어가다→물건을 빌리다·물건을 빌려가다/ 돈을 빌어주다 → 돈을 빌려주다
빌딩	건물·건축물·큰집 〔보기〕빌딩을 신축하다 → 큰집을 새로 짓다/ 빌딩이 숲을 이루다 → 건물들이 숲을 이루다/ 빌딩 사이로 → 건물 사이로 〔영 building〕
빌리다	※'빌다' '빌리다'를 구별해 쓰던 것을 '빌리다' 하나로 몰아쓰게 했다. 〔보기〕이 책은 빌어온 것이라 자네에게 빌릴 수가 없네 → ~ 빌려온 ~ 자네에게 빌릴 수가 ~
빌어주다	1. 기도를 해주다 2. → 빌려주다 〔보기〕하느님께 너의 행복을 빌어주겠다/ 돈을 빌어주다 → 돈을 빌려주다
빌트인	설치형·붙박이·끼워넣기 〔보기〕빌트인 가구 → 붙박이 가구 〔영 built-in〕
빙모	장모 ▷ 빙부 → 장인 〔聘母〕
빙반·빙판	얼음판 〔氷盤〕
빙벽	얼음벼랑·얼음벽 〔氷壁〕
빙부	장인 ▷ 빙모 → 장모 〔聘父〕
빙삭기	얼음갈이 〔氷削器〕
빙자	기댐·핑계 〔보기〕빙자하다 → 핑계삼다·기대다/ 병을 빙자하여 결근하다 → 병을 핑계로 안나오다 ▷ 빙의 → 기댐 〔憑藉〕
빙점	어는점 〔보기〕빙점강하 → 어는점 내림 ▷ 비등점 → 끓는점/ 용융점·용해점·용점 → 녹는점 〔氷點〕
빙충맞이	빙충이
빛나가다·빗맞다	빗나가다·빗맞다
빗장이	빗쟁이 ※기술자·전문가가 아닐 때는 모두 '‐쟁이'를 쓴다.
빛갈	빛깔 ▷ 태깔·때깔·색깔·맛깔·눈깔
빛나다	※자동사인데, 이를 그림씨(형용사)로 잘못 알고 쓰는 일이 많다. '재미나다'도 그렇다. 〔보기〕창공에 빛난 별 → 창공에 빛나는 별/ 하늘 빛난 아침 → 하늘 빛나는 아침/ 재미난 얘기 → 재미나는 얘기
빛추다	비추다 〔보기〕조명을 빛추다 → 조명을 비추다/ 빛을 빛추다 → 빛을 비추다
빛치다	비치다
빠꾸	뒤로·퇴짜·백 〔보기〕빠꾸 오라이 → 뒤로 〔영 back〕
빠롤	파롤·난말 ※랑그 → 든말(머릿속 말). 〔프 parole〕

빠르다	※'빠르다'는 속도와 관계하여 '느리다'와, '이르다'는 시기나 때를 기준으로 '늦다'와 상대되는 말이다. 역시 '빨리'는 '일찍'과 어울린다. '이르다'를 써야 할 데 '빠르다'로 잘못 쓰는 일이 잦다. 〔보기〕 후보거론 아직 빠르다 → 후보거론 아직 이르다/ 단체장 빨라야 95년 선거 → 단체장 일러야 95년 선거/ 빠르면 다음달부터 → 이르면 다음달부터/ 빠른 시일 안에 → 이른 시일 안에/ 일찍 떠나도 느리게 걸으면 늦게 닿고, 좀 늦게 떠나도 빨리 걸으면 일찍 닿을 수 있다.
빠찡꼬(빠칭코)	파친코 · 투전기 〔일 パチンコ〕
빠치다	빠뜨리다 · 빠트리다 ※'빠뜨리다 · 빠트리다'만 표준말로 삼음.(표준어규정 제25항)
빨르다	빠르다
빨치산	유격대 ▷ 파르티잔 → 유격대/ 파르티장 → 유격대 〔러 partizan〕
빵꾸	구멍남 · 터짐 · 펑크 〔일 パンク〈영 puncture〕
빵빠레	팡파르 〔프 fanfare〕
빼곡히 · 빼주룩히 · 빼죽히 · 빽빽히	빼곡이 · 빼주룩이 · 빼죽이 · 빽빽이 ※'이'로만 소리날 때는 '이'로, 나머지는 모두 '히'로 적는다.
-빼기	※앞말의 받침 'ㄱ, ㅂ' 밖의 다른 형태소 뒤에서 '빼기'로 소리나면 '빼기'로 적는다. 〔보기〕고들빼기/ 곱빼기/ 과녁빼기/ 그루빼기/ 대갈빼기/ 머리빼기/ 이마빼기/ 재빼기/ 칠보보십빼기/ 코빼기.(맞춤법 제54항 해설) ▷ -배기
빼았다 · 빼앝다	빼앗다 〔보기〕빼앗았다/ 뺏었다
빼주	배갈 〔중 白酒〕
빽	백 · 뒤 · 연줄 〔영 back〕
빽	백 · 손가방 〔영 bag〕
빽빽히	빽빽이
뺨따귀 · 뺨따구니	뺨따귀
뻐개다	1. 쪼개다 2. → 뻐기다
뻐꾹이	뻐꾸기 · 뻐꾹새 ※'-하다' '-거리다'가 붙지 않는 말에 접미사 '-이'나 다른 모음으로 시작되는 뒷가지(접미사)가 붙어서 명사가 된 것은 어원을 안 밝힘.(맞춤법 제23항) 개구리 · 귀뚜라미 · 기러기 · 깍두기 · 꽹과리 · 날라리 · 누더기 · 동그라미 · 두드러기 · 딱따구리 · 매미 · 부스러기 · 얼루기 · 칼싹두기 따위.
뻐치다	뻗치다 ▷ 도치다 · 돋히다 → 돋치다
뻗뻗하다	뻣뻣하다 ▷ 빳빳하다
뻗장다리	뻗정다리 ※음성모음으로 굳어서 소리난다 하여 표준말을

	바꿈.(표준어규정 제8항)
뻗히다	뻗치다 ※여린말은'벋치다'. 〔보기〕세력을 뻗치다/ 촉수를 뻗치다/ 살기가 뻗치다
뻬빠	속새·사포 〔일 ペ-パ-〈영 sand paper〕
뻰찌	쇠집게·자름집게 〔일 ペンチ〈영 pinchers〕
뻥끼	페인트 〔일 ペンキ〈네 pek〕
뻑다귀	뼈다귀
뽄새	본새 ▷ 뽄 → 본
뽄찌	구멍찍개·뽕찍이·구멍내(따)개 〔일 ぽんち〈영 punch〕
뽑내다	뽐내다 ※자주 잘못 쓰는 말이다.
뽕꾸라	멍텅구리·바보·얼간이 〔일〈ぽんくら〕
뾰족히·뾰죽이	뾰족이·뾰죽이
-뿐이 없다	-뿐이다/ -밖에 없다 〔보기〕연필이 한 자루뿐이 없다 → 연필이 한 자루밖에 없다·연필이 한 자루뿐이다/ 세 시간뿐이 못 갔다 → 세 시간밖에 못 갔다
뿔뿔히	뿔뿔이
삐그덕거리다	삐거덕거리다·삐끗거리다 ▷ 삐걱거리다·삐걱대다·삐꺽거리다·삐꺽대다
삐까번쩍하다·비까번쩍하다·비까비까하다	번쩍번쩍하다 〔일 ぴか-〕
삐끼	어리꾼·호객꾼·끌기 〔일 ひき(引き)〕
삐딱히	삐딱이 ※'이'로만 소리난다.
삐라	전단·광고쪽지 〔영 bill〕
삐에로	피에로 〔프 pierrot〕
삐주기	삐죽이 ※'-하다'나 '-거리다'가 붙는 어근(줄기)에 '이'가 붙어 된 말은 어원을 밝혀 적는다. 깔쭉이, 꿀꿀이, 눈깜짝이, 오뚝이, 홀쭉이, 살살이, 쌕쌕이, 배불뚝이 따위. ▷ 일찍이·더욱이

사가	사돈집 · 사둔집 ▷ 사가간 → 사돈사이 [취 (查)家]
사가	네거리 ▷ 삼가리 → 세거리 [四街]
사각	네모 〔보기〕사각도 → 네모기둥/ 사각주 → 네모기둥/ 사각추 → 네모뿔/ 사각형 → 네모꼴 ▷ 오각 → 다섯모 [四角]
사각	빗각 〔보기〕사각도 → 빗각기둥/ 사각주 → 빗각기둥/ 사각추 → 빗각뿔 ▷ 사면 → 빗면 · 비탈/ 사선 → 빗금 [斜角]
사갈시	아주 싫어함 〔보기〕사갈시하다 → 독사보듯하다 · 몹시 싫어하다 [蛇蝎視]
사갱	빗굿 · 비탈굴 [斜坑]
사거리	네거리 [四 -]
사건	1. 일거리 · 일 2. 사고 〔보기〕사건현장 → 일터진 곳/ 사건 일지 → 일난 일지 [事件]
사견	개인생각 · 제 생각 · 제 소견 〔보기〕사견이지만 → 제 생각이지만/ 사견임을 전제하고 → 제 생각임을 앞세우고 [私見]
사경	죽을 지경 · 죽음에 닥침 · 저승 〔보기〕사경을 헤매다 → 죽음속을 헤매다/ 사경에 처하다 → 죽을 지경에 놓이다 ▷ 사지 → 죽을곳 · 죽음곳 · 저승 [死境]
사경	비탈길 [斜徑]
사경	모래가꾸기 〔보기〕사경재배 → 모래가꾸기 ▷ 수경 → 물가꾸기 [沙耕]
사계	이 방면 · 그 방면 · 그 분야 〔보기〕사계의 권위자 → 그 방면의 권위자 [斯界]
사고	회사 광고 · 알림 [社告]
사고	생각 〔보기〕사고력 → 생각하는 힘/ 사고방식 → 생각품

	새/ 사고력을 기르다 → 생각하는 힘을 기르다 ▷ 사유 → 생각/ 궁리 → 생각 · 머리굴림 · 생각굴림 [思考]
사고 다발지역	사고 많은 곳(데) · 위험지역 [事故多發地域]
사고현장	사고난 곳 [事故現場]
사골	네다리뼈 [四骨]
사골	벌집뼈 [篩骨]
사구	토리 ※콩팥의 실토리같이 생긴 부분. 〔보기〕사구체 → 토리 [絲毬]
사구	모래언덕 ▷ 사산 → 모래산 [砂丘 · 沙丘]
사그러들다	사그라들다
사그러지다	사그라지다 '사그러지다'나 '사그러들다'가 아닌 '사그라지다' '사그라들다'로 써야 하는 까닭은 그것이 첫소리 '사'의 'ㅏ'에 영향을 받기 때문이다. 첫소리가 양성이면 양성끼리 음성이면 음성끼리 어울린다. 비슷한 말로는 바스라지다/ 부스러지다, 짜부라지다/ 찌부러지다, 쪼그라지다/ 쭈그러지다, 빠그라지다/ 뻐그러지다 …들처럼 숱하다. 한편, '사그라들다'를 '사그라지다'의 잘못으로 볼 것이 아니라 온당한 말로 봐야 할 까닭이 적잖다. 누그러지다/ 누그러들다, 수그러지다/ 수그러들다, 쪼그라지다/ 쪼그라들다 …들에도 '지다/ 들다' 가 비슷하지만 좀 다른 느낌을 주며 쓰이는 까닭이다. '들다'가 좀더 시각적이다. 이때 '지다/ 들다'는 '라 · 러/ -지다, -들다'꼴을 보이며 보조동사 구실을 한다. 나아가면 "짚불이 사그락사그락 사위어 간다" "장작불이 사그락사그락 사그라든다(진다)"처럼 시늉말 표현도 할 수 있겠다.
사기	기운 〔보기〕사기충천 → 기운높음/ 사기저상 → 사기꺾임 · 기운꺾임/ 사기진작 → 기운높이기 [士氣]
사기술	속임수 [詐欺術]
사꾸라(사쿠라)	1. 벚꽃 2. 야바위꾼 · 사기꾼 · 한통속 〔보기〕사꾸라 논란 → 사기꾼 논란 · 한통속 논란 · 친일논란 [일 櫻 · さくら]
사낭	모래주머니 ▷ 향낭 → 향주머니 [砂囊]
사내	절안 [寺內]
사내	회사안 ▷ 사외 → 회사밖/ 사내외 → 회사안팎 [社內]
사대	큰나라 섬기기 〔보기〕사대사상 → 큰나라섬기기/ 사대교린 → 큰나라를 섬기고 이웃나라와 가까이 지냄 [事大]
사도	사설도로 [私道]
사도	스승의 길(도) 〔보기〕사도를 걷다 → 가르치는 길을 걷다 [師道]
사도	벼슬길 ▷ 사로 → 벼슬길 [仕途]

사동	심부름꾼·심부름애 ▷ 사환 → 심부름꾼·시중꾼 [使童]
사동	하임·시킴 〔보기〕사동법 → 하임법/ 사동사 → 하임움직씨/ 사동보조어간 → 하임도움줄기 ※이, 히, 리, 기, 우, 구, 추 따위. ▷ 피동 → 입음/ 피동사 → 입음 움직씨/ 피동형 → 입음꼴 [使動]
사동	수용동 ▷ 사방 → 수용실 [舍棟]
사둔	※순우리말로 '사둔'을 표준말로 봐야 한다는 말도 있으나, 한자어원 의식이 세다 하여 '사돈'을 표준어로 삼았는데, 그대로 살려쓸 말임. 〔〈査頓〕
사디슴	가학증·학대음란증 ▷ 사디즘 → 사디슴 [프 sadisme]
사라	접시 〔보기〕회 한사라 → 회 한접시 [일 皿·さら]
사라다	샐러드 [일 サラダ·영 salad]
사래답	사래논 ※잘 안 쓰이는 한자계열 말 대신 고유어를 표준으로 삼음.(표준어규정 제21항) [– 畓]
사래전	사래밭 ※한자말 대신 고유어를 표준으로 삼음.(표준어규정 제21항) [– 田]
사려	(깊은) 생각 〔보기〕사려하다 → 생각하다/ 사려 깊다 → 생각이 깊다 [思慮]
사력	죽을힘 〔보기〕사력을 다하다 → 죽을힘을 다하다 [死力]
사력	자갈 〔보기〕사력토 → 자갈흙/ 사력지 → 자갈밭 [砂礫]
사령	명령냄·내려진 명령 〔보기〕사령이 나다 → 발령나다 [辭令]
사례	보기·사실례 〔보기〕사례가 드물다 → 보기가 드물다/ 사례를 들다 → 보기를 들다 ▷ 실례 → 보기·실제보기/ 전례 → 그전보기·앞보기 [事例]
사로	벼슬길 [仕路]
사로채우다	사로잠그다 ※둘 중 '사로잠그다'를 많이 쓰므로 이를 표준말로 삼음.(표준어규정 제25항)
사료	모이·(가축)먹이 〔보기〕사료검사 → 먹이검사/ 사료급여 → 먹이주기/ 사료배합 → 먹이배합/ 사료성분 → 먹이성분/ 사료식물 → 먹이식물/ 사료작물 → 먹이작물 [일 飼料·しりょう]
사료	생각 〔보기〕사료하다 → 생각하다/ 사료되는 → 생각되는/ 그렇게 사료됩니다 → 그렇게 생각합니다 [思料]
사루마다(따·타)	(속)잠방이·팬티 [일 猿股·さるまた]
사륙신	사육신 ※사 – : 육신. ▷ 사륙문·사륙배판/ 생육신

［死六臣］

살르다	사르다
사리	이치·사실내용 ［事理］
사리사욕	개인욕심·사사이익과 욕심 ［私利私慾］
사망	죽음·숨짐 〔보기〕사망하다 → 죽다·숨지다/ 사망일 → 죽은날/ 사망율 → 사망률 ［死亡］
사면	비탈·빗면 ［斜面］
사면잠	넉잠누에 ［四眠蠶］
사면체	세모뿔 ［四面體］
사면춘풍	두루춘풍 ▷ 사시춘풍 → 두루춘풍 ［四面春風］
사멸	없어짐·죽어 없어짐 〔보기〕사멸하다 → (죽어) 없어지다 / 사멸온도 → 죽는온도 ▷ 멸실 → 없어짐 ［死滅］
사명	맡은 일 ▷ 임무 → 맡은일 ［使命］
사모	그리워함·그림 〔보기〕사모하다 → 그리워하다·그리다 ［思慕］
사모치다	사무치다
사무	일·업무 〔보기〕사무분장 → 일 나누기·업무 나누기·업무분장/ 사무를 보다 → 일 보다 ［事務］
사무라이	무사·싸울아비 ［일 侍·さむらい］
사물	사사물건·개인물건 〔보기〕사물함 → 개인물건함 ［私物］
사바사바	짬짜미·협잡·뒷말짜기 〔보기〕사바사바하다 → 짬짜미하다/ 협잡하다 ▷ 담합 → 짬짜미·말맞추기 ［일 sabasaba］
사반세기	사분세기·25년 ［四半世紀］
사방	사태막이·모래막이 〔보기〕사방공사 → 사태막이공사 ［砂防］
사범	일저지름·저지른이 〔보기〕저해사범 → 막아해침 ［事犯］
사변	빗변·빗면 ［斜邊］
사별	여읨 〔보기〕사별하다 → 여의다 ▷ 생이별 ［死別］
사별법	체질법 ［篩別法］
사보타주	태업·파업 〔보기〕사보타주하다 → 태업하다·파업하다 ［프 sabotage］
사보타쥬·사보타지	사보타주
사복	보통옷·사사옷·평복 ▷ 공복·관복 → 관청옷·벼슬옷/ 제복 → 정한 옷 ［私服］
사본	베낌벌·베낀책 ［寫本］

사부	스승 〔師傅〕
사비	자기돈·사사비용 〔私費〕
사사	스승 삼음·스승으로 섬김 〔보기〕 사사하다 → 스승으로 섬기다/ 사사받다 → 사사하다·배우다/ ～에게 사사받다 → ～을 사사하다·～한테서 배우다 ※섬기고 배우는 것과 섬김을 받는 것은 반대다. 〔師事〕
사사건건	일마다 〔事事件件〕
사사오입	반올림 〔보기〕 사사오입하다 → 반올림하다 〔四捨五入〕
사사일	사삿일 ▷ 공사 → 공공일 〔私事-〕
사산	죽은새끼 낳음 〔보기〕 사산하다 → 죽은새끼를 낳다 〔死産〕
사삼	더덕 〔沙蔘〕
사상	역사에서 〔보기〕 사상 처음 → 역사에서 처음/ 역사상 → 역사에서 〔史上〕
사상	마무리·끝손질 〔仕上〕
사상	죽거나 다침 〔보기〕 사상자 → 죽거나 다친 이 〔死傷〕
사상누각	모래 위에 지은 집 ※바탕이 허술함의 비유. 〔沙上樓閣〕
사색	생각·궁리 〔보기〕 사색하다 → 생각하다·궁리하다/ 사색에 잠긴 사람 → 생각에 잠긴 사람 〔思索〕
사석	사삿자리 ▷ 공석 → 공공자리 〔私席〕
사선	죽을 고비 〔보기〕 사선을 넘다 → 죽을 고비를 넘다 〔死線〕
사선	빗금 〔斜線〕
사설	개인이 세움(베풂) ▷ 공설 → 공공세움 〔私設〕
사세하다	자질구레하다·사소하다 〔些細-〕
사소하다	하찮다·자질구레하다 〔보기〕 사소한 일 → 하찮은 일 〔些少-〕
사송	인편으로 보냄 〔보기〕 사송하다 → 인편으로 보내다 〔使送〕
사수	끝까지 지킴·죽음으로 지킴 〔보기〕 사수하다 → 끝까지 지키다·죽음으로 지키다 〔死守〕
사숙	본따 배움·본받음 〔보기〕 사숙하다 → 본받아 배우다 〔私淑〕
사숙	글방 〔私塾〕
사술	속임수 〔詐術〕
사시	회사방침 ▷ 국시 → 나라방침 〔社是〕
사시	사팔뜨기·사팔눈 ▷ 모들뜨기·흑보기 〔斜視〕
사시꼬(코)미	끼우개·끼우기·꽂개(집)·콘센트 〔보기〕 사시꼬미하다

→ 끼우다 · 끼워넣다 〔일 差込 · さしこみ〕

사시미	생선회 〔보기〕 사시미칼 → 회칼 〔일 刺身 · さしみ〕
사실	일 · 있는 일 〔보기〕 사실대로 말하다 → 있는 대로 말하다 / 사실담 → 사실이야기/ 사실무근 → 터무니없음/ 사실상 → 실제로 · 실제/ 사실상 불가능해진다 → 실제로 못하게 된다 〔事實〕
사실담	역사이야기 〔史實談(譚)〕
사심	사삿마음 · 개인 욕심 〔보기〕 사심이 없다 → 욕심이 없다 · 딴맘이 없다 〔私心〕
사안	일 · 일 내용 · 사건 내용 〔事案〕
사암	모랫돌 · 모랫바위 〔보기〕 사암석 → 모랫돌 〔沙巖 · 砂巖〕
사양	내용서 · 방법서 · 설명서 〔보기〕 사양서 → 명세서/ 선택 사양 → 선택 품목 ▷ 시방서 → 명세서 〔仕樣〕
사양	양보 · 거절 〔보기〕 사양하다 → 양보하다 · 응하지 않다/ 간곡히 사양하다 → 간곡히 내치다 〔辭讓〕
사양	기르기 · 치기 · 먹이기 〔보기〕 사양하다 → 기르다 · 치다 ▷ 사육하다 → 기르다 · 치다 〔飼養〕
사어	죽은말 · 안쓰는말 ▷ 활어 → 쓰이는 말 〔死語〕
사역	부림 · 시킴 〔보기〕 사역하다 → 부리다 · 일시키다/ 사역 시키다 → 부리다 · 시키다/ 사역동사 → 하임움직씨 〔使役〕
사열	조사 · 검문 · 살펴봄 〔보기〕 사열하다 → 조사하다 · 살펴 보다 · 돌아보다 · 검문하다/ 대통령이 육군 의장대의 사열을 받고 있다 → 대통령이 육군 의장대를 사열하고 있다 ▷ 열병 → 줄세워 살핌/ 분열 → 행진살핌 〔査閱〕
사옥	(회사)건물 · 회삿집 〔社屋〕
사욕	사사욕심 · 제욕심 ▷ 사리사욕 → 개인욕심 · 사사이익과 욕심 〔私慾〕
사용	사사로이 씀 · 개인소용 〔보기〕 사용하다 → 사사로이 쓰다 /공용하다 → 공공소용 〔私用〕
사용	씀 · 부림 〔보기〕 사용하다 → 쓰다/ 사용하는 → 쓰는 · 쓰 이는 · 부리는/ 사용가치 → 쓸모 · 쓸가치/ 사용료 → 쓰는 삯 ▷ 무용 → 못씀 · 쓸데없음 〔使用〕
사우나(탕)	증기목욕탕 · 찜탕 〔편 sauna〕
−사우르스	−사우루스 〔보기〕 브론토사우루스 · 사이즈모사우루스 · 스테고사우루스 · 티라노사우루스 〔-saurus〕
사우스포	왼손잡이선수 · 왼손투수 〔영 southpaw〕

사운드   소리 〔보기〕사운드 보드 → 울림판/ 사운드 애널라이저 → 소리분석기/ 사운드 포스트 → 버팀대/ 사운드 홀 → 울림구멍 〔영 sound〕

사원   절 ▷ 교회·성당 〔寺院〕

사위   거짓·속임 ▷ 허위 → 거짓/ 사기 → 속임·속임수 〔詐僞〕

사유   까닭 ▷ 연고·연유·이유·정유 → 까닭/ 사유를 말하다 → 까닭을 말하다/ 사유를 밝히다 → 까닭을 밝히다 〔事由〕

사유   생각 〔보기〕사유하다 → 생각하다 ▷ 사고 → 생각/ 존재 → 있음 〔思惟〕

사유   개인 것·개인소유 〔보기〕사유하다 → 제 것으로 하다 〔私有〕

사육   기르기·치기·먹이기 〔보기〕사육하다 → 기르다·치다/ 사육장 → 기르는곳·먹이는곳/ 돼지사육 → 돼지치기 ▷ 사양하다 → 기르다·치다 〔飼育〕

사의   고마운 뜻·감사 〔보기〕사의를 표하다 → 고마워하다·고마운 뜻을 전하다·고마움을 나타내다 〔謝意〕

사의   사직할 뜻·사퇴할 뜻·물러날 뜻 〔보기〕사의를 표하다 → 물러날 뜻을 보이다·사퇴할 뜻을 보이다 〔辭意〕

사이   재 ※'재'는 재목의 부피 단위인데, 한 재는 한 치 각의 열두자 크기다. 〔일 才·さい〕

사이드   쪽·옆·곁 〔보기〕사이드드럼 → 작은북/ 사이드라인 → 갓줄·옆줄/ 사이드미러 → 옆거울/ 사이드 비즈니스(워크) → 부업/ 사이드스로 → 옆던지기/ 사이드스텝 → 옆걸음/ 사이드스트로크 → 옆헤엄·횡영/ 사이드아웃 → 메김바꿈/ 사이드 어태커 → 측면공격수/ 사이드카 → 곁붙이차·호위차·프로그램 매매 일시중단(주식)/ 사이드킥 → 옆차기/ 사이드트랙 → 옆으로 이동/ 사이드패스 → 옆주기/ 사이드플레이어 → 조연자 〔영 side〕

사이렌   고동·경보·경적 〔영 siren·그 seiren〕

사이버   셈틀·전산·어림·꾸민·가짜 〔보기〕사이버크록 → 셈틀침입자/ 사이버저널리즘 → 셈틀언론·전자언론/ 사이버네이션 → 절로 다룸/ 사이버네틱스 → 인공두뇌학/ 사이버포비어 → 셈틀겁먹기/ 사이버스포츠 → 셈틀놀이/ 사이버스페이스 → 셈틀공간·어림공간/ 사이버펑크 → 기계문화/ 사이버포르노 → 셈틀색 ▷ 사이보그 → 개조인간/ 컴퓨터 → 셈틀·전산기 〔영 cyber〕

사이버	가상(공간) 〔보기〕 사이버론 → 사이버 대출·전자대출/ 사이버머니 → 전자화폐 〔영 cyber〕
사이비	가짜·엉터리 〔보기〕 사이비하다 → 속다르다 〔似而非〕
사이즈	크기·치수 〔영 size〕
사이코	정신병자 〔보기〕 사이코드라마 → 심리극 〔영 psychotic〕
사이클	1. 돌림·돌기(주기) 2. 주파수 3. 자전거·삼륜차 〔보기〕 사이클링 → 자전거타기·돌기/ 경기사이클 → 경기순환주기 / 라이프 사이클 → 생활주기 〔영 cycle〕
사이클론	회오리바람·태풍 〔영 cyclone〕
사이키	깜빡이(조명) 〔영 psychedelic〕
사이트	누리집·컴마당 〔보기〕 인터넷 사이트 → 누리집·컴마 당·안마당 ▷ 홈페이지 → 누리집 〔영 site〕
사이펀	넘김관·넘이관 ▷ 사이폰 → 사이펀 〔영 siphon〕
사인	죽은 원인·숨진 원인 〔보기〕 사인을 규명하다 → 죽은 원 인을 밝히다 〔死因〕
사인	1. 수결·서명 2. 신호 〔보기〕 사인하다 → 서명하다·신 호하다/ 사인을 보내다 → 신호를 보내다 〔영 sign〕
사인란	사인난 ※'란(欄)'은 같은 족속인 한자말과 어울리면 '란', 고유어나 서양말과 어울리면 '난'으로 적는다.
사일로	갈무리광 ▷ 사일리지·엔실리지 → 담근먹이 〔영 silo〕
사입	사들이기 〔보기〕 사입하다 → 사들이다/ 사입가격 → 살값 / 사입선 → 살곳·산데/ 사입시 → 살때 〔仕入〕
사자	죽은이·죽은자 ▷ 망자·망인 → 죽은이 〔死者〕
사자	심부름꾼 〔使者〕
사자후	열변 〔보기〕 사자후를 토하다 → 열변을 쏟다 〔獅子吼〕
사장	묵힘·묵혀둠·썩여둠 〔보기〕 사장하다 → 묵히다·썩이 다 〔死藏〕
사장	모래판·모래톱 〔沙場〕
사저	사삿집·집 〔보기〕 노 대통령의 연희동 사저 → ~ 연희동 집/ 일산 사저 → 일산집 〔私邸〕
사전	말광·말모이 〔辭典〕
사전	1. 미리·지레 2. 물밑·짬짜미 〔보기〕 사전에 → 미리/ 사 전 정지작업 → 미리 고르기·미리 닦아놓기/ 사전준비 → 미 리 갖춤/ 사전토의 → 미리 토의/ 사전거래 → 미리거래·물 밑거래/ 사전 구속영장 → 미리 끊은 영장/ 사전 차단 → 미리 막기/ 사전 선거운동 → 지레 선거운동/ 사전 검열 → 미리 살 핌·먼저 따짐 〔事前〕
사절	사명띤 이 〔使節〕

사절	안받음 · 물리침　〔보기〕사절하다 → 물리치다　▷ 사양 → 응하지 않음 · 긴히 물리침　〔謝絶〕
사정	심사결정 · 조사결정 · 살펴정함　〔보기〕사정하다 → 조사해 결정하다 · 심사해 결정하다　〔査定〕
사정	물싸기 · 정수내쏨 · 씨쏟기　〔보기〕사정하다 → 내쏘다 · 씨 쏟다　〔射精〕
사제간	스승 제자 사이　〔師弟間〕
사조	사상흐름　〔思潮〕
사족	군더더기 · 뱀발　〔보기〕사족을 달다 → 덧붙이다/ 사족이 지만 → 군더더기 말이지만　〔蛇足〕
사죄	용서빌기　〔보기〕사죄하다 → 용서를 빌다　〔謝罪〕
사주	꼬드김 · 추김 · 시킴　〔보기〕사주하다 → 꼬드기다 · 부추 기다　〔使嗾〕
사주	모래섬　〔砂洲〕
사지	네다리 · 팔다리　〔四肢〕
사지	죽을땅　〔死地〕
사지	절터　〔寺址〕
사지	모래땅　〔沙地〕
사지탈	사자탈　〔獅子 – 〕
사직	법관 · 법맡은이　〔司直〕
사직	내놓음　〔보기〕사직하다 → (직책)내놓다/ 사직서 → 사직 글　▷ 사퇴 → 물러남 · 물리침　〔辭職〕
사진	모래먼지　〔砂塵〕
사진가꾸	사진틀　〔寫眞+일 額 · がく〕
사질	모래질　〔보기〕사질암 → 모래질바위/ 사질토 → 모래(질) 흙/ 사질양토 → 모래참흙 · 모래건흙　〔砂質 · 沙質〕
사찰	절　▷ 사원 → 절　〔寺刹〕
사창	갈보　〔보기〕사창굴 → 갈보촌　〔私娼〕
사채	개인빚 · 사삿빚　〔보기〕사채시장 → 사삿빚시장 · 돈시 장 · 빚돈시장/ 사채를 놓다 → 빚돈을 놓다/ 사채놀이 → 돈 놀이 · 돈굴리기　▷ 공채 → 공공빚/ 재테크 → 돈놀이 · 돈굴리기 · 재산불리기　〔私債〕
사체	주검 · 송장　▷ 시체 → 주검/ 변사체 → 횡주검/ 사체해부 → 주검해부　〔死體〕
사초	1. 잔디 · 잔디 입힘　2. 향부자　〔보기〕사초과 → 방동사닛 과　〔莎草〕
사출	내쏘기 · 쏘아내기　〔보기〕사출하다 → 내쏘다 · 쏘아 내보 내다/ 사출맥 → 부챗살맥　〔射出〕

사취	속여뺏음·뜯어냄　〔보기〕사취하다 → 속여뺏다/ 갈취하다 → 을러뺏다/ 편취하다 → 속여뺏다/ 횡령하다 → 가로채다 [詐取]
사칭	속여일컬음·속임　〔보기〕사칭하다 → 속여일컫다/ 청와대 고위관계자를 사칭해 → 청와대 고위관계자라고 속여 [詐稱]
사탄	쏜 탄알 [射彈]
사태	1.(일)형편·장면 2. 큰사건 [事態]
사택	살림집 [舍宅]
사택	개인집·살림집 [私宅]
사토	모래흙 [砂土]
사토	흙버리기　〔보기〕사토장 → 흙버리는 곳 [捨土]
사퇴	물러남·물리침　〔보기〕사퇴하다 → 물러나다·물리치다/ 동행하기를 사퇴하다 → 동행하기를 거절하다/ 벼슬을 사퇴하다 → 벼슬을 물러나다 [辭退]
사투	죽도록 싸움·죽기살기로 싸움　〔보기〕사투하다 → 죽도록 싸우다/ 사투를 벌이다 → 죽도록 싸우다 [死鬪]
사판화	네잎꽃 [四瓣花]
사포텐	선인장　※'사보텐·사보뎅'(일 サボテン)은 사포텐이 변한 말이다. [에 sapoten]
사표	죽은표　〔보기〕사표방지 심리 → 죽은표를 막자는 생각 [死票]
사표	모범인물·스승 [師表]
사항	일 [事項]
사행	요행노림·요행노리기·횡재바라기　〔보기〕사행기구 → 놀이·오락기구/ 사행심 → 요행심/ 사행심을 조장하다 → 요행심을 일으키다·요행심을 부추기다 [射倖]
사환	심부름꾼 [使喚]
사활	죽살이·죽고살기　〔보기〕사활문제 → 죽고사는 문제/ 사활을 걸다 → 목숨을 걸다/ 사활이 달리다 → 죽살이가 달리다 [死活]
사회	〔보기〕사회공헌활동 → 사회 이바지 활동/ 사회봉사 → 사회 이바지/ 사회상 → 사회모습/ 사회생활 → 모둠살이/ 사회조류 → 사회흐름/ 사회풍조 → 시쳇바람·사회바람/ 사회간접자본(인프라) → 사회기반시설·사회바탕시설/ 사회보장 → 사회뒷받침 [社會]
사회간접자본	사회기반시설·사회바탕시설　※SOC(social overhead capital)를 직역하는 것보다 실체 그대로 불러주는 게 낫다.

▷ 인프라 → 1. 바탕   2. 사회기반시설

사회생활	모둠살이 [社會生活]
사후	죽은 뒤 〔보기〕사후세계 → 저승세계/ 사후명예 → 죽은 뒤의 명예 ▷ 몰후 → 죽은 뒤/ 생후 → 난 뒤/ 생전 → 산 동안·죽기전 [死後]
사후	뒤·뒤에 ▷ 사전 → 미리/ 사후 처리 → 뒷마무리 [事後]
사흣날·사흘날	사흗날 ▷ 나흗날·이튿날
삭감	깎음·줄임 〔보기〕삭감하다 → 깎다/ 삭감액 → 깎은돈·깎인돈/ 예산삭감 → 예산깎음 [削減]
삭과	튀는 열매 [蒴果]
삭도	1. 밧줄 2. 하늘찻길·소리개찻길 〔보기〕삭도차 → 하늘차·소리개차/ 가공 삭도 → 하늘찻길/ 고가 삭도 → 하늘찻길/ 공중 삭도 → 하늘찻길 ▷ 케이블카 → 소리개차 [일 索道·さくどう]
삭독거리다·싹독거리다	삭둑거리다·싹둑거리다 ▷ 삭둑·삭둑삭둑·싹둑·싹둑싹둑. 큰말은 석둑·석둑석둑·썩둑·썩둑썩둑.
삭망	초하루보름 〔보기〕삭망조 → 한사리 [朔望]
삭발	1. 머리깎음 2. 막깎기·함부로 벰 [削髮]
삭월세	사글세 ※어원에서 멀어져 굳어진 것은 굳어진 대로 씀. '월세'나 '달세'는 살아 있음.(표준어규정 제5항)
삭제	깎음·지움·깎아버림·지워버림 〔보기〕삭제하다 → 지워버리다·깎아버리다 ▷ 삭선 → 지움줄 [削除]
삭토	흙깎기 [削土]
삭풍	북풍·찬바람 ▷ 음풍 → 찬바람/ 양풍·춘풍·동풍 → 봄바람 [朔風]
삯마	삯말 ※삯마가 잘 안 쓰이므로 고유어 '삯말'을 표준말로 삼음.(표준어규정 제21항) [-馬]
산간벽지	산골두메·두메 [山間僻地]
산개성단	흩어진 별떼 ▷ 구상성단 → 공꼴별떼 [散開星團]
산기	해산기미·산통 [産氣]
산다	동백나무 [山茶]
산대	산디 〔보기〕산대도감 → 산디도감 [山臺]
산란	알낳기·알슬기 〔보기〕산란계 → 알닭/ 산란기 → 알낳는 시기·알슬때 [産卵]
산록	산기슭 [山麓]
산리	똘배 [山梨]
산리	산자두 [山李]

산림	멧갓·나뭇갓·숲　〔보기〕산림녹화 → 나무심기·푸른산 만들기 [山林]
산매	낱으로 팖·조아팔기·낱풀이　〔보기〕산매하다 → 낱으로 팔다/ 도산매 → 모낱팔기 [散賣]
산맥	산줄기·멧줄기　※'멧줄기'는 버리고 산줄기만 표준말로 삼음. [山脈]
산모	해산어미　▷ 산부 → 해산어미 [産母]
산문	산어귀·절 [山門]
산미	신맛 [酸味]
산방화서	산방꽃차례 [繖房花序]
산복	산허리·산중턱 [山腹]
산사	아가위나무　〔보기〕산사자 → 아가위/ 산사주 → 아가위술 [山査]
산상	산위·산마루　▷ 산하 → 산밑 [山上]
산실	해산방 [産室]
산아제한	아이 덜낳기　▷ 산아권장·산아장려 → 아이더낳기 [産兒制限]
산앵	벚나무·산벚나무 [山櫻]
산야	산과 들 [山野]
산약	(참)마　〔보기〕산우 → 마 [山藥]
산양	염소　〔보기〕산양유 → 염소젖 [山羊]
산입	셈해넣음　〔보기〕산입하다 → 셈쳐넣다　▷ 산출하다 → 셈쳐내다·셈해내다 [算入]
산재	흩어져 있음·널림　〔보기〕산재하다 → 흩어져 있다·널리다 [散在]
산재권	산업재산권　▷ 지재권 → 지적재산권 [産財權]
산저	멧돼지·산돼지 [山猪]
산적	많이 쌓임·높이 쌓음　〔보기〕산적하다 → 많이 쌓이다·높이 쌓다/ 산적한 현안 → 쌓인 일 [山積]
산정	산꼭대기·산마루 [山頂]
산정	(셈)침·셈해 정함　〔보기〕산정하다 → 셈해 정하다/ 산정가격 → 정한값·셈친값 [算定]
산정	삽주·창출　▷ 산강 → 삽주 [山精]
산조	멧대추 [山棗]
산중	1. 산속　2. 산골 [山中]
산지	산달　〔보기〕산지집재 → 나무쌓기　▷ 야지 → 들판 [山地]
산차	(새끼)배째 [産次]

산채	산나물 · 멧나물 　[山菜]
산책	거닐기 · 바람쐬기　　〔보기〕산책자 → 소풍꾼/ 산책지 → 거닐곳/ 산책로 → 거닐길　[散策]
산초	분디　[山椒]
산출	내기　〔보기〕산출하다→내다 · 만들다　　▷ 출산하다→새끼낳다 · 낳다　[産出]
산출	셈침 · 셈해냄　　〔보기〕산출하다 → 셈하다 · 셈치다/ 산출가격 → 셈친값/ 산출액 → 셈한돈 · 셈돈　　▷ 산입하다→셈해넣다　[算出]
산취법	휘묻이　[傘取法]
산파	노가리 · 흩뿌리기 · 흩뿌림　　▷ 점파 → 점뿌림 · 점뿌리기　[散播]
산판	멧갓　[山坂]
산패	쉬어터짐　　〔보기〕산패하다 → 쉬어터지다/ 산패액 → 신물/ 산패유 → 신젖　[酸敗]
산하	테두리밑 · 그늘아래 · 딸림 · 아래　　〔보기〕산하기관(단체) → 딸린 기관 · 아래 기관　[傘下]
산형화서	산형꽃차례　[繖形花序]
산화	산불　〔보기〕산화경방 → 산불조심　[山火]
산화	산소띠기 · 산소화합　　▷ 환원 → 되돌아감　[酸化]
산화	꽃답게 사라짐 · 스러짐　　※'젊은 죽음'의 비유.　〔보기〕산화하다 → 꽃답게 사라지다　[散華]
산회	헤어짐 · 흩어짐 · 헤침　　〔보기〕산회하다 → 헤어지다 · 흩어지다　　▷ 파회 → 모임헤침 · 모임끝남　[散會]
산후	해산 뒤 · 몸푼 뒤　　〔보기〕산후열 → 해산뒷열　　▷ 산전 → 해산 앞 · 몸풀기 전　[産後]
살고기	살코기　　※'ㅎ'소리가 덧나는 말(옛날 'ㅎ' 곡용어)은 그 뒷글자를 거센소리로 적는다. 머리카락 · 수캐 · 수컷 · 수탉 · 암탉 · 안팎 · 암캐 · 암컷 들이 있다.
살기	매서운 기 · 살찬 기운　[殺氣]
살롱	사교장　　▷ 쌀롱 · 싸롱 → 살롱　[프 salon]
살르다	사르다
살막이	살풀이　　※살풀이가 많이 쓰인다 하여 이를 표준말로 삼음.(표준어규정 제25항)
살벌하다	무시무시하다 · 끔찍하다 · <u>으스스하다</u>　[殺伐 -]
살사리	살살이　　※' - 하다, - 거리다'가 붙는 말에 '이'가 붙어 명사가 된 말은 그 어원을 밝혀 적는다. 깔쭉이 · 더펄이 · 꿀꿀이 · 쌕쌕이 · 오뚝이 · 삐죽이 · 홀쭉이 · 코납작이 따위.(맞춤법

제23항)

살사통	모래통 〔撒沙筒〕
살서제	쥐약 〔殺鼠劑〕
살수	물뿌림 〔보기〕 살수하다 → 물뿌리다/ 살수기 → 물뿌리개 / 살수차 → 물뿌림차·물자동차 〔撒水〕
살아지다	사라지다 ※본뜻에서 멀어진 말은 어원을 밝혀 적지 아니 한다. 드러나다·쓰러지다 따위.(맞춤법 제15항)
살의	죽일 뜻 〔보기〕 범의 → 저지를 뜻·범할 뜻 〔殺意〕
살초제	풀약 ▷ 제초제 → 풀약 〔殺草劑〕
살충	벌레죽임 〔보기〕 살충제 → 벌레약/ 살충탄 → 벌레잡이탄 〔殺蟲〕
살포	뿌림 〔보기〕 살포하다 → 뿌리다/ 살포기 → 뿌리개/ 전단 살포 → (알림)쪽지뿌리기 ▷ 배포 → 나눠줌·뿌림 〔撒 布〕
삵괭이	살쾡이 ※'ㅎ'소리가 덧나는 말은 거센소리로 적는다.
삼가하다	삼가다 〔보기〕 흡연을 삼가해 주시기 바랍니다 → 흡연을 삼가시기 바랍니다/ 삼가했다 → 삼갔다/ 삼가한다 → 삼간다 / 삼가해야 → 삼가야
삼각	세모 〔보기〕 삼각결선 → 세모이음/ 삼각골 → 세모뼈/ 삼 각관 → 세모관/ 삼각주 → 세모벌/ 삼각추 → 세모뿔/ 삼각 형 → 세모꼴 〔三角〕
삼거리	세거리 ▷ 사거리 → 네거리 〔三-〕
삼겹살	세겹살 〔三-〕
삼김·3김	세 김씨 ※'3김'이라 쓰는 이가 많으나 이보다는 '삼김'이, 이보다는 '세 김씨'가 낫다. 이 밖에 '야3당'은 '세 야당'으로 쓰 는 게 옳다. 〔보기〕 3김청산 → 세김씨 청산·세김 맑힘/ 포스트 3김 → 반세김씨·세김씨다음·반삼김/ 굿바이 3김 → 안녕 세김씨 〔三金〕
삼면	세면 〔三面〕
삼부형식	세도막형식 〔三部形式〕
삼승	세제곱 〔보기〕 삼승근 → 세제곱근/ 삼승비 → 세제곱비 ▷ 루베 → 세제곱미터/ 입방미터 → 세제곱미터/ 입방근 → 세제곱근 〔三乘〕
삼엄하다	무시무시하다 〔보기〕 삼엄히 → 무시무시하게 〔森嚴-〕
삼원교배	세핏줄붙이기 ▷ 삼원잡종 → 세잡종 〔三元交配〕
삼인칭	셋째가리킴 ▷ 일인칭 → 첫째가리킴/ 이인칭 → 둘째가리 킴 〔三人稱〕
삼제	베어버림·없앰 〔보기〕 삼제하다 → 베어버리다·없애버

리다 [芟除]

삼조대질(면)	무릎맞춤 ▷ 대질신문 → 무릎맞춤 [三造對質]
삼짓날 · 삼칟날	삼짇날 ▷ 이튿날, 사흗날, 나흗날 ※받침 문제.
삼척동자	세살배기 · 철모르는 아이 [三尺童子]
삼춘	삼촌 ※'삼촌'은 촌수, 곧 피마디를 세는 말로서 부름말(호칭)로는 적절하지 않다. 부주 · 삼춘 · 사둔 따위로 많이 쓰지만 어원의식이 아직 세다 하여 양성모음을 쓰는 말을 표준말로 삼았다.(표준어규정 제8항) [〈三寸]
삼칟일	세이레 [三七日]
삼투	스밈 · 스며듦 〔보기〕 삼투로 → 스밈길/ 삼투성 → 스밀성 / 삼투수 → 스민물/ 삼투압 → 스밀 압력 [滲透]
삽도	끼움그림 ▷ 삽화 → 끼움그림 · 쐐기그림 [插圖]
삽목	가지심기 · 꺾꽂이 〔보기〕 삽목묘 → 꺾꽂이모/ 삽목상 → 꺾꽂이 모판 ▷ 삽수 → 꺾꽂이 나무/ 삽식 → 꺾꽂이/ 삽화 → 꽃꽂이 [插木]
삽미	떫은맛 ※다섯 가지 맛(매운맛, 짠맛, 단맛, 신맛, 쓴맛)에 들지 않는다. [澁味]
삽입	끼움 · 끼워넣음 · 꽂음 〔보기〕 삽입하다 → 끼우다 · 꽂다 · 끼워넣다/ 삽입어 → 끼움말/ 삽입재 → 끼움감 [插入]
삽화	꽃꽂이 [插花]
삽화	받침그림 · 끼움그림 · 쐐기그림 [插畵]
상	1. 소반 · 책상 · 평상 2. 모판 〔보기〕 묘상 → 모판 ▷ 냉상 · 온상 [床]
상	모양 · 모습 [相]
상가	웃돈 [上價]
상가	장삿거리 · 가겟거리 [商街]
상가	초상집 [喪家]
상각	갚아줌 · 덮어줌 〔보기〕 상각하다 → 갚아(덜어)주다/ 감가상각 → 닳은몫 덜기 [償却]
상감	1. 꽃을땜 2. 봉박이 〔보기〕 상감하다 → 꽂아붙이다 · 봉박이하다 [象嵌]
상감판	윗뱃마루 ▷ 하갑판 → 밑뱃마루 [上甲板]
상거	거리 · 떨어진 거리 〔보기〕 상거하다 → 떨어지다 [相距]
상견례	맞절 〔보기〕 상견례하다 → 맞절하다/ 교례회 → 인사모임 [相見禮]
상경	서울감(옴) 〔보기〕 상경하다 → 서울 가(오)다 [上京]
상계	1. 엇셈 2. 맞계산 〔보기〕 상계하다 → 에끼다/ 상계관세

→ 비김관세 ▷ 상쇄 → 엇셈·에낌·맞비김 [相計]

상관 서로 관계함·통함 〔보기〕상관하다 → 관계를 가지다·간섭하다/ 상관없다 → 괜찮다·관계없다 [相關]

상극 1. 못볼 사이·안맞음 2. 서로 이김 ▷ 상생 → 서로 낳음 [相克]

상금 아직 ▷ 상기 → 아직 [尙今]

상급 윗급·윗반·윗자리 〔보기〕상급반 → 윗반/ 상급학교 → 윗학교 [上級]

상기 위에 적음 〔보기〕상기하다 → 위에 적다/ 상기의 → 위의·위에 적은/ 상기자 → 위에 적은 이/ 상기와 여히 → 위와 같이·위에 적은 대로 ▷ 하기 → 다음의·아래의·아래 적음 [上記]

상기 자세히 적음 〔보기〕상기하다 → 자세히 적다 [詳記]

상기하다 되생각하다·되새기다·떠올리다 ▷ 상기시키다 → 생각을 일으키다 [想起 -]

상념 생각 [想念]

상단 위끝·끄트머리·꼭대기 ▷ 하단 → 아래끝/ 말단 → 끄트머리·끝/ 양단 → 두끝·양쪽끝 [上端]

상담 상의·의논 〔보기〕상담하다 → 상의하다·의논하다/ 상담소 → 의논하는 곳 ▷ 카운슬링 → 상의·의논/ 카운슬러 → 상의할 이 [相談]

상담 장사얘기·흥정 〔보기〕상담하다 → 장사얘기하다/ 상담을 벌이다 → 흥정을 벌이다 [商談]

상당 알맞음·정도가 꽤 높음 〔보기〕상당하다 → 알맞다·무던하다/ 상당의 → 해당하는/ 상당수 → 꽤 많은 수/ 상당히 → 꽤·제법 [相當]

상도 생각 미침·생각함 〔보기〕상도하다 → 생각이 미치다·생각하다 [想到]

상도꾼 상두꾼 [喪 -]

상동 위와 같음 ▷ 동상 → 위와 같음/ 동전 → 앞(위)과 같음 [上同]

상량 대들보(올림)·마룻대 〔보기〕상량하다 → 대들보 올리다/ 상량대 → 마룻보/ 상량도리 → 마룻대/ 상량보 → 마룻대/ 상량신 → 성주 [上樑]

상례 예사·보통(일) ▷ 관례 → 버릇일·버릇보기 [常例]

상록 늘푸름 〔보기〕상록관목 → 늘푸른좀나무/ 상록교목 → 늘푸른큰키나무/ 상록수 → 늘푸른나무/ 상록엽 → 늘푸른잎 ▷ 상반목 → 늘푸른나무 [常綠]

상류	1. 윗물·물위 2. (정도) 높음·높은층 ▷ 하류 → 아랫물·물아래/ 중류 → 중간흐름·중간물/ 상류층 → 위층 [上流]
상륙	뭍오름 〔보기〕상륙하다 → 뭍에 오르다 ▷ 이륙 → 뭍뜸·뭍뜨기/ 착륙 → 내리기·닿기 [上陸]
상림	뽕나무숲 ▷ 상전 → 뽕밭/ 상목 → 뽕나무/ 상엽 → 뽕잎 [桑林]
상명천칭	접시저울 [上皿天秤]
상모나무	자귀나무 [象毛 −]
상반	서로 반대·어긋남 〔보기〕상반하다 → 서로 어긋나다(맞서다)/ 상반되다 → 서로 어긋나다 [相反]
상반기	앞반기 ▷ 하반기 → 뒷반기 [上半期]
상반신	윗몸·윗도리 ▷ 하반신 → 아랫도리 [上半身]
상백시	상사리 [上白是]
상변	윗변 ▷ 하변 → 밑변·아랫변/ 상면 → 윗면/ 상방 → 위쪽 [上邊]
상병	다치고 병남 〔보기〕상병자 → 다치고 병든 이 ▷ 상이 → 다침/ 부상 → 다침 [傷病]
상보	자세한 소식·잔단소식 ▷ 속보(續報) → 이은소식·잇댄소식/ 속보(速報) → 빠른소식/ 세보 → 잔단소식/ 약보 → 추린소식 [詳報]
상보	서로 도움 〔보기〕상보하다 → 서로 돕다/ 상보관계 → 돕는 관계/ 상보적 → 서로 돕는 [相補]
상복	상옷 [喪服]
상봉	서로 만남 〔보기〕상봉하다 → 서로 만나다 ▷ 해후 → 우연히 만남 [相逢]
상부	서로 맞음 〔보기〕상부하다 → 꼭 맞다 ▷ 부합 → 들어맞음·꼭맞음 [相符]
상부상조	서로 돕기 〔보기〕상부상조하다 → 서로 돕다 [相扶相助]
상사	윗사람·윗관청 [上司]
상사	닮음 〔보기〕상사비 → 닮음비/ 상사형 → 닮은꼴 ▷ 흡사 → 1. 닮음·비슷함 2. 마치 [相似]
상상외	뜻밖·생각밖 ▷ 의외 → 뜻밖·생각밖 [想像外]
상석	윗자리 ▷ 말석 → 끝자리·꼬리 [上席]
상선	맞바둑 [相先]
상세하다	자세하다 〔보기〕상세히 → 자세히 [詳細 −]
상속	대물림 〔보기〕상속하다 → 대물림하다·물려받다/ 상속

인(자) → 물려받는 이/ 피상속인(자) → 물려주는 이 ［相
續］

상쇄	엇셈·맞비김·에낌 〔보기〕상쇄하다 → 에끼다·맞비기다 ▷ 상계 → 맞비김·에낌 ［相殺］
상수	윗수·선수 ▷ 하수 → 아랫수·후수 ［上手］
상순	윗입술 ▷ 하순 → 아랫입술 ［上脣］
상술	잔풀이 〔보기〕상술하다 → 잔풀이하다 ▷ 약술하다 → 추려적다 ［詳述］
상술	장사꾀·경영수단 ［商術］
상술한	위에서 말한 ▷ 앞에 설시한 → 앞에 말해보인·앞에 설명한 ［上述 -］
상습	버릇 〔보기〕상습적 → 버릇된/ 상습병목 → 늘병목·잦은병목길/ 상습강도 → 버릇강도/ 상습범 → 버릇도둑·버릇범 ［常習］
상승	오름 〔보기〕상승하다 → 오르다/ 상승기류 → 오름공기흐름/ 물가 상승률 → 물건값 오름율/ 상승세 → 오름세/ 상승폭 → 오름폭/ 여성들이 대부분 직장생활을 하는 것도 이혼율 상승의 한 요인이다 → ~ 이혼율을 높이는 한 요인이다·~ 이혼율이 높은 한 요인이다 ▷ 하락 → 내림·떨어짐 ［上昇］
상시	늘·보통때 ［常時］
상신	여쭘·올림 〔보기〕상신하다 → 여쭙다·올리다 ▷ 내신 → 속아룀 ［上申］
상실	잃음·없어짐 〔보기〕상실하다 → 잃다·없어지다/ 상실감 → 허물어진 느낌·빠진 느낌/ 자격상실 → 자격 잃음 ［喪失］
상악	위턱 〔보기〕상악골 → 위턱뼈/ 상악결절 → 위턱 마디/ 상악부 → 위턱/ 상악음 → 센입천장소리 ▷ 하악 → 아래턱 ［上顎］
상엽	뽕잎 ［桑葉］
상오	오전 ▷ 하오 → 오후 ［上午］
상완	위팔 ▷ 상박 → 위팔/ 하박·하완 → 아래팔 ［上腕］
상용	늘 씀·예사 씀 〔보기〕상용하다 → 늘 쓰다/ 상용어 → 늘 쓰는 말/ 상용품 → 일용품/ 상용화 → 늘쓰기·예사쓰기/ 상용화하다 → 늘 쓰게 하다 ［常用］
상위	틀림·어긋남 〔보기〕상위하다 → 틀리다·어긋나다/ 상위없다 → 다름없다·틀림없다 ▷ 상좌 → 서로틀림 ［相違］

상위	높은자리·윗자리 〔보기〕 상위그룹 → 윗집단(그룹)/ 상위자방 → 위씨방/ 상위직 → 윗자리 ▷ 하위 → 아랫자리·낮은자리/ 중위 → 가운데·중간자리 〔上位〕
상응	맞음·알맞음·통함·어울림 〔보기〕 상응하다 → 맞다·알맞다·어울리다 〔相應〕
상의	저고리·웃매기·윗옷 ▷ 하의 → 바지·아래옷 〔上衣〕
상이	다름 〔보기〕 상이하다 → 서로 다르다/ 상이보조사 → 다름도움토/ 상이점 → 다른 점 ▷ 상사 → 닮음·비슷함/ 판이 → 아주다름·딴판 〔相異〕
상이군인	다친 군인 〔보기〕 상이용사 → 다친 용사 〔傷痍軍人〕
상인	장수 〔商人〕
상인방	윗중방 ▷ 하인방 → 아랫중방 〔上引枋〕
상잠	누에 〔桑蠶〕
상장	시세 〔相場〕
상장	장에 냄·장내기 〔보기〕 상장하다 → 시장에 내다/ 상장주 → 장내기주/ 상장 종목 → 장내기 종목 〔上場〕
상재	인쇄에 부침·책냄 〔보기〕 상재하다 → 인쇄에 부치다·책을 내다 〔上梓〕
상쟁	다툼 〔보기〕 상쟁하다 → (서로) 다투다/ 동족상쟁 → 동족 싸움 ▷ 상잔 → 서로 다퉈 해침 〔相爭〕
상전	뽕밭·뽕나무밭 〔보기〕 상전벽해 → 뽕밭이 바다로 변함·아주 바뀜 〔桑田〕
상정	올림·내놓음·부침 〔보기〕 상정하다 → 올리다·부치다/ 이미 회의에 상정한 의안 → 이미 회의에 올린(부친) 의안 〔上程〕
상정	침·어림잡음 〔보기〕 상정하다 → 어림잡다·(그렇다고) 치다/ 상정량 → 추정량·어림양 〔想定〕
상존	아직 있음·남아 있음 〔보기〕 상존하다 → 남아 있다 〔尙存〕
상종	서로 사귐·친하게 지냄 〔보기〕 상종하다 → 사귀다·잘 지내다/ 상종을 않다·상종하지 않다 → 만나지 않다·사귐을 끊다·얼굴을 맞대지 않다 〔相從〕
상좌	윗자리·높은 자리 〔上座〕
상주	늘 머묾 〔보기〕 상주하다 → 늘 머물다 〔常駐〕
상차	차에 오름·차에 실음 〔보기〕 상차하다 → 차에 오르다·차에 싣다 ▷ 하차 → 내림 〔上車〕
상채기	생채기·상처
상책	좋은 수·좋은 꾀 ▷ 하책 → 낮은 꾀 〔上策〕

상처	아내 여읨 〔보기〕 상처하다 → 아내 여의다 ▷ 상부 → 남편 여읨 〔喪妻〕
상처	다친 데 〔傷處〕
상절	윗매기 〔上綴〕
상청	상창·뛰어난 창 〔上-〕
상체	윗몸·윗도리 〔보기〕 상체운동 → 윗몸운동 ▷ 하체 → 아랫몸·아랫도리 〔上體〕
상체	판갈이 〔床替〕
상춘	늘봄 〔常春〕
상춘	봄 즐기기 〔보기〕 상춘객 → 봄맞이꾼·봄놀이꾼 〔賞春〕
상춘등	댕댕이덩굴 〔常春藤〕
상충	맞질림·마주침 〔보기〕 상충하다 → 맞질리다 〔相沖〕
상충	어긋남 〔보기〕 상충하다 → 어긋나다 〔相衝〕
상치	**상추** ※모음의 발음변화를 인정하여 바뀌어 굳어진 말을 표준말로 삼았다. 깍쟁이·나무라다·미숫가루·바라다·시러베아들·주책·지루하다·튀기·허드레·호루라기 따위.(표준어규정 제11항)
상치	어긋남 〔보기〕 상치하다 → 어긋나다/ 상치되다 → 어긋나다 〔相馳〕
상큼하다	1. 산뜻하다 2. 윗도리에 비해 아랫도리가 너무 길다 ※큰말은 '성큼하다'.
상태	꼴·모양·형편 〔보기〕 외부에 나와 있는 상태인데 → 밖에 나와 있는데/ 상태가 좋지 않다 → 형편이 좋지 않다 〔狀態〕
상통	서로 트임·통함 〔보기〕 상통하다 → 서로 통하다 〔相通〕
상투	늘투·버릇투 〔보기〕 상투어 → 버릇말/ 상투적 → 버릇투인 ▷ 상습 → 늘버릇 〔常套〕
상투꼬부랑이	상투쟁이
상품	상길·윗길 ▷ 중품 → 중길·중간치/ 하품 → 하치·핫길 〔上品〕
상품목록	발기·장기·물목·물죽보기 〔商品目錄〕
상하	위아래 〔보기〕 상하차 → 싣고 부리기·타고 내리기/ 상하운동 → 오르내리기운동 〔上下〕
상향	위로·오름 〔보기〕 상향식 → 오름식 ▷ 하향 → 처짐·내려감·내림 〔上向〕
상형문자	모양글자·본뜬글자·시늉글자·그림글자 ▷ 표음문자 → 소리글자/ 표의문자 → 뜻글자 〔象形文字〕

상호	서로·서로서로 〔보기〕상호간에 → 서로·서로간에 ▷ 호상 → 서로 〔相互〕
상호	가게 이름·회사 이름 〔商號〕
상환	바꿈·맞바꿈 〔보기〕상환하다 → 맞바꾸다 ▷ 교환 → 바꿈 〔相換〕
상환	갚음 〔보기〕상환하다 → 갚다/ 상환능력 → 갚을 힘/ 십년거치 20년 상환 → 십년 눌러두었다 이십년 동안 갚음 〔償還〕
상황	형편 〔보기〕상황 따라 → 형편 따라/ 상황이 여의치 못해 → 형편이 뜻대로 안되어·형편이 뜻같잖아/ 정치상황 변화에 따라 → 정치상황이 변하면서·정치형편 따라 ▷ 정황 → 형편 〔狀況〕
상회하다	웃돌다 〔보기〕9%대를 상회하는 경제 성장 → 9%대를 웃도는 경제 성장 ▷ 하회하다 → 밑돌다·내리다/ 윗돌다 → 웃돌다 〔上廻-〕
상흔	다친 자국·흉·흉터 ▷ 상반 → 흉터 〔傷痕〕
새디즘	사디슴 〔<프 sadisme〕
새말갖다	샛말갖다 〔보기〕새 말개지다 → 샛말개지다/ 새맑다 → 샛맑다 ▷ 시멀겇다 → 싯멀겇다/ 시멀게지다 → 싯멀게지다
새벽별	1. 새벽에 뜨는 별 2. 샛별 ▷ 개밥바라기(저녁 '금성')
새시	문틀·창틀·틀짝 ▷ 섀시 → 차대 〔영 sash〕
새암	샘 ※준말만 널리 쓰일 때 이를 표준말로 삼는다. 귀찮다·김·똬리·무·미다·뱀장어·빔·생쥐·솔개·온갖·장사치·샘바리·샘바르다 따위.(표준어규정 제14항)
새앙쥐	생쥐 ※본말이 잘 안 쓰여 준말을 표준으로 삼음.
새우젖	새우젓
색감	빛깔(맛)·빛느낌 〔色感〕
색상	빛깔 ▷ 색조 → 빛깔 어울림/ 색채 → 빛깔 〔色相〕
색소체	색깔치 〔色素體〕
색인	찾기·찾아보기·죽보기 〔보기〕색인하다 → 찾아내다·찾아보다/ 색인근 → 켕김뿌리/ 색인목록 → 찾아보기·죽보기/ 색인을 만들다 → 찾아보기(죽보기)를 만들다 ▷ 목록 → 죽보기·찾아보기/ 인덱스 → 찾아보기·죽보기 〔索引〕
색조	빛깔(어울림) 〔色調〕
색채	빛깔 〔色彩〕
색출	찾아냄 〔보기〕색출하다 → 찾아내다 〔索出〕
샌드	모래 〔보기〕샌드백 → 모랫자루/ 샌드페이퍼 → 속새

	[영 sand]
샐러리맨	봉급생활자·월급쟁이 ▷ 샐러리 캡 → 연봉상한제 [영 salary man]
샘플	본·본보기·간색 [영 sample]
샛까맣다	새까맣다 ▷ 싯꺼멓다 → 시꺼멓다/ 싯커멓다 → 시커멓다 / 샛빨갛다 → 새빨갛다/ 샛파랗다 → 새파랗다
샛빨갛다	새빨갛다 〔보기〕샛빨개지다 → 새빨개지다 ▷ 싯뻘겋 다 → 시뻘겋다/ 싯뻘게지다 → 시뻘게지다
샛파랗다	새파랗다 〔보기〕샛파래지다 → 새파래지다 ▷ 싯퍼렇 다 → 시퍼렇다/ 싯퍼레지다 → 시퍼레지다
샛하얗다	새하얗다 〔보기〕샛하얘지다 → 새하얘지다 ▷ 싯허옇 다 → 시허옇다/ 싯허예지다 → 시허예지다
생	1. 삶 2. 생짜·날것 3. 남 〔보기〕생하다 → 생기다·나 다·살리다/ 생으로 → 날것으로·날로 [生]
생가	난집·본집 [生家]
생각치	생각지 ▷ 적합지·허락지·탐탁지·깨끗지·서슴지· 넉넉지·섭섭지
생각컨대	생각건대
생각타	생각다 ※'생각하다'가 줄 때는 '-하-'가 아예 없어지므 로 이를 발음에 반영하지 않는다. 〔보기〕생각코·생각 치·생각컨대 → 생각고·생각지·생각건대/ 생각타 못해 → 생각다 못해
생각타 못해	생각다 못해
생강·새앙·생	※생강·새앙은 둘 다 쓰는 말이다. '새앙'은 생강의 변한 말 이고, '생'은 준말로 쓰인다. 〔보기〕생강엿·새앙엿/ 생강 즙·새앙즙/ 새앙각시·새앙머리·새앙뿔·새앙손이 [生 薑]
생강손이	새앙손이 ※새앙손이가 많이 쓰인다고 하여 표준말로 삼 음.(표준어규정 제25항)
생경하다	꺽꺽하다·설다·뻐득뻐득하다 〔보기〕생경하고도 조잡한 문장 → 꺽꺽하고 거친 문장/ 생경한 목소리 → 귀에 선 목소 리 [生硬]
생계	살아갈 길·살림 〔보기〕생계비 → 생활비 [生計]
생과자	무른 과자·진과자 [生菓子]
생광	1. 빛이 남 2. 빛나기 〔보기〕생광스럽다 → 빛이 나다· 잘 쓰게 되다 ▷ 생색 → 낯이 남 [生光]
생그시	생긋이
생년월일	난날(해·달) [生年月日]

생동	살아움직임 〔보기〕생동하다 → 살아 움직이다/ 생동하는 양심 → 살아있는 양심·움직이는 양심 〔生動〕
생래적인	타고난 〔生來的 - 〕
생략	줄임·덜기 〔보기〕생략하다 → 줄이다·덜다/ 생략기호 → 줄임표 〔省略〕
생률	날밤 〔生栗〕
생명	목숨 〔보기〕생명력 → 목숨힘/ 생명선 → 목숨줄·명줄 〔生命〕
생모	친어머니·난어머니 〔生母〕
생산	1. 낳음 2. 만들어냄 〔보기〕생산하다 → 낳다·만들다/ 생산가 → 생산값·만든값/ 생산량 → 소출·만든 양/ 생산지 → 난곳·만든곳 〔生産〕
생색	낯(냄)·낯남 〔보기〕생색을 내다 → 낯을 지나치게 내다 ▷ 생광 → 빛남 〔生色〕
생성	생겨남·자라남 〔보기〕생성하다 → 생겨나다·자라나다/ 변형생성 → 바뀌어 생김 〔生成〕
생소하다	낯설다·서툴다 〔生疎 - 〕
생수	산물·샘물·먹는샘물 ▷ 음료 → 마실것·마실물/ 음료수 → 마실물/ 식수 → 먹는물 〔生水〕
생식	날로 먹음 〔보기〕생식하다 → 날로 먹다 ▷ 화식 → 익힌음식·익혀먹음 〔生食〕
생식	불이 〔보기〕생식하다 → 낳아 불리다/ 생식기 → 불이기/ 생식력 → 씨불리는 힘/ 생식불능 → 둘치/ 생식생장 → 씨불림자람/ 생식선 → 불이샘/ 생식세포 → 불이세포/ 생식소 → 불이집/ 생식장관 → 불이창자관/ 단성생식 → 홑성불이 ▷ 증식 → 불음 〔生殖〕
생안손	생인손 ※방언이던 말이 많이 쓰인다 하여 이를 표준말로 삼음. 빈자떡 → 빈대떡, 마기 → 막상, 역스럽다 → 역겹다, 까무느다 → 까뭉개다, 코보 → 코주부 따위.(표준어규정 제24항)
생애	삶·평생 〔生涯〕
생약	풀약 〔生藥〕
생업	벌이·직업 〔生業〕
생육	날고기·생고기 〔生肉〕
생육	낳아기름·키움 〔보기〕생육하다 → 낳아 기르다/ 생육상 → 자람새·자라는 모양/ 생육촉진 → 자라기 재촉 〔生育〕
생장	자람·자라기 〔보기〕생장하다 → 자라다/ 생장기 → 자랄 때/ 생장량 → 자란양/ 생장률 → 자람율/ 생장점 → 자람점/

생장조절제 → 고루자람약　[生長]

생전	산 동안·죽기 전　　▷ 생후 → 난 뒤/ 사후 → 죽은 뒤　[生前]
생존	살기·살아남기　〔보기〕생존하다 → 살아 있다·살다·살아 남다/ 생존경쟁 → 살기다툼/ 생존자 → 산 사람　[生存]
생철	무쇠　[生鐵]
생체	산몸　〔보기〕생체검사 → 산몸검사/ 생체계측 → 산몸재기/ 생체공학 → 산몸공학/ 생체리듬 → 몸흐름/ 생체색소 → 산몸색소　[生體]
생초	생풀·날풀　　▷ 건초 → 마른풀·말린풀　[生草]
생태	사는 모습·생활 상태　[生態]
생포	사로잡음　〔보기〕생포하다 → 사로잡다　　▷ 포획 → 사로잡음/ 체포 → 잡음·붙듦/ 나포 → 잡음·잡아옴(감)/ 피랍 → 잡힘·잡혀감　[生捕]
생하다	생기다　[生-]
생화	생꽃·산꽃　　▷ 건화 → 말린꽃·마른꽃/ 조화 → 만든꽃　[生花]
생환	살아 돌아옴　〔보기〕생환하다 → 살아 돌아오다　[生還]
생활	삶　〔보기〕생활하다 → 살다/ 생활고 → 살기고생/ 생활난 → 살기 어려움/ 생활력 → 살힘/ 생활상 → 사는 모습/ 생활양식 → 삶본새　[生活]
샤워	물맞이　〔보기〕샤워하다 → 물맞이하다/ 샤워장 → 물맞이칸　[영 shower]
샤프	1. 올림표　2. 알연필　〔보기〕샤프하다 → 날카롭다/ 샤프심 → 연필알/ 샤프펜슬 → 자동연필　[영 sharp]
샤프트	돌대·굴대　[영 shaft]
샨델리	장식등·늘임등·넌출등·샹들리에　[〈프 chandelier]
샴페인	거품포도주　[프 champagne]
샴푸	머리비누·머리감기　[영 shampoo]
샷다	셔터·덧닫이　[영 shutter]
샹들리에	늘임등·넌출등·무리등　[프 chandelier]
섀도	그림자　〔보기〕섀도 캐비닛 → 그림자 내각　　▷ 아이섀도 → 눈화장·눈연지　[영 shadow]
서가	책시렁　[書架]
서간	글월·편지　〔보기〕서간문 → 편지글/ 서간집 → 편지모음　　▷ 서한 → 편지·글　[書簡]
서경	서날　　▷ 동경 → 동날/ 남위 → 남씨/ 북위 → 북씨　[西經]

서고	책광 [書庫]
서두	첫머리·글머리 [書頭]
서두	첫머리·글머리·말머리 [序頭]
서둘어	서둘러 〔보기〕서둘었다 → 서둘렀다
서든 데스	즉각퇴출·단판승부 [영 sudden death]
서령	설령 [〈設令]
서로	※'양쪽이 함께 번차례로'의 뜻으로 부사로 쓰이나, 현실에서는 이른바 영어식 재귀대명사로도 많이 쓰는데, 이는 우리 말맛에 맞지 않는 쓰임이다. 〔보기〕남북한이 서로를 응원하기도 했다 → 남북한이 서로 응원하기도 했다/ 우리 서로가 사랑했노라 → 우리는 서로 사랑했노라/ 서로에 대해 → 서로/ 우리는 서로가 서로를 모른다 → 우리는 서로 모른다
서류	감자붙이 [薯類]
서막	첫머리·시작막 [序幕]
서머	여름 〔보기〕서머랠리 → 여름특수/ 서머 스쿨 → 여름학교/ 서머타임 → 여름 시간·일광절약시간 [영 summer]
서머리	요약·개요·벼리 [영 summary]
서면	글발 [書面]
서명	이름 적기 〔보기〕서명하다 → 이름 적다/ 서명날인 → 이름 적고 도장 찍음 ▷ 사인 [署名]
서문	머리말 [序文]
서바이벌 게임	생존게임 [영 survival game]
서방	서쪽·서녘 ▷ 남방 → 남쪽/ 북방 → 북쪽/ 동방 → 동쪽 [西方]
서버	메김 선수(쪽) ▷ 리시버 → 1. 접수자·수신기 2. 받는 쪽 [영 server]
서법	쓰기·쓰는 법 [書法]
서브	메겨넣기 〔보기〕서브하다 → 메겨넣다/ 서브 에이스 → 메김 득점/ 서빙 오더 → 메김 순서 [영 serve]
서브	후보·버금딸림·보조 〔보기〕서브도미넌트 → 버금딸림음/ 서브미디언트 → 버금가온음/ 서브타이틀 → 부제·설명자막/ 서브웨이 → 지하도 [영 sub]
서비스	1. 접대·대접·시중·바라지·뒷배 2. 서브 〔보기〕서비스하다 → 접대하다·주다/ 서비스 차지 → 봉사료/ 법률 서비스 → 법률 바라지/ 정보 서비스 → 정보 바라지 [영 service]
서빙	봉사·접대·냄 〔보기〕서빙하다 → 봉사하다·접대하다·내다 [영 serving]

서서히	천천히 [徐徐-]
서수사	차례셈씨 [序數詞]
서술	풀이 〔보기〕 서술하다 → 풀이하다/ 서술격 → 풀이자리/ 서술부 → 풀이조각/ 서술어 → 풀이말/ 서술형 → 베풂꼴 [敍述]
서스펜디드 게임	일시정지 경기 [영 suspended game]
서스펜션	걸림·연결부 [영 suspension]
서스펜스	불안·긴장 [영 suspense]
서습치	서습지
서식	삶·깃들어 삶·깃들임 〔보기〕 서식하다 → 깃들어 살다/ 서식처 → 사는 곳 [棲息]
서신	편지 〔보기〕 서신 교환 → 편지 거래/ 서신 연락 → 편지 연락/ 서신 왕래 → 편지 왕래 ▷ 서장 → 편지·서류 [書信]
서약	다짐·맹세 〔보기〕 서약하다 → 다짐하다·맹세하다/ 서약서 → 맹셋글·다짐글 [誓約]
서양철	양철·생철 [西洋鐵]
서언	머리말·들어가는 말 [緒言]
서열	차례 [序列]
서울나기	서울내기 ※경상도내기·전라도내기·시골내기·풋내기…….
서재	글방 [書齋]
서전	첫싸움·시작싸움 [緖戰]
서지	책풀이 〔보기〕 서지학자 → 책풀이 학자 [書誌]
서찰	편지 [書札]
서체	글씨체·필체·글꼴 [書體]
서클	동아리·두레·모임 [영 circle]
서킷	1. 전기회로 2. 돌기·순회 3. 원형 경기장 〔보기〕 서킷 보드 → 회로판/ 서킷 브레이커 → (현물·선물)일시 매매 정지 (주식) [영 circuit]
서툴어	서툴러 〔보기〕 서툴었다 → 서툴렀다
서평	책비평·책평 [書評]
서포터스	도우미·응원단·후원자 [영 supporters]
서한	편지·글 〔보기〕 서한용지 → 편지종이/ 서한문 → 편지글 / 서한집 → 편지모음/ 서한체 → 편지글투 [書翰]
서행	천천히 가기 〔보기〕 서행하다 → 천천히 가다 ▷ 완행 → 천천히 가기/ 속행 → 빨리가기/ 급행 → 빨리가기 [徐行]

서혜	사타구니·샅　[鼠蹊]
서화	글씨와 그림　[書畫]
서훈	훈장내림(줌)　　〔보기〕서훈하다 → 훈장 내리다(주다)/ 서훈된 자 → 훈장받은 이　[敍勳]
석(수)어	조기　[石(首)魚]
석각	돌에 새김　　〔보기〕석각하다 → 돌에 새기다/ 석각장이 → 돌장이　[石刻]
석간	저녁판·저녁신문　　▷ 조간 → 아침신문　[夕刊]
석거	낙지　[石距]
석검	돌칼　[石劍]
석곡	섬곡식　[石穀]
석공	돌장이·석수(장이)　[石工]
석관	돌널　〔보기〕석관묘 → 돌널무덤/ 석관장 → 돌널장　　▷ 목곽 → 덧널/ 목곽묘 → 덧널무덤/ 옹관 → 독/ 옹관묘 → 독무덤　[石棺]
석괴	돌덩이　[石塊]
석교	돌다리　[石橋]
석굴	바위굴　[石窟]
석권	휩쓺·휘몰아삼킴　　〔보기〕석권하다 → 휩쓸다　[席卷·席捲]
석녀	돌계집　[石女]
석년	지난해　[昔年]
석답	갯논　[潟畓]
석당	(한)섬에　[石當]
석력지	자갈땅　　▷ 사력지 → 자갈밭　[石礫地]
석면	돌솜　〔보기〕석면도기 → 돌솜질그릇/ 석면복 → 돌솜옷/ 석면분진 → 돌솜먼지/ 석면판 → 돌솜판/ 석면폐증 → 돌솜진폐증　[石綿]
석명	밝힘　〔보기〕석명하다 → 밝히다/ 석명서 → 밝힘글　　▷ 성명 → 밝힘/ 성명서 → 밝힘글　[釋明]
석발	돌고름　〔보기〕석발하다 → 돌을 고르다/ 석발미 → 돌고른쌀　[石拔]
석방	풀어줌　　〔보기〕석방하다 → 풀어주다　[釋放]
석부	돌도끼　[石斧]
석불	돌부처　[石佛]
석비	돌비　[石碑]
석상	자리　〔보기〕석상에 → 자리에/ 연회석상 → 잔칫자리/ 회의석상에서 → 회의 자리에서　[席上]

석수	돌장이 〔보기〕석수쟁이 → 돌장이·석수장이 [石手]
석순	돌순 [石筍]
석식	저녁(밥) ▷ 조식 → 아침(밥)/ 중식 → 점심(밥) [夕食]
석실	돌함·돌방 〔보기〕석실묘(분) → 돌방무덤 [石室]
석양	해질녘·저녁때·저녁볕 ▷ 사양 → 저녁볕·저녁해 [夕陽]
석언제공	돌둑쌓기·돌댐쌓기 [石堰堤工]
석연하다	분명하다·시원하다 〔보기〕석연찮다 → 분명하지 않다·시원찮다/ 석연히 → 시원히 [釋然 −]
석염	돌소금 ▷ 암염 → 돌소금 [石鹽]
석영	차돌 〔보기〕석영초자 → 차돌유리 [石英]
석장	돌담 [石墻]
석전	돌싸움 [石戰]
석정	돌우물 [石井]
석조	산수유 [石棗]
석조	돌로 지음 〔보기〕석조건물 → 돌집/ 석조전 → 돌집 ▷ 목조 → 나무로 지음/ 목조건물 → 나무집 [石造]
석종유	돌고드름 〔보기〕종유석 → 돌고드름 [石鐘乳]
석주	돌기둥 [石柱]
석죽화	패랭이꽃 [石竹花]
석질	돌바탕·돌성질 [石質]
석촉	돌촉 ▷ 골촉 → 뼈촉 [石鏃]
석축	돌쌓기 〔보기〕석축공사 → 돌쌓기 [石築]
석탑	돌탑 [石塔]
석패	아깝게 짐 〔보기〕석패하다 → 아깝게 지다 ▷ 분패 → 분하게 짐·억울하게 짐 [惜敗]
석함	돌함 [石函]
석화	굴조개·굴 〔보기〕석화반 → 굴밥/ 석화저 → 굴김치/ 석화죽 → 굴죽/ 석화채 → 우뭇가사리/ 석화해 → 굴젓 [石花]
석회	저녁모임 ▷ 조회 → 아침모임 [夕會]
석회석	횟돌 [石灰石]
선	샘 〔보기〕림프선 → 림프샘/ 임파선염 → 림프샘염 [腺]
선개교	도는 다리 [旋開橋]
선거	뽑음 〔보기〕선거하다 → 뽑다 [選擧]
선거	뱃도랑·도크 [船渠]
선견지명	미리 아는 지혜·앞알기 [先見之明]
선결	먼저 해결함 〔보기〕선결하다 → 먼저 해결하다/ 선결조건

	→ 먼저 풀 조건 [先決]
선과	과실 고르기 [選果]
선관 의무	관리 잘할 임무·보살필 의무 [善管義務]
선광	감돌 고르기 〔보기〕 선광하다 → 감돌 고르다/ 선광기 → 감돌고름틀·감돌고르개 [選鑛]
선교	배다리 [船橋]
선구	배연장·뱃기구 [船具]
선구	공가리기·고르기 〔보기〕 선구안 → 공 보는 눈 [選球]
선글라스	색안경·볕안경 [영 sun glass]
선금	앞돈 ▷ 선급금 → 앞돈·선돈 [일 先金]
선납	먼저 냄·미리 바침 〔보기〕 선납하다 → 먼저 내다/ 선납금 → 미리 낸 돈 [先納]
선내	배안 ▷ 선상 → 배위·배안 [船內]
선단	배떼·떼배 〔보기〕 선단식 경영 → 배떼식 경영·문어발 경영 [船團]
선도	앞장섬·이끎 〔보기〕 선도하다 → 앞장서다·이끌다/ 선도자 → 앞장선 이·앞장·앞잡이 [先導]
선도	잘 이끎 〔보기〕 선도하다 → 잘 이끌다/ 청소년 선도 → 청소년 잘 이끌기 [善導]
선동	부채질함·부추김·추겨일으킴·꼬드김 〔보기〕 선동하다 → 부채질하다·부추기다·꼬드기다/ 선동자 → 부채질꾼 [煽動]
선두	맨앞·앞장·첫머리 〔보기〕 선두권 → 머릿무리·앞장패·머리패 ▷ 후미 → 꼬리 [先頭]
선두	이물 ▷ 선수 → 이물/ 선미 → 고물 [船頭]
선듯	선뜻
선란	알고르기 〔보기〕 선란하다 → 알을 고르다/ 선란기 → 알고르개 [選卵]
선렬	선열 〔보기〕 순국선열 → 나라 위해 죽은 열사 [先烈]
선령	배나이 ▷ 선명 → 배이름 [船齡]
선례	먼젓예·그전 보기·전례·앞의 예 [先例]
선률	선율·가락 [旋律]
선리	배따라기·배이별 [船離]
선린	이웃사랑 〔보기〕 선린우호 → 가까이 잘지냄 [善隣]
선망	부러움·부러워함 〔보기〕 선망하다 → 부러워하다/ 선망의 눈빛 → 부러워하는 눈빛 [羨望]
선망	두릿그물 [일 旋網]
선매	미리 삶·미리 팔기 〔보기〕 선매하다 → 미리 팔다/ 입도선

매 → 선벼 팔기　[先賣]

선명하다	산뜻하다 · 뚜렷하다　〔보기〕선명히 → 뚜렷이 · 산뜻이 [鮮明－]
선묘	선그림　[線描]
선무	다독거림 · 어루만짐　〔보기〕선무하다 → 어루만지다 · 다독거리다/ 선무방송 → 설득방송　[宣撫]
선미	고물 · 배꼬리　▷ 선수(두) → 이물/ 선창 → 뱃짐칸/ 선복 → 뱃짐　[船尾]
선박	배　〔보기〕선박건조 → 배뭇기 · 배만들기　[船舶]
선반	갈이기계 · 갈이틀　〔보기〕선반공 → 갈이판공/ 선반기 → 갈이틀　[旋盤]
선발	뽑음 · 골라냄　〔보기〕선발하다 → 뽑다 · 골라내다/ 선발전 → 뽑는 경기/ 선발팀 → 뽑아 짠 팀　[選拔]
선별	가려 나눔 · 가림　〔보기〕선별하다 → 가려 나누다 · 고르다 / 선별기 → 고르개　[選別]
선병질	샘병바탈 · 샘병질　[腺病質]
선복	뱃짐　[船卜]
선복	1. 뱃짐 2. 배허리 · 배중턱　〔보기〕선복량 → 뱃짐양 · 배보유량　[船腹]
선봉	앞장　〔보기〕선봉적 → 앞장서는　[先鋒]
선뵈	선봬　※‘선보이어’의 준말.　▷ 맛뵈 → 맛봬/ 욕뵈 → 욕봬
선불	미리치름 · 앞치름　〔보기〕선불하다 → 미리 치르다　▷ 후불 → 나중치름 · 뒤치름　[일 先拂 · さきばらい]
선비	뱃삯　[船費]
선상지	부채꼴땅　[扇狀地]
선서	맹세함 · 다짐　〔보기〕선서하다 → 맹세하다 · 다짐하다 [宣誓]
선석	뱃자리　〔보기〕선석이 모자라다 → 뱃자리가 모자라다/ 선석배정 → 뱃자리 나눠주기　[船席]
선수	이물 · 뱃머리　〔보기〕선수등 → 뱃머리등　▷ 선미 → 고물　[船首]
선수	선손 · 먼저두기　〔보기〕선수를 치다 → 선손을 치다 · 먼저하다　▷ 후수 → 뒤에 두기　[先手]
선승	먼저 이김　[先勝]
선약	먼젓약속　〔보기〕선약하다 → 먼저 약속하다　[先約]
선양	들(드)날림 · 떨침 · 날림　〔보기〕선양하다 → 들날리다 · 떨치다　[宣揚]

선어	생선 〔鮮魚〕
선언	발표·펴알림·외침·말찍음 〔보기〕선언하다 → 말찍어 펴다·밝히다·펴알리다/ 선언서 → 밝힘글·알림글/ 선언적 의미 → 펴알리는 뜻·말찍는 뜻 ▷ 선포 → 펴알림 〔宣言〕
선열	돌아간 열사 〔先烈〕
선영	선산 〔보기〕선영하 → 선산밑 〔先塋〕
선예망	후릿그물 〔일 旋曳網〕
선용	잘씀·좋게 씀 〔보기〕선용하다 → 잘쓰다·좋게 쓰다 ▷ 악용 → 나삐씀·안좋게 씀 〔善用〕
선유	뱃놀이 〔보기〕선유가 → 뱃놀이노래·뱃노래 〔船遊〕
선율	가락 〔旋律〕
선임	뽑아맡김 〔보기〕선임하다 → 뽑아맡기다 ▷ 택임 → 뽑아맡김 〔選任〕
선임	뱃삯 〔船賃〕
선입	먼저 듦·이미 듦 〔보기〕선입하다 → 먼저 들다/ 선입감 → 먼저 든 느낌·지레생각/ 선입견 → 먼저 든 생각·지레생각/ 선입관 → 먼저 가진 생각 〔先入〕
선입감	지레느낌·지레생각·먼저느낌 〔先入感〕
선입견	지레생각·먼저생각·든느낌 〔先入見〕
선저	배밑 〔보기〕선저폐수 → 배밑쓴물 〔船底〕
선적	배 짐싣기 〔보기〕선적하다 → 배에 싣다/ 선적물 → 뱃짐/ 선적항 → 짐 싣는 항구 〔船積〕
선전	잘 싸움 〔보기〕선전하다 → 잘 싸우다 ▷ 졸전 → 어릿싸움·못싸움 〔善戰〕
선전	알림·퍼뜨림 〔보기〕선전하다 → 알리다·퍼뜨리다/ 선전망 → 선전그물/ 선전전 → 선전싸움/ 선전장 → 알림터 〔宣傳〕
선전(포고)	전쟁선언 〔宣戰〕
선점	먼저 차지·앞차지 〔보기〕선점하다 → 먼저 차지하다/ 선점권 → 먼저 점령권/ 중국시장 선점을 노리고 → 중국시장을 먼저 차지하려고 〔先占〕
선정	좋은 정치 〔善政〕
선종	줄뿌림 〔線種〕
선종	씨고르기 〔選種〕
선주	배임자 ▷ 지주 → 땅임자/ 차주 → 차임자/ 하주·화주 → 짐임자 〔船主〕
선진	앞선 〔보기〕선진국 → 앞선 나라/ 후진 → 1. 뒤짐·뒤떨

어짐　2. 뒷사람　［先進］

선착순　　온 차례　［先着順］

선착장　　나루(터)·도선장　　▷ 선착지 → 배댈 곳/ 선창(船艙) → 배
　　　　　　다리·부두　［일 船着場·ふなつきば］

선처　　　잘 봐주기　　〔보기〕선처하다 → 잘 봐주다/ 선처 요망 → 잘
　　　　　　봐주시오　［善處］

선천　　　내림·타고난 것　　〔보기〕선천병 → 배냇병·내림병/ 선천
　　　　　　성 → 내림성·타고난 성질/ 선천유전 → 앞씨내림　　▷ 후
　　　　　　천(성) → 나중 된 것(성질)　［先天］

선철　　　시우쇠·무쇠　　▷ 생철 → 무쇠　［銑鐵］

선체　　　뱃몸　［船體］

선축　　　먼저 차기　　〔보기〕선축하다 → 먼저 차다　［先蹴］

선출　　　뽑아냄·골라냄　　〔보기〕선출하다 → 뽑아내다　　▷ 선거
　　　　　　→ (투표로) 뽑아냄　［選出］

선취　　　먼저 가짐　　〔보기〕선취하다 → 먼저 가지다/ 선취골 → 먼
　　　　　　저 딴 골/ 선취 담보 → 먼저 잡은 담보/ 선취 특권 → 먼저 가
　　　　　　질 권리　［先取］

선측　　　뱃전　　〔보기〕선측 인도 → 뱃전 넘겨주기　［船側］

선타 공격　먼저 치기　［先打攻擊］

선탄　　　탄고르기　［選炭］

선태　　　이끼　　〔보기〕선태류(식물) → 이끼식물　［蘚苔］

선택　　　가림·고름　　〔보기〕선택하다 → 가리다·골라내다/ 선택
　　　　　　권 → 가릴권리/ 선택성 → 가릴성/ 선택흡수 → 가려뽑·가
　　　　　　려받음/ 취사선택 → 가리고 버리기·고르기　［選擇］

선탠　　　볕에 탐·살갗태우기　［영 suntan］

선팅　　　빛가림　［영 sunting］

선팽창　　길이팽창·길이늚·길이늘기　　〔보기〕선팽창계수 → 길이팽
　　　　　　창계수/ 선팽창률 → 길이늚율/ 체팽창 → 몸팽창·부피늚
　　　　　　［線膨脹］

선편　　　배편·배로　　▷ 차편 → 차로/ 비행기편 → 비행기로　［船
　　　　　　便］

선포　　　펴알림·널리 알림　　〔보기〕선포하다 → 널리 알리다·펴알
　　　　　　리다　　▷ 선언 → 펴말함·밝힘·밝혀말함　［宣布］

선풍　　　회오리바람　［旋風］

선하다　　착하다　　▷ 악하다 → 모질다　［善 - ］

선하차 후승차　내린 다음 타기　［先下車 後乘車］

선행　　　1. 앞섬·먼저 함　2. 앞시세　　〔보기〕선행하다 → 앞서다/
　　　　　　선행시키다 → 앞세우다/ 선행연구 → 앞선 연구/ 선행음 →

앞선음/ 선행조건 → 앞선조건·조건부터 풀기　▷ 후속 → 뒤이음·뒤따름/ 후속조치 → 뒷조처　[先行]

선혈 시뻘건 피　〔보기〕선혈이 낭자하다 → 시뻘건피가 질펀하다　[鮮血]

선형 부채꼴　〔보기〕선형그래프 → 부채꼴그림표/ 선형동부 → 부채도끼　▷ 선상 → 부채꼴　[扇形]

선호 좋아함　〔보기〕선호하다 → 좋아하다/ 남아선호 사상 → 아들좋아하기·아들기리기/ 외제 선호 → 외국것 좋아하기　[選好]

선홍색 새빨간 빛　[鮮紅色]

선회 돎·빙빙 돎　〔보기〕선회하다 → 빙빙 돌다/ 선회비행 → 돌이비행/ 선회운동 → 맴돌이　[旋回]

선후 앞뒤·먼저와 나중　〔보기〕선후도착 → 앞뒤 바뀜/ 선후책 → 앞뒤계책　[先後]

선후책 마무리일·뒤처리 방법　[善後策]

선후평 뽑은 비평　▷ 선평 → 뽑은 말　[選後評]

설 얘기·의견·소문　〔보기〕뇌물수수설 → 뇌물받은 소문/ 설이 난무하다 → 소문이 나돌다　[說]

설겆다 설거지하다　※죽은말(사어)이 되어 쓰이지 않는다 하여 널리 쓰이는 말을 표준말로 삼았다. 설겆이 → 설거지/ 봉 → 난봉/ 낭 → 낭떠러지/ 애닯다 → 애달프다/ 머귀나무 → 오동나무/ 오얏 → 자두 따위.(표준어규정 제20항)

설경 눈경치　[雪景]

설계 마련·계획 세움　〔보기〕설계하다 → 마련하다·그리다/ 설계도 → 설계그림·마련그림　[設計]

설교 교리설명·타이름　〔보기〕설교하다 → 타이르다·교리를 펴다　[說敎]

설근 혀뿌리　〔보기〕설근음 → 혀뿌리소리　▷ 설본 → 혀뿌리　[舌根]

설농탕 설렁탕　[취 雪濃湯〈先農湯〉]

설단 혀끝　〔보기〕설단음 → 혀끝소리　▷ 설근 → 혀뿌리　[舌端]

설득 알아듣게 함·타이름　〔보기〕설득하다 → 알아듣게 하다·타이르다/ 설득력 → 알아듣게 하는 힘·깨우치는 힘/ 설득력이 부족하다 → 알아듣게 하는 힘이 모자라다·타이를 힘이 모자란다·곧이들리지 않는다/ 설득력이 있다 → 그럴듯하다·씨가 먹히다·넘어가게 하다/ 설득력 있는 → 씨가 먹히는　[說得]

설레이다	**설레다** ※기본형이 '설레다'이므로 이를 바탕으로 활용해야 한다. 〔보기〕설레임 → 설렘 ▷ 오래이다 오래다/ 도우다 → 돕다/ 목메이다 → 목메다/ 개이다 → 개다
설론	**말다툼·입씨름** 〔보기〕설론하다 → 입씨름하다 〔舌論〕
설립	**세움** 〔보기〕설립하다 → 세우다/ 설립연수 → 설립 햇수·세운 햇수 〔設立〕
설면	**혓바닥** 〔보기〕설면음 → 혓바닥소리 〔舌面〕
설명	**풀이** 〔보기〕설명하다 → 풀이하다·밝혀 말하다/ 설명어 → 풀이말/ 설명조 → 풀이투/ 설명받다 → 설명을 듣다·풀이를 듣다 〔說明〕
설물	**부스러기** ▷ 설육 → 부스러기고기 〔屑物〕
설복	**타일러 굴복시킴** 〔보기〕설복하다 → 타일러 굴복시키다/ 설복되다 → 굴복하다 〔說服〕
설붕	**눈사태** 〔雪崩〕
설상가상	**엎친데 덮치기** 〔雪上加霜〕
설시	**설명·적어보임** 〔보기〕설시하다 → 설명하다·적어보이다/ 공소장에 설시한 → 공소장에 적은·공소장에 일러 보인 〔說示〕
설암	**혀암** 〔舌癌〕
설영인	**설치인** 〔說營人〕
설왕설래	**옥신각신** 〔보기〕설왕설래하다 → 옥신각신하다 〔說往說來〕
설욕	**욕씻이·분풀이** 〔보기〕설욕전 → 욕씻이·분풀이쌈 〔雪辱〕
설원	**눈벌판** ▷ 설야 → 눈벌판/ 설야(雪夜) → 눈내린밤/ 설산 → 눈산 〔雪原〕
설유	**타이름** 〔보기〕설유하다 → 타이르다·말로 어르다 〔說諭〕
설음·서름	**설움·서러움**
설전	**말다툼·입씨름** 〔보기〕설전하다 → 말다투다·입씨름하다/ 설전을 벌이다 → 말다툼하다/ 설전 끝에 → 말다툼 끝에 〔舌戰〕
설전음	**굴림소리** 〔舌顫音〕
설정	**세움·마련함** 〔보기〕설정하다 → 세우다·마련하다 〔設定〕
설측음	**혀옆소리** 〔舌側音〕
설치	**놓음·갖춤·세움** 〔보기〕설치하다 → 만들다·놓다 ▷ 설비 → 놓음·갖춤 〔設置〕

설파	말해버림·드러내 말함·말로 헤집음　〔보기〕설파하다 → 드러내 말하다·말로 헤집다　[說破]
설하	혀밑　〔보기〕설하선 → 혀밑샘/ 설하신경 → 혀밑신경 [舌下]
설한풍	눈바람　[雪寒風]
설합	서랍
설해	눈피해　▷ 수해 → 물피해/ 한해 → 가뭄피해　[雪害]
설형	쐐기꼴　〔보기〕설형문자 → 쐐기글자　[楔形]
설화	이야기　〔보기〕설화문 → 이야깃글　[說話]
설화	눈난리　[雪禍]
설화	눈꽃　[雪華·雪花]
섬광	번쩍빛　〔보기〕섬광등 → 번쩍등　[閃光]
섬뜻하다	섬뜩하다　▷ 섬찍하다 → 섬뜩하다
섬멸	무찌름·무찌르기　〔보기〕섬멸하다 → 무찌르다·없애다 [殲滅]
섬모	물결털·실털　〔보기〕섬모충 → 물결털벌레　[纖毛]
섬섬옥수	가냘프고 고운 손　[纖纖玉手]
섬약	가냘픔　〔보기〕섬약하다 → 가냘프다　[纖弱]
섬어	헛소리·잠꼬대·빈말　[譫語]
섬유	올실·실　〔보기〕섬유근 → 수염뿌리/ 섬유상 → 실꼴/ 섬 유소 → 셀룰로스/ 섬유식(작)물 → 올실식(작)물　[纖維]
섬찍하다	섬뜩하다　※북녘에서는 ‘섬찟’과 함께 씀.
섭동	건드림　〔보기〕섭동하다 → 건드리다/ 섭동력 → 건드리는 힘/ 별 사이의 섭동력 → 별 끼리 건드리는 힘　[攝動]
섭렵	널리 봄·많이 봄　〔보기〕섭렵하다 → 널리 보다·많이 보 다　[涉獵]
섭섭치	섭섭지　〔보기〕섭섭치 않다 → 섭섭지 않다
섭취	빨아들임·취함　〔보기〕섭취하다 → 빨아들이다·취하다 [攝取]
섯달	섣달　▷ 섣달·순가락·반짇고리·선불리·섣부르게
섯부르다	섣부르다　〔보기〕섯불리 → 섣불리/ 섯부른 행동 → 섣부 른 짓
성가	이름값　〔보기〕성가를 올리다 → 이름값을 올리다/ 성가가 높다 → 평판이 좋다　[聲價]
성갈	성깔
성공	이룸·됨·맞음　〔보기〕성공하다 → 이루다/ 성공리 → 성 공속　▷ 실패 → 못 이룸·짐·틀림　[成功]
성과	보람　〔보기〕성과가 나타나다 → 보람이 나타나다/ 성과가

	있다 → 보람이 있다 [成果]
성귀	성구 [聖句]
성기능	성구실 [性機能]
성내	성안 [城內]
성냥일	대장일 ※대장일이 많이 쓰인다 하여 표준말로 삼음.(표준어규정 제25항) ▷ 성냥간 → 대장간/ 성냥장이 → 대장장이
성년	어른됨 · 어른 [成年]
성능	능력 [性能]
성단	별떼 · 떼별 [星團]
성대	목청 · 울대 [聲帶]
성대하다	푸짐하다 · 걸다 · 크고 훌륭하다 [盛大 -]
성돈	큰돼지 · 어미돼지 [成豚]
성립	됨 · 이룸 〔보기〕성립하다 → 이루어지다 · 되다 [成立]
성명	이름 · 성과 이름 〔보기〕성명 미상 → 이름 모름 [姓名]
성명문	밝힘글 〔보기〕성명서 → 밝힘글 [聲明文]
성벽	(나쁜 · 못된) 버릇 [性癖]
성분	조각 · 이룸물질 · 계층 〔보기〕출신 성분 → 난계층 [成分]
성불구	생식기 병신 [性不具]
성사	일 이룸 〔보기〕성사하다 → 이루다 · 일되다/ 성사 여부 → 일 되고 안됨 [成事]
성산	될셈 · 이룰 자신 〔보기〕성산이 있다 → 될 수 있다 · 될셈이 서다 [成算]
성쇠	늘졸이 [盛衰]
성수기	한철 · 한창 쓸 때 [盛需期]
성숙	익음 · 다 자람 〔보기〕성숙하다 → 익다 · 다 자라다/ 성숙기 → 여묾때 · 익을 때/ 성숙분열 → 감수분열/ 성숙상 → 여문뽕 ▷ 미숙 → 덜익음 · 덜자람 [成熟]
성심껏	정성껏 〔보기〕성심성의를 다하다 → 정성을 다하다 [誠心 -]
성안	안을 이룸 〔보기〕성안하다 → 안을 이루다 [成案]
성어	큰고기 · 자란 고기 · 엄지고기 ▷ 치어 → 잔고기 · 새끼고기 [成魚]
성어기	한물 · 한창 잡힐 때 [盛漁期]
성업	번창한 사업 · 사업 번창 [盛業]
성역	소리너비 · 소리넓이 ▷ 음역 → 소리너비 · 음넓이 [聲域]

성역	거룩한 곳·손못대는 곳　　▷ 성소 → 거룩한 곳　[聖域]
성외	성밖　　▷ 성내 → 성안　[城外]
성우	말배우　[聲優]
성운	별구름　[星雲]
성원	사람 참·구성원　[成員]
성원	1. 소리 응원　2. 도와줌　　〔보기〕성원하다 → 소리로 응원하다·도와주다/ 성원을 아끼지 않다 → 도움을 아끼지 않다/ 선생님의 성원으로 → 선생님의 도움으로　[聲援]
성음문자	소리글자　　▷ 표음문자 → 소리글자　[聲音文字]
성인	어른　〔보기〕성인교육 → 어른교육　　▷ 성년 → 어른　[成人]
성장	자람　〔보기〕성장하다 → 자라다/ 성장기 → 클때·자람때/ 성장도 → 자람도/ 성장률 → 자람율/ 성장소 → 자람씨/ 고성장 → 높자람/ 급성장 → 급작자람/ 저성장 → 낮은 자람·낮자람　　▷ 신장 → 늘어남　[成長]
성전환	성바꿈(꿤)　〔보기〕성전환수술 → 성바꿈수술　[性轉換]
성좌	별자리　〔보기〕성좌도 → 별자리그림　[星座]
성주탕	해장국　[醒酒湯]
성지	성터　　▷ 사지 → 절터/ 도요지 → 가마터　[城址]
성찰	살핌　〔보기〕성찰하다 → 살피다/ 내면성찰 → 마음살피기·자기살핌　[省察]
성첩	성가퀴　[城堞]
성충	자란벌레·엄지벌레　　▷ 유충 → 애벌레·어린벌레　[成蟲]
성취	이룸·이뤄냄　〔보기〕성취하다 → 이뤄내다/ 성취감 → 이룬 느낌·일한 느낌/ 성취욕 → 이룰 욕심　[成就]
성취	비린내　　▷ 액취 → 암내　[腥臭]
성층암	물에된 바위·퇴적암　　▷ 수성암 → 물에된바위/ 침전암 → 물에된바위　[成層巖]
성토	흙더미·흙쌓기·흙돋움　〔보기〕성토하다 → 흙쌓다/ 성토지반 → 돋운터(땅)　[盛土]
성패	되고 안됨·성공과 실패　[成敗]
성하	한여름　　▷ 초하 → 초여름　[盛夏]
성행	행실　〔보기〕성행불량 → 행실나쁨　[性行]
성향	기질·성미　[性向]
성형	모양만들기　〔보기〕성형하다 → 모양을 만들다/ 성형술 → 모양내기·모양 만들기　[成形]

성화	횃불·신불 〔보기〕성화봉송 → 횃불나르기·신불나르기 [聖火]
성황리	성황속 [盛況裏]
세	살 〔보기〕향년 70세 → 향년 70/ 70세 → 일흔 살 [歲]
세가	셋집 [貰家]
세간	세상 〔보기〕세간사 → 세상일 [世間]
세공	잔손질·잔공업 〔보기〕세공하다 → 잔손질하다·다듬다 [일 細工·さいく]
세근	잔뿌리 [細根]
세금	구실 ※쉽게 바꿔 쓰기 어렵게 됐으나 역시 바꿔 쓴다면 구실이다. 〔보기〕세금을 내다 → 구실을 내다/ 세금을 물다 → 구실을 물다/ 세리 → 구실아치/ 세제 → 조세제도/ 세무 → 구실업무 [稅金]
세꼬시	새끼회 [일 背越し·せこし]
세끼자이	석재 [일 石材·せきざい]
세납	세금냄·구실냄 〔보기〕세납하다 → 세금내다·구실내다/ 세납자 → 구실무는 이 ▷ 납세 → 세금냄 [稅納]
세뇌	뇌씻이 〔보기〕세뇌하다 → 물들게 하다/ 세뇌되다 → 물이 들다 [洗腦]
세달	석달 ▷ 네달 → 넉달
세담	잔말 ▷ 장담·대어 → 큰말·큰소리 [細談]
세답	빨래 ▷ 세탁 → 빨래 [洗踏]
세대	나이층 〔보기〕세대교체 → 세대갈음·세대갈기(이)·나이층값·세대바꾸기 [世代]
세대	가구·집 〔보기〕세대주 → 가구주·살림주인 [일 世帶·せたい]
세라피스트	치료사 [영 therapist]
세레모니	세리머니·뒤풀이
세력	달력 [歲歷]
세련	다듬음·닦여남 〔보기〕세련하다 → 다듬다/ 세련되다 → 다듬어지다·닦여나다/ 세련미 → 다듬어진맛(멋) [洗鍊]
세리	세무관리·세무공무원·구실아치 [稅吏]
세리머니	의식·뒤풀이 〔보기〕골세리머니 → 골뒤풀이 [영 ceremony]
세립	잔알·잔알갱이 [細粒]
세멘트	시멘트 〔보기〕세멘트 콩크리트 → 시멘트 콘크리트 [영 cement]
세면	세수·얼굴씻기·얼굴닦기 〔보기〕세면기 → 대야 [洗

面]

세모	세밑 ▷ 세만·세말·연말·연모→세밑/ 연말연시→세밑새해 [歲暮]
세목	잔조목 [細目]
세목	세금종목·구실종목 [稅目]
세미나	연습·발표회·토론회·연구회 [영 seminar]
세미스타일	중간치기 [영 semistyle]
세미콜론	쌍반점(:) [영 semicolon]
세발	머리감기 〔보기〕세발하다→ 머리 감다 ▷ 세안→ 얼굴닦기·얼굴씻기 [洗髮]
세방	셋방 ※'찻간·셋방·곳간·숫자·툇간·횟수' 여섯 한자말에는 사이시옷을 붙임. [貰房]
세배	새해인사 〔보기〕세배객→ 세배꾼·세배손님 [歲拜]
세부	잔부분 〔보기〕세부묘사→ 잔묘사·잔그림/ 세부문제→ 잔문제·잔단것 [細部]
세분	잘게 나눔 〔보기〕세분하다→ 잘게 나누다 ▷ 대분→ 크게 나눔 [細分]
세비	해비용 [歲費]
세사	후손 ▷ 후사·후승→ 대이을 자식 [世嗣]
세사	모새·가는 모래·잔모래 [細沙]
세사	씻은 모래·모래 씻기 [洗沙]
세사	가는 실 [細絲]
세상	누리 〔보기〕세상사→ 세상일/ 새세상→ 새누리 [世上]
세서연	호미씻이 [洗鋤宴]
세석	잔돌 [細石]
세세히	자세히 [細細-]
세수	설 ▷ 세초·연두·연초·수세→ 설·해머리 [歲首]
세습	대물림 〔보기〕세습하다→ 대물림하다/ 세습왕조→ 대물림왕조 [世襲]
세시	설·시절 〔보기〕세시풍속→ 시절풍속 [歲時]
세심하다	자세하다·꼼꼼하다 [細心-]
세안	눈씻음 〔보기〕세안하다 → 눈씻다/ 세안액 → 눈씻는물 [洗眼]
세안	얼굴닦기·얼굴씻기 〔보기〕세안액 → 세숫물 [洗顔]
세우	가랑비 [細雨]
세원	세금구멍·세금바탕 [稅源]
세이브	1. 보존·갈무리 2. 도움·구조 3. 절약 〔보기〕세이브 포

	인트 → 구원 승점/ 세이브하다 → 갈무리하다 · 돕다 · 절약하다 [영 save]
세이프	살았음 · 살다 〔보기〕 세이프가드 → 긴급 수입제한/ 세이프 히트 → 안타/ 세이프티 → 안전 · 무사/ 세이프티 레이저 → 안전면도/ 세이프티 밸브 → 안전판/ 세이프티 퍼스트 → 안전 제일 [영 safe]
세익스피어	셰익스피어 [영 Shakespeare]
세일 · 세일즈	팔기 · 판매 · 매출 · 경매 〔보기〕 세일하다 → 팔다/ 바겐세일 → 싸게팔기 · 막팔기/ 세일즈하다 → 팔다/ 세일즈맨 → 판매원/ 세일즈 엔지니어 → 기술판매원 · 판매 기술자/ 세일즈 프러모션 → 판매촉진 [영 sale]
세입	한해 수입 ▷ 세출 → 한해 지출 [歲入]
세입	세금수입 [稅入]
세전	대물려옴 〔보기〕 세전하다 → 대물려오다 [世傳]
세전	설전 · 세안 [歲前]
세정	물정 · 세상속 [世情]
세정	씻음 〔보기〕 세정하다 → 씻다/ 세정력 → 씻을힘 · 씻는힘/ 세정수(액) → 씻은물 · 씻는물 ▷ 세척 → 씻음 [洗淨]
세째	셋째 ※원래 '둘째'나 '셋째'는 두개째, 세개째처럼 수량만을 가리키는 것으로 쓰였으나 차례를 나타내는 말로 두루 쓰게 하고 '두째' '세째'는 버렸다. 그러나 십단위 이상의 서수사로 쓰일 때는 그대로 두었다. 즉, 열두째 · 스물두째 · 스물세째 따위에서는 아직 살아 있고, 열두개째나 스물세개째로 쓰일 때는 열둘째 · 스물셋째로 쓰인다.(표준어규정 제6항)
세차	차씻이 · 차닦기 〔보기〕 세차하다 → 차씻다 · 차닦다/ 세차장 → 차닦는 곳 [洗車]
세척	씻기 · 씻음 〔보기〕 세척하다 → 씻다/ 세척기 → 씻개 · 닦개/ 세척력 → 씻는힘 · 깨끗이할힘 ▷ 세정 → 씻음 [洗滌]
세출	한해 지출 〔보기〕 세입세출 → 한해 수입과 지출 ▷ 세입 → 한해 수입 [歲出]
세칙	잔 규정 [細則]
세칭	이른바 ▷ 통칭 → 두루일컬음/ 언필칭 → 반드시 · 으레/ 속칭 → 이른바 · 보통일컫기 · 보통/ 자칭 → 스스로 일컫기/ 사칭 → 속임 · 속여 일컬음/ 참칭 → 함부로 높이 일컬음/ 존칭 → 높임 · 높은말/ 비칭 → 낮춤 · 낮춤말 [世稱]
세컨드	1. 둘째 2. (선수)바라지 3. 작은집 〔보기〕 세컨드 런 →

재개봉/ 세컨드 베이스 → 2루(야구)/ 세컨드 서브 → 두번째 서브/ 세컨드 아우트 → (퇴장) 5초전　[영 second]

세탁　빨래 · 씻음　〔보기〕세탁하다 → 빨래하다 · 씻다 · 닦다/ 세탁기 → 빨래틀/ 세탁비누 → 빨랫비누/ 세탁소 → 빨랫집 · 빨랫방 · 세탁집/ 세탁실 → 빨랫간/ 세탁장 → 빨래터/ 돈세탁 → 돈씻이/ 말세탁 → 말씻이/ 물세탁 → 물빨래/ 손세탁 → 손빨래/ 호적세탁 → 호적씻기 · 호적바꾸기　▷ 건빨래 → 마른빨래　[洗濯]

세태　세상형편　[世態]

세터　공격짝 · 짝　[영 setter]

세테크　세금줄이기 · 세금비키기 · 구실비키기　▷ 재테크 → 돈굴리기 · 재산불리기　[稅 + tech]

세트　1. 장치 2. 연모 3. 벌 4. 판　〔보기〕세트 스코어 → 이긴 판 수/ 세트 포지션 → 투구전 자세/ 세트 포인트 → 주요 득점　[영 set]

세팅　배치　[영 setting]

세파　세상풍파　[世波]

섹션　갈피 · 묶음 · 갈래　〔보기〕섹션화하다 → 나누어 묶다 · 갈피를 두다 · 잘게 나누다/ 섹션화된 → 나눠진 · 갈피진 · 갈래진/ 섹션신문 → 묶음신문 · 갈래신문 · 갈피신문　[영 section]

섹스　성 · 색 · 씹　〔보기〕섹스 세라피스트 → 성기능 치료의/ 섹스 스캔들 → 염문/ 섹스 어필 → 색기/ 섹스 체크 → 성구별 · 암수구별/ 섹시하다 → 관능적이다 · 산뜻하다/ 사이버 섹스 · 가상섹스 → 허깨비씹 · 어림색/ 섹시가이 → 매력남　[영 sex]

센방　갈이기계　[일 旋盤 · せんばん]

센베이　셈베이　[일 煎餅]

센서　감지장치 · 더듬이(촉각)　[영 sensor]

센서　검열관　[영 censor]

센서스　국세조사 · 인구조사　[영 sensus]

센스　눈치 · 분별력　[영 sense]

센타　센터　[영 center]

센터　중심 · 가운데 · 본부 · 회관　〔보기〕센터라인 → 중앙선/ 센터링 → 가운데로공 · 욱인공/ 센터서클 → 중앙원/ 센터 포워드 → 중앙공격수/ 센터필더 → 중견수/ 센터하프 → 중앙공방수　[영 center]

센텐스　글월 · 문장 · 월　[영 sentence]

센티멘탈리즘	센티멘털리즘 [〈영 sentimentalism]
센티멘털	감상적 〔보기〕센티멘털리스트 → 감상적인 사람/ 센티멘털리즘 → 감상주의/ 센티멘트 → 감정·정서 [영 sentimental]
셀로판	유리종이 〔보기〕셀로판지 → 유리종이 [프 cellophane]
셀룰로(오)스	섬유질·섬유소 [영 cellulose]
셀프 서비스	손수하기 [영 self service]
셈베이	부꾸미·전병 [일 煎餠·せんべい]
셋톱박스	위성방송 수신기 [영 set top box]
셔츠 슈트	남방정장 [영 shirts suit]
셔터	여닫개·덧닫이·가리개 [영 shutter]
셔틀	북·돎·오가기 〔보기〕셔틀버스 → 순환버스·도는버스/ 셔틀기차 → 도는기차·돌림기차 [영 shuttle]
셧다운	일 쉼·휴업 [영 shut down]
셧아웃	영패·차단·닫음 [영 shut out]
셰어링	자원 공유 [영 sharing]
셰이크 핸드	악수 〔보기〕셰이크핸드 그립 → 악수쥐기·악수라켓(탁구) ▷ 포어핸드 → 바로잡기·바로치기(테니스)·받쳐잡기(탁구) [영 shake hand]
소각	태움·살라버림 〔보기〕소각하다 → 태우다/ 소각시 → 태울 때/ 소각처분 → 태워없애기·태워버림/ 소각장 → 태우는 곳 [燒却]
소각	지워없앰·빚갚음 〔보기〕소각하다 → 지워없애다·빚갚다/ 무상소각 → 그냥 없앰/ 소각처분 → 없앰/ 주식소각 → 주식 없앰 [消却]
소감	느낀바·느낌·기분 〔보기〕당선 소감 → 뽑힌 느낌·뽑힌 기분 [所感]
소강	뜨막함·잔잔함·우선함 〔보기〕소강상태 → 뜨막한 상태·우선한 상태 [小康]
소강·쏘강	땜질 ▷ 상감 → 봉막이·꽂을땜 [〈일 象嵌·ぞうがん]
소개	솎아냄·헤침·흩어지게 함·벌림 〔보기〕소개하다 → 솎아내다·흩어지게 하다/ 주민소개 → 주민 흩뜨림/ 소개작전 → 흩뜨림작전·흩뜨리기 [疎開]
소견	보는바·생각 [所見]
소고	작은북 [小鼓]
소관	맡은 (바) 〔보기〕소관사 → 맡은 일/ 소관 행정 → 맡은 행정 [所管]

소구	소급청구 [遡求]
소구치	옆니·앞어금니·작은어금니　▷ 대구치 → 어금니·큰어금니 [小臼齒]
소극	웃음극·우스개 [笑劇]
소금	꽹과리 [小金]
소금장이	소금쟁이　※기술자는 ' – 장이'로, 그밖의 것은 ' – 쟁이'로 통일함.(표준어규정 제9항)
소급	거슬러 미침·치미침　〔보기〕소급하다 → 치미치다/ 소급 적용 → 치미쳐 맞춤/ 소급 입법 → 치미치기법　▷ 소류· 역급 → 거슬러 오름(미침) [遡及]
소기	마음먹은바·뜻한바　〔보기〕소기의 → 마음먹은·기다렸던·뜻한바 [所期]
소꿉질	소꿉질　〔보기〕소꿉장난·소꿉놀이
소낙비	소나기
소농	작은 농사·잔농가　▷ 대농 → 큰농사·큰농가 [小農]
소뇌	작은골　▷ 대뇌 → 큰골 [小腦]
소데나시	맨팔(옷)·민소매　▷ 노 슬리브 → 민소매·맨팔옷 [일 袖無し·そでなし]
소동	법석·흔들림 [騷動]
소두	팥　〔보기〕소두상충 → 팥바구미/ 소두엽 → 팥잎/ 소두화 → 팥꽃　▷ 대두 → 콩 [小豆]
소득	날찍·이익·보람·벌이·얻음　〔보기〕소득이 있다(없다) → 보람(벌이)이 있다(없다)/ 소득없이 끝나다 → 보람없이 끝나다/ 소득분배 → 이익나누기/ 고소득자 → 많이버는이/ 저소득층 → 벌이적은층/ 농가소득 → 농가벌이/ 국민소득 → 국민벌이/ 불로소득 → 거저벌이 [所得]
소등	불끔·전등 끔　〔보기〕소등하다 → 불끄다·전등 끄다　▷ 점등 → 불켜기·불켬 [消燈]
소라	하늘　〔보기〕소라 백 → 하늘 배경/ 소라색 → 하늘빛(색) [일 쇼·そら]
소량	조금　▷ 다량·대량 → 많은 양·큰 분량 [少量]
소로	작은 길　▷ 대로 → 큰길 [小路]
소론	말·말한바 [所論]
소루하다	허술하다·엉성하다　〔보기〕소루히 → 허술히·엉성히 [疎漏 -]
소류지	웅덩이·늪 [小溜池]
소류지	늪지　〔보기〕소택지 → 진펄·진펄땅 [沼溜地]
소리개	솔개　※준말이 많이 쓰인다 하여 이를 표준말로 삼음.(표

준어규정 제14항)

소립	잔알갱이·잔알 〔보기〕소립종 → 잔씨/ 소립자 → 잔알갱이 ※'소+입자'이므로 두음법칙에 맞추어 적어야 하나, 발음습관이 본음대로 굳어져 쓰인다 하여 예외를 인정한 것으로 '미-립자·소-립자·수-류탄·파-렴치' 따위가 있다. 그러나 총유탄·몰염치 따위는 두음법칙을 적용한다.(맞춤법 제11항) 〔小粒〕
소망	바람 〔보기〕소망하다 → 바라다 ▷ 소원 → 바람 〔所望〕
소매	산매·조아팔기 〔보기〕소매하다 → 산매하다/ 소매가격 → 산맷값/ 소매상 → 산매상/ 소매업 → 산매업/ 소매점 → 산매점·가게 〔일 小賣〕
소맥	밀 〔보기〕소맥간 → 밀짚/ 소맥고 → 밀짚/ 소맥노 → 밀깜부기/ 소맥면 → 밀국수/ 소맥부 → 밀기울/ 소맥분 → 밀가루 ▷ 대맥 → 보리 〔小麥〕
소멸	사라짐·없어짐 〔보기〕소멸하다 → 사라지다 〔消滅〕
소명	밝힘·들추어 밝힘·증거댐 〔보기〕소명하다 → 밝히다·증거대다/ 소명자료 → 밝힘거리 〔疏明〕
소모	써없앰·닳아 없어짐 〔보기〕소모하다 → 써없애다/ 소모적 논쟁 → 헛된 논쟁/ 소모성 → 써없어지는/ 소모품 → 써없애는 물건 〔消耗〕
소묘	민그림·데생 〔素描〕
소바	메밀국수 〔보기〕가께소바 → 메밀국수 〔일 蕎麥·そば〕
소방	불끄기 〔보기〕소방차 → 불자동차 〔消防〕
소배기	소박이 〔보기〕오이소배기 → 오이소박이
소변	오줌 〔보기〕대소변 → 똥오줌 〔小便〕
소비	써없앰 〔보기〕소비하다 → 써없애다/ 소비품 → 써없애는 물품 〔消費〕
소사	심부름꾼 〔小使〕
소사	타죽음 〔보기〕소사하다 → 타죽다 ▷ 소실 → 타없어짐 〔燒死〕
소산	나는 바·낳은 것·생산 〔所産〕
소상	인물모형 〔塑像〕
소상하다	자세하다·분명하다 〔보기〕소상히 → 자세히 〔昭詳-〕
소생	낳은 자식 〔所生〕
소석회	삭은회 〔消石灰〕
소성	구워만들기 〔보기〕소성인비 → 태운 인산거름 〔燒成〕

소셜	사회적 〔보기〕 소셜댄스 → 사교춤/ 소셜리스트 → 사회주의자/ 소셜리즘 → 사회주의 〔영 social〕
소스	나온 데·출처 〔보기〕 소스 코드 → 바탕 코드·원천 부호 〔영 source〕
소스	양념 〔영 sauce〕
소시	젊을때·어릴때 〔보기〕 소시적 → 어릴때 〔少時〕
소신	믿는 바·믿음·자기믿음 〔보기〕 소신없이 → 믿음없이·자신없이/ 소신껏 → 믿는바대로/ 무소신 → 믿음없음/ 소신파 → 믿는대로 하는 파·자신파 〔所信〕
소실	작은집·작은방 ▷ 부실·후실 → 작은집 〔小室〕
소실	없어짐·불탐 〔보기〕 소실하다 → 없어지다 〔消失〕
소아	어린아이 〔보기〕 소아병 → 어린애병 〔小兒〕
소양증	가려움증 〔搔痒症〕
소연하다	쓸쓸하다 〔보기〕 소연히 → 쓸쓸히 ▷ 소조하다 → 쓸쓸하다 〔蕭然-〕
소염	곪음줄임·염증없애기 〔보기〕 소염진통제 → 아픔멈춤약·곪음멈춤약 〔消炎〕
소외	멀리함·따돌림 〔보기〕 소외시키다 → 따돌리다/ 소외되다 → 돌리다/ 소외당하다 → 따돌리다/ 소외감 → 따돌린 느낌·돌림느낌 〔疎外〕
소요	드는(것)·걸리는(것)·듦·걸림 〔보기〕 소요하다 → 들다·걸리다/ 소요경비 → 드는비용·든비용/ 소요시간 → 드는시간·걸린시간/ 소요되는 → 드는·걸리는/ 소요재원 → 드는돈·밑천/ ~에 소요되는 → ~에 드는·~에 걸리는 〔所要〕
소요	1. 떠들썩함·시끄러움 2. 들고일어남 〔보기〕 소요하다 → 떠들썩하다·수선스럽다·시끄럽다/ 소요사태 → 들고일어난 일·떠들썩한 일 〔騷擾〕
소용	쓸데·쓰임·쓸모 〔보기〕 소용없이 → 쓸데없이/ 소용에 닿다 → 쓸데가 있다·쓸모가 있다 〔所用〕
소원하다	멀다·서먹서먹하다 〔疎遠-〕
소위	짓·짓거리·한 일 〔所爲〕
소위	이른바 〔所謂〕
소유	가짐·지님·차지함 〔보기〕 소유하다 → 가지다·지니다/ 소유자 → 임자·가진이/ 소유주 → 임자/ 소유지 → 가진 땅 ▷ 보유 → 지님·가짐 〔所有〕
소음	시끄러움·시끄러운 소리 〔騷音〕
소이	때문·까닭 〔보기〕 소이연 → 까닭 〔所以〕

소인	날짜도장·지움도장 [消印]
소일	날 보내기·지냄 〔보기〕소일하다 → 날보내다/ 소일거리 → 심심풀이 [消日]
소임	맡은 일·맡은 사람·맡음 ▷ 담임 → 맡음·맡은사람 [所任]
소자본	적은 밑천 ▷ 대자본 → 큰밑천 [小資本]
소작농	도지농사 〔보기〕소작농지 → 도지땅/ 소작료 → 도조/ 소작지 → 도지땅 ▷ 자작농 → 제땅농·제농사 [小作農]
소장	작은창자 ▷ 대장 → 큰창자 [小腸]
소장	간직함·지님 〔보기〕소장하다 → 지니다·간직하다/ 소장품 → 간직한 물품 [所藏]
소재	있는 데(곳)·있는 〔보기〕소재하다 → 있다/ 소재지 → 있는 곳/ 종로5가 소재 → 종로5가에 있는/ 책임 소재 → 책임질 데 ▷ 위치한 → 있는·자리잡은 ※서울 소재, 대로변에 위치한 따위는 썩 재미없는 번역문투로서 서울의, 큰길가에 있는 따위로 쓰면 된다. [所在]
소재	밑자료·거리 〔보기〕소설 소재를 찾아다니다 → 소설 거리를 찾아다니다/ 소재빈곤 → 거리가난·거리 모자람·밑천 없음 [素材]
소저	아가씨 [小姐]
소정	정한 바·정해진 〔보기〕소정의 → 정한/ 소정 양식 → 정한 틀/ 소정의 액수 → 정한 돈 [所定]
소제	쓰레질·청소 〔보기〕소제하다 → 청소하다·쓰레질하다/ 소제부 → 청소부 [掃除]
소주밀식	촘촘심기·배게심기 [小株密植]
소지	가짐·지님 〔보기〕소지하다 → 가지다·지니다/ 소지자 → 가진이/ 소지품 → 가진 물건 [所持]
소지	(밑)바탕·터무니·까닭 〔보기〕그럴 소지가 있다 → 그럴 터무니가 있다/ 잘못될 소지가 많다 → ~ 까닭이 많다·~ 터무니가 많다 [素地]
소지	새끼손가락 [小指]
소진	사라짐·없어짐·써버림 〔보기〕소진하다 → 사라지다·다 써버리다/ 기력을 소진하여 → 기력을 다써버려 [消盡]
소집	불러모음 〔보기〕소집하다 → 불러모으다/ 소집불응 → 부름에 응하지 않음 [召集]
소채	남새·푸성귀 〔보기〕채소 → 남새 [蔬菜]
소치	때문·까닭·탓 〔보기〕소치로 → 까닭으로·탓으로/ 무식한 소치로 → 무식한 탓에·몰라서 [所致]

소켓	꽂개 · 고동개 〔영 socket〕
소탕	쓸어버림 〔보기〕소탕하다 → 휩쓸어버리다/ 소탕전 → 휩쓰레싸움 〔掃蕩〕
소택	늪못 〔보기〕소택지 → 진펄 · 진펄땅/ 소택지림 → 진펄숲/ 소택초지 → 진펄풀밭 ▷ 소류지 → 늪(지) 〔沼澤〕
소통	트임 · 잘 통함 〔보기〕소통하다 → 잘 통하다 · 트이다/ 언어소통 → 말통하기/ 의사소통 → 뜻통하기/ 공기소통 → 공기 통하기 〔疏通〕
소트	가름 · 분류 〔영 sort〕
소파	긁어냄 〔보기〕소파하다 → 긁어내다/ 소파수술 → 긁어내기 〔搔爬〕
소파	한-미 행정협정 · 한미행협 · 주둔군지위협정 〔SOFA〈Status of Forces Agreement〕
소파	긴의자 ▷ 벤치 → 긴의자 · 긴걸상 〔영 sofa〕
소판화	잔잎꽃 〔小瓣花〕
소폭	작은폭 〔보기〕소폭상승 → 약간 오름 · 조금 오름 ▷ 대폭 → 큰폭 · 크게 · 많이/ 대폭적으로 → 크게 · 많이 〔小幅〕
소풍	바람쐬기 〔보기〕소풍하다 → 바람쐬다/ 소풍가다 → 놀러가다 · 바람쐬러가다 ▷ 산보 → 거닒 〔逍風〕
소프트	부드러움 · 연함 · 무름 〔보기〕소프트하다 → 부드럽다/ 소프트웨어 → 무른모/ 소프트드링크 → 마실것/ 소프트랜딩 → 사뿐내림 · 부드럽게 내림 · 연착륙/ 소프트볼 → 무른공 ▷ 하드웨어 → 굳은모 〔영 soft〕
소하물	잔짐 ▷ 소화물 → 잔짐/ 수하물 → 잔짐 · 들짐 〔일 小荷物 · こにもつ〕
소할	관할 〔所轄〕
소행	짓 · 행한 짓 · 행실 〔所行〕
소형선	작은배 〔小形船〕
소홀하다	데면데면하다 · 예사롭다 〔보기〕소홀히 → 가볍게 〔疏忽-〕
소화	불끄기 〔보기〕소화하다 → 불끄다/ 소화전 → 불끔마개 · 불물꼭지 ▷ 방화전 → 불물꼭지 〔消火〕
소화	삭임 · 익힘 〔보기〕소화하다 → 삭이다/ 소화관 → 삭임관/ 소화기 → 삭임기관/ 소화불량 → 잘못삭임/ 소화선 → 삭임샘/ 소화제 → 삭임약/ 어려운 기술을 잘 소화하다 → ~을 잘 익히다 〔消化〕
소환	부름 · 불러옴 〔보기〕소환하다 → 부르다 · 불러오다/ 소

환장 → 부름장/ 소환에 불응하다 → 부름에 따르지 않다/ 재벌총수 소환 → 재벌총수 부르기 ▷ 리콜 → 부름·무름 [召喚]

소회　품은 회포·먹은 마음 〔보기〕소회의 일단을 밝히다 → 마음 한끝(한가닥)을 밝히다 [所懷]

속　묶음·다발·뭇·톳 [束]

속간　다시 냄·이어 냄 〔보기〕속간하다 → 다시 내다 [續刊]

속개　이어엶·잇대엶 〔보기〕속개하다 → 이어 열다·잇대 열다 [續開]

속결　빠른 처결 〔보기〕속결하다 → 빨리 처결하다/ 속전속결 → 몰아쳐 빨리 끝냄 [速決]

속고삿　속고삿 ▷ 겉고삿 → 겉고삿 ※고삿(고사새끼·고사새끼줄)/ 고샅(좁은 골목).

속공　빠른 공격·빨리 치기 〔보기〕속공하다 → 빨리 치다 [速攻]

속구　빠른 공 〔보기〕강속구 → 센빠른공 [速球]

속기　빨리 적기 〔보기〕속기하다 → 빨리 적다/ 속기록 → 빨리 쓴 적발 [速記]

속기　빨리 두기 〔보기〕속기하다 → 빨리 두다(바둑) [速棋]

속단　빠른 판단·섣부른 판단·함부로 판단 〔보기〕속단하다 → 섣불리 판단하다 ▷ 조단 → 이른 판단·섣부른 판단/ 속단은 금물이다 → 섣부른 판단은 삼갈 일이다·함부로 판단하지 말라 [速斷]

속도　빠르기·세기 〔보기〕속도감 → 빠른느낌·센느낌/ 속도 기호 → 빠르기표/ 속도 조절 → 빠르기 맞춤/ 속도위반 → 빠르기 어김/ 가속(도) → 빠르기 더함·더빠르기/ 가속도 → 덧빠르기·덧빠름/ 과속(도) → 넘빠름·넘빠르기/ 고속(도) → 높빠름/ 저속 → 느림/ 감속 → 빠르기 줄임·속도줄임 ▷ 속력 → 빠르기·빠른힘/ 시속 → 시간빠르기/ 초속 → 초빠르기 [速度]

속독　빨리 읽기 〔보기〕속독하다 → 빨리 읽다 ▷ 정독 → 자세읽기/ 다독 → 많이 읽기/ 탐독 → 골똘읽기/ 숙독 → 익혀 읽기 [速讀]

속등　잇따라 오름·자꾸 오름 〔보기〕속등하다 → 자꾸 오르다 ▷ 속락 → 자꾸 내림/ 폭등 → 크게 오름/ 폭락 → 크게 내림 [續騰]

속력　빠르기·빠른힘·힘 〔보기〕속력을 내다 → 빨리가다·힘을 내다/ 속력을 줄이다 → 빠르기를 줄이다 [速力]

속박	얽어맴 · 묶음　　〔보기〕속박하다 → 얽어매다 · 묶다/ 속박되다 → 얽매이다 · 묶이다　〔束縛〕
속보	빠른 보도 · 빨리 알림　〔速報〕
속보	잇대 알림　〔續報〕
속사	빨리 쏘기　〔보기〕속사하다 → 빨리 쏘다　〔速射〕
속성	딸림성질 · 성질　〔보기〕속성을 달리하는 두 물건 → 성질이 다른 두 물건/ 여자의 속성 → 여자의 성질(특성)　〔屬性〕
속성	빨리 되기 · 빨리 이룸　〔보기〕속성수 → 빨리 자라는 나무/ 속성재배 → 빨리 가꾸기/ 속성퇴비 → 벼락두엄/ 속성과정 → 빠른과정　▷ 촉성 → 빨리 이룸 · 당겨 이루기/ 촉성재배 → 철당겨 가꾸기　〔速成〕
속소리	속말　※속말이 많이 쓰인다 하여 이를 표준말로 삼음.(표준어규정 제25항)
속속	잇따라 · 연달아 · 잇대어　〔보기〕속속 접수하다 → 잇따라 받다/ 속속 도착하다 → 잇따라 닿다 · 잇따라 도착하다　〔續續〕
속수무책	하릴없음　〔束手無策〕
속음	익은소리　〔俗音〕
속전속결	빨리 싸워 끝냄 · 몰아쳐 끝냄　〔速戰速決〕
속죄	죄씻이 · 죄갚음　〔보기〕속죄하다 → 죄씻다 · 죄갚다　〔贖罪〕
속칭	보통 일컫기 · 보통이름　〔俗稱〕
속필	빠른 글씨　〔速筆〕
속하다	빠르다　〔보기〕속히 → 빨리 · 어서　〔速 - 〕
속하다	딸리다 · 붙다 · 들다　〔보기〕옹진군에 속한 백령도 → 옹진군에 딸린 백령도/ 경찰청은 내무부에 속한 기관이다 → ~에 딸린 기관이다　〔屬 - 〕
속행	빨리감 · 빨리함　〔보기〕속행하다 → 빨리가다 · 빨리하다　▷ 서행 → 천천히 감/ 급행 → 빨리 감/ 완행 → 천천히 감　〔速行〕
속행	이어 함　〔보기〕속행하다 → 이어 하다/ 2부 순서를 속행하겠습니다 → 2부를 열겠습니다 · 2부를 이어 열겠습니다　〔續行〕
속회	회의 계속 · 잇댄 회의　〔보기〕속회하다 → 회의 계속하다　〔續會〕
속효	빠른보람 · 빠른효험 · 빠른성금　〔보기〕속효성 → 빨리 들음성 · 빨리 드는　〔速效〕

人

손괴	망가뜨림 〔보기〕손괴하다 → 망가뜨리다 〔損壞〕
손구루마	손수레 ※구루마는 일본말이다.
손부	손자며느리 〔孫婦〕
손상	깎음·깎임·다침 〔보기〕손상하다→다치다·깎이다/ 손상되다 → 깎이다·다치다 ▷ 손괴 → 다침·파괴 〔損傷〕
손색없다	못지 않다 〔보기〕손색없이 → 못지 않게 〔遜色-〕
손실	덜림·잃음·축남 〔보기〕손실금 → 축난돈/ 손실을 가하다 → 손해를 보이다 〔損失〕
손톱깎기	손톱깎이 ※손톱을 깎는 일(손톱깎기)과 손톱을 깎는 도구(손톱깎+이)는 구별해 쓴다.
솔권	식구 데려감·온식구 〔보기〕솔권하여 → 온식구를 데리고 ▷ 솔가 → 온식구를 데려감/ 권솔 → 식구 〔率眷〕
솔나무	소나무 ※끝소리가 'ㄹ'인 말과 딴말이 어울릴 적에 'ㄹ'소리가 나지 않으면 나지 않는 대로 쓴다.(맞춤법 제25항) 다달이·마소·부나비·따님·바느질·부삽·우짖다·화살·여닫이·차지다·하느님·부동·부당·부득이·부지·부정·부조리 따위.
솔로	혼자 부르기·독창·혼자 연주·독주 〔보기〕솔로 파트 → 독주(창) 부분/ 솔로 홈런 → 한점 홈런 〔이 solo〕
솔선수범	먼저 본보임 〔보기〕솔선수범하다 → 먼저 본보이다 〔率先垂範〕
솔직이	솔직히 〔率直-〕
솟을문	솟을무늬 〔-紋〕
송과선	골윗샘 〔松果腺〕
송구영신	새해맞이·해 보내고 맞음 〔送舊迎新〕
송구하다	두렵다 〔보기〕송구스럽다 → 두렵다 ▷ 송률하다 → 두렵다 〔悚懼-〕
송금	돈부침 〔보기〕송금하다 → 돈 부치다·돈 보내다/ 송금액 → 보낸 돈머릿수 〔送金〕
송달	보내줌 〔보기〕송달하다 → 보내주다/ 송달지 → 배달지/ 우편송달 → 우편배달 〔일 送達·そうたつ〕
송부	부침·보냄 〔보기〕송부하다 → 부치다·보내다 〔送付〕
송수관	물대롱 〔送水管〕
송수신	통신 주고받기 〔送受信〕
송유관	기름대롱 〔送油管〕
송장	보냄표·짐표 ▷ 송증 → 보냄표 〔送狀〕
송청	검찰청 넘김 〔보기〕송청하다 → 검찰청에 보내다 ▷

	송검·송국 → 검찰에 넘김/ 송치 → 보냄·넘김 [送廳]
송출	실어보냄·내보냄 〔보기〕송출하다 → 내보내다·실어보내다 ▷ 반출 → 내보냄/ 송환 → 돌려보냄/ 귀환 → 돌아옴/ 반환 → 돌려보냄 [送出]
송치	(검찰에) 보냄·넘김 〔보기〕송치하다 → (검찰에) 넘기다/ 구속송치 → 구속해 넘김/ 불구속 송치 → 구속않고 넘김 ▷ 송청·송검 → 검찰 넘김 [送致]
송풍	바람보냄 〔보기〕송풍구 → 바람구멍 [送風]
송화인	짐부친이 ▷ 송하인 → 짐부친이/ 수화인 → 짐받는이 [送貨人]
송환	돌려보냄 〔보기〕송환하다 → 돌려보내다 ▷ 귀환 → 돌아옴/ 송출 → 내보냄·실어보냄/ 반출 → 내보냄/ 반환 → 돌려보냄/ 반입 → 들여옴/ 유해송환 → 유해 돌려보냄 [送還]
쇄골	빗장뼈 〔보기〕쇄골골절 → 빗장뼈 부러짐 [鎖骨]
쇄도	몰려듦·들이밀림 〔보기〕쇄도하다 → 몰리다·밀리다 ▷ 살도 → 쇄도 [殺到]
쇄립	싸라기 [碎粒]
쇄빙	얼음깨기 〔보기〕쇄빙선 → 얼음깨는 배 [碎氷]
쇄석	부순 돌 〔보기〕쇄석하다 → 돌 부수다/ 쇄석기 → 돌부수개·어처구니 [碎石]
쇄신	새롭게 함 〔보기〕쇄신하다 → 새롭게 하다 [刷新]
쇄신	힘을 다함·몸을 부숨 〔보기〕분골쇄신·쇄신분골·분신쇄골 → 1. 참혹히 죽음 2. 목숨을 걸고 힘을 다함 [碎身]
쇄정	잠금 [鎖錠]
쇠멸	졸아 없어짐 〔보기〕쇠멸하다 → 쇠하여 없어지다 [衰滅]
쇠잔	시듦·사그라짐·잦아듦 〔보기〕쇠멸하다 → 사그라지다·시들다 [衰殘]
쇼	흥행·구경거리·굿 〔보기〕쇼맨십 → 흥행술·연기술·허세·제자랑/ 쇼윈도 → 진열창/ 쇼다 → 가짜다·꾸민 것이다/ 쇼 호스트 → 상품 안내인 [영 show]
쇼부	결판·흥정 〔보기〕쇼부치다 → 결판내다·해결하다 [일 勝負·しょうぶ]
쇼윈도	진열창·진열장 [영 show window]
쇼크	찔림·충격 〔보기〕쇼크사 → 충격사/ 쇼킹하다 → 충격적이다 [영 shock]
쇼트	짧은·짧음·단타법 〔보기〕쇼트 바운드 → 잘게 튐/ 쇼트

ㅅ

볼 → 짧은 공/ 쇼트 블로 → 짧게 치기/ 쇼트 스톱 → 유격수 / 쇼트 커트 → 짧게 치기(자르기)/ 쇼트 스커트 → 짧은 치마 / 쇼트 스토리 → 단편 소설/ 쇼트 패스 → 짧게 주기/ 쇼트 팬 츠 → 반바지/ 쇼트 타임 → 조업단축 [영 short]

쇼파	소파 [영 sofa]
쇼핑	물건 사기·장보기 〔보기〕쇼핑하다 → 장보다·물건 사다 / 쇼핑백 → 장바구니/ 쇼핑센터 → 모임전·모둠가게·종합 시장/ 쇼핑정보 → 장보기정보·장거리알림/ 쇼핑몰 → 가겟 거리/ 쇼핑지도 → 가게지도·시장지도/ 쇼킹카트 → 밀차/ 쇼핑호스트 → 상품안내자 [영 shopping]
쇽업쇼바	완충기·충격완화기·쇼크업소버 [영 shcok absorber]
숏	쇼트 〔보기〕숏커트 → 쇼트커트·짧게치기·짧게자르기 / 숏패스 → 쇼트패스·짧게주기 [영 short]
수	1. 오래 삶 2. 목숨 〔보기〕수하다 → 오래 살다/ 수를 못 하다 → 제 목숨을 못 누리다 [壽]
수가	값·수곳값·삯 〔보기〕의료수가 → 진료비·치료비/ 의료 보험수가(의보수가) → 의료보험비 [酬價]
수감	가둠 〔보기〕수감하다 → (옥에) 가두다/ 수감자 → 갇힌 이 [收監]
수갑	고랑·쇠고랑 [手匣]
수강	강의 들음·강습함 〔보기〕수강하다 → 강습(의)받다/ 수 강자(생) → 강의받는 이 [受講]
수개월	몇 달·여러 달 [數個月]
수개표	손개표 [手開票]
수거	거둬감·쳐감·거두기 〔보기〕수거하다 → 거두다/ 오물수 거 → 쓰레기 걷기·쓰레기 치기/ 수거인 → 거두는 이 [收去]
수검	검사받음 〔보기〕수검하다 → 검사받다 [受檢]
수경	1. 물갈이 2. 물가꾸기 〔보기〕수경법 → 물가꾸기/ 수경 재배 → 물가꾸기 ▷ 건갈이 [水耕]
수계	이어받음 〔보기〕수계하다 → 이어받다 [受繼]
수괴	우두머리·모가비 [首魁]
수교	손수 줌·직접 줌·쥐어줌 〔보기〕수교하다 → 손수 주다 [手交]
수교	사귀기·사귐트기 〔보기〕수교하다 → 사귀다·트고 지내 다/ 국교 → 나라사귀기/ 수교회담 → 트기회담 [修交]
수근거리다	수군거리다 〔보기〕수근수근 → 수군수군/ 소근소근 → 소 곤소곤/ 소근거리다 → 소곤거리다

수금	돈거두기 · 돈받기 　〔보기〕 수금하다 → 돈 거두다 · 돈 받다 / 수금원 → 돈걷는이 　[收金]
수급	쓰고대기 · 수요공급 　[需給]
수긋하다	수굿하다 　〔보기〕 수굿히 → 수굿이 　※작은말은 '소곳하다' 임.
수긍	끄덕임 · 곧이들음 · 그대로 여김 　〔보기〕 수긍하다 → 끄덕이다 · 곧이듣다 　▷ 긍수 → 끄덕임 　[首肯]
수기	손재주 · 솜씨 　[手技]
수난	곤란겪음 · 재난당함 　〔보기〕 수난사 → 재난당한 역사 　[受難]
수납	받아들이기 · 받아들임 · 받아거둠 　〔보기〕 수납하다 → 받아들이다 · 받다/ 수납창구 → 받는곳/ 수납처 → (돈)받는곳/ 수납장 → 빼닫이 　▷ 납수 → 받아들임 　[收納]
수냉식	수랭식 　[水冷式]
수년	몇 해 · 두서너 해 　〔보기〕 수년간 → 몇 해 동안 · 두서너 해 동안 　[數年]
수뇌	숨뇌 · 숨골 　▷ 연수 → 숨골 　[隨腦]
수뇌	우두머리 · 으뜸 　〔보기〕 수뇌부 → 우두머릿급/ 수뇌회담 → 우두머리회담 · 정상회담 　▷ 영수 → 우두머리/ 수령 · 두령 → 우두머리 · 으뜸 　[首腦]
수단	솜씨 · 꾀 · 방법 　〔보기〕 수단과 방법을 가리지 않고 → 온갖 꾀를 다 써서 　[手段]
수달	물개 　[水獺]
수답	무논 · 골답 　〔보기〕 수답병 → 무논병 　▷ 건답 → 마른논 · 하늘바라기 　[水畓]
수도	서울 · 머리도시 　▷ 수도 서울 → 머리도시 서울/ 수도권 → 서울권 · 서울테두리 　[首都]
수도	굴 · 무덤길 　[隧道]
수도	도닦기 　〔보기〕 수도하다 → 도닦다/ 수도승 → 도닦는 중 　[修道]
수도	벼 　〔보기〕 수도작 → 벼농사 　[水稻]
수도고동	수도꼭지 　[水道-]
수도물	수돗물 　[水道-]
수둑하다	수두룩하다 　〔보기〕 수둑이 → 수두룩히
수득	받음 · 거둠 　〔보기〕 수득하다 → 받다 · 거둬들이다 　[收得]
수라장	난장판 　[修羅場]
수락	받아들임 　〔보기〕 수락하다 → 받아들이다 　[受諾]

수력	물힘 　▷ 화력 → 불힘/ 원자력 → 원자힘/ 풍력 → 바람힘 / 조력 → 미세기힘　[水力]
수련	갈고닦기·갈닦기　〔보기〕 수련하다 → 갈고 닦다/ 수련생 → 갈닦는이/ 수련원 → 갈닦는 곳/ 수련의 → 실습의사　▷ 연수 → 갈닦음　[修鍊]
수렴	거둠·모음·모아들임·가까이 감　〔보기〕 수렴하다 → 거두다·모으다/ 여론수렴 → 여론 모으기·여론 듣기　▷ 발산 → 흩음·흩어짐　[收斂]
수렵	사냥　〔보기〕 수렵하다 → 사냥하다/ 수렵기 → 사냥철/ 수렵도 → 사냥그림/ 수렵장 → 사냥터　[狩獵]
수령	받음　〔보기〕 수령하다 → 받다·받아들이다/ 수령시에 → 받을 때/ 수령인 → 받는(은) 이/ 수령증 → 받음표　▷ 영수 → 받음/ 영수증 → 받음표　[일 受領·じゅりょう]
수령	우두머리·으뜸　▷ 영수 → 우두머리/ 두령·수뇌 → 우두머리·으뜸　[首領]
수령	나무나이　[樹齡]
수로	물길·도랑·뱃길　▷ 육로 → 땅길·뭍길/ 공로 → 하늘길 / 해로 → 바닷길·물길　[水路]
수록	거둬적음·적어넣음　〔보기〕 수록하다 → (기록에) 싣다·넣다·올리다　[收錄]
수뢰	뇌물받음·뇌물받기·뇌물먹기　〔보기〕 수뢰하다 → 뇌물받다·뇌물먹다/ 수뢰죄 → 뇌물받은죄/ 수뢰행위 → 뇌물먹기 ▷ 수회(收賄) → 뇌물받음/ 증회 → 뇌물 줌·증뢰/ 수뢰(收賂) → 뇌물거둠　[受賂]
수료	닦음·마침　〔보기〕 수료하다 → 마치다/ 박사과정 수료 → ~ 마침　[修了]
수루메	마른 오징어　▷ 이카 → 생오징어　[일 鯣]
수리	받아들임·받아다룸·받다룸　〔보기〕 수리하다 → 받아들이다·받아 다루다/ 사표를 수리하다 → 사직서를 받아들이다/ 소원 수리 → 소원 받아들임/ 수리를 늦추다 → 받다루기를 늦추다　[일 受理·じゅり]
수리	손질·고침　〔보기〕 수리하다 → 손질하다·고치다　▷ 수선 → 고침·손봄　[修理]
수리	물 편의　〔보기〕 수리불안전답 → 물(사정) 나쁜 논/ 수리안전답 → 물(사정) 좋은 논　[水利]
수림	숲·나무　〔보기〕 수림지대 → 숲　[樹林]
수립	세움·짬　〔보기〕 수립하다 → 세우다/ 정부 수립 → 정부 세움　[樹立]

수마	물난리 · 물마귀　［水魔］
수매	사들이기　〔보기〕수매가격 → 사(들이)는 값/ 수매가 → 수 맷값 · 사(들이)는 값/ 추곡수매 → 벼수매 · 벼사들이기/ 시 가가 수매가보다 높다 → 시세가 수맷값보다 높다　［收買］
수면	물면 · 물낯 · 물낯바닥　　〔보기〕수면하 → 물속 · 물바닥 · 물밑/ 수면 위로 떠오르다 → 물 위로 떠오르다　［水面］
수면	잠　〔보기〕수면제 → 잠오는 약/ 수면 부족 → 잠 모자람/ 수면중 → 잠듦 · 잠자는 중　［睡眠］
수면하	물밑 · 물속　［水面下］
수명	목숨　〔보기〕수명이 다하다 → 목숨이 다하다 · 다낡다 · 다 되다　▷ 생명 → 목숨　［壽命］
수모	창피당함 · 모욕당함　［受侮］
수목	나무　▷ 임목 → 숲나무/ 입목 → 선나무/ 벌목 → 나무베 기/ 수림 → 숲　［樹木］
수몰	물(에) 잠김　〔보기〕수몰하다 → 물에 잠기다/ 수몰지 → 물덮인 땅 · 물잠긴 땅/ 수몰지역 → 물잠긴 지역/ 수몰 피해 → 물피해　▷ 수해 → 물피해/ 수재 → 물난리 · 물피해/ 수난 → 물난리　［水沒］
수문	물문　［水門］
수반	꽃쟁반 · 물쟁반　［水盤］
수발	받고 보냄 · 받보냄　　〔보기〕수발하다 → 받고 보내다/ 문서 수발 → 문서 받고 보내기　［受發］
수범	모범 보임 · 본보임　［垂範］
수변	물가 · 물기슭　［水邊］
수부	으뜸도시 · 서울　▷ 수도 → 서울 · 머리도시/ 수도권 → 서 울권 · 서울테두리　［首府］
수북히	수북이
수분	물기　［水分］
수분	가루받이　▷ 수정 → 정받이　［受粉］
수비	지키기 · 막기　〔보기〕수비하다 → 지키다　▷ 공격 → 치 기　［守備］
수상	물위　［水上］
수상	상줌　〔보기〕수상하다 → 상 주다　▷ 수여 → 줌　［授 賞］
수상	상받음　〔보기〕수상하다 → 상받다/ 수상자 → 상타는(받 는) 이/ 노벨상 수상 → 노벨상 받음/ 노벨상 수상자 → 노벨 상 받을이(받은이)　［受賞］
수상적다	수상쩍다 · 수상하다　［殊常 - ］

수색	뒤지기 · 찾기　〔보기〕 수색하다 → 뒤지다 · 찾다　〔搜索〕
수서	물살이　〔보기〕 수서동물 → 물살이 동물/ 수서식물 → 물살이 식물　▷ 육서 → 뭍살이　〔水棲〕
수석	머릿자리 · 으뜸자리　〔보기〕 수석대표 → 우두머리대표 · 으뜸대표　▷ 차석 → 버금자리/ 차석대표 → 버금대표 · 부대표　〔首席〕
수선	고침 · 손봄 · 손질　〔보기〕 수선하다 → 손보다 · 고치다/ 양복수선 → 양복손질 · 양복고침　▷ 수리 → 손봄 · 고침/ 영선 → 세우고 고침　〔修繕〕
수성암	물에된바위　〔水成巖〕
수세	지킴태세 · 몰림세　〔보기〕 수세에 몰리다 → 지킴세에 몰리다 · 막는 처지가 되다/ 수세적 → 몰리는 · 지키는　▷ 공세 → 치는 기세 · 칠기세/ 공세를 취하다 → 칠기세를 차리다　〔守勢〕
수세	1. 물씻기 · 물로 씻음　2. 물세례　〔보기〕 수세하다 → 물로 씻다/ 수세식 → 물씻기식　〔水洗〕
수속	절차 · 차례　〔보기〕 수속하다 → 절차를 밟다/ 출국수속 → 출국절차　〔일 手續 · てつづき〕
수송	실어보냄　〔보기〕 수송하다 → 실어나르다　▷ 압송 → 잡아보냄/ 후송 → 후방으로 보냄/ 운송 → 실어보냄/ 운수 → 실어나름/ 직송 → 바로보냄/ 탁송 → 부쳐보냄/ 전송 → 보냄 · 배웅/ 환송 → 돌려보냄/ 환송(歡送) → 배웅잔치 · 작별잔치　〔輸送〕
수수	거둬받음　〔보기〕 수수하다 → 거둬받다　▷ 수수(授受) → 주고받음　〔收受〕
수수	주고받기　〔보기〕 수수하다 → 주고받다/ 뇌물수수 → 뇌물 주고받기　〔授受〕
수수료	구문 · 수곳값　▷ 수고료 → 수곳값　〔手數料〕
수수방관	보고만 있음 · 그냥 봄　〔보기〕 수수방관하다 → 보고만 있다　〔袖手傍觀〕
수순	절차 · 차례 · 단계　〔보기〕 예정된 수순 → 예정된 절차/ 다음 수순 → 다음 순서 · 다음 차례/ 필연적인 수순 → 꼭 그리 될 일 · 필연적인 절차/ 수순을 밟다 → 절차를 밟다　▷ 수속 → 차례 · 절차　〔일 手順 · てじゅん〕
수습	걷잡음 · 가라앉힘 · 거둬모음　〔보기〕 수습하다 → 걷잡다 · 거둬모으다/ 수습책 → 걷잡기/ 수습불능 → 걷잡을 수 없음/ 수습 단계 → 걷잡는 차례　〔收拾〕

수시로	때때로·때따라·그때그때 [隨時-]
수식	꾸밈 〔보기〕수식하다 → 꾸미다/ 수식어 → 꾸밈말 [修飾]
수신	통신받기·받음 〔보기〕수신하다 → 받다·듣다/ 수신인 → 받는(받을)이/ 수신자 부담 → 받는이 몫/ 수신처 → 받는 곳/ 송수신 → 보내고 받음 ▷ 송신 → (통신)보냄 [受信]
수심	물깊이 ▷ 수위 → 물높이/ 홍수위 → 분물높이 [水深]
수심	근심·시름 [愁心]
수악	손아귀 ▷ 악수 → 손잡음 [手握]
수압	물누름·물압력 [水壓]
수양	숫양 ※숫염소·숫쥐와 함께 '숫'으로 적는 말의 한 가지.(표준어규정 제7항) [-羊]
수업	배움·교수받음 〔보기〕수업하다 → 배우다/ 수업태도 불량→ 배우는 자세 나쁨 ▷ 수학 →배움/ 수업(授業) → 가르침/ 사사 → 배움·스승으로 모심 [受業]
수업	가르침·교수함 〔보기〕수업하다 → 가르치다/ 수업시수 → 가르치는 시간수 ▷ 교수 → 가르침 [授業]
수업	닦음·익힘 〔보기〕수업하다 → 닦다·익히다 [修業]
수여	줌·드림 〔보기〕수여하다 → 주다·드리다/ 수여받다 → 받다 ※주는 것과 받는 것은 주체가 다르다. [授與]
수연	환갑잔치 [壽宴]
수염소	숫염소 ※'숫'은 사이시옷과 비슷하다 하여 '숫양', '숫쥐'와 함께 '숫염소'를 표준말로 삼음.(표준어규정 제7항)
수영	헤엄 〔보기〕수영하다 → 헤엄치다 ▷ 배영 → 등헤엄/ 자유영 → 자유헤엄/ 평영 → 개구리헤엄/ 접영 → 나비헤엄/ 혼영 → 갈마들이(헤엄) [水泳]
수온	물온도 [水溫]
수완	솜씨·두름손 〔보기〕수완이 좋다 → 솜씨가 좋다·잘 두르다 ▷ 수단 → 솜씨·방법·꾀 [手腕]
수요	쓰임 〔보기〕수요기 → 쓰임철/ 수요율 → 쓰임율/ 수요층 → 쓰는층/ 공급과 수요 → 대주기와 쓰이기 [需要]
수용	모아넣음·거둬넣음 〔보기〕수용하다 → 모아넣다·거둬넣다/ 수용소 → 모아넣는 곳 [收容]
수용	받아들임 〔보기〕수용하다 → 받아들이다/ 수용자 → 받는이 ▷ 허용 → 용납함·받아들임·풀어줌 [受容]
수용	물에 녹음·물에 녹는 〔보기〕수용성 → 물에 녹는 성질·물에 녹는 ▷ 지용 → 기름에 녹음·기름에 녹는/ 지용성

ㅅ

          → 기름에 녹는 〔水溶〕

수용가   쓰는 사람 〔需用家〕

수월   뛰어남 〔보기〕 수월하다 → 뛰어나다 · 우수하다/ 수월성 → 뛰어남 · 우수성 〔秀越〕

수위   물높이 〔보기〕 저수위 → 담긴 물높이/ 홍수위 → 홍수 물높이 · 큰물높이 · 불은물높이/ 위험수위 → 위험한 물높이 〔水位〕

수위   으뜸 · 첫째 〔首位〕

수유기   젖먹일 때 〔授乳期〕

수의   죄수옷 〔囚衣〕

수이   쉬이 〔보기〕 수이 보다 → 쉬이 보다/ 수이 여기다 → 쉬이 여기다 · 쉽게 여기다

수익   생긴 이익 〔보기〕 수익하다 → 이익을 거두다 · 이익 얻다 〔收益〕

수일   며칠 〔보기〕 수일내 → 며칠 안에 〔數日〕

수임   맡음 〔보기〕 수임하다 → 맡다/ 수임률 → 맡은 비율 · 맡음율/ 수임인 → 맡은이 〔受任〕

수입   들옴 · 벌이 · 들온돈 〔보기〕 수입하다 → 거두다 · 거두어들이다/ 수입금 → 들온돈/ 고수입 → 높은벌이 · 많은벌이 ▷ 지출 → 씀 〔收入〕

수입   들여옴 · 사들임 〔보기〕 수입하다 → 들여오다 · 사들이다/ 수입선 → 수입처 · 수입국 ▷ 수출 → 팖 · 내보냄 〔輸入〕

수입   손질 〔보기〕 총기수입 → 총기손질 · 총기닦기 〔일 手入 · ていれ〕

수자   숫자 ※한자말 가운데 사이시옷이 들어가게 한 말은 숫자 · 횟수 · 찻간 · 툇간 · 셋방 · 곳간뿐이다. 〔數字〕

수작업   손일 · 손작업 〔手作業〕

수장   갈무리 〔보기〕 수장품 → 간직한 것 〔收藏〕

수장   손바닥 〔보기〕 수장대 → 손바닥 크기/ 수장부 → 손바닥 〔手掌〕

수재   물난리 · 물피해 〔보기〕 수재를 당하다 → 물난리를 입다 · 물피해를 입다 ▷ 수화 → 물난리 · 물피해 〔水災〕

수저   물밑 〔보기〕 수저망 → 쓰레그물/ 수저준설 → 바닥치기 〔水底〕

수전노   구두쇠 · 돈노예 〔守錢奴〕

수정   정받이 〔보기〕 수정하다 → 정받이하다/ 수정란 → 정받이 알(씨) ▷ 수분 → 가루받이 〔受精〕

수정	고침・다듬기　〔보기〕수정하다 → 고치다/ 수정안 → 고친 안/ 수정보완 → 고치고 기움/ 전략수정이 불가피하다 → 전 략을 바꿀 수밖에 없다・전략을 고쳐야 한다　〔修正〕
수제품	손치　〔일 手製品・てせいひん〕
수조	물통・물두멍　〔水槽〕
수족	손발・썩 가까운이　〔手足〕
수종	1. 나무종류　2. 심어가꿈　〔보기〕수종갱신(경신) → 나무 바꿈/ 신수종 → 새 나무・새 품종　▷ 수예・식종 → 가 꿈・기름　〔樹種〕
수종	따라다님・모심　〔보기〕수종하다 → 따라다니다・모시다 〔隨從〕
수주	1. 주문받음・맞춤받음　2. 따냄　〔보기〕수주하다 → 1. 주 문받다・맞춤받다 2. 따내다/ 수주액 → 주문받은 액수　〔受 注〕
수중	손(아귀)・손안　〔手中〕
수중	물속　〔보기〕수(중)경 → 물속줄기　▷ 수저 → 물밑/ 수상 → 물위/ 수하 → 물아래　〔水中〕
수쥐	숫쥐　※숫쥐・숫양・숫염소만 '숫-'을 적게 함.(표준어규 정 제7항)
수지	나뭇진・(송)진　〔보기〕합성수지 → 만든 진・만든 펄프 〔樹脂〕
수지	손가락　〔보기〕수지침 → 손침　〔手指〕
수지	휴지　※어원에서 멀어진 채 굳어져 쓰이는 것은 이를 표준 말로 삼으나, 어원에서 원형에 더 가까운 꼴로 쓰이고 있는 것 은 그것을 표준으로 삼는다. 갈비・갓모・굴젓・말곁・물수 란・밀뜨리다・적이・휴지 따위.(표준어규정 제5항)
수직	손짜기　〔手織〕
수질	속질　▷ 피질 → 겉질　〔隨質〕
수집	모으기・모아들이기　〔보기〕수집하다 → 모아들이다/ 수집 가 → 모으는 이　〔蒐集〕
수차	물방아・무자위　▷ 풍차 → 바람개비　〔水車〕
수차	두어(서너) 차례・몇차례・여러 차례・여러번　〔보기〕수차 례 → 몇차례・여러번　▷ 누차 → 여러번　〔數次〕
수척	여윔　〔보기〕수척하다 → 여위다　〔瘦瘠〕
수철	무쇠　▷ 생철・주철 → 무쇠　〔水鐵〕
수초	물풀　〔水草〕
수축	줆・줄어듦・졸아듦　〔보기〕수축하다 → 오그라들다・줄 어들다　▷ 팽창 → 부풂　〔收縮〕

수축	고쳐쌓음·고쳐지음　〔보기〕수축하다 → 고쳐쌓다(짓다) [修築]
수출	내보냄·밖에 팖　〔보기〕수출하다 → 내보내다·외국에 팔다/ 수출호조 → 수출 잘됨·잘나감　▷ 수입 → 사들임/ 출초 → 수출 초과·수출 넘침　[輸出]
수출	뛰어남　〔보기〕수출하다 → 뛰어나다　▷ 특출 → 뛰어남　[秀出]
수취	받음·받아가짐　〔보기〕수취하다 → 받다·받아가지다/ 수취인 → 받은이·받는이　[일 受取·うけとり]
수치	부끄러움　〔보기〕수치심 → 부끄런 마음　[羞恥]
수칙	지킬 일　[守則]
수침	물베개　[水枕]
수침	물잠김　〔보기〕수침하다 → 물에 잠기다　▷ 침수 → 물잠김　[水浸]
수캐미	수개미　※수컷을 이르는 접두사는 '수'로 통일했는데, 수의 옛말에 ㅎ받침이 있으므로 다음말은 거센소리로 적는다. 수캐·수캉아지·수컷·수키와·수탉·수탕나귀·수톨쩌귀·수퇘지·수평아리(모두 9개). 숫양·숫염소·숫쥐는 사이시옷과 같이 보아 '숫'으로 씀. 다른 말은 모두 '수'로 통일함.(표준어규정 제7항)
수퀑	수꿩　※접두사 '수' 뒤에 거센소리를 적는 말은 수캉아지·수캐·수컷·수키와·수탉·수탕나귀·수톨쩌귀·수퇘지·수평아리뿐이다.(표준어규정 제7항)
수탁	위탁받음·맡음　〔보기〕수탁하다 → 위탁받다·맡다/ 수탁자 → 위탁받은이·맡은이/ 수탁판매 → 맡아팔기　[受託]
수탈	긁어뺏음·빼앗음　〔보기〕수탈하다 → 빼앗다　[收奪]
수탐	염알이　▷ 탐문 → 캐들음·염알이해들음　[搜探]
수태	아이뱀·새끼뱀　〔보기〕수태하다 → 아이배다·새끼배다　▷ 회임 → 애뱀/ 임신 → 애뱀　[受胎]
수통	물통　[水桶]
수파	손뿌림　[手播]
수파	물뿌림　[水播]
수펄	수벌　※'암' '수' 다음에 거센소리를 인정하는 말은 수캉아지·수캐·수컷·수키와·수탉·수탕나귀·수톨쩌귀·수퇘지·수평아리뿐이다. 한편, 수케·수커미·수키와 따위는 인정하지 않으며, 사이시옷과 비슷한 표기인 숫양·숫염소·숫쥐만 '숫'으로 적고 다른 말은 '수-'로 그냥 적게 해 논란의 여지가 있다.(표준어규정 제7항)　▷ 수펌 → 수범

수펌	수범　※'수벌'과 마찬가지로 '수범'으로 적음.　▷ 암펌 → 암범
수포	물거품　▷ 포말 → 물거품·거품　[水泡]
수포	물집·꽈리　〔보기〕수포형성 → 물집 생김(잡힘)　[水疱]
수피	짐승가죽　[獸皮]
수피	나무껍질　[樹皮]
수피둘기	수비둘기　▷ 암피둘기 → 암비둘기
수하	손아래　▷ 수상 → 손위　[手下]
수하	누구　〔보기〕수하하다 → 누구냐고 외쳐 묻다/ 수하를 막론하고 → 누구든지·아무든지　▷ 수모 → 아무개　[誰何]
수하	처짐·늘어뜨림　〔보기〕수하식 양식 → 늘어뜨리는 양식　[垂下]
수하물	손짐·들짐·잔짐　▷ 소하물 → 잔짐/ 수화물 → 손짐·잔짐/ 소화물 → 잔짐　[일 手荷物·てにもつ]
수학	배움　〔보기〕수학하다 → 배우다　[修學]
수합	모음　〔보기〕수합하다 → 모으다　[收合]
수행	다함·해냄　〔보기〕수행하다 → 다하다·해내다/ 임무수행 → 임무 행함/ 가교역을 수행하다 → 다리구실을 하다·다리노릇을 하다　▷ 완수 → 이룸·다함　[遂行]
수행	따라감·따라다님　〔보기〕수행하다 → 따르다·따라가다/ 수행원 → 따라다니는 이　[隨行]
수혈	피주사·피넣기　〔보기〕수혈하다 → 피넣다·덧보태다·새롭게 하다·갈아대다/ 새로운 피를 수혈한다는 데 있다 → 새피를 넣는다는 데 있다　[輸血]
수혈	구덩이·움　〔보기〕수혈식 → 구덩이식/ 수혈주거지 → 움집터　[竪穴]
수혜	은혜 입음·덕봄　〔보기〕수혜자 → 덕본이/ 수혜층 → 덕본층　[受惠]
수호	지킴·지켜냄　〔보기〕수호하다 → 지키다·지켜내다/ 수호자 → 지키는 이/ 수호신 → 지킴·지키미　[守護]
수화	짐받음　〔보기〕수화하다 → 짐받다/ 수화인 → 짐받을 이　[受貨]
수화물	손짐　▷ 수하물·소하물 → 잔짐　[手貨物]
수확	거둠　〔보기〕수확하다 → 거두다/ 수확기 → 거둘철/ 수확물 → 거둔물건　[收穫]
수회	몇번·몇차례　〔보기〕수차·수차례 → 몇차례·여러번

[數回]

수훈	으뜸공훈 [首勳]
숙고	잘 생각함 〔보기〕숙고하다 → 잘 생각하다 · 깊이 생각하다 ▷ 상고 → 자세히 생각함 [熟考]
숙명	타고난 운명 · 정해진 운명 ▷ 숙분 · 숙운 · 정명 → 타고난 운명 [宿命]
숙성	익힘 〔보기〕숙성하다 → 익히다 [熟成]
숙소	잘 데 · 자는 데 [宿所]
숙식	먹고 자기 〔보기〕숙식하다 → 먹고 자다 ▷ 기식 → 밥 붙임 [宿食]
숙연하다	엄숙하다 [肅然 -]
숙원	오랜 소원 ▷ 숙념 → 오랜 소원/ 숙원(宿怨) → 오랜 원한 [宿願]
숙의	오랜 의논 〔보기〕숙의하다 → 깊이 의논하다 ▷ 난상 · 숙담 · 숙론 → 깊은 논의 [熟議]
숙적	묵은 적 · 오랜 원수 [宿敵]
숙주	임자몸 〔보기〕숙주동물 → 임자(몸)동물 [宿主]
숙지	익히 앎 · 잘 앎 〔보기〕숙지하다 → 익히 알다 · 잘 알다/ 숙지사항 → 알아둘 일 ▷ 숙실 · 연실 · 염지 → 잘 앎 [熟知]
숙지다	숙성하다 [熟 -]
숙환	오랜 병 · 묵은 병 [宿患]
순간	열흘내기 [旬刊]
순방	찾아돌기 〔보기〕순방하다 → 찾아돌다 ▷ 순시 → 돌아봄 [巡訪]
순번	차례 〔보기〕순번대로 → 차례로 · 차례차례 [順番]
순서	차례 [順序]
순시	돌아보기 · 돌아살피기 · 돌기 〔보기〕순시하다 → 돌며 살피다 · 돌아보다 [巡視]
순식간	눈깜짝새 · 깜짝할새 ▷ 별안간 → 눈깜짝할새 [瞬息間]
순연	차례물림 · 차례미룸 〔보기〕순연하다 → 미루다 · 물리다/ 우천순연 → 비오면 (차례로) 미룸 [順延]
순위	차례 〔보기〕우선순위 → 앞선 차례 ▷ 순서 → 차례 [順位]
순응	순순히 따름 · 길듦 〔보기〕순응하다 → 순순히 따르다/ 순응성 → 따름성 [順應]
순정하다	깨끗하다 · 올바르다 [純正 -]

순종	순순히 따름 ▷ 종순 → 따름/ 복종 → 따름 〔順從〕
순차	차례 〔보기〕 순차적으로 → 차례차례 〔順次〕
순치	(짐승)길들이기 〔보기〕 순치하다 → 길들이다 〔馴致〕
순화	길듦 〔보기〕 순화하다 → 길들다 ▷ 순치하다 → 길들이다 〔馴化〕
순환	돌기 〔보기〕 순환하다 → 돌다/ 혈액순환 → 피돌기/ 순환열차 → 도는열차/ 순환도로 → 도는길 〔循環〕
순회	돌아다님 〔보기〕 순회하다 → 돌아다니다/ 순회공연 → 돌림공연/ 전국순회 → 온나라돌기 〔巡廻〕
술꾸러기 · 술보 · 술부대 · 술푸대	술고래 ※'술고래'가 압도적으로 많이 쓰인다 하여 이를 표준말로 삼음.(표준어규정 제25항)
술레	술래 〔보기〕 술레잡기 → 술래잡기 ▷ 물래 → 물레
술책	꾀 ▷ 술계 · 술수 → 꾀 〔術策〕
숫	수 ※접두사 '숫'을 쓰는 경우는 '숫양 · 숫염소 · 숫쥐' 세 가지뿐이다. 수놈 · 수말 · 수범 · 수소 · 수벌 · 수사돈 · 수용 · 수은행나무 · 수이리 · 수제비 · 수줄/ 수캉아지 · 수캐 · 수키와 · 수탉 따위로 실제 발음과 적기가 가지런하지 못해 논란이 있는 규정이다.(표준어규정 제7항)
숫가락	숟가락 ▷ 반진고리 · 사흗날 · 이튿날
숫개 · 수개 · 숫강아지	수캐 ※숫개도 수개도, 숫강아지도 수강아지도 아닌 '수캐' '수캉아지'를 표준말로 삼음. '수ㅎ'을 살려 거센소리로 적음.(표준어규정 제7항)
숫것	수컷 ※'암컷'처럼 '수' 뒤에 거센소리를 살려 적음.(표준어규정 제7항)
숫기와	수키와 ※'암키와'처럼 거센소리를 살려 적음.(표준어규정 제7항)
숫꿩	수꿩
숫나사	수나사 ※수컷을 이르는 접두사는 '수'로 통일함.(표준어규정 제7항)
숫놈	수놈 ※수컷을 나타내는 접두사는 '수'로 통일함.(표준어규정 제7항)
숫닭	수탉 ▷ 수닭 → 수탉
숫당나귀	수탕나귀 ▷ 수당나구 → 수탕나귀
숫돌쩌귀	수톨쩌귀 ▷ 수돌쩌귀 → 수톨쩌귀
숫돼지	수퇘지 ▷ 수돼지 → 수퇘지
숫병아리	수평아리 ▷ 수병아리 → 수평아리
숫사돈	수사돈
숫소	수소

숫은행나무	수은행나무
숫자·수	※쓰임새가 다르다. '숫자'는 수량을 나타내는 글자이지 수나 양이 아니다. 〔보기〕 유권자 숫자가 많다 → 유권자 수가 많다/ 사람 숫자 → 사람수/ 구속자 숫자는 줄어들지 않는다 → 구속자 수는 ~
숫적	수적·수로 〔보기〕 수적 우세 → 수로 앞섬 [數的]
숭상	높이 여김·치세움·위함 〔보기〕 숭상하다 → 높이 받들다 [崇尙]
쉐타	스웨터 [〈영 sweater]
쉬흔	쉰 ※'흔'으로 소리나는 말은 마흔·일흔·아흔 세 가지다. ▷ 설흔 → 서른/ 열·스물·서른·마흔·쉰·예순·일흔·여든·아흔
슈거	설탕·사탕 [영 sugar]
슈퍼	뛰어남 〔보기〕 슈퍼마켓 → 큰 잡화점/ 슈퍼맨 → 초인/ 슈퍼스타 → 큰배우/ 슈퍼바이저 → 감독자·관리자/ 슈퍼파워 → 초강대국·초강자 ▷ 수퍼 → 슈퍼 [영 super]
슛	쏘기·(던져)넣기 ※같은 shoot이라도 야구에서 쓰는 말은 '슈트'로 기타 공놀이에서는 '슛'으로 쓰고 있다. 〔보기〕 슛하다 → 쏘다/ 롱슛 → 멀리서넣기 [영 shoot]
스끼다시·스키다시	맛배기 ▷ 찌께다시 → 맛배기 [일 つき―だし·突(き)出し]
스낵	가벼운 식사·간식·새참 〔보기〕 스낵바 → 간이식당/ 스낵코너 → 간이식당 ▷ 스넥 → 스낵 [영 snack]
스넥	스낵 [영 snack]
스노클	숨대롱 [영 snorkel]
스로인	던지기 [영 throw-in]
스루 패스	뚫어주기 [영 through pass]
스루메	(마른)오징어 ▷ 이까 → 물오징어 [일 鯣·するめ]
스리	셋·세번·셋째 〔보기〕 스리런 → 세 주자/ 스리 세컨드 룰 → 3초 규칙(농구)/ 스리 쿠션 → 세번 돌리기/ 스리피스 → 셋갖춤옷 ▷ 원피스 → 통옷/ 투피스 → 위아래옷·따로옷·치마저고리 [영 three]
스릴	떨림·무서움 [영 thrill]
스마일	웃음·웃음기 [영 smile]
스마트	말쑥한·날카로운·고성능의 〔보기〕 스마트하다 → 말쑥하다/ 스마트머니 → 단기 이동성 자금/ 스마트카드 → 전자카드 [영 smart]
스모그	짙은 안개·연개·연기·연무 〔보기〕 스모그가 끼다 → 연

	개가 끼다/ 서울 하늘의 스모그 → ~ 연개 〔영 smog〕
스스로	※부사가 대명사로 번져 많이 쓰이고 있으나 우리 말맛에 맞지 않는다. 〔보기〕스스로가 스스로에게 묻다 → 자신에게 묻다·제가 저한테 묻다/ 주민 스스로도 자구 노력 필요해 → 주민도 자구 노력해야/ 농민 스스로가 → 농민이 스스로/ 우리 스스로가 솔선수범해야 → 우리가 솔선수범해야
스시	초밥 〔일 壽司·すし〕
스와프	맞교환 〔보기〕주식 스와핑 → 주식 맞교환 〔영 swap〕
스왑	스와프
스위치	여닫개·개폐기·전환기 〔보기〕스위치 보드 → 배전판/ 스위치를 올리다 → 여닫개를 올리다/ 스위치를 누르다 → 여닫개를 누르다/ 스위치 히터 → 양손타자 〔영 switch〕
스위트	특실·모음곡 〔보기〕스위트룸 → 특실 〔영 sweet〕
스위트	달콤한 〔보기〕스위트걸 → 예쁜 소녀/ 스위트 하트 → 애인/ 스위트 홈 → 보금자리·신혼살림 〔영 sweet〕
스위퍼	최후(종)수비수 〔영 sweeper〕
스윙	휘두르기 〔보기〕스윙하다 → 휘두르다/ 스윙 아웃 → 헛쳐 물러나기 〔영 swing〕
스치로폴	스티로폴 ▷ 스티로폴 → 스티로폼 〔도 Styropor〕
스카우트	뽑아옴·빼옴 〔보기〕스카우트하다 → 뽑아오다·빼오다/ 스카우트 열풍 → 뽑아오기바람/ 선수 스카우트 → 선수 빼오기 〔영 scout〕
스카웃	스카우트 〔영 scout〕
스카이	하늘·공중 〔보기〕스카이박스 → 전용관람석/ 스카이 브리지 → 구름다리/ 스카이 점프 → 공중낙하 〔영 sky〕
스카치 테이프	풀띠·비닐띠 〔영 scotch tape〕
스캔들	추문·얄궂은 소문 〔보기〕스캔들에 휩쓸리다 → 추문에 휩쓸리다/ 정치 스캔들 → 정치 추문 〔영 scandal〕
스캘퍼	단타 투자자 〔영 scalper〕
스커트	치마 〔보기〕미니스커트 → 몽당치마·짧은치마 〔영 skirt〕
스케일	1. 규모·품·도량 2. 자 〔영 scale〕
스케줄	예정(표)·일정(표)·계획(표)·시간(표) ▷ 스케쥴 → 스케줄 〔영 schedule〕
스케치	1. 실물그림 2. 간단히 적음·이모저모 적기 〔보기〕스케치하다 → 그려내다·그리다·간단히 적다/ 스케치북 → 사생첩 〔영 sketch〕
스코어	1. 점수·기록 2. 악보 〔보기〕스코어 보드 → 점수판·기

	록판·득점판/ 스코어를 내다 → 점수를 내다/ 스코어가 벌어지다 → 점수가 벌어지다/ 스코어링 포지션 → 점수딸자리(야구에서 2, 3루) 〔영 score〕
스쿨	학교·학원 〔보기〕 스쿨폴리스 → 학교경찰/ 스쿨존 → 어린이 보호구역 〔영 school〕
스퀴즈	짜내기 〔보기〕 스퀴즈 번트 → 짜내기 번트/ 스퀴즈 플레이 → 짜내기 공격 〔영 squeeze〕
스크래치카드	즉석복권 〔영 scratch card〕
스크류·스쿠루	스크루 〔보기〕 스크루드라이버 → 나사돌리개/ 스크루프로펠러 → 팔랑개비·나선추진기/ 스크루킥 → 돌림차기(럭비) 〔영 screw〕
스크린	1. 영사막 2. 가리개 〔보기〕 스크린 쿼터 → 상영시간 할당제·의무상영일수/ 스크린하다 → 거르다 〔영 screen〕
스크립터	기록계·(방송)기록작가·구성작가 〔영 scripter〕
스크립트	대본·극본·대본짜기 〔영 script〕
스키드 마크	바큇자국 〔영 skid mark〕
스키마	앎·조직 〔schema〕
스킨십	살갗닿기·피부접촉 ▷ 스킨쉽 → 스킨십 〔영 skinship〕
스킨 스케일링	박피술 〔영 skin scaling〕
스타	별·(인기)배우·(군)장성 〔보기〕 인기스타 → 인기배우/ 스타 플레이어 → 인기선수/ 스타덤 → 인기대열/ 간판스타 → 얼굴선수·얼굴 〔영 star〕
스타덤	인기대열 〔영 stardom〕
스타디움	주경기장 〔라 stadium〕
스타일	1. 맵시·형·풍 2. 문체·글체·양식 〔보기〕 스타일북 → 약속책·양식책/ 스타일리스트 → 맵시가꿈이·설계자 ▷ 슈틸·스틸 → 양식·문체 〔영 style〕
스타트	출발·시작 〔보기〕 스타트 라인 → 출발선/ 스타팅 → 출발/ 스타팅 멤버 → 선발선수 〔영 start〕
스태미너	힘·끈기·정력 〔보기〕 스태미너 식품 → 정력 식품 〔영 stamina〕
스태프	1. 간부·직원·(참모)장교 2. 제작진 〔보기〕 코칭 스태프 → 코치진 〔영 staff〕
스탠드	1. (잉크)대 2. 관람석 3. 세움대 4. 책상등 〔보기〕 스탠드 바 → 선술집·목롯집 ▷ 스텐드 → 스탠드/ 스탠딩 삼진 → 장승삼진 〔영 stand〕
스탠바이	준비·임시물·기다림 〔영 stand-by〕
스탠스	자세 〔영 stance〕

스탬프	잉크판 · 소인 · 도장 · 인지 · 우표　[영 stamp]
스터디 그룹	연구회 · 공부모임　[영 study group]
스턴트	재주놀이 · 묘기 · 곡예　　〔보기〕 스턴트맨 → 곡예배우/ 스턴트우먼 → 곡예여배우　[영 stunt]
스테디셀러	늘품 · 늘사랑상품 · 장수상품　　▷ 베스트셀러 → 인기상품/ 밀리언셀러 → 대박상품　[영 steady seller]
스테이지	무대 · 연단 · 단계　　〔보기〕 스테이지 댄스→무대무용　[영 stage]
스테이플러	종이찍개　[영 stapler]
스테인레스 · 스텐레스	스테인리스　[〈영 stainless]
스텐드바	스탠드바　[〈영 stand bar]
스텝	걸음 · 층계 · 발판　[영 step]
스토리	이야기 · 줄거리　　〔보기〕 스토리라인 → 줄거리/ 스토리텔링 → 이야기 풀기 · 이야기하기　[영 story]
스토리지	정보시장 · 정보장치　[영 storage]
스토브	난로　[영 stove]
스토커	과잉 접근자　[영 stalker]
스톡	주식 · 줏값　　〔보기〕 스톡옵션 → 주식선택 · 주식선택권　[영 stock]
스톱	섬 · 멈춤　　〔보기〕 스톱하다 → 서다 · 멈추다/ 스톱 모션 → 정지 장면 · 멈춘장면/ 스톱 발리 → 바로치기/ 논스톱 → 안섬 · 안멈춤 · 바로/ 논스톱킥 → 맞받아차기 · 바로차기　[영 stop]
스톱 워치	초시계　[영 stop watch]
스튜디오	그림방 · 사진방 · 촬영실 · 방송실 · 연주실　[영 studio]
스튜어디스	여승무원　[영 stewardess]
스트라이크	파업 · 동맹휴업　　▷ 스트라이커 → 골잡이　[영 strike]
스트래터지스트	투자전략 분석가　　▷ 애널리스트 → 분석가　[영 strategist]
스트레스	고통 · 불안 · 짜증　[영 stress]
스트레이트	1. 뻗어치기(권투)　2. 직구(야구)　3. 직접뉴스　[영 straight]
스트레치	늘임 · 뻗침　　〔보기〕 스트레칭 → 몸펴기 · 몸풀기　[영 stretch]
스트로	빨대　[영 straw]
스트립쇼	벗기춤 · 맨몸춤　[영 strip show]
스티로폴	스티로폼　[〈영 styrofoam]
스티커	상표 · 딱지 · 붙임딱지　[영 sticker]
스틱	지팡이 · 막대기　[영 stick]

스틸	도루·누훔치기·모루빼기 〔영 steal〕
스틸	강철 〔보기〕 스틸 캐스팅 → 강철주물 〔영 steel〕
스팀	김·증기 〔보기〕 스팀 난방 → 증기난방/ 스팀엔진 → 증기기관/ 스팀해머 → 증기망치 〔영 steam〕
스파게티	국수 ※이탈리아식 국수. 〔이 spaghetti〕
스파링	연습경기 〔보기〕 스파링 파트너 → 연습상대 〔영 sparring〕
스파이	간첩·염알이꾼 〔보기〕 스파이망 → 간첩망·첩보망/ 스파이웨어 → 정보빼내기 프로그램/ 스파이전 → 첩보전 〔영 spy〕
스파이크	1. 징 2. 내리치기·깎아치기 〔보기〕 스파이크 슈즈 → 징박이신 〔영 spike〕
스팸메일	쓰레기편지·쓰레기우편 〔영 spam mail〕
스팽글	반짝이 〔영 spangle〕
스퍼트	힘내기·채기·가속·힘줌 〔보기〕 스퍼트하다 → 힘주다·채다·끝힘내다/ 종반 스퍼트 → 마지막 채기 〔영 spurt〕
스페셜	특별·특수·별난 것 〔보기〕 스페셜리스트 → 전문가·전문의 〔영 special〕
스페어	여벌·예비(품)·여분 〔보기〕 스페어 운전사 → 예비 운전사/ 스페어 타이어 → 여분 바퀴 〔영 spare〕
스페이스	공간·빈자리·빈데·지면·우주 〔보기〕 스페이스 바 → 사이띄우개/ 사이버스페이스 → 인조공간·컴퓨터공간·어림공간 〔영 space〕
스펙터클	큰구경거리 〔영 spectacle〕
스펠링	맞춤법·철자법 〔영 spelling〕
스포일러	영화헤살꾼 〔영 spoiler〕
스포츠	운동 〔보기〕 스포츠맨십 → 운동정신 〔영 sports〕
스포트라이트	몰비춤·각광·주시 ▷ 푸트라이트 → 몰비춤 〔영 spotlight〕
스포티하다	날렵하다·경쾌하다 〔영 sporty - 〕
스폰서	(재정)보증인·광고주·후원자 〔영 sponsor〕
스폿	1. 점·흑점 2. 지점·장소·현장 3. 흠·오점 〔보기〕 스폿펀드 → 반짝증권/ 스폿뉴스 → 반짝뉴스·잠깐뉴스/ 스폿애드 → 끼움광고 ▷ 스포트 → 스폿 〔영 spot〕
스프래드	격차 〔영 spread〕
스프레이	뿜개·분무기 〔보기〕 스프레이어 → 뿜개 〔영 spray〕
스프링쿨러	스프링클러
스프링클러	물뿜개·자동물뿌리개 〔영 sprinkler〕

스피드	빠르기 · 속력　〔보기〕스피드 스케이딩 → 빨리 지치기/ 스피드 건 → 빠르기 재개 · 속도자/ 스피드업 → 빠른 진행　〔영 speed〕
스피디하다	빠르다　〔영 speedy - 〕
스피커	확성기 · 발언자　〔영 speaker〕
스핀	돌리기　〔보기〕스핀을 주다 → 돌려치다/ 스핀 킥 → 깎아차기/ 스핀로켓 → 돌리개로켓/ 스핀 볼 → 회전공　〔영 spin〕
슬개골	종지뼈 · 무릎뼈　〔膝蓋骨〕
슬관절	무릎마디　〔膝關節〕
슬라브	슬래브　〔영 slab〕
슬라이드	1. 미끄럼 2. 환등기 · 환등판　〔보기〕슬라이더 → 미끄럼공/ 슬라이더를 던지다 → 미끄럼공을 던지다/ 슬라이딩 → 미끄럼질/ 슬라이딩 태클 → 미끄러져 덤비기　〔영 slide〕
슬래그	쇠찌끼 · 쇠재 · 복대기 · 광재　〔영 slag〕
슬래브	바닥판 · 평판 · 콘크리트지붕　〔보기〕슬래브즙 → 평판지붕 ▷ 슬라브 → 슬래브　〔영 slab〕
슬러거	강타자　〔영 slugger〕
슬럼프	까라짐 · 세월없음 · 막힘 · 침체돌리기　〔보기〕슬럼프에 빠지다 → 까라지다 · 세월 없다 · 막히다 · 침체에 빠지다　〔영 slump〕
슬로건	내건 말 · 표어 · 강령 · 구호　 ▷ 캐치프레이즈 → 내건 말 · 선전 문구 · 경구　〔영 slogan〕
슬로푸드	여유식　 ▷ 패스트푸드 → 즉석(음)식　〔영 slow food〕
슬림	좁음 · 호리호리함　〔보기〕슬림형 → 좁은 형 · 납작꼴/ 슬림화 → 가볍게 함　〔영 slim〕
슬립	1. 속치마 · 속옷 2. 미끄러짐　〔보기〕슬립다운 → 미끄러져 넘어짐　〔영 slip〕
슬몃이	슬며시　※부사화 접미사 '이' '히'가 붙어서 된 말 가운데 줄기에 ' - 하다'가 붙지 않는 말은 소리나는 대로 적는다. 갑자기 · 반드시 · 슬며시 따위.(맞춤법 제25항) 슬몃 · 슬몃슬몃 · 살몃살몃은 그대로 씀.
슬어지다	스러지다　 ▷ 사라지다
슬하	앞 · 무릎아래　 ▷ 휘하 → 손아래　〔膝下〕
습곡	땅주름　 ▷ 습벽 → 땅주름　〔褶曲〕
습관	버릇　〔보기〕습관성 → 버릇성　 ▷ 관습 → 버릇/ 관행 → 버릇됨 · 통버릇　〔習慣〕
습득	익혀얻음(지님)　〔보기〕습득하다 → 익혀 지니다　〔習得〕
습득	주움　〔보기〕습득하다 → 줍다/ 습득물 → 주운 물건/ 습

득자 → 주운 사람/ 습득 형질 → 획득 형질 [拾得]

습벽	버릇·나쁜 습성 [習癖]
습성	본버릇·버릇　▷ 습관 → 버릇 [習性]
습속	버릇·풍속 [習俗]
습지	진땅·진펄 [濕地]
습포	찜질 [일 濕布]
습합	붙임·중간맞춤　〔보기〕 습합하다 → 이어 붙이다·절충하다 [習合]
승	곱하기　〔보기〕 승하다 → 곱하다　▷ 가감승제 → 더덜곱난 [乘]
승강	오르내림 [昇降]
승강	타고내림　〔보기〕 승강장 → 타고내리는 곳 [乘降]
승객	(탄·탈) 손님 [乘客]
승계	이어받음　〔보기〕 승계하다 → 이어받는다/ 승계인 → 이어받는 이　▷ 계승 → 이어받음·물려받음 [承繼]
승급	등급 오름·급수 오름　〔보기〕 승급하다 → 급 오르다 [昇級]
승락	승낙　▷ 허락 [承諾]
승려	중·스님 [僧侶]
승리	이김　〔보기〕 승리하다 → 이기다/ 승리자 → 이긴이/ 승리감 → 이긴 기분/ 승리에도 불구하고 → 승리에도·승리했는데도·승리했음에도 [勝利]
승무	틀안일·부리는 일　〔보기〕 승무원 → 틀안일꾼 [乘務]
승박	묶음·묶기　▷ 속박 → 얽어맴·묶음 [繩縛]
승복	1. 알아따름　2. 곧은 불림·자백　〔보기〕 승복하다 → 좇다·따르다/ 깨끗이 승복하다 → 깨끗이 인정하고 따르다/ 승복할 것 → 따라주기 바람 [承服]
승부	이김(과) 짐·이기고 짐　〔보기〕 승부를 가리다 → 이기고 짐을 가리다/ 승부를 가르다 → 이기고 짐을 가르다 [勝負]
승선	배탐　〔보기〕 승선하다 → 배 타다/ 승선권(표) → 배표 [乘船]
승소	재판 이김　〔보기〕 승소하다 → (재판) 이기다　▷ 패소 → (재판) 짐 [勝訴]
승자	이긴이(편)　▷ 패자 → 진편·진이/ 패자(覇者) → 이긴이·이긴 사람 [勝者]
승차	차타기　〔보기〕 승차하다 → 차 타다/ 승차장 → 차 타는 곳/ 승차권(표) → 차표 [乘車]

승패	이기고 짐　[勝敗]
승하차	타고 내림　[乘下車]
시(히)야시하다	차게 하다·채우다　[일 冷·ひやし]
시가	시집　[媤家]
시각	볼모·보임 각도·보는 각·보는 모　　〔보기〕시각을 달리하다 → 볼모를 달리하다/ 시각이 다르다 → 보는 모(눈)가 다르다/ 시각차 → 보는눈 다름·보기차이　[視角]
시건	잠금·잠그기　　〔보기〕시건장치 → 잠그개　[施鍵]
시골나기	시골내기　　▷ 서울내기·풋내기·신출내기
시공	공사하기　　〔보기〕시공하다 → 공사하다/ 시공자 → 공사자　▷ 기공 → 공사시작　[施工]
시구	첫공　　〔보기〕시구하다 → 첫공을 던지다(차다)　[始球]
시귀	시구　[詩句]
시그널	신호·군호　[영 signal]
시금석	층샛돌·표준　[試金石]
시급하다	당장 급하다　　〔보기〕시급히 → 당장·빨리　[時急－]
시기	샘　　〔보기〕시기하다 → 샘하다/ 시기심 → 샘/ 시기질투 → 샘　[猜忌]
시기	때　　〔보기〕시기상조 → 아직 이름·때이름　[時期]
시끌벅쩍하다	시끌벅적하다
시나리오	영화대본·각본　[이 scenario]
시너지 효과	서로보람·복합(통합)효과·통보람·두루보람　[영 synergy + 效果]
시네라마	입체영화　[프 cinerama]
시네마	영화·영화관　　〔보기〕시네마 드라마 → 극영화/ 시네마스코프 → 넓은 화면 영화/ 시네마 컬러 → 천연색 영화/ 시네마테크 → 영화자료실　[프 cinema]
시놉시스	줄거리　[그 synopsis]
시니어	윗사람·선배·상급자　　▷ 주니어 → 연소자·청소년·중급자　[영 senior]
시니컬하다	얄궂다·냉소적이다　[영 synical－]
시니피앙	기표·소리·능기　[프 signifiant]
시니피에	기의·뜻·생각　[프 signifié]
시다(타)	곁꾼·보조원　　▷ 시다바리 → 곁꾼·견습생　[일 下·した]
시달	(아래로) 알림　　〔보기〕시달하다 → 알리다·전하다　[示達]
시대	때·시기·기간　　〔보기〕시대물 → 시댓것·시쳇것/ 시대상

         → 시대모습/ 시대풍 → 시쳇바람 · 시대풍조 〔時代〕

시도   해봄 · 꾀함   〔보기〕시도하다 → 해보다 · 꾀하다/ 교문 밖 진출을 시도하다가 → 교문 밖으로 나가려다가/ 탈출을 시도하다 → 탈출을 꾀하다/ 재시도하다 → 다시 꾀하다 〔試圖〕

시동   시작함 · 돎   〔보기〕시동하다 → 움직이기 시작하다 · 돌다 〔始動〕

시드   우선권   〔보기〕시드를 배정받다 → 우선권을 받다 · 진출권을 받다/ 시드머니 → 종잣돈 〔영 seed〕

시디   1. 현금지급기   2. 양도성예금증서   3. 콤팩트디스크 · 짜임 · 저장판   〔보기〕시디롬 → 전자책/ 시디피 → 판돌리개 〔영 CD〈1. cash dispenser   2. certificate of deposit   3. compact disc〕

시디롬   전자책   ▷ 시디피 → 판돌리개 〔CD-ROM〈compact disc read-only memory〕

시디엠에이   부호(코드)분할다중접속 〔CDMA〈Cord Division Multiple Access〕

시럽   즙 〔영 syrup〕

시련   닦임 · 시달림 · 단련 〔試鍊〕

시료   거저 치료해줌 · 거저 고쳐줌   〔보기〕시료하다 → 거저 치료해주다   ▷ 의료 · 진료 → 치료 · 고침 〔施療〕

시료   시험감 〔試料〕

시류   시대흐름   〔보기〕시류에 영합하다 → 시대흐름에 맞추다/ 시류를 타다 → 시대흐름을 타다/ 시류에 휩쓸리다 → 시대흐름에 휩쓸리다 〔時流〕

시리즈   연속물 · 문고 · 총서 · 연재물   〔보기〕시리즈물 → 연재물 · 연속물 〔영 series〕

시마이   끝내기 · 마치기 · 마감 · 손뗌   〔보기〕시마이하다 → 끝내다 · 손떼다 〔일 終い · 仕舞 · しまい〕

시말서   전말서 · 경위서 〔일 始末書 · しまつしょ〕

시모   시어머니   ▷ 시부 → 시아버지 〔媤母〕

시무식   사무열기식 · 일시작식   ▷ 종무식 → 일마치기식 〔始務式〕

시뮬레이션   시늉실험 · 흉내시험 · 가상훈련   〔보기〕시뮬레이터 → 시늉장치 · 본뜬장치 〔영 simulation〕

시발점   떠날점 · 시작점 〔始發點〕

시방   지금 〔時方〕

시방서   설명서 〔示方書〕

시범   본보이기   〔보기〕시범하다 → 본보이다/ 시범을 보이다 →

본을 보이다·모범을 보이다 [示範]

시부	시아버지 ▷ 시모 → 시어머니 [媤父]
시비	말썽·잘잘못·옳고그름 〔보기〕시비하다 → 싸움을 걸다·말다툼하다/ 시비를 가리다 → 잘잘못을 가리다/ 시비곡직 → 잘잘못/ 시비언쟁 → 말다툼/ 시시비비를 가리다 → 잘잘못을 가리다 [是非]
시비	사립문 [柴扉]
시비	거름주기 〔보기〕시비하다 → 거름주다 [施肥]
시사	넌지시 알림·내비침·귀띔 〔보기〕시사하다 → 내비치다·귀띔하다·암시하다/ 시사점 → 보임점·내비침점 [示唆]
시상	상줌 〔보기〕시상하다 → 상주다 ▷ 수상 → 상받음 [施賞]
시선	눈·눈길·보는 방향·눈총 〔보기〕시선을 끌다 → 눈길을 끌다/ 시선이 모이다 → 눈길이 모이다/ 시선이 집중되다 → 눈길이 쏠리다·눈총이 쏠리다/ 시선을 집중하다 → 눈길을 모으다/ 시선을 어디 두고 있느냐 → 눈길을 어디 두고 있느냐/ 시선이 곱지 않다 → 눈총이 곱지 않다/ 사나운 시선 → 사나운 눈길/ 시선 둘 데를 모르다 → 눈 둘 바를 모르다/ 시선이 마주치다 → 눈길이 마주치다 ▷ 관심을 끌다 → 마음을 끌다·눈길을 끌다 [視線]
시셋말	시쳇말
시소	1. 널타기·널틀 2. 엎치락뒤치락 〔보기〕시소게임 → 백중전·엎치락뒤치락(게임) [영 seesaw]
시숙	시아주버니·시아주비 [媤叔]
시술	수술함·의술(기술) 베풂 〔보기〕시술하다 → 1. 의술을 베풀다 2. 수술하다 [施術]
시스템	조직·제도·체제·방식 〔보기〕컴퓨터시스템 → 전산체계/ 시스템 엔지니어 → 정보처리 기술자/ 시스티메틱 → 체계적/ 시스템키친 → 일체형 부엌가구 [영 system]
시승	타보기 〔보기〕시승하다 → 타보다/ 시승식 → 타보기/ 시승기 → 타본기록 [試乘]
시시로	때때로 [時時-]
시식	먹어봄·맛봄 〔보기〕시식하다 → 먹어보다 ▷ 시음 → 마셔봄·마셔보기 [試食]
시신	송장·주검 ▷ 시체 → 주검/ 사체 → 주검 [屍身]
시아이	기업이미지 [영 CI〈commercial image]
-시앞	-시압 〔보기〕하시압·보시압

시야	볼둘레 · 보는 범위 〔視野〕
시에프	선전필름 · 선전광고 〔영 CF〈commercial film〕
시에프	비교 · 참조 〔라 cf〈conferre〕
시엠	방송광고 문안 〔보기〕 시엠송 → 광고노래 〔영 CM〈commercial message〕
–시요	–시오 〔보기〕 하시요 → 하시오/ 가시요 → 가시오
시용	써봄 〔보기〕 시용하다 → 써보다 〔試用〕
시은	시중은행 〔市銀〕
시음	마셔보기 · 맛보기 〔보기〕 시음하다 → 마셔보다 · 맛보다/ 시음장 → 맛보는 곳 〔試飮〕
시의	때맞음 · 때맞춤 · 알맞은 때 〔보기〕 시의적절하다 → 때에 맞다/ 시의를 얻다 → 때를 만나다 〔時宜〕
시이오	최고경영자 · 대표 · 사장 〔영 CEO〈chief executive officer〕
시일	날짜 〔보기〕 시일이 촉박하다 → 날짜가 닥치다 ▷ 기일 → 정한날 〔時日〕
시작	지어봄 · 만들어봄 〔보기〕 시작품 → 만들어본 작품 〔試作〕
시장갓	나뭇갓 〔柴場–〕
시재	시짓는 재주 〔詩才〕
시저스킥	가위차기 〔영 scissors kick〕
시절	때 · 철 · 철날씨 · 세상형편 〔時節〕
시점	때 · 때자리 〔보기〕 시점에 따라 해석이 달라지다 → 때에 따라 ~/ 현시점에서 → 지금/ 공격 시점을 언제로 잡느냐 → 칠 때를 ~ 〔時點〕
시정	시의 정책(행정) 〔市政〕
시정	바로잡음 · 고침 〔보기〕 시정하다 → 바로잡다 · 고치다/ 시정조치 → 바로잡아 고침 ▷ 정정 → 바로잡음 · 고침 〔是正〕
시정거리	가시거리 · 보이는 거리 〔視程距離〕
시종	처음과 나중(끝) 〔보기〕 시종하다 → 한결같이 하다/ 시종 여일 → 한결같음 · 한결같이/ 시종일관 → 한결같음 ▷ 기결 · 수말 · 시말 · 종시 → 처음과 나중 〔始終〕
시즌	철 · 제철 · 계절 · 제때 〔보기〕 시즌 오프 → 철 끝남/ 스키 시즌 → 스키철/ 시즌티켓 → 정기 승차권/ 비시즌 → 철아님 · 제철아님 〔영 season〕
시지	집게손가락
시진	시간 · 시각 〔보기〕 한 시진 → 한 시간 〔時辰〕

시찰	살펴봄 〔보기〕시찰하다 → 살펴보다 ▷ 순시 → 둘러봄/ 순찰 → 둘러봄 〔視察〕
시청	듣보기 〔보기〕시청하다→ 보고듣다/ 시청자→ 듣보는 이/ 시청각 교육 → 듣보기 교육/ 시청률 → 듣보기율 ▷ 청취 → 들어보기·듣기 〔視聽〕
시체	주검·송장 ▷ 사체·시신 → 주검 〔屍體〕
시초	처음 〔보기〕시초잡다 → 시작하다 ▷ 본시·본초 → 애초·처음 〔始初〕
시추	구멍파(보)기 〔보기〕시추하다 → 뚫다·뚫어보다/ 시추공 → 판구멍/ 시추기 → 땅뚫이 〔試錐〕
시추에이션	상황·처지 ▷ 시트콤 → 상황희극·시사코미디·시사희극·때우스개/ 시츄에이션 → 시추에이션 〔영 situation〕
시치부	칠푼 〔일 七分·しちぶ〕
-시키다	※ 이 말은 명사에 뒷가지 '–하다'를 붙여 타동사가 될 때, '하다'를 써야 할 자리에 잘못 쓰는 일이 특히 많다. 제 스스로 '하는' 행동을 '시킨다'로 바꿔 사동태로 표현하는 이런 잘못은 바로잡아야 한다. 〔보기〕동의안을 가결시켰다 → 동의안을 가결했다(동의안을 가결하도록 한 것이 아님)/ 거짓말시키다 → 거짓말하다/ 건조시키다 → 마르게 하다·말리다('건조하다'는 형용사임)/ 격추시키다 → 떨어뜨리다·격추하다/ 격퇴시키다 → 물리치다·격퇴하다/ 교육시키다 → 가르치다·교육하다/ 구속시키다 → 잡아넣다·구속하다/ 구체화시키다 → 구체화하다/ 금지시키다 → 못하게 하다·금지하다/ 대성시키다 → 크게 이루다·대성하다/ 반려시키다 → 되돌려주다·반려하다/ 배치시키다 → 배치하다/ 분쇄시키다 → 쳐부수다·깨뜨리다·분쇄하다/ 불법화시키다→ 불법화하다/ 사면시키다 → 사면하다/ 석방시키다 → 풀어주다·석방하다/ 성공시키다 → 성공하다/ 성취시키다 → 이루다·성취하다/ 소개시키다 → 소개하다/ 억제시키다 → 억제하다/ 연장시키다 → 연장하다/ 운행시키다 → 운행하다/ 이송시키다 → 이송하다/ 자극시키다 → 자극하다/ 전가시키다 → 떠넘기다·전가하다/ 전수시키다 → 전수하다/ 접수시키다 → 1. 내다(제출하다·접수하게 하다) 2. 받다(접수하다)/ 제외시키다 → 제외하다/ 종식시키다 → 끝내다·종식하다/ 주차시키다 → 주차하다/ 증원시키다→ 증원하다/ 차단시키다→ 끊다·막다·차단하다/ 축소시키다 → 축소하다/ 투옥시키다 → 투옥하다/ 파괴시키다 → 파괴하다/ 폐쇄시키다 → 폐쇄하다/ 폐지시키다→ 없애다·폐지하다/ 해방시키다→ 풀어주다·

ㅅ

	해방하다/ 후송시키다 → 후송하다/ 훈련시키다 → 훈련하다
시트	자리·깔개·좌석 〔영 seat〕
시트콤	상황희극·시사코미디·때우스개 〔영 sitcom〈situation comedy〕
시피엑스	지휘소 연습·도상연습 〔영 CPX〈command post exercise〕
시피유	중앙처리장치 〔영 CPU〈central processing unit〉〕
시하	요즘·이때 〔時下〕
시한	정한 때 〔보기〕시한부 → 때매김·시한매김 ▷ 기한 → 정한 때 〔時限〕
시합	경기·승부내기·겨루기 〔보기〕시합하다 → 경기하다·겨루다/ 시합몰수 → 몰수경기/ 시합장 → 경기장/ 배구시합 → 배구경기/ 야구시합 → 야구경기 〔일 試合·しあい〕
시행	해보기 〔보기〕시행하다 → 해보다/ 시행착오 → 하면서 생기는 잘못. ※ 시행(施行)은 '실제로 편다'는 뜻. 〔試行〕
시험	※보통의 뜻 밖에 임상 시험, 시험 발사, 시험 비행, 시험 사격, 시험 개발 따위가 쓰인다. 연구·검사·평가의 개념과 가깝다. ▷ 실험·테스트 〔試驗〕
시현	나타냄 〔보기〕시현하다 → 나타내보이다 〔示顯〕
시혜	은혜 베풂 〔보기〕시혜하다 → 은혜 베풀다/ 시혜자 → 베푸는 이/ 시혜 차원 → 베푸는 처지 〔施惠〕
시효	때성금·때 〔보기〕시효상실 → 때잃음·때성금 잃음 ▷ 효과 → 보람·성금/ 효험 → 보람·성금 〔時效〕
식권	음식표·밥표 〔食券〕
식기	밥그릇·음식그릇 〔食器〕
식깡	밥통 〔일 食罐·しょくかん〕
식단	차림표 ▷ 메뉴 → 차림표 〔食單〕
식대	밥값 〔食代〕
식도	식칼 〔食刀〕
식량	먹거리·먹을거리 〔보기〕식량자급 → 먹거리자급/ 자급자족 → 제벌어제먹기 〔食糧〕
식료품	(반)찬거리·음식거리 〔食料品〕
식목	나무심기 〔보기〕식목하다 → 나무 심다/ 식목일 → 나무 심는 날 ▷ 식수 → 나무심기/ 조림·육림 → 나무가꾸기·숲가꾸기 〔植木〕
식물	먹을거리·먹거리 〔食物〕
식별	알아봄·알아냄 〔보기〕식별하다 → 알아보다·알아내다/ 식별력 → 알아보는힘/ 식별안 → 알아보는눈 ▷ 분별 →

	가려냄 · 가림 [識別]
식부	모종심기 · 모내기 · 심기 〔보기〕식부면적 → 심은 넓이 [일 植付 · うえつけ]
식비	밥값 [일 食費 · しょくひ]
식사	밥 · 진지 · 끼니(먹음) 〔보기〕식사하다 → 밥먹다 · 자시다 [食事]
식상	1. 배탈 · 식중독 · 체 2. 물림 · 싫증남 〔보기〕식상하다 → 물리다 · 싫증나다 [일 食傷 · しょくしょう]
식생	떼판 · 자람 〔보기〕식생도 → 떼판그림 · 군락도/ 식생학 → 떼판생태학 · 군락생태학 [植生]
식성	먹성 [食性]
식소라	밥소라 ※'밥소라'가 많이 쓰인다 하여 이를 표준말로 삼음.(표준어규정 제21항)
식수	나무심기 〔보기〕식수하다 → 나무 심다 ▷ 식목 → 나무심기 [植樹]
식수	먹는물 〔보기〕식수통 → 물통 ▷ 생수 → 1. 산물 2. 먹는샘물/ 음료수 → 먹는물 · 마실것/ 음용수 → 마시는물 · 먹는물/ 용수 → 쓸물 · 허드렛물/ 폐수 → 버린물 · 몹쓸물/ 하수 → 시궁창물 · 구정물 [食水]
식순	식차례 [式順]
식스맨	우수후보선수 · 여섯번째 선수 · 대기선수 ※농구말 [영 〈sixth man]
식언	말어김 · 약속어김 · 어긴말 〔보기〕식언하다 → 말 어기다 · 말 삼키다/ 식언을 잘하다 → 말을 잘 어기다/ 식언이 되고 말다 → 어긴말이 되고 말다 [食言]
식염	소금 〔보기〕식염수 → 소금물/ 식염주사 → 소금물 주사 [食鹽]
식이	음식물 〔보기〕식이방 → 음식처방/ 식이요법 → 음식치료법 · 식사요법 [食餌]
식자	아는 이 · 학식 있는 이 〔보기〕식자우환 → 아는 것이 근심 [識者]
식지	집게손가락 ▷ 검지 → 집게손가락 [食指]
식충	1. 벌레 먹기 2. 식충이 〔보기〕식충식물 → 벌레잡이식물 · 벌레 먹는 식물/ 식충류 → 두더지목/ 식충엽 → 벌레잡이잎 [食蟲]
식탁	밥상 · 음식상 [食卓]
신	장면 · 무대 〔보기〕극적인 신 → 극적 장면/ 베드신 → 침대 정경 [영 scene]

신간	1. 새로 낸 2. 새 책 〔보기〕신간도서 → 새책/ 신간 소개 → 새책 소개 ▷ 초간 → 처음냄/ 중간 → 거듭냄/ 복간 → 다시냄・새로냄/ 개간 → 고쳐냄 〔新刊〕
신경	1. 느낌 전달 기관 2. 마음 〔보기〕신경전 → 신경싸움・마음싸움/ 신경중추 → 신경줏대/ 신경섬유 → 신경실/ 신경질 → 짜증/ 신경질적 → 짜증스런・짜증내는/ 신경증 → 노이로제/ 신경을 쓰다 → 마음을 쓰다/ 신경 쓰이다 → 마음 쓰이다 〔神經〕
신고	알림 〔보기〕신고하다 → 알리다/ 신고요령 → 알리기 요령/ 출국 신고 → 출국 알림 〔申告〕
신고	애씀・수고・고생 〔보기〕신고하다 → 애쓰다・고생하다/ 간난신고 → 온갖 고생・온갖 수고 〔辛苦〕
신규	1. 새・새로 2. 새 규정 〔보기〕신규 가입 → 새로 듦/ 신규채용 → 새로 뽑기/ 신규 사업 → 새 사업/ 신규 상장 → 새로 올림 〔新規〕
신기록	새기록・새적발 〔新記錄〕
신기스럽다	**신기롭다** ※'신기롭다'가 많이 쓰인다 하여 이를 표준말로 삼음. '신기하다'도 씀.(표준어규정 제25항) 〔神奇 – 〕
신기원	새기원・새시대 〔新紀元〕
신년	새해 〔보기〕신년호 → 새해치/ 신년사 → 새해 인사말/ 신년회 → 새해맞이/ 신년 교례회 → 새해절모임/ 신년 하례회 → 새해맞이 모임 ▷ 망년회・송년회 → 해배웅 〔新年〕
신념	믿음 ▷ 신뢰 → 믿음/ 소신 → 믿는 바・믿음・자신 〔信念〕
신도	믿는이 〔信徒〕
신드롬	증후군・증세・바람 〔보기〕신데렐라신드롬 → 공주심리・신데렐라바람/ 슈퍼우먼신드롬 → 여장부바람・여장부증세/ 가격파괴신드롬 → 헐값팔기(바람)/ 붕괴신드롬 → 무너지기바람・잇따라 무너지기・무너짐 충격 〔영 syndrome〕
신디케이트 론	연합차관 〔영 syndicate loan〕
신뢰	믿음 〔보기〕신뢰하다 → 믿다/ 신뢰감 → 믿음/ 신뢰도 → 믿음도/ 신뢰성 → 믿음성/ 신뢰심 → 믿음/ 신뢰가 가다 → 믿음이 가다・믿음직하다/ 신뢰를 보내다 → 믿다・믿는다고 말하다 ▷ 신념 → 믿음/ 신의 → 믿음과 의리 〔信賴〕
신립	신청・아룀 〔보기〕신립하다 → 신청하다・아뢰다/ 신립서 → 신청서/ 신립인 → 신청인 〔일 申立・もうしたて〕
신마이・신마에	풋내기・애숭이・신출내기 〔일 新前〕
신망	믿음성・믿음 〔信望〕

신명	(몸과) 목숨 〔보기〕신명을 바치다 → 목숨을 바치다·몸 바치다 [身命]
신문	따져물음·캐어물음·문초 〔보기〕신문하다 → 따져묻다· 캐어묻다/ 변호인 신문 → 변호인 묻기/ 반대신문 → 상대방 묻기/ 대질신문 → 맞대신문·무릎맞춤/ 인정신문 → 신분 묻 기 ▷ 심문 → 살펴물음 [訊問]
신미	매운맛 [辛味]
신병	몸·사람·일신·신상·신분·신체 〔보기〕신병구속 → 구 속/ 신병이송 → 사람 옮김/ 신병을 인수하다 → 사람을 넘겨 받다/ 이씨의 신병을 인수하다 → 이씨를 넘겨받다/ 신병을 확 보하다 → 사람을 잡다(붙들다) ▷ 인신 → 사람·몸 [身柄]
신병	병 ▷ 신양 → 병 [身病]
신본	새책·새것 ▷ 신간 → 새책 [新本]
신봉	믿음·받듦 〔보기〕신봉하다 → 믿고 받들다 [信奉]
신빙성	믿음성 〔보기〕신빙성 있는 → 믿을 만한 [信憑性]
신삥	새것·신품·풋내기 [일 新品·しんぴん]
신생아	갓난아이 [新生兒]
신설	새로 세움·새로 베풂 〔보기〕신설하다 → 새로 세우다/ 신 설 학교 → 새로 선 학교/ 신설 회사 → 새로 생긴 회사 [新 設]
신성	샛별 [晨星]
신성	새별 [新星]
신성	수성 [辰星]
신속하다	빠르다·재빠르다 〔보기〕신속한 수사 → 빠른 수사 [迅 速 -]
신승	겨우 이김·가까스로 이김·진땀승 〔보기〕신승하다 → 겨 우 이기다·진땀승을 거두다 ▷ 낙승 → 쉽게 이김·가볍 게 이김 [辛勝]
신심	믿음·믿는 마음 [信心]
신어	새말·새로 만든 말 [新語]
신임	새로 취임함·새 〔보기〕신임총리 → 새 총리/ 신임 장관 → 새 장관 [新任]
신입	새로 듦·새내기 〔보기〕신입사원 → 새 사원·새내기/ 신 입 신자 → 새 신자/ 신입생 → 새내기·새학생 [新入]
신장	키·몸길이 [身長]
신장	늘어남·늘림·늘임·자람 〔보기〕신장하다 → 늘어나다· 늘리다/ 신장률 → 늚율·느는율·자람율/ 신장세 → 늚세

	[伸張]
신장	새로 꾸밈 〔보기〕신장개업 → 새로꾸며 엶 [新裝]
신장	콩팥 [腎臟]
신장	펴묻기 ▷ 굴장 → 굽혀묻기 [伸葬]
신조어	새말·새로 만든 말 [新造語]
신주	새 주식 ▷ 구주 → 묵은 주 [新株]
신중하다	꼼꼼하고 조심스럽다 〔보기〕신중히 → 조심스레 [愼重 -]
신차	새차 〔보기〕신차 발표회 → 새차 발표회·새차 선뵈기 [新車]
신착도서	새로 온 책 [新着圖書]
신참	1. 새로 참여함 2. 풋내기·신출내기·새내기 ▷ 신입생·신입자·신진 → 새내기·풋내기 [新參]
신체	몸·몸뚱이 〔보기〕신체검사 → 몸검사/ 신체발부 → 온몸뚱이/ 신체 수색 → 몸 수색·몸뒤짐/ 신체장애자 → 병신 [身體]
신초	햇담배 [新草]
신축	새로 지음·새로 세움 〔보기〕신축하다 → 새로 짓다·새로 세우다/ 신축 건물 → 새로 지은 집/ 신축 교사 → 새로 지은 학교건물 [新築]
신춘	새봄 [新春]
신출	1. 풋내기 2. 맏물·새로 남·갓 나옴·햇것 [新出]
신출나기	신출내기
신품	새 물건·새 물품·새 상품 〔보기〕신품종 → 새씨 [新品]
신풍	북동풍 [信風]
신풍	새바람 〔보기〕신풍조 → 새바람 [新風]
신풍·질풍	흔들바람 ※바람등급 5, 초속 8.0 ~ 10.7m. ▷ 맹풍 → 흔들바람 [迅風·疾風]
신흥	새로 일어남·새 〔보기〕신흥하다 → 새로 일어나다/ 신흥 세력 → 새 세력/ 신흥계급 → 새 계급/ 신흥도시 → 새도시/ 신흥종교 → 새 종교 [新興]
실각	세력 잃음·밀려남·헛디딤 〔보기〕실각하다 → 잘못 디디다·밀려나다 [失脚]
실갱이	실랑이·승강이
실날	실낱 〔보기〕실날같은 희망 → 실낱같은 희망
실락원	실낙원 ※실 - 낙원. [失樂園]
실로폰	목금 [영 xylophone]

실루엣	음영 · 그림자 [영 silhouette]
실망	희망 잃음 〔보기〕실망하다 → 희망 잃다 [失望]
실명	눈멂 〔보기〕실명하다 → 눈 멀다/ 실명자 → 눈먼이 ▷ 소경 → 눈먼이 [失明]
실명	본이름 〔보기〕실명제 → 본이름 밝히기/ 실명화 → 본이름밝힘 · 본이름되기 · 본이름으로/ 실명화하다 → 본이름으로 바꾸다 · 이름을 밝히다 ▷ 가명 → 가짜이름 · 임시이름/ 아명 → 아이적 이름/ 필명 → 글이름 [實名]
실버	은(빛) · 노인 〔보기〕실버 비즈니스 → 경로산업/ 실버산업 → 노인산업/ 실버스크린 → 은막 · 영사막/ 실버시터 → 경로도우미/ 실버웨딩 → 은혼식/ 실버그레이 → 은회색/ 실버족 → 노인들/ 실버타운 → 노인촌/ 실버타임(골드타임) → 버금시간(황금시간)/ 실버톤 → 은색조 [영 silver]
실성	정신 잃음 〔보기〕실성하다 → 정신을 잃다 · 미치다 [失性]
실소	웃음터짐 · 절로웃음 〔보기〕실소하다 → 저절로 웃다 [失笑]
실신	정신 잃음 〔보기〕실신하다 → 정신 잃다 · 기절하다 [失神]
실언	1. 말실수 2. 잘못 말함 〔보기〕실언하다 → 말실수하다 · 말을 잘못하다 [失言]
실업의아들	시러베아들 · 시러베자식 〔보기〕실업의딸 → 시러베딸
실외	바깥 · 방밖 ▷ 실내 → 방안 [室外]
실정	정치 그르침 · 잘못된 정치 〔보기〕실정하다 → 정치 그르치다(잘못하다) [失政]
실족	헛디딤 〔보기〕실족하다 → 헛디디다/ 실족사 → 헛디뎌 죽음 [失足]
실지	잃은 땅 · 뺏긴 땅 〔보기〕실지 회복 → 잃은 땅 되찾기 ▷ 고토회복 → 옛땅 되찾기/ 다물 → 옛땅 되찾기 [失地]
실책	잘못 · 실수 〔보기〕실책하다 → 잘못하다 · 실수하다/ 실책을 범하다 → 잘못하다 · 잘못을 저지르다 [失策]
실추	떨어뜨림 · 잃음 〔보기〕실추하다 → 떨어뜨리다 · 떨어지다 · 잃다/ 실추시키다 → 떨어뜨리다 [失墜]
실크	명주(실) · 비단 〔보기〕실크로드 → 비단길 [영 silk]
실토	바로 댐 · 털어놓음 〔보기〕실토하다 → 털어놓다 · 바로 대다/ 실토정 → 털어놓음 ▷ 토사 · 토설 · 토실 → 바로 댐 · 털어놓음 [實吐]
실패	못이룸 · 안맞음 · 틀림 · 못함 · 짐 〔보기〕실패하다 → 못이

　　　　　　　　루다 · 지다 · 틀리다/ 견해차를 좁히는 데 실패했다 → 뜻차이
　　　　　　　　를 좁히지 못했다 · 뜻을 맞추지 못했다 · 합의하지 못했다/ 합
　　　　　　　　의를 이루는 데는 실패했다 → 합의까지는 이르지 못했다　▷
　　　　　　　　성공 → 이룸　[失敗]

실험　　　　　※보통의 뜻 밖에 실제로 적용해 보는 것을 일컫는다. 핵실험,
　　　　　　　　실험연습기, 실험 탄두, 모의실험, 임상실험 따위.　▷ 시
　　　　　　　　험 · 익스페리먼드　[實驗]

실현　　　　　실제로 나타냄(남)　〔보기〕실현하다 → 실제로 나타내(나)
　　　　　　　　다/ 실현 가능성 → 할수 · 될수　[實現]

실화　　　　　실숫불 · 불냄　▷ 화실 → 실숫불　[失火]

싫컷　　　　　실컷

심계항진　　　두근거림　[心悸亢進]

심굴　　　　　깊이 팜　[深掘]

심금　　　　　마음 · 속마음 · 가슴　[心琴 · 心襟]

심기　　　　　기분　[心氣]

심대하다　　　매우 크다　▷ 막대하다 · 지대하다 → 썩 크다　[甚大 -]

심도　　　　　깊이 · 깊은 정도　[深度]

심려　　　　　속걱정 · 걱정　〔보기〕심려하다 → 걱정하다　[心慮]

심리전　　　　심리싸움　[心理戰]

심문　　　　　살펴물음　〔보기〕심문하다 → 살펴묻다　　▷ 신문하다 →
　　　　　　　　따져묻다 · 캐어묻다　[審問]

심방　　　　　찾아봄 · 찾음　〔보기〕심방하다 → 찾아보다 · 찾다　　▷
　　　　　　　　탐방 → 찾아봄　[尋訪]

심벌　　　　　상징 · 표시　〔보기〕심벌리즘 → 상징주의/ 심벌마크 → 상
　　　　　　　　징표(시)　▷ 심볼 → 심벌　[영 symbol]

심보　　　　　마음보　[心 -]

심볼　　　　　심벌　[〈영 symbol]

심부　　　　　깊은곳 · 속　[深部]

심부름군　　　심부름꾼

심사숙고　　　깊이 생각함　〔보기〕심사숙고하다 → 깊이 생각하다　　▷
　　　　　　　　심사묵고 · 심사숙려 → 깊이 생각함　[深思熟考]

심산　　　　　속셈　[心算]

심산　　　　　깊은 산　〔보기〕심산계곡 → 깊은 산골/ 심산궁곡 · 심산유
　　　　　　　　곡 → 깊은 산골　[深山]

심신　　　　　마음과 몸　▷ 신심 · 심골 · 심체 → 마음과 몸　[心身]

심심파적　　　심심풀이　[- 破寂]

심심하다　　　매우 깊다 · 깊고 심하다　〔보기〕심심한 → 깊은　[深甚 -]

심야　　　　　깊은밤 · 한밤중　〔보기〕심야방송 → 깊은밤 방송　[深

夜]

심약하다	마음 약하다 [心弱-]
심오하다	깊다 〔보기〕심오한 사상 → 깊은 사상/ 심오한 이치 → 깊은 이치 [深奧-]
심원하다	깊고 멀다 [深遠-]
심인	사람찾음·사람찾기 〔보기〕심인하다 → 사람찾다/ 심인광고 → 사람찾는 광고 [尋人]
심중	마음속 [心中]
심증	1. 낌새 2. 속사정 3. 확신 [心證]
심포니	교향악·교향곡 〔보기〕심포니 오케스트라 → 교향악단 [영 symphony]
심포지엄	토론회·좌담회 [영 symposium]
심포지움	심포지엄
심플하다	단순하다 [영 simple-]
심하다	더하다·호되다·지나치다 〔보기〕심히 → 몹시·아주·대단히 [甚-]
심해	깊은 바다 〔보기〕천해 → 얕은 바다 [深海]
심호흡	깊은숨·긴호흡 [深呼吸]
심화	깊어감 〔보기〕심화하다 → 깊어지다/ 심화학습 → 깊은 공부/ 지역주의 심화 → 고을주의 깊어짐·내고장주의 심해짐 [深化]
심회	마음속·품은 마음 〔보기〕심회의 일단을 피력하다 → 마음 한가닥을 털어놓다 [心懷]
십분	충분히·완전히·잘 ▷ 백분 → 충분히·잘 [十分]
십상	1. 썩 잘된 것 2. 꼭맞게·썩 어울리게·마침 맞음 〔보기〕실패하기 십상이다 → 실패하기 알맞다 [〈十成]
십상팔구	열에 여덟아홉 [十常八九]
십여	여남은 [十餘]
십오일	보름 [十五日]
십이월	섣달 [十二月]
십인십색	가지각색·각인각색·사람마다 다름 [十人十色]
십자로	네거리 [十字路]
십장	반장·작업반장 [什長]
십푸·싯푸·싯뿌	찜질 [일 濕布·しっぷ]
싯가	시가·시세·금 [市價]
싯꺼멓다	시꺼멓다 〔보기〕싯꺼매지다 → 시꺼메지다 ▷ 새까매지다
싯멀겋다	시멀겋다 〔보기〕시멀게지다·새말개지다 ▷ 싯누렇

	다
싯벌겋다	시뻘겋다　　〔보기〕시뻘게지다·새빨개지다
싯퍼렇다	시퍼렇다　　〔보기〕시퍼레지다·새파래지다
싯허옇다	시허옇다　　〔보기〕시허예지다·새하얘지다
싱가폴	싱가포르　［Singapore］
싱글	1. 홑　2. 외짝·외벌　3. 외자락　4. 홑경기　　〔보기〕싱글베드 → 홑침대/ 싱글홈런 → 한점 홈런/ 싱글히트 → 일루타 ［영 single］
싱어송라이터	작곡가 겸 가수　［영〈singer and song write］
싱커	가라앉는 공　　※야구 말.　［영 sinker］
싱크 탱크	두뇌집단·꾀보집단　　▷ 씽크탱크 → 싱크탱크　［영 think tank］
싱크대	개숫대　［영 sink + 臺］
싸인	사인　［영 sign］
싹삭하다	싹싹하다
쌀전	싸전　［ - 廛］
쌉살하다	쌉쌀하다　　※같은 음절이나 비슷한 음절이 겹쳐나는 부분은 같은 글자로 적는다. 딱딱·꼿꼿하다·싹싹하다·짭짤하다 따위.(맞춤법 제13항)
쌍거풀	쌍꺼풀　　▷ 쌍까풀 → 쌍꺼풀
쌍동이	쌍둥이　　〔보기〕쌍둥이강/ 쌍둥이 도시/ 쌍둥이 바람꽃/ 쌍둥이자리/ 쌍둥이화산　　※쌍동딸·쌍동밤·쌍동아들·쌍동중매·쌍동짝 들은 그대로 씀.(표준어규정 제8항)
쌍방	양편·두 쪽·양쪽　［雙方］
쌍생아	쌍둥이　［雙生兒］
쌍성	쌍별　［雙星］
쌍수	두손　［雙手］
쌍판대기	상판대기
쌕색	쌕쌕　　〔보기〕쌕색거리다 → 쌕쌕거리다
쌕쌔기	1. 곤충의 하나　2. → 쌕쌔이
써비스	서비스　［영 service］
썩히다	썩이다　　▷ 속을 썩이다/ 썩게 하다
썸벅썸벅	씀벅씀벅
쏜살로	쏜살같이
쑥쓰럽다	쑥스럽다　　▷ 안스럽다 → 안쓰럽다
쓰리	소매치기　［일 すり］
쓰메키리·쓰메기리	손톱깎이　［일 爪切·つめきり］
쓰봉	즈봉　［일 ズボン·프 jupon］

쓰키다시 · 스끼다시	1. 곁들이　2. 초다짐　3. 밀어내기(체육)　〔일 突出 · つきだし〕
쓱삭쓱삭	쓱싹쓱싹
쓸어지다	쓰러지다
씁스레하다	씁쓰레하다
씁슬하다	씁쓸하다
씨암닭	씨암탉

아관목	떨기나무·반떨기나무　　▷ 관목 → 떨기나무·좀나무　［亞灌木］
아교	갖풀　［阿膠］
아교목	중간큰키나무　　▷ 교목 → 큰키나무　［亞喬木］
아국	우리 나라　［我國］
아군	우리군(대)　［我軍］
아궁지	아궁이
아기릉	아기능　※'릉' '란' '량' 따위는 한자말과 결합할 때는 하나의 낱말로 여기지 않기 때문에 본음대로 적는다. 그러나 고유어나 서양외래어와 합쳐 쓰일 때는 두음법칙을 따라 적는다. 아기능·어린이난·가십난·구름양(맞춤법 제12항)
아까(카)지	결손·부족·모자람·손해　　▷ 적자 → 손해　［일〈赤字］
아나고	붕장어　［일 穴子·あなご］
아날로그	연속·연속형·연속틀　　〔보기〕 아날로그화 → 연속틀로 만듦·연속으로 함　　▷ 디지털 → 수치(형)·숫자(형)　［영 analogue·analog］
아노미	못맞춤·혼돈·적응못함·마음잃음　　〔보기〕 아노미현상 → 뜻잃은 상태·마음잃은 상태　［프 anomie］
아다라시·아타라시	새것·풋내기·처녀　［일 新·あたらしい］
아다(따·타)리	1. 맞음·적중　2. 단수(바둑)　3. 입질(낚시)　［일 當り·あたり］
아동	어린이　　〔보기〕 아동문학 → 어린이문학/ 아동복 → 어린이옷　［兒童］
아다마	머리　［일 頭］
아둥바둥	아등바등　　〔보기〕 아둥바둥하다 → 아등바등하다　　▷ 아둥거리다 → 아등거리다/ 아둥아둥 → 아등아등/ 바둥바둥 →

	바동바동/ 버등버등 → 버둥버둥
아듀	안녕 · 잘있거라　[프 adieu]
아람들이	아름드리
아래배	아랫배　〔보기〕아랫집 · 아랫간 · 아랫것 · 아랫구멍 · 아랫길 · 아랫녘 · 아랫눈시울 · 아랫눈썹 · 아랫니 · 아랫단 · 아랫도리 · 아랫마을 · 아랫사람 · 아랫수 · 아랫자리　　※사이시옷(ㅅ) 넣을 것.
아랫아귀	아래아귀
아랫알	아래알
아랫쪽	아래쪽　〔보기〕아래뜸 · 아래뻘 · 아래옷 · 아래위 · 아래짝 · 아래채 · 아래턱 · 아래층 · 아래팔　▷ 위쪽 · 뒤쪽 · 뒤편 · 뒤처리 · 뒤뜰　　※사이시옷(ㅅ) 필요 없음.
아로마	향기 · 향내　〔보기〕아로마 다이어트 → 향기건강법/ 아로마 세러피 → 향기요법　[영 aroma]
아류	나방류　[蛾類]
아류	1. 버금길 · 버금층 · 버금무리　2. 흉내붙이　[亞流]
아르바이트	일자리 · 일 · 부업　　▷ 알바 → 임시일자리　[도 Arbeit]
아르앤디	연구개발　[영 R&D〈reserch and development]
아름답느냐	아름다우냐
아리조나	애리조나　[미 Arizona]
아릿답다	아리땁다
아마인	아마씨　[亞麻仁]
아마추어	비전문가　[영 amateur]
아말감	물금　[도 Amalgam]
아무리 강조해도 지나치지 않다	※ 영어에서 강조문투 ‘~can't be too emphasized’를 직역한 것으로, ‘내 사상을 고정된 남의 말투로 표현해서 개성을 잃어 버린’(이수열 님 말씀) 보기다.　〔보기〕공정방송의 중요성은 아무리 강조해도 지나치지 않습니다 → 방송은 언제나 절대로 공정해야 합니다 · 편파 방송은 절대로 해서는 안 됩니다 / 이번 사태의 심각성과 그 파장은 아무리 강조해도 지나치지 않다 → 이번 사태는 지극히 심각하고 그 파장도 크다.
아뭏든	아무튼
아바타	분신 · 화신 · 구체화　[산스크리트 avater]
아방가르드	전위(파) · 초현실주의　[프 avant-garde]
아방게르	전전파　▷ 아프레게르 → 전후파　[프 avant-guerre]
아베크족	연인 · (연인)동반　[프 avec + 族]
아부	빌붙음 · 알랑거림 · 아첨　〔보기〕아부하다 → 빌붙다 · 알랑거리다　[阿附]

아부라게	튀김두부 · 지진두부 · 유부　[일 油揚 · あぶらあげ]
아비트라지	차익거래　[영 arbitrage]
아사	굶어죽음　〔보기〕아사하다 → 굶어죽다　[餓死]
아삽	눈꽂이　[芽插]
아성	으뜸성 · 본자리 · 내성　[牙城]
아세안	동남아시아국가연합　▷ 에이시언 → 아세안　[ASEAN 〈Association of South-East Asian Nations]
아스라이	아스라히　〔보기〕아스라히 멀어져가는 항구
아스베스토스	돌솜 · 석면　[포 asbestos]
아스트로비전	별화면 · 하늘화면 · 하늘은막　[영 astrovision]
아시바	1. 발판 · 비계　2. 자리(낚시)　[일 足場 · あしば]
아역	아이노릇 · 어린이역　〔보기〕아역배우 → 아이배우　[兒役]
아연	급자기　〔보기〕아연 긴장감이 돌다 → 급자기 긴장감이 돌다/ 아연 활기를 띠다 → 급자기 ~　[俄然]
아연하다	어안이 벙벙하다 · 기가 막히다　〔보기〕아연실색하다 → 놀라벙벙하다　[啞然 -]
-아오니	-사오니　※ 겸양보조어간에 '사오 · 자오 · 오'가 있으나 '아오'는 없다.　〔보기〕있아오니 → 있사오니/ 먹었아오니 → 먹었사오니/ 거행하겠아오니 → 거행하겠사오니
아웃	1. 바깥　2. 잡힘　〔보기〕아웃시키다 → 잡다/ 아웃되다 → 잡히다/ 아웃라인 → 윤곽/ 아웃로 → 마무리/ 아웃복서 → 떨어져 싸우는 선수/ 아웃복싱 → 떨어져 싸우기/ 아웃사이더 → 문외한 · 국외자 · 베돌이 · 겉돌이/ 아웃소싱 → 외주/ 아웃슛 → 바깥곧은 공(야구)/ 아웃웨어 → 야외복/ 아웃커브 → 바깥휜공 · 바깥커브/ 아웃코너 → 바깥쪽/ 아웃코스 → 바깥쪽/ 아웃필더 → 외야수/ 아웃필드 → 외야　[영 out]
아웃드롭	바깥드롭 · 바깥쪽떨어짐　▷ 인드롭 → 안쪽떨어짐　[영 out drop]
아이노꼬(코)	튀기 · 혼혈아 · 혼혈인　[일 合(い)の子]
아이 쇼핑	눈요기　[영 eye shopping]
아이덴티티	일체감 · 동일성 · 정체성　[영 identity]
아이디어	1. 생각 · 이상 · 착상 · 고안　2. 관념 · 이념　〔보기〕아이디어맨 → 착상가 · 제안자/ 아이디얼리스트 → 이상주의자 · 이념주의자/ 아이디얼리즘 → 이상주의 · 관념론　▷ 이데아 → 이념 · 생각　[영 idea]
아이러니	비꼬기 · 반어 · 비양조 · 야릇　〔보기〕아이러니컬하다 → 얄궂다 · 역설적이다　▷ 아이로니 → 아이러니　[영 irony]

아이론 · 아이롱	다리미　[영 iron]
아이보리	상아빛　[영 ivory]
아이섀도	눈화장 · 눈연지　　▷ 매니큐어 → 손톱화장(연지)/ 페디큐어 → 발톱화장(연지)　[영 eye shadow]
아이섀도우	아이섀도
아이스	얼음　〔보기〕아이스백 → 얼음주머니/ 아이스링크 → 스케이트장/ 아이스박스 → 얼음상자/ 아이스케이크 → 얼음과자/ 드라이아이스 → 고체탄산/ 아이스크림 → 얼음크림/ 아이싱 → 얼음찜질　[영 ice]
아이콘	상징 · 그림　[영 icon]
아이큐	지능지수　[영 IQ〈intelligence quotient]
아이템	소재 · 항목 · 종목 · 품목　[영 item]
아전인수	제논에 물대기　[我田引水]
아주	아시아　[亞洲]
아주	아프리카　[阿洲]
아지랭이	아지랑이　　※'ㅣ' 역행동화 현상에 의한 발음은 원칙적으로 표준발음으로 인정하지 아니하되 '-내기' '냄비' '동댕이치다'는 인정함.(표준어규정 제9항)
아지트	(선동)본부 · 거점 · 소굴　[〈러 agitpunkt]
아집	제고집　[我執]
아첨	알랑거림　〔보기〕아첨하다 → 알랑거리다　[阿諂]
아치	홍예문 · 무지개 모양　　〔보기〕아치교 → 무지개다리　[영 arch]
아치	어금니　[牙齒]
아카데미	학술원 · 예술원 · 학회　〔보기〕아카데믹하다 → 학문(술)적이다 · 학구적이다　[프 academie]
아케이드	연쇄상가　[영 arcade]
아코디언	손풍금　[영 accordion]
아킬레스건	1. 발꿈치힘줄　2. 약점　[그 Achilles + 腱]
아트	미술 · 예술 · 기술　〔보기〕아트 디렉터 → 미술감독/ 아트 시어터 → 예술영화관/ 아티스트 → 예술가 · 미술가　[영 art]
아펙	아시아-태평양 경제협력체(각료회의)　　▷ 에이펙 → 아펙　[APEC〈Asia Pacific Economic Cooperation Conference]
아편꽃	양귀비꽃　[阿片-]
아프레게르	전후파　[프 apres-guerre]
아프터 서비스	애프터 서비스　[영 after service]

악	턱　〔보기〕하악 → 아래턱/ 상악 → 위턱/ 악관절 → 턱관절·턱마디　〔顎〕
악계	음악사회·음악계　〔樂界〕
악골	턱뼈　〔顎骨〕
악단	음악사회　▷ 악계 → 음악사회　〔樂壇〕
악담	모진말·악한말　〔惡談〕
악덕상인	못된 장사치　〔惡德商人〕
악랄하다	모지락스럽다　〔惡辣-〕
악명	나쁜 이름　▷ 오명 → 더런이름　〔惡名〕
악몽	무서운 꿈·나쁜 꿈　〔惡夢〕
악선전	나쁜 선전　〔惡宣傳〕
악성	모진·못된·고약한·나쁜　〔보기〕악성 루머 → 고약한 소문　〔惡性〕
악세사리	액세서리·노리개·장식품　〔영 accessory〕
악수를 나누다	악수하다　〔보기〕악수를 나누고 있다 → 악수하고 있다　▷ 인사를 나누다 → 인사하다　〔握手-〕
악순환	악돌림　〔보기〕악순환하다 → 악돌림하다　〔惡循環〕
악습	못된 버릇·악한 버릇·나쁜 버릇　〔惡習〕
악용	나쁘게 씀·나삐씀　〔보기〕악용하다 → 나쁘게 쓰다　▷ 선용 → 좋게씀·잘씀　〔惡用〕
악운	나쁜 운수·악한 운수　〔惡運〕
악의	나쁜 뜻·악한 뜻　▷ 호의 → 좋은 뜻·좋아하는 맘/ 선의 → 좋은 뜻　〔惡意〕
악재	나쁜감·나쁜거리　〔보기〕대악재 → 큰악재·센악재　▷ 호재 → 좋은감　〔惡材〕
악조건	나쁜 조건　〔惡條件〕
악착배기	악착빼기　※억척빼기·고들빼기·그루빼기·대갈빼기·머리빼기·재빼기·곱빼기·과녁빼기·밥빼기·앍둑빼기·얽작빼기·얽둑빼기·얽빼기·얽적빼기 따위.
악천후	나쁜 날씨　〔惡天候〕
악취	나쁜 냄새·고약한 냄새　〔惡臭〕
악폐	고약한 폐단·나쁜 폐단　▷ 적폐 → 오랜 폐단·쌓인 폐단　〔惡弊〕
악하다	모질다　▷ 선하다 → 착하다　〔惡-〕
악화	나빠짐·더침　〔보기〕악화하다 → 나빠지다·더치다/ 악화일로 → 나빠질 뿐·자꾸 나빠짐/ 더욱 악화해 체제붕괴가 초래될 우려 때문이다 → 더욱 나빠져 체제가 무너질 걱정 때문이다/ 병세가 악화해 → 병세가 더쳐　〔惡化〕

안검	눈꺼풀　[眼瞼]
안겠으나	않겠으나
안고	눈높이　▷ 흉고 → 가슴높이/ 좌고 → 앉은키/ 입고 → 선키　[眼高]
안구	눈알·눈망울　[眼球]
안깐힘	안간힘
안낚시	안걸이　※씨름말로서 '안걸이'가 많이 쓰인다 하여 이를 표준말로 삼음.(표준어규정 제25항)
안내	인도·길잡이·알림·소개　〔보기〕안내하다 → 인도하다/ 안내자 → 길잡이·인도자/ 안내광고 → 알림광고　▷ 가이드 → 안내(원)　[案內]
안다미시키다	안다미씌우다　※'안다미씌우다'가 많이 쓰인다 하여 이를 표준말로 삼음.(표준어규정 제25항)
안대	눈가리개　▷ 복대 → 배띠·뱃대/ 요대 → 허리띠　[眼帶]
안료	칠·그림물감　[顔料]
안마	주무르기　〔보기〕안마하다 → 주무르다/ 안마시술소·안마방 → 몸주무름방/ 안마기 → 두드리개·주무르개　[按摩]
안면	편한 잠·편히 잠　〔보기〕안면하다 → 편히 자다/ 안면방해 → 잠 못자게 함·시끄럽게 함　▷ 숙면 → 깊은 잠　[安眠]
안면	낯·얼굴·체면·친분　〔보기〕안면이 깎이다 → 낯이 깎이다/ 안면이 있다 → 친분이 있다/ 안면을 바꾸다 → 모른 체하다/ 안면몰수 → 모른척함·외면함/ 안면신경 → 얼굴신경　[顔面]
안목	(보는) 눈　〔보기〕안목이 높다 → 보는 눈이 높다·수준이 높다　[眼目]
안배	눈술잔　[眼杯]
안배	별러 나눔·몫나누기　〔보기〕안배하다 → 별러 나누다/ 지역안배 → 지역을 별러 나눔　[按配]
안색	얼굴빛·낯빛　〔보기〕안색을 바꾸다 → 낯빛을 바꾸다　[顔色]
안성마춤	안성맞춤　※'맞추다'만 쓰게 하였으므로 '안성마춤'도 안성맞춤으로 바꿔씀.(맞춤법 제55항)　[安城 -]
안스럽다·안슬프다	안쓰럽다　※'안쓰럽다'가 많이 쓰인다 하여 이를 표준말로 삼음.(표준어규정 제25항)
안와	눈구멍·눈굼·눈확　[眼窩]

안이하다	쉽다 · 수월하다 〔보기〕 안이한 방식 → 쉬운방식/ 안이한 태도 → 쉽게 하려는 태도 〔安易-〕
안장	고이 모심 · 편히 모심 · 고이 묻음 〔보기〕 안장하다 → 고이 모시다 ▷ 영장 → 고이 모심 〔安葬〕
안전벨트	안전띠 〔安全 + 영 belt〕
안절부절하다	안절부절못하다 ※'안절부절못하다'가 많이 쓰인다 하여 이를 표준말로 삼음.(표준어규정 제25항)
안정	눈동자 〔眼睛〕
안질	눈병 〔眼疾〕
안착	잘 닿음 〔보기〕 안착하다 → 잘 닿다 〔安着〕
안티	반대 · 거부 · 맞서기 〔보기〕 안티테제 → 반대명제/ 안티사이트 → 반대사이트/ 안티그룹/ 반대모임 ▷ 테제 → 명제 · 주장 〔도 Anti〕
안티테제	반(대)명제 〔보기〕 테제 → 명제 · 주장 · 세움 〔도 Antithese〕
안하무인	제위에 없음 · 저밖에 없음 · 보이는 게 없음 〔眼下無人〕
안해	아내
앉은거울	앉은뱅이거울
않느냐 · 않으냐	※'않다'는 '아니하다'의 준말인데, 본용언이 움직씨이면 보조동사로, 그림씨이면 보조형용사로 쓰인다. 일반적으로 본용언이 그림씨인데도 움직씨로 잘못 알아 '않느냐'로 쓰는 일이 잦고, 간혹 '맞다' 따위 자동사에 '-은-, -으-' 선어말어미를 잘못 붙여 쓰는 경향이 있다. 참고로 '아니하냐'의 준말은 '않으냐'이고, '아니하느냐'의 준말은 '않느냐'이다. 〔보기〕 맞지 않으냐 → 맞지 않느냐/ 좋지 않느냐 → 좋지 않으냐/ 인색하느냐 → 인색하냐/ 없지 않느냐 → 없지 않으냐/ 적지 않느냐 → 적지 않으냐/ 옳지 않느냐 → 옳지 않으냐// 낫지 않으냐/ 곱지 않으냐/ 더럽지 않으냐/ 불가피하지 않으냐/ 아니지 않은가/ 없지 않으냐/ -이지 않으냐/ 희지 않으냐
않는다	※ 보조동사로 쓰일 때 현재진행 시제 'ㄴ, 는'을 취해 '아니한다' '않는다'로 쓰이나, 보조형용사로 쓰일 땐 '않다'로 써야 한다. 〔보기〕 예쁘지 않나? → 예쁘지 않아?/ 예쁘지 않느냐 → 예쁘지 않으냐/ 못할 소리가 아니지 않느냐 → 못할 소리가 아니지 않으냐/ 아무렇지도 않나봐 → 아무렇지도 않은가봐/ 비리와 관련이 있지 않나 하는 → 비리와 관련이 있지 않은가 하는/ 필요하지 않나? → 필요하지 않은가?
알고리즘 · 알고리듬	연산법 · 계산법 〔영 algorism · algorithm〕
알라바마	앨라배마 〔미 Alabama〕

알람	알림 · 자명종　[영 alarm]
알레고리	빗댄 이야기(우화) · 비유 · 풍유　[영 allegory]
알레그라멘테	즐겁게 · 쾌활하게　[이 allegramente]
알레그레토	조금 빠르게　[이 allegretto]
알레그로	빠르게　　※모데라토와 프레스토의 중간.　　〔보기〕알레그로 몰토 → 아주 빠르게/ 알레그로 논 탄토 → 너무 빠르지 않게/ 알레그로 디 몰토 → 될 수 있는 한 빠르게/ 알레그로 마 그라치오소 → 빠르면서 품위있게/ 알레그로 마 논 트로포 → 빠르지만 지나치지 않게/ 알레그로 모데라토 → 조금 빠르게/ 알레그로 비바체 → 매우 빠르게/ 알레그로 아사이 → 매우 빠르게/ 알레그로 아사이 비보 → 매우 빠르고 쾌활하게/ 알레그로 아지타토 → 격렬한 기분으로 빠르게/ 알레그로 지우스토 → 빠르면서도 정확하게/ 알레그로 콘 브리오 → 씩씩하고 빠르게/ 알레그로 콘 푸오코 → 열정적으로 빠르게/ 알레그리시모 → 가장 빠르게　[이 allegro]
알레르기	과민 · 거부반응　[도 Allergie]
알력	티격 · 맞섬　[軋轢]
알로	아래로　　※준말보다 본말이 많이 쓰인다 하여 이를 표준으로 삼음.(표준어규정 제15항)
알록이	알로기　　※큰말은 '얼루기'.
알리바이	현장부재증명　[라 alibi]
알맞는	알맞은　　※형용사를 현재관형형으로 만드는 '어미'는 'ㄴ' 또는 '은'임. '맞다'는 동사이므로 활용하면 '맞는'이 된다.　▷ 아름답는 → 아름다운/ 아깝는 → 아까운/ 젊는 → 젊은/ 싫는 → 싫은/ 좋는 → 좋은/ 걸맞는 → 걸맞은
알무 · 알타리무	총각무　　※고유어 계열의 말보다 한자어 계열의 말이 더 많이 쓰인다 하여 이를 표준말로 삼음. 개다리소반 · 겸상 · 단벌 · 마방집 · 민망스럽다 · 방고래 · 산누에 · 산줄기 · 칫솔 · 포수 · 윤달 따위.
알박이	알배기　　※알박이 · 알배기는 두루 쓰인다. '알박이'는 알이 박여 있는 물건이나 알처럼 된 물건을, '알배기'는 알이 밴 물고기를 이른다.
알선	도름 · 구름 · 돌봄 · 둘러붙임 · 대줌 · 붙여줌　　〔보기〕알선하다 → 도르다 · 둘러붙이다 · 돌봐주다 · 주선하다/ 뇌물을 전달하도록 알선한 혐의다 → 뇌물줄을 대준 혐의다/ 거래알선 → 거래터줌 · 거래붙이기　▷ 주선 → 대줌 · 붙여줌　[斡旋]
알아맞추다	알아맞히다　▷ 답을 맞히다 · 과녁을 맞히다

알쪼다	알조다 〔보기〕 알아볼쪼다 → 알아볼조다 [〈-調-]
알콜	알코올 [영 alcohol]
알타리김치	총각김치 〔보기〕 알무 · 알타리무 → 총각무
알피니스트	등산가 [프 alpiniste]
암-	〔보기〕 암캐 · 암거미 · 암평아리 · 암고양이 · 암곰 · 암구렁이 · 암그루 · 암꽃 · 암꿩 · 암나무 · 암나사 · 암내 · 암놈 · 암되다 · 암막새 · 암말 · 암벌 · 암범 · 암비둘기 · 암사돈 · 암소 · 암송아지 · 암쇠 · 암수 · 암염소 · 암줄 · 암쥐 · 암치질 · 암캉아지 · 암컷 · 암게 · 암코끼리 · 암탕나귀 · 암톨쩌귀
암	암죽 ※준말보다 본말이 많이 쓰인다 하여 이를 표준말로 삼음.(표준어규정 제15항)
암	부스럼 · 걸림돌 · 고질 · 폐단 〔보기〕 암적존재 → 고질 · 걸림돌 · 고질덩이 [癌]
암거	숨은 도랑 〔보기〕 암거배수 → 수멍 물빼기 · 속도랑 빼기/ 암거식 → 수멍식 ▷ 명거 → 열린 도랑 [暗渠]
암거래	뒷거래 · 까막거래 · 몰래거래 [暗去來]
암기	욈 · 외기 〔보기〕 암기하다 → 외다/ 암기력 → 욀총 [暗記]
암닭	암탉
암담	막막함 · 어두움 · 캄캄함 · 절망적임 〔보기〕 암담하다 → 어둡다 · 막막하다 · 캄캄하다/ 암담한 현실 → 막막한 현실 · 희망없는 현실 [暗澹]
암록색	짙은풀빛 · 어둔풀빛 ▷ 연록색 → 밝은풀빛 · 연한풀빛/ 초록색 → 풀빛 [暗綠色]
암벽	벼랑 · 바위벽 〔보기〕 암벽등반 → 바위타기 · 벼랑오르기 [巖壁]
암산	주먹셈 · 속셈 〔보기〕 암산하다 → 속셈하다 ▷ 목산 · 공산 → 눈셈 · 어림셈 · 속셈 [暗算]
암석	바윗돌 · 바위 [巖石 · 岩石]
암송	욈 〔보기〕 암송하다 → 외다 ▷ 풍독 → 욈 [暗誦]
암암리	몰래 · 넌지시 · 남모르게 ▷ 암중 · 암묵리 → 남몰래 · 넌지시 [暗暗裡]
암약	몰래 활동함 · 숨어움직임 〔보기〕 암약하다 → 몰래 활동하다 · 숨어움직이다 [暗躍]
암염	바위소금 · 돌소금 [巖鹽]
암장	바윗물 · 마그마 [巖漿]
암체어	팔걸이의자 [영 arm chair]
암초	여 · 숨은바위 · 걸림돌 〔보기〕 암초를 만나다 → 걸림돌을

	만나다/ 암초에 부딪히다 → 여에 부딪히다　　▷ 은암 → 숨은바위　[暗礁]
압각	눌림감각　[壓覺]
압날	찍음　〔보기〕압날하다 → 찍다/ 압날법 → 눌러찍기　[押捺]
압대맥	납작보리　　▷ 압맥 → 납작보리/ 할맥 → 자른보리　[壓大麥·押大麥]
압류	잡아둠·묶어둠　〔보기〕압류하다 → 잡아두다·묶어두다 ▷ 차압 → 잡아둠·압류　[押留]
압맥	납작보리　　▷ 압대맥 → 납작보리/ 할맥 → 자른보리　[壓麥]
압박	누름·억누름·눌림　〔보기〕압박하다 → 누르다·억누르다/ 압박을 가하다 → 죄치다·억누르다/ 압박감 → 눌린느낌/ 압박붕대 → 누름붕대·누름띠　[壓迫]
압사	눌려죽음·깔려죽음　〔보기〕압사하다 → 눌려죽다·깔려죽다/ 압사사고 → 깔려죽은 사고　　▷ 병사 → 병죽음/ 익사 → 빠져죽음·물에 죽음/ 역사 → 치여죽음/ 고사 → 말라죽음/ 아사 → 굶어죽음/ 횡사 → 비명죽음/ 동사 → 얼어죽음　[壓死]
앗사리	깨끗이·산뜻이·깔끔히　[일 あっさり]
압수	잡아둠·뺏어둠　〔보기〕압수하다 → 뺏어두다　[押收]
압승	크게 이김·누름　〔보기〕압승하다 → 크게 이기다·누르다/ 압승을 거두다 → 크게 이기다　　▷ 낙승 → 수월히 이김/ 신승 → 겨우 이김·어렵게 이김·진땀승　[壓勝]
압연	눌러늘임·눌늘임　〔보기〕압연하여 → 눌늘여　[壓延]
압정	납작못·누름못　[押釘]
압착	눌러짜냄·눌러짬·다짐　〔보기〕압착하다 → 눌러짜다/ 압착기 → 누름틀/ 압착공기·압축공기 → 다쥔공기　[壓搾]
압축	다짐·누름·오그라뜨림　〔보기〕압축하다 → 누르다·다쥐다·짜부라뜨리다·오그라뜨리다/ 압축강도 → 누름새/ 압축공기 → 다짐공기·다쥔공기/ 압축적으로 → 다쥐어서·싸잡아서　[壓縮]
앗아·앗아라	아서·아서라　※양성모음이 음성모음으로 바뀌어 굳어진 말은 굳어진 것을 표준말로 삼는다. 깡충깡충· - 둥이·발가숭이·보퉁이·봉죽·뻗정다리·오뚝이·주추 따위.(표준어규정 제8항)
- 았(었) -	※본동사와 보조동사가 어울린 문장 구조에서 과거시제 ' - 았(었) -'을 본동사에 붙여 쓰는 일이 있는데, 이는 자연스런 우

리 말법이 아니다.　〔보기〕 갔지 않냐? → 가지 않았냐?/ 갔
지 않소? → 가지 않았소?/ 갔지 않습니까? → 가지 않았습니
까?/ 간절했지 않았던가? → 간절하지 않았던가? · 해를 넘
기지 않았느냐?/ 끝났지 않았나? → 끝나지 않았는가?/ 남
았지 않아요? → 남지 않았어요?/ 해를 넘겼지 않느냐? → 해
를 넘기지 않았느냐?/ 보여 드렸지 않습니까? → 보여드리지
않았습니까?/ 밝혔지 않느냐? → 밝히지 않았느냐?/ 다녀오
셨지 않습니까? → 다녀오시지 않았습니까?/ 했어야 했다 →
해야 했다/ 끝났(냈)어야 했다 → 끝나(내)야 했다/ 썼어야
했다 → 써야 했다/ 했지 않았을까? → 하지 않았을까?

앙꼬	팥소　〔보기〕 앙꼬빵 → 팥(소) 빵/ 앙꼬모찌 → 찹쌀떡 · 팥소빵　〔일 餡子 · あんこ〕
앙등	뛰어오름　〔보기〕 앙등하다 → 뛰어오르다　〔昂騰〕
앙상블	1. 어울림 · 조화 · 통일 · 한벌　2. 중주 · 합주　3. 전체효과(연극)　〔프 ensemble〕
앙양	드높임 · 올림 · 드날림 · 높임　〔보기〕 앙양하다 → 높이다 · 올리다 · 날리다　〔昂揚〕
앙케트	설문(조사) · 여론물음 · 질문　▷ 앙케이트 → 앙케트　〔프 enquete〕
앙코르	다시 한번 · 좀더 · 재청　〔보기〕 앙코르 송 → 재청곡　〔프 encore〕
앙콜 · 앵콜	앙코르　〔프 encore〕
앞서거니 뒷서거니	앞서거니 뒤서거니
앞열 · 앞렬	앞줄 · 전열　▷ 후열 · 뒷열 → 뒷줄　〔 - 列〕
앞질르다	앞지르다　〔보기〕 앞질러가다
애가	슬픈 노래 · 애처로운 노래　〔哀歌〕
애국	나라사랑　〔보기〕 애국하다 → 나라사랑하다/ 애국심 → 나라사랑/ 애국애족 → 나라사랑 겨레사랑　〔愛國〕
얘기	1. 아기　2. → 얘기(이야기)
애널리스트	(증권)분석가　〔영 analyst〕
애니메이션	1. 만화영화 · 만화영화 기법　2. 생기　〔보기〕 애니메이터 → 만화제작자 · 만화가 · 만화영화가　〔영 animation〕
애닲다	애달프다　※애닲다는 잘 안쓴다 하여 옛말로 처리하고 '애달프다'를 표준말로 삼음. '애달파서 · 애달픈' 따위로 활용한다.(표준어규정 제20항)
애드	광고　〔영 ad〈advertisement〕
애드리브	즉흥성 · 즉흥대사　〔영 ad lib〕
애드벌룬	광고풍선　〔영 adballoon〕

애띠다	앳되다　〔보기〕애띤 얼굴 → 앳된 얼굴
애로	어려움·어려운 고비·걸림새　〔보기〕애로사항 → 어려운 일　[隘路]
애매	모호·흐릿함　[일 曖昧]
애민	백성사랑　〔보기〕애민하다 → 백성사랑하다　[愛民]
애비	아비
애사	회사사랑　〔보기〕애사하다 → 회사사랑하다/ 애사심 → 회사사랑　[愛社]
애석하다	슬프고 아깝다　[哀惜-]
애수	슬픔·근심·시름　[哀愁]
애용	즐겨씀　〔보기〕애용하다 → 즐겨쓰다/ 국산품 애용 → 국산품 쓰기　[愛用]
애운하다	섭섭하다　※'섭섭하다'를 많이 쓴다 하여 이를 표준말로 삼음.(표준어규정 제25항)
애자	뚱딴지　〔보기〕애자심봉 → 뚱심대　[碍子·礙子]
애주가	술꾼　[愛酒家]
애증	사랑과 미움　[愛憎]
애창	즐겨부름　〔보기〕애창하다 → 즐겨부르다/ 애창곡 → 즐겨부르는 노래　[愛唱]
애프터 서비스	뒷관리·(뒷)바라지·뒷시중·뒷손질·수리　※준말은 '에이에스'임.　[영 after service]
애호	좋아함　〔보기〕애호하다 → 좋아하다/ 애호가 → 좋아하는 이　[愛好]
액	나쁜 운수　〔보기〕액년 → 운수 나쁜 해/ 액운 → 나쁜 운수·사나운 운수/ 액월 → 운수 나쁜 달/ 액일 → 운수 나쁜 날　[厄]
액면	적힌 돈　〔보기〕액면대로 → 적힌 대로·말대로·곧이곧대로　[額面]
액모	겨드랑털　[腋毛]
액세서리	장식품·노리개·치렛감　▷ 악세사리 → 액세서리　[영 accessory]
액셀레이터	액셀러레이터·밟개·가속기　▷ 엑셀러에이터 → 액셀러레이터　[영 accelerator]
액션	동작·행위　〔보기〕액션스타 → 연기배우·활극배우/ 액션드라마 → 활극　[영 action]
액와	겨드랑이　[腋窩]
액운	사나운 운수　▷ 액 → 나쁜 운수　[厄運]
액체비료	물거름　[液體肥料]

액취	암내 〔腋臭〕
앤솔로지	시가집·문집 〔영 anthology〕
앨범	사진첩·음반 〔영 album〕
앰부시 마케팅	간접 판촉 〔영 ambush marketing〕
앰뷸란스	앰뷸런스·구급차
앰뷸런스	구급차 〔영 ambulance〕
앰풀	주사약병 〔영 ampoule〕
앰프	확성기 〔영 amp〈amplifier〉〕
앱스트랙션	추상·추상성 〔보기〕 앱스트랙셔널리즘 → 추상주의·추상파/ 앱스트랙트 → 추상적 〔영 abstraction〕
앵글	각도·관점 〔보기〕 트라이앵글 → 삼각형/ 카메라 앵글 → 카메라 각도/ 앵글을 맞추다 → 각도를 맞추다 〔영 angle〕
앵도	앵두 〔보기〕 앵도병 → 앵두편/ 앵도화 → 앵두꽃/ 물앵도 → 물앵두 〔櫻桃〕
앵속	양귀비 〔罌粟〕
앵커	뉴스 진행자·닻 〔보기〕 앵커맨 → 뉴스진행자 〔영 anchor〕
앵콜·앙콜	앙코르 〔프 encore〕
야간	밤(사이) 〔보기〕 야간경기 → 밤경기/ 야간열차 → 밤열차 〔夜間〕
야경	밤경치 〔夜景〕
야공	대장장이 〔冶工〕
야근	밤일 〔夜勤〕
야기	일으킴 〔보기〕 물의를 야기하다 → 말썽을 일으키다/ 야기되다 → 일어나다 〔惹起〕
야끼만두	군만두 〔일 燒 + 饅頭〕
야로	풀무 〔冶爐〕
야류	야유·들놀이·들놀음 ※수영야류·동래야류 쪽에서는 본음대로 '야류'로 씀. 일반적으로는 속음에 따라 '야유', '야유회' 따위로 쓴다.
야리쿠리	둘러대기·꾸며대기·주변 〔일 遣繰〕
야마	1. 무더기 2. 꼭대기 3. 핵심·주제 4. 중간막이(인쇄) 〔일 山·やま〕
야마시	속임수·사기 〔보기〕 야마시꾼 → 사기꾼 〔일 山師·やまし〕
−야만이	−야·−야만 〔보기〕 우리가 협조해야만이 → 우리가 협조해야/ 조심해 튀겨야만이 제맛을 낸다 → 튀겨야만 ～/ 말해야 만이 → 말해야/ 대체해야만이 → 대체해야

야맹증	밤소경 [夜盲症]
야미	뒷거래 〔보기〕 야미하다 → 뒷거래하다 [일 闇·やみ]
야반	밤중 〔보기〕 야반도주 → 밤도망 [夜半]
야비하다	상스럽다·더럽다 [野卑-]
야생	들(나기) 〔보기〕 야생미 → 자연미/ 야생초 → 들풀/ 야생화 → 들꽃/ 야생적 → 거친·길들지 않은 [野生]
야수	짐승·들짐승 [野獸]
야식	밤참·밤음식 〔보기〕 야식하다 → 밤참 먹다 [夜食]
야영	들병영·들살이·들잠 〔보기〕 야영하다 → 들살이하다/ 야영객 → 들살이꾼/ 야영지 → 들살이터 ▷ 노영 → 들병영·들살이/ 야유 → 들놀이·들놀음 [野營]
야외	들·들밖 〔보기〕 야외무대 → 한뎃무대·벌판무대 [野外]
야욕	더런 욕심 [野慾]
야유(회)	들놀이·들놀음 [野遊會]
야음	밤·어둠 [夜陰]
야자수	야자나무 〔보기〕 야자유 → 야자기름 [椰子樹]
야장	대장장이 〔보기〕 야장간 → 대장간 [冶匠]
야적	노적·들가리 〔보기〕 야적장 → 노적마당 [野積]
야지	야유·놀림·빈정거림 〔보기〕 야지를 놓다 → 놀리다·야유하다 ▷ 히야까(카)시 → 야유·조롱·희롱/ 쿠사리 → 야단·나무람 [일 野次·やじ]
야차	두억시니 ※험상궂은 귀신 [夜叉]
야채	푸성귀·나물·남새·채소 [野菜]
야코	기·기세 [일 躍氣]
야쿠르트	요구르트 ※'야쿠르트'는 상표 이름임. [도 Joghurt]
야쿠자	놈팽이·조폭 [일 やくざ]
야합	배맞음·짬짜미 〔보기〕 야합하다 → 배가 맞다·짬짜미하다 [野合]
야행	밤길·밤활동 〔보기〕 야행성 → 밤살이성(질) [夜行]
야회복	밤예복 [夜會服]
약	대략·대강 [約]
약과	과줄 [藥果]
약관	스무살·갓스물 ▷ 묘령 → 꽃다운 나이 [弱冠]
약박	여린박 ▷ 강박 → 센박 [弱拍]
약분	맞줄임 〔보기〕 약분하다 → 맞줄이다 [約分]
약사	줄인 역사·추린 역사 [略史]
약싹바르다·약싹	약삭빠르다 〔보기〕 약싹바른 → 약삭빠른/ 약싹빨리 → 약

빠르다	삭빨리
약어	준말 · 줄인말　　▷ 본말 · 본딧말　[略語]
약지	약손가락　　▷ 무명지 · 약손　[藥指]
약취	뺏어가짐 · 후려뺏음　〔보기〕약취하다 → 뺏어가지다　　▷ 탈취 → 뺏음 · 뺏어가짐/ 약탈 → 뺏음　[掠取]
약칭	준말 · 줄인 이름　[略稱]
약탈	뺏음 · 뺏어감　〔보기〕약탈하다 → 뺏다　[掠奪]
약효	약성금 · 약힘　〔보기〕약효를 보다 → 약성금을 보다　　▷ 약력 → 약힘/ 시효 → 때성금 · 때　[藥效]
얇다랗다	얄따랗다　　※ 겹받침의 끝소리가 드러나지 않는 것은 소리나는 대로 적는다. 할짝거리다 · 널따랗다 · 널찍하다 · 말끔하다 · 말쑥하다 · 말짱하다 · 실쭉하다 · 실큼하다 · 얄따랗다 · 얄팍하다 · 짤따랗다 · 짤막하다 · 실컷 따위.(맞춤법 제21항)
얌냠거리다	냠냠거리다　　※ ‘냠냠거리다’가 많이 쓰인다 하여 이를 표준말로 삼음.(표준어규정 제17항)　　〔보기〕얌냠이 → 냠냠이
양각	돋을새김 · 솟을새김　〔보기〕양각하다 → 도두새기다　　▷ 부조 · 솟을새김 · 돋을새김/ 음각 → 오목새김　[陽刻]
양건	볕에 말리기 · 볕말리기　　〔보기〕양건하다 → 볕에 말리다　▷ 음건 → 그늘말리기　[陽乾]
양계	닭기르기 · 닭치기　〔보기〕양계업 → 닭농사 · 닭치기　[養鷄]
양녀	수양딸　[養女]
양도	넘겨줌　〔보기〕양도하다 → 넘겨주다/ 양수양도 → 넘겨받고 넘겨줌　　▷ 양여 → 넘겨줌　[讓渡]
양돈	돼지치기(기르기)　〔보기〕양돈업 → 돼지치기　[養豚]
양력	오를힘 · 띄우는힘　　▷ 부력 → 뜰힘　[揚力]
양로	어른섬기기 · 노인돌봄　[養老]
양립	맞섬 · 함께 섬　〔보기〕양립하다 → 맞서다 · 함께 서다 · 나란히 서다　[兩立]
양막	모래집　　▷ 양수 → 모래집물　[羊膜]
양망기	그물추개 · 그물걸개　[揚網機]
양면쇄	안팎찍기　[兩面刷]
양모	양털　[羊毛]
양모	양어머니 · 수양어머니　　▷ 양부 → 양아버지/ 양자 → 양아들/ 양녀 → 양딸 · 수양딸　[養母]
양묘	모기르기　〔보기〕양묘하다 → 모기르다/ 양묘장 → 모판　[養苗]

양묘기	닻줄감개 〔揚錨機〕
양미간	두눈썹새·눈살 〔보기〕 양미간을 찌푸리다 → 눈살을 ~ 〔兩眉間〕
양봉	벌치기 〔보기〕 양봉하다→벌치다/ 양봉업자→벌치는 이 〔養蜂〕
양부	양아버지·수양아버지 ▷ 양모 → 양어머니 〔養父〕
양부모	양어버이 〔養父母〕
양상	모습·모양·상태 〔보기〕 양상을 띄다 → 모습을 띠다/ 양상을 보이다 → 상태를 보이다 〔樣相〕
양생	굳히기 〔보기〕 양생하다 → 굳히다/ 콘크리트 양생 → 콘크리트 굳히기/ 양생중 → 굳히는 중 〔養生〕
양서	좋은 책 〔良書〕
양서동물	물뭍동물 ▷ 양서류 → 물뭍동물 〔兩棲動物〕
양성	기름 〔보기〕 양성하다 → 기르다/ 인재양성 → 인재 기르기 〔養成〕
양성화	드러남(냄) 〔보기〕 양성화하다 → 드러내다 ▷ 음성적으로 → 숨어서 〔陽性化〕
양수	넘겨받음 〔보기〕 양수하다 → 넘겨받다 ▷ 양도하다 → 넘겨주다/ 인수인계 → 넘겨받고 넘겨줌 〔讓受〕
양수	모래집물·새끼집물 ▷ 양막 → 모래집 〔羊水〕
양수	물푸기·물올리기 〔보기〕 양수기 → 무자위·물푸개/ 양수장 → 물올림터 〔揚水〕
양순음	입술소리 〔兩脣音〕
양식	기르기·치기 〔보기〕 양식하다 → 기르다·치다/ 담수어양식 → 민물고기 기르기 〔養殖〕
양어	고기기르기 〔보기〕 양어장 → 고기기르는 곳 〔養魚〕
양여	넘김·넘겨줌 〔보기〕 양여하다 → 넘기다·넘겨주다/ 한국 황제폐하에게 양여함 → ~ 넘겨줌 ▷ 양도 → 넘겨줌 〔讓與〕
양육	기름·키움 〔보기〕 양육하다 → 기르다·키우다/ 양육권 → 기를권리 〔養育〕
양의	양의사 〔洋醫〕
양일	이틀·두날 〔보기〕 양일간 → 이틀동안·이틀사이 〔兩日〕
양자	양아들 〔보기〕 양자부 → 양며느리 〔養子〕
양잠	누에치기 〔養蠶〕
양조	술빚음 〔보기〕 양조하다→술빚다/ 양조장→술도가 ▷ 주조장·양주장 → 술도가/ 주조 → 술빚음 〔釀造〕

양지	살핌·그리앎·이해함 〔보기〕양지하시와 → 그리 아시고/ 양지하시압 → 그리아시압 〔諒知〕
양지	양달 〔보기〕양지식물 → 양달식물·볕식물/ 양지쪽 → 양달쪽 ▷ 음지 → 응달/ 음지짝 → 응달쪽 〔陽地〕
양측	양쪽 〔兩側〕
양치식물	고사리식물 〔羊齒植物〕
양친	부모·어버이 〔兩親〕
양택	집터·마을터 ▷ 양기 → 집터/ 음택 → 묏자리 〔陽宅〕
양토	토끼치기(기르기) 〔養兎〕
양피	양가죽 ▷ 양모 → 양털 〔羊皮〕
양해	알아들음·너그러이 받아들임 〔보기〕양해하다 → 알아듣다·받아들이다·접어주다·봐주다·눈감아주다/ 양해를 구하다 → 봐줄 것을 청하다 ▷ 이해·양허·양지 → 알아들음 〔諒解〕
양형	형매김 〔보기〕양형하다 → 형을 매기다 ▷ 형량 → 형벌정도 〔量刑〕
양호	좋음 〔보기〕양호하다 → 좋다 〔良好〕
양화	구두 〔보기〕양화점 → 구둣방 〔洋靴〕
얕으막하다·얕음하다	야트막하다·야틈하다 〔보기〕얕으막이 → 야트막이 ※큰말은 '여트막하다' '여틈하다'임.
얘기거리	얘깃거리
어간	줄기 ※풀이씨에서 씨끝(어미)를 뺀 부분. ▷ 어미 → 씨끝 〔語幹〕
어군	고기떼 〔보기〕어군탐지기 → 고기떼찾개·고기탐지기 〔魚群〕
어귀	어구 ▷ 문귀 → 문구 ※글귀·귀글 두 말만 '귀'로 씀. 〔語句〕
어근	뿌리 ※낱말을 이루는 형태소 가운데 실질적인 뜻을 지닌 부분. '사람답다, 아름답다, 덮개, 탄탄하다'에서 '사람, 아름, 덮, 탄탄' 따위 〔語根〕
어느듯	어느덧
어닝(스)	실적 〔보기〕어닝스 서프라이즈 → 실적 급등/ 어닝 시즌 → 실적 발표철 〔영 earnings〕
어데	1. '어디에'의 준말 2. → 어디 〔보기〕어데냐 → 어디냐/ 어데 개가 짖느냐 → 어디 개가 짖느냐
어둑신하다·어둑스레하다	어두컴컴하다·어스레하다
어드바이스	도움말·충고 〔보기〕어드바이스하다 → 충고하다 〔영

	advice]
어드밴티지	먼저따기·한점 얻음　※테니스·탁구 따위 경기의 듀스 상태에서 한 점 먼저 따는 일을 일컬음.　〔보기〕어드밴티지룰 → 재량규칙　〔영 advantage〕
어드벤처	모험　〔영 adventure〕
어란	생선알　〔魚卵〕
어렴푸시	어렴풋이　※작은말은 '아렴풋이'임. ' – 하다' ' – 거리다'가 붙는 줄기에 '히'나 '이'가 붙어 어찌씨가 되거나 어찌씨에 '이'가 붙어서 뜻을 더하는 경우는 그 원형을 밝혀 적는다. 깨끗이·꾸준히·곰곰이·더욱이·일찍이 따위.(맞춤법 제25항)
어로	고기잡이·고기잡기　〔보기〕어로기 → 고기잡이철/ 어로수역 → 고기잡이구역/ 어로작업 → 고기잡이　▷ 어렵 → 고기잡이　〔漁撈〕
어류	물고기류·물고기무리　〔魚類〕
어름	1. 물건 사이　2. → 얼음
어름장·어름짱·으름짱	으름장　〔보기〕으름장을 놓다
어리굴젖	어리굴젓·홍석화해　▷ 어리구젓 → 어리굴젓
어린	고기비늘　〔魚鱗〕
어린벌레	애벌레　※'애벌레'가 많이 쓰인다 하여 이를 표준말로 삼음.(표준어규정 제25항)
어말	말끝　▷ 어두 → 말머리/ 어미 → 씨끝　〔語末〕
어망	(고기)그물　〔魚網〕
어물	물고기　〔보기〕어물상 → 어물장사(수)　〔魚物〕
어부	고기잡이　〔보기〕어부지리 → 횡재·개평줍기　〔漁夫·漁父〕
어분	생선가루·고깃가루　〔魚粉〕
어불성설	말이 안됨　▷ 언어도단·언어동단 → 말문막힘·어이없음　〔語不成說〕
어선	고깃배·고기잡이배　〔漁船〕
어슴프레하다	어슴푸레하다
어시스트	뒷받침·도움·도움주기(체육)　〔보기〕어시스트하다 → 뒷받침하다·도와주다　〔영 assist〕
어언(간)	어느덧·벌써　〔於焉間〕
어원	말밑　〔語源〕
어의	말뜻　〔語意〕
어젠다	의제　〔보기〕도하개발어젠다 → 도하개발의제　▷ 아젠

다 → 어젠다　[영 agenda]

어조　　　　　　　　말투·말씨　[語調]

어족　　　　　　　　고기붙이·고기떼　〔보기〕어족 고갈 → 고기 씨마름　[魚族]

어줍잖다·어쭙잖다　　　어쭙잖다

－어(아)지다　　　　※이 말은 영어 따위에서 사물을 주어로 삼는 입음꼴 문장(수동태 문장)을 직역한 표현인데, 학술논문, 보도문장을 비롯한 일반 글에서도 많이 써 악영향이 심각하다.　〔보기〕학교에서 가르쳐지고 있는 내용 → 학교에서 가르치는 내용/ 고쳐질 수 있는 → 고칠 수 있는/ 그림이 그려져 있는 → 그림을 그려 놓은/ 새 기구가 만들어질 수 있다 → 새 기구를 만들 수 있다/ 말해지고 있다 → 말하고 있다/ 길들여진 → 길든/ 뒤집어졌다 → 뒤집혔다/ 선택이 주어진다면 → 선택권을 준다면·선택하란다면/ 공격 찬스만 주어지면 → 공격 기회만 오면·공격 기회만 얻으면/ 십만원씩 주어진다 → 십만원씩 준다·~ 받는다/ 나한테 주어진 길 → 내 길·내 갈 길/ 위패가 모셔져 있다 → 위패를 모셨다/ 관심이 모아지고 있다 → 관심이 쏠리고(모이고) 있다/ 보여진다 → 보인다/ 광대들에 의해 불리어진 → 광대들이 부른/ 감나무가 심어져 있다 → 감나무를 심어놓았다/ 2부가 이어지겠습니다 → 2부가 잇따르겠습니다/ 치러지다 → 치르다

어지중간　　　　　　어중간　[於之中間]

어질머리　　　　　　어질병·어지럼병　※어질병이 많이 쓰인다 하여 이를 표준말로 삼음. 어지러움·어지럼증·어지럼병 들도 씀.(표준어규정 제22항)

어쨋든　　　　　　　어쨌든　※'어찌했든지'의 준말.

어쩔려고　　　　　　어쩌려고

어쿠스틱　　　　　　음향의　〔보기〕어쿠스틱 기타 → 보통 기타　[영 acoustic]

어투　　　　　　　　말투·말버릇　[語套]

어퍼지다　　　　　　엎어지다　※두 풀이씨가 합치어 한 말이 되었을 때 앞낱말의 본뜻이 유지되고 있는 것은 줄기의 원형을 밝혀 적는다. 늘어나다·늘어지다·돌아가다·떨어지다·벌어지다·흩어지다 따위.(맞춤법 제15항)

어퍼컷　　　　　　　올려치기　[영 upper cut]

어필　　　　　　　　호소·맘끌기·항의·이의제기　〔보기〕어필하다 → 항의하다·와닿다　[영 appeal]

어황　　　　　　　　고기잡이형편　[漁況]

어획　　　　　　　　고기잡이　〔보기〕어획기 → 고기잡이철/ 어획량(고) → 잡

	은(고기) 양 〔漁獲〕
어휘	말모음·말수·낱말 〔보기〕 나무라는 어휘 → 나무라는 말 / 다섯살 먹은 어린이의 어휘는 천개쯤이다 → ~ 말수는 ~/ 정확한 어휘의 선택과 논리가 뚜렷한 말 → 정확한 낱말 선택 과 ~ 〔語彙〕
억류	붙잡아둠 〔보기〕 억류하다 → 붙잡아두다/ 억류자 → 붙잡 힌 사람 〔抑留〕
억만진창	엉망진창
억제	막음·누름 〔보기〕 억제하다 → 막다·누르다 〔抑制〕
언급	말함 〔보기〕 언급하다 → 말하다/ 언급을 회피하다 → 말 하지 않다·입다물다 〔言及〕
언나·얼라	어린아이
언더	아래·밑 〔보기〕 언더 그라운드 → 장외·지하/ 언더스로 → 치던지기/ 언더라인 → 밑줄/ 언더테이블 머니 → 뒷돈/ 언 더웨어 → 속옷 〔영 under〕
언덕빼기	언덕배기 ※ ㄱ·ㅂ 받침 뒤에 나는 된소리는 같은 음절이 나 비슷한 음절이 겹쳐나는 경우가 아니면 된소리로 안 적는 다.
언도	선고 〔보기〕 언도하다 → 선고하다/ 언도받다 → 받다/ 3 년형을 언도받다 → 3년형을 받다 ▷ 선고하다 → 내리 다·주다/ 선고받다 → 받다 〔言渡〕
언론플레이	언론조작·언론이용 〔言論 + 영 play〕
언밸런스	불균형·부조화·안어울림 〔보기〕 언밸런스하다 → 불균형 하다·조화롭지 않다 〔영 unbalance〕
언변	말솜씨·말재주·입담·입심 〔보기〕 언변에 능하다 → 말 을 잘하다/ 대단한 언변이다 → 대단한 입심이다 ▷ 구변 → 말솜씨 〔言辯〕
언사	말씀·말씨·말 〔보기〕 불순한 언사 → 좋지 못한 말·잡 된 말 〔言辭〕
언어	말 〔보기〕 언어도단 → 말도 안됨·어이없음/ 언어소통 → 말통함/ 언어 생활 → 말글살이/ 언어장애 → 말장애·말문닫 음 〔言語〕
언쟁	말다툼·입씨름 〔보기〕 언쟁하다 → 입씨름하다 〔言爭〕
언제	둑·댐·방죽 ▷ 하구언 → 하구둑 〔堰堤〕
언짠타	언짢다
언필칭	반드시·말끝마다·이른바 〔言必稱〕
얼기얼기	얼기설기 ※ 센말은 '얼키설키' 작은말은 '알기살기'
얼떨김에	얼떨결에 ※ '얼떨결에'의 준말은 '얼결에'인데, '얼떨김에'도

	말짜임새에서 모자랄 게 없으므로 인정해야 할 듯함.
얼러방망이	을러방망이
얼룩이	얼루기 · 얼룩 ※'-하다'나 '-거리다'가 붙을 수 없는 말에 '이'나 다른 모음으로 시작된 뒷가지(접미사)가 붙어서 만들어진 말은 그 줄기를 밝혀 적지 않는다. 개구리 · 귀뚜라미 · 기러기 · 깍두기 · 꽹과리 · 날라리 · 누더기 · 동그라미 · 두드러기 · 딱따구리 · 매미 · 부스러기 · 뻐꾸기 · 얼루기 · 칼싹두기 따위.(맞춤법 제23항)
얼리어답터족	신제품광 [영 early adopter族]
얼키고 설킨 · 얽히고 설힌	얽히고 설킨 ※'섥히다'는 쓰이지 않음.
얼터너티브	둘중 하나 · 택일 · 바꿈 · 대안 〔보기〕 얼터너티브 에너지 → 대체에너지/ 얼터너티브 뮤직 → 대안음악/ 얼터너티브 록 → 대안록 [영 alternative]
얼핏	언뜻
엄	어음
엄단	엄히 다스림 〔보기〕 엄단하다 → 엄히 다스리다 [嚴斷]
엄동	추운 겨울 · 한겨울 ▷ 엄한 · 삼동 → 한겨울 [嚴冬]
엄벌	호된 벌 〔보기〕 엄벌하다 → 호되게 벌을 주다 [嚴罰]
엄브렐러 펀드	우산증권 [영 umbrella fund]
엄선	엄격히 가림(뽑음) 〔보기〕 엄선하다 → 가려뽑다 [嚴選]
엄수	꼭 지킴 〔보기〕 엄수하다 → 꼭 지키다 [嚴守]
엄수	엄숙히 지냄 〔보기〕 엄수하다 → 엄히 지내다 [嚴修]
엄습	덮침 〔보기〕 엄습하다 → 덮치다/ 추위가 엄습하다 → 추위가 덮치다 · 추위가 닥치다 [掩襲]
엄연하다	뚜렷하다 · 점잖다 〔보기〕 사리가 엄연하다 → 이치가 또렷하다/ 엄연한 사실 → 뚜렷한 사실 [儼然-]
엄친	밭어버이 · 아버지 ▷ 자친 → 어머니 · 안어버이 [嚴親]
엄파	움파 〔보기〕 엄파같다 → 움파같다
엄파이어	심판 [영 umpire]
엄폐	가림 · 덮음 · 숨김 〔보기〕 엄폐하다 → 가리다 · 보호하다/ 엄폐물 → 가릴물체 ▷ 은폐 → 감춤 · 숨김 · 덮어둠/ 음폐 → 숨김 [掩蔽]
엄호	가려줌 · 감싸줌 · 도움 〔보기〕 엄호하다 → 감싸주다/ 엄호사격 → 도움사격 · 도움쏘기 [掩護]
업그레이드	높임 · 개선 · 승급 ▷ 〔보기〕 업그레이드하다 → 격높이다 · 개선하다 · 질높이다 · 격상하다 [영 upgrade]

업데이트	갱신 · 바꿈 [영 update]
업드리다	엎드리다 ▷ 엎누르다 · 엎드러지다 · 엎디리다 · 엎어놓다 · 엎지르다 · 엎질러지다 · 엎치락뒤치락
업로딩	올리(주)기 [영 uploading]
업무	일 〔보기〕 업무상 → 일로 · 업무로/ 업무차 → 일로 · 일 때문에 · 일보러 [業務]
업보	옰 · 갚 · 죗값 · 업값 · 앙갚음 ▷ 업과 · 인과응보 → 업값 [業報]
업수이여기다 · 없수이여기다 · 없인여기다 · 없신여기다	업신여기다
업스트럭션	진로방해 [영 obstruction]
업저버	옵서버 · 참관인 · 관찰인 [영 observer]
업지르다	엎지르다 ※엎지른 물.
업친 데 덮치다	엎친 데 덮치다
없을이만큼	없으리만큼 ▷ 이상하리만큼 · 이상스러우리만큼 · 자랑스러우리만큼 · 찢어지리만큼
없인여기다	업신여기다
엇거제 · 엊거제 · 엇그제	엊그제 〔보기〕엊그저께 ※'어제'의 준말은 '엊'.
~(에) 다름아니다 · ~에 지나지 않는다	~이다 · ~과(와) 다름없다 · ~일 뿐이다 · ~과(와) 같다 ※ 일본말 '~に ほからない'나 영어 'be nothing but' 따위를 바로 옮긴 말투다. 〔보기〕 죄악에 다름아니다 → 죄악이다/ 이기주의에 다름아니다 → 이기주의와 다름없다 · 이기주의일 뿐이다/ 집권욕에 다름아니다 → 집권욕일 뿐이다/ 법을 어긴 것에 다름 아니다 → 법을 어긴 것과 같다/ 생명체에 다름아니다 → 생명체와 같다 · 생명체와 비슷하다/ 낡은 축음기는 고물에 지나지 않는다 → ~ 고물일 뿐이다. ※다름아닌 · 다름없이 따위 부사로 쓰이는 말까지 쓰지 말자는 말은 아니다.
~에 따르면	※신문 글에서, '~에 따르면'(~에 의하면)이란 말이 자주 나오더니 이젠 실용문 · 논문은 물론, 방송이나 일상의 입말(구어) 쪽에도 번져 쓰인다. 원체 한문투였고, 특히 영어에서 '어코딩 투'나 '세이' 붙이가 들어간 말을 뒤쳐 쓰는 까닭에 줄어들지 않는다. 보통 뒤에 나올 어떤 정보와 관련된 출처, 근거를 드는 데 쓰는 들춤말로 쓰인다. "전설에 따르면, 셰익스피어에 따르면, 이론에 따르면, 관련업계에 따르면, 통계청 통계에 따르면, 보고서에 따르면, 검찰에 따르면 ……"으로 얼버무리고

서, 뒤엣말은 자기 말투로 끝맺는 식이다. 이런 말들은 대체로 "(통계·자료 따위)를 보면, 기록한바, 조사한바, 조사한 결과, 확인한바, 말하기를, 이르기를, 발표하기를, 발표한바"처럼 분명히 갖추어 월을 마무리할 일이다.

① 30일 건교부에 따르면 리츠(부동산투자회사) 시행 한 달이 지나도록 한 곳도 예비인가 신청을 하지 않았다. ② 리츠 시행 한 달이 넘은 30일까지 건교부에 예비인가를 신청한 데가 전혀 없는 것으로 나타났다. ③ 30일 건교부는 리츠 시행 한 달이 지나도록 한 곳도 예비인가 신청을 하지 않았다고 밝혔다. ④ 30일 건교부에 확인한바 ~.

①은 판박이 보도자료투 ②④는 기자 서술투 ③은 기자 전달투다. ②④ 아니면 ③으로 가다듬어 말때를 벗어나는 품새를 보이자. 〔보기〕 업계에 따르면 ~을 기록했다 → 업계 집계 결과 ~을 기록했다 · 업계에서는 ~을 기록했다고 밝혔다 / 관계자에 따르면 항의전화가 쇄도하고 있다 → 관계자 말로는 항의전화가 쇄도하고 있다고 한다 · 관계자는 항의가 밀빗발치고 있다고 말했다/ 경찰에 따르면 ~했다 → 경찰은 ~ 했다고 한다 · 경찰은 ~ 했다고 말했다/ 김양의 어머니 김아무개씨에 따르면 김양이 가게에서 나와 손을 들고 횡단보도를 건너는 순간 사고트럭이 달려들었다는 것 → 김아무개씨 말로는 ~ 이 달려들었다고 한다

~에 불과하다	~일 따름이다 · ~일 뿐이다　　　※'~에 지나지 않는다'와 마찬가지로 일본식 말투다.
~에 위반하다	~를(을) 위반하다　　〔보기〕 본회의의 취지에 위반하거나 → ~ 취지를 위반하거나 · ~ 취지와 어긋나거나
~에 위치한 · ~에 소재하고 있는	~에 있는 · ~에 자리잡은　　〔보기〕 길가에 위치한 → 길가에 있는/ 대림동 소재 → 대림동에 있는 · 대림동의
~에 의하다	※영어 'by~' 직역투로서, '~에 의거하다' '~에 근거하다'의 뜻으로 쓰인다. 바른 보기로, 증거에 의해서 사실을 밝힌다/ 규정에 의해 사무를 처리한다/ 형법 규정에 의해 범법자를 처벌한다.　　〔보기〕 미군에 의해 돌려받을 땅 → 미군이 돌려줄 땅 · 미군에게서 돌려받을 땅/ 우익 단체 간부에 의해 총을 맞은 → 우익단체 간부가 쏜 총에 맞은/ 의경에 의해 파출소로 연행된 뒤 → 의경이 연행한 뒤 · 의경에게 연행당한 뒤/ 주민들의 직선에 의해 뽑혀 → 주민들의 직선으로 뽑혀 · 주민들이 직접 뽑아/ 박해에 의한 → 박해 때문에/ 5·16에 의해 → 5·16 때문에 · 5·16으로/ 인민의, 인민에 의한, 인민을 위한 정치 → 인민을 위해, 인민이 하는, 인민의 정치/ 서 사장은 사

원들에 의해 출근을 저지당했다 → 서 사장은 사원이 막아 출근하지 못했다 · 사원들이 서 사장 출근을 막았다/ 방송에 의하여 → 방송을 통하여 · 방송으로/ 이 사건은 신문에 의해 보도돼 알려졌다 → ~ 신문에서(이) 보도해 알려졌다/ 3당 합당에 의해 탄생한 → 3당 합당으로 탄생한/ 이 만화들은 전문가에 의한 것은 아니지만 → ~ 전문가가 그린 것은 아니지만/ 폭력적 강제에 의한 → 폭력이 강제하는/ 신문 기사에 의하면 → 신문 기사를 보면/ 우리 나라에 의해 초래된 불행했던 시기에 → 우리 나라가 일으켰던 ~.

~에 임박하다	~이 임박하다 · ~이 다가오다 · ~이 가까워지다
~에 있어서 · ~에 (데) 있어	~에서 · ~데서 · ㄹ때 ※이는 한자 어조사 '於'를 일본에서 '니 오이테'로 읽어 쓴 것을 그대로 따라 쓰는 말이다. 자주 쓰다 보니 뜻을 한정하는 느낌을 주는 부사어구로 굳어진 것 같으나 실은 조사 정도로 생략해 쓰는 것이 우리말답다. 이 말과 비슷하게 쓰이는 말로는 '~면에서' '~측면에서' '~상' 따위가 있으나 모두 아래처럼 바꿔 쓰는 것이 낫다. 〔보기〕 자녀 양육에 있어서 → 자녀 양육에서 · 자녀를 기를 때/ 사고 방식에 있어서 → 사고 방식에서/ 지구당 위원장들에게 있어 선거는 → 지구당 위원장들에게는 선거가/ 통일국가를 세우는 데 있어 시급한 일은 → ~ 세우는 데서 ~/ 그들에게 있어 글쓰기는 → 그들에게 글쓰기는/ 이는 대중성에 있어 유리한 고지를 → ~ 대중성에서 ~/ 기획 과정에 있어서 → 기획 과정에서 ▷ 교육상 → 교육에서/ 사실상 → 사실에서 · 실제로/ 법률상 → 법률에서/ 미관상 → 보기에/ 자녀 교육 측면에서 → 자녀를 가르치는 데서/ 근무 태도 측면에서 → 근무 태도에서 · 근무 태도는
~에 틀림없다	※일본말 '~に ちがいない'를 직역한 말투다. '에'를 '이'로 바꾸어 쓰는 정도는 해야 한다. 〔보기〕 치명적인 불구 현상임에 틀림없다 → 분명히 치명적 불구 현상이다 · 틀림없는 불구 현상이다 ▷ ~에 다름아니다
−에게로의	−에게 〔보기〕 자네에게로의 편지 → 자네에게 가는 편지
에고	자아 〔보기〕 에고이스트 → 이기주의자/ 에고이즘 → 이기주의 [라 ego]
에나멜	법랑 [영 enamel]
에듀테인먼트	놀이식 교육 · 교육오락 [영 edutainment]
에러	실수 · 실책 · 잘못 〔보기〕 에러 리커버리 → 틀림 복구/ 에러 메시지 → 틀림 알림말/ 에러 컨트롤 → 틀림 제어 [영 error]

에로	'에로틱' '에로티시즘'의 준말　〔보기〕에로틱 → 색정적/ 에로틱하다 → 선정적이다·육감적이다/ 에로티시즘 → 선정주의/ 에로문학 → 선정문학·색정문학　[영 ero]
－에로의	－으로·－로　　※일본말 '～への'를 옮긴 '으로의' '에게로의' 등과 같은 말이다.　〔보기〕행복에로의 초대 → 행복으로 초대함/ 죽음에로의 여행 → 죽음에 이르는 여행·죽음으로 가는 여행·죽음맞이 여행
에루살렘	예루살렘　[Jerusalem]
에리	깃·칼라　[일 襟·えり]
에리어	영역　[영 area]
에뮬레이트	본뜸·대행함　〔보기〕에뮬레이트하다 → 본뜨다·대행하다/ 에뮬레이션 → 본뜨기·대행　[영 emulate]
－에서·－로부터	※영어 'from'을 직역한 말투다.　〔보기〕공멸에서 구하려는 위기의식 → 공멸을 피하려는 위기의식·공멸 위기를 벗어나려는 의식/ 역사적 분노에서(로부터) 자유로울 수 있는 → 역사적 응징을 면할 수 있는
－에서의	－에서·－에서는·－에서 생기는　　※일본말 '～に おいての' '於いての'를 직역한 것이다.　〔보기〕뇌사체 처리 과정에서의 비리와 → 뇌사체 처리 과정에서 생긴 비리와/ 병든 사회에서의 병든 신자 → 병든 사회에서 병든 신자·병든 사회의 병든 신자/ 대통령 선거에서의 압승을 통해 → 대통령 선거에서 압승해/ 한반도에서의 → 한반도에서/ 수요처에서의 → 수요처의
에세이	수필·논문　[영 essay]
에스에프	공상과학·과학소설　[영 SF〈sicience fiction]
에스컬레이터	전동층계·자동계단　[영 escalator]
에스코트	호위·경호·동행　〔보기〕에스코트하다 → 호위하다·동행하다　[영 escort]
에스키스	밑그림·모양잡이　[프 esquisse]
에스프리	넋·정신·슬기　[프 esprit]
에어	공기·공중　〔보기〕에어라인 → 항공로/ 에어메일 → 항공우편/ 에어십 → 비행선/ 에어스테이션 → 비행장/ 에어컨디셔너 → 냉난방기·공기조절기/ 에어아웃렛 → 배기구/ 에어챔버 → 공기실/ 에어펌프 → 공기펌프/ 에어필터 → 공기여과기　[영 air]
에어러졸	분무살충제·뿜이약　[영 aerosol]
에어콘	에어컨　[영〈airconditioner]
에에또	저어·거시기　[일 ええと]

-에의	-에·-하는·-에 대한 〔보기〕희망에의 길 → 희망으로 가는 길/ 가을에의 초대 → 가을로 초대함/ 통일에의 가능성 → 통일 가능성/ 통일에의 접근방식 → 통일에 접근하는 방식 / 변화에의 열망과 복고에의 집착 → 변화에 대한 열망과 복고에 대한 집착/ 민족해방에의 열정 → 민족을 해방하려는 열정·민족해방에 대한 열정/ 새로운 도약에의 길 → 새로운 도약 길·새로운 도약으로 가는 길·새롭게 도약하는 길/ 예술에의 꿈 → 예술에 대한 꿈/ 제3국에의 진출 → 제3국으로 나아감·제3국진출 ▷ 로의·에로·에로의·에서의·에게의·에게서의·으로부터의·에 있어서의
에이급	특급·1등급 〔A級〕
에이다	에다 〔보기〕살을 에일 듯 차가운 바람 → 살을 엘 듯 ~ ▷ 메이다 → 메다
에이 매치	국가간 경기 〔A match〕
에이 보드	A자형 광고판 〔A board〕
에이스	1. 일인자 2. 한점땀 ※테니스 말. 〔보기〕에이스 피처 → 주전 투수/ 팀에이스 → 팀주전·팀일인자 〔영 ace〕
에이아르에스	자동응답기·자동응답전화 〔ARS〈automatic response system〕
에이에스	뒷관리·수리·봉사 〔영 AS〈after service〕
에이저	세대 〔영 ager〕
에이전트	대리점·대리상·대리인 ▷ 에이전시 → 대행사 〔영 agent〕
에지	(스키·스케이트 따위)날·모서리 〔영 edge〕
에이펙	아펙·아시아-태평양경제협력체(기구) ※'아시아'의 A를 '에이'로 읽는 버릇은 미국식이다. 〔APEC〈Asian Pacific Economic Cooperation〕
에이프런	앞치마 〔영 apron〕
에코	메아리·반향 〔영 echo〕
에티켓	예식·예의·범절·예절 〔프 étiquette〕
에퍼크	새 기원·새 시기 〔보기〕에퍼크메이킹 → 획기적인·시대를 짓는·시기를 긋는 〔영 epoch〕
에피소드	숨은 얘기·일화 〔영 episode〕
엑기스	정수·추출물·원액·진·진액 ※준말은 '엑스'. 〔〈영 extract〕
엑소더스	탈출·대이동 〔영 exodus〕
엑스레이	엑스빛살 〔보기〕엑스선 → 엑스빛살 ▷ 티레이 → 티빛살 〔영 X-ray〕
엑스터시	황홀감 ※마약의 한 가지 〔영 ecstasy〕

엑스테리어	옥외조경 [영 exterior]
엑스트라	임시배우·곁들이 [영 extra]
엑스파일	안개문서 [영 x-file]
엔고	엔강세·엔화상승 ▷ 엔저 → 엔약세 [일 円高·えんだか]
엔꼬·엔코	고장·주저않음 [일 元んこ]
엔드라인	끝줄·뒷줄 ※농구·배구 따위에서 많이 씀. [영 end line]
엔실리지	담근먹이 ▷ 사일리지·매장사료 → 담근먹이 [영 ensilage]
엔조이	즐김·향락·기쁨 〔보기〕엔조이하다 → 즐기다 [영 enjoy]
엔지니어	기사·기술자 〔보기〕엔지니어링 → 공학/ 휴먼 엔지니어링 → 인간공학/ 세일즈 엔지니어 → 기술판매원·판매기술자/리엔지니어링 → 구조조정 [영 engineer]
엔타이	옌타이 ▷ 연대 → 옌타이 [중 煙臺]
엔트리	1. 참가자·참가신청 2. 표제어 [영 entry]
엔터테인먼트	오락거리·재밋거리 [영 entertainment]
–엘랑	–에는 〔보기〕서울엘랑 가지마오 → 서울에는 가지마오
엘레지	비가·만가 [프 élégie]
엘리베이터	승강기·두레칸·두레틀·오르내림틀 〔보기〕엘리베이터를 타다 → 두레틀을 타다/ 엘리베이터에 갇히다 → 두레틀에 갇히다 [영 elevator]
엘리트	우수·선량·정예 〔보기〕엘리트그룹 → 우수그룹/ 엘리트의식 → 선량의식·정예의식/ 엘리트주의 → 정예주의 [영 elite]
엘엔지	액화천연가스 [영 LNG〈liquefied natural gas〉]
엘피지	액화석유가스 ▷ 엘엔지 → 액화천연가스 [영 LPG〈liquefied petroleum gas〉]
엠바고	1. 사전보도 금지·묵혀두기 2. 선박억류 [영 embargo]
엠보싱	돋을새김하기·가공 [영 embossing]
엠블렘·앰블렘	엠블럼·상표·표장·표 [영 emblem]
엠앤에이	인수합병·따먹기 [영 M&A〈merge(s) and acquisition(s)〉]
엠티	수련모임 [영 MT〈membership training〉]
엠티비	산악자전거 [영 MTB〈mountain bicycle〉]
엥꼬·엥코	다 떨어짐·동남 〔보기〕엔꼬가 나다 → 동나다·다떨어지다 [일 えんこ]
엠포르멜	앵포르멜·비구상화법 ※국제음성기호에서 'ɛ'는 '에'로, 'ɛ'

는 '앵'으로 적게 하였다. [프 informel]

여	남짓·쯤 〔보기〕30여세 → 서른살쯤/ 수백여명 → 수백명 남짓/ 수십여명 → 수십명 남짓/ 5분여 동안 → 5분 남짓/ 두 달여의 가물 → 두달 남짓의 가뭄 [餘]
여가	겨를·틈·짬 〔보기〕여가를 내다 → 짬을 내다/ 여가가 없다 → 겨를이 없다 ▷ 여유 → 겨를·짬 [餘暇]
여각	객줏집 [旅閣]
여과	거르기·걸러내기 〔보기〕여과하다 → 거르다·걸러내다/ 여과기 → 거르개/ 여과장치 → 거름장치/ 여과지 → 거르갯 종이/ 여과과정 → 걸러내기·거름과정 [濾過]
여교잡	되붙이기 [戾交雜]
여급	술집색시 [女給]
여념	딴생각·한눈팔 사이 〔보기〕여념이 없다 → 딴생각이 없다 ▷ 타념 → 딴 생각 [餘念]
여느	여느 ※홀소리가 단순해진 꼴을 표준으로 바꿈. 미루나 무·으레·케케묵다·허우적허우적·구먼 따위. 〔보기〕 여느때보다 → 여느때보다/ 여느 사람 → 여느 사람
여닐곱	예닐곱 ▷ 여늬레 → 예니레
여담	딴이야기·잡담 [餘談]
여독	노독·여행피로 [旅毒]
여동생	누이동생 [女同生]
여드래	여드레 ※아흐레·이레.
여력	남은힘·남는힘 〔보기〕효도를 다하고 여력이 있으면 공부 하라 → 효도를 다하고 남는힘이 있으면 공부하라 ▷ 여유 → 겨를·나머지힘 [餘力]
여로	나그넷길·여행길 [旅路]
여론	〔보기〕여론청취 → 여론듣기·여론들음/ 여론수렴 → 여론듣 기·여론모으기 [輿論]
여망	여럿기대·여럿물망·많은바람 [輿望]
여명	남은목숨 ▷ 여생 → 남은인생 [餘命]
여명	어둑새벽 〔보기〕여명기 → 동틀무렵·동틀때 [黎明]
여백	빈자리·남은자리·빈데·끝 〔보기〕여백을 두다 → 비워 두다 [餘白]
여부	※그러함과 그렇지 않음, 좋고 말고, 하느냐 마느냐의 뜻인데, 보통 '- 지는·- -지를·ㄴ지' 따위만 쓰고 줄이는 것이 낫다. 〔보기〕합법적인 취업희망자들인지 여부를 확인하는 → 합법 적인 취업희망자들인지를 확인하는/ 가능성 여부 → 가능할 지/ 옳은지 그른지의 여부는 → 옳은지 그른지는/ 정당성의

여부는 → 정당한지 아닌지는·정당한지는/ 여부가 없다 → 가릴 것 없다/ 성패 여부를 떠나 → 이루느냐 못이루느냐를 떠나/ 강압과 불법을 행사했는지 여부와 → 강압과 불법을 행사했는지와/ 여부가 있겠나 → 하고 말고가 있겠나·되고 말고가 있겠나 [與否]

여분	나머지·남은것 ▷ 잉여 → 나머지·남음 [餘分]
여비	노자·노수·노비·노잣돈 [旅費]
여사하다	이와 같다 〔보기〕 여사한 → 이러한·이런·이와 같은 [如斯-]
여생	남은삶·남은인생·남은목숨 〔보기〕 남은 여생 → 여생·남은삶 ▷ 여년·잔년·잔생 → 남은삶 [餘生]
여세	남은힘·남은기세 〔보기〕 남은 여세를 몰아 → 여세를 몰아·남은힘을 몰아 [餘勢]
여식	딸 ▷ 자식 → 아들딸 [女息]
여아	계집애 ▷ 남아 → 사내아이 [女兒]
여왕봉	여왕벌 ▷ 봉왕·장봉·후봉 → 여왕벌 [女王蜂]
여위다	1. 마르다 2. → 여의다 〔보기〕 어머니를 여위다 → 어머니를 여의다
여의	뜻대로 됨·뜻과 같음 〔보기〕 여의하다 → 잘되다·뜻대로 되다/ 여의찮다 → 뜻과 같지 않다·뜻대로 되지 않다·맘갈잖다/ 불여의 → 뜻대로 안됨·맘갈잖음 [如意]
여정	나그넷길·여행길 ▷ 노정 → 길·여행길 [旅程]
여죄	남은죄·그밖의 죄 〔보기〕 여죄를 추궁하다 → 남은죄를 캐묻다 [餘罪]
여지	나위·남은땅·남김·싹수 〔보기〕 여지없이 → 남김없이·더할나위없이 [餘地]
여지껏	여태껏·여태까지
여직	여태·이제·입때 ※같은 뜻을 나타내는 형태 몇가지가 널리 쓰이며 표준어 규정에 맞으면 그 모두를 표준말로 삼는다.(표준어규정 제26항) 눈대중·눈어림·눈짐작/ 멀찌감치·멀찌가니·멀찍이/ 들락날락·들랑날랑/ 여태껏·이제껏·입때껏/ 철따구니·철딱서니·철딱지 따위. 그러나 여직·여지껏은 인정하지 않음.
여질	조카딸·질녀 ▷ 질서 → 조카남편·조카사위/ 질부 → 조카아내·조카며느리 [女姪]
여타	또다른·나머지 ▷ 기타 → 그 밖·그 밖의 [餘他]
여파	뒷영향·뒤끝 〔보기〕 실명제 시행 충격의 여파로 → 실명제 시행 충격의 뒷영향으로·~ 충격 뒤끝에 [餘波]

여하	어떠함 〔보기〕여하하다 → 어떠하다/ 여하한 → 어떠한/ 여하간 → 어쨌든·아무튼/ 여하히 → 어떻게/ 하여간 → 어쨌든·아무튼/ 이유 여하를 막론하고 → 어쨌든·어떻든·아무튼·이유야 어떠했든 ▷ 약하 → 어떠함 〔如何〕
여한	남은한·남은 원한 〔보기〕여한(이) 없다 → 남은한이 없다·흐뭇하다·시원하다 〔餘恨〕
여흥	남은흥취·남은신명·뒤풀이 〔보기〕여흥이 남다 → 신이 남다/ 여흥을 벌이다 → 뒤풀이를 벌이다 〔餘興〕
역경	불행한 처지·어려움 〔보기〕역경에 처하다 → 어려움에 놓이다·어렵게 되다/ 역경을 이기다 → 어려움을 이기다 ▷ 순경 → 순조로움 〔逆境〕
역과	치고감 〔보기〕역과하다 → 치고가다 ▷ 역살하다 → 깔아죽이다·치어죽이다/ 역사하다 → 깔려죽다·치여죽다 〔轢過〕
역광	거스름빛·되비침빛 〔逆光〕
역군	일꾼 〔役軍〕
역내	구역안 ▷ 역외 → 구역밖/ 경내(외) → 지경안(밖) 〔域內〕
역대	여러대 ▷ 역세·누대·대대 → 여러대 〔歷代〕
역량	힘·능력 〔力量〕
역력하다	뚜렷하다 〔보기〕역력히 → 뚜렷이/ 흔적이 역력하다 → 자취가 뚜렷하다 〔歷歷 -〕
역류	거슬러흐름·치흐름 〔보기〕역류하다 → 거슬러 흐르다·치흐르다/ 역류 효과 → 거스름효과 ▷ 순류 → 제흐름 〔逆流〕
역병	돌림병 ▷ 역질 → 돌림병/ 전염병 → 돌림병 〔疫病〕
역사	공사 〔보기〕대역사 → 큰공사·큰일 〔役事〕
역사	깔려죽음·치여죽음 〔보기〕역사하다 → 깔려죽다·치여죽다 ▷ 역살하다 → 치어죽이다·깔아죽이다 〔轢死〕
역산	거꿀셈 〔보기〕역산하다 → 거꾸로 셈하다/ 역산법 → 거꿀셈법 〔逆算〕
역살	깔아죽임·치어죽임 〔보기〕역살하다 → 깔아죽이다·치어죽이다 〔轢殺〕
역상	깔려다침·치여다침 〔보기〕역상하다 → 치여다치다 〔轢傷〕
역설	힘줘말함·힘써말함 〔보기〕역설하다 → 힘줘말하다·힘써 말하다·강조하다 〔力說〕
역수출	되내보내기·되내보냄·되팖 〔보기〕역수출하다 → 되내보

내다 · 되팔다 [逆輸出]

역스럽다 역겹다 ※사투리이던 말이 표준말보다 더 널리 쓰인다 하여 이를 표준말로 삼음. 귀밑머리 · 까뭉개다 · 막상 · 빈대떡 · 생인손 · 코주부 따위.(표준어규정 제24항)

역습 되치기 · 받아치기 〔보기〕역습하다 → 되치다/ 역습당하다 → 되치이다 · 되침을 입다 ▷ 역공 · 역격 → 받아침 · 되침 [逆襲]

역시 또한 · 마찬가지 · 생각했던 대로 ▷ 역이나 · 과연 · 과시 → 또한 · 아니나 다를까 [亦是]

역암 자갈 · 자갈돌 ▷ 사력 → 자갈 [礫巖]

역연하다 뚜렷하다 〔보기〕역연히 → 뚜렷이 [歷然 -]

역영 힘껏 헤엄침 〔보기〕역영하다 → 힘껏 헤엄치다 [力泳]

역외 구역밖 ▷ 역내 → 구역안/ 경내(외) → 지경안(밖) [域外]

역우 부림소 · 일소 [役牛]

역임 지냄 · 겪음 · 거침 〔보기〕역임하다 → 지내다 · 겪다 · 거치다 [歷任]

역작 애쓴 작품 · 힘들인 작품 [力作]

역저 힘들인 저술 [力著]

역전 뒤집힘 · 거꾸로 돎 〔보기〕역전하다 → 뒤집히다/ 역전극 → 뒤집힘 · 뒤집힘극/ 역전승 → 뒤집기승/ 역전패 → 뒤집힘패 [逆轉]

역전 전쟁 겪음 · 싸움 겪음 〔보기〕역전의 용사 → 전쟁 겪은 용사 [歷戰]

역전 역앞 · 정거장앞 · 역머리 〔보기〕역전앞 → 역앞/ 역전광장 → 역마당 ▷ 역두 → 역앞 · 역머리 [驛前]

역전경주 역이어 달리기 [驛傳競走]

역전앞 역앞 · 역전 [驛前 -]

역정 거쳐온 길 · 지난길 〔보기〕지난 역정을 돌아보면 → 지난길을 돌아보면 · 역정을 돌아보면 [歷程]

역질 천연두 [疫疾]

역풍 맞바람 · 앞바람 ▷ 순풍 → 뒷바람 · 순한바람 [逆風]

역할 구실 · 노릇 · 맡은일 · 할일 · 소임 ※일본말 '야쿠와리'를 한자 발음으로 읽은 것인데, '다찌바'(입장)와 함께 도나캐나 쓰고 있지만 마땅히 버릴 말이다. 〔보기〕역할 수행 → 구실 다함/ 맡은 역할 → 맡은 일/ 중대한 역할 → 중한 소임 · 무거운 소임/ 은행의 역할 → 은행의 구실 · 은행이 할 일/ 교사로서의 역할 → 교사가 할 일 · 교사 구실/ 조정자로서의 역

	할 → 조정자 구실(노릇)/ 주도적 역할을 한 → 주도적 구실을 한·주도한/ 각 부서를 실질적으로 지휘·감독하는 역할을 함으로써 → 각 부서를 실질적으로 지휘·감독함으로써/ 역할론 → 구실론　[일 役割·やくわり]
역행	거슬러감·거꾸로감·거스름·뒷걸음질　　〔보기〕역행하다 → 거스르다·거꾸로가다/ 역행동화 → 치닮음(언어)　▷ 순행동화 → 내리닮음/ 역류 → 거스름·치흐름/ 역리 → 거슬결·거스름　[逆行]
역환	은행자금　[逆換]
역활	역할 → 구실·노릇·할일·기능
연	납　〔보기〕연색 → 납빛　[鉛]
연가	사랑노래　[戀歌]
연간	돌내기　　▷ 월간 → 달내기/ 격월간 → 달거리내기　[年刊]
연간	한해·한햇동안　　〔보기〕연간수입 → 한해수입/ 연간소득 → 한해소득　[年間]
연거리	총거리　　▷ 연인원 → 총인원/ 연일수 → 총날수　[延距離]
연거퍼	연거푸
연계	잇닮·관련됨·잇댐　　〔보기〕연계하다 → 잇달아매다/ 연계하여 → 이어·함께·아울러　　▷ 연루 → 함께걸림　[連繫]
연고	까닭·관계·인연·일　　〔보기〕연고를 모르다 → 까닭을 모르다/ 그런 연고로 → 그런 까닭으로/ 무슨 연고가 있길래 → 무슨 까닭(일)이 있기에·무슨 인연(관계)이 있어서/ 연고지 → 인연 있는 땅·인연땅/ 연고를 찾아 헤매다 → 인연을 찾아 헤매다　　▷ 사유 → 까닭·사연　[緣故]
연고로	그러므로·그러하므로　[然故 -]
연골	여린뼈·물렁뼈　　〔보기〕연골막 → 물렁뼈막/ 연골조직 → 물렁뼈조직/ 연골단백질 → 물렁뼈단백질/ 연골세포 → 물렁뼈세포　[軟骨]
연관	관계·관련　　〔보기〕연관하다 → 관련하다/ 연관성 → 관련성·걸림성/ 연관산업 → 관련산업　[聯關]
연교	개나리　[連翹]
연구개	여린입천장·물렁입천장　　〔보기〕연구개음 → 여린입천장소리　　▷ 경구개 → 센입천장·단단입천장/ 경구개음 → 센입천장소리　[軟口蓋]
연귀	연구　[聯句]

연근	연뿌리 ▷ 연화 → 연꽃 〔蓮根〕
연기	미룸·기간늘임·늦춤 〔보기〕연기하다 → 미루다·늘이다·늦추다/ 마감 연기 → 마감 미룸·마감 늦춤 〔延期〕
연년이	해마다 〔年年 - 〕
연대	함께·손잡기 〔보기〕연대하다 → 같이하다·손잡다/ 연대감 → 같이하는 느낌/ 연대채무 → 함께 갚을 빚/ 연대책임 → 공동책임 〔連帶〕
연대기	해적이 ▷ 연보 → 해적이/ 일기·일지 → 날적이 〔年代記〕
연도	길가·길옆 〔보기〕연도에 늘어선 시민 → 길가에 늘어선 시민 ▷ 연로 → 길가·길옆 〔沿道〕
연돌	굴뚝 〔煙突〕
연두	설·해머리 〔보기〕연두 기자회견 → 새해 기자회견/ 연두사 → 새해인사말/ 연두순시 → 새해돌기 ▷ 벽두 → 첫머리 〔年頭〕
연령	나이 〔보기〕연령군 → 또래무리/ 연령집단 → 또래무리/ 연령차 → 나이차/ 연령순 → 나이차례 〔年齡〕
연로하다	늙다 〔보기〕연로자 → 늙은이·나이많은 이 ▷ 연만·연고 → 늙음/ 연소 → 어림/ 연소자 → 어린이 〔年老 - 〕
연료	땔거리·땔감 〔보기〕연료림 → 땔나무숲·땔나무갓 〔燃料〕
연륙교	구름다리·물뭍다리 ※연육교 → 연륙교(연륙+교). 〔連陸橋〕
연륜	나이테·햇수·묵음 〔보기〕연륜이 쌓이다 → 오래 묵다·햇수가 높다/ 연륜을 쌓다 → 오래 익히다·해묵히다/ 연륜분석 → 나이테분석/ 연륜연대 측정법 → 나이테연대 재기 〔年輪〕
연마	갈고닦음·갈닦음·가다듬음 〔보기〕연마하다 → 갈다/ 연마반 → 갈이반/ 연마사 → 갈이모래/ 연마지 → 갈이종이 〔硏磨〕
연만	나이 많음 〔보기〕연만하다 → 나이 많다·늙다 ▷ 연소 → 나이어림 〔年晩〕
연말	세밑 〔보기〕연말연시 → 세밑새해 ▷ 세모·궁랍·세말·연미·연종 → 세밑/ 연시·연초 → 새해 〔年末〕
연매	철매·그을음 〔煙煤〕
연메	연메·함께함·같이감 ※'계·례·메·폐·혜'의 'ㅖ'는 'ㅔ'로 소리나더라도 'ㅖ'로 적는다. 계수·사례·연메·폐품·혜택·계집·핑계·계시다 따위. 다만 게송·게시판·휴

게실 · 게양(닭) · 게재(실음) · 게류(쉰물) 따위는 본음대로 적는다. [連袂]

연면	길게 잇닮 · 잇달아감　〔보기〕연면하다 → 길게 잇달다 · 잇대어가다/ 연면히 → 길게 · 길이/ 연면한 혈통 → 길게 이어진 혈통 · 오랜 혈통 [連綿]
연면적	총넓이 · 전체면적 · 합친 면적 [延面積]
연명	목숨 이어감 · 목숨잇기　〔보기〕연명하다 → 목숨을 잇다 · 겨우 살아가다 [延命]
연명	여러 사람이름 · 여럿이름　〔보기〕연명으로 청하다 → 여러 이름으로 청하다　▷ 연서 → 여럿서명/ 연대서명 → 여럿이름 적기 [連名]
연무	연기안개 · 연개　※연개는 '연기안개'를 줄인 말. [煙霧]
연민	가엾음 · 딱함 · 불쌍함 · 민망함　〔보기〕연민의 정 → 딱하게 여기는 마음 · 딱히 여김/ 연민을 느끼다 → 딱한 마음이 들다 [憐憫·憐愍]
연발	늦게 떠남 · 늦떠남　〔보기〕연발하다 → 늦게 떠나다　▷ 연착하다 → 늦게 닿다/ 연발착 → 늦떠닿음 [延發]
연발	잇달아쏨 · 잇달아 터뜨림(터짐) · 거듭함 · 잇따라나감(내보냄)　〔보기〕연발하다 → 잇달아 터뜨리다/ 사고가 연발하다 → 사고가 잇따라 터지다/ 실수를 연발하다 → 실수를 거듭하다 [連發]
연배	또래　〔보기〕동년배 → 같은나이 · 또래/ 갑장 · 동갑 → 같은나이/ 연갑 → 또래 [年輩]
연변	가장자리　〔보기〕연변지역 → 갓지역/ 수변 → 물가 · 물기슭 [沿邊]
연보	해적이 · 이력　〔보기〕연보를 싣다 → 해적이를 싣다　▷ 연대기 → 해적이 [年譜]
연봉	해봉급　▷ 월봉 → 달봉급 · 월급 [年俸]
연부	해마다붓기 · 해벼름 · 해붓기　〔보기〕연부상환 → 해별러갚음/ 연부금 → 해벼름돈　▷ 월부 → 달벼름 · 달붓기/ 일부 → 날벼름 · 날붓기 [年賦]
연부병	물컹병 · 물렁병 · 무름병 [軟腐病]
연부역강하다	젊고 힘세다 [年富力强 -]
연불	늦추치름 · 늘치름　〔보기〕연불하다 → 늘치르다/ 연불제 → 외상제도/ 연불수출 → 외상수출　▷ 연체 → 밀림/ 직불 → 바로치름 · 바로줌 [延拂]
연사	농사형편　▷ 연형 · 농형 · 농황 → 농사형편 [年事]
연사	꼰실 · 실꼬기 · 빔실 · 실비기　〔보기〕연사기 → 실꼬는기계

[撚絲]

연산   일년생산·한해생산 [年産]

연상   손위·나이많음   ▷ 연하 → 손아래·나이적음·아랫나이 [年上]

연색   납빛 [鉛色]

연서   여럿서명·줄서명   〔보기〕연서하다 → 여럿이 서명하다· 줄서명하다/ 연서로 → 줄서명하여   ▷ 연명 → 여러이름/ 연명으로 → 여럿 이름으로 [連署]

연석   한자리모임·합쳐모임   〔보기〕연석하다 → 늘어앉다/ 연석회의 → 합동회의 [連席]

연석   벼룻돌 [硯石]

연성   여림성·여림·부드러움·무름   ▷ 경성 → 단단성·여뭄성 [軟性]

연소   어림   〔보기〕연소하다 → 어리다/ 연소자 → 어린이/ 연소배 → 젊은또래/ 연소화 → 어려짐·젊어짐   ▷ 연로 → 늙음/ 연만·연고 → 늙음 [年少]

연소   불탐·탐   〔보기〕연소하다 → 불타다·타다/ 연소성 → 탈성   ▷ 가연성 → 탈성 [燃燒]

연소   제비집   ▷ 연과·연와 → 제비집 [燕巢]

연속   줄곧·잇대어   〔보기〕연속하다 → 잇따르다·잇대다/ 연속경기 → 잇댄경기·더블헤더/ 연속극 → 줄극   ▷ 단속 → 끊어졌다 이어졌다 함 [連續]

연쇄   1. 사슬 2. 잇단   〔보기〕연쇄하다 → 잇달다·잇대다·잇따르다/ 연쇄적으로 → 잇대어·잇따라/ 연쇄반응 → 사슬반응 [連鎖]

연수   햇수   ▷ 월수 → 달수/ 일수 → 날수 [年數]

연수   해벌이·한해벌이   ▷ 일수 → 날벌이·일숫돈/ 월수 → 달벌이/ 연봉 → 해벌이·한해봉급 [年收]

연수   숨골·숨뇌 [延髓]

연수   단물·민물   ▷ 경수 → 센물 [軟水]

연승   잇대이김·거푸이김·거듭이김   〔보기〕연승하다 → 거푸이기다/ 삼연승 → 세번 거푸이김 [連勝]

연승   주낙 [延繩]

연시   무른감·연감·홍시 [軟枾]

연시   새해   ▷ 연초 → 새해·설/ 연말연시 → 세밑새해 [年始]

연신   연방   ※북녘에서는 '연신'으로 쓴다.

연실   연밥   ▷ 연화 → 연꽃/ 연근 → 연뿌리/ 연지 → 연못 [蓮

實〕

연안	기슭 · 물기슭　〔보기〕 연안지방 → 바닷가땅 · 물가땅 〔沿岸〕
연와	벽돌　〔보기〕 연와공 → 벽돌장이/ 연와공장 → 벽돌공장/ 연와적 → 벽돌쌓기/ 연와조 → 벽돌구조 〔일 煉瓦 · れんが〕
연원	근원 · 근본　▷ 남상 · 본원 〔淵源〕
연월수	총월수 · 총달수 〔延月數〕
연유	달인젖 · 졸인젖　▷ 분유 → 가루우유 〔煉乳〕
연유	까닭 · 내력 · 말미암음　〔보기〕 연유하다 → 말미암다/ 연유도 모른 채 → 까닭도 모른 채　▷ 연고 · 사유 → 까닭 〔緣由〕
연음	이은소리　〔보기〕 연음부 → 잇단음표(음악) 〔連音〕
연음	늘임소리　〔보기〕 연음기호 → 늘임표(음악)/ 연성기호 · 연장기호 · 정류기호 → 늘임표 〔延音〕
연이나	그러나　〔보기〕 연이면 → 그러면 · 그러하면/ 연즉 → 그러면 · 그런즉 〔然 – 〕
연일	날마다 · 여러날　〔보기〕 연일 대만원을 이루다 → 날마다 북새통을 이루다 〔連日〕
연일수	총날수 · 총일수 〔延日數〕
연임	잇대맡음 · 거듭맡음　〔보기〕 연임하다 → 잇대맡다/ 일차 연임할 수 있다 → 한번 잇대 맡을 수 있다 · 한번 더할 수 있다　▷ 단임 → 한번맡음 · 단번지기 〔連任〕
연작	거푸짓기 · 이어짓기　〔보기〕 연작하다 → 이어짓다　▷ 윤작 → 돌려짓기 〔連作〕
연장	1. 늘임 · 길게 함　2. 길이 · 총길이 · 전체길이　〔보기〕 연장하다 → 늘이다 · 늘리다/ 연장선 → 늘인선/ 연장전 → 늘임싸움 〔延長〕
연전	두서너해앞 · 몇해앞　〔보기〕 연전에 → 몇해 앞에/ 일전 → 요전 〔年前〕
연접	잇닿음 · 잇댐 · 맞붙음　〔보기〕 연접하다 → 잇닿다 · 맞붙다 · 잇대다 〔連接〕
연조	햇수　〔보기〕 연조가 깊다 → 지난 햇수가 많다 · 오래다　▷ 연륜 → 나이테 · 햇수 〔年條〕
연중	일년중 · 일년내 · 해안　〔보기〕 연중행사 → 해마다 하는 일 · 한해 할일 · 해안에 때없이 〔年中〕
연지불	늦추치름　※준말은 '연불'.　〔보기〕 연지불하다 → 늦추치르다 〔延支拂〕

연착	늦닿음 〔보기〕연착하다 → 늦닿다 ▷ 연발 → 늦게 떠남/ 연발착 → 늦떠닿음 〔延着〕
연착륙	부드럽게 내림·사뿐히 내림·살짝내림·안착 〔보기〕연착륙하다 → 부드럽게 내리다·살짝 내리다·안정되다·성공하다/ 경기가 연착륙에 성공하다 → 경기가 안정되다 ▷ 소프트 랜딩 → 사뿐(히) 내림/ 경착륙(하드랜딩) → 덜컹내림·덜컹거림·실패함·추락함·떨어짐 〔軟着陸〕
연찬	깊이 연구함 〔보기〕연찬하다 → 깊이 연구하다/ 연찬회 → 연구모임 ▷ 세미나 → 연구모임 〔研鑽〕
연천	나이 적음·햇수 옅음 〔보기〕연천하다 → 나이 어리다·햇수 옅다 ▷ 일천하다 → 날짜 앝다·역사 짧다 〔年淺〕
연철	뜬쇠 〔軟鐵〕
연철	불림시우쇠 〔보기〕연철관 → 불림쇠대롱 〔鍊鐵〕
연철	1. 잇달아꿰임 2. 닿소리이어받기 〔보기〕연철하다 → 1. 잇달아 꿰다 2. 받침소리를 뒷말 머릿소리로 쓰다 〔連綴〕
연체	밀림·미룸 〔보기〕연체하다 → 미루다·늦치르다·밀리다/ 연체금 → 밀린돈/ 연체대출 → 밀린빚/ 연체 사실 → 밀린 사실/ 연체회수 → 밀린 횟수 〔延滯〕
연초	새해·설·해머리 ▷ 연말 → 세밑/ 연두 → 해머리 〔年初〕
연초	담배 〔보기〕연초분 → 담뱃가루/ 연초종자 → 담배씨/ 연초농사 → 담배농사/ 각연초 → 살담배/ 엽연초 → 잎담배/ 권연초 → 궐련 〔煙草〕
연출	데려옴·데려감 〔보기〕연출하다 → 데려가다·데려오다 〔連出〕
연통	굴뚝 〔煙筒〕
연패	거푸짐·내리짐 〔보기〕연패하다 → 내리지다·거푸지다 〔連敗〕
연패	내리이김 〔보기〕연패하다 → 내리이기다/ 5연패를 달성하다 → 다섯번 내리이기다 ▷ 연승 → 내리이김 〔連覇〕
연풍	산들바람·솔솔바람 ※바람등급 3, 초속 3.4~5.4m. 〔軟風〕
연하	손아래·아랫나이 ▷ 연상 → 손위 〔年下〕
연하	삼킴 〔보기〕연하하다 → 삼키다 〔嚥下〕
연하장	새해편지·새해엽서 〔年賀狀〕
연행	데려감·붙잡아감 〔보기〕연행하다 → 데려가다·붙잡아가다/ 연행당하다 → 붙잡혀가다 〔連行〕
연혁	내력 〔沿革〕

연화	연꽃　▷ 연근 → 연뿌리/ 연실 → 연밥/ 만다라화 → 연꽃 [蓮花]
연화	물러짐 · 약해짐 · 무르기　〔보기〕연화병 → 무름병 · 물렁병 [軟化]
연회	잔치 · 모꼬지　〔보기〕연회를 베풀다 → 잔치를 베풀다/ 환영연회 → 마중잔치/ 환송연(회) → 배웅잔치　▷ 파티 → 잔치 · 모꼬지 [宴會]
열강	센나라들 [列强]
열거	죽듦 · 죽벌임 · 늘어놓음　〔보기〕열거하다 → 죽들다 · 늘어놓다 [列擧]
열과	벌과실 · 터짐열매 · 열린열매　▷ 개열과 → 벌과실 · 터짐열매/ 폐과 → 닫힌열매 [裂果]
열광	달떠날뜀 · 기뻐날뜀　〔보기〕열광하다 → 달떠날뛰다 · 기뻐날뛰다/ 열광적 → 미친 · 달떠날뛰는 · 미친듯 [熱狂]
열국	여러나라　▷ 열방 · 각국 → 여러나라 · 많은나라 [列國]
열기	뜨거움 · 뜨건기운　〔보기〕열기를 뿜다 → 뜨건기운을 뿜다/ 열기를 보이다 → 뜨거워지다/ 열기찬 → 뜨거운　▷ 냉기 → 찬기운 · 차가움 [熱氣]
열닫이	여닫이　※끝소리가 'ㄹ'인 말이 딴말과 어울려 'ㄹ'소리가 나지 않으면 안나는 대로 적는다. 다달이 · 따님 · 마소 · 무자위 · 바느질 · 부나비 · 부삽 · 소나무 · 싸전 · 우짖다 · 화살 · 미닫이 · 하느님 따위처럼 주로 'ㄴ · ㄷ · ㅅ · ㅈ' 앞에서 떨어진다.(맞춤법 제28항)
열도	줄섬　▷ 군도 → 떼섬/ 제도 → 뭇섬 [列島]
열독	죽읽음　〔보기〕열독하다 → 읽다/ 열독률 → 읽는비율 · 보는비율 [閱讀]
열등	뒤짐 · 못함　〔보기〕열등하다 → 뒤지다 · 못하다/ 열등감 → 못난느낌/ 열등란 → 나쁜알/ 열등생 → 뒤진 학생 [劣等]
열람	펼쳐보기 · 훑어보기　〔보기〕열람하다 → 훑어보다 · 펼쳐보다/ 열람권 → (책)볼표 [閱覽]
열바가지 · 열박	바가지　※'바가지'가 많이 쓰인다 하여 이를 표준말로 삼음.(표준어규정 제25항)
열석	줄지어 앉음　〔보기〕열석하다 → 줄지어 앉다 · 참석하다/ 열석자 → 참석자 [列席]
열세	힘부침 · 힘모자람 · 못함　〔보기〕열세하다 → 힘부치다 · 못하다/ 열세를 만회하고 → 모자람을 이기고　▷ 우세 → 나

음·힘셈 〔劣勢〕

열손립	뜬알 〔熱損粒〕
열심으로	열심히 〔熱心-〕
열악하다	나쁘다·좋지않다·뒤떨어지다 〔보기〕 열악한 조건 → 나쁜조건·뒤진조건/ 노동환경이 열악함에도 불구하고 → 노동환경이 나쁜데도 〔劣惡-〕
열연	열누름·열간압연 ▷ 압연 → 눌늘임 〔熱延〕
열적다·열쩍다	열없다 ※'열적다·열쩍다' 둘 다 비표준어로 보아 맞춤법 제54항의 된소리로 적을 것과 상관없이 '열없다'를 쓰도록 함. 북녘에서는 '열적다'를 쓴다.
열전	불뿜는 싸움·실제싸움 ▷ 냉전 → 속싸움·마음싸움 〔熱戰〕
열주	줄기둥 〔列柱〕
열중	골똘함·골몰함 〔보기〕 열중하다 → 골똘하다·골몰하다 〔熱中〕
열풍	뜨건바람 ▷ 냉풍·한풍 → 찬바람 〔熱風〕
열혈	끓는피·더운피 〔보기〕 열혈 청년 → 피끓는 청년 ▷ 냉혈 → 찬피 〔熱血〕
열흔	갈라진 자국·찢어진 곳 〔裂痕〕
염	생각 〔보기〕 염하다 → 생각하다·외다/ 묵념 → 생각/ 염원 → 바람/ 무념 → 생각없음/ 상념 → 생각/ 유념 → 맘에 둠·잊지않음/ 쾌념 → 거리낌/ 잡념 → 잡생각/ 집념 → 박인생각·잡힌생각·굳은생각 〔念〕
염가	싼값·헐값 〔보기〕 염가판매 → 싸게팔기 ▷ 천가·저가 → 싼값·헐값 〔廉價〕
염기성	알칼리성 〔보기〕 염기성거름 → 알칼리성거름 ▷ 산성 〔鹽基性〕
염두	마음 〔보기〕 염두에 두어 → 마음에 두어/ 염두해야 → 염두에 두어야·마음에 두어야 〔念頭〕
염료	물감 〔보기〕 염료작물 → 물감작물 ▷ 염약 → 물감 〔일 染料·せんりょう〕
염매	싸게팔기·막팖 〔보기〕 염매하다 → 싸게팔다/ 부당염매행위 → 막 싸게팖 〔廉賣〕
염매	싸게사기 〔보기〕 염매하다 → 싸게사다 〔廉買〕
염복	계집복 ▷ 여복 → 계집복 〔艶福〕
염분	간·소금기 〔鹽分〕
염색	물들이기 〔보기〕 염색하다 → 물들이다/ 염색되다 → 물들다/ 염색조 → 물들임통/ 염색술 → 물들이깃법 〔染色〕

염서	불볕더위　▷ 염열·염천·열천·혹서 → 불볕더위·더운날씨/ 혹한 → 된추위　[炎署]
염세	세상싫음·살기싫음　〔보기〕염세하다 → 세상을 싫어하다/ 염세적 → 세상을 싫어하는　[厭世]
염수	소금물　〔보기〕염수선 → 소금물고르기/ 식염수 → 소금물 [鹽水]
염안	염화암모니아　[鹽安]
염원	소원·바람　〔보기〕염원하다 → 바라다/ 통일염원 → 통일바라기　[念願]
염장	얼간갈무리·소금저장　〔보기〕염장미역 → 간미역/ 염장어 → 간고기/ 염장품 → 소금절이·얼간치/ 염장을 지르다 → 소금을 치다·간을 하다·아프게 하다　[鹽藏]
염전	소금밭·염밭　▷ 염장 → 소금밭　[鹽田]
염제	더위　[炎帝]
염좌	접질림·삠·삔것　▷ 좌섬 → 접질림·삔것　[捻挫]
염증	싫증　[厭症]
염천	더운시절·더운날씨　▷ 한천(寒天) → 1. 찬하늘·겨울 2. 우무/ 한천(旱天) → 가문하늘·가문여름　[炎天]
염출	짜냄·생각해냄　〔보기〕염출하다 → 짜내다·생각해내다 ▷ 각출 → 추렴/ 안출 → 생각해냄·짜냄　[捻出]
염해	짠물해·소금피해　[鹽害]
엽고병	잎마름병　[葉枯病]
엽권병	잎말림병　[葉捲病]
엽기	별남찾기·별남쫓기　〔보기〕엽기적 → 별난/ 엽기적 사건 → 별난사건/ 엽기소설 → 별난소설　[獵奇]
엽록소	잎파랑이　〔보기〕엽록체 → 잎파랑치　▷ 클로로필 → 잎파랑이　[葉綠素]
엽록체	잎파랑치　[葉綠體]
엽맥	잎맥·잎줄기　[葉脈]
엽면	잎　〔보기〕엽면시비 → 잎(에)거름주기/ 엽면살포 → 잎(에)뿌리기　[葉面]
엽병	잎자루·잎꼭지　〔보기〕엽병적 → 잎자루따기·잎꼭지따기　[葉柄]
엽사	사냥꾼　▷ 엽인 → 사냥꾼　[獵師]
엽삽	잎꽂이　▷ 근삽 → 뿌리꽂이　[葉揷]
엽서	잎차례　▷ 화서 → 꽃차례/ 호생 → 어긋나기/ 대생 → 마주나기/ 윤생 → 돌려나기/ 총생 → 뭉쳐나기　[葉序]
엽연초	잎담배　▷ 엽초 → 잎담배　[葉煙草]

엽장	사냥터　〔보기〕수렵장 → 사냥터　［獵場］
엽채류	남새붙이・잎채소류　▷ 과채류 → 열매채소/ 근채류 → 뿌리채소붙이　［葉菜類］
엽초	잎담배　〔보기〕엽연초 → 잎담배　［葉草］
엽총	사냥총　［獵銃］
엽충	잎벌레・돼지벌레　［葉蟲］
엽편	콩트・손바닥소설・짧은 얘기　［葉篇］
영	고개・재　〔보기〕영마루 → 잿마루・고갯마루/ 조령 → 새재　▷ 치・티　［嶺］
영계	약병아리　［〈嬰鷄・軟鷄］
영구	길고오램　〔보기〕영구히 → 길이・오래/ 영구면역 → 완전면역/ 영구집권 → 오랜 집권/ 영구보전 → 길이지님/ 영구치 → 간니　［永久］
영글다	여물다　〔보기〕영근 → 여문
영농	농사짓기・농사경영　〔보기〕영농기 → 농사철/ 영농자금 → 농사밑천　［營農］
영도	거느려이끎・거느림　〔보기〕영도하다 → 이끌다・거느리다/ 영도자 → 이끄는이・앞장선이　［領導］
영리	돈벌이・이익경영　〔보기〕영리를 목적으로 → 돈벌이를 목적으로/ 재단법인은 영리가 목적이 아니다 → 재단법인은 돈벌이가 목적이 아니다/ 영리법인 → 돈벌이법인/ 비영리법인 → 공익법인　［營利］
영면	돌아감・잠듦　〔보기〕영면하다 → 돌아가다・죽다　［永眠］
영세	변변찮음・썩가난함　〔보기〕영세하다 → 잘달다・변변찮다・몹시 가난하다/ 영세민 → 가난한 사람/ 영세농 → 자잘농사(민)/ 영세소득자 → 잔벌이꾼/ 영세어민 → 가난한 어민/ 영세 노점상 → 잔단한뎃가게　［零細］
영솔	거느림　〔보기〕영솔하다 → 거느리다/ 영솔자 → 거느리는이　［領率］
영송	맞고보냄　〔보기〕영송하다 → 맞고보내다　［迎送］
영수	우두머리　〔보기〕영수회담 → 우두머리회담　▷ 수뇌 → 우두머리　［領首］
영수	받음　〔보기〕영수하다 → 받다/ 영수증 → 받음표　［領收］
영식	아드님　▷ 영애 → 따님　［令息］
영아	젖먹이・갓난애　▷ 유아 → 젖먹이　［嬰兒］
영애	따님　▷ 영식 → 아드님/ 영양 → 따님　［令愛］

영위	경영·꾸림 〔보기〕영위하다 → 꾸리다·행하다 〔營爲〕
영일	편한날·편할날 〔보기〕영일이 없다 → 편할 날이 없다·쉴날이 없다 〔寧日〕
영전	높이 됨·자리오름 〔보기〕영전하다 → 높이되다·자리에 오르다 〔榮轉〕
영전 앞에	영정 앞에·영전에 ▷ 역전 앞에 → 역전에·역앞에 〔靈前-〕
영접	맞이·마중·접대 〔보기〕영접하다 → 맞이하다/ 연접 → 맞이·맞이함 〔迎接〕
영판	아주 ※'아주'가 많이 쓰인다 하여 이를 표준말로 삼음.(표준어규정 제25항)
영합	비위맞춤·아첨함 〔보기〕영합하다 → 비위맞추다·받아들이다/ 대중 심리에 영합하다 → 사람들 마음에 맞추다 〔迎合〕
영혼	넋 ▷ 혼령·혼·혼백 → 넋 〔靈魂〕
옅보다·엿보다	엿보다
옆사리미	비켜덩이 ※'비켜덩이'가 많이 쓰인다 하여 이를 표준말로 삼았으나(표준어규정 제25항) 지나친 판단으로 보임.
예	보기 〔보기〕예에 의하다 → 보기에 따르다/ 한 예가 된다 → 한 보기가 된다/ 예의 → 그·저·문제의·말해오던/ 예컨대 → 이를테면/ 일례 → 한 보기/ 사례 → 보기/ 실례 → 보기/ 선례·전례 → 먼젓보기 〔例〕
예감	미리느낌·지레느낌 〔보기〕예감하다 → 미리 느끼다 ▷ 예각 → 미리 느낌 〔豫感〕
예견	미리짐작·지레짐작 〔보기〕예견하다 → 미리 짐작하다/ 예견이 적중하다 → 짐작이 맞아들다 ▷ 선견 → 미리 짐작 〔豫見〕
예고	미리알림 〔보기〕예고하다 → 미리 알리다/ 예고편 → 맛뵈기편 〔豫告〕
예년	여느해·전날에·예전에 〔보기〕예년에 없던 추위 → 전에 없던 추위 〔例年〕
예단	지레판단·지레짐작 〔보기〕예단하다 → 지레짐작하다 〔豫斷〕
예리하다	날카롭다·매섭다 ▷ 첨예하다 → 날카롭다 〔銳利〕
예망	끌줄·끌그물 ▷ 예삭 → 끌바/ 예인선 → 끌배/ 예승조 → 끌낚시 〔曳網〕
예매	미리 팖 〔보기〕예매하다 → 미리 팔다/ 예매권(표) → 미리 판표 ▷ 예약 → 미리 약속·미리 짬 〔豫賣〕

예매	미리 삼 〔보기〕예매하다 → 미리 사다/ 예매표 → 미리 산 표 〔豫買〕
예민	날카로움 · 얇음 〔보기〕예민하다 → 날카롭다 · 얇다/ 신경이 예민해져서 → 신경이 날카로워져서 · 신경이 얇아져서 〔銳敏〕
예방	미리막음 · 미리막기 〔보기〕예방하다 → 미리 막다/ 예방주사 → 막음주사 · 막기주사/ 예방책 → 막을꾀 〔豫防〕
예봉	날카론칼 · 창끝 〔보기〕예봉을 꺾다 → 세찬 기세를 꺾다 · 무디게 하다 〔銳鋒〕
예사일	예삿일 · 예사 〔例事 – 〕
예상	미리생각 · 짐작 〔보기〕예상하다 → 미리 생각하다/ 예상밖 → 뜻밖 · 짐작밖 〔豫想〕
예속	매임 · 딸림 〔보기〕예속하다 → 매이다 · 딸리다/ 예속화 → 매이게 함 · 딸리게 됨/ 예속물 → 딸린물건/ 예속적 → 매인 · 딸린/ 예속국 → 매인나라 · 딸린나라 ▷ 식민지 〔隷屬〕
예습	미리익힘 · 미리공부 · 앞공부 〔보기〕예습하다 → 미리 익히다 · 앞공부하다/ 예행연습 → 총연습 · 무대연습 · 미리해보기 ▷ 복습 → 되익힘 · 뒷공부/ 자습 → 스스로익힘/ 독습 → 혼자익힘 〔豫習〕
예시	보기듦 · 예듦 · 쳐들어보임 〔보기〕예시하다 → 들어보이다 ▷ 게시 → 내붙임 · 써붙임/ 적시 → 초들어보임/ 고시 → 알림/ 과시 → 뽐냄 · 자랑/ 현시 → 드러냄/ 예화 → 보깃얘기 〔例示〕
예의	그 · 저 · 문제의 · 말해오던 · 보기의 〔例 – 〕
예의	정신차려서 · 톡톡히 · 꼼꼼히 · 별러 · 날카롭게 〔보기〕예의 검토하다 → 꼼꼼히 따지다 · 별러따지다/ 예의주시하다 → 꼼꼼히 살피다 〔銳意〕
예인	끎 〔보기〕예인하다 → 끌다/ 예인선 → 끌배/ 예인차 → 끌차/ 인예하다 → 끌다 ▷ 터그보트 → 끌배/ 견인 → 끌기 · 끎 〔曳引〕
예입	저금함 · 돈맡김 · 돈넣음 〔보기〕예입하다 → 돈넣다/ 예입금 → 저금 · 넣는돈 · 넣을돈 ▷ 예치 → 맡김 · 돈맡김/ 예출 · 인출 → 꺼냄 · 돈빼냄 〔預入〕
예찬	기림 〔보기〕예찬하다 → 기리다/ 신춘예찬 → 새봄 기림 · 새봄 노래 〔禮讚〕
예초	풀베기 〔보기〕예초기 → 풀깎개 〔刈草〕
예측	미리짐작 〔보기〕예측하다 → 내다보다/ 예측 불가하다 →

	짐작 어렵다　　▷ 예상 → 미리생각·짐작　［豫測］
예치	맡겨둠·맡김　　〔보기〕예치하다 → 맡겨두다/ 예치금 → 맡은돈·맡긴돈/ 예치한도 → 예금한도　［預置］
예컨대	이를테면·보기 들면·보기컨대　［例 -］
예컨데	예컨대　　▷ 요컨데 → 요컨대/ 청컨데 → 청컨대
예폭	벨너비　［㡌幅］
예하	손아래·부하　　〔보기〕예하기관 → 딸린기관　　▷ 휘하 → 손아래/ 슬하 → 앞·무릎아래　［隸下］
예후	1. 병세·앓는형편　2. 병뒤끝·병끝　　〔보기〕예후가 좋다 → 병끝이 좋다·잘 회복되다　　▷ 병후 → 병뒤·병끝　［豫後］
옐로	노랑·노랑빛　　〔보기〕옐로카드 → 노랑딱지·경고딱지/ 옐로저널리즘·옐로페이퍼 → 선정언론　　▷ 옐로우·엘로 → 옐로·노랑　［영 yellow］
옛부터	예부터·옛날부터　　※'옛'은 관형사, '예'는 명사다.
옛스럽다	예스럽다
-오·-으오	※받침이 있을 때 끼움소리 '으'가 드러난다. 가시오·하시오·좋으오·남으오
오각형	다섯모꼴　［五角形］
오금탱이	오금팽이·오금　　※'오금팽이'가 많이 쓰인다 하여 이를 표준말로 삼음.(표준어규정 제17항)
오기	잘못적음·틀린기록　　〔보기〕오기하다 → 잘못적다　［誤記］
오꼬시	밥풀과자　［일 おこし］
오꾸리·오쿠리	줄잇기·보내기　［일 おくり］
오너	임자·소유주　　〔보기〕오너 드라이브 → 손수운전/ 오너 드라이버 → 손수운전자　［영 owner］
오니	해감·더러운흙　［汚泥］
오니	술래·귀신　　〔보기〕오니잡기 → 술래잡기　［일 鬼］
오더	명령·지시·주문·차례　　〔보기〕오더가 떨어지다 → 1. 명령이 떨어지다　2. 주문이 떨어지다　　▷ 오다 → 오더　［영 order］
오뎅	꼬치안주·어묵　［일 おでん］
오도	그릇이끎·잘못이끎　　〔보기〕오도하다 → 잘못 이끌다　［誤導］
오도커니	오도카니　　※큰말은 '우두커니'.
오독	잘못읽음·틀리게 읽음　　〔보기〕오독하다 → 잘못읽다　［誤讀］

오디션	실연심사·검사　〔보기〕 연기 오디션을 받다 → 연기 심사를 받다 [영 audition]
오디오	음향기기　▷ 비디오 → 영상기기 [영 audio]
오뚜기	오뚝이　※큰말은 '우뚝이'. 부사에 '이'가 붙어서 부사가 될 때 그 원형을 밝혀 적으며(맞춤법 제25항), 양성모음이 음성모음으로 바뀌어 굳어진 것은 굳어진 대로 적는다.(표준어규정 제8항) 곰곰이·더욱이·생긋이·일찍이·해죽이/ 깡충깡충·발가숭이·보퉁이·주추 따위.　▷ 말뚜기 → 말뚝이
오라·올아	옳아　〔보기〕 오라, 그말이 맞아 → 옳아, 그말이 맞아!
오라이	가요!·발차! [〈영 all right]
오래기	오라기　〔보기〕 실오래기 → 실오라기
오래비·올아비	오라비
오래이다	오래다　※기본형이 '오래다'이므로 이를 바탕으로 활용해야 한다.　〔보기〕 비가 온 지 오래이기는 하지만 → 비가 온 지 오래기는 하지만/ 오래이고 → 오래고　▷ 설레이다 → 설레다/ 설레임 → 설렘/ 개이다 → 개다/ 개임 → 갬/ 도우다 → 돕다/ 목메이다 → 목메다/ 삼가하다 → 삼가다/ 삼가해주시기 → 삼가주시기·삼가시기
오랜동안	오랫동안　※'오래+동안'이라 뒷말 첫소리가 된소리가 나므로 사이시옷을 넣어쓴다.
오랫만	오랜만　※'오래간만'의 준말. '오랫동안'은 '오래동안'이나 '오래 동안'으로는 안 쓴다.　〔보기〕 오랫만일세 → 오랜만일세/ 오랫만에 만나다 → 오랜만에 만나다
오렌지색	주황빛　▷ 오린지색 → 오렌지색 [영 orange + 色]
오류	잘못·그릇됨·틀림　〔보기〕 오류정정 → 고침/ 오류를 범하다 → 잘못하다·잘못을 저지르다 [誤謬]
오륜	올림픽 [五輪]
오르간	풍금　▷ 올갠 → 오르간·풍금 [도 Organ]
오리무중	안갯속·보이지 않음 [五里霧中]
오리엔테이션	예비교육 [영 orientation]
오리지널	1. 원본·원판·원형 2. 독창적 3. 창작　〔보기〕 오리지널 사운드 → 원음/ 오리지널리티 → 독창·독창성/ 오리지널 약 → 원본 약　▷ 오리지날 → 오리지널/ 카피 → 베낌·복제 [영 original]
오마주	존경·기림인용·감동되살이·본뜨기 [프 ormmage]
오막사리	오막살이
오매	자나깨나　〔보기〕 오매불망 → 자나깨나 못 잊음　▷ 몽매

에도 → 꿈에도 [寤寐]

오면체   다섯면체 · 네모뿔 [五面體]

오명   더런이름   ▷ 악명 → 나쁜이름 [汚名]

오무리다   오므리다   ※ 큰말은 '우므리다'임. 오물거리다 · 오물오물과는 다른 말이다.   〔보기〕 오무라뜨리다 · 우무러뜨리다 → 오므라뜨리다 · 우므러뜨리다

오물   쓰레기 · 더런물건   〔보기〕 오물 투기 → 쓰레기 버리기/ 오물로 오염된 강물 → 쓰레기로 더러워진 강물 [汚物]

오미   ※매운맛 · 신맛 · 짠맛 · 단맛 · 쓴맛을 일컫는다. 한자말로는 신미 · 산미 · 함미 · 감미 · 고미 [五味]

오버   1. 지나침 · 넘침 · 과장 2. 외투   〔보기〕 오버네트 → 그물 넘기/ 오버 록 → 휘갑치기/ 오버 부킹 → 초과예약/ 오버센스 → 지나친 생각 · 신경과민/ 오버액션 → 넘친동작 · 동작지나침/ 오버 웨이트 → 과다 보유/ 오버코트 → 외투/ 오버타임 → 시간초과/ 오버패스 → 넘겨주기/ 오버 핸드스로 → 내리던지기(야구)/ 오버 헤드 킥 → 공중돌아차기/ 오버행 → 물량 부담/ 오버 헤드 숫 → 머리위쏘기/ 오버 헤드 패스 → 머리위주기 · 키넘겨주기 [영 over]

오보   잘못알림 · 그릇알림 · 틀린보도   〔보기〕 오보하다 → 잘못 보도하다 · 그릇보도를 하다/ 결과적 오보가 되다 → 내보내고 보니 잘못된 보도가 되다 · 내보낸 뒤 사실이 달라지다 [誤報]

오봉   쟁반 [일 御盆 · おぼん]

오산   그릇셈 · 잘못생각   〔보기〕 오산하다 → 그릇셈하다 · 잘못 생각하다 [誤算]

오손   더럽힘   〔보기〕 오손하다 → 더럽히다/ 오손되다 → 더럽혀지다   ▷ 파손하다 → 깨다 · 부수다/ 파손되다 → 깨지다 · 부서지다 [汚損]

오손도손   오순도순   ※북녘에서는 모음조화에 맞춰 '오손도손'으로 씀.

오수   낮잠   ▷ 오침 · 주침 → 낮잠 [午睡]

오수   더런물 · 구정물   〔보기〕 오폐수 → 더러워버린물 · 못쓸물 · 몹쓸물/ 생활오수 → 집구정물 · 구정물 [汚水]

오식   그릇꽂음 · 잘못박음   〔보기〕 오식하다 → 그릇꽂다 · 잘못 박다/ 오식으로 오자가 생기다 → 잘못박아 틀린글자가 나오다   ▷ 오타 → 잘못침 · 잘못친 글자 [誤植]

오신   1. 잘못믿음 · 그릇믿음 2. 잘못보냄   〔보기〕 오신하다 → 잘못믿다 · 그릇믿다/ 오신하고 → 잘못믿고 · 그릇믿고 [誤

信]

오심 　메슥거림 · 느글거림 · 욕지기 　　※발음따라 뜻도 달라진다.
악심(惡心) → 악한 마음 [惡心]

오야 　우두머리 · 계주 　〔보기〕오야봉(분) → 우두머리 · 책임자/
오야지 → 책임자 · 어른/ 오야가따 → 우두머리 　▷ 꼬봉
→ 딸림추 · 똘마니 · 부하 [일 親 · おや]

오얏 　자두 　〔보기〕오얏나무 → 자두나무 　　※죽은말(사어)의
되어 쓰이지 않는다고 '자두'를 표준말로 삼았다.(표준어규정
20) 그러나 오얏 리(李) 성씨는 엄연히 살아 있다.

오에스티 　끼움음악 · 삽입음악 [영 O.S.T〈original sound track]
오에스 　운영체계 · 부림체계 [영 OS〈operation system]
오에이 　사무자동화 　〔보기〕오에이기기 → 사무자동화기기 [영
OA〈office automation]
오열 　흐느낌 · 목메읾 [嗚咽]
오염 　더럽혀짐 · 더러워짐 · 더럽힘 　　※사전에는 자동사로만 쓰이
는 것으로 돼 있으나 실제로는 타동사로 많이 쓰인다. 　〔보
기〕오염하다 → 1. 더럽히다 　2. 더러워지다 · 물들다/ 오염
되다 → 오염하다 · 더러워지다 · 더럽혀지다/ 오염시키다 →
더럽히다 · 더럽게 하다/ 오염도가 심하다 → 오염이 심하다 ·
오염도가 높다 · 너무 더럽다/ 환경오염 → 환경더러워짐 · 삶
터물듦 · 삶터허욺 [汚染]

오엽송 　잣나무 [五葉松]
오용 　그릇씀 · 잘못씀 　〔보기〕오용하다 → 잘못 쓰다 · 그릇쓰다
/ 오용사례 → 잘못 쓴 보기 [誤用]

오이꼬시 · 오이코시 　앞지르기 [일 追越 · おいこし]
오인 　잘못봄 · 그릇앎 　〔보기〕오인하다 → 잘못알다 · 그릇알다/
오인사격 → 잘못 총쏘기 　▷ 착인 → 잘못봄 [誤認]

오일 　기름 · 석유 　〔보기〕오일달러 → 석유달러 · 기름돈/ 오일
쇼크 → 석유파동 · 기름파동 [영 oil shock]

오자 　틀린글자 · 잘못된 글자 　▷ 탈자 → 글자빠짐 · 빠진 글자
[誤字]

오자미 · 오제미 　공기주머니 · 콩주머니 [〈일 · おじめ]
오지 　외진땅 · 두메 　▷ 벽지 → 외딴곳 · 두메 [奧地]
오지랖 　오지랖 　▷ 무릅 → 무릎/ 무릎쓰다 → 무릅쓰다
오직 　구실흐리기 · 직책흐리기 　▷ 독직 → 구실망침 [汚職]
오진 　잘못진단 · 틀린진단 · 그릇진찰 　〔보기〕오진하다 → 잘못
진단하다 [誤診]

오차 　차 [일 おちゃ · お茶]

오찬	점심　〔보기〕오찬회 → 점심잔치·점심모임　　▷ 만찬 → 저녁잔치·저녁모임/ 조찬 → 아침·아침잔치　〔午餐〕
오케이	1. 좋아!　2. 교정 끝　〔영 O.K.〕
오타	잘못침·잘못친 글자　※타자·컴퓨터 말.〔誤打〕
오탁	더러움·흐림　※형용사인데도 동사처럼 쓰는 이가 많다. 이때는 쉬운말로 바꿔 쓰면 아무 탈이 없다.　〔보기〕오탁 하다 → 더럽다·더러워지다·흐리다/ 오탁되다 → 더러워지 다/ 오탁한 사회 → 더러워진 사회·흐린 사회/ 사회의 오탁 → 사회의 더러움/ 사상과 도의의 오탁을 초래하고 → 사상과 도의를 더럽히고·~를 흐리고　〔汚濁〕
오토	자동　〔보기〕오토그래프 → 자필서명/ 오토그래피 → 자필 / 오토레이스 → 자동차경주/ 오토마티슴 → 자동기법/ 오 토머터 → 자동장치/ 오토메이션 → 자동화·자동제어/ 오토 모빌 → 자동차/ 오토바이오그래피 → 자서전/ 오토캐드 → 자동설계·전산설계/ 오토캠핑 → 자동차 야영/ 오토타이프 → 본뜨기　〔영 auto〕
오팍	오팍　〔보기〕오팍하다 → 오퍅하다　　▷ 괴팍하다 → 괴 퍅하다　※교만하고 독살스럽다는 뜻으로 쓰는 어려운 한 자말이다. '괴퍅하다'는 속음으로 '괴팍하다'로 바꿨으나 이 말 은 그냥 두었다.　〔〈傲愎〕
오판	잘못판단·그릇판결　〔보기〕오판하다 → 잘못판단하다· 그릇판단하다　〔誤判〕
오판화	다섯잎꽃　〔五瓣花〕
오퍼	신청·제공　〔보기〕오퍼상 → 판매알선업자·무역거간 〔영 offer〕
오퍼레이터	조작원·운영자　〔보기〕오퍼레이팅 시스템 → 운영체제 ▷ 오퍼 → 오퍼레이터　〔영 operator〕
오페라	가극　〔보기〕오페라 글라스 → 구경안경/ 오페라 하우스 → 가극극장　〔영 opera〕
오펙	석유수출국기구　〔OPEC〈Organization of the Petroleum Exporting Countries〕
오펜스	공격　〔보기〕오펜스 파울 → 공격반칙　　▷ 디펜스 → 수 비　〔영 offence〕
오프	끄기·벗어남　〔보기〕오프라인 → 현실공간/ 오프사이드 → 진입반칙/ 오프사이드 트랩 → 진입반칙작전/ 오프 더 레 코드 → 안쓰기정보·보도않기·비보도/ 오프시전 → 비철· 쉬는 철　▷ 옵사이드 → 오프사이드/ 온라인 → 가상공간 〔영 off〕

오프너	병따개 [영 opener]
오픈	개시·개업·공개·엶 〔보기〕오픈하다 → 열다·개업하다/ 오픈베타 → 공개시험/ 오픈하우스 → 열린 집·구경하는 집 ▷ 오프닝 → 개막 [영 open]
오피니언	생각·의견·여론 〔보기〕오피니언 리더(층) → 여론 주도자(층) [영 opinion leader]
오피스	사무소 〔보기〕오피스텔 → 집사무실/ 오피스 레이디 → 직장여성/ 오피스 빌딩 → 사무용 건물 [영 office]
오합잡놈	오색잡놈·오사리잡놈 ※표준어규정에 맞고 형태가 비슷한 말이 널리 쓰이면 복수표준말로 삼지만 '오합잡놈'은 비표준말로 다룸.(표준어규정 제26항)
옥고	옥살이 [獄苦]
옥내	집안 [屋內]
옥답	건논·기름진 논 [沃畓]
옥도정기	요드물약 [沃度丁幾]
옥상	지붕위·지붕터 [屋上]
옥스포드	옥스퍼드 [영 Oxford]
옥외	집밖·바깥·한데 〔보기〕옥외광고 → 집밖광고·한뎃광고/ 옥외집회 → 한뎃모임·집밖모임 ▷ 장외 → 장밖·마당밖·거리 [屋外]
옥지환	옥가락지 [玉指環]
옥탑	지붕 [屋塔]
옥토	기름진 땅·건땅 [玉土]
온가지	온갖 ※준말이 더 많이 쓰여 이를 표준말로 삼음.(표준어규정 제14항) 뱀·똬리·김·생쥐·장사치·귀찮다 따위.
온갓	온갖
온기	따뜻한 기운·따뜻함 〔보기〕냉기 → 찬기운·차가움 [溫氣]
온냉	온랭 [溫冷]
온당	마땅함·알맞음·옳음 〔보기〕온당하다 → 마땅하다·옳다·알맞다/ 온당한 주장 → 옳은주장·맞는말 ▷ 온건하다 → 알맞춤하다·적당하다/ 온건성 → 알맞춤성/ 부당하다 → 옳지않다·마땅찮다/ 부당성 → 옳지않음/ 과격하다 → 지나치다·괄괄하다 [穩當]
온돌	구들 ※'온돌'을 반드시 '구들'로 바꿔 쓸 일은 아니다. 한자 '온돌'은 취음일 뿐이기 때문이다. [〈溫突·溫堗]
온디맨드	주문형 [영 on-demand]
온라인	전산망·가상공간·셈틀공간 [영 on-line]

온수	더운물　〔보기〕온수관개 → 더운물 대기/ 온수욕 → 더운물 목욕　　▷ 냉수 → 찬물/ 탕수 → 끓는물　〔溫水〕
온탕	따뜻한 물・더운물・뜨거운 물　　▷ 냉탕 → 찬물　〔溫湯〕
온혈동물	더운피동물　▷ 정온동물 → 더운피동물/ 냉혈동물・변온동물 → 찬피동물　〔溫血動物〕
올 코트 프레싱	전면밀착방어・몰막음　〔영 all court pressing〕
올개미	올가미　※'ㅣ'모음 역행동화를 인정한 말은 '－내기' '냄비' '동댕이치다' '－쟁이'뿐이다.(표준어규정 제9・11항)
올드미스	노처녀　〔영 old miss〕
올 라운드 플레이어	만능선수　〔영 all round player〕
올스톱	죄멈춤・전면중단　〔all stop〕
－올습니다	－올시다　〔보기〕아니올습니다 → 아니올시다　※'－올시다'는 어미(씨끝)로서 '옳습니다/ 그릅니다'와는 다른 말이다.
올실	1. 섬유　2. 외겹실・외올실・홑실
－올씨다	－올시다
올인	다걸기・매진　〔영 all-in〕
올인원	일체형　〔영 all-in-one〕
올타글타	옳다긇다
옭죄다	옥죄다
옮다	※자동사 '옮다'를 사동사(타동사) '옮기다'로 잘못 쓰는 일이 많다.　〔보기〕지지층이 옮겨 다니며 → ～ 옮아 다니며/ 불이 옮겨 붙다 → 불이 옮아 붙다/ 미군 기지가 옮겨감에 따라 → 미군 기지가 옮아감에 따라/ 새 질서로 옮겨가는 과정에서 → 새 질서로 옮아가는 과정에서/ 다른 신문사에서 옮겨온 양심적인 기자들 → ～ 옮아온 ～　※직장을 옮기다・짐을 옮기다 따위는 제대로 된 쓰임이다.
옳리글리	옳니글니　※'옳으니그르니'를 줄인말.　〔보기〕옳리글리하다 → 옳니글니하다・옳니글니 말이 많다
옳바르다	올바르다　※'옳고 바르다'의 뜻.　〔보기〕옳바로 → 올바로
옳이글리	옳니글니
옳커니	옳거니
옴니버스	1. 엮음・묶음　2. 대중교통　〔영 omnibus〕
옴부즈만・옴부스만	옴부즈맨・민원도우미　〔〈스웨덴 Ombusman〕
옵서버	참관인・관찰자・관측자　　▷ 업저버・옵소버 → 옵서버　〔영 observer〕
옵션	선택・선택권　〔보기〕옵션 거래 → 매매선택권거래/ 스톡

옵션 → 주식선택권 〔영 option〕

옹관	독관·오지관 〔보기〕옹관묘 → 독무덤 ▷ 도관·와관 → 독관·오지관/ 목관 → 널·나무관/ 목곽 → 덧널/ 목곽무 덤 → 덧널무덤/ 석관 → 돌널/ 석관묘 → 돌널무덤 〔甕 棺〕
옹기	질그릇·오지그릇 〔보기〕옹기장 → 옹기장이 ▷ 도기 → 질그릇/ 자기 → 사기그릇/ 옹구 → 옹기·질그릇 〔甕 器〕
옹립	임금으로 모심·모셔 세움·받들어 세움 〔보기〕옹립하다 → 받들어 세우다 ▷ 영립하다 → 임금으로 모시다 〔擁 立〕
옹벽	사태막이벽·버팀벽·축대벽 〔보기〕옹벽을 쌓다 → 버팀 벽을 쌓다 〔擁壁〕
옹호	감쌈·지킴 〔보기〕옹호하다 → 감싸다/ 인권옹호 → 인권 지키기 〔擁護〕
-와(과)의	※ 일본말 '~との'를 옮긴 이중조사로서 그냥 '와(과)'로만 쓰 거나 문장형식 따위를 바꾸어 쓰는 편이 낫다. 이때 '의'는 풀 이말을 대신하는 것으로 봐 매김꼴 풀이말로 풀어주어 야 하는데, 짧은 제목 따위에서는 풀어주기 어려울 때도 있다. 〔보기〕범죄와의 전쟁 → 범죄와 싸움/ 에이즈와의 전쟁 → 에이즈와 싸움/ 세계와의 대결에 의해 패배하는 → 세 계와 맞서서 패배하는/ 교원지위법에 의한 정부와 교직자단 체와의 단체협의권의 획득도 평가할 일이다 → 교원지위법으 로 교직자단체가 정부와 협의할 권리를 얻은 것도 평가할 일 이다/ 부모와의 대화 때 → 부모와 대화할 때/ 학부모와의 접 촉을 기피하고 → 학부모를 만나지 않고/ 학생과 교사와의 사 이에도 → 학생과 교사 사이에도
와가	기와집 〔瓦家〕
와공	기와장이 ▷ 와장 → 기와장이 〔瓦工〕
와꾸	테·틀 〔일 枠·わく〕
와니스	니스 〔〈영 varnish〕
와레즈 사이트	불법 소프트웨어 사이트 〔WaReZ site〕
와리깡·와리칸	추렴·나눠내기·각자부담 〔일 割勘·わりかん〕
와리바시	소독저·나무젓가락 〔일 割箸·わりばし〕
와리스께·와리스케	매김질·벼름·배치 〔보기〕와리스께하다 → 매김질하 다·배치하다 ▷ 레이아웃 → 편집·배치·짬 〔일 割 付·わりつけ〕
와문	소용돌이무늬 〔보기〕와상문 → 소용돌이무늬/ 와상선 →

소용돌이금 [渦紋]

와병 　누워앓음·앓아누움·몸져누움 　〔보기〕와병중이다 → 앓아
누웠다 [臥病]

와사 　가스 　〔보기〕와사관 → 가스관/ 와사등 → 가스등/ 와사요
→ 가스가마 [瓦斯]

와사비 　고추냉이·겨자 [일 山葵·わさび]

와요 　기왓가마 [瓦窯]

와우 　달팽이 　〔보기〕와우관 → 달팽이관/ 와우형 → 달팽이꼴/
와우각 → 달팽이껍데기/ 와우각상 → 좁은 세상 [蝸牛]

와이루·와이로 　뇌물 [일 賄賂]

와이셔쓰·와이샤쓰 　와이셔츠 [〈영 white shirt]

와이브로 　손누리·휴대누리망 [영 WiBro]

와이어 　1. 쇠바·쇠줄·철사 2. 전화선 　〔보기〕와이어 로프 → 쇠
밧줄/ 와이어 브러시 → 쇠솔/ 와이어맨 → 전선공·도청전문
가/ 와이어 태핑 → (전화·전신) 도청/ 와이어 클립 → 줄집
게 [영 wire]

와이프 　아내 [영 wife]

와인 　술·포도주 [영 wine]

와인드 업 포지션 　던질 자세 [영 wind up position]

와일드 　거친 　〔보기〕와일드하다 → 거칠다/ 와일드 피칭 → 거친
투구/ 와일드 차징 → 거친 방해/ 와일드 카드 → 예외규정·
두루치기(전산)/ 와일드캣 스트라이크 → 자의적 파업 [영
wild]

와장 　기와장이 　▷ 와공 → 기와장이 [瓦匠]

와전 　잘못 전함 　〔보기〕와전하다 → 잘못 전하다 [訛傳]

와중 　소용돌이속·북새판 　〔보기〕와중에 → 북새판에 [渦中]

와해 　깨짐·무너짐 　〔보기〕와해하다 → 무너지다·깨지다/ 와
해되다 → 무너지다/ 와해시키다 → 무너뜨리다 　▷ 분붕
하다 → 무너지다 [瓦解]

왁스 　밀·꿀밀 　〔보기〕왁스모델 → 밀랍본/ 왁스 인젝터 → 밀
랍주입기/ 왁스 패턴 → 밀랍본 [영 wax]

왁찐(친) 　백신 [〈도 Wakzin]

완강기 　어깨걸어내리기·어깨걸이·팔걸이 　〔보기〕완강기 탈출구
→ 어깨걸이 탈출구 [腕降機]

완검 　모두 잡음 　〔보기〕완검하다 → 모두 잡다 [完檢]

완결 　끝남·끝맺음 　〔보기〕완결하다 → 끝내다·끝나다 [完
結]

완경사 　느린 비탈 　▷ 급경사 → 센비탈·된비탈 [緩傾斜]

완곡	에두름·눅임 〔보기〕완곡하다 → 에둘러 부드럽다/ 완곡히 표현하다 → 부드럽게 표현하다/ 완곡법 → 에두름법 〔婉曲法〕
완공	공사 마침·준공 〔보기〕완공하다 → 다 짓다·다 마치다 〔完工〕
완구	장난감·놀잇감 〔玩具〕
완급	느림과 급함 〔보기〕완급을 조절하다 → 급한일을 가려하다·빠르기를 맞추다 〔緩急〕
완납	다 바침·다 묾·다 냄 〔보기〕완납하다 → 다 내다 〔完納〕
완력	주먹심·어깨힘 〔腕力〕
완료	끝냄·끝마침·다함 〔보기〕완료하다 → 끝내다 ▷ 완결 → 끝냄·끝마침/ 종료·종결 → 끝냄·끝막음 〔完了〕
완만하다	느리다·굼뜨다 〔보기〕완만히 → 굼뜨게 〔緩慢-〕
완미	미욱함·미련함·투미함 〔보기〕완미하다 → 미욱하다 〔頑迷〕
완벽	흠없는 구슬·완전함·온전함 〔보기〕완벽하다 → 흠없다/ 완벽판 → 완전판/ 완벽을 기하다 → 완전하게 하다·틀림없이하다 〔完璧〕
완불	다 치름·완전 치름 〔보기〕완불하다 → 다 치르다 〔完拂〕
완성	끝냄·다 이룸 〔보기〕완성하다 → 다 이루다/ 완성 단계 → 다된 고비/ 완성품 → 다된 물건 ▷ 완결 → 끝냄·마침/ 완수 → 이룸·다함 〔完成〕
완수	이룸·다함 〔보기〕완수하다 → 다 이루다·다하다/ 임무 완수 → 임무 다함 〔完遂〕
완숙	다 익음·무르익음 〔보기〕완숙하다 → 무르익다/ 완숙과 → 익은 열매/ 완숙퇴비 → 삭은 두엄·썩은 두엄/ 완숙미 → 무르익은 멋 ▷ 반숙 → 설익음·반익힘/ 원숙 → 무르익음 〔完熟〕
완연	뚜렷함·뚜렷하게·뚜렷이·두드러짐 〔보기〕완연하다 → 뚜렷하다·또렷하다/ 완연 돋보이다 → 뚜렷이 돋보이다 ▷ 단연히 → 뚜렷이/ 확연히 → 뚜렷이 〔宛然〕
완전	재대로임·온전함·오롯함 〔보기〕완전하다 → 제대로다·온전하다·오롯하다/ 완전동화 → 다닮음/ 완전변태 → 갖춘탈바꿈/ 완전엽 → 완전잎/완전일(월)식 → 해(달) 다가림/ 완전자동사 → 갖은제움직씨/ 완전타동사 → 갖은남움직씨/ 완전화 → 갖춘꽃 〔完全〕

완제	다갚음　〔보기〕완제하다 → 다 갚다　[完濟]
완초	왕골　▷ 완초공예 → 왕골공예　[莞草]
완충	충돌막음·사이　〔보기〕완충지대 → 사이지대/ 완충역할 → 사이구실　[緩衝]
완하제	설사약　[緩下劑]
완행	천천히감·슬슬감　▷ 직행 → 곧바로 감/ 급행 → 빨리 감 / 서행 → 천천히 감　[緩行]
완화	누그러뜨림·품　〔보기〕완화하다 → 누그러뜨리다·풀다/ 완화되다 → 누그러지다·풀리다　[緩和]
왈가왈부	옳거니 그르거니·옳니 글니　〔보기〕왈가왈부하다 → 이러쿵저러쿵 다투다　[曰可曰否]
왔다리갔다리	왔다갔다
왕년	지난해·옛날·지난날·한때　▷ 왕세·왕전·조년·조세 → 지난날·지난해·한때　[往年]
왕도	으뜸길·큰길·바른길　〔보기〕왕도는 없다 → 으뜸길은 없다　[王道]
왕림	오시기·오심　〔보기〕왕림하다 → 오시다/ 왕림하여 → 오셔서　[枉臨]
왕왕	가끔·이따금　[往往]
왕좌	으뜸자리　[王座]
왕진	가서 병보기　〔보기〕왕진하다 → 병보러 가다/ 왕진 가방 → 진찰 가방　[往診]
왜곡	비틂·곱새김·잘못　〔보기〕왜곡하다 → 비틀다·곱새기다/ 왜곡보도 → 곱새겨 알림·비꼬아 알림/ 사실왜곡 → 사실 곱새김·비틀어 곱새김　[歪曲]
왜그 더 독	앞뒤바뀜·본말전도　▷ 왝 더 독 → 왜그 더 독　[영 wag the dog]
왜긋다	뻣뻣하다　※'뻣뻣하다'가 많이 쓰인다 하여 이를 표준말로 삼는다.
왠만큼	웬만큼　※'왜'와 '웨', '왠'과 '웬'을 제대로 가려쓰지 못하는 이가 많다.　〔보기〕웬지 → 왠지(왜인지)/ 왠일인지 → 웬일인지/ 웨냐하면 → 왜냐하면/ 왠걸 → 웬걸/ 왠셈 → 웬셈
왠일인지	웬일인지
외	밖　〔보기〕내외 → 안팎/ 국외 → 나라밖/ 국내외 → 나라안팎/ 해외소식·국외소식 → 나라밖소식·바깥나라소식/ 외지 → 딴곳·딴나라/ 외국 → 바깥나라·딴나라　[外]
외각	바깥각　▷ 내각 → 안각　[外角]

외견 [外見]	겉보기　〔보기〕외견상 → 겉보기에　▷ 외관 → 겉모양
외경 [畏敬]	어려워함·두려워함　〔보기〕외경하다 → 어려워하다/ 외경 심 → 어려워하는 마음　▷ 경외 → 어려워함·깊이 존경함
외계 	바깥세계·별나라　▷ 내계 → 속마음·안세계　[外界]
외곽 	바깥성·둘레·변두리　〔보기〕외곽을 때리다(치다) → 변 두리를 치다·바깥성을 치다　[外郭]
외관 	볼품·겉보기·겉모양　〔보기〕외관상 → 겉보기에·보기 에　▷ 외견 → 겉보기　[外觀]
외기	바깥공기　[外氣]
외눈퉁이·외대박이	애꾸눈이·외눈박이　※복수표준말로서 '애꾸눈이·외눈박 이' 둘 다 많이 쓰인다 하여 표준말로 삼음.(표준어규정 제26 항)
외담	추잡한 말·잡된 농담·색얘기　▷ 외설 → 색스러움·색 짓·잡짓　[猥談]
외도	1. 오입　2. 딴길　〔보기〕외도하다 → 오입하다·딴길을 가 다　[外道]
외등	바깥등　[外燈]
외디푸스	오이디푸스　※'오이디푸스 콤플렉스'나 '에디퍼스 콤플렉 스'는 각각 그리스식 또는 영어식 발음으로 적은 것인데, 이 말 을 쓴 프로이트를 생각하면 도이치말로 적는 것이 맞다. 곧, '외디푸스 콤플렉스'(Ödipus-komplex)가 적절하겠다.　[그 Oidipous]
외래	밖에서 옴·들어옴·들온　〔보기〕외래객 → 손님/ 외래어 → 들온말/ 외래자 → 손님/ 외래종 → 들온 종자·들온씨/ 외 래품 → 들온 물품/ 외래어종 → 들온물고기·바깥어종　※ 외래어를 차용어라고도 하는데, '빌린말'로 쓰라는 주장도 있 다.　[外來]
외력	바깥힘　▷ 내력 → 속힘　[外力]
외모	겉모습　▷ 외양 → 허울·겉모습/ 외모를 다듬기보다 내면 을 충실히 하라 → 겉모습을 다듬기보다 마음을 살찌우라 [外貌]
외박	나가 잠·바깥잠　〔보기〕외박하다 → 밖에서 자다　[外泊]
외벽	바깥벽　▷ 내벽 → 안벽　[外壁]
외분비	겉배어나기　〔보기〕외분비선 → 겉배어나기샘　▷ 내분 비 → 속배어나기　[外分泌]
외상	다친데·상처　▷ 내상 → 속병·속다침　[外傷]

외서	외국책 〔外書〕
외설	· 난잡함 · 추잡함 〔보기〕외설하다 → 무람없다 · 난잡하다 〔猥褻〕
외식	겉치레 · 겉꾸밈 〔外飾〕
외식	나가먹기 · 바깥음식 〔보기〕외식하다 → 밖에서 먹다/ 외식산업 → 음식산업 〔外食〕
외양	겉모양 〔外樣〕
외용약	바르는 약 ▷ 내복약 → 먹는약 〔外用藥〕
외유	외국여행 · 바깥구경 · 바깥나라 나들이 〔보기〕외유하다 → 딴나라 구경가다 〔外遊〕
외의	겉옷 ▷ 내의 → 속옷 〔外衣〕
외이	겉귀 · 바깥귀 ▷ 내이 → 속귀 · 안귀/ 중이 → 가운뎃귀 〔外耳〕
외조	외할아버지 〔보기〕외조모 → 외할머니/ 외조부 → 외할아버지 〔外祖〕
외출	나들이 〔보기〕외출하다 → 나들이하다 · 나가다/ 외출복 → 나들이옷 · 출입옷 〔外出〕
외측	바깥쪽 ▷ 내측 → 안쪽 〔外側〕
외토리	외톨이 ※'외톨+이'. 본말은 '외돌토리', 준말은 '외톨'이다.
외풍	1. 바깥바람 · 윗바람 · 우풍 2. 겉모습 〔外風〕
외피	겉껍질 · 겉가죽 ▷ 내피 → 안가죽 〔外皮〕
외형	겉꼴 · 겉모양 〔外形〕
외화	딴나랏돈 · 외국돈 〔外貨〕
외화	외국영화 〔外畵〕
왼달	온달 ※모음이 단순해진 말을 표준으로 삼음. 괴팍 · −구면 · 미루나무 · 미륵 · 여느 · 으레 · 케케묵다 · 허우대 · 허우적허우적 따위.(표준어규정 제10항)
요 · −요	① 맺음끝 뒤에 붙어 듣는 이를 높이는 토. 좋지요 · 좋아요 · 있어요 · 참으리요 · 왜요 · 그래요. ② 낱말, 이은말, 월 끝에 두루 붙어, 듣는 이를 높이면서 강조하는 토. 마음은요 더없이 좋대요 · 자요 · 저기요.
요	오줌 〔보기〕방뇨 → 오줌싸기 〔尿〕
요건	긴한것 · 갖출것 〔보기〕요건을 구비하다 → 갖출 것을 갖추다/ 요건을 궐하다 → (갖출 것을) 못갖추다 〔要件〕
요격	맞받아치기 〔보기〕요격하다 → 맞받아치다 · 맞치다/ 미사일 요격 → 미사일 받아치기 · 미사일로 맞히기 〔邀擊〕
요결	긴한뜻 〔要訣〕
요골	허리뼈 〔腰骨〕

요관	오줌길 [尿管]
요구되다	필요하다 · ~해야 한다 · ~어야 한다　　※'~을 필요로 한다' 따위처럼 영어 'required ~, need~' 따위가 들어간 문장을 직역한 말투다.　〔보기〕 자세 전환이 요구된다 → 자세 전환이 필요하다 · 자세를 바꾸어야 한다/ 개혁의 필요성이 강력하게 요구된다→ 꼭 개혁해야 한다 · 개혁하지 않으면 안 된다　　▷ 요구하다 · 요청되다 · 요망되다 [要求-]
요대	허리띠 [腰帶]
요도 · 요로	오줌구멍 · 오줌길　〔보기〕 요도결석 · 요로결석 → 오줌길 돌 [尿道 · 尿路]
요동	흔들림 · 흔듦 · 움직임　〔보기〕 요동하다 → 흔들리다/ 요동 치다 → 흔들리다/ 요동하는 일본 열도 → 흔들리는 일본열도 / 요동이 심하다 → 흔들림이 심하다 · 세게 흔들리다　　▷ 동요하다 → 흔들리다 [搖動]
요로	1. 긴한길 · 중요한 길 · 줄기　2. 줄 · 기관　〔보기〕 관계 요로 에 → 관계 기관에 · 걸린 줄 따라/ 요로마다 → 길마다 [要路]
요망	바람　〔보기〕 요망하다 → 바라다/ 요망되다 → 필요하다 · 해(어)야 한다/ 신중한 검토가 요망되는 사안이다 → 조심스레 검토해야 할 일이다/ 요망사항 → 바라는 일　　▷ 요구되다 · 요청되다 [要望]
요면	오목면　〔보기〕 요면경 → 오목거울/ 요면동판 → 오목동판　　▷ 철면 → 볼록면/ 요철 → 오목볼록 [凹面鏡]
요부	요사한 계집 [妖婦]
요부	허리(께) [腰部]
요사	젊어 죽음 · 젊은 죽음　〔보기〕 요사하다 → 젊어 죽다　　▷ 요절 · 요서 · 조사 · 조절 · 조세 → 젊어죽음 · 일찍죽음 [夭死]
요새	중요 길목 · 중요한 곳 [要塞]
요설	잔말 · 지껄임 · 수다함　〔보기〕 요설하다 → 지껄이다/ 요설 가 → 잔말쟁이 · 수다꾼 [饒舌]
요소	길목 · 긴(요)한 곳 [要所]
요술장이	요술쟁이
요시	좋아 · 두고보자 [일 よし]
요실금	오줌흘림 · 오줌찔끔 [尿失禁]
요오지 · 요지	이쑤시개 [일 楊枝 · ようじ]
요원	불벌　〔보기〕 요원의 불길 → 불벌의 불길 · 들불　　▷ 야화 → 들불 [燎原]

요원하다	멀다 [遼遠 −]
요의빈삭	오줌 자주 마려움 [尿意頻數]
요이똥	준비땅·시작! [일 用意ドン]
요인	중요인물 [要人]
요절	젊어죽음·젊은죽음 〔보기〕요절하다 → 젊어 죽다 ▷ 요사 → 젊어죽음 [夭折]
요정	요릿집 [料亭]
요주의	주의할 것·주의하시오 〔보기〕요주의 사항 → 특히 주의할 것/ 요주의 인물 → 꼭 주의할 사람/ 주의요 → 주의할 것 [要注意]
요지음	요즈음
요직	중요한 자리 [要職]
요철	오목볼록·울퉁불퉁·올통볼통·올톡볼톡 [凹凸]
요청되다	필요하다·~해야 한다·~해야(~어야)겠다·~가 있어야겠다 ※'need' 'be required for' 따위의 영향으로 말하는 번역투다. 〔보기〕대통령은 특히 높은 도덕성이 요청된다 → 대통령은 무엇보다 도덕성이 높아야 한다/ 집권당의 공약은 즉시 정책으로 반영되어야 하기 때문에 특히 현실성이 요청된다 → ~ 특히 현실성(실현성)이 있어야 한다/ 당국의 세심한 배려가 요청된다 → 당국에서 꼼꼼히 마음써주어야겠다·당국에서 세심히 배려해주어야 한다·당국의 세심한 배려가 있어야겠다 ▷ 요구되다·요망되다·~을 필요로 하다·강조된다 [要請 −]
요체	알짬·알짜 〔보기〕민주주의의 요체 → 민주주의의 알짬/ 요체가 무어냐 → 알짜가 무어냐 ▷ 핵심 → 고갱이·알맹이·알짜·알짬 [要諦]
요추	허리등뼈·허리뼈 〔보기〕요추골 → 허리등뼈·허리뼈/ 요추만곡 → 허리굽이 [腰椎]
요충	긴한 목 〔보기〕요충지 → 긴한 목 [要衝]
요컨대	요컨대 ※말하려는 내용을 미리 밝힐 때 어미 '− 건대'를 써야 하는데 '− 건데'로 잘못 쓰는 이가 많다. 씨끝 '− 관데'가 있는데, 이는 누가 왔관데, 무엇이관데, 어떻게 생겼관데, 누관데 따위로 쓰인다. ▷ 예컨데 → 예컨대/ 묻건데 → 묻건대/ 보기컨데 → 보기컨대/ 청컨데 → 청컨대
요통	허리앓이 [腰痛]
요판	오목판 ▷ 철판 → 볼록판 [凹版]
요하다	필요하다·요구하다 〔보기〕긴급을 요하다 → 긴급하다·급하다/ 조정을 요하다 → 조정이 필요하다/ 요함 → 필요함·

      바람　[要-]

요해　깨쳐앎·깨침·이해　〔보기〕요해하다 → 깨쳐 알다·이해하다　[일 了解]

욕조　목욕통　[浴槽]

용건　볼일　[用件]

용기　그릇·갑·통·상자　〔보기〕감용기 → 줄이개·줄임통/ 쓰레기 감용기 → 쓰레기줄이개　▷ 감용차 → 줄이개차　[容器]

용꼬　매우·몹시　[일〈扨無い]

용도　쓸데·쓰임(새)·쓰이는 데　〔보기〕용도가 많다 → 쓸데가 많다/ 용도 폐기 → 내버림·쓰지 않음　▷ 용처 → 쓸데·쓰일데　[用途]

용량　들이·부피　〔보기〕용량 미달 → 분량 미달/ 대용량 → 큰들이·큰부피　▷용적 → 들이·부피　[容量]

용렬　못남·옹졸함　〔보기〕용렬하다 → 못나다·옹졸하다/ 용렬스럽다 → 못난 듯하다/ 용렬스레 → 못나게　▷ 졸렬하다 → 못생기다·좀스럽다　[庸劣]

용맹　날쌤·날램　〔보기〕용맹하다 → 날쌔다·날래다　[勇猛]

용모　모습·얼굴·생김새　〔보기〕용모를 보다 → 생김새를 보다/ 용모단정 → 모습단정　[容貌]

용무　볼일　〔보기〕용무차 → 일 보러·일로/ 용무없이 → 일없이　[用務]

용법　쓰는 법　〔보기〕사용법 → 쓰는법　[用法]

용상　솟구올림·추어올리기(역도)·치켜올리기·솟아오름　〔보기〕용상하다 → 솟아오르다·치켜올리다　▷ 인상 → 들어올리기/ 추상 → 밀어올리기　[聳上]

용선　삯배　〔보기〕용선하다 → 배를 빌리다　[傭船]

용수　물·허드렛물·쓸물　〔보기〕용수난 → 물부족·물마름/ 용수로 → 물도랑·물길/ 용수원 → 끌물·물끌곳/ 공업용수 → 공장물/ 농업용수 → 농삿물　▷ 상수 → 맑은물·윗물/ 식수 → 먹을물·먹는물/ 하수 → 시궁창물·구정물/ 폐수 → 버린물·몹쓸물　[用水]

용안　임금 얼굴　▷ 성면·성안·옥안·천안 → 임금 얼굴　[龍顏]

용안　얼굴　[容顏]

용액　녹인물·녹임물　〔보기〕용액중합 → 녹인물 중합/ 수용액 → 녹인물/ 수용제 → 물녹임약　[溶液]

용융	녹음　〔보기〕용융하다 → 녹다·녹아섞이다/ 용융점 → 녹는점/ 용융염 → 녹는염/ 용융제 → 녹임감/ 용융천공 → 녹여 뚫기　[熔融·鎔融]
용의	생각·맘준비·맘먹음　〔보기〕용의하다 → 맘먹다/ 용의주도하다 → 생각이 찬찬하다(빈틈없다)·꼼꼼하다/ 용의가 있다 → 맘먹다·~ 할 생각이 있다·마음이 있다　[用意]
용의	미심쩍음·혐의　▷ 용의자 → 혐의자　[일 容疑]
용의주도하다	꼼꼼하다·빈틈없다·생각이 찬찬하다　▷ 주도면밀하다 → 빈틈없다·꼼꼼하다　[用意周到-]
용이	쉬움·손쉬움　〔보기〕용이하다 → 쉽다·손쉽다　▷ 평이 → 쉬움/ 난이 → 어려움과 쉬움/ 간이 → 손쉬움　[容易]
용적	들이·부피　▷ 체적 → 부피/ 용적중 → 들이무게　[容積]
용접	땜·땜질　〔보기〕용접하다 → 땜질하다/ 용접봉 → 땜(질)막대　[熔接]
용제	녹는약·녹임약·녹임감　〔보기〕수용제 → 물녹임약　[熔劑]
용지	쓸땅　〔보기〕공장용지 → 공장땅/ 도로용지 → 길땅/ 상업용지 → 상업쓸땅　▷ 대지 → 집터/ 나대지 → 빈집터/ 부지 → 터/ 공지 → 빈터/ 택지 → 집터　[用地]
용지	쓸종이·종이　〔보기〕인쇄용지 → 인쇄종이/ 원고용지 → 원고종이/ 용지난 → 종이난　[用紙]
용처	쓸곳　▷ 용도 → 쓸모·쓰임새　[用處]
용출	솟아나옴　〔보기〕용출하다 → 솟아나다/ 용출량 → 솟는 양　[湧出]
용해	녹음·풀림　〔보기〕용해하다 → 녹다·녹이다·풀리다/ 용해량 → 녹은양/ 용해로 → 녹임 가마/ 용해액 → 녹임물/ 용해열 → 녹는 열/ 용해제 → 녹임감/ 용해질 → 녹음감/ 용해펄프 → 녹임펄프　[熔解·鎔解]
용훼	말참견·말간섭　〔보기〕용훼하다 → 입을 놀리다·말참견하다/ 이 일에 용훼할 자격도 없다 → 이 일에 참견할 ~　[容喙]
우각	쇠뿔　[牛角]
우골	쇠뼈·소뼈　[牛骨]
우국	나라걱정　[憂國]
우기	장마철·비철　▷ 우계 → 장마철·비철/ 건기 → 마른철·메마른철　[雨期]
우끼	뜰것·띄우개·(낚시)찌　[일 浮·浮子·浮標·うき]

우대	좋은 대우·잘 대접함　〔보기〕우대하다 → 잘 대접하다　▷ 위대(爲待)하다 → 1. 잘대접하다　2. 하소하다　〔優待〕
우동	가락국수　〔일 饂飩·うどん〕
우두	쇠머리·소머리　〔보기〕우두골 → 쇠머리뼈·소머리뼈　〔牛頭〕
우두머니	우두커니　※'우두커니'가 많이 쓰인다 하여 이를 표준말로 삼음.(표준어규정 제17항) 작은말은 '오도카니'임.
우둔	미련·민함·무딤·멍청함　〔보기〕우둔하다 → 미련하다· 민하다·무디다　▷ 둔하다 → 무디다·미련하다·멍청하다　〔愚鈍〕
우려	걱정·근심　〔보기〕우려하다 → 걱정하다·근심하다/ 하류의 범람이 우려된다 → 하류가 넘칠 지경이다/ 국론 분열을 우려했다 → ~ 걱정했다　〔憂慮〕
우롱	놀림　〔보기〕우롱하다 → 놀리다　〔愚弄〕
우뢰	우레　〔보기〕우룃소리 → 우렛소리　▷ 뇌성벽력 → 천 둥번개　〔취 雨雷〕
우리말화	우리말 되기　〔-化〕
우마	마소　〔보기〕우마차 → 마소수레·달구지　〔牛馬〕
우매	어리석음·미련함·멍청함　〔보기〕우매하다 → 어리석다· 미련하다·멍청하다/ 우매성 → 어리석음성　〔愚昧〕
우먼	여자·여성　〔보기〕우먼파워 → 여성세·여성세력　〔영 woman〕
우모	쇠털　〔牛毛〕
우모	깃털·새털　〔羽毛〕
우미다	매만지다　※'매만지다'가 많이 쓰인다 하여 이를 표준말로 삼음.(표준어규정 제25항)
우박	누리　〔雨雹〕
우발	느닷없음·우연히 일어남·어쩌다 생김　〔보기〕우발하다 → 우연히 일어나다/ 우발사고 → 우연한 사고/ 우발적 → 갑작 스런·느닷없는　〔偶發〕
우방	벗나라·친한나라　〔보기〕우방국 → 벗나라　▷ 맹방 → 동맹국　〔友邦〕
우방	오른편·오른쪽　▷ 좌방 → 왼쪽·왼편　〔右方〕
우변	오른쪽·오른편　▷ 좌변 → 왼쪽·왼편　〔右邊〕
우보	소걸음·느린걸음　▷ 횡보 → 모걸음·옆걸음　〔牛步〕
우사	외양간　▷ 마구간 → 외양간/ 돈사 → 돼지우리/ 계사 → 닭장　〔牛舍〕
우상	만든신·허깨비　〔보기〕우상숭배 → 허깨비섬기기　〔偶

像]

우상	깃꼴 〔보기〕 우상맥 → 깃꼴맥/ 우상단엽 → 깃꼴홑잎/ 우상복엽 → 깃꼴겹잎/ 우상새 → 깃아가미/ 우상문 → 깃꼴무늬 〔羽狀〕
우선	오른돌이 〔보기〕 우선성 → 오른돌이성 ▷ 좌선 → 왼돌이/ 좌선성 → 왼돌이성 〔右旋〕
우선	먼저 · 아쉰대로 · 그런대로 〔보기〕 우선 인사부터 해라 → 먼저 인사부터 해라/ 우선 한시름 놓겠다 → 그런대로 한시름 놓겠다 〔于先〕
우선	앞섬 〔보기〕 우선하다 → 앞서다/ 우선하여 → 앞서서 · 앞질러 · 먼저/ 우선적으로 → 먼저 · 앞서서/ 우선순위 → 먼저차례 · 먼저나중 · 앞선차례 〔優先〕
우세	나음 〔보기〕 우세하다 → 낫다 · 앞서다 ▷ 열세 → 못함 · 뒤짐/ 우열을 가리다 → 낫고 못함을 가리다 〔優勢〕
우수	오른손 ▷ 좌수 → 왼손/ 우완 → 오른팔/ 좌완 → 왼팔 〔右手〕
우수	짝수 ▷ 기수 → 홀수 〔偶數〕
우수	빗물 〔보기〕 우수관 → 빗물관/ 우숫물 → 빗물 ▷ 천수 → 빗물/ 지하수 → 땅속물 〔雨水〕
우수	근심 · 걱정 〔憂愁〕
우심방 · 우심실	오른염통방 · 오른염통집 ▷ 좌심방 → 왼염통방/ 좌심실 → 왼염통집 〔右心房 · －室〕
우심하다	더욱 심하다 〔보기〕 우심히 → 더욱 심하게/ 우심한 갈증 → 더욱 심한 갈증 〔尤甚－〕
우여곡절	여러 곡절 · 복잡한 사정 · 여러 사정 〔보기〕 우여곡절 끝에 → 뒤얽힌 사정 끝에/ 우여곡절이 많았다 → 복잡한 사정이 많았다 〔迂餘曲折〕
우와기	양복저고리 〔일 上着 · 上衣 · うわぎ〕
우완	오른팔 〔보기〕 우완투수 → 오른팔투수 ▷ 좌완 → 왼팔/ 좌완투수 → 왼팔투수 〔右腕〕
우왕좌왕	갈팡질팡 · 이랬다저랬다 〔보기〕 우왕좌왕하다 → 갈팡질팡하다 〔右往左往〕
우울	답답 · 흐림 〔보기〕 우울하다 → 답답하다 · 흐리다/ 우울증 → 답답증 〔憂鬱〕
우육	쇠고기 · 소고기 ▷ 돈육 → 돼지고기/ 어육 → 물고기/ 구육 → 개고기 〔牛肉〕
우의	날개옷 · 깃옷 〔羽衣〕
우의	비옷 ▷ 우비 → 우산/ 우장 → 비옷/ 판초 → 비옷 〔雨

衣]

우이	쇠귀 〔보기〕 우이독경 → 쇠귀에 경읽기/ 우비독경 → 쇠코에 경읽기 [牛耳]
우인	벗 〔보기〕 우인대표 → 벗대표 [友人]
우절로	오른쪽길·오른꺾인길 ▷ 좌절로 → 왼꺾인길 [右折路]
우제류	발굽 짐승 [偶蹄類]
우지	쇠기름 〔보기〕 우지파동 → 쇠기름파동/ 우지유 → 쇠기름/ 돈지 → 돼지기름 [牛脂]
우직하다	고지식하다·미련하다 [愚直 -]
우천	비오는 날·궂은날 〔보기〕 우천으로 → 비로·비가 와서/ 우천순연 → 비오면 드팀·비오면 늦춤·비오면 차례로 미룸/ 우천시 → 비올때/ 우천 불구하고 → 비가 와도 [雨天]
우측	오른쪽 〔보기〕 우측상단 → 오른쪽 위(끝)/ 우측통행 → 오른쪽 다니기 ▷ 좌측 → 왼쪽 [右側]
우편	오른짝 ▷ 좌편 → 왼짝 [右便]
우편배달부	집배원 [郵便配達夫]
우피	쇠가죽 [牛皮]
우호적	사이좋은·정다운·의좋은 〔보기〕 우호적으로 → 사이좋게·정답게/ 우호적이다 → 친하다·사이좋다 [友好的]
우화	날개돋이·날개돋음 〔보기〕 우화하다 → 날개돋다/ 우화등선 → 신선이 됨 [羽化]
우환	병(걱정) 〔보기〕 우환이 겹치다 → 병걱정이 겹치다 [憂患]
우회	멀리돎·에돎 〔보기〕 우회하다 → 돌아가다·에돌다/ 우회도로 → 에돌잇길·두름길/ 우회수로 → 돌림도랑/ 우회선 → 도는길/ 우회무역 → 간접무역/ 우회적 → 에도는/ 우회항해 → 에도는 항해 [迂廻]
우회전	오른돌이·오른쪽으로 돎 〔보기〕 우회전하다 → 오른쪽으로 돌다 ▷ 좌회전 → 왼돌이 [右回轉]
운명	숨짐 〔보기〕 운명하다 → 숨지다/ 운명이 경각에 달하다 → 숨질 때가 가깝다 [殞命]
운모	돌비늘 [雲母]
운무	구름(과) 안개 [雲霧]
운반	나름·실어나름 〔보기〕 운반하다 → 나르다/ 운반구 → 나르개/ 운반기계 → 나르개/ 운반업 → 운수업 [運搬]
운석	별똥·별똥돌 [隕石]
운송	실어보냄 〔보기〕 운송하다 → 실어보내다/ 운송장 → 짐부침표 [運送]

운수	실어나름　〔보기〕운수하다 → 실어나르다　［運輸］
운용	움직여씀·부림　〔보기〕운용하다 → 부려쓰다　［運用］
운운	말들을 함·어쩌고저쩌고　〔보기〕운운하다 → 여러 말 하다·어쩌고저쩌고 하다　［云云］
운위	이름·말함　〔보기〕운위하다 → 이르다·말하다　［云謂］
운임	짐삯　〔보기〕운임표 → 짐삯표　［運賃］
운전	부림·돌림　〔보기〕운전하다 → 부리다·돌리다/ 운전수 → 운전기사·운전사/ 운전자본금 → 유동자본금/ 운전자본 → 돌림돈　［運轉］
운집	많이 모임　〔보기〕운집하다 → 많이 모이다/ 운집무산하다 → 모였다 흩어졌다 하다　［雲集］
운치	멋　▷ 운격·풍재·풍치 → 멋　［韻致］
운항	다님　〔보기〕운항하다 → 다니다/ 운항표 → 다님표/ 운항 횟수 → 다니는 횟수　［運航］
운휴	운전쉼·안다님　〔보기〕운휴하다 → 쉬다/ 운휴일수 → 쉬는 날수　［運休］
울러메다	둘러메다
울어나다	우러나다　〔보기〕울어나오다 → 우러나오다
울짖다	우짖다　※끝소리가 'ㄹ'인 말과 딴말이 어울릴 적에 'ㄹ' 소리가 나지 아니하면 안 나는 대로 적는다. 마소·다달이·부나비·부손·소나무·싸전·여닫이·화살 따위처럼 주로 'ㄴ·ㄷ·ㅅ·ㅈ' 앞에서 'ㄹ'이 준다.(맞춤법 제28항)　▷ 울부짖다
울혈	피몰림·피몰리기　〔보기〕울혈증 → 답답증　［鬱血］
움추리다	움츠리다　※작은말은 '옴츠리다'　〔보기〕움추러들다 → 움츠러들다/ 움추러뜨리다 → 움츠러뜨리다
웃넓이	윗넓이　※위아래가 대립되는 말은 '윗'으로 통일하며, 된소리나 거센소리 앞에서는 사이시옷을 넣지 않고 '위'로 쓴다. '웃'으로 쓰는 말은 다음과 같다. 웃국·웃기·웃돈·웃비·웃어른·웃옷.(표준어규정 제12항)　▷ 아랫넓이·밑넓이
웃눈썹	윗눈썹　▷ 아랫눈썹·속눈썹
웃니	윗니　▷ 아랫니
웃당줄	윗당줄　▷ 아랫당줄
웃대	윗대
웃도리	윗도리　▷ 아랫도리
웃동아리	윗동아리　※준말은 '윗동'.　▷ 아랫동아리
웃막이	윗막이　▷ 아랫막이
웃머리	윗머리　▷ 아랫머리

웃목	윗목	▷ 아랫목
웃몸	윗몸	▷ 아랫몸
웃바람	윗바람	▷ 아랫바람
웃배	윗배	▷ 아랫배
웃벌	윗벌	▷ 아랫벌
웃변	윗변	▷ 아랫변·밑변
웃분	윗분	※‘웃어른’이 아니라 ‘윗사람’을 높여 이르는 말로 통한다.
웃사랑	윗사랑	▷ 아랫사랑 [- 舍廊]
웃세장	윗세장	▷ 아랫세장
웃수염	윗수염	▷ 아랫수염
웃옷		※윗도리에 입는 옷은 윗옷이라 하고, 겉에 입는 옷을 웃옷이라 한다.
웃읍다	우습다	※‘우습광스럽다’와 ‘우스꽝스럽다’는 둘 다 쓰는 것으로 봐야 할 듯. 앞엣것은 어원을 밝혀 적었고 뒤엣것은 이의 변한 말로 볼 수 있기 때문이다. 〈표준-〉에서는 ‘우습광스럽다’를 ‘우스꽝스럽다’의 잘못으로 봤다. 〔보기〕 웃으워 → 우스워
웃입술	윗입술	▷ 아랫입술
웃잇몸	윗잇몸	▷ 아랫잇몸
웃자리	윗자리	▷ 아랫자리
웃중방	윗중방	▷ 아랫중방
웃집	윗집	▷ 아랫집
웃쪽	위쪽	※뒤에 된소리가 나므로 사이시옷을 적지 않는다.
웃채	위채	※뒤에 거센소리가 나므로 사이시옷을 적지 않는다.
웃층	위층	▷ 아래층
웃치마	위치마	▷ 아래치마
웃턱	위턱	▷ 아래턱
웃통	위통	▷ 아래통
웃팔	위팔	▷ 아래팔
웅담	곰쓸개 [熊膽]	
웅예	수술·수꽃술	▷ 자예 → 암술·암꽃술 [雄蘂]
웅자	웅장한 모습 [雄姿]	
웅주	수포기·수그루	▷ 자주 → 암포기·암그루 [雄株]
웅지	웅장한 뜻·큰뜻 [雄志]	
웅풍	된바람	※바람등급 6, 초속 10.8~13.8m. [雄風]
워드 마크	글자 상징 [영 word mark]	
워라말	얼룩말	

워밍업	준비운동 · 예비운동 · 몸풀기　▷ 웜업 → 몸풀기　[영 warming up]
워커	군화　[영 walker]
워크	일　〔보기〕워크북 → 익힘책/ 워크셰어링 → 일자리 나누기/ 워크아웃 → 기업개선작업/ 워크홀릭 → 일중독자 · 일벌레　[영 work]
워크샵 · 워커샵 · 워크숖	워크숍 · 연구발표회 · 연찬회　[영 workshop]
워킹머신	걷기틀 · 달리기틀　[영 walking machine]
워터	물　〔보기〕워터마킹 → (전산)파수꾼 · 지킴이/ 워터스크린 → 수막영상/ 워터프런트 → 물가 · 수변/ 워터해저드 → 물웅덩이　[영 water]
원	동그라미　[圓]
원 사이드 게임	일방적 경기　[영 one sided game]
원 핸드 슛	한손쏘기　※농구 말.　[영 one hand shoot]
원거리	먼길　〔보기〕원거리여행자 → 먼길손님(길손)　▷ 근거리 → 가까운길　[遠距離]
원경	먼경치　▷ 근경 → 가까운 경치　[遠景]
원단	설날 · 설아침　[元旦]
원도	원그림 · 밑그림　〔보기〕원도지 → 밑그림종이　[原圖]
원동력	바탕힘　[原動力]
원래	본디 · 처음부터　▷ 본래 → 본디　[元來]
원로	먼길　[遠路]
원론	으뜸풀이 · 바탕이론　▷ 각론 → 따로풀이 · 가름풀이　[原論]
원료	거리 · 밑감　〔보기〕원료부족 → 밑감부족/ 수입원료 → 수입밑감　▷ 원자재 → 밑감/ 자재 · 재료 → 거리 · 감　[原料]
원룸	통집 · 통방집 · 튼방집　[영 one room]
원만	둥글둥글 · 너그러움 · 구순함　〔보기〕원만하다 → 둥글둥글하다 · 너그럽다 · 구순하다/ 원만스럽다 → 둥글둥글하다 · 너그럽다/ 원만히 → 너그럽게 · 부드럽게 · 만족스럽게　[圓滿]
원맨	혼자 · 한사람　〔보기〕원맨쇼 → 혼자쇼/ 원맨 플레이 → 독판치기 · 독판　[영 one man]
원면	(밑감)솜　[原棉]
원목	통나무　[原木]
원문	바탕글 · 밑글　[原文]

원방	먼데·먼 지방　　▷ 원처 → 먼곳/ 근방·근처·근린 → 가까운곳　[遠方]
원본	원벌·밑벌　[原本]
원상	본디 모양·제모양　〔보기〕원상회복 → 본디대로 만듦(됨)·본디로 돌림　[原狀]
원서	바탕책　[原書]
원소스 멀티유스	문어발 치기·하나로 여럿을　[영 One Source Multi Use]
원숙	무르익음·익숙함　〔보기〕원숙하다 → 무르익다·익숙하다/ 원숙한 경지 → 무르익은 경지　　▷ 완숙 → 무르익음　[圓熟]
원스톱	한자리·단손·단숨　〔보기〕원스톱 리빙 → 자족형 거주　[영 one stop]
원시림	천연숲　[原始林]
원어	원말·본딧말　　▷ 어원 → 말밑　[原語]
원유	땅기름·석유　〔보기〕원유공급선 → 원유공급처　[原油]
원자재	밑감　[原資材]
원점	본딧점·처음점·기점　〔보기〕원점회귀 → 처음으로 돌아옴　[原點]
원조	설날아침　[元朝]
원조	도와줌　〔보기〕원조하다 → 돕다/ 원조물자 → 도움물자/ 원조금 → 도움돈/ 원조자 → 돕는이　[援助]
원족	소풍　〔보기〕원족 가다 → 소풍 가다　[遠足]
원죄	원통한 죄·억울한 죄　[冤罪]
원주	원기둥　〔보기〕원주경 → 원기둥렌즈/ 원주(곡)면 → 원기둥면/ 원주좌표 → 원둘레좌표/ 원주체 → 원기둥/ 원주형 → 원기둥꼴　[圓柱]
원주	원둘레　〔보기〕원주각 → 원둘레각/ 원주율 → 원둘레율　[圓周]
원주민	본바닥사람·(본)토박이　[原住民]
원지	밑종이　[原紙]
원처	먼곳　▷ 원방 → 먼데/ 근처 → 가까운데　[遠處]
원천	샘·근원　〔보기〕원천지 → 샘터·근원땅　[源泉]
원체	1. 몸체 2. 본디·워낙　〔보기〕원체 몸이 허약했다 → 워낙 몸이 허약했다/ 사람의 성정은 원체 깨끗하다 → ~ 본디 깨끗하다　[元體]
원촌	먼촌수　▷ 근촌 → 가까운 촌수　[遠寸]
원추	원뿔　〔보기〕원추곡선 → 원뿔곡선/ 원추체 → 원뿔체/ 원추형 → 원뿔꼴　[圓錐]

원친	먼일가·먼살붙이 〔보기〕원친교잡 → 먼섞붙임 〔遠親〕
원톱	홀로주연·독판·독마당 〔영 one top〕
원피스	통옷 ▷ 투피스 → 위아래옷·따로옷 〔영 one piece〕
원하다	바라다 〔보기〕원컨대 → 바라건대/ 원하는 바 → 바라는 바 〔願 –〕
원활하다	원활하다 〔〈圓滑 –〕
원해	난바다·먼바다 ▷ 근해 → 가까운바다·앞바다/ 원양 → 먼바다 〔遠海〕
원행	먼길·먼걸음·먼여행 〔보기〕원행하다 → 먼길 가다·먼걸음하다 〔遠行〕
원형	둥근(꼴) 〔보기〕원형갈이 → 둥근갈이/ 원형극장 → 둥근극장/ 원형면 → 둥근면 〔圓形〕
원형	본보기·본·틀 〔原型〕
원형	본디꼴·으뜸꼴(언어) ※쓰다·통하다·이루다·없다·담다·닦다 따위처럼 줄기에 씨끝 ' – 다'를 붙인 것을 풀이씨의 으뜸꼴이라 한다. 〔原形〕
원호	돌봐줌·보살펴줌 〔보기〕원호하다 → 돌봐주다·보살펴주다 〔援護〕
원혼	원통한 넋 〔冤魂〕
원화	원그림·밑그림 ▷ 원도 → 밑그림 〔原畵〕
원활	부드러움·순조로움·매끄러움 〔보기〕원활하다 → 부드럽다·순조롭다/ 원활히 → 순조롭게·매끄럽게 ▷ 원할 → 원활 〔圓滑〕
월간	달내기 ▷ 연간 → 해내기 〔月刊〕
월경	지경 넘음 〔보기〕월경하다 → 넘다·넘어가다 ▷ 월남 → 남으로 옴/ 월장 → 담넘음 〔越境〕
월경대	개짐 〔月經帶〕
월광	달빛 〔月光〕
월남	1. 남으로 넘어옴(감) 2. 베트남 〔보기〕월남하다 → 남으로 넘어오(가)다 ▷ 월장 → 담넘음 〔越南〕
월내	한달 안·이달 안 ▷ 월중 → 달안·달중간 〔月內〕
월동	겨울나기 〔보기〕월동하다 → 겨울나다/ 월동식량 → 겨울양식/ 월동포자 → 겨울나기홀씨 〔越冬〕
월등	뛰어남 〔보기〕월등하다 → 뛰어나다/ 월등히 → 훨씬 〔越等〕
월력	달력 ▷ 일력 → 月曆 〔月曆〕
월리	달변 ▷ 연리 → 해변/ 일수 → 날변·날벌이 〔月利〕
월반	학년 건너뜀 〔보기〕월반하다 → 학년을 건너뛰다 〔越

	班]
월북	북으로 넘어감(옴) 〔보기〕월북하다 → 북으로 넘어가(오)다 [越北]
월색	달빛 ▷ 월광 → 달빛 [月色]
월세계	달나라 [月世界]
월장	담넘음 〔보기〕월장하다 → 담을 넘다 ▷ 월담 → 담넘음·담넘기 [越墻]
월척	자넘이·자넘는고기 〔보기〕월척을 낚다 → 자넘이를 낚다 [越尺]
월출	달뜸·달돋이 ▷ 월몰 → 달짐·달넘이/ 일출 → 해뜸·해돋이/ 일몰 → 해넘이 [月出]
월훈	달무리 ▷ 달문 → 달무리/ 일훈·해문 → 해무리 [月暈]
웜업	준비운동·예비운동 ▷ 워밍업 → 준비운동·몸풀이 [영 warm up]
웨딩	혼인·결혼식 〔보기〕웨딩 드레스 → 신부예복/ 웨딩마치 → 결혼행진곡/ 웨딩 컨설팅업체 → 결혼(식)상담업체/ 웨딩 플래너 → 결혼설계사 [영 wedding]
웨이브	물결·주름·전파·놀 〔보기〕웨이브 가이드 → 도파관 [영 wave]
웨이스트	허리 〔보기〕웨이스트 라인 → 허리선 ▷ 바스트 → 가슴둘레·반신상 [영 waist]
웨이스트	버림·낭비 〔보기〕웨이스트볼 → 버림공·속임공·걸림공/ 웨이스트타임 → 허비시간 [영 waste]
웨이터	시중꾼 ▷ 웨이트리스 → 여시중꾼 [영 waiter]
웨이트 트레이닝	근력 (강화) 훈련 [영 weight training]
웬지	왠지 ※'왜인지'의 준말이지 '웬일인지'의 준말로는 볼 수 없음. '웬'과 어울려 된 말은 '웬걸' '웬만큼' '웬셈' '웬일' '웬만하다' 정도다.
웰빙	참살이·건강 [영 well-being]
웰컴	환영·어서 오시오 [영 welcome]
위	양 ※'양껏 먹어라·양이 차다'에서 양은 순우리말이다. 곧 양(量)이 아니란 말이다. [胃]
위계	거짓꾀·속임수 ▷ 사술 → 거짓꾀·속임수 [僞計]
위구	두려움·무서움 〔보기〕위구하다 → 두려워하다·무서워하다/ 위구스럽다 → 두렵다·무섭다/ 위구스레 → 두렵게/ 위구심 → 두려움 [危懼]
위닝 샷	승부타·승부구 [영 winning shot]
위대	거룩함·훌륭함·큼 〔보기〕위대하다 → 거룩하다·훌륭

하다 [偉大-]

위력성당	**울력성당** ※말밑에서 멀어진 채로 널리 쓰이는 말은 굳어진 대로 쓴다. 강낭콩·사글세 따위.(표준어규정 제5항) [-成黨]
위반	**어김** 〔보기〕위반하다 → 어기다 ▷ 위배 → 어김 [違反]
위배	**어김** 〔보기〕위배하다 → 어기다 [違背]
위법	**법 어김** 〔보기〕위법하다 → 법 어기다/ 위법자 → 법 어긴 사람/ 위법한 사실 → 법 어긴 사실·법에 어긋난 사실 [違法]
위빙	**흔들어 피하기(권투)** 〔보기〕위빙하다 → 흔들어 피하다 [영 weaving]
위선	**먼저** ▷ 우선 → 먼저·그런 대로 [爲先]
위선	**거짓착함·겉발림** 〔보기〕위선자 → 착한 척하는 이 [僞善]
위성	**달별** 〔보기〕위성도시 → 둘레도시·딸린도시/ 위성중계 → 우주중계/ 위성통신 → 우주통신 [衛星]
위시	**비롯함** 〔보기〕위시하다 → 비롯하다/ 위시하여 → 비롯하여 [爲始]
위압	**(을러)누름** 〔보기〕위압하다 → 억누르다/ 위압적으로 → 억누르듯/ 위압적이다 → 억누르는 태세다 [威壓]
위약	**약속어김·어김** 〔보기〕위약하다 → 어기다/ 위약금 → 어김돈 [違約]
위업	**큰일·위대한 일·거룩한 일** 〔보기〕위업을 달성하다 → 큰일을 이루다 ▷ 대업 → 큰일 [偉業]
위용	**거룩한(장한) 모습** [偉容]
위인	**사람됨·사람·됨됨이** 〔보기〕몹쓸 위인 → 몹쓸 사람/ 그럴 위인이 못되다 → 그럴 사람이 못되다 [爲人]
위인	**큰사람·위대한 사람·거룩한 사람** [偉人]
위임	**맡김** 〔보기〕위임하다 → 맡기다/위임장 → 맡김장 [委任]
위장	**거짓꾸밈·속임장치** 〔보기〕위장하다 → 거짓꾸미다/ 위장결혼 → 거짓결혼/ 위장수입 → 속임수입 ▷ 가장 → 거짓꾸밈 [僞裝]
위정자	**정치하는 이·정치가** [爲政者]
위조	**가짜·가짜만듦** 〔보기〕위조화폐 → 가짜돈 ▷ 모조 → 베껴만듦·가짜 [僞造]
위증	**거짓증거·거짓증언** 〔보기〕위증하다 → 거짓 증언하다

[僞證]

위축 　쪼그러듦·움츠러듦 　〔보기〕위축하다 → 쪼그라들다·움
츠러들다/ 위축병 → 오갈병 　[萎縮]

위치 　자리 　※이 말은 명사로 쓸 때 제구실을 할 뿐'‒하다'를 붙
여 동사나 형용사처럼 쓰는 버릇은 번역문투 영향으로 볼 일
로서, '있다'나 다른 말로 바꿔 쓰는 편이 훨씬 낫다. 　〔보기〕
위치하다 → 자리잡다·있다/ 대로변에 위치한 교회 → 큰길
가에 있는 교회/ 위치전환 → 자리바꿈/ 제 위치에서는 → 저
로서는·제 생각으로는/ 요충지에 위치한 → 요충지에 있는·
요충지에 자리잡은 　▷ 소재 → 있는 데(곳)·있는 　[位
置]

위카타르 　위염 　[胃 + 도 Katarrh]

위칸·윗간 　※'위칸'과 '윗간'은 다른 뜻으로 둘 다 쓰는 것으로 보아야 한
다. 표준어규정 제3항에는 '윗간' '아랫간' '초가삼간' '대하천
간' 정도의 말을 관습적으로 쓰는 표현이라 하여 인정하고 있
는데, 이와는 달리 서랍 따위의 '칸'을 지른 것을 이를 때 윗
간·아랫간이라 할 수 없으므로 위칸·아래칸도 쓸 수밖에 없
다는 말이다. 변소를 뜻하는 '뒷간'과 함께 '앞칸·뒤칸'도 마
찬가지다.

위탁 　맡김 　〔보기〕위탁하다 → 맡기다/ 위탁판매 → 맡겨팔기·
맡아팔기/ 위탁가공 → 맡김손질·맡겨만들기 　[委託]

위통 　배앓이·가슴앓이 　▷ 복통 → 배앓이/ 흉통 → 가슴앓이
[胃痛]

위트 　재치·기지 　[영 wit]

위폐 　가짜돈 　[僞幣]

위하수 　위처짐·밥통 늘어짐 　〔보기〕위하수증 → 위처짐증 　[胃下
垂]

위협 　을러대기·엄포 　〔보기〕위협하다 → 을러대다·엄포놓다/
위협적이다 → 힘이 있다·겁주는 바가 있다·깨뜨리는 힘이
있다 　[威脅]

윈도 　창·창문 　〔보기〕쇼윈도 → 진열창/ 윈도브러시 → 창닦이
[영 window]

윈윈 　서로 이김·상생 　〔보기〕윈윈전략 → 상생전략 　[영 win-
win]

윈터 　겨울 　〔보기〕윈터스포츠 → 겨울경기·겨울운동 　[영
winter]

윗국 　웃국 　※위·아래 대립이 없는 말은 '윗‒'으로 쓰지 않고
'웃‒'으로 쓴다. 웃국·웃기·웃돈·웃비·웃어른·웃옷 따

위.(표준어규정 제12항) ▷ 웃물·윗물

윗기	웃기
윗돈	웃돈
윗돌다	웃돌다 ▷ 밑돌다/ 상회하다 → 웃돌다/ 하회하다 → 밑돌다
윗물·웃물	※'상류'를 뜻하는 물은 '윗물'을, '겉물'이나 우린 물, 죽 따위의 위에 있는 국물을 뜻할 때는 '웃물'을 쓴다.
윗비	웃비
윗어른	웃어른
윗옷	웃옷·겉옷 ※위에 입는 옷(상의)의 뜻으로는 '윗옷'을 씀.
윗쪽	위쪽 ※된소리나 거센소리가 뒤에서 나면 사이시옷을 적지 않는다.
윗통·웃통	윗도리
윙	날개 〔보기〕 윙 칼라 → 날갯깃/ 윙백 → 측면 수비수/ 라이트 윙 → 오른쪽 수비수/ 레프트 윙 → 왼쪽 수비수 〔영 wing〕
윙크	눈짓·찡긋 〔보기〕 윙크하다 → 눈짓하다·눈을 찡긋하다 〔영 wink〕
유	또래·따위·붙이·무리·갈래 〔보기〕 그런 유의 → 그런 따위의·그런 갈래의/ 같은 유의 물건 → 같은 갈래의 물건/ 부류 → 붙이·갈래·무리/ 종류 → 붙이·갈래·무리/ 유형 → 갈래·붙이·무리/ 말류 → 말붙이/ 고기류 → 고기붙이/ 채소류 → 채소붙이 〔類〕
유가	기름값 〔보기〕 석유가 → 석유값/ 원유가 → 기름값·원유값/ 유가안정 → 기름값 안정/ 유가폭등 → 기름값 뜀 〔油價〕
유가족	끼친 가족·남은 가족 〔遺家族〕
유격대	날치부대·뜨내기치기부대 〔보기〕 유격전 → 날치싸움/ 유격함대 → 날치함대 〔遊擊隊〕
유계	저승 〔幽界〕
유고시	사고 있을 때 〔有故時〕
유곡	깊은 골짝 〔보기〕 심산유곡 → 깊은 산골짝 ▷ 궁곡·유학·유협 → 두메·깊은 골짝 〔幽谷〕
유공	끼친 공로·남긴 공적 〔보기〕 유공자 → 공로 있는 이 〔有功〕
유곽	노는 거리·갈봇집·화류촌 〔遊廓〕
유관	걸림·관계있음 〔보기〕 유관하다 → 관계있다·걸리다/ 유관기관 → 관계기관·걸린기관/ 유관부서 → 관계부서·걸린

부서 〔有關〕

유관속	관다발 〔維管束〕
유괴	꾀어냄 〔보기〕유괴하다 → 꾀어내다/ 유괴범 → 꾀어낸 범인/ 어린이 유괴 → 어린이 꾀어냄 ▷ 유인 → 꾐·꾀어들임 〔誘拐〕
유구하다	길고길다·오래다 〔보기〕유구한 → 기나긴·오랜 〔悠久-〕
유기	놋그릇 〔보기〕유기장이 → 놋그릇장이/ 유기그릇 → 놋그릇/ 유기장 → 유기장이 ▷ 유기쟁이 → 유기장이 〔鍮器〕
유기	고리 〔보기〕유기장이 → 고리장이/ 유기장 → 고리장이 〔柳器〕
유기	내버림·버림 〔보기〕유기하다 → 내버리다/ 유기죄 → 버린 죄/ 직무유기 → 일 않음·일 버림 〔遺棄〕
유년	어린이·어린 나이·어린시절·어린날 〔보기〕유년기 → 어릴 때 〔幼年〕
유념	마음에 둠·잊지 않음 〔보기〕유념하다 → 잊지 않다 ▷ 유의하다 → 맘에 두다 〔留念〕
유니버설	보편적·세계적·일반적 〔보기〕유니버설하다 → 세계적이다/ 유니버설리즘 → 세계주의/ 유니버스 → 우주·세계 〔영 universal〕
유니버시티	대학교 〔영 university〕
유니섹스	남녀겸용 〔영 unisex〕
유니언	동맹·조합·연합 〔영 union〕
유니폼	제복·단체복 〔영 uniform〕
유닛	단위·전시방 〔영 unit〕
유당	젖당 ▷ 과당 〔乳糖〕
유대	관계 〔보기〕유대를 강화하다 → 친하게 지내다·관계를 도타이하다 〔紐帶〕
유도	이끎·꾐·꾀어들임 〔보기〕유도하다 → 이끌다·꾀다/ 유도신문 → 꾀어묻기/ 유도 비행 → 이끌어 날기 〔誘導〕
유도리	늘품·여유 〔일 ゆとり〕
유독성	독있는 ▷ 무독성 → 독없는/ 맹독성 → 독많은·독한 〔有毒性〕
유동	움직임 〔보기〕유동하다 → 움직이다/ 유동식 → 묽은 음식/ 유동자본 → 도는 밑천/ 유동자산 → 움직자산/ 유동인구 → 떠돌이인구 〔流動〕
유두	젖꼭지 〔乳頭〕

유람	구경다님 · 놀러다님 〔보기〕유람하다 → 구경다니다/ 유람선 → 놀잇배 〔遊覽〕
유랑	떠돎 〔보기〕유랑하다 → 떠돌아다니다/ 유랑객(자) → 떠돌이/ 유랑민 → 떠돌이백성 · 무자리 ▷ 방랑 → 떠돎 〔流浪〕
유래	내력 · 내림 〔보기〕유래하다 → 내려오다 · 나오다 ▷ 내유하다 · 인의하다 · 인유하다 → 내려오다 · 나오다 〔由來〕
유량	흐르는 양 〔보기〕유량계 → 물재개/ 유량도 → 흐름곡선 〔流量〕
유력	돌아다니며 놂 · 놀러다님 〔보기〕유력하다 → 돌아다니며 놀다 · 놀러다니다 ▷ 순유하다 → 돌아다니며 놀다 〔遊歷〕
유력	힘있음 · 셈 · 가망성 많음 〔보기〕유력하다 → 힘있다 · 세다 · 가망성 많다/ 유력시하다 → 센 것으로 보다 · 가망성이 높은 것으로 보다/ 유력가 · 유력자 → 힘센이/ 유력기업 → 힘센기업 · 큰기업 〔有力〕
유례	보기 · 비슷한 일 〔보기〕유례가 없는 일 → 보기 드문 일/ 유례없이 → 드물게 · 보기 없이 ▷ 전례없이 → 전에 없이 · 처음 〔類例〕
유루	빠짐 · 샘 · 빠드림 〔보기〕유루하다 → 빠지다/ 유루없이 → 빠짐없이/ 만유루없이 → 빠짐없이 · 빠뜨림없이 · 틀림없이 〔遺漏〕
유류	기름붙이 · 기름 〔보기〕유류탱크 → 기름통/ 유류저장 → 기름갈무리/ 유류값 → 기름값/ 석유류 → 석유 ▷ 유종 → 기름종류 〔油類〕
유륜	젖꽃판 〔보기〕유륜선 → 젖꽃판샘 〔乳輪〕
유리	동떨어짐 · 겉돎 〔보기〕유리하다 → 동떨어지다 · 나뉘다 · 겉돌다/ 위정자와 민심이 유리하여 → ~이 나뉘어/ 민중성과 유리된 문학적 배경 → 민중성과 동떨어진 문학적 바탕 〔遊離〕
유리	떠돎 〔보기〕유리하다 → 떠돌다/ 유리표박 · 유리걸식 · 유리개걸하다 → 떠돌다 · 빌어먹으며 돌아다니다 〔流離〕
유리	이로움 〔보기〕유리하다 → 이롭다 · 좋다/ 유불리를 떠나서 → 이롭고 이롭지 않음을 떠나서 〔有利〕
유린	짓밟음 〔보기〕유린하다 → 짓밟다/ 인권유린 → 인권 짓밟음 · 인권 짓밟힘 〔蹂躙〕
유망	희망있음 〔보기〕유망하다 → 희망있다 · 싹수있다 〔有

望]

유머	익살·우스개 〔보기〕유머센스 → 익살기·익살감각 ▷ 유모어 → 익살·우스개 [영 humour]
유명	저승(과) 이승 〔보기〕유명을 달리하다 → 돌아가다·숨지다 ▷ 유계 → 저승 [幽明]
유명무실	이름뿐·허울뿐 〔보기〕유명무실하다 → 이름뿐이다·허울뿐이다·실속없다/ 특별위원회 유명무실 → 특별위원회 이름뿐 [有名無實]
유모	젖어머니·젖어미 〔보기〕유모차 → 아기차 [乳母]
유목적적	뚜렷한 목적이 있는·목적 있는 ※ '적(的)' 다음에 또 '적'을 쓴 보기의 하나다. ▷ 합목적적 → 목적에 맞는/ 마음적으로 → 마음에·마음으로·느낌에 [有目的的]
유문	위뒷문·양뒷문·날문 ▷ 분문 → 위(양)앞문·들문 [幽門]
유물	끼친물건·남긴물건 ▷ 유적 → 끼친자취/ 유산 → 남긴재산/ 유습 → 남긴풍습·끼친풍습 [遺物]
유발	자아냄·일으킴 〔보기〕유발하다 → 일으키다·자아내다/ 유인 → 끌어들임·꾐 [誘發]
유방	젖통·젖·젖가슴 〔보기〕유방염 → 젖앓이 ▷ 유두 → 젖꼭지 [乳房]
유배	귀양보냄 〔보기〕유배하다 → 귀양 보내다/ 유배지 → 귀양땅/ 유배형 → 귀양형 ▷ 배류·유적·유찬 → 귀양보냄 [流配]
유백	젖빛 〔보기〕유백색 → 젖빛/ 유백제 → 젖빛약/ 유백미 → 희나리쌀 [乳白]
유보	미룸·미뤄둠 〔보기〕유보하다 → 미루다/ 입장 표명을 유보하다 → 태도(견해·의견) 밝히기를 미루다/ 유보조건 → 다만 조건/ 유보조항 → 제한 조항·다만 조항/ 경협확대 조처를 유보할 방침 → 경협확대를 미룰 방침/ 결정을 유보한 상태 → 결정을 미룬 상태 ▷ 보류 → 머물러둠·묵힘 [留保]
유비쿼터스	두루누리·두루접속 [영 ubiquitous]
유빙	성엣장·떠다니는 얼음덩이 [流氷]
유사하다	비슷하다·닮다 〔보기〕유사점 → 닮은점·비슷한 점/ 유사품 → 비슷한 물품/ 유사성 → 비슷한 성질 ▷ 흡사하다 → 비슷하다 [類似-]
유산	젖산 〔보기〕유산균 → 젖산균/ 유산발효 → 젖산띄우기 [乳酸]

유산	남긴 재산·끼친 재산　〔보기〕유산 상속 → 재산 물려줌·재산 대물림　[遺産]
유산	새끼짐·아이지우기　〔보기〕유산하다 → 태가 지다·태를 지우다　▷ 낙태 → 태짐·애지움　[流産]
유산	황산　〔보기〕유산가리 → 황산칼리　[硫酸]
유생	새끼　[幼生]
유생	선비　[儒生]
유서	내력　〔보기〕유서깊은 → 내력깊은　[由緒]
유선	젖샘　〔보기〕유선염 → 젖몸살　[乳腺]
유선	굳기름샘·기름샘　[油腺]
유성	별똥(별)　▷ 운성·유화·분성 → 별똥　[流星]
유성	떠돌이별　▷ 행성 → 떠돌이별/ 항성 → 붙박이별　[遊星]
유성음	울림소리　▷ 무성음 → 안울림소리/ 마찰음 → 갈이소리/ 경음 → 된소리/ 격음 → 거센소리/ 파열음 → 터짐소리(ㅍㅌㅋ·PTK 따위)/ 파찰음 → 터짐갈이소리(ㅈ, ㅉ, ㅊ 따위)　[有聲音]
유속	흐름속도·물빠르기　▷ 풍속 → 바람속도·바람빠르기　[流速]
유수	흐르는 물·물흐름　[流水]
유숙	묵음　〔보기〕유숙하다 → 묵다/ 유숙객(인) → 숙박인·묵는 손님　[留宿]
유순	순함·부드러움　〔보기〕유순하다 → 순하다·부드럽다/ 유순히 → 부드러이·순하게　[柔順]
유시	흐른 살　▷ 유전 → 흐른 살　[流矢]
유시	어릴 때·어릴 적　[幼時]
유실	떠내려감·떠내려보냄　〔보기〕유실하다 → 떠내려보내다/ 유실 가옥 → 떠내려간 집/ 전답유실 → 논밭 떠내려감　[流失]
유실	잃음·잃어버림　〔보기〕유실하다 → 잃다/ 유실물 → 잃은 물건　[遺失]
유실수	열매나무　▷ 관상수 → 구경나무/ 조림수 → 숲가꿀나무　[有實樹]
유아	어린이·어린애　〔보기〕유아어 → 어린이말/ 유아원 → 어린이집　[幼兒]
유아	젖먹이　〔보기〕유아복 → 아기옷/ 유아차 → 아기차/ 유아체조 → 젖먹이체조　[乳兒]
유안	황산암모니아　[硫安]

유약	잿물　〔보기〕유약와 → 오지기와　[釉藥]
유약	어림·여림　〔보기〕유약하다 → 어리다·여리다　▷ 요약하다 → 어리다·여리다　[幼弱]
유언	끼친말·남긴말　〔보기〕유언하다 → 말을 남기다·마지막 말을 하다　[遺言]
유언비어	헛소문·뜬소문　[流言蜚語]
유엔난민고등판무관	유엔난민판정관·유엔난민문제담당관　[영 UNHCR〈UN High Commissioner for Refugees]
유연	부드러움　〔보기〕유연하다 → 부드럽다·말랑말랑하다/ 유연조직 → 물렁조직/ 유연성 → 부드러움·물렁성/ 유연히 → 부드럽게　[柔軟]
유엽	어린잎　[幼葉]
유영	헤엄침　〔보기〕유영하다 → 헤엄치다/ 유영각 → 헤엄다리 / 유영기관 → 헤엄기관/ 유영동물 → 헤엄동물/ 유영반 → 갓막·연막/ 유영술 → 헤엄치기/ 유영장 → 헤엄터/ 유영조 → 헤엄새/ 유영족(지) → 헤엄발　[遊泳]
유예	망설임·미뤄둠·미룸　〔보기〕유예하다 → 미루다·미뤄두다·망설이다/ 집행유예 → 집행미룸　[猶豫]
유용	돌려씀　〔보기〕유용하다 → 돌려쓰다　[流用]
유용	쓸모 있음　〔보기〕유용하다 → 쓸모 있다/ 유용목 → 쓸나무/ 유용성 → 쓸모　▷ 무용 → 쓸모없음　[有用]
유우	젖소　▷ 육우 → 고깃소/ 역우 → 부림소·일소　[乳牛]
유원지	놀이터　[遊園地]
유음	흐름소리　※우리말에서 'ㄹ' 소리, 영어 등에서 'l·r' 따위　[流音]
유의	마음에 둠　〔보기〕유의하다 → 맘에 두다　▷ 유심 → 맘에 둠/ 유념 → 맘에 둠　[留意]
유의어	비슷한말　▷ 유어 → 비슷한말/ 반의어 → 반댓말　[類義語]
유익	이로움　〔보기〕유익하다 → 이롭다/ 유익점 → 이론점　▷ 무익하다 → 이롤것 없다　[有益]
유인	꾐·꾀어냄(들임)　〔보기〕유인하다 → 꾀다·꾀어내다/ 유인책 → 꾐수·미끼　▷ 유괴하다 → 꾀어내다·꾀다　[誘引]
유인물	등사물·인쇄물　[油印物]
유일	오직 하나　〔보기〕유일하다 → 오직 하나뿐이다/ 유일무이한 → 둘도 없는·오직 하나인/ 유일신 → 하나뿐인 신　[唯一]

유입	흘러듦　〔보기〕유입하다 → 흘러들다/ 유입구 → 들구멍/ 한강으로 유입하는 → 한강으로 흘러드는　▷ 유출 → 흘러나감/ 도입 → 끌어들임·들여옴　〔流入〕
유자망	흘림걸그물·떠돌이걸그물　〔流刺網〕
유작	남긴작품　〔보기〕유작품 → 남긴작품　〔遺作〕
유저	남긴 책　〔遺著〕
유저	사용자·쓰는이　〔영 user〕
유적	기름방울　〔油滴〕
유전	내림　〔보기〕유전하다 → 내리다/ 유전병 → 내림병/ 유전물질 → 내림바탕　〔遺傳〕
유조	기름통　〔보기〕유조선 → 기름배　〔油槽〕
유족	남은가족·끼친가족　〔遺族〕
유족	넉넉함　▷ 부족 → 모자람/ 유복 → 복있음·복많음　〔有足〕
유종의 미	좋은(훌륭한) 끝맺음　〔보기〕유종의 미를 거두다 → 좋게 끝맺다　〔有終 - 美〕
유즙	젖　〔乳汁〕
유증우편낭	등기우편자루　〔有證郵便囊〕
유지	뜻있는 이　〔보기〕유지사·유지자 → 뜻있는 이　〔有志〕
유지	기름종이　〔油紙〕
유지	기름　〔油脂〕
유지	젖기름　〔보기〕유지방 → 젖기름　〔乳脂〕
유지	정지·멈추게 함　〔留止〕
유지	지탱함·지녀감·지켜감　〔보기〕유지하다 → 지탱하다·지녀가다/ 유지하며 개선하라 → 지켜가며 고치라　〔維持〕
유착	녹아붙음·엉겨붙음·달라붙음　〔보기〕유착하다 → 녹아(엉겨)붙다·달라붙다/ 유착관계 → 엉겨붙은 사이·달라붙은 사이/ 정경유착 → 정경 엉겨붙기/ 권언유착 → 권언 달라붙기　〔癒着〕
유창	거침없음·물흐르듯함·미끈함　〔보기〕유창하다 → 거침없다·미끈하다/ 유창한 언변 → 거침없는 말솜씨　〔流暢〕
유채	평지　〔보기〕유채유박 → 평지깻묵/ 유채꽃 → 평지꽃　▷ 대개·운대·한채 → 평지　〔油菜〕
유추	미뤄짐작　〔보기〕유추하다 → 짐작하다·미뤄생각하다/ 유추해석 → 미뤄풂　〔類推〕
유축	어린가축·어린짐승　▷ 성축 → 자란가축　〔幼畜〕
유출	흘러나옴(나감)·샘　〔보기〕유출하다 → 흘리다·흘러나오다·새다/ 유출량 → 샌양·쏟은양　▷ 반출 → 실어냄·

	날라냄/ 유입 → 흘러듦·끌어들임　［流出］
유충	어린벌레·새끼벌레　　▷ 성충 → 자란벌레·어미벌레　［幼蟲］
유취	젖내·젖비린내　［乳臭］
유치	젖니·배냇니　　▷ 영구치 → 간니　［乳齒］
유치	가둬둠·붙들어둠·보관함　　〔보기〕유치하다→가두다·보관하다/ 유치장→ 가둬두는 곳/ 유치시키다→가두다·보관하다　　▷ 예치 → 맡겨둠/ 방치 → 내버려둠　［留置］
유치	꾀어들임·끌어옴·끌어들임　　〔보기〕유치하다→끌어들이다/ 월드컵대회 유치 → 월드컵대회 끌어오기/ 투자유치에 나서다 → 자금끌기에 나서다·돈끌기에 나서다　［誘致］
유치	어림·젖내남　〔보기〕유치한 생각 → 어린 생각·낮은 생각　［幼稚］
유탄	빗나간 탄알·흐른탄알　　▷ 유시 → 흐른살/ 유환 → 흐른탄알　［流彈］
유태인	유대인　［Judea + 人］
유택	무덤　［幽宅］
유턴	되돌이·되돌리기　〔보기〕유턴하다 → 되돌다·되돌리다·돌아서다/ 정책유턴 → 정책 되돌리기　［영 U-turn］
유토피아	이상향　〔보기〕유토피아 사회주의 → 공상적 사회주의/ 유토피아니즘 → 이상적 정치·사회 개량주의/ 유토피안 → 공상가·몽상가　［〈영 utopia］
유통 콤플렉스	유통단지　［流通 영 complex］
유틸리티	공익(사업)·실용　　▷ 스포츠유틸리티차량 → 스포츠실용차　［영 utility］
유파	갈래　　▷ 아류 → 버금길·버금층　［流派］
유포	퍼뜨림　〔보기〕유포하다 → 퍼뜨리다　　▷ 공포 → 널리 알림/ 반포 → 폄·펴기/ 살포 → 뿌림　［流布］
유품	남긴(끼친) 물건　［遺品］
유필	남긴(끼친) 글씨　［遺筆］
유하다	있다　〔보기〕유할 시 → 있을 때　［有 -］
유하다	부드럽다　［柔 -］
유하다	묵다·자다·머무르다　　▷ 체류하다 → 머무르다　［留 -］
유합	아묾·아물어 붙음　〔보기〕유합하다 → 아물다/ 봉합한 데가 유합했으니 실밥을 뽑아야겠소→꿰맨 데가 아물었으니 실밥을 뽑아야겠소　　▷ 봉합 → 꿰맴·감침·이음새　［癒合］
유해	해로움　〔보기〕유해하다 → 해롭다/ 유해곤충 → 해론벌레

▷ 무해하다 → 해롭지 않다 · 해롬이 없다　［有害］

유행　　1. 돌림 · 퍼짐　2. 바람　〔보기〕유행하다 → 퍼지다 · 돌다 / 유행병 → 돌림병/ 유행성 독감 → 돌림독감/ 유행어 → 시 쳇말/ 유행을 타다 → 바람을 타다/ 유행을 쫓다 → 바람을 따 라가다　［流行］

유혈　　피흘림　〔보기〕유혈극 → 피투성이싸움 · 피튀는 싸움　▷ 무혈 → 피없음 · 피안흘림/ 무혈혁명 → 평화혁명　［流血］

유형　　귀양　〔보기〕유형에 처하다 → 귀양을 보내다 · 귀양형을 내리다/ 유형지 → 귀양땅　［流刑］

유형　　갈래 · 묶음　〔보기〕유형을 나누다 → 갈래를 나누다 · 갈래 짓다/ 유형별로 → 갈래 따라　▷ 전형 → 본 · 본보기 · 틀 / 유파 → 흐름갈래　［類型］

유화　　'석유화학'의 준말　［油化］

유효　　보람있음 · 효력있음 · 살아있음　〔보기〕유효하다 → 보람있 다 · 효력있다/ 유효적으로 → 효과있게/ 유효적절하게 → 보 람있게 · 보람있고 알맞게　［有效］

유휴　　놀고 있음 · 묵어 있음　〔보기〕유휴공장 → 쉬는(노는) 공 장/ 유휴지 → 노는 땅 · 묵는 땅/ 유휴노동력 → 노는 일손 ［遊休］

유휴지　　노는땅 · 묵는땅　▷ 나대지 → 빈집터 · 노는땅/ 공지 → 빈 터/ 공한지 → 빈땅 · 노는땅　［遊休地］

유흥　　놀이　〔보기〕유흥장 → 놀이터 · 노는 데　▷ 여흥 → 뒤 풀이　［遊興］

유희　　놀이 · 장난　〔보기〕유희하다 → 놀이하다/ 유희시간 → 놀 이시간　［遊戲］

육각　　여섯모　▷ 육모 → 여섯모　［六角］

육계　　고깃닭　▷ 종계 → 씨닭/ 영계 → 약병아리/ 폐계 → 못쓸 닭 · 버린닭　［肉鷄］

육계장　　육개장

육교　　구름다리　〔보기〕연륙교 → 구름다리　［陸橋］

육도　　밭벼　［陸稻］

육림　　나무가꾸기 · 숲가꾸기　〔보기〕육림하다 → 숲을 가꾸다/ 식목과 육림 → 나무심기와 나무가꾸기　［育林］

육묘　　모기르기　〔보기〕육묘하다 → 모기르다/ 육묘상 → 못자리 ▷ 묘포 · 묘포장 → 모밭　［育苗］

육박전　　드잡이(싸움) · 몸부림싸움　［肉薄戰］

육성　　목소리　［肉聲］

육성　　기르기 · 길러내기　〔보기〕육성하다 → 기르다 · 치다/ 인재

육성 → 인재 기르기 [育成]

육아	아기기르기 [育兒]
육안	맨눈 〔보기〕 육안으로 → 눈으로 [肉眼]
육영	인재기름 〔보기〕 육영하다 → 인재를 기르다/ 육영사업 → 인재기르기사업 [育英]
육중하다	무겁다 [肉重 -]
육지	뭍 [陸地]
육친	살붙이 [肉親]
육탄전	드잡이(싸움)·몸싸움 [肉彈戰]
윤간	돌림강간 [輪姦]
윤곽	테두리·얼개 〔보기〕 윤곽이 드러나다 → 얼개가 드러나다 [輪郭]
윤문	글다듬기 〔보기〕 윤문하다 → 글을 다듬다/ 교열과 윤문 → 글 바로잡기와 다듬기 [潤文]
윤번	차례돌림·돌림번·갈마듦 〔보기〕 윤번제로 → 돌아가면서 [輪番]
윤색	꾸밈·다듬기·덧칠하기 〔보기〕 윤색하다 → 꾸미다·다듬다·덧칠하다/ 문장을 윤색하다 → 글을 다듬다 ▷ 윤식하다 → 꾸미다 [潤色]
윤생	돌려나기 ▷ 대생 → 마주나기/ 총생 → 뭉쳐나기/ 호생 → 어긋나기/ 엽서 → 잎차례/ 화서 → 꽃차례 [輪生]
윤월	윤달 [閏月]
윤작	돌려짓기 ▷ 간작 → 사이짓기 [輪作]
윤중제	방죽·섬둑 〔보기〕 여의도 윤중제 → 여의도 방죽(섬둑) [일 輪中堤]
윤창	돌림노래 [輪唱]
윤택	번지르르함·번질거림 〔보기〕 윤택하다 → 기름돌다·윤기있다·넉넉하다·번지르르하다/ 살림이 윤택하다 → 살림이 넉넉하다 [潤澤]
윤허	허락·허가 〔보기〕 윤허하다 → (임금이) 허락하다 [允許]
윤화	차사고·교통사고 [輪禍]
율목	밤나무 ▷ 율촌 → 밤나무골/ 생률 → 생밤 [栗木]
율석	호박돌·막돌 [栗石]
융기	솟음·돋음·도드라짐 〔보기〕 융기하다 → 돋다·솟다 ▷ 돌기 → 돋이 [隆起]
융모	융털돌기·보풀털 [絨毛]
융추	솟을뼈 [隆椎]

융통	**두름·돌림** 〔보기〕 융통하다 → 두르다/ 융통성 → 두름성·대처하는 힘 〔融通〕
융해	**녹음·녹임** 〔보기〕 융해하다 → 녹다·녹이다/ 융해고도 → 녹는높이/ 융해로 → 녹임가마/ 융해열 → 녹임열/ 융해점 → 녹는점 ▷ 용융 → 녹음/ 용융염 → 녹는염/ 용융점 → 녹는점/ 용해 → 녹음·풀림 〔融解〕
융화	**풀림·어울림·화합함** 〔보기〕 융화하다 → 풀리다·어울리다·화합하다/ 융화를 잘하다 → 잘 어울리다 ▷ 친화 → 사귐·잘지냄 〔融和〕
으레·의례	**으레** ※괴팍하다·ㅡ구먼·미루나무·미륵·여느·온달·으레·케케묵다·허우대·허우적허우적 따위처럼 홀소리(모음)가 단순해진 것을 표준으로 삼는다.(표준어규정 제10항)
ㅡ으로	※'ㄹ'받침 이외의 받침 있는 체언에 붙어서 수단·방법·재료·까닭·방향·기구·자격·대상 따위를 나타내는 부사격조사. 〔보기〕 붓으로 글을 쓴다/ 약으로 병을 고친다/ 짚으로 지붕을 이다/ 동쪽으로 움직이다/ 회장으로 뽑히다/ 자랑으로 여기다/ 아침 저녁으로 문안 드리다/ 가난으로 고생하다 ▷ ㅡ으로써·ㅡ로써
ㅡ으로(서)	※'ㄹ'받침 이외의 받침 있는 말에 붙어서 '어떤 지위·신분·자격을 가지고서'의 뜻으로 쓰는 부사격 조사. 〔보기〕 특사 자격으로 온다/ 사람으로서 어찌 그런 일을 하나?
ㅡ으로써	※'ㄹ'받침 이외의 받침있는 말에 붙어서 수단·방법·도구 따위를 나타내는 부사격조사. 'ㅡ으로'의 힘줌말로서 주로 명사화접미사 'ㅁ' 뒤에 붙어 쓰인다. 〔보기〕 결론을 내림으로써/ 그렇게 함으로써/ 협상이 성공적으로 끝남으로써/ 실제 광경을 사진으로써 보여다오 ▷ ㅡ로써
으시대다	**으스대다** ▷ 으시시하다 → 으스스하다/ 부시시하다 → 부스스하다/ 요지음 → 요즈음
으시시하다	**으스스하다** ▷ 으시대다 → 으스대다/ 부시시하다 → 부스스하다
으젓하다	**의젓하다**
은거	**숨어삶** 〔보기〕 은거하다 → 숨어살다 〔隱居〕
은닉	**감춤·숨김** 〔보기〕 은닉하다 → 숨기다·감추다/ 은닉재산 → 숨긴 재산/ 은닉죄 → 감춘 죄·숨긴 죄/ 은닉색 → 가림빛 〔隱匿〕
은륜	**자전거** 〔銀輪〕
은막	1. 영사막 2. 영화계 〔銀幕〕

은박지	은종이　▷ 금박지 → 금종이　[銀箔紙]
은반	1. 은쟁반　2. 얼음판　▷ 은반의 제전 → 얼음판 경기　[銀盤]
은색	은빛　[銀色]
은신	몸 숨김　〔보기〕은신하다 → 몸 숨기다/ 은신법 → 몸 감추기/ 은신처 → 숨을 곳・몸감출 곳　[隱身]
은연	슬그머니　〔보기〕은연중에 → 슬그머니・남모르게　[隱然]
은잠	은비녀　▷ 금잠 → 금비녀/ 옥잠 → 옥비녀/ 목잠 → 나무비녀　[銀簪]
은전	은돈　▷ 금전 → 1. 금돈　2. 돈　[銀錢]
은채	은비녀　[銀釵]
은폐	감춤・숨김・덮어둠　〔보기〕은폐하다 → 숨기다・가리다・덮어두다　▷ 음폐하다 → 숨기다/ 엄폐하다 → 가리다・보호하다　[隱蔽]
은한	은하수・미리내　▷ 은황 → 은하수　[銀漢]
은화	은돈　[銀貨]
은화식물	민꽃식물　[隱花植物]
은환	은가락지　▷ 금환 → 금가락지/ 옥환 → 옥가락지　[銀環]
~을 요하다	~해야 한다・-이 필요하다　※일본말 'よう(要)する'를 직역한 말투.　〔보기〕화급을 요하는 문제 → 급히 해결해야 할 일・썩 급한 일/ 정확을 요하는 일 → 정확히 해야 할 일/ 정밀을 요하는 일 → 정밀히 해야 할 일/ 막대한 비용을 요하는 사업 → 많은 비용이 드는 사업
~을 필요로 하다	~이 든다・~이 필요하다　※영어 'need'가 타동사적으로 쓰인 문장을 직역한 말투다.　〔보기〕막대한 비용을 필요로 하는 → 막대한 비용이 드는/ 구체적인 설명을 필요로 하지 않는다 → 구체적인 설명이 필요없다・구체적인 설명을 할 필요가 없다　▷ 요구하다・요구되다
을러다	으르다　※활용하면 '으르고, 으르니, 을러'로 된다.　〔보기〕을러대다
~을런고	~을런가　※'~겠던가'의 뜻으로 쓰이는 맺음씨끝.
음	소리　〔보기〕음의 고저 → 소리의 높낮이/ 소음 → 시끄러움・시끄런 소리/ 음정 → 소리사이　[音]
음가	소릿값　[音價]
음각	오목새김　▷ 양각 → 돋을새김　[陰刻]
음건(법)	그늘말리기　▷ 양건(법) → 볕(에) 말리기　[陰乾法]

음고	음높이 [音高]
음달	응달 ▷ 양달 [陰-]
음료	마실것 〔보기〕음료수 → 마실물·먹는물 ▷ 생수 → 샘물·먹는샘물 [飲料]
음모	거웃 [陰毛]
음모	몰래꾸밈·숨어꾸밈 〔보기〕음모하다 → 몰래 꾸미다·숨어 꾸미다/ 음모에 능하다 → 숨은꾀를 잘내다 ▷ 암계·암모·은모·음계 → 몰래 꾸밈/ 모의 → 꾀함·짬/ 도모 → 꾀함 [陰謀]
음미	새겨맛봄·씹어봄 〔보기〕음미하다 → 맛보다·씹어보다 [吟味]
음반	소리판 ▷ 콤팩트디스크 → 소리판·빛소리판/ 시디피 → 판돌리개 [일 音盤·おんばん]
음부	음표 〔보기〕음부기호 → 음자리표 [音符]
음색	소리빛·음빛깔 ▷ 안색 → 얼굴빛·낯빛/ 체색 → 몸빛깔·몸빛/ 형색 → 차림·겉모양 [音色]
음성	말소리·목소리 〔보기〕음성기관 → 소리틀/ 음성문자 → 소리글자/ 음성언어 → 입말/ 음성학 → 말소리갈 [音聲]
음속	소리빠르기·소리속도 ▷ 광속 → 빛속도 [音速]
음식	먹을것 〔보기〕음식목록 → 차림표/ 음식점 → 음식집·밥집 ▷ 음료 → 마실것/ 의식 → 입을것과 먹을것 [飲食]
−음에	−으매 ※'ㄹ' 이외의 받침 있는 줄기(어간)에 붙어 까닭·근거를 나타내는 연결어미. 받침 없는 말 뒤에서는 '−매'가 바로 붙어 쓰인다. 〔보기〕내가 있음에 네가 있다 → 내가 있으매 네가 있다/ 오곡이 무르익음에 가을을 느낀다 → 오곡이 무르익으매 가을을 느낀다/ 손을 잡음에 → 손을 잡으매/ 그대 있음에 → 그대 있으매/ 물이 깊으매 고기가 모이고, 비가 왔으매 물이 붇지 ▷ −매/ 비가 오매/ 바람이 불매/ 잠을 자매/ 간 봄 그리매
음역	소리너비 [音域]
음영	그림자 〔보기〕음영법 → 명암법 [陰影]
음용수	마시는물·먹는물 ▷ 식수 → 먹는물·마시는물/ 생수 → 산물·먹는샘물/ 음료수 → 마실것·먹는물 [飲用水]
음유시인	떠돌이시인 [吟遊詩人]
음절	소리마디 〔보기〕음절문자 → 마디글자·음절글자/ 음절률 → 음수율/ 음절순 → 가나다 차례 [音節]
음정	소리사이·소리높낮이 ※소리의 높낮이 사이(차)를 일컫는다. 〔보기〕음정을 잘 맞추다 → 높낮이를 잘 맞추다 ▷

박자 → 소리 길이/ 장단 → 길고짧음 [音程]

음주 술마심 〔보기〕음주하다 → 술마시다/ 음주가무(가무음주) → 술마시고 춤춤/ 음주벽 → 술버릇 [飮酒]

음지 응달 〔보기〕음지식물 → 응달식물/ 음지엽 → 그늘잎/ 음지짝 → 응달쪽/ 음지에서 묵묵히 일해온 사람들 → 응달에서 ~·숨어서 ~ ▷ 양지 → 양달/ 음달 → 응달 [陰地]

음폐 숨김 〔보기〕음폐하다 → 숨기다·가리다 ▷ 엄폐 → 가림·보호함/ 은폐 → 감춤·숨김·덮어둠 [陰蔽]

음향 소리·울림소리 〔보기〕음향신호 → 소리신호 [音響]

–읍니다 –습니다 ※ '–습니다'가 널리 쓰여 이를 표준말로 삼음. 홀소리 뒤에는 –ㅂ니다'가 붙는다. 좋습니다·있습니다·하였습니다·먹습니다·합니다·갑니다 따위.(표준어규정 제17항) '있음·없음·작음'처럼 명사화 접미사 'ㅁ·음'이 붙어 된 말과 '–습–'과는 상관이 없다.

읍소 울며 호소함 〔보기〕읍소하다 → 울며 하소연하다 [泣訴]

응결 엉김·엉겨붙음·굳음 〔보기〕응결하다 → 엉기다·굳다/ 응결력 → 엉겨붙는힘/ 응결제 → 엉겨붙음약/ 응결체 → 엉긴덩치·엉긴덩이 [凝結]

응고 엉겨굳기·굳음 〔보기〕응고하다 → 엉겨굳다/ 응고점 → 엉김점 [凝固]

응낙 들어줌·허락 〔보기〕응낙하다 → 들어주다 ▷ 승낙 → 들어주다 [應諾]

응난하다 대하기 어렵다 〔보기〕응난한 → 대하기 어려운 [應難–]

응답 대답 〔보기〕응답하다 → 대답하다/ 무응답 → 대답없음·대꾸없음·반응없음 [應答]

응당 마땅함·마땅히 〔보기〕응당하다 → 마땅하다/ 응당일 → 그날/ 응당히 → 마땅히 [應當]

응력 버틸심 〔보기〕대응력 → 버틸심·맞설힘 ▷ 내력 → 버틸심 [應力]

응보 갚음 〔보기〕응보형 → 앙갚음형·보복형벌/ 인과응보 → 업 따라 갚음·하기에 달림 [應報]

응분 걸맞음·걸맞은 〔보기〕응분의 → 분(수)에 맞는·걸맞은·정도에 따른/ 응분의 대가를 치르다 → 걸맞은 값을 치르다 [應分]

응사 맞받아쏨 〔보기〕응사하다 → 맞받아쏘다 [應射]

응소 소집에 따름·소집 나감 〔보기〕응소하다 → 소집에 따르다 ▷ 응모 → 모집에 따름 [應召]

응수	맞수작 · 받음 · 대꾸 · 대갚음 · 장군멍군　〔보기〕응수하다 → 맞받다 · 맞수작하다　▷ 대수하다 → 맞받다　〔應酬〕
응시	눈여겨봄 · 뚫어지게 봄 · 째려봄　〔보기〕응시하다 → 뚫어지게 보다 · 째려보다　▷ 주시하다 → 눈여겨보다 · 째려보다　〔凝視〕
응신	회답　▷ 답신 → 회답　〔應信〕
응전	맞싸움　〔보기〕응전하다 → 맞싸우다/ 도전과 응전 → 쌈걸기와 맞싸움하기 · 쌈걸고받기　〔應戰〕
응접	맞이　〔보기〕응접하다 → 맞이하다/ 응접실 → 맞이방　▷ 대접 · 응대 · 접응 → 맞이　〔應接〕
응집	엉겨붙기 · 엉김　〔보기〕응집하다 → 엉기다/ 응집력 → 엉겨붙는 힘　〔凝集〕
응징	혼냄 · 곯려줌　〔보기〕응징하다 → 혼내다　〔膺懲〕
응하다	따르다 · 좇다　〔보기〕응불응을 떠나 → 따르고 따르지 않음을 떠나　〔應-〕
응혈	피엉김　〔凝血〕
응회암	잿돌　〔凝灰巖〕
-의	※보통 사전에서 관형격조사와 주격조사 두 가지로 쓰임을 보이나, 주격조사로 보는 것은 잘못 쓰이고 있는 말버릇을 인정한 것이지 이를 합당한 쓰임으로 인정하는 것은 아니다. 아울러 관형어 구실을 하는 체언에 마구 붙여 쓰는 것도 볼썽사납다. 또한 다른 조사에 쓸데없이 덧붙일 때도 많은데, 바람직한 일이 아니다. 이는 관형어 구실을 하는 체언에 'の'를 꼭 붙여 쓰는 일본말 영어투 영향이 크다.　〔보기〕나의 살던 고향은 → 내가 살던 고향은/ 그 말의 가진 말본에서의 성은 → 그 말이 가진 말본의 성은/ 현정권의 개혁에 대한 가장 본질적 태도 → 현정권이 개혁을 대하는 본질적 태도/ 군의 변하는 모습 → 군이 변하는 모습/ 단순한 디자인의 옷일수록 → 디자인이 단순한 옷일수록 · 단순하게 디자인한 옷일수록/ 경쾌한 감각의 디자인 → 감각이 경쾌한 디자인/ 별도의 추가방송을 허용할 → 별도로 ~/ 국기의 게양 및 관리요령 → 국기를 달고 관리하는 요령/ 군의 유지와 → 군대를 유지하고/ 예산의 집행에 관해서는 → 예산을 집행하는 일은/ 스스로의 약속과 스스로의 발언을 뒤집는 이중성 → 스스로 한 약속과 발언을 ~ · 자신이 한 약속과 발언을 ~/ 여러분의 적극적인 협조 바랍니다 → 여러분께서 적극적으로 도와주시기 바랍니다/ 소비욕구의 자제와 → 소비욕구를 자제하고/ 국방부의 보다 능동적이고 공개적인 의혹 해소의 노력이 요구되고 있는 대목 →

국방부가 좀더 능동적이고 공개적으로 의혹을 풀기 위해 노력해야 할 대목/ 사람마다의 → 사람마다/ 저마다의 소질을 계발하고 → 저마다 소질을 일깨우고/ 서울로부터의 → 서울로부터・서울에서/으로부터의 → 으로부터・에서/인민의 인민에 의한 인민을 위한 정치 → 인민이 자신을 위해 하는 정치/ 50만톤의 식량 → 식량 50만톤

의가	옷걸이 [衣架]
의거	따름・좇음・기댐 〔보기〕 의거하다 → 따르다・좇다・기대다/ 의거하여 → 따라서・좇아서・근거삼아・기대어 ▷ 의빙 → 따름・좇음・기댐 [依據]
의관	옷갓 〔보기〕 의관하다 → 옷갓을 차리다 [衣冠]
의구	의심쩍음・의심쩍고 두려움 〔보기〕 의구심 → 의심쩍은 마음 ▷ 송구 → 두려움 [疑懼]
의당	마땅히・으레 〔보기〕 의당하다 → 마땅하다・당연하다/ 의당히 → 마땅히・당연히 ▷ 응당 → 마땅히・으레 [宜當]
의도	뜻・생각・속셈・맘먹음 〔보기〕 의도하다 → 뜻하다・맘먹다/ 의도가 뭐냐 → 속셈이 뭐냐/ 의도형 → 뜻함꼴(언어) ▷ 기도 → 꾀함/ 의중 → 속마음/ 심산 → 속셈 [意圖]
의뢰	부탁・맡김 〔보기〕 의뢰하다 → 맡기다・부탁하다/ 의뢰인 → 맡긴이/ 의뢰서 → 부탁글/ 의뢰인 → 맡긴이 ▷ 의탁 → 맡김 [依賴]
의료수가	진료비・치료비 ▷ 의보수가 → 의료보험료・건강보험료 [醫療酬價]
의류	옷가지 〔보기〕 의류상 → 옷가게・옷장수/ 의류판매업 → 옷가지팔기 [衣類]
의명	명에 따라・시켜서 〔보기〕 의명 시행하다 → 명에 따라 하다・시켜서 하다 ▷ 복명 → 결과 보고・다녀온 보고 [依命]
의문	물음・의심스러움 〔보기〕 의문대명사 → 물음대이름씨/ 의문법 → 물음법/ 의문부 → 물음표/ 의문시 → 의심스럽게 봄/ 의문시된다 → 의심스럽다・의문스럽다/ 의문표 → 물음표 ▷ 의아 → 의심스럽고 이상함 [疑問]
의미	뜻 〔보기〕 의미하다 → 뜻하다/ 의미깊다 → 뜻깊다/ 의미심장 → 뜻깊음/ 의미없다 → 뜻없다/ 의미롭다 → 뜻있다 [意味]
의법	법대로・법따라 〔보기〕 의법조처(치)하다 → 법따라 처리하다・법대로 하다 [依法]

의복	옷　〔보기〕의복류 → 옷붙이/ 의복함 → 옷함　　▷ 의류 → 옷가지　[衣服]
의부	의붓아비　　▷ 의모 → 의붓어미/ 계부 → 의붓아비/ 아부 → 의붓아비　[義父]
의사	생각·마음·뜻　〔보기〕의사를 타진하다 → 마음을 알아보다·뜻을 떠보다　　▷ 의향·의중 → 생각·마음·뜻　[意思]
의사	비슷함　〔보기〕의사하다 → 비슷하다/ 의사뇌염 → 뇌염비슷한 증세　　▷ 유사 → 비슷함　[擬似]
의사	죽은체·거짓죽기　[擬死]
의산	개미산·포름산　[蟻酸]
의상	옷·입성　〔보기〕민속의상 → 민속옷/ 의상실 → 양장점/ 의상디자인 → 옷고안·옷짓기　[衣裳]
의상	다친체·다친체하기·다친시늉　[擬傷]
의서	의학책　[醫書]
의성	소리시늉　〔보기〕의성어 → 소리시늉말/ 의성의태어 → 소리짓시늉말　　▷ 의태어 → 짓시늉말　[擬聲]
의식	정신·생각·넋·깨달음·느낌·거리낌　〔보기〕의식하다 → 생각하다·깨닫다·느끼다·거리끼다/ 의식불명 → 정신잃음/ 의식적 → 일부러·일부러 하는/ 의식적으로 → 일부러·짐짓/ 의식화 → 거리끼게 함·생각하게 함　[意識]
의심적다	의심쩍다　　▷ 미심적다 → 미심쩍다　[疑心－]
의아	의심스럽고 이상함　〔보기〕의아하다 → 의심스럽다/ 의아스럽다 → 의심쩍다/ 의아심 → 의심　[疑訝]
의연하다	굳세다·끄떡없다　〔보기〕의연히 → 굳세게·끄떡없이　[毅然－]
의외	뜻밖　〔보기〕의외로 → 뜻밖에/ 의외에 → 뜻밖에/ 의외로이 → 뜻밖에/ 의외지사 → 뜻밖의 일/ 의외의 결과 → 뜻밖의 결과　　▷ 의표 → 뜻밖·생각밖　[意外]
의의	뜻　〔보기〕의의가 있다 → 뜻있다/ 의의가 뭐냐 → 뜻이 뭐냐·무슨 뜻이냐　　▷ 의미 → 뜻　[意義]
의장	고안　　▷ 미장·디자인 → 고안·꾸밈/ 로고 → 글도안·글꾸밈/ 의장등록 → 고안등록　[意匠]
의장품	배장비　[艤裝品]
의존	기댐　〔보기〕의존하다 → 기대다/ 의존심 → 기대는 마음·의뢰심　[依存]
의중	마음속·속마음·속생각·속셈　〔보기〕의중을 떠보다 → 속마음을 알아보다·속셈을 떠보다　　▷ 흉금·흉중 → 가

	슴·가슴속 〔意中〕
의증	비슷한 증세·의심스런 증세 〔보기〕뇌염의증 → 뇌염 비슷한 증세 ▷ 의사증 → 비슷한 증세 〔擬症〕
의증	1. 의심증·의심 2. 비슷한 증세 〔疑症〕
의지	뜻·마음 〔보기〕의지가 강하다 → 뜻이 굳다/ 의지가 박약하다 → 뜻이 굳지 못하다·뜻이 무르다/ 의지의 한국인 → 뜻굳은 한겨레 〔意志〕
의치	틀니 ▷ 가치 → 만든이·틀니 〔義齒〕
의태어	짓시늉말 〔보기〕의성의태어 → 소리짓시늉말/ 우리말은 특히 의성의태어가 발달한 말이다 → 우리말은 (소리짓)시늉말이 특히 발달한 말이다 ▷ 의성어 → 소리시늉말 〔擬態語〕
의표	생각밖·뜻밖 〔보기〕의표를 찌르다 → 뜻밖으로 나가다·뜻밖이다·생각과 빗나가다 〔意表〕
의하다	어렴풋하다 〔疑 - 〕
의하다	따르다·좇다 〔보기〕의하여 → 따라·좇아·의지하여·~로써·으로·때문에/ 의해 → (에)따라/ 의한 → 따른·(- 이)하는/ 강제에 의하여 → 강제로·강제로써/ 사람에 의한 잘못 → 사람에 따른 잘못·사람 잘못/ 노동에 의하여 생긴 돈 → 일하여 생긴 돈/ 개인 사정에 의하여 → 사정에 따라 〔依 - 〕
의향	할뜻·생각 〔보기〕의향을 묻다 → 뜻을 묻다/ 의향이 있느냐 없느냐 → 할뜻이 있느냐 없느냐 ▷ 의중·의도 → 속마음·생각 〔意向〕
의혹	의심쩍음 ※의혹이 제기되어? ~ 아니냐는 의혹이 제기되고 있어? 이는 '~ 아니냐는 말이 나돌고 있다·의혹이 불거지고 있다' 정도면 되겠다. 여기서 한술 더 떠 '~ 아니냐는 의혹이 강력하게 제기되고 있다'는 식으로까지 강조하는 것은 우습다. 유행도 좋지만 말글의 품위는 바로 그 쓰는 사람의 품위라는 점을 살펴 조심할 일이다. 〔보기〕의혹이 일다 → 의심쩍은 맘이 생기다·의심쩍어 하다/ 의혹을 제기하다 → 의심쩍다고 말하다·의심스럽다고 쳐들다/ ~ 다(~냐)는 의혹이 제기되다 → ~ 다(냐)는 의혹이 일다·~ 다(냐)고 의심하고 있다 〔疑惑〕
이	전자 〔보기〕이메일 → 전자우편/ 이 커머스 → 전자상거래/ 이마켓플레이스 → 전자장터·전자상거래 〔E·e〕
~이 아니겠습니까	아닙니까 〔보기〕바로 이것이 아니겠습니까 → 바로 이것 아닙니까/ 뻔한 것 아니겠습니까 → 뻔한 것 아닙니까
이같은·이와 같은	이런 〔보기〕저같은 → 저런/ 그같은 → 그런

이개	귓바퀴 [耳介]
이격	떨어짐·떼놓음 〔보기〕이격하다 → 떨어뜨리다/ 이격거리 → 떨어진 거리/ 이격개념 → 어긋난 개념 ▷ 원격 → 멀리 떨어짐·멀리 떨어진 [離隔]
이견	다른 견해·딴소견·딴생각 〔보기〕아무 이견도 없다 → 아무 딴소견도 없다/ 이견이 노정되다 → 다른 소견이 드러나다·대립하다·맞서다/ 이견을 해소하다 → 딴소견을 풀다/ 이견을 좁히다 → 뜻을 좁히다 [異見]
이관	옮겨맡음·옮겨맡김·넘겨줌·관할옮김·넘김 〔보기〕이관하다 → 옮겨주다·넘겨맡기다·넘겨맡다 [移管]
이구동성	같은소리·한목소리 〔보기〕이구동성으로 → 하나같이·한결같이·한목소리로 ▷ 여출일구·이구동음 → 한목소리 [異口同聲]
이기	옮겨적음·옮겨적기 〔보기〕이기하다 → 옮겨적다/ 이기시행 → 옮겨적음 [移記]
이내	안 〔보기〕이내에 → 안에/ 십일 이내 → 열흘 안에 ▷ 이외 → 밖 [以內]
이너	안쪽의·안쪽사람 〔보기〕이너 라이프 → 내적 삶/ 이너 캐비닛 → 소수내각/ 이너 서클 → 패거리 ▷ 인너 → 이너 [영 inner]
이년생	두해살이 〔보기〕이년생근 → 두해살이뿌리/ 이년생초 → 두해살이풀 ▷ 일년생 → 한해살이/ 다년생 → 여러해살이 [二年生]
이노베이션	(기술) 혁신 [영 innovation]
이니셔티브	선손·선수·주도권·솔선·기선·발의권 〔보기〕이니셔티브를 쥐다 → 주도권을 쥐다/ 이니셔티브를 취하다 → 선수를 쓰다·선손을 쓰다 ▷ 헤게모니 → 주도권·권력·세력/ 이니시어티브 → 이니셔티브 [영 initiative]
이니셜	머릿글자·첫글자·글자도안 [영 initial]
이닝	회·번 ※야구 말. [영 inning]
이다	판자·널빤지 [일 板子]
-이다	※1. '아니다'와 함께 잡음씨(지정사) 또는 서술격조사로 보는 견해가 많다. 어떤 일을 가리켜 '그러함'(긍정)을 나타낸다. 한편, '보도이다·관례이다·지적이다·혐의이다·현실이다' 따위로 끝나는 문장을 쓰면서 주어를 빠뜨리는 때가 많다. '(주어 없고) ~어떠한(어찌하는) ~이다'는 '어떠한(어찌하는) 것이(게) ~이다' 하는 꼴로 갖추어 써야 한다. 〔보기〕분출시키고 있는 요즘의 현실이다 → 분출시키고 있는 것이 요

즘의 현실이다/ 개방시대의 개막이라는 말이 등장하는 요즘이
다 → 개방시대의 개막이라는 말이 요즘 자주 등장한다/ 인권
우선과 법치주의 등 민주적 가치가 사회 각 부문에서 보편성
을 확장해 가고 있는 오늘날이다 → 오늘날은 ~ 민주적 가치
가 ~ 확장해 가고 있는 때다/ 자랑과 긍지를 가져도 좋은 오
늘이다 → 오늘은 자랑과 긍지를 가져도 좋다/ 이군은 거리에
세워둔 남의 오토바이를 훔친 혐의다 → ~ 훔친 혐의를 받고
있다/ 예산지원을 대폭 늘려야 한다는 지적이다 → 예산지원
을 대폭 늘려야 한다는 말이다. 2. 원형이 다른데도 '-이다'
를 잘못 붙여쓰는 일이 많다. 헤매이다 → 헤매다/ 개이다 →
개다/ 오래이다 → 오래다/ 설레이다 → 설레다

이단	어긋난것 · 어긋남 · 딴길 〔보기〕이단문학 → 딴길문학/ 이 단분자 → 딴길분자/ 이단시 → 딴길로봄/ 이단자 → 길다른 이 · 어긋난이 〔異端〕
이데올로기	관념(형태) · 이념 · 사상(경향) 〔도 Ideologie〕
이도	늘어지기 〔보기〕이도정비 → 늘어짐 정비 · 늘어진 전선 정비 · 팽팽히하기 〔弛度〕
이동	옮김 · 옮아다님 〔보기〕이동하다 → 옮기다 · 옮아다니다/ 이동경작 → 떠돌이 농법/ 이동노동 → 떠돌이노동/ 이동활차 → 움직도르래/ 이동거리 → 움직인 거리 〔移動〕
이동	갈림 · 변동 〔보기〕인사이동 → 자리옮기기 〔異動〕
이래	뒤 · 부터 〔보기〕그때 이래 → 그때부터/ 공산화 이래 → 공산체제가 되고부터/ 문화혁명 이래 → 문화혁명 때부터/ 보 도한 이래 → 보도한 뒤 · 보도하고부터/ 격리된 이래 → 격리 된 뒤 · 격리되고부터 ▷ 이후 → 그뒤 · 이다음/ 이전 → 그앞 〔以來〕
이례	다른 예 · 보통아닌 일 · 별스러움 〔보기〕이례적 → 보통과 다른 · 제때 아닌 · 예사 아닌/ 이례적인 → 예상치 않은 · 별 스런/ 이례적이다 → 드문 일이다 · 예사가 아니다 · 별스럽 다 ▷ 상례 → 예사 · 보통일 〔異例〕
이루다 · 이루어지다	※쓸데없이 '이루다'를 많이 넣거나 피동보조동사 '지다'를 붙 여 '이루어지다'를 자주 쓰는 버릇을 버리자. 〔보기〕진전 을 이루고 있는 것을 → 진전하고 있는 것을/ 엄격한 법집행 이 이루어져야 한다 → 법을 엄격하게 집행해야 한다/ 검찰의 구형이 이뤄질 것으로 보인다 → 검찰이 구형할 것으로 보인 다 · ~의 구형이 있을 ~ / 공정한 심사가 이뤄진 적이 없다 → 공정히 심사를 한 적이 없다/ 법개정이 시급히 이뤄져야 → 법을 시급히 개정해야/ 성공이 이루어지다 → 성공하다/ 또

이날 공판에서는 결심이 이뤄져 → ~ 결심을 해

이르키다	일으키다
이리야배	멸치삶는배
이-마켓플레이스	전자장터 · 전자상거래 [영 e-market place]
이맛배기	이마빼기 ※뒷말 첫소리가 된소리나 거센소리이면 사이시옷을 넣지 않는다.
이머징 마켓	신흥시장 [영 emerging market]
이메일	전자우편 · 전자쪽지 〔보기〕 이메일 그래버 → 전자우편 주소수집기/ 이메일 리스트 → 전자우편 주소록/ 이메일 마케팅 → 전자우편 판촉/ 이메일 뱅킹 → 전자우편 은행(거래) [영 e-mail]
이면	안쪽 · 뒷면 · 속(내) 〔보기〕 이면도로 → 뒷길 · 안길/ 이면계약 → 뒷계약/ 이면문서 → 뒷문서 [裏面]
이명	귀울이 [耳鳴]
이명주	귀밝이술 [耳明酒]
이모작	두그루(짓기) · 두번짓기 · 양그루 · 그루갈이 [二毛作]
이모티콘	그림말 ▷ 폰티콘 → 휴대전화 글그림 [영 e-moticon]
이문	길미 · 이자 ▷ 변리 → 길미 [利文]
이미지	인상 · 심상 · 느낌 〔보기〕 이미지 메이킹 → 인상 만들기 · 얼굴 알리기/ 이미지 제고 → 인상 좋게 하기/ 새 이미지 구축 → 새 인상 만들기/ 밝은 이미지 → 밝은 인상(느낌)/ 이미지 업 → 인상짓기 · 인상만들기 · 인상지우기 [영 image]
이미테이션	모조 · 흉내 · 모방 〔보기〕 이미테이션 모델 → 닮은꼴 모델 [영 imitation]
이반	배반 · 돌아섬 · 떨어져나감 · 등돌림 〔보기〕 이반하다 → 돌아서다 · 등돌리다/ 민심 이반 → 민심 떠남/ 이반 현상 → 돌아서는 현상 ▷ 이배 → 등돌림 [離反]
이받이	이바지
이법	뒷면기울기 [裏法]
이벤트	사건 · 행사 · 경기 〔보기〕 이벤트 사업 → 흥행거리/ 최대(빅)이벤트 → 큰행사 · 으뜸행사/ 이벤트화하다 → 사건화하다 · 행사로 만들다/ 96년의 최대 이벤트는 역시 15대 총선이다 → ~ 큰 행사는 ~ [영 event]
이변	달라짐 · 이상한 일 〔보기〕 대이변 → 큰변화 ▷ 돌변 → 갑작변함 · 갑작달라짐 [異變]
이병	설사병 [痢病]
이병	병걸림 〔보기〕 이병하다 → 병걸리다/ 이병률 → 병든율/ 이병목 → 병든 나무/ 이병묘 → 병든 모/ 이병 식물 → 병든

	식물/ 이병자 → 병 걸린이 ▷ 이환 → 병걸림 〔罹病〕
이복	배다름·다른배·딴배 〔보기〕이복형제 → 배다른 형제 ▷ 각배·별복·이모 → 배다름/ 동복 → 같은배·한배 〔異腹〕
이쁘다	예쁘다 ▷ 이쁜둥이
이산	헤어짐·흩어짐 〔보기〕이산하다 → 흩어지다/ 이산가족 → 흩어진(헤어진) 가족 ▷ 이별 → 헤어짐/ 이합집산 → 모이고 흩어짐 〔離散〕
이상	1. 위 2. ~했(됐)으면·~한(된) 바에는 3. 이만·끝 ▷ 이하 → 이 뒤·이 아래 〔以上〕
이색	색다른·다른빛깔 〔보기〕이색적 → 색다른 ▷ 엽기적 → 별스런·별난·엄청난 〔異色的〕
이서	뒷보증·뒷다짐·배서 〔보기〕이서하다 → 뒷보증하다/ 이서금지 → 뒷보증 금지/ 이서 양도 → 뒷보증 양도/ 이서인 → 뒷보증인 〔일 裏書·うらがき〕
이서	옮겨씀 〔보기〕이서하다 → 옮겨쓰다 ▷ 이기 → 옮겨적음·옮겨쓰기 〔移書〕
이석	자리뜸·자리떠남 〔보기〕이석하다 → 자리뜨다 ▷ 궐석 → 결석·빠짐/ 임석 → 자리함·나와 앉음 〔離席〕
이선	다른줄·다른길 〔異線〕
이설	옮김·옮겨놓음·옮겨세움·옮겨닦음 〔보기〕이설하다 → 옮겨놓다/ 이설도로 → 옮긴길/ 도로 이설 → 길옮겨닦음/ 건물 이설 → 건물 옮김 〔移設〕
이송	보냄 〔보기〕이송하다 → 보내다 〔移送〕
이수	마침·밟음 〔보기〕이수하다 → 마치다·밟다 ▷ 수료 → 닦음·마침/ 연수 → 닦음·익힘 〔履修〕
이슈	논쟁거리·쟁점·논점 〔보기〕이슈화 → 쟁점 만들기/ 이슈화하다 → 쟁점으로 만들다/ 이슈화에 실패하다 → 쟁점 만들기에 실패하다/ 핫이슈 → 뜨거운 쟁점/ 이슈화시키다 → 이슈화하다·쟁점으로 만들다/ 오늘의 이슈 → 오늘의 화젯거리·오늘의 쟁점 〔영 issue〕
이스트	뜸씨·효모 〔영 yeast〕
이승	제곱 〔보기〕이승하다 → 제곱하다/ 이승근 → 제곱근/ 이승비 → 제곱비/ 이승수 → 제곱수/ 이승척 → 제곱자 ▷ 자승 → 제곱 〔二乘〕
이식	길미·변(리)·이자 ▷ 이문 → 길미 〔利息〕
이식	옮겨심음·옮겨심기·옮겨붙임 〔보기〕이식하다 → 옮겨심다·옮겨붙이다/ 이식술 → 옮겨붙이기(심기)/ 장기 이식 →

	장기 옮겨 달기　▷ 이앙 → 모내기　[移植]
이암	**진흙돌**　▷ 역암 → 자갈돌/ 사암 → 모랫돌　[泥巖]
이앙	**모내기**　〔보기〕이앙하다 → 모내다/ 이앙가 → 모내기노래 / 이앙기 → 모낼철/ 이앙기 → 모심개/ 이앙답 → 모심은 논 / 이앙밀도 → 모뱀새　[移秧]
이양	**넘겨줌**　〔보기〕이양하다 → 넘겨주다/ 권력 이양 → 권력 넘기기/ 정권 이양 → 정권 넘기기　[移讓]
이어링	**귀고리**　[영 earring]
이어줄	**마룻줄·용총줄**　※마룻줄과 용총줄이 둘 다 많이 쓰인다 하 여 이를 표준말로 삼음.(표준어규정 제26항)
이에 반해	**이와 달리·반대로**
−이여요·−이예요	**−이어요·−이에요**　※준말은 ‘−여요’ ‘−예요’다. 보통 자 음으로 끝난 말 뒤에 ‘−이어요’, ‘−이에요’를 쓰고, 모음으로 끝난말 다음에는 ‘예요’를 붙여 쓴다.　〔보기〕저여요·저예 요/ 나여요·나예요/ 뭐여요·뭐예요/ 뭣이에요·뭣이어요/ 내려오는 길이에요(길이어요)/ 순이에요·순이어요/ 순자예 요/ 바람이어요·바람이에요. 한편 이때 ‘여’나 예’는 ‘ㅣ’모음 동화현상도 반영되어 있으나 이는 인정하지 않고 ‘이+어’ 또 는 ‘이+에’가 합쳐서 된 말로 본다.
이역	**딴 나라·딴곳**　▷ 방외·수역 → 딴곳/ 이국 → 딴나라 [異域]
이연	**미룸**　〔보기〕이연하다 → 미루다/ 이연계정 → 미룸계정/ 이연일수 → 미룬 날수/ 이연자산 → 미룸자산　▷ 지연 → 늦춤/ 지체 → 늦어짐　[移延]
이완	**풀어짐·느즈러짐**　〔보기〕이완하다 → 풀어지다·느즈러 지다/ 이완되다 → 풀어지다·느즈러지다/ 이완증 → 무긴장 증　[弛緩]
이용율	**이용률**　[利用率]
이월	**넘김·옮김**　〔보기〕이월하다 → 넘기다·옮기다/ 이월금 → 넘긴 돈/ 이월액 → 넘긴 액/ 이월된 → 넘어온·넘긴　[移 越]
이유	**까닭**　〔보기〕이유부(표) → 까닭표/ 이유수 → 까닭수/ 이 유 여하를 막론하고 → 어쨌든·까닭이 어떠하든　▷ 사 유·소이 → 까닭　[理由]
이유	**젖떼기·젖뗌**　〔보기〕이유하다 → 젖떼다/ 이유기 → 젖뗄 때/ 이유식 → 젖떼기 음식　[離乳]
이의	**반대의견·다른 뜻**　〔보기〕이의를 제기하다 → 반대뜻을 내 다　▷ 이견 → 반대뜻·다른 의견　[異議]

이인칭	둘째가리킴 　※너·당신 따위. 　▷ 일인칭 → 첫째가리킴 / 삼인칭 → 셋째가리킴 ［二人稱］）
이임	소임 떠남 　〔보기〕이임하다 → (소임을) 떠나다/ 이임시 → 떠날 때/ 이임식 → 떠남식 ［離任］
이입	옮겨넣음 　〔보기〕이입하다 → 옮겨넣다/ 감정이입 → 감정 옮겨넣음 ［移入］
이적	옮겨쌓기 　〔보기〕이적하다 → 옮겨쌓다 ［移積］
이적	호적 옮김·적을 옮김 　〔보기〕이적하다 → 호적을 옮기다· 적을 옮기다 ［移籍］
이적	호적빼기·적을 뺌 　〔보기〕이적하다 → 적을 빼다 ［離籍］
이전	옮김 　〔보기〕이전하다 → 옮기다/ 등기 이전 → 등기 옮김 / 이전적지 → 옛터·떠난자리 ［移轉］
～ 이전까지·～ 전까지	※시점을 흐리게 하는 표현이다. 　〔보기〕조선 후기 문학은 임진왜란으로부터 갑오경장 이전까지의 문학을 가리킨다 → 갑오경장까지의 ～/ 당론이 결정되기 전까지는 → 당론이 결정되기 전에는·당론이 결정될 때까지는/ 연말 이전까지는 → 연말까지는·연말 안에는/ 발효 전까지 → 발효할 때까지/ 6·25 이전까지 → 6·25까지·6·25 이전에는
이정표	길안내판·길표 ［里程標］
이젤	삼각대 ［영 easel］
이조대맥	두줄보리·맥주보리 ［二條大麥］
이종	딴씨·딴나기·딴 곡식·딴 종류 　〔보기〕이종곡립 → 딴곡식알/ 이종피색립 → 딴색알 　▷ 별종 → 딴나기·딴씨· 딴종류/ 순종 → 진짜·순나기 ［異種］
이중	(두)겹·겹침·두번·거푸·거듭 　〔보기〕이중가격 → 두가지값/ 이중과세 → 두번 설쇠기/ 이중문 → 겹 문/ 이중창 → 겹창/ 이중모음 → 겹홀소리/ 이중 부정 → 거듭 부정/ 이중인격자 → 안팎 다른이 ［二重］
이즈러지다	이지러지다
이지	두 팔·두 다리 　▷ 사지 → 네 다리·팔다리 ［二肢］
이지	귀떼 ［耳芝］
이지매	뭇해코지 ［일 いじめ］
～이지 않다	～이 아니다 　※잡음씨(지정사) '이다'의 부정은 '아니다'로 서 '～이지 않다'로 부정하는 것은 말본에 어긋난다. 동사 서술어 '가다·오다·자다·놀다' 따위를 부정할 때는 '가지·오지·놀지' 등 부정형 어미 '－지'에 보조동사 '아니하다'(않는다)를 붙여 쓰고, '좋다·예쁘다·춥다' 따위 형용사에도 '－

지'와 보조형용사 '아니하다'(않다)를 붙여서 부정문을 만든
다. 〔보기〕책이지 않다 → 책이 아니다/ 책이지 않아? →
책 아니야?/ 책이지 않은가? → 책이 아닌가?/ 떡국이잖아?
→ 떡국 아니야? · 떡국이구나/ 만우절이지 않습니까? → 만
우절 아닙니까?/ 진심이지 않고 → 진심이 아니고 · 진심이지
/ 민주적이지 않아 → 민주적이 아니야 · 민주적이야/ 독창적
이잖아 → 독창적 아니야 · 독창적이야/ 진취적이지 않아? →
진취적이야 · 진취적 아니야?/ 활동적이지 않아? → 활동적 아
니야?/ 교조적이잖아 → 교조적 아니야?　　※'적'이 명사나
관형사를 만드는 접미사이긴 하나 의문형으로 끝맺을 때는 형
용사적으로 쓰여 '이지 않아?'도 어울린다.

이지적	지혜로운 · 슬기로운 〔理智的〕
이짝	이쪽 〔보기〕이짝저짝 → 이쪽저쪽
이차	두번째 〔二次〕
이찹쌀	찹쌀 ※찹쌀이 많이 쓰인다 하여 이를 표준말로 삼음.(표준어규정 제25항)
이채	색다름 〔보기〕이채롭다 → 색다르다 〔異彩〕
이첩	옮겨알림 · 통첩옮김 · 넘김 〔보기〕이첩하다 → 넘기다 · 옮겨 알리다 ▷ 이관 → 옮김 〔移牒〕
이체	넘김 · 옮김 〔보기〕이체하다 → 넘기다 · 옮기다/ 자동이체 → 절로 넘김 〔移替〕
이취	곤드레만드레 〔보기〕이취하다 → 곤드레만드레하다 · 몹시 취하다 〔泥醉〕
이치	옮김 · 옮겨심음 〔보기〕이치하다 → 옮기다 〔移置〕
이코노미스트	경제전문가 · 경제인 〔영 economist〕
이퀴프먼트	장비 · 연장 〔영 equipment〕
이큐	감성지수 〔영 EQ⟨emotion quotient〕
이큐	윤리지수 〔영 EQ⟨ethic quotient〕
이탈	벗어남 · 떨어져나감 〔보기〕이탈하다 → 벗어나다 · 떨어져나가다/ 이탈하여 → 벗어나서/ 부대 이탈 → 부대 벗어남 〔離脫〕
이태리	이탈리아 〔취 伊太利〕
이토	진흙 〔泥土〕
이통	귀앓이 〔耳痛〕
이판화	갈래꽃 〔보기〕이판화관 → 갈래꽃부리/ 이판화악 → 갈래꽃받침/ 이판화류 → 갈래꽃무리 ▷ 관상화 · 통상화 · 합판화 → 통꽃 · 대롱꽃 〔二瓣花〕
이하	아래 · 낮음 〔보기〕이하 동문 → 위와 같음/ 이하 생략 →

아래 줄임/ 이하 여백 → (아래)빈칸·빈자리/ 수준 이하의 작품 → 수준 낮은 작품   ▷ 이상 → 위·위의·그만·끝 [以下]

이하선   **귀밑샘** [耳下腺]

이해   **이롬과 해롬** 〔보기〕이해타산 → 이해 따짐 [利害]

이행   **옮아감·변해감** 〔보기〕이행하다 → 옮아가다/ 이행과정 → 옮아가는 동안·옮아가기/ 이행기 → 변하는 때   ▷ 추이 → 되어감·움직임·변해감 [移行]

이행   **지킴·실제로 행함** 〔보기〕약속을 이행하다 → 약속을 지키다 [履行]

이현령비현령   **귀걸이 코걸이** [耳縣鈴鼻縣鈴]

이화   **배꽃** [梨花]

이화명충   **마디충** 〔보기〕이화명아 → 마디충나방 [二化螟蟲]

이화수정   **딴꽃정받이·딴꽃가루받이** [異花受精]

이환   **병걸림** 〔보기〕이환하다 → 병 걸리다/ 이환자 → 병 걸린이/ 이환율 → 병든율   ▷ 이병 → 병 걸림 [罹患]

이후   **1. 그 뒤 2. 뒤·부터 3. 이 뒤·이다음·이제부터**   ※어떤 기준으로부터 뒤를 뜻하는 '2'의 뜻으로 쓸 때는 주의해야 한다. 왜냐하면 그 시대 또는 기준시점이 포함되기 때문이다. 〔보기〕고려시대 이후 → 고려시대부터/ 임란 이후 → 임란이 시작된 뒤/ 난리가 끝난 이후 → 난리가 끝난 뒤/ 서울에 올라온 이후 → 서울에 올라온 뒤/ 이후부터는 좀더 조심해라 → 이 다음부터는 ~ / 잠든 이후 → 잠든 뒤   ※한자를 달리 쓰나 별 쓸모 없는 구별이다.   ▷ 이전 → 그앞·그전 [以後·已後·爾後]

익년   **다음해·이듬해**   ▷ 익월 → 다음달/ 익일 → 다음날 [翌年]

익명   **이름 숨김**   ▷ 매명(埋名) → 이름 숨김 [匿名]

익사   **빠져죽음** 〔보기〕익사하다 → 빠져죽다 [溺死]

익살군   **익살꾼** ※사람을 뜻하는 접미사 '군'은 '꾼'으로 통일한다.(맞춤법 제54항)

익수   **물에 빠짐** [溺水]

익숙치   **익숙지** ※어간의 끝음절 '하'가 아주 줄 적에는 준 대로 적는다. 〔보기〕익숙치 않다 → 익숙지 않다   ▷ 거북지·생각건대·생각다 못해 ·깨끗지 않다·넉넉지 않다·못지않다·섭섭지 않다. 한편 이를 줄이면 갑갑다·깨끗잖다·답답잖다·못잖다 따위가 된다.(맞춤법 제40항)

익스트림 스포츠   **극한 스포츠** [영 extreme sports]

익월	다음달·이듬달 [翌月]
익일	이튿날·다음날 ▷ 익월 → 다음달/ 익년 → 다음해·이듬해 [翌日]
익조	이론새 ▷ 해조 → 해론새 [益鳥]
익충	이론벌레 ▷ 해충 → 해론벌레 [益蟲]
인	도장 [印]
~인 것 같다·~인 것 같아요	※주견·주체·자신 없는 말투. 〔보기〕그런 것 같아요 → 그래요
인가	집 [人家]
인가	이웃집 [隣家]
인각	왕겨 [籾殼]
인각	새김 〔보기〕인각하다 → 새기다·파다 [印刻]
인감개인	인감변경 [人鑑改印]
인거인	이웃사람 [隣居人]
인게이지먼트	약속·약혼 [영 engagement]
인경	비늘줄기 ※파·마늘·양파 따위. [鱗莖]
인계	넘겨줌 〔보기〕인계하다 → 넘겨주다/ 인수인계 → 넘겨받고 넘겨줌 [引繼]
인공	사람손·손질·만든 〔보기〕인공각막 → 만든 단단막/ 인공도태 → 가려없앰/ 인공림 → 만든(가꾼)숲/ 인공부화 → 손길알깨기/ 인공분봉 → 벌 세간내기/ 인공수정 → 손길정받이/ 인공신장 → 만든콩팥/ 인공심장 → 만든염통/ 인공어 → 세계말·기계말/ 인공육 → 만든 고기/ 인공호흡 → 숨쉬우기 ▷ 인조 → 만든 [人工]
인구	사람·사람수·사람입 〔보기〕인구수 → 사람수/ 인구에 회자되다 → 입에 자주 오르다 [人口]
인근	이웃 〔보기〕인근동 → 이웃동네/ 인근해역 → 가까운 바다 [隣近]
인내	참음·견딤 〔보기〕인내하다 → 견디다·참다/ 인내심(성) → 참을성/ 인내력 → 견딜심 ▷ 내인하다 → 참다·견디다 [忍耐]
인너	이너 [영 inner]
인덕	사람복·인복 [人德]
인덕	어진덕 [仁德]
인덱스	찾아보기·죽보기 〔보기〕인덱스 펀드 → 지수 연동형 기금 ▷ 색인 → 죽보기·찾아보기 [영 index]
인도	건넴·건네줌 〔보기〕인도하다 → 건네다·건네주다/ 인도기한 → 건넬 기한·내줄 기한 [引渡]

인도	이끎 〔보기〕인도하다 → 이끌다/ 인도자 → 길잡이 · 이끄는 이 〔引導〕
인동	이웃마을 〔隣洞〕
인동초	겨우살이덩굴 〔보기〕인동덩굴 → 겨우살이덩굴 〔忍冬草〕
인드롭	안쪽 떨어짐 ※야구 말. ▷ 아웃드롭 → 바깥드롭 · 바깥쪽 떨어짐 〔영 in drop⟨independent〕
인디	독립 · 따로 〔보기〕인디 밴드 → 독립밴드/ 인디영화 → 독립영화 〔영 indie〕
인력	사람힘 · 노동력 〔보기〕인력 공급 → 사람 공급/ 인력동원 → 사람동원 · 사람끌어내기 〔人力〕
인력	끌심(힘) · 당길심(힘) 〔보기〕인력권 → 끌심권 ▷ 자력 → 쇠끌심/ 장력 → 켕길심 〔引力〕
인멸	없어짐 · (자취)없앰 〔보기〕인멸하다 → 없어지다 · 없애다/ 증거인멸 → 증거없애기 〔湮滅 · 堙滅〕
인명	사람목숨 · 삶 〔보기〕인명피해 → 사람 상함 · 사람 피해 〔人命〕
인보	이웃돕기 〔보기〕인보하다 → 이웃돕다 〔隣保〕
인보이스	보냄표 · 짐표 · 송장 〔영 invoice〕
인부	품꾼 · 일꾼 · 막벌이꾼 〔보기〕인부임 → 품삯 ▷ 인정 · 역도 → 일꾼 〔人夫〕
인분	사람똥 〔보기〕인분뇨 → 뒷거름 ▷ 계분 → 닭똥 〔人糞〕
인비	(인사)비밀 〔보기〕인비친전 → 몰래 몸소 전함 〔人秘〕
인사차	인사하러 〔人事次〕
인상	1. 올림 2. 들어올리기(역도) 〔보기〕인상하다 → 올리다/ 물가인상 → 물가올림/ 인상률 → 오른율 · 오름율 · 올린율/ 인상폭 → 오른폭 · 올림폭 ▷ 용상 → 추어올리기/ 추상 → 밀어올리기/ 하락 → 내림 〔引上〕
인상	모습 · 생김새 〔보기〕인상착의 → 모습과 옷차림 〔人相〕
인상	느낌 · 찍힌 모습 〔보기〕인상지우다 → 인상짓다/ 인상지워지다 → 인상지어지다/ 첫인상 → 첫느낌/ 인상 깊다 → 느낌 깊다/ 인상이 좋다 → 느낌이 좋다 〔印象〕
인색하지 말아야	인색하지 않아야 ※'말다'는 주로 동사인 본용언만을 부정하는 보조동사다. 〔보기〕부끄러워하지 말아야/ 가지 말아라/ 울지 마/ 하지 말아
인서트	속장 · 간지 · 끼움 〔영 insert〕

인선	사람물색 · 사람 고르기 〔보기〕인선하다 → 사람을 고르다 / 인선작업 → 사람 고르기 〔人選〕
인센티브	유인책 · 조성책 · 장려금 · 보상 〔영 incentive〕
인솔	이끎 · 데림 〔보기〕인솔하다 → 이끌다/ 인솔자 → 이끄는 이 · 데려가는 이 〔引率〕
인쇄	박음 · 박기 · 찍음 · 찍기 〔보기〕인쇄하다 → 박다 · 찍다/ 인쇄인 → 박은이/ 인쇄일 → 박은날 · 찍은날/ 인쇄처 → 박은데 〔印刷〕
인수	넘겨받음 · 받음 〔보기〕인수하다 → 넘겨받다/ 인수서 → 받음표/ 인수인 → 받을이/ 인수증 → 받음표/ 인계인수 → 넘겨주고 넘겨받음/ 인수측 → 받는쪽 〔引受〕
인수받다	넘겨받다 · 인수하다 〔引受-〕
인숏	안쪽넣기 ▷ 아웃숏 → 바깥쪽넣기/ 인슈트 → 인숏 〔영 inshoot〕
인스부르크	인스브루크 〔오 Innsbruck〕
인스턴트	그자리 · 앉은자리 · 당장 · 즉석 〔보기〕인스턴트 식품 → 즉석식품 · 당장식품 ▷ 패스트푸드 → 즉석식/ 슬로푸드 → 여유식 〔영 instant〕
인스텝 킥	발등차기 〔영 instep kick〕
인습	버릇 ▷ 관습 → 버릇/ 관행 → 버릇됨 〔因襲〕
인식	깨달음 · 앎 · 알아차림 〔보기〕인식하다 → 깨닫다 · 알다 ▷ 의식 → 생각 〔認識〕
인신	사람몸 〔보기〕인신공격 → 사람 헐뜯기/ 인신구속 → 몸구속 · 사람 구속 ▷ 신병 → 몸 · 신체 〔人身〕
인안	인산암모니아 〔燐安〕
인양	끌어올림 · 건져냄 〔보기〕인양하다 → 끌어올리다 · 건져내다/ 유물 인양 → 유물 끌어올리기 〔引揚〕
인영	도장자국 · 인발 · 도장발 〔印影〕
인예	끎 〔보기〕인예하다 → 끌다 ▷ 예인 → 끎 〔引曳〕
인용	따옴 · 끌어씀 〔보기〕인용하다 → 따오다/ 인용문 → 따온글/ 인용부 → 따옴표/ 인용어 → 따옴말/ 인용표 → 따옴표/ 인용형 → 따옴꼴/ 인용귀 → 인용구/ 목격자의 말을 인용해 → 본 사람의 말을 빌려 〔引用〕
인용	(인정해) 받아들임 ▷ 용인 → 받아들임 ※법률말. 〔認容〕
인우	이웃벗 〔보기〕인우보증 → 이웃보증/ 인보 → 이웃돕기/ 인우인 → 이웃사람 〔隣友〕
인육	도장밥 · 줏밥 〔印肉〕

인인	이웃　〔隣人〕
인입	끌어들임　〔보기〕인입하다 → 끌어들이다/ 인입선 → 끌어들임줄　〔引入〕
인장	도장　〔보기〕인장을 압날하다 → 도장을 찍다　〔印章〕
인적	사람자취・발자취　　〔보기〕인적이 드물다 → 사람자취가 드물다　〔人跡〕
인적자원	사람자원　〔人的資源〕
인접	맞닿음・이웃함・가까움　　〔보기〕인접하다 → 가깝다・이웃하다/ 인접국 → 이웃나라/ 인접주 → 옆그루・이웃그루/ 인접한 → 가까운・이웃한　〔隣接〕
인지	집게손가락・검지　　▷ 식지 → 집게손가락・검지　〔人指〕
인지	여김・앎・인정　　〔보기〕인지하다 → (그리)여기다・알다/ 인지하는 바 → 아는 바/ 인지도 → 알림도・아는정도　〔認知〕
인질	볼모　〔보기〕인질극 → 인질소동・볼모법석　〔人質〕
인책	책임짐　〔보기〕인책하다 → 책임지다/ 인책사퇴 → 책임지고 물러남　▷ 견책 → 꾸짖음/ 문책 → 책임물음　〔引責〕
인축	1. 사람과 가축　2. 짐승같은 사람　〔人畜〕
인출	꺼냄・빼냄・찾아냄　　〔보기〕인출하다 → 찾다・빼내다/ 인출해 가다 → 찾아 가다/ 예금인출 → 저금 빼냄・저금 찾음　〔引出〕
인커브	안쪽굽이　　▷ 아웃커브 → 바깥굽이・바깥커브　〔영 in curve〕
인코너	안쪽　　▷ 아웃코너 → 바깥쪽　〔영 in corner〕
인콰이어리	물어보기・물음　〔영 inquiry〕
인큐베이터	배양기・키우개・보육기　　〔보기〕인큐베이팅 펀드 → 창업보유자금　〔영 incubator〕
인터내셔널	국제(적)　〔영 international〕
인터넷	누리그물・누리망・전산망　　〔보기〕인터넷 사이트 → 누리집・누리마을/ 인터넷 커뮤니티 → 전산망 동아리・누리물 동아리　〔영 internet〕
인터라넷	내부전산망　〔영 intra-net〕
인터랙티브	양방향・쌍방향　〔영 interactive〕
인터벌	사이・짬　〔보기〕인터벌이 길다 → 사이(동안)가 길다　〔영 interval〕
인터뷰	만나보기・만나듣기・회견・면접　　〔보기〕인터뷰하다 → 회견하다・면담하다/ 인터뷰기사 → 회견기사・면담기사　〔영 interview〕

인터셉트	가로채기 〔영 intercept〕
인터체인지	나들목·나들길·입체교차로·교환·교체 〔영 interchange〕
인터페이스	접속장치 〔영 interface〕
인터폰	구내전화 〔영 interphone〕
인턴	수련의·실습의사·수습사원 〔보기〕 인턴 사원 → 실습(수습)사원 ▷ 레지던트 〔영 intern〕
인테리어	실내(장식) 〔영 interior〕
인텔리	지식층·지식계급 〔보기〕 인텔리겐치아 → 지식층·지식계급 〔러 intelli〕
인텔리전트하다	지적이다 〔보기〕 인텔리전트 빌딩 → 지능빌딩 〔영 intelligent〕
인트러덕션	시작·소개·머리말·서론·서곡 〔영 introduction〕
인트로	들머리 〔영 intro〕
인티파다	무장봉기·무장투쟁 〔영 intifada〕
인파이터	파고드는 선수 ※권투 말. ▷ 아웃복서 〔영 infighter〕
인포메이션	정보 〔영 information〕
인포이미징	영상정보 〔영 infoimaging〕
인프라	1. 아래·바탕·기반 2. 사회기반시설·사회간접자본 〔보기〕 인프라스트럭처 → 바탕조직·하부조직·바탕시설·기반시설/ 인프라 투자 → 바탕투자·간접투자 ▷ 사회간접자본 → 사회기반시설·사회바탕시설 〔영 infra〕
인프런트 킥	발등안쪽차기 〔영 infront kick〕
인플레	인플레이션·물가오름세·통화팽창 〔〈영 inflation〕
인플레이	경기진행 〔영 in play〕
인플레이션	물가오름세·통화팽창 〔영 inflation〕
인플루엔자	돌림감기 〔영 influenza〕
인필드	내야 〔보기〕 인필드 플라이 → 내야 뜬공/ 인필더 → 내야수 ▷ 아웃필드 → 외야 〔영 infield〕
인하	내림·낮춤 〔보기〕 인하하다 → 내리다/ 인하율 → 내린율·내림율 ▷ 인상 → 올림·오름 〔引下〕
인하다	말미암다·비롯하다 〔보기〕 인하여 → 말미암아·때문에·~로·~에/ ~로 인해 → ~로 말미암아 〔因-〕
인하우스	계열사 〔영 in-house〕
인형극	꼭두놀이 〔人形劇〕
인화	도깨비불 〔燐火〕
인화	불붙음·불댕김 〔보기〕 인화하다 → 불붙다/ 인화점 → 불댕길점/ 인화물질 → 불붙는 물질/ 인화성 → 댕김성 〔引火〕

인후	목구멍 〔보기〕 인후부 → 목구멍부분/ 인후염 → 목구멍염증 〔咽喉〕
~일 뿐이다・~일 따름이다	※'-이다' '아니다'를 지정사(잡음씨)로 봤을 때 이 형태는 무엇을 한정하는 보조지정사라 할 것이다. 〔보기〕 편견을 제거하자는 것뿐이다 → 편견을 제거하자는 것일 뿐이다/ 그것은 바람뿐이다 → 그것은 바람일 뿐이다/ 그는 그냥 친구뿐이다 → 그는 그냥 친구일 따름이다
일가	한집안 〔一家〕
일개소	한군데 〔一個所〕
일거	단번・대번 〔보기〕 일거에 → 대번에・단번에・한꺼번에 〔一擧〕
일격	한대・한방 〔一擊〕
일견	언뜻・한번 보기에 〔보기〕 일견하다 → 한번 보다・언뜻 보다 ▷ 일별하다 → 흘깃 보다 〔一見〕
일계	날셈 〔보기〕 일계표 → 날셈표 〔日計〕
일고	한번 생각함 〔보기〕 일고하다 → 한번 생각해보다 〔一考〕
일고	날품(팔이) ▷ 월고 → 달품팔이/ 연고 → 해품팔이 〔日雇〕
일과	하루일・나날일 〔보기〕 일과표 → 날일표 〔日課〕
일과	한번 지남 〔보기〕 일과성 → 한번 나타났다 사라지는 성질 〔一過〕
일관	한결같음 〔보기〕 일관하다 → 한결같이 하다/ 침묵으로 일관하다 → 계속 침묵하다・계속 입을 열지 않다/ 일관 작업 → 연결작업 〔一貫〕
일괄	한꺼번에 〔보기〕 일괄적으로 → 한번에 몰아서・한꺼번에/ 일괄하여 → 한데 묶어・한꺼번에/ 일괄처리 → 뭉뚱그려 끝내기/ 일괄해결 → 한목 풀기 〔一括〕
일광	햇빛・햇볕 〔보기〕 일광소독 → 햇볕소독/ 일광욕 → 볕쬐기・햇빛쬐기/ 일광요법 → 햇빛요법 〔日光〕
일군	한무리・한떼・한패 〔一群〕
일군	일꾼
일기	날씨 〔보기〕 일기예보 → 날씨예보/ 일기요소 → 날씨요소 〔日氣〕
일년생	한해살이 〔보기〕 일년생근 → 한해살이뿌리/ 일년생초 → 한해살이풀 〔一年生〕
일념	한결같은 생각・한가지 생각 〔보기〕 일념으로 → 오로지 〔一念〕

일다	일구다
일단	한번·우선·만일 〔보기〕일단정지 → 우선멈춤 〔一旦〕
일단	한끝·한가닥 〔보기〕심회의 일단을 피력하다 → 마음 한 가닥을 털어놓다 〔一端〕
일단	한패·한떼·한 동아리·한 뭉치 〔一團〕
일단락	한단락·한매듭·한마감·끝남 〔보기〕일단락하다 → 한매 듭짓다/ 일단락되다 → 한매듭나다/ 분쟁은 일단락했지만 → 다툼은 한매듭지었지만 〔一段落〕
일당	날삯·하루품삯 〔日當〕
일동	모두 〔一同〕
일란성쌍생아	한알쌍둥이 〔一卵性雙生兒〕
일람	발기·죽보기 〔보기〕일람표 → 발기·보기표·죽보기 〔一覽〕
일람출급	청구 즉시 내줌 〔보기〕일람정기출급 → 정한 날짜 내줌 〔一覽出給〕
일러스트레이션	도안·끼움그림(삽화) 〔영 illustration〕
일련번호	줄번호·이은 번호 〔一連番號〕
일렬	한줄 〔一列〕
일로매진하다	외곬으로 나가다·똑바로 나가다 〔一路邁進 -〕
일루의	한가닥의 〔一縷 -〕
일류	으뜸급·으뜸가는 〔一流〕
일률적	한결같이·한결같은 〔一律的〕
일리	타당성·그럴만함 〔一理〕
일말	한가닥 〔一抹〕
일매	한장 〔一枚〕
일모작	한그루(짓기) ▷ 이모작 → 두그루짓기·그루갈이 〔一毛作〕
일목요연하다	한눈에 환하다·분명하다 〔一目瞭然 -〕
일몰	해넘이·해질무렵·해거름 〔보기〕일몰하다 → 해지다/ 일 몰시 → 해질 때 ▷ 일출 → 해돋이·해뜸/ 월몰 → 달넘 이 〔日沒〕
일반	한모양·한가지·두루·모두·보통·보통사람들 〔보기〕일 반화하다 → 한가지로 하다·같게 하다·보편적인 것으로 만 들다/ 일반이다 → 한가지다·같다/ 매일반 → 마찬가지·같 음/ 일반적이다 → 보통이다·두루 같다 〔一般〕
일방	한쪽 〔보기〕어느 일방이 → 어느 한쪽이 〔一方〕
일벌백계	본보기처벌 〔一罰百戒〕
일변	완전히 달라짐 〔보기〕일변하다 → 완전히 달라지다 ▷

표변 → 홱변함 · 갑자기 달라짐 [一變]

일변도	한쪽쏠림 · 치우침 [一邊倒]
일복	해가림 〔보기〕일복가설 → 해가림설치 [日覆]
일본조	외줄낚시 [一本釣]
일부인	날짜도장 [日附印]
일사분란하다	일사불란하다
일사불란하다	일매지다 [一絲不亂 -]
일삭	한달 [一朔]
일산	1. 하루생산 2. 일본산 · 일본것 ▷ 일제 → 일본것 [日産]
일상	늘 〔보기〕일상어 → 늘 쓰는 말/ 일상용품 → 늘 쓰는 물건 [日常]
일색	1. 미인 2. 한빛 · 천지 · 판 [一色]
일석	저녁 〔보기〕일석점호 → 저녁점호 ▷ 일조 → 아침 [日夕]
일소	싹쓸이 · 쓸이 · 없앰 〔보기〕일소하다 → 싹쓸이하다 · 없애다/ 주자 일소 → 주자싹쓸이/ 구악 일소 → 구악쓸이 ▷ 청소 · 소제 → 씨서리 · 쓰레질 [一掃]
일소에 부치다	웃어버리다 · 웃음으로 돌리다 · 웃어넘기다 [一笑 -]
일속	한묶음 〔보기〕일속으로 → 한묶음으로 [一束]
일수	날수 [日數]
일수	물넘침 [溢水]
일수	하루벌이 · 일수입 · 일숫돈 ▷ 월수 → 월수입 · 월숫돈 [日收]
일습	한벌 [一襲]
일시	때 [日時]
일시	한때 〔보기〕일시에 → 한꺼번에/ 일시불 → 한목(에) 치름/ 일시유치 → 한때 보관/ 일시정지 → 잠깐 섬 · 우선멈춤 [一時]
일식	해가림 ▷ 월식 → 달가림 [日蝕]
일신	싹 고침 · 새롭게 함 〔보기〕일신하다 → 새롭게 하다 [一新]
일신상	본인 형편 · 개인 형편 〔보기〕일신상의 이유로 → 개인 형편으로 [一身上]
일실	잃음 · 놓침 〔보기〕일실하다 → 잃다 [逸失]
일안	1. 한(쪽)눈 2. 애꾸눈 [一眼]
일약	단번에 · 대번에 〔보기〕일약하다 → 단번에 뛰어오르다 [一躍]

일언	한마디　〔보기〕일언반구 → 한마디 말/ 일언지하에 → 한마디로/ 일언이 폐지 → 한 말로 뜻을 다함·한마디로　〔一言〕
일용	날품팔이　〔보기〕일용노동자 → 날품팔이꾼/ 일용잡급 → 날품직　▷ 일고 → 날품팔이　〔日傭〕
일원화	하나로 함(됨)　〔보기〕일원화하다 → 하나로 하(되)다　〔一元化〕
일월	1. 해와 달　2. 세월　〔日月〕
일위	한분　〔一位〕
일응	우선·한번·일단　〔일 一應·いちおう〕
일익	날로 더욱·나날이　〔日益〕
일인이역	혼자 두일　〔一人二役〕
일인자	첫째가는 이　〔一人者〕
일일	하룻날·하루　〔一日〕
일일이	하나하나·낱낱이　〔－－－〕
일일히	일일이
일임	쓸어맡김·맡겨버림·도맡김　〔보기〕일임하다 → 도맡기다·모두 맡기다　〔一任〕
일자	날짜　〔日字〕
일장	한바탕　〔보기〕일장춘몽 → 한바탕꿈　〔一場〕
일전	한번싸움·한판싸움　〔보기〕일전불사하다 → 한판 싸우다　〔一戰〕
일전	며칠전　〔日前〕
일절	아주·도무지·통·전혀·일체　〔一切〕
일제	한꺼번·한꺼번에 함　〔보기〕일제고사 → 한꺼번 시험/ 일제조사 → 한꺼번조사·몰조사　〔一齊調査〕
일제히	한결같이·한목에·한꺼번에　〔一齊－〕
일조	볕쬠·해쬠　〔보기〕일조시간 → 볕쬠시간/ 일조량 → 볕쬐는 양　〔日照〕
일족	한 켤레　〔一足〕
일주	한바퀴 돎　〔보기〕일주하다 → 한바퀴 돌다　▷ 일순·일회 → 한바퀴돎　〔一週〕
일찌기	일찍이　※어찌씨(부사)에 '이'가 붙어 부사가 될 때 그 원형을 밝혀 적는다. 더욱이·곰곰이·생긋이·해죽이 따위.(맞춤법 제25항)
일차	첫번·한번　〔一次〕
일착	한벌　〔一着〕
일천하다	날짜 얕다·역사 짧다　〔보기〕일천하여 → 시일이 짧아·얼마 되지 않아　〔日淺－〕

일체	온갖·갖가지·모두·모든 것 ▷ 일절 → 도무지·전혀· 아주 [一切]
일촉즉발	건드리기만 하면 터짐·곧 터질 듯함 [一觸卽發]
일출	해돋이·해뜸 〔보기〕 일출시 → 해뜰때·해돋이때 ▷ 월출 → 달돋이/ 일몰 → 해넘이 [日出]
일층	한층 [一層]
일치	들어맞음·꼭맞음 〔보기〕 일치하다 → 들어맞다 [一致]
일탈	벗어남 〔보기〕 일탈하다 → 벗어나다/ 일탈을 일삼다 → 자 주 벗어나다/ 일탈적 → 벗어나는·벗어난 [逸脫]
일할계산	날짜계산 [日割計算]
일환	한 부분·한 고리 〔보기〕 일환으로 → 한 가지로·하나로 [一環]
일회성	지나기·단막·한번·한차례·반짝·해프닝 〔보기〕 노사 정 대타협은 일회성이어서는 의미가 적다 → 한번으로 거론되 어서는 ~ [一回性]
일후	앞으로 〔보기〕 일후에는 → 앞으로는 [日後]
일훈	햇무리 ▷ 월훈 → 달무리 [日暈]
임가공	품손질·맡김손질·맡겨만듦 ▷ 위탁가공 → 맡김손질·맡 겨만듦 [賃加工]
임간	숲속 〔보기〕 임간학교 → 숲속학교/ 임간수업 → 숲속수업 [林間]
임검	현장검사·현장검문 〔보기〕 임검하다 → 현장검문하다 [臨檢]
임금	삯돈·공전·품삯 〔보기〕 임금인상 → 품삯올림/ 임금교섭 → 품삯교섭/ 고임금 → 높은품삯/ 저임(금) → 낮은품삯· 싼품삯 [賃金]
임대	빌려줌 〔보기〕 임대하다 → 빌려주다/ 임대가격 → 빌려준 값/ 임대료 → 빌려준 삯 ▷ 임차 → 빌림·빌려받음/ 임 차료 → 빌린삯 [賃貸]
임돈	새끼밴 돼지 [姙豚]
임목	숲나무·나무 〔보기〕 임목무육 → 숲가꾸기 [林木]
임무	맡은일 ▷ 직무 → 구실·맡은일 [任務]
임박	닥침·닥쳐옴·바짝 당함 〔보기〕 임박하다 → 닥치다 ▷ 박근 → 다닥침/ 박두 → 닥쳐옴·다가옴 [臨迫]
임석	현장참석·자리함 〔보기〕 임석하다 → 자리하다·참석하 다 [臨席]
임신	아이밲·새끼밲 〔보기〕 임신하다 → 아이배다·새끼배다/ 임신구토 → 입덧/ 임신부 → 애밴부인 ▷ 임산부 → 애를

　　　　　　　　　배거나 낳은 부인　［姙娠］

임실　　　　　씨여묾　　〔보기〕임실하다 → 씨가 여물다　［稔實］

임실유　　　　들기름　［荏實油］

~임에 분명하다·　　~임이 분명하다·~임이 틀림없다　　〔보기〕그가 범인임에
　~임에 틀림없다　　분명하다 → 그가 범인임이 분명하다/ 정당한 것임에 분명하
　　　　　　　　　다 → 정당한 것임이 분명하다　　▷ ~임에 틀림없다 → ~
　　　　　　　　　임이 틀림없다·틀림없이 ~이다

임의로　　　　마음대로·내키는대로·아무렇게나·그냥·되는대로　　▷ 무
　　　　　　　작위로 → 아무거나·되는대로/ 자의로 → 맘대로·제멋대로
　　　　　　　［任意 - ］

임자　　　　　들깨　　▷ 임실 → 들깨　［荏子］

임전　　　　　싸움에 나섬　　〔보기〕임전태세 → 싸울 태세　［臨戰］

임지　　　　　근무지　［任地］

임차　　　　　빌림　　〔보기〕임차하다 → 빌리다/ 임차료 → 빌려쓴 값·
　　　　　　　세낸 값　　▷ 임대 → 빌려줌/ 임대료 → 빌려준 삯　［賃
　　　　　　　借］

임총　　　　　숲　［林叢］

임치　　　　　맡아둠·맡겨둠　　〔보기〕임치하다 → 맡아(겨)두다·기탁
　　　　　　　하다/ 임치인 → 맡긴 사람　［任置］

임파선　　　　림프샘　［淋巴腺］

임팩트　　　　충돌·충격　　〔보기〕임팩트하다 → 충격적이다/ 임팩트 론 →
　　　　　　　무규제 차관/ 임팩트 크러셔 → 충격파쇄기　［영 impact］

임플란트　　　인공치아·인공이빨　［영 implant］

임피딩　　　　방해　［영 impeding］

임하다　　　　이르다·만나다·닥치다　　〔보기〕임하여 → 이르러·닥쳐
　　　　　　　서·만나서·가서　［臨 - ］

입　　　　　　들이　［入］

입　　　　　　낟알·알갱이　　▷ 입자 → 알갱이·낟알　［粒］

입각　　　　　섬·따름·근거함　　〔보기〕입각하다 → 서다·따르다·근
　　　　　　　거하다/ 입각하여 → 따라서·근거하여　［立脚］

입간판　　　　세운 간판·선간판　　▷ 돌출간판 → 튀어나온 간판　［立看
　　　　　　　板］

입거　　　　　뱃도랑(도크)에 넣음　　〔보기〕입거하다 → 뱃도랑에 넣다
　　　　　　　［入渠］

입고병　　　　잘록병　［立枯病］

입관자　　　　이용자　［入館者］

입구　　　　　어귀·들목·들머리　　▷ 출구 → 날문　［入口］

입금　　　　　들온돈·돈넣기·돈들임　　〔보기〕입금하다 → 돈넣다/ 입금

	전표 → 든돈표　▷ 출금 → 돈냄 · 나간돈/ 입출금 → 드난돈　[入金]
입다	※ 한자말 구조가 '술어+목적어'로 되어 있고 술어가 이미 '입다'는 뜻을 지니고 있는 말에 다시 '입다'라는 동사를 쓰는 것은 겹치기 표현이다.　〔보기〕 부상(을) 입다 → 다치다 · 부상하다/ 피해를 입다 → 해를 보다
입도선매	선벼팔기 · (벼)베기전 팔기　▷ 밭떼기　[立稻先賣]
입목	나무 · 선나무　〔보기〕 입목벌채 → 나무베기/ 입목죽 → 산나무대　[立木]
입문	들어감　〔보기〕 입문하다 → (문하에)들다 · 들어가다/ 입문서 → 첫걸음 · 길잡이책　[入門]
입방	세제곱　〔보기〕 입방근 → 세제곱근/ 입방미터 → 세제곱미터/ 입방비 → 세제곱비/ 입방적 → 부피/ 입방체 → 정육면체　▷ 평방 → 제곱/ 루베 → 세제곱미터　[일 立方 · りっぽう]
입보	보증세움(섬)　〔보기〕 입보하다 → 보증서다　[入保]
입빠이 · 이빠이 · 잇파이	가득 · 꽉 · 많이　[일 一杯 · いっぱい]
입상	알모양 · 낟알꼴　〔보기〕 입상비료 → 싸락거름　[粒狀]
입선	뽑힘 · 당선　〔보기〕 입선하다 → 뽑히다/ 입선자 → 뽑힌이/ 입선작 → 뽑힌 작품　[入選]
입설	세움　〔보기〕 입설하다 → 세우다　[立設]
입수	이삭맺음　[入穗]
입수	낟알수　[粒數]
입수	손에 넣음(쥠)　〔보기〕 입수하다 → 손에 넣다　▷ 낙수하다 → 손에 넣다　[入手]
입식	들여다 키움　〔보기〕 입식하다 → 들여다 키우다/ 한우입식 → 한우치기　[入殖]
입신	출세함 · 몸일으킴　〔보기〕 입신하다 → 출세하다/ 입신양명 → 출세하여 이름날림　[立身]
입안	안(을) 세움(만듦)　〔보기〕 입안하다 → 안을 만들다/ 입안자 → 안(건) 세운이　▷ 구안 → 안 만듦　[立案]
입양	양자 들이기 · 아이 들이기　〔보기〕 입양하다 → 양자 들이다 · 아이 들여 키우다/ 입양아 → 들여 키운 아이　[入養]
입영	선헤엄　[立泳]
입욕	목욕　[入浴]
입자	알갱이　〔보기〕 입자량 → 알갱이양　[粒子]
입장	처지 · 선자리 · 태도 · 자세 · 견해 · 주장 · 의견 · 뜻　※일본

말‘たちば’(다치바)를 한자로 적은 것이다.　　〔보기〕입장을 고수하다 → 선자리를 지키다·주장을 굽히지 않다·방침을 바꾸지 않다/ 유구무언의 입장이다 → 할말이 없다/ 이만저만 곤혹스런 입장이 아니다 → 처지가 대단히 난처하다/ 선생님의 입장에 변화가 없다 → 선생님의 의중(생각)에 ～/ 여당의 입장에서 → 여당 처지에서·여당으로서/ 현 내각의 의견 개진 내지는 입장 정리가 반드시 있어야 → 현 내각이 의견을 밝히고 방향을 제시해야/ 맡아야 한다는 입장이다 → 맡아야 한다고 주장한다/ 거부 입장에 변화가 없다 → 거부하는 방침(자세·태도)에 ～/ 지도적 입장에 있는 → 지도적 지위(자리)에 있는/ 청와대의 입장을 발표키로 → 청와대의 견해를 밝히기로/ 국정업무가 공백없이 수행돼야 한다는 입장을 밝혔다 → 국정 업무를 공백없이 수행해야 한다고 말했다/ 같은 입장을 보였다 → 같은 견해를 보였다·같은 뜻을 보였다/ 입장 표명을 유보했다 → 의견을 밝히지 않았다/ 반대하는 입장에 서 왔다 → 반대해 왔다/ 답변을 기다려 본다는 입장이지만 → 답장을 기다려 보겠지만/ 법적 조처를 취한다는 입장이다 → 법적 조처를 취할 것이다/ 강경한 입장 → 강경한 태도/ 구세대 입장에서 본 신세대 → 구세대가 본 신세대/ 시어머니 입장에서 바라는 며느리 → 시어머니가 바라는 며느리/ 여야간의 입장 차이 → 여야간의 견해 차이/ 입장 접근 → 의견 접근/ 불리한 입장에 처하다 → 불리한 처지에 놓이다/ 입장이 난처하다 → 처지가 어렵다/ 자기 입장만 고집할 게 아니라 남의 입장도 좀 생각해라 → 자기 생각만 고집할 게 아니라 남 생각도 좀 해라 / 입장 정리 → 생각 정리·마음먹기·딴생각/ 개헌 불가 입장 → 헌법 못고친다는 뜻/ 반대 입장 → 반대뜻·반대/ 난처한 입장을 보이다 → 난처해하다　〔일 立場〕

입장	알길이　〔粒長〕
입적	호적 올림·호적에 넣음　　〔보기〕입적하다 → 적에 올리다 〔入籍〕
입정	법정에 들어감　　〔보기〕입정하다 → 법정에 들어가다 〔入廷〕
입제	싸락약　〔粒劑〕
입주	집들기·들어살기　　〔보기〕입주하다 → 들어가 살다/ 입주금 → 집들돈　〔入住〕
입증	증거댐·증인섬(세움)　　〔보기〕입증하다 → 증거대다　〔立證〕
입지	설땅·설자리　　〔보기〕입지를 넓히다 → 설자리를 넓히다/

	입지조건 → 설조건　［立地］
입지공	선떼붙이기　［立芝工］
입체	대신 냄　〔보기〕입체하다 → 대신 내다/ 입체금 → 대신 낸 돈　［立替］
입추의 여지없이	빈틈없이・빈자리없이　［立錐－餘地－］
입하	(짐)들어옴・들여옴　〔보기〕입하하다 → 들여오다/ 입하량 → 들온양　▷ 출하 → (짐)나감・보냄　［入荷］
입화	불놓기　〔보기〕입화하다 → 불놓(넣)다　［入火］
입회	참관・참여　〔보기〕입회하다 → 참관하다・참여하다/ 입회서기 → 참여주사/ 입회인 → 참관인・참여인　［立會］
잇과	이과　［理科］
잇달은	잇따른・잇단
잇빠(파)이・입빠이	한잔・가득・한껏・가득들이　［일 一杯・いっぱい］
잇솔	칫솔
잇점	이점・이론점・장점　［利點］
있게 되겠다	있겠다・하겠다　〔보기〕국기 배례가 있게 되겠습니다 → 국기 배례를 하겠습니다/ 경과 보고가 있게 되겠습니다 → 경과 보고를 하겠습니다
있다가	1. 머물다가　2. → 이따가(나중에)
있아오니	있사오니　※받침 있는 말에 ‘－아오니’가 붙어 쓰이지 않는다.　〔보기〕작사오니/ 믿사오니/ 먹사오니/ 없사오니/ 하겠사오니
있어서・있어	~에서　※‘~에 있어서’로 가보시오.
있오	있소　〔보기〕어디에 있오? → 어디에 있소?
~ 있으시기 바랍니다	~해주시기 바랍니다　※일본말 ‘ありたく おねがいします’를 직역한 말투다.　〔보기〕많은 협조 있으시기 바랍니다 → 많이 협조해 주시기 바랍니다/ 많은 이용 있으시기 바랍니다 → 많이 이용해 주시기 바랍니다
잉여	나머지・남음　〔보기〕잉여금 → 남는돈/ 잉여노동 → 남는노동/ 잉여량 → 남는양/ 잉여물자 → 남는 물자/ 잉여정리 → 나머지 정리/ 잉여식 → 나머지식　▷ 여분 → 나머지　［일〈剩餘］
잉태	아이뱀　〔보기〕잉태하다 → 애배다　▷ 임신 → 아이뱀　［孕胎］
잎초	잎담배・엽초
잎파리・입파리	이파리　※명사 뒤에 ‘－이’가 붙어 된 말은 원형을 밝혀 적지만 ‘－이’ 이외의 모음으로 시작된 뒷가지가 붙어서 된 말은 원형을 밝혀 적지 않는다. 꼬락서니・끄트머리・모가치・바

가지 · 바깥 · 사타구니 · 싸라기 · 이파리 · 지붕 · 지푸라기 ·
짜개 · 고랑 · 구렁 · *끄트러기* · 모가지 · 사태고기 · 소가지 ·
소댕 · 오라기 · 터럭 따위.(맞춤법 제20항)

자	이·사람·놈 〔보기〕이 자는 → 이 사람은/ 울지 않는 자가 없다 → 울지 않는 이가 없다 〔者〕
자가	자기집·자기 〔보기〕자가노동 → 제집품/ 자가류 → 자기류/ 자가수분(정) → 제꽃가루받이·제정받이 〔自家〕
자경농	제농사·제농사짓기·제땅농 ▷ 대리경작 → 대신짓기·대신갈기/ 자작농 → 제땅농 〔自耕農〕
자고로	예(로)부터·옛날부터 〔自古-〕
자구	제살
-자구나	자꾸나 ▷ 날자꾸나/ 얼씨구나/ 하는구나
자국	제나라·본국 ▷ 타국 → 딴나라·남나라 〔自國〕
자궁	아기집·새끼집 〔子宮〕
자규	소쩍새 〔子規〕
자기	쇠끌이 ▷ 자력계 → 쇠끌힘재개/ 자력 → 쇠끌힘/ 자기감응 → 쇠끌림/ 자장 → 자력터 〔磁氣〕
자기	사기그릇 ▷ 도기·토기 → 질그릇/ 도자기 → 질그릇과 사기그릇 〔瓷器〕
자꾸	1. 척·지퍼 2. 잭·들틀 ※'지퍼'는 본디 상표 이름. 〔〈영 chuck〕
자낭	홀씨주머니·안개집 〔보기〕자낭군 → 홀씨주머니무리/ 자낭균 → 팡이무리/ 자낭수 → 홀씨주머니/ 자낭체 → 홀씨기관 〔子囊〕
자녀	아들딸 〔子女〕
자당	어머니·어머님 ※남의 어머니를 일컫는 말. ▷ 훤당 → 어머니 〔慈堂〕
자돈	새끼돼지 〔仔豚〕
자동	〔보기〕자동급사기 → 자동먹이틀/ 자동급수기 → 자동물주개

	/ 자동화 → 절로되기 · 절로하기 〔自動〕
자력	제힘 〔보기〕 자력갱생 → 제힘으로 다시 살기 〔自力〕
자리값 · 자리세	자릿값 · 자릿세
자만	제자랑 〔보기〕 자만하다 → 제자랑하다 · 뽐내다/ 자만심 → 제자랑/ 자만자족 → 스스로 뽐내며 만족해함 ▷ 오만 → 잘난체 · 건방짐 〔自慢〕
자명하다	뻔하다 · 환하다 〔自明 -〕
자모	낱자 〔보기〕 자모에는 자음 자모와 모음 자모가 있다 → 낱자에는 닿소리 낱자와 홀소리 낱자가 있다 〔字母〕
자몽	그레이프프루트 〔일 ザボン 포 zamboa〕
자문	의견을 물음 ※주로 윗사람이 아랫사람에게 물을 때 씀. 〔보기〕 자문하다 → 의견을 묻다/ 전문가들에게 자문을 받아 → 전문가들에게 의견을 물어보아/ 전문가들의 자문을 들어봐야 → 전문가들의 의견을 들어봐야/ 자문을 구하다 · ~ 청하다 → 조언을 듣다 · 조언을 구하다 · 조언을 청하다/ 법률적 자문을 해주다 → 법률적 조언을 해주다 ▷ 고문 → 의견 물음(주로 윗사람에게)/ 답신 → 의견을 올림 〔諮問〕
자바라	주름대롱 · 주름상자 · 주름테 · 주름줄 · 주름문 〔일 蛇腹 · じゃばら〕
자발적	스스로 · 제맘으로 · 내킨 〔보기〕 자발적으로 → 스스로 〔自發的〕
자방	씨방 〔보기〕 자방상위 → 위씨방/ 자방중위 → 가운데씨방 〔子房〕
자본	밑천 〔보기〕 외국 자본 → 외국돈/ 자본유치 → 밑천끌기 · 자본끌기/ 자본증식 → 밑천 늘리기 · 밑천 늘어남 〔資本〕
자봉틀	재봉틀 〔自縫 -〕
자부	며느리 ▷ 손부 → 손자며느리/ 질부 → 조카며느리/ 생질부 → 누이의 며느리 〔子婦〕
자부동 · 자부돈	방석 〔일 座蒲團 · ざぶとん〕
자비	제비용 · 제돈 〔보기〕 자비유학 → 제돈유학/ 자비출판 → 제돈(으로) 책내기 〔自費〕
자상	찔린 상처 ▷ 열상 · 창상 → 찢긴 상처/ 부상 → 다침 〔刺傷〕
자상하다	자세하다 · 꼼꼼하다 〔仔詳 -〕
자색	자줏빛 〔보기〕 자색문우병 → 자주곰팡병 〔紫色〕
자세	몸가짐 ▷ 입장 → 자세 · 태도 · 처지 · 의견 · 견해 · 뜻 〔姿勢〕
자수	수 · 수놓기 〔보기〕 자수대 → 수틀 〔刺繡〕

자승	제곱 〔보기〕자승근 → 제곱근/ 자승비 → 제곱비/ 자승멱 → 제곱멱/ 자승법 → 제곱하기/ 자승척 → 제곱자 ▷ 이승 → 제곱/ 삼승 → 세제곱 〔自乘〕
자아	나·자기·저 〔보기〕자아류 → 자기류/ 자아비판 → 자기비판/ 자아실현 → 자기실현 〔自我〕
자연	1. 세상 만물 2. 절로·저절로 〔보기〕자연히 → 저절로/ 자연보호 → 자연지키기 〔自然〕
자엽	떡잎 〔보기〕자엽근 → 떡잎뿌리/ 쌍자엽 → 쌍떡잎/ 자엽초 → 떡잎집 〔子葉〕
자예	암술 ▷ 웅예 → 수술 〔雌蕊〕
자외선	넘보라살 〔보기〕자외선 투과 → 넘보라살 투과 ▷ 적외선 → 넘빨강살 〔紫外線〕
자욱	자국 〔보기〕눈물자욱 → 눈물자국/ 발자욱 → 발자국/ 손자욱 → 손자국
자웅	1. 암수 2. '셈과 약함·이기고 짐'의 비유 〔보기〕자웅감별 → 암수 가르기/ 자웅동주 → 암수 한그루/ 자웅동체 → 암수 한몸/ 자웅별주 → 암수딴그루/ 자웅별체 → 암수딴몸/ 자웅이가 → 암수딴꽃/ 자웅이주 → 암수 딴그루/ 자웅이체 → 암수딴몸/ 자웅을 가리다(겨루다) → 이기고 짐을 가리다(겨루다) 〔雌雄〕
자유	〔보기〕자유자재로 → 마음대로/ 자유영 → 자유헤엄/ 자유축 → 자유차기/ 자유케 하다 → 자유롭게 하다('자유하다'라는 말은 없음.) 〔自由〕
자율	스스로 섬·스스로 다스림·알아서 함 〔보기〕자율성 → 제다스림성/ 자율적 → 스스로 ▷ 자립 → 스스로섬/ 타율 → 시켜서 함·시켜서 하는 〔自律〕
자음	닿소리 〔보기〕자음접변·자음동화작용 → 닿소리 이어바뀌기 ▷ 모음 → 홀소리 〔子音〕
자의	제멋대로 생각 〔보기〕자의로 → 마음대로·함부로/ 자의적 → 제멋대로(의) / 자의적 판단 → 주관적 판단 ▷ 임의로 → 제멋대로·마음대로·아무렇게나 〔恣意〕
자전	제돌이 〔보기〕자전주기 → 제돌이돌 ▷ 공전 → 남돌이 〔自轉〕
자제	아드님 ▷ 자녀 → 아들딸 〔子弟〕
자주성	제정신·임자됨·주체성 〔보기〕자주성을 함양하다 → 임자 정신을 갖추다 〔自主性〕
자중	몸조심·말조심 〔보기〕자중하다 → 몸조심하다·점잖게 행동하다/ 자중자애 → 스스로 무겁게 여겨 아낌 〔自重〕

자진	1. <u>스스로</u>　2. <u>스스로 나섬</u>　〔보기〕자진하다 → 스스로 나서다/ 자진해산 → 스스로 흩어짐/ 자진철거 → 스스로 허묾/ 자진헌납 → 스스로 바침　▷ 강제 → 시킴　〔自進〕
자질	<u>바탕 · 소질</u>　〔보기〕자질 향상 → 바탕 높임 · 자격 올림　▷ 자성 · 천성 → 바탕/ 재질 → 바탕/ 성질 → 바탕　〔資質〕
자청	<u>스스로 청함 · 스스로 나섬</u>　〔보기〕자청하다 → 스스로 청하다　▷ 자진 → 스스로 나섬　〔自請〕
자초	<u>스스로 부름 · 가져옴 · 만듦</u>　〔보기〕자초하다 → 스스로 부르다　〔自招〕
자초지종	처음부터 끝까지　〔自初至終〕
자충	새끼벌레　▷ 유충 → 어린벌레　〔仔蟲〕
자친	어머니 · 어머님　▷ 가모 · 가자 · 자당 · 자위 → 어머니 · 어머님/ 엄친 → 아버지　〔慈親〕
자켓	재킷 · 웃옷　〔〈영 jacket〕
자크	처크 · 지퍼　〔〈영 chuck〕
자키	1. 기수 2. 진행자 · 담당자 3. 아치 · 쟁이　〔보기〕디스크자키 → 디스크아치/ 비디오자키 → 비디오아치/ 퀴즈자키 → 퀴즈아치/ 프로그램자키 → 프로그램아치/ 패션자키 → 패션아치　〔영 jockey〕
자타	나남　〔보기〕자타가 공인하는 → 누구나 인정하는　〔自他〕
자태	모습　▷ 자색 → 고운 얼굴　〔姿態〕
자파	자기파 · 자기편 · 자기패　▷ 자세 → 자기 세력/ 타파 → 딴패　〔自派〕
자필	제글씨 · 손수글씨　〔보기〕자필하다 → 직접 쓰다/ 자필 이력서 → 손수 쓴 이력서　▷ 친필 → 손수글씨　〔自筆〕
자하	곤쟁이　▷ 노하(滷蝦) → 곤쟁이　〔紫蝦〕
자행	제멋대로 함 · 저지름 · 거리낌없이 함　〔보기〕자행하다 → 저지르다　〔恣行〕
자화	암꽃　▷ 웅화 → 수꽃　〔雌花〕
자화수분	제(꽃)가루받이　▷ 자가수분 → 제꽃가루받이/ 타화수분(- 수정) → 딴꽃가루받이 · 딴꽃정받이　〔自花受粉〕
자화수정	제꽃정받이　〔自花受精〕
자화자찬	제자랑　〔自畵自讚〕
자활	제힘살이 · 저살기　〔보기〕자활하다 → 제힘으로 살다　〔自活〕
작고	돌아감　〔보기〕작고하다 → 돌아가다　▷ 별세 · 타계 → 돌아감 · 돌아가심/ 고 → 돌아간　〔作故〕

작금	어제오늘·요즈음·요사이 [昨今]
작난·작란	장난
작년	지난해 〔보기〕재작년 → 그러께·지지난해/ 재재작년 → 그끄러께 [昨年]
작당	패지음·패거리를 만듦 〔보기〕작당하다 → 패짓다·패거리를 만들다 [作黨]
작렬	터져퍼짐·터짐 〔보기〕작렬하다 → 터지다/ 작렬시키다 → 터뜨리다 [炸裂]
작문	글짓기 〔보기〕작문하다 → 글을 짓다 [作文]
작성	만듦 〔보기〕작성하다 → 만들다 [作成]
작업	일·일함 〔보기〕작업하다 → 일하다/ 작업복 → 일옷/ 작업장 → 일터 [作業]
작열	뜨거워짐·빨갛게 닮 〔보기〕작열하다 → 뜨거워지다·빨갛게 달다/ 작열감 → 타는 느낌·모진 아픔 [炸熱]
작으마치·자그만치	자그마치
작의	지은뜻·만든뜻 [作義]
작일	어저께·어제 ▷ 재작일 → 그저께 [昨日]
작폐	폐됨·폐끼침 〔보기〕작폐하다 → 폐되다·폐끼치다/ 작폐가 심하다 → 심하게 폐를 끼치다 [作弊]
작풍	짓는 솜씨·지은 맵시 [作風]
작황	농사형편·됨새 [作況]
잔고	나머지·남은 돈 ▷ 잔액 → 나머짓돈 [일 殘高]
잔교	구름다리·선창다리 ▷ 부교 → 뜬다리·배다리/ 육교 → 구름다리 [棧橋]
잔금	남은돈·뒷돈 ▷ 선금 → 앞돈/ 잔전 → 남은돈 [殘金]
잔량	남은 양·남은 것·나머지 [殘量]
잔무	남은 일 [殘務]
잔반	남은 밥·밥찌끼 [殘飯]
잔사	찌꺼기 ▷ 잔재 → 찌꺼기 [殘渣]
잔서	늦더위 ▷ 노염 → 늦더위 [殘暑]
잔액	남은돈·나머지 ▷ 잔고 → 나머지(돈) [殘額]
잔여	나머지 〔보기〕잔여 인원 → 남은 사람 ▷ 잉여 → 나머지 [殘餘]
잔재	찌꺼기 ▷ 잔사 → 찌꺼기 [殘滓]
잔전	잔돈
잔존	남아있음·처져있음 〔보기〕잔존하다 → 남아 있다 [殘存]
잔털머리	잔판머리 ※어떤 일이 끝판이 날 무렵.

잔학	잔인하고 포학함　〔보기〕잔학하다 → 잔인하다/ 잔학행위 → 잔인한 짓　〔殘虐〕
잠	비녀　▷ 금잠 → 금비녀/ 옥잠 → 옥비녀　〔簪〕
잠	누에　〔보기〕잠구 → 누에치기 연모/ 잠농 → 누에농사/ 잠두 → 누에머리/ 잠란 → 누에알/ 잠령 → 누에나이/ 잠사 → 누에실·고치실/ 잠실 → 누엣방·누에칸/ 잠업 → 누에치기 / 잠용 → 누에번데기/ 잠종 → 누에씨　〔蠶〕
잠간	잠깐　※한자말 '잠간'은 '잠깐'의 취음으로 본다.　〔보기〕잠깐동안/ 잠깐잠깐　〔暫間〕
잠복	숨음·숨은　〔보기〕잠복하다 → 숨다·숨어 엎드리다/ 잠복기 → 숨은 동안　〔潛伏〕
잠수	물에 잠김　〔보기〕잠수하다 → 물에 잠기다/ 잠수교 → 잠길다리　▷ 침수 → 물에 잠김　〔潛水〕
잠시	잠깐·얼마동안　〔보기〕잠시간 → 잠깐　〔暫時〕
잠영	물속헤엄　〔潛泳〕
잠입	숨어듦·기어듦　〔보기〕잠입하다 → 숨어들다·기어들다/ 잠입자 → 숨어든이　〔潛入〕
잠재	숨어있음·깔려있음　〔보기〕잠재(능)력 → 숨은힘/ 잠재의식 → 깔린의식·숨은생각　〔潛在〕
잠적	자취 감춤·숨음　〔보기〕잠적하다 → 숨다·자취 감추다 〔潛跡〕
잠주정·잠투세	잠투정
잡다하다	너저분하다　〔雜多-〕
잡무	허드렛일·잡일·과윗일　〔雜務〕
잡미	잡맛　〔雜味〕
잡범	잔단 범인·조무래기 범인　▷ 중범 → 큰 범인·큰 범죄 〔雜犯〕
잡석	막돌　〔雜石〕
잡식	막먹음·두루먹음　〔보기〕잡식동물 → 두루먹이동물　▷ 육식 → 고기먹이·고기먹음/ 초식 → 풀먹이·풀먹음　〔雜食〕
잡역	허드렛일　〔보기〕잡역부 → 잡일꾼·막일꾼·허드렛일꾼 〔雜役〕
잡음	잡소리　〔雜音〕
잡종	섞인씨·튀기　〔보기〕잡종아 → 튀기/ 잡종재산 → 자질구레한 재산　〔雜種〕
잡초	김·잡풀　〔雜草〕
잡화	잔단상품·온갖상품　〔雜貨〕

ㅈ

장	길이 ▷ 폭 → 너비/ 고 → 높이 [長]
장거	장한 일·갸륵한 일·큰일 [壯擧]
장고	장구 〔보기〕설장고 → 설장구/ 북과 장고 → 북과 장구/ 장고채 → 장구채 [〈杖鼓]
장골	받침뼈 [腸骨]
장골	손바닥뼈 [掌骨]
장과	물과실·물열매 [漿果]
장관	굉장한 광경·큰 구경거리 [壯觀]
장광설	긴말·긴말솜씨 [長廣舌]
장구하다	오래다·길다 〔보기〕장구한 세월 → 긴 세월 ▷ 유구하다 → 오래다·길다 [長久-]
장군	장꾼 ▷ 장돌림 [場-]
장기	긴동안·긺 〔보기〕장기부채 → 오랜 빚/ 장기계류 → 오래 머묾/ 장기저리 → 길고싼변/ 장기체류 → 오래 머묾 ▷ 단기 → 짧은동안 [長期]
장난군	장난꾼
장난조	장난투 [-調]
장남	맏아들 ▷ 장녀 → 맏딸/ 차남 → 둘째아들/ 장손 → 맏손자 [長男]
장내	장안·마당안·판안 〔보기〕장내거래 → 판(안)거래·시장거래 ▷ 장외 → 장밖·판밖/ 옥내 → 집안 [場內]
장녀	맏딸 [長女]
장담	큰소리 〔보기〕장담하다 → 큰소리치다/ 호언장담 → 큰소리·풍치는 소리 [壯談]
장래	앞날 〔보기〕장래가 촉망되는 → 앞날이 밝은 [將來]
장르	갈래·유형·분야 〔보기〕장르 파괴 → 갈래 허물기/ 장르별로 → 갈래 따라 ▷ 쟝르 → 장르 [프 genre]
장문	긴글 ▷ 단문 → 짧은 글 [長文]
장물	도둑물건·훔친물건 〔보기〕장물품표 → 훔친물건표 [贓物]
장미계	긴꼬리닭 [長尾鷄]
장미빛	장밋빛 [薔薇-]
장발	긴머리 ▷ 단발 → 짧은머리/ 단발(斷-) → 머리자름·머리깎음 [長髮]
장방형	긴네모꼴 [長方形]
장사아치	장사치 ※준말이 더 널리 쓰인다 하여 '장사치'를 표준말로 삼았으나, 벼슬아치·구실아치·양아치 따위는 준말이 쓰이지 않으므로 그대로 쓴다.(표준어규정 제14항)

장상　　손꼴　〔보기〕장상맥 → 손꼴맥/ 장상엽 → 손꼴잎/ 장상복
엽 → 손꼴겹잎　▷ 침상 → 바늘꼴　〔掌狀〕

장서　　간직한 책·책간직　〔藏書〕

장석　　질돌　▷ 석영 → 차돌/ 운모 → 돌비늘　〔長石〕

장석　　돌붙임·돌붙이기　〔張石〕

장성　　자람·큼·커짐　〔보기〕장성하다 → 다 크다/ 장성한 자식
→ 다 자란 자식　〔長成〕

장성세다　　장력세다

장소　　곳·자리　〔보기〕시간과 장소 → 때와 곳/ 장소를 가리지
않고 → 자리를 가리지 않고　〔場所〕

장손　　맏손자　〔長孫〕

장손녀　　맏손녀　〔長孫女〕

장수　　오래 삶　〔보기〕장수하다 → 오래 살다　〔長壽〕

장시간　　긴시간·오랜 시간　▷ 단시간 → 짧은시간　〔長時間〕

장식　　치레·꾸밈　〔보기〕장식하다 → 꾸미다·치레하다/ 장식
음 → 꾸밈음/ 실내장식 → 방안 꾸미기·실내 꾸미기　▷
단장하다 → 꾸미다·치레하다　〔裝飾〕

장신　　큰키·키다리　〔보기〕장신의 → 키큰·큰키의　▷ 단신
→ 작은키　〔長身〕

장악　　틀어쥠·손아귀에 넣음·휘어잡음·잡음　〔보기〕장악하다
→ 틀어쥐다·휘어잡다/ 분위기를 장악하다 → 분위기를 휘
어잡다/ 권력을 장악하다 → 권력을 쥐다/ 지면을 장악하여
→ 지면을 틀어쥐고　〔掌握〕

장애　　거리낌·거침새·걸림돌　〔보기〕장애물 → 거침물건·걸림
돌/ 장애가 되다 → 거치적거리다/ 장애자 → 장애인·몸다친
이·병신/ 장애아 → 장애아이　▷ 장해 → 거리껴 해됨
〔障礙·障碍〕

장외　　장밖·마당밖·판밖·한데　〔보기〕장외투쟁 → 장밖싸움·
판밖싸움·거리투쟁/ 장외시장 → 판밖시장/ 장외거래 → 판
밖거래/ 장외로 진출하다 → 제자리를 벗어나다·거리로 나
가다·판밖으로 나가다　※정당의 본거지는 국회(원)이므
로 '장외'는 '원외'가 된다.　▷ 옥외 → 집밖·한데　〔場外〕

장음　　긴소리　〔보기〕장음부 → 긴소리표　▷ 단음 → 짧은소
리　〔長音〕

장자　　맏아들　▷ 차자 → 둘째아들/ 장남 → 맏아들/ 장손 → 맏
손자　〔長子〕

장점　　좋은점·나은점　▷ 단점 → 나쁜점/ 이점 → 이론점·나은
점/ 장처 → 좋은점·존점/ 단처 → 나쁜점　〔長點〕

장정	책꾸밈 〔보기〕장정하다 → (책을) 꾸미다 〔裝幀〕
장족	빠른 걸음 〔보기〕장족의 → 빠른·큰/ 장족의 발전 → 빠른 발전·큰발전 〔長足〕
장졸임	장조림
장죽	긴담뱃대 〔長竹〕
장지	가운뎃손가락 〔長指〕
장지	엄지손가락·엄지발가락 〔將指〕
장질	장조카 〔長姪〕
장차	앞으로 〔將次〕
장착	닮·붙임 〔보기〕장착하다 → 달다·붙이다/ 전투기에 미사일을 장착하여 → ~ 달아/ 헬리콥터에 고성능 장비를 장착하고 → ~ 달고 ▷ 부착 → 닮·붙임 〔裝着〕
장쾌하다	썩 시원하다 〔壯快 - 〕
장타	멀리치기·긴공 ※이루타·삼루타·본루타 따위. 〔보기〕장타를 날리다 → 멀리 치다·긴공을 날리다·길다 〔長打〕
장편	손바닥 〔보기〕장편소설 → 손바닥소설·콩트/ 엽편소설 → 콩트 ▷ 수장 → 손바닥 〔掌篇〕
장폐색	창자막힘 〔腸閉塞〕
장행회	환송회 〔壯行會〕
장형	맏형 ▷ 백형 → 맏형 〔長兄〕
장황하다	번거롭다·길다 〔張皇 - 〕
재	다시·거듭·거푸 〔보기〕재개 → 다시 엶/ 재개장 → 다시 엶/ 재개편 → 다시 짬/ 재검토 → 다시 검토·다시 살핌/ 재격돌 → 다시 붙음/ 재고 → 다시 생각함/ 재발 → 다시 일어남·더침/ 재등장 → 다시 나옴/ 재발급 → 다시 내줌/ 재사용 → 다시 씀/ 재생 → 다시 삶/ 재수사 → 다시 살핌·다시 수사/ 재접촉 → 다시 만남/ 재창조 → 다시 만듦/ 재충전 → 다시 쟁임/ 재탕 → 두번 끓이기·다시 끓인물/ 재평가 → 다시 매김·다시 봄/ 재확인 → 다시 다짐·다시 확인/ 재비판 → 다시 비판/ 재정립 → 다시 세우기/ 재흥 → 다시 일어남 〔再〕
재가	다시 시집감 〔보기〕재가하다 → 다시 시집가다 ▷ 재취·계취·후취 → 다시 장가듦 또는 그 아내 〔再嫁〕
재개	다시 엶 〔보기〕재개하다 → 다시 열다 〔再開〕
재고	다시 생각함 〔보기〕재고하다 → 다시 생각하다 ▷ 숙고하다 → 깊이 생각하다 〔再考〕
재기	다시 일어남 〔보기〕재기하다 → 다시 일어나다 ▷ 칠

전팔기 → 일곱번 넘어지고 여덟번 일어남 · '거듭 실패하고도 일어남'의 비유 [再起]

재담 익살 · 재칫말 · 우스개 　▷ 만담 · 해학 · 개그 → 우스개 [才談]

재래 있던것 · 본딧것 · 토박잇것 　〔보기〕재래의 → 본디 있던/ 재래종 → 토종 　▷ 외래 → 밖에서 온 · 들온 [在來]

재료 거리 · 감 [材料]

재발 다시 일어남 · 더침 · 도짐 　〔보기〕재발하다 → 다시 일어나다 · 더치다 · 도지다/ 재발 방지 → 더침막기 · 재발막기 [再發]

재배 가꾸기 　〔보기〕재배하다 → 가꾸다 　▷ 경작 → 부침 · 지음 · 가꿈 [栽培]

재삼 두세번 · 거듭 · 다시금 　〔보기〕재삼재사 → 거듭거듭 [再三]

재생 다시 삶 · 다시 만듦 · 되삶 · 되살이 　〔보기〕재생하다 → 되살다 · 되만들다/ 재생고무 → 되만든 고무/ 재생용품 → 되만든 물건/ 재생시키다 → 되살리다/ 재생피혁 → 되만든 가죽/ 재생의 길 → 되살잇길 · 새로 살아가는 길 　▷ 갱생 → 다시 삶 · 다시 살아남 · 되살이 [再生]

재석 자리에 있음 　▷ 이석 → 자리뜸 [在席]

재선 다시 뽑음 　〔보기〕재선하다 → 다시 뽑다/ 재선의원 → 다시 뽑힌 의원 　▷ 삼선 · 사선…… → 세번 뽑힘 · 네번 뽑힘…… [再選]

재식 심기 　〔보기〕재식 거리 → 심는 거리 · 심는 칸살/ 재식밀도 → 심음배기 　▷ 식재 → 심어가꾸기 [栽植]

재연 다시 일어남 · 다시 타오름 　〔보기〕재연하다 → 다시 일어나다 · 다시 타오르다 [再燃]

재원 돈줄 · 돈구멍 [財源]

재작년 그러께 　▷ 재재작년 → 그끄러께/ 재작일 → 그저께/ 재재작일 → 그끄저께 [再昨年]

재조 벼슬하고 있음 　〔보기〕재조하다 → 벼슬하고 있다 　▷ 재야 → 민간에 있음 · 벼슬하지 않고 있음 [在朝]

재종 ※촌수로는 '육촌'인데, 촌수를 따져 부르는 것은 요즘 추세일 뿐이므로 본디 걸림말이다. 부름말인 '재종'은 살려 써야 옳음. 〔보기〕재종매 → 재종누이/ 재종제 → 재종아우/ 재종형 → 재종언니 · 재종형님 [再從]

재지 슬기 · 재치 [才智]

재직 직위(직책)에 있음 · 직책띰 　〔보기〕재직하다 → 어느 직책에 있다/ 대통령 경호실장으로 재직하면서 → ~ 으로 있으면서/ 회장 재직중에 행한 비리 → 회장으로 있을 때 저지른 잘못   ▷ 재위 → 자리에 있음 [在職]

재질   바탕·소질 [才質]

재차   다시·거듭·두번째·또다시   〔보기〕재차 당부하다 → 거듭 당부하다   ▷ 재삼 → 두세번·다시금/ 재삼재사 → 세번네번·여러번·거듭거듭 [再次]

재킷   웃옷   ▷ 자켓 → 재킷 [영 jacket]

재털이   재떨이

재테크   돈놀이·돈굴리기·돈불리기·재산관리·이재   ▷ 세테크 → 세금줄이기·절세 [財 + 영〈tech〈technology〕

재판소   법원 [裁判所]

재평가   다시 매김·다시 봄   〔보기〕재평가하다 → 다시 매기다·다시 평가하다 [再評價]

재학   (학교)다님   〔보기〕재학하다 → 학교 다니다/ 재학중 → 학교 다님/ 2학년에 재학중인 → 2학년에 다니는·2학년생인   ▷휴학 → 학업쉼·학교쉼 [在學]

재할인률   재할인율 [再割引率]

재혼   다시 혼인·두번째 혼인   〔보기〕재혼하다 → 다시 혼인하다 [再婚]

재활용   다시 씀·되쓰기   〔보기〕재활용하다 → 다시 쓰다/ 재활용품 → 다시 쓸 물건 [再活用]

재회   다시 만남·다시 모임   〔보기〕재회하다 → 다시 만나다·다시 모이다 [再會]

잭   들틀·기중기   ▷ 리프트 → 들틀·기중기/ 재크 → 잭 [영 jack]

잼   단졸임   〔보기〕딸기잼 → 딸기졸임/잼 클락 → 혼잡 알림판 [영 jam]

잽   툭툭치기   ※권투 말. [영 jab]

잿물쟁이   잿물장이   ※기술자이므로 '‒장이'로 씀.

쟁취   싸워차지함·싸워얻음   〔보기〕쟁취하다 → 싸워얻다 [爭取]

쟁탈   싸워뺏음   〔보기〕쟁탈하다 → 싸워뺏다/ 쟁탈전 → 뺏기싸움·차지하기 [爭奪]

쟁패   패권싸움·으뜸다투기   〔보기〕쟁패하다 → 우승을 다투다/ 쟁패전 → 패권싸움·으뜸다투기 [爭覇]

장르   장르·갈래·유형   ▷ 문학 장르 → 문학 갈래/ 장르나누기 → 갈래나누기 [〈프 genre]

저	낮음　〔보기〕저기압 → 낮은기압/ 저임금 → 낮은품삯 · 헐한품삯　〔低〕
저	밑 · 바닥　〔보기〕하저 → 강바닥/ 해저 → 바닷바닥 · 바다밑　〔底〕
저	지음　〔著〕
저가	싼값 · 값싼　〔보기〕저가격 → 싼값/ 저가격화 → 값내리기 · 싼값으로 하기/ 저가 매출 → 싼값팔기　〔低價〕
저가	바닥시세 · 바닥세　〔底價〕
저간	요즈음 · 이즈음 · 그동안　〔보기〕저간에 → 이즈음 · 그동안　〔這間〕
저감	줄임 · 낮춤　〔보기〕저감하다 → 줄이다 · 낮추다/ 저감방법 → 줄이기/ 저감책 → 줄이기　〔低減〕
저급	낮은급 · 급낮음 · 질낮음　〔보기〕저급하다 → 급이 낮다　▷ 저질 → 질낮음　〔低級〕
저널	언론 · 신문 · 잡지　〔보기〕저널리스트 → 신문인 · 언론인 · 간섭쟁이/ 저널리즘 → 언론　〔영 journal〕
저당	잡힘 · 볼모로 삼음　〔보기〕저당하다 → (저당)잡히다 · 볼모 잡다　〔抵當〕
저락	내림 · 떨어짐　〔보기〕저락하다 → 내리다 · 사뭇 떨어지다/ 인기 저락 → 인기 떨어짐　▷ 하락 → 내림 · 떨어짐　〔低落〕
저력	밑심 · 숨은힘 · 바탕힘　〔보기〕저력을 과시하다 → 밑심을 뽐내다　〔底力〕
저렴하다	싸다　〔보기〕저렴한 가격 → 싼값 · 헐값　▷ 헐가 → 싼값　〔低廉－〕
저류	밑흐름 · 바닥흐름　〔底流〕
저리	헐변 · 싼변 · 싼이자　▷ 고리 → 비싼변 · 비싼이자　〔低利〕
저명	이름난 · 이름있는　〔보기〕저명하다 → 이름나다/ 저명 인사 → 이름난 사람　〔著名〕
저변	밑변 · 밑바탕 · 바닥　〔보기〕저변 확대 → 밑바탕 늘리기/ 작품의 저변에 흐르고 있는 → 작품의 밑바탕을 흐르고 있는　▷ 하변 → 아랫변 · 밑변　〔底邊〕
저상	꺾임 · 풀림 · 죽음　〔보기〕저상하다 → 꺾이다 · 기운잃다 · 풀죽다/ 사기 저상 → 사기 꺾임　〔沮喪〕
저수	물 담음 · 물 모음　〔보기〕저수하다 → 물담다 · 물모으다/ 저수답 → 물받이논 · 물잡이논/ 저수지 → 못/ 저수언제 → 못둑　▷ 담수 → 물담음 · 물대기/ 침수 → 물잠김　〔貯

ㅈ

水]

| 저술 | 지음 〔보기〕 저술하다 → 짓다·쓰다/ 저술 활동 → 책 짓기·글쓰기/ 저술자 → 지은이   ▷ 술작(작술)·찬술 → 지음 〔著述〕 |

저습   낮고 축축함 〔보기〕 저습하다 → 낮고 축축하다/ 저습답 → 고논/ 저습지 → 진펄땅·낮고 습한 땅   ▷ 습지 → 축축한 땅 〔低濕〕

저율   낮은율·낮은비율   ▷ 고율 → 높은율 〔低率〕

저으기   적이   ※'적다'란 뜻에서 '적다'란 말에서 멀어져 '저으기'가 많이 쓰이기는 했으나 '적다'와의 관계를 부정할 수 없다 하여 말밑을 밝혀 적기로 함. 비슷한 보기로 갈비·갓모·굴젓·말곁·물수란·밀뜨리다·휴지 따위.(표준어규정 제5항) 〔보기〕 적이나·적이나하면   ▷ 저윽이 → 적이

저음   낮은음·낮은 소리 〔보기〕 저음부 → 낮은음자리표   ▷ 고음 → 높은음 〔低音〕

저의   속뜻·속셈·속마음·딴마음 〔보기〕 저의가 의심스럽다 → 속뜻이 의심스럽다/ 저의가 있다 → 딴마음이 있다 〔底意〕

저인망   쓰레그물 〔일 底引網·そこびきあみ〕

저임(금)   낮은품삯·싼공전   ▷ 고임(금) → 비싼품삯·높은품삯 〔低賃金〕

저자   지은이 〔보기〕 저작자 → 지은이 〔著者〕

저작   씹기·씹음 〔보기〕 저작하다 → 씹다/ 저작기관 → 씹는기관/ 저작운동 → 씹기(운동) 〔咀嚼〕

저작   지음 〔보기〕 저작하다 → 짓다/ 저작권 → 지은 권리/ 저작자 → 지은이 〔著作〕

저장   갈무리 〔보기〕 저장하다 → 갈무리하다/ 저장고 → 곳간·갈무리광/ 저장법 → 갈무리하기·간수하기/ 저장사료 → 갈무리 먹이·담근먹이/ 저장탑 → 사일로 〔貯藏〕

저지   낮은곳 〔보기〕 저지대 → 낮은땅   ▷ 고지 → 높은곳 〔低地〕

저지   막음·말림 〔보기〕 저지하다 → 막다·말리다   ▷ 제지 → 막음·말림/ 억지·억제 → 막음·누름 〔沮止〕

저지   심판원·부심 〔보기〕 저지 페이퍼 → 판정표 〔영 judge〕

저지난   지지난 〔보기〕 저지난달 → 지지난달/ 저지난밤 → 지지난밤/ 저지난번 → 지지난번/ 저지난해 → 지지난해   ※'이삼 개월 전의 달, 이삼일 전의 밤, 엊그제 밤, 지난번의 전번, 이삼년 전의 해'라는 뜻으로는 '저지난달, 저지난밤, 저지난번, 저지난해'를 인정함.

저촉　　　걸림　〔보기〕저촉하다 → 걸리다/ 저촉되다 → 저촉하다
　　　　　[抵觸]

저축　　　여툼　〔보기〕저축하다 → 여투다/ 저축액 → 여툰 돈　[貯
　　　　　蓄]

저탄장　　탄마당　[貯炭場]

저포　　　모시　[苧布]

저하　　　낮아짐　〔보기〕저하하다 → 낮아지다　[低下]

저항　　　버팀·거스름·개갬　〔보기〕저항하다 → 버티다·거스르
　　　　　다·개개다/ 저항기 → 개갬이/ 저항력 → 버틸심·견딜심
　　　　　[抵抗]

저해　　　막아해침·방해　〔보기〕저해하다 → 막아 해치다·못하게
　　　　　하다/ 저해사범 → 해친이·해롭힌이·잘못 저지른이　[沮
　　　　　害]

저희 나라　우리나라　※'저희'는 '우리'를 낮춘 말이지 자신을 낮추는
　　　　　말이 아니다.

-적　　　　-스런··-스럽게··-인··-다운··-의··-에서··-로운　〔보
　　　　　기〕수상자가 정치적으로 스포츠적으로 세계적인 거물급으로
　　　　　압축되었다 → 상 받을 사람이 정치인으로나 체육인으로서 세
　　　　　계에 알려진 큰 인물 축으로 줄어들었다/ 남성적 → 남성스
　　　　　런·남성다운/ 평화적 해결 → 평화로운 해결/ 외교적 노력
　　　　　→ 외교 노력/ 만나는 것 자체에 민족사적 세계사적 의미가 있
　　　　　다 → 만나는 것 자체가 민족사와 세계사에 남을 만하다/ 대
　　　　　표적 예이다 → 대표가 될만한 보기다/ 시간적으로 따져서 →
　　　　　시간으로 쳐서·시간으로 따져서/ 무조건적으로 → 무조건/
　　　　　문화적 유산 → 문화 유산/ 기만적 종결 → 속임수로 끝내기/
　　　　　실천적 과제 → 실천과제/ 기만적인 → 속임수인/ 전체적으로
　　　　　→ 전체로 보아/ 질적·양적 발전을 → 질과 양에서 발전을/
　　　　　철학적 원리 → 철학 원리/ 조직적 연대를 형성한 → 조직으
　　　　　로 연대를 이룬/ 폭력적 탄압과 기만적 술책 → 폭력으로 탄
　　　　　압하고 속임수를 쓰는 술책/ 사적 의의 → 역사의 뜻/ 조직적
　　　　　으로 엮어내고 → 잘 조직해서 (엮어내고)/ 객관적으로 → 객
　　　　　관으로/ 객관적 상황 → 객관상황/ 계속적인 관심 → 계속되
　　　　　는 관심·끊임없는 관심/ 철학적 근거 → 철학의 근거/ 동시
　　　　　적으로 비판하다 → 함께 비판하다/ 조직적 전개 → 짜임새 있
　　　　　는 전개/ 정치적 진출 → 정치 진출/ 경제사적 고찰 → 경제사
　　　　　고찰·경제사 살피기/ 정기적으로 간행되는 → 정한 때에 나
　　　　　오는　※이 말은 한자 어조사로서 19세기 말부터 일본에서
　　　　　영어 '-tic'을 번역해 쓰면서 유행하던 것을 그대로 받아 쓰고

있다. ［的］

적과	과실따기 · 열매솎음　〔보기〕적과하다 → 열매따기하다 · 열매를 솎다/ 적과 작업 → 열매솎기 · 열매따기　▷ 적출 → 떼내기 ［摘果］
적교	매단다리 · 줄다리　▷ 현수교 → 줄다리 ［吊橋］
적기	제때 · 제철　〔보기〕적기방제 → 제때막음/ 적기예취 → 제때베기/ 적기이앙→제때모내기/ 적기파종 → 제때뿌림 ［適期］
적나라하다	활딱 드러나다 · 까놓다 · 숨김없다 · 벌겋다 ［赤裸裸 - ］
-적다	-쩍다　〔보기〕괴이쩍다/ 미심쩍다/ 의심쩍다/ 멋쩍다/ 열쩍다　※'적다'로 적어야 할 다른 까닭이 없음.
적당	들어맞음 · 알맞음　〔보기〕적당하다 → 알맞다/ 적당한 시기 → 알맞은 때/ 적당량 → 알맞은 양/ 적당히 → 알맞게 · 건성으로/ 적당적당히 → 대충대충/ 적당주의 → 대충주의　▷ 타당하다 → 마땅하다/ 상당하다 → 알맞다 · 무던하다 ［適當］
적대	맞버팀 · 적으로 대함　〔보기〕적대하다 → 맞버티다 · 맞서다 · 적으로 여기다/ 적대시 → 맞서기 · 맞버티기/ 적대적 → 적으로 보는 · 맞버티는 ［敵對］
적두	붉은팥 ［赤豆］
적립	쌓음 · 여툼 · 모음　〔보기〕적립하다→쌓다 · 여투다/ 적립금 → 쌓아둔 돈 · 여툰 돈 ［積立］
적발	집어냄 · 들춰냄　〔보기〕적발하다 → 집어내다 · 들춰내다 · 찾아내다/ 비위를 적발하다 → 비위를 들춰내다/ 사건을 적발하다 → 사건을 들춰내다/ 적발되다 → 들춰지다 · 집히다　▷ 포착하다 → 잡다 ［摘發］
적법	법에 맞음　〔보기〕적법하다 → 법에 맞다　▷ 합법 → 법에 맞음 ［適法］
적부	맞고 안맞음 · 알맞기 · 옳으냐그르냐　〔보기〕적부를 불문하고 → 맞고 안맞음을 가리지 않고 ［適否］
적빈	알가난　〔보기〕적빈하다 → 몹시 가난하다 ［赤貧］
적색	빨강 · 붉은빛 · 빨간빛 ［赤色］
적설	쌓인눈　〔보기〕적설량 → 눈쌓인 양　▷ 강설 → 눈내림 ［積雪］
적수	맞잡이 · 맞수　〔보기〕적수가 되다 → 맞잡이가 되다　▷ 라이벌 → 맞수 ［敵手］
적수공권	맨손 · 맨주먹 ［赤手空拳］
적시	집어내뵘 · 따내뵘 · 찍어보임　〔보기〕적시하다 → 집어내

보이다 · 꼬집어내다   ▷ 적발 → 집어냄 · 들춰냄/ 적출 →
집어냄 · 따냄   [摘示]

적시   제때   ▷ 적재적소 → 그재목 그자리   [適時]

적신호   붉은 신호 · 위험신호 · 빨간불   ▷ 청신호 → 푸른 신호 · 파
란불   [赤信號]

적역   알맞은 구실 · 제격   〔보기〕그이가 이 일에는 적역입니다 →
그이가 이 일에는 제격입니다   ▷ 적임 → 마땅한 구실/ 배
역 → 맡은구실   [適役]

적연와   붉은벽돌   ▷ 연와 → 벽돌   [赤煉瓦]

적외선   넘빨강살   ▷ 자외선 → 넘보라살   [赤外線]

적요   따적음 · 골라 적음   〔보기〕적요하다 → 따적다 · 골라적다
/ 적요란 → 참고란   ▷ 적시 → 집어내뷈 · 따내뷈   [摘
要]

적은집   작은집   ※1. 첩 또는 첩집 2. 작은아들 또는 따로 사는 아들
집   ▷ 소실 · 후실 · 측실 · 소가 → 작은집.(표준어모음)

적의   적절히 · 뜻대로 · 알맞게   〔보기〕적의하다 → 적절하다/ 적
의 감량하다 → 알맞게 양을 줄이다/ 적의서식 → 알맞은 서
식/ 적의처리 → 알맞은 처리/ 적의한 → 적절한/ 각 반별로
적의 해산할 것 → 반별로 적당히 해산할 것   [일 適宜 · てき
ぎ]

적의   해칠뜻 · 앙심   〔보기〕적의를 품다 → 앙심을 품다   ▷ 적
대 → 맞서버팀   [敵意]

적자   밑짐 · 손해 · 부족 · 손실   〔보기〕적자운영 → 밑진 운영/
적자 재정 → 빚지는 재정/ 적자를 기록하다 → 손실을 보다 ·
밑지다   ▷ 흑자 → 이익 · 이득 · 남음   [赤字]

적재   짐실음 · 실어쟁임   〔보기〕적재하다 → 실어쟁이다/ 적재고
→ 짐높이/ 적재량 → 싣는양 · 짐무게/ 적재함 → 짐칸 · 짐함
[積載]

적잖이(적잖다)   적잖이(적잖다)   ※씨끝(어미) '–지' 뒤에 '않–'이 붙어
'–잖–'이 될 적과 '–하지' 뒤에 '않–'이 어울려 '찮–'이 될
적에는 준 대로 적는다.(맞춤법 제39항)   ▷ 많잖다 → 많
잖다/ 밉잖다 → 밉잖다/ 머잖다 → 머잖다/ 수월찮다 → 수
월찮다/ 가당찮다 → 가당찮다

적절   알맞음   〔보기〕적절하다 → 똑맞다 · 알맞다/ 적절히 → 알
맞게   ▷ 적당 → 알맞음 · 건성 · 대충 · 얼추   [適切]

적정   알맞음   〔보기〕적정가(격) → 알맞은 값 · 제값/ 적정량 →
알맞은 양/ 적정선 → 알맞춤선 · 알맞춤함   [適正]

적조   붉은 물 · 붉은 조류   〔보기〕적조피해 → 붉은물피해/ 적조

현상 → 붉은물 현상　　▷ 녹조 → 파랑물　〔일 赤潮・あか
し お〕

적중	들어맞힘・꿰맞힘・꿰뚫음　　〔보기〕 적중하다 → 들어맞다 ▷ 억중 → 들어맞음　〔的中〕
적중율	**적중률・맞은율**　〔的中率〕
적체	**쌓여막힘・밀림**　　〔보기〕 인사 적체 → 사람 밀림　〔積滯〕
적출	**집어냄・따냄・솎아냄**　　〔보기〕 적출하다 → 집어내다・따 내다/ 적출물 → 떼낸 것/ 적출술 → 떼내기　〔摘出〕
적치	**쌓아놓음・쌓아둠**　　〔보기〕 노상적치물 → 길에 쌓은 물건 〔積置〕
적폐	**쌓인 폐단・오랜 폐단**　〔積弊〕
적합	**맞음・꼭맞음・알맞음**　　〔보기〕 적합하다 → 알맞다/ 적합한 대책 → 알맞은 대책　〔適合〕
적합치	**적합지**　　※줄기의 끝음절 '하'가 아주 줄 적에는 준대로 적 는다.(맞춤법 제40항) 거북지・생각건대・생각다 못해　・깨 끗지 않다・넉넉지 않다・못지않다・보답지 않다・섭섭지 않 다・익숙지 않다・갑갑잖다・답답잖다 따위가 있는데, 특히 'ㄱ・ㅂ・ㅅ' 받침 뒤에서 '하'가 줄어들어 쓰이는 경향이 많 다.　　〔보기〕 적합치 않다 → 적합지 않다
적혈구	**붉은피톨**　　▷ 백혈구 → 흰피톨　〔赤血球〕
적환	**옮겨싣기・옮겨쌓기・바꿔싣기**　　〔보기〕 적환장 → 옮겨싣는 곳・옮겨쌓는데/ 쓰레기 적환장 → 쓰레기 옮겨싣는곳/ 화물 적환장 → 짐 옮겨쌓는곳　〔積換〕
전	**마개・꼭지**　　〔보기〕 수도전 → 수도꼭지　〔栓〕
전	**밭**　　〔보기〕 전답 → 논밭　〔田〕
전	**지짐이**　　※'지짐이'는 1. 국보다 국물을 적게 잡고 짭짤하게 끓인 음식　2. 지짐질한 음식을 통틀어 일컬음.　〔膾〕
전	**1. 부침개 2. 저냐**　　※'저냐'는 얇게 저민 물고기나 쇠고기 에 밀가루를 바르고 달걀을 입혀 기름에 지진 음식.　〔煎〕
전가	**대물림**　　〔보기〕 전가의 보도 → 대물림한 보배칼　〔傳家〕
전가	**떠넘김・넘겨씌움・미룸**　　〔보기〕 전가하다 → 떠넘기다/ 책 임 전가에 급급하다 → 책임 떠넘기기에 바쁘다　〔轉嫁〕
전간	**지랄병**　　〔보기〕 전간증 → 지랄병　　▷ 간질・전질 → 지 랄병　〔癲癇〕
전강풍	**노대바람**　　※초속 24.5～28.4m, 바람 등급 10.　〔全強風〕
전개	**펼침・벌임**　　〔보기〕 전개하다 → 펼치다・벌이다/ 전개도 → 펼친그림/ 작전을 전개하다 → 작전을 벌이다(펼치다) 〔展開〕

전격	벼락치기·번개치기·갑자기　　〔보기〕전격적 → 벼락치기· 갑자기/ 전격적으로 → 갑자기·벼락치기로/ 전격적으로 단 행하다 → 벼락치기로 끊어 행하다　[電擊]
전과	과옮김　　〔보기〕전과하다 → 과를 옮기다·과를 바꾸다 [轉科]
전광	전깃불·벼락불·번갯불　　〔보기〕전광석화 → 썩 재빠른 동 작　[電光]
전국	온나라　[全國]
전굴	앞굽힘　　〔보기〕전굴(자)세 → 앞굽힘세　　▷ 후굴 → 뒤 굽힘　[前屈]
전년	지난해　[前年]
전뇌	앞골·앞뇌　　▷ 후뇌 → 뒷골·뒷뇌　[前腦]
전단	앞끝　　▷ 후단 → 뒤끝/ 말단 → 끄트머리　[前端]
전단	알림쪽지·광고쪽지·선전쪽지　　〔보기〕광고전단 → 광고쪽 지/ 전단 살포 → 쪽지뿌리기　　▷ 삐라 → 알림쪽지·선전 쪽지　[傳單]
전담	도맡음(기)·온통 맡음·혼자 짐　　〔보기〕전담하다 → 도맡 다/ 전담요원 → 도맡은이　　▷ 분담 → 나눠맡음·나눠지 기　[全擔]
전담	~만 맡음·전문으로 맡음　　〔보기〕전담하다 → 전문으로 맡 다　[專擔]
전답	논밭　[田畓]
전대미문(의)	들어보지 못한·처음 듣는·드문　　▷ 희대 → 보기 드문/ 미 증유 → 전에 없던·처음　[前代未聞]
전도	앞길·앞날　[前途]
전도	뒤집음·뒤바꿈·넘어뜨림　　〔보기〕전도하다 → 뒤집다·바 꾸다/ 전도되다 → 뒤집히다·뒤바뀌다 / 전도시키다 → 넘어 뜨리다　[顚倒]
전도금	미리 준 돈　[前渡金]
전라	벌거벗음·알몸　[全裸]
전락	굴러떨어짐　　〔보기〕전락하다 → 굴러떨어지다　[轉落]
전래	전해내려옴　　〔보기〕전래하다 → 전해 내려오다　[傳來]
전력	온힘·있는 힘　　〔보기〕전력하다 → 온힘을 쓰다/ 전력을 경 주하다 → 온힘을 기울이다·온힘을 쏟다　　▷ 총력 → 온 힘·전체힘　[全力]
전례	그전 보기·앞보기　　▷ 사례 → 보기/ 실례 → 보기·실제보 기　[前例]
전륜	앞바퀴　　〔보기〕전륜구동 → 앞바퀴 굴림　　▷ 후륜 → 뒷

	바퀴 [前輪]
전률	전율 [戰慄]
전망	1. 바라봄·내다봄 2. 앞경치 3. 앞날 4. 희망 〔보기〕전망하다 → 내다보다/ 전망이 어둡다 → 앞날이 어둡다/ 전망이 좋다 → 경치가 좋다·발전성이 있다/ 전망이 있(없)다 → 희망이 있(없)다/ 전망이다 → －ㄹ 것으로 보인다/ 그 이상이 될 전망이다 → ~ 될 것으로 보인다/ 관심사가 될 전망이다 → ~ 될 것으로 보인다/ 가속화시킬 전망이다 → 더할 것으로 보인다/ 전개될 전망이다 → 펼쳐질 것으로 보인다 ※ '전망+이다'로 끝나는 문장이 유행하고 있으나 친절하게 '－ㄹ 것으로 보인다'로 갖추어 써야 한다. 우스운 유행을 따르는 것은 스스로 삼류임을 드러내는 짓이다. ▷ 예상·예견 → 미리생각·미리짐작 [展望]
전매	되팔기 〔보기〕전매하다 → 되팔다/ 미등기 전매 → 등기 않고 되팔기 [轉賣]
전면	온통·전체·모든 면 〔보기〕전면적 → 온통/ 전면전 → 전체싸움 ▷ 국지 → 지역·부분 [全面]
전면	앞쪽·앞면 ▷ 후면·배면 → 뒷면·뒤쪽/ 측면 → 옆·옆쪽 [前面]
전몰	싸워죽음·전쟁에서 죽음 〔보기〕전몰하다 → 싸우다 죽다/ 전몰 장병 → 싸우다 죽은 장병 ▷ 전사 → 싸우다 죽음 [戰歿]
전묘	밭이랑 〔보기〕전묘대 → 밭못자리 [田畝]
전무하다	아주 없다·전혀 없다 [全無－]
전문	앞글·머릿글 ▷ 서문 → 머릿글 [前文]
전문	전해들음 〔보기〕전문에 따르면 → 들은 바로는 [傳聞]
전방	가게 ▷ 점방 → 가게 [廛房]
전범	본보기·틀 [典範]
전별	작별 〔보기〕전별하다 → (잔치를 베풀어) 작별하다/ 전별연 → 이별잔치/ 전별주 → 이별주 ▷ 송별 → 보냄·작별 [餞別]
전병	부꾸미 [煎餅]
전복	뒤집음·뒤집힘 〔보기〕전복하다 → 뒤집히다·뒤집어 엎다/ 전복사고 → 뒤집힘 ▷ 탕복 → 뒤집힘·뒤집음 [顚覆]
전부	모두·온통 [全部]
전분	녹말 〔보기〕전분가 → 녹말값/ 전분당 → 녹말당/ 전분박 → 녹말찌끼/ 전분함량 → 녹말기/ 전분호 → 녹말풀/ 전분효

	소 → 녹말뜸씨/ 감자전분 → 감자녹말 [澱粉]
전비	지난 잘못·그전 잘못 〔보기〕전비를 뉘우치다 → 잘못을 뉘우치다 [前非]
전사	옮겨씀·베껴씀 〔보기〕전사하다 → 옮겨쓰다·베끼다 [轉寫]
전석	벽돌 [磚石]
전선	전깃줄 〔보기〕전(선)주 → 전봇대/ 전선줄 → 전깃줄 [電線]
전선대	전봇대
전설음	앞혓(바닥)소리 ▷ 후설음 → 뒤혀(바닥)소리 [前舌音]
전설음	굴림소리·떨음소리 [顫舌音]
전셋값·전세가	전셋값·전세금 ※'전세'는 사고파는 게 아니므로 '값·가'와는 어울리지 않는다. 〔보기〕전세집 → 전셋집/ 전세방 → 전셋방 [傳貰-]
전송	배웅·보냄 〔보기〕전송하다 → 배웅하다·보내다 ▷ 환송하다 → 보내다 [餞送]
전수	전해받음·이어받음 〔보기〕전수하다 → 전해받다·이어받다/ 전수생 → 배우는이 [傳受]
전수	전해줌·이어줌 〔보기〕전수하다 → 전해주다 [傳授]
전술	앞에 말함·앞에 적음 〔보기〕전술하다 → 앞에서 적다/ 전술한 → 앞에 적은 ▷ 후술 → 뒤에 말함·뒤에씀 [前述]
전승	모두 이김·다 이김 〔보기〕전승하다 → 모두 이기다·다 이기다 [全勝]
전신	온몸 〔보기〕전신운동 → 온몸운동 [全身]
전신주	전봇대 ▷ 전주 → 전봇대 [電信柱]
전심전력	온힘·힘껏 〔보기〕전심전력으로 → 힘껏·힘을 다해 [全心全力]
전야	어젯밤·전날밤·지난밤·간밤 ▷ 전야제 → 밤잔치·전날밤잔치 [前夜]
전언	전하는 말·전갈 〔보기〕전언하다 → 전갈하다·말 전하다 [傳言]
전연	전혀·도무지 [全然]
전열	앞줄 ▷ 후열 → 뒷줄 [前列]
전염	옮기·옮음 〔보기〕전염하다 → 옮다/ 전염경로 → 옮는 길·옮는 경로/ 전염병 → 돌림병/ 전염땜 → 면역 [傳染]
전용	돌려씀·번져씀 〔보기〕전용하다 → 돌려쓰다 ▷ 유용 → 돌려씀 [轉用]
전용	혼자씀·-만 씀 〔보기〕전용하다 → 혼자 쓰다·독차지하

다/ 어린이 전용 → 어린이만 쓰기/ 한글 전용 → 한글만 쓰기 [專用]

전원	모두 [全員]
전월	지난달·그 앞달　▷ 전달 → 지난달/ 전년 → 지난해·그 전해/ 전일 → 지난날 [前月]
전율	떨림·떨리기·벌벌 떪　〔보기〕전율하다 → 떨리다　▷ 계율·곡속·공률·능긍·순율·전계·전구·전송·전전· 진율 → 떨림 [戰慄]
전의	싸울뜻·싸울마음　〔보기〕전의를 다지다 → 싸울뜻을 다지 다/ 전의를 상실하다 → 싸울뜻을 잃다　▷ 투지 → 싸울뜻 [戰意]
전인미답의	처음의·누구도 해보지 못한·아무도 가보지 못한·발길 안닿은 [前人未踏 -]
전입	옮아옴·옮아듦　〔보기〕전입하다 → 옮아오다·옮아들다/ 전입생 → 옮아온 학생/ 전입신고 → 이사온 것 알림/ 전입자 → 옮아온 이　▷ 전출 → 옮아 감 [轉入]
전자	지난번·앞엣것·앞엣사람　▷ 후자 → 뒷것·뒤엣것·뒤 엣사람 [前者]
전자렌지	전자레인지　▷ 가스렌지 → 가스레인지 [電子+영 range]
전작	앞그루　▷ 후작 → 뒷그루 [일 前作·ぜんさく]
전작	먼젓술　〔보기〕전작이 있다 → 먼저 마신 술이 있다 [前 酌]
전장	온길이·옹근길이 [全長]
전장	싸움터 [戰場]
전재	옮겨 실음　〔보기〕전재하다 → 옮겨신다 [轉載]
전적	적옮김　〔보기〕전적하다 → 적 옮기다 [轉籍]
전전긍긍	조심조심·벌벌 떪　〔보기〕전전긍긍하다 → 벌벌 떨다 [戰戰兢兢]
전전월	지지난달　▷ 전전달 → 지지난달/ 전월 → 지난달 [前前 月]
전정	앞뜰　▷ 후정 → 뒤뜰 [前庭]
전정	앞길　▷ 전도 → 앞길 [前程]
전정	옛정 [前情]
전정	가지자르기·가지치기·가지손질·가지다듬기·꼴다듬기　〔보 기〕전정톱 → 가지치기톱/ 전정협 → 다듬가위　▷ 전지 → 가지치기 [剪定]
전조	조짐 [前兆]

전주	지난주 〔前週〕
전주	전봇대 〔電柱〕
전주	돈임자·돈댄이 〔錢主〕
전지	가지자르기(치기·손질·다듬기) 〔보기〕 전지작업 → 가지 치기 ▷ 전정 → 가지치기·가지다듬기 〔剪枝〕
전직	직업옮김·자리옮김 〔보기〕 전직하다 → 직업을 옮기다 〔轉職〕
전진	나아감 〔보기〕 전진하다 → 나아가다 ▷ 후진 → 뒤로 감·물러남 〔前進〕
전철	1. 이전 잘못 2. 바퀴자국 〔보기〕 전철을 밟다 → 잘못을 되풀이하다 ▷ 전궤·복철 → 이전 잘못 〔前轍〕
전체	온통·모두 ▷ 전부 → 온통·모두 〔全體〕
전출	옮아감 〔보기〕 전출하다 → 옮아가다/ 전출자 → 옮아간 이 ▷ 전입 → 옮아옴 〔轉出〕
전통	화살통 〔箭筒〕
전파	아주 부서짐·다 깨짐 〔보기〕 전파하다 → 다 깨뜨리다·다 부서지다·다 깨지다 〔全破〕
전파	퍼뜨림 〔보기〕 전파하다 → 퍼뜨리다/ 전파되다 → 퍼지다 〔傳播〕
전폐	아주 없앰·아주 그만둠 〔보기〕 전폐하다 → 아주 없애다· 아주 그만두다/ 식음을 전폐하다 → 아무것도 먹지 않다 〔全廢〕
전폭	온너비 〔보기〕 전폭적 → 온통·전체 〔全幅〕
전표	쪽지 〔傳票〕
전항	앞마디·앞항 ▷ 후항 → 뒷마디·뒤항 〔前項〕
전행	오로지함 〔보기〕 전행하다 → 오로지하다 ▷ 전횡하다 → 휘두르다·오로지하다 〔專行-〕
전향적	나아간·다잡은·받아들이는 〔보기〕 전향적 자세 → 나아 간 자세·받드는 자세/ 전향적 검토 → 받드는 검토·긍정적 검토/ 앞으로 관계법 개정과정에서 보다 전향적인 논의가 필 요하다는 지적이다 → ~ 좀더 나아간 논의가 필요하다는 얘 기다 〔前向的〕
전형	본보기·틀 ▷ 전범 → 본보기 〔典型〕
전형	골라뽑기 〔보기〕 전형하다 → 골라뽑다/ 무시험 전형 → 시 험 없이 뽑음/ 전형 자료 → 골라뽑을 감(자료) 〔銓衡〕
전화	전쟁피해 〔戰禍〕
전환	둘러바꿈·옮겨바꿈 〔보기〕 전환하다 → 둘러바꾸다/ 전환 시기 → 바꿈시기/ 대전환 → 큰바꿈·크게두름/ 전환시키다

→ 바꾸다 ［轉換］

전회	먼젓번·지난번 ［前回］
전횡	휘두름 〔보기〕전횡하다 → 휘두르다·오로지하다/ 전횡에 못 견디고 → 휘두름에 못 견디고 ▷ 전단 → 맘대로 처단 ［專橫］
전후	앞뒤 ▷ 선후 → 앞뒤 ［前後］
절	말마디 ▷ 구 → 이은말 ［節］
절간	썰어말림·썰어말리기 〔보기〕절간 고구마 → 썰어말린 고구마 ［切干］
절감	깊이 느낌·절실히 느낌 〔보기〕절감하다 → 깊이 느끼다 ［切感］
절감	줄임·아껴 줄임 〔보기〕절감하다 → 줄이다·아끼다 ［節減］
절개	쨈·가름 〔보기〕절개하다 → 째다·가르다·끊다/ 절개지 → 잘린 땅 ［切開］
절귀	절구 ［絶句］
절규	부르짖음 〔보기〕절규하다 → 부르짖다 ［絶叫］
절기	철 ▷ 절후 → 철 ［節期］
절단	끊음·자름 〔보기〕절단하다 → 끊다·자르다/ 절단기 → 썰개·자름틀 ［絶斷］
절량	양식 떨어짐 〔보기〕절량하다 → 양식 떨어지다/ 절량농가 → 양식 떨어진 농가 ［絶糧］
절룸발이	절름발이
절리	틈결·결 〔보기〕주상절리 → 기둥꼴 결 ［節理］
절망	희망없음·바람없음 〔보기〕절망하다 → 바람(희망)을 잃다 ▷ 낙망 → 바람 잃음 ［絶望］
절멸	아주 없앰(없어짐) 〔보기〕절멸하다 → 아주 없어지다·아주 없애다 ［絶滅］
절삭	깎기·끊기 〔보기〕절삭하다 → 깎다·끊다/ 절삭기 → 깎개·끊개 ▷ 굴착 → 팜·파냄/ 굴삭 → 굴착 ［切削］
절상	올림 〔보기〕절상하다 → 올리다/ 평가절상 → 값올림 ▷ 절하 → 내림 ［切上］
절세	빼어남·세상에 없음 〔보기〕절세미인 → 빼어난 미인 ［絶世］
절수	물아끼기·물절약 〔보기〕절수하다 → 물 아끼다/ 절수운동 → 물아끼기(운동) ［일 節水·せっすい］
절약	아껴씀·아낌 〔보기〕절약하다 → 아껴쓰다·아끼다 ［節約］

절연	인연 끊음 · 전기 막음　〔보기〕절연하다 → 인연 끊다/ 절연선 → 막잇줄/ 절연체 → 뚱치　▷ 절교 → 사귐끊음 〔絶緣〕
절전	전기아낌　〔보기〕절전하다 → 전기 아끼다/ 절전절수 → 물 · 전기 아껴씀 〔節電〕
절절이 · 절절히	※ 간절하다(切切)는 뜻으로는 절절히, 마디마다(節節 -)의 뜻으로는 절절이.
절정	꼭대기 · 한고비 · 막바지 · 마루터기　〔보기〕절정을 이루다 → 한고비를 이루다 · 한고비에 서다 〔絶頂〕
절제	끊어버림 · 잘라버림　〔보기〕절제하다 → 잘라버리다 · 끊어내다/ 절제술 → 잘라내기 〔切除〕
절족동물	마디발동물 〔節足動物〕
절주	술 덜마시기 · 술조심　〔보기〕절주하다 → 술 덜 마시다 · 술 조심하다　▷ 금주 → 술안마심 · 술못마심 〔節酒〕
절창	벤상처 · 벤데　▷ 창상 → 찢긴 상처 〔切瘡〕
절창	뛰어난 노래 · 마지막노래 〔絶唱〕
절충	중간맞춤　〔보기〕절충하다 → 중간맞춤하다 · 아울다 〔折衷〕
절취	끊어냄　〔보기〕절취하다 → 끊어내다/ 절취선 → 끊는 금 〔切取〕
절취	훔침　〔보기〕절취하다 → 훔치다/ 절취범 → 좀도둑/ 절취품 → 훔친 물건　▷ 사취 → 속여뺏음/ 갈취 → 을러뺏음 · 가로챔 〔竊取〕
절판	판 끊어짐 · 판 없어짐　〔보기〕절판하다 → 판이 끊어지다 〔絶版〕
절품	동남 · 다 팔림 · 떨어짐　〔보기〕절품하다 → 동나다 · 다 떨어지다　▷ 품절 → 동남 〔切品〕
절하	깎아내림 · 내림 · 낮춤　〔보기〕절하하다 → 깎아내리다 · 내리다/ 평가절하 → 값내림　▷ 절상 → 올림 〔切下〕
절해	먼바다　〔보기〕절해고도 → 먼바다 외딴섬 〔絶海〕
절호	썩 좋음 · 썩 좋은 · 아주 좋은　〔보기〕절호의 찬스 → 썩 좋은 기회 〔絶好〕
절화	꽂이꽃 · 꺾은꽃　〔보기〕절화시장 → 꽂이꽃시장 〔切花 · 折花〕
절후	절기 · 철 〔節候〕
절흔	베인 자국 〔切痕〕
젊잖다	점잖다　※'점잔' '점잔빼다' '점잔부리다' '점잔피우다' '점잖다'와 '젊지 않다'를 잘 구별합시다.

점감	차차 줄어듦·차차 줄어짐 〔보기〕점감하다 → 차차 줄어들다·차차 줄어지다 〔漸減〕
점거	자리잡음·차지함 〔보기〕점거하다 → 자리잡다·차지하다/ 점거농성 → 남자리 버팀 ▷ 점유 → 차지함 〔占據〕
점검	낱낱(이) 검사 〔보기〕점검하다 → 낱낱이 검사하다 〔點檢〕
점고	차차 높아짐·높아져감 〔보기〕점고하다 → 높아져가다 ▷ 점증 → 차차 늘어남 〔漸高〕
점등	등불 켬 〔보기〕점등하다 → 불켜다 〔點燈〕
점막	끈끈막 〔粘膜〕
점멸	켜짐꺼짐·깜박거림·켜졌다꺼졌다 〔보기〕점멸하다 → 깜박이다/ 점멸등 → 깜박등/ 점멸신호등 → 깜박신호등 〔點滅〕
점묘법	점그림법 〔點描法〕
점방	가게·상점 ▷ 전방 → 가게 〔店房〕
점성	끈기·찰기 〔粘性〕
점액	끈끈이·끈적이 〔보기〕점액막 → 끈끈막 〔粘液〕
점유	(임시)차지함 〔보기〕점유하다 → 차지하다/ 노상 점유물 → 길차지 물건 〔占有〕
점입가경	갈수록 좋아짐·볼만함 〔漸入佳境〕
점증	늘어감·불어감·더해감 〔보기〕점증하다 → 차차 늘어가다/ 점증하는 불안 → 더해가는 불안 〔漸增〕
점진	차차 나아감 〔보기〕점진하다 → 차차 나아가다/ 점진적 → 차차로 〔漸進〕
점착제	끈끈이·붙일감 〔보기〕점착 → 찰붙기 ▷ 접착제 → 붙임감·붙임풀 〔粘着劑〕
점철	점점이 놓임 〔보기〕점철하다 → 점점이 놓이다·어우러지다/ 피로 점철된 역사 → 피로 얼룩진 역사 〔點綴〕
점토	질흙·찰흙 〔보기〕점토암 → 진흙돌/ 점토질 → 찰흙바탕 〔粘土〕
점파	점뿌림·놓아심기 〔보기〕점파하다 → 점뿌리다 ▷ 산파 → 흩뿌리기·노가리 〔點播〕
점퍼스커트	조끼치마 ※'점퍼'와 '잠바'는 둘 다 쓰이고 있으나 점차 '점퍼'가 더 많이 쓰이는 경향이 있다. 〔영 jumper skirt〕
점포	가게 ▷ 전방 → 가게 〔店鋪〕
점프	뛰기·뜀 〔보기〕점프하다 → 뛰다·뛰어오르다/ 점프볼 → 뛰어치기/ 점프슛 → 뛰어쏘기/ 점프토스 → 뛰어올리기 ▷ 도약 → 뜀·뛰어오름 〔영 jump〕

점하다	1. 차지하다 2. 점치다 〔占-〕
점화	불켬·불붙이기 〔보기〕점화하다 → 불붙이다/ 점화전 → 불꽃튀우개 ▷ 소화·진화 → 불끄기/ 방화(放火) → 불붙임·불지르기/ 점등 → 불켜기 〔點火〕
접견	만나봄·대해봄 〔보기〕접견하다 → 만나보다/ 접견실 → 만나는 방·접대방 ▷ 접납하다 → 만나보다 〔接見〕
접골	뼈맞추기 〔보기〕접골원 → 뼈병원 〔接骨〕
접근	가까이감 〔보기〕접근하다 → 가까이가다·다가가다 〔接近〕
접목	접붙임·접나무 〔보기〕접목하다 → 접붙이다/ 접목묘 → 접(나무)모/ 접목법 → 접붙이기/ 접목전염 → 접옮음/ 접목포 → 접나무밭 ▷ 접수 → 접가지/ 대목 → 밑나무·바탕나무 〔椄木〕
접선	1. 줄댐·연락·만남 2. 줄붙임·줄잇기 〔보기〕접선하다 → 만나다/ 접선되다 → 줄닿다·연락되다·만나다/ 접선 현장 → 만남 현장 〔接線〕
접속	이음 〔보기〕접속하다 → 잇다/ 접속되다 → 이어지다/ 접속률 → 이음율/ 접속법 → 이음법/ 접속부사 → 이음어찌씨/ 접속사 → 이음씨/ 접속선 → 맞잇는 선/ 접속어 → 이음말/ 접속조사 → 이음토씨/ 접속형 → 이음꼴 〔接續〕
접수	받음 〔보기〕접수하다 → 1. 받다 2. → 내다/ 접수받다 → 접수하다·받다/ 접수시키다 → 1. → 내다 2. 받게 하다/ 접수문서 → 받은 문서/ 접수일 → 받는(은) 날짜/ 접수증 → 받음표/ 접수처 → 받는곳 ▷ 제출 → 냄 ※한자말 '접수(받음)'와 '제출(냄)·신청'을 뒤바꿔 쓰는 일이 잦은데, 이는 구별해 쓸 일이다. 〔接受〕
접수	접가지·접순 〔보기〕접수목 → 접나무 〔椄穗〕
접수받다	접수하다·받다 〔接受-〕
접수시키다	내다·제출하다 ※'접수'란 본래 '받는이'쪽이 주체가 되어 쓰는 말로서 '내는이'쪽에서는 접수란 말을 쓸 게 아니라 '내다' '제출하다'란 말을 쓰는 것이 바르다. 〔보기〕원서를 접수시키고 오다 → 원서를 내고 오다/ 신청서를 접수하고 돌아오다 → 신청서를 내고(받고) 돌아오다
접영	나비헤엄 ▷ 나비영 → 나비헤엄/ 버터플라이 스트로크 → 나비헤엄/ 배영 → 등헤엄/ 평영 → 개구리헤엄 〔蝶泳〕
접전	붙어싸움 〔보기〕접전하다 → 붙어싸우다/ 대접전 → 큰싸움·크게 붙어싸움 〔接戰〕
접착	착 들러붙음·(대)붙임 〔보기〕접착하다 → 붙이다/ 접착

	력 → 붙는힘/ 접착액 → (붙임)풀/ 접착제 → 붙임감·붙임풀 [接着]
접촉	만남·맞닿음·맞댐 〔보기〕 실무 접촉 → 실무 만남/ 접촉하다 → 만나다·닿다/ 접촉감염 → 닿아옮음/ 접촉자(-子) → 닿개/ 접촉도 → 맞댐정도/ 접촉전염 → 닿아옮음/ 접촉을 갖고 → 만나/ 접촉을 끊다 → 다시는 안 만나다 [接觸]
접하다	1. 닿다·대하다·보다·만나다 2. (소식을) 받다·듣다 〔보기〕 곰 사육 광경을 신문을 통해 접하고 → 곰 기르는 광경을 신문에서 보고/ 사진을 접한 손씨는 → 사진을 본 손씨는/ 실제 삶의 현장을 접할 기회가 → 실제 삶의 현장을 볼 기회가/ 현실정치의 차가움을 처음 접한 재야의 보편적 고민을 엿볼 수 있게 하였다 → 현실 정치의 차가움에 처음 부닥친 ~/ 강경대군의 죽음에 접하면서 → 강경대군의 죽음을 보면서/ 어린이에 대한 환경교육이 활성화되고 있으나 교육에 접할 기회를 더욱 넓혀야 한다는 지적이다 → ~ 교육을 받을 기회를 더욱 넓혀야 한다는 얘기다/ 잘 계신다는 소식을 접하고 → ~ 소식을 듣고 [接-]
접합	맞붙음·맞닿음 〔보기〕 접합하다 → 맞붙다·맞닿다/ 접합선 → 맞붙은 금 [接合]
접형	나비꼴 〔보기〕 접형골 → 나비뼈 [蝶形]
정	알·알약 ▷ 정제 → 알약/ 환(약) → 알(약)/ 당의정 → 단옷알약 [錠]
정갱이	정강이
정결	깨끗함 〔보기〕 정결하다 → 깨끗하다/ 정결히 → 깨끗이 ▷ 청결하다 → 깨끗하다 [淨潔]
정글	숲진펄·수풀지대 〔보기〕 정글짐 → 숲틀/ 정글화 → 수풀신 ▷ 밀림 → 짙은숲 [영 jungle]
정당	옳음·올바름·바름·마땅함 〔보기〕 정당하다 → 옳다·올바르다/ 정당성 → 옳음·옳은 이유/ 정당화 → 옳은 것으로 함 [正當]
정도	바른길·옳은길 〔보기〕 정도를 걷다 → 바른길을 걷다 ▷ 사도·사로 → 그릇된길/ 왕도 → 으뜸길·바른길 [正道]
정돈	가다듬음 〔보기〕 정돈하다 → 가다듬다·바로잡다/ 정리정돈 → 바로잡고 가다듬음·가다듬음 [整頓]
정면	앞면·앞쪽 〔보기〕 정면도 → 앞그림/ 정면돌파 → 앞뚫기 ▷ 측면 → 옆면·옆쪽/ 배면 → 뒷면·뒤쪽 [正面]
정문	숫구멍·정수리 [頂門]
정미	쌀찧기·매갈이·아주먹이·찧은쌀 〔보기〕 정미하다 → 쌀

	찧다/ 정미기 → 기계방아/ 정미소 → 방앗간　　▷ 도정 → 찧기·쓿기·대끼기　[精米]
정박	닻내림·머무름　　〔보기〕정박하다 → 닻내리다·머무르다 ▷ 계람·묘박 → 닻내림　[碇泊]
정방형	바른네모꼴　　▷ 장방형 → 긴네모꼴　[正方形]
정보	※군사에서, 정보는 확인되고 해석된 첩보를 일컫는다. 인텔리 전스　　▷ 첩보·인텔리전스　[情報]
정본	원벌·바른벌　　▷ 원본 → 원벌·밑벌　[正本]
정부	샛서방·정둔 사내　　▷ 간부 → 샛서방　[情夫]
정비	손질　〔보기〕정비하다 → 손질하다　[整備]
정사각형	바른네모꼴　[正四角形]
정삼각형	바른세모꼴　[正三角形]
정상	우두머리·꼭대기·마루　　〔보기〕정상회담 → 우두머리회담 정상외교 → 우두머리외교/ 정상 등반 → 꼭대기 오르기　[頂 上]
정상	형편　〔보기〕정상 참작 → 형편 헤아림/ 정상이 말이 아니 다 → 형편이 썩 나쁘다　　▷ 참상 → 참혹한꼴　[情狀]
정상	제대로임·바르고 떳떳함　　〔보기〕정상적으로→제대로/ 정 상화 → 바로잡음·바로잡힘·바로됨/ 정상화하다 → 바로잡 다·바로되다　[正常]
정선	먼저둠　〔보기〕흑정선 → 흑먼저둠　[定選]
정선	간추림·골라뽑음　　〔보기〕정선하다 → 간추리다·골라뽑 다　[精選]
정수	골·알맹이·알짬　[精髓]
정연하다	쪽 고르다·가지런하다　　〔보기〕정연히 → 가지런히　[整 然-]
정오표	고침표·바로잡음표　[正誤表]
정육	살코기　〔보기〕정육점 → 고깃간·푸줏간·푸주　　▷ 지 육 → 기름기와 살코기　[精肉]
정적	고요(함)·괴괴함　[靜寂]
정전	전기나감·전기멈춤　　▷ 단전 → 전기끊음　[停電]
정전	싸움멈춤·싸움쉼　　〔보기〕정전하다 → 싸움 멈추다　　▷ 휴전 → 싸움쉼　[停戰]
정점	꼭대기·꼭대깃점·꼭지점　[頂點]
정정	고침·바로잡음　　〔보기〕정정하다 → 고치다·바로잡다 ▷ 광정 → 바로잡음　[訂正]
정제	알약　[錠劑]
정중하다	점잖다·무게있다　　〔보기〕정중히 → 점잖게　[鄭重-]

정지	멈춤·그침·멈춰! 〔보기〕정지하다 → 멈추다·그치다/ 정지궤도 → 멈춤궤도/ 정지돌길/ 정지신호 → 멈춤신호/ 정지명령 → 멈춰·멈춤명령 〔停止〕
정지	땅다듬기·땅고르기 〔보기〕정지작업 → 땅고르기 〔整地〕
정차	차 섬·차 멈춤 〔보기〕정차하다 → (차)멈추다·서다/ 정차금지 → 차 못섬/ 정차장 → 차대는곳·차서는곳 ▷ 주차 → 차 둠 〔停車〕
정착	자리잡음 〔보기〕정착하다 → 자리잡다/ 정착어 → 터줏고기 〔定着〕
정찰	엿살핌·살핌 〔보기〕정찰하다 → 살피다 〔偵察〕
정찰	값쪽지·값표·가격표 〔보기〕정찰제 → 값표대로 받기 〔正札〕
정체	본색·본모습·제정신 〔보기〕정체성 → 본색스런·본색다운 〔正體〕
정체	막힘·걸림·밀림 〔보기〕정체하다 → 막히다·걸리다·밀리다/ 정체되다 → 막히다·밀리다 〔停滯〕
정크	잡것·쓰레기 〔보기〕정크머니 → 장기 지체성 자금/ 정크본드 → 쓰레기 채권/ 정크 아트 → 쓰레기 미술·조형예술/ 정크 아티스트 → 조형예술가 〔영 junk〕
정탐	엿살핌·염알이·염탐 〔보기〕정탐하다 → 엿살피다/ 정탐조 → 살핌조 〔偵探〕
정합	꼭 맞음·꼭 맞춤·이어쌓임 〔보기〕정합하다 → 꼭맞다·이어쌓이다 ▷ 부정합 → 엇맞음 〔整合〕
정화	깨끗이하기·맑히기 〔보기〕정화하다 → 깨끗이하다·맑히다/ 정화작업 → 맑히기/ 정화효과 → 맑힘효과·맑힘성금/ 공기정화 → 공기맑힘/ 사회정화 → 사회맑힘 〔淨化〕
젓가락	젓가락
젓갈	젓갈
젖히다	※'1. 몸을 뒤로 굽히다 2. 속을 뒤집어내다 3. 바둑에서 대각선에 놓다'의 뜻인데 '제치다'의 뜻으로 잘못 쓰는 일이 잦다. 〔보기〕목을 젖히다/ 문을 열어젖히다/ 바둑돌을 젖혀 놓다 ▷ 제치다
제	모든·여러 〔보기〕제모순 → 여러 모순·모든 모순/ 제문제 → 모든 문제·여러 문제/ 제사회불안 → 온갖 사회불안·여러 사회불안/ 제가치 → 모든 가치·여러 가치 〔諸〕
제 역할	제구실 ※좋은 말이 있는데도 '왜말'을 즐겨쓰는 보기.
제거	없앰·없애버림·죽이기 〔보기〕제거하다 → 없애다/ 정적

제거 → 정적 없애기 〔除去〕

제고 높임·돋워올림 〔보기〕제고하다 → 높이다·끌어올리다/ 경쟁력 제고 → 경쟁력 높이기 〔提高〕

제공 바침·냄 〔보기〕제공하다 → 내다·주다·바치다 〔提供〕

제국 여러 나라 〔諸國〕

제군 여러분 〔諸君〕

제기 1. 내세움·내놓음·냄·일으킴 2. 불거짐 ※이 말도 무슨 유행처럼 말끝마다 써대고 있는데, 이런 말을 쓴다고 유식해 보이지도 않거니와 말뜻도 분명하게 전달되지 않으므로 말글 의 품위를 생각해서 쓰기를 삼갈 일로 친다. 〔보기〕제기 하다 → 내세우다·일으키다/ 제기되다 → 나오다·불거지 다·일어나다·머리들다·고개들다/ 의문이 제기되고 있다 → 의문(의혹)이 불거지고(일고) 있다·~이 고개를 들고 있 다/ 의혹을 제기하고 있다 → 의혹을 내놓고 있다·의혹을 나 타내고 있다/ 지적도 아울러 제기되고 있다 → 지적도 나오고 있다/ ~ 아니냐는(~ 한다는·~ 이라는)의혹이 제기되고 있 다 → ~ 아니냐는 말이 나돌고 있다·~ 아니냐고 의심스러 워 하고 있다·~ 아닌가고 의심쩍어 하고 있다 ▷ 대두 → 고개듦·머리듦·일어남·불거짐 〔提起〕

제끼다 ※'일을 척척 처리하여 넘기다·해대다'의 뜻. 〔보기〕자장 면을 먹어 제끼다·타작을 해 제끼다·노래를 불러 제끼다· 상대를 씹어 제끼다. 이따금 '제치다·젖히다'를 이 말로 잘못 쓰기도 한다. 〔보기〕남을 제끼고 앞서 나가다 → 남을 제 치고 ~/ 창문을 열어 제끼다 → 창문을 열어 젖히다

제대 탯줄 〔臍帶〕

제도 뭇섬 ▷ 군도 → 떼섬/ 열도 → 줄섬 〔諸島〕

제동 멈춤·억누름·폭줄임 〔보기〕제동하다 → 멈추다·억누 르다/ 제동기 → 멈추개/ 제동자 → 멈추개·폭줄이개/ 제동 장치 → 멈춤장치·멈추개/ 제동불능 → 멈출 수 없음 〔制動〕

제로 영·공·없음 〔보기〕제로 베이스 → 원점기준·영(점)기 준/ 제로섬 → 영점/제로섬 게임 → 죽고살기놀이 〔영 zero〕

제면 국수빼기 〔보기〕제면기 → 국수틀 〔製麵〕

제명 이름지움·이름뺌 〔보기〕제명하다 → 이름빼다 〔除名〕

제물 제사음식 〔祭物〕

제반 여러가지·모든 〔보기〕제반사 → 모든 일·여러(가지) 일 / 제반 정상 → 여러 사정/ 제반조건 → 여러 조건 〔諸般〕

제방	둑　▷ 언제 → 둑　[堤防]
제법	나누기·나눗셈　[除法]
제분	가루내기　[製粉]
제빙	얼음 만들기　〔보기〕제빙하다 → 얼음 만들다/ 제빙공장 → 얼음공장　▷ 제과 → 과자만들기/ 제빵 → 빵만들기/ 제작 → 만들기　[製氷]
제사	실만들기·실뽑기　〔보기〕제사공장 → 실공장　▷ 방적 → 실뽑기·길쌈　[製絲]
제사위	주름위　[第四胃]
제산	나눗셈　▷ 가산 → 더하기·덧셈/ 감산 → 빼기·뺄셈/ 승산 → 곱하기·곱셈　[除算]
제삼위	겹주름위　[第三胃]
제삿상	제사상　▷ 젯상 → 제상　[祭祀床]
제설	눈치우기　〔보기〕제설하다 → 눈치우다/ 제설차 → 눈차 [除雪]
제소	소송(재판)걺·소송제기　〔보기〕제소하다 → 소송걸다 ▷ 승소 → 재판이김/ 패소 → 재판짐　[提訴]
제수	나눗수　▷ 피제수 → 나뉨수　[除數]
제수	제물·제사음식　[祭需]
제스처	몸짓·손짓·눈치　▷ 제스추어·제스쳐 → 제스처　[영 gesture]
제시	내보임　〔보기〕제시하다 → 내보이다/ 대안을 제시하다 → 대안을 내다　▷ 적시 → 집어내보임　[提示]
제씨	아우님　▷ 계씨 → 아우님/ 백씨 → 형님　[弟氏]
제압	누름·억누름·꺾음　〔보기〕제압하다 → 억누르다·이기 다·꺾다　[制壓]
제어	막음·억제함　〔보기〕제어하다 → 막다·억제하다/ 제어 기 → 멈추개　[制御]
제외	빼놓음·제쳐놓음　〔보기〕제외하다 → 빼놓다·제쳐두다 ▷ 배제하다 → 빼놓다·제쳐놓다　[除外]
제위	여러분　▷ 제군 → 여러분(윗사람이 아랫사람들에게)/ 제 공 → 여러분/ 제씨 → 여러분　[諸位]
제육	돼지고기　▷ 돈육 → 돼지고기/ 우육 → 쇠고기·소고기 [〈猪肉]
제의	(의견)냄·던짐　〔보기〕제의하다 → 의견내다/ 영수회담 을 제의하다 → 영수회담을 열자고 하다/ 무조건 회담을 재개 하자고 제의하다 → 조건없이 회담을 다시 열자고 하다　[提議]

제이위	벌집위 〔第二胃〕
제일	제삿날 ▷ 기일 → 제삿날 〔祭日〕
제일	섣달그믐날 ▷ 원단 → 설날·설아침/ 세제·제석·제야 → 섣달그믐밤 〔除日〕
제일보	첫발·첫걸음 ▷ 초보 → 첫걸음 〔第一步〕
제일위	혹양·혹위 ▷ 제사위 → 주름양/ 제삼위 → 겹주름양/ 제이위 → 벌집양/ 반추위 → 되새김양 〔第一胃〕
제작	만듦 〔보기〕 제작하다 → 만들다/ 제작비용 → 만든 비용 〔製作〕
제적	지움·지워버림 〔보기〕 제적하다 → (적을) 빼다·지우다 〔除籍〕
제정	만듦·정함 〔보기〕 제정하다 → 만들다·정하다 〔制定〕
제조	만듦 〔보기〕 제조하다 → 만들다/ 제조원 → 만든곳·만든 데 〔製造〕
제지	말림·막음 〔보기〕 제지하다 → 말리다·막다 ▷ 저지 → 막음·말림 〔制止〕
제창	앞장섬·부르짖음 〔보기〕 제창하다 → 앞장서다·부르짖다 〔提唱〕
제초	김매기·풀매기 〔보기〕 제초하다 → 김매다·풀뽑다/ 제초기 → 김매개/ 제초작업 → 김매기·풀뽑기/ 제초제 → 김매기약 〔除草〕
제출	냄·내놓음 〔보기〕 제출하다 → 내다·내놓다/ 제출서류 → 낼(낸) 문서/ 원서를 접수시키다 → 원서를 제출하다·원서를 내다 ※'제출하다' '내다'로 쓸 말을 '접수하다' '접수시키다'로 우습게 쓰는 일이 잦다. 〔提出〕
제치다	※'거치적거리는 것을 치워없애다, 앞서다, 이기다'의 뜻으로서, '목을 젖히다/ 문을 열어젖히다' 따위로 써야 할 것을 '제치다'로 잘못 쓰는 일이 잦다. 〔보기〕 일본 선수를 제치고 먼저 골인하다/ 상대방을 제치고 우승하다 ※'제끼다'는 '노래를 불러 제끼다, 일을 해 제끼다'처럼 쓰인다.
제하다	1. 덜다 2. 나누다 ▷ 가하다 → 더하다/ 감하다 → 덜다·빼다/ 승하다 → 곱하다/ 가감승제 → 더덜곱난 〔除-〕
제하여	즈음하여·맞아 〔際-〕
제형	사다리꼴 〔梯形〕
제형	말굽모양 〔보기〕 제형자석 → 말굽자석 〔蹄形〕
제휴	손잡음·서로 붙듦 〔보기〕 제휴하다 → 손잡다/ 제휴선·제휴사 → 손잡은 회사 〔提携〕
젯돗	제석 〔祭-〕

젯법	제법·나누기·나눗셈 〔除法〕
젯수	제수·나눗수 〔除數〕
조각	내각짜기 〔보기〕조각하다 → 내각을 짜다 〔組閣〕
조각	물리침 〔보기〕조각하다 → 물리치다/ 조각사유 → 물리칠 사유 〔阻却〕
조간지	아침신문 ▷ 조간신문 → 아침신문/ 석간지 → 저녁신문 〔朝刊紙〕
조감	비춰봄 〔보기〕조감하다 → 비춰보다/ 조감하시와 → 살펴 보시어·굽어살피시와 〔照鑑〕
조감도	내려다본 그림 〔鳥瞰圖〕
조견	쉽게 봄·얼른 봄·한눈에 봄 〔보기〕조견하다 → 얼른 보다/ 조견표 → 얼른보기표 〔早見〕
조곡	모음곡 ▷ 스위트 → 모음곡 〔組曲〕
조그만하다	조그마하다 ※준말은 '조그맣다'. ▷ 자그만하다 → 자그마하다·자그맣다
조기	일찍 일어남 〔보기〕조기청소 → 아침청소·아침 쓰레질/ 조기체조 → 아침 체조 〔早起〕
조기	이른 때·일찍 〔보기〕조기재배 → 올가꾸기 〔早期〕
조깅	달리기 〔보기〕조깅하다 → 달리기하다·뛰다/ 아침 조깅 → 아침 달리기 〔영 jogging〕
조끼	잔 〔보기〕생맥주 한 조끼 → ~ 한 잔 〔일 チョッキ·영 jug〕
조난	재난당함·사고만남 〔보기〕조난하다 → 재난당하다·사 고를 만나다/ 조난당하다 → 어려움에 빠지다·사고를 만나 다 〔遭難〕
조달	댐·대어바침 〔보기〕조달하다 → 대(어)주다 〔調達〕
조당죽	조당수 ※'조당수'가 많이 쓰인다 하여 한자말 계열 '조당 죽'을 버리고 이를 표준말로 삼음.(표준어규정 제21항) 〔- 粥〕
조대	낚시터 ▷ 조어 → 고기낚이 〔釣臺〕
조락	이울어 떨어짐·말라 떨어짐 〔보기〕조락하다 → 시들어 떨 어지다/ 조락의 계절 → 잎지는 철 〔凋落〕
조력	도움·도와줌 〔보기〕조력자 → 조력꾼·돕는이 ▷ 협 력 → 도움·힘합침 〔助力〕
조령	새재 〔鳥嶺〕
조로	일찍 늙음 〔보기〕조로하다 → 일찍 늙다 〔早老〕
조롱	새장 〔鳥籠〕
조류	날짐승·새무리 〔보기〕조류인플루엔자 → 조류독감·새

	독감　[鳥類]
조류	말무리·말붙이　　▷ 갈조류 → 흙빛말/ 녹조류 → 파랑말/ 홍조류 → 붉은말　[藻類]
조름	졸음　　※'아가미의 숨쉬는 기관, 소 염통에 붙은 고기'란 뜻으로는 그대로 쓰임.
조리	가락신·끌신　[일 草履·ぞうり]]
조리다	1. 끓이다　2. → 졸이다　〔보기〕맘을 조리다 → 맘을 졸이다
조리사	숙수　　▷ 요리사·요리인·포재 → 숙수　[調理師(士)]
조립	짜기·짜만들기·맞추기　　〔보기〕조립하다 → 짜맞추다/ 조립식 → 맞춤식/ 조립식 교량 → 맞춤다리/ 조립(식) 주택 → 맞춤집　[組立]
조만간	곧·오래잖아·머잖아　[早晩間]
조명	비춤　〔보기〕조명하다 → 비추다/ 조명등 → 비춤등/ 조명탄 → 빛탄　[照明]
조모	할머니　　▷ 조부 → 할아버지/ 외조모 → 외할머니/ 외조부 → 외할아버지　[祖母]
조무라기	조무래기
조미료	양념·맛난이　[調味料]
조밀	촘촘함·빽빽함　　〔보기〕조밀하다 → 빽빽하다·배다　[稠密]
조바	계산대·경리　[일 帳場]
조반	아침밥　〔보기〕조반석죽 → 겨우 먹고삶　[朝飯]
조부	할아버지　　▷ 조모 → 할머니　[祖父]
조사	토·토씨　[助詞]
조사	낚시꾼　　▷ 엽사 → 사냥꾼　[釣師]
조사	비춤·내쏨　〔보기〕조사하다 → 비추다·내쏘다·비치다/ 조사량 → 비춤양·내쏨양　[照射]
조사료	거친먹이　[粗飼料]
조상	앞당김　[操上]
조생종	올종자·오된 종류·올씨　　▷ 만생종 → 늦종자　[早生種]
조석	미세기·밀물과 썰물　[潮汐]
조선	배만들기·배짓기　〔보기〕조선소 → 배만드는 곳·배공장　[造船]
조성	만들어냄·이뤄냄·이루기　　〔보기〕조성하다 → 만들다·이루어내다/ 비자금 조성 → 비밀돈 만들기　[造成]
조소	비웃음　〔보기〕조소하다 → 비웃다/ 조소적 → 비웃는　[嘲笑]
조속	빠름·빨리·이르고 빠름　　〔보기〕조속하다 → 빠르다/ 조

	속히 → 빨리 · 서둘러 · 일찍 ▷ 조기 → 일찍 [早速]
조숙	일찍 익음 · 올익음 · 올됨 〔보기〕 조숙하다 → 일찍 익다 · 올되다/ 조숙재배 → 일찍 가꾸기 · 올가꾸기/ 조숙종 → 올종 [早熟]
조악	나쁨 · 거칠음 〔보기〕 조악하다 → 거칠다 · 나쁘다 · 흉하다 [粗惡]
조언	도움말 · 말도움 〔보기〕 조언하다 → 도움말을 주다 ▷ 충고 → 허물을 깨우침 [助言]
조업	일하기 · 일 〔보기〕 조업하다 → 일하다/ 조업 중단 → 일손 놓음/ 동중국해상에서 조업하던 우리나라 어선이 → 동중국해에서 고기잡이하던 ~ ▷ 태업 → 일늦추기/ 파업 → 일않기 · 일 그만두기 [操業]
조우	만남 · 부닥침 · 마주침 〔보기〕 조우하다 → 만나다 · 부닥치다 · 마주치다/ 조우가 예상된다 → 만날 것으로 보인다 · 부닥칠 것으로 보인다 [遭遇]
조율	가락고르기 · 다스름 〔보기〕 조율하다 → 고르다 · 맞추다/ 조율사 → 음률 고르는 이 [調律]
조인	도장찍기 · 서명 〔보기〕 조인하다 → 도장 찍다 · 서명하다/ 조인식 → 도장찍기/ 협정 조인 → 협정에 도장찍음 · 협정 맺음 [調印]
조인트	합동 · 이음(매) 〔보기〕 조인트 리사이틀 → 합동 공연/ 조인트를 까다 → 정강이를 차대다 [영 joint]
조작	지어 함 · 만듦 · 꾸밈 〔보기〕 조작하다 → 지어 만들다 · 꾸미다/ 증거 조작 → 증거 지어냄 [造作]
조작	다룸 · 다루기 · 부림 · 움직임 〔보기〕 조작하다 → 다루다 · 부리다 [操作]
조잡	거칠고 잡스러움 · 거칠고 너절함 〔보기〕 조잡하다 → 거칠다 · 너절하다 [粗雜]
조장	북돋움 · 기름 · 부추김 〔보기〕 조장하다 → 북돋우다 · 부추기다/ 반감을 조장하다 → 엇감정을 부추기다 · 노여움을 돋우다 [助長]
조적	(벽돌)쌓기 [組積]
조정	1. 배젓기 2. 뾰족배 [漕艇]
조정	화해시킴 · 화해붙임 · 가다듬음 〔보기〕 조정하다 → 화해시키다 · 화해 붙이다/ 조정자 역할 → 조정자 구실 ▷ 중재 → 화해 붙임 [調停]
조정	알맞추기 · 고르기 · 고루잡기 〔보기〕 조정하다 → 고루잡다 · 맞추다/ 궤도조정 → 길고루잡기 [調整]

조제	약짓기 〔보기〕조제하다 → 약을 짓다/ 조제천칭 → 약저울 〔調劑〕
조조	이른아침 〔早朝〕
조종	다루기 · 부리기 〔보기〕조종하다 → 다루다 · 부리다 〔操縱〕
조준	겨냥 · 가늠 · 맞대보기 〔보기〕조준하다 → 겨냥하다 · 가늠하다 〔照準〕
조직	짜임 · 짬 · 짜인얼개 〔보기〕조직하다 → 짜다 〔組織〕
조찡 · 쪼찡 · 초친	등잡이 〔보기〕조찡기사 → 칭찬기사/ 조찡모(찌)치 → 딸림추/ 가방모치 → 가방잡이 · 수행비서 〔일 提灯〕
조찬	아침식사 〔보기〕조찬회동 → 아침모임(만남) ▷ 오찬회동 → 점심모임/ 만찬회동 → 저녁모임 〔朝餐〕
조추	이른가을 ▷ 만추 → 늦가을/ 중추 → 한가을/ 조춘 → 초봄 〔早秋〕
조추	초가을 〔肇秋〕
조춘	이른봄 〔早春〕
조춘	초봄 〔肇春〕
조크	농담 · 농 〔보기〕조크하다 → 농담하다 · 농하다 ▷ 조우크 → 조크 〔영 joke〕
조타	키잡기 · 키잡이 〔보기〕조타실 → 키잡이칸/ 조타수 → 키잡이 〔操舵〕
조탁	1. 새김 · 쫌 2. 다듬음 〔보기〕조탁하다 → 새기다 · 쪼다 · 다듬다/ 언어를 조탁하다 → 말을 다듬다 〔彫琢〕
조판	판짜기 〔보기〕조판하다 → 판을 짜다 〔組版〕
조하	이른여름 〔早夏〕
조하	초여름 〔肇夏〕
조합	어우름 · 묶음 · 섞음 〔보기〕조합하다 → 어우르다 · 묶다 · 섞다 〔組合〕
조합	맞춰섞기 〔보기〕조합하다 → 맞춰섞다/ 조합비료 → 섞은거름 〔調合〕
조혼	이른 혼인 〔보기〕조혼하다 → 일찍 혼인하다 ▷ 만혼 → 늦은 혼인 〔早婚〕
조화	만든꽃 ▷ 생화 → 생꽃 · 산꽃/ 건화 → 마른꽃 · 말린꽃 〔造花〕
조화	어울림 · 고름 〔보기〕조화하다 → 어울리다 · 고르다/ 조화되다 → 조화하다/ 조화롭다 → 어울리다 · 고르다/ 조화를 이루다 → 서로 어울리다/ 모음조화 → 홀소리어울림 〔調和〕

조회	물어봄 · 알아봄　〔보기〕조회하다 → 물어보다 · 알아보다/ 신원조회 → 신분알아보기/ 조회 결과 → 알아본 결과　[照會]
족	발 · 켤레　[足]
족적	발자취 · 발자국　[足跡]
족집개 · 쪽집게	족집게
족하다	넉넉하다 · 만족하다　[足 –]
존	지대 · 지역 · 얼안　[영 zone]
존 디펜스	지역방어 · 지역막기　※농구 말.　▷ 맨투맨 디펜스 → 대인방어 · 사람막기/올코트프레스 → 전면압박수비　[영 zone defence]
존속	그대로 있음 · 이어감　〔보기〕존속하다 → 그대로 있다/ 존속시키다 → 살려두다 · 있게 하다 · 그대로 두다 · 그냥 두다/ 관심 대상에 한국을 존속시킴으로써 개방 공세의 고삐를 늦추지 않을 것 → 한국을 관심 대상에 그대로 둠으로써 ~　▷ 지속 → 견딤 · 이어감　[存續]
존속	손위(항렬)　▷ 비속 → 손아래/ 존비속 → 위아래 가족　[尊屬]
존장	웃어른　[尊長 · 尊丈]
존재	1. 있음　2. 품위 또는 처지　〔보기〕존재하다 → 있다/ 존재감 → 있는 느낌　[存在]
존치	두어둠 · 그대로 둠　〔보기〕존치하다 → 그대로 두다/ 존치시키다 → 존치하다 · 그대로 두다　[存置]
졸년	죽은해　▷ 몰년 → 죽은해/ 생년 → 난해　[卒年]
졸도	갑작쓰러짐 · 까무러침　〔보기〕졸도하다 → 까무러치다 · 기절하다　[卒倒]
졸문	서툰글 · 못지은 글 · 제글　[拙文]
졸부	벼락부자　[猝富]
졸속	설빠름 · 날림 · 서두름　〔보기〕졸속하다 → 설빠르다 · 날리다/ 졸속으로 → 날림으로　[拙速]
졸연히	갑작스레 · 느닷없이　[猝然 – · 卒然 –]
졸전	어릿싸움 · 못싸움　▷ 선전 → 잘싸움　[拙戰]
졸지에	별안간 · 갑자기 · 느닷없이　[猝地 –]
좀나무	떨기나무　▷ 관목 → 떨기나무　※표준어모음.
좀체로	좀처럼 · 좀체
좀해 · 좀해선	좀처럼 · 좀체
종	세로　〔보기〕종횡 → 가로세로/ 종횡으로 → 마구　▷ 횡 → 가로　[縱]

ㅈ

종강	강의 마침·강의끝 〔보기〕종강하다 → 강의를 마치다 ▷ 휴강 → 강의 쉼 〔終講〕
종결	끝냄·끝막음·마무름 〔보기〕종결하다→끝내다/ 종결되다 → 끝나다/ 종결짓다 → 끝내다 ▷ 미결 → 못끝냄/ 처결 → 처리 〔終結〕
종골	발꿈치뼈·뒤축뼈 〔踵骨〕
종국	끝장·끝판 〔終局〕
종내	끝내·마침내 〔終乃〕
종단면	세로자름면 〔縱斷面〕
종돈	씨돼지 〔種豚〕
종래	이제까지·지금까지 〔보기〕종래로 → 예로부터 〔從來〕
종료	마감·마침·끝남·끝냄 〔보기〕종료하다→마치다·끝내다/ 종료되다 → 끝나다 〔終了〕
종말	끝장·끝판·맨끝 〔終末〕
종모(축)	씨수컷 〔보기〕종모돈 → 씨수돼지/ 종모마 → 씨수말/ 종모우→씨수소 ▷ 종돈→씨돼지/ 종우→씨받이소 〔種牡(畜)〕
종반	끝판·막판 〔보기〕종반에 접어들다→끝판(막판)에 접어들다/ 종반전 → 끝판싸움·막판싸움 〔終盤〕
종복	심부름꾼·사내종 〔從僕〕
종빈	씨암컷 〔보기〕종빈돈 → 씨암돼지/ 종빈마 → 씨암말/ 종빈우 → 씨암소/ 종빈양 → 씨암양 〔種牝(畜)〕
종사	1. 일삼아 함·일함 2. 좇아 섬김 〔보기〕종사하다 → 일삼아 하다·일하다 〔從事〕
종서	내리쓰기·세로쓰기·내리글씨 〔보기〕종서하다 → 내리쓰다 ▷ 횡서 → 가로쓰기·가로글씨 〔縱書〕
종성	받침·끝소리 ▷ 중성 → 홀소리·가운뎃소리/ 초성 → 첫소리 〔終聲〕
종식	가라앉음·끝남 〔보기〕종식하다 → 1. 가라앉다·끝나다·없어지다 2. 끝내다·가라앉히다/ 정쟁을 종식하고 → 정치싸움을 끝내고/ 종식시키다 → 끝내다 ▷ 종결 → 끝냄 〔終熄〕
종양	혹·물혹 〔腫瘍〕
종언	끝남·끝장남 〔보기〕종언하다 → 끝나다·끝장나다/ 종언을 고하다 → 끝장나다·끝남을 알리다 〔終焉〕
종업원	일하는 이·일꾼 〔從業員〕
종용	권함·시킴·부추김·꼬드김 〔보기〕종용하다 → 권하다·시키다·부추기다 〔慫慂〕

종우	씨받이소 [種牛]
종유석	돌고드름 [鐘乳石]
종자	씨앗·씨 〔보기〕종자경신 → 씨앗바꾸기/ 종자교환 → 씨(앗)바꿈/ 종자배양 → 씨기르기·씨가꾸기/ 종자선별 → 씨앗고르기/ 종자전염 → 씨앗옮음·씨앗전염 [種子]
종자돈	종잣돈 [種子 -]
종잠	씨누에 [種蠶]
종적	발자취·행방 〔보기〕종적조사 → 행방살핌·간데 살핌/ 종적을 감추다 → 사라지다·자취를 감추다 [蹤跡]
종전	싸움끝남·전쟁끝냄 〔보기〕종전하다 → 싸움이 끝나다· 전쟁을 끝내다 ▷ 개전하다 → 싸움을 시작하다 [終戰]
종제	사촌아우 [從弟]
종조	세로짜기·세로조판 ▷ 횡조 → 가로짜기·가로조판 [縱組]
종종	1. 여러가지·갖가지 2. 가끔·이따금 [種種]
종지	마침·끝남 〔보기〕종지하다 → 마치다·그치다·끝나다/ 종지법 → 마침법/ 종지부(표) → 마침표/ 종지부를 찍다 → 끝장나다·끝장내다·끝맺다·마치다 ▷ 종결 → 끝냄 [終止]
종착	끝닿음 〔보기〕종착역 → 끝역·끝정거장/ 종착지 → 끝닿는데·끝간데 [終着驛]
종축	세로대·세로축 ▷ 횡축 → 가로대·가로축 [縱軸]
종파	세로결 ▷ 횡파 → 가로결 [縱波]
종형	사촌형 ▷ 종제 → 사촌아우/ 재종형 → 육촌형/ 재종 → 육촌 [從兄]
좋치·좋타	좋지·좋다
좌	왼쪽 〔보기〕좌로 → 왼쪽으로/ 좌우 → 양쪽·왼쪽오른쪽 ▷ 우 → 오른쪽 [左]
좌고	앉은키 ▷ 입고 → 선키/ 흉고 → 가슴높이/ 안고 → 눈높이 [坐高]
좌골	앉음뼈·궁둥뼈·엉덩뼈 〔보기〕좌골신경 → 앉음뼈신경· 엉덩뼈신경 [座骨]
좌대	밑받침 [座臺]
좌방	왼편·왼쪽 ▷ 우방 → 오른편·오른쪽 [左方]
좌변	왼쪽·왼편 ▷ 우변 → 오른쪽·오른편 [左邊]
좌상	멍 [挫傷]
좌석	자리 〔보기〕좌석번호 → 자리번호/ 좌석표(권) → 자리표

	/ 뒷좌석 → 뒷자리/ 앞좌석 → 앞자리/ 좌석벨트 → 안전띠 ▷ 시트 → 자리/ 시트벨트 → 안전띠 ［座席］
좌선	왼돌이 ▷ 우선 → 오른돌이 ［左旋］
좌시	앉아봄 · 보고만 있음 · 내버려둠 〔보기〕 좌시하다 → 내버려두다 · 보고만 있다/ 좌시하지 않겠다 → 내버려두지 않겠다 · 그냥두지 않겠다 ［坐視］
좌심방	왼염통방 ▷ 우심방 → 오른염통방/ 좌심실 → 왼염통집 ［左心房］
좌우	1. 오른쪽과 왼쪽 2. 휘두름 〔보기〕 좌우하다 → 쥐고 휘두르다 ［左右］
좌우간	어쨌든 · 이러나 저러나 · 이렇든 저렇든 ［左右間］
좌절	꺾임 〔보기〕 좌절하다 → 꺾이다 · 실패하다/ 좌절감 → 꺾인느낌 ［挫折］
좌정	앉음 〔보기〕 좌정하다 → 앉다 ［坐定］
좌중	모인자리 ［座中］
좌지우지	맘대로 · 쥐락펴락 〔보기〕 좌지우지하다 → 쥐락펴락하다 · 휘두르다 ［左之右之］
좌창	앉은소리 ▷ 입창 → 선소리 ※국악 말. ［座唱］
좌창	상처 · 멍 ［挫創］
좌초	암초에 걸림 · 곤란에 빠짐 · 주저앉음 〔보기〕 좌초하다 → 암초에 걸리다 · 주저앉다 · 얹히다 ▷ 각암 · 각좌 → 암초에 걸림/ 이초 → 다시 뜸 ［坐礁］
좌측	왼쪽 〔보기〕 좌측통행 → 왼쪽다니기 ▷ 우측 → 오른쪽 ［左側］
좌표	자리표 〔보기〕 좌표축 → 자리표축 ［座標］
좌회전	왼돌이 〔보기〕 좌회전하다 → 왼쪽으로 돌다 ▷ 우회전 → 오른돌이 ［左回轉］
죄악시	죄로 여김 · 죄로 봄 〔보기〕 죄악시하다 → 죄로 여기다 ［罪惡視］
주	1. 그루 · 포기 2. 주식 〔보기〕 한 주 두 주 → 한그루 두그루/ 주가 → 줏값 · 주식값 ［株］
주가	줏값 · 주식값 〔보기〕 주가 상승 → 줏값 오름/ 주가가 떨어지다 → 줏값이 떨어지다 · 값이 내리다 ［株價］
주간	낮동안 · 낮 〔보기〕 주간근무 → 낮일 · 낮근무 ▷ 야간 → 밤/ 야근 → 밤일 ［晝間］
주객	임자와 손님 〔보기〕 주객이 전도되다 → 임자와 손님이 바뀌다 · 거꾸로 되다 ［主客］
주객	술꾼 ［酒客］

주관	맡아봄 · 맡아함　〔보기〕주관하다 → 맡아보다 · 맡아 하다　▷ 주최 → 차림 · 주장/ 주재 → 맡아다스림 · 주장함　[主管]
주관	제생각 · 제보기　▷ 객관 → 남보기 · 먼보기　[主觀]
주구	앞잡이 · (사냥)개　[走狗]
주군	임금　[主君]
주기	술기운 · 술기　〔보기〕주기에 승하여 → 술김에 · 술기운을 빌려　[酒氣]
주낚	주낙　〔보기〕주낙질 · 주낙배/ 연승 → 주낙　※원래 '줄 + 낚시'이던 것으로 보나 '줄낚시'는 사투리로 취급함.
주니어	연소자 · 청소년 · 중급자　▷ 시니어 → 윗사람 · 선배 · 상급자　[영 junior]
주당	술꾼 · 술패　[酒黨]
주도면밀하다	빈틈없다 · 꼼꼼하다　▷ 용의주도하다 → 꼼꼼하다 · 빈틈없다 · 생각이 찬찬하다　[周到綿密 -]
주도적 역할을 한	주도한 · 주된 구실을 한
주둔	머물러 있음 · 진치고 있음　〔보기〕주둔하다 → 머무르다 · 진치다　[駐屯]
주력	달리는 힘 · 뛰는 힘 · 달림심　〔보기〕주력이 뛰어나다 → 달림심이 ~　[走力]
주력	힘쏟음 · 힘들임 · 힘기울임　〔보기〕주력하다 → 힘쏟다 · 힘을 기울이다　▷ 경주 → 기울임 · 다함 · 쏟음　[注力]
주류	술 · 술붙이　[酒類]
주리	거스름돈 · 잔돈　[일〈釣(り)錢]
주리	배심원　[영 jury]
주막	술집　[酒幕]
주목	지켜봄 · 눈길쏟음 · 눈둠　〔보기〕주목하다 → 지켜보다 · 관심두다/ 주목되다 → 눈길이 쏠리다 · 눈길이 가닿다 · 눈길 끌다/ 귀추가 주목된다 → 되어감이 눈길을 끈다 · 어찌될지 궁금하다/ 주목을 끌다 → 눈길을 끌다　▷ 관심 → 마음 · 끌리는 마음　[注目]
주문	맞춤 · 부탁 · 해달라기　〔보기〕주문하다 → 맞추다 · 부탁하다 · 해달라다/ 주문배수 → 맞춤받음/ 주문복 → 맞춤옷/ 주문자상표부착방식 → 주문자상표붙이기　▷ 수주 → 주문받음 · 맞춤받음　[注文]
주방	부엌　〔보기〕주방도구 → 부엌세간/ 주방장 → 숙수장　[廚房]
주벽	술버릇　〔보기〕음주벽 → 술버릇　[酒癖]

주변	둘레 〔보기〕주변을 정리하다 → 둘레를 간추리다 ▷ 주위 → 둘레 〔周邊〕
주사	명주실 〔紬絲〕
주사니·주사니것	명주붙이·명주옷
주산	수판셈 〔珠算〕
주상	기둥꼴·기둥모양 〔보기〕주상절리 → 기둥결·기둥꼴틈결/ 주상구조 → 기둥꼴얼개 〔柱狀〕
주석	놋쇠 〔朱錫〕
주석	술자리 〔酒席〕
주석	풀이 〔註釋〕
주선	뒤스름·두름(도름)·둘러줌·대줌 〔보기〕주선하다 → 둘러주다·돌라주다·대주다·붙여주다 ▷ 알선 → 도름·구름·붙여줌 〔周旋〕
주스	즙·과일즙·과일물 〔보기〕과일주스 → 과일물/ 사과주스 → 사과물 ▷ 쥬스 → 주스·즙 〔영 juice〕
주시	눈여겨봄·쏘아봄·지켜봄 〔보기〕주시하다 → 눈여겨보다·쏘아보다·지켜보다 〔注視〕
주식	점심밥 ▷ 야식 → 밤참 〔晝食〕
주안	술상 〔보기〕주안상 → 술상 〔酒案〕
주야	밤낮·낮밤 〔晝夜〕
주연	술잔치 〔酒宴〕
주연	술자리 〔酒筵〕
주위	둘레 〔周圍〕
주은 돈	주운 돈
주익	으뜸날개 ▷ 후익 → 뒷날개 〔主翼〕
주입	부어넣기·쏟아넣음 〔보기〕주입하다 → 부어넣다·쏟아넣다/ 주입식 교육 → 부어넣기 교육·쏟아넣기 교육 ▷ 주사 → 내어쏨·찔러넣음 〔注入〕
주재	맡아 다스림·맡아 주장함 〔보기〕주재하다 → 맡아 다스리다·맡아서 하다 ▷ 주관 → 맡아봄·맡아함/ 주최 → 차림·주장 〔主宰〕
주재	머물러 있음·가 있음 〔보기〕주재하다 → 머물러 있다·가 있다/ 주재국 → 머물러 있는 나라·가 있는 나라 〔駐在〕
주저	망설임·머뭇거림 〔보기〕주저하다 → 망설이다·머뭇거리다 〔躊躇〕
주점	술집·주막 〔酒店〕
주조	술빚기·술빚음 〔보기〕주조하다 → 술빚다/ 주조장 → 술도가 ▷ 양조 → 술 빚음/ 양조장·양주장 → 술도가 〔酒

	造]
주지	다 앎·널리 앎·두루 앎　　〔보기〕주지의 사실 → 다 아는 사실/ 주지시키다 → 두루 알리다·널리 알리다　　▷ 숙지 → 익히 앎/ 양지 → 살핌·그리앎·이해함　〔周知〕
주차	차 둠·차 세움　　〔보기〕주차하다 → 차 세우다·차 두다/ 주차금지 → 차 못 둠·차 못 세움/ 주차장 → 차댈곳·차둘곳　　▷ 정차 → 차 세움　〔駐車〕
주차시키다	1. → 주차하다·차 대놓다 2. 주차하게 하다　　〔보기〕집앞에주차시킨 승용차 바퀴에 구멍이 뚫리다 → 집앞에 세워둔 (주차한) ~
주착	주책　　〔보기〕주착망나니 → 주책망나니/ 주착바가지 → 주책바가지/ 주착없다 → 주책없다　　▷ 주책이다 → 주책없다
주창	부르짖음·세워말함　　〔보기〕주창하다 → 부르짖다·세워말하다/ 주창자 → 앞선자·부르짖은 이　　▷ 주도자·주동자 → 주장한 이　〔主唱〕
주철	무쇠　〔鑄鐵〕
주체	술탈·술체증　〔酒滯〕
주초	주추·주춧돌　〔柱礎〕
주최	차림·주장　　〔보기〕주최하다 → 차리다·주장하다/ 공동주최 → 함께 차림·함께 벌임　　▷ 주관 → 맡아함　〔主催〕
주파	달려냄·달림·끊음　　〔보기〕주파하다 → 달려내다·달리다/ 백미터를 10초대에 주파하다 → 백미터를 10초대에 달려내다(끊다)　〔走破〕
주행	달리기·뜀　　〔보기〕주행거리 → 달리는(달린) 거리/ 주행료 → 길삯　〔走行〕
주형	골·거푸집·자모골　〔鑄型〕
주화	쇠돈·동전　〔鑄貨〕
주효	보람있음·보람남·성금남　　〔보기〕주효하다 → 보람 나타나다·맞아떨어지다·성금나다　〔奏效〕
죽더기	죽데기
죽도	대칼　〔竹刀〕
죽렴	대발　　▷ 주렴 → 구슬발　〔竹簾〕
죽림	대숲·대밭　〔竹林〕
죽봉	대막대기　〔竹棒〕
죽비	대빗　〔竹篦〕
죽살	죽살이　　※본말이 더 널리 쓰이고 있다 하여 이를 표준말로

ㅈ

삼음.(표준어규정 제15항) 낌 → 낌새/ 모 → 모이/ 부럼 →
부스럼/ 일다 → 일구다/ 경없다 → 경황없다 따위.

죽선	대부채 [竹扇]
죽은깨	주근깨
죽장	대지팡이 [竹丈]
준거	근거삼음·따름 [準據]

준공   일손떼기·낙성 〔보기〕준공하다 → 일손떼다·공사 마치
다/ 준공식 → 낙성식 ▷ 시공 → 공사하기 [竣工]

준동   들먹거림·움직거림·꿈틀거림 〔보기〕준동하다 → 들먹거
리다·꿈틀거리다·날뛰다 [蠢動]

준령	큰재·높은 고개 [峻嶺]

준법   법지킴·법따름 〔보기〕준법투쟁 → 법지켜 싸움 [遵
法]

준설   물밑치기·파내기·바닥치기 〔보기〕준설하다 → 물밑치
다·바닥 쳐내다 [浚渫]

준수   지킴 〔보기〕준수하다 → 지키다/ 헌법을 준수하고 → 헌
법을 지키고 [遵守]

준열하다   호되다 〔보기〕준열히 꾸짖다 → 호되게 꾸짖다 [峻烈 -]

준용   좇아씀·따라씀 〔보기〕준용하다 → 좇아쓰다·따라쓰다
[遵用]

준족   날랜발·발빠른 이 〔보기〕준족을 자랑하다 → 잘 달리다
[駿足]

준하다   따르다·좇다 〔보기〕준하여 → 따라·좇아 [準 -]

줄곳	줄곧
줏어	주워 ※'줍다'는 'ㅂ불규칙 동사'임.
중개인	거간(꾼)·주릅 [仲介人]

중과세   된세금 매김·무겁게 매김 〔보기〕중과세하다 → 세금을 무
겁게 매기다·세금을 많이 매기다 [重課稅]

중과실	큰잘못 [重過失]

중기   무건기계·큰기계 ▷ 중장비 → 큰기계·무건기계 [重
機]

중노동	힘든 일·힘든 노동 [重勞動]

중단   중간 끊음·끊어짐·토막남 〔보기〕중단하다 → 끊다·끊
어지다·그만두다/ 중단없는 전진 → 끊임없는 전진·잇대나
아감 [中斷]

중량   무게 〔보기〕중량감 → 무건느낌 [重量]

중력분   밀가루 ▷ 강력분 → 차진 밀가루/ 박력분 → 메진 밀가루
[中力粉]

중매장이	중매쟁이
중모음	겹홀소리 ▷ 이중모음·복모음 → 겹홀소리 [重母音]
중병	큰병·중한 병 [重病]
중복	거듭·겹침 〔보기〕중복하다 → 거듭하다·겹치다/ 중복점 → 겹친점/ 중복투자 → 겹친투자 [重複]
중상	헐뜯기·누명씌우기·몰아잡기 〔보기〕중상하다 → 헐뜯다·누명씌우다/ 중상모략 → 헐뜯고 꾀씀 [中傷]
중상	크게 다침·많이 다침 〔보기〕중상을 입다 → 크게 다치다 [重傷]
중성	홀소리 [中聲]
중시	무겁게 봄·중히 여김 〔보기〕중시하다 → 중히 여기다·무겁게 보다 [重視]
중식	점심 [中食]
중심	무게중심·무게복판 [重心]
중언부언	여러말 〔보기〕중언부언하다 → 여러말 하다 [重言復言]
중역	다시 옮김 〔보기〕중역하다 → 다시 옮기다·이중 번역하다 [重譯]
중엽	1. 가운뎃잎 2. 중기 [中葉]
중용	무겁게 씀·높이 씀 〔보기〕중용하다 → 높이 쓰다 [重用]
중이	가운뎃귀 ▷ 내이 → 안귀·속귀/ 외이 → 겉귀·바깥귀 [中耳]
중이염	귀(귀청)앓이 [中耳炎]
중인	뭇사람 〔보기〕중인 환시리에 → 뭇사람이 보는 속에 [衆人]
중임	1. 무건 소임 2. 거듭 맡음 〔보기〕중임하다 → 거듭 맡다/ 중임을 맡다 → 무건 소임을 맡다 [重任]
중자음	겹닿소리 ▷ 복자음 → 겹닿소리 [重子音]
중장비	큰기계·무건기계 ▷ 중기 → 큰기계·무건기계 [重裝備]
중재	화해시킴·화의붙임 〔보기〕중재하다 → 화해시키다 [仲裁]
중절	중간 끊음 〔보기〕중절하다 → 끊다/ 임신중절 → 애지움 [中絶]
중증	중한 증세·무건 증세 [重症]
중지	그침·멈춤·하다맒·그쳐! 〔보기〕중지하다 → 그치다·멈추다·하다 말다 ▷ 중단 → 멈춤·하다맒 [中止]
중지	가운뎃손가락 [中指]
중지	뭇지혜·뭇슬기·뭇꾀 [衆智]

중창	다시 이룩함 · 고쳐짓기 〔보기〕 중창하다 → 고쳐 짓다 · 다시 짓다 ▷ 중건 → 고쳐세움 [重刱]
중책	무건 책임 [重責]
중첩	거듭 · 겹침 · 포개기 〔보기〕 중첩하다 → 겹치다 · 포개다/ 중첩되다 → 겹쳐지다 · 포개지다 [重疊]
중추	줏대 〔보기〕 중추부 → 중심부/ 중추신경 → 신경줏대 [中樞]
중추위	겹주름위 · 겹주름양 ▷ 제삼위 → 겹주름양 [重皺胃]
중층	가운데층 ▷ 상층 → 위층/ 하층 → 아래층 · 밑층 [中層]
중형	중한 형벌 · 무거운 형벌 [重刑]
중혼	거듭혼인 [重婚]
중환	큰병환 [重患]
쥬라기	쥐라기 [프 Jura + 紀]
쥬오대	주오대 · 중앙대 [일 中央大]
쥰(준)세이	순제품 · 신품 [일 純正 · じゅんせい]
즈봉(쓰봉)	바지 [일 ズボン · 프 jupon]
즉	곧 · 바로 · 다시 말해 ▷ ㄴ즉 · -ㄴ즉 · ㄴ즉슨 · -즉슨 [卽]
즉각	곧 · 바로 [卽刻]
즉석	그자리 · 앉은자리 · 당장 [卽席]
즉시	곧 · 바로 · 이내 [卽時]
즉흥	그자리 생각 · 내킨맘 · 기분 〔보기〕 즉흥적으로 → 내키는 대로 · 기분대로 [卽興]
즐거히	즐거이
즐문토기	빗살무늬토기 [櫛文土器]
증가	늘어남 · 늚 · 많아짐 · 불음 〔보기〕 증가하다 → 늘어나다 · 늘다 · 붇다 [增加]
증강	더 세게 함 · 더 많게 함 〔보기〕 증강하다 → 더 늘리다 · 더 세게 하다/ 증강시키다 → 증강하다 [增強]
증기	김 〔보기〕 증기건조 → 쪄말림 [蒸氣]
증대	늘어남 · 커짐 〔보기〕 증대하다 → 늘어나다 · 커지다 [增大]
증명	밝힘 〔보기〕 증명하다 → 밝히다/ 증명서 → 밝힘글 [證明]
증병	시루떡 [甑餠]
증산	더내기 〔보기〕 증산하다 → 더 내다 · 더 만들어내다 · 더 생산해 내다 [增産]
증식	불음 · 불림 〔보기〕 증식하다 → 붇다 · 불어나다 · 불리다/

	재산증식 → 재산불리기 ▷ 재테크 → 재산불리기·돈굴리기 [增殖]
증액	액수 늘림 〔보기〕증액하다 → 액수 늘리다 [增額]
증여	드림·줌 〔보기〕증여하다 → 주다 [贈與]
증오	미워함 〔보기〕증오하다 → 미워하다/ 증오감 → 미운 감정 [憎惡]
증원	사람 늘림 〔보기〕증원하다 → 사람 늘리다 ▷ 감원 → 사람 줄임 [增員]
증자	밑천 늘림·자본 늘림 〔보기〕증자하다 → 자본 늘리다 [增資]
증정	드림 〔보기〕증정하다 → 드리다·올리다 [贈呈]
증좌	증거 [證左]
증축	늘려지음·더 지음 〔보기〕증축하다 → 늘려짓다 [增築]
증파	더 보냄 〔보기〕증파하다 → 더 보내다·늘려 파견하다 [增派]
지가	땅값 [地價]
지가	종잇값 [紙價]
지각	땅껍질 [地殼]
지개	지게
지겟군	지게꾼
지경풍	실바람 ※풍속 0.3~1.5m, 등급 1. [至輕風]
지고	땅덩어리 [地塊]
지구의	지구본·땅덩이본 [地球儀]
지구전	오래 끄는 싸움·버티기 [持久戰]
지급	치러줌·내줌 〔보기〕지급하다 → 치러주다·내주다/ 지급거절 → 치르기 거절 ▷ 지불 → 지급·내줌·치름 [支給]
지급(지불)받다	받다 〔보기〕수맷값 인상분은 추후에 지급받을 수 있습니다 → ~ 나중에 받을 수 있습니다 ▷ 접수하다 → 받다·받아들이다/ 접수받다 → 받다/ 접수시키다 → 내다 [支給(支拂)-]
지기	땅기운·땅김 [地氣]
지기	알아주는 이·친한 벗 [知己]
(~에) 지나지 않는다	~일 뿐이다·~과 같다
지난하다	아주(매우) 어렵다 [至難-]
지다	'-아, -어' 아래 쓰이어 어떤 동작이나 상태로 되어감을 나나태는데, 높아지다·넘어지다·붉어지다·엎어지다·커지

다 따위로 쓰인다. 그러나 이중 입음꼴을 만드는 말 뒤에 마구 붙여쓰는 것은 우습다.　〔보기〕보여지다 → 보이다/ 생각되어지다 → 생각되다/ 보아지다 → 보이다　※ '- 어(아)지다'로 가보시오.

지당하다	옳다·마땅하다·당연하다　[至當-]
지대	땅세·땅값　[地代]
지대	(땅)도지　[地貸]
지대	신문값·종잇값　[紙代]
지대하다	썩 크다·아주(매우) 크다　[至大-]
지도받다	배우다　▷ 지도하다 → 가르치다　[指導-]
지득	알게 됨·앎　〔보기〕지득하다 → 알게 되다　[知得]
지라시(찌라시)	전단·광고지·선전지·낱장광고　[일 散し·ちらし]
지력	땅힘·땅심　〔보기〕지력을 증진하다 → 땅심을 돋우다·땅을 기름지게 하다　▷ 수력 → 물힘/ 풍력 → 바람힘/ 조력 → 미세기힘　[地力]
지론	지닌 주장·늘주장　[持論]
지류	곁줄기·갈래·가지흐름　[支流]
지리	백숙·싱건탕　〔보기〕복지리 → 복국·복싱건탕·복백숙　[일 ちり·しる(汁)]
지리하다	지루하다　※한자말밑을 버리고 변한 꼴을 표준말로 삼음.(표준어규정 제11항) 주착 → 주책 따위.
지마	참깨·깨　〔보기〕지마강정 → 깨강정/ 지마냉탕 → 깻국/ 지마유 → 참기름/ 지마죽 → 참깨죽　[芝麻]
-지만서도	-지만　※ '-지만'이 많이 쓰인다 하여 이를 표준말로 삼음.(표준어규정 제25항) 하지만서도 → 하지만/ 있겠지만서도 → 있겠지만 따위.
지맥	가지맥·줄기맥·갈래맥·잔줄기　[支脈]
지면	땅바닥　[地面]
지명	고장 이름·땅이름　[地名]
지모	슬기와 꾀　[智謀]
지목	가리킴　〔보기〕지목하다 → 가리키다　▷ 지적 → 집어냄·잡아냄·가리킴　[指目]
지문	바탕글　[地文]
지문	손가락무늬　[指紋]
지물	종이·종이붙이　〔보기〕지물포 → 종이가게　[紙物]
지반	터전·밑바탕·땅바닥　[地盤]
지방	굳기름　〔보기〕지방구 → (군)기름돌/ 지방산 → 군기름산/ 지방선 → 군기름샘　[脂肪]

ㅈ

지배	부림 · 거느림 · 휘두름 · 다스림 〔보기〕 지배하다 → 부리다 · 거느리다 · 다스리다/ 지배적 → 센(것) · 부리는 (것)/ 지배적이다 → 많다 · 세다 · 우세하다/ ~ 될 것이란 관측이 지배적이다 → ~ 될 것이란 헤아림이 많다(우세하다) · 많은 이가 ~ 될 것이라고 본다 〔支配〕
지병	지닌병 · 오랜병 〔持病〕
지분	몫 〔일 持分 · もちぶん〕
지불	치름 · 내줌 · 치러줌 〔보기〕 지불하다 → 지급하다 · 치르다 · 주다/ 지불기일 → 치를 날짜/ 지불 능력 → 치를힘/ 지불액 → 치름돈/ 지불 영달 → 치름 알림/ 지불 유예 → 치름 미룸/ 지불조건 → 치를 조건 ▷ 직불 → 바로치름 · 바로줌 〔支拂〕
지사제	설사멎이약 · 설사약 〔止瀉劑〕
지상경	땅윗줄기 ▷ 지중경 → 땅속줄기 〔地上莖〕
지석	고인돌 · 굄돌 ▷ 입석 → 선돌 〔支石〕
지석	숫돌 〔砥石〕
지선	가짓(갈랫)길 · 가짓(갈랫)줄 ▷ 간선 → 원줄 · 줄깃줄 〔支線〕
지선	기름샘 〔脂腺〕
지속	견딤 · 이어감 〔보기〕 지속하다 → 이어가다 · 이어지다/ 지속력 → 이어갈 힘 · 견딜심/ 지속세 → 이어감세 · 견딤세/ 지속적으로 → 꾸준히 · 끊임없이 ▷ 단속 → 끊어졌다 이어졌다 · 끊이어짐 〔持續〕
지시	가리킴 · 가리켜보임 · 시킴 〔보기〕 지시하다 → 가리키다 · 시키다/ 지시관형사 → 가리킴매김씨/ 지시대명사 → 가리킴대이름씨/ 지시형용사 → 가리킴그림씨 〔指示〕
지심	땅속 〔地心〕
지양	중지 · 금지 · 하지 않음 · 중지함 ※실제 뜻은 철학에서 '두 개의 모순개념이 서로 관련하여 한층 높은 개념으로 조화 · 통일시키고자 하는 작용'을 말하는데, 자주 위의 뜻으로 잘못 쓰고 있다. 〔보기〕 돈 드는 외교는 지양했다 → 돈 드는 외교는 하지 않았다/ 낭비적인 휴가는 지양하고 → 마구 써대는 휴가는 그만두고 · 돈 자랑하는 휴가는 그만두고/ 추경예산 편성을 지양하고 → ~ 편성은 하지 말고/ 중복된 확인감사를 지양하고 → 중복된 확인감사를 하지 말고/ 과잉 주차단속 지양 → 지나친 주차단속 중지 · ~ 안하기 〔止揚〕
지어땡 · 짓고땡이	짓고땡 ※'짓고땡'이 많이 쓰인다 하여 이를 표준말로 삼음.(표준어규정 제25항)

지역	〔보기〕지역주의 → 고을주의·내고장주의/ 지역이기주의 → 제고을주의·내고장주의/ 지역할거주의 →제고을버티기/ 지역감정 → 제곳감정　▷ 님비현상 → 내치기·제고을주의/ 핌피현상 → 끌어오기·제고을주의 [地域]
지연	미룸·늦추어짐　〔보기〕지연시키다 → 더디 끌다·늦추다·미뤄나가다　▷ 지체 → 늦어짐/ 지체시키다 → 늦추다 [遲延]
지열	땅속열·땅바닥열 [地熱]
지엽	곁가지　〔보기〕지엽적 → 자질구레한 [枝葉]
지온	땅온도 [地溫]
지원	뒷받침·편듦·거듦　〔보기〕지원하다 → 뒷받침하다·편들다·대주다 [支援]
지위	자리　〔보기〕지위 고하를 막론하고 → 누구든지 [地位]
지인	아는이·아는 사람·사람 알아봄 [知人]
지입	갖고들옴·갖고들기　〔보기〕지입하다 → 갖고 들어오다/ 지입제 → 몫들기 [일 持入·もちこみ]
지자제	지방자치제 [地自制]
지자체	지방자치단체　〔보기〕지자체 선거 → 지방선거 [地自體]
지장	거침·거침새·거리낌　〔보기〕지장을 가져오다 → 거치적거리다 [支障]
지장	손도장 [指章]
지저기다	지저귀다
지적	집어냄·모집음·잡아냄·가리킴　〔보기〕지적하다 → 모집다·집어내다·가리키다·말하다/ 지적사항 → 고쳐야 할 일·꼬집을 일 [指摘]
지적소유권	지적재산권 [知的所有權]
지전	종이돈 [紙錢]
지주	받침대·버팀대·동발 [支柱]
지주	땅임자 [地主]
지중	땅속　〔보기〕지중선 → 땅속줄 [地中]
지지	뒷받침·편듦　〔보기〕지지하다 → 뒷받침하다·편들다/ 지지금물 → 버팀쇠/ 지지력 → 버틸심·미는힘/ 지지를 획득하다 → 지지를 받다·뒷받침을 받다·지지를 얻다·편들리다 [支持]
지지부진	터덕거림·잘안나감　〔보기〕지지부진하다 → 터덕거리다 [遲遲不進]
지지하다	더디다 [遲遲 -]

지진	더딤·늦음·느림　〔보기〕지진아 → 더딘아이　〔遲進〕
지질	종이바탕·종이(품)질　〔紙質〕
지참	가지고 옴(감)·지니고 감(옴)　〔보기〕지참하다 → 가지고 오다(가다)·지니고 오다(가다)/ 지참금 → 가진돈·지닐돈 〔持參〕
지체	늦어짐　〔보기〕지체하다 → 늦어지다/ 지체없이 → 곧·바로·즉시/ 지체시키다 → 늦추다　▷ 지연 → 늦어짐　〔遲滯〕
지출	치름·내줌　〔보기〕지출하다 → 치르다·내다/ 지출금 → 치른돈·나간돈　▷ 수입 → 들온돈·번돈　〔支出〕
지치	사랑니　〔智齒〕
지침	바늘·길잡이　〔指針〕
지칭	가리켜 일컬음(부름)·이름　〔보기〕지칭하다 → 일컫다·가리키다·뜻(말)하다/ 지칭어 → 가리킴말·이름　▷ 호칭 → 부름·일컬음/ 호칭어 → 부름말/ 관계어 → 걸림말 〔指稱〕
지탄	비방·비난·손가락질　〔보기〕지탄하다 → 손가락질하다·비난하다/ 지탄받다 → 손가락질받다·욕먹다　〔指彈〕
지폐	종이돈　〔紙幣〕
지표	땅거죽·땅표면·지구표면　〔보기〕지표수 → 땅윗물　〔地表〕
지푸리다	찌푸리다
지프라기·짚푸라기	지푸라기
지하	땅속　〔보기〕지하경 → 땅속줄기/ 지하근 → 땅속뿌리 〔地下〕
지하수	땅속물　〔보기〕지하수위 → 지하수 높이　〔地下水〕
지한제	땀멎이약　〔止汗劑〕
지혈	피멈춤·피멎음　〔보기〕지혈하다 → 피멈추다·피멎다/ 지혈대 → 피멈춤띠/ 지혈제 → 피멎이약　〔止血〕
지형	땅모양　〔地形〕
지혜	슬기　〔智慧〕
지환	가락지·반지　〔보기〕옥지환 → 옥가락지　〔指環〕
직	구실·벼슬·자리　〔職〕
직결	직접매임·바로닿음·바로이음(이어짐)　〔보기〕직결되다 → 바로 이어지다·직접 매이다　〔直結〕
직경	지름　▷ 반경 → 반지름　〔直徑〕
직구	곧은 공·바른공　〔直球〕
직기	베틀　〔織機〕

직립	꼿꼿이 섬·곧추섬 〔보기〕직립하다 → 곧추서다·꼿꼿이 서다/ 직립경 → 곧은줄기/ 직립동물 → 선동물·사람 〔直立〕
직면	부닥침·맞닥침·만남 〔보기〕직면하다 → 부닥치다·만나다·맞닥치다/ 난관에 직면하다 → 어려움에 부닥치다 ▷ 봉착 → 부닥침·만남 〔直面〕
직물	천 〔織物〕
직보	일러바침·바로알림·바로보고·고자질 〔보기〕직보하다 → 일러바치다·바로 보고하다 〔直報〕
직분	구실 〔職分〕
직불	바로치름·바로줌 〔보기〕직불하다 → 바로치르다·바로주다/ 직불카드 → 바로카드·바로패 ▷ 후불 → 뒤치름·외상/ 지불 → 지급·줌 〔直拂〕
직사각형	긴네모꼴 〔直四角形〕
직송	바로 보냄 〔보기〕직송하다 → 바로 보내다·직접 보내다 〔直送〕
직시	똑바로 봄·바로봄 〔보기〕직시하다 → 똑바로 보다·바로 보다 ▷ 주시하다 → 눈여겨보다·쏘아보다 〔直視〕
직언	곧은말·바른말 〔直言〕
직장	곧창자·곧은창자 〔直腸〕
직장	일자리·일터 〔職場〕
직전	바로 앞 ▷ 안전 → 눈앞/ 직후 → 바로 뒤 〔直前〕
직전년도	직전연도·바로 전해·바로 앞해 〔直前年度〕
직접	바로 ▷ 간접 → 에둘러 〔直接〕
직조	천짜기 〔보기〕직조하다 → 천을 짜다·베를 짜다/ 직조기 → 베틀 〔織造·織組〕
직파	곧뿌림·바로 뿌림 〔보기〕직파하다 → 곧뿌리다·바로 뿌리다/ 직파재배 → 곧뿌려 가꾸기/ 건답직파 → 마른논 곧뿌리기 ▷ 이앙 → 모내기 〔直播〕
직행	곧장 감·바로감 〔보기〕직행하다 → 곧장 가다·곧바로 가다 ▷ 급행 → 빨리감·급히 감 〔直行〕
진가	참된 가치·참값 〔眞價〕
진개	쓰레기 〔보기〕진개장 → 쓰레기장 〔塵介〕
진객	귀한 손 〔珍客〕
진경	희귀한 경치·낯선경치 〔珍景〕
진균	곰팡이 〔眞菌〕
진기	희귀한 기술·낯선재주 〔珍技〕
진노	성내심·노하심 〔보기〕진노하다 → 성내시다·노하시다

ㅈ

[震怒]

진도	나가는 속도 · 진행속도 · 빠르기 [進度]
진도개	진돗개
진도견	진돗개 [珍島犬]
진동	흔들림 · 떨림 · 울림 〔보기〕진동하다 → 흔들리다 · 떨리다/ 진동수 → 떨림수/ 단진동 → 홑떨기/ 복진동 → 겹떨기 ▷ 진자 → 흔들이 [振動]
진두	앞장 〔보기〕진두지휘하다 → 앞장서 이끌다 [陣頭]
진력	힘씀 · 애씀 · 힘 다함 〔보기〕진력하다 → 힘쓰다 · 애쓰다 [盡力]
진렬	진열 ※한자어에서 모음이나 'ㄴ' 받침 뒤에 이어지는 '렬' '률'은 '열' '율'로 적음.(맞춤법 제11항) 순열 · 나열 · 반열 · 고율 · 선율 따위. [陳列]
진로	앞길 · 갈길 · 나아가는 길 · 나갈 길 〔보기〕진로를 모색하다 → 갈길을 찾다 [進路]
진륵	참갈비뼈 [眞肋]
진면목	참모습 [眞面目]
진미	참맛 · 제맛 ▷ 가미 → 맛더함 [眞味]
진보	나아감 〔보기〕진보하다 → 나아가다 · 나아지다/ 진보적 → 나아간 · 앞선 ▷ 보수 → 내림지킴 · 예지킴 · 지킴/ 개혁 · 혁신 · 개신 → 뜯어고침 · 새롭게함 · 뜯어고친 · 새롭게한 [進步]
진수	알짬 · 속알맹이 · 속고갱이 [眞髓]
진수성찬	잘차린 음식 · 갖은음식 [珍羞盛饌]
진술	펴말함 · 털어말함 〔보기〕진술하다 → 털어말하다 · 펴말하다/ 진술서 → 말적발/ 모두진술 → 첫진술 · 머리진술/ 최후진술 → 끝진술 · 마지막진술 [陳述]
진심	참된 마음 · 참마음 [眞心]
진압	누르기 〔보기〕진압하다 → 누르다 · 물리치다/ 진압작전 → 누르기 ▷ 제압 → 누름 · 꺾음 [鎭壓]
진애	먼지 · 티끌 · 쓰레기 [塵埃]
진언	말씀 드림 〔보기〕진언하다 → 말씀 드리다 [進言]
진열	벌여놓음 · 늘어놓음 〔보기〕진열하다 → 벌여놓다 · 늘어놓다/ 진열대 → 벌여놓는곳 · 벌임곳/ 진열실 → 벌인방 ▷ 나열 → 늘어놓음 · 벌여놓음/ 전시 → 펴놓음 · 펴보임 [陳列]
진용	인물들 · 짜인 인물 · 떼 · 패 [陣容]
진위	진짜가짜 · 참거짓 [眞僞]

진의	참뜻 · 본마음 · 속뜻 [眞意]
진입	들어섬 · 들어감 〔보기〕진입하다 → 들어서다 · 들어가다/ 진입로 → 들어가는 길 · 들목/ 궤도진입 → 제길듦 ▷ 돌입 → 뛰어듦 · 들어감/ 퇴출 → 내보냄/ 진출 → 나아감 [進入]
진자	흔들이 〔보기〕합성진자 → 겹흔들이 [일 振子 · しんし]
진작	1. 일어남 2. 일으킴 · 북돋움 〔보기〕진작하다 → 떨쳐일어나다 · 떨쳐일으키다 · 북돋우다/ 사기 진작 → 사기 북돋움/ 진작시키다 → 진작하다 · 떨쳐일으키다 [振作]
진전	나아감 · 되어감 〔보기〕진전하다 → 나아가다 · 되어가다/ 진전되다 → 진전하다 · 나아가다/ 진전시키다 → 되게 하다 · 해나가다/ 진전이 있다 → 나아가다 · 되어가다 · 잘되다/ 진전이 없다 → 잘 안되다 · 제자리걸음이다 ▷ 진척 → 나아감 · 되어감 [進展]
진정	참 · 참된 · 바른 · 정말 〔보기〕진정으로 → 참으로 · 참말로 [眞正]
진정	사정 아룀 〔보기〕진정하다 → 사정 아뢰다 · 사정을 알리다/ 진정서 → 사정아뢴글 · 사정편글 [陳情]
진정	가라앉음 〔보기〕진정하다 → 가라앉다/ 진정되다 → 진정하다 · 가라앉다/ 진정시키다 → 가라앉히다 [鎭靜 -]
진종일	온종일 · 하루내내 [盡終日]
진척	나아감 · 되어감 〔보기〕진척하다 → 나아가다 · 되어가다/ 진척되다 → 나아가다 · 되어가다/ 진척시키다 → 해나가다 · 되게 하다/ 진척 상황 → 되어감새/ 진척 부진 → 터덕거림 ▷ 진전 → 나아감 · 되어감 [進捗 · 進陟]
진출	나아감 · 뻗어감 · 뻗음 〔보기〕진출하다 → 나아가다 · 뻗다/ 진출로 → 나가는 길/ 진출색 → 튀는빛/ 중동 진출 → 중동으로 나아감 ▷ 후퇴 → 물러감 · 물러남 · 뒷걸음/ 후퇴색 → 주는빛/ 진입 → 들어감 · 들어섬 [進出]
진파(찐빠)	1. 절름발이 2. (봉제)짝짝이 [일 跛 · ちんば]
진품	귀한 물건 [珍品]
진품	진짜 ▷ 정품 → 진짜/ 유사품 → 가짜/ 모조품 → 짝퉁 [眞品]
진풍경	희귀한 경치 · 구경거리 [珍風景]
진해거담제	기침가래약 · 기침약 [鎭咳袪痰劑]
진해제	기침약 · 가래약 [鎭咳劑]
진행	나아감 · 해나감 〔보기〕진행하다 → 나아가다 · 해나가다/ 진행중 → 하고 있음 · 해나감 ▷ 중단 → 그만둠 · 그침/

	속행 → 이어감 · 계속함 · 이어 함 [進行]
진화	불끄기 · 불길잡기 〔보기〕 진화하다 → 불끄다 · 불길잡다 ▷ 소화 → 불끄기 · 불길잡기/ 방화(放火) → 불지르기 · 불놓기/ 방화(防火) → 화재막기 · 화재예방/ 점화 → 불켜기 · 불붙임 [鎭火]
질강풍	큰바람 ※바람등급 8, 초속 17.2～20.7미터. [疾强風]
질곡	굴레 · 멍에 · 올가미 〔보기〕 질곡에서 벗어나다 → 굴레에서 벗어나다/ 질곡에 빠지다 → 올가미에 걸리다 · 멍에를 쓰다/ 일제의 질곡 → 일제란 굴레, 즉 일제 식민지 [桎梏]
질녀	조카딸 ▷ 질부 → 조카아내 · 조카며느리 [姪女]
질머지다	짊어지다 ▷ 걸머지다
질부	조카며느리 [姪婦]
질서	조카사위 [姪壻]
질시	눈흘겨봄 · 시기해 봄 · 밉봄 〔보기〕 질시하다 → 눈흘겨보다 · 밉게 보다 ▷ 괄시 → 업신여김 · 깔봄 [嫉視]
질식	숨막힘 〔보기〕 질식하다 → 숨막히다/ 질식되다 → 질식하다/ 질식사 → 숨막혀 죽음 [窒息]
질주	빨리 달림 · 내달림 〔보기〕 질주하다 → 빨리 달리다 · 내달리다 ▷ 쾌주 → 잘달림/ 폭주 → 막달림 · 함부로 달림 [疾走]
질책	꾸짖음 · 나무람 · 꾸지람 〔보기〕 질책하다 → 꾸짖다 · 나무라다 ▷ 문책 → 책임물음/ 견책 → 꾸짖음/ 경고 → 주의시킴 · 알림/ 질타 → 꾸짖음 [叱責]
질투	샘 · 강샘 · 시기 〔보기〕 질투하다 → 강샘하다 · 밉보다 · 시기하다 ▷ 질시 → 밉보다/ 시기질투 → 샘하여 미워함 [嫉妬]
질풍	흔들바람 ▷ 신풍 · 맹풍 → 흔들바람 [疾風]
짐작건대	짐작건대
집개	집게 ※집는 연장.
집결	뭉침 · (모임)뭉침 〔보기〕 집결하다 → 모이다 · 뭉치다/ 집결지 → 모일곳 · 모인곳 ▷ 결집 → 뭉침 · 묶음 · 둥침 [集結]
집권	권력잡음 · 권력쥠 〔보기〕 집권하다 → 권력을 잡다 · 권력을 쥐다 [執權]
집기	세간 · 살림 [什器]
집무	사무봄 · 일봄 [執務]
집요하다	끈질기다 · 끈덕지다 · 검질기다 [執拗 -]
집적	모아쌓음 [集積]

집중	기울임 · 쏟음 〔보기〕집중하다 → 기울이다 · 쏟다/ 집중력 → 쏟는힘 · 기울이는 힘/ 집중적으로 → 무더기(모다기)로 · 한꺼번에 · 모아서 · 힘을 쏟아서/ 집중조명 → 몰비추다/ 집중탐구 → 몰아살피다/ 집중호우 → 모다기비 · 무더기비 〔集中〕
집착	눌어붙음 · 매달림 〔보기〕집착하다 → 매달리다 · 달라붙다 〔執著〕
집찰구	표내는 곳 · 표받는 곳 ▷ 집표구 → 표내는 곳 〔集札口〕
집합	모임 〔보기〕집합하다 → 모이다 〔集合〕
집회	모임 〔보기〕집회하다→모이다 · 모임을 열다 ▷ 회집 → 모임 〔集會〕
짓물다 · 진물다	짓무르다
짓쩍다	짓적다 ※'작다 · 적다'는 뜻이 있거나 분명히 '적다'로 소리나는 말이 아니면 모두 '쩍다'로 적게 돼 있으나(맞춤법 제54항), 이 말은 아직 사전 따위에서 '짓적다'로 나와 있다. 규정대로라면 멋쩍다 · 객쩍다 따위처럼 '쩍다'로 적을 일이나 아직은 그대로 쓸 수밖에 없다.
짓푸르다	짙푸르다 ▷ 짙붉다
징계	벌줌 〔보기〕징계하다 → 벌주다 ▷ 징벌 → 벌줌 〔懲戒〕
징구	내게 함 · 매겨받음 〔보기〕징구하다 → 내게 하다 · 매겨받다 〔徵求〕
징모	불러모음 〔보기〕징모하다 → 불러모으다 · 모집하다 ▷ 징집 → 불러모음 · 거둠 〔徵募〕
징벌	벌줌 · 벌씌움 〔보기〕징벌하다 → 벌주다 · 벌씌우다 ▷ 징계 → 벌줌 · 벌내림 〔懲罰〕
징세	세금물림 · 구실거둠 〔보기〕징세하다 → 세금거두다 · 구실물리다/ 징세권 → 세거둘권리 ▷ 담세 → 세금묾 〔徵稅〕
징수	거둬들임 · 거둠 〔보기〕징수하다 → 거두다 · 거둬들이다 〔徵收〕
징크스	액 · 불길한 일 · 재수없는 일 〔영 jinx〕
징후	낌새 · 조짐 〔徵候〕
짖궂다 · 짖꿎다 · 짓꿎다	짓궂다
짖이기다 · 짓이기다	짓이기다
짚북더기 · 짚북세기	짚북데기
짚차	지프 · 지프차 〔영 jeep+車〕

짜른작	짧은작　　※길이가 짧은 화살.　　▷ 긴작
짜집기	짜깁기
짝	쪽　〔보기〕왼짝 → 왼쪽
짝퉁	1. 가짜　2. 본뜬 것　3. 질낮은 제품
짤다랗다・짧다랗다	짤따랗다　　▷ 기다랗다・길다랗다/ 넓다랗다 → 널따랗다/ 넓직하다 → 널찍하다
짧막하다	짤막하다
짬뽕	1. 초마면　2. 뒤섞기　〔일 チャンポン・중 箸烝〕
짭잘하다	짭짤하다　　▷ 찝찔하다
째째하다	쩨쩨하다
쪼달리다	쪼들리다
쪼달리다	쪼들리다
쪽밤	쌍동밤
쪽집게・쪽집개	족집게
쫑꼬	꾸중　〔일〈ちょん + 子〕
찌게	찌개　〔보기〕김치찌게 → 김치찌개/ 찌겟거리 → 찌갯거리
찌꺽지	찌꺼기・찌끼
찌라시	전단・선전지・(낱장)광고지　〔일 散・ちらし〕
찌뿌둥하다・찌뿌 등하다	찌뿌듯하다・찌뿌드드하다
찌프리다	찌푸리다　　※작은말은 '째푸리다'.　〔보기〕눈쌀을 찌프리다 → 눈살을 찌푸리다　　▷ 찌뿌둥하다 → 찌뿌듯하다
찍자부리다	찌그렁이부리다　　※'무리하게 떼를 쓰다'의 뜻.

차	1. ~하러 · ~하려고 2. 참 〔보기〕연구차 → 연구하러/ 인사차 → 인사하러/ 참석차 → 참석하러/ 서울 가던 차에 → 서울 가던 참에 ※'회담에 참석하기 위해, 한국을 방문하기 위해' 식으로 쓰는 것보다는 차라리 '회담 참석차, 한국 방문차' 따위로 쓰는 게 나을 때도 있다. 〔次〕
차간	찻간 ※한자말에서 사이시옷을 넣는 말은 '곳간 · 찻간 · 셋방 · 숫자 · 툇간 · 횟수' 여섯가지와 그 번진말이 있다. 〔車間〕
차값	1. → 차삯 2. 찻값 〔車 - 〕
차광	빛막이 · 빛가림 〔보기〕차광하다 → 볕(빛)을 가리다/ 차광재배 → 볕가림가꾸기 · 그늘가꾸기/ 차광판 → 볕가리개 ▷ 차양 · 챙 → 볕가리개 〔遮光〕
차기	다음 · 다음번(회기) 〔보기〕차기연도 → 다음해 · 다음번해/ 차기 대통령감 → 다음 대통령감/ 차차기 → 다담번 〔次期〕
차길	찻길 〔車 - 〕
차남	둘째아들 ▷ 장남 → 맏아들/ 차녀 → 둘째딸 〔次男〕
차내	차안 〔車內〕
차단	막음 · 가로막음 〔보기〕차단하다 → 가로막다 · 멈추게 하다/ 교통 차단 → 길막음/ 차단기 → 길막이 · 길막개/ 차단문 → 막이문/ 바람몰이 사전 차단 → 바람몰이 미리 막기/ 차단효과 → 막은 성금 · 막은 보람 〔遮斷〕
차도	찻길 〔車道〕
차로	찻길 〔보기〕버스전용차로 → 버스만 가는 길 · 버스전용찻길 〔車路〕
차륜	차바퀴 · 바퀴 · 수레바퀴 〔車輪〕

차명   이름 빌림 〔보기〕 차명하다 → 이름 빌리다/ 차명계좌 → 남이름 계좌·빌린계좌 ▷ 가명 → 가짜이름/ 도명 → 이름훔침·훔친이름/ 실명 → 제이름·실제이름 〔借名〕

차밍   매력있는·매혹적인 〔보기〕 차밍하다 → 매력있다·아름답다/ 차밍 스쿨(참 스쿨) → 미용학원·멋내기학원 〔영 charming〕

차방   들쪽 ▷ 차변 → 들쪽/ 대변·대방 → 날쪽 〔借方〕

차비   찻삯 〔車費〕

차선   1. 찻금 2. 찻길 〔보기〕 3차선 → 3차로·세찻길/ 1차선 → 첫찻길 〔車線〕

차선   다음좋은·버금 〔보기〕 차선책 → 버금방책·덜좋은꾀 ▷ 최선 → 가장좋음·만좋음·온힘 〔次善〕

차압   압류·잡아둠 〔보기〕 차압하다 → 잡아두다·압류하다/ 이중 차압 → 겹쳐 잡기·이중압류 〔일 差押·さしおさえ〕

차액   나머지·남음·남은돈 ▷ 잔액 → 나머지·남은돈·거스름돈 〔差額〕

차양   볕가리개·챙 〔보기〕 차양선 → 볕가린 배 ▷ 차광 → 빛가림/ 차일 → 볕가리개·해가리개 〔遮陽〕

차용   빌림·빌려씀·꿔씀 〔보기〕 차용하다 → 빌리다·꾸다·따다 쓰다/ 차용물 → 빌린 물건/ 차용어 → 외래어·들온말/ 차용자 → 빌려간 사람/ 차용화음 → 빌린화음 ▷ 도용 → 훔쳐씀 〔借用〕

차원   ※'어떤 사물을 생각하거나 행할 때의 처지나 정도, 사고방식, 행위 등의 수준'을 뜻하는 이 말을 턱없이 많이 쓰는 폐단이 있다. 이는 아예 생략하거나 다른 말로 바꿔 적는 것이 좋다. 〔보기〕 구조적 비리를 예방하는 차원에서 → 구조적 비리를 예방하고자/ 국정 보고를 듣는 차원을 넘어 → 국정 보고를 들을 뿐만 아니라/ 카톨릭교회 차원의 협조를 당부했다 → 가톨릭교회의 협조를 당부했다/ '표 관리' 차원에서 명분을 잃을 것을 우려해 → 명분을 잃어 '표 관리'가 어려울 것을 걱정해/ '비주류'가 가능할 것인가라는 차원에서 → '비주류'가 존재할 수 있느냐는 쪽에서/ 개혁을 위한 선택이 아니라 구명 차원의 잔류를 위한 명분일 뿐 → ~ 살아 남기 위한 명분일 뿐/ 도로 환경을 보호하는 차원에서 → 도로 환경을 보호하고자/ 학습지도 방법을 개선하는 것이 중요하다는 차원에서 → ~ 개선하는 것을 중요시하는 생각에서·~ 개선하는 것이 중요하기 때문에/ 정당정치를 육성하는 차원에서 → 정당정치를 육

성할 목적으로 · ~를 육성하고자/ 긍지를 지킨다는 차원에서
→ 긍지를 지키고자/ 걱정을 씻어준다는 차원에서라도 → 걱
정을 씻어준다는 점에서/ 관급 차원에서 제공되고 있다 → 관
에서 제공하고 있다/ 당략의 차원을 떠나 → 당략을 떠나/ 에
너지 절약 차원에서 → 에너지를 절약하고자/ 실마리를 푸는
차원에서 → 실마리를 풀자고/ 전술적 차원 → 전술적 이유 ·
전술적 목적/ 선행되어야 한다는 차원에서 → 선행해야 한다
는 점에서 · 선행해야 하기 때문에/ 결자해지 차원에서 → 결
자해지 원칙으로/ 대승적 차원에서 → 대승적 견지에서 · 대승
적으로/ 학생 보호 차원에서 → 학생을 보호하느라/ 인적 교
류 차원으로 → 인적 교류로/ 민간기업의 방북도 이런 차원에
서 선별적으로 허용될 수 있다 → ~ 이렇게 선별적으로 ~
※한편 정부 차원의 환경 오염 대책, 정권 차원의 이해관계, 새
로운 차원 등 등급 · 정도 · 수준을 잘 나타내는 쓰임들도 있다.
［次元］

차익	남은 이익 · 남음　［差益］
차일	해가리개 · 볕가리개　▷ 차양 → 볕가리개　［遮日］
차일피일	이날저날 · 오늘내일　［此日彼日］
차임벨	때알이종 · 부름종　▷ 초인종 → 부름종 · 설렁종　［영 chime bell］
차입	들임 · 옥바라지 · 넣어줌　〔보기〕차입하다→넣어주다 · 들여보내다/ 차입금 → 옥바라짓돈　［일 差入 · さしいれ］
차입	꾸어들임　〔보기〕차입하다 → 꾸다 · 꾸어들이다/ 차입금 → 꾼돈　［借入］
차전(초)	질경이　▷ 차전자 → 질경이씨　［車前(草)］
차제에	이번에 · 이참에 · 이런 때에 · 이즈음에　［此際－］
차주	차임자　［車主］
차주	꿔쓴이 · 꾼사람　▷ 대주 → 빌려준이　［일 借主 · かりぬし］
차중	1. 찻속 · 차 안　2. 차를 타고 있을 동안　［車中］
차지	1. 방해 · 가로막음　2. 요금　3. 충전 · 기름넣기　〔보기〕차지하다→방해하다/ 차지 타임 → 작전시간　▷ 차징 → 방해　［영 charge］
차질	어긋남 · 틀어짐 · 탈 · 틀림 · 어그러짐 · 엇감 · 엇갈림　〔보기〕차질을 가져오다 → 어긋나다 · 빗나가다 · 틀어지다/ 차질 없이 → 어김없이 · 틀림없이　［蹉跌］
차징	방해 · 몸부딪기　〔보기〕차징 파울 → 부딪기 반칙　［영 charging］

차출	내보냄·냄·뽑아냄·빼어냄 〔보기〕차출하다 → 뽑아내다·빼내 쓰다 [일 差出·さしだし]
차치하다	그만두다·제쳐두다 〔보기〕차치하고 → 그만두고·제쳐두고 [且置-]
차트	그림표·걸그림·도면·일람표 [영 chart]
차폐	가림·덮음 〔보기〕차폐하다 → 가리어 덮다/ 차폐물 → 막는 물건·가리개 [遮蔽]
차한	이 한계·이 한정 〔보기〕차한에 부재하다 → 그러하지 아니하다·그렇지만은 않다·예외다 [此限]
차후	앞으로·이뒤·이후 〔보기〕차후에 → 앞으로·이 뒤에 ▷ 금후 → 이뒤·앞으로 [此後]
착	벌 〔보기〕옷 한 착 → 옷 한 벌 [일 着·著·ちゃく]
착각	잘못생각·그릇생각 〔보기〕착각하다 → 잘못 생각하다·잘못 알다 ▷ 착오 → 잘못·틀림 [錯覺]
착공	공사시작 〔보기〕착공하다 → 공사를 시작하다·공사에 들어가다 ▷ 시공 → 공사하기/ 준공 → 일손떼기·낙성 [着工·著工]
착과	달린 열매·열매 달림 〔보기〕착과하다 → (열매가) 열리다·달리다/ 착과되다 → 착과하다·열매 열리다 ▷ 낙과 → 열매 떨어짐·떨어진 열매 [著果]
착근	뿌리내림 〔보기〕착근하다 → 뿌리내리다·옮아가 잘 살다 ▷ 발근 → 뿌리내림 [着根]
착력점	일점 ※물리 말. [著力點]
착륙	내리기·닿기 〔보기〕착륙하다 → 땅에 내리다·뭍에 닿다/ 연착륙(소프트랜딩) → 사뿐히내림·살짝내림/ 경착륙(하드랜딩) → 덜컹내림·내려떨어짐 [着陸]
착복	1. 옷입음 2. 집어먹음·배채움·차지·삼킴 〔보기〕착복하다 → 1. 옷입다 2. 집어먹다·삼키다·가로채다/ 착복식 → 새옷턱 [着(著)服]
착색	색칠함·색깔 묻음·색내기·빛깔내기 〔보기〕착색하다 → 빛깔내다·색깔 입히다·물들이다 [著(着)色]
착석	1. 앉음 2. 앉아! 〔보기〕착석하다 → 앉다/ 착석순 → 앉은 차례 ▷ 임석 → 자리함·참석함 [著(着)席]
착수	시작·손대기 〔보기〕착수하다 → 시작하다·나서다·(일에) 들어가다/ 미착수 → 손대지 않음·시작않음 [著(着)手]
착신	닿음·옴·받음 〔보기〕착신하다 → 닿다·오다·받다/ 착신인·착신자 → 받는이·받는 사람 ▷ 발신 → 보냄/ 발

신자 → 보낸이/ 수신 → 통신받기 · 받음 [着(著)信]

착안 눈둠 · 눈뜸 〔보기〕착안하다 → 눈여겨보다 · 실마리를 얻다 [著(着)眼]

착암 바위뚫기 〔보기〕착암하다 → 바위를 뚫다/ 착암기 → 바위뚫이 · 틀송곳 [鑿巖]

착오 잘못 · 틀림 〔보기〕착오하다 → 잘못 생각하다 · 틀리다/ 착오를 일으키다 → 잘못 생각하다   ▷ 착각 → 잘못생각 · 그릇생각 [錯誤]

착용 입음 · 씀 〔보기〕착용하다 → 입다 · 쓰다 · 신다/ 착용감 → 입은느낌 · 쓴느낌 [着用 · 著用]

착유 젖짜기 〔보기〕착유하다 → 젖을 짜다/ 착유기 → 젖짜개 · 젖짜는 기계 [搾乳]

착유 기름짜기 〔보기〕착유하다 → 기름 짜다/ 착유기 → 기름틀 · 기름짜개 [搾油]

착의 옷입음 〔보기〕착의실 → 옷입음칸   ▷ 탈의 → 옷벗음/ 착용 → 입음 · 씀 [著(着)衣]

착잡 뒤섞임 · 얽힘 〔보기〕착잡하다 → 얼키설키(얼기설기)하다 · 복잡하다 · 어수선하다/ 착잡히 → 복잡하게 [錯雜]

착즙 즙내기 · 즙짜기 〔보기〕착즙하다 → 즙(을) 짜다/ 착즙기 → 즙내개 · 즙짜개   ▷ 주서 → 즙짜개 · 즙짜는 기계 [搾汁]

착지 내려섬 · 땅닿이 〔보기〕착지하다 → (땅에) 내려서다 · 닿다 · 도착하다/ 착지자세 → 내려서는 자세 [着地]

착취 긁어들임 · 짜냄 〔보기〕착취하다 → 짜내다 · 억눌러 부려먹다 · 괴롭히다   ▷ 갈취 → 을러뺏음/ 사취 → 속여뺏음 [搾取]

착탈 붙이고 떼기 · 달고 떼기 〔보기〕구명대의 착탈이 어렵다 → 구명대를 쓰고 떼기(입고 벗기)가 어렵다 [著脫]

착화 꽃달림 〔보기〕착화하다 → 꽃이 달리다 · 꽃이 맺히다/ 착화율 → 꽃달린율 [着花]

착화 불붙이기 · 점화 〔보기〕착화하다 → 불 붙이다   ▷ 점화 → 불붙이기 · 불켜기/ 진화 · 소화 → 불끄기 [着火]

찬 지음 〔보기〕찬하다 → 1. (책을) 짓다 2. 글을 가려내어 엮다/ 찬술 → 지음/ 편찬 → 엮음 · 지음   ▷ 저술 → 지음 [撰]

찬간 반빗간 · 부엌 [饌間]

찬땀 식은땀   ※'식은땀'이 많이 쓰인다 하여 이를 표준말로 삼음.(표준어규정 제25항)

찬란하다	눈부시다·빛나다 〔보기〕찬란히 → 눈부시게/ 휘황찬란하다 → 눈부시다·빛나다 〔燦爛-〕
찬상	기림 〔보기〕찬상하다 → 기리다·추어서 말하다 ▷ 상찬 → 기림/ 찬앙 → 기림·칭찬/ 찬양 → 드러내 기림 〔讚賞〕
찬술	글지음 〔보기〕찬술하다 → 글(을) 짓다 ▷ 저술 → 글지음 〔撰述〕
찬스	기회·호기·운 〔보기〕절호의 찬스 → 썩 좋은 기회/ 찬스를 잡다 → 기회를 잡다/ 찬스 메이킹 → 기회 만들기/ 노 마크 찬스 → 방비없는 틈·무방비 상태/ 메인 찬스 → 썩 좋은 기회 ▷ 찬스·챈스 → 찬스 〔영 chance〕
찬양	기림 〔보기〕찬양하다 → 기리다 〔讚揚〕
찬연하다	눈부시다·번쩍거려 빛나다 〔보기〕찬연히 → 눈부시게 ▷ 찬란하다 → 눈부시다·번쩍거리다 〔燦然-〕
찬조	도움·거듦 〔보기〕찬조하다 → 거들어 돕다/ 찬조금 → 도움돈/ 찬조출연 → 곁들이출연·도움출연/ 찬조연설 → 곁들이연설·도움연설 〔贊助〕
찰과상·찰상	긁힌 상처·개갠상처·스친상처 〔擦過傷〕
찰지다	차지다 ※끝소리가 'ㄹ'인 말이 'ㄴ·ㄷ·ㅅ·ㅈ'들 앞에서 소리가 나지 않으면 그대로 적는다.(맞춤법 제28항) 다달이·따님·마되· 마소·바느질·부나비·부삽·소나무·싸전·여닫이·우짖다·화살·나날이·무논·무수리·미닫이·아드님·주낙·차돌·차조·하느님·부단·부당·부동·부득이 따위.
참감자	고구마 ※'고구마'가 많이 쓰인다 하여 이를 표준말로 삼음.(표준어규정 제25항)
참관	가서 보기 〔보기〕참관하다 → 가서 보다 ▷ 옵서버 → 참관인·관찰자 〔參觀〕
참괴	부끄러워함 〔보기〕참괴하다 → 부끄러워하다 〔慙愧〕
참극	끔찍한 일·참혹한 광경 〔慘劇〕
참배	(나아가) 절함 〔보기〕참배하다 → 나아가 절하다/ 참배객 → 절꾼 〔參拜〕
참변	끔찍한 변·끔찍한 일 ▷ 참사 → 끔찍한 일 〔慘變〕
참사	끔찍한 일·참혹한 일 〔慘事〕
참상	참혹한 꼴 〔慘狀〕
참신하다	새롭다·새뜻하다 〔보기〕참신한 생각 → 새로운 생각·새뜻한 생각/ 참신성 → 새로움/ 참신성이 결여되다 → 새로움이 모자라다 〔斬新-〕

ㅊ

참작	헤아림·요량·살핌　〔보기〕참작하다 → 헤아리다·요량하다/ 사정을 참작해 주시기 바랍니다 → 사정을 헤아려 ~　▷ 감안하다 → 요량하다·살피다/ 혜량하다 → 알아주다·헤아리다　〔參酌〕
참조	비춰봄　〔보기〕참조하다 → 비춰보다·참고로 맞대보다　〔參照〕
참집	모임·모여듦　〔보기〕참집하다 → 모여들다　〔參集〕
참치	다랑어　※보통 다랑어 고기를 일컫는 말로 '참치'란 말을 쓰나 물고기 이름으로는 '다랑어'가 맞다.
참패	여지없이 패배함·무참히 짐　〔보기〕참패하다 → 여지없이 지다　▷ 석패 → 아깝게 짐/ 분패 → 억울하게 짐/ 완패 → 여지없이 짐　〔慘敗〕
참회	뉘우침·깊은 후회　〔보기〕참회하다 → 깊이 뉘우치다·뼈저리게 뉘우치다　▷ 반성 → 뉘우침·저살핌　〔懺悔〕
창	소리·노래　〔보기〕창하다 → 소리를 하다·노래하다/ 창법 → 소리하는 법·부르는 법·노래방법/ 열창 → 뜨거이부름/ 합창 → 함께부름/ 절창 → 뛰어난 노래·마지막 노래/ 명창 → 잘 부름·잘 부르는 사람　〔唱〕
창궐	막 퍼짐·몹시 성함·막돋　〔보기〕창궐하다 → 마구 퍼지다·번져 설치다·들끓다/ 전염병이 창궐하다 → 돌림병이 퍼지다　〔猖獗〕
창달	잘펴남·자라남　〔보기〕창달하다 → 뻗어 자라다·거침없이 발달하다/ 민족문화 창달 → ~ 꽃피우기　〔暢達〕
창란젓	창난젓
창립	처음 세움·새로 세움　〔보기〕창립하다 → 세우다·만들다　▷ 창설 → 새로 세움　〔創立〕
창백	해쓱함　〔보기〕창백하다 → 해쓱하다　〔蒼白〕
창상	찢긴 상처·베인 상처　〔創傷〕
창설	새로 세움·첨 세움　〔보기〕창설하다 → 새로 세우다　▷ 창립 → 처음 세움　〔創設〕
창시	처음 시작　〔보기〕창시하다 → 시작하다/ 창시자 → 시작한 이　〔創始〕
창안	새 고안　〔보기〕창안하다 → 생각해내다·새로 고안하다　〔創案〕
창우	광대　〔倡優〕
창졸간	급작스레·갑자기　〔倉卒間〕
창출	만들어냄·생겨남·처음지어냄　〔보기〕창출하다 → 만들어내다·지어내다　〔創出〕

창황하다	썩 급하다 〔보기〕창황히 → 몹시 급히·바삐·겨를 없이·급히 서둘러 〔蒼皇·蒼惶·蒼黃-〕
채	1. 그냥 2. → 째 ※'채'는 불완전명사로만 쓰이며, 그렇지 않은 경우로 쓴 '채'는 '째'를 잘못쓴 것이다. 〔보기〕송두리채 → 송두리째/ 벗은 채로/ 산 채로
채광	쇳돌캠·쇳돌캐기 〔보기〕채광하다 → 쇳돌캐다/ 채광장 → 광산 ▷ 채굴 → 캠 〔採鑛〕
채굴	캐기 〔보기〕채굴하다 → (돌 따위를) 캐다·파내다 ▷ 채광 → 쇳돌캐기/ 채취 → 따기·캐기 〔採掘〕
채권	받을 빚·빚권리 〔보기〕채권자 → 빚준사람·빚받을이·빚쟁이 ▷ 채무 → 갚을빚·빚 〔債權〕
채납	받음·받아들임 〔보기〕채납하다 → 받아들이다·(사람을) 골라서 들이다/ 기부채납 → 기부받음·기부받기 〔採納〕
채널	경로·통로 〔영 channel〕
채료	물감 〔彩料〕
채마	남새 〔보기〕채마밭→남새밭/ 채마전 → 남새밭 ▷ 채전 → 남새밭 〔菜麻〕
채무	갚을빚·빚 〔보기〕채무자 → 빚진이·빚꾸러기/ 채무국 → 빚진 나라 ▷ 채권 → 받을빚 〔債務〕
채밀	꿀따기·꿀뜨기 〔보기〕채밀하다 → 꿀을 뜨다/ 채밀기 → 꿀뜨개 〔採蜜〕
채산	셈·셈속·계산함 〔보기〕채산하다 → 셈하다/ 채산상장 → 셈맞는 시세/ 채산주 → 셈맞는주/ 채산성 → 셈맞음·남음/ 채산이 맞다 → 남다·장사가 되다 〔採算〕
채삼꾼	심마니 〔採蔘-〕
채색	색칠·물감·빛깔 〔보기〕채색하다 → 색칠하다·물들이다/ 채색법 → 색칠법·물들이는 법 ▷ 단청 → 색칠/ 착색 → 빛깔내기 〔彩色〕
채석	돌뜨기 〔보기〕채석하다 → 돌을 뜨다/ 채석장 → 돌캐는 곳 〔採石〕
채소	푸성귀·남새 〔보기〕채소밥 → 나물밥/ 채소밭(원·전) → 남새밭 ▷ 야채 → 남새 〔菜蔬〕
채숭아	채송화 ※'봉숭아' '봉선화'는 표준말로 보나 '봉숭화'는 표준말로 보지 않았으며, 이에 반해 '채송화'가 더 많이 쓰인다 하여 이를 표준말로 삼음.(표준어규정 제17항)
채유	기름받기·기름뽑기·기름짜기 〔보기〕채유하다 → 기름을 받다(뽑다) 〔採油〕

ㅊ

채자	활자뽑기 〔보기〕채자하다 → 활자를 골라뽑다/ 채자공 → 문선공 〔探字〕
채전	남새밭 〔菜田〕
채점	점수매김·끊음 〔보기〕채점하다 → 점수매기다·끊다 〔採點〕
채종	씨(앗)받기 〔보기〕채종하다 → 씨앗을 받다/ 채종답 → 씨받이논/ 채종림 → 씨받이숲/ 채종전 → 씨받이밭/ 채종포 → 씨받이밭(논) 〔採種〕
채증	증거 모으기 〔보기〕채증하다 → 증거를 모으다 〔採證〕
채집	따모으기·모으기 〔보기〕채집하다 → 따모으다·모으다 〔採集〕
채취	따기·캐기 〔보기〕채취하다 → 캐내다·따다 〔採取〕
채탄	석탄캐기·탄캐기 〔보기〕채탄하다 → 석탄을 캐다·탄을 파내다 ▷ 채광 → 쇳돌캐기 〔採炭〕
채택	골라뽑음·가려뽑음 〔보기〕채택하다 → 뽑다·골라뽑다/ 채택료 → 뽑은값 ▷ 랜딩비 → 뭍부림값·채택료·뽑은값 〔採擇〕
채팅	대화 ※전산 말. 〔영 chatting〕
채포	따거나 잡음 〔보기〕채포하다 → 따거나 잡다 〔採捕〕
채혈	피뽑기 〔보기〕채혈하다 → 피뽑다 〔採血〕
책동	꼬드김·부추김 〔보기〕책동하다 → 부추기다 〔策動〕
책무	맡은 일 〔責務〕
책자	책 〔보기〕소책자 → 작은 책 〔冊子〕
책정	별러 정함 〔보기〕책정하다 → 정하다/ 예산 책정 → 예산 (별러)정하기 〔策定〕
챈스·찬스	찬스·기회 〔영 chance〕
챔피언	우승자·선수권자·으뜸선수 ※ 준말 : 챔프 ▷ 참피온 → 챔피언 〔영 champion〕
찰리	찰리 ※외래어에서 'ㅈ·ㅊ'과 'ㅑ·ㅕ·ㅛ·ㅠ·ㅒ·ㅖ'는 어울려 쓰이지 않는다. 〔보기〕찰리 채플린 → 찰리 채플린 ▷ 쵸콜릿 → 초콜릿/ 쥬스 → 주스/ 쥬니어 → 주니어/ 피쳐 → 피처/ 챤스 → 찬스 〔영 Charlie〕
처가집	처갓집 ▷ 외가집 → 외갓집/ 시가집 → 시갓집 〔妻家-〕
처녀작	첫작품 〔處女作〕
처놓다	쳐놓다 〔보기〕그물을 쳐놓다
처벌	벌줌 〔보기〕처벌하다 → 벌주다/ 가중처벌 → 겹친처벌·겹쳐벌주기 ▷ 처형 → 형줌 〔處罰〕
처부시다·처부수다	쳐부수다 ※ '치어'가 줄어 '쳐'가 된 말로 '쳐다보다, 쳐내

ㅊ

다, 쳐들다, 쳐들어가다, 쳐주다, 쳐죽이다' 들이 있다.

처사　　　일처리　　〔보기〕그런 처사가 어디 있느냐 → 그런 일처리가
　　　　　~　〔處事〕

처신　　　몸가짐·몸두기·치신　　〔보기〕처신하다 → 몸 두다·몸 가
　　　　　지다·움직이다·행동하다　　※'처신'이 변하여 된 말이거
　　　　　나 아니면 고유어로 치는 말로 '치신'이 있다. 여기엔 '치신머
　　　　　리' '치신사납다' 따위 번진말이 많다. 〔處身〕

처연하다　구슬프다　　〔보기〕처연히 → 쓸쓸히·구슬프게 〔凄然-〕
처하다　　1. 놓이다·빠지다　2.(형벌에) 부치다　3.(벌금 따위를) 물리
　　　　　다　　〔보기〕위기에 처한 우리 말글 → 위기에 빠진(놓인)
　　　　　~/ 멸종 위기에 처한 → 멸종 위기에 빠진(놓인)/ 난관에 처
　　　　　한 페레스트로이카 → 난관에 빠진 페레스트로이카/ 시련에
　　　　　처할 때마다 → 시련에 빠질 때마다/ 농촌이 처한 어려움 →
　　　　　농촌이 놓인 어려움/ 내가 처한 현실을 생각할 때 → 내가 부
　　　　　닥친 현실을 ~/ 벌금형에 처해졌다고 → 벌금형을 받았다
　　　　　고·벌금을 물렸다고·벌금형에 부쳤다고/ 사형에 처하다 →
　　　　　사형을 내리다·사형에 부치다 〔處-〕

척　　　　자 〔尺〕
척결　　　도려냄·발라냄　　〔보기〕척결하다 → 도려내다·없애다·
　　　　　뿌리뽑다/ 부정부패를 척결하고 → 부정부패를 도려내고
　　　　　▷ 결척 → 도려냄/ 근절 → 뿌리뽑음 〔剔抉〕

척도　　　자·잣대·기준 〔尺度〕
척박　　　메마름　　〔보기〕척박하다→메마르다/ 척박지 → 메마른 땅
　　　　　/ 척박토 → 메마른 흙 〔瘠薄〕

척사　　　윷놀이　　〔보기〕척사회 → 윷놀이/ 척사대회 → 윷놀이대회
　　　　　▷ 추천 → 그네뛰기 〔擲柶〕

척살　　　1. 찔러죽임　2. 닿고나감　　〔보기〕척살하다 → 찔러죽이
　　　　　다·닿고나가다　　▷ 자살 → 찔러죽임/ 터치아웃 → 닿고
　　　　　나감 〔刺殺〕

척수　　　등골　　〔보기〕척수골 → 등골뼈/ 척수마비 → 등골마비/ 척
　　　　　수막 → 등골막/ 척수신경 → 등골신경/ 척수염 → 등골염/ 척
　　　　　수회 → 등골회　　▷ 척추 → 등뼈 〔脊髓〕

척추　　　등뼈　　〔보기〕척추골 → 등골뼈/ 척추동물 → 등뼈동물
　　　　　〔脊椎〕

척후　　　정탐·정찰·살핌　　〔보기〕척후하다 → 몰래 살피다/ 척후
　　　　　대 → 정탐대·정찰대/ 척후병 → 정찰병 〔斥候〕

천거　　　추천·내세움·내듦　　〔보기〕천거하다 → (사람을) 추천하
　　　　　다·내세우다　　▷ 거천·천·통청 → 추천 〔薦擧〕

천고일철	한결같음　　〔보기〕지사의 천고일철이다 → 지사의 한결같음이다　[千古一轍]
천공	구멍뚫음·구멍뚫림　　〔보기〕천공하다 → 구멍뚫다·구멍뚫리다/ 천공기 → 구멍뚫개/ 천공병 → 구멍병　[穿孔]
천기	날씨·일기　[天氣]
천명	밝힘　　〔보기〕천명하다 → 밝히다·드러내다/ 사정은 계속될 것이라고 천명했다 → 사정은 계속할 것이라고 밝혔다/ 김대통령이 천명한 → ～　밝힌　[闡明]
천박하다	얕다·깊지 못하다　　〔보기〕천박한 생각 → 얕은 생각　[淺薄 -]
천변	냇가　[川邊]
천봉답	하늘바라기　[天奉畓]
천부	타고남·하늘이 줌　　〔보기〕천부적 → 타고난/ 천부 인권 → 타고난 인권　　▷ 교육 → 기름·가르침·닦음　[天賦]
천부당만부당	당치 않음·당찮음　　〔보기〕천부당만부당하다 → 조금도 가당치 않다　[千不當萬不當]
천성	타고난 성품　[天性]
천수답	하늘바라기(논)·천둥지기　　▷ 고래실·고논/ 봉천답·천봉답 → 하늘바라기　[天水畓]
천시	천하게 봄·더럽게 여김　　〔보기〕천시하다 → 천하게 여기다　▷ 질시하다 → 밉보다/ 괄시하다 → 깔보다/ 중시하다 → 무겁게 보다/ 하시하다 → 낮추보다　[賤視]
천신만고	온갖 고생·갖은 애를 씀　　〔보기〕천신만고 끝에 → 가까스로·무척 애써서　[千辛萬苦]
천양	하늘땅　　〔보기〕천양지차 → 하늘과 땅 차이·엄청난 차이　[天壤]
천연	미룸·미뤄감·늦춤　　〔보기〕천연하다 → 미루다/ 천연시키다 → 미루다　　▷ 순연 → 차례물림·차례미룸/ 지연 → 미룸　[遷延]
천연	1. 제대로 된(것)　2. 아주 비슷하게　　〔보기〕천연고무 → 생고무/ 천연미 → 자연미　　▷ 인공 → 만듦(든)/ 합성 → 어우름·합침/ 자연 → 절로·절로된것·그대로것　[天然]
천연두	마마　　▷ 두병·두창·시두·역창·역질·연환·천포창·천행두·포창·호역·손님 → 마마　[일 天然痘·てんねんとう]
천연조림	자연숲 가꾸기·절로숲가꾸기　　▷ 인공조림 → 심은숲가꾸기/ 천연림 보육 → 자연숲 가꾸기　[天然造林]
천이	바뀜·옮김　[遷移]

ㅊ

천일	볕·햇볕·해　　〔보기〕천일건조 → 볕말림·햇빛말리기/ 천일염 → 볕소금·바닷소금　[天日]
천정	천장　※'천정부지'는 그대로 씀.　　〔보기〕천정판 → 천장 널　[天井]
천정부지	하늘 높은 줄 모름　　〔보기〕물가가 천정부지로 오르다 → 물 가가 한없이 오르다　[天井不知]
천제	하느님　[天帝]
천중절	단오·단옷날　[天中節]
천착	파뚫음·깊이 팜　　〔보기〕천착하다 → 구멍을 뚫다·깊이 연 구하다　[穿鑿]
천칭	어깨저울　　▷ 천평칭 → 어깨저울　[天秤]
천태만상	온갖 모양　[千態萬象]
천학비재	잘모름·변변찮음　[淺學菲才]
천해	얕은 바다　　▷ 심해 → 깊은 바다　[淺海]
철	묶음·뀀　　〔보기〕철하다 → 묶다·매다·꿰매다/ 서류철 → 서류묶음　[綴]
철각	1. 무쇠다리·억센다리　2. → 여치　　※마라톤 선수들의 비 유.　▷ 건각 → 군센 다리　[鐵脚]
철거	걷어치움·헐어버림　　〔보기〕철거하다 → 허물어버리다· 걷어치우다/ 철거민 → 집뜯긴(헐린) 주민/ 철거 반대 → (집)헐기 반대　[撤去]
철권	무쇠주먹·군센주먹·돌주먹　[鐵拳]
철기	쇠그릇·쇠연모　[鐵器]
철도	철길　　〔보기〕철도터널 → 기차굴/ 철도를 놓다 → 철길을 놓다　[鐵道]
철때기	철따구니·철딱서니
철면피	두꺼운 낯(짝)·뻔뻔한 낯(짝)　[鐵面皮]
철선	쇠줄·철사　[鐵線]
철수	걷어들임·거둠·걷어치움·물림　　〔보기〕철수하다 → 걷어 들이다·물러나다　[撤收]
철시	가게 닫음　　〔보기〕철시하다 → (모조리) 가게문을 닫다 ▷ 철전·파시 → 가게 닫음　[撤市]
철썩같이	철석같이
철야	밤샘　　〔보기〕철야하다 → 밤샘하다·밤새우다/ 철야농성 → 밤샘농성/ 철야작업 → 밤샘일/ 철야투쟁 → 밤샘싸움 [徹夜]
철자법	맞춤법　[綴字法]
철조망	가시철망　[鐵條網]

철주	쇠기둥·쇠대　［鐵柱］
철창	1. 쇠살창문　2. 감옥·교도소　［鐵窓］
철책	쇠울타리·쇠울짱　［鐵柵］
철칙	굳은 규칙　▷ 원칙　［鐵則］
철퇴	쇠방망이·쇠몽둥이　〔보기〕철퇴를 가하다·철퇴를 내리다 → 되우 혼내다　［鐵槌］
철판	볼록판·볼록박이　▷ 요판 → 오목판　［凸板］
철편	쇳조각　［鐵片］
철폐	걷어치움·없앰　〔보기〕철폐하다 → 없애다/ 규제 철폐 → 말리지 않기·규제 없앰　▷ 폐지 → 그만둠/ 개폐 → 고치거나 버림　［撤廢］
철회	걷어치움·거둬들임　〔보기〕철회하다 → 걷어치우다·거둬들이다/ 말을 철회하다 → 말을 거두어들이다/ 동의를 철회하다 → 동의를 거두어들이다　▷ 취소하다 → 지우다·무르다　［撤回］
첨가	덧붙임·보탬　〔보기〕첨가하다 → 덧보태다·더 넣다·덧붙이다　▷ 첨삭 → 덧붙이거나 깎음　［添加］
첨단	맨앞·앞끝　〔보기〕첨단거대증·첨단비대증 → 끄트머리 커짐병/ 유행의 첨단을 걷다(달리다) → 유행에 앞장 서다/ 첨단화 → 앞장서기·새롭게 하기/ 첨단산업 → 앞선산업·새론산업/ 첨단제품 → 앞선제품·새로운제품　［尖端］
첨부	붙임·덧붙임　〔보기〕첨부하다 → 덧붙이다·곁들이다/ 첨부 파일 → 곁들이·덧붙인 내용　▷부첨·첨속 → 덧붙임　［添附］
첨송	덧붙여보냄　〔보기〕첨송하다 → 덧붙여 보내다·함께 보내다　［添送］
첨언	보태 말함·덧붙임·덧붙임말　〔보기〕첨언하다 → 덧붙여 말하다·(말을) 덧붙이다　▷ 부언 → 말덧붙임·덧붙여 말함/ 중언부언 → 여러말　［添言］
첨예하다	날카롭다　〔보기〕첨예하게 → 날카롭게/ 첨예한 대립을 보이고 있다 → 날카롭게 맞서고 있다　▷ 예리하다·첨리하다 → 날카롭다　［尖銳-］
첨탑	뾰족탑　［尖塔］
첩경	1. 지름길·빠른길　2. 으레　［捷徑］
첩보	※군사에서, 이는 모든 출처에서 수집된 최초의 지식을 일컫는다. 인포메이션.　▷ 정보·인포메이션　［諜報］
첩부	붙임·붙이기　〔보기〕첩부하다 → 붙이다　▷ 첨부 → 붙이다·달다　［貼付］

첩용	붙여두고 씀 〔보기〕첩용하다 → (우표·인지를) 붙이다·붙여 쓰다 [貼用]
첩자	간첩·정탐꾼·염알이꾼 ▷ 스파이 → 간첩·정탐꾼/ 세작 → 간첩·염알이꾼 [諜者]
청각	듣기감각 〔보기〕청각기관 → 듣기기관 ▷ 시각 → 듣기감각/ 촉각 → 더듬감각·더듬이 [聽覺]
청고병	풋마름병·시들병 [靑枯病]
청과물	푸새과일·채소과일 〔보기〕청과물 시장 → 과일시장·채소과일시장 [靑果物]
청량	맑고시원함·서늘함·깨끗함 〔보기〕청량하다 → 깨끗하다·서늘하다/ 청량미 → 깨끗함/ 청량감 → 해맑은 느낌 [淸凉]
청력	듣는힘·듣는 능력 [聽力]
청루	기생집 ▷ 요정 → 요릿집 [靑樓]
청부	도급·도맡음 〔보기〕청부하다 → (일을) 도맡다/ 청부살인 → 맡아죽임·맡겨 죽임/ 청부계약 → 도급계약/ 청부금 → 도급금/ 청부보증금 → 도급보증금/ 청부업 → 도급업/ 청부업자 → 도급업자/ 청부인 → 도급인 ▷ 도급 → 도맡기/ 하청 → 아랫도급·밑도급·중간도급 [일 請負·うけおい]
청사	역사·적발 [靑史]
청사료	푸른먹이·풀먹이·푸샛먹이 ▷ 녹사료 → 푸른먹이·풀먹이·푸샛먹이 [靑飼料]
청사진	푸른사진·미래상·설계도 〔보기〕청사진을 펼쳐 보이다 → 미래상을 펼쳐 말하다 [靑寫眞]
청산	셈맑힘·맑힘·끝냄·씻어냄·정리함 〔보기〕청산하다 → (셈을) 끝내다·정리하다/ 청산조 → 셈맑힘몫·청산몫/ 과거 청산 → 과거 정리·과거 맑히기 [淸算]
청색	푸른빛 [靑色]
청서	날다람쥐 ▷ 청설모 → 날다람쥐털 [靑鼠]
청선	푸른선·푸른금 ▷ 적선 → 붉은선·붉은금 [靑線]
청신경	듣기신경 ▷ 시신경 → 보기신경 [聽神經]
청예	풋베기·풀베기·꼴베기 〔보기〕청예목초 → 풋꼴/ 청예사료 → 풋먹이/ 청예작물 → 풋베기작물·풋농삿것 [靑刈]
청자	들을이·듣는이 〔보기〕시청자 → 듣보는이·보듣는이 ▷ 화자 → 말하는이 [聽者]
청저	풋김치 [靑菹]

청정	맑음·깨끗함　〔보기〕청정도 → 깨끗하기·깨끗한 정도/ 청정해역 → 깨끗한 바다·맑은바다　〔淸淨〕
청중	듣는 사람·듣는이·손님　▷ 관중 → 구경꾼　〔聽衆〕
청취	듣기　〔보기〕청취하다 → 듣다/ 청취자 → 듣는이　▷ 시청 → 듣보기　〔聽取〕
청태	1. 푸르대콩　2. 청대콩　〔靑太〕
청태	푸른이끼·파래　〔보기〕청태탕 → 파랫국　〔靑苔〕
청포	녹두묵·녹말묵　〔淸泡〕
청허	바람　〔보기〕청허하다 → 바라다　▷ 청탁 → 부탁·청함　〔請許〕
청허	허락　〔보기〕청허하다 → 허락하다　〔聽許〕
체감	살갗느낌·겉느낌·느낌　〔보기〕체감하다 → 몸으로 느끼다/ 체감온도 → 느낌온도/ 체감물가 → 실제물가·느낌물가　〔體感〕
체결	맺음　〔보기〕체결하다 → 맺다·묶다/ 체결행낭 → 묶은 우편자루/ 협정체결 → 협정맺기　〔締結〕
체구	몸뚱이·몸집　▷ 체격 → 몸피　〔體軀〕
체납	밀림　〔보기〕체납하다 → 밀리다·제때 못내다·제때 안내다/ 체납되다 → 밀리다/ 체납금 → 밀린 돈/ 체납세 → 밀린 세금　▷ 체불임금(체임) → 밀린품삯/ 체증 → 막힘　〔滯納〕
체내	몸속·몸안　〔보기〕체내순환 → 몸속돌기　▷ 체외 → 몸밖　〔體內〕
체념	생각버림·마음끊음·잊어버림　〔보기〕체념하다 → 마음끊다·마음 놓다　▷ 단념 → 생각버림·잊어버림　〔諦念〕
체득	겪어앎·몸받음·본받음·터득　〔보기〕체득하다 → 몸으로 익히다·겪어 알다　▷ 해득 → 깨침/ 체현 → 몸으로 나타냄　〔體得〕
체량	몸무게　〔보기〕계체량 → 몸무게 재기·잰 몸무게　▷ 체중 → 몸무게　〔體量〕
체류	머무름·묵음　〔보기〕체류하다 → 머무르다·묵다　▷ 체재 → 머무름·묵음　〔滯留〕
체불	밀림·체납·체급　〔보기〕체불하다 → 밀리다/ 체불금 → 밀린돈/ 체불노임(체임) → 밀린품삯/ 체불임금(체임) → 밀린품삯·밀린임금/ 봉급체불 → 봉급밀림·봉급 못줌　〔일滯拂〕
체비지	환지처분 제외땅　〔替費地〕

체세포	몸세포 [體細胞]
체신	채신·치신·처신 〔보기〕체신없다 → 채신없다·치신없다·처신없다/ 치신머리·채신머리/ 치신사납다
체인	1. 사슬·연쇄 2. 배급망 〔보기〕체인 스토어 → 연쇄점/ 체인 스티치 → 사슬뜨기/ 체인점 → 연쇄점/ 콜드 체인 → 저온설비 유통기구·냉장유통기구/ 체인화 → 묶음·이어대기 [영 chain]
체인지	값·갈음·갈아대기·변경·바꾸기 〔보기〕체인지하다 → 바꾸다·갈다/ 체인지 디렉토리 → (자료)방 바꾸기/ 체인지 멤버 → (농구)선수 교체·선수 갈기·갈려들어온 선수/ 체인지 업 → 투구 변화·변화구/ 체인지 코트 → 진영 바꾸기 [영 change]
체임	밀린품삯 [滯賃]
체임버 뮤직	실내악 ▷ 챔버 → 체임버 [영 chamber music]
체장	몸길이·키 [體長]
체재	모양새·만듦새 [體裁]
체재	머무름·묵음 〔보기〕체재하다 → 머무르다·묵다/ 체재일수 → 묵은(을) 날수 ▷ 체류 → 머무름 [滯在]
체적	부피 〔보기〕체적계 → 부피재개 [體積]
체절	1. 몸마디 2. 체후 〔보기〕체절기(관) → 신관/ 체절동물 → 환형동물 [體節]
체제	짜임새·틀·제도 ▷ 체제를 갖추다 → 틀을 갖추다 [體制]
체중	몸무게 [體重]
체취	몸냄새 [體臭]
체크	점검·대조·꺾자표 〔보기〕체크하다 → 맞춰보다·점검하다·대조하다/ 체크 룸 → 보관소/ 체크 리스트 → 견줌표·대조표·점검표/ 체크무늬 → 바둑판무늬/ 체크 보드 → 기록판/ 체크 포인트 → 점검사항/ 체크 프라이스 → 수출기준값·제한가격/ 체크 아웃 → 방 비움·(호텔)떠남·값치름 확인/ 체크 인 → 절차 밟음·(호텔)듦·확인 [영 check]
체포	잡음·붙듦 〔보기〕체포하다 → 붙잡다·붙들다 [逮捕]
체험	몸소 겪음·겪어봄 〔보기〕체험하다 → 몸소 겪다·겪어보다 ▷ 경험 → 겪음·해봄 [體驗]
체화	쌓인짐·밀린물건(짐)·짐묵힘 〔보기〕체화하다 → 쌓이다·쌓아두다/ 체화량 → 쌓인짐양·밀린짐양 ▷ 적체 → 쌓임·막힘 [滯貨]
처마시다	처마시다 ※'많이, 함부로, 마구'의 뜻으로 쓰는 접두사 '처'

가 붙는 말로 '처담다, 처들이다, 처매다, 처먹다, 처박다, 처넣다, 처지르다, 처싣다' 들이 있다. '처지다'는 뒤떨어지거나 아래로 늘어지다의 뜻으로 쓰인다.

| 처박다 | 처박다 |
| 처지다 | 처지다 |

초 –　　훨씬 · 넘어선 · 센 · 뛰어난 · 아주　　　※주로 '센 · 큰 · 좋은'의 뜻을 지닌 말 앞에 붙어 '이를 넘어선'의 뜻을 더하는 구실을 한다.　〔보기〕초간편 → 썩 쉬운/ 초강성 → 세고센/ 초강세 → 넘강세 · 넘오름세/ 초강수 → 아주센수/ 초고가 → 넘비싼/ 초과잉 → 센넘침/ 초당적 → 당을 넘어선/ 초대규모 → 썩 큰규모/ 초법적 → 법넘은/ 초소형 → 아주 작은/ 초고온 → 넘높은온도/초슬림형 → 초박형　　▷ 슈퍼 → 초 · 아주 · 썩　［超 – ］

초가삼칸　　초가삼간　　※관습적으로 굳은 것이나 앞에 사이시옷이 붙은 말, 사이를 나타내는 말 등만 '간'으로 적는데 이에는 윗간 · 뒷간 · 툇간 · 찻간 · 대하천간 · 막간 · 헛간 · 곳간 · 자간 · 행간 · 간격 따위가 있다.　［草家三間］

초개　　지푸라기　　〔보기〕초개 같다 → 보잘것 없다　［草芥］

초과　　넘침 · 넘음　　〔보기〕초과하다 → 넘다 · 넘치다/ 초과분 → 넘음치 · 넘친 부분　［超過］

초극　　이겨나감 · 이겨냄　　〔보기〕초극하다 → 이겨내다 · 뛰어넘다　［超克］

초근　　풀뿌리　　〔보기〕초근목피 → 풀뿌리와 나무껍질.　　※'거친 음식'의 비유.　［草根］

초기년도　　초기연도　［初期年度］

초대　　청함 · 부름　　〔보기〕초대하다 → 청하다 · 부르다 · 모시다/ 초대장 → 청함장 · 부름장　　▷ 초치 → 청해옴 · 부름 · 불러들임　［招待］

초도　　첫번 · 처음　　〔보기〕초도순시 → 첫순시 · 첫방문/ 초도일 → 환갑날　［初度］

초두　　첫머리 · 애초　［初頭］

초래　　가져옴 · 불러옴　　〔보기〕초래하다 → 가져오다 · 하게 하다 · 불러오다　　▷ 자초하다 → 스스로 부르다　［招來］

초록　　뽑아적음　　〔보기〕초록하다 → 뽑아적다　　▷ 초하다 → 뽑아적다/ 채록 → 모아적음 · 뽑아적음　［抄錄］

초만원　　꽉참 · 정원 넘침 · 차고남음　　〔보기〕초만원을 이루다 → 꽉차다 · 빽빽이 들어차다/ 만원 → 꽉참　［超滿員］

초망　　채그물　［抄網］

초목회	푸나무재 · 재거름 [草木灰]
초문	처음 들음 〔보기〕 금시초문이다 → 듣느니 처음이다 [初聞]
초미	※'썩 위급함'의 비유. 〔보기〕 초미의 → 매우 위급한 · 썩 급한/ 초미의 관심사 → 뜨거운 관심거리 ▷ 연미 → 썩 급함 [焦眉]
초보	첫걸음 · 서투름 〔보기〕 초보운전 → 서툰 운전/ 초보자 → 햇병아리 · 풋내기 [初步]
초본	1. 베낌벌 2. 뽑은벌 ▷ 등본 → 베낌벌 [抄本]
초본	풀붙이 〔보기〕 초본경 → 풀줄기/ 초본대 → 풀밭대/ 초본류 → 풀붙이/ 초본식물 → 풀식물 ▷ 목본 → 나무붙이 [草本]
초빙	모셔옴 · 청해옴 〔보기〕 초빙하다 → 모셔오다 [招聘]
초산	첫배낳기 · 첫출산 [初産]
초색	풀빛 ▷ 초록색 → 풀빛 [草色]
초생달	초승달
초서	흘림 · 흘림글씨 〔보기〕 초서하다 → 흘림글씨를 쓰다 · 흘려쓰다 [草書]
초석	주춧돌 [礎石]
초성	첫소리 ▷ 중성 → 가운뎃소리 · 홀소리/ 종성 → 끝소리 · 받침 [初聲]
초식	풀먹이 · 풀을 먹음 〔보기〕 초식하다 → 풀을 먹다/ 초식가축 → 풀먹이 집짐승/ 초식동물 → 풀먹이동물 [草食]
초심자	처음 배우는 이 · 초대 · 새내기 [初心者]
초야	1. 초저녁 2. 첫날밤 [初夜]
초연	첫연주 · 첫공연 〔보기〕 초연하다 → 처음 공연하다 [初演]
초원	풀밭 · 풀벌 [草原]
초유	첫젖 [初乳]
초유	처음 있음 〔보기〕 초유의 → 처음 있는 · 처음인 [初有]
초음속	소리보다 빠른 [超音速]
초인종	부름종 · 설렁종 [招人鐘]
초임	첫임금 · 첫품삯 [初賃]
초자	유리 〔보기〕 초자결 → 유리흠/ 초자기 → 유리그릇/ 초자실 → 유리집/ 초자실 재배 → 유리온실 가꾸기 [일 硝子 · しょうし]
초장	풀길이 [草長]
초적	풀피리 [草笛]

초점	모임점 · 중심점 ▷ 촛점 → 초점 [焦點]
초조	조마조마함 · 애탐 〔보기〕초조하다 → 애타다 · 조마조마하다 · 가슴 졸이다/ 초조감 → 조바심 [焦燥]
초지	처음뜻 · 첫마음 · 첫뜻 〔보기〕초지일관 → 첫뜻 그대로 · 줄곧 · 오로지 [初志]
초지	풀밭 · 풀땅 · 꼴밭 〔보기〕초지개량→ 꼴밭개량/ 초지조성 → 꼴밭가꾸기 · 꼴밭 만들기 [草地]
초창기	처음 · 첫무렵 [初創期]
초청	부름 〔보기〕초청하다 → 부르다 · 청하다 [招請]
초치	청해옴 · 부름 · 불러들임 〔보기〕초치하다→ 청해오다 · 불러오다 [招致]
초침	초바늘 ▷ 분침 → 분바늘/ 시침 → 시간바늘 · 짧은바늘 [秒針]
초코	초콜릿 ▷ 쵸콜릿 → 초콜릿 [영 choco]
초콜렛	초콜릿 [영 chocolate]
초콜릿색	밤색 [영 chocolate+色]
초크	분필 [영 chalk]
초탈	벗어남 · 뛰어남 〔보기〕초탈하다 → 벗어나다 · 뛰어넘다 [超脫]
초혼	첫혼인 [初婚]
촉구	재촉 · 좨침 · 조름 · 다그침 〔보기〕촉구하다→ 재촉하다 · 거듭 부탁하다 · (해달라고)죄어치다/ 대책 마련을 촉구했다 → 대할꾀를 세울 것을 재촉했다/ 아무리 촉구해봐야 → 아무리 다그쳐봐야 [促求]
촉박하다	기한이 밭다 · 몹시 급하다 · 바투닥치다 · 시간없다 · 얼마 안남다 [促迫 -]
촉발	찔러일으킴 · 불러일으킴 〔보기〕촉발하다 → 마음이 생기다 · 터뜨리다 · 일으키다/ 화를 촉발하다 → 화를 불러일으키다 [觸發]
촉성	빨리 이뤄지게 함 · 빨리이룸 · 당겨이룸 〔보기〕촉성하다 → 빨리 이루어지게 하다/ 촉성재배 → 철당겨가꾸기 [促成]
촉수엄금	손대지 마시오 [觸手嚴禁]
촉진	다그침 〔보기〕촉진하다 → 다그치다 · 앞당기다 [促進]
촉촉히	**촉촉이** ※큰말은 '축축이'임. 어찌씨의 끝음절이 '이'로만 소리나면 '이'로, '이'나 '히'로 소리나면 '히'로 적음.(맞춤법 제51항) 가붓이 · 깨끗이 · 나붓이 · 느긋이 · 둥긋이 · 빽빽이 · 일일이 · 번번이 · 적이 따위.

ㅊ

촉탁	맡김 · 맡은 사람　〔보기〕촉탁하다 → 맡기다　[囑託]
촌	마을　〔보기〕무의촌 → 의사없는 마을/ 산촌 → 산마을/ 강촌 → 강마을　▷ 부락 → 마을　[村]
촌각	잠깐동안 · 썩 짧은 시간　〔보기〕촌각을 다투다 → 썩 급하다　▷ 촌음 → 썩 짧은 시간　[寸刻]
촌극	도(토)막극　[寸劇]
촌락	마을　▷ 부락 → 마을　[村落]
촌로	시골 늙은이 · 시골어른　[村老]
촌민	시골사람　[村民]
촌지	1. 정표 · 조그만 성의 · 작은 뜻　2. 돈봉투　[寸志]
촌평	짧은평　[寸評]
촘촘이	촘촘히
촛점	초점　〔보기〕촛점거리 → 초점거리　[焦點]
총각미역	꼭지미역　※표준어규정 제21항.
총격전	총싸움　[銃擊戰]
총겯다	총걸다　※‘총걸다’가 많이 쓰인다 하여 이를 표준말로 삼음.(표준어규정 제25항) 그러나 ‘어깨를 겯다’처럼 ‘겯다’는 쓰임.
총계	모두 · 통틀어　▷ 합계 → 모두 · 모아서　[總計]
총괄	뭉뚱그림 · 한데 뭉침 · 한데 묶음 · 싸잡음　〔보기〕총괄하다 → 뭉뚱그리다 · 싸잡다 · 통틀다/ 총괄적 → 뭉뚱그려 · 뭉뚱그린 것　[總括]
총구	총부리 · 총구멍　[銃口]
총댕이	포수　※‘포수’가 많이 쓰인다 하여 이를 표준말로 삼음.(표준어규정 제22항)
총동원	모두 끌어냄 · 모두 내세움　〔보기〕총동원하다 → 모두 내세우다 · 모두 끌어내다　[總動員]
총력	온힘 · 전체힘　[總力]
총론	모두풀이 · 두루풀이 · 얽어풀이　▷ 각론 → 따로풀이 · 가름풀이/ 개론 → 두루풀이 · 대충풀이　[總論]
총망	매우 바쁨　〔보기〕총망중에 → 썩 바쁜 가운데　▷ 황망 → 어리둥절함/ 황망중에 → (바빠서) 어리둥절한 가운데　[忽忙]
총망라	다 모음 · 통틀어 얽음 · 뭉뚱그림　〔보기〕총망라하다 → 다 모으다 · 통틀어 얽다 · 뭉뚱그리다　▷ 망라하다 → 널리 모으다　[總網羅]
총뿌리	총부리　※‘주둥이 · 입’이란 뜻이므로 ‘부리’가 맞다. 이에 맞서는 말로 ‘총개머리’ ‘개머리’가 있다.

총생	뭉쳐나기 · 떨기나기 · 모듬남　※'잎차례'의 한가지.　〔보기〕총생하다 → 뭉쳐나다　▷ 대생 → 마주나기/ 윤생 → 돌려나기/ 호생 → 어긋나기/ 엽서 → 잎차례/ 화서 → 꽃차례　[叢生]
총선	총선거　[總選]
총설	모두풀이 · 두루풀이　〔보기〕각설 → 따로풀이/ 개설 → 두루풀이 · 대충풀이　▷ 총론 → 모두풀이 · 두루풀이　[總說]
총성	총소리　[銃聲]
총신	총열　[銃身]
총안	총구멍　[銃眼]
총애	굄 · 몹시 사랑함　〔보기〕총애하다 → 남달리 사랑하다　▷ 편애 → 치우친 사랑　[寵愛]
총의	전체뜻　〔보기〕총의를 모으다 → 전체 뜻을 모으다　[總意]
총의치	온틀니　[總義齒]
총체	모두 · 전부 · 전체　〔보기〕총체적 → 모두 · 모조리 · 몽땅/ 총체적 부패 → 모조리 썩음/ 총체적 부실 → 모조리 허술함/ 총체적 위기 → 두루 위기　[總體]
총탄	총알　[銃彈]
총판	총판매 · 도맡아팔기　〔보기〕총판하다 → 도맡아 팔다　[總販]
총평	전체평 · 두루평 · 뭉뚱평　〔보기〕총평하다 → 전체를 평하다　[總評]
촬영	찍기　〔보기〕촬영하다 → (영화 · 사진을) 찍다/ 영화촬영 → 영화찍기　[撮影]
최 -	※'가장 · 아주'의 뜻을 지닌 앞가지로 많이 쓰인다.　〔보기〕최악수 · 최장수 · 최적임 · 최적합 · 최전성기 · 최절정 · 최측근　[最 -]
최강	가장 셈 · 가장 강함 · 맏셈　〔보기〕최강자 → 가장 센 이　[最强]
최고	가장 오램 · 가장 오랜 · 맏오램　[最古]
최고	가장 높음 · 제일임 · 맏높음　〔보기〕최고가 → 최곳값 · 맏높은값/ 최고급 → 맏고급/ 최고봉 → 맏높은 봉우리　▷ 최저 → 가장 낮음　[最高]
최고	재촉통지 · 독촉　〔보기〕최고장 → 독촉장　[催告]
최고조	한고비 · 한사리 · 맏높이　▷ 클라이맥스 → 한고비 · 맏높이　[最高潮]

최근	1. 요즈음 2. 가장 가까움 〔보기〕최근지의 → 가장 가까운 [最近]
최기	가장 가까운·가까운·근처 〔보기〕최기 우체국 → 가까운 우체국/ 최기한 → 가장 가까운 [最寄]
최다	가장 많음·가장 많은·맏많음 〔보기〕최다수 → 가장 많은 수/ 최다액 → 가장 많은 돈 [最多]
최단	가장 짧음·가장 짧은 〔보기〕최단거리 → 가장 짧은 거리 [最短]
최대	가장 큼·맏큼·가장 큰 〔보기〕최대경 → 가장 큰 지름· 맏지름/ 최대엽 → 가장 큰 잎·맏잎/ 최대치 → 최댓값·맏 값/ 최대 현안 → 가장 큰 문제/ 최대한 → 늘잡아·한껏 ▷ 최소 → 가장 작음 [最大]
최루탄	눈물탄 [催淚彈]
최선	1. 가장 좋음·맏좋음 2. 온힘 〔보기〕최선을 다하다 → 온 힘을 다하다·힘써 행하다/ 최선책 → 맏준꾀·으뜸꾀·으뜸 방책 ▷ 차선책 → 버금꾀·다음존꾀/ 최악 → 가장나쁨· 맏나쁨 [最善]
최소	가장 작음·맏작음·가장 작은 〔보기〕최소치 → 최솟값· 가장 작은 값·맏작은값/ 최소한 → 아주 졸잡아·적어도 ▷ 최대 → 가장 큼(큰)·맏큼 [最小]
최소	가장 적음(작음)·가장 적은(작은) ▷ 최대 → 가장 큼(많 음)/ 최다 → 가장 많음(은)·맏많음 [最少]
최악	가장 나쁨·맏나쁨 〔보기〕최악의 경우 → 아주 나쁜 경 우·아주 나쁘면/ 최악의 상태 → 아주 나쁜 상태 ▷ 최선 → 맏좋음·가장 좋음 [最惡]
최우수상	으뜸상 [最優秀賞]
최저	가장 낮음(은)·맏낮음 〔보기〕최저가 → 가장 싼값·맏싼 값 ▷ 최고 → 가장 높음(은)·맏높음 [最低]
최적	가장 알맞음·맏맞음 〔보기〕최적의 → 가장 알맞은/ 최적 온도 → 가장 알맞은 온도/ 최적 인물 → 맏알맞은 인물 [最 適]
최전열	맨앞줄 ▷ 최후열 → 맨뒷줄 [最前列]
최종	마지막·맨나중·맨끝 〔보기〕최종일 → 마지막날/ 최종회 → 마지막회/ 최종적지 → 최적지·가장 알맞은 곳 ▷ 최 초 → 맨처음 [最終]
최초	맨처음 ▷ 최종·최후 → 마지막 [最初]
최촉	독촉하다·조름 [催促]
최하	맨아래 〔보기〕최하급 → 가장 낮은 급/ 최하층 → 맨아래

층/ 최하품 → 맨아랫길 ［最下］

최후   마지막 · 맨뒤 · 맨끝 · 맨나중 · 맏끝   ▷ 최초 → 맨처음 ［最後］

추가   보탬 · 덧붙임 · 덧 · 더   〔보기〕추가하다 → 덧보태다 · 덧붙이다/ 추가경정 → 덧고침 · 덧짬/ 추가경정예산(추경예산) → 수정예산 · 덧짠예산 · 고친예산/ 추가적 → 덧붙이는 ［追加］

추계   가을철 · 가을   ▷ 춘계 → 봄철/ 하계 → 여름철/ 동계 → 겨울철 ［秋季］

추계   어림셈 · 짐작셈 · 미뤄셈함   〔보기〕추계하다 → 미뤄셈하다 · 어림셈하다 ［推計］

추곡   가을곡식 · 벼   〔보기〕추곡가 → 추곡값 · 볏값/ 추곡수매가 → 벼 사들이는 값 · 벼수맷값 ［秋穀］

추골   등골뼈   ▷ 척추골 → 등(골)뼈 ［椎骨］

추구   들이팜 · 들이캠   〔보기〕추구하다 → 들이파(캐)다 ［追究］

추궁   캐밝힘 · 따져물음   〔보기〕추궁하다 → 캐밝히다 · 따져묻다   ▷ 궁추 → 캐묻다 · 따져 밝히다 ［追窮］

추기   붙임 · 덧적음 · 덧씀   〔보기〕추기하다 → 덧적다 · 덧붙이다   ▷ 부기하다 → 붙여적다 · 덧쓰다 ［追記］

추대   받듦 · 받들어세움   〔보기〕추대하다 → 떠받들다 · 내세우다   ▷ 옹립 → 모셔세움 · 받들어세움 ［推戴］

추돌   뒤들이받음 · 뒤박치기   〔보기〕추돌하다 → 들이받다/ 자동차 추돌 → 차 뒤박치기 · 앞차받기/ 추돌사고 → 뒤박치기 사고/ 삼중 추돌 → 삼중 뒤박치기   ▷ 추월 → 앞지르기 ［追突］

추락   떨어짐   〔보기〕추락하다 → 떨어지다/ 추락시키다 → 떨어뜨리다/ 추락사 → 떨어져 죽음 ［墜落］

추렴   나눠냄 · 거둠   〔보기〕추렴하다 → 나누어내다   ▷ 갹금 · 갹출 → 나눠냄 ［出斂］

추리닝   트레이닝옷 · 운동옷 ［〈영 training］

추문   1. 더런 소문 · 지저분한 소문   2. 입방아 · 입길   ▷ 스캔들 → 추문 · 입방아/ 미문 → 좋은 소문/ 구설 → 입방아 · 입길 · 이러쿵저러쿵 ［醜聞］

추방   쫓아냄 · 내쫓음 · 몰아냄   〔보기〕추방하다 → 몰아내다 · 쫓아내다 ［追放］

추백리병   병아리(흰)설사병   ▷ 백리 → 설사 ［雛白痢病］

추비   웃거름 · 덧거름 · 뒷거름   ▷ 보비 → 덧거름/ 기비 → 밑거

름 [追肥]

추산	미뤄셈함·어림셈·짐작셈·어림잡음 〔보기〕추산하다 → 어림잡다·미루어 계산하다 [推算]
추상	밀어올리기 ※역도 말. ▷ 용상 → 추어올리기/ 인상 → 들어올리기 [推上]
추상	가을 찬서리·가을서리 〔보기〕추상같다 → 서릿발같다· 매섭고 엄하다/ 추상같이 → 서릿발같이 [秋霜]
추세	흐름·흐름새·되어가는 형편 [趨勢]
추송	뒤따라보냄 〔보기〕추송하다 → 뒤따라 보내다·추가로 보내다 [追送]
추수	가을걷이 〔보기〕추수하다 → 가을걷이하다·(가을에) 곡식을 거두다/ 추수기 → 가을걷이철 [秋收]
추수	따름·따르기 〔보기〕추수하다 → 뒤쫓아 따르다/ (대중)추수주의 → 뒤따르기주의·따르기 [追隨]
추스리다	추스르다 〔보기〕추스려 → 추슬러/ 추스렸다 → 추슬렀다 /추스리니 → 추스르니
추신	붙임·보탬말 ▷ P. S.(포스트스크립트) → 붙임/ 재계· 추계·추백·첨기 → 붙임 [追伸]
추심	챙겨받음·챙김 〔보기〕추심하다 → 챙기다·찾아내 가져오다/ 추심명령 → 챙겨오도록 함 [推尋]
추악	더럽고 나쁨 〔보기〕추악하다 → 더럽다·보기 흉하다/ 추악한 행위 → 더러운 짓 [醜惡]
추앙	우러러봄·높이 받듦 〔보기〕추앙하다 → 우러르다·우러러보다 [推仰]
추억	돌이켜 생각함·옛생각·되새김 〔보기〕추억하다 → 돌이켜 생각하다/ 추억을 만들다 → 되새김거리를 만들다 [追憶]
추월	앞지르기 〔보기〕추월하다 → 앞지르다·앞지르기하다/ 추월금지 → 앞지르지 못함/ 추월선 → 앞지름길 [일 追越· おいこし]
추이	움직임·변해나감·따라 변함·옮아감 〔보기〕추이를 살피다 → 움직임(형편)을 살피다/ 추이를 지켜보다 → 되어가는 꼴을 지켜보다/ 추이가 주목된다 → 옮아가는 꼴이 궁금하다 ▷ 이행 → 되어감·옮아감·변해감/ 귀추 → 되어감 [推移]
추인	나중 인정 〔보기〕추인하다 → 나중에 인정하다 [追認]
추잠	가을누에 ▷ 춘잠 → 봄누에 [秋蠶]
추적	뒤밟음·뒤쫓음 〔보기〕추적하다 → 뒤쫓다 [追跡]

추정	미뤄 판정함 · 가령 침　〔보기〕 추정하다 → 미뤄 판정하다 · 짐작하다/ 추정치 → 추정값　[推定]
추종	좇음 · 붙좇음 · 따름　〔보기〕 추종하다 → 붙좇다 · 따르다/ 타의 추종을 불허하다 → 훨씬 앞서다/ 추종자 → 따르는 이 [追從]
추진	밀고나감　〔보기〕 추진하다 → 밀고 나가다/ 추진력 → 미는힘 · 떠밀힘 · 밀고 나가는 힘　[推進]
추징	뒤미처 받음 · 더 물림 · 뒷날 거둠　〔보기〕 추징하다 → 더 물리다 · 뒤미처 받아내다 · 거두다/ 추징액 → 더물린돈　[追徵]
추천	그네 · 그네뛰기　〔보기〕 추천대회 → 그네뛰기대회　▷ 척사 → 윷놀이　[鞦韆]
추첨	제비뽑기　〔보기〕 추첨하다 → 제비 뽑다　▷ 당첨 → (제비) 뽑힘　[抽籤]
추출	뽑아냄 · 빼내기　〔보기〕 추출하다 → 뽑아내다/ 추출기 → 뽑개　▷ 엑스(익스트랙트) → 즙물 · 진액　[抽出]
추측	짐작 · 헤아림　〔보기〕 추측하다 → 미루어 헤아리다 · 짐작하다/ 추측에 불과하다 → 짐작일 뿐이다 · 짐작일 따름이다 [推測]
추켜올리다 · 주켜주다	추어올리다 · 추어주다　※'일부러 칭찬하여 주다'의 뜻으로는 '추어올리다' '추어주다'를 쓰지만, '위로 올리어 들다'의 뜻으로는 '추켜올리다' '추켜주다'를 쓴다. 이 말은 '추키다'에서 나온 말이다. '치켜세우다'도 칭찬하다 · 위쪽으로 올리다는 뜻으로 두루 쓰는데, '추켜세우다'는 북쪽에서 '추어올리다'란 뜻으로도 쓴다.　▷ 치켜올리다 · 추켜들다 · 추켜잡다 · 치키다(위로 끌어올리다) · 치치다(위로 치다) · 치뜨리다(던져 올리다)
추키다 · 추기다	'추키다'는 '위로 추슬러 올리다, 끌어올리다'의 뜻. '추기다'는 '사람을 꾀어서 끌어내다 · 선동하다 · 꼬드기다'의 뜻.
추태	추한 짓 · 더런 짓　〔보기〕 추태를 부리다 → 추한 짓을 하다/ 추태를 보이다 → 추한 태도를 보이다　[醜態]
추파	(은근한) 눈짓　〔보기〕 추파를 던지다 → 은근히 눈짓하다 ▷ 윙크 → 눈짓　[秋波]
추행	추한 짓 · 더러운 짓　〔보기〕 추행하다 → 추한 짓을 하다 · 욕보이다　[醜行]
추호	1. 가을털　2. 털끝　〔보기〕 추호도 → 조금도 · 털끝만큼도 [秋毫]
추후	나중 · 뒤에 · 이다음 · 앞으로　〔보기〕 추후 통보함 → 다음

	에 알림 [追後]
축	돌대·심대·굴대 [軸]
축가	축하노래 [祝歌]
축거	앞뒷바퀴 거리·축간 거리 [軸距]
축도	줄인그림 [縮圖]
축사	우리·외양간 ▷ 계사 → 닭장/ 돈사 → 돼지우리/ 우사 → 외양간 [畜舍]
축산	짐승치기·가축치기 〔보기〕축산업 → 짐승치기 [畜産]
축성	성쌓기 〔보기〕축성하다 → 성을 쌓다 [築城]
축소	줄임 〔보기〕축소하다 → 줄이다/ 축소판 → 줄임판 ▷ 확대 → 늘림·키움 [縮小]
축수	비손 〔보기〕축수하다 → 손모아 빌다·비손하다 [祝手]
축수	오래 살기를 빎 〔보기〕축수하다 → 오래 살기를 빌다 [祝壽]
축연	축하잔치·축하연 〔보기〕축연을 베풀다 → 축하잔치를 베풀다 [祝宴]
축원	빎 〔보기〕축원하다 → 빌다 [祝願]
축재	재물쌓기·재산쌓기·재산챙기기 〔보기〕축재하다 → 재산쌓다/ 부정축재 → 그른재산쌓기 ▷ 저재 → 재산쌓기/이재 → 돈불기기 [蓄財]
축적	여툼·쌓음·모음 〔보기〕축적하다 → 모으다·쌓다·여투다/ 축적성 → 쌓임성 [蓄積]
축제	잔치·축전 ▷ 향연 → 잔치/ 페스티벌 → 잔치·한마당/ 예술제 → 예술잔치/ 단오제 → 단오잔치·단오굿 [祝祭]
축조	쌓음·쌓아만듦 〔보기〕축조하다 → 쌓다·쌓아서 만들다/ 축조술 → 쌓는솜씨/ 석성 축조 → 돌성쌓기 [築造]
축조	조목마다 〔보기〕축조심의 → 조목따라 심의함 [逐條]
축조본	영인본 [縮照本]
축척	자줄임·줄임(인)자·줄임표 [縮尺]
축출	쫓아냄·몰아냄·내쫓음 〔보기〕축출하다→ 내쫓다·몰아내다 [逐出]
춘계	봄철 〔보기〕춘계대회 → 봄철대회 ▷ 춘기 → 봄철/ 하계 → 여름철/ 추계 → 가을철/ 동계 → 겨울철 [春季]
춘곤	봄고단 〔보기〕춘곤증 → 봄고단 [春困]
춘궁	보릿고개 〔보기〕춘궁기 → 보릿고개(철) [春窮]
춘기	봄·봄철 〔보기〕춘기방학 → 봄방학 [春期]
춘몽	봄꿈 〔보기〕일장춘몽 → 한바탕 봄꿈 [春夢]

춘부장	어르신네 〔春府丈〕
춘설	봄눈 〔보기〕춘설이 난분분하니 → 봄눈이 흩날리니 〔春雪〕
춘잠	봄누에 〔보기〕춘잠종 → 봄누에씨 〔春蠶〕
춘파	봄(씨)뿌림·봄파종 〔보기〕춘파재배 → 봄가꾸기/ 춘파묘 → 봄모 ▷ 추파 → 가을뿌림 〔春播〕
춘희	동백아가씨 〔일 椿姬·つばきひめ〕
출감	놓여나옴·출소 〔보기〕출감하다 → 출소하다·옥에서 나오다 ▷ 출옥 → 옥에서 나옴 〔出監〕
출강	강의 나감 〔보기〕출강하다 → 강의 나가다 〔出講〕
출고	꺼냄·내기 〔보기〕출고하다 → 곳집에서 꺼내다/ 출고 가격 → 내는값/ 출고량 → 내는양 ▷ 입고 → 들이기 〔出庫〕
출구	나가는 곳·날문·나가는 어귀 ▷ 입구 → 들어오는 곳·들문/ 출입구 → 드나들문 〔出口〕
출국	나라떠남·외국 감 〔보기〕출국하다 → (- 로) 떠나다/ 외국으로 나가다 〔出國〕
출금	돈냄·돈내줌 〔보기〕출금하다 → 돈을 내다/ 출금전표 → 돈내준 표(쪽지)/ 출금액 → 낸돈머릿수 ▷ 입금 → 돈넣기·돈들어옴·들온돈/ 입출금 → 드난돈 〔出金〕
출두	나옴·나감·출석 〔보기〕출두하다 → 나오다·출석하다/ 법정출두 명령 → 법정에 나오라는 명령 〔出頭〕
출마	나섬·나옴(감) 〔보기〕출마하다 → (후보로) 나서다 ▷ 입후보 → 후보로 나섬·내세움 〔出馬〕
출발	떠남 〔보기〕출발하다 → 떠나다·길을 나서다·일을 시작해 나가다 ▷ 도착 → 닿음 〔出發〕
출범	(배)떠남·띄움 〔보기〕출범하다 → 돛을 올리다·새로 시작하다 〔出帆〕
출산	아이(새끼) 낳음·태어남·몸풂·해산 〔보기〕출산하다 → 아기낳다·태어나다/ 출산율 → 출생률 ▷ 출생 → (태어)남/ 임신 → 애뱀 〔일 出産·しゅっさん〕
출생	남·태어남 〔보기〕출생하다 → (태어)나다/ 출생지 → 난데·난곳 〔出生〕
출석	나옴 〔보기〕출석하다 → 나오다·자리에 나가다 〔出席〕
출수	이삭패기·이삭팸 〔보기〕출수하다 → (이삭)패다/ 출수기 → 이삭팰 때 〔出穗〕
출시	장내기 〔보기〕출시하다 → 장에 내다·팔다/ 출시되다 →

ㅊ

장에 나오다 〔出市〕

출아	싹틈 〔보기〕출아하다 → 싹트다 〔出芽〕	
출어	고기잡이 나섬·고기잡이 감 〔보기〕출어하다 → 고기잡이 나가다/ 출어기 → 고기잡이 때·고기잡이철 〔出漁〕	
출연	내어줌·냄 〔보기〕출연하다 → 금품을 내어 도와주다·돈 내다 〔出捐〕	
출연	나감 〔보기〕출연하다 → (행사에) 나가다/ 출연진 → 나 오는 사람들. 〔出演〕	
출영	마중·나가서 맞음 〔보기〕출영하다 → 마중나가다/ 출영 차 공항에 나가다 → 마중하러 공항에 나가다/ 출영객 → 마 중꾼 ▷ 배행 → 배웅/ 환송 → 배웅·작별/ 환영 → 마 중·기꺼이맞음 〔出迎〕	
출원	원서 냄 〔보기〕출원하다 → 원서내다 〔出願〕	
출입	드나듦·나듦 〔보기〕출입하다 → 드나들다/ 출입구(문) → 나드는곳·나들문/ 출입금지 → 들어가지 마시오/ 출입기 자 → 나들기자/ 출입복 → 나들이옷/ 출입이 잦다 → 자주 다 니다·자주 드나들다 〔出入〕	
출자	자본냄·밑천댐·돈댐 〔보기〕출자하다 → 자본넣다·밑 천대다 ▷ 출연 → 돈냄 〔出資〕	
출전	나가싸움·싸우러 나감 〔보기〕출전하다 → 싸우러 나가 다·경기에 나가다/ 출전권 → 경기나갈권리·겨룰권리 〔出 戰〕	
출점	가게냄 〔보기〕출점하다 → 가게내다 〔出店〕	
출정	법정에 나옴(나감) 〔보기〕출정하다 → 법정에 나오(가) 다·재판정에 나오다 ▷ 입정 → 법정 들어옴/ 퇴정 → 법 정 나감 〔出廷〕	
출제	문제냄 〔보기〕출제하다 → 문제내다 〔出題〕	
출중	뛰어남·빼어남 〔보기〕출중하다 → 뛰어나다 ▷ 절 군·출군 → 뛰어남 〔出衆〕	
출찰	표팔기 〔보기〕출찰구 → 표파는 곳(데)·표사는 곳 ▷ 개찰구 → 표보이는 곳 〔일 出札口·しゅっさつぐち〕	
출처	나온데·나온곳 〔보기〕출처 불명 → 나온데 모름 〔出 處〕	
출초	**수출초과·수출넘침** ▷ 입초 → 수입초과 〔出超〕	
출타	나감 〔보기〕출타하다 → 밖으로 나가다·외출하다 〔出 他〕	
출타	내쫓음 〔보기〕출타하다 → 내쫓다 ▷ 퇴출하다 → 물 러나다·쫓아내다 〔黜他〕	

출품	물품냄·작품냄　〔보기〕출품하다 → (작품이나 물품을) 내다　[出品]
출하	짐부침·내실음·실어내기·내감·실어냄　〔보기〕출하하다 → (시장에) 내놓다·실어내다/ 출하기 → 제철·실어내는 철·냄철/ 출하량 → 낸양·냄양　▷ 입하 → 들여옴　[일 出荷·しゅっか]
출항	(배) 떠남·항구떠남　〔보기〕출항하다 → (항구를) 나가다·떠나다　▷ 입항 → 배듦·항구에 들어옴　[出港]
출항	(배·항공기) 떠남　〔보기〕출항하다 → 떠나다·뜨다　[出航]
출현	나타남　〔보기〕출현하다 → 나타나다　[出現]
출혈	피남　〔보기〕출혈판매 → 손해보고 팔기/ 출혈경쟁 → 피보기 경쟁/ 출혈수출 → 손해보는 수출　[出血]
충격	1. 들이침 2. 갑작힘 3. 울림·놀람　〔보기〕충격파 → 울림·울림기운/ 충격을 받다 → 갑작힘을 받다·썩 놀라다　[衝擊]
충격	찔림·부딪침　[衝激]
충당	채움·메움·끌어댐　〔보기〕충당하다 → 메우다·채우다·끌어대다/ 대손충당금 → 손실메움돈　[充當]
충돌	맞부딪침　〔보기〕충돌하다 → 맞부딪치다·(의견이) 서로 맞서다　[衝突]
충만	가득참　〔보기〕충만하다 → 가득 차다·넘치다/ 충만되다 → 충만하다　▷ 충일 → 가득참·차넘침　[充滿]
충매	벌레매개　〔보기〕충매수분 → 벌레꽃가루받이/ 충매화 → 벌레중매꽃　[蟲媒]
충분하다	넉넉하다·모자람없다　〔보기〕충분히 → 넉넉히·흠뻑·흐뭇이　[充分-]
충수	막창자꼬리　▷ 맹장 → 막창자/ 충양돌기 → 막창자꼬리　[蟲垂]
충실	1. 착실함 2. 튼튼함·알참·옹골짐　〔보기〕충실하다 → 1. 착실하다·튼튼하다·알차다·옹골지다 2. → 충실히 하다·바탕하다·기대다.　※'~에 충실하다' 꼴의 말에서 '사실에 충실하다' '임무에 충실하다' '학업에 충실하다' '업무에 충실하다' 따위처럼 '충실하다'의 쓰임이 동사적으로 쓰이는 것을 볼 수 있다. 이때는 주로 '열심히 하다'의 뜻으로 쓰이는데, 다만 '사실에 충실하다'란 말은 '바탕하다·기대다'란 말로 바꿔써도 된다. 즉 '사실에 옹골짐을 꾀하다', '사실을 충실히 다루다'의 뜻이 된다. 아무튼 이들을 인정하여 쓰려면 '충실

하다'의 동사쓰임을 인정해야 된다는 말이다. 이런 쓰임은 '착실하다'도 마찬가지다. '좀더 착실해라'에서도 동사적 쓰임을 볼 수 있다. 한편 이런 일은 아름다워라·기뻐라·즐거워라·튼튼하거라 따위 그림씨에서 일반적으로 볼 수 있는 잘못된 현상이다. [充實]

충양돌기	막창자꼬리 [蟲樣突起]
충원	수채움·사람채움 〔보기〕충원하다 → 사람을 채우다/ 충원소집 → 병력동원소집 ▷ 동원 → 끌어냄 [充員]
충일	꽉참·가득참·넘침·흠뻑 〔보기〕충일하다 → 꽉차다·넘치다/ 충일감 → 꽉찬느낌·흠뻑느낌 [充溢]
충적	흘러쌓임 〔보기〕충적층 → 흘러쌓인 층/ 충적토 → 물다짐흙·흘러쌓인흙/ 충적평야 → 흘러쌓인 벌 [沖積]
충전	채움·메움·넣음·쟁임 〔보기〕충전하다 → 채우다·메우다·때우다/ 충전제 → 틈메움제/ 가스충전소 → 가스 넣는곳 [充塡]
충전	전기넣음·전기잼 〔보기〕충전하다 → 전기를 채워넣다·힘을 넣다 [充電]
충족하다	1. 넉넉하다 2. 채우다 [充足-]
충천	하늘 찌름·높음 〔보기〕충천하다 → 하늘을 찌르다·높다/ 의기충천 → 기세 높음 [衝天]
충치	벌레먹은이·삭은니 [蟲齒]
충혈	핏발섬·피몰림·피모임 〔보기〕충혈하다 → 핏발서다/ 충혈되다 → 충혈하다 [充血]
췌론	군더더기 이론·쓸데없는 이론 [贅論]
췌언	군더더기말·군말·쓸데없는 말 ▷ 췌론·췌사 → 군더더기·쓸데없는 이론 [贅言]
췌장	이자 ▷ 비장 → 지라/ 췌암 → 이자암/ 췌액 → 이자액 [膵臟]
취객	술취한 사람 [醉客]
취급	다루기·처리·대우 〔보기〕취급하다 → 다루다·처리하다/ 취급량 → 다룸양/ 취급액 → 다루는돈머리·다룸돈/ 취급주의 → 조심조심 다루시오/ 취급 부주의로 → 잘못 다뤄서/ 어린애로 취급하다 → 어린애로 치다·어린애처럼 다루다 [일 取扱·とりあつかい]
취기	술기운·술기 〔보기〕취기가 오르다 → 술기운이 오르다 [醉氣]
취담	술취한 말 〔보기〕취중담 → 술취해서 한 말·술말 [醉談]

취득	얻음·차지함 〔보기〕취득하다 → 얻다·손에 넣다/ 취득률 → 따는율·얻는율 [取得]
취락	마을·삶터 〔보기〕취락구조 개선사업 → 마을가꾸기 [聚落]
취로	일함 〔보기〕취로하다 → 일하다/ 취로비 → 품삯·품값 [就勞]
취목	휘묻이 ▷ 삽목 → 꺾꽂이 [取木]
취사	부엌일·밥짓기 〔보기〕취사도구 → 부엌세간·밥짓는 제구/ 취사장 → 부엌·밥짓는 데 [炊事]
취사	잡고 버리기·가지기 버리기 〔보기〕취사하다 → 골라 가지다/ 취사선택 → 골라잡음 [取捨]
취소	지움·무름 〔보기〕취소하다 → 무르다·지우다·없던 일로 하다/ 돌연 취소 → 갑작 무름·갑작 취소 [일 取消·とりけし]
취수	물끌기·물대기 〔보기〕취수하다 → 물을 끌다·물을 대다/ 취수량 → 끈물양·물푼양/ 취수문 → 물문/ 취수탑 → 물고동탑 [取水]
취식	먹기·밥먹음 〔보기〕취식하다 → 밥먹다/ 무전취식 → 거저 먹음 [取食]
취약하다	여리다·무르다·가냘프다 〔보기〕취약소포 → 깨지기 쉬운 소포/ 취약점 → 허술한 점/ 취약지역 → 어렵고 외진 지역·약한 곳 [脆弱-]
취업	일자리 얻음·일터잡음 〔보기〕취업하다 → 일자리를 잡다 ▷ 취직 → 일자리 잡음/ 취업율 → 취업률 [就業]
취역	일나감·움직임 〔보기〕취역하다 → 일나가다·일맡아하다/ 취역식 → 일맡음식·일시작식 [就役]
취입	넣음·녹음 〔보기〕취입하다 → 소리 넣다·녹음하다/ 레코드 취입 → 레코드 녹음 [吹入]
취적	호적에 오름·적에 오름 〔보기〕취적신고 → 호적 취득신고·호적 재신고 [就籍]
취조	문초·조사·심문·캐물음 〔보기〕취조하다 → 조사하다·심문하다·신문하다·캐묻다 [일 取り調べ·도리시라베]
취지	뜻·본뜻 〔보기〕취지하에 → 뜻으로/ 그런 취지로 → 그런 뜻으로/ 취지야 좋다만 → 뜻이야 좋다만 [趣旨]
취침	잠·잠자리에 듦 〔보기〕취침하다 → 자다/ 취침시간 → 잘 시간·자는 시간 [就寢]
취하	거두어들임·거둠 〔보기〕취하하다 → 거둬들이다/ 고소

취하 → 고소 거둠　　▷ 취소 → 무름/ 철회 → 거둬들임 [取下]

취학　학교 들어감　〔보기〕취학하다 → 학교에 들어가다·학교 다니다/ 취학아동 → 학교 다니는 어린이/ 취학연령 → 학교 갈 나이·배울나이　[就學]

취합　모음·모아 합침　〔보기〕취합하다 → 모으다·모아 합치다 [聚合]

취항　배(비행기) 떠남·배(비행기) 다님　〔보기〕취항하다 → 다니다·뱃길(하늘길)에 오르다　[就航]

취향　마음 내킴·마음 쏠림·기분　〔보기〕취향에 따라서 → 마음 내키는(쏠리는) 대로　[趣向]

취화 메칠　브롬화 메틸　[臭化+〈영 methyl]

취흥　술기분　〔보기〕취흥이 도도하다 → 술기분이 높이 일다 [醉興]

측　1. 옆·곁　2. –쪽　〔보기〕정부측 → 정부쪽/ 학교측 → 학교쪽　▷ 측근 → 곁뿌리/ 측근(側近) → 가까운이/ 측도 → 옆길·샛길　[側]

측간　뒷간·화장실　[廁間]

측두골　옆머리뼈　▷ 전두골 → 앞머리뼈/ 후두골 → 뒷머리뼈/ 두정골 → 윗머리뼈/ 두개골 → 머리뼈　[側頭骨]

측량　잼·헤아림　〔보기〕측량하다 → 재다·헤아리다　▷ 측정 → 잼/ 타량 → 재다·헤아리다　[測量]

측면　1. 옆·옆면　2. 일·점·쪽　※'사물의 한 부분이나 한쪽 면'의 뜻이지만 쓸데없이 자주 쓰거나 잘못 쓰는 일이 많다. 〔보기〕측면도 → 옆그림/ 측면공격 → 옆치기/ 측면적 → 옆 넓이/ 습관적 인식 측면에서 수용할 수밖에 없다 → ~ 습관 적으로 하는 일로 ~·~ 으레 그렇게 하는 것이거니 하고 ~/ 납득되지 않는 측면 → 이해하기 어려운 점/ 선수를 아낀다는 측면에서 → ~ 아끼고자·~ 아끼느라고·~ 아끼려고/ 학 생들의 학습권을 침해하는 측면은 없을 것인가 → ~ 침해하 는 일은 없을 것인가·~ 침해하지는 않을지/ 민주주의의 이 론적 측면과 실천적 측면이 일치하지 않는 측면이 있다 → ~ 이론과 실천이 일치하지 않는 점이 있다/ 소비자 측면에서 보 면 → 소비자쪽에서 보면/ 각별한 관심의 반영이란 측면이 짙 게 깔려 있지 않은가 하는 것이 누구나 가질 수 있는 짐작이다 → ~ 관심을 반영한 것이라는 점은 누구나 할 수 있는 짐작 이다/ 정부의 단호한 의지를 보여준다는 측면 → ~ 단호한 의지를 보여주기는 하지만　▷ ~에 있어서 → ~ 점에서·

~에서　[側面]

측목	곁눈·옆눈　[側目]
측벽	옆벽　[側壁]
측선	옆줄　[側線]
측아	곁눈　[側芽]
측은	가엾음·불쌍함　〔보기〕측은하다 → 딱하고 가엾다·불쌍하다/ 측은지심 → 가엾게 여기는 마음　[惻隱]
측정	잼·헤아림　〔보기〕측정하다 → 재다·헤아리다　▷ 측량 → 잼·헤아림　[測定]
측화산	기생화산·오름　[側火山]
측화아	곁꽃눈　[側花芽]
층고	층높이　[層高]
층적운	층쌘구름·두루말이구름　[層積雲]
치	값　[値]
치	티·고개　※티·치 둘 다 쓰이는데 '치'는 '티'가 구개음화한 것으로 본다.　[〈峙]
치골	불두덩뼈·감춤뼈　[恥骨]
치골	이틀(뼈)　[齒骨]
치구	불두덩　▷ 음부 → 불두덩　[恥丘]
치근	이촉·이뿌리　[齒根]
치닥꺼리·치닥거리·치닭꺼리·치다거리	치다꺼리　〔보기〕뒷치다꺼리 → 뒤치다꺼리
치료	낫게 함·고침　〔보기〕치료하다 → 낫게 하다·고치다/ 치료를 요하다 → 치료해야 한다·고쳐야 한다　▷ 치유 → 병나음·낫게 함　[治療]
치루다	치르다　〔보기〕치뤄야 → 치러야/ 치뤄지다 → 치러지다/ 치룰 값 → 치를 값
치마자락	치맛자락
치매	바보　〔보기〕치매증 → 바보증세　[癡呆]
치명	1. 죽을 지경　2. 순교　〔보기〕치명하다 → 죽을 지경에 이르다/ 치명상 → 죽을 상처/ 치명적 → 죽을지경　[致命]
치부	부자됨·재산모음　〔보기〕치부하다 → 재물을 모으다·부자가 되다　[致富]
치부	부끄러운 데·부끄러운 곳　〔보기〕치부를 드러내다 → 부끄러운 데를 드러내다　[恥部]
치사	죽게 함·숨지게 함　〔보기〕치사하다 → 죽게 하다·숨지게 하다/ 과실 치사 → 잘못해서 죽임·실수로 죽임/ 치사량 →

	죽을 분량　　▷ 치폐 → 죽게 함　[致死]
치석	이쩍·이똥　　▷ 플라크 → 이쩍　[齒石]
치수	이골·잇속　[齒髓]
치아	이·이빨　[齒牙]
치어	새끼고기·잔고기　　▷ 성어 → 다른고기　[穉魚·稚魚]
치열	잇바디　〔보기〕치열이 곱다 → 잇바디가 곱다　[齒列]
치유	병나음·병고침·낫기　※자동사로 쓰게 되어 있으나 '치료' 또는 '고치다'는 뜻의 타동사로 더 많이 쓰인다.　〔보기〕치유하다 → 낫다·고치다/ 치유법 → 낫게 하는 법·고치는 법/ 치유하기 어렵다 → 고치기 어렵다·낫기 어렵다/ 한국병 치유 → 한국병 고치기　[治癒]
치육	잇몸　　▷ 치은 → 잇몸　[齒肉]
치은	잇몸　〔보기〕치은궤양 → 잇몸허는병/ 치은농양 → 잇몸고름병/ 치은염 → 잇몸염증　[齒齦]
치음	잇소리　〔보기〕반치음 → 반잇소리　[齒音]
치장	몸단장·모양냄　〔보기〕치장하다 → 모양내다·몸단장하다·잘 꾸미다　[治粧]
치적	정치업적·다스린 공적　[治績]
치적치적	추적추적
치조	이틀　〔보기〕치조골 → 이틀/ 치조골염 → 이틀염증/ 치조농루 → 너리(증)/ 치조음 → 잇몸소리·혀끝소리　[齒槽]
치중	무게둠·힘들임·힘실림　〔보기〕치중하다 → 무게를 두다·힘들이다·치우치다　▷ 주중 → 무게를 둠　[置重]
치지도외	테밖에 둠·치지도 않음·내버려둠　[置之度外]
치차	톱니바퀴　[齒車]
치킨	닭고기　　▷ 프라이드 치킨 → 닭튀김　[영 chicken]
치탈	빼앗아들임·빼앗음　〔보기〕치탈하다 → 빼앗다/ 치탈도첩 → 도첩뺏기　▷ 체탈 → 치탈　[褫奪]
치통	이앓이　[齒痛]
치프	우두머리　〔보기〕치프 메이트 → 일등항해사/ 치프 세컨드 → (권투)선수보조자의 우두머리/ 치프 엄파이어 → (야구)주심　[영 chief]
치환	바꿈·바꿔놓음　〔보기〕치환하다 → 바꾸다/ 검색 치환 → 찾아바꿈　[置換]
칙쇼	짐승·젠장·빌어먹을　[일 畜生]
친구	벗·동무　〔보기〕친구하다 → 벗삼다·친구로 사귀다/ 친구간 → 친구 사이　▷ 친우 → 벗·동무　[親舊]
친구	입맞춤　〔보기〕친구하다 → 입맞추다　[親口]

친근	가까움 · 정다움　〔보기〕 친근하다 → 가깝다 · 정답다/ 친근감 → 정다움/ 친근미 → 정다운 맛　 [親近]
친모	친어머니　▷ 계모 → 의붓어미/ 의모 → 의붓어미　[親母]
친부	친아버지　▷ 의부 → 의붓아비　[親父]
친생자	친자식　〔보기〕 친생자 관계 → 친자식 관계　[親生子]
친서	몸솟글 · 손숫글　〔보기〕 친서를 보내다 → 몸솟글을 보내다　[親書]
친우	친한 벗 · 가까운 벗　[親友]
친전	몸소 펴봄 · 손수 펴보시기 바랍니다　〔보기〕 인비친전 → 인사비밀이니 몸소 펴볼 것　[親展]
친제	친아우　▷ 친형 → 친언니　[親弟]
친족	한집안 · 일가 · 겨레붙이 · 피붙이　[親族]
친지	친한이 · 친구 · 가까운이　[親知]
친형	친언니　[親兄]
친화성	사귐성　[親和性]
친히	몸소 · 손수　[親 –]
칠기	칠그릇　[漆器]
칠드 타입	냉장형　[영 chilled type]
칠분도미	칠분쓿은쌀　[七分搗米]
칠십	일흔　[七十]
칠야	캄캄한 밤　[漆夜]
칠일	이레　▷ 삼칠일 → 세이레/ 칠칠일 → 일곱이레　[七日]
칠흑	칠흑　[〈漆黑]
침	1. 가시　2. 바늘　[針]
침강	가라앉음　〔보기〕 침강하다 → 가라앉다/ 침강법 → 앙금법　[沈降]
침구	이부자리　〔보기〕 침구류 → 이부자리　[寢具]
침로	가는 방향 · 지남철길　[針路]
침망	(낚시)살림그물　[浸網]
침목	1. 베개목　2. 받침나무 · 굄목　[일 枕木 · まくらぎ]
침목	밑나무 · 접본　[砧木]
침몰	1. 가라앉음　2. 잠김 · 덮임　〔보기〕 침몰하다 → 물속에 가라앉다 · 물에 빠져서 잠기다/ 침몰품 → 물에 잠긴 물품　[沈沒]
침묵	잠잠함 · 말없음　〔보기〕 침묵하다 → (말없이) 잠잠히 있다 · 입을 다물다　[沈默]
침법	담그는 법　▷ 수침 → 잠그기 · 물담기　[浸法]

침사지	모래막이못·복사못　　▷ 침사조 → 모래막이통　[沈沙池]
침상	바늘모양·바늘꼴　　〔보기〕침상엽 → 바늘잎/ 침상결정 → 바늘꼴결정　[針狀]
침석	다듬잇돌　[砧石]
침석	잠자리　[寢席]
침수	물잠김·물에 치임　　〔보기〕침수하다 → 물에 잠기다/ 침수되다 → 침수하다·물에 잠기다/ 침수가옥 → 물잠긴 집/ 침수지 → 물잠긴 땅　　▷ 수침 → 물잠김　[浸水]
침수식물	물속식물　[沈水植物]
침시	우린감·침감　[沈柿]
침식	물깎이·깎임·개먹음　　〔보기〕침식하다 → 개먹어들어가다·깎다/ 침식되다 → (물에) 깎이다　[浸蝕]
침엽	바늘잎　　〔보기〕침엽수 → 바늘잎나무　　▷ 침상엽 → 바늘잎/ 활엽 → 넓은잎/ 활엽수 → 넓은잎나무　[針葉]
침윤	스며들기　　〔보기〕침윤하다 → 스며들다·젖어들어가다·퍼지다　[浸潤]
침잠	가라앉음·잠김　　〔보기〕침잠하다 → (성정이) 가라앉아 조용하다·생각에 잠기다　[沈潛]
침적암	물에된바위　　▷ 퇴적암 → 물에된바위/ 침전암 → 물에된바위/ 수성암 → 물에된바위　[沈積巖]
침전	앙금앉음　　〔보기〕침전하다 → 앙금이 가라앉다/ 침전물 → 앙금/ 침전조 → 앙금통/ 침전지 → 앙금못　[沈澱]
침종	씨(앗)담그기　　〔보기〕침종하다 → (씨앗이 빨리 싹트게) 물에 담그다　[浸種]
침지	잠그기·담그기　　〔보기〕침지액 → 담금액　[浸漬]
침채	김치　[沈菜]
침체	막힘　　〔보기〕침체하다 → 막히다·일이 잘 나아가지 않다/ 침체되다 → 막히다　[沈滯]
침출	우려내기　　〔보기〕침출수 → 잠긴물·우러난 물/ 침출액 → 진물·우러난 물　[浸出]
침통	뼈아픔　　〔보기〕침통하다 → 뼈저리게 느끼다·슬픔에 가슴이 아프다/ 침통한 모습 → 뼈아파하는 모습　[沈痛]
침통	바늘통　[針筒]
침투	스밈·스며들기·숨어듦　　〔보기〕침투하다 → 스며들다·숨어들다/ 침투압 → 삼투압　[浸透]
침하	가라앉음·내려앉음　　〔보기〕침하하다 → 내려앉다·가라앉다/ 침하되다 → 가라앉다·침하하다/ 지반침하 → 땅꺼짐/ 침하율 → 꺼짐율　[沈下]

ㅊ

침해	해침·개갬　〔보기〕침해하다 → 해치다·개개다　[侵害]
칫과	치과　[齒科]
칭량	무게달기　〔보기〕칭량하다 → 무게달다·저울로 달다/ 칭량기 → 저울/ 칭량기준 → 무게기준　[秤量]
칭추	저울추　[秤錘]
칭탁	핑계　〔보기〕칭탁하다 → 핑계대다/ 병을 칭탁하여 → 병을 핑계대어　[稱託]
칭하다	일컫다·부르다　[稱 -]

카	차·자동차 〔보기〕 카센터 → 차조잇집/ 마이카 → 자가용·제차/ 렌터카 → 삯차·빌림차/ 카레이스·카레이싱 → 자동차 경주/ 카파라치 → 교통신고꾼/ 카 퍼레이드 → 자동차 행진 〔영 car〕
카니발	잔치·축전·사육제 〔영 carnival〕
카다로그·카달로그	카탈로그 〔〈영 catalogue〕
카드	표·엽서·연하장·명함·패·방안 〔보기〕 카드깡 → 카드깎기·카드할인/ 카드 리더 → 카드판독기/ 카드 시스템 → 카드식/ 비장의 카드 → 숨겨둔 패/ 스마트카드 → 전자카드 〔영 card〕
카라	칼라·깃 〔〈영 collar〕
카렌다	캘린더·달력 〔〈영 calendar〕
카르텔	기업연합 〔보기〕 카르텔 관세 → 독점관세 ▷ 트러스트 → 기업합동 〔도 Kartell·프 cartel〕
카리스마	권위·초능력 〔그 Kharisma〕
카메라	사진기·촬영기 〔보기〕 카메라맨 → 사진(기)사·촬영기사·사진작가/ 카메라 앵글 → 촬영각도/ 카메라 워크 → 촬영기술 〔라 camera·〈영 camera〕
카메오	단역 〔영 cameo〕
카무플라주	위장·거짓꾸밈·속임수·숨김 ▷ 캄푸라치·캄플라지 → 카무플라주 〔프 camouflage〕
카바	커버·씌우개 〔〈영 cover〕
카뷰레터	기화기 ▷ 캬부레타 → 카뷰레터 〔영 carburetor〕
카셋	카세트 〔영 cassette〕
카스테레오	차 입체음향기 〔영 car stereo〕
카오스	혼돈·혼란 ▷ 코스모스 → 우주·세계·질서 〔그 chaos〕

카우보이	소치는 이 · 목동 [영 cowboy]
카운셀러	카운슬러 [〈영 counsellor]
카운셀링	카운슬링 [〈영 counselling]
카운슬러	상의할이 · 상담자 · 상담역 · 의논 상대 ▷ 카운셀러 → 카운슬러 [영 counsellor]
카운슬링	상담 지도 · 상담 ▷ 카운셀링 → 카운슬링 [영 counselling]
카운터	1. 계산대 2. 계산기 〔보기〕 카운터파트 → 상대방 ▷ 카운타 → 카운터 [영 counter]
카운터블로	되받아치기 · 반격 ※권투 말. [영 counterblow]
카운터펀치	되받아치기 · 반격 ※권투 말. [영 counterpunch]
카운트	셈 · 계산 〔보기〕 카운트다운 → 초읽기 [영 count]
카탈로그	목록 · 일람표 · 상품안내서 [영 catalogue]
카테고리	테두리 · 범위 · 범주 〔보기〕 카데고리 킬러 → 특화할인점 [도 Kategorie]
카투사	주한미군에 딸린 한국군인 ▷ 카추샤→ 카투사 [KATUSA (Korean Augmentation Troops to the United States Army)]
카툰	풍자화 · 시사만화 · 밑그림 · 초벌그림 [영 cartoon]
카파라치	교통신고꾼 [carparazzi]
카페	찻집 · 술집 [프 café]
카펫	양탄자 · 융단 [영 carpet]
카폰	차전화 [영 car-phone]
카풀	자가용 함께 타기 〔보기〕 카풀제 → 자가용 함께타기 [미 car pool]
카피	1 베낌 · 베낌벌 · 복사 · 사본 2. 벌 · 권 3. 광고문안 · 광고문구 〔보기〕 카피하다 → 베끼다/ 카피라이터 → 광고(글)말 작가/ 카피라이트 → 판권 · 저작권/ 카피약 → 복제약 ▷ 스크립트 → 원본 · 본벌 · 대본/ 스크립터 → 구성작가 · 기록자 [미 copy]
칵테일	섞음술 · 혼합술 〔보기〕 칵테일바 → 칵테일 술집/ 칵테일하다 → 섞다/ 칵테일소주 → 섞음소주 [영 cocktail]
칼라	깃 〔보기〕 블루칼라 → 생산직 노동자/ 화이트칼라 → 사무직 노동자 [영 collar]
칼라	컬러 · 천연색 〔보기〕 칼라텔레비전 → 컬러텔레비전/ 칼라풀하다 → 컬러풀하다 · 울긋불긋하다 · 화려하다/ 칼라필름 → 컬러필름 [영 color]
칼럼	1. 세로줄 · 세로칸 2. 시사평론 · 특별기고 3. 기둥 · 원주

〔보기〕 칼럼니스트 → 특별기고가 · 시사평론가 · 잡글쟁이/ 칼럼블록 → 세로덩이 · 세로구역 ▷ 컬럼 → 칼럼 〔영 column〕

칼럼리스트	칼럼니스트 〔영 columnist〕
칼로리	열량 ※하나치. 〔보기〕 칼로리미터 → 열량계/ 고칼로리 → 높은열량/ 저칼로리 → 낮은열량 〔프 calorie〕
칼스	통합유통 · 통합관리 · 광속거래 〔보기〕 칼스는 진정한 '멀티미디어 네트워크'로 자리잡다. ▷ EC(Electronic Commerce) → 전자거래 · 전자상거래 〔영 CALS⟨Computer aided Acquisition and Logistic Support · Continuous Acquisition and Life-cycle Support〕
칼을 뺏다	1. 칼을 빼앗다 2. → 칼을 뺐다(빼었다) ※'뺏다'와 '뺐다'를 잘못 적는 때가 있다.
칼치	갈치
캐드	전산 설계 · 셈틀설계 · 셈틀그림 〔보기〕 캐드캠 → 전산설계 제조 〔영 CAD⟨computer aided design〕
캐럴	기쁨의 노래 · 축하노래 〔보기〕 크리스마스 캐럴 → 성탄축가 · 성탄노래 ▷ 캐롤 → 캐럴 〔영 carol〕
캐롤	캐럴 〔영 carol〕
캐리어	아이업개 · 짐받이 〔영 carrier〕
캐리커처	풍자화 · 풍자그림 · 부풀린그림 · 빗댄그림 ▷ 캐리커쳐 · 캐리커춰 → 캐리커처 · 꼬집그림 〔영 caricature〕
캐릭터	1. 성격 · 특질 · 등장인물 · 작중인물 · 특징물 2. 문자 〔보기〕 캐릭터 레커그니션 → (전산기)문자인식/ 캐릭터 사이즈 → 문자 크기 〔영 character〕
캐비닛	1. 장 · 철장 · 보관함 2. 내각 〔보기〕 섀도 캐비닛 → 예비내각 · 그림자 내각 ▷ 캐비넷 → 캐비닛 〔영 cabinet〕
캐비어	철갑상어알젓 〔영 caviar〕
캐비지	양배추 〔영 cabbage〕
캐스트	배역 · 출연자 선정 · 맡은구실 〔보기〕 올스타 캐스트 → 초호화 배역 〔영 cast〕
캐스팅 보트	결정권 · 결정투표 · 제3당의 투표 〔보기〕 민주당이 캐스팅 보트를 쥐고 있다 → 민주당이 판세를 (~쪽으로) 몰아줄 수 있는 상황이다 · ~ 결정권을 쥐고 있다 〔영 casting vote〕
캐시	시렁 ※셈틀 말. 〔보기〕 캐시 메모리 → 시렁기억(장치) 〔영 cache〕
캐시	현금 〔보기〕 캐시백 → 적립금/ 캐시카우 → 돈줄 · 금고/ 캐시 카드 → 현금카드/ 캐시 레지스터 → 금전등록기/ 캐셔

ㅋ

→ 출납원 · 출납계　　▷ 캐쉬 → 캐시　［영 cash］

캐주얼　　　　　　평상복　〔보기〕캐주얼 웨어 → 평상복/ 캐주얼 슈즈 → 평
상화　　▷ 캐쥬얼 · 케쥬얼 → 캐주얼　［영 casual］

캐처　　　　　　　포수　　▷ 캐쳐 · 캐춰 → 포수　［영 catcher］

캐치업　　　　　　따라잡기　［영 catch-up］

캐치프레이즈　　　외침소리 · 내건말 · 구호 · 표어　〔보기〕캐치프레이즈를 내
걸고 → 구호를 내걸고 · 내건말로 삼고　　▷ 슬로건 → 내건
말 · 신조 · 표어/ 모토 → 목표 · 신조　［영 catchphrase］

캐포츠　　　　　　활동복　［caports］

캔디　　　　　　　사탕 · 사탕과자　［미 candy］

캔버스　　　　　　화포 · 바탕천 · 그림천　［영 canvas］

캔슬　　　　　　　그만둠 · 없앰 · 지움 · 계약해제　［영 cancel］

캘린더　　　　　　달력 · 일력　　▷ 카렌다 → 캘린더　［영 calender］

캠브릿지 · 켐브리지　케임브리지　［영 Cambridge］

캠샤프트　　　　　캠굴대 · 캠축　［영 cam-shaft］

캠퍼스　　　　　　교정 · 학교울안 · 구내　〔보기〕캠퍼스 커플 → 학생 부부/
캠퍼스 리크루팅 → 교내채용설명회　［미 campus］

캠페인　　　　　　(계몽)운동 · 홍보 · 유세　〔보기〕부정부패 추방 범국민 캠
페인에 나서다 → 부정부패 없애기 국민운동에 나서다/ 역사
바로잡기 캠페인 → 역사 바로잡기 운동　［영 campaign］

캠프　　　　　　　야영지 · 야영막사 · 들병영　〔보기〕여름 · 겨울 캠프 → 여
름 · 겨울학교/ 선거캠프 → 이동본부 · 임시진영/ 캠프 파이
어 → (야영)모닥불놀이 · 화톳불/ 캠핑 → 야영 · 들살이
［영 camp］

캡　　　　　　　　1. 모자 · 뚜껑 · 마개　2. 우두머리 · 선장(〈캡틴)　［영 cap］

캡록키　　　　　　큰글자(글)쇠　※셈틀 · 글틀 말.　［영 Caps Lock key］

캡션　　　　　　　짧은 풀이 · 사진설명글　［영 caption］

캡슐 · 캅셀　　　　1. 갗풀갑 · 교갑 · 껍질약 · 꼬투리　2. 작은공간　〔보기〕캡
슐화하다 → 잘게 나누다　［영 capsule · 도 Kapsel］

캡처 · 캡처링　　　장면갈무리　［영 capture · capturing］

캬바레　　　　　　카바레　［프 cabaret］

캬브레타　　　　　카뷰레터 · 기화기　［영 carburetor］

커넥션　　　　　　연줄 · 결탁 · 접속 · 연계　［영 connection］

커닝　　　　　　　부정행위　　▷ 치트 → 부정행위/ 컨닝 → 커닝 · 부정행위
［영 cunning］

커리어　　　　　　경력　〔보기〕커리어 우먼 → 전문(직) 여성/ 커리어 걸 →
직업여성 · 전문여성　［영 career］

커리큘럼　　　　　교과과정　〔보기〕코어 커리큘럼 → 핵심 교육과정 · 중심

교과과정 [영 curriculum]

커맨드	명령 ※셈틀 말로 많이 쓰임. 〔보기〕커맨드 라인 → 명령줄・명령행/ 배드 커맨드 → 잘못된 명령 [영 command]
커뮤니케이션	의사전달・소통・통신・통하기 〔보기〕커뮤니케이션 소프트웨어 → 통신무른모・통신 소프트웨어/ 커뮤니케이션 프로토콜 → 통신규약/ 매스 커뮤니케이션(매스컴) → 대중전달・언론 [영 communication]
커뮤니티	1. 모임・동아리・공동사회・떼 2. 함께함・일치 ▷ 코뮤니티 → 커뮤니티 [영 community]
커미션	구문・소개비・구전・수수료 〔보기〕커미션 닥터 → 의사/ 커미션을 요구하다 → 구문을 달라다 [영 commission]
커버	1. 씌우개・덮개・가리개・잇・표지 2. 막기・뒷받침・받쳐줌 〔보기〕커버하다 → 막다・감추다・가리다・망라하다・보완하다・장악하다/ 커버글라스 → 덮개유리/ 커버력 → 막는힘/ 커버링 → (권투)얼굴막기/ 커버스토리 → 표지기사/ 커버스티치 → 휘갑치기/ 베개 커버 → 베갯잇/ 침대 커버 → 침대덮개・침대보 ▷ 카바 → 커버 [영 cover]
커브	굽이・굽이돌이・곡선 〔보기〕커브를 틀다 → 방향을 바꾸다/ 커브를 돌다 → 굽잇길을 돌다/ 커붓길 → 굽잇길・구불목 ▷ 카부・카브 → 커브・굽이 [영 curve]
커서	반디・깜박이 ※셈틀 말. 〔보기〕커서키 → 반디글쇠・깜박이글쇠 [영 cursor]
커트	1. 깎아치기 2. → 컷 〔보기〕커트되다 → 중지되다・단절되다/ 커트라인 → 한계선・합격선 ▷ 커팅 → 자르기・깎아치기・채기 [영 cut]
커튼	문휘장・장막・창너울・창가리개 〔보기〕커튼 콜 → 되불러냄・재창 ▷ 카텐 → 커튼 [영 curtain]
커플	쌍・짝・부부 〔보기〕커플링 → 짝반지/ 커플매니저 → 새들이 [영 couple]
컨덕터	지휘자・악장 [영 conductor]
-컨데	-컨대 〔보기〕예컨데 → 예컨대/ 청컨데 → 청컨대 ▷ -건데 → -건대
컨디션	조건・경우・형편・상태・기분 ▷ 콘디숀 → 컨디션 [영 condition]
컨버터	변환기・바꾸개 [영 converter]
컨베이어	나르개・전송대・반송대 〔보기〕컨베이어 벨트 → 나르개 [영 conveyor]
컨설턴트	상담역・경영고문 〔보기〕컨설턴트 엔지니어 → 기술고문

[영 consultant]

컨설팅	자문·상담　[영 consulting]
컨센서스	합의·동의　[영 consensus]
컨셉트	개념·설정　[영 concept]
컨소시엄	연합체·협회　〔보기〕컨소시엄을 구성하다 → 연합체를 짜다·협의체를 만들다　▷ 콘소시엄·콘소시움 → 컨소시엄 [영 consortium]
컨텍스트	맥락·문맥　[영 context]
컨트롤	부림·조종함·주름잡음·주무름　〔보기〕컨트롤하다 → 조종하다·부리다·주무르다·통제하다/ 컨트롤러 → 고르개·멈추개·제어기·통제장치/ 컨트롤 캐릭터 → 제어문자/ 컨트롤 키 → 제어(글)쇠/ 컨트롤타워 → 통제탑·관제탑·가온머리/ 컨트롤 패널 → 제어판　▷ 콘트롤 → 컨트롤 [영 control]
컨트리	시골·지방·나라　〔보기〕컨트리 리스크 → 신용 위험도/ 컨트리클럽 → 교외모임/ 컨트리풍 → 시골풍·전원풍　▷ 칸추리·컨추리 → 컨트리　[영 country]
컬러	빛깔·색채·천연색　〔보기〕컬러 매치 → 색배합/ 컬러모니터 → 색채화면기/ 컬러바 → 조정화면/ 컬러 분해 → 색분해/ 컬러사진 → 천연색사진/ 컬러 서클 → 색상환/ 컬러 세퍼레이션 → 색분해/ 컬러 센스 → 색채반응·색채감각/ 컬러 스캐너 → 색분해기/ 컬러 악센트 → 색채효과/ 컬러 필름 → 천연색필름/ 컬러페이퍼 → 색종이/ 컬러 프린터 → 원색(색채) 인쇄기/ 컬러풀 → 울긋불긋함·화려함·다채로움/ 컬러풀하다 → 울긋불긋하다·다채롭다/ 컬러필터 → 색필터/ 컬러 헤어 → 염색머리　▷ 칼라 → 컬러　[영 colour]
컬러링	멋울림·울림소리　[한영 color ring]
컬럼	칼럼　〔보기〕컬럼니스트 → 칼럼니스트　[영 column]
컬렉션	수집(미술·골동)품·전시회·발표회　▷ 콜렉션 → 컬렉션 [영 collection]
컬트	소수취향·별짜　[영 cult]
컬티베이터	양쟁기·경운기·경작기　[영 cultivator]
컴바인	콤바인　[영 combine]
컴백	(되)돌아옴·되돌림·복귀　〔보기〕컴백하다 → (되)돌아오다·되돌리다　[영 comeback]
컴팔	셈틀벗·셈틀사귀기　▷ 펜팔 → 편지친구·편지사귀기/ 폰팔 → 전화친구·전화사귀기/ 콤팔 → 컴팔　[영 compal]
컴패니언	친구·짝·손님안내인　[영 companion]

ㅋ

컴팩트 디스크	콤팩트 디스크　[영 compact disk]
컴퓨터	셈틀 · 전산기 · 슬기틀　〔보기〕 컴퓨터 게임 → 셈틀놀이/ 컴퓨터 그래픽 → 셈틀그림 · 전산그림/ 컴퓨터 네트워크 → 전산망 · 셈틀그물/ 컴퓨터 랭귀지 → 셈틀말 · 전산 언어/ 컴퓨터 바이러스 → 전산균 · 셈틀균/ 컴퓨터 시뮬레이션 → 전산 모의실험/ 컴퓨터센터 → 전산실/ 컴퓨터 아키텍처 → 전산기 얼개/ 컴퓨터 프로그램 → 전산 풀그림 · 프로그램/컴퓨시에어지 → 컴 도우미　　▷ 컴맹 → 셈틀소경/ 컴팔 → 셈틀벗 · 셈틀사귀기/ 피시 → 개인용 컴퓨터　[영 computer]
컴프레서	누르개 · 공기압축기　[영 compressor]
컴플렉스	콤플렉스　[영 complex]
컵	잔　〔보기〕 컵 홀더 → 컵걸이　[영 cup]
컷	1. 머리치기 · 깎기　2. 끼움그림　3. 장면 · 잘라내기　〔보기〕 컷 글라스 → 깎음유리 그릇/ 컷오프 → (방송 · 영화) 급히 중단하기 · 탈락/ 컷 인 → 끼움 자막　[영 cut]
케도	한반도에너지개발기구　　▷ 키도 → 케도　[영 KEDO〈Korean Peninsular Energy Development Organization〉]
케이블	줄 · 밧줄 · 쇠바 · 전신줄　〔보기〕 케이블 스티치 → 밧줄무늬 · 밧줄뜨기/ 케이블카 → 소리개차 · 솔개차/ 케이블 텔레비전 → 유선방송 · 유선텔레비전　[영 cable]
케이스	1. 경우 · 사건 · 사례 · 환자　2. 상자 · 갑　〔보기〕 케이스 바이 케이스 → 때에 따라 · 경우에 따라 · 사례에 따라/ 케이스 스터디 → 사례 연구/ 케이스 워크 → 문제해결 작업/ 담배 케이스 → 담뱃갑　[영 case]
케이오시키다	때려누이다 · 쳐 넘어뜨리다　[영 KO〈knock-out〉]
케익	케이크　[〈영 cake]
켐페인	캠페인 · 운동 · 유세　[〈영 campaign]
켸켸묵다	케케묵다　※홀소리가 단순해진 것을 표준말로 삼음(표준어규정 제10항). 괴팍하다 · 미루나무 · 여느 · 온달 · 으레 · 허우대 · 허우적허우적 따위.
코납자기	코납작이　※'-하다' '-거리다'가 붙는 말뿌리(어근)에 '-이'가 붙어 이름씨가 된 것은 본디꼴을 밝혀 적는다. 그러나 '-하다'나 '-거리다'가 붙을 수 없는 뿌리에 '-이'나 다른 홀소리 뒷가지가 붙어 이름씨가 된 것은 본디꼴을 밝혀 적지 않는다.(한글맞춤법 제23항) 깔쭉이 · 꿀꿀이 · 눈깜짝이 · 삐죽이 · 살살이 · 쌕쌕이 · 오뚝이 · 푸석이 · 홀쭉이/ 개구리 · 귀뚜라미 · 기러기 · 깍두기 · 딱따구리 · 뻐꾸기 · 매미 따위.

ㅋ

코너	1. 구석 · 쪽 2. 점 · 집 · 전 · 소 · 매장 〔보기〕 화장품 코너 → 화장품 가게/ 코너 스톤 → 귀돌 · 모퉁잇돌/ 코너 아웃 → 구석넘음/ 코너워크 → 구석돌기 · 구석던지기 · 구석기술/ 코너 킥 → 구석차기/ 코너 플래그 → 구석깃대 〔영 corner〕
코너웍	코너워크 〔영 corner-work〕
코노래	콧노래
코다	끝냄표 · 종결부 〔이 coda〕
코드	기호 · 약호 · 부호 · 법전 · 성향 〔보기〕 코드 컨버전 → (전산)부호 변환/ 코드 컨버터 → 부호 변환기/코드 프리 → 빗장풀기 · 잠금풀기/ 코딩 → 부호화 〔영 code〕
코드	줄 · 전깃줄 〔보기〕 코드리스 폰 → 무선전화/ 시디엠에이(CDMA) → 부호(코드)분할다중접속 〔영 cord〕
코디네이션	조합 · 조정 ▷ 코디네이터 → 조정자 · 진행자 · 거간꾼/ 코디네이트 → 조화 〔영 coordination〕
코러스	합창 · 합창곡 · 합창단 〔보기〕 코러스 걸 → 합창무용수 〔영 chorus〕
코르덴	우단 · 코듀로이 ▷ 골덴 → 코듀로이 〔〈영 corded velveteen, corduroy〕
코리아 낭자군	우리 아가씨들 · 한국 아씨들
코맹녕이	코맹맹이 ※표준어규정 제17항.
코메디	코미디 · 우스개 〔보기〕 코메디안 → 코미디언 〔〈영 comedy〕
코멘트	논평 · 한말씀 · 의견말 · 설명 · 왈가왈부 〔보기〕 코멘트하다 → 말하다 · 논평하다/ 코멘테이터 → 해설자/ 노 코멘트 → 말없음 · 말않기 〔영 comment〕
코뮈니케	성명(서) · 외교 공문서 〔프 communiqué〕
코뮤니즘	공산주의 ▷ 코뮤니스트 → 공산주의자 · 공산당원 〔영 communism〕
코미디	희극 · 우스개 〔보기〕 코미디성 → 우스운 · 익살스런 · 익살풍/ 코미디언 → 희극배우 · 연극인/ 코믹 → 희극적 · 웃기는/ 코믹 터치 → 익살풍 · 희극적 기법 〔영 comedy〕
코보	코주부
코속	콧속
코스	길 · 경주로 · 노선 · 과정 〔보기〕 마라톤 코스 → 마라톤길/ 박사 코스 → 박사과정/ 여행코스 → 여행길 〔영 course〕
코스닥	주식장외시장 〔KOSDAQ〈Korea Securities Dealers Automated Quotation〕
코스모스	우주 · 세계 · 질서 ▷ 카오스 → 혼돈 〔그 kosmos〕

ㅋ

코스튬플레이	의상연출·의상연기 [영 costume play]
코스트	1. 원가·생산비 2. 값·먹힌값·든값·비용·경비 〔보기〕 코스트 다운 → 원가 내림/ 코스트 업 → 원가 오름/ 코스트 인플레이션 → 임금 인플레이션·비용 인플레이션 [영 cost]
코스피	유가증권시장지수 ▷ 종합주가지수 → 코스피 [KOSPI〈 Korea Composite Stock Price Index]
-코저(-코져)	-코자 〔보기〕회의를 개최코저 하오니 → 회의를 개최코 자 하오니·회의를 열고자 하오니 ▷ -코저 → -고자
코즈(스)머폴리턴	세계주의자 [영 cosmopolitan]
코즈메틱	화장품 [영 cosmetic]
코치	가르침·가르치는 사람·경기지도자 〔보기〕코치하다 → 가 르치다·지도하다/ 코칭 스태프 → 코치진 [영 coach]
코쿤	초소형 〔보기〕코쿤피스 → 초소형 사무실/ 코쿤하우스 → 초소형 주택 [영 cocoon]
코트	외투·겉옷 〔보기〕하프코트 → 반코트·반외투/ 롱 코트 → 긴외투 [영 coat]
코트	경기장 〔보기〕테니스 코트 → 정구장 [영 court]
코튼	솜·면 〔보기〕코튼 마크 → 순면 표시 [영 cotton]
코팅	씌움·입힘 〔보기〕코팅하다 → 입히다·씌우다/ 코팅기 능 → 입힘기능/ 코팅두께 → 입힘두께 [영 coating]
코피	커피 [영 coffee]
콘덴서	축전기·복수기·집광경 [영 condenser]
콘돌	콘도르 〔보기〕코드네임 콘돌 → 암호명 콘도르/ 엘 콘돌 파사 → 콘도르는 날아가고 [에 condor]
콘사이스	작은 사전·소사전 [영 concise]
콘서트	음악회·연주회·공연 〔보기〕콘서트 홀 → 음악당·음악 실·연주회장/ 콘서트 고어 → 연주회 애호가/ 투어 콘서트 → 순회 연주회·돌기 공연 [영 concert]
콘솔박스	정리함 [영 console box]
콘체르토·콘체르트	협주곡 [이 concerto·도 Konzert]
콘테스트	선발대회·경연·경쟁 [영 contest]
콘테이너	컨테이너 [영 container]
콘텐츠	꾸밈정보·내용·거리 [영 contents]
콘트롤	컨트롤 [〈영 control]
콘티	영화대본·방송대본·촬영대본 [〈영 continuity]
콘퍼런스 콜	전화회의 [영 conference call]
콜링 카드	전화카드 [영 calling card]

콜 머니	단기자금 · 단자　　▷ 콜 론 → 당좌대부금/ 콜시장 → 단자 시장　[영 call money]
콜 사인	호출부호 · 부름표　[영 call sign]
콜 서비스	호출지원 · [영 call service]
콜 센터	전화상담실　[영 call center]
콜드 게임	도중판결　[영 called game]
콜론	쌍점[:]　[영 colon]
콜택시	부름택시　[영 call taxi]
콜호스	협동농장 · 집단농장　　▷ 콜호즈 → 콜호스　[러 Kolkhoz]
콤마	1. 쉼표 · 꽁지점 [,]　2. '소수점'의 이름 [.]　〔보기〕영 콤마 오(0.5) → 영 점 오　[그 comma]
콤바인	수확탈곡기 · 베어떨이차　[영 combine]
콤비	1. 배합 · 단짝 · 짝 · 조합 · 짜맞춤　2. 짝짝이옷 · 콤비네이션 〔보기〕황금 콤비 → 황금 단짝/ 콤비 플레이 → 호흡맞추기/ 콤비를 이루다 → 짝을 짓다　[〈영 combination]
콤비나트	기업결합 · 기업집중　[러 Kombinat]
콤비네이션	1. 배합 · 단짝 · 짝맞춤　2. 잇단 동작 · 연결　　▷ 콤비 → 짝 [영 combination]
콤파스	컴퍼스　[네 kompas]
콤팩트	1. 분첩 · 거울첩　2. 압축 · 다짐 · 간편　〔보기〕콤팩트하다 → 압축하다 · 간편하다 · 작고 야무지다 · 옹골차다/ 콤팩트 디스크(시디) → 다짐판 · 압축판 · 갈무리판 · 압축저장판/ 콤팩트 카 → 작은 차 · 소형차　[영 compact]
콤팩트 디스크	소리판 · 빛소리판 · 짜임 · 저장판 · 시디　　▷ 컴팩트 디스크 → 콤팩트 디스크　[영 compact disc]
콤포넌트	컴포넌트　[영 component]
콤퓨터	컴퓨터　[영 computer]
콤플렉스	1. 합성물 · 복합제　2. 강박관념 · 욕구불만 · 잠재의식 · 거리 낌 · 열등감　〔보기〕스포츠 콤플렉스 → 종합경기장/ 시네 마 콤플렉스 → 복합극장/ 오이디푸스 콤플렉스 → 아버지 살 해 강박관념　　▷ 컴플렉스 → 콤플렉스　[영 complex]
콧배기	코빼기　※'–빼기'로 소리나면 '–빼기'로 적음.
콧웃음	코웃음
콩쿠르	경연대회　〔보기〕피아노 콩쿠르 → 피아노 경연대회　　▷ 콩쿨 → 콩쿠르　[프 concours]
콩쿨	콩쿠르　[〈프 concours]
쾌거	시원한 일 · 통쾌한 일 · 장한 일　[快擧]
쾌락	선선 허락　〔보기〕쾌락하다 → 선선히 승낙하다　[快諾]

ㅋ

쾌보	기쁜소식 [快報]
쾌재	좋다! · 통쾌하게 여김 〔보기〕쾌재를 부르다 → '좋다'고 외치다 [快哉]
쾌조	잘 되어감 · 시원스러움 · 쭉쭉 나가기 〔보기〕쾌조를 보이다 → 시원스럽게 나아가다 [快調]
쾌척	시원스레 내줌 · 기꺼이 던짐 〔보기〕쾌척하다 → 시원스레 내놓다 · 기꺼이 던지다/ 거금을 쾌척하다 → 큰돈을 내놓다 [快擲]
쾌청	맑음 〔보기〕쾌청하다 → 맑다/ 쾌청한 → 맑은 [快晴]
쿠(구)사리	면박 · 꾸중 · 핀잔 〔보기〕쿠사리 먹다 → 핀잔듣다 · 면박을 받다 [일 腐り · くさり]
쿠데타	혁명 · 폭력정변 · 뒤집어엎음 ▷ 쿠테타 → 쿠데타 [프 coup d'Etat]
쿠션	허리받이 · 완충작용 · 푹신이 ▷ 쿠숑 → 쿠션 [영 cushion]
쿠키	양과자 · 과자 〔보기〕쿠키커터 → (판박이) 과자틀 [영 cookie]
쿠킹	요리 · 요리법 〔보기〕쿠킹 센스 → 요리감각 ▷ 쿡 → 요리사 · 숙수 [영 cooking]
쿠폰	할인권 · 경품권 · 회수권 · 교환권 · 물표 ▷ 쿠퐁 → 쿠폰 [영 coupon]
쿨하다	멋지다 · 시원하다 [영 cool-]
쿵후	쿵푸 [〈중 工夫]
쿼터	1. 몫 · 노느매기 2. (수출입)한도량 · 배정량 〔보기〕쿼터제(시스템) → 할당제 [영 quota]
쿼테이션	따옴말 · 따옴월 〔보기〕쿼테이션 마크 → 따옴표 [영 quotation]
쿼테트(쿼텟)	사중주 · 사중창 · 사중주단 [영 quartet · quartette]
퀀셋	반원형 간이막사 · 둥근 막사 ▷ 콘세트 → 퀀셋 [영 quonset]
퀄리티	고급 · 질높은 〔보기〕퀄리티 스타트 → 선발쾌투/ 퀄리티 페이퍼 → 고급신문 [영 quality]
퀴어	동성애 [영 queer]
퀴즈	수수께끼 · 알아맞히기 〔보기〕퀴즈 쇼 → 알아맞히기 쇼/ 퀴즈 콘테스트 → 수수께끼 겨루기 [영 quiz]
퀵 서비스	바로배달 · 늘찬배달 [영 quick service]
퀵 플레이	속공 · 빨리치기 ▷ A퀵 · B퀵 · C퀵 → (배구)A속공 · B속공 · C속공 [영 quick play]

ㅋ

퀸	여왕 · 미인 [영 queen]
퀼로트	반바지 · 승마바지 〔보기〕 퀼로트 스커트 → 치마바지 [프 culotte]
큐	1. 당구봉 2. 시작! ※영화 · 방송 말. 〔보기〕 큐 볼 → (당구)자기 공/ 큐 사인 → 시작신호 [영 cue]
큐레이터	전시연출가 · 전시기획자 [영 curator]
큐리	퀴리 ※방사성 물질의 질량단위. [프 curie]
큐비즘 · 퀴비슴	입체파 · 입체주의 ▷ 큐브 → 정육면체 · 입방체 [영 cubism · 프 cubisme]
큐슈	규슈 [일 九州 · きゅうしゅう]
큐시	품질관리 [영 Q.C.〈quality control〉]
크라이시스	위기 · 고비 · 공황 ▷ 스트레스 → 변형력 · 애졸임/ 클라이맥스 → 한고비 · 절정 [영 crisis]
크랙	틈 · 갈라진데 · 금 [영 crack]
크랭크인	촬영 시작 · 촬영 개시 [일영〈crank in〉]
크레디트	1. 신용 · 명성 · 평판 2. 도입자막 · 출처 〔보기〕 크레디트 카드 → 신용카드 [영 credit]
크레이터	분화구 [영 crater]
크레인	기중기 · 들틀 [영 crane]
크로스	1. 어긋매낌(교차) 2. 가로지름 · 십자가 3. 이종교배 〔보기〕 크로스하다 → 가로지르다 · 절충하다/ 크로스 라이선스 → 특허교환권/ 크로스오버 → 넘나들기 · 뒤섞기/ 크로스바 → 문가로대 · 가로대 · 가름새/ 크로스 벨트 → 교차피대/ 크로스보팅 → 자유투표 · 교차투표/ 크로스 스티치 → 십자수/ 크로스 스파이크 → 대각선 강타/ 크로스워드 퍼즐 → 십자말풀이/ 크로스 킥 → 가로질러차기/ 크로스 패스 → 가로질러주기 [영 cross]
크로이츠펠트야코프병	광우병 〔보기〕 변종 크로이츠펠트야코프병 → 인간광우병 [도 Creutzfeldt-jakob]
크로키	민그림 · 빨리 그린 그림 〔보기〕 크로키 북 → 빨리 그린 그림첩 [프 croquis]
크루즈	순항 〔보기〕 크루즈 미사일 → 순항 마사일/ 크루즈 관광 → 순항 관광 [영 cruise]
크리스마스	성탄절 · 예수탄일 〔보기〕 크리스마스 이브 → 성탄 전날밤/ 크리스마스 캐럴 → 성탄 노래 · 성탄축가/ 크리스마스 트리 → 성탄나무 ▷ 크리스마스 추리 → 크리스마스 트리 [영 Christmas]
크리스천	기독교인 · 기독교 신자 ▷ 크리스찬 · 크리스챤 → 크리스

ㅋ

천 〔영 Christian〕

크리스탈	크리스털·수정 〔영 crystal〕
크리스털	수정·수정제품 〔보기〕크리스털 검파기 → 광석검파기/ 크리스털 글라스 → 수정유리/ 크리스털 리시버 → 광석수신 기/ 크리스털 마이크로폰 → 광석확성기/ 크리스털 컵 → 수정 잔/ 크리스털 헤드폰 → 광석 귀걸이수화기 〔영 crystal〕
크림	1. 굳기름 2. 물분 〔보기〕크림빵 → 굳기름빵/ 크림색 → 황백색 〔영 cream〕
클라식	클래식 〔보기〕클라식 음악 → 클래식 음악 〔영 classic〕
클라이막스	클라이맥스
클라이맥스	한고비·맨꼭대기·최고조·절정 〔영 climax〕
클라이밍	기어오름·등산 〔보기〕클라이밍하다→ 기어오르다/ 암벽 클라이밍 → 바위타기/ 클라이머 → 등산가 〔영 climbing〕
클래식	고전(음악)·고전파·고전적 〔보기〕클래시컬하다→고전 적이다/ 클래식 뮤직 → 고전음악/ 클래식 발레 → 고전 발레 〔영 classic〕
클래스	급·부류·반 〔영 class〕
클랙슨	경음기·경적 ▷ 혼 → 경적/ 크락숀 → 클랙슨·경적 〔영 Klaxon〕
클러스터	다발·지구·단지 〔보기〕클러스터링 → 다발짓기/ 산학협 동 클러스터 → 산학협동단지 〔영 cluster〕
클럽	1. 모임 2. 골프채 〔보기〕골프 클럽 → 골프채·골프모임 /클럽 하우스 → 모임 회관 〔영 club〕
클레이	찰흙·접시사격 〔보기〕클레이 코트 → (정구)찰흙경기장 / 클레이 피전 → 접시 표적 〔영 clay〕
클레임	배상청구·항의·불평 〔보기〕클레임 체크 → 짐표/ 클레 임을 걸다 → 배상 청구를 하다·항의하다 〔영 claim〕
클렌징 크림	세안물분·닦음크림 ▷ 크린싱 크림 → 클렌징 크림 〔영 cleansing cream〕
클로로필	잎파랑이·엽록소 〔영 chlorophyll〕
클로르	염소 〔보기〕클로르석회 → 표백분/ 클로르에틸 → 염화에 틸/ 클로르칼륨 → 염화칼륨/ 클로르칼크 → 표백분 〔도 Chlor〕
클로버	토끼풀 〔보기〕네잎클로버→네잎토끼풀 ▷ 크로바→ 클로버 〔영 clover〕
클로즈업	가까이찍기·돋보이기 〔보기〕클로즈업하다 → 도드라지 게 하다·돋보이게 하다 〔영 close-up〕
클로징멘트	맺음말 〔〈영 closing announcement〕

ㅋ

클론	복제품 · 처녀생식　〔보기〕클론인간 → 복제인간 · 본뜬인간　〔영 clone〕
클리닉	진료소 · 진료실 · 임상강의　〔보기〕물리치료 클리닉 → 물리치료 진료소/ 덴털 클리닉 → 치과 진료소　〔영 clinic〕
클리닝	손질 · 빨래　〔보기〕드라이 클리닝 → 마른빨래/ 클리닝 타임 → 정리시간　〔영 cleaning〕
클릭	딸깍 · 단추 누름　※셈틀 말.　〔보기〕클릭하다 → 딸깍하다 · 단추를 딸깍 누르다　〔영 click〕
클린	청결한 · 깨끗한　〔보기〕클린 숮 → 멋진 숮/ 클린에너지 → 무공해 에너지 · 청정 에너지/ 클린센터 → 청백리마당 / 클린존 → 선도지역/ 클린화 → 맑아짐/ 클린 힛 → 멋진 안타 · 정통치기　〔영 clean〕
클린업	없앰 · 소탕 · 다 씻음　〔보기〕클린업 타임 → 청소시간/ 클린업 트리오 → (야구)중심 타선, 3 · 4 · 5번 타자　〔영 clean-up〕
클린치	엉킴 · 껴안기　〔보기〕클린치하다 → 껴안다　〔영 clinch〕
클립	1. 종이끼우개 · 틀집게　2. 오림 · 오리기　※셈틀 말.　〔보기〕클립 보드 → 오려둠판 · 오림판/ 클리핑 → 오려둠 · 오려내기 · (봉제)가위집네기　〔영 clip〕
키	1. 열쇠　2. 건반　〔보기〕키 보드 → 글자판 · 자판 · 건반/ 키 스테이션 → 주방송사/ 키 워드 → 열쇳말 · 핵심어/ 키 인더스트리 → 기간산업/ 키패드 → 자판 · 숫자판/ 키 펀처 → (자료)입력원/ 키 포인트 → 주안점 · 고동 · 열쇠 · 핵심/ 키 홀드 → 열쇠고리　〔영 key〕
키(기)마에 · 기마이	선심 · 호기　〔일 氣前 · きまえ〕
키덜트	애어른　〔영 kidult〕
키도	케도 · 한반도에너지개발기구　〔〈KEDO〕
키친타월	종이행주　〔영 kitchen towel〕
킥	차기　〔보기〕킥하다 → 차다/ 키커 → 차는 선수/ 킥 앤드 러시 작전 → 차고달기기/ 킥 오프 → 멀리차기 · 경기 시작　〔영 kick〕
킬	죽임 · 끊임　〔보기〕킬하다 → 1. 죽이다 · 끊다　2. (배구 · 정구 따위에서) 먹이다 · 내려치다 · 끊어치다/ 킬러 → 천적 · 살인청부업자　〔영 kill〕
킬	용골　〔영 keel〕
킹	임금 · 왕　〔보기〕킹 사이즈 → 특대 · 큰것　〔영 king〕

ㅋ

타	1. 남 2. 다른·여느·딴 〔보기〕타과 → 다른 과/ 타관 → 다른 고을/ 타국 → 다른 나라/ 타년 → 다른 해/ 타부서 → 다른 부서/ 타의 → 딴뜻·딴생각·다른뜻/ 타의 모범 → 남의 본/ 타인 → 남/ 타처 → 다른곳·딴곳 〔他〕
타가수분	딴꽃가루받이 ▷ 타화수분 → 딴꽃가루받이 〔他家受粉〕
타개	헤쳐나감·뚫어나감·이겨나감 〔보기〕타개하다 → 헤쳐나 가다/ 타개해나가다 → 헤쳐나가다/ 타개책 → 헤쳐나갈 길· 틔워나갈 길/ 국난 타개 → 국난을 헤쳐나감 〔打開〕
타격	1. 때리기·치기 2. 손해·손실 〔보기〕타격하다 → 때리 다·치다/ 타격을 가하다 → 손해를 입히다·세게 치다/ 타격 을 받다 → 손해 보다/ 타격 연습 → 때리기 연습 ▷ 배팅 → 때리기·치기/ 가격 → 때림·침 〔打擊〕
타결	매듭지음·의논맺음 〔보기〕타결하다 → 매듭짓다/ 타결되 다 → 매듭지어지다 〔妥結〕
타결짓다	타결하다 〔妥結-〕
타계하다	돌아가다·죽다 〔他界-〕
타깃	과녁·표적 ▷ 타겟·타켓 → 타깃·과녁 〔영 target〕
타당하다	마땅하다·사리에 맞다 〔보기〕타당성 → 옳음·맞을성 〔妥當-〕
타도	거꾸러뜨림·때려부숨·쳐없앰 〔보기〕타도하다 → 쳐부수 다·거꾸러뜨리다/ 부정부패 타도를 외치다 → 부정부패를 없 애자고 외치다 〔打倒〕
타동사	남움직씨 ▷ 자동사 → 제움직씨 〔他動詞〕
타박상	맞은 상처·부딪친 상처 〔打撲傷〕
타부	터부 〔영 taboo〕
타사	다른 회사·딴 회사 〔他社〕

타산	따짐 · 따져봄 · 헤아림 · 셈속　〔보기〕이해타산 → 이룸과 해룜을 따짐/ 수지타산을 맞추다 → 셈속을 헤아려 맞추다 · 남기다　[打算]
타설	때려박기 · 채워바르기 · 채워넣기　〔보기〕콘크리트 타설 → 콘크리트 채우기(씌우기 · 입히기 · 깔기 · 넣기)　[일 打設]
타성	1. 굳은 버릇 · 버릇　2. 버릇성 · 관성　〔보기〕타성에 젖다 → 버릇에 얽매이다 · 빠지다　[惰性]
타성받이	타성바지　[他姓 -]
타액	침　〔보기〕타액선 → 침샘/ 타액선염색체 → 침샘염색체 [唾液]
타운	구역 · 마을　〔보기〕타운웨어 → 외출복 · 나들이옷/ 다운 타운 → 도심 · 중심가　[영 town]
타원	긴원 · 길둥그럼　〔보기〕타원관절 → 곱은마디/ 타원구 → 긴공/ 타원기둥 → 긴원기둥/ 타원뿔 → 긴원뿔/ 타원주 → 긴 원둘레/ 타원체 → 긴공체/ 타원추 → 긴원뿔/ 타원형 → 길 둥근꼴 · 긴둥근꼴　[楕圓]
타월	수건　▷ 타올 → 타월 · 수건　[영 towel]
타율	시켜서 하는 · 다스림받는　▷ 자율 → 스스로 하는 · 스스로 다스림 · 제다스림　[他律]
타이	1. 동점 · 동률　2. (음악)이음표　3. 넥타이　〔보기〕타이기 록 → 동등기록 · 같은기록/ 타이 스코어 → 동점 · 무승부 [영 tie]
타이루 · 다이루	타일　〔보기〕타이루표장 → 타일 붙이기　[〈영 tile]
타이머	때알이 · 때알리개 · 시간기록기 · 시간조절기　[영 timer]
타이밍	1. 때 · 시기　2. 속도조절 · 시간조절　〔보기〕타이밍을 맞추 다 → 때를 잘 잡다　[영 timing]
타이어	차바퀴　[영 tyre · 미 tire]
타이트	빡빡한　〔보기〕타이트하다 → 빡빡하다 · 꼭 죄다 · 빠듯하 다/ 타이트 스커트 → 찰싹치마/ 타이트 맨투맨 디펜스 → (대 인)밀착방어　[영 tight]
타이틀	1. 제목　2. 자막 · 표제　3. 선수권　〔보기〕타이틀 곡 → 표 제곡/ 타이틀 롤 → 주역 · 주연 · 배역/ 타이틀 리스트 → 선 수권자/ 타이틀 매치 → 선수권전/ 타이틀 백 → 제목배경 · 자막화면/ 타이틀전 → 선수권전/ 타이틀 페이지 → 겉장 [영 title]
타이프	1. 활자　2. 타자기　3. → 타입　〔보기〕타이프라이터 → 타 자기/ 타이프문서 → 타자문서/ 타이핑 → 타자 · 글자치기/ 타이피스트 → 타자수　[영 type]

E

타인	다른 사람 · 딴사람 · 남 〔他人〕
타임	1. 시간 · 때 2. 잠깐! 〔보기〕 타임 레이스 → 시간경기/ 타임 래그 → 시차/ 타임리 → 제때 · 적시의 · 결정적인/ 타임리 히트 → 적시타 · 제때안타/ 타임 머신 → 초시간 여행선/ 타임 서비스 → 반짝 할인/ 타임 슬립 → 시간 여행/ 타임아웃 → 작전(지시)시간 · 중간시간/ 타임아웃을 부르다 → 작전시간을 요청하다/ 타임캡슐 → 시간상자 · 기억상자/ 타임테이블 → 시간표 · 일정표/ 티타임 → 차마시는 시간 ▷ 로드맵 → 이정표 · 일정표 · 계획표 · 청사진 〔영 time〕
타입	1. 모양 · 생김새 · 유형 2. 전형 · 대표물 〔영 type〕
타작	바심 · 마당질 · 낟알떨기 〔보기〕 타작하다 → 낟알떨다 · 마당질하다 · 바심하다/ 반타작 → 배메기 〔打作〕
타전	전보침 · 전보치기 〔보기〕 타전하다 → 전보치다 ▷ 타보 → 전보침 〔打電〕
타종	종침 〔보기〕 타종하다 → 종치다/ 제야의 종 타종 → 섣달 그믐밤 종치기 〔打鐘〕
타진	두드려보기 · 두드림 진단 · 알아봄 · 속떠봄 〔보기〕 타진하다 → 두드려보다 · 알아보다 · 속을 떠보다/ 의사 타진 → 뜻 알아보기 〔打診〕
타진	모조리 잡음 · 휘몰아 잡음 〔보기〕 타진하다 → 모조리 잡다/ 일망타진하다 → 한꺼번에 모조리 잡다 · 깡그리 붙잡다 〔打盡〕
타켓 · 티켙 · 타케트	타깃 · 과녁 · 표적 · 목표 〔〈영 target〕
타파	깨뜨려버림 · 몰아냄 · 없앰 〔보기〕 타파하다 → 깨뜨려버리다 · 없애다/ 미신 타파 → 미신 몰아내기/ 부정부패 타파 → 부정부패 몰아내기 〔打破〕
타협	뜻맞춤 · 서로 좋도록 협의함 〔보기〕 타협하다 → 의견을 맞추다/ 타협안 → 맞춘안 〔妥協〕
타화수분	딴꽃가루받이 ▷ 타가수분 → 딴꽃가루받이/ 타화수정 → 딴꽃가루(정)받이 〔他花受粉〕
탁류	흐린물 · 흙탕물 ▷ 청류 → 흐린물 〔濁流〕
탁마	갈고 닦음 · 갈닦음 〔보기〕 탁마하다 → 갈고 닦다/ 절차탁마 → (학문을) 갈고 닦다 〔琢磨〕
탁송	맡겨보냄 · 맡겨보내기 〔보기〕 탁송하다 → 맡겨보내다 · 맡겨나르다/ 탁송전보 → 전화전보/ 탁송수화물 → 부친 짐 〔託送〕
탁아	아기 맡김 · 아이맡김 〔보기〕 탁아하다 → 아기 맡기다/ 탁아모 → 보모/ 탁아소(원 · 장 · 방) → 아기방 · 놀이방 · 아기

ㅌ

맡기는 곳 [託兒]

탁엽	턱잎 [托葉]
탁월	뛰어남 〔보기〕탁월하다 → 뛰어나다/ 탁월한 → 뛰어난 ▷ 우월・수월 → 뛰어남・빼어남・잘남 [卓越]
탁음	흐린소리・유성음 ▷ 청음 → 맑은소리・무성음 [濁音]
탁주	막걸리 [濁酒]
탄력	튀길심・되돌이 힘 〔보기〕탄력성 → 튀김성・변통성/ 탄력적으로 운용하다 → 융통성 있게 운용하다 [彈力]
탄로	드러남・드러냄 〔보기〕탄로되다 → 드러나다/ 탄로나다 → 드러나다 [綻露]
탄저병	검썩음병 [炭疽病]
탄주	탐・뜯음 〔보기〕탄주하다 → (줄악기를) 타다・뜯다/ 탄주악기 → 줄악기 [彈奏]
탄피	탄알껍질・탄껍질・처란껍질 [彈皮]
탄환	총알・탄알 [彈丸]
탈고	원고 끝냄 〔보기〕탈고하다 → 글을 다 쓰다・작품을 끝내다 [脫稿]
탈곡	낟알떨기・타작・바심 〔보기〕탈곡하다 → 낟알떨다・마당질하다・바심하다/ 탈곡기 → 낟알떨개・곡식떨이개/ 탈곡장 → 마당질터 [脫穀]
탈구	삠・뼈빠짐 〔보기〕탈구하다 → 뼈빠지다・삐다/ 탈구되다 → 삐다 [脫臼]
탈락	떨어짐・벗어짐・벗겨짐・빠짐 〔보기〕탈락하다 → 떨어지다・빠지다・따라가지 못하게 되다/ 탈락되다 → 탈락하다/ 탈락률 → 떨어진율/ 탈락자 → 떨어진이 ▷ 낙오 → 뒤떨어짐/ 결루 → 빠짐 [脫落]
탈렌트	탤런트 [〈영 talent]
탈루	샘・빠짐・누락 〔보기〕탈루되다 → 새다・누락되다/ 세금탈루 → 세금 샘 [脫漏]
탈모	털빠짐・털뽑기 〔보기〕탈모증 → 대머리 증상 [脫毛]
탈모	모자벗음・모자 벗기 [脫帽]
탈선	빗나감・벗어남 〔보기〕탈선하다 → (선로를) 벗어나다・(언행이) 빗나가다・딴길로 빠지다 [脫線]
탈의	옷벗음 〔보기〕탈의하다 → 옷벗다/ 탈의실(장) → 옷갈아입는 방・옷벗는 데 [脫衣]
탈자	빠진 글자・글자 빠짐 ▷ 낙자 → 빠진 글자 [脫字]
탈주	달아남 〔보기〕탈주하다 → 몸을 빼쳐 달아나다/ 탈주범 → 달아난 범인/ 탈주자 → 도망꾼 ▷ 탈출 → 빠져나옴・빠

ㅌ

져나감　[脫走]

탈지　　기름뺌　〔보기〕탈지하다 → 기름 빼다/ 탈지미강 → 기름
　　　　뺀 쌀겨/ 탈지박 → 깻묵/ 탈지유 → 기름뺀 젖　[脫脂]

탈지면　약솜·소독솜　[脫脂綿]

탈출　　빠져나옴·빠져나감　　〔보기〕탈출하다 → 빠져나오다(나가
　　　　다)/ 탈출구 → 빠져나갈 구멍　[脫出]

탈취　　냄새빼기·냄새 없애기　　〔보기〕탈취하다 → 냄새빼다/ 탈
　　　　취제 → 냄새빼는약·냄새제거약　[脫臭]

탈취　　빼앗음·뺏어가짐　　〔보기〕탈취하다 → 빼앗다　[奪取]

탈퇴　　물러남·빠짐·벗어남　　〔보기〕탈퇴하다 → 물러나다·빠
　　　　지다　[脫退]

탈피　　허물벗음·껍질벗음·벗어남　　〔보기〕탈피하다 → 벗어나
　　　　다·허물을 벗다　[脫皮]

탈환　　도로 찾음·도로 빼앗음·되찾음　　〔보기〕탈환하다 → 되찾
　　　　다·되빼앗다　[奪還]

탐닉　　푹빠짐·쏠려빠짐　　〔보기〕탐닉하다 → 푹빠지다·쏠리다
　　　　▷ 탐익 → 탐닉　[耽溺]

탐독　　골똘히 읽음　〔보기〕탐독하다 → 즐겨 읽다　[耽讀]

탐문　　찾아물음·수소문　　〔보기〕탐문하다 → 캐묻다·수소문하
　　　　다/ 탐문수사 → 염알이수사　[探問]

탐문　　캐들음·염탐해 들음　　〔보기〕탐문하다 → 캐듣다·염탐해
　　　　듣다　[探聞]

탐방　　찾아봄·찾음　　〔보기〕탐방하다 → 찾아가다·찾아보다/
　　　　탐방기 → 찾아가 쓴 기록　[探訪]

탐사　　캐어 조사함　　〔보기〕탐사하다 → 캐어 조사하다/ 지질탐사
　　　　→ 지질조사　[探査]

탐색　　눈치보기·염알이·살핌·엿봄　　〔보기〕탐색하다 → 살피
　　　　다·엿보다·염알이하다/ 탐색전 → 살피기·눈치보기　[探
　　　　索]

탐식　　마구 먹음·걸귀먹음·허발　　〔보기〕탐식하다 → 마구 먹다·
　　　　걸귀들린 듯 먹다·허발나다/ 탐식증 → 다식증　[貪食]

탐조　　새 구경·새 관찰　　〔보기〕탐조회 → 새 구경 모임　[探鳥]

탐지　　캐어 알아냄·살펴 알아냄　　〔보기〕탐지하다 → 알아내다/
　　　　탐지기 → 알리개　[探知]

탐탁치　　탐탁지　　〔보기〕탐탁지 않게/ 탐탁잖게

탑본　　비문뜨기·본뜨기　　〔보기〕탑본하다 → 본뜨다·비문을 뜨
　　　　다　　▷ 탁본 → 뜬 본　[搨本]

탑승　　탐·올라탐·오름　　〔보기〕탑승하다 → 타다·오르다/ 탑승

	객 → 탄 손님/ 탑승구 → 타는 곳 · 타는 문 · 탈문 [搭乘]
탑재	(올려)실음 〔보기〕탑재하다 → 싣다/ 탑재량 → 실은 양/ 탑재물 → 실은 짐 [搭載]
탕감	죄다 삭침 〔보기〕탕감하다 → 삭쳐주다/ 농가부채 탕감 → 농가빚 삭쳐주기 [蕩減]
탕진	다 써없앰 〔보기〕탕진하다 → 다 써버리다 · 털어먹다/ 가산을 탕진하고 → 집재산을 털어먹고 [蕩盡]
태	맵시 〔보기〕태가 나다 → 맵시가 나다 [態]
태고	아득한 옛날 · 오랜 옛날 〔보기〕태곳적 얘기 → 아득한 옛날 얘기 [太古]
태그	1. 꼬리표 · 정가표 · 찌지 2. (야구)잡기 3. 2인조 〔보기〕태그 매치 → 2인조 경기/ 태그 아웃 → (야구)척살하다 · 붙잡다 [영 tag]
태동	싹틈 · 움직임 〔보기〕태동하다 → 싹트다 · 움직임을 보이다 [胎動]
태류	우산이끼무리 ▷ 선류 → 솔이끼무리 [苔類]
태만	게으름 〔보기〕태만하다 → 게으르다/ 태만히 → 게을리 [怠慢]
태몽	애밸꿈 [胎夢]
태반	거지반 · 거의 [殆半]
태변	배내똥 [胎便]
태브키(탭키)	징검(글)쇠 ▷ 태뷸레이터 키 → (타자)칸매기개 · (전산) 징검글쇠 [영 Tab key〈tabulator key〉]
태블릿(타블레트)	1.알약 2. 자리판(마우스 놓는 판) [영 tablet · 프 tablette]
태스크 포스(팀)	특별작업반 · 특별조사단 · 기동부대 · 전략반 · 기획팀 ▷ 티에프티(TFT) → 기획팀 [영 task force]
태아	뱃속아이 [胎兒]
태초	맨처음 [太初]
태풍	싹쓸바람 · 쓰레바람 ※초속 32.7m 이상, 바람등급 12. 〔보기〕태풍경보 → 싹쓸바람경보/ 태풍주의보 → 싹쓸바람주의보 [颱風]
택지	집터 〔보기〕택지 조성 → 집터 만들기 · 집터 다지기 [宅地]
택하다	고르다 · 골라잡다 [擇 -]
탤런트	1. 연기자 · 연예인 2. 재능 · 수완 〔보기〕만능 탤런트 → 재주 많은 연예인 ▷ 탈렌트 → 탤런트 [영 talent]
탱크	1. 통 2. 전차 〔보기〕물탱크 → 물통/ 탱커 → 유조선 · 장갑차 · 공중급유기/ 탱크로리 → 용기적재차 [영 tank]

ㅌ

터널	굴 ▷ 턴넬·턴널 → 터널 [영 tunnel]
터닝	돌다 〔보기〕 터닝장 → 회전장/ 터닝포인트 → 전환점·도 는점 ▷ 턴 어라운드 숏 → 돌아쏘기 [영 turning]
터미널	1. 종점·떠날점 2. 끝장치·단말(기) ※셈틀 말. 〔보 기〕 버스터미널 → 버스나들곳/ 터미널 스테이션 → 종착역· 종점/ 터미널 인터페이스 → 단말기 사이틀 [영 terminal]
터부	꺼림·가림·금기 〔보기〕 터부시하다 → 금기로 여기다· 꺼리다 [영 taboo]
터치	기법·솜씨·건드림·붓자국 〔보기〕 터치하다 → 건드리 다·손대다·애기하다/ 터치감 → 촉감·감촉/ 터치라인 → 옆줄/ 터치 스크린 → (전산)만지기화면/ 터치 아웃 → 닿 고 나감/ 터치아웃작전 → 쳐내기작전·맞혀내기작전/ 코믹 터치 → 우스개 기법/ 휴먼터치 → 인간성을 잘 드러내는 기 법 [영 touch]
터틀넥	자라목 깃 〔보기〕 터틀넥 스웨터 → 자라목깃 스웨터 [영 turtleneck]
터프 가이	억센 사내·거친 사내·쾌남아 [영 tough guy]
턱받기	턱받이
턴	돌기·진로바꿈·회전 〔보기〕 턴하다 → 돌다/ 턴테이블 → 회전반/ 유턴 → 꺾어돌기·되돌이·말굽돌이 [영 turn]
턴널	터널·굴 [영 tunnel]
턴어라운드	(기업)회생·되살이 〔보기〕 턴어라운드숏 → 돌아쏘기(농 구)/ 턴어라운드 종목 → 회생주/ 턴어라운드 기업 → 회생기 업 [영 turnaround]
턴키계약	일괄계약·한목계약 〔보기〕 턴키 베이스 → (시설재) 일괄 도입 [영 turn-key + 契約]
털터리	1. 빈털터리 2. → 털털이 ※'빈털터리' 뜻의 작은 말은 '탈 타리', '털털이'의 작은말은 '탈탈이'임. ▷ 빈털털이 → 빈 털터리
테니스·론테니스	정구 [영 tennis]
테둘이	테두리
테러	폭력·폭행 〔보기〕 테러하다 → 치다·폭행하다/ 자살테 러 → 자살공격/ 정치테러 → 정치폭력/ 테러리스트 → 폭력 주의자·폭력혁명주의자/ 테러리즘 → 폭력주의·공포정치 [영 terror]
테마	으뜸제목·주제·주선율 〔보기〕 테마 뮤직 → 주제음악/ 테마소설 → 주제소설/ 테마 송 → 주제가/ 테마 파크 → 주제 공원 ▷ 모티브(모티프) → 기틀·동기·주제 [도

Thema·라 thema]

테스트 시험·평가·검사 〔보기〕테스트 스크리닝 → 미리보기/ 테스트하다 → 시험하다·평가하다/ 테스터 → 시험장치·전류전압계/ 테스트 파일럿 → 시험비행사/ 테스트 프로그램 → 시험풀그림·시험프로그램 〔영 test〕

테이블 1. 상·책상 2. 밥상·식탁 3. (전산)표 〔보기〕테이블 다이어리 → 탁상수첩·탁상달력/ 테이블 매너 → 식사예법/ 테이블보 → 식탁보/ 테이블 세팅 → 상차림·식탁장식/ 테이블스푼 → 큰술/ 테이블 스피치 → 식탁연설/ 테이블클로스 → 식탁보·책상보/ 테이블 테니스 → 탁구/ 티테이블 → 찻상 〔영 table〕

테이크아웃 사가기·길먹거리 〔영 take out〕

테이프 띠줄 〔보기〕테이프 리코더 → 녹음기/ 테이프절단기 → 띠줄자르개/ 테이핑 → 띠 감기/ 녹음(녹화) 테이프 → 녹음띠줄/ 테이프를 감다 → 띠줄을 감다 〔영 tape〕

테입 테이프 〔영 tape〕

테크 솜씨·기술·굴리기 ※'솜씨·기술'의 뜻으로 앞에 주된 말을 붙여쓴다. 〔보기〕재테크 → 돈굴리기·돈불리기·재산불리기·이재/ 세테크 → 구실비키기·세금줄이기/ 라이프테크 → 살림살이·살림기술 〔영 tech⟨technic〕

테크노- 기술-·기교-·솜씨 〔보기〕테크노미스트 → 사무기술자/ 테크노마트 → 기술시장/ 테크노크라트 → 기술관료/ 테크노폴리스 → 기술도시/ 테크놀로(러)지 → 기술학·공학·과학기술/ 테크노피아 → 기술이상향 〔⟨영 techno-〕

테크니컬 파울 몸 안닿은 반칙·기술반칙 ▷ 퍼스널 파울 → 개인반칙·접촉반칙/ 팀 파울 → 팀반칙/ 테크니칼 파울 → 테크니컬 파울 〔영 technical foul〕

테크닉 솜씨·기교·기술·수법 〔보기〕테크닉이 뛰어나다 → 솜씨가 뛰어나다/ 테크닉을 기르다 → 솜씨를 기르다 ▷ 테크 → 솜씨·기술/ 테크니션 → 기교파 〔영 technique〕

텍스트 원전·원문·글월·문서 〔보기〕텍스트북 → 교과서·교본/ 소설가 등 9명에게 의뢰해 고전 텍스트를 중심으로 권장도서를 선정했다 → ~ 의뢰해 고전을 중심으로 권장도서를 뽑았다/ 동양정신의 원류에 관심을 가진 신입생에게는 노자의 도덕경이 텍스트로 적당하다 → ~ 노자의 도덕경이 읽을거리로 알맞춤하다/ 텍스트에 충실한 번역 → 원문에 충실한 번역 〔영 text〕

텐배거 십루타·열배짜리 〔영 ten bagger〕

텐진	톈진 〔중 天津〕
텐트	천막 〔보기〕텐트촌 → 천막촌 〔영 tent〕
텔레그래프	전신·전보 〔영 telegraph〕
텔레마케팅	통신판매·원거리판매 〔영 telemarketing〕
텔레매틱스	원격서비스 〔영 telematics〕
텔레메디신	원격의료·원격진료 〔telemedicine〕
텔레뱅킹	전화은행·전화거래 〔telebanking〕
텔레스코프	망원경 〔영 telescope〕
텔레크라시	텔레비전 정치·안방정치 〔영 telecracy〕
텔레타이프·텔레타이프라이터	전신타자기 〔영 teletype/ teletypewriter〕
텔레텍스트	글자방송·문자다중방송 ▷ 비디오텍스 → 텔레텍스트·글자방송 〔영 teletext〕
텔레파시	정신감응·영감 〔영 telepathy〕
텔렉스	가입자 전신·텔레타이프 전신 〔영 Telex⟨teleprinter exchange〕
텔리비전·텔레비전	텔레비전 ※외래어에서 'ㅈ·ㅊ'과 'ㅑ·ㅕ·ㅛ·ㅠ·ㅒ·ㅖ'는 어울려 쓰이지 않는다. 쵸콜렛 → 초콜릿/ 쥬스 → 주스 따위. ▷ 테레비·텔레비·티비·텔리비전 → 텔레비전 〔영 television〕
텔리컴	텔레콤 〔영 tele-com〕
템즈강·테임즈강	템스강 〔영 Thames + 江〕
템포	빠르기·속도·박자 〔이 tempo〕
템플릿	서식·양식 〔영 templet〕
템플 스테이	절 체험·사찰 체험 〔영 temple stay〕
텟방·뎃빵	1. 철판 2. 우두머리·두목 〔일 鐵板·てっぱん〕
토공	미장이·흙일 〔土工〕
토굴	움·구덩이·땅굴 〔보기〕토굴집 → 움집 〔土窟〕
토글 키	똑딱(글)쇠 ※셈틀 말. 〔영 toggle key〕
토기	질그릇 ▷ 도기 → 오지그릇/ 도자기 → 질·오지·사기그릇들/ 옹기 → 질그릇/ 자기 → 사기그릇 〔土器〕
토너먼트	이긴자붙기·맞붙기·승자진출전 ▷ 리그 → 연맹전·돌려붙기(경기) 〔⟨영 tournament〕
토담	흙담 〔土 - 〕
토대	밑바탕·기틀 〔土臺〕
토로	털어말함·털어놓음 〔보기〕토로하다 → 털어놓다·속마음을 드러내다 〔吐露〕
토막	움막·움집 〔土幕〕

토사	흙모래 〔보기〕토사 준설 → 흙모래 쳐내기 〔土砂〕
토스	띄워주기·튀기기 ※배구 말. 〔보기〕토스하다 → 띄워주다·던져보내다 〔영 toss〕
토스트	구운빵 〔보기〕토스터 → 토스트기 〔영 toast〕
토양	1. 흙 2. 바탕·환경 〔보기〕토양검정 → 흙검사/ 토양구조 → 흙얼개/ 토양보존 → 흙간직/ 토양살포 → 흙속뿌리기/ 토양시료 → 본보기흙·흙검삿감/ 토양입자 → 흙알갱이/ 사질토양 → 모래흙/ 사질양토 → 모래건흙 〔土壤〕
토일렛(룸)	화장실·뒷간·변소 〔영 toilet (room)〕
토장국	된장국 ▷ 토장찌개 → 된장찌개 〔土醬-〕
토지	땅 〔보기〕토지가격 → 땅값/ 토지수용 → 땅거둬들임·땅묶임 ▷ 공지 → 빈터/ 대지 → 집터/ 나대지 → 빈집터·노는땅/ 유휴지 → 노는땅/ 농지 → 농사땅/ 부지 → 터/ 용지 → 쓸땅 〔土地〕
토질	흙성질·흙바탕 〔土質〕
토착	(본)토박이 〔보기〕토착하다 → 뿌리내리다/ 토착민 → 본토박이/ 토착문화 → 토박이문화/ 토착어 → 토박이말/ 토착종 → 고유종/ 토착화 → 뿌리내리기/ 토착화하다 → 뿌리내리다 ▷ 고유 → 제바탕·토박이·내림·제·있던/ 고유어 → 토박이말 〔土著〕
토취장	흙밭·흙파는 곳·취토장 ▷ 채석장 → 돌캐는곳 〔土取場〕
토크	이야기 〔보기〕토크쇼 → 이야기쇼/ 토크 프로 → 이야기프로 〔영 talk〕
토큰	차표·버스표 〔영 token〕
토키	발성영화·소리영화 ▷ 사일런트 필름 → 무성영화/ 사운드 필름 → 소리영화 〔영 talkie〕
토 킥	발끝차기 〔보기〕토킥하다 → 발끝으로 차다 〔영 toe kick〕
토털	1. 합계·모두·총액 2. 전체의·종합 〔보기〕토털 서비스 → 종합 서비스/ 토털 솔루션 → 종합해결책/ 토털시스템 → 종합체계/ 토털패션 → 모듬맵시·갖춤옷가지·갖춘옷가지 ▷ 토탈 → 토털 〔영 total〕
토퍼	가벼운 외투·봄가을 반코트 ▷ 톱코트 → 봄가을 외투/ 스프링코트 → 톱코트·봄가을 외투/ 돕바·토파 → 토퍼 〔영 topper〕
토픽(스)	이야깃거리·화제 〔보기〕해외 토픽 → 나라밖 애깃거리·나라밖 화제 〔영 topics〕

ㅌ

토하	생이 · 애새우 · 민물새우 [土蝦]
톡톡이	톡톡히 ※어찌씨의 끝음절이 '이'로만 소리나는 것은 '이'로 적고 '이'나 '히'로 나는 것은 '히로 적는다. 가붓이 · 깨끗이 · 버젓이 · 번거로이 · 번번이 · 간간이 · 틈틈이 · 즐거이 · 굳이 · 더욱이 따위.(맞춤법 제51항) '톡톡 튀는 곤충'은 톡토기.
톤	1. 소리 · 음조 · 음색 · 소릿가락 2. 빛깔 〔보기〕파스텔 톤 → 부드러운 빛깔 · 밝은빛깔/ 톤을 높이다 → 소리를 ~ [영 tone]
톨게이트	표사는 곳 · 길세내는 곳 · 길세받는 곳 [영 tollgate]
톨로이데	종상화산 · 종꼴 화산 ▷ 아스피테 → 순상화산 · 방패꼴화산 [도 Tholoide]
톱	꼭대기 · 머리 · 제일 〔보기〕톱건 → 일등사수/ 톱 그룹 → 선두집단 · 앞장패/ 톱기사 → 머릿기사/ 톱 뉴스 → 머릿기사 · 큰소식/ 톱디자이너 → 으뜸설계인/ 톱랭커 → 수위선수/ 톱 브랜드 → 유명상표 · 유명상품/ 톱스타 → 으뜸배우 · 인기인/ 톱 시드의 → 제1시드의 · 1번대진 배정의/ 톱 시크릿 → 극비/ 톱싱어 → 으뜸가수 · 인기가수/ 톱 클래스 → 정상급 ▷ 탑 → 톱 [영 top]
통각	아픔감각 · 아픈느낌 [痛覺]
통감	뼈저리게 느낌 · 깊이 느낌 · 사무침 〔보기〕통감하다 → 뼈저리게 느끼다 · 사무치게 느끼다 ▷ 절감 → 깊이 느낌 · 절실히 느낌 [痛感]
통고	알림 〔보기〕통고하다 → 알리다 · 알려주다 ▷ 통지 → 알림 [通告]
통기	숨통함 · 공기갈이 · 바람트기 〔보기〕통기하다 → 바람이 통하다/ 통기공 → 공깃구멍 · 바람구멍/ 통기구 → 공깃구멍 · 바람구멍/ 통기성 → 바람통하는 정도 [通氣]
통념	공통생각 · 일반생각 〔보기〕사회통념에 반하다 → 일반의 생각과 어긋나다 [通念]
통달	환히 통함 · 환함 · 트임 · 꿰뚫음 · 줄꿴 〔보기〕통달하다 → 환하다 · 훤히 알다 · 막힘없다 [通達]
통렬하다	맹렬하다 · 매섭다 · 시원하다 〔보기〕통렬히 → 몹시 맵게 · 매섭게 [痛烈 -]
통모	짜고 함 · 짬짜미 〔보기〕통모하다 → 짜다 · 짬짜미하다/ 통모하여 → 짜고 ▷ 공모 → 함께 꾀함 · 짬짜미/ 담합 → 짬짜미 · 말맞춤 · 입맞춤 · 짬 [通謀]
통보	알림 〔보기〕통보하다 → 알리다/ 통보 바람 → 알려주기

ㅌ

바람/ 기상통보 → 날씨알리기　[通報]

통상　보통·늘·으레　〔보기〕통상엽서 → 보통엽서/ 통상우편물 → 보통우편물/ 통상주 → 보통주　[通常]

통상화　대롱(꼴)꽃·통(꼴)꽃　▷ 관상화 → 대롱꽃·통꽃/ 합판화 → 통꽃/ 이판화 → 갈래꽃　[筒狀花]

통솔　몰아서 거느림·통틀어 거느림·이끎　〔보기〕통솔하다 → 거느리다·이끌다/ 통솔력 → 거느릴심·이끌심　▷ 리더십 → 이끌심·지도력·통솔력/ 통령·통리·통수 → (몰아서) 거느림　[統率]

통용　두루 쓰임·두루씀·넘나들어 쓰임　〔보기〕통용하다 → 두루 쓰다/ 통용되다 → 두루 쓰이다/ 통용문 → 옆문·쪽문·뒷문/ 통용어 → 익은말/ 통용화 → 통화　[通用]

통음　퍼마심·흠뻑 마심·밤새마심　〔보기〕통음하다 → 퍼마시다　▷ 침음 → 퍼마심　[痛飮]

통증　아픈증세·아픔　〔보기〕통증을 느끼다 → 아픔을 느끼다　[痛症]

통지　알림·기별함　〔보기〕통지하다 → 알리다·기별하다/ 통지서 → 알림글·알림장　[通知]

통찰　밝게 살핌·깊이 살핌·두루 살핌　〔보기〕통찰하다 → 깊이 살피다·두루 살피다/ 통찰력 → 꿰뚫는 힘　[洞察]

통채　통째·통째로　※'채'는 매인이름씨(불완전명사)로서 '-ㄴ(은)' 매김꼴 아래 쓰이어 어떤 상태 '그대로임'의 뜻을, '째'는 이름씨 아래 쓰이어 '그대로 모두'의 뜻으로 쓰인다. 벗은 채·산 채·앉은 채/ 껍질째·뿌리째·통째·송두리째　〔보기〕통채로 삼키다 → 통째로 삼키다

통첩　알림　〔보기〕통첩하다 → 알리다/ 통첩문 → 알림글/ 최후통첩 → 마지막 알림　[通牒]

통치　다스림　〔보기〕통치하다 → 다스리다/ 통치술 → 다스리는 솜씨/ 통치자 → 다스리는 이　▷ 치리·통리 → 다스림/ 정치 → 다스림　[統治]

통치다　한통치다　※준말보다 본말 '통치다'가 많이 쓰인다 하여 이를 표준말로 삼음.(표준어규정 제15항) 경없다 → 경황없다/ 궁떨다 → 궁상떨다/ 귀개 → 귀이개/ 낌 → 낌새/ 낙하다·낙치다 → 낙인찍다/ 모 → 모이/ 벽 → 벽돌/ 부럼 → 부스럼(대보름날의 '부럼'은 그대로)/ 수둑하다 → 수두룩하다/ 엄 → 어음/ 퇴맞다 → 퇴박맞다 따위.

통칭　두루일컬음·이른바　〔보기〕통칭하다 → 두루 일컫다　▷ 세칭 → 이른바·보통 일컫는·세상에서 일컫는　[通稱]

통쾌	속시원함 〔보기〕통쾌하다 → 속시원하다·후련하다/ 통쾌감 → 시원한 느낌·후련한 느낌 ▷ 유쾌 → 즐거움·기쁨 〔痛快〕
통털어	통틀어 〔보기〕통틀어 말해서/ 통틀어 일컬음/ 통틀다
통폐합	하나로 만듦 〔보기〕통폐합하다 → 하나로 아우르다/ 기구 통폐합 → 기구 합침 ▷ 통합 → 한데모음·통틀어모음/ 폐합 → 합침 〔統廢合〕
통합	한데 모음·통틀어 모음·합침 〔보기〕통합하다 → 합치다·한데 모으다/ 통합되다 → 합쳐지다·통틀어 모이다/ 통합력 → 합치는 힘·어울리기/ 통합성 → 얼러붙기·얼러붙음 〔統合〕
통행	통해다님·다님 〔보기〕통행하다 → 다니다·지나다니다/ 통행금지 → 못다님/ 통행료 → 길세 〔通行〕
통화	1. 말나눔·말함 2. 전화함 〔보기〕통화하다 → 말하다·말 나누다·전화하다/ 통화를 나누다 → 통화하다·말하다 〔通話〕
퇴각	물러감·물리침·퇴짜놓음 〔보기〕퇴각하다→물러나다·퇴짜놓다/ 퇴각시키다 → 물리치다/ 퇴각로 → 퇴로 ▷ 후퇴 → 물러남(감)·뒷걸음 〔退却〕
퇴간·퇴깐	툇간 ※한자말에서 '곳간·셋방·숫자·찻간·툇간·횟수' 여섯 낱말은 사이시옷을 넣는다. 〔退間〕
퇴고	글다듬기 〔보기〕퇴고하다 → 글다듬다·글고치다 ▷ 추고 → 글다듬기 〔推敲〕
퇴골	다리뼈 ▷ 대퇴골 → 넓적다리뼈/ 경골 → 정강이뼈 〔腿骨〕
퇴맞다	퇴박맞다 ※준말 '퇴맞다'보다 본말 '퇴박맞다'가 많이 쓰인다 하여 이를 표준말로 삼음.(표준어규정 제15항) 경없다 → 경황없다/ 궁떨다 → 궁상떨다/ 낌 → 낌새/ 냉꾼 → 내왕꾼/ 돗 → 돗자리/ 뒝박 → 뒤웅박/ 뒷대야 → 뒷물대야/ 막잡이 → 마구잡이/ 맵자다 → 맵자하다/ 모 → 모이/ 수둑하다 → 수두룩하다/ 엄 → 어음/ 통치다 → 한통치다 따위.
퇴보	뒷걸음질·뒤로 물러남 〔보기〕퇴보하다 → 뒷걸음질치다 ▷ 진보 → 나아감/ 보수 → 지킴 〔退步〕
퇴비	두엄·거름 〔보기〕퇴비하다 → 두엄을 만들다/ 퇴비사 → 두엄간/ 퇴비장 → 두엄터 〔堆肥〕
퇴색	바램·빛바램 〔보기〕퇴색하다 → 빛바래다·빛날다/ 퇴색되다 → 퇴색하다·빛바래다 ▷ 탈색 → 색깔뺌 〔褪色·退色〕

퇴색되다	퇴색하다 · 빛바래다 〔褪色-〕
퇴적	쌓임 · 쌓음 · 무더기 · 가리 〔보기〕 퇴적하다 → 쌓다 · 쌓이다 · 가리다/ 퇴적암 → 물에된바위/ 퇴적층 → 쌓인흙켜/ 퇴적토 → 쌓인흙/ 퇴적평야 → 쌓인벌 〔堆積〕
퇴조	썰물 · 약해짐 · 물러감 〔보기〕 퇴조하다 → 약해지다 · 졸아들다/ 퇴조기 → 썰물때/ 진보세력의 퇴조 → 진보세력 꺾임/ 팝 퇴조 → 유행노래 썰물 · 대중음악 물러감 〔退潮〕
퇴진	(때)물러남 · (패)물러남 · 뒤로 물림 〔보기〕 퇴진하다 → 물러나다 · 진물리다 ▷ 진퇴(進退) → 나가고 물러남 〔退陣〕
퇴출	내침 · 물리침 · 물러남 〔보기〕 퇴출하다 → 물러나다 · 물리치다 · 내치다 〔退出〕
퇴치	물리침 · 없앰 〔보기〕 퇴치하다 → 물리치다 · 없애버리다/ 문맹퇴치 → 글깨치기 · 까막눈 없애기/ 전염병 퇴치 → 돌림병 물리치기 〔退治〕
툇짜	퇴짜
투견	싸움개 · 개싸움 〔보기〕 투견하다→개싸움하다/ 투견대회 → 개싸움대회 〔鬪犬〕
투계	댓닭 · 싸움닭 · 닭싸움 〔보기〕 투계하다 → 닭싸움하다 ▷ 투우 → 소싸움/ 투견 → 개싸움 〔鬪鷄〕
투고	원고 보냄 · 원고 줌 〔보기〕 투고하다 → 글 보내다/ 독자투고 환영 → 독자 원고 받습니다 · 독자글 보내주십시오/ 투고자 → 글보낸 이 〔投稿〕
투고난	투고란 ※'란'은 우리말이나 서양 외래어와 어울릴 적에만 '난'으로 쓰고, 한자말과 어울릴 적에는 '란'으로 적는다. 량(量) · 률(率)도 그렇다. 가정란 · 독자란 · 어린이난 · 가십난 · 구름양 · 쓰레기양 · 물찬양 · 수출량/ 늪율 · 물참(찬)율 · 부담률 따위. 〔投稿欄〕
투기	시세노림 · 요행노리기 〔보기〕 투기하다 → 시세노리다 · 요행노리다 · 던지다 · 돈걸다/ 투기사 → 요행꾼/ 투기사업 → 요행사업/ 투기상 → 요행 장사/ 투기성 → 요행성/ 땅투기 → 땅장사 · 땅치기 ▷ 투전 → 돈치기 〔投機〕
투기	버림 · 내다버리기 〔보기〕 투기하다 → 버리다/ 투기장 → 버리는 곳/ 무단투기 → 멋대로 버림 · 함부로 버림/ 해양투기 → 바다에 버리기 〔投棄〕
투기	강샘 · 강짜 〔보기〕 투기하다 → 강샘내다 · 강샘을 부리다 · 강짜(가) 나다 · 강짜부리다/ 투기심 → 강샘하는 마음 ▷ 시기 → 샘/ 질투 → 샘 · 강샘/ 새암 → 샘 〔妬忌〕

ㅌ

투런홈런	두점홈런　〔보기〕스리런홈런 → 석점홈런/ 싱글홈런 → 1점홈런　　※야구 말.　[영 two run home-run]
투망	쳉이·던짐그물　〔보기〕투망하다 → 쳉이질하다/ 투망질 → 쳉이질　▷ 타망 → 쳉이　[일 投網·とあみ]
투매	막팔기·막넘기기　〔보기〕투매하다 → 막팔다　▷ 덤핑 → 막팔기·싸게 넘기기　[일 投賣·なげうり]
투서	찌름글　〔보기〕투서하다 → 찌름글을 보내다·글로써 찔러바치다　[投書]
투석	돌 던짐　〔보기〕투석하다 → 돌을 던지다·욕하다/ 투석전 → 돌싸움·석전·돌팔매쌈　[投石]
투숙	들어감·묵음·듦　〔보기〕투숙하다 → 묵다·들다/ 투숙객 → 손님　▷ 기숙 → 묵음·몸부침　[投宿]
투시	틔워봄·꿰뚫어봄　〔보기〕투시하다 → 꿰뚫어보다·환히 비쳐보다/ 투시경 → 돋보기/ 투시도 → 뚫보기 그림　[透視]
투신	뛰어듦·몸담음　〔보기〕투신하다 → 뛰어들다·몸담다·몸던지다/ 투신자살하다 → 몸던져 죽다·뛰어들어 죽다　[投身]
투약	약주기·약내주기　〔보기〕투약하다 → 약을 지어주다/ 투약구 → 약구멍　[投藥]
투어	여행·순회공연·원정경기　〔보기〕투어리스트 → 관광객·여행자/ 투어리스트 클래스 → (배·항공기의) 2등석/ 투어콘서트 → 순회공연/ 스키투어 → 스키여행　[영 tour]
투여	줌·(약을) 지어줌　〔보기〕투여하다 → 주다·(약을) 주다　[投與]
투영	비추기　〔보기〕투영하다 → 비추다/ 투영도 → 비춤그림/ 투영면 → 비춤면　[投影]
투원반	원반던지기　[投圓盤]
투웨이	이원적·양쪽·두방향　〔보기〕투웨이 커뮤니케이션 → 쌍방향 의사소통·쌍방향 통신　[영 two-way]
투입	집어넣음·들임·들여넣음　〔보기〕투입하다 → 들이다·집어넣다/ 투입구 → 넣는곳/ 인력투입 → 사람 들임/ 연인원 십만명과 공사비 3백억원을 투입하여 → 총사람수 십만명과 공사비 3백억원을 들여/ 투입액수 → 들인 돈　[投入]
투자	밑천댐·자본넣음·자금댐·돈댐　〔보기〕투자하다 → 밑천을 대다·자본을 대다/ 투자선 → 투자자·자금댄 이/ 투자유치 → 자본끌기·돈끌기·밑천끌기/ 외국인 투자 → 외국인 자금대기　▷ 출자 → 밑천댐　[投資]
투잡	겹벌이　[영 two job]

투지	싸울뜻·싸울맘 〔보기〕투지가 만만하다 → 싸울뜻이 드높다/ 투지력 → 싸울힘 〔鬪志〕
투창	창던지기 〔投槍〕
투척	던지기 〔보기〕투척하다 → 던지다/ 투척경기 → 던지기 경기/ 화염병 투척 → 화염병 던지기 〔投擲〕
투철하다	분명하다·확실하다·뚜렷하다 〔보기〕논지가 투철하다 → 논지가 뚜렷하다/ 투철한 사명감 → 드높은 사명감 ▷ 철저하다 → 속속들이 닿다 〔透徹〕
투포환	포환던지기 〔投砲丸〕
투표	표찍기·표던짐 〔보기〕투표하다 → 표찍다·표던지다/ 투표소(장) → 표찍는 곳 〔投票〕
투합	서로 맞음 〔보기〕투합하다 → 서로 잘 맞다/ 의기투합 → 마음맞음 〔投合〕
투항	(나가)항복함 〔보기〕투항하다 → 항복하다/ 투항자 → 항복해온 이 〔投降〕
투해머	해머던지기 ▷ 투철퇴 → 해머던지기 〔投+영 hammer〕
퉁어리적다	퉁어리쩍다 ※'아무 생각 없이 행동하는 데가 있다'의 뜻.
튜닝	맞춤·조율·조절·개조 〔영 tuning〕
튜브	대롱·통·관·바람주머니 〔영 tube〕
트기	튀기 〔보기〕트기 문화 → 튀기 문화/ 트기말 → 튀기말/ 트기문장 → 튀기문장
트라이아스기	삼첩기 ※지질시대의 중생대 맨 처음 시기. 〔〈영 Triassic Period + 紀〕
트라이아웃	실력점검·선발시험 〔보기〕트라이아웃을 실시하다 → 실력을 점검하다·선발시험을 보다 〔영 try out〕
트라이앵글	1. 칭칭이·세모꼴·삼각형 2. 세모자·삼각자 〔보기〕트라이앵글 패스 → 삼각이어주기/ 골든 트라이앵글 → 황금의 삼각지대 〔영 triangle〕
트라이유니티	삼위일체 〔영 triunity〕
트래디션	전통 〔보기〕트래디셔널하다 → 전통적이다 〔영 tradition〕
트랙	1. 경주로·달리깃길 2. 경주경기 〔보기〕트랙경기 → 달리기경기·육상경기 ▷ 필드경기 → 경주로안쪽경기 〔영 track〕
트랜스	변압기 〔보기〕트랜스듀서 → 변환기/ 트랜스미션 → 변속기/ 트랜스미터 → 송신기·송화기/ 트랜스포머 → 변압기 ▷ 도란스 → 트랜스·변압기 〔〈영 transformer〕
트랜스젠더	성전환자 〔영 transgender〕

트랜스지방	경화지방·변형지방 　[영 Trans Fat]
트랩	1. U자 냄새막이관　2. 발판·사닥다리　3. 덫·올가미·허방· 함정 　〔보기〕트래핑 → 공다루기/ 부비트랩 → 얼치기올가 미·위장폭탄　[영·네 trap]
트러블	말썽·옥신각신 　〔보기〕트러블을 일으키다 → 말썽을 일으 키다·성가시게 하다/ 트러블 메이커 → 말썽꾼·말썽꾸러기 [영 trouble]
트러스트	기업합동 　▷ 카르텔 → 기업연합·짬짜미·값맞추기 [영 trust]
트러지다	틀어지다
트렁크	1. 큰가방　2. 짐칸·화물칸　[영 trunk]
트레싱 페이퍼	트레이싱 페이퍼　[〈영 tracing paper]
트레이너	훈련사·훈련지도사　[영 trainer]
트레이닝	훈련·연습·수양·단련 　〔보기〕트레이닝하다 → 훈련하 다·연습하다/ 트레이닝복 → 활개옷·연습옷·훈련옷/ 트레 이닝 슈즈 → 연습용 신/ 트레이닝 캠프 → 합숙소·합숙훈련 / 트레이닝 팬츠 → 운동팬츠 　▷ 추리닝·츄리닝 → 트레 이닝　[영 training]
트레이드	상업·무역·거래·통상·교환 　〔보기〕트레이드하다 → 맞 바꾸다·주고받다·이적되다·거래하다/ 트레이드 네임 → 상호·상품이름/ 트레이드 마크 → 상표·상징·등록상표· 으뜸상징/ 트레이드 머니 → 이적료/ 트레이드 유니어니즘 → 노동조합주의/ 트레이드 유니언 → 노동조합/ 트레이딩 플로 어 → 거래장·매장　[영 trade]
트레이싱 페이퍼	비침종이·베낌종이·투사지　[영 tracing paper]
트레킹	걷기여행·모험여행·길타기　[영 trekking]
트렌드	유행·경향·흐름 　〔보기〕트렌디 드라마 → 유행극　[영 trend]
트렌치 코트	방수외투　[영 trench coat]
트로이카	삼두마차·삼두정치　[러 troika]
트로피	우승배·우승컵　[영 trophy]
트롤망	밑끌이그물·밑훑이그물 　▷ 트롤(어)선 → 밑끌이고기잡 이배/ 저인망 → 쓰레그물·밑끌이그물　[영 trawl + 網]
트리오	삼중주·삼중창·삼인조·삼총사　[이 trio]
트리트먼트	대우·치료·논술 　〔보기〕헤어 트리트먼트 → 머릿결 영양 제　[영 treatment]
트리플 플레이	셋잡기·셋잡이·삼중살 　※야구 말.　[영 triple play]
트리핑	발걸기 　〔보기〕트리핑파울 → 발걸기반칙　[영 tripping]

트릭	속임수·손장난 〔보기〕트릭에 걸리다 → 속다/ 트릭을 쓰다 → 속임수를 쓰다/ 트릭을 부리다 → (연극·영화에서) 기교·재주를 써서 실제인 것처럼 보이게 하다/ 트릭워크 → 트릭촬영 〔영 trick〕
특근	특별근무 〔보기〕특근하다 → 특별근무하다/ 특근수당 → 특근한 삯 〔特勤〕
특단	특별·특별한·별난 〔보기〕특단의 조처를 취하다 → 특별조처를 내리다·취하다 〔特段〕
특명	특별명령 〔特命〕
특출	뛰어남 〔보기〕특출하다 → 특별히 뛰어나다/ 특출한 인재 → 뛰어난 인재 ▷ 수출하다 → 뛰어나다/ 수월하다 → 뛰어나다 〔特出〕
틈틈히	틈틈이
티	차·홍차 〔보기〕티 백 → 찻봉지/ 티 세트 → 찻그릇/ 티 스푼 → 찻숟가락/ 티 타임 → 쉴짬·휴식시간/ 티 테이블 → 찻상·차탁자/ 티 파티 → 다과회/ 티포트 → 찻주전자 〔영 tea〕
티각태각	티격태격
티레이·티선	티빛살 ▷ 엑스레이 → 엑스빛살 〔T-ray·T線〈tera-hertz〕
티벳	티베트 〔tibet〕
티비	텔레비전·티브이 〔영 TV〕
티슈	화장지 〔영 tissue〕
티오	정원·조직표·편성표 〔보기〕티오가 차다 → 정원이 다 차다 〔영 T.O.〈table of organization〕
티저 광고	맛뵈기광고·호기심광고 〔보기〕티저 포스트 → 예고 포스터 ※선전내용을 수수께끼처럼 보여주는 일련의 광고. 〔영 teaser + 廣告〕
티케이오	주심결정 ※권투 말. 〔보기〕티케이오승을 거두다 → 주심 결정으로 이기다 ▷ 아르에스시(RSC·referee stop contest) → (아마추어 경기에서) 심판중단경기 〔영 T.K.O.〈technical knockout〕
티켓	탈표·입장권·허가장·정가표·참가자격·출전자격 〔보기〕8강행 티켓을 획득하다 → 8강 출전자격을 따다/ 올림픽 출전티켓을 따다 → 올림픽 출전권을 따다 ▷ 티케팅 → 매표 〔〈영 ticket〕
티킷	티켓 〔영 ticket〕
틴에이저	십대·청소년 ※보통 13~18살을 일컬음. 〔영 teenager〕

팀	패·편·조·짝·단체　〔보기〕팀 레이스 → 단체경주/ 팀 워크 → 결속력·패짜임새·협동작업/ 팀 컬러 → 팀색깔· 팀특징·팀분위기/ 팀 포메이션 → 팀 대형·팀 진용/ 팀 플 레이 → 조직적 플레이·공동동작/ 팀워크를 발휘하다 → 짜 임새있게 움직이다·꾸려나가다　〔영 team〕
팀웍	팀워크　▷ 네트웍 → 네트워크/ 로드웍 → 로드워크　〔영 teamwork〕
팁	1. 손씻이·수곳삯·행하　2. 도움말　〔영 tip〕

파견	보냄·내보냄　〔보기〕파견하다 → 보내다/ 특사를 파견했다 → 특사를 보냈다　▷ 파유 → 파견·보냄　[派遣]
파고	물결·결높이　〔보기〕파고계 → 물결키재개/ 파고가 높다 → 물결이 높다　[波高]
파고다	불탑·탑　〔보기〕파고다공원 → 탑골공원　▷ 스투파 → 불탑·탑파　[〈영 pagoda]
파골라·퍼걸러	덩굴시렁·그늘시렁·그늘막　[〈영 pergola]
파괴	깨뜨리기·부수기·헐기　〔보기〕파괴하다 → 깨뜨리다·부수다·허물다/ 파괴력 → 깰심·부수는 힘·깨뜨릴힘/ 파괴적 → 깨뜨리는·깨는·허무는·허무는 성질을 띤 (것)/ 가격 파괴 → 값깨기·값깨뜨리기·값허물기/ 상식 파괴 → 상식 깨기·상식 허물기　[破壞]
파국	막판·판이 결딴남　〔보기〕파국에 직면하다 → 막판에 이르다/ 파국적 → 결딴나는　[破局]
파급	번져감·미침·퍼짐　〔보기〕파급하다 → 미치다·번져가다·퍼지다/ 파급되다 → 미치다·번지다/ 파급범위 → 미치는 범위/ 파급효과 → 미치는 효과　[波及]
파기	깨버림·없애버림　〔보기〕파기하다 → 깨버리다·없애다/ 서류를 파기하다 → 서류를 없애다/ 조약을 파기하다 → 조약을 깨다/ 원심 파기 → 원심을 깸/ 파기환송 → (원심을) 깨고 돌려보냄/ 파기이송 → (원심을) 깨고 넘김　[破棄]
파노라마	전경·회전풍경　〔보기〕파노라마 촬영 → 넓은 범위의 장면을 찍음/ 파노라마식으로 펼쳐지다 → 두루(널리) 펼쳐지다/ 파노라마대 → 전망대　[그 panorama]
파다하다	짜하다　〔보기〕소문이 파다하다 → 소문이 짜하다/ 파다히 → 짜하게　[播多 -]

파도	물결 〔보기〕 파도(가) 치다 → 물결이 치다/ 파도소리 → 물결소리/ 높은파도 → 높은물결 〔波濤〕
파동	1. 물결움직임 2. 소동·법석 3. 주기적인 변화 〔보기〕석유파동 → 석유법석/ 정치파동 → 정치법석/ 파동(이) 치다 → 물결 따위가 움직이다 〔波動〕
파라다이스	이상향·낙원 〔보기〕파라다이스 로스트 → 잃어버린 낙원 ▷ 패러다이스 → 파라다이스 〔〈영 paradise〕
파라독스	역설·억지말 ▷ 패러독스 → 역설 〔라·도 paradox〕
파라미터	매개변수 ※셈틀·수학 말. 〔〈영 parameter〕
파라볼라 안테나	접시꼴 안테나·오목안테나 〔〈영 parabolic(parabola) antenna〕
파라솔	양산 〔보기〕비치 파라솔 → 해변양산 〔프 parasol〕
파라슈트	낙하산 ※영어로는 패러슈트. 〔프 parachute〕
파라치	감시꾼·염알이꾼 〔보기〕법파라치 → 위법신고꾼/ 카파라치 → 교통신고꾼/ 과파라치 → 과외신고꾼/ 의파라치 → 병원신고꾼/ 파파라치 → 몰래제보꾼 〔이 parazzi〕
파라치온	파라티온 〔도 Parathion〕
파란	물결·풍파 〔보기〕파란만장 → 물결 많음·곡절 많음/ 파란 많은 생애 → 곡절 많은 삶 〔波瀾〕
파랄림픽	장애인올림픽 〔〈영 Paralympics〈paraplegic+Olympics〕
파랑	물결 〔보기〕파랑경보 → 물결경보/ 파랑주의보 → 물결주의보 〔波浪〕
파레트	팔레트·갤판·물감판 〔〈프 palette〕
파롤	난말 ※'실제 입으로 한 말'을 가리키는 말로서 '머릿속에 든 말' 즉 '랑그'에 상대하는 개념이다. 〔프 parole〕
파르티잔	빨치산·유격대·별동대·유격대원 〔러 partizan〕
파머·퍼머	파마 〔〈영 permanent wave〕
파멸	결딴남·부서져 망함 〔보기〕파멸하다 → 결딴나다·부서지다·부서져 망하다/ 파멸되다 → 결딴나다·부서지다/ 파멸을 가져오다 → 결딴나게 하다/ 파멸을 초래하다 → 결딴내다·망가뜨리다 〔破滅〕
파문	물결·물(결)무늬·영향·말썽·물의 〔보기〕파문을 던지다 → 영향을 끼치다·문제를 일으키다/ 파문을 일으키다 → 말썽을 내다(일으키다)/ 파문이 번지다 → 물결이 번지다·영향이 퍼져가다 〔波紋〕
파본	잘못된 책 〔破本〕
파산	판듦·판남·거덜남 〔보기〕파산하다 → 판나다·판들다·거덜나다/ 파산에 처하다 → 판날 지경에 놓이다·거덜

ㅍ

날 처지에 놓이다/ 파산선고를 받다 → (비유적으로) 끝장나
다·망하다　[破産]

파상　　　물결모양　　〔보기〕파상문 → 물결무늬/ 파상 공격 → 되풀
이 공격/ 파상공세를 펼치다 → 물결치듯 공격해 들어가다/
파상운→ 물결구름/ 파상적 → 물결치듯·파도치듯/ 파상 평
원 → 준평원·물결모양 벌판　[波狀]

파생　　　갈려생김·갈려나옴·번짐　　〔보기〕파생하다 → 갈려 나오
다·갈려나와 생기다/ 파생되다 → 파생하다·갈려나오다/
파생상품 → 가지상품·딸린상품/ 파생어 → 갈려나온 말·
가지말/ 파생음 → (음악)사이음　[派生]

파손　　　깨어짐·부스러짐·깨뜨림　　〔보기〕파손하다→ 깨뜨리다·
부수뜨리다·부서뜨리다·부스러뜨리다/ 파손되다 → 깨지
다·부서지다　[破損]

파쇄　　　부숨·부서짐·으깸　　〔보기〕파쇄하다 → 부수다·으깨
다·부서지다/ 파쇄기 → 부수개/ 파쇄립 → 깨진알/ 파쇄암
→ 부스러깃돌　▷ 쇄파 → 부숨　[破碎]

파스텔　　　그림분필　　〔보기〕파스텔 톤(조·컬러) → 부드러운 색조·
은은한 빛깔　[영 pastel]

파슬리　　　양미나리　[영 parsley]

파시　　　생선시장·고깃배시장　[波市]

파시　　　철시·문닫음　[罷市]

파악　　　잡음·앎·쥠　　〔보기〕파악하다 → 잘 알다·이해하다·알
아내다/ 파악부→ 손잡이·잡는 데/ 상황파악→ 형편 알기·
형편 잡음　[把握]

파열　　　터짐·찢어짐　　〔보기〕파열하다 → 1. 터지다·찢어지다·
갈라지다　2. 터뜨리어 가르다/ 파열음→ 터짐소리　▷ 파
찰음 → 터쳐갈리는 소리　[破裂]

파우더　　　분　　〔보기〕파우더 룸 → 화장방　[영 powder]

파우치　　　자루·외교문서자루·외교행낭　　〔보기〕레토르트 파우치 →
레토르트 포장(식품)　[영 pouch]

파운데이션　　　1. 밑화장(품)·기초화장품　2. 속옷　3. 재단·기금　▷ 하
(화)운데이션 → 파운데이션　[영 foundation]

파운드리　　　조립(생산)　[영 foundry]

파울　　　반칙·규칙 위반　　〔보기〕파울 볼 → 빗나간 공/ 파울 트러
블 → 반칙 제약·반칙 약점/ 파울 플라이 → 빗뜬공/ 퍼스널
파울 → 개인반칙/ 팀 파울 → 팀반칙/ 파이브 파울 → 5반칙
▷ 페어 → 옳음·맞음　[영 foul]

파워　　　힘·권력　　〔보기〕파워 게임 → 힘겨루기·권력다툼/ 파워

풀하다 → 힘있다 〔영 power〕

파이다	'좋지 못하다·걸렀다' 뜻의 고장말(경상)
파이버	1. 실·섬유 2. 안전모 ▷ 하이바 → 파이버 〔영 fiber〕
파이트 머니	대전료·경깃돈 〔영 fight money〕
파이팅	힘내자!·잘하자!·아자!·이겨라! 〔보기〕 파이팅하다 → 잘 싸우다 〔영 fighting〕
파이프	1. 대·대롱·관·막대 2. 물부리 3. 피리·관악기 4. 울대·통 〔보기〕 파이프 라인 → 송유관·(비유적으로)돈줄/ 파이프 렌치 → 관죔쇠/ 파이프 스케일 → 관뚱·관속 녹/ 파이프 스틸 → 대롱솥·관식 가열로/ 파이프 탭 → 암나사끌/파이핑 → 물샘·누수 〔영 pipe〕
파인 플레이	멋진 경기·깨끗한 경기·미기 〔영 fine play〕
파일	1 서류철·서류묶음 2. 기록철 ※셈틀 말. 〔보기〕 파일 네임 → (기록)철 이름·파일 이름/ 파일 박스 → 서류함/ 파일방식 → 서류철방식/ 파일 백업 → 여벌철 만들기 ▷ 화일 → 파일 〔영 file〕
파일	1. 말뚝 2. 솜털·보풀·털결 3. 원자로 〔보기〕 파일 드라이버 → 틀메/ 파일 해머 → 틀메 〔영 pile〕
파일럿	조종사·뱃길잡이·시험 〔보기〕 파일럿 램프 → 표시등/ 파일럿 프로그램 → 시험프로그램·맛보기/ 파일럿 플랜트 → 시험공장·실험공장 ▷ 파일로트·파이롯트 → 파일럿 〔영 pilot〕
파자마	자리옷·잠옷 〔〈영 pajamas〕
파종	씨뿌림·씨뿌리기 〔보기〕 파종하다 → 씨뿌리다/ 파종기 → 씨뿌림철·씨붙임철/ 파종기 → 씨뿌림개·씨뿌림틀/ 파종법 → 씨뿌리기/ 파종상 → 모판/ 파종조림 → 씨뿌려 숲가꾸기 ▷ 이앙 → 모내기/ 이식 → 옮겨심기 〔播種〕
파지	헌종이·흠종이·찢어진 종이 ▷ 페지 → 버린종이 〔破紙〕
파킹	둠·주차·주차장 〔보기〕 파킹하다 → 차 대다·주차하다 〔영 parking〕
파탄	터짐·결딴남 〔보기〕 파탄하다 → 찢어지다·결딴나다· 일이 그릇되다 ▷ 탄파 → 터짐·결딴남 〔破綻〕
파토	파투 〔보기〕 파토를 놓다 → 판을 깨다/ 파토를 내다 → 파투를 내다·화투판을 깨다
파트	1. 부분·쪽 2. 성부·음부 〔보기〕 파트타임 → 시간제 〔영 part〕
파트너	짝·협조자·동료·동업자 〔보기〕 파트너십 → 동반관계/

	파트너십 이니셔티브 → 친선발의권 〔영 partner〕
파티	1. 잔치 · 모임 · 모꼬지 2. 당파 · 정당 〔보기〕파티웨어 → 잔치옷 · 연회복/ 파티장 → 연회장 · 잔칫마당/ 가든 파티 → 마당잔치 · 뜰잔치/ 댄스 파티 → 무도회 · 춤잔치/ 생일파티 → 생일잔치 · 생일모임 〔영 party〕
파파라치	몰래제보꾼 〔이 paparazzi〕
파피에 콜레	종이붙이기 〔프 papier colle〕
파행	꼬임 · 절뚝거림 · 절름발이 · 불균형 〔보기〕파행하다 → 절뚝거리다/ 파행상태에 빠지다 → 절뚝거리고 있다 · 일이 꼬여가다/ 파행을 거듭하다 → 일이 거듭 꼬이다 〔跛行〕
판금	못 팔게 함 · 판매금지 〔보기〕판금하다 → 못 팔게 하다/ 판금되다 → 못 팔게 되다 〔販禁〕
판넬	패널 〔보기〕판넬화 → 패널그림 〔〈영 panel〕
판독	뜻알아읽기 · 읽어알기 · 헤아려 읽음 〔보기〕판독하다 → 읽어내다 · 뜻을 알아내다 〔判讀〕
판매	팔기 〔보기〕판매하다 → 팔다/ 판매가격 → 파는값/ 판매업 → 장사/ 판매장 → 파는곳 · 파는데 · 가게/ 서비스 판매 → 시중팔기/ 보험판매 → 보험팔기 ▷ 세일즈 → 팔기 〔販賣〕
판명	드러남 · 밝힘 〔보기〕판명하다 → 드러나다 · 밝히다/ 판명되다 → 밝혀지다 · 드러나다 · 알려지다 〔判明〕
판에 박히다	판에 박이다 ▷ 틀에 박힌 → 틀에 박인
판연	환함 · 뚜렷함 · 환하게 〔보기〕판연하다 → 환하다 · 분명하다/ 판연히 → 환하게 · 아주 ▷ 확연 → 뚜렷함/ 확연히 → 뚜렷이 〔判然〕
판이	아주 다름 · 딴판 〔보기〕판이하다 → 아주 다르다 · 딴판이다 〔判異〕
판자	널조각 · 널빤지 〔보기〕판자때기 → 널빤지 〔板子〕
판자집	판잣집
판잣대기	판자때기 · 널빤지
판장	널 · 널담 〔보기〕판장담 → 널담/ 판장문 → 널문/ 판장벽 → 널벽 〔板墻〕
판정	끊음 〔보기〕판정하다 → 끊다 · 판결해 정하다 〔判定〕
판촉	더 팔기 · 다그쳐팔기 〔보기〕판촉하다 → 빨리팔기 하다 · 더 팔기 하다/ 판촉에 나서다 → 다그쳐 팔기에 나서다 · 더 많이 팔기에 나서다/ 판촉 캠페인 → 다그쳐 팔기 · 더(많이) 팔기운동 〔販促〕
판타지	환상 · 환상곡 · 공상물 갈래 ▷ 환타지 · 팬터지 → 판타지

ㅍ

[도 Phantasie]

판토마임	팬터마임 · 몸짓극 〔〈영 pantomime〕
팔굼치	팔꿈치 ※'굼치'는 '꿈치'로 적는다.(맞춤법 제54항) 발꿈치 · 발뒤꿈치 따위.
팔뚝시계 · 팔목시계	손목시계 ※'손목시계'가 많이 쓰인다 하여 이를 표준말로 삼음.(표준어규정 제25항) 〔-時計〕
팔레트	물감판 · 갤판 〔보기〕 팔레트 나이프 → 갤칼 · 팔레트칼 ▷ 파레트 → 팔레트 〔프 palette〕
팔삭동이	팔삭둥이 ▷ 쌍둥이 · 꽃둥이 〔八朔-〕
팔장	팔짱 〔보기〕 팔짱끼다/ 팔짱을 꽂다/ 팔짱을 지르다
팜 파탈	요부 〔프 femme fatale〕
팜플렛 · 팜플릿	팸플릿 · 작은책자 〔〈영 pamphlet〕
팝	대중적인 · 통속적인 · 유행가 · 포퓰러 〔보기〕 팝 뮤직 → 대중음악/ 팝송 → 대중가요 · 유행가/ 팝 아트 → 대중미술 〔미 pop〈popular〉〕
팝업창	불쑥창 ※전자말 ▷ 팝업북 → 입체책 〔pop-up 窓〕
팡파레	팡파르 〔〈프 fanfare〕
팡파르	축하음악 · 환영음악 · 축하곡 〔프 fanfare〕
패	짐 〔보기〕 패하다 → 지다/ 승패 → 이기고 짐/ 승패에 구애받지 않다 → 이기고 짐에 얽매이지 않다/ 패인 → 진 원인 / 패자 → 진 이 〔敗〕
패각	1. 자개 2. 조가비 · 조개껍데기 〔보기〕 패각류 → 조개류 · 조개붙이/ 패각분 → 조갑가루/ 패각상 → 조가비꼴/ 패각선 → 조가비샘/ 패각암 → 조갯돌/ 패각추방 → 도편추방 / 패각충 → 깍지벌레 〔일 貝殼 · かいがら〕
패감	팻감 〔覇-〕
패널	판벽널 · 널빤지 · 단골 · 머름 · 그림판 · 토론단 〔보기〕 패널리스트 → 토론자 · 문제제기자/ 패널토의 → 배심토의/ 패널화 → 판(자)그림 ▷ 판넬 → 패널 · 판그림 〔영 panel〕
패닉	공황 · 겁먹음 · 얼빠짐 〔보기〕 패닉 상태 → 공황 상태 〔영 panic〕
패러다이스	파라다이스 · 이상향 · 낙원 〔보기〕 패러다이스 로스트 → 잃어버린 낙원/ 패러다이스 피시 → 버들붕어 · 극락어 〔영 paradise〕
패러다임	틀 · 준거 · 기준 · 보기 · 정향 〔영 paradigm〕
패러독스	역설 · 모순 ▷ 파라독스 → 역설 · 모순 〔영 paradox〕
패러디 · 파로디	본뜬글월 · 익살시문 · 풍자 · 모방 〔보기〕 패러디하다 → 풍

	자하다 · 익살스럽게 흉내내다　[영 parody · 프 parodie]
패러슈트	낙하산　※프랑스말로는 '파라슈트'.　[영 parachute]
패류	조개무리 · 조개붙이 · 조개류　[貝類]
패륜아	망종 · 망나니　[悖倫兒]
패물	노리개 · 차는 것　[佩物]
패밀리 레스토랑	가족식당　[영 family · 프 restaurant]
패배자	진사람 · 진이　[敗北者]
패브릭	직물 · 천　[영 fabric]
패션	유행 · 돌림 · 옷맵시　〔보기〕패션 쇼 → 유행옷 전시회 · 새옷 발표회/ 패션 스타일 → 유행맵시 · 유행옷차림/ 패셔너블하다 → 멋지다 · 감각적이다/ 패션모델 → 옷모델 · 옷배우　[영 fashion]
패스	1. 통과 · 합격 · 지남　2. 건넴 · 이어주기　3. 무료차표 · 정기권　〔보기〕패스하다 → 1. 지나다 · 합격하다 · 통과하다　2. 전하다 · 건네다 · 연계하다　3. 이어주다 · 찔러주다 · 넘기다/ 패스 미스 → 잘못주기/ 패스워드 → 비밀번호 · 암호/ 패스워크 → 공주고받기/ 패스포트 → 여(행)권 · 입장권 · 허가증/ 롱패스 → 긴연결/ 롱패스하다 → 멀리 이어주다/ 쇼트패스 → 짧은연결/ 쇼트패스하다 → 짧게 이어주다/ 크로스패스 → 대각선연결/ 프리 패스 → 무임승차　[영 pass]
패스	길 · 경로　※셈틀 말.　〔보기〕패스네임 → 길이름 · 경로명　[영 path]
패스트 트랙	신속 처리제　[영 fast track]
패스트 푸드	즉석(음)식　▷ 인스턴트식품 → 즉석식품　[영 fast food]
패용	참 · 닮　〔보기〕패용하다 → 달다 · 차다/ 리번 패용 → 리번 달기/ 명찰 패용 → 이름표 달기　[佩用]
패이다	패다 · 파이다　※'파여지다 · 파게 하다'의 뜻으로 쓰임.　〔보기〕패인 → 팬
패인	진 까닭 · 패한 원인　▷ 승인 → 이긴 원인　[敗因]
패자	진사람 · 진이 · 진쪽　〔보기〕패자전 → 진편쌈　[敗者]
패자	이긴이 · 이긴 사람 · (우)승자　[覇者]
패주	조개관자 · 조개귀　[貝柱]
패주	지고 달아남　〔보기〕패주하다 → 져서 달아나다　[敗走]
패총	조개무덤 · 조개무지 · 조갯더미　[貝塚]
패치워크	조각누비 · 쪽모이 세공　[영 patchwork]
패키지	꾸러미 · 묶음 · 짐 · 소포　〔보기〕패키지 투어 → 묶음 여행　[영 package]
패턴	1. 본새 · 틀　2. (전산)도형　3. 모형 · 유형　4. 옷본 · 무늬

ㅍ

[영 pattern]

패트롤	순찰(대)·정찰·순시·안전요원 〔보기〕그린 패트롤 → 환경파수꾼/ 패트롤 카 → 순찰차 〔〈영 patrol〕
팩션	실화소설·각색실화 〔영 faction〈fact + fiction〕
팩시밀리	모사전송(기)·문서전송기 ▷ 팩스 → 모사전송(기) 〔영 facsimile〕
팩트	사실·있는일·실제 〔보기〕팩트에 충실하다 → 사실에 기대다·사실을 중시하다 〔영 fact〕
팬	애호가·좋아하는 이 〔보기〕팬 레터 → 애호가 편지/ 팬덤 → 열성팬 〔영 fan〈fanatic〕
팬더(곰)	판다 ▷ 레서 판다 → 곰고양이/ 자이언트 판다 → 판다 〔네팔 panda〕
팬시	상상·환상 〔보기〕팬시 드레스 → 탈춤옷·가장무도회옷/ 팬시 볼 → 탈춤판·가장무도회/ 팬시 스토어·팬시점 → 선물가게 〔영 fancy〕
팬터마임	몸짓극·말없는 극·벙어리극·무언극 ▷ 판토마임 → 팬터마임 〔영 pantomime〕
팸플릿	작은 책자·소책자 ▷ 팜플렛·팜플레트 → 팸플릿·소책자 〔영 pamphlet〕
팽배	넘침·솟구침 〔보기〕팽배하다 → 솟구치다·넘치다 〔澎湃〕
팽창	불어오름·부어오름·불음·부풂 〔보기〕팽창하다 → 부풀다·분다·불어오르다/ 팽창계수·팽창률 → 부풂계수·부풂율/ 팽창력 → 부푸는 힘/ 팽창색 → 진출색·튀는빛 〔膨脹〕
팽화	부풂·부풀기 〔보기〕팽화하다 → 부풀다 〔膨化〕
퍼걸러	덩굴시렁·그늘시렁 〔영 pergola〕
퍼내티시즘	열광주의·광신주의 〔영 fanaticism〕
퍼다	푸다 ※활용하면 '푸니, 퍼서, 펐다'로 된다.
퍼레이드	행진·열병·시위 〔보기〕카 퍼레이드 → 차량행진 〔영 parade〕
퍼블리시티	알려짐·기사광고·기사선전 〔보기〕퍼블리시티권 → 초상사용권 〔영 publicity〕
퍼센트	백분율·푼치·% 〔보기〕퍼센티지 → 비율·백분율·푼수 〔영 percent〕
퍼스낼리티	개성·인격 〔영 personality〕
퍼스널 컴퓨터	개인용 컴퓨터·개인용 전산기·셈틀 ※피시, 퍼스컴 따위로 줄여쓰기도 한다. 〔영 personal computer〕

ㅍ

퍼스트	첫째 〔보기〕퍼스트 러브 → 첫사랑/ 퍼스트 레이디 → 대통령 부인·영부인/ 퍼스트 베이스 → 일루/ 퍼스트 베이스 맨 → 일루수/ 퍼스트 임프레션 → 첫인상/ 퍼스트 클래스 → 일등석 ▷ 세컨드 베이스 → 이루/ 서드 베이스 → 삼루 〔영 first〕
퍼즐	수수께끼·짜맞추기·알아맞히기 〔보기〕지그소 퍼즐 → 짜맞추기 판/ 크로스 워드 퍼즐 → 낱말 짜맞추기/ 퍼즐게임 → 알아맞히기놀이 〔영 puzzle〕
퍼컬레이터	여과기·거르개 ▷ 퍼콜레이터 → 여과기·거르개 〔영 percolator〕
퍼트롤	패트롤·정찰·순시 〔보기〕패트롤 카 → 순찰차/ 패트롤 제 → 순라경비 〔영 patrol〕
퍼팩트	퍼펙트 〔영 perfect〕
퍼펙트	완전·완벽 〔보기〕퍼펙트 게임 → 완전경기 〔영 perfect〕
퍼포먼스	1. 공연·연주·연기 2. 성능 〔보기〕퍼포먼스 예술 → 실연예술·행위예술 〔영 performance〕
퍼플	자줏빛·보랏빛 〔영 purple〕
펀더멘틀	기틀·기본·여건·(경제)기초여건 〔영 fundamental〕
펀드	기금·자금 〔보기〕해외펀드 → 국외자금/ 펀드 매니저 → 투자관리자 〔영 fund〕
펀뜻	언뜻
펀치	1. 주먹 2. 구멍(뚫이) 〔보기〕강펀치를 날리다 → (주먹으로) 세게 치다/ 펀치가 세다 → 주먹심이 세다/ 펀치력 → 주먹심·때리는 힘/ 펀치카드 → 뚫음카드/ 펀치카드 리더 → 뚫음카드 읽개·뚫음카드 판독기/ 펀치카드 시스템 → 뚫음카드 체계/ 키펀치 → 카드뚫개 〔영 punch〕
펀칭	쳐내기 〔영 punching〕
펌프	무자위·양수기 〔영 pump〕
펑크	구멍(내기) 〔보기〕펑크나다 → (공이나 차바퀴가) 구멍나다·터지다·바람빠지다·(계획이나 약속이) 어긋나다·틀어지다 ▷ 빵꾸 → 구멍(내기·나기) 〔〈영 puncture〕
펑크션	기능·함수 〔보기〕펑크션 키 → 기능(글)쇠 〔영 function〕
페넌트	삼각기·우승기 〔보기〕페넌트 레이스 → (야구 리그전에서) 우승겨루기·공식경기·정규경기 〔영 pennant〕
페널티	형벌·벌칙 〔보기〕페널티 골 → 벌칙골/ 페널티 에어리어 → 벌칙구역/ 페널티 킥 → 벌칙차기 〔영 penalty〕

ㅍ

페달	딛개 · 발걸이 · 발판 · 디딤판 〔보기〕 자전거 페달 → 자전거 발판 〔영 pedal〕
페디큐어	발톱치장 · 발톱손질 · 발톱연지 ▷ 매니큐어 → 손톱연지 · 손톱손질 〔영 pedicure〕
페레스트로이카	재건 · 개혁 ▷ 글라스노스트 → 공개 · 개방 〔러 perestroika〕
페르골라	그늘막 · 그늘시렁 · 볕가리개 · 덩굴시렁 ▷ 파고라 · 퍼걸러 → 그늘막 〔도 Pergola〕
페르소나	짝 · 탈 · 가면 · 분신 · 얼굴 · 성격 〔라 persona〕
페미돔	암콘돔 〔영 femidom〕
페스트	흑사병 〔영 pest〕
페스티벌	잔치 · 축전 · 축제 〔영 festival〕
페어	맞음 · 옳음 · 깨끗함 〔보기〕 페어 볼 → 산공/ 페어웨이 → 적정구역 · 제바닥/ 페어 플라이 → 산 뜬공/ 페어 플레이 → 1. 깨끗한 경기 2. 떳떳한 행동 · 정당한 대결 〔영 fair〕
페이	보수 · 급료 · 삯 〔보기〕 페이데이 → 봉급날 〔영 pay〕
페이스	보조 · 속도 〔영 pace〕
페이지	쪽 · 면 〔보기〕 페이지 넘버 → 쪽번호/ 페이지네이션 → 쪽매김/ 페이지다운 키 → 뒤쪽(글)쇠 · 뒷면(글)쇠/ 페이지 뷰 → 쪽보기 방문자수/ 페이지업 키 → 앞쪽(글)쇠 · 앞면(글)쇠/ 페이지 헤딩 → 쪽머리/ 페이징 → 1. 무선호출 2. 쪽매기기 〔영 page〕
페이퍼	1. 종이 2. 사포 · 속새 〔보기〕 페이퍼 백 → 문고본 책/ 페이퍼 컴퍼니 → 유령회사 · 종이회사/ 페이퍼 홀더 → 종이끼우개 〔영 paper〕
페인트	속임(수) 〔보기〕 페인트 모션 → 속임(수)동작/ 페인트 페이크 → 속임동작 · 거짓꾸밈 ▷ 페인팅 → 속임동작 〔영 feint〕
페인트	칠 · 칠감 · 양칠 〔보기〕 페인트 건 → 칠뿜개/ 페인팅 → 그림 · 회화/ 페인팅 나이프 → 그림칼 〔영 paint〕
페치카	벽난로 〔러 pechka〕
펜네임	필명 · 아호 〔영 penname〕
펜션	민박집 〔〈프 pension〕
펜스	담 · 울타리 〔보기〕 오일펜스 → 기름막이울 〔영 fence〕
펜치	자름집게 · 핀처 ▷ 벤찌 → 자름집게 〔〈영 pinchers〕
펜트하우스	하늘채 〔영 penthouse〕
펜홀더	펜대 〔보기〕 펜홀더 그립 → (탁구)펜대쥐기 · 펜라켓 ▷ 셰이크 핸드(그립) → 악수쥐기 · 악수라켓/ 백핸드 · 백스트

로크 → 손등치기 〔영 penholder〕

펠로십	연구지원금 〔영 fellowship〕
펨프	뚜쟁이 · 포주 ▷ 여쾌 → 뚜쟁이 〔<영 pimp〕
펴락쥐락	쥐락펴락 ※'쥐락펴락'을 많이 쓴다 하여 이를 표준말로 삼음.(표준어규정 제25항)
편견	치우친 소견 · 치우친 생각 ▷ 편애 → 한쪽사랑/ 중용 → 어우름 〔偏見〕
편난운	조각비늘구름 〔片亂雲〕
편도	한쪽길 ▷ 왕복 → 오가기 · 오가는 길 · 치우친 사랑 〔片道〕
편도	감복숭아 〔扁桃〕
편두통	쪽머리아픔 〔偏頭痛〕
편람	쉬보기 ▷ 목록 · 색인 → 죽보기 · 쉬보기 〔便覽〕
편린	조각 · 조각비늘 〔片鱗〕
편마암	변쑥돌 〔片麻巖〕
편모	홀어머니 〔보기〕 편모슬하 · 편모시하 → 홀어머니를 모시고 있는 처지/ 편부 → 홀아버지 〔偏母〕
편물	뜨개질 · 뜨갯것 〔보기〕 편물기 → 뜨개틀 〔編物〕
편백	노송나무 〔보기〕 편백과 → 측백나뭇과 〔扁柏〕
편벽	치우침 〔보기〕 편벽하다 → 치우치다/ 편벽되다 → 치우치다/ 편벽되이 → 치우치게 ▷ 편향 → 치우침 〔偏向〕
편부	홀아버지 · 홀아비 ▷ 편모 → 홀어미 〔偏父〕
편성	짜기 · 엮기 〔보기〕 편성하다 → 짜다 · 엮다 · 엮어만들다/ 예산편성 → 예산짜기/ 학급편성 → 반짜기/ 프로그램 편성표 → 프로그램 표 ▷ 편집 → 엮음/ 편찬 → 엮음 〔編成〕
편승	얹힘 · 묻어탐 〔보기〕 편승하다 → 묻어타다 · 얹히다 · 얻어타다/ 친구 차에 편승하다 → 친구 차를 얻어타다/ 시대 조류에 편승하다 → 시대 흐름을 타고 잇속을 챙기다 ▷ 탑승 → 탐/ 탑재 → 실음 〔便乘〕
편식	가려먹음 · 치우쳐먹음 〔보기〕 편식하다 → 가려먹다 · 골라먹다 〔偏食〕
편애	치우친 사랑 · 한쪽사랑 〔보기〕 편애하다 → 치우쳐 사랑하다 〔偏愛〕
편역들다	편들다 · 역성들다
편운	조각구름 〔片雲〕
편입	짜넣음 · 끼워넣음 · 끼어듦 〔보기〕 편입하다 → 끼워넣다 · 끼어들다 〔編入〕
편재	치우쳐 있음 · 몰려 있음 〔보기〕 편재하다 → 치우쳐 있다 ·

ㅍ

	몰려 있다　[偏在]
편저	엮음·엮은책　〔보기〕편저하다 → 엮다/ 편저자 → 엮은이 와 지은이　[編著]
편적운	조각뭉게구름　▷ 편난운 → 조각비늘구름　[片積雲]
편중	한쪽 쏠림·치우쳐 쏠림　〔보기〕편중하다 → 치우치다·쏠 리다　▷ 편애하다 → 치우쳐 사랑하다　[偏重]
편직물	뜨개천　[編織物]
편찬	엮음·지음·꾸며냄·책 만듦　〔보기〕편찬하다 → 꾸며내 다·엮어내다·짓다　[編纂]
편취	속여뺏기　〔보기〕편취하다 → 속여 빼앗다　▷ 사취 → 속여뺏음/ 갈취 → 을러뺏음/ 횡취 → 가로채기·옆치기·새 치기　[騙取]
편파	치우침　〔보기〕편파성 → 치우친 성질/ 편파적 → 치우친· 공평치 못한　▷ 편향 → 치우침/ 편중 → 치우침　[偏頗]
편평족	편발·평발　[扁平足]
편향	치우침·기욺　〔보기〕편향하다 → 치우치다/ 편향되다 → 편향하다·치우치다/ 편향보도 → 치우친 보도/ 편향성 → 치 우침/ 편향적 → 치우친　[偏向]
편협	좁음·치우침　〔보기〕편협하다 → 좁다·치우치다/ 편협 성 → 좁음·골똘함　▷ 편향 → 치우침/ 편벽 → 좁음·치 우침　[偏狹]
폄척·폄줄· 폄하·폄훼	깎아내림·헐뜯음　〔보기〕폄하하다 → 깎아내리다　[貶 斥·貶黜·貶下·貶毀]
평가	1. 값침·값매김　2. 좋게봄　〔보기〕평가하다 → 1. 값치 다·값매기다　2. 괜찮게 보다/ 재평가 → 다시 매김·다시 봄/ 긍정적으로 평가하다 → 좋게 보다/ 부정적으로 평가하다 → 안 좋게 보다·깎아보다　[評價]
평균치	평균값　[平均値]
평방	제곱　〔보기〕평방근 → 제곱근/ 평방미터 → 제곱미터/ 평 방비 → 제곱비/ 평방수 → 제곱수/ 평방어 → (동물)부수리 / 평방척 → 제곱자/ 평방평균 → 상승평균/ 평방표 → 제곱 표/ 평방형 → (바른)네모꼴　▷ 입방 → 세제곱/ 헤베 → 제곱미터　[일 平方·へいほう]
평복	보통옷　▷ 평상복 → 보통옷/ 통상복 → 보통옷　[平服]
평상시	예사때·보통때　[平常時]
평소	여느때·보통때　[平素]
평시	평소·보통때　[平時]
평야	벌·들　[平野]

ㅍ

평영	개구리헤엄 [일 平泳・ひらおよぎ]
평원	벌판・넓은벌 ▷ 평야 → 벌・들 [平原]
평이	쉬움 〔보기〕 평이하다 → 쉽다・알기 쉽다/ 평이성 → 쉬운 성질 ▷ 간이 → 손쉬움・간편함/ 용이 → 쉬움・손쉬움/ 난이 → 어려움과 쉬움 [平易]
평일	보통날・여느때 [平日]
평정	끊아매김・값쳐매김 〔보기〕 평정하다 → 끊아매기다/ 근무평정 → 근무성적 매기기 [評定]
평정	(쳐)가라앉힘 〔보기〕 평정하다 → 가라앉히다/ 반란을 평정하고 → 반란을 쳐 가라앉히고 [平定]
평활근	민무늬살・민무늬근 [平滑筋]
폐	허파 [肺]
폐-	버린・다쓴・헌 〔보기〕 폐하다 → 버리다・문닫다・끝내다/ 폐기물 → 버릴것・쓰레기/ 폐가전 → 버린 전기세간/ 폐자재 → 버린자재・못쓸자재/ 폐기름 → 쓴기름・버린기름/ 폐수 → 버린물/ 폐식용유 → 못먹는 기름・쓴기름/ 폐지 → 헌종이/ 폐지폐 → 헌돈・버린돈/ 폐연료봉 → 쓴연료봉 [廢-]
폐기	버림・무효로 함 〔보기〕 폐기하다 → 버리다・무효로 하다/ 조약 폐기 → 조약을 무효로 함/ 폐기물 → 버릴 것・쓰레기/ 폐기장 → 버릴곳/ 핵폐기물 → 핵쓰레기 [廢棄]
폐단	좋지 못한 일・귀찮고 해로운 일 ※준말은 '폐'임. [弊端]
폐동맥	허파동맥 [肺動脈]
폐막	막내림 〔보기〕 폐막하다 → 막을 내리다 ▷ 개막 → 막엶・막올림 [閉幕]
폐문	문닫음 〔보기〕 폐문하다 → 문닫다/ 폐문 시간 → 문닫는 시간・문닫을 때 ▷ 개문 → 문엶 [閉門]
폐부	1. 허파 2. 마음・가슴속 3. 급소 〔보기〕 폐부를 찌르다 → 깊은 감명을 주다・급소를 찌르다・마음을 찌르다/ 폐부에 새기다 → 마음에 새기다・마음에 간직하다 [肺腑]
폐사	우리 회사・저희 회사 ▷ 폐가 → 저희집/ 폐찰 → 제 편지 [弊社]
폐사	죽음 〔보기〕 폐사하다 → 죽다/ 집단폐사 → 떼죽음/ 폐사율 → 죽는 비율 [斃死]
폐색	막힘・닫아막음 〔보기〕 폐색하다 → 닫아 막다/ 폐색증 → 막히기・막힘/ 혈관 폐색 → 핏줄 막힘 [閉塞]
폐쇄	닫아걺・없앰 〔보기〕 폐쇄하다 → 닫다・없애버리다/ 폐쇄음 → 닫음소리/ 폐쇄화 → 다문꽃 [閉鎖]

ㅍ

폐습	나쁜버릇 〔보기〕폐습을 타파하고 → 나쁜 버릇을 깨뜨리고 ▷ 악습 → 나쁜버릇/ 구습 → 옛버릇·묵은버릇 〔弊習〕
폐업	그만둠·문닫음·장사않음 〔보기〕폐업하다 → 영업을 그만두다·가게문을 영영 닫다 〔廢業〕
폐일언하다	한마디로 휩싸서 말하다 〔보기〕폐일언하고 → 한마디로/ 일언이폐지왈 → 한말로 말하여 〔蔽一言 -〕
폐장	허파 〔肺臟〕
폐정	법정닫음·마침 〔보기〕폐정하다 → 법정을 닫다·(재판이나 심리를) 마치다 ▷ 개정 → 법정엶 〔閉廷〕
폐정맥	허파정맥 〔肺靜脈〕
폐지	그만둠·없앰 〔보기〕폐지하다 → 그만두다·없애다/ 규제폐지 → 규제 없앰 ▷ 개폐 → 고치거나 없앰 〔廢止〕
폐질	몹쓸병·불치병 〔廢疾〕
폐차	버린차·못쓸차·차없앰 〔보기〕폐차하다 → 차를 버리다/ 폐차처분 → 차버림·못쓸차로 처리함/ 폐차장 → 차버리는 곳 〔廢車〕
폐포	허파꽈리 〔肺胞〕
폐품	못쓸 물건·버린 물건·버림치 〔廢品〕
폐합	(없애고) 합침 〔보기〕폐합하다 → (없애고) 합치다/ 통폐합 → 합쳐서 하나로 만듦 ▷ 폐치분합 → 없애고 합치기 〔廢合〕
폐허	쑥대밭·무너진 터 〔廢墟〕
폐활량	허파숨양 ▷ 허파숨량 → 허파숨양 〔肺活量〕
폐회	회의마침·집회마침·모임끝냄 〔보기〕폐회하다 → 회의마치다/ 폐회사 → 모임닫는 말 ▷ 개회 → 회의엶 〔廢會〕
포 볼	볼넷·사구 〔일영 four + ball〕
포경	우멍거지 〔包莖〕
포경	고래잡이 〔보기〕포경선 → 고래잡이배 〔捕鯨〕
포괄	뭉뚱그림·휩쓸어 감·싸잡음 〔보기〕포괄하다 → 뭉뚱그리다·휩쓸어 싸다/ 포괄적 → 뭉뚱그리는 (방식의)/ 포괄적으로 말하면 → 뭉뚱그려 말하면 ▷ 총괄 → 뭉뚱그림·싸잡음·통틂 〔包括〕
포기	내버림·그만둠 〔보기〕포기하다 → 내버리다·그만두다·내버려두다 〔抛棄〕
포대	자루·부대 〔包袋〕
포도	포장길 〔鋪道〕

ㅍ

포럼	공개토론회 · 토론마당 · 너른마당 · 사랑방 ▷ 포룸 → 포름 [영 forum]
포르노	외설 · 색정 · 흘렛거리 · 복사빛 〔보기〕포르노걸 → 분홍녀 / 포르노그래피 → 성애물 · 색정물/ 포르노성 → 색정적인 [〈영 pornography]
포만	가득참 〔보기〕포만하다 → 가득하다/ 포만감 → 배부른 느낌 [飽滿]
포말	거품 · 물거품 〔보기〕포말소화기 → 거품소화기/ 포말이 되어 → 물거품이 되어 ▷ 수포(水泡) → 물거품/ 수포(水疱) → 물집 · 꽈리 [泡沫]
포맷	1. 양식 · 체재 · 서식 · 구성 · 짜임 2. 틀잡기 · 터잡기 〔보기〕포맷에 맞추다 → 틀에 맞추다/ 포맷을 어떻게 잡느냐 → 틀을 어떻게 잡느냐/포메이션 → 대형 · 진형 · 진침 [영 format]
포멀	형식의 · 형식적 〔보기〕포멀 드레스 → 정장/ 포멀리즘 → 형식주의/ 포멀 웨어 → 정장 [영 formal]
포박	묶기 · 동이기 〔보기〕포박하다 → 잡아서 묶다 · 동이다 [捕縛]
포백	마전 〔보기〕포백장이 → 마전장이 ▷ 표백 → 바래기 [曝白]
포복	김 · 기기 · 땅덩굴벋음 〔보기〕포복하다 → 기다/ 포복경 → 기는줄기 · 땅덩굴줄기/ 포복성 → 기는성질/ 포복식물 → 땅덩굴식물 [匍匐]
포복절도	배 쥐고 웃음 · 배꼽뺌 〔보기〕포복절도하다 → 배꼽빠지게 웃다 · 배를 쥐고 웃다 [抱腹絶倒]
포비슴	야수파 · 야수주의 [프 fauvisme]
포살	잡아죽임 〔보기〕포살하다 → 잡아죽이다 [捕殺]
포상	상줌 · 상주기 〔보기〕포상하다 → 상주다/ 징계와 포상 → 벌주기와 상주기 ▷ 수상 → 상받음 · 상받기 [褒賞]
포석	포장돌 · 까는 돌 〔보기〕포석포장 → 돌포장 [鋪石]
포성	대폿소리 [砲聲]
포스터	광고지 · 알림그림 · 광고용 그림 [영 poster]
포스트	1. 우편 · 우체통 2. 부서 · 자리 · 위치 3. 기둥 〔보기〕골 포스트 → 골대/ 포스트잇 → 붙임쪽지/ 포스트 카드 → 우편 엽서/ 포스트 플레이 → 말뚝작전 · 기둥작전 [영 post]
포스트 –	다음 · 이후 · 뒤 〔보기〕포스트모더니즘 → 반모더니즘 · 다음모더니즘 · 반근대주의/ 포스트 스코어링 → 뒷녹음/ 포스트 3김 → 세김씨 다음 · 세김 다음/포스트프로덕션 → 후반

ㅍ

	작업　［영 post-］
포승	묶는 끈·오라·오랏줄　〔보기〕범인을 포승으로 묶다 → 범인을 오라로 묶다　［捕繩］
포식	잔뜩 먹음·실컷 먹음　〔보기〕포식하다 → 배불리 먹다·실컷 먹다　［飽食］
포아풀과	볏과　［그 poa- ＋ 科］
포어핸드	포핸드·받쳐잡기(탁구)·바로쥐기　［영 forehand］
포용	휩싸들임·받아들임·싸덮어줌　〔보기〕포용하다 → 휩싸들이다·받아들이다·싸덮어주다/ 포용력 → 감싸는 힘·휩싸들이는 힘/ 포용성 → 감싸덮는 성질　▷ 금도 → 도량·아량　［包容］
포워드	공격진·공격수·전위　［영 forward］
포위	둘러쌈·에워쌈　〔보기〕포위하다 → 에워싸다·빙 둘러싸다　［包圍］
포유	젖먹이·젖먹음·제젖으로 기름　〔보기〕포유동물 → 젖먹이동물·젖빨이동물/ 포유류 → 젖빨이동물·짐승강　［哺乳］
포유문	안은월　［包有文］
포인트	1. 점·요점·점수·득점　2. 노른자위·목좋은 곳　［영 point］
포일	박·쇠종이　※은박지, 금박지 따위.　▷ 호일 → 포일　［영 foil］
포자	홀씨　〔보기〕포자낭 → 홀씨주머니/ 포자번식 → 홀씨번식/ 포자생식 → 홀씨붙이/ 포자엽 → 홀씨잎　［胞子-］
포장	길단장·길덮단장　〔보기〕포장하다 → 길닦다·길단장하다/ 도로포장 → 길단장·길덮기　［鋪裝］
포장	싸개·싸기·꾸림·묶음　〔보기〕포장하다 → 싸다·꾸리다·묶다·꾸미다/ 포장끈 → 짐끈/ 포장술 → 싸는기술·싸갯기술/ 포장용기 → 짐그릇·쌀그릇·담을그릇/ 포장재 → 꾸림감/ 포장지 → 싸개종이/ 포장화물 → 꾸린짐　［包裝］
포주	1. 기둥서방　2. 뚜쟁이　▷ 펨프(핌프) → 뚜쟁이　［抱主］
포즈	몸가짐·자세·태도·시늉　〔보기〕사진기자들에게 포즈를 취하다 → 사진기자들 앞에서 자세를 갖추다·~ 사진을 찍다　［영 pose］
포지션	자리·위치·지위　〔보기〕선수들의 포지션을 정하다 → 선수들의 뜀자리를 정하다　［영 position］
포지티브	1. 적극적·긍정적　2. (사진의) 양화　〔보기〕포지티브 리스트 → 수입허용 품목/ 포지티비즘 → 실증주의　▷ 네거티브 → 1. 소극적·부정적　2. 음화/ 네거티브 리스트 → 수입

	제한품목　[영 positive]
포진	진침·진편·벌여놓음　〔보기〕포진하다 → 진을 치다·진을 펴다　[布陣]
포착	붙잡음·잡기·잡아쥐기·잡아채기　〔보기〕포착하다 → 잡다·붙잡다·잡아쥐다·알아내다/ 기회 포착에 능하다 → 기회를 잘 잡다/ 혐의를 포착하고 → 혐의를 잡고　[捕捉]
포춘	포천　※미국 잡지이름.　▷ 포춘·포천 → 포천　[미 Fortune]
포충	벌레잡기　〔보기〕포충낭 → 벌레잡이주머니/ 포충망 → 벌레그물/ 포충식물 → 벌레잡이식물/ 포충엽 → 벌레잡이잎　▷ 식충식물 → 벌레잡이식물　[捕蟲]
포커 페이스	무표정한 얼굴·내색없는 표정　[미 poker face]
포커스	초점·모임점·중심점　〔보기〕포커스마켓 → 주요시장　▷ 포카스 → 포커스　[라 focus]
포켓	호주머니　〔보기〕포켓 북 → 작은책·문고본/ 포켓 카메라 → 소형 사진기　▷ 휴대 → 가짐·지님　[영 pocket]
포크	돼지고기　〔보기〕포크 커틀릿 → 돝너비튀김　▷ 돈까스 → 돈가스·돝튀김·포크 커틀릿　[영 pork]
포크 댄스	서양 민속춤　[영 folk dance]
포크레인	포클레인　[〈프 poclain]
포크리프트	지게차　[영 forklift]
포클레인	굴착기·땅파개　▷ 굴삭기 → 굴착기·땅파개　[〈프 poclain]
포탈	빠져나감·세금 안냄　〔보기〕세금을 포탈하다 → 세금을 안 내다·탈세하다　[逋脫]
포터	짐꾼　[영 porter]
포터블	들것·들고다님·들소용　▷ 휴대용 → 들것·갖고다님·들소용·손/ 포터블 제품 → 들 것·휴대용 제품　[영 portable]
포털 사이트	들머리·대문·관문　[영 portal site]
포테이토	감자　〔보기〕포테이토 칩 → 감자튀김/ 포테이토 샐러드 → 감자샐러드　[영 potato]
포토	사진　〔보기〕포토라인 → 사진찍는줄·사진취재 구역/ 포토그래프 → 사진/ 포토뉴스 → 화보/ 포토스토리 → 사진이야기/ 포토저널리스트 → 사진기자·사진작가/ 포토제닉 → 사진발 좋음/ 포토플레이 → 극영화　[영 photo〈photograph]
포트폴리오	분산투자　[영 portfolio]

ㅍ

포퓰리스트	대중(영합) 주의자 〔영 populist〕
포퓰리즘	대중주의 〔영 populism〕
포플러	미루나무·양버들 〔영 poplar〕
포학	사나움 〔보기〕 포학하다 → 사납다/ 포학무도 → 사납고 무작함 〔暴虐〕
포함	함께 듦 〔보기〕 포함하다 → 함께 넣다/ 포함되다 → 들어 있다·담기다 〔包含〕
포핸드	1. 바로치기·바로잡기 2. 받쳐잡기 〔보기〕 포핸드 스트로크 → 바로치기 ▷ 셰이크핸드 → 악수/ 셰이크핸드그립 → 악수쥐기·악수라켓/펜홀드 → 펜대쥐기 〔영 forehand〕
포화	꽉참 〔보기〕 포화상태 → 꽉찬상태 〔飽和〕
포획	사로잡음 〔보기〕 포획하다 → 사로잡다 〔捕獲〕
포효	으르렁거림·외침 〔보기〕 포효하다 → 으르렁거리다·사납게 외치다 〔咆哮〕
폭	너비·나비 〔幅〕
폭거	사나운 짓 〔暴擧〕
폭도	사나운 무리 〔暴徒〕
폭등	껑충 오름·껑충 뜀·치솟음 〔보기〕 폭등하다 → 껑충 뛰다·치솟다·많이 오르다/ 폭등세 → 치솟음세 〔暴騰〕
폭락	뚝 떨어짐 〔보기〕 폭락하다 → 뚝 떨어지다/ 폭락세 → 곤두박질세 〔暴落〕
폭로	들춰냄·드러냄 〔보기〕 폭로하다 → 들춰내다·까발리다/ 폭로적 → 들춰내는·들추는/ 폭로전 → 들춰내기·들추기싸움 〔暴露〕
폭발	터짐 〔보기〕 폭발하다 → 터지다/ 폭발점 → 터질점 〔爆發〕
폭서	된더위 〔暴暑〕
폭설	소낙눈 〔暴雪〕
폭스바겐	폴크스바겐 ※독일 차이름. 〔〈도 Volkswagen〕
폭식	마구먹음 〔보기〕 폭식하다 → 마구먹다/ 폭식증 → 막먹음 〔暴食〕
폭언	사나운 말·난폭한 말 〔보기〕 폭언하다 → 사나운 말을 하다 〔暴言〕
폭우	소나기·장대비 〔暴雨〕
폭원	너비 〔幅員〕
폭음	소나기술·벼락술 〔보기〕 폭음하다 → 되우 마시다 ▷ 폭주 → 소나기술·벼락술 〔暴飮〕
폭음	터짐소리·폭발소리 〔爆音〕

ㅍ

폭주	소나기술·벼락술　〔보기〕폭주하다 → 되우 마시다·소나기술을 마시다　[暴酒]
폭주	몰림·들이밀림　〔보기〕폭주하다 → 몰리다·쌓이다·들이밀리다/ 업무 폭주 → 일 몰림　[輻輳]
폭투	마구 던짐·거친 투구·악송구　〔보기〕폭투하다 → 마구 던지다　▷ 와일드 피치 → 마구 던짐·거칠게 던진 공　[暴投]
폭파	터뜨림·터뜨려깸　〔보기〕폭파하다 → 터뜨리다·터뜨려깨다　[爆破]
폭풍	왕바람·세찬바람　※바람등급 11, 초속 28.5~32.6m.　〔보기〕폭풍한설 → 센바람 찬눈　[暴風]
폰	전화·전화기　〔보기〕폰팔 → 전화친구·전화장난/ 폰페이지 → 전화누리집·전화둥지/ 폰뱅킹 → 전화은행　[영 phone]
폰팔	전화친구·전화사귀기·전화장난　▷ 펜팔 → 편지벗·편지사귀기/ 컴팔 → 셈틀벗·셈틀사귀기　[영 phonepal]
폴	누르기·어깨닿이　〔보기〕폴승 → 어깨이김·눌러이김/ 폴패 → 눌려짐　[영 fall]
폴	1. 기둥 2. 볼대 3. 가름대 4. 장대 5. 극　〔보기〕폴 배너 → 안내표지/ 폴 볼트(볼팅) → 장대높이뛰기　[영 pole]
폴더	서류묶음　[영 folder]
폴리스	경찰　〔보기〕폴리스 라인 → 통제선/ 폴리스 박스 → 파출소　[영 police]
폴리오	소아마비　〔보기〕폴리오비루스 → 소아마비 바이러스/ 폴리오왁친 → 소아마비백신　[영 polio]
폼	몸매·모양·틀·양식·자세·자태　[영 form]
표류	떠내려감·떠다님　〔보기〕표류하다 → 떠내려가다·떠다니다/ 표류물 → (물에) 떠다니는 물건　[漂流]
표리	안팎·겉과 속　〔보기〕표리부동 → 겉과 속이 다름·안팎 다름　[表裏]
표면	겉쪽·겉거죽·겉면·앞면·거죽　〔보기〕표면장력 → 겉켕김/ 표면적 → 겉넓이/ 표면적인 → 드러난/ 표면층 → 겉층/ 표면화 → 드러남(냄)/ 표면화하다 → 두드러지다·드러나다　[表面]
표명	나타냄·밝힘　〔보기〕표명하다 → 나타내다·밝히다　▷ 언명 → 말로 밝힘·밝힘/ 석명 → 밝힘　[表明]
표방	내걺·내세움·주창함　〔보기〕표방하다 → 내걸다·내세우다　[標榜]

ㅍ

표백	바래기·희게 하기 〔보기〕표백하다 → 바래다·희게 하다 / 표백분 → 마전가루·바램가루/ 표백제 → 빨래약·바램약 〔漂白〕
표변	갑자기 달라짐·확 변함 〔보기〕표변하다 → 갑자기 달라지다·확 달라지다 ▷ 일변 → 확 달라짐·온통 달라짐 〔豹變〕
표본	본보기 ▷ 표집 → 본보기 〔標本〕
표석	푯돌 〔標石〕
표시	나타냄·보임 〔보기〕표시하다 → 나타내다·보이다·드러내 보이다 〔表示〕
표시	(표로) 나타냄·보임 〔보기〕표시하다 → 나타내다·드러내 보이다/ 표시표 → 알림표 〔標示〕
표식	표지 〔보기〕표식작물 → 표지작물/ 표식판 → 표지판 〔標識〕
표음문자	소리글자 〔表音文字〕
표의문자	뜻글자 〔表意文字〕
표적	과녁·목표물·목표점·푯대 〔보기〕표적지 → 과녁종이 ▷ 타깃 → 과녁 〔標的〕
표절	글도둑·글훔치기 〔보기〕표절하다 → 글도둑질하다·베끼다/ 표절 시비 → 글도둑 시비 ▷ 도용 → 훔쳐쓰기·베껴쓰기 〔剽竊〕
표정	얼굴빛·낯빛·낯꽃·얼굴 〔보기〕표정이 굳다 → 얼굴빛이 굳다/ 표정이 스치다 → 낯빛이 스치다·낯꽃이 살짝 나타나다/ 표정이 없다 → 낯빛이 없다/ 표정이 풍부하다 → 낯빛을 잘 나타내다/ 표정을 살피다 → 낯빛을 살피다/ 표정관리 → 낯빛 챙기기 ▷ 안색 → 얼굴빛·낯빛/ 포커 페이스 → 무표정·낯빛없음·굳은얼굴 〔表情〕
표제	제목·책이름 〔보기〕표제의 건 → 위의 일 〔表題·標題〕
표지	(책)껍데기·책뚜껑·겉장 〔表紙〕
표찰	이름표·표지판·표쪽지 〔標札〕
표출	나타냄·드러냄 〔보기〕표출하다 → 나타내다·드러내다 〔表出〕
표층	겉켜·겉층 〔보기〕표층수 → 겉층물/ 표층시비 → 겉거름주기 〔表層〕
표토	겉흙·갈이흙 〔表土〕
표피	겉껍질·거죽·껍데기 〔보기〕표피세포 → 껍질세포/ 표피층 → 껍질켜 〔表皮〕

ㅍ

표하다	나타내다 · 보이다 · 보내다 · 드리다　　〔보기〕감사의 뜻을 표하다 → 고맙다는 뜻을 나타내다/ 조의를 표하다 → 슬픈 뜻을 나타내다　[表-]
표현	나타냄 · 보임　　〔보기〕표현하다 → 나타내다 · 보이다/ 표현력 → 나타내는 힘 · 보일힘 · 그릴힘/ 표현이 서투르다 → 제대로 못 나타내다 · 제대로 못그리다　[表現]
푸다꺼리	푸닥거리　　※'치다꺼리 · 뒤치다꺼리'와는 다르다.
푸드	먹거리 · 식품 · 음식　　〔보기〕푸드 스타일 리스트 → 요리 예술사/ 푸드스탬프 → 식품권/ 푸드코드 → 먹거리장터　[영 food]
푸르락붉으락	붉으락푸르락　　※'붉으락푸르락'이 더 많이 쓰인다고 하여 이를 표준말로 삼음.(표준어규정 제25항)
푸르르다	푸르다　　※'푸르르다'란 낱말은 없다. '푸르다'를 활용하면 푸르고 · 푸르니 · 푸른데 · 푸르러' 따위로 되는데, 많이 쓰니 인정해야 한다는 주장도 있다.　　〔보기〕푸르름 → 푸름/ 푸르른 → 푸른/ 푸르를 → 푸를　　▷ 이르르다 → 이르다/ 이르름 → 이름
푸른콩	청대콩　　※'청대콩'이 더 많이 쓰인다 하여 이를 표준말로 삼음.(표준어규정 제25항)
푸서기	푸석이　　※'-하다'나 '-거리다'가 붙는 말에 '-이'가 붙어서 이름씨가 된 것은 그 본꼴을 밝혀 적는다.(맞춤법 제23항) 깔쭉이 · 꿀꿀이 · 더펄이 · 삐죽이 · 홀쭉이 따위. 다만 '-하다'나 '-거리다'가 붙지 않는 말에 '-이'나 다른 홀소리로 시작되는 뒷가지가 붙어서 된 이름씨는 본꼴을 밝혀 적지 않는다. 개구리 · 귀뚜라미 · 깍두기 · 누더기 · 동그라미 · 딱따구리 · 뻐꾸기 · 부스러기 · 매미 따위.
푸싱	떼밀기 · 밀기　　〔보기〕푸싱 파울 → 밀기반칙　[영 pushing]
푸트	발 · 걸음　　〔보기〕푸트 노트 → 아랫주 · 각주/ 푸트라이트 → 몰비춤 · 각광　　▷ 풋워크 → 발놀림 · 발재간/ 풋볼 → 축구　[영 foot]
푼전 · 분전	푼돈　　※토박이말 '푼돈'이 많이 쓰인다 하여 이를 표준말로 삼음.(맞춤법 제21항)
푼침	분침　　※거센소리로 나지 않는 말이 많이 쓰인다 하여 이를 표준말로 삼음.(표준어규정 제4항) 가을카리 → 가을갈이/ 거시키 → 거시기 따위.
푿솜	풀솜 · 고치솜
풀	수영장 · 못　　〔보기〕풀장 → 수영장/ 브레인 풀 → 두뇌못/

	풀시스템 → 공동취재 〔영 pool〕
풀	**충분함** 〔보기〕풀네임→(완전한) 성과 이름·성명/ 풀백 →끝수비수/ 풀베이스→만루/ 풀 세트→온경기·다모음· 마지막 세트/ 풀 스톱→마침표/ 풀 스피드→전속력/ 풀 카운트→공셈참·꽉찬셈/ 풀 애니메이션→소수만화영화/ 풀코스→온구간/ 풀 코트 프레싱→전면 압박 수비/ 풀타임→온시간 〔영 full〕
풀려지다	**풀리다** ※자동사에 입음꼴 씨끝을 붙여쓰는 것은 군더더기다.
풀소·풋소	**풋소** 〔보기〕풀소가죽 → 풋소가죽/ 풀소고기 → 풋소고기
품귀	**물건 귀함·물건 달림** 〔보기〕품귀하다 → 물건이 달리다/ 품귀되다 → 물건 달리다·물건 떨어지다/ 품귀현상 → 물건 달림 〔品貴〕
품신	**아룀·여쭘·건의** 〔보기〕품신하다 → 아뢰다·말씀드리다·건의하다 〔稟申〕
품의	**아룀·여쭘·건의** 〔보기〕품의하다 → 아뢰다·여쭈다· 말씀드리다·건의하다/ 품의서 → 건의서 〔稟議〕
품절	**동남·다팔림·떨어짐** 〔보기〕품절하다→동나다/ 품절되다→동나다 ▷ 절품 → 동남·떨어짐·다팔림 〔品切〕
품행	**행실·몸가짐** 〔보기〕품행이 방정하다 → 행실이 바르다 〔品行〕
풋나기	**풋내기** ※표준말에서 'ㅣ'모음 역행동화는 인정하지 않으나 '-내기' '냄비' '동댕이치다' '골목쟁이' '발목쟁이'와 함께 기술자·전문가 아닌 말을 나타내는 '-장이'는 '-쟁이'로 적도록 했다.(표준어규정 제9항) 〔보기〕신출내기·초내기·새내기/ 서울내기·시골내기/ 멋쟁이·뚜쟁이·난쟁이 따위.
풋머슴	**선머슴** ※'선머슴'이 많이 쓰인다 하여 이를 표준말로 삼음.(표준어규정 제25항)
풋백옵션	**사후 손실 보전** 〔영 put back option〕
풋워크	**발놀림·발재간** ▷ 푸트노트 → 아랫주/ 푸트라이트 → 몰비춤·각광 〔영 footwork〕
풍광	**경치** 〔보기〕풍광명미 → 경치가 아름다움·경치좋음 〔風光〕
풍력	**바람힘·바람세기** 〔보기〕풍력등급→바람등급/ 풍력선광→ 날려고르기 ▷ 무풍 → 고요/ 지경풍 → 실바람/ 경풍 → 남실바람/ 연풍 → 산들바람/ 화풍 → 건들바람/ 신풍 →

	흔들바람/ 옹풍 → 된바람/ 강풍 → 센바람/ 질강풍 → 큰바람/ 대강풍 → 큰센바람/ 전강풍 → 노대바람/ 폭풍 → 왕바람/ 태풍 → 싹쓸바람 [風力]
풍매	바람꽃가루받이 〔보기〕풍매화 → 바람중매꽃/ 풍매화식물 → 바람꽃가루받이식물 ▷ 수매 → 물꽃가루받이/ 충매 → 벌레꽃가루받이 [風媒]
풍문	뜬소문 [風聞]
풍부	넉넉함 · 푸짐함 · 가멸음 〔보기〕풍부하다 → 넉넉하다 · 푸짐하다/ 풍부한 → 넉넉한 · 많은 · 푸짐한/ 풍부히 → 넉넉히 ▷ 풍성 → 넉넉함 · 많음 [豊富]
풍설	눈바람 · 눈보라 [風雪]
풍설	뜬소리 · 떠도는 말 [風說]
풍속	바람빠르기 · 바람속도 ▷ 유속 → 흐름속도/ 풍급 → 바람등급 [風速]
풍수해	비바람피해 [風水害]
풍요	넉넉함 〔보기〕풍요하다 → 넉넉하다 · 푸짐하다/ 풍요히 → 넉넉히 ▷ 풍부 · 풍성 → 넉넉함 · 많음 [豊饒]
풍욕	바람쐬기 ▷ 일광욕 → 햇볕쐬기 [風浴]
풍우	비바람 [風雨]
풍자	빗대깨우침 〔보기〕풍자하다 → 빗대깨우치다 · 빗대꼬집다 [諷刺]
풍작	풍년농사 · 풍년듦 [豊作]
풍족	넉넉함 〔보기〕풍족하다 → 넉넉하다/ 풍족히 → 넉넉히 [豊足]
풍파	바람물결 · 어려움 〔보기〕갖은 풍파를 다 겪다 → 온갖 어려움을 다 겪다 [風波]
풍화	삭음 〔보기〕풍화하다 → 삭다 · 삭아 부스러지다/ 풍화되다 → 풍화하다/ 풍화석회 → 소석회/ 풍화작용 → 삭는 일 · 삭기/ 풍화토 → 삭은흙 [風化]
퓌리슴	순수주의 · 순수파 [프 purisme]
퓨전	섞음 · 융합 · 튀기 · 넘나들기 ▷ 크로스오버 → 섞음 · 융합 · 튀기 [영 fusion]
프라스코	실험유리병 ▷ 플라스크 → 실험유리병 [포 frasco]
프라이	튀김 · 지짐이 〔보기〕프라이드 치킨 → 닭고기튀김 · 닭튀김/ 프라이 팬 → 지짐철 · 번철 ▷ 후라이 → 프라이 [영 fry]
프라이드	자랑 · 긍지 · 자부심 [영 pride]
프라이버시	사삿일 · 사생활 · 자기생활 [영 privacy]

ㅍ

프라이빗뱅킹	맞춤은행 [영 Private Banking]
프라임	제일·으뜸가는 〔보기〕프라임 레이트 → 우대금리/ 프라임 타임 → 황금시간대 [영 prime]
프라자	플라자·광장·상가 [〈에 plaza]
프락치	끄나풀·첩자·염알이꾼 [〈러 fraktsiya]
프래그머티즘	실용주의 [영 pragmatism]
프랜차이즈	1. 연쇄점·독점계약 2. 지역할당 3. 참정권·선거권 〔보기〕프랜차이즈 체인 → 계약체인 [영 franchise]
프러포즈	제안·청혼·구혼 〔보기〕프러포즈하다 → 제안하다·청혼하다/ 프러포절 → 제안·신청·계획·혼인신청 ▷ 프로포즈 → 프러포즈 [〈영 propose]
프런트	정면·전면·전선·계산대 〔보기〕프런트 글라스 → 정면유리/ 프런트 코트 → (농구)상대진영/ 프런트 페이지 → 제일면 ▷ 프론트 → 프런트 [영 front]
프런티어	개척자 [영 frontier]
프레 –	앞·전 〔보기〕프레스코어링 → 앞녹음·미리녹음/ 프레올림픽 → 올림픽앞경기 ▷ 포스트 – → 뒤·다음 [영 pre-]
프레스	인쇄·신문·통신사·압박 [영 press]
프레스 센타	프레스 센터·언론회관 [영 press center]
프레시	신선함·싱싱함 〔보기〕프레시하다→싱싱하다/ 프레시맨 → 새내기·신입생 ▷ 프레쉬 → 프레시 [영 fresh]
프레임	1. 틀·얼개·구조 2. 짜임 [영 frame]
프레젠테이션	설명회·제안·수여 [영 presentation]
프로	분·푼·백분비·퍼센트·프로센토 [포 pro〈procento]
프로	무산계급·프롤레타리아 [〈프 proletariat]
프로	1. 예정표·계획표 2. 식순·프로그램 [〈영 program]
프로	1. 전문인·전문가·프로페셔널 2. 직업적 ▷ 아마 → 재미·재미로 하는 것·비전문가 [〈영 professional]
프로그래밍	풀그리기·프로그램짜기 〔보기〕프로그래밍 랭귀지 → 풀그림말·프로그램언어 [영 programming]
프로그램	1. 예정표·계획표 2. 식순·차례표 3. 풀그림 〔보기〕프로그래머 → 프로그램(전문)가·풀그림꾼/ 프로그램자키 → 프로그램쟁이·프로그램아치 [영 program]
프로덕션	(영화)제작소 ▷ 프러덕션 → 프로덕션 [〈영 production]
프로듀서	1. 생산자·제작자·연출자 2. 영화제작자 ※ 준말은 '피디'임. ▷ 프러듀스 → 프로듀스 [〈영 producer]

ㅍ

프로모션	흥행사 〔보기〕프로모터 → 지지자 · 흥행가 〔〈영 promotion〕
프로세스	1. 과정 · 방법 · 절차 2. 처리 〔보기〕프로세싱 → 처리/ 프로세싱 유닛 → 처리장치/ 프로세서 → 처리기/ 프로세스 치즈 → 만든치즈 〔영 process〕
프로슈머	참여소비자 〔영 prosumer〈producer + consumer〕
프로젝트	일감 · 연구과제 · 사업 〔영 project〕
프로토콜	(통신)규약 · 의정서 · 의사록 〔영 protocol〕
프로파간다	선전 · 선동 〔영 propaganda〕
프로펠러	추진기 · 추진자 ▷ 프로펠라 → 프로펠러 〔영 propeller〕
프로필	(옆)얼굴 · 인물소개 · 인물평 · 약평 〔영 profile〕
프론트	프런트 〔〈영 front〕
프롤레타리아	1. 무산자 2. 무산계급 〔보기〕프롤레타리아트 → 무산계급 · 노동자계급 ※'프롤레타리아트'는 독일식 발음임. ▷ 부르주아 → 자본가/ 부르주아지 → 유산계급 · 유산계층 〔프 proletariat〕
프롤로그	머리이야기 · 머리말 · 머리막 · 서곡 ▷ 에필로그 → 맺음말 · 끝 〔영 prologue〕
프리 스로	자유투 〔보기〕프리 스로 서클 → 자유투 원주 ▷ 프리 드로 → 프리 스로 〔영 free throw〕
프리랜서	비전속인 · 자유계약자 · 자유기고가 〔영 freelancer〕
프리미엄	웃돈 · 덤 · 기득권 〔영 premium〕
프리뷰	시사회 〔영 preview〕
프린터	인쇄기 · 찍개 〔보기〕프린트 셔츠 → 무늬셔츠/ 프린터 컨트롤러 → 인쇄기 제어틀/ 프린터 헤드 → 인쇄기 머리틀/ 프린터 인터페이스 → 인쇄기 사이틀 〔영 printer〕
프린트	등사(물) · 인쇄(물) 〔보기〕프린트하다 → 찍다/ 프린트 스피드 → 인쇄속도/ 프린트 스크린 키 → 화면인쇄글쇠/ 프린트아웃 → 인쇄출력/ 프린트 포맷 → 인쇄형식/ 프린팅 → 인쇄술 〔영 print〕
프티	작은 · 소 〔보기〕프티부르주아 → 소시민 · 중산층/ 프티 브런치 → 새참 〔프 petit〕
플라스크	실험유리병 〔영 flask〕
플라이	뜬공 〔보기〕플라이볼 → 뜬공/ 파울 플라이 → 빗뜬공/ 플라잉 스타트 → 부정출발 · 출발반칙/ 희생 플라이 → 희생뜬공 〔영 fly〕
플라자	광장 · 상가 · 시장 ▷ 프라자 → 플라자 〔에 plaza〕
플라크	이쩍 · 치태 · 치석 ▷ 프라그 · 플라그 → 플라크 〔프

ㅍ

plaque]

플라타너스	버즘나무 · 방울나무 · 플라탄 [〈영 platanus · 네 plataan]
플랑카드 · 프랑카드	플래카드 [〈영 placard]
플래그십 스토어	체험판매장 [영 flagship store]
플래스틱 · 프라스틱	플라스틱 [〈영 plastic]
플래시	번쩍이 · 섬광 · 손전등 · 주시 · 주목 〔보기〕언론의 플래시 세례를 받다 → 언론의 주목을 받다 ▷ 후라시 → 플래시 [영 flash]
플래카드	펼침막 · 현수막 · 드림막 [영 placard]
플래티넘	백금 [영 platinum]
플랜	계획 〔보기〕마스터플랜 → 종합계획 [영 plan]
플랜트	설비 · 시설 · 공장 〔보기〕플랜트 수출(수입) → 설비수출(수입) [영 plant]
플랩북	날개책 [영 flap book]
플랫	내림표 ※음악 말. ▷ 샤프 → 올림표/ 플랫슈즈 → 납작구두 [영 flat]
플랫폼	열차승강장 [영 platform]
플러그	꽂개 · 꽂이 ▷ 소켓 → 고동개 [영 plug]
플러스	1. 득 · 이득 · 보탬 2. 더하기 · 덧셈 3. 양극 4. 남성 · 웅성 〔보기〕플러스 마이너스 → 더하기 빼기/ 플러스 알파 → 얼마를 더하기 ▷ 프러스 → 플러스 [영 plus]
플레어 스커트	나팔치마 [영 flare skirt]
플레이	경기 · 놀이 〔보기〕플레이보이 → 바람둥이 · 멋쟁이남자/ 플레이 볼 → 경기 시작/ 플레이어 → 경기자 · 선수/ 플레이오프 → 연장결승경기 · (야구)최종결승진출전/ 플레잉코치 → 선수 겸 코치/ 더티 플레이 → 더러운 짓 · 치사스런 경기/ 언론플레이 → 언론 연출 · 언론놀이/ 파인 플레이 → 멋진 경기 · 깨끗한 경기 · 미기 [영 play]
플로리스트	화초전문가 [영 florist]
플롯	1. 줄거리 · 구상 · 구성 · 짜임 2. (산림)조사구역 [영 plot]
플리 바기닝	자백감형제 · 자백선처 [영 plea bargaining]
플리츠 스커트	주름치마 [〈영 pleated skirt]
피검	붙잡힘 〔보기〕피검하(되)다 → 붙잡히다 · 검거되다/ 피검자 → 붙잡힌 이 [被檢]
피격되다	피격하다 · 습격받다 [被擊 –]
피날레	마지막 · 대단원 · 마무리 ▷ 파이널 → 끝 · 마지막 [이 finale]
피납	피랍 [被拉]

피니시(피니싱)	마무리・끝　　▷ 피니시라인 → 결승선　[영 finish(ing)]
피대	가죽띠　　▷ 벨트 → 띠・피대　[皮帶]
피드백	되먹임・되먹이기・되돌림・되새김　〔보기〕피드백하다 → 되먹이다・되돌리다　[영 feedback]
피디	프로듀서・연출가　〔보기〕피디저널리즘 → 피디언론・연출가 언론　[영 PD〈producer]
피디에이	휴대용 단말기・손도우미　[PDA〈personal digital assitance]
피라밋	피라미드・금자탑　〔보기〕피라미드판매 → 다단계판매　[〈영 pyramid]
피랍	잡혀감・붙들려감　〔보기〕피랍하다 → 납치되다・잡혀가다/ 피랍되다 → 피랍하다・잡히다　[被拉]
피래미	피라미
피력	털어놓음・말함　〔보기〕피력하다 → 말하다・털어놓다/ 심회의 일단을 피력하다 → 마음 한가닥을 털어놓다　[披瀝]
피로연	잔치・뒤풀이　[披露宴]
피뢰기・피뢰침	벼락막이・벼락침　[避雷器・ㅡ針]
피리어드	1. 마침표・끝점・온점　2. 시기・시대　3. 회・횟수　[영 period]
피마자	아주까리・아주까리씨　〔보기〕피마자유 → 아주까리기름　[〈蓖麻子]
피막	껍질막　[皮膜]
피맥	겉보리　▷ 나맥 → 쌀보리　[皮麥]
피백	겉잣　▷ 실백 → 알맹이잣・실백잣　[皮柏]
피복	옷　〔보기〕피복지 → 옷감　[被服]
피복	덮개・덮기・싸개　〔보기〕피복하다 → 덮어싸다/ 피복동선 → 싼구리줄/ 피복선 → 입힌줄/ 피복재 → 덮갯거리・싸갯거리/내피복 → 속덮개/ 외피복 → 겉덮개　[被覆]
피봉	겉봉・봉투　[皮封]
피부	살갗・살가죽　〔보기〕피부감각 → 살갗감각/ 피부골격 → 겉뼈대/ 피부병 → 살갗병/ 피부색 → 살빛/ 피부선 → 살갗샘(기름샘・땀샘・젖샘 따위)　[皮膚]
피붓병	피부병　[皮膚病]
피빛	핏빛　▷ 핏속・핏발
피살되다	피살하다・살해되다・죽임당하다　[被殺ㅡ]
피상	겉모양　〔보기〕피상적 → 겉핥기(의)・겉으로(의)・겉보기(의)　[皮相]
피상속인	물려주는이　▷ 상속인(자) → 물려받는(을) 이　[被相續

ㅍ

人]

피선	뽑힘　〔보기〕피선하다 → 뽑히다/ 피선되다 → 피선하다 · 뽑히다　〔被選〕
피셔먼 매듭	겹홀쳐매기　〔영 fisherman ＋ － 〕
피스톨	권총　〔영 pistol〕
피습	습격당함　〔보기〕피습하다 → 습격당하다/ 피습받다 → 습격당하다　〔被襲〕
피습당하다	피습하다 · 습격당하다　〔被襲 － 〕
피시	개인용 컴퓨터 · 개인용 셈틀　〔영 PC〈personal computer〕
피시에스	1. 펀치카드시스템　2. 개인휴대통신 · 손전화 · 들전화　〔영 PCS〈personal communication system〕
피신	몸피함　〔보기〕피신하다 → 몸피하다 · 몸빼내다　〔避身〕
피싱	정보도둑　〔보기〕보이스 피싱 → 전화(금융)사기　〔영 phishing〕
피아르	홍보 · 선전 · 광고　〔영 P.R.〈public relation〕
피엑스	군매점 · 영내매점　〔영 P.X.〈post exchange〕
피어싱	고리족　〔영 piercing 族〕
피자식물	속씨식물　▷ 나자식물 → 겉씨식물　〔被子植物〕
피죽	죽더기　▷ 죽더기 → 죽데기
피지	살갗기름 · 개기름　〔보기〕피지선 → 기름샘　〔皮脂〕
피질	겉질　▷ 수질 → 속질　〔皮質〕
피차	서로　〔彼此〕
피처	특징 · 특집기사　〔보기〕피처 스토리 → 특집기사/ 피처링 → 돋움연구 · 꾸밈연주　〔영 feature〕
피처	투수　〔보기〕피처 스토리 → 특집기사/ 피처스 마운드 → 투수자리/ 피처스 플레이트 → 투수판　▷ 피춰 · 피쳐 → 피처　〔영 pitcher〕
피치	1. 역청　2. (음)높이 · 빠르기 · 가락　3. 던짐 · 투구　〔보기〕피칭 머신 → 타격연습기/ 피칭 스태프 → 투수진/ 피치 블렌드 → 역청우라늄광/ 급피치 → 빨리함/ 피치를 올리다 → 속도를 더하다　〔영 pitch〕
피치카토	줄튀김(법)　〔이 piccicato〕
피켓	손팻말　〔보기〕피케팅 → 피켓시위 · 팻말시위　▷ 피킷 → 피켓　〔〈영 picket〕
피크	절정 · 한창 · 꼭대기　〔영 peak〕
피크	집어내기　※셈틀 말.　〔영 peek〕
피크닉	들놀이 · 산놀이 · 소풍　〔보기〕피크닉족 → 들놀이꾼 · 소풍꾼　〔영 picnic〕

ㅍ

피트니스 센터	건강센터　　▷ 휘트니스센터 → 건강센터·피트니스센터 [영 fitness center]
피폐	지침·낡아빠짐　〔보기〕피폐하다 → 지치다·낡아빠지다/ 피폐상 → 낡고 지친 상태·찌든 상황/ 이미 피폐해진 북한 경제상태가 더욱 악화해 → 이미 잦아든 북한 경제상태가 더욱 나빠져　〔疲弊〕
피폭	쬠·쐼·맞음·폭탄 맞음　〔보기〕피폭하다 → 쬐다·쐬다·폭탄 맞다/ 피폭되다 → 쬐다·쐬다·맞다/ 피폭열량 → 쬔 열량/ 피폭량 → 쬔(쐰) 양/ 방사선 피폭 → 방사선 쬠(쐼)　〔被曝·被爆〕
피피엘 광고	간접광고　〔PPL 영〈product placement 廣告〕
피하	살가죽밑　〔보기〕피하주사 → 살갗주사·살갗밑주사/ 피하출혈 → 살갗 속 피남　〔皮下〕
피혁	가죽　〔보기〕피혁공예 → 가죽공예　〔皮革〕
픽 기어	걸톱니바퀴　〔영 pick gear〕
픽서티브	정착제　〔영 fixative〕
픽션	허구·꾸민얘기　　▷ 논픽션 → 실화·사실작품/ 다큐멘터리 → 기록물·실록/ 팩션 → 실화얘기·실화소설　〔영 fiction〕
픽업	뽑아모음·골라잡음·가려냄　〔보기〕픽업하다 → 뽑아내다·가려내다/ 픽업팀 → 선발팀　〔영 pickup〕
핀셋	집게　〔프 pincette〕
핀처	자름집게·철사집게·벤찌　〔영 pinchers〕
핀치	위기·고비·궁지　〔보기〕핀치 러너 → (야구)대주자/ 핀치 히터 → 대타자/ 핀치에 몰리다 → 궁지에 몰리다·위기상황에 빠지다·고비에 이르다　〔영 pinch〕
핀트	초점·요점　〔〈네 (brand)punt〕
핀홀	1. (미술)곰보　2. 바늘구멍·구멍뚫림　〔영 pinhole〕
필	마침　〔보기〕필하다 → 마치다·끝내다/ 심의필 → 심의 마침/ 군필 → 군대마침/ 필한 자 → 마친 이·끝낸 이　〔畢〕
필	붓·펜·연필　〔보기〕이만 필을 놓겠습니다 → 이만 붓을 놓겠습니다　〔筆〕
필경	마침내　〔畢竟〕
필담	글씨말　〔보기〕필담하다 → 글씨말하다/ 필담을 나누다 → 글로 써서 얘기를 나누다　〔筆談〕
필답시험	글시험　▷ 구두시험 → 말시험　〔筆答試驗〕
필더스 초이스	야수선택　〔영 fielder's choice〕
필두	첫머리·맨처음·비롯　〔筆頭〕

필드	1. 기록란 2. 경기장·마당·들 3. 현장 〔보기〕필드경기 → 마당경기/ 필드 골 → 야투득점/ 필드 글라스 → 쌍안경 ▷트랙 → 경줏길·달리깃길 〔영 field〕
필로티 방식	기둥 방식·지주 방식 〔영 piloti 方式〕
필로폰	히로뽕 〔일영 Philopon〕
필림	필름 〔〈영 film〕
필모그래피	영화 목록·작품 목록 〔영 filmography〕
필사	베낌·베껴씀 〔보기〕필사하다 → 베끼다·베껴쓰다/ 필사본 → 베낀 책 〔筆寫〕
필생	평생·한평생·일생바침 〔보기〕필생의 숙원 → 평생 숙원 〔畢生〕
필수	꼭 필요한 〔보기〕필수과목 → 꼭 해야 할 과목/ 필수요원 → 꼭 필요한 사람/ 필수적인 → 꼭 필요한/ 필수품 → 꼭 필요한 물품 〔必須〕
필순	쓰기차례 〔筆順〕
필승	꼭 이김 〔보기〕필승의 다짐 → 꼭 이기겠다는 다짐 ▷ 필패 → 반드시 짐 〔必勝〕
필시	꼭·아마도·반드시·틀림없이 〔必是〕
필연	1. 틀림없음·꼭 됨 2. 반드시·아마도 〔보기〕역사적 필연이다 → 꼭 그렇게 된다/ 필연적 → 반드시 되는/ 필연코 → 반드시 〔必然〕
필자	글쓴이·지은이 〔筆者〕
필적	글씨·글씨모습 〔筆跡〕
필적	겨룸·맞섬·맞수됨·견줄만함 〔보기〕필적하다 → 견줄 만하다·겨룰 만하다 〔匹敵〕
필진	글쓸이들·글쓴이들 〔筆陣〕
필터	거르개·진막이 〔보기〕필터 튜브 → 여과관·거름관/ 필터 페이퍼 → 거름종이/ 필터링 → 여과·거름 〔영 filter〕
필화	붓죄·붓동티·글동티 〔筆禍〕
필히	반드시·꼭 〔必 〕
핌피	끌어오기·지역이기주의·고을주의 ▷ 님비 → 내치기·지역이기주의·제고을주의 〔영 PIMFY〈Please In My Front Yard〕
핍박	좨침·다그침 〔보기〕핍박하다 → 좨어치다·다그치다 〔逼迫〕
핏자욱	핏자국
핑거페인팅	손가락그림 〔영 finger painting〕
핑계	핑계 〔보기〕핑계거리 → 핑곗거리

ㅍ

핑크	**분홍** 〔보기〕 핑크빛 → 분홍빛 · 패랭이빛 · 장밋빛 〔영 pink〕
핑킹	**톱니자르기 · 톱니가위** 〔보기〕 핑킹가위 → 톱니가위 〔영 pinking〕
핑퐁	**탁구** 〔보기〕 핑퐁외교 → 탁구외교 〔영 pinpong〕

하	1. 아래 · 아래쪽 2. 낮음 〔보기〕하부 → 아래쪽/ 핫길 → 아랫길/ 하수 → 아랫수/ 하에 → 밑에 · 아래/ 하체 → 아랫 몸 〔下〕
하강	내려감 · 내려옴 〔보기〕하강하다 → 내려가다 · 내려오다/ 하강곡선 → 내리굽이 · 내림구비/ 하강기류 → 내리(공기)흐 름/ 하강촬영 → 내리찍기 ▷ 강하 → 내려감/ 상승 → 오 름 · 올라감/ 승강 → 오르내림 〔下降〕
하객	축하손님 · 치하손님 ▷ 조객 → 조문손님/ 고객 → 거래손 님 〔賀客〕
하계	여름철 · 여름 〔보기〕하계올림픽 → 여름철~/ 하계여행 → 여름여행/ 하계작물 → 여름작물/ 하계학교 → 여름학교/ 하계휴가 → 여름휴가 ▷ 하기 → 여름철/ 동계 → 겨울철 / 춘계 → 봄철/ 추계 → 가을철 〔夏季〕
하곡	여름곡식 · 보리 〔보기〕하곡수매가격 → 보리 사들이는 값 ▷ 추곡 → 벼 · 가을곡식/ 추곡가 → 볏값/ 추곡수매 → 벼 사 들이기 〔夏穀〕
하교	학교 마침 · 수업 마침 〔보기〕하교하다 → 학교 마치다 · 수 업이 끝나다/ 하교길 → 하굣길 ▷ 등교 → 학교감/ 등교 길 → 등굣길/ 하학 → 학교 마침/ 상학 → 학교 감 〔下校〕
하구	강어귀 〔보기〕하구언 → 강어귀둑 · 하구둑 ▷ 포구 · 항구 〔河口〕
하극상	윗사람 꺾기 · 위 치기 · 꺾고오름 〔보기〕하극상의 풍조 → 위를 치는 풍조 · 꺾고오르는 풍조 〔下剋上〕
하기	다음의 · 아래의 · 아래적음 〔보기〕하기와 같이 → 아래와 같이 · 다음과 같이/ 하기자 → 아래(적은)사람 ▷ 상기 → 위에 적음/ 상기한 → 위에 적은 〔下記〕

ㅎ

하기	여름철 〔보기〕하기휴가 → 여름휴가 ▷ 하계 → 여름철/ 추기 → 가을/ 동기 → 겨울/ 춘기 → 봄 〔夏期〕
하꼬(코)	상자 · 갑 · 궤짝 〔보기〕하꼬방 → 판잣집/ 하꼬짝 → 궤짝 〔일 箱 · はこ〕
하꼬(코)비	나름이 · 나르는이 〔일 運び · はこび〕
하늘밥도둑	땅강아지
하니문	허니문 · 신혼여행 〔〈영 honeymoon〕
하니바람	하늬바람 ※'의'나 자음을 첫소리로 가지고 있는 음절의 'ㅢ'는 'ㅣ'로 소리나더라도 'ㅢ'로 적는다. 의의 · 본의 · 무늬 · 보늬 · 오늬 · 늴리리 · 닁큼 · 띄어쓰기 · 씌어 · 틔어 · 희망 · 희다 · 유희 따위.(맞춤법 제9항)
하단	아래끝 ▷ 상단 → 위끝/ 말단 → 끄트머리 · 끝/ 양단 → 두끝 · 양쪽끝/ 남단 → 남쪽끝/ 동단 → 동쪽끝/ 북단 → 북쪽끝/ 서단 → 서쪽끝 〔下端〕
하달	내리미침 · 알림 〔보기〕하달하다 → 내려보내다 · 알리다 · 내리미치다 ▷ 상달 → 아룀 · 위알림 〔下達〕
하대두	여름콩 〔夏大豆〕
하도메	굄 〔일 齒止ぬ〕
하돈	복 · 복어 〔보기〕하돈요리 → 복요리/ 하돈탕 → 복국 〔河豚〕
하드	굳은 · 단단한 · 어려운 · 엄한 · 세찬 〔보기〕하드랜딩 → 경착륙/ 하드보드 → 인공목재/ 하드 보일드 → 냉혹기법 · 잔혹연기/ 하드볼 → 굳은공/ 하드웨어 → 굳은모/ 하드코트 → 맨땅 · 맨코트/ 하드트레이닝 → 된훈련 ▷ 소프트웨어 → 무른모/ 소프트랜딩 → 연착륙 · 안착 〔영 hard〕
하드 트레이닝	센훈련 · 된훈련 〔영 hard training〕
하등	아무런 · 아무 · 전혀 〔보기〕하등의 → 아무런 〔何等〕
하라	※'문어체 명령형' 또는 '간접 명령형'이라 하여 신문 · 시험 문제 · 소송장 · 펼침막 따위에 이를 적용하는 것이 관례다. 갈라보면 '어간 + 라(으라)'로, 어간 끝에 받침이 없거나 'ㄹ'이 오면 '라', 받침이 있으면 '으라'가 붙는다. 〔보기〕고치라/ 넓히라/ 달라/ 말라/ 물러가라/ 밝히라/ 버리라/ 보이라/ 보장하라/ 세우라/ 없애라/ 잡으라/ 지키라/ 풀라 ▷ 하여라/ 해라
하락	내림 · 떨어짐 〔보기〕하락하다 → 내리다 · 떨어지다/ 하락세 → 내림세 · 내릴시세 ▷ 상승 → 오름/ 상승세 → 오름세/ 폭락 → 뚝떨어짐 〔下落〕
하루거리	1. → 하룻거리(쉬운 일) 2. 학질

ㅎ

하루나	왜갓 [일 春菜·はるな]
하리꼬(코)미	1. 거미줄치기·잠복 2. 원판손질 ※인쇄 말. [일 張込·はりこみ]
하리꼬(코)미	따붙이기 [일 貼込み·はりこみ]
하리삥(핀)	바늘못·참핀·못바늘 [일 針+〈영 pin/ はりピン]
하마석	노둣돌 [下馬石]
하마트면	하마터면
하마평	물망·골목공론·쑥덕공론 [일 下馬評]
하면	여름잠 ▷ 동면 → 겨울잠 [夏眠]
하면	밑바닥 〔보기〕하면적 → 밑넓이 ▷ 상면 → 윗면/ 상면적 → 윗넓이 [下面]
하명	분부·명령함·명령내림·지시 〔보기〕하명하다 → 분부하다·지시하다·시키다 [일 下命·かめい]
하모니	1. 어울림·조화·화합 2. 어울림소리·화성 〔보기〕하모니를 이루다 → 잘 어울리다 [〈영 harmony]
하물	짐·화물 〔보기〕하물선 → 짐배/ 하물차 → 짐차/ 하물열차 → 짐열차/ 하물비행기 → 짐비행기 [일 荷物·にもつ]
하박	아래팔·팔뚝 〔보기〕하박골 → 아래팔뼈·팔뚝뼈/ 하박부 → 아래팔(부분) ▷ 상박 → 위팔/ 상박골 → 위팔뼈 [下膊]
하반기	뒷반기·뒷기 ▷ 상반기 → 앞반기 [下半期]
하반신	아랫몸·아랫도리 〔보기〕하반부 → 아래쪽/ 하반체 → 아랫몸 ▷ 하체 → 아랫몸·아랫도리/ 상반신·상체 → 윗몸 [下半身]
하변	아랫변·밑변 ▷ 상변 → 윗변/ 저변 → 밑변·바닥 [下邊]
하복	여름옷 ▷ 동복 → 겨울옷/ 춘추복 → 봄가을옷/ 하의 → 여름옷 [夏服]
하복부	아랫배 [下腹部]
하부차	결명(자)차 [일 波布茶·はぶちゃ]
하사	강모래 ▷ 해사 → 바닷모래 [河砂]
하상	강바닥·냇바닥 〔보기〕하상구배 → 냇바닥기울기/ 하상준설 → 강바닥 치기·바닥쳐내기 [河床]
하선	짐배 [荷船]
하수	강물·민물 ▷ 해수 → 바닷물 [河水]
하수	처짐·처지기 〔보기〕하수지 → 늘어진 가지/ 위하수 → 위처짐 [下垂]
하수	수챗물·구정물 〔보기〕하수구 → 1. 개골창·시궁창 2.

ㅎ

수챗구멍/ 하수거 → 수채/ 생활하수 → 집구정물　　▷ 용수 → 쓸물·허드렛물/ 식수 → 먹을물/ 폐수 → 몹쓸물/ 상수 → 맑은물　[下水]

하숙	묵음·사처·기숙　　〔보기〕하숙옥 → 하숙집·사첫집　[下宿]
하순	아랫입술　　▷ 상순 → 윗입술　[下脣]
하시	언제·어느때　　〔보기〕하시라도 → 언제라도·언제든지·어느때든　[何時]
하시라	1. 윗주·머리잡이·면줄　2. 기둥　[일 柱·はしら]
하시앞	하시압　　▷ 오시압·가시압
하십시요	하십시오　　※준말은 ‘합쇼’. 맺음씨끝(종결형 어미)은 ‘ -(이)오’, 이음씨끝(연결형 어미)은 ‘ -(이)요’다.　　▷ 가십시오·오십시오·주무십시오
하악	아래턱　　〔보기〕하악골 → 아래턱뼈　　▷ 상악 → 위턱/ 상악골 → 위턱뼈　[下顎]
하안	강가·강언덕·강기슭　　▷ 해안 → 바닷가·바닷기슭/ 연안 → 기슭/ 강안 → 강기슭/ 호안 → 호수기슭·물기슭　[河岸]
하야	벼슬내놓기·물러남　　〔보기〕하야하다 → (관직에서) 물러나다　[下野]
하여간	아무튼·어쨌든지·하여튼　[何如間]
하여라·해라·하거라	※‘직접 명령형’ 또는 ‘구어체 명령형’이라 하여 직접 말할 때 쓴다. ‘어간+어라(아라)’의 꼴.　　〔보기〕고쳐라/ 공부해라/ 넓혀라/ 말아라/ 밝혀라/ 버려라/ 보여라/ 세워라/ 없애어라/ 잡아라/ 지켜라/ 풀어라/ 가거라/ 오거라/ 자거라/ 없애거라　　▷ 하라· - 아라· - 어라· - 거라
하역	짐다루기·짐일·(짐)싣고부리기　　〔보기〕하역(인)부 → 짐일꾼/ 하역작업 → 짐 부리기　[荷役]
하옇든	하여튼　　※어간의 끝음절 ‘ㅎ’이 다음 음절의 첫소리와 어울려 거센소리로 날 때는 거센소리로 적는다. 결단코·결코·기필코·무심코·아무튼·요컨대·정녕코·필연코·하마터면·하여튼·한사코 따위.(맞춤법 제40항)
하의	1. 바지　2. 아랫막이　　▷ 상의 → 웃옷·윗막이/ 내의 → 속옷　[下衣]
하이	높은·비싼·상류의　　〔보기〕하이 넥 → 높은 깃/ 하이라이트 → 강조·핵심·압권/ 하이랜드 → 고원·고지/ 하이 레벨 → 고급(수준)/ 하이 릴리프 → 고부조·솟을새김/ 하이 빔 → 멀리비춤등/ 하이 센스 → 높은 감각·고상한 감각/ 하이 소사이어티 → 상류사회/ 하이 스쿨 → 중등학교/ 하이스피드

ㅎ

	→ 고속/ 하이 스피드 스틸 → 고속도강/ 하이엔드 → 최고급품/ 하이웨이 → 간선도로 · 고속도로/ 하이 일드 펀드 → 고수익 펀드/ 하이점프 → 도움닫기 높이뛰기/ 하이 칼라 → 유행쫓기/ 하이클래스 → 높음 · 고급/ 하이테크 → 고급기술 · 첨단기술/ 하이 템포 → 빠른 박자/ 하이틴 → 청소년 · 10대 후반/ 하이패스 → 주행카드/ 하이 패션 → 유행머리. 하이힐 → 뽀족구두 [영 high]
하이브리드	어우름 · 혼합형 · 겸용 〔보기〕하이브리드차 → 연료겸용차 · 어우름차/ 하이브리드산업 → 어우름산업/ 하이브리드방식 → 어우름방식 · 겸용방식 [영 hybird]
하이잭(하이재킹)	항공기 납치 · 공중납치 〔보기〕하이재커 → 항공기납치범 · 공중납치범 [영 hijack(ing)]
하이킹	소풍 · 산오르기 · 도보여행 〔보기〕하이킹 코스 → 소풍길 · 나들잇길 [영 hiking]
하이퍼리얼리즘	극사실주의 [영 hyperrealism]
하이픈	붙임표 [영 hyphen]
하인	종 [下人]
하인	누구 〔보기〕하인을 막론하고 → 누구든지 [何人]
하자	흠 · 잘못 〔보기〕하자 보수 → 잘못을 고쳐줌/ 하자 보증기간 → 성능 보증기간 ▷ 리콜(제) → 1. 되부름 · 되부르기 2. 되거둠 · 고쳐주기 · 바꿔주기 [瑕疵]
하절	여름철 〔보기〕하절기 → 여름철 ▷ 동절 → 겨울철 [夏節]
하주	짐임자 ▷ 화주 → 짐임자 [일 荷主 · にぬし]
하중	짐무게 · 무게 〔보기〕하중시험 → 무게 시험 ▷ 부하 → 짐 · 지워짐 [일 荷重 · かじゅう]
하지	다리 ▷ 상지 → 팔 [下肢]
하차	1. 차 내림 2. 짐부리기 〔보기〕하차장 → (차)내리는 곳 ▷ 상차 → 탐 · 오름 · 실음 [下車]
하천	시내 〔보기〕하천 부지 → 내터 [河川]
하체	아랫몸 · 아랫도리 ▷ 상체 → 윗몸 [下體]
하층	아래층 · 밑층 ▷ 상층 → 위층 [下層]
하치장	짐 부리는 곳 · 짐 두는 곳 · 짐 푸는 곳 · 짐마당 〔보기〕쓰레기 하치장 → 쓰레기 푸는 곳 [荷置場]
하퇴골	종아리뼈 ▷ 대퇴골 → 넓적다리뼈 · 허벅지뼈 [下腿骨]
하트	심장 · 염통 〔보기〕하트형 → 심장꼴 · 심장모양 [영 heart]

ㅎ

하품	하치·아랫길·핫길　▷ 상품 → 윗길　[下品]
하프	중간·중위·가운데·반　〔보기〕하프 라인 → 중앙선/ 하프 발리 → 튄공치기/ 하프백 → (축구·하키)중위선수·중위/ 하프 코트 → 반코트·반외투/ 하프타임 → 중간시간·중간휴식　[영 half]
하필	구태여　▷ 해필 → 구태여　[何必]
하향	처짐·수그러짐·내려감·떨어짐　〔보기〕하향식 → 내림식/ 하향안정세 → 내림안정세　▷ 상향식 → 오름식　[下向]
하향	1. 먼시골　2. 시골(고향)감　〔보기〕하향하다 → 시골로 내려가다　[下鄕]
하혈	피쏟음　〔보기〕하혈하다 → 피 쏟다　▷ 토혈 → 피 토함/ 객혈 → 피 토함　[下血]
하회	낮추돎·밑돎·내림　〔보기〕하회하다 → 밑돌다　▷ 상회 → 웃돎·넘음　[下廻]
학	두루미　[鶴]
학령	학교갈 나이·배울나이　〔보기〕학령아동 → 배울나이 어린이　[學齡]
학맥	학교인연·배움줄기　▷ 인맥 → 사람줄기/ 지연 → 땅인연　[學脈]
학배기	학배기　▷ 뚝빼기 → 뚝배기
학우	글벗·글동무·동창　[學友]
학인	배우는 이　[學人]
학제	학교제도·교육제도　[學制]
한	1. 안으로·~까지　2 한도에서·데까지는 3. 한정·끝　〔보기〕가능한 한 → 될 수 있는 데까지는(대로)/ 기쁘기 한이 없다 → 기쁘기 그지없다　[限]
한갓	한갓
한거	한가히 있음·한가히 삶　〔보기〕한거하다 → 한가히 살다·한가로이 있다　[閑居]
한거풀	한꺼풀
한기	추위·추운 느낌　▷ 냉기 → 찬기운/ 온기 → 따뜻함·따뜻한 기운/ 열기 → 뜨건 기운·뜨거움　[寒氣]
한냉	한랭　▷ 공냉 → 공랭/ 온냉 → 온랭/ 수냉 → 수랭/ 거냉 → 거랭　[寒冷]
한담	한가한 얘기·심심풀이　▷ 한화 → 한가한 얘기/ 잡담 → 허튼얘기·잡된얘기　[閑談·閒談]
한랭	참·추움　〔보기〕한랭하다 → 춥고 차다·몹시 차다/ 한랭

	한 → 차가운/ 한랭고기압 → 찬고기압/ 한랭기단 → 찬기단/ 한랭대 → 찬지대/ 한랭사 → 삼베·성긴베/ 한랭전선 → 찬기압골/ 한랭지 → 추운지방·찬땅/ 한랭처리 → 차게 두기/ 한랭천 → 찬샘　▷ 냉한 → 참/ 온난 → 따뜻함 [寒冷]
한류	찬무대　▷ 난류 → 더운무대 [寒流]
한바·한빠·함바	일꾼숙식소·일꾼밥집·현장식당 [일 飯場·はんば]
한발	가물음·가물·가뭄 〔보기〕한발대책 → 가뭄 대책/ 한발의 땅 → 가문땅　▷ 대한 → 큰가뭄 [旱魃]
한복	한옷·조선옷 〔보기〕한복감 → 한옷감/ 한복집 → 한옷집　▷ 한복(漢服) → 중국옷/ 양복 → 양옷 [韓服]
한사코	기어이·죽자하고·몹시 [限死－]
한살박이·한살바기	한살배기
한색	찬빛·찬색　▷ 난색 → 따뜻한빛 [寒色]
한선	땀샘 [일 汗腺]
한소데	반소매　▷ 소데나시 → 맨팔·민소매 [일 半袖·はんそで]
한정	1. 정함　2. 매김 〔보기〕한정하다 → 정하다·매기다/ 한정적 → 정해서·매기어 [限定]
한즈봉(한쓰봉)	반바지 [일 半 + 프 jupon·はんズボン]
한증	찜질 〔보기〕한증하다 → 찌다·찜질하다/ 한증막 → 찜질막/ 한증탕 → 찜질탕 [汗蒸]
한천	1. 겨울하늘·찬하늘　2. 우무·우뭇가사리 [寒天·일 かんてん]
한촌	가난한 마을·쓸쓸한 마을·찬마을 [寒村]
한켠	한쪽·한편
한파	추위 [寒波]
한풍	찬바람·맵짠바람 [寒風]
한해	가뭄피해　▷ 수해 → 물피해/ 풍해 → 바람피해/ 병해 → 병피해/ 충해 → 벌레피해/ 냉해 → 찬피해 [旱害]
한해	추위피해 [寒害]
한혈	피땀 [汗血]
~할 가능성을 배제할 수 없다·~가능성을 배제하지 않는다	~할 수도 있다·~할 가능성을 제쳐둘 수 없다　※대표적인 판박이 번역문투다.　〔보기〕단독처리를 강행할 가능성을 배제할 수 없다 → ~ 할 수도 있다·~ 강행할 수도 있다·단독 처리 가능성도 제쳐둘 수 없다/ 실현 가능성을 전혀 배제할 수는 없다 → 실현 가능성도 있다·전혀 실현할 수 없는 것은 아니다·실현할 수도 있다　▷ 가능성·배제
할 수 있는	할 〔보기〕체제를 지탱하는 또다른 축이라 할 수 있는 →

ㅎ

~ 할/ 불가능하다 할 수 있는 → 불가능하다 할

할거 나눠기댐·나눠지킴·갈라버팀 〔보기〕할거하다 → 갈라버티다·갈라지키다/ 지역할거 → 땅갈라버팀/ 할거주의 → 갈라버티기/ 지역할거주의 타파 → 땅갈라버티기 깨기 ▷ 섹셔널리즘·섹트주의 → 갈라버티기·지역주의·분파주의·파벌주의 〔割據〕

할당 노느매기·별러매김·별러붙임 〔보기〕할당하다 → 갈라나누다·별러주다·노느다/ 모금액을 할당한 뒤 → 모금액을 노느매긴 뒤 ▷ 배당 → 벼름/ 배정 → 별러매김/ 분배 → 나눔 〔割當〕

할부 별러내기·드림셈 ▷ 할당 → 노느매기·벼름 〔割付·割賦〕

할 수 있는 할 〔보기〕북한 체제를 지탱하는 또 다른 축이라 할 수 있는 군부에 대해서도 마찬가지 ~ → ~ 할 ~

할애 떼어줌·베어줌·떼어냄·나눔·정떼기 〔보기〕할애하다 → 떼어주다·쪼개다·나누다/ 많은 시간을 할애하여 얘기를 나누다 → 많은 시간을 내어 ~ 〔割愛〕

할인 덜이·깎음·덞·에누리 〔보기〕할인하다 → 깎다·덜다·에누리하다/ 할인판매 → 깎아팔기·내려팔기/ 할인발행 → 덜이발행/ 할인율 → 덜이율·에누리율 ▷ 할증 → 덤·더함/ 할증금 → 웃돈 〔割引〕

할접 짜개접 〔보기〕할접법 → 짜개접 〔割椄〕

할증 덤·더함 〔보기〕할증하다 → 더하다/ 할증금 → 덧돈·웃돈·얹음돈/ 할증료 → 웃돈/ 할증발행 → 덤발행/ 할증요금 → 웃돈/ 할증임금 → 덤삯 〔일 割增·わりまし〕

함구 입다묾·입봉함 〔보기〕함구하다 → 입다물다·입봉하다/ 함구령 → 입다물라는 명령 ▷ 겸구 → 입다묾 〔緘口〕

함락 두려빠짐·두려빠뜨림·둘러꺼짐·결딴냄 〔보기〕함락하다 → 두려빠지다·무너지다·둘러꺼지다·둘러빼앗다·둘러꺼뜨리다 ▷ 함몰 → 둘러꺼짐·결딴남 〔陷落〕

함몰 둘러꺼짐·결딴남 ▷ 함락 → 두려빠짐 〔陷沒〕

함미 짠맛 〔鹹味〕

함바 한바

함상 배 위·군함 위 ▷ 선상 → 배 위 〔艦上〕

함수 짠물 ▷ 염수 → 소금물·짠물/ 담수 → 단물·민물 〔鹹水〕

함수초 엄살풀 ▷ 미모사 → 엄살풀 〔含羞草〕

함양 길러냄·기름·길러닦음 〔보기〕함양하다 → 기르다·닦다

/ 함양량 → 머금은양/ 정서 함양 → 정서 기름　[涵養]

함유　　지님 · 들어 있음 · 머금음　〔보기〕함유하다 → 들어 있다 · 지니고 있다/ 함유량 → 든양 · 지닌양 · 머금은양　[含有]

함정　　허방(다리) · 덫　〔보기〕함정을 파다 → 허방을 파다/ 함정에 빠지다 → 허방에 빠지다　[陷穽]

합각　　1. 조가비　2. 자개　[蛤殼]

합격율　　합격률　[合格率]

합당　　알맞음 · 걸맞음　〔보기〕합당하다 → 알맞다 · 알맞춤하다 · 걸맞다/ 합당한 말 → 맞는 말 · 걸맞은 말　[合當]

합류　　합쳐 흐름 · 모여흐름　〔보기〕합류하다 → 모여 흐르다 · 합치다 · 함께하다　[合流]

합목적적　　목적에 맞는　[合目的的]

합병　　합침　〔보기〕합병하다 → 합치다/ 병합 → 합침 · 어우름　[合併]

합사　　1. 겹실　2. 꼰줄　[合絲]

합산　　합한셈 · 합쳐 셈함 · 더하기 · 덧셈　〔보기〕합산하다 → 합쳐 셈하다 · 더하다　▷ 합계 → 모두 · 몰아서/ 가산 → 보탬 · 더함　[合算]

합석　　자리 같이함 · 자리 합침 · 함께함 · 한자리함　〔보기〕합석하다 → 같이 앉다 · 자리를 합치다 · 함께하다　▷ 이석 → 자리뜸　[合席]

합성　　어우름 · 합침 · 합쳐만듦　〔보기〕합성하다 → 어우르다 · 섞다 · 합쳐만들다/ 합성가죽 → 만든가죽/ 합성고무 → 만든고무/ 합성담배 → 섞은담배/ 합성동사 → 겹움직씨/ 합성명사 → 겹이름씨/ 합성명제 → 겹명제/ 합성물 → 섞음치/ 합성(인조)보석 → 만든 보석/ 합성사료 → 섞음먹이/ 합성사진 → 겹사진/ 합성색소 → 만든물씨/ 합성생식 → 유성생식/ 합성섬유 → 인조섬유/ 합성수 → 비소수/ 합성어(語) → 겹씨/ 합성어(魚) → 튀기고기/ 합성(인조)염료 → 만든물감/ 합성(인조)육 → 만든고기/ 합성음 → 겹소리 · 어우름소리/ 합성주 → 섞은술/ 합성진동 → 겹진동/ 합성진자 → 겹흔들이/ 합성펄프 → 만든펄프/ 합성페니실린 → 곰팡페니실린/ 합성품종 → 섞음품종/ 합성함수 → 합친따름수/ 합성향료 → 만든향료　▷ 천연/ 인조　[合成]

합숙　　모여 묵음 · 모여 거처함 · 함께 묵음　〔보기〕합숙하다 → 모여 묵다 · 함께 묵다　▷ 혼숙 → 섞여 잠　[合宿]

합승　　얼러타기 · 함께타기　〔보기〕합승하다 → 얼러타다 · 함께 타다/ 합승차 → 함께 타는 차　▷ 승합 → 함께탐　[合

     乘]

합의   뜻맞음·같은뜻·맞춘뜻   〔보기〕합의하다 → 뜻 맞다·뜻을 맞추다 [合意]

합의   맞의논·서로 의논함   〔보기〕합의하다 → 서로 의논하다· 맞의논하다/ 합의하여 결정하다 → 의논하여 결정하다/ 합의 관할 → 함께 정한 범위   ▷ 협의 → 의논·상의 [合議]

합작   합해 지음·함께 만듦·함께 힘씀   〔보기〕합작하다 → 함께 꾀하다/ 합작투자 → 공동투자 [合作]

합작선   합작사·합작회사 [合作先]

합장   어울무덤   〔보기〕합장하다 → 한데 묻다 [合葬]

합치   서로맞음·들어맞음   〔보기〕합치하다 → 들어맞다·서로 맞다   ▷ 일치 → 들어맞음·꼭맞음/ 불합치 → 안맞음· 어긋남 [合致]

합판   꽃잎이 붙음   〔보기〕합판화 → 통꽃/ 합판화관 → 통꽃부 리/ 합판화류 → 통꽃무리/ 합판화악 → 통꽃받침   ▷ 이판 화 → 갈래꽃 [合瓣]

합환목   자귀나무 [合歡木]

핫   뜨거운·새로운   〔보기〕핫 뉴스 → 새소식/ 핫라인 → (비 상)직통전화·직통회선/ 핫머니 → 단기투기자금·노는돈/ 핫 이슈 → 쟁점·주관심사/ 핫팬티 → 한뼘바지 [미 hot]

핫까   시동·발화 [일 發火]

항간   민간·길거리   ▷ 누항 → 촌동네·촌거리 [巷間]

항거   버텨 겨룸·맞버팀   〔보기〕항거하다 → 저항하다·맞서 다·대들다   ▷ 저항 → 개갬/ 반항 → 벋섬·버팀·앙살 [抗拒]

항공로   비행길·하늘길   ▷ 항로→1.뱃길 2.비행길·하늘길/ 해로 → 물길·바닷길/ 육로 → 땅길·뭍길/ 공로 → 공중길·비행 길 [航空路]

항다반   흔함·늘·밥먹듯함   〔보기〕항다반사 → 예삿일·예사로 운 일/ 다반사 → 쉬운일·예삿일 [恒茶飯]

항로   1. 뱃길 2. 비행길   〔보기〕항로표지 → 뱃길알림표   ▷ 공로 → 공중길·비행길/ 해로 → 바닷길·물길/ 수로 → 물 길 [航路]

항모   항공모함 [航母]

항문   똥구멍·밑구멍   ▷ 홍문 → 항문·밑구멍/ 분문 → 똥구멍 [肛門]

항변   1. 대거리·버팀변명 2. 따짐변론·반대변론   〔보기〕항변 하다 → 대거리하다   ▷ 항의 → 대거리 [抗辯]

항상	늘　▷ 항시 → 늘　[恒常]
항성	붙박이별　▷ 행성 → 떠돌이별　[恒星]
항시	늘　[恒時]
항용	늘·보통　[恒用]
항진	1. 높아짐·더함　2. 심해짐　〔보기〕항진하다 → 높아지다·더해지다·심해지다/ 갑상선 기능 항진증 → 목밑샘 기능 지나침 증세/ 심계항진 → 심장고동 빨라짐　[亢進]
해구	바닷개·물개　〔보기〕해구신 → 물개좆　[海狗]
해꼬지	해코지　〔보기〕해꼬지하다 → 해코지하다
해난	바다사고　〔보기〕해난사고 → 바다사고　[海難]
해당	1. 맞음·당함·대함　2. 이·그·저　〔보기〕해당하다 → 맞다·들어맞다/ 해당하는 → 맞는·걸맞은/ 해당기관 → 그 기관/ 해당 부서 → 그 부서　▷ 해·당 → 이·그·저　[該當]
해당화	때찔레·때찔레꽃　[海棠花]
해독	풀어읽음·읽어앎　〔보기〕해독하다 → 읽어서 알아내다　▷ 판독 → 뜻알아 읽기·읽어알기·읽어냄　[解讀]
해독	독풀이　〔보기〕해독하다 → 독을 풀다/ 해독제·해독약 → 독풀이약　▷ 제독 → 독풀이·독없애기　[解毒]
해동	녹음·풀림　〔보기〕해동하다 → 추위 풀리다·녹아서 풀리다·녹이다/ 해동기 → 날씨 풀릴 때　▷ 해빙 → 얼음녹음·얼음풀림　[解凍]
해동청	송골매　[海東靑]
해득	깨침·깨쳐앎　〔보기〕해득하다 → 깨치다·깨쳐알다/ 해득난 → 깨치기 어려움　▷ 체득 → 겪어앎·몸받음　[解得]
해란	게알　[蟹卵]
해류	무대·바닷물흐름　〔보기〕해류도 → 무대그림　▷ 난류 → 더운무대/ 한류 → 찬무대/ 조류 → 미세기흐름　[海流]
해망적다	해망쩍다　※'아둔하다'의 뜻.
해머	쇠망치·망치　[영 hammer]
해면	갯솜　〔보기〕해면동물 → 갯솜동물/ 해면(상)조직 → 갯솜조직/ 해면질 → 갯솜질　▷ 스펀지 → 갯솜　[海綿]
해면	바다표면·바닷면　[海面]
해명	밝힘　〔보기〕해명하다 → 풀어서 밝히다/ 해명서 → 밝힘글　▷ 석명 → 밝힘　[解明]
해발	바다위·해면위　[海拔]
해발쭉하다	해발쪽하다　※큰말은 헤벌쭉하다.

ㅎ

해방	풀어놓음·풀어줌　〔보기〕해방하다 → 풀어주다·풀어놓다/ 해방되다 → 놓여나다·풀려나다/ 해방감 → 풀려난 느낌·후련한 느낌　▷ 광복 → 나라 되찾음·주권 찾음　[解放]
해법	풀이법　[解法]
해변	바닷가·갯가　〔보기〕해변가 → 바닷가·갯가/ 해변식물 → 바닷가식물·갯가식물/ 해변양산 → 바다양산·갯양산　[海邊]
해부도	해부칼　▷ 메스 → 해부칼·칼　[解剖刀]
해빙기	얼음풀릴 때·얼음녹을 때　[解氷期]
해사	바닷모래　▷ 하사 → 강모래　[海砂]
해산	몸풂·애낳음　〔보기〕해산하다 → 몸풀다·아이낳다　▷ 임신하다 → 아이배다·새끼배다　[解産]
해상	바다위·바다　〔보기〕동해상 → 동해·동해바다/ 해상훈련 → 바다훈련/ 해상에 출현한 적기 → 바다 위에 나타난 적기　▷ 수상 → 물·물위　[海上]
해석	뜻풀이·풀이　〔보기〕해석하다 → 풀이하다/ 해석차 → 풀이차이/ 법률해석 → 법률풀이/ 해석을 달리하다 → 다르게 풀이하다　[解釋]
해설	풀이　〔보기〕해설하다 → 풀어서 말하다/ 해설서 → 풀이책/ 해설자 → 풀이한 이·풀이하는 이/ 해설집 → 풀이책　[解說]
해소	풀어없앰·풀어버림　〔보기〕해소하다 → 풀다·없애다/ 해소되다 → 풀리다·없어지다/ 갈등해소 → 갈등풀기　[解消]
해송	곰솔　[海松]
해수	기침　〔보기〕해수병 → 기침병　▷ 해소 → 해수·기침　[咳嗽]
해수	바닷물·갯물　〔보기〕해수욕 → 바닷물미역　▷ 담수 → 민물/ 강수 → 강물　[海水]
해안	바닷가·바다기슭　▷ 강안 → 강기슭/ 연안 → 물기슭/ 호안 → 호수기슭/ 하안 → 강기슭　[海岸]
해약	약속 무름·계약 해제　〔보기〕해약하다 → 약속 무르다·계약을 무르다　▷ 파약 → 약속깸　[解約]
해열	열풂·열식힘　〔보기〕해열하다 → 열 풀다·열 내리다/ 해열제 → 열 푸는 약·열 내리는 약　[解熱]
해우차	해웃값·해웃돈　※해웃값이나 해웃돈이 두루 많이 쓰인다 하여 둘을 표준말로 삼음.(표준어규정 제26항)

ㅎ

해원	분풀이 · 한풀이　〔보기〕해원하다 → 분풀이하다 · 한풀이하다/ 해원굿 → 한풀이굿　[解寃]
해이	풀림 · 풀어짐 · 느즈러짐 · 느슨해짐　〔보기〕해이하다 → 풀리다 · 풀어지다 · 느즈러지다/ 단속이 해이해진 틈 → 단속이 느슨해진 틈　[解弛]
해조	해로운 새 · 해론새　▷ 익조 → 이론새/ 해충 → 해론벌레/ 익충 → 이론벌레　[害鳥]
해조	바닷새　▷ 해조분 → 구아노　[海鳥]
해조	바닷말　〔보기〕해조류 → 바닷말무리/ 해조주 → 바닷말술/ 해조회 → 바닷말재　[海藻]
해죽히	해죽이　▷ 히죽히 → 히죽이/ 해죽해죽/ 히죽히죽
해체	1. 헤침 · 깸　2. 뜯음　〔보기〕해체하다 → 뜯어 헤치다/ 해체작업 → 뜯어내기　[解體]
해초	바다풀 · 바닷말　〔보기〕해초맛 → 바다풀맛　[海草]
해충	해론벌레　▷ 익충 → 이론벌레　[害蟲]
해킹	컴퓨터 즐김 · 셈틀쟁이 · 정보사냥 · 뛰어들기　〔보기〕해킹방지 → 침입막기/ 해킹수법 → 사냥수법/ 해킹된 날짜 → 사냥된 날짜 · 침입당한 날/ 해킹당하다 → 침입당하다/ 해커 → 컴퓨터쟁이 · 컴퓨터아치 · 사냥꾼 · 전문가 · 침입자 · 정보사냥꾼/ 해커수사대 → 사냥꾼 수사대　[영 hacking]
해태	김　[海苔]
해태	게으름 · 게을리함　〔보기〕해태하다 → 게으르다 · 게을리하다　[懈怠]
해토	땅풀림　〔보기〕해토하다 → 땅이 녹아풀리다/ 해토되다 → 땅이 녹아풀리다　[解土]
해풍	바닷바람　▷ 육풍 → 뭍바람　[海風]
해프닝	웃음거리 · 우발사건 · 뜻밖일 · 웃기는 일 · 도막극 · 짓거리　〔보기〕해프닝성 → 우발적인 일 · 지나가는 일　▷ 소동 → 법석/ 소극 → 웃음거리　[영 happening]
해학	우스개 · 익살농담 · 취미재담　〔보기〕해학적인 → 우스운 · 익살스런　▷ 골계 → 익살　[諧謔]
해협	끼인바다 · 낀바다 · 좁은 바다　[海峽]
해후	우연히 만남 · 만남　〔보기〕해후하다 → 만나다 · 우연히 만나다　▷ 상봉 → 서로 만남　[邂逅]
핵과	씨과일　[核果]
핵심	알맹이 · 고갱이 · 알짬 · 중심부분　[核心]
핸드백	손가방　[영 handbag]
핸드볼	송구　[영 handball]

ㅎ

핸드북	쉬보기(편람) · 안내서　[영 handbook]
핸드폰	들전화 · 호주머니전화 · 손전화 · 휴대전화　▷ 휴대폰 → 손전화 · 들전화 · 호주머니전화 [영 hand phone]
핸들	손잡이 · 자루 · 방향잡이 · 운전대　[영 handle]
핸들링	손닿기 · 손대기　▷ 핸드링 → 핸들링　[영 handling]
핸디캡	불리한 조건 · 접어줌　[영 handicap]
핸섬하다	말쑥하다 · 멋있다　〔보기〕핸섬보이 → 미남　[영 hand-some-]
핸즈프리	맨손통화(기) · 붙박이전화　[영 handsfree]
핼쓱하다	헬쑥하다　▷ 할쑥하다
햇쌀	햅쌀　※'싸리 · 쌀 · 씨 · 때' 들은 예부터 'ㅂ' 소리가 덧나는 말로서 다른 말과 합쳐질 때 앞말의 받침으로 붙여적는다. 댑싸리 · 멥쌀 · 볍씨 · 입때 · 입쌀 · 접때 · 좁쌀 · 햅쌀 따위.(맞춤법 제31항)　▷ 햇가지/ 햇감자/ 햇것/ 햇곡/ 햇과일/ 햇김치/ 햇나물/ 햇닭/ 햇담배/ 햇보리/ 햇잎
행	줄　▷ 열 → 줄　[行]
행	가기 · 가는　〔보기〕부산행 → 부산 가는/ 서울발 파리행 → 서울에서 파리 가는　[行]
행각	돌아다님 · 하고다님 · 짓거리　〔보기〕사기행각을 벌이다 → 사기치고 돌아다니다/ 애정행각 → 사랑놀음　[行脚]
행낭	우편자루 · 우편주머니　[行囊]
행내기	보통내기 · 여간내기 · 예삿내기　※보통내기 · 여간내기 · 예삿내기가 두루 많이 쓰인다 하여 이를 표준말로 삼음.(표준어규정 제26항)
행락	즐김 · 놀음놀이　〔보기〕행락객 → 노니는 사람 · 놀이꾼 · 놀음꾼　[行樂]
행려	다님 · 떠돎 · 떠돌이　〔보기〕행려하다 → 떠돌다/ 행려병자 → 거리병자/ 행려사망 → 떠돌이 죽음/ 행려사망자 → 객사한 이　[行旅]
행로	길 · 갈길 · 세상길　[行路]
행방	간곳 · 간데　〔보기〕행방불명 → 간곳 모름/ 행방이 묘연하다 → 간 곳을 알 수 없다　[行方]
행보	걸음 · 발걸음 · 움직임　〔보기〕행보를 빨리하다 → 걸음을 서두르다/ 역할과 행보 → 활동과 걸음 · 움직임/ 행보 조절 → 걸음 맞추기　▷ 보조 → 발걸음　[行步]
행사	씀 · 부림 · 하는 짓　〔보기〕행사하다 → 쓰다 · 부리다 · 행하다/ 행사가 개차반 → 하는 짓이 더러움 · 짓거리가 엉망임/ 권력 행사 → 권력 부림 · 권력 휘두름　[行使]

ㅎ

행상	도붓장사 · 도붓장수 〔보기〕행상인 → 도붓장수 〔行商〕
행색	몰골 · 차림새 〔行色〕
행선지	갈곳 · 가는 곳 〔일 行先地 · ゆきさき-〕
행성	떠돌이별 ▷ 항성 → 붙박이별/ 위성 → 달별/ 유성(遊-) → 떠돌이별/ 유성(流-) → 별똥별/ 혜성 → 살별 〔行星〕
행운아	운좋은이 · 운탄 사람 ▷ 불운아 → 운나쁜이 〔幸運兒〕
행인	길가는 사람 · 지나는 이 〔行人〕
행인	살구씨앗 · 살구씨 〔杏仁〕
행적	행한 자취 · 행한 일 · 자취 ▷ 종적 → 자취 〔行蹟 · 行績 · 行跡〕
행정체제	행정짜임새 〔行政體制〕
행차	나들이 · 오심(가심) 〔보기〕행차하다 → 나들이하다 · 길 가시다 〔行次〕
행커치프	손수건 〔영 handkerchief〕
행패	못된 짓 · 버릇없는 짓 〔보기〕행패하다 → 못된 짓을 하다/ 행패 부리다 → 못된 짓을 하다 〔行悖〕
향년	사신 나이 · 산 나이 · 누린 나이 · 누린 해 〔보기〕향년 80살 → 향년 80 · 누린 나이 80 〔享年〕
향도꾼	상두꾼 · 상여꾼 ※상두꾼 · 상여꾼 둘 다 많이 쓴다 하여 복수 표준말로 삼음.(표준어규정 제26항)
향료	향냇거리 · 향붙이 〔香料〕
향미	냄새맛 〔보기〕향미제 → 냄새맛 제품 〔香味〕
향발	떠남 · 향해 떠남 〔보기〕브라질로 향발하다 → 브라질로 떠나다 〔向發〕
향배	따름(좇음)과 등짐 ▷ 배향 → 좇음과 등짐 〔向背〕
향상	높임 · 높아짐 · 나아감 〔보기〕향상하다 → 높아지다 · 나아지다/ 삶의 질 향상 → 삶의 질 높이기 ▷ 제고 → 높임 · 돋워올림 〔向上〕
향신료	향내양념 · 양념거리 · 매운향료 · 양념감 〔보기〕향신료 식(작)물 → 양념식물 〔香辛料〕
향연	잔치 · 잔치대접 〔饗宴〕
향유	누림 〔보기〕향유하다 → 누리다 · 누려서 가지다 〔享有〕
향응	음식대접 · 음식잔치 · 융숭한 대접 〔보기〕향응을 제공하다 → 음식대접을 하다/ 향응을 받다 → 음식대접을 받다/ 금품과 향응을 제공받다 → 금품과 향응을 받다 · 금품과 음식대접을 받다 〔饗應〕
향일성	해바라기성 · 빛따름성 〔向日性〕

ㅎ

향취	향내 ［香臭］
향판	울림판 ［響板］
향하다	바라다·대하다 〔보기〕북쪽을 향하여 내쳐 달리다 → 북쪽을 바라고 내쳐 달리다 ［向-］
향학열	공부열·배움열 ［向學熱］
향후	다음·이다음·앞으로 ［向後］
허공	공중·하늘 ［虛空］
허구	얽어꾸밈 ▷ 픽션 → 허구 ［虛構］
허니문	신혼(여행)·밀월(기간) ▷ 하니문 → 허니문 ［영 honeymoon］
허다	많음·흔함·하고많음·뭇 〔보기〕허다하다 → 많다·흔하다/ 허다히 → 자주·많이/ 허다 중생 → 뭇중생 ［許多］
허드래	허드레 ※'허드레'로 발음이 굳어 쓰인다고 이를 표준말로 삼음.(표준어규정 제11항) 〔보기〕허드렛물·허드렛일
허들	장애물(경주) 〔보기〕허들 레이스 → 장애물경주 ［영 hurdle］
허무맹랑	터무니없는 〔보기〕허무맹랑하다 → 터무니없다 ［虛無孟浪］
허브	중심·중심축 〔보기〕동북아 허브항 → 동북아 중심항/ 허브 사이드 → 중심마당·한마당 ［영 hub］
허비	헛씀·헛들임·헛보냄 〔보기〕허비하다 → 헛쓰다·헛보내다 ▷ 낭비 → 헤피씀·허투루씀/ 소비 → 써버림·써없앰/ 소모 → 써없앰·써없어짐 ［虛費］
허사	헛일·헛됨 ▷ 공염불 → 헛됨·말뿐임/ 도로아미타불 → 헛일·헛됨 ［虛事］
허세	헛기세 〔보기〕허세를 부리다 → 헛기세를 부리다/ 허장성세 → 헛기세·실속없음 ［虛勢］
허스키	쉰목소리 ［영 husky］
허식	겉치레·헛치레 〔보기〕허례허식 → 헛예절 겉치레·겉만 번드르르함 ▷ 가식 → 겉치레·거짓꾸밈 ［虛飾］
허언	거짓말·빈말 〔보기〕허언을 농하다 → 거짓말을 늘어놓다 ▷ 허사·공언·위언 → 거짓말·빈말/ 망언 → 마구발방·망녕말/ 망발 → 막된말·막말/ 실언 → 말실수·실수말/ 교언 → 아양(말)/ 미언·가언·선언 → 좋은말/ 감언 → 단말·비위맞는말/ 무언 → 말없음/ 무언(誣-) → 지어해치는말/ 고언 → 거슬리는말·쓴말/ 식언 → 말어김·약속어김/ 공언(公-) → 펼쳐말함/ 진언 → 말씀드림/ 확언 → 잘라말함/ 묵언 → 말않음·입다묾·말없는말/ 잠언·격언 → 깨우

	침말·경계말/ 참언 → 헐뜯음·헐뜯는말/ 광언 → 허튼소리·미친소리/ 호언 → 큰소리/ 아언 → 아담한말·바르죤말/ 희언(희담) → 익살·우스갯말/ 중언·부언·첨언 → 덧붙임·보탬말/ 절언 → 애끊는말·간절한 말/ 잡언 → 잡된말/ 속언 → 속된말/ 방언 → 사투리/ 과언 → 지나친말/ 과언(寡-) → 말적음/ 눌언 → 더듬말/ 문언 → 글말·글귀/ 신언 → 신말/ 농언 → 농말/ 다언 → 말많음/ 발언 → 말냄·말함/ 독언 → 독말/ 독언(獨-) → 혼잣말/ 조언 → 도움말/ 중언 → 뭇말/ 폭언 → 사나운말　[虛言]
허욕	헛욕심·당치 않은 욕심　[虛慾]
허용	용납함·들어줌·풀어줌　　〔보기〕허용하다 → 용납하다·들어주다　　▷ 용허 → 들어줌·받아들임/ 관용 → 너그러이 봄·눌러봄　[許容]
허위	거짓·꾸밈　　〔보기〕허위사실 → 거짓사실·꾸민사실/ 허위선전 → 거짓선전/ 허위진단서 → 거짓진단서/ 허위진술 → 거짓진술·거짓 늘어놓기/ 허위보도 → 거짓보도　　▷ 가식 → 꾸밈·거짓/ 오류 → 잘못/ 진실 → 참됨/ 진리 → 참·옳음·올바름　[虛僞]
허위대	허우대　　※홀소리가 단순해진 형태를 표준말로 삼는다. 괴팍하다·미루나무·미륵·여느·온달·으레·케케묵다·허우적허우적 따위.(표준어규정 제10항)
허위적거리다	허우적거리다　　※홀소리가 단순해진 것을 표준말로 삼는다.　〔보기〕허위적대다 → 허우적대다/ 허위적허위적 → 허우적허우적. 다만 허위허위·허위단심·허위넘다 따위는 그대로 쓴다.
허장성세	허풍떪·헛기세 부림　　〔보기〕허장성세를 부리다 → 허풍떨다·허세만 떠벌리다　　▷ 허세 → 헛기세·허풍　[虛張聲勢]
허접쓰레기·허접스레기	허섭스레기
허투로	허투루
허행	헛걸음　〔보기〕허행하다 → 헛걸음하다　[虛行]
헌금	돈바침·바친 돈　　〔보기〕헌금하다 → 돈바치다·돈내다　▷ 성금 → 바친돈·돈바침/ 연보·연조 → 도움·연봇돈　[獻金]
헌데	한데·그런데
헌신	몸바침　〔보기〕헌신하다 → 몸바치다·정성을 다하다/ 헌신적으로 → 몸바쳐　　▷ 투신 → 뛰어듦·몸던짐　[獻身]

헌작	잔올림·잔올리기 〔보기〕헌작하다 → 잔올리다 ▷ 진작 → 잔올림/ 수작 → 잔 주고받음·말 걺 〔獻酌·獻爵〕
헐가	헐값·싼값 ▷ 염가 → 싼값·헐값/ 저가 → 싼값/ 저가(底 -) → 바닥시세/ 고가 → 비싼값·높은값 〔歇價〕
헐리우드	할리우드 〔미 Hollywood〕
헐은	헌 ※'ㄹ' 불규칙 용언을 활용하면 ㄹ받침이 떨어져나가고 받침없는 말에 붙는 관형형 전성어미 'ㄴ'이 붙어 쓰인다. 〔보기〕헌 위벽/ 헌옷 ▷ 때에 전 옷/ 간 땅/ 잔돌/ 낯선 얼굴/ 돈 사람/ 산사람
헐후하다	대수롭지 아니하다·만만하다 〔보기〕헐후히 → 대수롭지 않게·허투루·만만하게 〔歇后 -〕
험담	흠구덕·욕설 〔보기〕험담하다 → 흠구덕하다·헐뜯다·욕하다 ▷ 악담 → 모진말·악한말/ 험언 → 흠구덕·욕설 〔險談〕
험로	험한 길 ▷ 준로 → 험한 길/ 악로 → 나쁜 길 〔險路〕
험집	흠집
헛점	허점·빈틈 ※한자말에서 사이시옷이 들어가는 글자는 숫자·셋방·찻간·툇간·횟수·곳간 여섯 가지뿐이다.(맞춤법 제30항) 〔虛點〕
헛탕	허탕
헝겁	헝겊
헝그리	맨손·배고픔 〔보기〕헝그리 정신 → 맨주먹 정신 〔영 hungry〕
헝크러지다	헝클어지다
헤게모니	주도권·세력 〔보기〕헤게모니 쟁탈전 → 주도권다툼·세력다툼 ▷ 이니셔티브 → 선수·주도권·발의권 〔도 Hegemonie〕
헤드	머리·우두머리 〔보기〕헤드기어 → 머리쓰개·머리보호대/ 헤드라이트 → 머릿등·앞비춤등/ 헤드라인 → 표제·기사제목·머릿기사/ 헤드워크 → 머리놀림·정신노동/ 헤드코치 → 머리코치·수석코치/ 헤드쿼터 → 본부/ 헤드테이블 → 머릿자리·머리탁자/ 헤드헌팅 → 사람거간·중개인·소개인 〔영 head〕
헤딩	박치기·들이받기·머리받기 〔보기〕헤딩하다 → 머리받기하다·박치기하다·들이받다/ 헤딩 슛 → 머리받기 슛·머리쏘기/ 헤딩 패스 → 머리로 이어주기 〔영 heading〕
헤로인	여주인공 ▷ 히어로 → 영웅·주인공 〔영 heroine〕
헤모글로빈	피빨강이 ▷ 혈색소·혈적소·혈홍소 → 피빨강이 〔영

ㅎ

hemoglobin]

헤모시아닌	피파랑이　　▷ 혈청소 → 피파랑이　［영 hemocyanin］
헤어	머리·머리카락　　〔보기〕헤어네트 → 머릿그물/ 헤어드라이어 → 머리말리개/ 헤어디자이너 → 미용사·머리장이·머리아치/ 헤어롤 → 머리말개/ 헤어밴드 → 머리띠/ 헤어브러시 → 머릿솔/ 헤어스타일 → 머리맵시·머리모양/ 헤어핀 → 머리핀　［영 hair］
헬멧	안전모　　▷ 헬밋 → 헬멧　［〈영 helmet］
헬스	건강·몸보·운동　　〔보기〕헬스클럽·헬스장 → 건강터·운동장　［영 health］
현관	문간·들머리　［玄關］
현금	지금·오늘날　　▷ 작금 → 지금·오늘·이제　［現今］
현금	맞돈·돈　［現金］
현기증	어질병·어지럼증　［眩氣症］
현물	물건·실물　［現物］
현상	상걺·상걸기　　〔보기〕현상공모 → 상걸고 뽑음/ 현상문제 → 상타기 문제/ 현상수배 → 상걸고 찾기　［懸賞］
현악	줄풍류　　〔보기〕현악기 → 줄악기　［絃樂］
현양	날림·떨침·높이 드러냄　　〔보기〕현양하다 → 날리다·떨치다　▷ 게양 → 달기·올리기·올림/ 등양 → 기세떨침/ 고양 → 높이올림·드날림　［顯揚］
현재	이제·지금　［現在］
현저하다	두드러지다·뚜렷하다　　〔보기〕현저히 → 훨씬·두드러지게·뚜렷이　▷ 표저하다 → 두드러지다·뚜렷하다　［顯著 - ］
현지	그곳·그 땅·그 자리·바로 그곳　　〔보기〕현지답사 → 실지조사/ 현지시간 → 그곳시간/ 현지조사 → 실지조사　［現地］
현찰	맞돈·돈·현금　［現札］
현철	어질고 밝음　　〔보기〕현철하다 → 어질고 밝다　［賢哲］
현학	학식자랑·아는체　　〔보기〕현학적이다 → 아는체하다·많이 알다　［衒學］
현혹	어지럽힘·호림·홀림　　〔보기〕현혹하다 → 어지럽히다·호리다/ 현혹되다 → 홀리다/ 현혹시키다 → 현혹하다　［眩惑］
혈관	핏줄·핏대　　〔보기〕혈관주사 → 핏줄주사·핏대주사/ 모세혈관 → 실핏줄　▷ 혈맥 → 핏줄/ 혈관선·혈선 → 핏줄샘·피샘　［血管］

ㅎ

혈구	피톨　〔보기〕백혈구 → 흰피톨/ 적혈구 → 붉은피톨　[血球]
혈기	핏기(운)·젊은기운·힘　〔보기〕혈기방장·혈기왕성 → 기운 넘침　[血氣]
혈농	피고름　[血膿]
혈뇨	피오줌　[血尿]
혈변	피똥　[血便]
혈색	핏기·핏빛·얼굴빛　〔보기〕혈색미 → 살빛미/ 혈색소 → 피빨강이　[血色]
혈소판	피티　[血小板]
혈안	벌건눈·핏발선 눈　〔보기〕혈안이 되다 → 눈이 벌개지다·미쳐날뛰다　[血眼]
혈액	피　〔보기〕혈액검사 → 피검사/ 혈액순환 → 피돌기/ 혈액은행 → 피은행/ 혈액형 → 피본　[血液]
혈연	핏줄·피붙이　〔보기〕혈연사회 → 핏줄사회/ 혈연적 → 핏줄로 맺어진　▷ 지연 → 땅인연·땅연고/ 학연 → 배움연줄·학문인연　[血緣]
혈적소	피빨강이　▷ 혈청소 → 피파랑이　[血赤素]
혈전	피투성이싸움　[血戰]
혈전	핏줄막힘　[血栓]
혈청	피말강이　〔보기〕혈청검사 → 피말강이검사/ 혈청치료 → 피말강이치료　▷ 혈청소(血靑素) → 피파랑이·헤모시아닌　[血淸]
혈통	핏줄·핏줄기　[血統]
혈투	피튀는싸움·피투성이싸움　▷ 혈전 → 피투성이싸움　[血鬪]
혈흔	핏자국·피흔적　[血痕]
혐오	미워함·꺼림·싫어함　〔보기〕혐오하다 → 꺼리다·싫어하다·미워하다/ 혐오감 → 싫은느낌·불쾌감/ 혐오시설 → 꺼리는 시설　[嫌惡]
혐의적다	혐의쩍다　[嫌疑-]
협각	끼인 각·낀각　▷ 대각선 → 맞모금　[夾角]
협골	광대뼈·뺨뼈　[頰骨]
협력	맞듦·도움·힘(을) 합침　〔보기〕협력하다 → 돕다·힘합치다　▷ 합력 → 울력·힘모음/ 협조 → 도움·도와줌/ 조력 → 도움·도와줌　[協力]
협상	흥정·의논　〔보기〕협상하다 → 의논하다·흥정하다·논의하다/ 협상차 → 협상하러/ 협상건 → 협상거리/ 협상테이

ㅎ

	블 → 협상자리 〔協商〕
협실	곁방 〔夾室〕
협심	좁은마음 〔狹心〕
협애	좁음 ▷ 협애하다 → 좁다/ 협애성 → 좁은 성질 〔狹隘 -〕
협의	의논·상의 〔보기〕 협의하다 → 의논하다·상의하다 ▷ 합의(合議) → 맞의논/ 합의(合意) → 뜻맞음·뜻맞춤·맞춘 뜻 〔協議〕
협의	좁은뜻 ▷ 광의 → 넓은뜻 〔狹義〕
협잡	속임·꾐 〔보기〕 협잡하다 → 속이다·꾀다/ 협잡배 → 속임꾼/ 협잡술 → 속임수/ 협잡질 → 속임질 〔挾雜〕
협조	도움·도와줌 〔보기〕 협조하다 → 도와주다·돕다/ 협조전 → 협조문 〔協助〕
협화음	어울림음 〔보기〕 불협화음 → 안어울림음 〔協和音〕
형	골·틀·본 〔型〕
형광	반딧빛 〔보기〕 형광염료 → 형광물감 〔螢光〕
형극	가시(밭)·고난 ▷ 형로 → 가시밭길/ 형문 → 가시나무문 〔荊棘〕
형상	1. 꼴지음·나타냄 2. 꼴 〔보기〕 형상화 → 꼴만듦·꼴지음/ 형상화하다 → 꼴로 만들다·꼴을 짓다 〔形象〕
형상	꼴·모습·생김새 〔形相·形狀〕
형성	이룸·만듦 〔보기〕 형성하다 → 이루다·만들다/ 형성되다 → 생겨나다/ 형성층 → 부름켜 〔形成〕
형언	말로 시늉함·말로 나타냄 〔보기〕 형언하다 → 말로 하다/ 형언할 수 없다 → (이루)말할 수 없다 〔形言〕
형용사	그림씨 〔形容詞〕
형체	몸집·덩저리·생김새 〔形體〕
형태	허울·생김새 〔形態〕
형통	환히(확) 트임 〔보기〕 형통하다 → 잘 되어가다·훤히 통하다/ 만사형통 → 온갖 일이 잘됨 〔亨通〕
형형색색	가지가지·갖가지·갖가지 모양·갖가지 빛깔 〔形形色色〕
혜량	알아주시기·잘 살피시기·헤아리시기·짐작하시기 〔보기〕 혜량하시기 바랍니다 → 잘 살펴주시기 바랍니다 〔惠諒〕
혜성	살별·꼬리별 〔彗星〕
혜안	슬기로운 눈·밝은 눈 〔慧眼〕
호가	값부름·값치기 〔보기〕 호가하다 → 값을 부르다·값치다/ 1억원을 호가하다 → 1억원을 부르다 〔呼價〕
호각	비금비금·엇비슷함 〔보기〕 호각지세를 이루다 → 비금비

ㅎ

	금하다 · 엇비슷하다　[互角]
호각	호루라기　　▷ 휘슬 → 호루라기　[號角]
호감	좋은 느낌　〔보기〕호감을 갖다 → 좋게 보다 · 좋다고 느끼다　[好感]
호구	입에 풀칠 · 겨우 먹고삶　〔보기〕호구지책 → 먹고 살 꾀　[糊口 · 餬口]
호구	괴통
호국	나라지킴　〔보기〕호국선열 → 나라 지킨 선열　[護國]
호기	좋은 기회　〔보기〕물실호기 → 놓칠 수 없는 좋은 기회 · 좋은 기회를 놓치지 마시오　[好機]
호기	날숨　　▷ 흡기 → 들숨　[呼氣]
호도	호두　〔보기〕호도알/ 호두알/ 호도나무 → 호두나무/ 호도과자 → 호두과자　[胡桃]
호도	얼버무림 · 발라맞춤　〔보기〕호도하다 → 얼버무리다 · 발라맞추다　　▷ 미봉 → 발라맞춤 · 얼버무림　[糊塗]
호두깎이	호두까기　〔보기〕호두깎기 인형 → 호두까기 인형
호루루기	호루라기　※소리가 바뀌어 굳어진 것을 표준말로 삼았다. – 구려 · 깍쟁이 · 나무라다 · 미숫가루 · 바라다 · 상추 · 시러베아들 · 주책 · 지루하다 · 튀기 · 허드레 · 호루라기 따위. (표준어규정 제11항)
호래비좆	홀아비좆　※표준어모음.
호러	공포(물)　[영 horror]
호리	병속 · 술뒤　〔보기〕호리건곤 → 취해 있음　[壺裏(裡)]
호리꾼	도굴꾼　　▷ 호리 → 방죽 · 도랑　[일 堀– · ·ほり–]
호마	참깨　〔보기〕호마병 → 깨떡/ 호마유 → 참기름/ 호마유박 → 참깻묵/ 호마인 → 검은참깨씨/ 호마인유 → 참기름/ 호마죽 → 깨죽/ 호마탕 → 들깻잎된장국　[胡麻]
호마이카	포마이카　※가구나 벽널에 칠하는 합성수지 칠감.　[〈영 Formica]
호맥	호밀　[胡麥]
호명	이름 부름　〔보기〕호명하다 → (이름을) 부르다　[呼名]
호반	호숫가 · 호숫기슭　[湖畔]
호별	집집마다　〔보기〕호별방문 → 집집이 찾아보기/ 호별방문하다 → 집집이 찾아다니다　[戶別]
호부	기껏 · 겨우　[일 略 · 粗 · 略略]
호사끼(키)	(낚시)끝대 · 끝마디　[일 穗先 · ほさき]
호상	초상일보기 · 초상보기　[護喪]
호생	어긋나기 · 어금나기　※'잎차례'의 한가지.　〔보기〕호생

하다 → 어긋나다/ 호생아 → 어긋나기눈/ 호생엽 → 어긋나기잎 ▷ 대생 → 마주나기/ 윤생 → 돌려나기/ 총생 → 뭉쳐나기/ 엽서 → 잎차례/ 화서 → 꽃차례 〔互生〕

호선	맞수·맞바둑 ▷ 정선 → 흑 먼저두기/ 접바둑 〔互先〕
호소	하소연 〔보기〕 호소하다 → 하소연하다/ 호소문 → 하소연글 〔呼訴〕
호소	늪·호수와 늪 〔보기〕 호소지대 → 늪지대 〔湖沼〕
호송	데려감·짐따라가기·안동해보냄 〔보기〕 호송하다 → 안동해보내다·데려가다 ▷ 후송 → 후방으로 보냄·뒤로 보냄 〔護送〕
호수	큰못 〔湖水〕
호스	대롱줄·고무관 〔영 hose〕
호스테스	호스티스·여자접대원 〔〈영 hostess〕
호스트	주인·임자·임자구실 〔보기〕 호스트컴퓨터 → 주전산기·주컴퓨터 ▷ 호스티스 → 여주인·접대부 〔영 host〕
호스피스	돌봄·돌봄이·봉사자 〔영 hospice〕
호시절	좋은 철 〔好時節〕
호언	큰소리·풍침 〔보기〕 호언하다 → 큰소리치다/ 호언장담하다 → 큰소리치다 ▷ 대언 → 큰소리 〔豪言〕
호열자	괴질·콜레라 〔일 虎列剌·コレラ〈네 cholera〕
호염	호렴·굵은소금 〔胡鹽〕
호우	줄비·큰비·모다기비·무더기비 〔보기〕 집중호우 → 큰비·무더기비/ 호우성 국감 → 몰아치기 국감 〔豪雨〕
호응	따라섬·맞장구침·어울림 〔보기〕 호응하다 → 맞장구치다·따라서다·어울리다/ 호응세 → 맞장구바람·맞바람/ 호응이 안 된다 → 맞지 않는다·어울리지 않는다 〔呼應〕
호의	좋은 뜻·좋아하는 뜻 〔보기〕 호의를 보이다(나타내다) → 좋아하다·좋아하는 뜻을 나타내다/ 호의적 → 좋아하는·좋아하는 태도 ▷ 선의 → 좋은뜻/ 악의 → 나쁜뜻·악한뜻 〔好意〕
호재	좋은감·존거리 〔보기〕 대호재 → 큰호재 ▷ 악재 → 나쁜거리·나쁜감 〔好材〕
호적수	좋은 적수·좋은 상대·맞수 ▷ 라이벌 → 맞수·적수 〔好敵手〕
호전	좋아짐·좋게 되어감·회복되어감·나아짐 〔보기〕 호전하(되)다 → 펴이다·풀리다·좋아지다 ▷ 악화 → 나빠짐·심해짐·더침 〔好轉〕
호접	나비 〔보기〕 호접몽 → 나비꿈/ 호접란 → 나비난 〔胡

蝶]

호조 1. 좋은 가락새 2. 오를 기세 3. 순조 〔일 好調·こうちょう〕

호출 부름·불러냄 〔보기〕호출하다 → 부르다·불러내다/ 호출료 → 부름삯/ 호출부호 → 부름표·부름글자/ 호출음 → 부름소리/ 호출자 → 부른이·부른사람/ 호출장 → 소환장·부름장/ 호출전화 → 부름전화 ▷ 소환 → 불러옴·불러들임/ 초래 → 가져옴·불러옴 〔일 呼出·よびだし〕

호치키스 종이찍개·종이매개 ▷ 스테이플러 → 종이찍개·종이매개 〔영 Hotchkiss〕

호칭 부름말 〔보기〕호칭하다 → 이름부르다/ 남편과 아내는 한몸이라 호칭이 없다 → 남편과 아내는 한몸이라 부름말이 없다 ▷ 지칭 → 가리킴·일컬음/ 지칭어 → 일컬음말·이름말 〔呼稱〕

호평 좋은 평판 〔보기〕호평하다 → 좋게 말하다·좋게 평하다 ▷ 악평 → 나쁜 평 〔好評〕

호혜 서로 이로움·덕봄 〔보기〕호혜적 → 서로 이로운·서로 덕보는 〔互惠〕

호황 좋은 시세(세월) ▷ 호경기 → 좋은 경기/ 불황 → 세월(시세) 없음·불경기 〔好況〕

호흡 숨·숨쉬기 〔보기〕호흡곤란 → 숨가쁨(증)/ 호흡공 → 숨물구멍/ 호흡근 → (식물)숨뿌리/ 호흡근 → (동물)숨힘살/ 호흡운동 → 숨쉬기운동/ 호흡기 → 숨틀/ 흡음 → 숨소리 〔呼吸〕

혹사 몹시 부림·되게 부림 〔보기〕혹사하다 → 몹시 부리다·되게 부리다/ 혹사시키다 → 혹사하다/ 혹사당하다 → 되게 부림당하다 〔酷使〕

혹서 한더위·된더위·무더위 ▷ 혹염 → 된더위/ 폭염·폭서 → 무더위/ 혹한 → 된추위 〔酷暑〕

혹성 떠돌이별·행성 ▷ 항성 → 붙박이별 〔惑星〕

혹시 만일·어쩌다가 ▷ 시혹 → 만일·어쩌다가 〔或是〕

혹은 또는 〔或-〕

혹자 어떤 사람·어떤이 〔或者〕

혹평 호된 평 ▷ 가평·냉평 → 호된 평 〔酷評〕

혹한 호된 추위·된추위·맵짠추위 ▷ 열한 → 된추위/ 혹서 → 된더위·한더위 〔酷寒〕

혼 넋 〔보기〕혼백 → 넋 〔魂〕

혼거 함께 삶·여럿이 씀·섞여 삶 〔보기〕혼거하다 → 섞여살다

ㅎ

	/ 혼거수용 → 공동수용·집단수용/ 혼거실 → 여럿 쓰는 방 ▷ 혼숙 → 섞여잠 〔混居〕
혼동	뒤섞음·섞갈림　　〔보기〕혼동하다 → 뒤섞다·섞갈리다 〔混同〕
혼란시키다	혼란하게 하다·혼란스레 하다　　※'혼란하다'가 그림씨이므로 '－시키다'를 붙여 쓰는 것은 잘못이다. 〔混亂－〕
혼미하다	흐리멍덩하다·멍하다 〔昏迷－〕
혼방	섞어짬　　〔보기〕혼방사 → 섞인(솜)실/ 혼방직 → 섞인(실)천 〔混紡〕
혼백	넋 〔魂魄〕
혼선	얽힌줄·뒤얽힘　　〔보기〕혼선을 일으키다 → 뒤얽히다 〔混線〕
혼성	섞임·섞어짬·섞어이룸　　〔보기〕혼성문 → 섞임월/ 혼성부대 → 섞임부대/ 혼성암 → 섞임바위 〔混成〕
혼수상태	정신잃은 상태·정신잃음　　〔보기〕혼수상태에 빠지다 → 정신을 잃다 〔昏睡狀態〕
혼연일체	한마음 한뜻 〔渾然一體〕
혼용	섞어씀　　〔보기〕혼용하다 → 섞어 쓰다/ 국한문 혼용 논란에서 이젠 국영 혼용론까지 겹쳤다 → 한자 섞어쓰기 논란에서 영어 섞어쓰기 논란까지 겹쳤다 〔混用〕
혼잡	뒤엉킴·뒤섞임·어지러움·북적거림　　〔보기〕혼잡하다 → 뒤섞이다·어지럽다·어수선하다/ 혼잡이 많다 → 혼잡하다·어지럽다·북적거리다　　▷ 복잡하다 → 어지럽다·어수선하다 〔混雜〕
혼전	어우러져 싸움·범벅싸움·뒤엉켜 싸움　　〔보기〕혼전을 벌이다 → 뒤엉켜 싸우다·엎치락뒤치락하다 〔混戰〕
혼전	혼인 전·결혼 전·처녀총각 때 〔婚前〕
혼쭐이 나다·혼쭐을 내다	혼쭐나다·혼쭐내다　　※'혼쭐'이라는 낱말이 따로 없으므로 토씨를 붙여 적을 일이 아니지만 '혼쭐이 빠지다'처럼 실제로는 많이 쓰고 있다.
혼처	혼인자리 〔婚處〕
혼탁	흐림　　〔보기〕혼탁하다 → 흐리다 〔混濁〕
혼합	섞임·섞음　　〔보기〕혼합하다 → 뒤섞이다·뒤섞다/ 혼합기 → 섞는 기계·섞개/ 혼합문(文) → 섞임월/ 혼합문(紋) → 섞인무늬/ 혼합박자 → 겹박자/ 혼합아 → 섞인눈/ 혼합주 → 섞은술 〔混合〕
혼혈아	튀기(아이) 〔混血兒〕
홀·홋	홀　　〔보기〕홑거리·홋거리 → 홑거리

ㅎ

홀	1. 술집 2. 마당방 3. 식당 4. 회관 〔보기〕 비어 홀 → 맥줏집/ 댄스홀 → 무도회장 [영 hall]
홀딩	1. 붙잡기 2. (축구)잡기 3. (배구)머물기 〔보기〕 홀딩 반칙 → (축구·농구)잡기반칙/ 홀딩 더 볼 → 홀딩/ 홀딩 파울 → 잡기반칙 [영 holding]
홀연	문득·갑자기 〔보기〕 홀연히 → 문득·갑자기 [忽然]
홀쭈기	**홀쭉이** ※'-하다·-거리다'가 붙는 말에 '-이'가 붙어서 된 말은 원형을 밝혀 적는다. 깔쭉이·꿀꿀이·눈깜짝이·더펄이·삐죽이·오뚝이·푸석이 따위.(맞춤법 제23항)
홈	1. 가정·집·고향 2. (야구)본루 〔보기〕 홈 그라운드 → 은거지·안방/ 홈 드라마 → 가정극/ 홈런 (히트) → 본루타·넘겨치기/ 홈룸 → 학급회/ 홈 뱅킹 → 안방은행·안방거래/ 홈쇼핑 → 안방구매/ 홈스테이 → 민박/ 홈 스틸 → 본루뺏기·본루훔치기/ 홈시어터 → 안방극장/ 홈 앤드 어웨이 → 상호방문경기·교환경기/ 홈 인(세이프 인) → 득점/ 홈커밍데이 → 모교방문일/ 홈패션 → 집치레·집치장/ 홈페이지 → 누리집·마당/ 홈 플레이트 → 본루(판)/ 홈 팀 → 안방 팀 [영 home]
홋수	호수·가구수 [戶數]
홋수	호수 [號數]
홍당무	1. 껍질이 붉은 무 2. 당근 3. '붉어진 얼굴'의 비유 [紅唐-]
홍보	널리 알림 〔보기〕 홍보하다 → 널리 알리다/ 홍보활동 → 널리 알리기/ 홍보전 → 알리기싸움 ▷ 광보 → 널리 알림/ 선전 → 널리 알림/ 보도 → 알리기 [弘報]
홍색	1. 붉은빛 2. 홍색짜리 〔보기〕 홍색조류 → 붉은말무리 ※'홍색짜리'는 시집간 새색시. [紅色]
홍수	큰물 〔보기〕 홍수나다 → 큰물지다/ 홍수사태 → 물난리/ 홍수경보 → 큰물경보/ 홍수피해 → 큰물피해 ▷ 대수 → 큰물/ 범람 → 넘침·시위 [洪水]
홍안	불그레한 얼굴·젊은 얼굴 ▷ 주안 → 붉은 얼굴 [紅顔]
홍안	큰기러기와 작은기러기 〔보기〕 홍안성 → 기러기울음 [鴻雁]
홍염	불꽃 [紅焰]
홍예	무지개 〔보기〕 홍예교 → 무지개다리/ 홍예문 → 무지개문 ▷ 아치 → 무지개 모양/ 아치교 → 무지개다리/ 녹문 → 솔문 [虹霓·虹蜺]
홍저	깍두기 [紅菹]
홍조	붉은말 〔보기〕 홍조류 → 붉은말무리 [紅藻]

홍채	분홍빛 [紅彩]
홍채	눈조리개 [虹彩]
홑겹실	외겹실
홑벌	단벌
화강암	쑥돌 [花崗巖]
화경	꽃줄기 [花莖]
화경	꽃꼭지 · 꽃자루 · 꽃대 ▷ 화병 → 꽃꼭지 · 꽃자루 [花梗]
화곽	성냥 [火−]
화관	1. 꽃부리 2. 족두리 [花冠]
화급	썩 급함 〔보기〕 화급하다 → 썩 급하다/ 화급히 → 몹시 급히/ 화급을 다투다 → 썩 급하다 [火急]
화기	불기운 · 불기 [火氣]
화농	곪음 · 곪기 〔보기〕 화농하다 → 곪다/ 화농균 → 고름균/ 화농성 → 곪음성/ 화농약 → 고름집약/ 화농전 → 고름딱지/ 화농증 → 곪음증 [化膿]
화단	꽃밭 · 꽃뜰 · 꽃단 [花壇]
화단	그림사회 · 미술계 [畵壇]
화대	놀음차 · 해웃값 [花代]
−화되다	1. −해지다 · −화하다 2. −가(이)되다 · −으로 되다 ※ '화'는 '하다'나 '되다'를 바로 붙여서는 동사가 될 수 없는 말에 붙여 쓰는 말로서, '화'(化)에 '되다'의 뜻이 있는데 이에 '되다'를 더하여 두겹세겹의 말을 만들어 쓰는 것은 비경제적인데도 흔히 쓰는데, 쓰지 않을수록 간명해진다. 마찬가지로 '화'에 '시킴'(사동)의 뜻이 들어 있다고 본다면 여기에 '시키다'를 붙여 쓰는 일도 우습다. 〔보기〕 기정사실화되다 → 기정사실로 되다 · 정해진 사실이 되다/ 도시화되다 → 도시가 되다 · 도시처럼 되다 · 도시로 변하다/ 명사화된 말 → 명사가 된 말/ 민주화된 사회 → 민주화한 사회 · 인민이 주인된 사회 · 사람이 임자된 사회/ 일반화되다 → 같은 것으로 되다 · 마찬가지로 되다 · 두루 통하게 되다 · 보통이 되다/ 비대화되다 → 비대해지다 · 커지다 · 뚱뚱해지다/ 노후화되다 → 낡아지다 · 노후해지다/ 가속화되다 → 더 빨라지다/ 우리말화된 → 우리말이 된 · 우리말처럼 된/ 구체화되다 → 구체화하다/ 기업화되다 → 기업화하다 · 기업처럼 되다/ 대국화되다 → 대국이 되다 · 큰나라처럼 되다/ 무효화되다 → 무효화하다 · 무효로 되다 · 무효가 되다/ 변화되다 → 변하다 · 변해지다/ 조직화하다 → 조직으로 되다 · 조직이 되다/ 체질화되

ㅎ

다 → 체질이 되다 · 체질로 되다/ 투기장화되다 → 투기장이 되다/ 폐허화되다 → 폐허가 되다 · 폐허로 되다/ 활성화되다 → 활성화하다 · 활동적이 되다　　※이밖에 '화'를 붙여쓰는 말들이 있다면 두루 '-가 되다, -로 되다, -해지다'로 바꿔 쓰면 된다. 거대화, 거짓말화, 격화, 고착화, 관례화, 관행화, 공동화, 기계화, 노골화, 다원화, 독점화, 무력화, 무기력화, 미화, 사문화, 생활화, 선진화, 세력화, 여론화, 장기화, 자율화, 저질화, 좌경 · 우경화, 추상화, 표면화　　▷ -화시키다 · -화하다 ［-化-］

- 화되어지다	-화하다 · -해지다　〔보기〕구체화되어지다 → 구체화하다/ 도시화되어진 → 도시화한 · 도시가 된/ 비대화되어진 → 비대해진 · 뚱뚱해진 ［-化-］
화랑	그림방　〔보기〕화랑가 → 그림방거리 ［畵廊］
화목	땔나무 ［火木］
화문석	꽃돗자리 ［花紋席］
화물	짐　〔보기〕화물선 → 짐배 · 화물배/ 화물운임 → 짐나름삯 · 짐삯/ 화물차 → 짐차　▷ 하물 → 짐 · 화물 ［貨物］
화밀	꽃꿀　〔보기〕화밀화 → 꽃꿀꽃 ［花蜜］
화병	꽃자루 · 꽃꼭지 ［花柄］
화병	꽃병 ［花瓶］
화분	꽃가루　〔보기〕화분낭 → 꽃밥 ［花粉］
화산도	화산섬 ［火山島］
화산력	화산자갈 ［火山礫］
화산회	화산재 ［火山灰］
화상	(불에) 뎀 · 덴데　〔보기〕화상을 입다 → 데다 ［火傷］
화상	그림장사 · 그림장수 ［畵商］
화서	꽃차례　〔보기〕총상화서 → 총상꽃차례/ 수상화서 → 수상꽃차례/ 두상화서 → 두상꽃차례/ 취산화서 → 취산꽃차례/ 단정화서 → 단정꽃차례　▷ 엽서 → 잎차례 ［花序］
화성	어울림소리 ［和聲］
화성암	불에된바위　▷ 수성암 → 물에된바위 ［火成巖］
화술	말재주 · 말솜씨　〔보기〕유창한 화술 → 거침없는 말솜씨 ［話術］
- 화시키다	-화하다　〔보기〕약화시키다 → 약화하다 · 떨어뜨리다 · 약해지게 하다/ 극소(대)화시키다 → 극소(대)화하다/ 형상화시키다 → 형상화하다 · 그려 내다/ 가속화시키다 → 가속화하다 · 가속하다 · 속도를 더하다/ 구체화시키다 → 구체화하다/ 단순화시키다 → 단순화하다 · 단순하게 하다/ 제도화

시키다 → 제도화하다 · 제도로 만들다/ 정상화시키다 → 정상
화하다/ 정당화시키다 → 정당화하다/ 일상화시키다 → 일상
화하다 · 일상으로 되게 하다　　▷ –화되다 · –화하다
[–化–]

화식	일본음식 · 왜식　[和食]
화신	1. 꽃소식　2. 봄소식　[花信]
화아	꽃눈　[花芽]
화악	꽃받침　▷ 꽃덕 · 꽃받기 → 꽃받침　[花萼]
화염	불꽃　▷ 홍염 → 불꽃　[火焰]
화예	꽃술　[花蕊]
화용	말부려쓰기　[話用]
화원	꽃밭 · 꽃동산 · 꽃가게　[花園]
화이바	안전모 · 파이버　[일 ファイバー〈영 fiber]
화이트보드	흰칠판 · 백판　[영 white board]
화이트와인	백포도주　[영 white wine]
화이팅	파이팅 · 힘내자　[〈영 fighting]
화인	불난 원인 · 화재원인　[火因]
화인	불도장　[火印]
화일	파일　[〈영 file]
화자	말할이 · 말하는이　　▷ 청자 → 듣는이 · 들을이　[話者]
화전	부대밭　[火田]
화제	이야깃거리 · 얘깃거리 · 말제목　〔보기〕화제를 모으고 있는 → 얘깃거리가 되고 있는 · 인기를 모으고 있는/ 화젯거리 → 얘깃거리/ 화제가 되다 → 얘깃거리가 되다　[話題]
화제꺼리	화젯거리 · 얘깃거리　[話題–]
화주	짐임자 · 화물임자　[貨主]
화중지병	그림에떡 · 그림의 떡　[畵中之餠]
화집	그림책　[畵集]
화차	짐차　[貨車]
화첩	그림첩　[畵帖]
화탁	꽃턱 · 꽃받기　[花托]
화폐	돈　▷ 지폐 → 종이돈　[貨幣]
화풍	건들바람　※초속 5.5~7.9m, 등급 4.　[和風]
–화하다	1. –해지다　2. –로 되다 · –가 되다　※ '무엇이 어떻게 되어간다' '무엇을 어떻게 되게 한다'처럼 자 · 타동사로 두루 쓰이는데, 주로 '–하다'를 붙여 풀이말을 이루지 못하는 명사, '산업 · 공원 · 기계 · 도시 · 인격 · 민주 · 사회 · 국가 · 세계 · 단체 · 법인 · 명사 · 사실 · 영화' 따위에 이 접미사를 붙

ㅎ

여 쓴다. 그러나 '-하다'를 붙여 형용사가 되게 하는 말에 '화하다'를 붙여 쓰면 말이 안 된다. 한편 명사에 '-화하다'를 붙여 용언을 만들 수 있는 말도 '대국화하다 → 대국이 되다' '도시화하다 → 도시가 되다·도시로 변하다' 따위 자연스런 말로 바꿔 쓰는 것이 좋다.   〔보기〕비대화하다 → 비대해지다·뚱뚱해지다/ 노후화하다 → 낡아지다·노후해지다/ 강대화하다 → 강대해지다·불량화하다 → 불량해지다   ▷ -화되다 → -화하다 [-化-]

화해 품 〔보기〕화해하다 → 서로 풀다·마음을 풀다   ▷ 화의 → 푸는 의논 [和解]

화환 꽃목걸이·꽃다발 ▷ 헌화 → 꽃바침 [花環]

화훼 화초·꽃 〔보기〕화훼단지 → 꽃재배지/ 화훼재배 → 화초 가꾸기 [花卉]

확고부동 끄떡없음 〔보기〕확고부동하다 → 끄떡없다·뜻이 굳다 [確固不動]

확고하다 튼튼하다·굳다 〔보기〕확고히 → 튼튼히·굳게 [確固-]

확대 늘림·키움·넓힘 〔보기〕확대하다 → 늘리다·키우다·넓히다/ 확대 해석 → 키워 생각·부풀려 생각함 [擴大]

확대경 돋보기·화경 [擴大鏡]

확립 세움·굳힘 〔보기〕확립하다 → 세우다·굳히다 [確立]

확산 널리 퍼짐(퍼뜨림)·퍼져 섞임 〔보기〕확산하다 → 널리 퍼지다·퍼져 섞이다/ 확산되다 → 확산하다·널리 퍼지다/ 확산시키다 → 퍼뜨리다·퍼지게 하다/ 불매운동을 확산하다 → 불매운동을 확산시키다(퍼뜨리다·퍼지게 하다)/ 확산침투 → 퍼져 스밈 [擴散]

확신 꼭 믿음 〔보기〕확신하다 → 꼭 믿다 [確信]

확실시 틀림없다고 봄 〔보기〕확실시하다 → 틀림없다고 보다/ ㅇㅇ차명계좌 역시 노씨 것이 거의 확실시된다 → ~ 거의 틀림없다·~ 거의 확실하다 [確實視]

확언 잘라말함·확실히 말함 〔보기〕확언하다 → 잘라말하다·확실히 말하다   ▷ 단언 → 잘라 말함·부질러 말함 [確言]

확연하다 뚜렷하다 〔보기〕확연히 → 뚜렷이 [確然-]

확률 확률 [確率]

확인 다짐·인정함 〔보기〕확인하다 → 다짐하다·인정하다 [確認]

확장 늘어나기·넓힘 〔보기〕확장하다 → 늘이다·늘여넓히다/

확장되다 → 늘어나다·넓어지다 [擴張]

환각	헛것느낌 ▷ 환청 → 헛들림 [幻覺]
환경	형편·조건 [環境]
환금	돈바꿈 〔보기〕 환금하다 → 돈바꾸다/ 환금성 → 돈바꿀성 / 환금작물 → 돈벌이작물·수익작물 [換金]
환급	되돌려줌 〔보기〕 환급하다 → 되돌려주다/ 환급하지 아니 하다 → 돌려주지 아니하다 [還給]
환기	공기 바꿈 〔보기〕 환기하다 → 공기를 갈다·공기를 바꾸 다/ 환기구 → 공깃구멍 [換氣]
환기	불러일으킴·깨워일으킴·일깨움 〔보기〕 환기하다 → 일깨 우다·깨워일으키다/ 환기시키다 → 환기하다·일깨우다 ▷ 상기하다 → (지난일을) 생각해내다 [喚起]
환담	즐거운 이야기·기꺼운 얘기 〔보기〕 환담하다 → 즐겁게 이 야기 나누다 [歡談]
환대	기꺼이 대접함·반가이 맞음 〔보기〕 환대하다 → 반가이 대 접하다 [歡待]
환락	즐거움 〔보기〕 환락가 → 흥청거리는 거리 [歡樂]
환리스크	환차손실·환 위험 [換·영 risk]
환매	도로 삼·되사기 〔보기〕 환매하다 → 도로 사다 [還買]
환매	도로 팔기·되팔기 〔보기〕 환매하다 → 도로 팔다 [還賣]
환멸	헛됨·허망함 〔보기〕 환멸을 느끼다 → 헛됨을 느끼다/ 환 멸감 → 허망함·속절없음 [幻滅]
환부	아픈 곳·아픈 자리·아픈 데 [患部]
환불	되돌려줌 〔보기〕 환불하다 → 되돌려주다/ 전액환불 → 모 두 되돌려줌/ 요금 환불 → 요금 돌려주기 [還拂]
환불	바꿔줌 〔보기〕 환불하다 → 바꿔주다 [換拂]
환산	바꿔셈함 〔보기〕 환산하다 → 바꿔셈하다 [換算]
환상	고리모양 〔보기〕 환상문 → 고리무늬/ 환상석부 → 바퀴날 도끼 ▷ 환형 → 고리모양 [環狀]
환송	돌려보냄 〔보기〕 환송하다 → 돌려보내다/ 파기환송하다 → (원심 따위를) 깨고 돌려보내다 ▷ 송환 → (돌려)보 냄 [還送]
환송	기꺼이 보냄·배웅 〔보기〕 환송하다 → 기꺼이 보내다·배 웅하다/ 환송회(연) → 작별잔치·배웅잔치 ▷ 출영 → 마중/ 배송 → 배웅 [歡送]
환수	도로 찾음·거둬 들임 〔보기〕 환수하다 → 도로 찾다·거둬 들이다 [還收]

ㅎ

환승	갈아타기　〔보기〕환승하다 → 갈아타다/ 환승역 → 갈아타는 역　[換乘]
환언	바꿔 말함　〔보기〕환언하다 → 바꿔 말하다/ 환언하면 → 바꿔 말하면/ 환언법 → 말바꿈법/ 환언표 → 말바꿈표·줄표　[換言]
환영	기꺼이 맞음·즐겨맞음　〔보기〕환영하다 → 기꺼이 맞다·즐거이 맞다/ 환영연 → 환영잔치·마중잔치　▷ 환송 → 기꺼이 보냄/ 환대 → 기꺼이 맞음　[歡迎]
환영	곡두·허깨비　[幻影]
환원	되돌아감　〔보기〕환원하다 → 되돌아가다/ 환원시키다 → 되돌리다/ 환원제 → 되돌이약/ 환원층 → 되돌이켜/ 환원효소 → 되돌이뜸씨　▷ 산화 → 산소띰·산소띠기·산소화합　[還元]
환자	앓는이　▷ 병인·병자 → 앓는이　[患者]
환적	옮겨싣기·옮겨쌓기　〔보기〕환적하다 → 옮겨싣다·옮겨쌓다　▷ 적환 → 옮겨쌓다·옮겨싣다　[換積]
환전	바꿈돈·돈바꿈　〔보기〕환전하다 → 돈바꾸다　[換錢]
환절기	철 바뀔 때　[換節期]
환제	알약·환약　[丸劑]
환축	병든 짐승·병든 가축　▷ 병축 → 병든 가축　[患畜]
활개짓	활갯짓
활력	생기·힘　〔보기〕활력이 넘치다 → 생기가 넘치다/ 활력소 → 생깃것·힘　[活力]
활석	곱돌　[滑石]
활어	1. 산말·쓰이는 말　2. 풀이씨·용언　[活語]
활어	산고기·노는고기　▷ 생어 → 산고기　[活魚]
활엽	넓은잎　〔보기〕활엽수 → 넓은잎나무　▷ 침엽 → 바늘잎/ 침엽수 → 바늘잎나무　[闊葉]
활차	고패·도르래　[滑車]
활착	뿌리내림　〔보기〕활착하다 → 뿌리내리다/ 활착률 → (옮겨심거나 접붙인 것의) 산 비율　▷ 착근 → 뿌리내림　[活著]
황구	누렁이　▷ 황견 → 누렁이　[黃狗]
황기	단너삼　[黃芪]
황당하다	터무니없다·허황하다　〔보기〕황당(탄)무계 → 거칠고 허황함/ 황당(탄)무계하다 → 터무니없다·허황하다　[荒唐-]
황량하다	거칠고 쓸쓸하다　[荒凉-]

ㅎ

황무지	거친땅·묵은땅 [荒蕪地]
황색	누른빛 [黃色]
황야	거친들·거친벌 [荒野]
황차	하물며 [況且]
황천	1. 저승 2. 누런샘 [黃泉]
황혼	저녁놀·땅거미·늘그막 〔보기〕황혼기 → 저물녘·늘그막 [黃昏]
황화	1. 노랑들기 노랗게되기 2. 유황과 합쳐진 〔보기〕황하현상 → 노랑들기 [黃化]
회	거위 〔보기〕횟배 → 거위배 [蛔]
회개	뉘우침 〔보기〕회개하다 → 뉘우치다 ▷ 참회 → 깊이 뉘우침·깊은 후회 [悔改]
회견	만나보기·만나듣기·만나묻기 〔보기〕회견하다 → 만나보다·만나서 말하다/ 기자회견 → 기자 만나기 ▷ 인터뷰 → 만나보기·만나듣묻기 [會見]
회고	돌아봄·돌이켜봄 〔보기〕회고하다 → 돌아다보다·돌이켜보다/ 회고담 → 지난 얘기·예그린 얘기 ▷ 추억 → 돌이켜 생각함 [回顧]
회귀	돌아옴 〔보기〕회귀하다 → 돌아오다/ 모천 회귀 → 난내로 돌아옴 [回歸]
회동	모임·어울림 〔보기〕회동하다 → 모이다·만나다·어울리다 ▷ 회합 → 모임 [會同]
회람	돌려보기·돌라보기 〔보기〕회람하다 → 돌려보다/ 회람판 → 돌려보기판 [일 回覽·かいらん]
회복	돌이킴·도로 찾음·돌아옴 〔보기〕회복하다 → 돌이키다·도로 찾다/ 실지 회복 → 잃었던 땅 되찾음 ▷ 광복·다물 [回復]
회복	좋아짐·나음·되돌아옴 〔보기〕회복하다 → 좋아지다·낫다·되돌아오다/ 건강 회복 → 건강 좋아짐/ 경기 회복 → 경기 나아짐 ▷ 광복 → (나라 주권을) 되찾음 [恢復]
회부	넘김·돌려줌·부침 〔보기〕회부하다 → 부치다·넘기다/ 회부안 → (심사에) 넘긴 안·부친 안/ 안건을 본회의에 회부하다 → 안건을 본회의에 넘기다/ 회부된 안건 → 넘어온(간) 안건·부친 안건 ▷ 부의(附議) → 토의에 부침 [回附]
회상	돌이켜 생각함·옛생각 〔보기〕회상하다 → 돌이켜보다·돌이켜 생각하다/ 회상시제 → 도로생각때매김 ▷ 회고 → 돌이켜봄 [回想]
회색	잿빛 〔보기〕회색분자 → 얼치기(분자)/ 회색차일구름 →

ㅎ

	높층구름 [灰色]
회생	되살아남 〔보기〕 회생하다 → 되살아나다 ▷ 소생 · 부활 → 되살아남 [回生]
회송	돌려보냄 〔보기〕 회송하다 → 돌려보내다 ▷ 환송 → 돌려보냄 [回送]
회수	되거둠 〔보기〕 회수하다 → 도로 거두다 · 되거두다/ 회수일 → 거두는 날짜 · 걷는 날짜 [回收]
회수	횟수 ※숫자 · 곳간 · 툇간 · 찻간 · 셋방. [回數]
회신	답장 · 회답 〔보기〕 회신하다 → 답 보내다 · 답장 보내다 ▷ 발신 → 보냄/ 답신 → 답장 [回信]
회심	1. 마음돌림 2. 돌이마음 〔보기〕 회심하다 → 맘돌리다 [回心]
회심	기분맞음 · 기분좋음 · 마음듦 〔보기〕 회심의 미소 → 흐뭇한 웃음/ 회심작 → 마음 드는 작품 [會心]
회음	샅 〔보기〕 회음곡 → 샅굽이/ 회음부 → 샅 [會陰]
회의	의심 품음 〔보기〕 회의하다 → 의심을 품다/ 회의적 → 의심 품는 · 자신없는 ▷ 의회 → 의심 품음 [懷疑]
회임	아이뱀 · 임신 〔보기〕 회임하다 → 애배다/ 회임기간 → 아이밴 동안 · 새끼밴 동안 [懷姙]
회자	1. 널리 입에 오름 · 널리 알려짐 2. 날고기와 구운고기 〔보기〕 인구에 회자되다 → 널리 알려지다 · 널리 입에 오르내리다 [膾炙]
회장	돌창자 [回腸]
회전	돌기 · 돌리기 〔보기〕 회전하다 → 돌다 · 돌리다/ 회전계 → 돌이재개/ 회전력 → 도는 힘/ 회전마찰 → 구름마찰/ 회전면 → 돌림면/ 회전무대 → 도는 무대/ 회전문 → 도는문 · 돌림문 · 돌리닫이/ 회전속도 → 도는 빠르기/ 회전율 → 도는율/ 회전익 → 회전날개/ 회전축 → 돌대 [回轉]
회중	품속 · 마음속 〔보기〕 회중시계 → 몸시계/ 회중전등 → 손전등 ▷ 휴대 → 들고다님 · 지님 [懷中]
회진	돌림진찰 · 진찰돌기 · 병돌아보기 〔보기〕 회진하다 → 진찰돌다 ▷ 왕진 → 가서 병보기 · 나가 병보기 [回診]
회집	모임 · 모여듦 〔보기〕 회집하다 → 모이다 · 모여들다 ▷ 집회 → 모임 [會集]
회집	횟집 [膾 -]
회춤	골목
회충	거위 〔보기〕 회충증 → 거위배 · 횟배/ 회충약 → 거위약 [蛔蟲]

회피	피함·핑계　〔보기〕회피하다 → 피하다·핑계대다·꺼리다　▷ 기피 → 꺼림·피함　[回避]
회한	뉘우침·후회　〔보기〕회한하다 → 뉘우치다·후회하다　[悔恨]
회합	모임　〔보기〕회합을 갖다 → 모이다　[會合]
회항	(배·비행기) 돌림　〔보기〕회항하다 → 곳곳을 돌다·(배·비행기) 돌리다　[回航]
회화	그림　〔보기〕회화문자 → 그림글자　[繪畫]
회화	이야기·말 주고받음　〔보기〕회화하다 → 얘기하다·말 주고받다/ 회화어 → 입말/ 회화체 → 입말체·얘기체　[會話]
획기적	시대 긋는·새시대 짓는·시대를 가르는　▷ 획시대적 → 시대에 금긋는　[劃期的]
획득	얻음·얻어가짐·차지함·땀　〔보기〕획득하다 → 얻다·차지하다·따내다　[獲得]
획일	하나같음·한결같음·쪽 고름　〔보기〕획일적인 → 한결같은·하나같은　[劃一]
획책	꾀함·꾸밈　〔보기〕획책하다 → 꾀하다·꾸미다　[劃策]
횡	가로　〔보기〕종횡 → 가로세로/ 종횡무진 → 맘 내키는 대로　▷ 종 → 세로　[橫]
횡격막	가로막　[橫隔膜]
횡단	가로끊음·가로자름·가로건넘·가로지름　〔보기〕횡단하다 → 가로끊다·가로자르다·가로지르다·가로건너다/ 횡단도로(로) → 건널목·건너지른길/ 횡단보도 → 건널목/ 횡단면 → 가로자름면　[橫斷]
횡도	건널목　[橫道]
횡령	가로챔　〔보기〕횡령하다 → 가로채다/ 횡령혐의 → 가로챈 혐의　▷ 갈취 → 을러뺏음/ 사취·편취 → 속여뺏음/ 횡취 → 가로채기·옆치기·새치기　[橫領]
횡문근	가로무늬근(살)　[橫紋筋]
횡분열	가로분열·가로나뉨　[橫分裂]
횡사	뜻밖 죽음·사고로 죽음　〔보기〕비명횡사하다 → 사고로 죽다　[橫死]
횡서	가로쓰기·가로글씨　▷ 종서 → 세로쓰기·세로글씨　[橫書]
횡선	가로줄　[橫線]
횡설수설	이러쿵저러쿵·이러니저러니　〔보기〕횡설수설하다 → 막지껄이다·이러쿵저러쿵하다　[橫說竪說]

ㅎ

횡조	가로짜기 ▷ 종조 → 세로짜기 [橫組]
횡축	가로대·가로축 ▷ 종축 → 세로대·세로축 [橫軸]
횡행	1. (막) 돌아다님·쓸고다님·누비고 다님 2. 모로 감 〔보기〕 횡행하다 → 쓸고다니다·누비고 다니다·판치다 [橫行]
효과	보람·성금 〔보기〕 효과적 → 보람있는·더 나은·좋은·성금있는 [效果]
효력	보람·성금 〔보기〕 효력나다 → 성금나다/ 효력이 있다 → 성금이 있다 ▷ 효과·효험 → 보람·성금 [效力]
효모	뜸팡이·누룩 〔보기〕 효모균 → 뜸팡이 [酵母]
효성	샛별 ▷ 금성 → 1. 개밥바라기·장경성·태백성·혼중성(초저녁 서쪽 하늘) 2. 샛별·계명성·명성(새벽 동쪽 하늘) [曉星]
효소	뜸씨 [酵素]
효시	맨처음·시초 [嚆矢]
효용	쓰임·효과 [效用]
효율	보람·능률 〔보기〕 효율 제고 → 효율 높이기·성과 높이기 [效率]
효험	보람·성금 〔보기〕 효험을 보다 → 성금을 보다·성금이 나다 ▷ 약효 → 약성금/ 시효 → 때성금 [效驗]
후	뒤·다음·후제 [後]
후각	맡기감각·냄새감각 ▷ 시각 → 보기감각/ 청각 → 듣기감각/ 촉각 → 느낌감각 [嗅覺]
후견인	돌보는이·돌볼이·돌볼사람 [後見人]
후계자	뒤이을 이·이을이 [後繼者]
후굴	뒤굽힘 〔보기〕 후굴(자)세 → 뒤굽힘세 ▷ 전굴 → 앞굽힘 [後屈]
후까(카)시	1. 부풀이·부풀머리 2. 품재기·허세 〔보기〕 후까시하다 → 부풀리다 [일 袙し·吹かし·ふかし]
후뇌	뒷골·뒷뇌 ▷ 전뇌 → 앞골·앞뇌 [後腦]
후단	뒤끝 ▷ 전단 → 앞끝 [後端]
후두	뒤통수 〔보기〕 후두골 → 뒷머리뼈/ 후두부 → 뒤통수 [後頭]
후두염	목앓이·목병 [喉頭炎]
후드	덮개·걸치개 [영 hood]
후라이	1. 프라이 2. 거짓말 〔보기〕 후라이팬 → 프라이팬 [일 フライ⟨영 fry]
후래시	플래시 [⟨영 flash]
후레쉬하다	프레시하다 [⟨영 fresh + -]

ㅎ

후로꾸(쿠)/후루꾸	엉터리 · 사이비 · 어중치기 〔일 ふろく · 영 fluke〕
후륜	1. 뒷바퀴 2. → 뒷가리개 〔보기〕후륜구동 → 뒷바퀴굴림 ▷ 전륜 → 1. 앞바퀴 2. 앞가리개 〔後輪〕
후면	뒤쪽 · 뒤 · 뒷면 ▷ 전면 → 앞면 · 앞/ 이면 → 안쪽 · 뒷면 · 속 · 속내 〔後面〕
후문	뒷문 〔後門〕
후문	뒷소문 · 뒷소식 · 뒷얘기 〔後聞〕
후미	꼬리 · 뒤끝 · 뒤쪽 〔後尾〕
후방	뒤쪽 · 뒤 ▷ 전방 → 앞쪽 · 앞 〔後方〕
후불	나중치름 · 뒤치름 〔보기〕후불권 → 뒷셈표 · 뒤치름표 · 나중치름표 ▷ 선불 → 먼저 줌 · 선지급 · 앞당겨 치름 〔일 後拂 · あとばらい〕
후사	뒷일 〔後事〕
후사	대이을 자식 〔後嗣〕
후사경	뒷거울 · 뒤비침거울 ▷ 백미러 → 뒷거울 〔後射鏡〕
후산	태낳기 〔보기〕후산정체 → 태걸림 〔後産〕
후속	뒤따름 〔보기〕후속하다 → 뒤따르다 · 뒤잇다/ 후속부대 → 뒷부대/ 후속조치 → 뒷조처 〔後續〕
후숙	따익힘 · 따익히기 〔後熟〕
후안무치하다	뻔뻔스럽다 · 낯가죽 두껍다 〔厚顔無恥-〕
후원	뒷받침 · 뒷바라지 〔보기〕후원하다 → 뒷받침하다 · 뒷바라지하다 〔後援〕
후원	뒤뜰 〔後園〕
후일	뒷날 · 다음날 · 훗날 〔보기〕후일담 → 뒷(날)이야기 〔後日〕
후자	뒷것 · 뒤엣것 · 뒤의 것 ▷ 전자 → 앞것 · 앞엣것 〔後者〕
후작	뒷그루 · 다음갈이 ▷ 전작 → 앞그루 〔일 後作 · あとさく〕
후장	뒤창자 〔後腸〕
후장	1. 뒷장 · 오후장 2. 다음번 장 〔後場〕
후조	철새 ▷ 유조 → 텃새 · 붙박이새 〔候鳥〕
후진	1. 뒷사람 2. 뒤짐 · 뒤떨어짐 〔보기〕후진국 → 뒤떨어진 나라/ 후진적인 → 뒤떨어진/ 후진 양성 → 뒷사람 키우기 〔後進〕
후크	훅 〔〈영 hook〕
후탈	후더침 · 뒤탈 〔後頉〕
후퇴	물러감 · 물러남 · 뒷걸음 〔보기〕후퇴하다 → 물러가다 · 물

ㅎ

러나다 · 뒷걸음하다/ 후퇴색 → 주는빛　　▷ 진출 → 나아
감 · 뻗음/ 진출색 → 튀는빛/ 수축색 → 주는빛　[後退]

후항　　　　　　뒷마디 · 뒤항　　▷ 전항 → 앞마디 · 앞항　[後項]

후환　　　　　　뒷걱정 · 뒤탈 · 뒷근심　[後患]

후회　　　　　　뉘우침　〔보기〕후회하다 → 뉘우치다　[後悔]

훅　　　　　　　1. (갈)고리단추 · 깍지단추 · 걸단추　2. 휘어치기　〔보기〕
　　　　　　　　훅 슛 → 휘어쏘기 · 휘어넣기/ 훅 패스 → 휘어 건네주기　▷
　　　　　　　　스냅 → 똑딱단추　[영 hook]

훈계　　　　　　타이름 · 가르침　〔보기〕훈계하다 → 타이르다 · 가르치다
　　　　　　　　[訓戒]

훈도시　　　　　샅바　[일 犢鼻褌]

훈방　　　　　　타일러 놓아줌　〔보기〕훈방하다 → 타일러 놓아주다　[訓
　　　　　　　　放]

훈시　　　　　　말씀 · 가르쳐 보임 · 타이름　〔보기〕훈시하다 → 말씀하
　　　　　　　　다 · 타이르다 · 가르쳐 보이다/ 훈시조 → 타이름조　[訓
　　　　　　　　示]

훈육　　　　　　타이름　〔보기〕훈육하다 → 타일러 가르치다　[訓育]

훈증　　　　　　연기쐼 · 연기(에) 찜 · (증기)찜　〔보기〕훈증하다 → 연기
　　　　　　　　쐼하다/ 훈증제 → 훈김약　[燻蒸]

훈화　　　　　　말씀　〔보기〕훈화하다 → 타이르다　[訓話]

훌리건　　　　　열성팬 · 극성팬　[영 hooligan]

훗날　　　　　　뒷날　[後 –]

훗일　　　　　　뒷일　[後 –]

훼방　　　　　　헤살 · 헐뜯기　〔보기〕훼방하다 → 헤살부리다 · 헐뜯다/
　　　　　　　　훼방(을) 놓다 → 헐뜯어 방해하다　[毁謗]

훼손　　　　　　헒 · 헐뜯음 · 못쓰게 함 · 망가짐　〔보기〕훼손하다 → 헐
　　　　　　　　다 · 못쓰게 하다 · 망가뜨리다 · 닳아 없어지다/ 훼손지 → 헤
　　　　　　　　쳐진 땅/ 훼손품 → 흠간 물건/ 남산을 훼손하고 문화재를 파
　　　　　　　　손한다면 → 남산을 망가뜨리고 문화재를 부순다면/ 자연훼
　　　　　　　　손 → 자연 허묾/ 명예훼손 → 명예 허묾　[毁損]

휘슬　　　　　　호루라기 · 호각　[영 whistle]

휘투로　　　　　휘뚜루　※닥치는 대로 맞게 쓰일 만하게.

휘핑　　　　　　거품크림 · 휘저음 · 채찍질　〔보기〕휘핑 추가 → 거품크림
　　　　　　　　더/ 휘핑하다 → 젓다 · 푸하게 휘젓다　[영 whipping –]

휘하　　　　　　손아래 · 아래 딸린 사람들　〔보기〕휘하장병 → 부하장병
　　　　　　　　▷ 슬하 → 앞 · 무릎아래　[麾下]

휘황하다　　　　눈부시다 · 빛나다　〔보기〕휘황찬란하다 → 몹시 눈부시다
　　　　　　　　[輝煌]

ㅎ

휠체어	걸상차 · 바퀴의자 [영 wheel chair]
휴가	말미 · 쉬는 겨를 〔보기〕 휴가 가다 → 말미를 내다 · 쉬러 가다/ 휴가철 → 쉬는철 · 노는철 ▷ 바캉스 → 휴가 · 비우기 · 말미 [休暇]
휴간지	묵은땅 [休墾地]
휴게소	쉬는곳 · 쉼터 [休憩所]
휴경지	묵힌땅 · 묵정밭 [休耕地]
휴계소	휴게소 [〈休憩所]
휴교	학교쉼 〔보기〕 휴교하다 → 학교쉬다 [休校]
휴대	가짐 · 지님 · 들고다님 〔보기〕 휴대하다 → 가지고 다니다 · 들고다니다 · 지니다/ 휴대용 → 들것 · 갖고 다닐 · 들소용/ 휴대폰 → 손전화/ 휴대품 → 들고온 짐 · 지닌 물건 · 손세간/ 개인휴대통신 → 손전화 · 들전화 [携帶]
휴머니즘	인본주의 · 인도주의 〔보기〕 휴머니티 → 인성 · 인간성/ 휴머니스트 → 인도주의자/ 휴머니스틱 → 인간적 · 인간다운 [영 humanism]
휴면	잠자기 〔보기〕 휴면하다 → 잠자다/ 휴면기 → 잠잘 때 · 잠잘 시기 · 움쉴 때/ 휴면아 → 쉬는눈 · 자는눈 [休眠]
휴무	일쉼 · 사무쉼 〔보기〕 휴무일 → 쉬는날 [休務]
휴반	논두렁 · 밭둑 〔보기〕 휴반소각 → 두렁태우기/ 휴반재배 → 두렁가꾸기 ▷ 규반 → 논두렁 · 두둑 · 밭둑 [畦畔]
휴식	쉼 〔보기〕 휴식하다 → 쉬다/ 휴식시간 → 쉴참/ 휴식장소 → 쉴터 · 쉼터/ 휴식처 → 쉴곳 · 쉬는곳 [休息]
휴일	쉬는날 · 노는날 [休日]
휴즈	퓨즈 · 튐쇠 [〈영 fuse]
휴지	쉼 · 그침 〔보기〕 휴지하다 → 쉬다 · 머물다 · 그치다 · 그만두다/ 휴지부 → 쉼표/ 휴지중 → 쉬고 있음 [休止]
휴학	학업쉼 〔보기〕 휴학하다 → 학업쉬다 [休學]
휴한지	노는땅 · 쉬는땅 · 빈터 ▷ 공한지 → 빈땅 · 노는땅/ 나대지 → 빈집터 [休閑地]
흉강	가슴속 · 가슴안 ▷ 복강 → 뱃구레 [胸腔]
흉계	흉악한 꾀 · 못된 꾀 [兇計]
흉고	가슴높이 〔보기〕 흉고직경 → 가슴높이지름 ▷ 안고 → 눈높이 [胸高]
흉골	가슴뼈 · 앞가슴뼈 [胸骨]
흉곽	가슴통 · 가슴우리 [胸廓]
흉근	가슴힘살 [胸筋]
흉금	가슴 · 속마음 · (가슴옷깃) 〔보기〕 흉금을 터놓고 → 가슴

ㅎ

	을 터놓고·허물없이 ▷ 심금 → 속마음 [胸襟]
흉기	해칠 연장 [凶器]
흉몽	언짢은 꿈 ▷ 길몽 → 좋은 꿈/ 악몽 → 나쁜 꿈 [凶夢]
흉보	궂은(궂긴) 소식·흉한 기별 [凶報]
흉부	가슴 [胸部]
흉사	궂은일·흉한일 ▷ 길사 → 좋은일 [凶事]
흉선	가슴샘 [일 胸腺·きょうせん]
흉식호흡	가슴숨(쉬기) ▷ 복식호흡 → 뱃숨(쉬기) [胸式呼吸]
흉위	가슴둘레 [胸圍]
흉일	언짢은 날·궂은날 ▷ 악일 → 궂은날·나쁜날/ 길일 → 좋은날·길한날 [凶日]
흉작	흉년듦·흉년농사 ▷ 풍작 → 잘된 농사 [凶作]
흉중	가슴속·마음속·생각 ▷ 심복·복장 → 맘속·가슴속·생각 [胸中]
흉추	등뼈 〔보기〕 흉추골 → 등뼈/ 흉추만곡 → 등굽이 [胸椎]
흉칙하다	흉측하다 [凶測 –]
흉헙다	흉업다 ※'흉업다'가 더 널리 쓰인다 하여 이를 표준말로 삼음.(표준어규정 제17항)
흐뜨리다/흐트리다	흩뜨리다/흩트리다 ▷ 흐트러지다/ 흐트러뜨리다
흑대두	검정콩·검은콩 [黑大豆]
흑두	검정팥·검은팥 [黑豆]
흑두병	새눈무늬병 [黑痘病]
흑반병	검은무늬병 [黑斑病]
흑색	검은빛·검정·까만빛·검은색 [黑色]
흑성병	검은별무늬병 [黑星病]
흑송	곰솔 ▷ 적송 → 솔/ 해송 → 곰솔 [黑松]
흑수	깜부기 〔보기〕 흑수균 → 깜부기균/ 흑수병 → 깜부깃병 [黑穗]
흑운모	검은돌비늘 ▷ 운모 → 돌비늘/ 백운모 → 흰돌비늘 [黑雲母]
흑임자	검은깨 [黑荏子]
흑적색	검붉은빛 [黑赤色]
흑태	검정콩·검은콩 [黑太]
흑판	칠판 [일 黑板·こくばん]
흔연하다	기껍다·흐뭇하다 〔보기〕 흔연히 → 기쁘게·반갑게·기꺼이/ 흔연스레 → 기꺼이·반가이 [欣然 –]
흔쾌하다	기껍다·아주 기쁘다 〔보기〕 흔쾌히 → 기꺼이 [欣快 –]

ㅎ

홀낏	흘끗 · 힐끗
홀수선	잠길선 · 잠길금　▷ 수선 → 잠길선　[吃水線]
흠결	흠 · 부족 · 모자람 · 축　[欠缺]
흠모	받들어 사모함　〔보기〕흠모하다 → 높여 사모하다 · 받들어 그리다/ 흠모의 정을 나타내다 → 사모하는 마음을 보이다 [欽慕]
흡기	들숨　▷ 호기 → 날숨　[吸氣]
흡반	빨판　〔보기〕흡반어 → 빨판상어　[일 吸盤 · きゅうばん]
흡비력	거름빨심　[일 吸肥力 · きゅうひりょく]
흡사	마치 · 꼭　〔보기〕흡사하다 → 비슷하다/ 흡사히 → 마치 ▷ 유사하다 → 비슷하다　[恰似]
흡수	빨아들임　〔보기〕흡수하다 → 빨아들이다/ 흡수층 → 빨아들임층/ 흡수력 → 빨심　[吸收]
흡연	담배피움 · 끽연　〔보기〕흡연실 → 끽연실　[吸煙]
흡인	빨아들임 · 빨림 · 끎　〔보기〕흡인하다 → 빨아들이다/ 흡인력 → 빠는힘 · 빨끌힘/ 흡인저항 → 덜빨림새　[吸引]
흡입	빨아들임 · 들이쉼　〔보기〕흡입하다 → 빨아들이다 · 들이쉬다/ 흡입관 → 빨들관/ 흡입력 → 빨들힘　[吸入]
흡족	흐뭇함 · 넉넉함　〔보기〕흡족하다 → 흐뭇하다 · 아주 넉넉하다/ 흡족히 → 넉넉하게 · 흐뭇이　[洽足]
흡혈	피빨이　〔보기〕흡혈동물 → 피빨이동물　[吸血]
흥미거리	흥밋거리　[興味 -]
흩어진 전열	흐트러진 전열
희대	세상에 드묾 · 역사에 드묾　〔보기〕희대의 → 세상에 드문 ▷ 희세 → 세상에 드묾　[稀代]
희미하다	흐릿하다 · 어렴풋하다　[稀微 -]
희박	모자람 · 묽음 · 적음 · 옅음　〔보기〕희박하다 → 묽거나 옅다 · 모자라다 · 적다 · 희미하다/ 가능성이 희박하다고 전망하고 있는 데다 → 거의 될수 없다고 보고 있는 데다 · 될희망이 없다고 보고 있는 데다/ 애국심이 희박한 젊은이들 → 나라사랑하는 마음이 옅은 젊은이들　▷ 박약 → 여림 · 모자람　[稀薄 -]
희사	기꺼이 냄　〔보기〕희사하다 → 기꺼이 내다　[喜捨]
희생플라이	희생뜬공　※야구 말.　[犧牲 + 영 fly]
희석	묽게 함 · 묽힘 · 흐림　〔보기〕희석하다 → 묽히다 · 묽게 하다　[稀釋 -]
희세의	세상에 드문　▷ 희대의 → 세상에 드문　[稀世 -]
희소	드묾　〔보기〕희소하다 → 드물다/ 희소가치 → 드묾값

	〔稀少〕
희소식	기쁜 소식 · 반가운 소식 · 좋은 소식 · 즐거운 소식 〔喜消息〕
희열	기쁨 〔보기〕 희열하다 → 기쁘다/ 희열에 젖다 → 기쁨에 젖다 ▷ 희락 → 기쁨과 즐거움 〔喜悅〕
희한하다	드물다 · 귀하다 · 색다르다 〔보기〕 희한스럽다 → 보기에 드물다/ 희한스레 → 드물게 〔稀罕 -〕
희화	장난그림 · 익살그림 〔보기〕 희화화하다 → 장난스럽게 하다 · 장난으로 여기다(치다 · 삼다) ▷ 골계화 · 광화 → 장난그림 〔戲畵〕
희희낙락	희희낙락 〔喜喜樂樂〕
히끼(키)	끌어치기 · 끌기 ※당구 말. 〔일 引 · ひき〕
히네리(루)	틀어치기 ※당구 말. 〔일 捻 · ひねり〕
히든 카드	숨긴 패 · 비책 〔영 hidden card〕
히스테리	신경질 〔도 Hysterie〕
히(시)야까(카)시	놀리기 · 놀림 · 약올리기 · 약올림 · 희롱질 〔보기〕 히야까시하다 → 놀리다 · 희롱하다 〔일 ひやかし〕
히야시 · 시야시	차게 함 · 채움 〔보기〕 히야시하다 → 차게 하다 · 채우다 〔일 冷やし · ひやし〕
히어로	1. 영웅 2. 주인공 ▷ 헤로인 → 여주인공 〔영 hero〕
히트	1. 안타 2. 대성공 · 명중 〔보기〕 히트하다 → 잘 맞히다 · 성공하다 · 들어맞다 · 적중하다/ 히트(를) 치다 → 크게 인기를 모으다 · 큰성공을 거두다/ 히트 메이커 → 인기 제조기/ 히트상품 → 인기상품/ 히트송 → 인기노래 · 인기가요/ 히트 앤드 런 → 치고 달리기/ 히트 앤드 어웨이 → 치고 물러서기/ 대히트 → 큰성공 〔영 hit〕
히프	힙 · 엉덩이 〔〈영 hip〕
히히덕거리다	시시덕거리다
힌지	돌쩌귀 〔보기〕 힌지구조 → 돌쩌귀짜임새/ 힌지접합 → 돌쩌귀이음 〔영 hinge〕
힌트	귀띔 · 똥김 · 눈치 · 암시 · 도움말 〔영 hint〕
힐난	비난 · 따짐 〔보기〕 힐난하다 → 비난하다 · 책잡다 · 따지고 들다 〔詰難〕
힐책	꾸짖음 · 따져 꾸짖음 〔보기〕 힐책하다 → 꾸짖다/ 질책 → 꾸짖음 · 나무람 〔詰責〕
힐킥	뒤꿈치차기 〔영 heel kick〕
힘들다	※자동사인데도 형용사인 것처럼 자주 그릇 쓰인다. 따라서 제대로 쓰든지 아예 '어렵다'로 바꿔 써야 한다. ※'표준국어대사전'은 형용사적 쓰임을 인정했는데, 현실 관용이 지나

ㅎ

치다. 〔보기〕 내용을 파악하기 힘들다 → 내용을 파악하기 어렵다·~ 힘든다/ 가늠하기 힘들다 → 가늠하기 어렵다· 가늠하기 힘든다/ 회사에 가기도 힘들다 → 회사에 가기도 힘든다/ 예측하기 힘들다 → 예측하기 힘든다·예측하기 어렵다 / 원관념을 찾아 내기가 매우 힘들다 → 원관념을 찾아 내기가 매우 힘든다(~ 어렵다)/ 개혁이 성공한 것으로 보기는 힘들다 → 개혁이 성공한 것으로 보기는 어렵다/ 민주당을 민자당의 이중대로 보기는 힘들다 → 민주당을 민자당의 이중대로 볼 수는 없다   ▷ 모자라다

힙   엉덩이·엉덩이둘레   ▷히프 → 힙 〔영 hip〕

힛타이트   히타이트 〔Hittite〕

부록

1. 한글 맞춤법

제 1 장 총   칙

제 1 항 한글 맞춤법은 표준어를 소리대로 적되, 어법에 맞도록 함을 원칙으로 한다.
제 2 항 문장의 각 단어는 띄어 씀을 원칙으로 한다.
제 3 항 외래어는 '외래어 표기법'에 따라 적는다.

제 2 장 자   모

제 4 항 한글 자모의 수는 스물넉 자로 하고, 그 순서와 이름은 다음과 같이 정한다.

ㄱ(기역)	ㄴ(니은)	ㄷ(디귿)	ㄹ(리을)	ㅁ(미음)
ㅂ(비읍)	ㅅ(시옷)	ㅇ(이응)	ㅈ(지읒)	ㅊ(치읓)
ㅋ(키읔)	ㅌ(티읕)	ㅍ(피읖)	ㅎ(히읗)	
ㅏ(아)	ㅑ(야)	ㅓ(어)	ㅕ(여)	ㅗ(오)
ㅛ(요)	ㅜ(우)	ㅠ(유)	ㅡ(으)	ㅣ(이)

〔붙임 1〕 위의 자모로써 적을 수 없는 소리는 두 개 이상의 자모를 어울러서 적되, 그 순서와 이름은 다음과 같이 정한다.

ㄲ(쌍기역)	ㄸ(쌍디귿)	ㅃ(쌍비읍)	ㅆ(쌍시옷)	ㅉ(쌍지읒)	
ㅐ(애)	ㅒ(얘)	ㅔ(에)	ㅖ(예)	ㅘ(와)	ㅙ(왜)
ㅚ(외)	ㅝ(워)	ㅞ(웨)	ㅟ(위)	ㅢ(의)	

〔붙임 2〕 사전에 올릴 적의 자모 순서는 다음과 같이 정한다.

자음: ㄱ ㄲ ㄴ ㄷ ㄸ ㄹ ㅁ ㅂ ㅃ ㅅ ㅆ ㅇ
　　　ㅈ ㅉ ㅊ ㅋ ㅌ ㅍ ㅎ

모음: ㅏ ㅐ ㅑ ㅒ ㅓ ㅔ ㅕ ㅖ ㅗ ㅘ ㅙ ㅚ
　　　ㅛ ㅜ ㅝ ㅞ ㅟ ㅠ ㅡ ㅢ ㅣ

제 3 장 소리에 관한 것

제 1 절 된소리

제 5 항 한 단어 안에서 뚜렷한 까닭 없이 나는 된소리는 다음 음절의 첫소리를 된소리로 적는다.

1. 두 모음 사이에서 나는 된소리

소쩍새　　어깨　　오빠　　으뜸　　아끼다　　기쁘다　　깨끗하다
어떠하다　해쓱하다　가끔　　거꾸로　　부썩　　　어찌　　이따금

2. 'ㄴ, ㄹ, ㅁ, ㅇ' 받침 뒤에서 나는 된소리

산뜻하다　　잔뜩　　살짝　　훨씬　　담뿍　　움찔　　몽땅　　엉뚱하다

다만, 'ㄱ, ㅂ' 받침 뒤에서 나는 된소리는, 같은 음절이나 비슷한 음절이 겹쳐 나는 경우가 아니면 된소리로 적지 아니한다.

국수　　깍두기　　딱지　　색시　　싹둑(~싹둑)　　법석　　갑자기　　몹시

제 2 절 구개음화

제 6 항 'ㄷ, ㅌ' 받침 뒤에 종속적 관계를 가진 '-이(-)'나 '-히-'가 올 적에는, 그 'ㄷ, ㅌ'이 'ㅈ, ㅊ'으로 소리나더라도 'ㄷ, ㅌ'으로 적는다.(ㄱ을 취하고, ㄴ을 버림.)

ㄱ	ㄴ	ㄱ	ㄴ
맏이	마지	핥이다	할치다
해돋이	해도지	걷히다	거치다
굳이	구지	닫히다	다치다
같이	가치	묻히다	무치다
끝이	끄치		

제 3 절 ㄷ 소리 받침

제 7 항 'ㄷ' 소리로 나는 받침 중에서 'ㄷ'으로 적을 근거가 없는 것은 'ㅅ'으로 적는다.

덧저고리　　돗자리　　엇셈　　웃어른　　핫옷　　무릇　　사뭇
얼핏　　자칫하면　　뭇〔衆〕　　옛　　첫　　헛

제 4 절 모 음

제 8 항 '계, 례, 몌, 폐, 혜'의 'ㅖ'는 'ㅔ'로 소리나는 경우가 있더라도 'ㅖ'로 적는다.(ㄱ을 취하고, ㄴ을 버림.)

ㄱ	ㄴ	ㄱ	ㄴ
계수(桂樹)	게수	혜택(惠澤)	헤택

사례(謝禮)	사례	계집	게집
연몌(連袂)	연메	핑계	핑게
폐품(廢品)	페품	계시다	게시다

다만, 다음 말은 본음대로 적는다.

게송(偈頌)	게시판(揭示板)	휴게실(休憩室)

제 9 항 '의'나, 자음을 첫소리로 가지고 있는 음절의 'ㅢ'는 'ㅣ'로 소리나는 경우가 있더라도 'ㅢ'로 적는다.(ㄱ을 취하고, ㄴ을 버림.)

	ㄱ	ㄴ		ㄱ	ㄴ
	의의(意義)	의이		늴큼	닁큼
	본의(本義)	본이		띄어쓰기	띠어쓰기
	무늬〔紋〕	무니		씌어	씨어
	보늬	보니		틔어	티어
	오늬	오니		희망(希望)	히망
	하늬바람	하니바람		희다	히다
	늴리리	닐리리		유희(遊戲)	유히

제 5 절 두음 법칙

제 10 항 한자음 '녀, 뇨, 뉴, 니'가 단어 첫머리에 올 적에는, 두음 법칙에 따라 '여, 요, 유, 이'로 적는다.(ㄱ을 취하고, ㄴ을 버림.)

	ㄱ	ㄴ		ㄱ	ㄴ
	여자(女子)	녀자		유대(紐帶)	뉴대
	연세(年歲)	년세		이토(泥土)	니토
	요소(尿素)	뇨소		익명(匿名)	닉명

다만, 다음과 같은 의존 명사에서는 '냐, 녀' 음을 인정한다.

냥(兩)	냥쭝(兩 -)	년(年)(몇 년)

〔붙임 1〕 단어의 첫머리 이외의 경우에는 본음대로 적는다.

남녀(男女)	당뇨(糖尿)	결뉴(結紐)	은닉(隱匿)

〔붙임 2〕 접두사처럼 쓰이는 한자가 붙어서 된 말이나 합성어에서, 뒷말의 첫소리가 'ㄴ' 소리로 나더라도 두음 법칙에 따라 적는다.

신여성(新女性)	공염불(空念佛)	남존여비(男尊女卑)

〔붙임 3〕 둘 이상의 단어로 이루어진 고유 명사를 붙여 쓰는 경우에도 붙임 2에 준하여 적는다.

한국여자대학	대한요소비료회사

제 11 항 한자음 '랴, 려, 례, 료, 류, 리'가 단어의 첫머리에 올 적에는, 두음 법칙에 따라 '야, 여, 예, 요, 유, 이'로 적는다.(ㄱ을 취하고, ㄴ을 버림.)

ㄱ	ㄴ	ㄱ	ㄴ
양심(良心)	량심	용궁(龍宮)	룡궁
역사(歷史)	력사	유행(流行)	류행
예의(禮儀)	례의	이발(理髮)	리발

다만, 다음과 같은 의존 명사는 본음대로 적는다.

리(里) : 몇 리냐?　　리(理) : 그럴 리가 없다.

〔붙임 1〕 단어의 첫머리 이외의 경우에는 본음대로 적는다.

개량(改良)	선량(善良)	수력(水力)	협력(協力)
사례(謝禮)	혼례(婚禮)	와룡(臥龍)	쌍룡(雙龍)
하류(下流)	급류(急流)	도리(道理)	진리(眞理)

다만, 모음이나 'ㄴ' 받침 뒤에 이어지는 '렬, 률'은 '열, 율'로 적는다.(ㄱ을 취하고, ㄴ을 버림.)

ㄱ	ㄴ	ㄱ	ㄴ
나열(羅列)	나렬	분열(分裂)	분렬
치열(齒列)	치렬	선열(先烈)	선렬
비열(卑劣)	비렬	진열(陳列)	진렬
규율(規律)	규률	선율(旋律)	선률
비율(比率)	비률	전율(戰慄)	전률
실패율(失敗率)	실패률	백분율(百分率)	백분률

〔붙임 2〕 외자로 된 이름을 성에 붙여 쓸 경우에도 본음대로 적을 수 있다.

신립(申砬)　　최린(崔麟)　　채륜(蔡倫)　　하륜(河崙)

〔붙임 3〕 준말에서 본음으로 소리나는 것은 본음대로 적는다.

국련(국제연합)　　대한교련(대한교육연합회)

〔붙임 4〕 접두사처럼 쓰이는 한자가 붙어서 된 말이나 합성어에서, 뒷말의 첫소리가 'ㄴ' 또는 'ㄹ' 소리로 나더라도 두음 법칙에 따라 적는다.

역이용(逆利用)　　연이율(年利率)　　열역학(熱力學)　　해외여행(海外旅行)

〔붙임 5〕 둘 이상의 단어로 이루어진 고유 명사를 붙여 쓰는 경우나 십진법에 따라 쓰는 수(數)도 붙임 4에 준하여 적는다.

서울여관　　신흥이발관　　육천육백육십육(六千六百六十六)

제 12 항　한자음 '라, 래, 로, 뢰, 루, 르'가 단어의 첫머리에 올 적에는, 두음 법칙에 따라 '나, 내, 노, 뇌, 누, 느'로 적는다.(ㄱ을 취하고, ㄴ을 버림.)

ㄱ	ㄴ	ㄱ	ㄴ
낙원(樂園)	락원	뇌성(雷聲)	뢰성
내일(來日)	래일	누각(樓閣)	루각
노인(老人)	로인	능묘(陵墓)	릉묘

〔붙임 1〕 단어의 첫머리 이외의 경우에는 본음대로 적는다.

쾌락(快樂)	극락(極樂)	거래(去來)	왕래(往來)
부로(父老)	연로(年老)	지뢰(地雷)	낙뢰(落雷)

고루(高樓)　　　광한루(廣寒樓)　　동구릉(東九陵)　　가정란(家庭欄)

〔붙임 2〕 접두사처럼 쓰이는 한자가 붙어서 된 단어는 뒷말을 두음 법칙에 따라 적는다.

내내월(來來月)　　상노인(上老人)　　중노동(重勞動)　　비논리적(非論理的)

제 6 절　겹쳐 나는 소리

제 13 항　한 단어 안에서 같은 음절이나 비슷한 음절이 겹쳐 나는 부분은 같은 글자로 적는다.(ㄱ을 취하고, ㄴ을 버림.)

ㄱ	ㄴ	ㄱ	ㄴ
딱딱	딱닥	꼿꼿하다	꼿곳하다
쌕쌕	쌕색	놀놀하다	놀롤하다
씩씩	씩식	눅눅하다	눙눅하다
똑딱똑딱	똑닥똑닥	밋밋하다	민밋하다
쓱싹쓱싹	쓱삭쓱삭	싹싹하다	싹삭하다
연연불망(戀戀不忘)	연련불망	쌉쌀하다	쌉살하다
유유상종(類類相從)	유류상종	씁쓸하다	씁슬하다
누누이(屢屢-)	누루이	짭짤하다	짭잘하다

제 4 장　형태에 관한 것

제 1 절　체언과 조사

제 14 항　체언은 조사와 구별하여 적는다.

떡이	떡을	떡에	떡도	떡만
손이	손을	손에	손도	손만
팔이	팔을	팔에	팔도	팔만
밤이	밤을	밤에	밤도	밤만
집이	집을	집에	집도	집만
옷이	옷을	옷에	옷도	옷만
콩이	콩을	콩에	콩도	콩만
낮이	낮을	낮에	낮도	낮만
꽃이	꽃을	꽃에	꽃도	꽃만
밭이	밭을	밭에	밭도	밭만
앞이	앞을	앞에	앞도	앞만
밖이	밖을	밖에	밖도	밖만
넋이	넋을	넋에	넋도	넋만

흙이	흙을	흙에	흙도	흙만
삶이	삶을	삶에	삶도	삶만
여덟이	여덟을	여덟에	여덟도	여덟만
곬이	곬을	곬에	곬도	곬만
값이	값을	값에	값도	값만

제2절 어간과 어미

제 15 항 용언의 어간과 어미는 구별하여 적는다.

먹다	먹고	먹어	먹으니
신다	신고	신어	신으니
믿다	믿고	믿어	믿으니
울다	울고	울어	(우니)
넘다	넘고	넘어	넘으니
입다	입고	입어	입으니
웃다	웃고	웃어	웃으니
찾다	찾고	찾아	찾으니
좇다	좇고	좇아	좇으니
같다	같고	같아	같으니
높다	높고	높아	높으니
좋다	좋고	좋아	좋으니
깎다	깎고	깎아	깎으니
앉다	앉고	앉아	앉으니
많다	많고	많아	많으니
늙다	늙고	늙어	늙으니
젊다	젊고	젊어	젊으니
넓다	넓고	넓어	넓으니
훑다	훑고	훑어	훑으니
읊다	읊고	읊어	읊으니
옳다	옳고	옳아	옳으니
없다	없고	없어	없으니
있다	있고	있어	있으니

〔붙임 1〕 두 개의 용언이 어울려 한 개의 용언이 될 적에, 앞말의 본뜻이 유지되고 있는 것은 그 원형을 밝히어 적고, 그 본뜻에서 멀어진 것은 밝히어 적지 아니한다.

(1) 앞말의 본뜻이 유지되고 있는 것

넘어지다	늘어나다	늘어지다	돌아가다	되짚어가다
들어가다	떨어지다	벌어지다	엎어지다	접어들다
틀어지다	흩어지다			

(2) 본뜻에서 멀어진 것

드러나다   사라지다   쓰러지다

〔붙임 2〕 종결형에서 사용되는 어미 '-오'는 '요'로 소리나는 경우가 있더라도 그 원형
을 밝혀 '오'로 적는다.(ㄱ을 취하고, ㄴ을 버림.)

ㄱ	ㄴ
이것은 책이오.	이것은 책이요.
이리로 오시오.	이리로 오시요.
이것은 책이 아니오.	이것은 책이 아니요.

〔붙임 3〕 연결형에서 사용되는 '이요'는 '이요'로 적는다.(ㄱ을 취하고, ㄴ을 버림.)

ㄱ	ㄴ
이것은 책이요, 저것은 붓이요,	이것은 책이오, 저것은 붓이오,
또 저것은 먹이다	또 저것은 먹이다.

제 16 항 어간의 끝음절 모음이 'ㅏ, ㅗ'일 때에는 어미를 '-아'로 적고, 그 밖의 모음일 때
에는 '-어'로 적는다.

1. '-아'로 적는 경우

나아	나아도	나아서	돌아	돌아도	돌아서
막아	막아도	막아서	보아	보아도	보아서
얇아	얇아도	얇아서			

2. '-어'로 적는 경우

개어	개어도	개어서	저어	저어도	저어서
겪어	겪어도	겪어서	주어	주어도	주어서
되어	되어도	되어서	피어	피어도	피어서
베어	베어도	베어서	희어	희어도	희어서
쉬어	쉬어도	쉬어서			

제 17 항 어미 뒤에 덧붙는 조사 '-요'는 '-요'로 적는다.

읽어	읽어요
참으리	참으리요
좋지	좋지요

제 18 항 다음과 같은 용언들은 어미가 바뀔 경우, 그 어간이나 어미가 원칙에서 벗어나면
벗어나는 대로 적는다.

1. 어간의 끝 'ㄹ'이 줄어질 적

갈다 :	가니	간	갑니다	가시다	가오
놀다 :	노니	논	놉니다	노시다	노오
불다 :	부니	분	붑니다	부시다	부오
둥글다 :	둥그니	둥근	둥급니다	둥그시다	둥그오
어질다 :	어지니	어진	어집니다	어지시다	어지오

〔붙임〕 다음과 같은 말에서도 'ㄹ'이 준 대로 적는다.

마지못하다   마지않다   (하)다마다   (하)자마자

(하)지 마라　　　　(하)지 마(아)

2. 어간의 끝 'ㅅ'이 줄어질 적

긋다 :	그어	그으니	그었다
낫다 :	나아	나으니	나았다
잇다 :	이어	이으니	이었다
짓다 :	지어	지으니	지었다

3. 어간의 끝 'ㅎ'이 줄어질 적[1]

그렇다 :	그러니	그럴	그러면	그러오
까맣다 :	까마니	까말	까마면	까마오
동그랗다 :	동그라니	동그랄	동그라면	동그라오
퍼렇다 :	퍼러니	퍼럴	퍼러면	퍼러오
하얗다 :	하야니	하얄	하야면	하야오

4. 어간의 끝 'ㅜ, ㅡ'가 줄어질 적

푸다 :	퍼	펐다		뜨다 :	떠	떴다
끄다 :	꺼	껐다		크다 :	커	컸다
담그다 :	담가	담갔다		고프다 :	고파	고팠다
따르다 :	따라	따랐다		바쁘다 :	바빠	바빴다

5. 어간의 끝 'ㄷ'이 'ㄹ'로 바뀔 적

걷다(步) :	걸어	걸으니	걸었다
듣다(聽) :	들어	들으니	들었다
묻다(問) :	물어	물으니	물었다
싣다(載) :	실어	실으니	실었다

6. 어간의 끝 'ㅂ'이 'ㅜ'로 바뀔 적

깁다 :	기워	기우니	기웠다
굽다(炙) :	구워	구우니	구웠다
가깝다 :	가까워	가까우니	가까웠다
괴롭다 :	괴로워	괴로우니	괴로웠다
맵다 :	매워	매우니	매웠다
무겁다 :	무거워	무거우니	무거웠다
밉다 :	미워	미우니	미웠다
쉽다 :	쉬워	쉬우니	쉬웠다

　다만, '돕-, 곱-'과 같은 단음절 어간에 어미 '-아'가 결합되어 '와'로 소리나는 것은 '-와'로 적는다.

---

1) 고시본에서 보였던 용례 중 '그렇습니다, 까맣습니다, 동그랗습니다, 퍼렇습니다, 하얗습니다'는 1994년 12월 16일에 열린 국어 심의회의 결정에 따라 삭제하기로 하였다. '표준어 규정' 제17항이 자음 뒤의 '-습니다'를 표준어로 정함에 따라 '그렇습니다, 까맣습니다, 동그랗습니다, 퍼렇습니다, 하얗습니다'가 표준어가 되는 것과 상충하기 때문이다.

돕다(助):	도와	도와서	도와도	도왔다
곱다(麗):	고와	고와서	고와도	고왔다

7. '하다'의 활용에서 어미 '-아'가 '-여'로 바뀔 적

하다:	하여	하여서	하여도	하여라	하였다

8. 어간의 끝음절 '르' 뒤에 오는 어미 '-어'가 '-러'로 바뀔 적

이르다(至):	이르러	이르렀다	노르다:	노르러	노르렀다
누르다:	누르러	누르렀다	푸르다:	푸르러	푸르렀다

9. 어간의 끝음절 '르'의 'ㅡ'가 줄고, 그 뒤에 오는 어미 '-아/-어'가 '-라/-러'로 바뀔 적

가르다:	갈라	갈랐다	부르다:	불러	불렀다
거르다:	걸러	걸렀다	오르다:	올라	올랐다
구르다:	굴러	굴렀다	이르다:	일러	일렀다
벼르다:	별러	별렀다	지르다:	질러	질렀다

제3절 접미사가 붙어서 된 말

제 19 항 어간에 '-이'나 '-음/-ㅁ'이 붙어서 명사로 된 것과 '-이'나 '-히'가 붙어서 부사로 된 것은 그 어간의 원형을 밝히어 적는다.

1. '-이'가 붙어서 명사로 된 것

길이	깊이	높이	다듬이	땀받이	달맞이
먹이	미닫이	벌이	벼훑이	살림살이	쇠붙이

2. '-음/-ㅁ'이 붙어서 명사로 된 것

걸음	묶음	믿음	얼음	엮음	울음
웃음	졸음	죽음	앎	만듦	

3. '-이'가 붙어서 부사로 된 것

같이	굳이	길이	높이	많이	실없이
좋이	짓궂이				

4. '-히'가 붙어서 부사로 된 것

밝히	익히	작히

다만, 어간에 '-이'나 '-음'이 붙어서 명사로 바뀐 것이라도 그 어간의 뜻과 멀어진 것은 원형을 밝히어 적지 아니한다.

굽도리	다리(髢)	목거리(목병)	무녀리
코끼리	거름(비료)	고름(膿)	노름(도박)

〔붙임〕 어간에 '-이'나 '-음' 이외의 모음으로 시작된 접미사가 붙어서 다른 품사로 바뀐 것은 그 어간의 원형을 밝히어 적지 아니한다.

(1) 명사로 바뀐 것

귀머거리	까마귀	너머	뜨더귀	마감	마개	마중
무덤	비렁뱅이	쓰레기	올가미	주검		

(2) 부사로 바뀐 것

거뭇거뭇	너무	도로	뜨덤뜨덤	바투
불긋불긋	비로소	오긋오긋	자주	차마

(3) 조사로 바뀌어 뜻이 달라진 것

나마   부터   조차

제 20 항 명사 뒤에 '-이'가 붙어서 된 말은 그 명사의 원형을 밝히어 적는다.

1. 부사로 된 것

곳곳이   낱낱이   몫몫이   샅샅이   앞앞이   집집이

2. 명사로 된 것

곰배팔이	바둑이	삼발이	애꾸눈이
육손이	절뚝발이/절름발이		

〔붙임〕 '-이' 이외의 모음으로 시작된 접미사가 붙어서 된 말은 그 명사의 원형을 밝히어 적지 아니한다.

꼬락서니	끄트머리	모가치	바가지	바깥	사타구니
싸라기	이파리	지붕	지푸라기	짜개	

제 21 항 명사나 혹은 용언의 어간 뒤에 자음으로 시작된 접미사가 붙어서 된 말은 그 명사나 어간의 원형을 밝히어 적는다.

1. 명사 뒤에 자음으로 시작된 접미사가 붙어서 된 것

값지다   홑지다   넋두리   빛깔   옆댕이   잎사귀

2. 어간 뒤에 자음으로 시작된 접미사가 붙어서 된 것

낚시	늙정이	덮개	뜯게질	갉작갉작하다
갉작거리다	뜯적거리다	뜯적뜯적하다	굵다랗다	굵직하다
깊숙하다	넓적하다	높다랗다	늙수그레하다	얽죽얽죽하다

다만, 다음과 같은 말은 소리대로 적는다.

(1) 겹받침의 끝소리가 드러나지 아니하는 것

할짝거리다	널따랗다	널찍하다	말끔하다	말쑥하다
말짱하다	실쭉하다	실큼하다	얄따랗다	얄팍하다
짤따랗다	짤막하다	실컷		

(2) 어원이 분명하지 아니하거나 본뜻에서 멀어진 것

넙치   올무   골막하다   납작하다

제 22 항 용언의 어간에 다음과 같은 접미사들이 붙어서 이루어진 말들은 그 어간을 밝히어 적는다.

1. '-기-, -리-, -이-, -히-, -구-, -우-, -추-, -으키-, -이키-, -애-'가 붙는 것

맡기다	옮기다	웃기다	쫓기다	뚫리다	울리다
낚이다	쌓이다	핥이다	굳히다	굽히다	넓히다
앉히다	얽히다	잡히다	돋구다	솟구다	돋우다
갖추다	곧추다	맞추다	일으키다	돌이키다	없애다

다만, '-이-, -히-, -우-'가 붙어서 된 말이라도 본뜻에서 멀어진 것은 소리대로 적는다.

> 도리다(칼로 ~)   드리다(용돈을 ~)   고치다   바치다(세금을 ~)
> 부치다(편지를 ~)   거두다   미루다   이루다

2. '-치-, -뜨리-, -트리-'가 붙는 것

> 놓치다   덮치다   떠받치다   받치다   밭치다   부딪치다
> 뻗치다   엎치다   부딪뜨리다/부딪트리다   쏟뜨리다/쏟트리다
> 젖뜨리다/젖트리다   찢뜨리다/찢트리다   흩뜨리다/흩트리다

〔붙임〕 '-업-, -읍-, -브-'가 붙어서 된 말은 소리대로 적는다.

> 미덥다   우습다   미쁘다

제 23 항 '-하다'나 '-거리다'가 붙는 어근에 '-이'가 붙어서 명사가 된 것은 그 원형을 밝히어 적는다.(ㄱ을 취하고, ㄴ을 버림.)

ㄱ	ㄴ	ㄱ	ㄴ
깔쭉이	깔쭈기	살살이	살사리
꿀꿀이	꿀꾸리	쌕쌕이	쌕쌔기
눈깜짝이	눈깜짜기	오뚝이	오뚜기
더펄이	더퍼리	코납작이	코납자기
배불뚝이	배불뚜기	푸석이	푸서기
삐죽이	삐주기	홀쭉이	홀쭈기

〔붙임〕 '-하다'나 '-거리다'가 붙을 수 없는 어근에 '-이'나 또는 다른 모음으로 시작되는 접미사가 붙어서 명사가 된 것은 그 원형을 밝히어 적지 아니한다.

> 개구리   귀뚜라미   기러기   깍두기   꽹과리
> 날라리   누더기   동그라미   두드러기   딱따구리
> 매미   부스러기   뻐꾸기   얼루기   칼싹두기

제 24 항 '-거리다'가 붙을 수 있는 시늉말 어근에 '-이다'가 붙어서 된 용언은 그 어근을 밝히어 적는다.(ㄱ을 취하고, ㄴ을 버림.)

ㄱ	ㄴ	ㄱ	ㄴ
깜짝이다	깜짜기다	속삭이다	속사기다
꾸벅이다	꾸버기다	숙덕이다	숙더기다
끄덕이다	끄더기다	울먹이다	울머기다
뒤척이다	뒤처기다	움직이다	움지기다
들먹이다	들머기다	지껄이다	지꺼리다
망설이다	망서리다	퍼덕이다	퍼더기다
번득이다	번드기다	허덕이다	허더기다
번쩍이다	번쩌기다	헐떡이다	헐떠기다

제 25 항 '-하다'가 붙는 어근에 '-히'나 '-이'가 붙어서 부사가 되거나, 부사에 '-이'가 붙어서 뜻을 더하는 경우에는 그 어근이나 부사의 원형을 밝히어 적는다.

1. '-하다'가 붙는 어근에 '-히'나 '-이'가 붙는 경우

급히　　　꾸준히　　　도저히　　　딱히　　　어렴풋이　　　깨끗이

〔붙임〕 '-하다'가 붙지 않는 경우에는 소리대로 적는다.

갑자기　　　반드시(꼭)　　　슬며시

2. 부사에 '-이'가 붙어서 역시 부사가 되는 경우

곰곰이　　　더욱이　　　생긋이　　　오뚝이　　　일찍이　　　해죽이

제26항　'-하다'나 '-없다'가 붙어서 된 용언은 그 '-하다'나 '-없다'를 밝히어 적는다.

1. '-하다'가 붙어서 용언이 된 것

딱하다　　　숱하다　　　착하다　　　텁텁하다　　　푹하다

2. '-없다'가 붙어서 용언이 된 것

부질없다　　　상없다　　　시름없다　　　열없다　　　하염없다

제4절　합성어 및 접두사가 붙은 말

제27항　둘 이상의 단어가 어울리거나 접두사가 붙어서 이루어진 말은 각각 그 원형을 밝히어 적는다.

국말이	꺾꽂이	꽃잎	끝장	물난리
밑천	부엌일	싫증	옷안	웃옷
젖몸살	첫아들	칼날	팥알	헛웃음
홀아비	홑몸	흙내		
값없다	겉늙다	굶주리다	낮잡다	맞먹다
받내다	벋놓다	빗나가다	빛나다	새파랗다
샛노랗다	시꺼멓다	싯누렇다	엇나가다	엎누르다
엿듣다	옻오르다	짓이기다	헛되다	

〔붙임 1〕 어원은 분명하나 소리만 특이하게 변한 것은 변한 대로 적는다.

할아버지　　　할아범

〔붙임 2〕 어원이 분명하지 아니한 것은 원형을 밝히어 적지 아니한다.

골병　　　골탕　　　끌탕　　　며칠　　　아재비
오라비　　　업신여기다　　　부리나케

〔붙임 3〕 '이〔齒, 虱〕'가 합성어나 이에 준하는 말에서 '니' 또는 '리'로 소리날 때에는 '니'로 적는다.

간니　　　덧니　　　사랑니　　　송곳니　　　앞니　　　어금니
윗니　　　젖니　　　톱니　　　틀니　　　가랑니　　　머릿니

제28항　끝소리가 'ㄹ'인 말과 딴 말이 어울릴 적에 'ㄹ' 소리가 나지 아니하는 것은 아니 나는 대로 적는다.

다달이(달-달-이)　　　따님(딸-님)　　　마되(말-되)
마소(말-소)　　　무자위(물-자위)　　　바느질(바늘-질)
부나비(불-나비)　　　부삽(불-삽)　　　부손(불-손)
소나무(솔-나무)　　　싸전(쌀-전)　　　여닫이(열-닫이)

　　　우짖다(울 - 짖다)　　　　　　화살(활 - 살)

제 29 항　끝소리가 'ㄹ'인 말과 딴 말이 어울릴 적에 'ㄹ' 소리가 'ㄷ' 소리로 나는 것은 'ㄷ'으로 적는다.

반짇고리(바느질~)	사흗날(사흘~)	삼짇날(삼질~)
섣달(설~)	숟가락(술~)	이튿날(이틀~)
잗주름(잘~)	푿소(풀~)	섣부르다(설~)
잗다듬다(잘~)	잗다랗다(잘~)	

제 30 항　사이시옷은 다음과 같은 경우에 받치어 적는다.

　1. 순 우리말로 된 합성어로서 앞말이 모음으로 끝난 경우
　　(1) 뒷말의 첫소리가 된소리로 나는 것

고랫재	귓밥	나룻배	나뭇가지	냇가	댓가지
뒷갈망	맷돌	머릿기름	모깃불	못자리	바닷가
뱃길	볏가리	부싯돌	선짓국	쇳조각	아랫집
우렁잇속	잇자국	잿더미	조갯살	찻집	쳇바퀴
킷값	핏대	햇볕	혓바늘		

　　(2) 뒷말의 첫소리 'ㄴ, ㅁ' 앞에서 'ㄴ' 소리가 덧나는 것

멧나물	아랫니	텃마당	아랫마을	뒷머리
잇몸	깻묵	냇물	빗물	

　　(3) 뒷말의 첫소리 모음 앞에서 'ㄴㄴ' 소리가 덧나는 것

도리깻열	뒷윷	두렛일	뒷일	뒷입맛
베갯잇	욧잇	깻잎	나뭇잎	댓잎

　2. 순 우리말과 한자어로 된 합성어로서 앞말이 모음으로 끝난 경우
　　(1) 뒷말의 첫소리가 된소리로 나는 것

귓병	머릿방	뱃병	봇둑	사잣밥	샛강	아랫방
자릿세	전셋집	찻잔	찻종	촛국	콧병	탯줄
텃세	핏기	햇수	횟가루	횟배		

　　(2) 뒷말의 첫소리 'ㄴ, ㅁ' 앞에서 'ㄴ' 소리가 덧나는 것

곗날	제삿날	훗날	툇마루	양칫물

　　(3) 뒷말의 첫소리 모음 앞에서 'ㄴㄴ' 소리가 덧나는 것

가욋일	사삿일	예삿일	훗일

　3. 두 음절로 된 한자어

　　　곳간(庫間)　셋방(貰房)　숫자(數字)　찻간(車間)　툇간(退間)　횟수(回數)

제 31 항　두 말이 어울릴 적에 'ㅂ' 소리나 'ㅎ' 소리가 덧나는 것은 소리대로 적는다.

　1. 'ㅂ' 소리가 덧나는 것

댑싸리(대ㅂ싸리)	멥쌀(메ㅂ쌀)	볍씨(벼ㅂ씨)	입때(이ㅂ때)
입쌀(이ㅂ쌀)	접때(저ㅂ때)	좁쌀(조ㅂ쌀)	햅쌀(해ㅂ쌀)

　2. 'ㅎ' 소리가 덧나는 것

　　　머리카락(머리ㅎ가락)　　　살코기(살ㅎ고기)　　　수캐(수ㅎ개)

| 수컷(수ㅎ것) | 수탉(수ㅎ닭) | 안팎(안ㅎ밖) |
| 암캐(암ㅎ개) | 암컷(암ㅎ것) | 암탉(암ㅎ닭) |

제5절 준 말

제 32 항 단어의 끝모음이 줄어지고 자음만 남은 것은 그 앞의 음절에 받침으로 적는다.[2]

(본말)	(준말)	(본말)	(준말)
기러기야	기럭아	가지고, 가지지	갖고, 갖지
어제그저께	엊그저께	디디고, 디디지	딛고, 딛지
어제저녁	엊저녁		

제 33 항 체언과 조사가 어울려 줄어지는 경우에는 준 대로 적는다.

(본말)	(준말)	(본말)	(준말)
그것은	그건	너는	넌
그것이	그게	너를	널
그것으로	그걸로	무엇을	뭣을/무얼/뭘
나는	난	무엇이	뭣이/무에
나를	날		

제 34 항 모음 'ㅏ, ㅓ'로 끝난 어간에 '-아/-어, -았-/-었-'이 어울릴 적에는 준 대로 적는다.

(본말)	(준말)	(본말)	(준말)
가아	가	가았다	갔다
나아	나	나았다	났다
타아	타	타았다	탔다
서어	서	서었다	섰다
켜어	켜	켜었다	켰다
펴어	펴	펴었다	폈다

〔붙임 1〕 'ㅐ, ㅔ' 뒤에 '-어, -었-'이 어울려 줄 적에는 준 대로 적는다.

(본말)	(준말)	(본말)	(준말)
개어	개	개었다	갰다
내어	내	내었다	냈다
베어	베	베었다	벴다
세어	세	세었다	셌다

〔붙임 2〕 '하여'가 한 음절로 줄어서 '해'로 될 적에는 준 대로 적는다.

(본말)	(준말)	(본말)	(준말)

---

2) 고시본에서 보였던 '온갖, 온가지' 중 '온가지'는 표준어 규정 제14항에서 비표준어로 처리하였으므로 삭제하였다.

하여	해	하였다	했다
더하여	더해	더하였다	더했다
흔하여	흔해	흔하였다	흔했다

제 35 항   모음 'ㅗ, ㅜ'로 끝난 어간에 '-아/-어, -았-/-었-'이 어울려 'ㅘ/ㅝ, 왔/웠'으로 될 적에는 준 대로 적는다.

(본말)	(준말)	(본말)	(준말)
꼬아	꽈	꼬았다	꽜다
보아	봐	보았다	봤다
쏘아	쏴	쏘았다	쐈다
두어	둬	두었다	뒀다
쑤어	쒀	쑤었다	쒔다
주어	줘	주었다	줬다

〔붙임 1〕 '놓아'가 '놔'로 줄 적에는 준 대로 적는다.

〔붙임 2〕 'ㅚ' 뒤에 '-어, -었-'이 어울려 'ㅙ, 쌨'으로 될 적에도 준 대로 적는다.

(본말)	(준말)	(본말)	(준말)
괴어	괘	괴었다	괬다
되어	돼	되었다	됐다
뵈어	봬	뵈었다	뵀다
쇠어	쇄	쇠었다	쇘다
쐬어	쐐	쐬었다	쐤다

제 36 항   'ㅣ' 뒤에 '-어'가 와서 'ㅕ'로 줄 적에는 준 대로 적는다.

(본말)	(준말)	(본말)	(준말)
가지어	가져	가지었다	가졌다
견디어	견뎌	견디었다	견뎠다
다니어	다녀	다니었다	다녔다
막히어	막혀	막히었다	막혔다
버티어	버텨	버티었다	버텼다
치이어	치여	치이었다	치였다

제 37 항   'ㅏ, ㅕ, ㅗ, ㅜ, ㅡ'로 끝난 어간에 '-이-'가 와서 각각 'ㅐ, ㅖ, ㅚ, ㅟ, ㅢ'로 줄 적에는 준 대로 적는다.

(본말)	(준말)	(본말)	(준말)
싸이다	쌔다	누이다	뉘다
펴이다	폐다	뜨이다	띄다
보이다	뵈다	쓰이다	씌다

제 38 항   'ㅏ, ㅗ, ㅜ, ㅡ' 뒤에 '-이어'가 어울려 줄어질 적에는 준 대로 적는다.

(본말)	(준말)		(본말)	(준말)	
싸이어	쌔어	싸여	뜨이어		띄어
보이어	뵈어	보여	쓰이어	씌어	쓰여

쏘이어	쐬어	쏘여	트이어	틔어	트여
누이어	뉘어	누여			

제 39 항 어미 '-지' 뒤에 '않-'이 어울려 '-잖-'이 될 적과 '-하지' 뒤에 '않-'이 어울려 '-찮-'이 될 적에는 준 대로 적는다.

(본말)	(준말)	(본말)	(준말)
그렇지 않은	그렇잖은	만만하지 않다	만만찮다
적지 않은	적잖은	변변하지 않다	변변찮다

제 40 항 어간의 끝음절 '하'의 'ㅏ'가 줄고 'ㅎ'이 다음 음절의 첫소리와 어울려 거센소리로 될 적에는 거센소리로 적는다.

(본말)	(준말)	(본말)	(준말)
간편하게	간편케	다정하다	다정타
연구하도록	연구토록	정결하다	정결타
가하다	가타	흔하다	흔타

〔붙임 1〕 'ㅎ'이 어간의 끝소리로 굳어진 것은 받침으로 적는다.

않다	않고	않지	않든지
그렇다	그렇고	그렇지	그렇든지
아무렇다	아무렇고	아무렇지	아무렇든지
어떻다	어떻고	어떻지	어떻든지
이렇다	이렇고	이렇지	이렇든지
저렇다	저렇고	저렇지	저렇든지

〔붙임 2〕 어간의 끝음절 '하'가 아주 줄 적에는 준 대로 적는다.

(본말)	(준말)	(본말)	(준말)
거북하지	거북지	넉넉하지 않다	넉넉지 않다
생각하건대	생각건대	못하지 않다	못지않다
생각하다 못해	생각다 못해	섭섭하지 않다	섭섭지 않다
깨끗하지 않다	깨끗지 않다	익숙하지 않다	익숙지 않다

〔붙임 3〕 다음과 같은 부사는 소리대로 적는다.

결단코	결코	기필코	무심코	아무튼	요컨대
정녕코	필연코	하마터면	하여튼	한사코	

제 5 장   띄어쓰기

제 1 절   조   사

제 41 항 조사는 그 앞말에 붙여 쓴다.

꽃이	꽃마저	꽃밖에	꽃에서부터	꽃으로만
꽃이나마	꽃이다	꽃입니다	꽃처럼	어디까지나

거기도   멀리는   웃고만

제2절 의존 명사, 단위를 나타내는 명사 및 열거하는 말 등

제42항   의존 명사는 띄어 쓴다.

아는 것이 힘이다.   나도 할 수 있다.
먹을 만큼 먹어라.   아는 이를 만났다.
네가 뜻한 바를 알겠다.   그가 떠난 지가 오래다.

제43항   단위를 나타내는 명사는 띄어 쓴다.

한 개	차 한 대	금 서 돈	소 한 마리
옷 한 벌	열 살	조기 한 손	연필 한 자루
버선 한 죽	집 한 채	신 두 켤레	북어 한 쾌

다만, 순서를 나타내는 경우나 숫자와 어울리어 쓰이는 경우에는 붙여 쓸 수 있다.

두시 삼십분 오초	제일과	삼학년	육층
1446년 10월 9일	2대대	16동 502호	제1실습실
80원	10개	7미터	

제44항   수를 적을 적에는 '만(萬)' 단위로 띄어 쓴다.

십이억 삼천사백오십육만 칠천팔백구십팔
12억 3456만 7898

제45항   두 말을 이어 주거나 열거할 적에 쓰이는 다음의 말들은 띄어 쓴다.

국장 겸 과장	열 내지 스물	청군 대 백군
책상, 걸상 등이 있다	이사장 및 이사들	사과, 배, 귤 등등
사과, 배 등속	부산, 광주 등지	

제46항   단음절로 된 단어가 연이어 나타날 적에는 붙여 쓸 수 있다.

그때 그곳	좀더 큰것	이말 저말	한잎 두잎

제3절   보조 용언

제47항   보조 용언은 띄어 씀을 원칙으로 하되, 경우에 따라 붙여 씀도 허용한다.(ㄱ을 원칙으로 하고, ㄴ을 허용함.)

ㄱ	ㄴ
불이 꺼져 간다.	불이 꺼져간다.
내 힘으로 막아 낸다.	내 힘으로 막아낸다.
어머니를 도와 드린다.	어머니를 도와드린다.
그릇을 깨뜨려 버렸다.	그릇을 깨뜨려버렸다.
비가 올 듯하다.	비가 올듯하다.
그 일은 할 만하다.	그 일은 할만하다.
일이 될 법하다.	일이 될법하다.

　　　　비가 올 성싶다.　　　　　　　　　　비가 올성싶다.
　　　　잘 아는 척한다.　　　　　　　　　　잘 아는척한다.
　　다만, 앞말에 조사가 붙거나 앞말이 합성 동사인 경우, 그리고 중간에 조사가 들어갈 적에는 그 뒤에 오는 보조 용언은 띄어 쓴다.
　　　　잘도 놀아만 나는구나!　　　　　　책을 읽어도 보고…….
　　　　네가 덤벼들어 보아라.　　　　　　강물에 떠내려가 버렸다.
　　　　그가 올 듯도 하다.　　　　　　　　잘난 체를 한다.

제 4 절　고유 명사 및 전문 용어

제 48 항　성과 이름, 성과 호 등은 붙여 쓰고, 이에 덧붙는 호칭어, 관직명 등은 띄어 쓴다.
　　　　김양수(金良洙)　　　서화담(徐花潭)　　채영신 씨
　　　　최치원 선생　　　　박동식 박사　　　충무공 이순신 장군
　　다만, 성과 이름, 성과 호를 분명히 구분할 필요가 있을 경우에는 띄어 쓸 수 있다.
　　　　남궁억/남궁 억　　　독고준/독고 준　　황보지봉(皇甫芝峰)/황보 지봉
제 49 항　성명 이외의 고유 명사는 단어별로 띄어 씀을 원칙으로 하되, 단위별로 띄어 쓸 수 있다.(ㄱ을 원칙으로 하고, ㄴ을 허용함.)
　　　　　　　　　ㄱ　　　　　　　　　　　　　　　　　ㄴ
　　　　대한 중학교　　　　　　　　　　　대한중학교
　　　　한국 대학교 사범 대학　　　　　　한국대학교 사범대학
제 50 항　전문 용어는 단어별로 띄어 씀을 원칙으로 하되, 붙여 쓸 수 있다.(ㄱ을 원칙으로 하고, ㄴ을 허용함.)
　　　　　　　　　ㄱ　　　　　　　　　　　　　　　　　ㄴ
　　　　만성 골수성 백혈병　　　　　　　만성골수성백혈병
　　　　중거리 탄도 유도탄　　　　　　　중거리탄도유도탄

제 6 장　그 밖의 것

제 51 항　부사의 끝음절이 분명히 '이'로만 나는 것은 '-이'로 적고, '히'로만 나거나 '이'나 '히'로 나는 것은 '-히'로 적는다.
　　1. '이'로만 나는 것

가붓이	깨끗이	나붓이	느긋이	둥긋이
따뜻이	반듯이	버젓이	산뜻이	의젓이
가까이	고이	날카로이	대수로이	번거로이
많이	적이	헛되이		
겹겹이	번번이	일일이	집집이	틈틈이

　　2. '히'로만 나는 것

극히	급히	딱히	속히	작히
족히	특히	엄격히	정확히	

3. '이, 히'로 나는 것

솔직히	가만히	간편히	나른히	무단히
각별히	소홀히	쓸쓸히	정결히	과감히
꼼꼼히	심히	열심히	급급히	답답히
섭섭히	공평히	능히	당당히	분명히
상당히	조용히	간소히	고요히	도저히

제 52 항   한자어에서 본음으로도 나고 속음으로도 나는 것은 각각 그 소리에 따라 적는다.

(본음으로 나는 것)	(속음으로 나는 것)
승낙(承諾)	수락(受諾), 쾌락(快諾), 허락(許諾)
만난(萬難)	곤란(困難), 논란(論難)
안녕(安寧)	의령(宜寧), 회령(會寧)
분노(忿怒)	대로(大怒), 희로애락(喜怒哀樂)
토론(討論)	의논(議論)
오륙십(五六十)	오뉴월, 유월(六月)
목재(木材)	모과(木瓜)
십일(十日)	시방정토(十方淨土), 시왕(十王), 시월(十月)
팔일(八日)	초파일(初八日)

제 53 항   다음과 같은 어미는 예사소리로 적는다.(ㄱ을 취하고, ㄴ을 버림.)

ㄱ	ㄴ	ㄱ	ㄴ
-(으)ㄹ거나	-(으)ㄹ꺼나	-(으)ㄹ지니라	-(으)ㄹ찌니라
-(으)ㄹ걸	-(으)ㄹ껄	-(으)ㄹ지라도	-(으)ㄹ찌라도
-(으)ㄹ게	-(으)ㄹ께	-(으)ㄹ지어다	-(으)ㄹ찌어다
-(으)ㄹ세	-(으)ㄹ쎄	-(으)ㄹ지언정	-(으)ㄹ찌언정
-(으)ㄹ세라	-(으)ㄹ쎄라	-(으)ㄹ진대	-(으)ㄹ찐대
-(으)ㄹ수록	-(으)ㄹ쑤록	-(으)ㄹ진저	-(으)ㄹ찐저
-(으)ㄹ시	-(으)ㄹ씨	-올시다	-올씨다
-(으)ㄹ지	-(으)ㄹ찌		

다만, 의문을 나타내는 다음 어미들은 된소리로 적는다.

       -(으)ㄹ까?   -(으)ㄹ꼬?   -(스)ㅂ니까?   -(으)리까?   -(으)ㄹ쏘냐?

제 54 항   다음과 같은 접미사는 된소리로 적는다.(ㄱ을 취하고, ㄴ을 버림.)

ㄱ	ㄴ	ㄱ	ㄴ
심부름꾼	심부름군	귀때기	귓대기
익살꾼	익살군	볼때기	볼대기
일꾼	일군	판자때기	판잣대기
장꾼	장군	뒤꿈치	뒷굼치
장난꾼	장난군	팔꿈치	팔굼치

지게꾼	지겟군	이마빼기	이맛배기
때깔	땟갈	코빼기	콧배기
빛깔	빛갈	객쩍다	객적다
성깔	성갈	겸연쩍다	겸연적다

제 55 항　두 가지로 구별하여 적던 다음 말들은 한 가지로 적는다.(ㄱ을 취하고, ㄴ을 버림.)

ㄱ	ㄴ
맞추다(입을 맞춘다. 양복을 맞춘다.)	마추다
뻗치다(다리를 뻗친다. 멀리 뻗친다.)	뻐치다

제 56 항　'－더라, －던'과 '－든지'는 다음과 같이 적는다.

　1. 지난 일을 나타내는 어미는 '－더라, －던'으로 적는다.(ㄱ을 취하고, ㄴ을 버림.)

ㄱ	ㄴ
지난 겨울은 몹시 춥더라.	지난 겨울은 몹시 춥드라.
깊던 물이 얕아졌다.	깊든 물이 얕아졌다.
그렇게 좋던가?	그렇게 좋든가?
그 사람 말 잘하던데!	그 사람 말 잘하든데!
얼마나 놀랐던지 몰라.	얼마나 놀랐든지 몰라.

　2. 물건이나 일의 내용을 가리지 아니하는 뜻을 나타내는 조사와 어미는 '(－)든지'로 적는다.(ㄱ을 취하고, ㄴ을 버림.)

ㄱ	ㄴ
배든지 사과든지 마음대로 먹어라.	배던지 사과던지 마음대로 먹어라.
가든지 오든지 마음대로 해라.	가던지 오던지 마음대로 해라.

제 57 항　다음 말들은 각각 구별하여 적는다.

가름	둘로 가름.
갈음	새 책상으로 갈음하였다.
거름	풀을 썩인 거름.
걸음	빠른 걸음.
거치다	영월을 거쳐 왔다.
걷히다	외상값이 잘 걷힌다.
걷잡다	걷잡을 수 없는 상태.
겉잡다	겉잡아서 이틀 걸릴 일.
그러므로(그러니까)	그는 부지런하다. 그러므로 잘 산다.
그럼으로(써) (그렇게 하는 것으로)	그는 열심히 공부한다. 그럼으로(써) 은혜에 보답한다.
노름	노름판이 벌어졌다.
놀음(놀이)	즐거운 놀음.

느리다	진도가 너무 느리다.
늘이다	고무줄을 늘인다.
늘리다	수출량을 더 늘린다.
다리다	옷을 다린다.
달이다	약을 달인다.
다치다	부주의로 손을 다쳤다.
닫히다	문이 저절로 닫혔다.
닫치다	문을 힘껏 닫쳤다.
마치다	벌써 일을 마쳤다.
맞히다	여러 문제를 더 맞혔다.
목거리	목거리가 덧났다.
목걸이	금 목걸이, 은 목걸이.
바치다	나라를 위해 목숨을 바쳤다.
받치다	우산을 받치고 간다.
	책받침을 받친다.
받히다	쇠뿔에 받혔다.
밭치다	술을 체에 밭친다.
반드시	약속은 반드시 지켜라.
반듯이	고개를 반듯이 들어라.
부딪치다	차와 차가 마주 부딪쳤다.
부딪히다	마차가 화물차에 부딪혔다.
부치다	힘이 부치는 일이다.
	편지를 부친다.
	논밭을 부친다.
	빈대떡을 부친다.
	식목일에 부치는 글.
	회의에 부치는 안건.
	인쇄에 부치는 원고.
	삼촌 집에 숙식을 부친다.
붙이다	우표를 붙인다.
	책상을 벽에 붙였다.
	흥정을 붙인다.
	불을 붙인다.
	감시원을 붙인다.
	조건을 붙인다.

	취미를 붙인다.
	별명을 붙인다.
시키다	일을 시킨다.
식히다	끓인 물을 식힌다.
아름	세 아름 되는 둘레.
알음	전부터 알음이 있는 사이.
앎	앎이 힘이다.
안치다	밥을 안친다.
앉히다	윗자리에 앉힌다.
어름	두 물건의 어름에서 일어난 현상.
얼음	얼음이 얼었다.
이따가	이따가 오너라.
있다가	돈은 있다가도 없다.
저리다	다친 다리가 저린다.
절이다	김장 배추를 절인다.
조리다	생선을 조린다. 통조림, 병조림.
졸이다	마음을 졸인다.
주리다	여러 날을 주렸다.
줄이다	비용을 줄인다.
하노라고	하노라고 한 것이 이 모양이다.
하느라고	공부하느라고 밤을 새웠다.
-느니보다(어미)	나를 찾아오느니보다 집에 있거라.
-는 이보다(의존 명사)	오는 이가 가는 이보다 많다.
-(으)리만큼(어미)	나를 미워하리만큼 그에게 잘못한 일이 없다.
-(으)ㄹ 이만큼(의존 명사)	찬성할 이도 반대할 이만큼이나 많을 것이다.
-(으)러(목적)	공부하러 간다.
-(으)려(의도)	서울 가려 한다.
-(으)로서(자격)	사람으로서 그럴 수는 없다.
-(으)로써(수단)	닭으로써 꿩을 대신했다.
-(으)므로(어미)	그가 나를 믿으므로 나도 그를 믿는다.
(-ㅁ, -음)으로(써)(조사)	그는 믿음으로(써) 산 보람을 느꼈다.

부록 : 문장 부호

문장 부호의 이름과 그 사용법은 다음과 같이 정한다.

Ⅰ. 마침표〔終止符〕

1. 온점(.), 고리점(。)

가로쓰기에는 온점, 세로쓰기에는 고리점을 쓴다.
　(1) 서술, 명령, 청유 등을 나타내는 문장의 끝에 쓴다.
　　　젊은이는 나라의 기둥이다.
　　　황금 보기를 돌같이 하라.
　　　집으로 돌아가자.
　　다만, 표제어나 표어에는 쓰지 않는다.
　　　　압록강은 흐른다(표제어)
　　　　꺼진 불도 다시 보자(표어)
　(2) 아라비아 숫자만으로 연월일을 표시할 적에 쓴다.
　　　1919. 3. 1.(1919 년 3 월 1 일)
　(3) 표시 문자 다음에 쓴다.
　　　1. 마침표　　　　　ㄱ. 물음표　　　　가. 인명
　(4) 준말을 나타내는 데 쓴다.
　　　서. 1987. 3. 5. (서기)

2. 물음표(?)

의심이나 물음을 나타낸다.
　(1) 직접 질문할 때에 쓴다.
　　　이제 가면 언제 돌아오니?
　　　이름이 뭐지?
　(2) 반어나 수사 의문(修辭疑問)을 나타낼 때 쓴다.
　　　제가 감히 거역할 리가 있습니까?
　　　이게 은혜에 대한 보답이냐?
　　　남북 통일이 되면 얼마나 좋을까?
　(3) 특정한 어구 또는 그 내용에 대하여 의심이나 빈정거림, 비웃음 등을 표시할 때, 또
　　는 적절한 말을 쓰기 어려운 경우에 소괄호 안에 쓴다.
　　　그것 참 훌륭한(?) 태도야.
　　　우리 집 고양이가 가출(?)을 했어요.

〔붙임 1〕　한 문장에서 몇 개의 선택적인 물음이 겹쳤을 때에는 맨 끝의 물음에만 쓰지 만, 각각 독립된 물음인 경우에는 물음마다 쓴다.

　　　너는 한국인이냐, 중국인이냐?

　　　너는 언제 왔니? 어디서 왔니? 무엇하러?

〔붙임 2〕　의문형 어미로 끝나는 문장이라도 의문의 정도가 약할 때에는 물음표 대신 온 점(또는 고리점)을 쓸 수도 있다.

　　　이 일을 도대체 어쩐단 말이냐.

　　　아무도 그 일에 찬성하지 않을 거야. 혹 미친 사람이면 모를까.

3. 느낌표(!)

감탄이나 놀람, 부르짖음, 명령 등 강한 느낌을 나타낸다.

　⑴ 느낌을 힘차게 나타내기 위해 감탄사나 감탄형 종결 어미 다음에 쓴다.

　　　앗!　　　　　　아, 달이 밝구나!

　⑵ 강한 명령문 또는 청유문에 쓴다.

　　　지금 즉시 대답해!　　　　부디 몸조심하도록!

　⑶ 감정을 넣어 다른 사람을 부르거나 대답할 적에 쓴다.

　　　춘향아!　　　　　　예, 도련님!

　⑷ 물음의 말로써 놀람이나 항의의 뜻을 나타내는 경우에 쓴다.

　　　이게 누구야!　　　　　내가 왜 나빠!

〔붙임〕　감탄형 어미로 끝나는 문장이라도 감탄의 정도가 약할 때에는 느낌표 대신 온 점(또는 고리점)을 쓸 수도 있다.

　　　개구리가 나온 것을 보니, 봄이 오긴 왔구나.

Ⅱ. 쉼표〔休止符〕

1. 반점(,), 모점(、)

가로쓰기에는 반점, 세로쓰기에는 모점을 쓴다.

문장 안에서 짧은 휴지를 나타낸다.

　⑴ 같은 자격의 어구가 열거될 때에 쓴다.

　　　근면, 검소, 협동은 우리 겨레의 미덕이다.

　　　충청도의 계룡산, 전라도의 내장산, 강원도의 설악산은 모두 국립 공원이다.

　　　다만, 조사로 연결될 적에는 쓰지 않는다.

　　　매화와 난초와 국화와 대나무를 사군자라고 한다.

　⑵ 짝을 지어 구별할 필요가 있을 때에 쓴다.

　　　닭과 지네, 개와 고양이는 상극이다.

(3) 바로 다음의 말을 꾸미지 않을 때에 쓴다.

　슬픈 사연을 간직한, 경주 불국사의 무영탑.

　성질 급한, 철수의 누이동생이 화를 내었다.

(4) 대등하거나 종속적인 절이 이어질 때에 절 사이에 쓴다.

　콩 심으면 콩 나고, 팥 심으면 팥 난다.

　흰 눈이 내리니, 경치가 더욱 아름답다.

(5) 부르는 말이나 대답하는 말 뒤에 쓴다.

　애야, 이리 오너라.　　　예, 지금 가겠습니다.

(6) 제시어 다음에 쓴다.

　빵, 빵이 인생의 전부이더냐?

　용기, 이것이야말로 무엇과도 바꿀 수 없는 젊은이의 자산이다.

(7) 도치된 문장에 쓴다.

　이리 오세요, 어머님.　　　다시 보자, 한강수야.

(8) 가벼운 감탄을 나타내는 말 뒤에 쓴다.

　아, 깜빡 잊었구나.

(9) 문장 첫머리의 접속이나 연결을 나타내는 말 다음에 쓴다.

　첫째, 몸이 튼튼해야 된다.　　　아무튼, 나는 집에 돌아가겠다.

다만, 일반적으로 쓰이는 접속어(그러나, 그러므로, 그리고, 그런데 등) 뒤에는 쓰지 않음을 원칙으로 한다.

　그러나 너는 실망할 필요가 없다.

(10) 문장 중간에 끼어든[1] 구절 앞뒤에 쓴다.

　나는, 솔직히 말하면, 그 말이 별로 탐탁하지 않소.

　철수는 미소를 띠고, 속으로는 화가 치밀었지만, 그들을 맞았다.

(11) 되풀이를 피하기 위하여 한 부분을 줄일 때에 쓴다.

　여름에는 바다에서, 겨울에는 산에서 휴가를 즐겼다.

(12) 문맥상 끊어 읽어야 할 곳에 쓴다.

　갑돌이가 울면서, 떠나는 갑순이를 배웅했다.

　갑돌이가, 울면서 떠나는 갑순이를 배웅했다.

　철수가, 내가 제일 좋아하는 친구이다.

　남을 괴롭히는 사람들은, 만약 그들이 다른 사람에게 괴롭힘을 당해 본다면, 남을 괴롭히는 일이 얼마나 나쁜 일인지 깨달을 것이다.

(13) 숫자를 나열할 때에 쓴다.

　1, 2, 3, 4

(14) 수의 폭이나 개략의 수를 나타낼 때에 쓴다.

　5, 6 세기　　　6, 7 개

---

1) 이 경우, '끼어들다'냐 '끼여들다'냐에 대하여 논란의 여지가 있으나, 여기에서는 고시본대로 두기로 한다. 이하 같다.

⒂ 수의 자릿점을 나타낼 때에 쓴다.

14,314

2. 가운뎃점(·)

열거된 여러 단위가 대등하거나 밀접한 관계임을 나타낸다.

⑴ 쉼표로 열거된 어구가 다시 여러 단위로 나누어질 때에 쓴다.

철수 · 영이, 영수 · 순이가 서로 짝이 되어 윷놀이를 하였다.

공주 · 논산, 천안 · 아산 · 천원 등 각 지역구에서 2 명씩 국회 의원을 뽑는다.

시장에 가서 사과 · 배 · 복숭아, 고추 · 마늘 · 파, 조기 · 명태 · 고등어를 샀다.

⑵ 특정한 의미를 가지는 날을 나타내는 숫자에 쓴다.

3 · 1 운동   8 · 15 광복

⑶ 같은 계열의 단어 사이에 쓴다.

경북 방언의 조사 · 연구

충북 · 충남 두 도를 합하여 충청도라고 한다.

동사 · 형용사를 합하여 용언이라고 한다.

3. 쌍점(:)

⑴ 내포되는 종류를 들 적에 쓴다.

문장 부호: 마침표, 쉼표, 따옴표, 묶음표 등.

문방 사우: 붓, 먹, 벼루, 종이.

⑵ 소표제 뒤에 간단한 설명이 붙을 때에 쓴다.

일시: 1984 년 10 월 15 일 10 시.

마침표: 문장이 끝남을 나타낸다.

⑶ 저자명 다음에 저서명을 적을 때에 쓴다.

정약용: 목민심서, 경세유표.

주시경: 국어 문법, 서울 박문 서관, 1910.

⑷ 시(時)와 분(分), 장(章)과 절(節) 따위를 구별할 때나, 둘 이상을 대비할 때에 쓴다.

오전 10 : 20 (오전 10 시 20 분)

요한 3 : 16 (요한 복음 3 장 16 절)[2]

대비 65 : 60 (65 대 60)

---

2) 이 규정집에서 '편(編) · 부(部) · 장(章) · 항(項)'이 아라비아 숫자와 결합하여 쓰이는 경우 등은 편의상 띄어쓰기의 허용 쪽을 따라 붙여 썼으나, (일러두기의 3 번을 참조함.) 이 용례는 고시본대로 보이기로 한다.

4. 빗금(/)

(1) 대응, 대립되거나 대등한 것을 함께 보이는 단어와 구, 절 사이에 쓴다.

남궁만/남궁 만   백이십오 원/125 원

착한 사람/악한 사람   맞닥뜨리다/맞닥트리다

(2) 분수를 나타낼 때에 쓰기도 한다.

3/4 분기   3/20

Ⅲ. 따옴표〔引用符〕

1. 큰따옴표(""), 겹낫표(「」)

가로쓰기에는 큰따옴표, 세로쓰기에는 겹낫표를 쓴다.

대화, 인용, 특별 어구 따위를 나타낸다.

(1) 글 가운데서 직접 대화를 표시할 때에 쓴다.

"전기가 없었을 때는 어떻게 책을 보았을까?"

"그야 등잔불을 켜고 보았겠지."

(2) 남의 말을 인용할 경우에 쓴다.

예로부터 "민심은 천심이다."라고 하였다.

"사람은 사회적 동물이다."라고 말한 학자가 있다.

2. 작은따옴표(''), 낫표(「」)

가로쓰기에는 작은따옴표, 세로쓰기에는 낫표를 쓴다.

(1) 따온 말 가운데 다시 따온 말이 들어 있을 때에 쓴다.

"여러분! 침착해야 합니다. '하늘이 무너져도 솟아날 구멍이 있다.'고 합니다."

(2) 마음 속으로 한 말을 적을 때에 쓴다.

'만약 내가 이런 모습으로 돌아간다면, 모두들 깜짝 놀라겠지.'

〔붙임〕 문장에서 중요한 부분을 두드러지게 하기 위해 드러냄표 대신에 쓰기도 한다.

지금 필요한 것은 '지식'이 아니라 '실천'입니다.

'배부른 돼지'보다는 '배고픈 소크라테스'가 되겠다.

Ⅳ. 묶음표〔括弧符〕

1. 소괄호(( ))

(1) 원어, 연대, 주석, 설명 등을 넣을 적에 쓴다.

커피(coffee)는 기호 식품이다.

3·1 운동(1919) 당시 나는 중학생이었다.

'무정(無情)'은 춘원(6·25 때 납북)의 작품이다.

니체(독일의 철학자)는 이렇게 말했다.

(2) 특히 기호 또는 기호적인 구실을 하는 문자, 단어, 구에 쓴다.

⑴ 주어   ㉠ 명사   ㈃ 소리에 관한 것

(3) 빈 자리임을 나타낼 적에 쓴다.

우리 나라의 수도는 (   )이다.

2. 중괄호({ })

여러 단위를 동등하게 묶어서 보일 때에 쓴다.

$$\text{주격 조사} \left\{ \begin{array}{c} \text{이} \\ \text{가} \end{array} \right. \qquad \text{국가의 3 요소} \left\{ \begin{array}{c} \text{국토} \\ \text{국민} \\ \text{주민} \end{array} \right.$$

3. 대괄호(〔〕)

(1) 묶음표 안의 말이 바깥 말과 음이 다를 때에 쓴다.

나이〔年歲〕   낱말〔單語〕   手足〔손발〕

(2) 묶음표 안에 또 묶음표가 있을 때에 쓴다.

명령에 있어서의 불확실〔단호(斷乎) 하지 못함〕은 복종에 있어서의 불확실〔모호(模糊) 함〕을 낳는다.

Ⅴ. 이음표〔連結符〕

1. 줄표(—)

이미 말한 내용을 다른 말로 부연하거나 보충함을 나타낸다.

(1) 문장 중간에 앞의 내용에 대해 부연하는 말이 끼여들 때 쓴다.

그 신동은 네 살에 — 보통 아이 같으면 천자문도 모를 나이에 — 벌써 시를 지었다.

(2) 앞의 말을 정정 또는 변명하는 말이 이어질 때 쓴다.

　어머님께 말했다가 — 아니, 말씀드렸다가 — 꾸중만 들었다.

　이건 내 것이니까 — 아니, 내가 처음 발견한 것이니까 — 절대로 양보할 수가 없다.

2. 붙임표(-)

(1) 사전, 논문 등에서 합성어를 나타낼 적에, 또는 접사나 어미임을 나타낼 적에 쓴다.

겨울 – 나그네	불 – 구경	손 – 발
휘 – 날리다	슬기 – 롭다	– (으)ㄹ걸

(2) 외래어와 고유어 또는 한자어가 결합되는 경우에 쓴다.

나일론 – 실	디 – 장조	빛 – 에너지	염화 – 칼륨

3. 물결표(~)

(1) '내지'라는 뜻에 쓴다.

　9 월 15 일 ~ 9 월 25 일

(2) 어떤 말의 앞이나 뒤에 들어갈 말 대신 쓴다.

새마을 :	～ 운동	～ 노래
– 가(家) :	음악～	미술～

VI. 드러냄표〔顯在符〕

1. 드러냄표(˙ , ˚)[3]

˙이나 ˚을 가로쓰기에는 글자 위에, 세로쓰기에는 글자 오른쪽에 쓴다.

문장 내용 중에서 주의가 미쳐야 할 곳이나 중요한 부분을 특별히 드러내 보일 때 쓴다.

　한글의 본 이름은 훈˙민˙정˙음˙이다.

　중요한 것은 왜 사˙느˙냐가 아니라 어떻˙게˙ 사˙느˙냐 하는 문제이다.

〔붙임〕 가로쓰기에서는 밑줄(＿＿＿＿, ～～～～～)을 치기도 한다.

　다음 보기에서 명사가 <u>아닌</u> 것은?

---

3) 고시본에는 (˚ , ˙)의 순으로 되어 있으나, 사용법에 대한 규정문이나 용례에서 ' ˙ '을 앞세웠으므로 이와 같이 제시하였다.

Ⅶ. 안드러냄표〔潛在符〕

1. 숨김표(××, ○○)

알면서도 고의로 드러내지 않음을 나타낸다.
  (1) 금기어나 공공연히 쓰기 어려운 비속어의 경우, 그 글자의 수효만큼 쓴다.
  배운 사람 입에서 어찌 ○○○란 말이 나올 수 있느냐?
  그 말을 듣는 순간 ×××란 말이 목구멍까지 치밀었다.
  (2) 비밀을 유지할 사항일 경우, 그 글자의 수효만큼 쓴다.
  육군 ○○ 부대 ○○○ 명이 작전에 참가하였다.
  그 모임의 참석자는 김×× 씨, 정×× 씨 등 5명이었다.

2. 빠짐표(□)

글자의 자리를 비워 둠을 나타낸다.
  (1) 옛 비문이나 서적 등에서 글자가 분명하지 않을 때에 그 글자의 수효만큼 쓴다.
  大師爲法主□□賴之大□薦 (옛 비문)
  (2) 글자가 들어가야 할 자리를 나타낼 때 쓴다.
  훈민정음의 초성 중에서 아음(牙音)은 □□□의 석 자다.

3. 줄임표(……)

  (1) 할 말을 줄였을 때에 쓴다.
  "어디 나하고 한번……."
  하고 철수가 나섰다.
  (2) 말이 없음을 나타낼 때에 쓴다.
  "빨리 말해!"
  "……."

2. 표준어 규정

제1부 표준어 사정 원칙

제1장 총 칙

제1항 표준어는 교양 있는 사람들이 두루 쓰는 현대 서울말로 정함을 원칙으로 한다.
제2항 외래어는 따로 사정한다.

제2장 발음 변화에 따른 표준어 규정

제1절 자 음

제3항 다음 단어들은 거센소리를 가진 형태를 표준어로 삼는다.(ㄱ을 표준어로 삼고, ㄴ을 버림.)

ㄱ	ㄴ	비 고
끄나풀	끄나불	
나팔-꽃	나발-꽃	
녘	녁	동~, 들~, 새벽~, 동 틀 ~.
부엌	부억	
살-쾡이	삵-괭이	
칸	간	1. ~막이, 빈 ~, 방 한 ~.
		2. '초가 삼간, 윗간'의 경우에는 '간'임.
털어-먹다	떨어-먹다	재물을 다 없애다.

제4항 다음 단어들은 거센소리로 나지 않는 형태를 표준어로 삼는다.(ㄱ을 표준어로 삼고, ㄴ을 버림.)

ㄱ	ㄴ	비 고
가을-갈이	가을-카리	

거시기	거시키	
분침	푼침	

제5항 어원에서 멀어진 형태로 굳어져서 널리 쓰이는 것은, 그것을 표준어로 삼는다.(ㄱ을 표준어로 삼고, ㄴ을 버림.)

ㄱ	ㄴ	비 고
강낭-콩	강남-콩	
고삿	고샅	겉~, 속~.
사글-세	삭월-세	'월세'는 표준어임.
울력-성당	위력-성당	떼를 지어서 으르고 협박하는 일.

　다만, 어원적으로 원형에 더 가까운 형태가 아직 쓰이고 있는 경우에는, 그것을 표준어로 삼는다.(ㄱ을 표준어로 삼고, ㄴ을 버림.)

ㄱ	ㄴ	비 고
갈비	가리	~구이, ~찜, 갈빗-대.
갓모	갈모	1. 사기 만드는 물레 밑고리.
		2. '갈모'는 갓 위에 쓰는, 유지로 만든 우비.
굴-젓	구-젓	
말-곁	말-겻	
물-수란	물-수랄	
밀-뜨리다	미-뜨리다	
적-이	저으기	적이-나, 적이나-하면.
휴지	수지	

제6항 다음 단어들은 의미를 구별함이 없이, 한 가지 형태만을 표준어로 삼는다.(ㄱ을 표준어로 삼고, ㄴ을 버림.)

ㄱ	ㄴ	비 고
돌	돐	생일, 주기.
둘-째	두-째	'제2, 두 개째'의 뜻.
셋-째	세-째	'제3, 세 개째'의 뜻.
넷-째	네-째	'제4, 네 개째'의 뜻.
빌리다	빌다	1. 빌려 주다, 빌려 오다.
		2. '용서를 빌다'는 '빌다'임.

　다만, '둘째'는 십 단위 이상의 서수사에 쓰일 때에 '두째'로 한다.

ㄱ	ㄴ	비 고
열두 – 째 스물두 – 째		열두 개째의 뜻은 '열둘째'로. 스물두 개째의 뜻은 '스물둘째'로.

제 7 항   수컷을 이르는 접두사는 '수 –'로 통일한다.(ㄱ을 표준어로 삼고, ㄴ을 버림.)

ㄱ	ㄴ	비 고
수 – 꿩	수 – 꿩/숫 – 꿩	'장끼'도 표준어임.
수 – 나사	숫 – 나사	
수 – 놈	숫 – 놈	
수 – 사돈	숫 – 사돈	
수 – 소	숫 – 소	'황소'도 표준어임.
수 – 은행나무	숫 – 은행나무	

다만 1. 다음 단어에서는 접두사 다음에서 나는 거센소리를 인정한다. 접두사 '암 –'이 결합되는 경우에도 이에 준한다.(ㄱ을 표준어로 삼고, ㄴ을 버림.)

ㄱ	ㄴ	비 고
수 – 캉아지	숫 – 강아지	
수 – 캐	숫 – 개	
수 – 컷	숫 – 것	
수 – 키와	숫 – 기와	
수 – 탉	숫 – 닭	
수 – 탕나귀	숫 – 당나귀	
수 – 톨쩌귀	숫 – 돌쩌귀	
수 – 퇘지	숫 – 돼지	
수 – 평아리	숫 – 병아리	

다만 2. 다음 단어의 접두사는 '숫 –'으로 한다.(ㄱ을 표준어로 삼고, ㄴ을 버림.)

ㄱ	ㄴ	비 고
숫 – 양	수 – 양	
숫 – 염소	수 – 염소	
숫 – 쥐	수 – 쥐	

제2절 모　음

제8항 양성 모음이 음성 모음으로 바뀌어 굳어진 다음 단어는 음성 모음 형태를 표준어로 삼는다.(ㄱ을 표준어로 삼고, ㄴ을 버림.)

ㄱ	ㄴ	비　고
깡충 – 깡충	깡총 – 깡총	큰말은 '껑충껑충'임.
– 둥이	– 동이	← 童 – 이. 귀 –, 막 –, 선 –, 쌍 –, 검 –, 바람 –, 흰 –.
발가 – 숭이	발가 – 송이	센말은 '빨가숭이', 큰말은 '벌거숭이, 뻘거숭이'임.
보퉁이	보통이	
봉죽	봉족	← 奉足. ∼꾼, ∼ 들다.
뻗정 – 다리	뻗장 – 다리	
아서, 아서라	앗아, 앗아라	하지 말라고 금지하는 말.
오뚝 – 이	오똑 – 이	부사도 '오뚝 – 이'임.
주추	주초	← 柱礎. 주춧 – 돌.

다만, 어원 의식이 강하게 작용하는 다음 단어에서는 양성 모음 형태를 그대로 표준어로 삼는다.(ㄱ을 표준어로 삼고, ㄴ을 버림.)

ㄱ	ㄴ	비　고
부조(扶助)	부주	∼금, 부좃 – 술.
사돈(査頓)	사둔	밭∼, 안∼.
삼촌(三寸)	삼춘	시∼, 외∼, 처∼.

제9항 'ㅣ' 역행 동화 현상에 의한 발음은 원칙적으로 표준 발음으로 인정하지 아니하되, 다만 다음 단어들은 그러한 동화가 적용된 형태를 표준어로 삼는다.(ㄱ을 표준어로 삼고, ㄴ을 버림.)

ㄱ	ㄴ	비　고
– 내기	– 나기	서울 –, 시골 –, 신출 –, 풋 –.
냄비	남비	
동댕이 – 치다	동당이 – 치다	

〔붙임 1〕 다음 단어는 'ㅣ' 역행 동화가 일어나지 아니한 형태를 표준어로 삼는다.(ㄱ을 표준어로 삼고, ㄴ을 버림.)

ㄱ	ㄴ	비 고
아지랑이	아지랭이	

〔붙임 2〕 기술자에게는 '-장이', 그 외에는 '-쟁이'가 붙는 형태를 표준어로 삼는다.(ㄱ을 표준어로 삼고, ㄴ을 버림.)

ㄱ	ㄴ	비 고
미장이	미쟁이	
유기장이	유기쟁이	
멋쟁이	멋장이	
소금쟁이	소금장이	
담쟁이-덩굴	담장이-덩굴	
골목쟁이	골목장이	
발목쟁이	발목장이	

제 10 항   다음 단어는 모음이 단순화한 형태를 표준어로 삼는다.(ㄱ을 표준어로 삼고, ㄴ을 버림.)

ㄱ	ㄴ	비 고
괴팍-하다	괴팍-하다/괴팩-하다	
-구먼	-구면	
미루-나무	미류-나무	← 美柳 ~.
미륵	미력	← 彌勒. ~ 보살, ~불, 돌~.
여느	여늬	
온-달	왼-달	만 한 달.
으레	으례	
케케-묵다	켸켸-묵다	
허우대	허위대	
허우적-허우적	허위적-허위적	허우적-거리다.

제 11 항   다음 단어에서는 모음의 발음 변화를 인정하여, 발음이 바뀌어 굳어진 형태를 표준어로 삼는다.(ㄱ을 표준어로 삼고, ㄴ을 버림.)

ㄱ	ㄴ	비 고
-구려	-구료	
깍쟁이	깍정이	1. 서울 ~, 알~, 찰~.
		2. 도토리, 상수리 등의 받침은 '깍정이'임.

나무라다	나무래다	
미수	미시	미숫 – 가루.
바라다	바래다	'바램〔所望〕'은 비표준어임.
상추	상치	~ 쌈.
시러베 – 아들	실업의 – 아들	
주책	주착	← 主着. ~ 망나니, ~ 없다.
지루 – 하다	지리 – 하다	← 支離.
튀기	트기	
허드레	허드래	허드렛 – 물, 허드렛 – 일.
호루라기	호루루기	

제 12 항　'웃 –' 및 '윗 –'은 명사 '위'에 맞추어 '윗 –'으로 통일한다.(ㄱ을 표준어로 삼고, ㄴ을 버림.)

ㄱ	ㄴ	비　　고
윗 – 넓이	웃 – 넓이	
윗 – 눈썹	웃 – 눈썹	
윗 – 니	웃 – 니	
윗 – 당줄	웃 – 당줄	
윗 – 덧줄	웃 – 덧줄	
윗 – 도리	웃 – 도리	
윗 – 동아리	웃 – 동아리	준말은 '윗동'임.
윗 – 막이	웃 – 막이	
윗 – 머리	웃 – 머리	
윗 – 목	웃 – 목	
윗 – 몸	웃 – 몸	~ 운동.
윗 – 바람	웃 – 바람	
윗 – 배	웃 – 배	
윗 – 벌	웃 – 벌	
윗 – 변	웃 – 변	수학 용어.
윗 – 사랑	웃 – 사랑	
윗 – 세장	웃 – 세장	
윗 – 수염	웃 – 수염	
윗 – 입술	웃 – 입술	
윗 – 잇몸	웃 – 잇몸	
윗 – 자리	웃 – 자리	
윗 – 중방	웃 – 중방	

다만 1. 된소리나 거센소리 앞에서는 '위-'로 한다. (ㄱ을 표준어로 삼고, ㄴ을 버림.)

ㄱ	ㄴ	비　　　고
위 – 짝	웃 – 짝	
위 – 쪽	웃 – 쪽	
위 – 채	웃 – 채	
위 – 층	웃 – 층	
위 – 치마	웃 – 치마	
위 – 턱	웃 – 턱	~ 구름〔上層雲〕.
위 – 팔	웃 – 팔	

다만 2. '아래, 위'의 대립이 없는 단어는 '웃-'으로 발음되는 형태를 표준어로 삼는다. (ㄱ을 표준어로 삼고, ㄴ을 버림.)

ㄱ	ㄴ	비　　　고
웃 – 국	윗 – 국	
웃 – 기	윗 – 기	
웃 – 돈	윗 – 돈	
웃 – 비	윗 – 비	~ 걷다.
웃 – 어른	윗 – 어른	
웃 – 옷	윗 – 옷	

제 13 항　한자 '구(句)'가 붙어서 이루어진 단어는 '귀'로 읽는 것을 인정하지 아니하고, '구'로 통일한다. (ㄱ을 표준어로 삼고, ㄴ을 버림.)

ㄱ	ㄴ	비　　　고
구법(句法)	귀법	
구절(句節)	귀절	
구점(句點)	귀점	
결구(結句)	결귀	
경구(警句)	경귀	
경인구(警人句)	경인귀	
난구(難句)	난귀	
단구(短句)	단귀	
단명구(短命句)	단명귀	
대구(對句)	대귀	~법(對句法).
문구(文句)	문귀	
성구(成句)	성귀	~어(成句語).

ㄱ	ㄴ	비 고
시구(詩句)	시귀	
어구(語句)	어귀	
연구(聯句)	연귀	
인용구(引用句)	인용귀	
절구(絶句)	절귀	

다만, 다음 단어는 '귀'로 발음되는 형태를 표준어로 삼는다.(ㄱ을 표준어로 삼고, ㄴ을 버림.)

ㄱ	ㄴ	비 고
귀-글	구-글	
글-귀	글-구	

제3절 준 말

제14항 준말이 널리 쓰이고 본말이 잘 쓰이지 않는 경우에는, 준말만을 표준어로 삼는다.(ㄱ을 표준어로 삼고, ㄴ을 버림.)

ㄱ	ㄴ	비 고
귀찮다	귀치 않다	
김	기음	~ 매다.
똬리	또아리	
무	무우	~강즙, ~말랭이, ~생채, 가랑~, 갓~, 왜~, 총각~.
미다	무이다	1. 털이 빠져 살이 드러나다. 2. 찢어지다.
뱀	배암	
뱀-장어	배암-장어	
빔	비음	설~, 생일~.
샘	새암	~바르다, ~바리.
생-쥐	새앙-쥐	
솔개	소리개	
온-갖	온-가지	
장사-치	장사-아치	

제15항 준말이 쓰이고 있더라도, 본말이 널리 쓰이고 있으면 본말을 표준어로 삼는다.(ㄱ을 표준어로 삼고, ㄴ을 버림.)

ㄱ	ㄴ	비 고
경황 – 없다	경 – 없다	
궁상 – 떨다	궁 – 떨다	
귀이 – 개	귀 – 개	
낌새	낌	
낙인 – 찍다	낙 – 하다/낙 – 치다	
내왕 – 꾼	냉 – 꾼	
돗 – 자리	돗	
뒤웅 – 박	뒝 – 박	
뒷물 – 대야	뒷 – 대야	
마구 – 잡이	막 – 잡이	
맵자 – 하다	맵자다	모양이 제격에 어울리다.
모이	모	
벽 – 돌	벽	
부스럼	부럼	정월 보름에 쓰는 '부럼'은 표준어임.
살얼음 – 판	살 – 판	
수두룩 – 하다	수둑 – 하다	
암 – 죽	암	
어음	엄	
일구다	일다	
죽 – 살이	죽 – 살	
퇴박 – 맞다	퇴 – 맞다	
한통 – 치다	통 – 치다	

〔붙임〕 다음과 같이 명사에 조사가 붙은 경우에도 이 원칙을 적용한다.(ㄱ을 표준어로 삼고, ㄴ을 버림.)

ㄱ	ㄴ	비 고
아래 – 로	알 – 로	

제 16 항 준말과 본말이 다 같이 널리 쓰이면서 준말의 효용이 뚜렷이 인정되는 것은, 두 가지를 다 표준어로 삼는다.(ㄱ은 본말이며, ㄴ은 준말임.)

ㄱ	ㄴ	비 고
거짓 – 부리	거짓 – 불	작은말은 '가짓부리, 가짓불'임.
노을	놀	저녁~.
막대기	막대	

망태기	망태	⎤ 모음 어미가 연결될 때에는 준말의 활
머무르다	머물다	⎟ 용형을 인정하지 않음.
서두르다	서둘다	⎟
서투르다	서툴다	⎦
석새 – 삼베	석새 – 베	
시 – 누이	시 – 뉘/시 – 누	
오 – 누이	오 – 뉘/오 – 누	
외우다	외다	외우며, 외워 : 외며, 외어.
이기죽 – 거리다	이죽 – 거리다	
찌꺼기	찌끼	'찌꺽지'는 비표준어임.

제4절 단수 표준어

제 17 항 비슷한 발음의 몇 형태가 쓰일 경우, 그 의미에 아무런 차이가 없고, 그 중 하나 가 더 널리 쓰이면, 그 한 형태만을 표준어로 삼는다.(ㄱ을 표준어로 삼고, ㄴ을 버림.)

ㄱ	ㄴ	비 고
거든 – 그리다	거둥 – 그리다	1. 거든하게 거두어 싸다.
		2. 작은말은 '가든 – 그리다'임.
구어 – 박다	구워 – 박다	사람이 한 군데에서만 지내다.
귀 – 고리	귀엣 – 고리	
귀 – 띔	귀 – 틤	
귀 – 지	귀에 – 지	
까딱 – 하면	까땍 – 하면	
꼭두 – 각시	꼭둑 – 각시	
내색	나색	감정이 나타나는 얼굴빛.
내숭 – 스럽다	내흉 – 스럽다	
냠냠 – 거리다	얌냠 – 거리다	냠냠 – 하다.
냠냠 – 이	얌냠 – 이	
너〔四〕	네	~ 돈, ~ 말, ~ 발, ~ 푼.
넉〔四〕	너/네	~ 냥, ~ 되, ~ 섬, ~ 자.
다다르다	다닫다	
댑 – 싸리	대 – 싸리	
더부룩 – 하다	더뿌룩 – 하다/	
	듬뿌룩 – 하다	
– 던	– 든	선택, 무관의 뜻을 나타내는 어미는 ' – 든'임.
		가 – 든(지) 말 – 든(지), 보 – 든(가) 말 – 든 (가).

-던가	-든가	
-던걸	-든걸	
-던고	-든고	
-던데	-든데	
-던지	-든지	
-(으)려고	-(으)ㄹ려고/	
	-(으)ㄹ라고	
-(으)려야	-(으)ㄹ려야/	
	-(으)ㄹ래야	
망가-뜨리다	망그-뜨리다	
멸치	며루치/메리치	
반빗-아치	반비-아치	'반빗' 노릇을 하는 사람. 찬비(饌婢).
		'반비'는 밥짓는 일을 맡은 계집종.
보습	보십/보섭	
본새	뽄새	
봉숭아	봉숭화	'봉선화'도 표준어임.
빰-따귀	뺌-따귀/	'빰'의 비속어임.
	빰-따구니	
뼈개다〔斫〕	뻐기다	두 조각으로 가르다.
뻐기다〔誇〕	뼈개다	뽐내다.
사자-탈	사지-탈	
상-판대기1)	쌍-판대기	
서〔三〕	세/석	~ 돈, ~ 말, ~ 발, ~ 푼.
석〔三〕	세	~ 냥, ~ 되, ~ 섬, ~ 자.
설령(設令)	서령	
-습니다	-읍니다	먹습니다, 갔습니다, 없습니다, 있습니다, 좋습니다.
		모음 뒤에는 '-ㅂ니다'임.
시름-시름	시늠-시늠	
쓱벅-쓱벅	썩벅-썩벅	
아궁이	아궁지	
아내	안해	
어-중간	어지-중간	
오금-팽이	오금-탱이	
오래-오래	도래-도래	돼지 부르는 소리.
-올시다	-올습니다	

---

1) 이 예를 '상판때기'로 적고, '상판-때기'로 분석한다고 생각할 수도 있으나, 고시본대로 둔다.

옹골 – 차다	공골 – 차다	
우두커니	우두머니	작은말은 '오도카니'임.
잠 – 투정	잠 – 투세/	
	잠 – 주정	
재봉 – 틀	자봉 – 틀	발~, 손~.
짓 – 무르다	짓 – 물다	
짚 – 북데기	짚 – 북세기	'짚북더기'도 비표준어임.
쪽	짝	편(便). 이~, 그~, 저~.
		다만, '아무 – 짝'은 '짝'임.
천장(天障)	천정	'천정부지(天井不知)'는 '천정'임.
코 – 맹맹이	코 – 맹녕이	
흥 – 업다	흥 – 헙다	

제 5 절 복수 표준어

제 18 항 다음 단어는 ㄱ을 원칙으로 하고, ㄴ도 허용한다.

ㄱ	ㄴ	비 고
네	예	
쇠 –	소 –	– 가죽, – 고기, – 기름, – 머리, – 뼈.
괴다	고이다	물이 ~, 밑을 ~.
꾀다	꼬이다	어린애를 ~, 벌레가 ~.
쐬다	쏘이다	바람을 ~.
죄다	조이다	나사를 ~.
쬐다	쪼이다	볕을 ~.

제 19 항 어감의 차이를 나타내는 단어 또는 발음이 비슷한 단어들이 다 같이 널리 쓰이는 경우에는, 그 모두를 표준어로 삼는다.(ㄱ, ㄴ을 모두 표준어로 삼음.)

ㄱ	ㄴ	비 고
거슴츠레 – 하다	게슴츠레 – 하다	
고까	꼬까	~신, ~옷.
고린 – 내	코린 – 내	
교기(驕氣)	갸기	교만한 태도.
구린 – 내	쿠린 – 내	
꺼림 – 하다	께름 – 하다	
나부랭이	너부렁이	

제 3 장　어휘 선택의 변화에 따른 표준어 규정

제1절 고　　어

제 20 항　사어(死語)가 되어 쓰이지 않게 된 단어는 고어로 처리하고, 현재 널리 사용되는 단어를 표준어로 삼는다.(ㄱ을 표준어로 삼고, ㄴ을 버림.)

ㄱ	ㄴ	비　　고
난봉	봉	
낭떠러지	낭	
설거지 – 하다	설겆다	
애달프다	애닲다	
오동 – 나무	머귀 – 나무	
자두	오얏	

제 2 절　한자어

제 21 항　고유어 계열의 단어가 널리 쓰이고 그에 대응되는 한자어 계열의 단어가 용도를 잃게 된 것은, 고유어 계열의 단어만을 표준어로 삼는다.(ㄱ을 표준어로 삼고, ㄴ을 버림.)

ㄱ	ㄴ	비　　고
가루 – 약	말 – 약	
구들 – 장	방 – 돌	
길품 – 삯	보행 – 삯	
까막 – 눈	맹 – 눈	
꼭지 – 미역	총각 – 미역	
나뭇 – 갓	시장 – 갓	
늙 – 다리	노닥다리	
두껍 – 닫이	두껍 – 창	
떡 – 암죽	병 – 암죽	
마른 – 갈이	건 – 갈이	
마른 – 빨래	건 – 빨래	
메 – 찰떡	반 – 찰떡	
박달 – 나무	배달 – 나무	
밥 – 소라	식 – 소라	큰 놋그릇.
사래 – 논	사래 – 답	묘지기나 마름이 부쳐 먹는 땅.
사래 – 밭	사래 – 전	

삯 – 말	삯 – 마	
성냥	화곽	
솟을 – 무늬	솟을 – 문(~紋)	
외 – 지다	벽 – 지다	
움 – 파	동 – 파	
잎 – 담배	잎 – 초	
잔 – 돈	잔 – 전	
조 – 당수	조 – 당죽	
죽데기	피 – 죽	'죽더기'도 비표준어임.
지겟 – 다리	목 – 발	지게 동발의 양쪽 다리.
짐 – 꾼	부지 – 군(負持 –)	
푼 – 돈	분 – 전/푼 – 전	
흰 – 말	백 – 말/부루 – 말	'백마'는 표준어임.
흰 – 죽	백 – 죽	

제 22 항 고유어 계열의 단어가 생명력을 잃고 그에 대응되는 한자어 계열의 단어가 널리
쓰이면, 한자어 계열의 단어를 표준어로 삼는다.(ㄱ을 표준어로 삼고, ㄴ을 버림.)

ㄱ	ㄴ	비 고
개다리 – 소반	개다리 – 밥상	
겸 – 상	맞 – 상	
고봉 – 밥	높은 – 밥	
단 – 벌	홑 – 벌	
마방 – 집	마바리 – 집	馬房~.
민망 – 스럽다/면구 – 스럽다	민주 – 스럽다	
방 – 고래	구들 – 고래	
부항 – 단지	뜸 – 단지	
산 – 누에	멧 – 누에	
산 – 줄기	멧 – 줄기/멧 – 발	
수 – 삼	무 – 삼	
심 – 돋우개	불 – 돋우개	
양 – 파	둥근 – 파	
어질 – 병	어질 – 머리	
윤 – 달	군 – 달	
장력 – 세다	장성 – 세다	
제석	젯 – 돗	
총각 – 무	알 – 무/알타리 – 무	
칫 – 솔	잇 – 솔	

| 포수 | 총 - 댕이 | |

제3절 방   언

제 23 항 방언이던 단어가 표준어보다 더 널리 쓰이게 된 것은, 그것을 표준어로 삼는다.
이 경우, 원래의 표준어는 그대로 표준어로 남겨 두는 것을 원칙으로 한다.(ㄱ을 표준어
로 삼고, ㄴ도 표준어로 남겨 둠.)

ㄱ	ㄴ	비 고
멍게	우렁쉥이	
물 - 방개	선두리	
애 - 순	어린 - 순	

제 24 항 방언이던 단어가 널리 쓰이게 됨에 따라 표준어이던 단어가 안 쓰이게 된 것은,
방언이던 단어를 표준어로 삼는다.(ㄱ을 표준어로 삼고, ㄴ을 버림.)

ㄱ	ㄴ	비 고
귀밑 - 머리	귓 - 머리	
까 - 뭉개다	까 - 무느다	
막상	마기	
빈대 - 떡	빈자 - 떡	
생인 - 손	생안 - 손	준말은 '생 - 손'임.
역 - 겹다	역 - 스럽다	
코 - 주부	코 - 보	

제4절 단수표준어

제 25 항 의미가 똑같은 형태가 몇 가지 있을 경우, 그 중 어느 하나가 압도적으로 널리 쓰
이면, 그 단어만을 표준어로 삼는다.(ㄱ을 표준어로 삼고, ㄴ을 버림.)

ㄱ	ㄴ	비 고
- 게끔	- 게시리	
겸사 - 겸사	겸지 - 겸지/겸두 - 겸두	
고구마	참 - 감자	
고치다	낫우다	병을 ~.
골목 - 쟁이	골목 - 자기	
광주리	광우리	
괴통	호구	자루를 박는 부분.

국 – 물	멀 – 국/말 – 국	
군 – 표	군용 – 어음	
길 – 잡이	길 – 앞잡이	'길라잡이'도 표준어임.
까다롭다	까닭 – 스럽다/까탈 – 스럽다	
까치 – 발	까치 – 다리	선반 따위를 받치는 물건.
꼬창 – 모	말뚝 – 모	꼬창이로 구멍을 뚫으면서 심는 모.
나룻 – 배	나루	'나루(津)'는 표준어임.
납 – 도리	민 – 도리	
농 – 지거리	기롱 – 지거리	다른 의미의 '기롱지거리'는 표준어임.
다사 – 스럽다	다사 – 하다	간섭을 잘 하다.
다오	다구	이리 ~ .
담배 – 꽁초	담배 – 꼬투리/담배 – 꽁치/담배 – 꽁추	
담배 – 설대	대 – 설대	
대장 – 일	성냥 – 일	
뒤져 – 내다	뒤어 – 내다	
뒤통수 – 치다	뒤꼭지 – 치다	
등 – 나무	등 – 칡	
등 – 때기	등 – 떠리	'등'의 낮은 말.
등잔 – 걸이	등경 – 걸이	
떡 – 보	떡 – 충이	
똑딱 – 단추	딸꼭 – 단추	
매 – 만지다	우미다	
먼 – 발치	먼 – 발치기	
며느리 – 발톱	뒷 – 발톱	
명주 – 붙이	주 – 사니	
목 – 메다	목 – 맺히다	
밀짚 – 모자	보릿짚 – 모자	
바가지	열 – 바가지/열 – 박	
바람 – 꼭지	바람 – 고다리	튜브의 바람을 넣는 구멍에 붙은, 쇠로 만든 꼭지.
반 – 나절	나절 – 가웃	
반두	독대	그물의 한 가지.
버젓 – 이	뉘연 – 히	
본 – 받다	법 – 받다	
부각	다시마 – 자반	

부끄러워 – 하다	부끄리다	
부스러기	부스럭지	
부지깽이	부지팽이	
부항 – 단지	부항 – 항아리	부스럼에서 피고름을 빨아 내기 위하여 부항을 붙이는 데 쓰는, 자그마한 단지.
붉으락 – 푸르락	푸르락 – 붉으락	
비켜 – 덩이	옆 – 사리미	김맬 때에 흙덩이를 옆으로 빼내는 일. 또는 그 흙덩이.
빙충 – 이	빙충 – 맞이	작은말은 '뱅충이'.
빠 – 뜨리다	빠 – 치다	'빠트리다'도 표준어임.
뻣뻣 – 하다	왜긋다	
뽐 – 내다	느물다	
사로 – 잠그다	사로 – 채우다	자물쇠나 빗장 따위를 반 정도만 걸어 놓다.
살 – 풀이	살 – 막이	
상투 – 쟁이	상투 – 꼬부랑이	상투 튼 이를 놀리는 말.
새앙 – 손이	생강 – 손이	
샛 – 별	새벽 – 별	
선 – 머슴	풋 – 머슴	
섭섭 – 하다	애운 – 하다	
속 – 말	속 – 소리	국악 용어 '속소리'는 표준어임.
손목 – 시계	팔목 – 계/팔뚝 – 시계	
손 – 수레	손 – 구루마	'구루마'는 일본어임.
쇠 – 고랑	고랑 – 쇠	
수도 – 꼭지	수도 – 고동	
숙성 – 하다	숙 – 지다	
순대	골집	
술 – 고래	술 – 꾸러기/술 – 부대/술 – 보/술 – 푸대	
식은 – 땀	찬 – 땀	
신기 – 롭다	신기 – 스럽다	'신기하다'도 표준어임.
쌍동 – 밤	쪽 – 밤	
쏜살 – 같이	쏜살 – 로	
아주	영판	
안 – 걸이	안 – 낚시	씨름 용어.
안다미 – 씌우다	안다미 – 시키다	제가 담당할 책임을 남에게 넘기다.
안쓰럽다	안 – 슬프다	

안절부절 – 못하다	안절부절 – 하다	
앉은뱅이 – 저울	앉은 – 저울	
알 – 사탕	구슬 – 사탕	
암 – 내	곁땀 – 내	
앞 – 지르다	따라 – 먹다	
애 – 벌레	어린 – 벌레	
얄은 – 꾀	물탄 – 꾀	
언뜻	펀뜻	
언제나	노다지	
얼룩 – 말	워라 – 말	
– 에는	– 엘랑	
열심 – 히	열심 – 로	
입 – 담	말 – 담	
자배기	너벅지	
전봇 – 대	전선 – 대	
주책 – 없다	주책 – 이다	'주착 → 주책'은 제11항 참조.
쥐락 – 펴락	펴락 – 쥐락	
– 지만	– 지만서도	← – 지마는.
짓고 – 땡	지어 – 땡/짓고 – 땡이	
짧은 – 작	짜른 – 작	
참 – 쌀	이 – 찹쌀	
청대 – 콩	푸른 – 콩	
칡 – 범	갈 – 범	

제5절 복수 표준어

제26항 한 가지 의미를 나타내는 형태 몇 가지가 널리 쓰이며 표준어 규정에 맞으면, 그 모두를 표준어로 삼는다.

복 수 표 준 어	비 고
가는 – 허리/잔 – 허리	
가락 – 엿/가래 – 엿	
가뭄/가물	
가엾다/가엽다	가엾어/가여워, 가엾은/가여운.
감감 – 무소식/감감 – 소식	
개수 – 통/설거지 – 통	'설겆다'는 '설거지 – 하다'로.
개숫 – 물/설거지 – 물	
갱 – 엿/검은 – 엿	

-거리다/-대다	가물-, 출렁-.
거위-배/횟-배	
것/해	내 ~, 네 ~, 뉘 ~.
게을러-빠지다/게을러-터지다	
고깃-간/푸줏-간	'고깃-관, 푸줏-관, 다림-방'은 비표준어임.
곰곰/곰곰-이	
관계-없다/상관-없다	
교정-보다/준-보다	
구들-재/구재	
귀퉁-머리/귀퉁-배기	'귀퉁이'의 비어임.
극성-떨다/극성-부리다	
기세-부리다/기세-피우다	
기승-떨다/기승-부리다	
깃-저고리/배내-옷/배냇-저고리	
꼬까/때때/고까	~신, ~옷.
꼬리-별/살-별	
꽃-도미/붉-돔	
나귀/당-나귀	
날-걸/세-뿔	윷판의 쨀밭 다음의 셋째 밭.
내리-글씨/세로-글씨	
넝쿨/덩굴	'덩쿨'은 비표준어임.
녘/쪽	동~, 서~.
눈-대중/눈-어림/눈-짐작	
느리-광이/느림-보/늘-보	
늦-모/마냥-모	← 만이앙-모.
다기-지다/다기-차다	
다달-이/매-달	
-다마다/-고말고	
다박-나룻/다박-수염	
닭의-장/닭-장	
댓-돌/툇-돌	
덧-창/겉-창	
독장-치다/독판-치다	
동자-기둥/쪼구미	
돼지-감자/뚱딴지	
되우/된통/되게	
두동-무니/두동-사니	윷놀이에서, 두 동이 한데 어울려 가는 말.

뒷 – 갈망/뒷 – 감당	
뒷 – 말/뒷 – 소리	
들락 – 거리다/들랑 – 거리다	
들락 – 날락/들랑 – 날랑	
딴 – 전/딴 – 청	
땅 – 콩/호 – 콩	
땔 – 감/땔 – 거리	
– 뜨리다/ – 트리다	깨 –, 떨어 –, 쏟 –.
뜬 – 것/뜬 – 귀신	
마룻 – 줄/용총 – 줄	돛대에 매어 놓은 줄.
	'이어줄'은 비표준어임.
마 – 파람/앞 – 바람	
만장 – 판/만장 – 중(滿場中)	
만큼/만치	
말 – 동무/말 – 벗	
매 – 갈이/매 – 조미	
매 – 통/목 – 매	
먹 – 새/먹음 – 새	'먹음 – 먹이'는 비표준어임.
멀찌감치/멀찌가니/멀찍이	
멱통/산 – 멱/산 – 멱통	
면 – 치레/외면 – 치레	
모 – 내다/모 – 심다	모 – 내기, 모 – 심기.
모쪼록/아무쪼록	
목판 – 되/모 – 되	
목화 – 씨/면화 – 씨	
무심 – 결/무심 – 중	
물 – 봉숭아/물 – 봉선화	
물 – 부리/빨 – 부리	
물 – 심부름/물 – 시중	
물추리 – 나무/물추리 – 막대	
물 – 타작/진 – 타작	
민둥 – 산/벌거숭이 – 산	
밑 – 층/아래 – 층	
바깥 – 벽/밭 – 벽	
바른/오른〔右〕	~손, ~쪽, ~편.
발 – 모가지/발 – 목쟁이	'발목'의 비속어임.
버들 – 강아지/버들 – 개지	
벌레/버러지	'벌거지, 벌러지'는 비표준어임.

변덕 – 스럽다/변덕 – 맞다	
보 – 조개/볼 – 우물	
보통 – 내기/여간 – 내기/예사 – 내기	'행 – 내기'는 비표준어임.
볼 – 따구니/볼 – 퉁이/볼 – 때기	'볼'의 비속어임.
부침개 – 질/부침 – 질/지짐 – 질	'부치개 – 질'은 비표준어임.
불똥 – 앉다/등화 – 지다/등화 – 앉다	
불 – 사르다/사르다	
비발/비용(費用)	
뾰두라지/뾰루지	
살 – 쾡이/삵	삵 – 피.
삽살 – 개/삽사리	
상두 – 꾼/상여 – 꾼	'상도 – 꾼, 향도 – 꾼'은 비표준어임.
상 – 씨름/소 – 걸이	
생/새앙/생강	
생 – 뿔/새앙 – 뿔/생강 – 뿔	'쇠뿔'의 형용.
생 – 철/양 – 철	1. '서양철'은 비표준어임.
	2. '生鐵'은 '무쇠'임.
서럽다/섧다	'설다'는 비표준어임.
서방 – 질/화냥 – 질	
성글다/성기다	
– (으)세요/ – (으)셔요	
송이/송이 – 버섯	
수수 – 깡/수숫 – 대	
술 – 안주/안주	
– 스레하다/ – 스름하다	거무 – , 발그 – .
시늉 – 말/흉내 – 말	
시새/세사(細沙)	
신/신발	
신주 – 보/독보(櫝褓)	
심술 – 꾸러기/심술 – 쟁이	
씁쓰레 – 하다/씁쓰름 – 하다	
아귀 – 세다/아귀 – 차다	
아래 – 위/위 – 아래	
아무튼/어떻든/어쨌든/하여튼/여하튼	
앉음 – 새/앉음 – 앉음	
알은 – 척/알은 – 체	
애 – 갈이/애벌 – 갈이	
애꾸눈 – 이/외눈 – 박이	'외대 – 박이, 외눈 – 퉁이'는 비표준어임.

양념 – 감/양념 – 거리	
어금버금 – 하다/어금지금 – 하다	
어기여차/어여차	
어림 – 잡다/어림 – 치다	
어이 – 없다/어처구니 – 없다	
어저께/어제	
언덕 – 바지/언덕 – 배기	
얼렁 – 뚱땅/엄벙 – 뗑	
여왕 – 벌/장수 – 벌	
여쭈다/여쭙다	
여태/입때	'여직'은 비표준어임.
여태 – 껏/이제 – 껏/입때 – 껏	'여직 – 껏'은 비표준어임.
역성 – 들다/역성 – 하다	'편역 – 들다'는 비표준어임.
연 – 달다/잇 – 달다	
엿 – 가락/엿 – 가래	
엿 – 기름/엿 – 길금	
엿 – 반대기/엿 – 자박	
오사리 – 잡놈/오색 – 잡놈	'오합 – 잡놈'은 비표준어임.
옥수수/강냉이	~떡, ~묵, ~ 밥, ~ 튀김.
왕골 – 기직/왕골 – 자리	
외겹 – 실/외올 – 실/홑 – 실	'홑겹 – 실, 올 – 실'은 비표준어임.
외손 – 잡이/한손 – 잡이	
욕심 – 꾸러기/욕심 – 쟁이	
우레/천둥	우렛 – 소리, 천둥 – 소리.
우지/울 – 보	
을러 – 대다/을러 – 메다	
의심 – 스럽다/의심 – 쩍다	
– 이에요/ – 이어요	
이틀 – 거리/당 – 고금	학질의 일종임.
일일 – 이/하나 – 하나	
일찌감치/일찌거니	
입찬 – 말/입찬 – 소리	
자리 – 옷/잠 – 옷	
자물 – 쇠/자물 – 통	
장가 – 가다/장가 – 들다	'서방 – 가다'는 비표준어임.
재롱 – 떨다/재롱 – 부리다	
제 – 가끔/제 – 각기	
좀 – 처럼/좀 – 체	'좀 – 체로, 좀 – 해선, 좀 – 해'는 비표준어임.

줄 – 꾼/줄 – 잡이	
중신/중매	
짚 – 단/짚 – 뭇	
쪽/편	오른~, 왼~.
차차/차츰	
책 – 씻이/책 – 거리	
척/체	모르는 ~, 잘난 ~.
천연덕 – 스럽다/천연 – 스럽다	
철 – 따구니/철 – 딱서니/철 – 딱지	'철 – 때기'는 비표준어임.
추어 – 올리다/추어 – 주다	'추켜 – 올리다'는 비표준어임.
축 – 가다/축 – 나다	
침 – 놓다/침 – 주다	
통 – 꼭지/통 – 젖	통에 붙은 손잡이.
파자 – 쟁이/해자 – 쟁이	점치는 이.
편지 – 투/편지 – 틀	
한턱 – 내다/한턱 – 하다	
해웃 – 값/해웃 – 돈	'해우 – 차'는 비표준어임.
혼자 – 되다/홀로 – 되다	
흠 – 가다/흠 – 나다/흠 – 지다	

제 2 부 표준 발음법

제 1 장 총   칙

제 1 항 표준 발음법은 표준어의 실제 발음을 따르되, 국어의 전통성과 합리성을 고려하여 정함을 원칙으로 한다.

제 2 장 자음과 모음

제 2 항 표준어의 자음은 다음 19 개로 한다.

ㄱ ㄲ ㄴ ㄷ ㄸ ㄹ ㅁ ㅂ ㅃ ㅅ ㅆ ㅇ ㅈ ㅉ ㅊ ㅋ ㅌ ㅍ ㅎ

제 3 항 표준어의 모음은 다음 21 개로 한다.

ㅏ ㅐ ㅑ ㅒ ㅓ ㅔ ㅕ ㅖ ㅗ ㅘ ㅙ ㅚ ㅛ ㅜ ㅝ ㅞ ㅟ ㅠ ㅡ
ㅢ ㅣ

제4항 'ㅏ ㅐ ㅓ ㅔ ㅗ ㅚ ㅜ ㅟ ㅡ ㅣ'는 단모음(單母音)으로 발음한다.

〔붙임〕 'ㅚ, ㅟ'는 이중 모음으로 발음할 수 있다.

제5항 'ㅑ ㅒ ㅕ ㅖ ㅘ ㅙ ㅛ ㅝ ㅞ ㅠ ㅢ'는 이중 모음으로 발음한다.

　다만 1. 용언의 활용형에 나타나는 '져, 쪄, 쳐'는 [저, 쩌, 처]로 발음한다.

　　　　가지어 → 가져[가저]　　　찌어 → 쪄[쩌]　　　다치어 → 다쳐[다처]

　다만 2. '예, 례' 이외의 'ㅖ'는 [ㅔ]로도 발음한다.

　　　계집[계:집/게:집]　　　　　　계시다[계:시다/게:시다]
　　　시계[시계/시게](時計)　　　　연계[연계/연게](連繫)
　　　메별[메별/메별](袂別)　　　　개폐[개폐/개페](開閉)
　　　혜택[혜:택/혜:택](惠澤)　　　지혜[지혜/지혜](智慧)

　다만 3. 자음을 첫소리로 가지고 있는 음절의 'ㅢ'는 [ㅣ]로 발음한다.

　　　닐리리　　　닝큼　　　무늬　　　띄어쓰기　　　씌어
　　　틔어　　　희어　　　희떱다　　　희망　　　유희

　다만 4. 단어의 첫음절 이외의 '의'는 [ㅣ]로, 조사 '의'는 [ㅔ]로 발음함도 허용한다.

　　　주의[주의/주이]　　　　　협의[혀비/혀비]
　　　우리의[우리의/우리에]　　　강의의[강:의의/강:이에]

제3장　음의 길이

제6항　모음의 장단을 구별하여 발음하되, 단어의 첫음절에서만 긴소리가 나타나는 것을 원칙으로 한다.

　⑴ 눈보라[눈:보라]　　　말씨[말:씨]　　　밤나무[밤:나무]
　　많다[만:타]　　　　　멀리[멀:리]　　　벌리다[벌:리다]
　⑵ 첫눈[천눈]　　　　　참말[참말]　　　쌍동밤[쌍동밤]
　　수많이[수:마니]　　　눈멀다[눈멀다]　　떠벌리다[떠벌리다]

　다만, 합성어의 경우에는 둘째 음절 이하에서도 분명한 긴소리를 인정한다.

　　　반신반의[반:신 바:늬/반:신 바:니]　　　재삼재사[재:삼 재:사]

　〔붙임〕 용언의 단음절 어간에 어미 '-아/-어'가 결합되어 한 음절로 축약되는 경우에도 긴소리로 발음한다.

　　　보아 → 봐[봐:]　　　기어 → 겨[겨:]　　　되어 → 돼[돼:]
　　　두어 → 둬[둬:]　　　하여 → 해[해:]

　다만, '오아 → 와, 지어 → 져, 찌어 → 쪄, 치어 → 쳐' 등은 긴소리로 발음하지 않는다.

제7항　긴소리를 가진 음절이라도, 다음과 같은 경우에는 짧게 발음한다.

　1. 단음절인 용언 어간에 모음으로 시작된 어미가 결합되는 경우

　　　감다[감:따] ― 감으니[가므니]　　　밟다[밥:따] ― 밟으면[발브면]
　　　신다[신:따] ― 신어[시너]　　　　알다[알:다] ― 알아[아라]

　다만, 다음과 같은 경우에는 예외적이다.

끌다[끌:다] — 끌어[끄:러]   떫다[떫:따] — 떫은[떨:븐]

벌다[벌:다] — 벌어[버:러]   썰다[썰:다] — 썰어[써:러]

없다[업:따] — 없으니[업:쓰니]

2. 용언 어간에 피동, 사동의 접미사가 결합되는 경우

    감다[감:따] — 감기다[감기다]   꼬다[꼬:다] — 꼬이다[꼬이다]

    밟다[밥:따] — 밟히다[발피다]

다만, 다음과 같은 경우에는 예외적이다.

    끌리다[끌:리다]   벌리다[벌:리다]   없애다[업:쌔다]

〔붙임〕 다음과 같은 복합어[2]에서는 본디의 길이에 관계없이 짧게 발음한다.

    밀 – 물   썰 – 물   쏜 – 살 – 같이[3]   작은 – 아버지

제 4 장 받침의 발음

제 8 항 받침소리로는 'ㄱ, ㄴ, ㄷ, ㄹ, ㅁ, ㅂ, ㅇ'의 7 개 자음만 발음한다.

제 9 항 받침 'ㄲ, ㅋ', 'ㅅ, ㅆ, ㅈ, ㅊ, ㅌ', 'ㅍ'은 어말 또는 자음 앞에서 각각 대표음 [ㄱ, ㄷ, ㅂ]으로 발음한다.

    닦다[닥따]   키읔[키윽]   키읔과[키윽꽈]   옷[옫]   웃다[욷:따]

    있다[읻따]   젖[젇]   빚다[빋따]   꽃[꼳]   쫓다[쫃따]

    솥[솓]   뱉다[밷:따]   앞[압]   덮다[덥따]

제 10 항 겹받침 'ㄳ', 'ㄵ', 'ㄼ, ㄽ, ㄾ', 'ㅄ'은 어말 또는 자음 앞에서 각각 [ㄱ, ㄴ, ㄹ, ㅂ]으로 발음한다.

    넋[넉]   넋과[넉꽈]   앉다[안따]   여덟[여덜]   넓다[널따]

    외곬[외골]   핥다[할따]   값[갑]   없다[업:따]

다만, '밟 –'은 자음 앞에서 [밥]으로 발음하고, '넓 –'은 다음과 같은 경우에 [넙]으로 발음한다.

(1) 밟다[밥:따]   밟소[밥:쏘]   밟지[밥:찌]

    밟는[밥:는 → 밤:는]   밟게[밥:께]   밟고[밥:꼬]

(2) 넓 – 죽하다[넙쭈카다]   넓 – 둥글다[넙뚱글다]

제 11 항 겹받침 'ㄺ, ㄻ, ㄿ'은 어말 또는 자음 앞에서 각각 [ㄱ, ㅁ, ㅂ]으로 발음한다.

    닭[닥]   흙과[흑꽈]   맑다[막따]   늙지[늑찌]

    삶[삼:]   젊다[점:따]   읊고[읍꼬]   읊다[읍따]

다만, 용언의 어간 말음 'ㄺ'은 'ㄱ' 앞에서 [ㄹ]로 발음한다.

    맑게[말께]   묽고[물꼬]   얽거나[얼꺼나]

제 12 항 받침 'ㅎ'의 발음은 다음과 같다.

---

2) 학교 문법 용어에 따른다면 이 '복합어'는 '합성어'가 된다.

3) 이를 '쏜살같 – 이'로 분석한다고 생각할 수 있으나, 고시본대로 둔다.

1. 'ㅎ(ㄶ, ㅀ)' 뒤에 'ㄱ, ㄷ, ㅈ'이 결합되는 경우에는, 뒤 음절 첫소리와 합쳐서 [ㅋ, ㅌ, ㅊ]으로 발음한다.

    놓고[노코]   좋던[조:턴]   쌓지[싸치]   많고[만:코]
    않던[안턴]   닳지[달치]

〔붙임 1〕 받침 'ㄱ(ㄹㄱ), ㄷ, ㅂ(ㄹㅂ), ㅈ(ㄴㅈ)'이 뒤 음절 첫소리 'ㅎ'과 결합되는 경우에도, 역시 두 음을 합쳐서 [ㅋ, ㅌ, ㅍ, ㅊ]으로 발음한다.

    각하[가카]   먹히다[머키다]   밝히다[발키다]   맏형[마텽]
    좁히다[조피다]   넓히다[널피다]   꽂히다[꼬치다]   앉히다[안치다]

〔붙임 2〕 규정에 따라 'ㄷ'으로 발음되는 'ㅅ, ㅈ, ㅊ, ㅌ'의 경우에도 이에 준한다.

    옷 한 벌[오탄벌]   낮 한때[나탄때]   꽃 한 송이[꼬탄송이]   숱하다[수타다]

2. 'ㅎ(ㄶ, ㅀ)' 뒤에 'ㅅ'이 결합되는 경우에는, 'ㅅ'을 [ㅆ]으로 발음한다.

    닿소[다쏘]   많소[만:쏘]   싫소[실쏘]

3. 'ㅎ' 뒤에 'ㄴ'이 결합되는 경우에는, [ㄴ]으로 발음한다.

    놓는[논는]   쌓네[싼네]

〔붙임〕 'ㄶ, ㅀ' 뒤에 'ㄴ'이 결합되는 경우에는, 'ㅎ'을 발음하지 않는다.

    않네[안네]   않는[안는]   뚫네[뚤네 → 뚤레]   뚫는[뚤는 → 뚤른]
    ＊'뚫네[뚤네 → 뚤레], 뚫는[뚤는 → 뚤른]'에 대해서는 제20항 참조.

4. 'ㅎ(ㄶ, ㅀ)' 뒤에 모음으로 시작된 어미나 접미사가 결합되는 경우에는, 'ㅎ'을 발음하지 않는다.

    낳은[나은]   놓아[노아]   쌓이다[싸이다]   많아[마:나]
    않은[아는]   닳아[다라]   싫어도[시러도]

제 13 항　홑받침이나 쌍받침이 모음으로 시작된 조사나 어미, 접미사와 결합되는 경우에는, 제 음가대로 뒤 음절 첫소리로 옮겨 발음한다.

    깎아[까까]   옷이[오시]   있어[이써]   낮이[나지]
    꽂아[꼬자]   꽃을[꼬츨]   쫓아[쪼차]   밭에[바테]
    앞으로[아프로]   덮이다[더피다]

제 14 항　겹받침이 모음으로 시작된 조사나 어미, 접미사와 결합되는 경우에는, 뒤엣것만을 뒤 음절 첫소리로 옮겨 발음한다.(이 경우, 'ㅅ'은 된소리로 발음함.)

    넋이[넉씨]   앉아[안자]   닭을[달글]   젊어[절머]   곬이[골씨]
    핥아[할타]   읊어[을퍼]   값을[갑쓸]   없어[업:써]

제 15 항　받침 뒤에 모음 'ㅏ, ㅓ, ㅗ, ㅜ, ㅟ'들로 시작되는 실질 형태소가 연결되는 경우에는, 대표음으로 바꾸어서 뒤 음절 첫소리로 옮겨 발음한다.

    밭 아래[바다래]   늪 앞[느밥]   젖어미[저더미]   맛없다[마덥따]
    겉옷[거돋]   헛웃음[허두슴]   꽃 위[꼬뒤]

    다만, '맛있다, 멋있다'는 [마싣따], [머싣따]로도 발음할 수 있다.

〔붙임〕 겹받침의 경우에는, 그 중 하나만을 옮겨 발음한다.

    넋없다[너겁따]   닭 앞에[다가페]   값어치[가버치]   값있는[가빈는]

제 16 항　한글 자모의 이름은 그 받침소리를 연음하되, 'ㄷ, ㅈ, ㅊ, ㅋ, ㅌ, ㅍ, ㅎ'의 경우에

는 특별히 다음과 같이 발음한다.

디귿이[디그시]	디귿을[디그슬]	디귿에[디그세]
지읒이[지으시]	지읒을[지으슬]	지읒에[지으세]
치읓이[치으시]	치읓을[치으슬]	치읓에[치으세]
키읔이[키으기]	키읔을[키으글]	키읔에[키으게]
티읕이[티으시]	티읕을[티으슬]	티읕에[티으세]
피읖이[피으비]	피읖을[피으블]	피읖에[피으베]
히읗이[히으시]	히읗을[히으슬]	히읗에[히으세]

제 5 장   음의 동화

제 17 항   받침 'ㄷ, ㅌ(ㄾ)'이 조사나 접미사의 모음 'ㅣ'와 결합되는 경우에는, [ㅈ, ㅊ]으로 바꾸어서 뒤 음절 첫소리로 옮겨 발음한다.

곧이듣다[고지듣따]	굳이[구지]	미닫이[미다지]
땀받이[땀바지]	밭이[바치]	벼훑이[벼훌치]

〔붙임〕   'ㄷ' 뒤에 접미사 '히'가 결합되어 '티'를 이루는 것은 [치]로 발음한다.

  굳히다[구치다]   닫히다[다치다]   묻히다[무치다]

제 18 항   받침 'ㄱ(ㄲ, ㅋ, ㄳ, ㄺ), ㄷ(ㅅ, ㅆ, ㅈ, ㅊ, ㅌ, ㅎ), ㅂ(ㅍ, ㄼ, ㄿ, ㅄ)'은 'ㄴ, ㅁ' 앞에서 [ㅇ, ㄴ, ㅁ]으로 발음한다.

먹는[멍는]	국물[궁물]	깎는[깡는]	키읔만[키응만]
몫몫이[몽목씨]	긁는[긍는]	흙만[흥만]	닫는[단는]
짓는[진ː는]	옷맵시[온맵씨]	있는[인는]	맞는[만는]
젖멍울[전멍울]	쫓는[쫀는]	꽃망울[꼰망울]	붙는[분는]
놓는[논는]	잡는[잠는]	밥물[밤물]	앞마당[암마당]
밟는[밤ː는]	읊는[음는]	없는[엄ː는]	값매다[감매다]

〔붙임〕   두 단어를 이어서 한 마디로 발음하는 경우에도 이와 같다.

책 넣는다[챙넌는다]	흙 말리다[흥말리다]	옷 맞추다[온마추다]
밥 먹는다[밤멍는다]	값 매기다[감매기다]	

제 19 항   받침 'ㅁ, ㅇ' 뒤에 연결되는 'ㄹ'은 [ㄴ]으로 발음한다.

  담력[담ː녁]   침략[침냑]   강릉[강능]   항로[항ː노]   대통령[대ː통녕]

〔붙임〕   받침 'ㄱ, ㅂ' 뒤에 연결되는 'ㄹ'도 [ㄴ]으로 발음한다.[4]

  막론[막논 → 망논]   백리[백니 → 뱅니]   협력[협녁 → 혐녁]
  십리[십니 → 심니]

제 20 항   'ㄴ'은 'ㄹ'의 앞이나 뒤에서 [ㄹ]로 발음한다.

---

4) 예시어 중 '백리', '십리'를 '백 리', '십 리'처럼 띄어 쓸 수 있겠으나, 현용 사전에서 이들을 하나의 단어로 처리한 것도 있으므로, 고시본대로 두기로 한다.

   (1) 난로[날:로]　　신라[실라]　　천리[철리]　　광한루[광:할루]　　대관령[대:괄령]

   (2) 칼날[칼랄]　　　　물난리[물랄리]　　줄넘기[줄럼끼]　　할는지[할른지]

〔붙임〕 첫소리 'ㄴ'이 'ㅀ', 'ㄾ' 뒤에 연결되는 경우에도 이에 준한다.

        닳는[달른]　　　　뚫는[뚤른]　　　　　핥네[할레]

   다만, 다음과 같은 단어들은 'ㄹ'을 [ㄴ]으로 발음한다.

        의견란[의:견난]　　임진란[임:진난]　　생산량[생산냥]　　결단력[결딴녁]

        공권력[공꿘녁]　　동원령[동:원녕]　　상견례[상견녜]　　횡단로[횡단노]

        이원론[이:원논]　　입원료[이붠뇨]　　구근류[구근뉴]

제 21 항　위에서 지적한 이외의 자음 동화는 인정하지 않는다.

        감기[감:기](×[강:기])　　옷감[옫깜](×[옥깜])　　있고[읻꼬](×[익꼬])

        꽃길[꼳낄](×[꼭낄])　　젖먹이[전머기](×[점머기])

        문법[문뻡](×[뭄뻡])　　꽃밭[꼳빧](×[꼽빧])

제 22 항　다음과 같은 용언의 어미는 [어]로 발음함을 원칙으로 하되, [여]로 발음함도 허용한다.

        되어[되어/되여]　　　　　　　　　피어[피어/피여]

〔붙임〕 '이오, 아니오'도 이에 준하여 [이요, 아니요]로 발음함을 허용한다.

제 6 장　경음화

제 23 항　받침 'ㄱ(ㄲ, ㅋ, ㄳ, ㄺ), ㄷ(ㅅ, ㅆ, ㅈ, ㅊ, ㅌ), ㅂ(ㅍ, ㄼ, ㄿ, ㅄ)' 뒤에 연결되는 'ㄱ, ㄷ, ㅂ, ㅅ, ㅈ'은 된소리로 발음한다.

        국밥[국빱]　　　　깎다[깍따]　　　넋받이[넉빠지]　　삯돈[삭똔]

        닭장[닥짱]　　　　칡범[칙뻠]　　　뻗대다[뻗때다]　　옷고름[옫꼬름]

        있던[읻떤]　　　　꽂고[꼳꼬]　　　꽃다발[꼳따발]　　낯설다[낟썰다]

        밭갈이[받까리]　　솥전[솓쩐]　　　곱돌[곱똘]　　　　덮개[덥깨]

        옆집[엽찝]　　　　넓죽하다[넙쭈카다]　　　읊조리다[읍쪼리다]

        값지다[갑찌다]

제 24 항　어간 받침 'ㄴ(ㄵ), ㅁ(ㄻ)' 뒤에 결합되는 어미의 첫소리 'ㄱ, ㄷ, ㅅ, ㅈ'은 된소리로 발음한다.

        신고[신:꼬]　　　껴안다[껴안따]　　앉고[안꼬]　　　얹다[언따]

        삼고[삼:꼬]　　　더듬지[더듬찌]　　닮고[담:꼬]　　젊지[점:찌]

   다만, 피동, 사동의 접미사 '-기-'는 된소리로 발음하지 않는다.

        안기다　　　　　감기다　　　　　굶기다　　　　　옮기다

제 25 항　어간 받침 'ㄼ, ㄾ' 뒤에 결합되는 어미의 첫소리 'ㄱ, ㄷ, ㅅ, ㅈ'은 된소리로 발음한다.

        넓게[널께]　　　　핥다[할따]　　　훑소[훌쏘]　　　떫지[떨:찌]

제 26 항　한자어에서, 'ㄹ' 받침 뒤에 연결되는 'ㄷ, ㅅ, ㅈ'은 된소리로 발음한다.

갈등[갈등]	발동[발똥]	절도[절또]	말살[말쌀]
불소[불쏘](弗素)	일시[일씨]	갈증[갈쯩]	물질[물찔]
발전[발쩐]	몰상식[몰쌍식]	불세출[불쎄출]	

다만, 같은 한자가 겹쳐진 단어의 경우에는 된소리로 발음하지 않는다.

　　　　　허허실실[허허실실](虛虛實實)　　　　절절 – 하다[절절하다](切切 –)

제 27 항　관형사형 ‘ – (으)ㄹ’ 뒤에 연결되는 ‘ㄱ, ㄷ, ㅂ, ㅅ, ㅈ’은 된소리로 발음한다.

할 것을[할꺼슬]	갈 데가[갈떼가]	할 바를[할빠를]	할 수는[할쑤는]
할 적에[할쩌게]	갈 곳[갈꼳]	할 도리[할또리]	만날 사람[만날싸람]

다만, 끊어서 말할 적에는 예사소리로 발음한다.

〔붙임〕　‘ – (으)ㄹ’로 시작되는 어미의 경우에도 이에 준한다.

할걸[할껄]	할밖에[할빠께]	할세라[할쎄라]	할수록[할쑤록]
할지라도[할찌라도]	할지언정[할찌언정]	할진대[할찐대]	

제 28 항　표기상으로는 사이시옷이 없더라도, 관형격 기능을 지니는 사이시옷이 있어야 할 (휴지가 성립되는) 합성어의 경우에는, 뒤 단어의 첫소리 ‘ㄱ, ㄷ, ㅂ, ㅅ, ㅈ’을 된소리로 발음한다.

문 – 고리[문꼬리]	눈 – 동자[눈똥자]	신 – 바람[신빠람]	산 – 새[산쌔]
손 – 재주[손째주]	길 – 가[길까]	물 – 동이[물똥이]	발 – 바닥[발빠닥]
굴 – 속[굴 : 쏙]	술 – 잔[술짠]	바람 – 결[바람껼]	그믐 – 달[그믐딸]
아침 – 밥[아침빱]	잠 – 자리[잠짜리]	강 – 가[강까]	초승 – 달[초승딸]
등 – 불[등뿔]	창 – 살[창쌀]	강 – 줄기[강쭐기]	

제 7 장　음의 첨가

제 29 항　합성어 및 파생어에서, 앞 단어나 접두사의 끝이 자음이고 뒤 단어나 접미사의 첫 음절이 ‘이, 야, 여, 요, 유’인 경우에는, ‘ㄴ’ 음을 첨가하여 〔니, 냐, 녀, 뇨, 뉴〕로 발음한다.

솜 – 이불[솜 : 니불]	홑 – 이불[혼니불]	막 – 일[망닐]
삯 – 일[상닐]	맨 – 입[맨닙]	꽃 – 잎[꼰닙]
내복 – 약[내 : 봉냑]	한 – 여름[한녀름]	남존 – 여비[남존녀비]
신 – 여성[신녀성]	색 – 연필[생년필]	직행 – 열차[지캥녈차]
늑막 – 염[능망념]	콩 – 엿[콩녇]	담 – 요[담 : 뇨]
눈 – 요기[눈뇨기]	영업 – 용[영엄뇽]	식용 – 유[시굥뉴]
국민 – 윤리[궁민뉼리]	밤 – 윷[밤 :]	

다만, 다음과 같은 말들은 ‘ㄴ’ 음을 첨가하여 발음하되, 표기대로 발음할 수 있다.

이죽 – 이죽[이중니죽/이주기죽]	야금 – 야금[야금냐금/야그먀금]
검열[검 : 녈/거 : 멸]	욜랑 – 욜랑[욜랑뇰랑/욜랑욜랑]
금융[금늉/그뮹]	

〔붙임 1〕　‘ㄹ’ 받침 뒤에 첨가되는 ‘ㄴ’ 음은 〔ㄹ〕로 발음한다.

들-일[들:릴]	솔-잎[솔립]	설-익다[설릭따]
물-약[물략]	불-여우[불려우]	서울-역[서울력]
물-엿[물렷]	휘발-유[휘발류]	유들-유들[유들류들]

〔붙임 2〕 두 단어를 이어서 한 마디로 발음하는 경우에도 이에 준한다.[5]

한 일[한닐]	옷 입다[온닙따]	서른여섯[서른녀섣]
3 연대[삼년대]	먹은 엿[머근]	
할 일[할릴]	잘 입다[잘립따]	스물여섯[스물려섣]
1 연대[일련대]	먹을 엿[머글]	

다만, 다음과 같은 단어에서는 'ㄴ(ㄹ)' 음을 첨가하여 발음하지 않는다.

　　6·25[유기오]　　3·1절[사밀쩔]　　송별-연[송:벼련]　　등-용문[등용문][6]

제 30 항　사이시옷이 붙은 단어는 다음과 같이 발음한다.

　1. 'ㄱ, ㄷ, ㅂ, ㅅ, ㅈ'으로 시작하는 단어 앞에 사이시옷이 올 때는 이들 자음만을 된소리로 발음하는 것을 원칙으로 하되, 사이시옷을 [ㄷ]으로 발음하는 것도 허용한다.

냇가[내:까/냇:까]	샛길[새:낄/샛:낄]	빨랫돌[빨래똘/빨랟똘]
콧등[코뜽/콛뜽]	깃발[기빨/긷빨]	대팻밥[대:패빱/대:팯빱]
햇살[해쌀/핻쌀]	뱃속[배쏙/밷쏙]	뱃전[배쩐/밷쩐]
고갯짓[고개찓/고갣찓]		

　2. 사이시옷 뒤에 'ㄴ, ㅁ'이 결합되는 경우에는 [ㄴ]으로 발음한다.

콧날[콛날 → 콘날]	아랫니(아랟니 → 아랜니)
뒷마루[뒫:마루 → 뒨:마루]	뱃머리[밷머리 → 밴머리]

　3. 사이시옷 뒤에 '이' 음이 결합되는 경우에는 [ㄴㄴ]으로 발음한다.

베갯잇[베갣닏 → 베갠닏]	깻잎[깯닙 → 깬닙]	나뭇잎[나묻닙 → 나문닙]
도리깻열[도리깯녈 → 도리깬녈]	뒷윷[뒫: → 뒨:]	

---

5) 예시어 중 '서른여섯[서른녀섣]', 스물여섯[스물려섣]'을 한 단어로 보느냐 두 단어로 보느냐에 대하여 논란의 여지가 있으나, 여기에서는 고시본에서 제시한 대로 두기로 한다.

6) 고시본에서 '등용-문[등용문]'으로 보인 것을 위와 같이 바로잡았다.

3. 외래어 표기법

제 1 장   표기의 기본 원칙

제 1 항   외래어는 국어의 현용 24 자모만으로 적는다.
제 2 항   외래어의 1 음운은 원칙적으로 1 기호로 적는다.
제 3 항   받침에는 'ㄱ, ㄴ, ㄹ, ㅁ, ㅂ, ㅅ, ㅇ'만을 쓴다.
제 4 항   파열음 표기에는 된소리를 쓰지 않는 것을 원칙으로 한다.
제 5 항   이미 굳어진 외래어는 관용을 존중하되, 그 범위와 용례는 따로 정한다.

제 2 장   표기 일람표

외래어는 표 1~13[1]에 따라 표기한다.

표 1   국제 음성 기호와 한글 대조표

자 음			반 모 음		모 음	
국제 음성 기호	한 글		국제 음성 기호	한 글	국제 음성 기호	한 글
	모음 앞	자음 앞 또는 어말				
p	ㅍ	ㅂ, 프	j	이*	i	이
b	ㅂ	브	ɥ	위	y	위
t	ㅌ	ㅅ, 트	w	오, 우*	e	에
d	ㄷ	드			ø	외
k	ㅋ	ㄱ, 크			ɛ	에
g	ㄱ	그			ɛ̃	앵
f	ㅍ	프			œ	외
v	ㅂ	브			œ̃	욍

---

1) 1986 년 고시본에는 표가 다섯이 제시되었으나, 1992 년, 1995 년에 각각 추가로 고시됨에 따라, 표는 열셋으로 늘어났다.

IPA	모음 앞	자음 앞·어말			IPA	한글
θ	ㅅ	스			æ	애
ð	ㄷ	드			a	아
s	ㅅ	스			ɑ	아
z	ㅈ	즈			ã	앙
ʃ	시	슈, 시			ʌ	어
ʒ	ㅈ	지			ɔ	오
ts	ㅊ	츠			ɔ̃	옹
dz	ㅈ	즈			o	오
tʃ	ㅊ	치			u	우
dʒ	ㅈ	지			ə**	어
m	ㅁ	ㅁ			ɚ	어
n	ㄴ	ㄴ				
ɲ	니*	뉴				
ŋ	ㅇ	ㅇ				
l	ㄹ, ㄹㄹ	ㄹ				
r	ㄹ	르				
h	ㅎ	흐				
ç	ㅎ	히				
x	ㅎ	흐				

* [j], [w]의 '이'와 '오, 우', 그리고 [ɲ]의 '니'는 모음과 결합할 때 제3장 표기 세칙에 따른다.

** 독일어의 경우에는 '에', 프랑스 어의 경우에는 '으'로 적는다.

표 2　　　　　　　　　　에스파냐어 자모와 한글 대조표

자모	한글		보 기
	모음 앞	자음 앞·어 말	
b	ㅂ	브	biz 비스, blandon 블란돈, braceo 브라세오.
c	ㅋ, ㅅ	ㄱ, ㅋ	colcren 콜크렌, Cecilia 세실리아, coccion 콕시온, bistec 비스텍, dictado 딕타도.
ch	ㅊ	—	chicharra 치차라.
d	ㄷ	드	felicidad 펠리시다드.
f	ㅍ	프	fuga 푸가, fran 프란.
g	ㄱ, ㅎ	그	ganga 강가, geologia 헤올로히아, yungla 융글라.
h	—	—	hipo 이포, quehacer 케아세르.
j	ㅎ	—	jueves 후에베스, reloj 렐로.
k	ㅋ	ㅋ	kapok 카포크.

	자모			보기
자 음	l	ㄹ, ㄹㄹ	ㄹ	lacrar 라크라르, Lulio 룰리오, ocal 오칼.
	ll	이*	—	llama 야마, lluvia 유비아.
	m	ㅁ	ㅁ	membrete 멤브레테.
	n	ㄴ	ㄴ	noche 노체, flan 플란.
	ñ	니*	—	ñoñez 뇨녜스, mañana 마냐나.
	p	ㅍ	ㅂ, 프	pepsina 펩시나, plantón 플란톤.
	q	ㅋ	—	quisquilla 키스키야.
	r	ㄹ	르	rascador 라스카도르.
	s	ㅅ	스	sastreria 사스트레리아.
	t	ㅌ	트	tetraetro 테트라에트로.
	v	ㅂ	—	viudedad 비우데다드.
	x	ㅅ, ㄱㅅ	ㄱ스	xenón 세논, laxante 락산테, yuxta 육스타.
	z	ㅅ	스	zagal 사갈, liquidez 리키데스.
반 모 음	w	오·우*	—	walkirias 왈키리아스.
	y	이*	—	yungla 융글라.
모 음	a		아	braceo 브라세오.
	e		에	reloj 렐로.
	i		이	Lulio 룰리오.
	o		오	ocal 오칼.
	u		우	viudedad 비우데다드.

* ll, y, ñ, w의 '이, 니, 오, 우'는 다른 모음과 결합할 때 합쳐서 1 음절로 적는다.

표 3 이탈리아어 자모와 한글 대조표

	자모	한 글		보 기
		모음 앞	자음 앞· 어 말	
자 음	b	ㅂ	브	Bologna 볼로냐, bravo 브라보.
	c	ㅋ, ㅊ	크	Como 코모, Sicilia 시칠리아, credo 크레도.
	ch	ㅋ	—	Pinocchio 피노키오, cherubino 케루비노.
	d	ㄷ	드	Dante 단테, drizza 드리차.
	f	ㅍ	프	Firenze 피렌체, freddo 프레도.
	g	ㄱ, ㅈ	그	Galileo 갈릴레오, Genova 제노바, gloria 글로리아.
	h	—	—	hanno 안노, oh 오.

자음	l	ㄹ, ㄹㄹ	ㄹ	Milano 밀라노, largo 라르고, palco 팔코.
	m	ㅁ	ㅁ	Macchiavelli 마키아벨리, mamma 맘마, Campanella 캄파넬라.
	n	ㄴ	ㄴ	Nero 네로, Anna 안나, divertimento 디베르티멘토.
	p	ㅍ	프	Pisa 피사, prima 프리마.
	q	ㅋ	—	quando 콴도, queto 퀘토.
	r	ㄹ	르	Roma 로마, Marconi 마르코니.
	s	ㅅ	스	Sorrento 소렌토, asma 아스마, sasso 사소.
	t	ㅌ	트	Torino 토리노, tranne 트란네.
	v	ㅂ	브	Vivace 비바체, manovra 마노브라.
	z	ㅊ	—	nozze 노체, mancanza 만칸차.
모음	a		아	abituro 아비투로, capra 카프라.
	e		에	erta 에르타, padrone 파드로네.
	i		이	infamia 인파미아, manica 마니카.
	o		오	oblio 오블리오, poetica 포에티카.
	u		우	uva 우바, spuma 스푸마.

표 4 　　　　　　　　일본어의 가나와 한글 대조표

가　　나					한　　글									
					어　두					어 중·어 말				
ア	イ	ウ	エ	オ	아	이	우	에	오	아	이	우	에	오
カ	キ	ク	ケ	コ	가	기	구	게	고	카	키	쿠	케	코
サ	シ	ス	セ	ソ	사	시	스	세	소	사	시	스	세	소
タ	チ	ツ	テ	ト	다	지	쓰	데	도	타	치	쓰	테	토
ナ	ニ	ヌ	ネ	ノ	나	니	누	네	노	나	니	누	네	노
ハ	ヒ	フ	ヘ	ホ	하	히	후	헤	호	하	히	후	헤	호
マ	ミ	ム	メ	モ	마	미	무	메	모	마	미	무	메	모
ヤ	イ	ユ	エ	ヨ	야	이	유	에	요	야	이	유	에	요
ラ	リ	ル	レ	ロ	라	리	루	레	로	라	리	루	레	로
ワ	(ヰ)	ウ	(ヱ)	ヲ	와	(이)	우	(에)	오	와	(이)	우	(에)	오
ン										ㄴ				
ガ	ギ	グ	ゲ	ゴ	가	기	구	게	고	가	기	구	게	고
ザ	ジ	ズ	ゼ	ゾ	자	지	즈	제	조	자	지	즈	제	조

ダ	ヂ	ヅ	デ	ド	다	지	즈	데	도	다	지	즈	데	도
バ	ビ	ブ	ベ	ボ	바	비	부	베	보	바	비	부	베	보
パ	ピ	プ	ペ	ポ	파	피	푸	페	포	파	피	푸	페	포

キャ		キュ		キョ	갸	규	교	캬	큐	쿄
ギャ		ギュ		ギョ	갸	규	교	갸	규	교
シャ		シュ		ショ	샤	슈	쇼	샤	슈	쇼
ジャ		ジュ		ジョ	자	주	조	자	주	조
チャ		チュ		チョ	자	주	조	차	추	초
ヒャ		ヒュ		ヒョ	햐	휴	효	햐	휴	효
ビャ		ビュ		ビョ	뱌	뷰	뵤	뱌	뷰	뵤
ピャ		ピュ		ピョ	퍄	퓨	표	퍄	퓨	표
ミャ		ミュ		ミョ	먀	뮤	묘	먀	뮤	묘
リャ		リュ		リョ	랴	류	료	랴	류	료

표 5 　　　　　　　　　　중국어의 주음 부호(注音符號)와 한글 대조표

〔　〕는 단독 발음될 경우의 표기임.
(　)는 자음이 선행할 경우의 표기임.
＊ 순치성(脣齒聲), 권설운(捲舌韻)

성					모(聲母)				
음의 분류	주음 부호	한어병음자모	웨이드 식 로마자	한글	음의 분류	주음 부호	한어병음자모	웨이드 식 로마자	한글
중순성(重脣聲)	ㄅ	b	p	ㅂ	설면성(舌面聲)	ㄐ	j	ch	ㅈ
	ㄆ	p	p'	ㅍ		ㄑ	q	ch'	ㅊ
	ㄇ	m	m	ㅁ		ㄒ	x	hs	ㅅ
순치성＊	ㄈ	f	f	ㅍ	교설첨성(翹舌尖聲)	ㄓ	zh 〔zhi〕	ch 〔chih〕	ㅈ 〔즈〕
설첨성(舌尖聲)	ㄉ	d	t	ㄷ		ㄔ	ch 〔chi〕	ch' 〔ch'ih〕	ㅊ 〔츠〕
	ㄊ	t	t'	ㅌ		ㄕ	sh 〔shi〕	sh 〔shih〕	ㅅ 〔스〕
	ㄋ	n	n	ㄴ		ㄖ	r 〔ri〕	j 〔jih〕	ㄹ 〔르〕

					음의분류	주음부호	한어병음자모	웨이드식로마자	한글
	ㄌ	l	l	ㄹ	설치성(舌齒聲)	ㄗ	z [zi]	ts [tzŭ]	ㅉ [쯔]
설근성(舌根聲)	《	g	k	ㄱ		ㄘ	c [ci]	ts' [tz'ŭ]	ㅊ [츠]
	ㄎ	k	k'	ㅋ		ㄙ	s [si]	s [ssŭ]	ㅆ [쓰]
	ㄏ	h	h	ㅎ					

운 모(韻母)									
음의분류	주음부호	한어병음자모	웨이드식로마자	한글	음의분류	주음부호	한어병음자모	웨이드식로마자	한글
단 운(單韻)	Ｙ	a	a	아	결합운모(結合韻母) 제치류(齊齒類)	ㄧㄞ	yai	yai	야이
	ㄛ	o	o	오		ㄧㄠ	yao (iao)	yao (iao)	야오
	ㄜ	e	ê	어		ㄧㄡ	you (ou, iu)	yu (iu)	유
	ㄝ	ê	e	에		ㄧㄢ	yan (ian)	yen (ien)	옌
	ㄧ	yi (i)	i	이		ㄧㄣ	yin (in)	yin (in)	인
	ㄨ	wu (u)	wu (u)	우		ㄧㄤ	yang (iang)	yang (iang)	양
	ㄩ	yu (u)	yü (ü)	위		ㄧㄥ	ying (ing)	ying (ing)	잉
복 운(複韻)	ㄞ	ai	ai	아이	합구류(合口類)	ㄨㄚ	wa (ua)	wa (ua)	와
	ㄟ	ei	ei	에이		ㄨㄛ	wo (uo)	wo (uo)	워
	ㄠ	ao	ao	아오		ㄨㄞ	wai (uai)	wai (uai)	와이
	ㄡ	ou	ou	어우		ㄨㄟ	wei (ui)	wei (uei, ui)	웨이 (우이)

부성운(附聲韻)	ㄢ	an	an	안	결합운모(結合韻母)	합구류(合口類)	ㄨㄢ	wan (uan)	wan (uan)	완
	ㄣ	en	ên	언			ㄨㄣ	wen (un)	wên (un)	원 (운)
	ㄤ	ang	ang	앙			ㄨㄤ	wang (uang)	wang (uang)	왕
	ㄥ	eng	êng	엉			ㄨㄥ	weng (ong)	wêng (ung)	웡 (웅)
권설운*	儿	er (r)	êrh	얼		촬구류(撮口類)	ㄩㄝ	yue (ue)	yüeh (üeh)	웨
제치류	丨ㄚ	ya (ia)	ya (ia)	야			ㄩㄢ	yuan (uan)	yüan (üan)	위안
	丨ㄛ	yo	yo	요			ㄩㄣ	yun (un)	yün (ün)	윈
	丨ㄝㄛ	ye (ie)	yeh (ieh)	예			ㄩㄥ	yong (iong)	yung (iung)	융

표 6   폴란드어 자모와 한글 대조표

	자모	한글 모음 앞	한글 자음 앞·어말	보 기
자음	b	ㅂ	ㅂ, 브, 프	burak 부라크, szybko 십코, dobrze 도브제, chleb 흘레프.
	c	ㅊ	츠	cel 첼, Balicki 발리츠키, noc 노츠.
	ć	—	치	dać 다치.
	d	ㄷ	드, 트	dach 다흐, zdrowy 즈드로비, słodki 스워트키, pod 포트.
	f	ㅍ	프	fasola 파솔라, befsztyk 베프슈티크.
	g	ㄱ	ㄱ, 그, 크	góra 구라, grad 그라트, targ 타르크.
	h	ㅎ	흐	herbata 헤르바타, Hrubieszów 흐루비에슈프.
	k	ㅋ	ㄱ, 크	kino 키노, daktyl 닥틸, król 크룰, bank 반크.
	l	ㄹ, ㄹㄹ	ㄹ	lis 리스, kolano 콜라노, motyl 모틸.
	m	ㅁ	ㅁ, 므	most 모스트, zimno 짐노, sam 삼.
	n	ㄴ	ㄴ	nerka 네르카, dokument 도쿠멘트, dywan 디반.
	ń	—	ㄴ	Gdańsk 그단스크, Poznań 포즈난.

자	p	ㅍ	ㅂ, 프	para 파라, Słupsk 스움스크, chłop 흐워프.
	r	ㄹ	르	rower 로베르, garnek 가르네크, sznur 슈누르.
	s	ㅅ	스	serce 세르체, srebro 스레브로, pas 파스.
	ś	—	시	ślepy 실레피, dziś 지시.
	t	ㅌ	트	tam 탐, matka 마트카, but 부트.
	w	ㅂ	브, 프	Warszawa 바르샤바, piwnica 피브니차, krew 크레프.
	z	ㅈ	즈, 스	zamek 자메크, zbrodnia 즈브로드니아, wywóz 비부스.
	ź	—	지, 시	gwoździk 그보지지크, więź 비엥시.
	ż	ㅈ, 시*	주, 슈, 시	żyto 지토, różny 루주니, łyżka 위슈카, straż 스트라시.
음	ch	ㅎ	흐	chory 호리, kuchnia 쿠흐니아, dach 다흐.
	dz	ㅈ	즈, 츠	dziura 지우라, dzwon 즈본, mosiądz 모시옹츠.
	dź	—	치	niedźwiedź 니에치비에치.
	dż, drz	ㅈ	치	drzewo 제보, łódź 워치.
	cz	ㅊ	치	czysty 치스티, beczka 베치카, klucz 클루치.
	sz	시*	슈, 시	szary 샤리, musztarda 무슈타르다, kapelusz 카펠루시.
	rz	ㅈ, 시*	주, 슈, 시	rzeka 제카, Przemyśl 프셰미실, kołnierz 코우니에시.
반모음	j		이*	jasny 야스니, kraj 크라이.
	ł		우	łono 워노, głowa 그워바, bułka 부우카, kanał 카나우.
모	a		아	trawa 트라바.
	ą		옹	trąba 트롱바, mąka 몽카, kąt 콩트, tą 통.
	e		에	zero 제로.
	ę		엥, 에	kępa 켕파, węgorz 벵고시, Częstochowa 쳉스토호바, proszę 프로셰.
	i		이	zima 지마.
	o		오	udo 우도.
음	ó		우	próba 프루바.
	u		우	kula 쿨라.
	y		이	daktyl 닥틸.

* ż, sz, rz의 '시'와 j의 '이'는 뒤따르는 모음과 결합할 때 합쳐서 1 음절로 적는다.

표 7 체코어 자모와 한글 대조표

자모	한글		보 기
	모음 앞	지음 앞 · 어 말	
자 b	ㅂ	ㅂ, 브, 프	barva 바르바, obchod 옵호트, dobrý 도브리, jeřab 예르자프.
c	ㅊ	츠	cigareta 치가레타, nemocnice 네모즈니체, nemoc 네모츠.
č	ㅊ	치	čapek 차페크, kulečnik 쿨레치니크, míč 미치.
d	ㄷ	드, 트	dech 데흐, divadlo 디바들로, led 레트.
d'	디*	디, 티	d'ábel 댜벨, lod'ka 로티카, hrud' 흐루티.
f	ㅍ	프	fík 피크, knoflík 크노플리크.
g	ㄱ	ㄱ, 그, 크	gramofon 그라모폰.
h	ㅎ	흐	hadr 하드르, hmyz 흐미스, bůh 부흐.
ch	ㅎ	흐	choditi 호디티, chlapec 흘라페츠, prach 프라흐.
k	ㅋ	ㄱ, 크	kachna 카흐나, nikdy 니크디, padák 파다크.
l	ㄹ, ㄹㄹ	ㄹ	lev 레프, šplhati 슈플하티, postel 포스텔.
m	ㅁ	ㅁ, 므	most 모스트, mrak 므라크, podzim 포드짐.
n	ㄴ	ㄴ	noha 노하, podmínka 포드민카.
ň	니*	ㄴ	němý 네미, sáňky 산키, Plzeň 플젠.
p	ㅍ	ㅂ, 프	Praha 프라하, koroptev 코롭테프, strop 스트로프.
qu	크ㅂ	―	quasi 크바시.
r	ㄹ	르	ruka 루카, harmonika 하르모니카, mír 미르.
음 ř	르ㅈ	르주, 르슈, 르시	řeka 르제카, námořník 나모르주니크, hořký 호르슈키, kouř 코우르시.
s	ㅅ	스	sedlo 세들로, máslo 마슬로, nos 노스.
š	시*	슈, 시	šaty 샤티, Šternberk 슈테른베르크, koš 코시.
t	ㅌ	트	tam 탐, matka 마트카, bolest 볼레스트.
t'	티*	티	tělo 텔로, štěstí 슈테스티, oběť 오베티.
v	ㅂ	브, 프	vysoký 비소키, knihovna 크니호브나, kov 코프.

w	ㅂ	브, 프	
x**	ㄲ, ㅈ	ㄱㅅ	xerox 제록스, saxofón 삭소폰.
z	ㅈ	즈, 스	zámek 자메크, pozdní 포즈드니, bez 베스.
ž	ㅈ	주, 슈, 시	Žižka 지슈카, Zvěřina 주베르지나, Brož 브로시.
반모음 j	이*		jaro 야로, pokoj 포코이.
모음 a, á	아		balík 발리크, komár 코마르.
e, é	에		dech 데흐, léto 레토.
ě	예		šest 셰스트, věk 베크.
i, í	이		kino 키노, míra 미라.
o, ó	오		obec 오베츠, nervózni 네르보즈니.
u, ú, ů	우		buben 부벤, úrok 우로크, dům 둠.
y, ý	이		jazýk 야지크, líný 리니.

*ďʼ, ň, š, ťʼ, j의 '디, 니, 시, 티, 이'는 뒤따르는 모음과 결합할 때 합쳐서 1음절로 적는다.
**x는 개별 용례에 따라 한글 표기를 정한다.

표 8 세르보크로아트어 자모와 한글 대조표

자모	한 글		보 기
	모음 앞	자음 앞·어 말	
자음 b	ㅂ	브	bog 보그, drobnjak 드로브냐크, pogreb 포그레브.
c	ㅊ	츠	cigara 치가라, novac 노바츠.
č	ㅊ	치	čelik 첼리크, točka 토치카, kolač 콜라치.
ć, tj	ㅊ	치	naći 나치, sestrić 세스트리치.
d	ㄷ	드	desno 데스노, drvo 드르보, medved 메드베드.
dž	ㅈ	지	džep 제프, narudžba 나루지바.
đ, dj	ㅈ	지	Đurađ 주라지.
f	ㅍ	프	fasada 파사다, kifla 키플라, šaraf 샤라프.
g	ㄱ	그	gost 고스트, dugme 두그메, krug 크루그.
h	ㅎ	흐	hitan 히탄, šah 샤흐.

자 음	k	ㅋ	ㄱ, 크	korist 코리스트, krug 크루그, jastuk 야스투크.
	l	ㄹ, ㄹㄹ	ㄹ	levo 레보, balkon 발콘, šal 샬.
	lj	리*, ㄹ리*	ㄹ	ljeto 레토, pasulj 파술.
	m	ㅁ	ㅁ, 므	malo 말로, mnogo 므노고, osam 오삼.
	n	ㄴ	ㄴ	nos 노스, banka 반카, loman 로만.
	nj	니*	ㄴ	Njegoš 네고시, svibanj 스비반.
	p	ㅍ	ㅂ, 프	peta 페타, opština 옵슈티나, lep 레프.
	r	ㄹ	르	riba 리바, torba 토르바, mir 미르.
	s	ㅅ	스	sedam 세담, posle 포슬레, glas 글라스.
	š	시*	슈, 시	šal 샬, vlasništvo 블라스니슈트보, broš 브로시.
	t	ㅌ	트	telo 텔로, ostrvo 오스트르보, put 푸트.
	v	ㅂ	브	vatra 바트라, olovka 올로브카, proliv 프롤리브.
	z	ㅈ	즈	zavoj 자보이, pozno 포즈노, obraz 오브라즈.
	ž	ㅈ	주	žena 제나, izložba 이즐로주바, muž 무주.
반 모 음	j	이*		pojas 포야스, zavoj 자보이, odjelo 오델로.
모 음	a	아		bakar 바카르.
	e	에		cev 체브.
	i	이		dim 딤.
	o	오		molim 몰림.
	u	우		zubar 주바르.

＊lj, nj, š, j의 '리, 니, 시, 이'는 뒤따르는 모음과 결합할 때 합쳐서 1 음절로 적는다.

표 9　　　　　　　　　　　루마니아어 자모와 한글 대조표

자모	한 글		보　　기
	모음 앞	자음 앞· 어 말	
자 음	b	ㅂ	브	biblioteca 비블리오테커, alb 알브.
	c	ㅋ, ㅊ	ㄱ, 크	Cîntec 큰테크, Cine 치네, factură 팍투러.
	d	ㄷ	드	Moldova 몰도바, Brad 브라드.
	f	ㅍ	프	Focşani 폭샤니, Cartof 카르토프.
	g	ㄱ, ㅈ	그	Galaţi 갈라치, Gigel 지젤, hering 헤링그.

	자모	한글 모음 앞	한글 자음 앞·어말	보 기
자 음	h	ㅎ	흐	haţeg 하체그, duh 두흐.
	j	ㅈ	지	Jiu 지우, Cluj 클루지.
	k	ㅋ	—	kilogram 킬로그람.
	l	ㄹ, ㄹㄹ	ㄹ	bibliotecă 비블리오테커, hotel 호텔.
	m	ㅁ	ㅁ	Maramureş 마라무레슈, Avram 아브람.
	n	ㄴ	ㄴ, 느	Nucet 누체트, Bran 브란, pumn 품느.
	p	ㅍ	ㅂ, 프	pianist 피아니스트, septembrie 셉템브리에, cap 카프.
	r	ㄹ	르	radio 라디오, dor 도르.
	s	ㅅ	스	Sibiu 시비우, pas 파스.
	ş	시*	슈	Şag 샤그, Mureş 무레슈.
	t	ㅌ	트	telefonist 텔레포니스트, bilet 빌레트.
	ţ	ㅊ	츠	ţigară 치가러, braţ 브라츠.
	v	ㅂ	브	Victoria 빅토리아, Braşov 브라쇼브.
	x**	ㄱㅅ, ㄱㅈ	크스, ㄱ스	taxi 탁시, examen 에그자멘.
	z	ㅈ	즈	ziar 지아르, autobuz 아우토부즈.
	ch	ㅋ	—	Cheia 케이아.
	gh	ㄱ	—	Gheorghe 게오르게.
모 음	a	아		Arad 아라드.
	ă	어		Bacău 바커우.
	e	에		Elena 엘레나.
	i	이		pianist 피아니스트.
	î, â	으		Cîmpina 큼피나, România 로므니아.
	o	오		Oradea 오라데아.
	u	우		Nucet 누체트.

* ş의 '시'는 뒤따르는 모음과 결합할 때 합쳐서 1 음절로 적는다.
** x는 개별 용례에 따라 한글 표기를 정한다.

표 10　　　　　　　　　　헝가리어 자모와 한글 대조표

자모	한 글 모음 앞	한 글 자음 앞·어 말	보 기
b	ㅂ	브	bab 버브, ablak 어블러크.
c	ㅊ	츠	citrom 치트롬, nyolcvan 뇰츠번, arc 어르츠.

자 음	cs	ㅊ	치	csavar 처버르, kulcs 쿨치.
	d	ㄷ	드	daru 더루, medve 메드베, gond 곤드.
	dzs	ㅈ	지	dzsem 젬.
	f	ㅍ	프	elfog 엘포그.
	g	ㄱ	그	gumi 구미, nyugta 뉴그터, csomag 초머그.
	gy	ㅈ	지	gyár 자르, hagyma 허지머, nagy 너지.
	h	ㅎ	흐	hal 헐, juh 유흐.
	k	ㅋ	ㄱ, 크	béka 베커, keksz 켁스, szék 세크.
	l	ㄹ, ㄹㄹ	ㄹ	len 렌, meleg 멜레그, dél 델.
	m	ㅁ	ㅁ	málna 말너, bomba 봄버, álom 알롬.
	n	ㄴ	ㄴ	néma 네머, bunda 분더, pihen 피헨.
	ny	니*	니	nyak 녀크, hányszor 하니소르, irány 이라니.
	p	ㅍ	ㅂ, 프	árpa 아르퍼, csipke 칩케, hónap 호너프.
	r	ㄹ	르	róka 로커, barna 버르너, ár 아르.
	s	시*	슈, 시	sál 샬, puska 푸슈카, aratás 어러타시.
	sz	ㅅ	스	alszik 얼시크, asztal 어스털, húsz 후스.
	t	ㅌ	트	ajto 어이토, borotva 보로트버, csont 촌트.
	ty	ㅊ	치	atya 어처.
	v	ㅂ	브	vesz 베스, évszázad 에브사저드, enyv 에니브.
	z	ㅈ	즈	zab 저브, kezd 케즈드, blúz 블루즈.
	zs	ㅈ	주	zsák 자크, tőzsde 퇴주데, rozs 로주
반 모 음	j		이*	ajak 어여크, fej 페이, január 여누아르.
	ly		이*	lyuk 유크, mélység 메이셰그, király 키라이.
모 음 음	a		어	lakat 러커트.
	á		아	máj 마이.
	e		에	mert 메르트.
	é		에	mész 메스.
	i		이	isten 이슈텐.
	í		이	sí 시.
	o		오	torna 토르너.
	ó		오	róka 로커.
	ö		외	sör 쇠르.
	ő		외	nő 뇌.
	u		우	bunda 분더.
	ú		우	hús 후시.
	ü		위	füst 퓌슈트.

ŭ	위	fŭ 퓌.

*ny, s, j, ly의 '니, 시, 이, 이'는 뒤따르는 모음과 결합할 때 합쳐서 1 음절로 적는다.

표 11 스웨덴어 자모와 한글 대조표

자모	한글		보 기
	모음 앞	자음 앞·어말	
b	ㅂ	ㅂ, 브	bal 발, snabbt 스납트, Jacob 야코브.
c	ㅋ, ㅅ	ㄱ	Carlsson 칼손, Celsius 셀시우스, Ericson 에릭손.
ch	시*	크	charm 샤름, och 오크.
d	ㄷ	드	dag 다그, dricka 드리카, Halmstad 할름스타드.
dj	이*	—	Djurgården 유르고르덴, adjö 아예.
ds	—	스	Sundsvall 순스발.
f	ㅍ	ㅍ	Falun 팔룬, luft 루프트.
g	ㄱ		Gustav 구스타브, helgon 헬곤.
	이*		Göteborg 예테보리, Geijer 예이예르, Gislaved 이슬라베드.
		이(lg, rg)	älg 엘리, Strindberg 스트린드베리, Borg 보리.
		ㅇ(n 앞)	Magnus 망누스, Ragnar 랑나르, Agnes 앙네스.
		ㄱ(무성음 앞)	högst 획스트.
		그	Grönberg 그뢴베리, Ludvig 루드비그.
gj	이*	—	Gjerstad 예르스타드, Gjörwell 예르벨.
h	ㅎ	적지 않음.	Hälsingborg 헬싱보리, hyra 휘라, Dahl 달.
hj	이*	—	Hjälmaren 옐마렌, Hjalmar 얄마르, Hjort 요르트.
j	이*	—	Jansson 얀손, Jönköping 옌셰핑, Johansson 요한손, börja 뵈리아, fjäril 피에릴, mjuk 미우크, mjöl 미엘.
k	ㅋ, 시*	ㄱ, 크	Karl 칼, Kock 코크, Kungsholm 쿵스홀름, Kerstin 셰르스틴, Norrköping 노르셰핑, Lysekil 뤼세실, oktober 옥토베르, Fredrik 프레드리크, kniv 크니브.
ck	ㅋ	ㄱ, 크	vacker 바케르, Stockholm 스톡홀름, bock 보크.
kj	시*	—	Kjell 셸, Kjula 슐라.
l	ㄹ, ㄹㄹ	ㄹ	Linköping 린셰핑, tala 탈라, tal 탈.
lj	이*, ㄹ리	ㄹ리	Ljusnan 유스난, Södertälje 쇠데르텔리에, detalj

(좌측 세로 표제: 자 / 음)

				데탈리.
자음	m	ㅁ	ㅁ	Malmö 말뫼, samtal 삼탈, hummor 홈메르.
	n	ㄴ	ㄴ	Norrköping 노르셰핑, Vänern 베네른, land 란드.
			적지 않음. (m 다음)	Karlshamn 칼스함.
	ng	ㅇ	ㅇ	Borlänge 볼렝에, kung쿵, lång 롱
	nk	ㅇㅋ	ㅇ, ㅇ크	anka 앙카, Sankt 상트, bank 방크.
	p	ㅍ	ㅂ, 프	Piteå 피테오, knappt 크납트, Uppsala 웁살라, kamp 캄프.
	qv	ㅋㅂ	—	Malmqvist 말름크비스트, Lindqvist 린드크비스트.
	r	ㄹ	르	röd 뢰드, Wilander 발란데르, Björk 비에르크.
	rl	ㄹㄹ	ㄹ	Erlander 엘란데르, Karlgren 칼그렌, Jarl 얄.
	s	ㅅ	스	sommar 솜마르, Storvik 스토르비크, dans 단스.
	sch	시*	슈	Schack 샤크, Schein 셰인, revansch 레반슈.
	sj	시*	—	Nässjö 네셰, sjukhem 슈크헴, Sjöberg 셰베리.
	sk	스ㅋ, 시*	—	Skoglund 스코글룬드, Skellefteå 셸레프테오, Skövde 셰브데, Skeppsholmen 솁스홀멘.
	skj	시*	—	Hammarskjöld 함마르셸드, Skjöldebrand 셸데브란드.
	stj	시*	—	Stjärneborg 셰르네보리, Oxenstjerna 옥센셰르나.
	t	ㅌ	ㅅ, 트	Göta 예타, Botkyrka 봇쉬르카, Trelleborg 트렐레보리, båt 보트.
	th	ㅌ	트	Luther 루테르, Thunberg 툰베리.
	ti	시*	—	lektion 렉숀, station 스타숀.
	tj	시*	—	tjeck 셰크, Tjåkkå 쇼코, tjäna 셰나, tjugo 슈고.
	v, w	ㅂ	브	Sverige 스베리예, Wasa 바사, Swedenborg 스베덴보리, Eslöv 에슬뢰브.
	x	ㄱㅅ	ㄱ스	Axel 악셀, Alexander 알렉산데르, sex 섹스.
	z	ㅅ	—	Zachris 사크리스, zon 손, Lorenzo 로렌소.
모음	a		아	Kalix 칼릭스, Falun 팔룬, Alvesta 알베스타.
	e		에	Enköping 엔셰핑, Svealand 스베알란드.
	ä		에	Mälaren 멜라렌, Vänern 베네른, Trollhättan 트롤헤탄.
	i		이	Idre 이드레, Kiruna 키루나.
	å		오	Åmål 오몰, Västerås 베스테로스, Småland 스몰란드.
	o		오	Boden 보덴, Stockholm 스톡홀름, Örebro 외레브

ö	외, 에	로. Östersund 외스테르순드, Björn 비에른, Linköping 린셰핑.
u	우	Umeå 우메오, Luleå 룰레오, Lund 룬드.
y	위	Ystad 위스타드, Nynäshamn 뉘네스함, Visby 비 스뷔.

＊ dj, g, gj, hj, j, lj의 '이'와 ch, k, kj, sch, sj, sk, skj, stj, ti, tj의 '시'가 뒤따르는 모음과 결합할 때에는 합쳐
서 한 음절로 적는다. 다만, j는 표기 세칙 제4항, 제11항을 따른다.

표 12 노르웨이어 자모와 한글 대조표

<table>
<tr><th rowspan="2">자모</th><th colspan="2">한 글</th><th rowspan="2">보 기</th></tr>
<tr><th>모음 앞</th><th>자음 앞·
어 말</th></tr>
<tr><td rowspan="4">자

음</td><td>b</td><td>ㅂ</td><td>ㅂ, 브</td><td>Bodø 보되, Ibsen 입센, dobb 도브.</td></tr>
<tr><td>c</td><td>ㅋ, ㅅ</td><td>크</td><td>Jacob 야코브, Vincent 빈센트.</td></tr>
<tr><td>ch</td><td>ㅋ</td><td>크</td><td>Joachim 요아킴, Christian 크리스티안.</td></tr>
<tr><td>d</td><td>ㄷ
적지 않음.
(장모음 뒤)</td><td>
적지 않음.
(ld, nd의 d)
적지 않음.
(장모음+rd)
드
(단모음+rd)
적지 않음.
(장모음 뒤)
드</td><td>Bodø 보되, Norden 노르덴.
spade 스파에.
Arnold 아르놀, Harald 하랄, Roald 로알,
Aasmund 오스문, Vigeland 비겔란, Svendsen 스
벤센.
fjord 피오르, Sigurd 시구르, gård 고르, nord
노르, Halvard 할바르, Edvard 에드바르.
ferd 페르드, Rikard 리카르드.
glad 글라, Sjaastad 쇼스타.
dreng 드렝, bad 바드.</td></tr>
<tr><td>f</td><td>ㅍ</td><td>프</td><td>Hammerfest 함메르페스트, biff 비프.</td></tr>
<tr><td>g</td><td>ㄱ
이＊</td><td>

적지 않음.
(이중 모음
뒤와 g, lig)</td><td>gå 고, gave 가베.
gigla 이글라, gyllen 윌렌.
haug 헤우, deig 데이, Solveig 솔베이,
farlig 팔리.</td></tr>
</table>

자 음			ㅇ(n 앞)	Agnes 앙네스, Magnus 망누스.
			ㄱ(무성음 앞)	sagtang 삭탕.
			ㄱ	grov 그로브, berg 베르그, helg 헬그.
	gj	이*	—	Gjeld 옐, gjenta 옌타.
	h	ㅎ		Johan 요한, Holm 홀름.
			적지 않음.	Hjalmar 얄마르, Hvalter 발테르, Krohg 크로그.
	j	이*	—	Jonas 요나스, Bjørn 비에른, fjord 피오르, Skodje 스코디에, Evje 에비에, Tjeldstø 티엘스퇴.
	k	ㅋ, 시*	ㄱ, ㅋ	Rikard 리카르드, Kirsten 시르스텐, Kyndig 쉰디, Køyra 셰위라, lukt 룩트, Erik 에리크.
	kj	시*	—	Kjerschow 셰르쇼브, Kjerulf 셰룰프, Mikkjel 미셸.
	l	ㄹ, ㄹㄹ	ㄹ	Larvik 라르비크, Ålesund 올레순, sol 솔.
	m	ㅁ	ㅁ	Moss 모스, Trivandrum 트리반드룸.
	n	ㄴ	ㄴ	Namsos 남소스, konto 콘토.
	ng	ㅇ	ㅇ	Lange 랑에, Elling 엘링, tvang 트방.
	nk	ㅇㅋ	ㅇ, ㅇ크	ankel 앙켈, punkt 풍트, bank 방크.
	p	ㅍ	ㅂ, 프	pels 펠스, september 셉템베르, sopp 소프.
	qu	크ㅂ	—	Quisling 크비슬링.
	r	ㄹ	르	Ringvassøy 링바쇠위, Lillehammer 릴레함메르.
	rl	ㄹㄹ	ㄹ	Øverland 외벨란.
	s	ㅅ	스	Namsos 남소스, Svalbard 스발바르.
	sch	시*	슈	Schæferhund 셰페르훈, Frisch 프리슈.
	sj	시*		Sjaastad 쇼스타, Sjoa 쇼아.
	sk	스ㅋ, 시*	스크	skatt 스카트, Skienselv 시엔스엘브, skram 스크람, Ekofisk 에코피스크.
	skj	시*	—	Skjeggedalsfoss 셰게달스포스, Skjåk 쇼크.
	t	ㅌ	ㅅ, 트 적지 않음. (어말 관사 et)	metal메탈, husets 후셋스, slet 슬레트, lukt 룩트. huset 후세, møtet 뫼테, taket 타케.
	th	ㅌ	트	Dorthe 도르테, Matthias 마티아스, Hjorth 요르트.
	tj	시*	—	tjern 셰른, tjue 슈에.
	v, w	ㅂ	브	varm 바름, Kjerschow 셰르쇼브.
모음	a	아		Hamar 하마르, Alta 알타.
	aa, å	오		Aall 올, Aasmund 오스문, Kåre 코레, Vesterålen 베스테롤렌, Vestvågøy 베스트보괴위, Ålesund 올레순.

모/음			
모	au	에우	haug 헤우, lauk 레우크, grauk 그레우크.
	æ	에	være 베레, Svolvær 스볼베르.
	e	에	esel 에셀, fare 파레.
	eg	에이, 에그	regn 레인, tegn 테인, negl 네일, deg 데그, egg 에그.
	ø	외, 에	Løken 뢰켄, Gjøvik 예비크, Bjørn 비에른.
	i	이	Larvik 라르비크, Narvik 나르비크.
	ie	이	Grieg 그리그, Nielsen 닐센, Lie 리.
	o	오	Lonin 로닌, bok 보크, bord 보르, fjorten 피오르텐.
음	øg	외위	døgn 되윈, løgn 뢰윈.
	øy	외위	høy 회위, røyk 뢰위크, nøytral 뇌위트랄.
	u	우	Ålesund 올레순, Porsgrunn 포르스그룬.
	y	위	Stjernøy 스티에르뇌위, Vestvågøy 베스트보괴위.

* g, gj, j, lj의 '이'와 k, kj, sch, sj, sk, skj, tj의 '시'가 뒤따르는 모음과 결합할 때에는 합쳐서 한 음절로 적는다. 다만 j는 표기 세칙 제5항, 제12항을 따른다.

표 13   덴마크어 자모와 한글 대조표

	자모	한 글		보 기
		모음 앞	자음 앞· 어 말	
자	b	ㅂ	ㅂ, 브	Bornholm 보른홀름, Jacobsen 야콥센, Holstebro 홀스테브로.
	c	ㅋ, ㅅ	크	cafeteria 카페테리아, centrum 센트룸, crosset 크로세트.
	ch	시*	크	Charlotte 샤를로테, Brochmand 브로크만, Grønbech 그뢴베크.
	d	ㄷ		Odense 오덴세, dansk 단스크, vendisk 벤디스크.
			적지 않음. (ds, dt, ld, nd, rd)	plads 플라스, Grundtvig 그룬트비, kridt 크리트, Lolland 롤란, Öresund 외레순, hård 호르.
			드(ndr)	andre 안드레, vandre 반드레.
			드	dreng 드렝.
음	f	ㅍ	프	Falster 팔스테르, flod 플로드, ruf 루프.
	g	ㄱ		give 기베, general 게네랄, gevær 게베르, hugge 후게.
			적지 않음.	

			(어미 ig)	herlig 헤를리, Grundtvig 그룬트비.
			(u와 l 사이)	fugl 풀, kugle 쿨레.
			(borg, berg)	Nyborg 뉘보르, Frederiksberg 프레데릭스베르.
			그	magt 마그트, dug 두그.
자	h	ㅎ	적지 않음.	Helsingør 헬싱외르, Dahl 달.
	hj	이*	—	hjem 엠, hjort 요르트, Hjørring 예링.
	j	이*	—	Jensen 엔센, Esbjerg 에스비에르그, Skjern 스키에른.
	k	ㅋ	ㄱ, ㅋ	København 쾨벤하운, køre 쾨레, Skære 스케레, Frederikshavn 프레데릭스하운, Holbæk 홀베크.
	l	ㄹ, ㄹㄹ	ㄹ	Lolland 롤란, Falster 팔스테르.
	m	ㅁ	ㅁ	Møn 묀, Bornholm 보른홀름.
	n	ㄴ	ㄴ	Rønne 뢰네, Fyn 퓐.
	ng	ㅇ	ㅇ	Helsingør 헬싱외르, Hjørring 예링.
	nk	ㅇㅋ	ㅇ크	ankel 앙켈, Munk 뭉크.
	p	ㅍ	ㅂ, ㅍ	hoppe 호페, september 셉템베르, spring 스프링, hop 호프.
	qu	ㅋㅂ	—	Taanquist 톤크비스트.
	r	ㄹ	르	Rønne 뢰네, Helsingør 헬싱외르.
	s, sc	ㅅ	스	Sorø 소뢰, Roskilde 로스킬레, Århus 오르후스, scene 세네.
	sch	시*	슈	Schæfer 셰페르.
	sj	시*	—	Sjælland 셸란, sjal 샬, sjus 슈스.
	t	ㅌ	ㅅ, ㅌ	Tønder 퇴네르, stå 스토, vittig 비티, nattkappe 낫카페, træde 트레데, streng 스트렝, hat 하트, krudt 크루트.
음	th	ㅌ	ㅌ	Thorshavn 토르스하운, Thisted 티스테드.
	v	ㅂ		Vejle 바일레, dvale 드발레, pulver 풀베르, rive 리베, lyve 뤼베, løve 뢰베.
		우(단모음 뒤)		doven 도우엔, hoven 호우엔, oven 오우엔, sove 소우에.
			적지 않음.(lv)	halv 할, gulv 굴.
			우(av, æv	gravsten 그라우스텐, København 쾨벤하운,
			øv, ov, ev)	Thorshavn 토르스하운, jævn 예운, Støvle 스퇴울레, lov 로우, rov 로우, Hjelmslev 옐름슬레우.
			브	arv 아르브.
	x	ㄱㅅ	ㄱ스	Blixen 블릭센, sex 섹스.

	z	ㅅ	―	zebra 세브라.

	a	아		Falster 팔스테르, Randers 라네르스.
모	æ	에		Næstved 네스트베드, træ 트레, fæ 페, mæt 메트.
	aa, å	오		Kierkegaard 키르케고르, Århus 오르후스, lås 로스.
	e	에		Horsens 호르센스, Brande 브라네.
	eg	아이		negl 나일, segl 사일, regn 라인.
	ej	아이		Vejle 바일레, Sejerø 사이에뢰.
	ø	외		Rønne 뢰네, Ringkøbing 링쾨빙, Sorø 소뢰.
	øg	오이		nøgle 노일레, øgle 오일레, løgn 로인, døgn 도인.
	øj	오이		Højer 호이에르, øje 오이에.
	i	이		Ribe 리베, Viborg 비보르.
	ie	이		Niels 닐스, Nielsen 닐센, Nielson 닐손.
음	o	오		Odense 오덴세, Svendborg 스벤보르.
	u	우		Århus 오르후스, Toflund 토플룬.
	y	위		Fyn 퓐, Thy 튀.

* hj, j의 '이'와 sch, sj의 '시'가 뒤따르는 모음과 결합할 때에는 합쳐서 한 음절로 적는다. 다만, j는 표기
세칙 제5항을 따른다.

표 14   말레이인도네시아어 자모와 한글 대조표

자모	한 글		보 기
	모음 앞	자음 앞 · 어 말	
자	b	ㅂ	ㅂ, 브	Bali 발리, Abdul 압둘, Najib 나집, Bromo 브로모
	c	ㅊ	츠	Ceto 체토, Aceh 아체, Mac 마츠
	d	ㄷ	ㅅ, 드	Denpasar 덴파사르, Ahmad 아맛, Idris 이드리스
	f	ㅍ	ㅂ	Fuji 푸지, Arifin 아리핀, Jusuf 유숩
	g	ㄱ	ㄱ, 그	gamelan 가믈란, gudeg 구득, Nugroho 누그로호
	h	ㅎ	―	Halmahera 할마혜라, Johor 조호르, Ipoh 이포
	j	ㅈ	즈	Jambi 잠비, Majapahit 마자파힛, mikraj 미크라즈
	k	ㅋ	ㄱ, 크	Kalimantan 칼리만탄, batik 바틱, Krakatau 크라카타우
음	kh	ㅎ	ㄱ, 크	khas 하스, akhbar 악바르, Fakhrudin 파크루딘
	l	ㄹ, ㄹㄹ	ㄹ	Lombok 롬복, palembang 팔렘방, Bangsal 방살
	m	ㅁ	ㅁ	Maluku 말루쿠, bemo 베모, Iram 아람

자음	n	ㄴ	ㄴ	Nias 니아스, Sukarno 수카르노, Prambanan 프람바난
	ng	응	ㅇ	Ngarai 응아라이, bonang 보낭, Bandung 반둥
	p	ㅍ	ㅂ, 프	Padang 파당, Yap 얍, Suprana 수프라나
	q	ㅋ	ㄱ	furqan 푸르칸, Taufiq 타우픽
	r	ㄹ	르	ringgit 링깃, Rendra 렌드라, asar 아사르
	s	ㅅ	스	Sabah 사바, Brastagi 브라스타기, Gemas 게마스
	t	ㅌ	ㅅ, 트	Timor 티모르, Jakarta 자카르타, Rahmat 라맛, Trisno 트리스노
	v	ㅂ	—	Valina 발리나, Eva 에바, Lovina 로비나
	x	ㅅ	—	xenon 세논
	z	ㅈ	즈	zakat 자캇, Azlan 아즐란, Haz 하즈
반모음	w	오, 우		Wamena 와메나, Badawi 바다위
	y	이		Yudhoyono 유도요노, Surabaya 수바야
모음	a	아		Ambon 암본, sate 사테, Pancasila 판차실라
	e	에, 으		Ende 엔데, Ampenan 암페난, Pane 파네 empat 음팟, besar 브사르, gendang 근당
	I	이		Ibrahim 이브라힘, Biak 비악, trimurti 트리무르티
	o	오		Odalan 오달란, Barong 바롱, komodo 코모도
	u	우		Ubud 우붓, kulit 쿨릿, Dampu 담푸
이중모음	ai	아이		ain 아인, Rais 라이스, Jelai 즐라이
	au	아우		aula 아울라, Maumere 마우메레, Riau 리아우
	oi	오이		Amboina 암보이나, boikot 보이콧

표 15 타이어 자모와 한글 대조표

	로마자	타이어 자모	한글: 모음 앞	한글: 자음 앞·어말	보기
자음	b	บ	ㅂ	ㅂ	baht 밧, Chonburi 촌부리, Kulab 꿀랍
	c	จ	ㅉ	—	Caolaw 짜올라우
	ch	ฉ ช ฌ	ㅊ	ㅅ	Chiang Mai 치앙마이, buach 부앗
	d	ฎ ด	ㄷ	ㅅ	Dindaeng 딘댕, Rad Burana 랏부라나, Samed 사멧

자음	f	ฝ / ฟ	ㅍ	—	Maefaluang 매팔루앙
	h	ห / ฮ	ㅎ	—	He 헤, Lahu 라후, Mae Hong Son 매홍손
	k	ก	ㄲ	ㄱ	Kaew 깨우, malako 말라꼬, Rak Mueang 락므앙, phrik 프릭
	kh	ข / ฃ / ค / ฅ / ฆ	ㅋ	ㄱ	Khaosan 카오산, lakhon 라콘, Caroenrachphakh 짜른랏팍
	l	ล / ฬ	ㄹ, ㄹ / ㄹ	ㄴ	lamyai 람야이, Thalang 탈랑, Sichol 시촌
	m	ม	ㅁ	ㅁ	Maikhao 마이카오, mamung 마무앙, khanom 카놈, Silom 실롬
	n	ณ / น	ㄴ	ㄴ	Nan 난, Ranong 라농, Arun 아룬, Huahin 후아힌
	ng	ง	ㅇ	ㅇ	nga 응아, Mongkut 몽꿋, Chang 창
	p	ป	ㅃ	ㅂ	Pimai 삐마이, Paknam 빡남, Nakhaprathip 나카쁘라팁
	ph	ผ / พ / ภ	ㅍ	ㅂ	Phuket 푸껫, Phicit 피찟, Saithiph 사이팁
	r	ร	ㄹ	ㄴ	ranat 라낫, thurian 투리안
	s	ศ / ษ / ส	ㅅ	ㅅ	Siam 시암, Lisu 리수, Saket 사껫
	t	ฏ / ต	ㄸ	ㅅ	Tak 딱, Satun 사뚠, natsin 낫신, Phuket 푸껫
	th	ฐ / ฑ / ฒ / ถ / ท / ธ	ㅌ	ㅅ	Tham Boya 탐보야, Thon Buri 톤부리, thurian 투리안, song thaew 송태우, Pathumthani 빠툼타니, Chaiyawath 차이야왓
반모음	y	ญ / ย	이		lamyai 람야이, Ayutthaya 아유타야

			한글	보기
반모음	W	ꜟ	오, 우	Wan Songkran 완송끄란, Malaiwong 말라이웡 song thaew 송태우
모음	a	﹣ะ / ﹣า	아	Akha 아카, kapi 까삐, lang sad 랑삿, Phanga 팡아
	e	เ﹣ะ / เ﹣	에	Erawan 에라완, Akhane 아카네, Panare 빠나레
	i	﹣ิ / ﹣ี	이	Sire 시레, linci 린찌, Krabi 끄라비, Lumphini 룸피니
	o	โ﹣ะ / โ﹣ / เ﹣าะ / ﹣อ	오	khon 콘, Loi 로이, namdokmai 남독마이, Huaito 후아이또
	u	﹣ุ / ﹣ู	우	thurian 투리안, Chonburi 촌부리, Satun 사뚠
음	ae	แ﹣ะ / แ﹣	애	kaeng daeng 깽댕, Maew 매우, Bangsaen 방샌, Kaibae 까이배
	oe	เ﹣อะ / เ﹣อ	으	Mai Mueangdoem 마이 므앙듬
	ue	﹣ึ / ﹣ื	으	Kaeng cued 깽쯧, Maeraphueng 매라풍, Buengkum 붕꿈

표 16 베트남어 자모와 한글 대조표

자모		한 글		보 기
		모음 앞	지음 앞·어 말	
자음	b	ㅂ	—	Bao 바오, bo 보
	c, k, q	ㄲ	ㄱ	cao 까오, khac 칵, kiêt 끼엣, lăk 락, quan 꽌
	ch	ㅉ	ㄱ	cha 짜, bach 박
	d, gi	ㅈ	—	duc 죽, Dương 즈엉, gia 자, giây 저이
	đ	ㄷ	—	đan 단, Đinh 딘
	g, gh	ㄱ	—	gai 가이, go 고, ghe 개, ghi 기
	h	ㅎ	—	hai 하이, hoa 호아
	kh	ㅋ	—	Khai 카이, khi 키
	l	ㄹ, ㄹㄹ		lâu 러우, long 롱, My Lay 말라이
	m	ㅁ	ㅁ	minh 민, măm 맘, tôm 똠
	n	ㄴ	ㄴ	Nam 남, non 논, bun 분

	자모	모음 앞	지음 앞·어말	보기
자음	ng, ngh	응	ㅇ	ngo 응오, ang 앙, đông 동, nghi 응이 nghê 응에
	nh	니	ㄴ	nhât 녓, nhơn 년, minh 민, anh 아인
	p	ㅃ	ㅂ	put 뿟, chap 짭
	ph	ㅍ	—	Pham 팜, phơ 퍼
	r	ㄹ	—	rang 랑, rôi 로이
	s	ㅅ	—	sang 상, so 소
	t	ㄸ	ㅅ	tam 땀, têt 뗏, hat 핫
	th	ㅌ	—	thao 타오, thu 투
	tr	ㅉ	—	Trân 쩐, tre 째
	v	ㅂ	—	vai 바이, vu 부
	x	ㅆ	—	xanh 싸인, xeo 쌔오
모음	a		아	an 안, nam 남
	ă		아	ăn 안, Đăng 당, măc 막
	â		어	ân 언, cân 껀, lâu 러우
	e		애	em 앰, cheo 째오
	ê		에	êm 엠, chê 쩨, Huê 후에
	i		이	in 인, dai 자이
	y		이	yên 옌, quy 꾸이
	o		오	ong 옹, bo 보
	ô		오	ôm 옴, dông 동
	ơ		어	ơn 언, sơn 선, mơi 머이
	u		우	um 움, cung 꿍
	ư		으	ưn 은, tư 뜨
이중모음	ia		이어	kia 끼어, ria 리어
	iê		이에	chiêng 찌엥, diêm 지엠
	ua		우어	lua 루어, mua 무어
	uo		우오	buôn 부온, quôc 꾸옥
	ưa		으어	cưa 끄어, mưa 므어, sưa 스어
	ươ		으어	rươu 르어우, phương 프엉

표 17   포르투갈어 자모와 한글 대조표

자모	한글		보기
	모음 앞	지음 앞·어말	
b	ㅂ	브	bossa nova 보사노바, Abreu 아브레우

	자모	한글		보기
자음	c	ㅋ, ㅅ	ㄱ	Cabral 카브랄, Francisco 프란시스쿠, aspecto 아스펙투
	ç	ㅅ	—	saraça 사라사, Eça 에사
	ch	시*	—	Chaves 샤베스, Espichel 이스피셀
	d	ㄷ, ㅈ	ㄷ	escudo 이스쿠두, Bernardim 베르나르딩, Dias 지아스(브)
	f	ㅍ	ㅍ	fado 파두, Figo 피구
	g	ㄱ, ㅈ	ㄱ	Saramago 사라마구, Jorge 조르즈, Portalegre 포르탈레그르, Guerra 게하
	h	—	—	Henrique 엔히크, hostia 오스티아
	j	ㅈ	—	Aljezur 알제주르, panja 판자
	l	ㄹ, ㄹㄹ	ㄹ, 우	Lisboa 리스보아, Manuel 마누엘, Melo 멜루, Salvador 사우바도르(브)
	lh	ㄹ리*	—	Coelho 코엘류, Batalha 바탈랴
	m	ㅁ	ㅁ, ㅇ	Moniz 모니스, Humberto 움베르투, Camocim 카모싱
	n	ㄴ	ㄴ, ㅇ	Natal 나탈, Antonio 안토니우, Angola 앙골라, Rondon 혼동
	nh	니*	—	Marinha 마리냐, Matosinhos 마노지뉴스
	p	ㅍ	ㅍ	Pedroso 페드로주, Lopes 로페스, Prado 프라두
	q	ㅋ	—	Aquilino 아킬리누, Junqueiro 중케이루
	r	ㄹ, ㅎ	ㄹ	Freire 프레이르, Rodrigues 호드리게스, Cardoso 카르도주
	s	ㅅ, ㅈ	스, 즈	Salazar 살라자르, Barroso 바호주, Egas 에가스, mesmo 메즈무
	t	ㅌ, ㅊ	ㅌ	Tavira 타비라, Garrett 가헤트, Aracati 아라카치(브)
	v	ㅂ	—	Vicente 빈센트, Oliverira 올리베이라
	x	시*, ㅈ	스	Xira 시라, exame 이자므, exportar 이스포르타르
	z	ㅈ	스	fazenda 파젠다, Diaz 디아스
모음	a	아		Almeida 알메이다, Egas 에가스
	e	에, 이, 으		Elvas 엘바스, escudo 이스쿠두, Mangualde 망구알드, Belmonte 베우몬치(브)
	i	이		Amalia 아말리아, Vitorino 비토리누
	o	오, 우		Odemira 오데미라, Melo 멜루, Passos 파수스
	u	우		Manuel 마누엘, Guterres 구테흐스
	ai	아이		Sampaio 삼파이우, Cascais 카스카이스
	au	아우		Bauru 바우루, Sao Paulo 상파울루

이중모음	ãe	앙이	Guimarães 기마랑이스, Magalhães 마갈량이스
	ão	앙	Durão 두랑, Fundão 푼당
	ei	에이	Ribeiro 히베이루, Oliveira 올리베이라
	eu	에우	Abreu 아브레우, Eusebio 에우제비우
	iu	이우	Aeminium 아에미니웅, Ituiutaba 이투이우타바
	oi	오이	Coimbra 코임브라, Goiás 고이아스
	ou	오	Lousã 로장, Mogadouro 모가도루
	õe	옹이	Camões 카몽이스, Pilões 필롱이스
	ui	우이	Luis 루이스, Cuiabá 쿠이아바

＊ch의 '시', lh의 '리', nh의 '니', x의 '시'가 뒤따르는 모음과 결합할 때에는 합쳐서 한 음절로 적는다.

＊k, w, y는 외래어나 외래어에서 파생된 포르투갈식 어휘 또는 국제적으로 통용되는 약자나 기호의 표기
에서 사용되는 것으로 포르투갈어 알파벳에 속하지 않으므로 해당 외래어 발음에 가깝게 표기한다.

＊(브)는 브라질 포르투갈어에 적용되는 표기이다.

표 18   네덜란드어 자모와 한글 대조표

자모	한글		보기
	모음 앞	자음 앞·어 말	
b	ㅂ	ㅂ, ㅂ, 프	Borst 보르스트, Bram 브람, Jacob 야코프
c	ㅋ	ㄱ, 크	Campen 캄펀, Nicolaas 니콜라스, topic 토픽, scrupel 스크뤼펄
	ㅅ		cyaan 시안, Ceelen 세일런
ch	ㅎ	흐	Volcher 폴허르, Utrecht 위트레흐트
d	ㄷ	ㅅ, 드, 트	Delft 델프트, Edgar 엣하르, Hendrik 헨드릭, Helmond 헬몬트
f	ㅍ	프	Flevoland 플레볼란트, Graaf 흐라프
g	ㅎ	흐	Goes 후스, Limburg 림뷔르흐
h	ㅎ	—	Heineken 헤이네컨, Hendrik 헨드릭
j	이*	—	Jongkind 용킨트, Jan 얀, Jeroen 예룬
k	ㅋ	ㄱ, 크	Kok 콕, Alkmaar 알크마르, Zierikzee 지릭제이
kw (qu)	크ㅂ	—	Kwaliteit 크발리테이트, kwellen 크벨런, kwitantie 크비탄시
l	ㄹ, ㄹㄹ	ㄹ	Lasso 라소, Friesland 프리슬란트, sabel 사벌
m	ㅁ	ㅁ	Meerssen 메이르선, Zalm 잘름
n	ㄴ	ㄴ	Nijmegen 네이메헌, Jansen 얀선

자음	ng	ㅇ	ㅇ	Inge 잉어, Groningen 흐로닝언
	p	ㅍ	ㅂ, 프	Peper 페퍼르, Kapteyn 캅테인, Koopmans 코프만스
	r	ㄹ	르	Rotterdam 로테르담, Asser 아서르
	s	ㅅ	스	Spinoza 스피노자, Hals 할스
	sch	스ㅎ	스	Schiphol 스히폴, Escher 에스허르, typisch 티피스
	sj	시*	시	sjaal 샬, huisje 하위셔, ramsj 람시, fetisj 페티시
	t	ㅌ	ㅅ, 트	Tinbergen 틴베르헌, Gerrit 헤릿, Petrus 페트뤼스
	ts	ㅊ	츠	Aartsen 아르천, Beets 베이츠
	v	ㅂ, ㅍ	브	Veltman 펠트만, Einthoven 에인트호번, Weltevree 벨테브레이
	w	ㅂ	—	Wim 빔
	y	이	이	cyaan 시안, Lyonnet 리오넷, typisch 티피스, Verwey 페르베이
	z	ㅈ	—	Zeeman 제이만, Huizinga 하위징아
단모음	a		아	Asser 아서르, Frans 프란스
	e		에, 어	Egmont 에흐몬트, Frederik 프레데릭, Heineken 헤이네컨, Lubbers 뤼버르스, Campen 캄펀
	i		이	Nicolaas 니콜라스, Tobias 토비아스
	ie		이	Pieter 피터르, Vries 프리스
	o		오	Onnes 오너스, Vondel 폰덜
	oe		우	Boer 부르, Boerhaave 부르하버
	u		위	Utrecht 위트레흐트, Petrus 페트뤼스
	eu		외	Europort 외로포르트, Deurne 되르너
	uw		위	ruw 뤼, duwen 뒤언, Euwen 에위언
이중모음	ou(w), au(w)		아우	Bouts 바우츠, Bouwman 바우만, Paul 파울, Lauwersmeer 라우에르스메이르
	ei, ij		에이	Heike 헤이커, Bolkestein 볼케스테인, Ijssel 에이설
	ui(uy)		아위	Huizinga 하위징아, Zuid-Holland 자위트 홀란트, Buys 바위스
	aai		아이	draaien 드라이언, fraai 프라이, zaait 자이트, Maaikes 마이커스
	ooi		오이	Booisman 보이스만, Hooites 호이터스
	oei		우이	Boeijinga 부잉아, moeite 무이터

| eeuw | 에이우 | Leeuwenhoek 레이우엔훅, Meeuwes 메이우어스 |
| ieuw | 이우 | Lieuwma 리우마, Rieuwers 리우어르스 |

＊j의 '이'와 sj의 '시'가 뒤따르는 모음과 결합할 때에는 합쳐서 한음절로 적는다.

표 19 러시아어 자모와 한글 대조표

| 로마자 | 러시아어 자모 | 한글 | | | 보　　기 |
		모음앞	자음앞	어말	
자음	b	б	ㅂ	ㅂ, 브	프	Bolotov(Ъолотов) 블로토프, Bobrov(Ъобров) 보브로프, Kurbskii(Курский) 쿠릅스키, Gleb(Глеб) 글레프
	ch	ч	ㅊ		치	Goncharov(Гончаров) 곤차로프, Manechka(Манечка) 마네치카, Yakubovich(Якубович) 쿠릅스키
	d	д	ㄷ	ㅅ, 드	트	Dmitrii(Дмитрий) 드미트리, Benediktov(Ъенедиктов) 베네딕토프, Nakhodka(Находка) 나홋카, Voskhod(Восход) 보스호트
	f	ф	ㅍ	ㅂ, 프	프	Fyodor(Фёдор) 표도르, Yefremov(Ефремов) 예프레모프, Iosif(Иосиф) 이시오프
	g	г	ㄱ	ㄱ, 그	크	Gogol'(Гоголь) 고골, Musorgskii(Мусоргский) 무소륵스키, Bogdan(Ъогдан) 보그단, Andarbag(Андарбаг) 안다르바크
	kh	х	ㅎ		흐	Khabarovsk(Хабаровск) 하바롭스크, Akhmatova(Ахматова) 아흐마토바, Oistrakh(Ойстрах) 오이스트라흐
	k	к	ㅋ	ㄱ, 크	크	Kalmyk(Калмык) 칼미크, Aksakov(Аксаков) 악사코프, Kvas(Квас) 크바스, Vladivostok(Владивосток) 블라디보스토크
	l	л	ㄹ, ㄹㄹ		ㄹ	Lenin(Ленин) 레닌, Nikolai(Николай) 니콜라이, Krylov(Крылов) 크릴로프, Pavel(Павел) 파벨
	m	м	ㅁ	ㅁ, 므	ㅁ	Mikhaiil(Михайл) 미하일, Maksim(Максим) 막심, Mtsensk(Мценск) 므첸스크

자	n	н	ㄴ		ㄴ	Nadya(Надя) 나댜, Stefan(Стефан) 스테판
	p	п	ㅍ	ㅂ, 프	ㅍ	Pyotr(Пётр) 표트르, Rostopchinya (Ростопчиня) 로스톱치냐, Pskov(Псков) 프스코프, Maikop(Майкоп) 마이코프
	r	р	ㄹ		ㄹ	Rybinsk(Рыбинск) 리빈스크, Lermontov(Лермонтов) 레르몬토프, Artyom(Артём) 아르툠
	s	с	ㅅ		스	Vasilii(Василий) 바실리, Stefan(Стефан) 스테판, Boris(Борис) 보리스
	sh	ш	시*		시	Shelgunov(Шелгунов) 셸구노프, Shishkov(Шишков) 시시코프
	shch	щ	시*		시	Shcherbakov(Щербаков) 셰르바코프, Shchirets(Щирец) 시레츠, borshch(борщ) 보르시
음	t	т	ㅌ	ㅅ, 트	트	Tat'yana(Татьяна) 타티야나, Khvatkov (Хватков) 흐밧코프, Tver'(Тверь) 트베리, Buryat(Бурят) 부랴트
	tch	тч	ㅊ		—	Gatchina(Гатчина) 가치나, Tyutchev(Тютчев) 보브로프
	ts	ц, тс	ㅊ		츠	Kapitsa(Капица) 카피차, Tsvetaeva(Цветаева) 츠베타예바, Bryatsk(Брятск) 브랴츠크, Yakutsk(Якутск) 야쿠츠크
	v	в	ㅂ	ㅂ, 브	프	Verevkin(Веревкин) 베렙킨, Dostoevskii(Достоевский) 도스토옙스키, Vladivostok(Владивосток) 블라디보스토크, Markov(Марков) 마르코프
	z	з	ㅈ	즈, 스	스	Zaichev(Зайчев) 자이체프, Kuznetsov(Кузнецов) 쿠즈네초프, Agryz(Агрыз) 아그리스
	zh	ж	ㅈ	즈, 시	시	Zhadovskaya(Жадовская) 자돕스카야, Zhdanov(Жданов) 즈다노프, Luzhkov(Лужков) 루시코프, Kebezh(Кебеж) 케베시
	j/i	й	이		이	Yurii(Юрий) 유리, Andrei(Андрей) 안드레이, Belyi(Белый) 벨리
	a	a	아			Aksakov(Аксаков) 악사코프, Abakan(Абакан) 아바칸

모 음	e	е	에, 예	Petrov(Петров) 페트로프, Evgenii(Евгений) 예브게니, Alekseev(Алексеев) 알렉세예프, Ertel'(Эртель) 예르텔
		э		
	i	и	이	Ivanov(Иванов) 이바노프, Iosif(Иосиф) 이오시프
	o	о	오	Khomyakov(Хомяков) 호먀코프, Oka(Ока) 오카
	u	у	우	Ushakov(Ушаков) 우샤코프, Sarapul(Сарапул) 사라풀
	y	ы	이	Saltykov(Салтыков) 살티코프, Kyra(Кыра) 키라, Belyi(Белый) 벨리
	ya	я	야	Yasinskii(Ясинский) 야신스키, Adygeya(Адыгея) 아디게야
	yo	ё	요	Solov'yov(Соловьёв) 솔로비요프, Artyom(Артём) 아르툠
	yu	ю	유	Yurii(Юрий) 유리, Yurga(Юрга) 유르가

＊sh(ш), shch(щ)의 '시'가 뒤따르는 모음과 결합할 때에는 합쳐서 한 음절로 적는다.

＊그리스어, 터키어, 아랍어 표기법은 확정되지 않은 시안입니다.

표 20   그리스어 자모와 한글 대조표

표 20-1   고전 그리스어 자모와 한글 대조표(시안)

	자모	그리스어 자모	한글 모음 앞	한글 자음 앞 어말	보기
자 음	b	β	ㅂ	브	bema(βῆμα) 베마, biblois(βίβλος) 비블로스, brotos(βροτός) 브로토스
	g	γ	ㄱ	그	gamos(γάμος) 가모스, gignosko(γιγνώσκω) 기그노스코
	ng	γγ	ㅇㄱ	–	angelos(ἄγγελος) 앙겔로스, anangellos(ἀναγγέλλω) 아낭겔로
	nk	γκ	ㅇㅋ	–	ankyra(ἄγκυρα) 앙키라, enkaio(ἐγκαίω) 엥카이오
	nkh	γχ	ㅇㅋ	–	ankhos(ἄγχος) 앙코스
	nx	γξ	–	ㅇ크스	Sphinx(Σφίγξ) 스핑크스, Syrinx(Σύριγξ) 시링크스
	d	δ	ㄷ	드	doron(δῶρον) 도론, Ariadne(Ἀριάδνη) 아리아드네, drao(δράω) 드라오

z	ζ	ㅈ	–	Zeus(Ζεύς) 제우스, enzymon(ἔνζυμον) 엔지몬
th	ϑ	ㅌ	ㅌ	Thessalia(Θεσσαλία) 테살리아, thrake(Θράκη) 트라케, Kythnos(Κύϑνος) 키트노스
k	κ	ㅋ	ㄱ, ㅋ	kopos(κόπος) 코포스, ekthesis(ἔκϑεσις) 엑테시스, Perikles(Περικλῆς) 페리클레스
l	λ	ㄹ, ㄹㄹ	ㄹ	lathos(λάϑος) 라토스, Helene(Ἑλένη) 헬레네, alpha(ἄλφα) 알파, telma(τέλμα) 텔마
m	μ	ㅁ	ㅁ, 므	momphe(μομφή) 몸페, Memnon(Μέμνων) 멤논, mneme(μνήμη) 므네메, analemma(ἀνάλημμα) 아날레마
n	ν	ㄴ	ㄴ	Nonnos(Νόννος) 노노스, anthropos(ἄνϑρωπος) 안트로포스, Platon(Πλάτων) 플라톤
x	ξ	ㄱㅅ, ㅋㅅ	ㄱㅅ	exodos(ἔξοδος) 엑소도스, Xenos(ξένος) 크세노스, Sextos(Σέξτος) 섹스토스, hex(ἄξ) 헥스
p	π	ㅍ	ㅂ, 프	Pan(Πάν) 판, optikos(ὀπτικός) 옵티코스, hypnos(ὕπνος) 히프노스, Ptolemaios(Πτολεμαῖος) 프톨레마이오스, Sappho(Σαπφώ) 사포
r	ρ	ㄹ	ㄹ	hora(ὥρα) 호라, kardia(καρδία) 카르디아, pater(πατήρ) 파테르, Pyrrha(Πύρρα) 피라
s	σ	ㅅ	ㅅ	soma(σῶμα) 소마, skhema(σχῆμα) 스케마, Nestor(Νέστωρ) 네스토르
	ς	–	ㅅ	Adonis(Ἄδωνις) 아도니스, Danaos(Δαναός) 다나오스
t	τ	ㅌ	ㅌ	tauros(ταῦρος) 타우로스, Atlas(Ἄτλας) 아틀라스
ph	φ	ㅍ	프	alpha(ἄλφα) 알파, Daphne(Δάφνη) 다프네
kh	χ	ㅋ	ㅋ	khi(χι) 키, khronos(χρόνος) 크로노스
ps	ψ	ㅂㅅ, 프ㅅ	–	hypsilon(ὕψιλον) 힙실론, Psykhe(ψυχή) 프시케, Kekrops(Κέκροψ) 케크롭스
h	'(거친숨표)	ㅎ	–	hepta(ἑπτά) 헵타, hypnos(ὕπνος) 히프노스
a	α	아		agora(ἀγορά) 아고라, thallasa(θάλλασα) 탈라사, kharites(χάριτες) 카리테스
	α			lathra(λάϑρᾳ) 라트라, praos(πρᾷος) 프라오스
e	ε	에		epsilon(ἔψιλον) 엡실론, hen(ἕν) 헨
	η			helios(ἥλιος) 헬리오스, Hera(Ἥρα) 헤라
	η			thnesko(ϑνήσκω) 트네스코, mimnesko(μιμνήσκω) 밈네스코

(자음 / 모음 구분: 자, 음 / 모, 음)

모	o	o	오	Odysseus(Ὀδυσσεύς) 오디세우스
		ω		hora(ὥρα) 호라, soma(σῶμα) 소마
		ῳ		tyragodia(τραγῳδία) 트라고디아, komodia(κωμῳδία) 코모디아
음	y	υ	이	hypothesis(ὑπόθεσις) 히포테시스, physis(φύσις) 피시스
	i	ι	이	idea(ἰδέα) 이데아, time(τιμή) 티메
	ai	αι	아이	aiskhos(αἴσχος) 아이스코스, haima(αἷμα) 하이마
	ei	ει	에이	heis(εἷς) 헤이스, teikhos(τεῖχος) 테이코스
	oe	οι	오이	Moerai(Μοῖραι) 모이라이, Delphoe(Δελφοί) 델포이
	au	αυ	아우	auxo(αὔξω) 아욱소, autos(αὐτός) 아우토스
	eu	ευ	에우	eudaimon(εὐδαίμων) 에우다이몬, proseukhe(προσευχή) 프로세우케
		ηυ		heurethen(ηὑρέθην) 헤우레텐
	ou	ου	우	Ouranos(Οὐρανός) 우라노스, kouphos(κοῦφος) 쿠포스

표 20-2   현대 그리스어 자모와 한글 대조표(시안)

자모	그리스어 자모	한글 모음 앞	한글 자음 앞 어말	보기
자	v	β	ㅂ	브	vivlos(βίβλος) 비블로스, velos(βέλος) 벨로스, vrotos(βροτός) 브로토스
	gh	γ	ㄱ	그	ghamos(γάμος) 가모스, ghrighora(γρήγορα) 그리고라
	y		이	–	yineka(γυναίκα) 이네카, Yannis(Γιάννης) 야니스, yeros(γέρος) 예로스, yiorti(γιορτή) 요르티
	ng	γγ	ㅇㄱ	ㅇㄱ	angelos(άγγελος) 앙겔로스, engis(εγγύς) 엥기스, anglika(αγγλικά) 앙글리카
	g	γκ	ㄱ	ㄱ	gazi(γκάζι) 가지, gremos(γκρεμός) 그레모스
	ng		ㅇㄱ	ㅇㄱ	angyra(άγκυρα) 앙기라, engenia(εγκαίνια) 엥게니아, englima(έγκλημα) 엥글리마
모	ngh	γχ	ㅇㅎ	–	anghos(άγχος) 앙호스, melangholia(μελαγχολία) 멜랑홀리아
	nx	γξ	–	ㅇ크스	larynx(λάρυγξ) 라링크스
	dh	δ	ㄷ	드	dhoro(δῶρο) 도로, dhino(δίνω) 디노, dhrao(δράω) 드라오, dhromos(δρόμος) 드로모스
	z	ζ	ㅈ	–	zori(ζόρι) 조리, enzymo(ένζυμο) 엔지모

자 음	th	ϑ	ㅌ	트	theos(ϑεός) 테오스, lathos(λάϑος) 라토스, thrilos (ϑρύλος) 트릴로스, isthmos(ισϑμός) 이스트모스
	k	κ	ㅋ	ㄱ, ㅋ	kalos(καλός) 칼로스, ekthesi(έκϑεση) 엑테시, klima(κλίμα) 클리마
	l	λ	ㄹ, ㄹㄹ	ㄹ	lavi(λαβή) 라비, elate(ελάτε) 엘라테, Karamanlis (Καραμανλής) 카라만리스, kolpo(κόλπο) 콜포
	m	μ	ㅁ	ㅁ, 므	Maria(Μαρία) 마리아, Limnos(Λῆμνος) 림노스, mnimi(μνήμη) 므니미, Grammos(Γράμμος) 그라모스
	b	μπ	ㅂ	브	bira(μπύρα) 비라, bravo(μπράβο) 브라보
	mb		ㅁㅂ	ㅁ브	pembo(πέμπω) 펨보, embros(εμπρός) 엠브로스
	n	ν	ㄴ	ㄴ	nomos(νόμος) 노모스, anthos(άνϑος) 안토스, Parnon(Πάρνων) 파르논
	d	ντ	ㄷ	드	dino(ντύνω) 디노, dropi(ντροπή) 드로피
	nd		ㄴㄷ	ㄴ드	pende(πέντε) 펜데, kendro(κέντρο) 켄드로
	x	ξ	ㄱㅅ, ㅋㅅ	ㄱ스	Naxos(Νάξος) 낙소스, xilo(ξύλο) 크실로, pinax(πίναξ) 피낙스
	p	π	ㅍ	ㅂ, 프	pateras(πατέρας) 파테라스, kopto(κόπτω) 콥토, opla(όπλα) 오플라
	r	ρ	ㄹ	르	rodhi(ρόδι) 로디, kardhia(καρδία) 카르디아, Nestor(Νέστωρ) 네스토르, Serres(Σέρρες) 세레스
	s	σ	ㅅ	스	soma(σώμα) 소마, Kostis(Κωστής) 코스티스
		ς	–	스	telos(τέλος) 텔로스, kirios(κύριος) 키리오스
	t	τ	ㅌ	트	tipos(τύπος) 티포스, Atlas(Άτλας) 아틀라스
	dz	τζ	ㅈ	–	dzami(τζαμί) 자미, Kazandzakis(Καζαντζάκης) 카잔자 키스
	ts	τσ	ㅊ	–	atsali(ατσάλι) 아찰리, tsuhteros(τσουχτερός) 추흐테로스
	ph	φ	ㅍ	프	pharos(φάρος) 파로스, ekphrasi(έκφραση) 에프라시
	h	χ	ㅎ	흐	hioni(χιόνι) 히오니, hara(χαρά) 하라, hronos(χρόνος) 흐로노스, hthes(χϑές) 흐테스
	hy		히*	–	hyeri(χέρι) 헤리, hyerete(χαίρετε) 헤레테
	ps	ψ	ㅂㅅ, ㅍㅅ	ㅂ스	epsilon(έψιλον) 엡실론, psalmos(ψαλμός) 프살모스, miops(μύωψ) 미옵스
모 음	a	α	아		aghapi(αγάπη) 아가피, kala(καλά) 칼라
	e	ε	에		ena(ένα) 에나, mera(μέρα) 메라
		αι			lemos(λαιμός) 레모스, ema(αίμα) 에마

모	i	η	이	pighi(πηγή) 피기, timi(τιμή) 티미, imi(ήμι) 이미
		ι		iatros(ιατρος) 이아트로스, phili(φιλί) 필리
		υ		phisi(φύση) 피시, ipnos(ύπνος) 이프노스
		ει		ine(είναι) 이네, pira(πείρα) 피라
		οι		ikos(οίκος) 이코스, piitis(ποιητής) 피이티스
		υι		ios(υός) 이오스
	o	ο	오	odos(οδός) 오도스, logos(λόγος) 로고스
		ω		orea(ωραία) 오레아, soma(σώμα) 소마
음	ou	ου	우	Merkouri(Μερκούρη) 메르쿠리, Papandreou(Παπανδρέου) 파판드레우
	av	αυ	아ㅂ 아브	pavo(παύω) 파보, avgho(αυγό) 아브고
	af		– 아프	aftos(αυτός) 아프토스, naftis(ναυτής) 나프티스
	ev	ευ	에ㅂ 에브	Evangelos(Ευάγγελος) 에방겔로스, pnevma(πνεύμα) 프네브마
	ef		– 에프	dheftero(δεύτερο) 데프테로, Lefkada(Λευκάδα) 레프카다

＊χ(hy)의 '히'는 뒤따르는 모음 ε(e), αι(e)와 결합할 때 합쳐서 '혜'로 적는다.

표 21   터키어 자모와 한글 대조표(시안)

자모	한글 모음 앞	한글 자음 앞·어말	보기
b	ㅂ	브, (ㅂ)＊	Bodrum 보드룸, Trabzon 트라브존, murabba 무랍바
c	ㅈ	즈, (ㅅ)	Çeşme 제쉬메, Necdet 네즈데트, seccade 셋자데
ç	ㅊ	츠, (ㅅ)	Çorum 초룸, Koç 코츠, pabuççu 파붓추
d	ㄷ	드, (ㅅ)	Denizli 데니즐리, Adnan 아드난, madde 맛데
f	ㅍ	프, (ㅂ)	fotoğraf 포토으라프, köfte 쾨프테, Afyon 아프욘, teneffüs 테넵퓌스
g	ㄱ	그	Gelibolu 겔리볼루, Bingöl 빈괼, grafik 그라피크
ğ	–	으	Esenboğa 에센보아, Ağrı 아으르, Elazığ 엘라즈으
h	ㅎ	흐	Haran 하란, teehhür 테에휘르, sahra 사흐라, Kütahya 퀴타흐야, sabah 사바흐
j	ㅈ	즈	Japon 자폰, müjde 뮈즈데, garaj 가라즈
k	ㅋ	크, (ㄱ)	Kore 코레, Antakya 안타크야, Türk 튀르크,

자 음	l	ㄹ, ㄹㄹ	ㄹ	Aksaray 악사라이, Çanakkale 차낙칼레 Lira 리라, gerilla 게릴라, sandalye 산달예, Camal 자말
	m	ㅁ	ㅁ	Marmara 마르마라, emmek 엠메크, yemyeşil 엠예실, Erzurum 에르주룸
	n	ㄴ	ㄴ	Nazilli 나질리, Tefenni 테펜니, Konya 콘야, Nisan 니산
	p	ㅍ	프, (ㅂ)	Pendik 펜디크, Uzunköprü 우준쾨프뤼, yepyeni 예프 예니, Sinop 시노프, İpsala 입살라, züppe 쥡페
	r	ㄹ	르	Rumeli 루멜리, Türk 튀르크, Sakarya 사카르야, Burdur 부르두르, zürriyet 쥐리예트
	s	ㅅ	스, (ㅅ)	Sivas 시와스, İstanbul 이스탄불, Amasya 아마스야, Kars 카르스, mufassal 무팟살
	ş	시**	쉬	Şura 슈라, şişman 시쉬만, taşyağı 타쉬야으, Muş 무쉬, Karşıyaka 카르시으야카
	t	ㅌ	트, (ㅅ)	Tarsus 타르수스, Trabzon 트라브존, Malatya 말라트 야, Ecevit 에제위트, mutfak 뭇파크, Necmettin 네즈멧틴
	v	우**, ㅂ	브, (ㅂ)	Van 완, Siverek 시웨레크, Artvin 아르트빈, Evren 에 브렌, Simav 시마브, kuvve 쿱베
	z	ㅈ	즈, (ㅅ)	Zonguldak 존굴다크, tazyik 타즈이크, Banaz 바나즈, lezzet 렛제트
반 모 음	y	이**		Asya 아스야, Yozgat 요즈가트, Afyon 아프욘, Konya 콘야, Yılmaz 이을마즈
모 음	a	아		Adana 아다나, bozcaada 보즈자아다
	e	에		Ecevit 에제위트, teehhür 테에휘르
	ı	으		Irak 아르크, Çankırı 찬크르, Işıklı 으시으클르, Yılmaz 이을마즈
	i	이		İstanbul 이스탄불, Denizli 데니즐리, Siirt 시이르트
	o	오		Osman 오스만, Toperi 토페리
	ö	외		Ören 외렌, Bingöl 빈괼
	u	우		Urfa 우르파, Ordu 오르두
	ü	위		Üsküdar 위스퀴다르, Üzümlü 위쥠뤼

* ( )는 표기 세칙 제1항을 따라 적는다.

** ş, v, y의 '시, 우, 이'는 뒤따르는 모음과 결합할 때 합쳐서 1음절로 적는다.

표 22 아랍어 자모와 한글 대조표(시안)

자모		아랍 어어 자모	한글		보기
			모음 앞	자음 앞 어말	
자 음	ʔ	ﺍ	–	으, –	ʔab 압, muʔmin 무으민, badʔ 바드
	b	ﺏ	ㅂ	브, ㅂ	bāb 밥, sabʕah 사브아, ʕAbdullah 압둘라, kitāb 키탑, dubb 둡브
	t	ﺕ	ㅌ	트, (ㅅ)*	tamr 타므르, sitr 시트르, ʔist 이스트, bayt 바이트, battār 밧타르
	th/ṯ	ﺙ	ㅅ	스, (ㅅ)	thalj 살즈, ʔithnān 이스난, ḥadath 하다스, mumaththil 무 맛실
	j**	ﺝ	ㅈ	즈, (ㅅ)	jamāl 자말, rijl 리즐, burj 부르즈, fajj 팟즈,
	ḥ	ﺡ	ㅎ	흐	ḥadīth 하디스, baḥr 바흐르, milḥ 밀흐
	kh/x	ﺥ	ㅋ	크, (ㄱ)	khalīfah 칼리파, fakhr 파크르, shaykh 샤이크, mukhkh 묵크
	d	ﺩ	ㄷ	드, (ㅅ)	dirham 디르함, badr 바드르, Muḥammad 무함마드, Ṣaddām 삿담
	dh/ḏ	ﺫ	ㄷ	드, (ㅅ)	dhahab 다합, madhhab 마드합, ʔustādh 우스타드, taḥadhdhur 타핫두르
	r	ﺭ	ㄹ	르	risālah 라살라, dars 다르스, sidr 시드르, marrah 마르라
	z	ﺯ	ㅈ	즈, (ㅅ)	zamīl 자밀, ʔAzhar 아즈하르, ʔarz 아르즈, ruzz 룻즈, ghazzāl 갓잘
	s	ﺱ	ㅅ	스(ㅅ)	safar 사파르, nasr 나스르, turs 투르스, mufassir 무팟시르
	sh/š	ﺵ	시***	슈, 시, (ㅅ)	shams 샴스, mushṭ 무슈트, mishmish 미슈미시, mubashshir 무밧시르
	ṣ	ﺹ	ㅅ	스, (ㅅ)	ṣabāḥ 사바흐, al Baṣrah 바스라, qaṣṣāṣ 깟사스
	ḍ	ﺽ	ㄷ	드, (ㅅ)	ḍirs 디르스, maḍbūṭ 마드부트, ʔarḍ 아르드, fiḍḍah 핏다
	ṭ	ﻁ	ㅌ	트, (ㅅ)	ṭabl 타블, maṭbakh 마트바크, sharṭ 샤르트, baṭṭah 밧타
	ẓ**	ﻅ	ㄷ	드, (ㅅ)	ẓarf 다르프, maẓhar 마드하르, ḥifẓ 히프드, ḥaẓẓ 핫드
	ʕ	ﻉ	–	아	ʕaṣr 아스르, bidʕah 비드아, shaʕb 샤압, dilʕ 딜아
	gh/ġ	ﻍ	ㄱ	그, (ㄱ)	ghurfah 구르파, al Maghrib 마그립, ṣambh 삼그, shaghghāl 샤갈
	f	ﻑ	ㅍ	프, (ㅂ)	fatḥ 파트흐, nafs 나프스, kashf 카슈프, raff 랍프
	q	ﻕ	ㄲ	끄, (ㄱ)	qaṣr 까스르, naqṣ 나끄스, ṣadīq 사디끄, ar Raqqah 락까
	k	ﻙ	ㅋ	크, (ㄱ)	kitāb 키탑, maktab 마크탑, Mubārak 무바라크, shakk 샤크

	l	ل	르, ㄹㄹ	ㄹ	laḥm 라흠 salām 살람, ʕAbduʕazīz 압둘아지즈, silm 실므, sahl 사흘
	m	م	ㅁ	ㅁ, 므	al Masīḥ 마시흐, dirham 디르함, ʕamr 아므르, ʔamn 아믄, ʔumm 움ㅁ
	n	ن	ㄴ	ㄴ, (ㄴ)	naḥl 나흘, ʔinsān 인산, fann 판느
	h	ه	ㅎ	ㅎ, -	haram 하람, nahr 나흐르, fiqh 피끄흐, fiḍḍah 핏다
	w	و	우	우	ward 와르드, wilāyah 윌라야, badw 바드우
	y	ي	이	이	yad 야드, Yuḥannā 유한나, wakhy 와크이
모 음	a, a	◌َ, ◌ِ	아		ʔadab 아답, ʔākhir 아키르
	i, i	◌ِ, ◌ِ	이		ʔist 이스트, ṣadīq 사디끄
	u, u	◌ُ, ◌ُ	우		ʔusrah 우스라, suhūl 수훌
	ay****	◌َ	아이		sayf 사이프
	aw****	◌َ	아우		yawm 야움, law 라우

* (　)는 표기 세칙 제1항을 따라 적는다.
** j, z가 이집트의 고유 명사에 쓰일 경우에는 각각 'ㄱ, 그, (ㄱ)', 'ㅈ, 즈, (ㅅ)'로 적는다.
*** sh/š의 '시'는 뒤따르는 모음과 결합할 때 합쳐서 1음절로 적는다.
**** '에이', '오'로 발음이 관용화된 ay와 aw는 각각 '에이', '오'로 적을 수 있다.

제 3 장 표기 세칙

제1절 영어의 표기

표 1에 따라 적되, 다음 사항에 유의하여 적는다.

제1항 무성 파열음([p], [t], [k])
1. 짧은 모음 다음의 어말 무성 파열음([p], [t], [k])은 받침으로 적는다.

　　gap[gæp] 갭　　　　cat[kæt] 캣　　　　　book[buk] 북

2. 짧은 모음과 유음·비음([l], [r], [m], [n]) 이외의 자음 사이에 오는 무성 파열음([p], [t], [k])은 받침으로 적는다.

　　apt[æpt] 앱트　　　　setback[setbæk] 셋백　　　　act[ækt] 액트

3. 위 경우 이외의 어말과 자음 앞의 [p], [t], [k]는 '으'를 붙여 적는다.

　　stamp[stæmp] 스탬프　　cape[keip] 케이프　　nest[nest] 네스트
　　part[pɑːt] 파트　　　　desk[desk] 데스크　　make[meik] 메이크
　　apple[æpl] 애플　　　　mattress[mætris] 매트리스
　　chipmunk[tʃipmʌŋk] 치프멍크　　　　　　sickness[siknis] 시크니스

제2항 유성 파열음([b], [d], [g])
어말과 모든 자음 앞에 오는 유성 파열음은 '으'를 붙여 적는다.

bulb[bʌlb] 벌브　　　　land[lænd] 랜드　　　　zigzag[zigzæg] 지그재그

lobster[lɔbstə] 로브스터　　kidnap[kidnæp] 키드냅　　signal[signəl] 시그널

제 3 항　마찰음([s], [z], [f], [v], [θ], [ð], [ʃ], [ʒ])

1. 어말 또는 자음 앞의 [s], [z], [f], [v], [θ], [ð]는 '으'를 붙여 적는다.

mask[mɑːsk] 마스크　　jazz[dʒæz] 재즈　　　　graph[græf] 그래프

olive[ɔliv] 올리브　　　thrill[θril] 스릴　　　　bathe[beið] 베이드

2. 어말의 [ʃ]는 '시'로 적고, 자음 앞의 [ʃ]는 '슈'로, 모음 앞의 [ʃ]는 뒤따르는 모음에 따라 '샤', '섀', '셔', '셰', '쇼', '슈', '시'로 적는다.

flash[flæʃ] 플래시　　　shrub[ʃrʌb] 슈러브　　　shark[ʃɑːk] 샤크

shank[ʃæŋk] 섕크　　　fashion[fæʃən] 패션　　　sheriff[ʃerif] 셰리프

shopping[ʃɔpiŋ] 쇼핑　　shoe[ʃuː] 슈　　　　　shim[ʃim] 심

3. 어말 또는 자음 앞의 [ʒ]는 '지'로 적고, 모음 앞의 [ʒ]는 'ㅈ'으로 적는다.

mirage[mirɑːʒ] 미라지　　　　　　　　vision[viʒən] 버전

제 4 항　파찰음([ts], [dz], [tʃ], [dʒ])

1. 어말 또는 자음 앞의 [ts], [dz]는 '츠', '즈'로 적고, [tʃ], [dʒ]는 '치', '지'로 적는다.

Keats[kiːts] 키츠　　　odds[ɔdz] 오즈　　　switch[switʃ] 스위치

bridge[bridʒ] 브리지　　Pittsburgh[pitsbəːg] 피츠버그

hitchhike[hitʃhaik] 히치하이크

2. 모음 앞의 [tʃ], [dʒ]는 'ㅊ', 'ㅈ'으로 적는다.

chart[tʃɑːt] 차트　　　　　　　　　　virgin[vəːdʒin] 버진

제 5 항　비음([m], [n], [ŋ])

1. 어말 또는 자음 앞의 비음은 모두 받침으로 적는다.

steam[stiːm] 스팀　　　corn[kɔːn] 콘　　　ring[riŋ] 링

lamp[læmp] 램프　　　hint[hint] 힌트　　　ink[iŋk] 잉크

2. 모음과 모음 사이의 [ŋ]은 앞 음절의 받침 'ㅇ'으로 적는다.

hanging[hæŋiŋ] 행잉　　　　　　　longing[lɔŋiŋ] 롱잉

제 6 항　유음([l])

1. 어말 또는 자음 앞의 [l]은 받침으로 적는다.

hotel[houtel] 호텔　　　　　　　　　pulp[pʌlp] 펄프

2. 어중의 [l]이 모음 앞에 오거나, 모음이 따르지 않는 비음([m], [n]) 앞에 올 때에는 'ㄹㄹ'로 적는다. 다만, 비음([m], [n]) 뒤의 [l]은 모음 앞에 오더라도 'ㄹ'로 적는다.

slide[slaid] 슬라이드　　film[film] 필름　　　helm[helm] 헬름

swoln[swouln] 스월른　　Hamlet[hæmlit] 햄릿　　Henley[henli] 헨리

제 7 항　장모음

장모음의 장음은 따로 표기하지 않는다.

team[tiːm] 팀　　　　　　　　　　　route[ruːt] 루트

제 8 항　중모음[2]([ai], [au], [ei], [ɔi], [ou], [auə])

중모음은 각 단모음의 음가를 살려서 적되, [ou]는 '오'로, [auə]는 '아워'로 적는다.

time[taim] 타임   house[haus] 하우스   skate[skeit] 스케이트
oil[ɔil] 오일   boat[bout] 보트   tower[tauə] 타워

제 9 항 반모음([w], [j])

1. [w]는 뒤따르는 모음에 따라 [wə], [wɔ], [wou]는 '워', [wɑ]는 '와', [wæ]는 '왜', [we]는 '웨', [wi]는 '위', [wu]는 '우'로 적는다.

word[wəːd] 워드   want[wɔnt] 원트   woe[wou] 워   wander[wɑndə] 완더
wag[wæg] 왜그   west[west] 웨스트   witch[witʃ] 위치   wool[wul] 울

2. 자음 뒤에 [w]가 올 때에는 두 음절로 갈라 적되, [gw], [hw], [kw]는 한 음절로 붙여 적는다.

swing[swiŋ] 스윙   twist[twist] 트위스트   penguin[peŋgwin] 펭귄
whistle[hwisl] 휘슬   quarter[kwɔːtə] 쿼터

3. 반모음 [j]는 뒤따르는 모음과 합쳐 '야', '얘', '여', '예', '요', '유', '이'로 적는다. 다만, [d], [l], [n] 다음에 [jə]가 올 때에는 각각 '디어', '리어', '니어'로 적는다.

yard[jɑːd] 야드   yank[jæŋk] 앵크   yearn[jəːn] 연   yellow[jelou] 옐로
yawn[jɔːn] 욘   you[juː] 유   year[jiə] 이어   Indian[indjən] 인디언
battalion[bətæljən] 버탤리언   union[juːnjən] 유니언

제 10 항 복합어[3]

1. 따로 설 수 있는 말의 합성으로 이루어진 복합어는 그것을 구성하고 있는 말이 단독으로 쓰일 때의 표기대로 적는다.

cuplike[kʌplaik] 컵라이크   bookend[bukend] 북엔드
headlight[hedlait] 헤드라이트   touchwood[tʌtʃwud] 터치우드
sit-in[sitin] 싯인   bookmaker[bukmeikə] 북메이커
flashgun[flæʃgʌn] 플래시건   topknot[tɔpnɔt] 톱놋

2. 원어에서 띄어 쓴 말은 띄어 쓴 대로 한글 표기를 하되, 붙여 쓸 수도 있다.

Los Alamos[lɔs æləmous] 로스 앨러모스/로스앨러모스
top class[tɔpklæs] 톱 클래스/톱클래스

제 2 절 독일어의 표기

표 1을 따르고, 제1절(영어의 표기 세칙)을 준용한다. 다만, 독일어의 독특한 것은 그 특징을 살려서 다음과 같이 적는다.

제 1 항 [r]

1. 자음 앞의 [r]는 '으'를 붙여 적는다.

---

2) 이 '중모음(重母音)'은 '이중 모음(二重母音)'으로, '중모음(中母音)'과 혼동하지 않도록 한다.
3) 이 '복합어'는 학교 문법 용어에 따르면 '합성어'가 된다. 이하 같다.

Hormon[hɔrmoːn] 호르몬   Hermes[hɛrmɛs] 헤르메스

2. 어말의 [r]와 '-er[ər]'는 '어'로 적는다.

Herr[hɛr] 헤어   Razur[razuːr] 라주어   Tür[tyːr] 뒤어
Ohr[oːr] 오어   Vater[faːtər] 파터   Schiller[Silər] 실러

3. 복합어 및 파생어의 선행 요소가 [r]로 끝나는 경우는 2의 규정을 준용한다.

verarbeiten[fɛrarbaitən] 페어아르바이텐
zerknirschen[tsɛrknirʃən] 체어크니르셴
Fürsorge[fyːrzɔrgə] 퓌어조르게   Vorbild[foːrbilt] 포어빌트
außerhalb[ausərhalp] 아우서할프   Urkunde[uːrkundə] 우어쿤데
Vaterland[faːtərlant] 파터란트

제 2 항   어말의 파열음은 '으'를 붙여 적는 것을 원칙으로 한다.

Rostock[rɔstɔk] 로스토크   Stadt[ʃtat] 슈타트

제 3 항   철자 'berg', 'burg'는 '베르크', '부르크'로 통일해서 적는다.

Heidelberg[haidəlbɛrk, -bɛrç] 하이델베르크
Hamburg[hamburk, -burç] 함부르크

제 4 항   [ʃ]

1. 어말 또는 자음 앞에서는 '슈'로 적는다.

Mensch[menʃ] 멘슈   Mischling[miʃliŋ] 미슐링

2. [y], [ø] 앞에서는 'ㅅ'으로 적는다.

Schüler[ʃyːlər] 쉴러   schön[ʃøːn] 쇤

3. 그 밖의 모음 앞에서는 뒤따르는 모음에 따라 '샤, 쇼, 슈' 등으로 적는다.

Schatz[ʃats] 샤츠   schon[ʃoːn] 숀
Schule[ʃuːlə] 슐레   Schelle[ʃɛlə] 셸레

제 5 항   [ɔy]로 발음되는 äu, eu는 '오이'로 적는다.

läuten[lɔytən] 로이텐   Fräulein[frɔylain] 프로일라인
Europa[ɔyroːpa] 오이로파   Freundin[frɔyndin] 프로인딘

제 3 절   프랑스어의 표기

표 1 에 따르고, 제1절(영어의 표기 세칙)을 준용한다. 다만, 프랑스 어의 독특한 것은 그 특징을 살려서 다음과 같이 적는다.

제 1 항   파열음([p], [t], [k]; [b], [d], [g])

1. 어말에서는 '으'를 붙여서 적는다.

soupe[sup] 수프   tête[tɛt] 테트
avec[avɛk] 아베크   baobab[baɔbab] 바오바브
ronde[rɔ̃ːd] 롱드   bague[bag] 바그

2. 구강 모음과 무성 자음 사이에 오는 무성 파열음('구강 모음+무성 파열음+무성 파열음 또는 무성 마찰음'의 경우)은 받침으로 적는다.

septembre[sɛptɑ̃ːbr] 셉탕브르　　　　　apte[apt] 압트
octobre[ɔktɔbr] 옥토브르　　　　　　　action[aksjɔ̃] 악시옹

제 2 항　마찰음([ʃ], [ʒ])

1. 어말과 자음 앞의 [ʃ], [ʒ]는 '슈', '주'로 적는다.
　　manche[mɑ̃ːʃ] 망슈　　　　　　　　piège[pjɛːʒ] 피에주
　　acheter[aʃte] 아슈테　　　　　　　dégeler[deʒle] 데줄레

2. [ʃ]가 [ə], [w] 앞에 올 때에는 뒤따르는 모음과 합쳐 '슈'로 적는다.
　　chemise[ʃəmiːz] 슈미즈　　　　　　chevalier[ʃəvalje] 슈발리에
　　choix[ʃwa] 슈아　　　　　　　　　chouette[ʃwɛt] 슈에트

3. [ʃ]가 [y], [œ], [ø] 및 [j], [ɥ] 앞에 올 때에는 'ㅅ'으로 적는다.
　　chute[ʃyt] 쉬트　　　　　chuchoter[ʃyʃɔte] 쉬쇼테
　　pêcheur[pɛʃœːr] 페쇠르　shunt[ʃœ̃t] 싱트　　　fâcheux[faʃø] 파쇠
　　chien[ʃjɛ̃] 시앵　　　　　chuinter[ʃɥɛte] 쉬앵테

제 3 항　비자음([ɲ])

1. 어말과 자음 앞의 [ɲ]는 '뉴'로 적는다.
　　campagne[kɑ̃paɲ] 캉파뉴　　　　　dignement[diɲmɑ̃] 디뉴망

2. [ɲ]가 '아, 에, 오, 우' 앞에 올 때에는 뒤따르는 모음과 합쳐 각각 '냐, 녜, 뇨, 뉴'로 적
　는다.
　　saignant[sɛɲɑ̃] 세냥　　　　　　　peigner[peɲe] 페녜
　　agneau[aɲo] 아뇨　　　　　　　　mignon[miɲɔ̃] 미뇽

3. [ɲ]가 [ə], [w] 앞에 올 때에는 뒤따르는 소리와 합쳐 '뉴'로 적는다.
　　lorgnement[lɔrɲəmɑ̃] 로르뉴망　　baignoire[bɛɲwaːr] 베뉴아르

4. 그 밖의 [ɲ]는 'ㄴ'으로 적는다.
　　magnifique[maɲifik] 마니피크　　　guignier[giɲie] 기니에
　　gagneur[gaɲœːr] 가뇌르　　　　　montagneux[mɔ̃taɲø] 몽타뇌
　　peignures[pɛɲyːr] 페뉘르

제 4 항　반모음([j])

1. 어말에 올 때에는 '유'로 적는다.
　　Marseille[marsɛj] 마르세유　　　　taille[tɑːj] 타유

2. 모음 사이의 [j]는 뒤따르는 모음과 합쳐 '예, 앵, 야, 양, 요, 용, 유, 이' 등으로 적는다.
　다만, 뒷모음이 [ø], [œ]일 때에는 '이'로 적는다.
　　payer[peje] 페예　　　　billet[bijɛ] 비예　　　　moyen[mwajɛ̃] 무아앵
　　pleiade[plejad] 플레야드　ayant[ɛjɑ̃] 에양　　　　noyau[nwajo] 누아요
　　crayon[krɛjɔ̃] 크레용　　voyou[vwaju] 부아유　　cueillir[kœjiːr] 쾨이르
　　aïeul[ajœl] 아이욀　　　aïeux[ajø] 아이외

3. 그 밖의 [j]는 '이'로 적는다.
　　hier[jɛːr] 이에르　　　　　Montesquieu[mɔ̃tɛskjø] 몽테스키외
　　champion[ʃɑ̃pjɔ̃] 샹피옹　diable[djɑːbl] 디아블

제 5 항　반모음([w])

[w]는 '우'로 적는다.

　　alouette[alwɛt] 알루에트　　　　　　douane[dwan] 두안
　　quoi[kwa] 쿠아　　　　　　　　　　toi[twa] 투아

제 4 절　에스파냐어의 표기

표 2에 따라 적되, 다음과 같은 특징을 살려서 적는다.

제 1 항　gu, qu

gu, qu는 i, e 앞에서는 각각 'ㄱ, ㅋ'으로 적고, o 앞에서는 '구, 쿠'로 적는다. 다만, a 앞에서는 그 a와 합쳐 '과, 콰'로 적는다.

　　guerra 게라　　　　　　queso 케소　　　　　Guipuzcoa 기푸스코아
　　quisquilla 키스키야　　 antiguo 안티구오　　 Quorem 쿠오렘
　　Nicaragua 니카라과　　 Quarai 콰라이

제 2 항　같은 자음이 겹치는 경우에는 겹치지 않은 경우와 같이 적는다. 다만, -cc-는 'ㄱ ㅅ'으로 적는다.

　　carrera 카레라　　　　　　carreterra 카레테라　　　　accion 악시온

제 3 항　c, g

c와 g 다음에 모음 e와 i가 올 때에는 c는 'ㅅ'으로, g는 'ㅎ'으로 적고, 그 외는 'ㅋ'과 'ㄱ'으로 적는다.

　　Cecilia 세실리아　　　　　cifra 시프라　　　　　georgico 헤오르히코
　　giganta 히간타　　　　　　coquito 코키토　　　　gato 가토

제 4 항　x

x가 모음 앞에 오되 어두일 때에는 'ㅅ'으로 적고, 어중일 때에는 'ㄱ ㅅ'으로 적는다.

　　xilofono 실로포노　　　　　　　　　laxante 락산테

제 5 항　l

어말 또는 자음 앞의 l은 받침 'ㄹ'로 적고, 어중의 l이 모음 앞에 올 때에는 'ㄹㄹ'로 적는다.

　　ocal 오칼　　　　colcren 콜크렌　　　blandon 블란돈　　　Cecilia 세실리아

제 6 항　nc, ng

c와 g 앞에 오는 n은 받침 'ㅇ'으로 적는다.

　　blanco 블랑코　　　　　　　　　　yungla 융글라

제 5 절　이탈리아어의 표기

표 3에 따르고, 다음과 같은 특징을 살려서 적는다.

제 1 항　gl

i 앞에서는 'ㄹㄹ'로 적고, 그 밖의 경우에는 '글ㄹ'로 적는다.

　　paglia 팔리아　　　egli 엘리　　　　gloria 글로리아　　　glossa 글로사

제 2 항　gn

뒤따르는 모음과 합쳐 '냐', '녜', '뇨', '뉴', '니'로 적는다.

　　　　montagna 몬타냐　　　gneiss 녜이스　　　gnocco 뇨코　　　gnu 뉴　　　ogni 오니

제 3 항　sc

sce는 '셰'로, sci는 '시'로 적고, 그 밖의 경우에는 '스ㅋ'으로 적는다.

　　　　crescendo 크레셴도　　　scivolo 시볼로　　　Tosca 토스카　　　scudo 스쿠도

제 4 항　같은 자음이 겹쳤을 때에는 겹치지 않은 경우와 같이 적는다. 다만, -mm-, -nn-의
경우는 'ㅁㅁ', 'ㄴㄴ'으로 적는다.

　　　　Puccini 푸치니　　　　　　buffa 부파　　　　　　allegretto 알레그레토

　　　　carro 카로　　　　　　　　rosso 로소　　　　　　mezzo 메초

　　　　gomma 곰마　　　　　　　bisnonno 비스논노

제 5 항　c, g

　1. c와 g는 e, i 앞에서 각각 'ㅊ', 'ㅈ'으로 적는다.

　　　　cenere 체네레　　　genere 제네레　　　cima 치마　　　　gita 지타

　2. c와 g 다음에 ia, io, iu가 올 때에는 각각 '차, 초, 추', '자, 조, 주'로 적는다.

　　　　caccia 카차　　　　　　micio 미초　　　　　　ciuffo 추포

　　　　giardino 자르디노　　　giorno 조르노　　　　giubba 주바

제 6 항　qu

qu는 뒤따르는 모음과 합쳐 '콰, 퀘, 퀴' 등으로 적는다. 다만, o 앞에서는 '쿠'로 적는다.

　　　　soqquadro 소콰드로　　　quello 퀠로　　　quieto 퀴에토　　　quota 쿠오타

제 7 항　l, ll

어말 또는 자음 앞의 l, ll은 받침으로 적고, 어중의 l, ll이 모음 앞에 올 때에는 'ㄹㄹ'로
적는다.

　　　　sol 솔　　　　　　　polca 폴카　　　　　　Carlo 카를로　　　　quello 퀠로

제 6 절　일본어의 표기

표 4에 따르고, 다음 사항에 유의하여 적는다.

제 1 항　촉음(促音) [ッ]는 'ㅅ'으로 통일해서 적는다.

　　　　サッポロ 삿포로　　　　　トットリ 돗토리　　　　ヨッカイチ 욧카이치

제 2 항　장모음

장모음은 따로 표기하지 않는다.

　　　　キュウシュウ(九州) 규슈　　　　　ニイガタ(新潟) 니가타

　　　　トウキョウ(東京) 도쿄　　　　　オオサカ(大阪) 오사카

제 7 절　중국어의 표기

표 5에 따르고, 다음 사항에 유의하여 적는다.

제1항 성조는 구별하여 적지 아니한다.

제2항 'ㅈ, ㅉ, ㅊ'으로 표기되는 자음(ㄐ , ㅂ, ㄗ, ㄑ , ㄐ , ㄘ) 뒤의 'ㅑ, ㅖ, ㅛ, ㅠ' 음은 'ㅏ, ㅔ, ㅗ, ㅜ'로 적는다.

ㄐㅣㄚ 쟈 → 자　　　　　　　　　ㄐㅣㄝ 졔 → 제

제8절 폴란드어의 표기

표 6에 따르고, 다음과 같은 특징을 살려서 적는다.

제1항 k, p
어말과 유성 자음 앞에서는 '으'를 붙여 적고, 무성 자음 앞에서는 받침으로 적는다.
　　zamek 자메크　　　　　mokry 모크리　　　　　Słupsk 스웁스크

제2항 b, d, g
　1. 어말에 올 때에는 '프', '트', '크'로 적는다.
　　od 오트
　2. 유성 자음 앞에서는 '브', '드', '그'로 적는다.
　　zbrodnia 즈브로드니아
　3. 무성 자음 앞에서 b, g는 받침으로 적고, d는 '트'로 적는다.
　　Grabski 그랍스키　　　　　　　odpis 오트피스

제3항 w, z, ź, dz, ż, rz, sz
　1. w, z, ź, dz가 무성 자음 앞이나 어말에 올 때에는 '프, 스, 시, 츠'로 적는다.
　　zabawka 자바프카　　　　　　　obraz 오브라스
　2. ż와 rz는 모음 앞에 올 때에는 'ㅈ'으로 적되, 앞의 자음이 무성 자음일 때에는 '시'로 적는다. 유성 자음 앞에 올 때에는 '주', 무성 자음 앞에 올 때에는 '슈', 어말에 올 때에는 '시'로 적는다.
　　Rzeszów 제슈프　　　　Przemyśl 프셰미실　　　grzmot 그주모트
　　łożko 우슈코　　　　　　pęcherz 펭헤시
　3. sz는 자음 앞에서는 '슈', 어말에서는 '시'로 적는다.
　　koszt 코슈트　　　　　　　　kosz 코시

제4항 ł
　1. ł는 뒤따르는 모음과 결합할 때 합쳐서 적는다.(ło는 '워'로 적는다.) 다만, 자음 뒤에 올 때에는 두 음절로 갈라 적는다.
　　łono 워노　　　　　　　　　　głowa 그워바
　2. ół는 '우'로 적는다.
　　przjyaciół 프시야치우

제5항 l
어중의 l이 모음 앞에 올 때에는 'ㄹㄹ'로 적는다.
　　olej 올레이

제6항 m

어두의 m이 l, r 앞에 올 때에는 '으'를 붙여 적는다.

mleko 믈레코   mrówka 므루프카

제 7 항 ę

ę은 '엥'으로 적는다. 다만, 어말의 ę는 '에'로 적는다.

ręka 렝카   proszę 프로셰

제 8 항 'ㅈ', 'ㅊ'으로 표기되는 자음(c, z) 뒤의 이중 모음은 단모음으로 적는다.

stacja 스타차   fryzjer 프리제르

제 9 절 체코어의 표기

표 7에 따르고, 다음과 같은 특징을 살려서 적는다.

제 1 항 k, p

어말과 유성 자음 앞에서는 '으'를 붙여 적고, 무성 자음 앞에서는 받침으로 적는다.

mozek 모제크   koroptev 코롭테프

제 2 항 b, d, d', g

  1. 어말에 올 때에는 '프', '트', '티', '크'로 적는다.

    led 레트

  2. 유성 자음 앞에서는 '브', '드', '디', '그'로 적는다.

    ledvina 레드비나

  3. 무성 자음 앞에서 b, g는 받침으로 적고, d, d'는 '트', '티'로 적는다.

    obchod 옵호트   odpadky 오트파트키

제 3 항 v, w, z, ř, ž, š

  1. v, w, z가 무성 자음 앞이나 어말에 올 때에는 '프, 프, 스'로 적는다.

    hmyz 흐미스

  2. ř, ž가 유성 자음 앞에 올 때에는 '르주', '주', 무성 자음 앞에 올 때에는 '르슈', '슈', 어말에 올 때에는 '르시', '시'로 적는다.

    námořník 나모르주니크   hořký 호르슈키   kouř 코우르시

  3. š는 자음 앞에서는 '슈', 어말에서는 '시'로 적는다.

    puška 푸슈카   myš 미시

제 4 항 l, lj

어중의 l, lj가 모음 앞에 올 때에는 'ㄹㄹ', 'ㄹ리'로 적는다.

    kolo 콜로

제 5 항 m

m이 r 앞에 올 때에는 '으'를 붙여 적는다.

    humr 후므르

제 6 항 자음에 '예'가 결합되는 경우에는 '예' 대신에 '에'로 적는다. 다만, 자음이 'ㅅ'인 경우에는 '셰'로 적는다.

    věk 베크   šest 셰스트

제 10 절　세르보크로아트어의 표기

표 8에 따르고, 다음과 같은 특징을 살려서 적는다.

제 1 항　k, p

k, p는 어말과 유성 자음 앞에서는 '으'를 붙여 적고, 무성 자음 앞에서는 받침으로 적는다.

　　　jastuk 야스투크　　　　　　　　　　　opština 옵슈티나

제 2 항　l

어중의 l이 모음 앞에 올 때에는 'ㄹㄹ'로 적는다.

　　　kula 쿨라

제 3 항　m

어두의 m이 l, r, n 앞에 오거나 어중의 m이 r 앞에 올 때에는 '으'를 붙여 적는다.

　　　mlad 믈라드　　　　　　mnogo 므노고　　　　　smrt 스므르트

제 4 항　š

š는 자음 앞에서는 '슈', 어말에서는 '시'로 적는다.

　　　šljivovica 슐리보비차　　　　　　　　Niš 니시

제 5 항　자음에 '예'가 결합되는 경우에는 '예' 대신에 '에'로 적는다. 다만, 자음이 'ㅅ'인 경우에는 '셰'로 적는다.

　　　bjedro 베드로　　　　　　　　　sjedlo 셰들로

제 11 절　루마니아어의 표기

표 9에 따르고, 다음과 같은 특징을 살려서 적는다.

제 1 항　c, p

어말과 유성 자음 앞에서는 '으'를 붙여 적고, 무성 자음 앞에서는 받침으로 적는다.

　　　cap 카프　　　Cîntec 큰테크　　　factură 팍투러　　　septembrie 셉템브리에

제 2 항　c, g

c, g는 e, i 앞에서는 각각 'ㅊ', 'ㅈ'으로, 그 밖의 모음 앞에서는 'ㅋ', 'ㄱ'으로 적는다.

　　　cap 카프　　　　　centru 첸트루　　　　Galaţi 갈라치　　　Gigel 지젤

제 3 항　l

어중의 l이 모음 앞에 올 때에는 'ㄹㄹ'로 적는다.

　　　clei 클레이

제 4 항　n

n이 어말에서 m 뒤에 올 때는 '으'를 붙여 적는다.

　　　lemn 렘느　　　　　　　　　pumn 품느

제 5 항　e

e는 '에'로 적되, 인칭 대명사 및 동사 este, era 등의 어두 모음 e는 '예'로 적는다.

　　　Emil 에밀　　　eu 예우　　　el 엘　　　este 예스테　　　era 예라

제 12 절   헝가리어의 표기

표 10에 따르고, 다음과 같은 특징을 살려서 적는다.

제 1 항   k, p

어말과 유성 자음 앞에서는 '으'를 붙여 적고, 무성 자음 앞에서는 받침으로 적는다.

　　ablak 어블러크　　　　　　　　　csipke 칩케

제 2 항   bb, cc, dd, ff, gg, ggy, kk, ll, lly, nn, nny, pp, rr, ss, ssz, tt, tty는 b, c, d, f, g, gy, k, l, ly, n, ny, p, r, s, sz, t, ty와 같이 적는다. 다만, 어중의 nn, nny와 모음 앞의 ll은 'ㄴ
ㄴ', 'ㄴ니', 'ㄹㄹ'로 적는다.

　　között 쾨죄트　　　　　　　dinnye 딘네　　　　　　　　nulla 눌러

제 3 항   l

어중의 l이 모음 앞에 올 때에는 'ㄹㄹ'로 적는다.

　　olaj 올러이

제 4 항   s

s는 자음 앞에서는 '슈', 어말에서는 '시'로 적는다.

　　Pest 페슈트　　　　　　　　　lapos 러포시

제 5 항   자음에 '예'가 결합되는 경우에는 '예' 대신에 '에'로 적는다. 다만, 자음이 'ㅅ'인 경
우에는 '셰'로 적는다.

　　nyer 네르　　　　　　　　　　selyem 셰옘

제 13 절   스웨덴어의 표기

표 11에 따르고, 다음과 같은 특징을 살려서 적는다.

제 1 항

1. b, g가 무성 자음 앞에 올 때에는 받침 'ㅂ, ㄱ'으로 적는다.
　　snabbt 스납트　　　　　　　　högst 획스트
2. k, ck, p, t는 무성 자음 앞에서 받침 'ㄱ, ㄱ, ㅂ, ㅅ'으로 적는다.
　　oktober 옥토베르　　　　　　　Stockholm 스톡홀름
　　Uppsala 웁살라　　　　　　　　Botkyrka 봇쉬르카

제 2 항   c는 'ㅋ'으로 적되, e, i, ä, y, ö 앞에서는 'ㅅ'으로 적는다.

　　campa 캄파　　　　　　　　　　Celsius 셀시우스

제 3 항   g

1. 모음 앞의 g는 'ㄱ'으로 적되, e, i, ä, y, ö 앞에서는 '이'로 적고 뒤따르는 모음과 합쳐
　적는다.
　　Gustav 구스타브　　　　　　　Göteborg 예테보리
2. lg, rg의 g는 '이'로 적는다.
　　älg 엘리　　　　　　　　　　　Borg 보리

3. n 앞의 g는 'ㅇ'으로 적는다.

　　　Magnus 망누스

4. 무성 자음 앞의 g는 받침 'ㄱ'으로 적는다.

　　　högst 획스트

5. 그 밖의 자음 앞과 어말에서는 'ㄱ'로 적는다.

　　　Ludvig 루드비그　　　　　　　　　　　Greta 그레타

제 4 항　j는 자음과 모음 사이에 올 때에 앞의 자음과 합쳐서 적는다.

　　　fjäril 피에릴　　　　mjuk 미우크　　　kedja 셰디아　　　　Björn 비에른

제 5 항　k는 'ㅋ'으로 적되, e, i, ä, y, ö 앞에서는 '시'로 적고 뒤따르는 모음과 합쳐서 적는다.

　　　Kungsholm 쿵스홀름,　　　　　　　　Norrköping 노르셰핑

제 6 항　어말 또는 자음 앞의 l은 받침 'ㄹ'로 적고, 어중의 l이 모음 앞에 올 때에는 'ㄹㄹ'로 적는다.

　　　folk 폴크　　　　　　　tal 탈　　　　　　　　　tala 탈라

제 7 항　어두의 lj는 '이'로 적되 뒤따르는 모음과 합쳐 적고, 어중의 lj는 'ㄹ리'로 적는다.

　　　Ljusnan 유스난　　　　　　　Södertälje 쇠데르텔리에

제 8 항　n은 어말에서 m 다음에 올 때 적지 않는다.

　　　Karlshamn 칼스함　　　　　　namn 남

제 9 항　nk는 자음 t 앞에서는 'ㅇ'으로, 그 밖의 경우에는 'ㅇ크'로 적는다.

　　　anka 앙카　　　　Sankt 상트　　　　punkt 풍트　　　　bank 방크

제 10 항　sk는 '스ㅋ'으로 적되 e, i, ä, y, ö 앞에서는 '시'로 적고, 뒤따르는 모음과 합쳐 적는다.

　　　Skoglund 스코글룬드　　　skuldra 스쿨드라　　　　skål 스콜

　　　skörd 셰르드　　　　　　skydda 쉬다

제 11 항　ö는 '외'로 적되 g, j, k, kj, lj, skj 다음에서는 '에'로 적고, 앞의 '이' 또는 '시'와 합쳐서 적는다. 다만, jö 앞에 그 밖의 자음이 올 때에는 j는 앞의 자음과 합쳐 적고, ö는 '에'로 적는다.

　　　Örebro 외레브로　　　　Göta 예타　　　　　Jönköping 옌셰핑

　　　Björn 비에른　　　　　Björling 비엘링　　　　mjöl 미엘

제 12 항　같은 자음이 겹치는 경우에는 겹치지 않은 경우와 같이 적는다. 단, mm, nn은 모음 앞에서 'ㅁㅁ', 'ㄴㄴ'으로 적는다.

　　　Kattegatt 카테가트　　　Norrköping 노르셰핑　　　Uppsala 웁살라

　　　Bromma 브롬마　　　　Dannemora 단네모라

제 14 절　노르웨이어의 표기

표 12에 따르고, 다음과 같은 특징을 살려서 적는다.

제 1 항

1. b, g가 무성 자음 앞에 올 때에는 받침 'ㅂ, ㄱ'으로 적는다.

   Ibsen 입센　　　　　　　　　　　　　sagtang 삭탕

2. k, p, t는 무성 자음 앞에서 받침 'ㄱ, ㅂ, ㅅ'으로 적는다.

   lukt 룩트　　　　　　　september 셉템베르　　　husets 후셋스

제 2 항　c는 'ㅋ'으로 적되, e, i, y, æ, ø 앞에서는 'ㅅ'으로 적는다.

   Jacob 야코브　　　　　　　　　　　Vincent 빈센트

제 3 항　d

1. 모음 앞의 d는 'ㄷ'으로 적되, 장모음 뒤에서는 적지 않는다.

   Bodø 보되　　　　Norden 노르덴　　(장모음 뒤) spade 스파에

2. ld, nd의 d는 적지 않는다.

   Harald 하랄　　　　　　　　　　Aasmund 오스문

3. 장모음 + rd의 d는 적지 않는다.

   fjord 피오르　　　　　　　nord 노르　　　　　Halvard 할바르

4. 단모음 + rd의 d는 어말에서는 '드'로 적는다.

   ferd 페르드　　　　　　　　　　mord 모르드

5. 장모음 + d의 d는 적지 않는다.

   glad 글라　　　　　　　　　　Sjaastad 쇼스타

6. 그 밖의 경우에는 '드'로 적는다.

   dreng 드렝　　　　　　　　　　bad 바드

※ 모음의 장단에 대해서는 노르웨이 어의 발음을 보여 주는 사전을 참조하여야 한다.

제 4 항　g

1. 모음 앞의 g는 'ㄱ'으로 적되 e, i, y, æ, ø 앞에서는 '이'로 적고 뒤따르는 모음과 합쳐 적는다.

   god 고드　　　　　　　　　　　gyllen 윌렌

2. g는 이중 모음 뒤와 ig, lig에서는 적지 않는다.

   haug 헤우　　　　　　deig 데이　　　　　Solveig 솔베이

   fattig 파티　　　　　　farlig 팔리

3. n 앞의 g는 'ㅇ'으로 적는다.

   Agnes 앙네스　　　　　　　　　Magnus 망누스

4. 무성 자음 앞의 g는 받침 'ㄱ'으로 적는다.

   sagtang 삭탕

5. 그 밖의 자음 앞과 어말에서는 '그'로 적는다.

   berg 베르그　　　　　　helg 헬그　　　　　Grieg 그리그

제 5 항　j는 자음과 모음 사이에 올 때에 앞의 자음과 합쳐서 적는다.

   Bjørn 비에른　　　　　fjord 피오르　　　　Skodje 스코디에

   Evje 에비에　　　　　Tjeldstø 티엘스퇴

제 6 항　k는 'ㅋ'으로 적되 e, i, y, æ, ø 앞에서는 '시'로 적고, 뒤따르는 모음과 합쳐 적는다.

   Rikard 리카르드　　　　　　　　Kirsten 시르스텐

제 7 항   어말 또는 자음 앞의 l은 받침 'ㄹ'로 적고, 어중의 l이 모음 앞에 올 때에는 'ㄹㄹ'로 적는다.

　　　　sol 솔　　　　　　　　　　　　　　　Quisling 크비슬링

제 8 항   nk는 자음 t 앞에서는 'ㅇ'으로, 그 밖의 경우에는 'ㅇㅋ'로 적는다.

　　　　punkt 풍트　　　　　　　　　　　　　bank 방크

제 9 항   sk는 '스ㅋ'로 적되, e, i, y, æ, ø 앞에서는 '시'로 적고 뒤따르는 모음과 합쳐 적는다.

　　　　skatt 스카트　　　　　　　　　　　　Skienselv 시엔스엘브

제 10 항   t

　1. 어말 관사 et의 t는 적지 않는다.

　　　　huset 후세　　　　　　møtet 뫼테　　　　　　taket 타케

　2. 다만, 어말 관사 et에 s가 첨가되면 받침 'ㅅ'으로 적는다.

　　　　husets 후셋스

제 11 항   eg

　1. eg는 n, l 앞에서 '에이'로 적는다.

　　　　regn 레인　　　　　　tegn 테인　　　　　　negl 네일

　2. 그 밖의 경우에는 '에그'로 적는다.

　　　　deg 데그　　　　　　　　　　egg 에그

제 12 항   ø는 '외'로 적되, g, j, k, kj, lj, skj 다음에서는 '에'로 적고 앞의 '이' 또는 '시'와 합쳐서 적는다. 다만, jø 앞에 그 밖의 자음이 올 때에는 j는 앞의 자음과 합쳐 적고 ø는 '에'로 적는다.

　　　　Bodø 보되　　　　　　Gjøvik 예비크　　　　　Bjørn 비에른

제 13 항   같은 자음이 겹치는 경우에는 겹치지 않은 경우와 같이 적는다. 단, mm, nn은 모음 앞에서 'ㅁㅁ', 'ㄴㄴ'으로 적는다.

　　　　Moss 모스　　Mikkjel 미셸　　Matthias 마티아스　　Hammerfest 함메르페스트

제 15 절   덴마크어의 표기

　표 13에 따르고, 다음과 같은 특징을 살려서 적는다.

제 1 항

　1. b는 무성 자음 앞에서 받침 'ㅂ'으로 적는다.

　　　　Jacobsen 야콥센　　　　　　　　　　Jakobsen 야콥센

　2. k, p, t는 무성 자음 앞에서 받침 'ㄱ, ㅂ, ㅅ'으로 적는다.

　　　　insekt 인섹트　　　　　september 셉템베르　　　nattkappe 낫카페

제 2 항   c는 'ㅋ'으로 적되, e, i, y, æ, ø 앞에서는 'ㅅ'으로 적는다.

　　　　campere 캄페레　　　　　　　　　　centrum 센트룸

제 3 항   . d

　1. ds, dt, ld, nd, rd의 d는 적지 않는다.

　　　　plads 플라스　　　kridt 크리트　　　føde 푀테　　　　vold 볼

Kolding 콜링   Öresund 외레순   Jylland 윌란   hård 호르

bord 보르   nord 노르

2. 다만, ndr의 d는 '드'로 적는다.

andre 안드레   vandre 반드레

3. 그 밖의 경우에는 '드'로 적는다.

dreng 드렝

제 4 항 g

1. 어미 ig의 g는 적지 않는다.

vældig 벨디   mandig 만디   herlig 헤를리

lykkelig 뤼켈리   Grundtvig 그룬트비

2. u와 l 사이의 g는 적지 않는다.

fugl 풀   kugle 쿨레

3. borg, berg의 g는 적지 않는다.

Nyborg 뉘보르   Esberg 에스베르   Frederiksberg 프레데릭스베르

4. 그 밖의 자음 앞과 어말에서는 '그'로 적는다.

magt 마그트   dug 두그

제 5 항 j는 자음과 모음 사이에 올 때에 앞의 자음과 합쳐서 적는다.

Esbjerg 에스비에르그   Skjern 스키에른

Kjellerup 키엘레루프   Fjellerup 피엘레루프

제 6 항 어말 또는 자음 앞의 l은 받침 'ㄹ'로 적고, 어중의 l이 모음 앞에 올 때에는 'ㄹㄹ'로 적는다.

Holstebro 홀스테브로   Lolland 롤란

제 7 항 v

1. 모음 앞의 v는 'ㅂ'으로 적되, 단모음 뒤에서는 '우'로 적는다.

Vejle 바일레   dvale 드발레   pulver 풀베르   rive 리베

lyve 뤼베   løve 뢰베   doven 도우엔   hoven 호우엔

oven 오우엔   sove 소우에

2. lv의 v는 묵음일 때 적지 않는다.

halv 할   gulv 굴

3. av, æv, øv, ov, ev에서는 '우'로 적는다.

gravsten 그라우스텐   havn 하운   København 쾨벤하운

Thorshavn 토르스하운   jævn 예운   Støvle 스퇴울레

lov 로우   rov 로우   Hjelmslev 엘름슬레우

4. 그 밖의 경우에는 'ㅂ'로 적는다.

arv 아르브

※ 묵음과 모음의 장단에 대해서는 덴마크 어의 발음을 보여 주는 사전을 참조하여야 한다.

제 8 항 같은 자음이 겹치는 경우에는 겹치지 않은 경우와 같이 적는다.

lykkelig 뤼켈리   hoppe 호페   Hjørring 예링

blomme 블로메 . Rønne 뢰네

제 16 절 말레이인도네시아어의 표기

표 14에 따르고, 다음과 같은 특징을 살려서 적는다.

제 1 항 유음이나 비음 앞에 오는 파열음은 '으'를 붙여 적는다.

Prambanan 프람바난 Trisno 트리스노

Ibrahim 이브라힘 Fakhrudin 파크루딘

Tasikmalaya 타시크말라야 Supratman 수프라트만

제 2 항 sy는 뒤따르는 모음과 합쳐서 '샤, 셰, 시, 쇼, 슈' 등으로 적는다. 구철자 sh는 sy와 마찬가지로 적는다.

Syarwan 샤르완 Syed 솃

Paramesywara 파라메시와라 Shah 샤

제 3 항 인도네시아어의 구철자 dj와 tj는 신철자 j, c와 마찬가지로 적는다.

Djakarta 자카르타 Banda Atjeh 반다아체

Jakarta 자카르타 Banda Aceh 반다아체

제 4 항 인도네시아어의 구철자 j와 sj는 신철자 y, sy와 마찬가지로 적는다.

Jusuf 유숩 Sjarifuddin 샤리푸딘

Yusuf 유숩 Syarifuddin 샤리푸딘

제 5 항 인도네시아어의 구철자 bh와 dh는 신철자 b, d와 마찬가지로 적는다.

Bhinneka 비네카 Yudhoyono 유도요노

Binneka 비네카 Yudoyono 유도요노

제 6 항 인도네시아어의 구철자 ch는 신철자 kh와 마찬가지로 적는다.

Chairil 하이릴 Bacharuddin 바하루딘

Khairil 하이릴 Bakharuddin 바하루딘

제 7 항 말레이시아어의 구철자 ch는 신철자 c와 마찬가지로 적는다.

Changi 창이 Kuching 쿠칭

Cangi 창이 Kucing 쿠칭

제 8 항 말레이시아어 철자법에 따라 표기한 gh, th는 각각 g, t와 마찬가지로 적는다.

Ghazali 가잘리　　baligh 발릭　　Mahathir 마하티르 (말레이시아어 철자법)

Gazali 가잘리　　balig 발릭　　Mahatir 마하티르 (인도네시아어 철자법)

제 9 항 어중의 l이 모음 앞에 올 때에는 'ㄹㄹ'로 적는다.

Palembang 팔렘방 Malik 말릭

제 10 항 같은 자음이 겹쳐 나올 때에는 한 번만 적는다.

Hasanuddin 하사누딘 Mohammad 모하맛

Mappanre 마판레 Bukittinggi 부키팅기

제 11 항 반모음 w는 뒤의 모음과 합쳐 '와', '웨' 등으로 적는다. 자음 뒤에 w가 올 때에는 두 음절로 갈라 적되, 앞에 자음 k가 있으면 '콰', '퀘' 등으로 한 음절로 붙여 적는다.

Megawati 메가와티   Anwar 안와르

kwartir 콰르티르   kweni 퀘니

제 12 항   반모음 y는 뒤의 모음과 합쳐 '야', '예' 등으로 적으며 앞에 자음이 있을 경우에는 그 자음까지 합쳐 적는다. 다만 g나 k가 y 앞에 올 때에는 합쳐 적지 않고 뒤 모음과만 합쳐 적는다.

Yadnya 야드냐   tanya 타냐

satya 사탸   Yogyakarta 욕야카르타

제 13 항   e는 [e]와 [ə] 두 가지로 소리 나므로 발음을 확인하여 [e]는 '에'로 [ə]는 '으'로 적는다. 다만, ye의 e가 [ə]일 때에는 ye를 '여'로 적는다.

Ampenan 암페난   sate 사테

Cirebon 치르본   kecapi 크차피

Yeh Sani 예사니   Nyepi 녀피

제 14 항   같은 모음이 겹쳐 나올 때에는 한 번만 적는다.

Pandaan 판단   saat 삿

제 15 항   인도네시아어의 구철자 중모음 표기 oe, ie는 신철자 u, i와 마찬가지로 '우, 이'로 적는다.

Bandoeng 반둥   Habibie 하비비

Bandung 반둥   Habibi 하비비

제 17 절   타이어의 표기

표 15에 따르고, 다음과 같은 특징을 살려서 적는다.

제 1 항   유음 앞에 오는 파열음은 '으'를 붙여 적는다.

Nakhaprathip 나카쁘라팁   Krungthep 끄룽텝

Phraya 프라야   Songkhram 송크람

제 2 항   모음 사이에서 l은 'ㄹㄹ'로, ll은 'ㄴㄹ'로 적는다.

thale 탈레   malako 말라꼬

Sillapaacha 신라빠차   Kallasin 깐라신

제 3 항   같은 자음이 겹쳐 있을 때에는 겹치지 않은 경우와 같이 적는다. -pph-, -tth- 등 같은 계열의 자음이 겹쳐 나올 때에도 겹치지 않은 경우와 같이 적는다. 다만, -mm-, -nn-의 경우에는 'ㅁㅁ', 'ㄴㄴ'으로 적는다.

Suwit Khunkitti 수윗 쿤끼띠   Pattani 빠따니

Ayutthaya 아유타야   Thappharangsi 타파랑시

Thammamongkhon 탐마몽콘   Lanna Thai 란나타이

제 4 항   관용적 로마자 표기에서 c 대신 쓰이는 j는 c와 마찬가지로 적는다.

Janthaphimpha 짠타핌파   Jit Phumisak 찟 푸미삭

제 5 항   sr 와 thr는 모음 앞에서 s와 마찬가지로 'ㅅ'으로 적는다.

Intharasuksri 인타라숙시   Sri Chang   시창

Bangthrai 방사이

제 5 항   반모음 y는 모음 사이, 또는 어두에 있을 때에는 뒤의 모음과 합쳐 '야, 예' 등으로
적으며, 자음과 모음 사이에 있을 때에는 앞의 자음과는 갈라 적고 뒤의 모음과는 합쳐
적는다.

khaoniyao 카오니야오   yai 야이
Adunyadet 아둔야뎃   lamyai 람야이

제 6 항   반모음 w는 뒤의 모음과 합쳐 '와', '웨' 등으로 적는다. 자음 뒤에 w가 올 때에는 두
음절로 갈라 적되, 앞에 자음 k, kh가 있으면 '꽈', '콰', '꿰', '퀘' 등으로 한 음절로 붙여 적
는다.

Suebwongli 습윙리   Sukhumwit 수쿰윗
Huaikhwang 후아이쾅   Maenamkhwe 매남퀘

제 7 항   관용적 로마자 표기에서 사용되는 or은 '오'로 적고, oo는 '우'로, ee는 '이'로 적는다.

Korn 꼰   Somboon 솜분
Meechai 미차이

제 18 절   베트남어의 표기

표 16에 따르고, 다음과 같은 특징을 살려서 적는다.

제 1 항   nh는 이어지는 모음과 합쳐서 한 음절로 적는다. 어말이나 자음 앞에서는 받침
'ㄴ'으로 적되, 그 앞의 모음이 a인 경우에는 a와 합쳐 '아인'으로 적는다.

Nha Tramg 나짱   Hô Chi Minh 호찌민
Thanh Hoa 타인호아   Đông Khanh 동카인

제 2 항   qu는 이어지는 모음이 a일 경우에는 합쳐서 '꽈'로 적는다.

Quang 꽝   hat quan ho 핫꽌호
Quôc 꾸옥   Quyên 꾸옌

제 3 항   y는 뒤따르는 모음과 합쳐서 한 음절로 적는다.

yên 옌   Nguyên 응우옌

제 4 항   어중의 l이 모음 앞에 올 때에는 'ㄹㄹ'로 적는다.

klông put 끌롱뿟   Pleiku 쁠래이꾸
Ha Long 할롱   My Lay 밀라이

다만, 인명의 성과 이름은 별개의 단어로 보아 이 규칙을 적용하지 않는다.

Thê Lu' 테르   Chê Lan Viên 쩨란비엔

제 19 절   포르투갈어의 표기

표 17에 따르고, 다음과 같은 특징을 살려서 적는다. 다만, '브라질 포르투갈어에서'라는
단서가 붙은 조항은 브라질 지명 인명의 표기에만 적용한다.

제 1 항   c, g

c, g는 a, o, u 앞에서는 각각 'ㅋ, ㄱ'으로 적고, e, i 앞에서는 'ㅅ, ㅈ'으로 적는다.

    〈보기〉 Cabral 카브랄   Camocim 카모싱

             Egas 에가스   Gil 질

제 2 항   gu, qu

gu, qu는 a, o, u 앞에서는 각각 '구, 쿠'로 적고, e, i 앞에서는 'ㄱ, ㅋ'으로 적는다.

    〈보기〉 Igua   이구아수   Araquari 아라쿠아리

             Guerra 게하   Aquilino 아킬리누

제 3 항   d, t

d, t는 ㄷ, ㅌ으로 적는다. 다만, 브라질 포르투갈어에서 i 앞이나 어말 e 및 어말 -es 앞에서는 'ㅈ, ㅊ'으로 적는다.

    〈보기〉 Amado 아마두   Costa 코스타

             Diamantina 디아만티나   Diamantina 지아만치나 (브)

             Alegrete 알레그레트   Alegrete 알레그레치 (브)

             Montes 몬트스   Montes 몬치스(브)

제 4 항   어말의 -che는 '시'로 적는다.

    〈보기〉 Angoche 앙고시   Peniche 페니시

제 5 항   l

  1) 어중의 l이 모음 앞에 오거나 모음이 따르지 않는 비음 앞에 오는 경우에는 'ㄹㄹ'로 적는다. 다만, 비음 뒤의 l은 모음 앞에 오더라도 'ㄹ'로 적는다.

    〈보기〉 Carlos 카를루스   Amalia 아말리아

  2) 어말 또는 자음 앞의 l은 받침 'ㄹ'로 적는다. 다만, 브라질 포르투갈어에서 자음 앞이나 어말에 오는 경우에는 '우'로 적되, 어말에 -ul 이 오는 경우에는 '울'로 적는다.

    〈보기〉 Sul 술   Azul 아줄

             Gilberto 질베르투   Gilberto 지우베르투 (브)

             Caracol 카라콜   Caracol 카라코우 (브)

제 6 항   m, n은 각각 ㅁ, ㄴ으로 적고, 어말에서는 모두 받침 'ㅇ'으로 적는다. 어말 -ns의 n도 받침 'ㅇ'으로 적는다.

    〈보기〉 Manuel 마누엘   Moniz 모니스

             Campos 캄푸스   Vincente 빈센트

             Santarem 산타렝   Rondon 혼동

             Lins 링스   Rubens 후벵스

제 7 항   ng, nc, nq 연쇄에서 'g, c, q'가 'ㄱ'이나 'ㅋ'으로 표기되면 'n'은 받침 'ㅇ'으로 적는다.

    〈보기〉 Angola 앙골라   Angelo 안젤루

             Branco 브랑쿠   Francisco 프란시스쿠

             Conquista 콩키스타   Junqueiro 중케이루

제 8 항   r는 어두나 n, l, s 뒤에 오는 경우에는 'ㅎ'으로 적고, 그 밖의 경우에는 'ㄹ, ㄹㄹ'로 적는다.

〈보기〉 Ribeiro 히베이루   Henrique 엔히크
        Bandeira 반데이라   Salazar 살라자르

제 9 항   s

1) 어두나 모음 앞에서는 'ㅅ'으로 적고, 모음 사이에서는 'ㅈ'으로 적는다.

〈보기〉 Salazar 살라자르   Afonso 아폰수
        Barroso 바호주   Gervasio 제르바지우

2) 무성 자음 앞이나 어말에서는 '스'로 적고, 유성 자음 앞에서는 '즈'로 적는다.

〈보기〉 Fresco 프레스쿠   Soares 소아르스
        mesmo 메즈무   comunismo 코무니즈무

제 10 항   sc, s , xc

sc와 xc는 e, i 앞에서 'ㅅ'으로 적는다. s 는 항상 'ㅅ'으로 적는다.

〈보기〉 Nascimento 나시멘투   piscina 피시나
        excelente 이셀렌트   cres a 크레사

제 11 항   x는 '시'로 적되, 어두 e와 모음 사이에 오는 경우에는 'ㅈ'으로 적는다.

〈보기〉 Teixeira 테이셰이라   lixo 리슈
        exame 이자므   exemplo 이젬플루

제 12 항   같은 자음이 겹치는 경우에는 겹치지 않은 경우와 같이 적는다. 다만, rr는 'ㅎ, 흐'로, ss는 'ㅅ, 스로 적는다.

〈보기〉 Garrett 가헤트   Barroso 바호주
        Mattoso 마토주   Toress 토레스

제 13 항   o는 '오'로 적되, 어말이나 -os의 o는 '우'로 적는다.

〈보기〉 Nobre 노브르   Ant nio 안토니우
        Melo 멜루   Saramago 사라마구
        Passos 파수스   Lagos 라구스

제 14 항   e는 '에'로 적되, 어두 무강세 음절에서는 '이'로 적는다. 어말에서는 '으'로 적되, 브라질 포르투갈어에서는 '이' 로 적는다.

〈보기〉 Montemayor 몬테마요르   Estremoz 이스트레모스
        Chifre 시프르   Chifre 시프리 (브)
        de 드   de 지 (브)

제 15 항   -es

1) p, b, m, f, v 다음에 오는 어말 -es는 '-에스'로 적는다.

〈보기〉 Lopes 로페스   Gomes 고메스
        Neves 네베스   Chaves 샤베스

2) 그 밖의 어말 -es는 '-으스'로 적는다. 다만, 브라질 포르투갈어에서는 '-이스'로 적는다.

〈보기〉 Soares 소아르스   Pires 피르스
        Dorneles 도르넬리스(브)   Correntes 코헨치스(브)

■ 포르투갈어 강세 규칙은 다음과 같다.

① 자음 l, r, z, 모음 i, u, 비음 im, um, ã, ão, ões 로 끝나는 단어는 마지막 음절에 강세가 온다.

② á, é, ê, ó, ô, í, ú 등과 같이 단어에 강세 표시가 있는 경우는 그곳에 강세가 온다.

③ 그 밖의 경우에는 끝에서 두 번째 음절에 강세가 온다.

제 20 절   네덜란드어의 표기

표 18에 따르고, 다음과 같은 특징을 살려서 적는다.

제 1 항   무성 파열음 p, t, k는 자음 앞이나 어말에 올 경우에는 각각 받침 'ㅂ, ㅅ, ㄱ'으로 적는다. 다만, 앞 모음이 이중 모음이거나 장모음(같은 모음을 겹쳐 적는 경우)인 경우와 앞이나 뒤의 자음이 유음이나 비음인 경우에는 '프, 트, 크'로 적는다.

〈보기〉 Wit 빗   Gennip 헤닙
         Kapteyn 캅테인   september 셉템버르
         Petrus 페트뤼스   Arcadelt 아르카덜트
         Hoop 호프   Eijkman 에이크만

제 2 항   유성 파열음 b, d가 어말에 올 경우에는 각각 '프, 트'로 적고, 어중에 올 경우에는 앞이나 뒤의 자음이 유음이나 비음인 경우와 앞 모음이 이중모음이거나 장모음(같은 모음을 겹쳐 적는 경우)인 경우에는 '브, 드'로 적는다. 그 외에는 모두 받침 'ㅂ, ㅅ'으로 적는다.

〈보기〉 Bram 브람   Hendrik 헨드릭
         Jakob 야코프   Edgar 엣하르
         Zeeland 제일란트   Koenraad 쿤라트

제 3 항   v가 어두에 올 경우에는 '프, 프'로 적고, 그 외에는 모두 'ㅂ, 브'로 적는다.

〈보기〉 Veltman 펠트만   Vries 프리스
         Grave 흐라버   Weltevree 벨테브레이

제 4 항   c는 차용어에 쓰이므로 해당 언어의 발음에 따라 'ㅋ'이나 'ㅅ'으로 적는다.

〈보기〉 Nicolaas 니콜라스   Hendricus 헨드리퀴스
         cyaan 시안   Franciscus 프란시스퀴스

제 5 항   g, ch는 'ㅎ'으로 적되, 차용어의 경우에는 해당 언어의 발음에 따라 적는다.

〈보기〉 gulden휠던   Haag 하흐
         Hooch 호흐   Volcher 폴허르
         Eugene 외젠   Michael 미카엘

제 6 항   -tie는 '시'로 적는다.

〈보기〉 natie 나시   politie 폴리시

제 7 항   어중의 l이 모음 앞에 오거나 모음이 따르지 않는 비음 앞에 올 때에는 'ㄹㄹ'로 적는다. 다만, 비음 뒤의 l은 모음 앞에 오더라도 'ㄹ'로 적는다.

〈보기〉 Tiele 틸러   Zalm 잘름

Berlage 베를라허 　　　　　　　Venlo 펜로

제 8 항　nk
　k 앞에 오는 n은 받침 'ㅇ'으로 적는다.
　　　〈보기〉 Frank 프랑크 　　　　　　Hiddink 히딩크
　　　　　　　Benk 벵크 　　　　　　　Wolfswinkel 볼프스빙컬
제 9 항　같은 자음이 겹치는 경우에는 겹치지 않은 경우와 같이 적는다.
　　　〈보기〉 Hobbema 호베마 　　　　　Ballot 발롯
　　　　　　　Emmen 에먼 　　　　　　　Gennip 헤닙
제 10 항　e는 '에'로 적는다. 다만, 이음절 이상에서 마지막 음절에 오는 e와 어말의 e는 모
　두 '어'로 적는다.
　　　〈보기〉 Dennis 데니스 　　　　　　Breda 브레다
　　　　　　　Stevin 스테빈 　　　　　　Peter 페터르
　　　　　　　Heineken 헤이네컨 　　　　Campen 캄펀
제 11 항　같은 모음이 겹치는 경우에는 겹치지 않은 경우와 같이 적는다. 다만 ee는 '에이'
　로 적는다.
　　　〈보기〉 Hooch 호흐 　　　　　　　Mondriaan 몬드리안
　　　　　　　Kees 케이스 　　　　　　　Meerssen 메이르선
제 12 항　-ig는 '어흐'로 적는다.
　　　〈보기〉 tachtig 타흐터흐 　　　　　hartig 하르터흐
제 13 항　-berg는 '베르흐'로 적는다.
　　　〈보기〉 Duisenberg 다위센베르흐 　Mengelberg 멩엘베르흐
제 14 항　over-는 '오버르'로 적는다.
　　　〈보기〉 Overijssel 오버레이설 　　overkomst 오버르콤스트
제 15 항　모음 è, é, ê, ë는 '에'로 적고,　 는 '이'로 적는다.
　　　〈보기〉 carr 카레 　　　　　　　　casu st 카수이스트
　　　　　　　drie ntwintig 드리엔트빈터흐

제 21 절　러시아어의 표기

　표 19에 따르고, 다음과 같은 특징을 살려서 적는다.
제 1 항　p(п), t(т), k(к), b(б), d(д), g(г), f(ф), v(в)
　　파열음과 마찰음 f(ф)ㆍv(в)는 무성 자음 앞에서는 앞 음절의 받침으로 적고, 유성 자
　음 앞에서는 '으'를 붙여 적는다.
　　　〈보기〉 Sadko(Садко) 삿코
　　　　　　　Agryz(Агрыз) 아그리스
　　　　　　　Akbaur(Акбаур) 아크바우르
　　　　　　　Rostopchinya(Ростопчиня) 로스톱치냐
　　　　　　　Akmeizm(Акмеизм) 아크메이즘

Rubtsovsk(Рубцовск) 룹촙스크
Bryatsk(Брятск) 브랴츠크
Lopatka(Лопатка) 로팟카
Yefremov(Ефремов) 예프레모프
Dostoevskii(Достоевский) 도스토옙스키

제 2 항 z(з), zh(ж)

z(з)와 zh(ж)는 유성 자음 앞에서는 '즈'로 적고 무성 자음 앞에서는 각각 '스, 시'로 적는다.

〈보기〉 Nazran'(Назрань) 나즈란
Nizhnii Tagil(Нижнии Тагил) 니즈니타길
Ostrogozhsk(Острогожск) 오스트로고시스크
Luzhkov(Лужков) 루시코프

제 3 항 지명의 -grad(град)와 -gorod(город)는 관용을 살려 각각 '-그라드', '-고로드'로 표기한다.

〈보기〉 Volgograd(Волгоград) 볼고그라드
Kaliningrad(Калининград) 칼리닌그라드
Slavgorod(Славгород) 슬라브고로드

제 4 항 자음 앞의 -ds(дс)-는 '츠'로 적는다.

〈보기〉 Petrozabodsk(Петрозаводск) 페트로자보츠크
Vernadskii(Вернадский) 베르나츠키

제 5 항 어말 또는 자음 앞의 l(л)은 받침 'ㄹ'로 적고, 어중의 l이 모음 앞에 올 때에는 'ㄹㄹ'로 적는다.

〈보기〉 Pavel(Павел) 파벨
Nikolaevich(Николаевич) 니콜라예비치
Zemlya(Земля) 제믈랴
Tsimlyansk(Цимлянск) 치믈랸스크

제 6 항 l'(ль), m(м)이 어두 자음 앞에 오는 경우에는 각각 '리', '므'로 적는다.

〈보기〉 L'bovna(Льбовна) 리보브나
Mtsensk(Мценск) 므첸스크

제 7 항 같은 자음이 겹치는 경우에는 겹치지 않은 경우와 같이 적는다. 다만, mm(мм), nn(нн)은 모음 앞에서 'ㅁㅁ', 'ㄴㄴ'으로 적는다.

〈보기〉 Gippius(Гиппиус) 기피우스
Avvakum(Аввакум) 아바쿰
Odessa(Одесса) 오데사
Akkol'(Акколь) 아콜
Sollogub(Соллогуб) 솔로구프
Anna(Анна) 안나
Gamma(Гамма) 감마

제 8 항   e(e, э)는 자음 뒤에서는 '에'로 적고, 그 외의 경우에는 '예'로 적는다.

〈보기〉 Aleksei(Алексей) 알렉세이

Egvekinot(Егвекинот) 예그베키노트

제 9 항   연음 부호 '(ь)

연음 부호 '(ь)은 '이'로 적는다. 다만 l', m', n'(ль, мь, нь)이 자음 앞이나 어말에 오는 경우에는 적지 않는다.

〈보기〉 L'bovna(Льбовна) 리보브나

Igor'(Игорь) 이고리

Il'ya(Илья) 일리야

D'yakovo(Дьяково) 디야코보

Ol'ga(Ольга) 올가

Perm'(Пермь) 페름

Ryazan'(Рязань) 랴잔

Gogol'(Гоголь) 고골

제 10 항   dz(дз), dzh(дж)는 각각 z, zh와 같이 적는다.

〈보기〉 Dzerzhinskii(Дзержинский) 제르진스키

Tadzhikistan(Таджикистан) 타지키스탄

제 22 절   그리스어의 표기(시안)

표 20-1, 20-2에 따르고, 다음과 같은 특징을 살려서 적는다. 다만, 고전 그리스어와 현대 그리스어의 경계는 기원후 600년을 기준으로 한다. 기원후 600년 전의 인명은 고전 그리스어 표기법을 적용하고, 기원후 600년 후의 인명은 현대 그리스어 표기법을 적용한다. 지명은 원칙적으로 현대 그리스어 표기법을 적용한다.

제 1 항   κ(k), π(p)

κ(k), π(p)가 μ(m), ν(n), λ(l), ρ(r) 앞에서는 '으'를 붙여 적고, 그 외의 자음 앞에서는 받침으로 적는다. 다만, 어두에서 자음 앞에 올 때에는 '으'를 붙여 적는다.

〈보기〉 Knosos(Κνώσος) 크노소스   Pleiades(Πλειάδες) 플레이아데스

Kekrops(Κέκροψ) 케크롭스   hypnos(ὕπνος) 히프노스

Iktinos(Ἰκτῖνος) 익티노스   Aigyptos(Αἴγυπτος) 아이깁토스

Ptolemaios(Πτολεμαῖος) 프톨레마이오스

제 2 항   ξ(x), ψ(ps)

ξ(x), ψ(ps)는 모음 앞에 올 때에는 각각 'ㄱㅅ', 'ㅂㅅ'으로 적되, 어두에서 모음 앞에 올 때에는 '크ㅅ', '프ㅅ'으로 적는다.

〈보기〉 doxa(δόξα) 독사   epsilon(ἐψιλον) 엡실론

Xenos(ξένος) 크세노스   Psykhe(Ψυχή) 프시케

제 3 항 μ(m)

μ(m)는 'ㅁ'으로 적되, 어두에서 자음 ν(n) 앞에 올 때에는 '므'로 적는다.
　〈보기〉 Memnon(Μέμνων) 멤논　　　mneme(μνήμη) 므네메

제 4 항 γ(y)

현대 그리스어의 γ(y)는 ε(e), αι(e) 앞에 오면 합쳐서 '예'로 적는다. γ(y) 뒤에 η(i),
ι(i), υ(i), ει(i), οι(i), υι(i)이 오면 '이'로 적고 yi 뒤에 다른 모음이 오면 그 모음과 합쳐
서 '야, 요' 등으로 적는다.
　〈보기〉 yephira(γέφυρα) 예피라　　　yeros(γέρος) 예로스
　　　　　 yineka(γυναίκα) 이네카　　　Yiorghia(Γιωργία) 요르기아

제 5 항 같은 자음이 겹치는 경우에는 겹치지 않은 경우와 같이 적는다. ‒κχ(kkh)‒, ‒
πφ(pph)‒ 등 같은 계열의 자음이 겹쳐 나올 때에도 겹치지 않은 경우와 같이 적는다. 다
만, 현대 그리스어의 ‒αυπ(afp)‒, ‒ευπ(efp)‒는 각기 '‒아프포', '‒에프포'로 적는다.
　〈보기〉 Trikkala(Τρίκκαλα) 트리칼라　Nonnos(Νόννος) 노노스
　　　　　 Sappho(Σαπφώ) 사포　　　　　Bacchylides(Βακχυλίδης) 바킬리데스
　　　　　 Nafplio(Ναύπλιο) 나프플리오　Nafpaktos(Ναύπακτος) 나프팍토스

제 6 항 λ(l)

어중의 l이 모음 앞에 올 때에는 'ㄹㄹ'로 적되, 비음 뒤에서는 'ㄹ'로 적는다.
　〈보기〉 Aiolos(Αἴολος) 아이올로스　　Atlas(Ἄτλας) 아틀라스
　　　　　 Karamanlis(Καραμανλής) 카라만리스

제 7 항 αυ(av, af), ευ(ev, ef)

현대 그리스어의 av와 ev l 는 모음 앞에서는 각각 '아ㅂ, 에ㅂ'로 적고, 유성 자음 앞에
서는 '아브, 에브'로 무성 자음 앞에서는 '아프, 에프'로 적는다.
　〈보기〉 pavo(πατός) 파보　　　　　　Evangelos(Ευαγγελος) 에방겔로스
　　　　　 avgho(αυγó) 아브고　　　　　pnevma(πνεύμα) 프네브마
　　　　　 aftos(αυτός) 아프토스　　　　Lefkada(Λευκάδα) 레프카다

제 23 절　터키어의 표기(시안)

표 21에 따르고, 다음과 같은 특징을 살려서 적는다.
제 1 항 같은 자음이 겹치는 경우에 첫 자음은 앞 음절의 받침으로 적는다. 다만, hh, ll, rr
는 겹치지 않는 경우와 같이 적는다.
　〈보기〉 Çanakkale 차낙칼레　　　　　hüccet 휫제트
　　　　　 lezzet 렛제트　　　　　　　　Necmettin 네즈멧틴
　　　　　 cerrah 제라흐　　　　　　　　Çiller 칠레르

제 2 항 p, t, k

어말과 유성 자음 앞, 반모음 앞에서는 '으'를 붙여 적고, 무성 자음 앞에서는 받침으로 적는다.

〈보기〉 Gaziantep 가지안테프 Pamuk 파무크
　　　 Patnos 파트노스 Uzunköprü 우준쾨프뤼
　　　 Akyazı 아크야즈 Malatya 말라트야
　　　 Topkapı 톱카프 Datça 닷차

제 3 항 v

1) 모음 앞에서는 '우'로 적되 뒤따르는 모음과 합쳐 '와, 웨, 위' 등으로 적고, 뒤따르는 모음이 ı이면 합쳐 적지 아니한다. 다만, 앞에 자음이 있을 때에는 'ㅂ'으로 적는다.

〈보기〉 Siverek 시웨레크 Ecevit 에제위트
　　　 Van 완 vıcık 우으즈크
　　　 Tatvan 타트반 Ağva 아으바

2) 어말과 자음 앞, 반모음 앞에서는 '브'로 적되, －vv－의 경우는 표기 세칙 제1항을 따른다.

〈보기〉 Simav 시마브 Nevşehir 네브셰히르
　　　 havyar 하브야르 tasavvur 타삽부르

제 4 항 l

어말과 자음 앞, 반모음 앞에서는 받침 'ㄹ'로 적고, 어중에서 모음 앞에 올 때에는 'ㄹㄹ'로 적는다. 다만, 비음 뒤의 l은 모음 앞에서 'ㄹ'로 적는다.

〈보기〉 Demirel 데미렐 Dolmabahçe 돌마바흐체
　　　 Antalya 안탈야 Öcalan 와잘란
　　　 Bitlis 비틀리스 Erdemli 에르뎀리

제 5 항 şı, yı

şı는 '시으로 적고, yı는 '이으로 적는다.

〈보기〉 Işıklı 으시으클르 Kıyıköy 크이으쾨이

제 24 절 아랍어의 표기(시안)

표22에 따르고, 다음과 같은 특징을 살려서 적는다.

제 1 항 같은 자음이 겹치는 경우에 첫 자음은 앞 음절의 받침으로 적는 것을 원칙으로 하고, －rr－의 첫 자음은 '르'로 적는다. 다만, ʔ(ı), ḥ(ح), ʕ(ع), h(ه)는 겹치지 않는 경우와 같이 적는다.

〈보기〉 ʕAbbās 압바스 taqaddum 타깟둠

ruzz 룻즈	ʔumm 움므
fann 판느	marrah 마르라
Waḥḥābī 와하비	Naḥḥās 나하스

제 2 항 ʔ(ﺀ)

자음 앞에서는 '으'로 적고, 어말에서는 표기하지 않는다.

〈보기〉 muʔmin 무으민   badʔ 바드

제 3 항 b(ﺏ)

d(ﺩ), t(ﺕ), s(ﺱ)를 제외한 자음 앞에서는 '브'로 적고, d, t, s와 어말에서는 'ㅂ'으로 적는다. 다만 −bb−의 경우는 표기 세칙 제1항을 따라 적는다.

〈보기〉 sabʕah 사브아   ʕAbdullah 압둘라

         maktab 마그탑   dubb 둡브

제 4 항 sh/š(ﺵ)

자음 앞에서는 '슈'로 적고 어말에서는 '시'로 적는다. 다만, −shsh−의 경우는 표기 세칙 제1항을 따라 적는다.

〈보기〉 khashm 카슘   Jarash 자라시

         mishmish 미슈미시   mubashshir 무밧시르

제 5 항 l(ﻝ)

어중이 l이 모음 앞에 올 때에는 'ㄹㄹ'로 적는다.

〈보기〉 ṭālib 탈립   sāʕah ramlīyah 사아 라믈리야

제 6 항 m(ﻡ)

m은 'ㅁ'으로 적되, −mm, −ml, −mr, −lm의 m은 '므'로 적는다.

〈보기〉 shams 샴스   dirham 디르함

         ʔamn 아믄   raml 라믈

         tamr 타므르   ḥulm 훌므

제 7 항 h(ﻩ)

자음 앞이나 어말에서 '흐'로 적되, 어말에서 a 다음에 올 경우에는 표기하지 않는다.

〈보기〉 nahr 나흐르   fiqh 피끄흐

         ghurfah 구르파   risālah 리살라

제 8 항 w(ﻭ), y(ﻱ)

1) 모음 앞에 올 때에는 뒤따르는 모음과 합쳐 적는다.

〈보기〉 dawām 다왐   ar Riyāḍ 리야드

2) 자음과 모음 사이에 올 때에는 앞의 자음과 갈라 적고 뒤의 모음과 합쳐 적는다. 어말
   에서 자음 뒤에 올 때에는 앞의 자음과 갈라 적는다.

   〈보기〉 ʔAswān 아스완   ʔabyaḍ 아브야드
           badw 바드우   wakhy 아크이

제 9 항   고유 명사의 관사 al 및 al의 변화형 at, ath, ad, adh, ar, az, as, ash, as, ad, at, az, an
은 한글로 옮기지 않는 것을 원칙으로 한다. 다만, 관용적으로 관사가 있는 형태로 굳어
진 단어와 관사가 구의 중간에 나타나는 경우에는 그 관사를 한글로 적되, al은 '알', ar은
'아르', an은 '안'으로 그 외는 '앗'으로 적는다.

   〈보기〉 al Baṣrah 바스라   ar Raqqah 락까
           al Jazīrah 알자지라   ar Rub ʕ al Khālī 룹알칼리

제 4 장   인명, 지명 표기의 원칙

제1절   표기 원칙

제 1 항   외국의 인명, 지명의 표기는 제1장, 제2장, 제3장의 규정을 따르는 것을 원칙으로
한다.
제 2 항   제3장에 포함되어 있지 않은 언어권의 인명, 지명은 원지음을 따르는 것을 원칙으
로 한다.

           Ankara 앙카라   Gandhi 간디

제 3 항   원지음이 아닌 제3국의 발음으로 통용되고 있는 것은 관용을 따른다.

           Hague 헤이그   Caesar 시저

제 4 항   고유 명사의 번역명이 통용되는 경우 관용을 따른다.

           Pacific Ocean 태평양   Black Sea 흑해

제2절   동양의 인명, 지명의 표기

제 1 항   중국 인명은 과거인과 현대인을 구분하여 과거인은 종전의 한자음대로 표기하고,
현대인은 원칙적으로 중국어 표기법에 따라 표기하되, 필요한 경우 한자를 병기한다.
제 2 항   중국의 역사 지명으로서 현재 쓰이지 않는 것은 우리 한자음대로 하고, 현재 지명
과 동일한 것은 중국어 표기법에 따라 표기하되, 필요한 경우 한자를 병기한다.
제 3 항   일본의 인명과 지명은 과거와 현대의 구분 없이 일본어 표기법에 따라 표기하는
것을 원칙으로 하되, 필요한 경우 한자를 병기한다.
제 4 항   중국 및 일본의 지명 가운데 한국 한자음으로 읽는 관용이 있는 것은 이를 허용한
다.

| 東京 | 도쿄, 동경 | 京都 | 교토, 경도 | 上海 | 상하이, 상해 |
| 臺灣 | 타이완, 대만 | 黃河 | 황허, 황하 | | |

제3절　바다, 섬, 강, 산 등의 표기 세칙

제1항　'해', '섬', '강', '산' 등이 외래어에 붙을 때에는 띄어 쓰고, 우리말에 붙을 때에는 붙여 쓴다.

　　　　카리브 해　　　　　　북해　　　　　　　　발리 섬　　　　　　　목요섬

제2항　바다는 '해(海)'로 통일한다.

　　　　홍해　　　　　　　발트 해　　　　　　아라비아 해

제3항　우리 나라를 제외하고 섬은 모두 '섬'으로 통일한다.

　　　　타이완 섬　　　　코르시카 섬(우리 나라 : 제주도, 울릉도)

제4항　한자 사용 지역(일본, 중국)의 지명이 하나의 한자로 되어 있을 경우, '강', '산', '호', '섬' 등은 겹쳐 적는다.

　　　　온타케 산(御岳)　　　　주장 강(珠江)　　　　　도시마 섬(利島)
　　　　하야카와 강(早川)　　　위산 산(玉山)

제5항　지명이 산맥, 산, 강 등의 뜻이 들어 있는 것은 '산맥', '산', '강' 등을 겹쳐 적는다.

　　　　Rio Grande 리오그란데 강　　　　　Monte Rosa 몬테로사 산
　　　　Mont Blanc 몽블랑 산　　　　　　　Sierra Madre 시에라마드레 산맥

엮은이/ 최인호(한겨레말글연구소 소장 · 한겨레 교열팀장 · 편집위원)

● 편찬 참여자
올림말 입력 · 교열/ 홍순복 · 박정숙(한겨레말글연구소 연구원 · 한겨레 기자)
올림말 대조 · 말밑 교열/ 이병학 · 김인숙(한겨레말글연구소 연구원 · 한겨레 기자)
도움말 준 이/ 조재수(사전 연구가)
전산 처리/ 조경복(한겨레 전산부)

개정판 바른 말글 사전

ⓒ 최인호 1996

초판 1쇄 인쇄 1996년 12월 7일
개정판 1쇄 발행 2007년 10월 31일
3쇄 발행 2011년 2월 25일

지은이 최인호
펴낸이 이기섭
편집주간 김수영
기획편집 박상준 김윤정 임윤희 정회엽 이길호
마케팅 조재성 성기준 한성진
관리 김미란 장혜정

펴낸곳 한겨레출판(주) www.hanibook.co.kr
등록 2006년 1월 4일 제313-2006-00003호
주소 121-750 서울시 마포구 공덕동 116-25 한겨레신문사 4층
전화 02)6383-1614 **팩스** 02)6383-1610
대표메일 book@hanibook.co.kr

ISBN 978-89-8431-238-8 01710